# DICTIONNAIRE
# DE POCHE
# ESPAGNOL

# DICTIONNAIRE DE POCHE ESPAGNOL

ESPAGNOL-FRANÇAIS  FRANÇAIS-ESPAGNOL

Le Livre de Poche

Lydia Béhar-Velay, agrégée de l'Université, maître de conférences Groupe H. E. C. et Gérard Choukroun, enseignant d'espagnol, attaché de direction à l'Institut d'Études Politiques de Paris, ont dirigé l'édition française de ce dictionnaire.

*Nous tenons à remercier M^{me} Mathilde Bensoussan*
*pour sa précieuse collaboration.*

# Sommaire

## AVANT-PROPOS

Ce dictionnaire bilingue comprend plus de 30 000 entrées pour les deux langues ; chacune d'elles enrichie de nombreux exemples illustrant, quand il y a lieu, les différentes acceptions d'un mot.

Il propose au lycéen, à l'étudiant des universités, des écoles de commerce autant qu'au grand débutant ou au simple touriste un ouvrage qui se veut le reflet le plus fidèle de la langue d'aujourd'hui : celle de la vie quotidienne (microondas, *micro-ondes,* cajero automático, *distributeur automatique*), celle des médias (columnista, *éditorialiste,* videocámara, *caméscope*), de l'informatique (chip, *puce,* teclado, *clavier,* impresora, *imprimante*), de la bureautique (el proceso de texto, *le traitement de texte*).

Il prend également en compte la langue du commerce, de l'économie, de la gestion ainsi que le vocabulaire lié à l'écologie, l'environnement, etc.

Il recense un certain nombre d'hispano-américanismes d'usage fréquent (heladera, *réfrigérateur,* saco, *veste*) et mentionne les expressions familières les plus courantes (no dar golpe, *se la couler douce*) ainsi que des tournures idiomatiques (hacer novillos, *faire l'école buissonnière*).

Pour autant, la langue classique n'est pas négligée.

Nous avons pris le parti de ne pas mentionner la transcription phonétique dans les deux langues : elle ne nous a pas paru indispensable pour un public francophone. Toutefois, le lecteur pourra se reporter avantageusement aux pages IX-XI où il trouvera une présentation de la prononciation de l'espagnol ainsi que des règles de l'accentuation.

Il trouvera en complément : une sélection de proverbes, un choix de sigles et leurs équivalents, un tableau des autonomies espagnoles, un tableau récapitulatif des pays du monde entier et du nom de leurs habitants, ainsi qu'un précis grammatical.

Lydia Béhar-Velay et Gérard Choukroun

# Mode d'emploi

Commentaires grammaticaux ou autres

**dans** *prép.* **1** en *(lieu sans mouvement)* *les enfants jouent ~ la rue,* los niños juegan en la calle **2** a *(lieu où l'on va)* *les enfants vont ~ la rue,* los niños van a la calle **3** por *(lieu par où l'on passe)* *ils se promènent ~ la rue,* se pasean por la calle **4** dentro de *(délai)* ~ *une semaine,* dentro de una semana.

Entrée en caractères gras

**chimenea** *f.* chemineé.

Catégorie grammaticale

**empuñar** *tr.* empoigner.

Expressions idiomatiques

**casa** *f.* maison. ~ *de campo,* maison de campagne ; *echar la ~ por la ventana,* jeter l'argent par les fenêtres, *empezar la ~ por el tejado,* mettre la charrue avant les bœufs.

Changement de genre

**chauffage** *m.* calefacción *f.*

Niveau de langue

**carotter** *tr. fam.* engañar, estafar.

Acceptions différentes

**guión** *m.* **1** scénario **2** trait d'union, tiret **3** croix *(procession).*

Contexte de traduction

**cape** *f.* **1** cape **2** *TAUROM.* capote ; *sous ~,* solapadamente.

Américanismes

**heladera** *f.* sorbetière, *amér.* réfrigérateur *m.*

Changement de nombre

**fonds** *m.* **1** heredad *f.,* finca *f. (terrain)* **2** fondos *m. pl.,* caudal *(argent);* à ~ *perdus* a fondo perdido, *le Fonds monétaire international (F.M.I.)* el Fondo monetario internacional, ~ *de commerce* establecimiento.

Exemples d'usage

**ampliar** *tr.* **1** agrandir, ~ *una foto,* agrandir une photo **2** élargir, ~ *una calle,* élargir une rue **3** augmenter, ~ *el capital,* augmenter le capital.

Les différentes acceptions d'un mot sont numérotées, les sens propres précédant les sens figurés.

Les indications entre parenthèses apportent des éclaircissements de sens nécessaires au choix de la traduction la plus juste.

Le genre et le nombre des substantifs ne sont mentionnés dans la traduction que lorsqu'ils diffèrent d'une langue à l'autre.

Quand un verbe, ou un adjectif, est accompagné d'une préposition différente en français et en espagnol, celle-ci est citée soit dans un exemple, soit entre parenthèses suivie de sa traduction.

La formation des verbes réguliers et les principales formes irrégulières des verbes usuels sont données en annexe.

Les règles de l'accentuation ainsi que celles de la prononciation de l'espagnol se trouvent en pages IX, X, XI.

# Prononciation

À chaque lettre correspond un son et toutes les lettres se prononcent.
*Exceptions :* le **u** dans les groupes *gue, gui, que, qui* et le **h.**

| | | |
|---|---|---|
| **a** | (a) | |
| **b** | (be) | |
| **c** | (ce) | devant **a, o, u,** se prononce **k** : *calidad, color, cuchillo*<br>devant **e, i,** se prononce **z** (ceta), comme le **th** anglais de **thick** : *cielo, cena* |
| **ch** | (che) | se prononce **tch** : *chiquito* |
| **d** | (de) | peu prononcé dans les terminaisons verbales et à la fin des mots |
| **e** | (e) | se prononce comme le **é** français |
| **f** | (efe) | |
| **g** | (ge) | devant **a, o, u,** se prononce **gu,** comme dans **guitare** : *galería, gota, gusto*<br>devant **e, i,** se prononce **j,** comme une **jota** : *gestión, giro* |
| **h** | (ache) | ne se prononce pas |
| **i** | (i) | |
| **j** | (jota) | se prononce au fond de la gorge par un frottement énergique de l'air, comme le **ch** dur allemand : *jabón* |
| **k** | (ka) | |
| **l** | (ele) | |
| **ll** | (elle) | se prononce comme le **l** de **lieu** : *llevar* |
| **m** | (eme) | |
| **n** | (ene) | |
| **ñ** | (eñe) | (~ = tilde) se prononce comme le **gn** français de **cygne** : *peña* |
| **o** | (o) | |
| **p** | (pe) | |
| **q** | (cu) | |
| **r** | (erre) | se prononce en faisant vibrer la pointe de la langue derrière les incisives supérieures ; à l'initiale et lorsqu'il est doublé, la vibration du **r** est répétée et provoque un roulement |
| **s** | (ese) | se prononce comme **ss** dans le français **passion** : *pasión* |

| | | |
|---|---|---|
| **t** | (te) | conserve toujours sa prononciation **t** |
| **u** | (u) | se prononce comme **ou** français |
| **v** | (uve) | se prononce **b** |
| **x** | (equis) | entre deux voyelles, se prononce **ks** comme dans le français **maxime** : *máximo*<br>devant une consonne, se prononce **ss** comme dans **assis** : *exceptar* |
| **y** | (i griega) | se prononce comme en français |
| **z** | (ceta) | se prononce en plaçant la langue entre les dents, comme le **th** anglais de **thick** : *zumo* |

*Remarques :* les lettres sont du genre féminin en espagnol :
*la* a ; *la* efe ; *la* jota

Seules les consonnes **c, n** et **r** peuvent être doublées :
**lec**ción, *leçon ;* **inn**ovar, *innover* ; **to**rr**a, *tour*

Les lettres doubles et le double l **(ll)** sont indivisibles en fin de ligne :
**panta-***ll***a**, *écran ;* **fe-***rr***oca-***rr***il**, *chemin de fer*

Le **w** (uve doble) n'est pas une lettre espagnole ; il ne se trouve que dans les mots empruntés à d'autres langues : *whisky*

# Accentuation

Tout mot espagnol contient une syllabe accentuée, dite syllabe tonique. La place de cette dernière répond à des critères précis.

**1.** Les mots qui se terminent par une *voyelle, -n* ou *-s*, sont accentués sur l'avant-dernière syllabe : la c**a**sa ; el n**i**ño ; C**a**rmen ; los l**i**bros.

**2.** Les mots qui se terminent par une *consonne* (autre que *-n* ou *-s*) sont accentués sur la dernière syllabe : la libert**a**d ; habl**a**r ; españ**o**l.

**3.** Lorsque l'accentuation du mot ne répond pas aux deux règles précédentes, la voyelle tonique porte alors l'accent écrit (celui-ci est toujours aigu) : José ; árbol ; matemáticas.

## 4. La diphtongue.

L'espagnol comporte des voyelles fortes : **a, e, o,** et des voyelles faibles : **i, u.** La diphtongue résulte de l'union d'une voyelle forte et d'une voyelle faible, ou de deux voyelles faibles. Elle se prononce en une seule émission de voix et compte alors pour une seule syllabe : j**ue**go, p**ue**rta, emp**ie**za.
L'accent tonique qui porte sur une diphtongue se situe sur la voyelle forte.
Deux voyelles fortes ne forment pas une diphtongue ; chaque voyelle constitue alors une syllabe : el recr**e o** (el recreo), el bacal**a o** (el bacalao).
Lorsqu'une diphtongue est irrégulièrement accentuée, la voyelle tonique porte l'accent écrit : María, monotonía.

**5. Les adverbes** en *mente* conservent l'accent écrit que portent les adjectifs sur lesquels ils sont formés : fácil - fácilmente.

**6. L'accent écrit** permet de distinguer :

| | | | | | |
|---|---|---|---|---|---|
| él | pronom | *il* ou *lui* | el | article | *le* |
| tú | pronom | *tu* ou *toi* | tu | possessif | *ton, ta* |
| mí | pronom | *moi* | mi | possessif | *mon, ma* |
| sí | pronom et adverbe | *soi, oui* | si | conjonction | *si* |
| más | adverbe | *plus* | mas | conjonction | *mais* |
| sólo | adverbe | *seulement* | solo | adjectif | *seul* |
| cómo | adverbe | *comment* | como | adverbe | *comme* |
| aún | adverbe | *encore* | aun | adverbe | *même* |

La conjonction de coordination **o** placée entre deux chiffres porte l'accent écrit afin de ne pas la confondre avec le chiffre 0 : 2 **ó** 3.
En outre, portent l'accent écrit tous les mots interrogatifs et exclamatifs : Cuando estamos en España, *mais* : ¿ Cuándo vas a España ?

# ESPAGNOL-FRANÇAIS

# Abréviations

| | | | | | |
|---|---|---|---|---|---|
| *adj.* | adjetivo. | ESGR. | esgrima. | MINER. | mineralogía. |
| *adj. f.* | adjetivo femenino. | *exclamat.* | exclamativo. | MIT. | mitología. |
| *adj.-f.* | adjetivo usado también como substantivo femenino. | *f.* | nombre femenino. | MÚS. | música. |
| | | *fam.* | familiar. | *n. pr.* | nombre propio. |
| | | FAR. | farmacia. | *num.* | numeral. |
| | | *fig.* | figurado. | NUMISM. | numismática. |
| *adj. m.* | adjetivo masculino. | FIL. | filosofía. | *onomat.* | onomatopeya. |
| *adj.-m.* | adjetivo usado también como substantivo masculino. | FIS. | física. | ÓPT. | óptica. |
| | | FISIOL. | fisiología. | *p. p.* | participio pasivo. |
| | | *fot.* | fotografía. | | |
| | | *gal.* | galicismo. | *pers.* | personal. |
| *adj.-s.* | adjetivo usado también como substantivo. | GEOG. | geografía. | PINT. | pintura. |
| | | GEOL. | geología. | *pl.* | plural. |
| | | GEOM. | geometría. | *poét.* | poético. |
| *adv.* | adverbio. | *ger.* | gerundio. | *pop.* | popular. |
| AER. | aeronáutica. | GRAM. | gramática. | *pos.* | posesivo. |
| AGR. | agricultura. | HIST. | historia. | *pr.* | pronominal. |
| *amer.* | americanismo. | *impers.* | impersonal. | *prep.* | preposición. |
| ANAT. | anatomía. | IMPR. | imprenta. | *pron.* | pronombre. |
| *angl.* | anglicismo. | *indef.* | indefinido. | *prov.* | proverbio. |
| ARQ. | arquitectura. | *interr.* | interrogativo. | QUÍM. | química. |
| ASTROL. | astrología. | *interj.* | interjección. | RAD. | radio. |
| ASTRON. | astronomía. | *intr.* | intransitivo. | *rel.* | relativo. |
| AUTO | automóvil, automovilismo. | *invar.* | invariable. | REL. | religión. |
| | | JUR. | jurídico. | RET. | retórica. |
| AVIAC. | aviación. | LIT. | literatura. | *s.* | nombre masculino y femenino. |
| BIOL. | biología. | LITURG. | liturgia. | | |
| BLAS. | blasón. | *loc.* | locución. | *sing.* | singular. |
| BOT. | botánica. | *loc. adj.* | locución adjetiva. | TAUROM. | tauromaquia. |
| CINE | cinematografía. | *loc. adv.* | locución adverbial. | TEAT. | teatro. |
| CIR. | cirugía. | *loc. conj.* | locución conjuntiva. | TÉCN. | técnica. |
| COC. | cocina. | *loc. prep.* | locución prepositiva. | TEOL. | teología. |
| COM. | comercio. | *m.* | nombre masculino. | *tr.* | transitivo. |
| *conj.* | conjunción. | MAR. | marina. | *tr. -intr.* | verbo transitivo que se usa también como intransitivo. |
| *dem.* | demostrativo. | MAT. | matemáticas. | | |
| DEP. | deporte. | MEC. | mecánica. | | |
| DER. | derecho. | MED. | medicina. | V. | véase. |
| *desp.* | despectivo. | METAL. | metalurgia. | *var.* | variable. |
| *dim.* | diminutivo. | METEOR. | meteorología. | VET. | veterinaria. |
| ECLES. | eclesiástico. | MIL. | militar. | ZOOL. | zoología. |
| ELECT. | electricidad. | MIN. | minería. | | |

# A

**a** *f.* a *m.*

**a** *prép.* **1** à *marquant a) complément d'attribution, b) orientation, propension, tendance* doy un libro ~ mi hijo je donne un livre à mon fils *de cara al Norte* face au nord *eso tiende ~ mejorar* cela tend à s'améliorer **2** à, en, dans, par, vers *(avec un verbe de mouvement)* ir ~ *París* aller à Paris *ir ~ España* aller en Espagne *caer al agua* tomber dans l'eau *caer al suelo* tomber à terre, par terre *dirigirse al Sur* se diriger vers le sud **3** pour, de *(marquant l'affection, un sentiment)* el amor ~ *sus hijos* l'amour pour ses enfants *el amor ~ la patria* l'amour de la patrie **4** à, en, avec, par *(marquant la manière, le moyen, etc.)* à *tientas* à tâtons ~ *lo grande* en grand seigneur *al óleo* à l'huile ~ *máquina* à la machine *reducir ~ polvo* réduire en poudre *quien ~ hierro mata,* ~ *hierro muere* qui tue par le fer, périra par le fer **5** sur *dar ~ la calle* donner sur la rue **6** auprès, près, à *(marquant la proximité)* ~ *la lumbre* auprès du feu *al rayar el alba* à l'aube **7** *(avec un infinitif, a prend parfois un sens impératif)* ¡ a callar ! taisez-vous ! ¡ a comer ! à table ! ¡ a trabajar ! au travail ! **8** *ne se traduit pas a) quand il précède un complément d'objet direct se rapportant à une personne ou à une chose personnifiée, b) devant l'infinitif complément d'un verbe de mouvement, c) dans certaines expressions* Cesar venció ~ Pompeyo César vainquit Pompée *no conozco ~ nadie aquí* je ne connais personne ici *ir ~ pasear* aller se promener ~ *fe de hombre honrado* foi d'honnête homme *aguardo ~ que venga* j'attends qu'il vienne ~ *que se cae* je parie qu'il va tomber ¿ ~ *qué ?* à quoi ça rime ?, à quoi bon ? *avec l'article masculin singulier a se contracte en al*

**ábaco** *m.* boulier

**abad** *m.* abbé

**abadía** *f.* abbaye

**abajo** *adv.* **1** en bas *está* ~ il est en bas **2** à bas ¡ ~ *la tiranía !* à bas la tyrannie ! *calle* ~ en descendant la rue *cuesta* ~ en descendant *de* ~ *arriba* ~ de haut en bas *echar* ~ démolir, renverser *ir* ~ descendre *ir calle* ~ descendre la rue *ir cuesta* ~ en descendant *río* ~ en aval *venirse* ~ s'écrouler, s'effondrer

**abalanzar** *tr.* **1** lancer, jeter **2** *pr.* s'élancer, se jeter

**abalorio** *m.* verroterie *f.,* perle de verre *f.*

**abanderado** *m.* porte-drapeau

**abandonado, -a** *adj.* **1** abandonné, ée *niño* ~ enfant abandonné **2** négligé, -ée *persona abandonada* personne négligée **3** négligent, -e *me llaman abandonado* on dit que je suis négligent **4** à l'abandon

**abandonar** *tr.* **1** abandonner **2** négliger **3** *pr.* s'abandonner, se laisser aller, se négliger

**abanicar** *tr.* **1** éventer **2** *pr.* s'éventer

**abanico** *m.* éventail *un* ~ *de posibilidades* un éventail de possibilités

**abaratamiento** *m.* baisse *f.,* diminution *f.* ~ *de los costes* diminution des coûts, des prix de revient ~ *de los precios* baisse des prix ~ *de la vida* baisse du coût de la vie

**abaratar** *tr.* **1** baisser, baisser le prix de ~ *los costes* baisser les coûts **2** *pr.* baisser, diminuer *los precios se abaratan* les prix baissent

**abarcar** *tr.* **1** cerner, entourer **2** *fig.* comprendre, contenir, renfermer *el paréntesis abarca desde... hasta...* la parenthèse comprend de... jusqu'à... **3** embrasser *abarcar con la mirada* embrasser du regard *quien mucho abarca, poco aprieta* qui trop embrasse mal étreint

**abarrancadero** *m. fig.* mauvaise affaire *f.,* impasse *f.*

**abarrancar** *tr.* **1** raviner **2** *intr.* échouer, s'échouer *(una embarcacion),* s'embourber, s'enliser *las negociaciones se abarrancaban* les négociations s'enlisaient

**abarrotar** *tr.* **1** bourrer, bonder, surcharger *tren abarrotado* train bondé **2** *amér.* accaparer, monopoliser **3** *pr.* se remplir, s'emplir

**abastecedor** *m.* **1** fournisseur **2** *amér.* boucher

**abastecer** *tr.* approvisionner, ravitailler, fournir, pourvoir

**abastecido, -a** *adj.* approvisionné, ée, achalandé, ée

**abastecimiento** *m.* approvisionnement, ravitaillement, fourniture *f.* ~ *de pan* approvisionnement en pain

**abasto** *m.* **1** ravitaillement, approvisionnement **2** abondance *f.* **3** *amer.* abattoir *no dar* ~ *a* ne pas y arriver *ya no doy* ~ je n'y arrive plus

**abatible** *adj.* abattable, escamotable

**abatimiento** *m.* abattement, découragement

**abatir** *tr.* **1** abattre **2** *fig.* abattre, décourager, déprimer *las dificultades lo abaten* les difficultés l'abattent **3** *pr.* s'abattre, se décourager, se déprimer

**abdicación** *f.* abdication

**abdicar** *tr.* **1** abdiquer **2** *intr.* abdiquer

**abdomen** *m.* abdomen

**abdominal** *adj.* abdominal, e

**abecé** *m.* ABC, abécédaire, alphabet

**abecedario** *m.* abécédaire, alphabet

**abedul** *m.* bouleau

**abeja** *f.* abeille

**abejorro** *m.* bourdon

**aberración** *f.* aberration

**aberrante** *adj.* aberrant, e

**abertura** *f.* ouverture

**abeto** *m.* sapin

**abierto, -a** *adj.* ouvert, e *abierto de par en par* grand ouvert *a cielo abierto* à ciel ouvert

**abigarrado, -a** *adj.* bigarré, ée

**abismal** *adj.* abyssal, e

**abismo** *m.* abîme

**abjurar** *tr.* **1** abjurer ~ *de su religión* abjurer sa religion **2** *intr.* abjurer

**ablación** *f.* ablation

**ablandamiento** *m.* **1** ramollissement **2** *fig.* assouplissement, fléchissement ~ *de la disciplina* assouplissement de la discipline

**ablandar** *tr.* **1** ramollir **2** *fig.* adoucir, assouplir **3** *pr.* se ramollir, s'adoucir, s'assouplir

**ablución** *f.* ablution

**abnegación** *f.* abnégation, dévouement *m.*

**abnegado, -a** *adj.* dévoué, ée

**abnegarse** *pr.* se dévouer, se sacrifier

**abocado, -a** *adj.* exposé, ée, acculé, ée *abocado a la quiebra* acculé à la faillite

**abocar** *intr.* **1** aboutir à ~ *a un desenlace* aboutir à un dénouement **2** *pr.* s'aboucher, entamer des pourparlers

**abocetar** *tr.* esquisser, ébaucher

**abochornado, -a** *adj.* honteux, euse

**abochornar** *tr.* **1** suffoquer **2** *fig.* faire honte à **3** *pr.* suffoquer **4** faire honte, avoir honte de

**abofetear** *tr.* **1** gifler **2** *fig.* bafouer

**abogacía** *f.* **1** barreau *m.* **2** profession d'avocat

**abogada** *f.* avocate

**abogado** *m.* avocat ~ *de oficio* avocat commis d'office *colegio de abogados* conseil de l'ordre

**abogar** *intr.* plaider ~ *por* plaider pour, plaider en faveur de, se faire le défenseur de

**abolengo** *m.* ascendance *f.*

**abolición** *f.* abolition

**abolicionismo** *m.* abolitionnisme

**abolicionista** *adj.* -s. abolitionniste

**abolir** *tr.* abolir

**abollado, -a** *adj.* bosselé, ée

**abollar** *tr.* **1** bosseler, cabosser **2** *pr.* se bosseler, se cabosser

**abombado, -a** *adj.* bombé, ée

**abominable** *adj.* abominable

**abonable** *adj.* payable

**abonado, -a** *adj.* **1** payé, ée *cantidad abonada* somme payée **2** sûr, e, qui mérite crédit *persona abonada* personne sûre **4** crédité, ée *cuenta abonada* compte crédité **5** qui a reçu de l'engrais

**abonado, -a** *m.* -*f.* abonné, ée ~ *telefónico* abonné du téléphone

**abonar** *tr.* **1** verser, payer, déposer de l'argent ~ *una cantidad importante* verser une importante somme d'argent ~ *una cuenta corriente* déposer de l'argent sur un compte courant **2** cautionner, garantir **3** accréditer ~ *un rumor* accréditer une rumeur **4** abonner ~ *al teatro* abonner au théâtre **5** mettre de l'engrais ~ *una tierra* mettre de l'engrais sur une terre **6** *pr.* s'abonner, prendre un abonnement

**abonaré** *m.* **1** avis de crédit **2** billet à ordre

**abono** *m.* **1** engrais ~ *químico* engrais chimique **2** abonnement ~ *de teatro* abonnement au théâtre **3** paiement, versement ~ *de una cantidad de dinero* versement d'une somme d'argent **4** dépôt, versement ~ *en una cuenta corriente* dépôt sur un compte courant

**abordable** *adj.* abordable

**abordar** *tr.* **1** aborder **2** amarrer **3** *fig.* aborder ~ *a una persona* aborder une personne

**aborigen** *adj.* -*s.* aborigène

**aborrecer** *tr.* détester, haïr

**aborrecible** *adj.* haïssable, détestable, exécrable

**aborrecimiento** *m.* haine *f.*, aversion *f.*, *fig.* ennui

**abortar** *tr.* **1** avorter **2** *pr.* se faire avorter

**abortivo, -a** *adj.* abortif, ive

**aborto** *m.* **1** avortement, fausse couche *f.* **2** avorton

**abotargado, -a** *adj.* bouffi, ie

**abotinado, -a** *adj.* montant, e *zapato abotinado* chaussure montante

**abrasador, -ora** *adj.* brûlant, e *sol abrasador* soleil brûlant

**abrasar** *tr.* **1** embraser, brûler **2** *intr.* être brûlant, e *tiene fiebre, está que abrasa* il a de la fièvre, il est tout brûlant

**abrasivo, -a** *adj.* **1** abrasif, ive **2** *m.* abrasif

**abrazar** *tr.* **1** serrer dans ses bras, prendre dans ses bras, étreindre, enlacer **2** embrasser *abrazó el budismo* il embrassa le bouddhisme

**abrazo** *m.* **1** accolade *f.*, embrassade *f.* **2** étreinte *f.* un ~ *de...* très affectueusement... *(en una correspondancia)*

**abrecartas** *m. invar.* coupe-papier

**abrelatas** *m. invar.* ouvre-boîtes

**abrevar** *tr.* abreuver

**abreviar** *tr.* **1** abréger **2** *pr.* s'abréger

**abreviatura** *f.* abréviation

**abrigado, -a** *adj.* **1** abrité, ée **2** bien couvert, e *(persona)*

**abrigar** *tr.* **1** abriter **2** couvrir chaudement, habiller chaudement ~ *a un niño* habiller chaudement un enfant **3** tenir chaud *este jersey abriga* ce pull tient chaud **4** *pr.* se couvrir *¡ abrígate !* couvre-toi !

**abrigo** *m.* **1** manteau ~ *de pieles* manteau de fourrure **2** abri, refuge *de* ~ chaud, chaude *adj.*, *fig.* fieffé, ée, de taille *prenda de* ~ vêtement chaud

**abril** *m.* avril

**abrileño, -a** *adj.* du mois d'avril, printanier, ière *un lunes abrileño* un lundi du mois d'avril

**abrir** *tr.* **1** ouvrir ~ *la puerta* ouvrir la porte **2** ouvrir, créer, fonder ~ *un negocio* créer une affaire **3** percer ~ *una calle* percer une rue **4** *pr.* s'ouvrir *a medio* ~ entrouvert, e *en un* ~ *y cerrar de ojos* en un clin d'œil *abrirse camino* se frayer un chemin

**abrochar** *tr.* **1** boutonner ~ *el abrigo* boutonner le manteau **2** agrafer **3** attacher ~ *un cinturón* attacher une ceinture **4** *pr.* boutonner *se abrocha el abrigo* elle boutonne son manteau **5** agrafer *se abrocha la blusa* elle agrafe son corsage **6** attacher *los pasajeros se abrochan el cinturón* les passagers attachent leur ceinture

**abrogación** *f.* abrogation

**abrogar** *tr.* abroger

**abrumado, -a** *adj.* accablé, ée ~ *de deudas* accablé de dettes

**abrumar** *tr.* **1** écraser, accabler **2** *pr.* s'écraser, s'accabler, devenir brumeux, euse

**abrupto, -a** *adj.* abrupt, e

**absceso** *m.* abcès

**absentismo** *m.* absentéisme

**absentista** *adj.* -*s.* absentéiste

**absolución** *f.* **1** absolution **2** acquittement *m.*

**absolutamente** *adv.* absolument

**absolutismo** *m.* absolutisme

**absoluto, -a** *adj.* **1** absolu, e **2** *loc. adv. en absoluto*, pas du tout

**absolver** *tr.* **1** absoudre **2** acquitter

**absorbente** *adj.* absorbant, e

**absorber** *tr.* **1** absorber **2** *pr.* s'absorber

**absorción** *f.* absorption

**absorto, -a** *adj.* **1** absorbé, ée **2** plongé, ée ~ *en un trabajo* plongé dans un travail

**abstención** *f.* abstention

**abstencionismo** *m.* abstentionnisme

**abstencionista** *adj.* -*s.* abstentionniste

**abstenerse** *pr.* s'abstenir

**abstinencia** *f.* abstinence

**abstracción** *f.* abstraction

**abstracto, -a** *adj.* abstrait, e *pintura abstracta* peinture abstraite

**abstraer** *tr.* **1** abstraire **2** *pr.* s'abstraire

**absurdo, -a** *adj.* **1** absurde **2** *m.* absurdité *decir absurdos* dire des absurdités

**abuchear** *tr.* huer, conspuer, siffler ~ *a un orador* siffler un orateur

**abucheo** *m.* huées *f. pl.*

**abuela** *f.* grand-mère

**abuelita** *f.* grand-maman

**abuelito** *m.* grand-papa

**abuelo** *m.* grand-père

**abúlico, -a** *adj.* aboulique

**abultado, -a** *adj.* volumineux, euse, *fig.* exagéré, ée

**abultar** *tr.* **1** grossir **2** *fig.* exagérer **3** *intr.* prendre de la place, faire du volume, encombrer *este mueble abulta mucho* ce meuble prend beaucoup de place

**abundancia** *f.* abondance

**abundante** *adj.* abondant, e

**abundar** *tr.* abonder

**¡ abur !** *interj.* salut !

**aburguesarse** *pr.* s'embourgeoiser

**aburrido, -a** *adj.* **1** ennuyeux, euse *conferencia aburrida* conférence ennuyeuse **2** qui s'ennuie, ennuyé, ée *estar ~* s'ennuyer *¡ qué aburrida estoy !* comme je m'ennuie !

**aburrimiento** *m.* ennui

**aburrir** *tr.* **1** ennuyer **2** *pr.* s'ennuyer

**abusar** *tr.* **1** abuser, tromper **2** *intr.* abuser, tromper

**abusivo, -a** *adj.* abusif, ive

**abuso** *m.* abus ~ *de poder* abus de pouvoir

**abusón, -ona** *adj.* -s. **1** profiteur, euse **2** effronté, ée

**abyección** *f.* abjection

**abyecto, -a** *adj.* abject, e

**acá** *adv.* ici, là, près *ven ~* viens ici *más ~* plus près ~ *en la tierra* ici-bas ~ *y allá* çà et là *de ~ para allá* de ci de là *más ~ de* en deçà de

**acabado** *m.* finition *f.* *el ~ de un traje* la finition d'un costume

**acabado, -a** *adj.* **1** fini, e, achevé, ée, accompli, e *trabajo acabado* travail achevé **2** usé, ée, fini, e *es un hombre acabado* c'est un homme fini

**acaballadero** *m.* haras

**acabar** *tr.* **1** achever, finir, terminer **2** *intr.* finir, se terminer **3** *pr.* s'achever, se terminer, finir, prendre fin *se acaba el otoño* l'automne s'achève *es*

*cosa de nunca ~* c'est à n'en plus finir *es el cuento de nunca ~* c'est une histoire sans fin ~ *con* venir à bout de ~ *de + inf* venir de + inf. *acabo de llegar* je viens d'arriver ~ *por* finir par

**acabóse** *m.* la fin *f.*, la fin des haricots *f.*, le comble

**acacia** *f.* acacia *m.*

**academia** *f.* **1** académie **2** école ~ *de gestión* école de gestion

**academismo** *m.* académisme

**académico, -a** *adj.* **1** académique **2** *m.* -*f.* académicien, ienne

**acaecer** *intr.* arriver, avoir lieu, se produire, survenir *el accidente acaeció en la calle* l'accident eut lieu dans la rue

**acalorar** *tr.* **1** échauffer **2** *pr.* s'échauffer

**acallar** *tr.* faire taire, apaiser, calmer

**acampada** *f.* camping *m.*, campement *m.* *ir de ~* faire du camping, camper

**acampar** *intr.* camper *prohibido ~* interdiction de camper

**acantilado, -a** *adj.* escarpé, ée

**acantilado** *m.* falaise *f.*

**acanto** *m.* acanthe *f.*

**acantonar** *tr.* **1** cantonner **2** *pr.* se cantonner

**acaparamiento** *m.* accaparement

**acaparar** *tr.* accaparer, monopoliser

**acaramelado, -a** *adj.* mielleux, euse

**acariciar** *tr.* caresser

**acarreador** *m.* transporteur

**acarrear** *tr.* **1** transporter, acheminer **2** charrier **3** *fig.* entraîner, provoquer *eso ~ medidas de protección* cela entraîne des mesures de protection ~ *consecuencias* entraîner, avoir des conséquences

**acarreo** *m.* transport, frais de transport *m. pl.*

**acartonar** *tr.* **1** durcir **2** *pr.* se durcir, se dessécher, se ratatiner

**acaso** *m.* hasard

**acaso** *adv.* peut-être ~ *lo sepas* peut-être le sais-tu *¿ acaso... ?* est-ce que par hasard... ? *por si ~* au cas où

**acatarrarse** *pr.* s'enrhumer

**acaudalado, -a** *adj.* riche, fortuné, ée

**acaudalar** *tr.* accumuler, thésauriser

**acaudillar** *tr.* commander, diriger

**acceder** *intr.* accéder ~ *a la propiedad* accéder à la propriété

**accesible** *adj.* accessible

**acceso** *m.* **1** accès, entrée ~ *libre* entrée libre **2** accession ~ *a la propiedad* accession à la propriété **3** *INFOR.* accès ~ *secuencial* accès séquentiel

**accesorio** *m.* accessoire

**accesorio, -a** *adj.* accessoire *gastos accesorios* faux frais

**accesorista** *m. -f.* accessoiriste

**accidentado, -a** *adj.* accidenté, ée, *fig.* agité, ée, mouvementé, ée

**accidente** *m.* accident ~ *de carretera* accident de la route ~ *laboral* accident du travail

**acción** *f.* **1** action, acte *m.* **2** action ~ *cotizable* action cotée *interj. ¡ acción !* moteurs !, silence, on tourne !

**accionar** *tr.* **1** faire marcher, mettre en marche ~ *un motor* mettre en marche un moteur **2** intenter une action **3** *intr.* gesticuler

**accionariado** *m.* actionnariat

**accionario, -a** *m. -f.* actionnaire

**accionista** *m.* actionnaire

**acebo** *m.* houx

**acechar** *tr.* guetter

**acecho** *m.* guet *al* ~ à l'affût, aux aguets

**acedia** *f.* aigreur, acidité

**aceite** *m.* huile *f.* ~ *de cacahuete* huile d'arachide ~ *de colza* huile de colza ~ *de girasol* huile de tournesol ~ *de oliva* huile d'olive ~ *adulterado* huile frelatée

**aceituna** *f.* olive ~ *rellena* olive farcie

**aceitunado, -a** *adj.* olivâtre

**aceitunero, -a** *m. -f.* marchand, e d'olives, cueilleur, euse d'olives

**aceleración** *f.* accélération

**acelerado** *m.* **1** accéléré *(filme)* **2** accélération *f.*

**acelerar 1** *tr.* accélérer, hâter ~ *el paso* hâter le pas **2** *intr.* accélérer

**acelga** *f.* blète *fig. cara de* ~ figure de carême

**acendrar** *tr.* épurer

**acento** *m.* accent

**acentuar** *tr.* accentuer

**acepción** *f.* acception

**aceptación** *f.* **1** acceptation ~ *de una letra* acceptation d'une traite **2** approbation, succès *la película tuvo*

*una gran* ~ *entre el público* le film a eu un grand succès auprès du public

**aceptar** *tr.* accepter

**acequia** *f.* canal d'irrigation *m.*

**acera** *f.* trottoir *fig. fam. ser de la* ~ *de enfrente* être homosexuel

**acerado, -a** *adj.* acéré, ée, aciéré, ée

**acerbo, -a** *adj.* acerbe

**acerca de** *loc. adv.* au sujet de

**acercamiento** *m.* rapprochement ~ *de la cámara* travelling avant

**acercar** *tr.* **1** approcher, rapprocher **2** *pr.* approcher, s'approcher *se acercan las fiestas* les fêtes approchent ~ *a* s'approcher de, se rapprocher de

**acero** *m.* acier ~ *inoxidable* acier inoxydable

**acérrimo, -a** *adj.* très fort, e, acharné, ée *un* ~ *defensor* un défenseur acharné

**acertado, -a** *adj.* **1** réussi, ie *un trabajo* ~ un travail réussi **2** juste, justifié, ée *una crítica acertada* une critique juste, justifiée

**acertar** *tr.* **1** atteindre, toucher ~ *un propósito* atteindre un but **2** réussir, arriver à, parvenir à *no acierto a comprender* je n'arrive pas à comprendre

**acertijo** *m.* devinette *f.*

**acervo** *m.* **1** tas, amas *un* ~ *de libros* un amas de livres **2** biens communs *m. pl.*, patrimoine ~ *cultural* patrimoine culturel

**acetileno** *m.* acétylène

**acetona** *f.* acétone

**aciago, -a** *adj.* funeste, de mauvais augure, malheureux, euse *palabra aciaga* mot malheureux

**acicalar** *tr.* **1** fourbir *(las armas)* **2** orner, parer **3** *pr.* se pomponner, se faire une beauté

**acicate** *m.* aiguillon, stimulant

**acidez** *f.* acidité

**ácido, -a** *adj.* **1** acide **2** *m.* acide

**acierto** *m.* réussite *f.*, trouvaille *f.*

**ácimo, -a** *adj.* azyme *pan* ~ pain azyme

**acimut** *m.* azimut

**aclamación** *f.* acclamation

**aclamar** *tr.* acclamer, proclamer

**aclaración** *f.* éclaircissement *m.*, explication, mise au point *eso exige una* ~ cela demande une mise au point

**aclarado** *m.* rinçage

**aclarar** *tr.* **1** éclaircir ∼ *la situación* éclaircir la situation **2** rincer ∼ *la ropa* rincer le linge **3** *fig.* expliquer, mettre au point, tirer au clair, élucider **4** *intr.* s'éclaircir, s'expliquer, s'élucider **5** *pr.* s'éclaircir, *fig.* y voir clair *eso es tan complicado que no me aclaro* c'est tellement compliqué que je n'y vois pas clair

**aclaratorio, -a** *adj.* explicatif, ive

**aclimatar** *tr.* **1** acclimater **2** *pr.* s'acclimater

**acné** *f.* acné

**acobardar** *tr.* **1** faire peur, effrayer, intimider **2** *pr.* avoir peur, être effrayé, ée, être intimidé, ée

**acodarse** *pr.* s'accouder

**acogedor, -ora** *adj.* accueillant, e

**acoger** *tr.* **1** accueillir **2** *pr.* recourir à, avoir recours à *acogerse a un amigo* avoir recours à un ami

**acogida** *f.* **1** accueil *m. una ∼ calurosa* un accueil chaleureux **2** acceptation, approbation

**acogotar** *tr.* assommer

**acolchado, -a** *adj.* **1** matelassé, ée *chaqueta acolchada* veste matelassée **2** *m. amér.* dessus-de-lit

**acolchar** *tr.* matelasser, capitonner

**acólito** *m.* acolyte

**acometedor, -ora** *adj.* agressif, ive, combatif, ive, entreprenant, e

**acometer** *tr.* **1** assaillir, attaquer **2** aborder, entreprendre ∼ *un trabajo* entreprendre un travail

**acometida** *f.* **1** attaque, offensive **2** branchement *m. (de tuberías)*

**acometividad** *f.* agressivité, combativité

**acomodado, -a** *adj.* **1** aménagé, ée, arrangé, ée *casa bien acomodada* maison bien aménagée **2** riche, cossu, e, aisé, ée, à l'aise *hombre ∼* homme aisé **3** raisonnable, modéré, ée *precio ∼* prix modéré, prix raisonnable

**acomodador** *m.* placeur *(cine, teatro)*

**acomodadora** *f.* ouvreuse *(cine, teatro)*

**acomodamiento** *m.* **1** accommodement, arrangement **2** installation *f.* aménagement ∼ *de un piso* aménagement d'un appartement

**acomodar** *tr.* **1** aménager, installer ∼ *una casa* aménager une maison **2** placer, installer ∼ *a un espectador* placer un spectateur **3** placer, trouver un emploi **4** *pr.* se placer **5** s'installer **6** trouver un emploi **7** s'arranger, trouver un terrain d'entente

**acomodaticio, -a** *adj.* arrangeant, e, accommodant, e

**acompañado, -a** *adj.* accompagné, ée

**acompañante** *m.* chevalier servant, boy friend

**acompañar** *tr.* **1** accompagner ∼ *a un amigo* accompagner un ami **2** raccompagner *te acompaño a tu casa* je te raccompagne chez toi **3** participer à, partager *le acompaño en su sentimiento* je partage votre chagrin

**acompasar** *tr.* **1** rythmer, battre la mesure **2** mesurer avec un compas **3** *fig.* régler ∼ *los gastos a los ingresos* régler les dépenses sur les recettes

**acomplejar** *tr.* **1** complexer **2** *pr.* se complexer, avoir des complexes

**acondicionado, -a** *adj.* **1** climatisé, ée, conditionné, ée *aire ∼* air conditionné *despacho acondicionado* bureau climatisé **2** aménagé, ée, installé, ée, arrangé, ée *casa bien acondicionada* maison bien aménagée

**acondicionador** *m.* climatiseur

**acondicionamiento** *m.* **1** aménagement ∼ *de la casa* aménagement de la maison **2** conditionnement ∼ *de una mercancía* conditionnement d'une marchandise **3** climatisation *f.*

**acondicionar** *tr.* **1** arranger, aménager **2** climatiser ∼ *unas oficinas* climatiser des bureaux **3** conditionner, emballer ∼ *una mercancía* emballer une marchandise

**acongojar** *tr.* **1** angoisser **2** *pr.* s'angoisser

**aconsejado, -a** *adj.* conseillé, ée

**aconsejar** *tr.* **1** conseiller **2** *pr.* prendre conseil ∼ *con* prendre conseil de

**acontecer** *intr.* arriver, avoir lieu, se produire, survenir *aconteció en Barcelona* c'est arrivé à Barcelone

**acontecimiento** *m.* événement

**acopiar** *tr.* amasser ∼ *dinero* amasser de l'argent

**acopio** *m.* abondance *f.,* provision, réserve *hacer ∼ de* faire provision de

**acoplar** *tr.* **1** assembler, accoupler, coupler **2** *pr.* s'accoupler, *fig.* s'entendre

**acorazado, -a** *adj.* **1** blindé, ée, *fig.* blindé, ée, endurci, ie **2** *m.* cuirassé

**acorazar** *tr.* **1** cuirasser, blinder **2** *pr.* se blinder

**acordada** *f.* décision *f.*, arrêt *m.* *(de justicia)*

**acordar** *tr.* **1** décider, se mettre d'accord sur, convenir de ~ *un precio* convenir d'un prix **2** *pr.* se rappeler, se souvenir de *me acuerdo de ti* je me souviens de toi

**acorde** *m.* **1** MUS. accord **2** *adj.* d'accord *quedar acordes* tomber d'accord

**acordeón** *m.* accordéon

**acordeonista** *m. -f.* accordéoniste

**acordonar** *tr.* lacer *(zapatos),* attacher avec un cordon, une ficelle

**acorralado, -a** *adj.* acculé, ée, aux abois, traqué, ée

**acorralar** *tr.* **1** acculer, traquer **2** parquer, enfermer *(el ganado)*

**acortamiento** *m.* raccourcissement

**acortar** *tr.* **1** diminuer, écourter, raccourcir ~ *las vacaciones* écourter les vacances **2** *pr.* diminuer, raccourcir, s'écourter

**acosar** *tr.* traquer, harceler

**acoso** *m.* harcèlement ~ *sexual* harcèlement sexuel

**acostar** *tr.* **1** coucher **2** *pr.* se coucher, coucher

**acostumbrado, -a** *adj.* habitué, ée *estoy* ~ je suis habitué

**acostumbrar** *tr.* **1** accoutumer, habituer, donner des habitudes ~ *a un niño* habituer un enfant **2** *intr.* avoir coutume de, avoir l'habitude de **3** *pr.* s'habituer *acostumbrarse a* s'habituer à

**acotación** *f.* **1** annotation, note ~ *escénica* annotation scénique **2** cote *(de un libro, de un plano)*

**acotar** *tr.* **1** annoter **2** coter *(un livre, un plan)* **3** délimiter

**acre** *adj.* âcre, aigre

**acrecentamiento** *m.* accroissement, augmentation *f.,* croissance *f.*

**acrecentar** *tr. -intr.* **1** accroître, augmenter, croître **2** *pr.* s'accroître, augmenter, croître

**acrecer** *tr. -intr.* **1** accroître, augmenter, croître **2** *pr.* s'accroître, augmenter, croître

**acreditado, -a** *adj.* **1** crédité, ée **2** *fig.* confirmé, ée, réputé, ée *artista* ~ artiste réputé, artiste confirmé

**acreditar** *tr.* **1** accréditer **2** créditer, porter au crédit ~ *una cuenta corriente* créditer un compte courant **3** confirmer, prouver, démontrer *eso acredita lo que digo* cela confirme ce que je dis **4** *pr.* s'accréditer ~ *con uno* s'accréditer auprès de quelqu'un **5** se confirmer, faire ses preuves, se faire une réputation de ~ *de trabajador* se faire une réputation de travailleur

**acreedor, -ora** *adj.* **1** créditeur, trice *cuenta acreedora* compte créditeur **2** *m. -f.* créancier, ière

**acribillar** *tr.* **1** cribler ~ *a balazos* cribler de balles ~ *de deudas* cribler de dettes, être criblé de dettes **2** assaillir ~ *a preguntas* assaillir de questions

**acrílico** *adj.* **1** acrylique **2** *m.* acrylique

**acrisolar** *tr.* affiner, purifier *(los metales)*

**acrobacia** *f.* acrobatie

**acróbata** *m. -f.* acrobate

**acrobático, -a** *adj.* acrobatique

**acrópolis** *f.* acropole

**acta** *f.* **1** acte *m. Acta única* Acte unique **2** compte rendu *m.,* procès-verbal *m. (de una reunión) levantar* ~ dresser un procès verbal, rédiger un compte rendu

**actitud** *f.* attitude

**activamente** *adv.* activement

**activar** *tr.* **1** activer **2** *pr.* s'activer

**actividad** *f.* activité ~ *mercantil* activité commerciale

**activo, -a** *adj.* actif, ive *en activo* en activité

**activo** *m.* actif, avoir ~ *circulante* actif circulant

**acto** *m.* **1** acte, action *f.* **2** cérémonie *f.,* séance *f. el* ~ *se celebrará en el Aula Magna* la cérémonie aura lieu dans le Grand Amphithéâtre ~ *inaugural* séance d'inauguration **3** acte ~ *de fe* acte de foi ~ *seguido* tout de suite *en el* ~ sur le coup, sur-le-champ

**actor** *m.* **1** acteur *el afamado* ~ le célèbre acteur **2** plaignant, partie civile *f.*

**actriz** *f.* actrice

**actuación** *f.* **1** conduite, comportement *m.* **2** rôle *m. su* ~ *política* *fue importante* son rôle politique fut important **3** jeu *(de un actor)*

**actual** *adj.* actuel, elle

**actualidad** *f.* actualité *en la ~* actuellement, à l'heure actuelle, de nos jours

**actualización** *f.* recyclage *m.*, mise à jour

**actualizar** *tr.* actualiser, mettre à jour

**actuar** *intr.* agir *~ de* jouer le rôle de, remplir les fonctions de *~ ministro* remplir les fonctions de ministre

**actuarial** *adj.* actuariel, elle

**acuarela** *f.* aquarelle

**acuario** *m.* aquarium

**acuartelar** *tr.* consigner *(tropas)*

**acuático, -a** *adj.* aquatique *esquí acuático* ski nautique

**acuatinta** *f.* aquatinte

**acuciante** *adj.* pressant, e *necesidad ~* besoin pressant

**acuciar** *tr.* **1** harceler **2** presser, convoiter

**acuchillar** *tr.* poignarder

**acudir** *intr.* **1** aller, se rendre à *~ a la oficina* se rendre au bureau **2** accéder *~ al mercado del trabajo* accéder au marché de l'emploi *~ en ayuda de* venir en aide à

**acueducto** *m.* aqueduc

**acuerdo** *m.* accord *~ comercial* accord commercial *estar de ~* être d'accord *ponerse de ~* se mettre d'accord

**acuidad** *f.* acuité

**acumulación** *f.* **1** accumulation **2** cumul *m.* **3** capitalisation *~ de intereses* capitalisation des intérêts

**acumular** *tr.* **1** accumuler **2** cumuler **3** capitaliser *(intereses)* **4** *pr.* s'accumuler, se cumuler, se capitaliser

**acumulativo, -a** *adj.* cumulatif, ive

**acuñación** *f.* frappe de la monnaie

**acuñar** *tr.* frapper la monnaie

**acuoso, -a** *adj.* aqueux, euse

**acurrucarse** *pr.* se blottir, se pelotonner

**acusación** *f.* accusation, dénonciation *cargo de ~* chef d'accusation

**acusado, -a** *adj. -s.* accusé, ée

**acusador, -ora** *adj. -s.* accusateur, trice

**acusar** *tr.* **1** accuser, inculper *~ recibo* accuser réception **2** *pr.* s'accuser

**acusativo** *m.* accusatif

**acuse** *m.* accusé *~ de recibo* accusé de réception

**acústico, -a** *adj.* **1** acoustique, phonique *aislamiento acústico* isolation phonique **2** *m.* acoustique

**achacar** *tr.* attribuer, imputer

**achacoso, -a** *adj.* malade, maladif, ive, souffrant, e

**achaque** *m.* malaise, indisposition *f. los achaques de la vejez* les problèmes de santé dus à l'âge

**achatar** *tr.* **1** aplatir **2** *pr.* s'aplatir, *amér.* se décourager

**achicar** *tr.* **1** diminuer **2** *fig.* intimider, humilier **3** *pr.* céder, *fam.* se dégonfler

**achicoria** *f.* chicorée

**achicharrar** *tr.* **1** brûler, rôtir **2** *fig.* agacer, embêter **3** *pr.* brûler, rôtir, *fam.* crever de chaud *me achicharro* je crève de chaud

**achispado, -a** *adj.* éméché, ée, ivre

**achuchón** *m.* poussée *f.*, bousculade *f. dar un ~* bousculer

**adagio** *m.* adage, adagio

**adalid** *m.* chef, champion *el ~ del catolicismo* le champion du catholicisme

**adamado** *adj.* efféminé

**adaptación** *f.* adaptation

**adaptador** *m.* adaptateur

**adaptar** *tr.* **1** adapter **2** *pr.* s'adapter

**adarga** *f.* bouclier *m.*

**adecuación** *f.* **1** adéquation **2** conformité **3** aménagement *m. ~ de un espacio* aménagement d'un espace

**adecuado, -a** *adj.* adéquat, e, approprié, ée

**adecuar** *tr.* **1** approprier, adapter **2** *pr.* s'adapter

**adefesio** *m.* épouvantail *estar hecho, a un ~* être mal fagoté, ée, être complètement ridicule

**adelantado, -a** *adj.* **1** avancé, ée, précoce *niño adelantado* enfant précoce **2** en avance, qui avance *reloj adelantado* montre qui avance **3** en avance, anticipé, ée *pago adelantado* paiement anticipé

**adelantamiento** *m.* **1** avancement **2** dépassement *~ peligroso en esta curva* dépassement dangereux dans ce virage

**adelantar** *tr.* **1** avancer *~ la cita* avancer le rendez-vous **2** dépasser, doubler ~ *un coche* doubler une voiture 3 *intr.* avancer *mi reloj adelanta* ma montre avance 4 progresser 5 doubler *prohibido* ~ défense de doubler 6 *pr.* s'avancer, doubler, devancer *¿qué adelantas con...?* à quoi cela t'avance de...?

**adelante** *adv.* avant, en avant / *adelante!* *interj.* entrez! *pasar* ~ passer outre *sacar* ~ mener à bon terme *sacar* ~ *a la familia* faire vivre la famille, être soutien de famille *seguir* ~ continuer

**adelanto** *m.* 1 avance *f.* *un* ~ *de varios metros* une avance de plusieurs mètres 2 avance *f.* *(de dinero)* 3 avancement ~ *de las obras* avancement des travaux 4 progrès *los adelantos de la informática* les progrès de l'informatique

**adelgazamiento** *m.* amaigrissement *dieta de* ~ régime amaigrissant

**adelgazar** *tr.* 1 amincir, mincir *este vestido negro la adelgaza* cette robe noire l'amincit 2 *intr.* maigrir *he adelgazado mucho* j'ai beaucoup maigri 3 *pr.* s'amincir

**ademán** *m.* geste *hacer* ~ *de* faire mine de

**además** *adv.* en plus, de plus

**adentrarse** *pr.* pénétrer, s'enfoncer

**adentro** *adv.* dedans, à l'intérieur *tierras* ~ dans l'arrière-pays *para sus adentros* dans son for intérieur

**adepto, -a** *adj.* -s. adepte, partisan, e

**aderezar** *tr.* 1 parer, orner 2 préparer, accommoder ~ *una carne* accommoder une viande 3 *pr.* se parer, se préparer

**aderezo** *m.* 1 parure *f.*, toilette *f.* 2 assaisonnement, garniture *f.*

**adeudar** *tr.* 1 devoir, avoir une dette de ~ *dos millones* devoir deux millions 2 payer des droits 3 débiter ~ *una cuenta* débiter un compte

**adeudo** *m.* 1 dette *f.* 2 droit *(de douane)* 3 débit

**adherencia** *f.* adhérence

**adherente** *m.* -f. 1 adhérent, e, partisan, e 2 *adj.* adhérent, e

**adherir** *tr.* -intr. 1 adhérer, coller 2 *pr.* adhérer, donner son adhésion *no se adhiere a ningún partido* il n'adhère à aucun parti

**adhesión** *f.* adhésion, ralliement

**adhesivo, -a** *adj.* adhésif, ive

**adicción** *f.* 1 dépendance *la* ~ *a la droga* la dépendance à la drogue 2 attachement *m.*, dévouement *m.* ~ *a una causa* attachement à une cause

**adición** *f.* 1 addition 2 avenant *m.* *(de seguro)*

**adicional** *adj.* additionnel, elle *cláusula adicional* clause additionnelle

**adicionar** *tr.* additionner, ajouter

**adicto, -a** *adj.* 1 attaché, ée, dévoué, ée ~ *a una causa* dévoué à une cause 2 dépendant, e ~ *a la droga* dépendant de la drogue

**adiestramiento** *m.* 1 dressage 2 formation *f.*

**adiestrar** *tr.* 1 dresser 2 former, entraîner 3 *pr.* s'entraîner, s'exercer

**adinerado, -a** *adj.* fortuné, ée

**adiós** *m.* adieu, au revoir / *adiós!* *interj.* au revoir!

**adiposo, -a** *adj.* adipeux, euse

**aditamento** *m.* supplément, additif

**aditivo, -a** *adj.* additif, ive

**adivinación** *f.* divination

**adivinanza** *f.* devinette

**adivinar** *tr.* deviner

**adivino** *m.* devin

**adjetivo** *m.* adjectif

**adjudicación** *f.* adjudication

**adjudicar** *tr.* 1 adjuger, attribuer 2 *pr.* s'adjuger, s'attribuer

**adjuntar** *tr.* inclure, envoyer ci-joint, joindre *te adjunto el documento* je t'envoie ci-joint le document

**adjunto, -a** *adj.* 1 ci-joint, e, ci-inclus, e *el documento adjunto* le document ci-joint

**administración** *f.* administration

**administrados** *m. pl.* administrés

**administrador, -ora** *m.* -f. administrateur, trice

**administrar** *tr.* administrer, gérer

**administrativo, -a** *adj.* 1 administratif, ive 2 *m.* -f. employé, ée de l'administration, responsable administratif, ive

**admirable** *adj.* admirable

**admiración** *f.* 1 admiration 2 étonnement 3 point d'exclamation *m.*

**admirar** *tr.* 1 admirer 2 étonner *me admira que* ça m'étonne que 3 *pr.* s'étonner *me admiro de que* je m'étonne que 4 être en admiration devant

**admisión** f. admission

**admitir** tr. admettre *no se admiten propinas* les pourboires ne sont pas admis

**adobado, -a** adj. en daube *carne adobada* viande en daube

**adobe** m. brique crue f.

**adobo** m. 1 daube f. 2 apprêt

**adoctrinamiento** m. 1 endoctrinement 2 enseignement

**adoctrinador, -ora** adj. riche d'enseignements *experiencia adoctrinadora* expérience riche d'enseignements

**adoctrinar** tr. 1 endoctriner 2 enseigner

**adolecer** intr. souffrir de

**adolescencia** f. adolescence

**adolescente** adj. -s. adolescent, e

**adónde** adv. où ¿ *adónde vas?* où vas-tu ?

**adopción** f. adoption

**adoptar** tr. adopter

**adoptivo, -a** adv. adoptif, ive, d'adoption *hijo adoptivo* fils adoptif

**adoquín** m. pavé

**adoquinar** tr. paver

**adoración** f. adoration

**adorar** tr. adorer

**adormecer** tr. 1 endormir, assoupir 2 pr. s'endormir, s'assoupir

**adornar** tr. orner, décorer, parer ~ *con flores* orner de fleurs

**adorno** m. ornement, garniture f.

**adosar** tr. 1 adosser 2 pr. s'adosser

**adquirente** ou **adquiriente** m. acquéreur

**adquirido, -a** adj. acquis, e

**adquiridor, -ora** m. -f. acquéreur

**adquirir** tr. acquérir

**adquisición** f. acquisition

**adquisitivo, -a** adj. acquisitif, ive *poder* ~ pouvoir d'achat

**adrede** adv. exprès *hacerlo* ~ le faire exprès

**adscribir** tr. affecter, attribuer

**aduana** f. douane *despacho de* ~ dédouanement

**aduanar** tr. payer des droits de douane, contrôler à la douane

**aduanero** m. douanier, ière

**aducir** tr. alléguer

**adueñarse** pr. s'emparer, se rendre maître

**adular** tr. aduler, flatter

**adulteración** f. adultération, falsification, frelatage ~ *del aceite* frelatage de l'huile

**adulterar** tr. 1 adultérer, corrompre 2 falsifier, frelater ~ *un vino* frelater un vin

**adulterio** m. adultère

**adúltero, -a** adj. adultère

**adulto, -a** adj. 1 adulte 2 m. adulte

**adusto, -a** adj. sévère, austère

**advenedizo, -a** adj. -s. parvenu, e

**advenir** intr. advenir, arriver *adviene que* il arrive que

**adverbio** m. adverbe

**adversario, -a** m. -f. adversaire

**adversativo, -a** adj. adversatif, ive

**adversidad** f. adversité

**advertencia** f. 1 avertissement m., mise en garde 2 observation 3 mise en demeure ~ *conminatoria* sommation

**advertir** tr. remarquer, constater, observer *te advierto que* je te fais remarquer que

**adyacente** adj. adjacent, e

**aeración** f. aération

**aéreo, -a** adj. aérien, ienne *compañía aérea* compagnie aérienne

**aerobús** m. airbus

**areródromo** m. aérodrome

**aeromodelo** m. modèle réduit

**aeronauta** m. f. aéronaute

**aeronáutico, -a** adj. 1 aéronautique 2 f. aéronautique

**aeropostal** adj. aéropostal, e

**aeropuerto** m. aéroport

**aerosol** m. aérosol

**aeróstato** m. aérostat

**aerovía** f. couloir aérien m.

**afable** adj. affable

**afamado, -a** adj. renommé, ée, célèbre *el afamado actor* le célèbre acteur

**afán** m. 1 ardeur f., empressement, désir très fort *tiene mucho* ~ *por aprender* il a un grand désir d'apprendre 2 fig. soif f. ~ *de riquezas* soif de richesses 3 appât ~ *de lucro* appât du gain 4 effort *poner su* ~ *en* porter ses efforts sur

**afanarse** pr. s'efforcer, s'évertuer ~ *por* s'efforcer de, s'évertuer à

**afear** *tr.* **1** enlaidir **2** *pr.* s'enlaidir

**afección** *f.* affection

**afectación** *f.* affectation

**afectado, -a** *adj.* **1** affecté, ée, maniéré, ée **2** affecté, ée *subvención afectada a la cultura* subvention affectée à la culture **3** malade, atteint, e *los afectados del sida* les malades du sida

**afectar** *tr.* **1** affecter, feindre ~ *tristeza* feindre d'être triste **2** affecter ~ *una subvención* affecter une subvention **3** toucher, affecter, atteindre *su muerte nos afecta mucho* sa mort nous affecte beaucoup

**afectividad** *f.* affectivité

**afectivo, -a** *adj.* affectif, ive *lo afectivo* l'affectif, l'affectivité

**afectuoso, -a** *adj.* affectueux, euse

**afeitado** *m.* rasage

**afeitar** *tr.* **1** raser **2** *pr.* se raser *maquinilla de* ~ rasoir

**afelpar** *tr.* -intr. pelucher

**afeminado, -a** *adj.* efféminé, ée

**aferrado, -a** *adj.* obstiné, ée, ancré, ée

**aferrar** *tr.* **1** accrocher, saisir **2** *pr.* s'accrocher

**afgano, -a** *adj.* **1** afghan, e **2** *m.* -f. Afghan, e

**afianzador, -ora** *m.* -f. garant, e

**afianzamiento** *m.* caution *f.*, cautionnement, garantie *f.*

**afianzar** *tr.* **1** cautionner, garantir **2** soutenir ~ *un gobierno* soutenir un gouvernement

**afición** *f.* penchant, m., goût m. *tener* ~ *a* avoir le goût de, être amateur de, aimer, raffoler de *tener* ~ *a la pintura* être amateur de peinture *la* ~ les amateurs *m. pl.*

**aficionado, -a** *adj.* -s. **1** amateur de, passionné, ée de ~ *a la foto* amateur de photo **2** aficionado *(de corrida)*

**afilador** *m.* rémouleur

**afilar** *tr.* **1** aiguiser ~ *un cuchillo* aiguiser un couteau **2** *pr.* s'effiler

**afiliación** *f.* **1** affiliation, adhésion **2** appartenance ~ *a un partido* appartenance à un parti

**afiliado, -a** *adj.* -s. affilié, ée, adhérent, e ~ *a un sindicato* adhérent à un syndicat

**afiliar** *tr.* **1** affilier **2** *pr.* s'affilier

**afín** *adj.* proche, analogue *ideas afines* idées voisines

**afinador** *m.* accordeur

**afinar** *tr.* **1** accorder **2** affiner, mettre la dernière main à

**afincarse** *pr.* se fixer, s'établir, s'installer

**afincado, -a** *adj.* établi, ie, installé, ée ~ *en Madrid* installé à Madrid

**afinidad** *f.* **1** affinité **2** alliance *pariente por* ~ parent par alliance

**afirmación** *f.* **1** affirmation **2** consolidation, affermissement *m.*

**afirmar** *tr.* **1** affirmer *afirmo que es cierto* j'affirme que c'est vrai **2** consolider, raffermir ~ *la economía* consolider l'économie **3** *pr.* s'appuyer sur **4** maintenir ~ *en lo declarado* maintenir sa déclaration

**afirmativo, -a** *adj.* **1** affirmatif, ive **2** *f.* affirmative *en caso afirmativo* dans l'affirmative

**aflicción** *f.* affliction

**afligir** *tr.* **1** affliger **2** *pr.* être affligé, ée

**alojamiento** *m.* relâchement, ralentissement, tassement ~ *de la productividad* tassement de la productivité

**aflojar** *tr.* -intr. **1** relâcher, lâcher **2** desserrer *(un tornillo, un nudo)* **3** ralentir, tasser, réduire ~ *la producción* réduire la production **4** *pr.* se relâcher, se tasser, ralentir ~ *las riendas* lâcher du lest, lâcher la bride

**aflorar** *tr.* affleurer

**afluencia** *f.* **1** affluence **2** afflux *m.* ~ *de divisas* afflux de devises

**afluente** *m.* affluent

**afluir** *intr.* affluer

**aflujo** *m.* afflux *(de sangre)*

**afónico, -a** *adj.* aphone

**aforador** *m.* jaugeur

**aforamiento** *m.* jaugeage, évaluation *f.*, estimation *f.*

**aforar** *tr.* jauger, estimer, évaluer

**aforo** *m.* jaugeage, évaluation *f.*, estimation *f.*, capacité d'un stade *f.*

**afortunado, -a** *adj.* chanceux, euse, heureux, euse

**afrecho** *m.* son *(de trigo)*

**afrenta** *f.* affront *m.*, offense

**africano, -a** *adj.* **1** africain, e **2** *m.* -f. Africain, e

**afrontar** *tr.* **1** affronter **2** confronter ~ *a los testigos* confronter les témoins

**afta** *m.* aphte

**afuera** *adv.* **1** dehors, au-dehors **2** *f. pl.* les environs, les alentours, la banlieue *f. las afueras de Madrid* la banlieue de Madrid

**agachar** *tr.* **1** baisser **2** *pr.* se baisser, s'accroupir

**agalla** *f. fig.* cran *m.*, courage *m. tener muchas agallas* avoir beaucoup de cran, ouïe *(ZOOL.)*

**ágape** *m.* agape

**agarrada** *f.* empoignade, accrochage *m.*

**agarrado, -a** *adj.* **1** saisi, ie, attaché, ée **2** *adj. -s. fig.* avare, pingre, radin

**agarrador** *m.* poignée *f.*, manique *f.*

**agarrar** *tr.* **1** empoigner, saisir, attraper ~ *del brazo* saisir par le bras **2** *fig.* attraper ~ *una melopea* attraper une cuite **3** décrocher, saisir ~ *un buen puesto* décrocher un bon poste **4** *pr.* tenir *agarrarse del pasamanos* tenir la main courante **5** s'accrocher, saisir, prendre

**agasajar** *tr.* fêter, accueillir chaleureusement

**agasajo** *m.* réception *f.*, accueil chaleureux

**ágata** *f.* agate

**agazaparse** *pr.* se blottir

**agencia** *f.* **1** agence ~ *de viajes* agence de voyages **2** bureau *m.* ~ *de cambio* bureau de change **3** démarche

**agenciar** *tr.* **1** faire des démarches **2** *pr.* se procurer, obtenir, décrocher *agenciarse un empleo* décrocher un emploi *agenciárselas para* s'arranger pour

**agenda** *f.* agenda *m.*

**agente** *m.* agent ~ *colegiado* agent titulaire ~ *de seguros* agent d'assurances

**agigantado, -a** *adj.* gigantesque *a pasos agigantados* à pas de géant

**ágil** *adj.* agile, alerte, vif, vive

**agilidad** *f.* agilité

**agilización** **1** accélération ~ *de los trámites* accélération des formalités **2** assouplissement *m.*

**agilizar** *tr.* **1** faciliter, accélérer ~ *trámites* accélérer des formalités **2** assouplir

**agio** *m.* agio

**agitación** *f.* agitation

**agitador, -ora** *adj. -s.* agitateur, trice

**agitado, -a** *adj.* agité, ée

**agitar** *tr.* **1** agiter **2** *pr.* s'agiter

**aglomeración** *f.* **1** agglomération **2** attroupement *m.* ~ *de gente* attroupement

**aglomerado** *m.* aggloméré

**aglomerar** *tr.* **1** agglomérer **2** *pr.* s'agglomérer, s'attrouper

**aglutinar** **1** agglutiner **2** *pr.* s'agglutiner

**agnóstico, -a** *adj. -s.* agnostique

**agobiado, -a** *adj.* **1** épuisé, ée, harassé, ée **2** accablé, ée, écrasé, ée ~ *de deudas* accablé de dettes

**agobiante** *adj.* épuisant, e, écrasant, e

**agobiar** *tr.* écraser, épuiser, accabler

**agobio** *m.* accablement, épuisement

**agolparse** *pr.* se rassembler, s'entasser, s'accumuler

**agonía** *f.* agonie

**agonizante** *adj. -s.* agonisant, e

**agonizar** *intr.* agoniser

**agosteño, -a** *adj. -s.* aoûtien, ienne

**agosto** *m.* **1** août **2** moisson *f. fig. hacer el* ~ faire son beurre

**agotador, -ora** *adj.* épuisant, e

**agotamiento** *m.* épuisement

**agotar** *tr.* **1** épuiser ~ *las existencias* épuiser les stocks **2** *pr.* s'épuiser

**agraciado, -a** *adj.* **1** joli, ie, charmant, e **2** chanceux, euse, heureux, euse

**agradable** *adj.* agréable

**agradar** *intr.* plaire

**agradecer** *tr.* **1** savoir gré, être reconnaissant, e *le agradecería me facilite su dirección* je vous serais reconnaissant de me donner votre adresse **2** remercier de *te agradezco tu carta* je te remercie de ta lettre

**agradecimiento** *m.* gratitude *f.*

**agrado** *m.* plaisir *eso no es de mi* ~ cela ne me plaît pas

**agrandar** *tr.* agrandir, augmenter ~ *una casa* agrandir une maison

**agrario, -a** *adj.* agraire

**agravación** *f.* OU **agravamiento** *m.* aggravation *f.*, alourdissement *m.* ~ *de los impuestos* alourdissement des impôts

**agravante** *adj.* aggravant, e *circunstancias agravantes* circonstances aggravantes

**agravar** *tr.* **1** aggraver **2** augmenter ~ *los impuestos* alourdir les impôts

**agravio** *m.* offense *f.*

**agredir** *tr.* agresser, attaquer

**agregación** *f.* 1 adjonction 2 agrégation 3 regroupement *m.*

**agregado** *m.* 1 attaché d'ambassade 2 assemblage ∼ *cultural* attaché culturel ∼ *militar* attaché militaire

**agregar** *tr.* 1 ajouter 2 *pr.* s'ajouter

**agremiar** *tr.* 1 réunir en corps de métier 2 *pr.* se réunir, se regrouper en corps de métier

**agresión** *f.* agression

**agresividad** *f.* agressivité

**agresivo, -a** *adj.* agressif, ive

**agresor, -ora** *m. -f.* 1 agresseur 2 *adj.* assaillant, e

**agriar** *tr.* 1 aigrir 2 *pr.* aigrir, s'aigrir

**agrícola** *adj.* agricole

**agricultor, -ora** *m. f.* agriculteur, trice

**agricultura** *f.* agriculture

**agridulce** *adj.* aigre-doux

**agrietar** *tr.* 1 crevasser, lézarder 2 *pr.* se crevasser, se lézarder

**agrimensor** *m.* arpenteur

**agrio, -a** *adj.* aigre, acide

**agrios** *m. pl.* les agrumes

**agroalimentario, -a** *adj.* agroalimentaire

**agronomía** *f.* agronomie

**agrónomo, -a** *adj. -s.* agronome

**agropecuario, -a** *adj.* agricole *exportaciones agropecuarias* exportations agricoles

**agrupación** *f.* 1 association 2 groupage *m.* ∼ *de mercancías* groupage de marchandises

**agrupamiento** *m.* groupement

**agrupar** *tr.* grouper

**agua** *f.* eau ∼ *con gas* eau gazeuse ∼ *sin gas* eau plate *aguas juridiccionales* eaux territoriales *aguas residuales* eaux usées *papel de aguas* papier marbré

**aguacate** *m.* 1 avocat 2 avocatier

**aguacero** *m.* averse *f.*

**aguada** *f.* 1 gouache *(pintura)* 2 innondation

**aguado, -a** *adj.* 1 coupé, ée d'eau *vino aguado* vin coupé d'eau 2 *fig.* troublé, ée, gâché, ée *fiesta aguada* fête gâchée

**aguafiestas** *m. invar.* trouble-fête, rabat-joie

**aguafuerte** *f.* eau-forte

**aguamanil** *m.* lave-mains

**aguamarina** *f.* aigue-marine

**aguanieve** *f.* neige fondue

**aguantaderas** *f. pl. fam.* patience *f. sing.* *tener pocas* ∼ avoir peu de patience

**aguantar** *tr.* 1 supporter, endurer *no lo aguanto* je ne le supporte pas 2 supporter, tolérer *eso, no hay quien lo aguante* ceci est intolérable 3 attendre, patienter *aguantó media hora* il patienta une demi-heure

**aguante** *m.* endurance *f.*, patience *f.*, résistance *f.*

**aguar** *tr.* 1 couper d'eau ∼ *un vino* couper un vin avec de l'eau 2 troubler, gâcher ∼ *una fiesta* troubler une fête 3 *pr.* se gâcher *la fiesta se aguó* la fête fut gâchée 4 se mélanger avec de l'eau, être inondé, ée

**aguardar** *tr. -intr.* attendre *aguardo a que venga* j'attends qu'il vienne

**aguardiente** *f.* eau-de-vie

**aguarrás** *m.* essence de térébenthine *f.*

**agudeza** *f.* finesse, subtilité

**agudizar** *tr.* 1 accentuer, aggraver, intensifier 2 *pr.* s'accentuer, s'aggraver, s'intensifier

**agudo, -a** *adj.* 1 aigu, uë, pointu, ue 2 *fig.* fine, subtile ∼ *de ingenio* d'esprit subtil 3 spirituel, elle *dicho agudo* bon mot

**agüero** *m.* augure *pájaro de mal* ∼ oiseau de mauvais augure

**aguerrir** *tr.* aguerrir

**aguijón** *m.* aiguillon

**águila** *f.* aigle *m.*

**aguileño, -a** *adj.* aquilin, e *nariz aguileña* nez aquilin

**aguilucho** *m.* aiglon

**aguinaldo** *m.* étrennes *f. pl.*

**agüista** *m. -f.* curiste

**aguja** *f.* aiguille ∼ *de marear* boussole *buscar una* ∼ *en un pajar* chercher une aiguille dans une botte de foin

**agujero** *m.* trou

**agujetas** *f. pl.* courbatures *tener* ∼ avoir des courbatures

**aguzar** *tr.* 1 aiguiser 2 *fig.* stimuler

**¡ ah !** *interj.* ah !

**ahí** *adv.* là *he* ∼ voilà ∼ *me las den todas* c'est le cadet de mes soucis, ça m'est absolument égal

**ahijado, -a** *m. f.* filleul, e

**ahínco** *m.* **1** acharnement *trabajar con* ∼ travailler avec acharnement **2** véhémence *f.*

**ahíto, -a** *adj.* repu, e, rassasié, ée

**ahogado, -a** *adj. -s.* **1** noyé, ée **2** étouffé, ée *fig. estar* ∼ être pris, e à la gorge

**ahogar** *tr.* **1** noyer *se ahogó en la piscina* il s'est noyé dans la piscine **2** étouffer ∼ *sus sollozos* étouffer ses sanglots **3** *fig.* accabler, oppresser **4** *pr.* se noyer, s'étouffer

**ahogo** *m.* **1** étouffement, oppression *f.* suffocation *f.* **2** gêne *fig.*

**ahondamiento** *m.* approfondissement

**ahondar** *tr. -intr.* approfondir, creuser *fig.* approfondir *pr.* s'enfoncer, s'approfondir

**ahora** *adv.* maintenant, à présent ∼ *bien,* ∼ *mismo* tout de suite, à l'instant même *vuelvo* ∼ *mismo* je reviens tout de suite *de* ∼ *en adelante* désormais, dorénavant

**ahorcado, -a** *adj. -s.* pendu, e

**ahorcar** *tr.* **1** pendre **2** *pr.* se pendre

**ahorrado, -a** *adj.* économe

**ahorrador, -ora** *m. -f.* économe, épargnant

**ahorrar** *tr.* épargner, économiser, mettre de côté

**ahorro** *m.* épargne *f.,* économie *f. tener ahorros* avoir des économies *Caja de Ahorros* caisse d'Épargne

**ahuecar** *tr.* **1** creuser, évider **2** *pr.* devenir creux, euse, se creuser **3** *fig.* se gonfler d'orgueil, *fam.* avoir les chevilles qui enflent

**ahumado, -a** *adj.* fumé, ée *salmón* ∼ saumon fumé

**ahumar** *tr.* **1** fumer ∼ *salmón* fumer du saumon **2** enfumer

**ahuyentar** *tr.* chasser, faire fuir, mettre en fuite

**airado, -a** *adj.* en colère *estar* ∼ être en colère

**airar** *tr.* **1** mettre en colère **2** *pr.* se mettre en colère

**aire** *m.* air *bocanada de* ∼ bouffée d'air *corriente de* ∼ courant d'air *al* ∼ *libre* en plein air *mudar de aires* changer d'air *un* ∼ *de familia* un air de famille

**airear** *tr.* **1** aérer **2** *pr.* prendre l'air *quiero airearme* je veux prendre l'air

**airosamente** *adv.* avec grâce, gracieusement

**airoso, -a** *adj.* gracieux, euse, élégant, e *quedar o salir* ∼ s'en tirer brillamment

**aislacionismo** *m.* isolationnisme

**aislacionista** *adj. -s.* isolationniste

**aislado, -a** *adj.* isolé, ée, à l'écart

**aislamiento** *m.* **1** isolement **2** isolation *f.* ∼ *acústico y térmico* isolation phonique et thermique

**aislante** *m.* **1** isolant **2** *adj.* isolant, e

**aislar** *tr.* **1** isoler, mettre à l'écart **2** *pr.* s'isoler, se tenir à l'écart

**ajado, -a** *adj.* défraîchi, ie

**ajar** *tr.* **1** défraîchir **2** *pr.* se faner, se défraîchir

**ajardinamiento** *m.* aménagement d'espaces verts

**ajardinar** *tr.* aménager des espaces verts

**ajedrecista** *m. -f.* joueur, euse d'échecs

**ajedrez** *m.* échecs *m. pl. jugar al* ∼ jouer aux échecs

**ajeno, -a** *adj.* **1** d'autrui *el bien* ∼ le bien d'autrui **2** contraire, étranger, ère ∼ *a su carácter* contraire à son caractère *persona ajena al servicio* personne étrangère au service

**ajetreado, -a** *adj.* affairé, ée, occupé, ée *vida ajetreada* vie mouvementée

**ajetrearse** *pr.* s'affairer, se démener, se donner du mal

**ajetreo** *m.* agitation *f.,* affairement

**ajo** *m.* ail *cabeza de* ∼ tête d'ail *diente de* ∼ gousse d'ail *estar en el ajo* être dans le coup

**ajuar** *m.* **1** trousseau de la mariée **2** mobilier

**ajustado, -a** *adj.* **1** ajusté, ée, collant, e, moulant, e *vestido muy* ∼ robe très moulante **2** réglé, ée, correct, e, serré, ée

**ajustado** *m.* ajustage

**ajustar** *tr.* **1** ajuster ∼ *un vestido* ajuster une robe **2** ajuster, adapter **3** fixer, convenir ∼ *un precio* fixer un prix, convenir d'un prix **4** engager, embaucher **5** *intr.* aller, cadrer **6** *pr.* s'adapter, se conformer à, se mettre d'accord ∼ *las cuentas* régler son compte *quiero ajustarle las cuentas* je veux lui régler son compte

**ajuste** *m.* **1** ajustement, ajustage, réglage, adaptation *f.* **2** embauche *f.* **3** accord, règlement ∼ *de cuentas* règlement de comptes ∼ *fiscal* redressement fiscal ~ **final** grille *f.* *(à la télévision)*

**ajusticiado, -a** *m.* -*f.* **1** victime **2** condamné à mort

**ajusticiamiento** *m.* exécution

**ajusticiar** *tr.* exécuter

**al** *prép. (contraction de la prép.* **a** *et de l'article* **el*** **1** au *ir ~ cine* aller au cinéma **2** chez *ir ~ médico* aller chez le médecin **3** dans *bajar ~ recibidor* descendre dans l'entrée **4** par *dos días ~ mes* deux jours par mois **5** *al* + inf. = en *al llegar* en arrivant

**ala** *f.* **1** aile **2** bord *m. sombrero de alas anchas* chapeau à large bord ~ *delta* Deltaplane *m. ahuecar el ~ fig.* mettre les voiles

**alabanza** *f.* louange, éloge

**alabar** *tr.* louer, vanter

**alabastro** *m.* albâtre

**alacena** *f.* placard *m.,* placard de cuisine

**alacrán** *m.* scorpion

**alado, -a** *adj.* ailé, ée

**alamar** *m.* brandebourg

**alambicado, -a** *adj.* alambiqué, ée *precio ~* prix étudié

**alambrada** *f.* barbelés *m. pl.,* grillage *m. la ~* la frontière mexicano-américaine

**alambrado** *m.* grillage

**alambrado, -a** *adj.* grillagé, ée, entouré, ée de fils barbelés

**alambrar** *tr.* entourer de fils barbelés, grillager

**alambre** *m.* fil de fer ~ *de púas* barbelé, fil de fer barbelé

**alameda** *f.* allée de peupliers, allée, promenade

**álamo** *m.* peuplier

**alarde** *m.* **1** parade *f.* **2** étalage *hacer ~ de* faire étalage de, se vanter de, faire montre de **3** démonstration *f.,* manifestation *f. ~ de buen humor* manifestation de bonne humeur

**alargamiento** *m.* allongement, prolongement

**alargar** *tr.* **1** allonger, prolonger ~ *su estancia* prolonger son séjour **2** rallonger ~ *una falda* rallonger une jupe **3** étirer ~ *las piernas* étirer les jambes **4** *pr.* s'allonger, se prolonger, rallonger, s'étirer

**alarido** *m.* cri, hurlement *dar alaridos* pousser des hurlements

**alarma** *f.* alarme *dar la ~ o dar la voz de ~* donner l'alarme *señal de ~ f.* signal d'alarme *m. voz de ~ f.* cri d'alarme *m.*

**alarmante** *adj.* alarmant, e

**alarmar** *tr.* alarmer

**alarmista** *adj.* -*s.* alarmiste

**alba** *f.* aube

**albacea** *m.* -*f.* exécuteur, trice testamentaire

**albahaca** *f.* basilic *m.*

**albañil** *m.* maçon

**albarán** *m.* bon de livraison

**albaricoque** *m.* **1** abricot **2** abricotier

**albatros** *m.* albatros

**albedrío** *m.* arbitre *libre ~* libre arbitre

**alberca** *f.* bassin *m.,* réservoir *m., amér.* piscine

**albergar** *tr.* **1** héberger, loger **2** *pr.* se loger, descendre *albergarse en un hotel* descendre dans un hôtel

**albergue** *m.* auberge *f.,* logis, logement, foyer ~ *de inmigrantes* foyer d'émigrés *dar ~* héberger, donner l'asile

**albero** *m.* sol blanchâtre des arènes

**albino, -a** *adj.* -*s.* albinos

**albóndiga** *f.* boulette de viande

**albor** *m.* **1** blancheur *f.* **2** aube *f.,* seuil *los albores de la vida* le printemps de la vie

**alborada** *f.* **1** aubade **2** aube

**albornoz** *m.* **1** peignoir de bain **2** burnous

**alborotador, -ora** *m.* -*f.* agitateur, trice

**alborotamiento** *m.* tumulte, vacarme

**alborotar** *tr.* **1** troubler, agiter, ameuter ~ *el barrio* ameuter le quartier **2** *intr.* faire du tapage, du vacarme **3** *pr.* s'emporter, s'agiter

**alboroto** *m.* tapage, tumulte, vacarme

**alborozo** *m.* allégresse *f.*

**albricias** *f. pl.* cadeau *m.* présent *m.*

**albufera** *f.* lagune *la Albufera n. pr. f.* étang salé sur la côte de Valence

**álbum** *m.* album ~ *de fotos* album photos

**albúmina** *f.* albumine

**alcachofa** *f.* **1** artichaut *m.* **2** pomme de douche ou d'arrosoir *f.*

**alcahuete, -a** *m.* -*f.* entremetteur, euse

**alcalde** *m.* maire ~ *accidental* maire par intérim *teniente de* ~ maire adjoint, adjoint au maire

**alcaldesa** *f.* mairesse

**alcaldía** *f.* charge de maire

**alcance** *m.* portée *al* ~ *de la mano* à portée de la main *fuera de* ~ hors de portée *decisión de mucho* ~ décision d'une grande portée *dar* ~ *a uno* rattraper quelqu'un

**alcanfor** *m.* camphre

**alcantarilla** *f.* égout *m.*, bouche d'égout *f.*

**alcanzar** *tr.* 1 atteindre *ella alcanzó su propósito* elle a atteint son but 2 saisir ~ *con la mano* saisir de la main 3 saisir, comprendre *no alcanzo lo que dices* je ne saisis pas ce que tu dis 4 remporter ~ *mucho éxito* remporter beaucoup de succès

**alcaparra** *f.* câpre

**alcázar** *m.* château fort, palais royal

**alcista** *m.* -*f.* 1 haussier 2 *adj.* à la hausse *tendencia* ~ tendance à la hausse

**alcoba** *f.* alcôve

**alcohol** *m.* alcool

**alcoholemia** *f.* alcoolémie *prueba de* ~ *f.* alcootest *m.*

**alcohólico, -a** *adj.* -*s.* alcoolique

**Alcorán el** *n. pr. m.* le Coran

**alcornoque** *m.* chêne-liège *fig. cabeza de* ~ tête de pioche, ignorant, e

**alcurnia** *f.* lignée, lignage *m.*, ascendance

**aldaba** *f.* heurtoir de porte *m. fig. tener buenas aldabas* avoir des relations

**aldea** *f.* village *m.*, hameau *m.*

**aldeano, -a** *adj.* -*s.* villageois, e

**aleación** *f.* alliage *m.*

**aleatorio, -a** *adj.* aléatoire

**aleccionador, -ora** *adj.* instructif, ive, riche d'enseignements *experiencia aleccionadora* expérience riche d'enseignements

**aleccionar** *tr.* instruire, faire la leçon, apprendre, former

**aledaño, -a** *adj.* limitrophe, voisin, e

**alegación** *f.* allégation

**alegar** *tr.* alléguer

**alegato** *m.* plaidoirie *f.*

**alegoría** *f.* allégorie

**alegrar** *tr.* 1 égayer, réjouir ~ *los corazones* réjouir les cœurs 2 *pr.* se réjouir de *me alegro de verte* je suis heureux de te voir

**alegre** *adj.* gai, gaie, joyeux, euse, content, e

**alegría** *f.* joie, gaieté *loco de* ~ fou de joie ~ *de vivir* joie de vivre

**alejado, -a** *adj.* éloigné, ée

**alejamiento** *m.* éloignement

**alejar** *tr.* 1 éloigner 2 *pr.* s'éloigner

**alemán** *m.* allemand

**alemán, -ana** *m.* -*f.* 1 Allemand 2 *adj.* allemand, e

**alentador, -ora** *adj.* encourageant, e

**alentar** *tr.* 1 encourager 2 *pr.* reprendre courage

**alergia** *f.* allergie

**alérgico, -a** *adj.* allergique

**alero** *m.* avant-toit

**alerta** *f.* alerte, alarme *estar en* ~ se tenir en éveil *dar la voz de* ~ donner l'alerte

**aleta** *f.* 1 nageoire 2 palme *(para nadar)*

**aletargado, -a** *adj.* en léthargie, endormi, e

**aletargar** *tr.* 1 engourdir, endormir 2 *pr.* s'engourdir, s'endormir

**aletazo** *m.* coup d'aile

**alevosía** *f.* traîtrise

**alfa** *f.* alpha *m.*

**alfabético, -a** *adj.* alphabétique

**alfabetización** *f.* alphabétisation

**alfabetizar** *tr.* alphabétiser

**alfabeto** *m.* alphabet

**alfalfa** *f.* luzerne

**alfarería** *f.* poterie, atelier de poterie *m.*

**alfarero** *m.* potier

**alféizar** *m.* appui, rebord ~ *de la ventana* rebord de la fenêtre

**alférez** *m.* sous-lieutenant

**alfil** *m.* fou *(ajedrez)*

**alfiler** *m.* épingle *f.* ~ *de corbata* épingle de cravate *ir de veinticinco alfileres* être tiré, ée à quatre épingles

**alfombra** *f.* tapis *m.*

**alfombrar** *tr.* recouvrir de tapis, parsemer

**alfombrilla** *f.* 1 carpette, descente de lit 2 paillasson *m.*

**alforjas** *f. pl.* besace *f.*

**alma**

**alga** *f.* algue

**algarabía** *f.* charabia *m.*

**algazara** *f.* vacarme *m.*, brouhaha *m.*

**álgebra** *f.* algèbre

**álgido, -a** *adj.* culminant, e *punto* ~ point culminant

**algo** *pron. indéf.* **1** quelque chose *decir* ~ dire quelque chose **2** un peu *es* ~ *tonto* il est un peu idiot *por* ~ *será* il y a sûrement une raison

**algodón** *m.* coton ~ *hidrófilo* coton hydrophile *bastoncillos de* ~ Cotontige *criado entre algodones* élevé dans du coton

**alguien** *pron. indéf.* quelqu'un

**algún** *adj. (forme apocopée de alguno)* ~ *día* un jour ~ *tanto* quelque peu

**alguno** *adj.* **1** quelque *algunas personas* quelques personnes *algunos amigos* quelques amis **2** un, une *llegó alguna amiga* une amie est arrivée **3** un peu de *tiene algún dinero* il a un peu d'argent **4** *pron.* quelqu'un, e, l'un, e *alguna de ellas me contó* l'une d'entre elles m'a raconté **5** *placé après le substantif, il prend une valeur négative no hay duda alguna* il n'y a aucun doute

**alhaja** *f.* bijou *m.*, joyau *m.*, *fig.* perle

**alhelí** *m.* giroflée *f.*

**alianza** *f.* alliance

**aliar** *tr.* **1** allier **2** *pr.* s'allier

**alicaído, -a** *adj. fig.* affaibli, ie

**alicatado, -a** *adj.* carrelé, ée *cuarto de baño* ~ salle de bains carrelée

**alicates** *m. pl.* pince *f. sing.*

**aliciente** *m.* **1** attrait, intérêt **2** stimulant

**alienabilidad** *f.* aliénabilité

**alienación** *f.* aliénation

**alienar** *tr.* **1** aliéner **2** *pr.* s'aliéner

**aliento** *m.* **1** haleine *f. mal* ~ mauvaise haleine **2** souffle, respiration *f. el último* ~ le dernier souffle **3** *fig.* courage, énergie *f.*, vigueur *f.*

**aligeramiento** *m.* allègement, soulagement

**aligerar** *tr.* **1** alléger, soulager **2** accélérer, hâter ~ *el paso* hâter le pas **3** *intr.* se dépêcher **4** *pr.* se dépêcher

**alijo** *m.* **1** déchargement **2** contrebande *f.*, marchandise de contrebande *f.* **3** saisie *f.* ~ *de droga* saisie de drogue

**alimaña** *f.* bête nuisible, vermine

**alimentación** *f.* alimentation, nourriture

**alimentar** *tr.* **1** alimenter, nourrir **2** *pr.* s'alimenter, se nourrir

**alimentario, -a** *adj.* alimentaire *sector alimentario* secteur alimentaire *pensión alimentaria* pension alimentaire

**alimenticio, -a** *adj.* **1** alimentaire *producto* ~ produit alimentaire, denrée alimentaire *pensión alimenticia* pension alimentaire **2** nourrissant, e *postre muy* ~ dessert très nourrissant

**alimento** *m.* aliment, nourriture *f. ser de poco* ~ être peu nourrissant *ser de mucho* ~ être très nourrissant

**alimón (al)** *loc. adv.* à deux *trabajar al* ~ travailler à deux, se partager le travail

**alindar** *tr.* **1** borner *(un terreno)* **2** *intr.* être contigu, ë ~ *con* être contigu, ë à

**alineación** *f.* alignement *m.*

**alineado, -a** *adj.* aligné, ée

**alinear** *tr.* **1** aligner **2** *pr.* s'aligner

**aliñar** *tr.* **1** apprêter, orner, arranger **2** assaisonner ~ *la ensalada* assaisonner la salade

**alisar** *tr.* **1** lisser, polir **2** *pr.* se lisser ~ *el pelo* passer la main dans les cheveux *alisarse el pelo* se passer la main dans les cheveux

**alisio** *m.* alizé *vientos alisios* les alizés

**alistado, -a** *adj.* **1** rayé, ée *falda alistada* jupe rayée **2** engagé, ée, enrôlé, ée

**alistado** *m.* engagé volontaire

**alistamiento** *m.* **1** recrutement, engagement **2** inscription *f.* **3** contingent

**alistar** *tr.* **1** recruter, enrôler **2** inscrire sur une liste **3** *pr.* s'inscrire, s'enrôler

**aliviar** *tr.* **1** alléger, soulager **2** *fig.* soulager, calmer ~ *el dolor* soulager la douleur **3** réduire **4** *pr.* se soulager, aller mieux

**alivio** *m.* **1** allègement ~ *de la carga* allègement de la charge **2** soulagement *el cambio fue un* ~ *para él* le changement fut pour lui un soulagement **3** réconfort

**aljibe** *m.* citerne *f.*

**alma** *f.* âme ~ *de cántaro* brute, imbécile, gourde ~ *viviente* âme qui vive *caérsele a uno el* ~ *a los pies* se décourager, s'effondrer *con toda el* ~ de tout cœur *llegar al* ~ aller droit au cœur *no hay ni un* ~ il n'y a pas âme qui vive

**almacén** m. **1** entrepôt, magasin **2** amér. épicerie f. *los almacenes* les grands magasins

**almacenado, -a** adj. emmagasiné, ée, en stock

**almacenaje** m. stockage

**almacenamiento** m. stockage

**almacenar** tr. emmagasiner, entreposer, stocker

**almadraba** f. **1** pêche au thon **2** madrague

**almanaque** m. almanach

**almeja** f. clovisse

**almena** f. créneau m.

**almendra** f. amande ∼ *garapiñada* praline

**almendro** m. amandier

**almíbar** m. sirop *melocotón en* ∼ pêche au sirop

**almidón** m. amidon

**almidonar** tr. amidonner

**almirante** m. amiral

**almirez** m. mortier

**almohada** f. **1** oreiller m. **2** taie d'oreiller **3** coussin m. *consultarlo con la* ∼ la nuit porte conseil

**almohadilla** f. coussinet m., coussin m.

**almoneda** f. brocante *vender en* ∼ vendre à l'encan

**almorranas** f. pl. hémorroïdes

**almorzar** intr. **1** déjeuner *llegó almorzado* il arriva ayant déjà déjeuné **2** tr. déjeuner de ∼ *un bocadillo* déjeuner d'un sandwich

**almuerzo** m. déjeuner

**alocación** f. allocation, attribution, ouverture ∼ *de derechos* ouverture de droits

**alocado, -a** adj. étourdi, ie, irréfléchi, ie

**alocución** f. allocution

**alojado, -a** adj. **1** logé, ée **2** m. -f. amer. hôte, esse

**alojamiento** m. logement *dar* ∼ loger

**alojar** tr. **1** loger, héberger **2** pr. se loger, loger

**alondra** f. alouette

**alpaca** f. **1** alpaga **2** maillechort m.

**alpargata** f. espadrille

**alpinismo** m. alpinisme

**alpino, -a** adj. alpin, e *esquí* ∼ ski alpin

**alpiste** m. millet long *fig. fam. ganarse el* ∼ gagner sa croûte

**alquería** f. ferme, exploitation agricole

**alquilado, -a** adj. loué, ée *madre alquilada* mère porteuse

**alquilar** tr. louer *piso por* ∼ appartement à louer *se alquila* à louer

**alquiler** m. **1** loyer **2** location *coche de* ∼ voiture de location *madre de* ∼ mère porteuse

**alquimia** f. alchimie

**alquitrán** m. goudron

**alquitranar** tr. goudronner

**alrededor** adv. autour ∼ *de* autour de

**alrededores** m. pl. environs *los* ∼ *de Bilbao* les environs de Bilbao

**alta** f. autorisation de sortie, bulletin de sortie m. *dar de* ∼ reprendre le travail *(después de una baja)* *darse de* ∼ pr. s'inscrire

**altanero, -a** adj. fier, ière, hautain, e

**altar** m. autel *poner en un* ∼ mettre sur un piédestal

**altavoz** m. haut-parleur

**alteración** f. altération, changement m. ∼ *del orden público* troubles m. pl. émeute f.

**alterar** tr. **1** altérer, changer **2** troubler, émouvoir, perturber *su problema le alteró mucho* son problème l'a beaucoup perturbé **3** pr. s'altérer, changer **4** s'émouvoir, se troubler **5** se mettre en colère

**altercado** m. altercation f.

**altercar** intr. se disputer, avoir une altercation

**alternancia** f. alternance

**alternar** tr. **1** alterner, faire alterner **2** intr. fréquenter ∼ *con sus vecinos* fréquenter ses voisins **3** pr. se relayer

**alternativa** f. alternative

**alternativamente** adv. à tour de rôle, chacun son tour

**alternativo, -a** adj. alternatif, ive

**alteza** f. altesse

**altibajo** m. accident de terrain, *fig.* des hauts et des bas, vicissitudes f. pl. *tener altibajos* avoir des hauts et des bas

**altímetro** m. altimètre

**altísimo, -a** adj. très haut, e, très grand, e *este chico es* ∼ ce garçon est très grand

**altisonante** adj. emphatique

**altitud** f. altitude

**altivez** *f.* arrogance

**altivo, -a** *adj.* hautain, e, fier, ière

**alto** *adj.* **1** haut, e **2** grand, e *hombre alto* homme grand *alto cargo* haut responsable *a altas horas de la noche* à une heure avancée *en lo ~ de* en haut de *en voz alta* à haute voix *pasar por ~* passer sous silence, omettre *eso se me había pasado por ~* cela m'avait échappé *por todo lo ~* en grande pompe

**alto** *adv.* haut *hablar ~* parler haut *interj. ¡ ~ ahí !* halte-là !

**alto** *m.* **1** hauteur, haut *techo con tres metros de ~* plafond d'une hauteur de trois mètres **2** pause *f. hacer un ~* faire une pause *el ~ el fuego* le cessez-le-feu

**altruismo** *m.* altruisme

**altruista** *adj. -s.* altruiste

**altura** *f.* hauteur, sommet *m. a esas alturas* à présent *a la ~ de* à hauteur de *salto de ~* saut en hauteur

**alubia** *f.* haricot *m.*

**alucinación** *f.* hallucination

**alucinado, -a** *adj.* **1** halluciné, ée **2** effaré, ée, stupéfait, e *estoy ~* je suis stupéfait

**alucinamiento** *m.* effarement, stupéfaction *f.*

**alucinante** *adj.* hallucinant, e, effarant, e, stupéfiant, e

**alucinar** *tr. -intr.* **1** halluciner **2** effarer *yo alucino* je crois rêver *estoy que alucino* je crois rêver

**alucinógeno, -a** *adj.* hallucinogène

**alud** *m.* avalanche *f.*

**aludido, -a** *adj.* mentionné, ée *darse por ~* se sentir concerné, se sentir visé

**aludir** *intr.* faire allusion *~ a* faire allusion à

**alumbrado** *m.* éclairage

**alumbramiento** *m.* **1** éclairage **2** accouchement, action de mettre au jour

**alumbrar** *tr.* **1** éclairer **2** accoucher, enfanter **3** *fig.* découvrir

**aluminio** *m.* aluminium

**alumno, -a** *m. -f.* élève

**alusión** *f.* allusion

**aluvión** *f.* **1** alluvion **2** *fig.* torrent

**alza** *f.* hausse *~ de los precios* hausse des prix *estar en ~* être en hausse, avoir la cote *jugar al ~* jouer à la hausse

**alzamiento** *m.* soulèvement, révolte *f.*, rébellion *f.*

**alzar** *tr.* **1** lever, élever *~ la voz* élever la voix *~ la mano a uno* lever la main sur quelqu'un **2** soulever *el viento alzaba remolinos* le vent soulevait des tourbillons **3** faire monter, hausser *~ los precios* faire monter les prix **4** soulever, ameuter

**allá** *adv.* là, là-bas *¡ ~ tú !* c'est ton affaire !, c'est ton problème !, tant pis pour toi !

**allanamiento** *m.* **1** aplanissement, nivellement *~ de las dificultades* aplanissement des difficultés **2** violation *f. ~ de morada* violation de domicile

**allanar** *tr.* **1** aplanir, niveler *~ un terreno* niveler un terrain **2** pacifier, soumettre **3** violer *~ una morada* violer un domicile

**allegado, -a** *adj.* **1** voisin, e, proche **2** *m. -f.* parent, e, proche *los allegados* les parents proches, entourage

**allí** *adv.* là *aquí y ~* ici et là *voy ~* j'y vais

**ama** *f.* maîtresse *~ de casa* maîtresse de maison *~ de llaves* gouvernante

**amabilidad** *f.* amabilité

**amable** *adj.* aimable *¿ sería usted tan ~ de... ?* auriez-vous l'amabilité de... ?

**amado, -a** *adj.* aimé, ée

**amadrinar** *tr.* être la marraine de

**amaestrar** *tr.* dresser

**amagar** *tr.* faire mine de

**amago** *m.* signe, semblant, geste *hacer ~ de* faire semblant de

**amainar** *intr.* **1** faiblir *(el viento)* **2** *fig.* se calmer, se modérer **3** *tr.* amener *(una vela)*

**amalgama** *m.* amalgame

**amalgamar** *tr.* amalgamer

**amamantar** *tr.* allaiter

**amancebarse** *pr.* vivre en concubinage

**amanecer** *impers.* **1** commencer à faire jour *amanece* le jour se lève **2** *intr.* arriver au lever du jour, à l'aube *amanecimos en el Escorial* nous sommes arrivés à l'Escurial au lever du jour

**amanecer** *m.* aube *f.*, lever du jour *al ~* au lever du jour, à l'aube

**amanerado, -a** *adj.* maniéré, ée

**amaneramiento** *m.* affectation *f.*

**amansar** *tr.* **1** apprivoiser, dompter, *fig.* calmer **2** s'apprivoiser, se calmer

**amante** *adj.* qui aime, ami, ie, amant, e ∼ *de las artes* ami des arts

**amante** *m.* amant

**amante** *f.* maîtresse, amie

**amañar** *tr.* **1** truquer **2** *pr.* se débrouiller, s'arranger

**amapola** *f.* coquelicot *m.*

**amar** *tr.* aimer

**amargar** *intr.* **1** avoir un goût amer **2** *tr.* donner un goût amer **3** *fig.* rendre amer, ère, aigrir, empoisonner, gâcher *eso me amarga la vida* ça me gâche la vie, ça m'empoisonne l'existence

**amargo, -a** *adj.* amer, ère *lo* ∼ l'amertume

**amargura** *f.* amertume

**amarillear** *intr.* jaunir

**amarillento, -a** *adj.* jaunâtre

**amarillo, -a** *adj.* jaune

**amarra** *f.* amarre

**amarradero** *m.* anneau d'amarrage

**amarraje** *m.* droit d'amarrage

**amasadera** *f.* pétrin

**amasar** *tr.* **1** pétrir **2** gâcher du mortier **3** amasser *(dinero)*

**amasijo** *m.* **1** pâte à pain *f.* **2** mortier

**amazacotado, -a** *adj.* lourd, e

**amatista** *f.* améthyste

**amazona** *f.* amazone

**ámbar** *m.* ambre

**ambición** *f.* ambition

**ambicionar** *tr.* ambitionner

**ambicioso, -a** *adj.* ambitieux, euse

**ambientación** *f.* **1** ambiance *luces de* ∼ lumières d'ambiance **2** bruitage *m.* *(filme)*

**ambiental** *adj.* **1** de l'environnement *problema* ∼ problème de l'environnement **2** d'ambiance *luces ambientales* lumières d'ambiance

**ambientar** *tr.* **1** créer une ambiance **2** s'adapter, s'habituer *le cuesta ambientarse* il a du mal à s'adapter

**ambiente** *m.* **1** ambiance, climat *hay un buen* ∼ il y a une bonne ambiance **2** atmosphère *f.* ∼ *irrespirable* atmosphère irrespirable **3** air ambiant **4** milieu *en los ambientes intelectuales* dans les milieux intellectuels

**ambiente** *adj.* ambiant, e *el medio* ∼ l'environnement

**ambigüedad** *f.* ambiguïté

**ambiguo, -a** *adj.* ambigu, uë

**ámbito** *m.* **1** domaine, espace, cadre *en el* ∼ *de* dans le cadre de **2** milieu *en los ámbitos científicos* dans les milieux scientifiques **3** secteur *el* ∼ *público* le secteur public

**ambivalencia** *f.* ambivalence

**ambivalente** *adj.* ambivalent, e

**ambos, -as** *adj.* **1** les deux **2** *pron. pl.* tous les deux, toutes les deux, tous deux, toutes deux ∼ *daban un paseo* tous deux se promenaient

**ambulancia** *f.* ambulance ∼ *de correos* bureau de poste ambulant

**ambulatorio** *m.* dispensaire, centre de soin de la Sécurité sociale

**ambulatorio, -a** *adj.* ambulatoire

**amedrentar** *tr.* **1** effrayer, intimider **2** *pr.* s'effrayer

**amén** *m.* amen ∼ *de* en plus de

**amenaza** *f.* menace

**amenazador, -ora** *adj.* menaçant, e

**amenazar** *tr.* menacer ∼ *con* menacer de

**amenizar** *tr.* égayer, animer ∼ *la fiesta* animer la fête

**ameno, -a** *adj.* agréable

**americana** *f.* veston *m.*

**americanismo** *m.* américanisme

**americanista** *m.* *-f.* américaniste

**americano, -a** *adj.* **1** américain, e **2** *m.* *-f.* Américain, e

**ametralladora** *f.* mitrailleuse, mitraillette

**ametrallar** *tr.* mitrailler

**amianto** *m.* amiante

**amiga** *f.* amie

**amigable** *adj.* amiable *atestado* ∼ constat à l'amiable

**amigablemente** *adv.* à l'amiable

**amígdala** *f.* amygdale

**amigo, -a** *m.* *-f.* **1** ami, ie *es un* ∼ *mío* c'est un de mes amis **2** *adj.* ami, ie, amateur de *tener cara de pocos amigos* faire la tête, faire grise mine

**amiguete** *m.* copain

**aminorar** *tr.* diminuer ∼ *la marcha* ralentir

**amistad** *f.* **1** amitié *le tengo mucha* ∼ j'ai beaucoup d'amitié pour lui **2** ami, ie, connaissance, relation *tener muchas amistades* avoir beaucoup d'amis, de connaissances

**_anal_**

**amistoso, -a** _adj._ amical, e

**amnesia** _f._ amnésie

**amnésico, -a** _adj. -s._ amnésique

**amnistía** _f._ amnistie

**amnistiar** _tr._ amnistier

**amo** _m._ **1** maître _un perro y su_ ~ un chien et son maître **2** propriétaire _el_ ~ _del bar_ le propriétaire du bar

**amodorrarse** _pr._ s'assoupir

**amojonamiento** _m._ bornage

**amojonar** _tr._ borner, mettre des bornes

**amolador** _m._ rémouleur

**amolar** _tr._ **1** aiguiser **2** _fig._ embêter, casser les pieds

**amoldar** _tr._ **1** mouler, adapter, conformer **2** _pr._ s'adapter, se mettre dans le moule

**amonedar** _tr._ monnayer

**amonestación** _f._ admonestation, blâme _m._, réprimande

**amonestaciones** _f. pl._ bans _m. pl._ _correr las_ ~ publier les bans

**amonestar** _tr._ **1** faire une remontrance, une réprimande, blâmer **2** publier les bans

**amoniaco** _m._ ammoniaque

**amontillado** _m._ vin de Xerès très sec

**amontonamiento** _m._ amoncellement, entassement

**amontonar** _tr._ **1** amonceler, entasser **2** _pr._ s'amonceler, s'entasser

**amor** _m._ amour _al_ ~ _de la lumbre_ au coin du feu _el_ ~ _a la patria_ l'amour de la patrie ~ _propio_ amour-propre

**amoral** _adj._ amoral, e

**amoratado, -a** _adj._ violacé, ée

**amordazar** _tr._ bâillonner, museler

**amorfo, -a** _adj._ amorphe

**amoroso, -a** _adj._ amoureux, euse, tendre

**amortajar** _tr._ ensevelir, mettre dans un linceul

**amortiguador** _m._ amortisseur

**amortiguador, -ora** _adj._ qui amortit

**amortiguación** _f._ amortissement _m._, atténuation

**amortiguar** _tr._ **1** amortir ~ _un sonido_ amortir un son **2** _pr._ s'amortir

**amortizable** _adj._ amortissable

**amortización** _f._ amortissement _m._

**amortizar** _tr._ amortir ~ _una deuda_ amortir une dette

**amotinado, -a** _adj. -s._ insurgé, ée, mutiné, ée

**amotinar** _tr._ **1** soulever, provoquer une mutinerie **2** _pr._ se soulever, se révolter, se mutiner

**amovible** _adj._ amovible

**amparar** _tr._ **1** protéger, défendre **2** s'appuyer sur _se ampara en lo escrito_ il s'appuie sur ce qui est écrit **3** se réfugier, s'abriter _ampararse en una ley_ s'abriter derrière une loi

**amparo** _m._ **1** protection _f._ **2** refuge, abri _estar al_ ~ _de_ être à l'abri de **3** soutien, appui _el_ ~ _de un amigo_ le soutien d'un ami

**amperio** _m._ ampère

**ampliación** _f._ **1** agrandissement _m._ ~ _de una foto_ agrandissement d'une photo **2** élargissement _m._ ~ _de una calle_ élargissement d'une rue **3** augmentation ~ _de plantilla_ augmentation du personnel ~ _de capital_ augmentation de capital

**ampliable** _adj._ que l'on peut agrandir ou élargir

**ampliador** _m._ agrandisseur

**ampliar** _tr._ **1** agrandir ~ _una foto_ agrandir une photo **2** élargir ~ _una calle_ élargir une rue **3** augmenter ~ _el capital_ augmenter le capital **4** _pr._ s'agrandir, s'élargir, augmenter

**amplificación** _f._ amplification

**amplificador** _m._ ampli _(alta fidelidad)_

**amplificador, -ora** _adj._ amplificateur, trice

**amplificar** _tr._ **1** amplifier, agrandir **2** _pr._ s'amplifier, s'agrandir

**amplio, -a** _adj._ ample, large

**amplitud** _f._ **1** amplitude, ampleur **2** étendue ~ _del desastre_ l'étendue du désastre **3** envergure, largeur ~ _de ideas_ largeur d'esprit

**ampolla** _f._ ampoule

**ampuloso, -a** _adj._ ampoulé, ée _estilo ampuloso_ style ampoulé

**amputación** _f._ amputation

**amputar** _tr._ amputer

**amueblar** _tr._ meubler

**amuleto** _m._ amulette _f._

**amurallar** _tr._ entourer de murailles

**anacrónico, -a** _adj._ anachronique

**anacronismo** _m._ anachronisme

**anáfora** _f._ anaphore

**anagrama** _m._ anagramme

**anal** _adj._ anal, e

**anales** *m. pl.* annales *f. pl.*

**analfabetismo** *m.* analphabétisme

**analfabeto, -a** *adj.* analphabète

**analgésico, -a** *adj.* analgésique

**análisis** *m.* analyse *f.*

**analista** *m. -f.* analyste ~ *progra-mador* analyste programmeur

**analítico, -a** *adj.* analytique

**analizar** *tr.* 1 analyser 2 *pr.* s'analyser

**analogía** *f.* analogie

**análogo, -a** *adj.* analogue

**anaquel** *m.* étagère *f.*, rayon

**anaranjado, -a** *adj.* 1 orangé, ée, orange *vestido* ~ robe orange 2 *m.* orange

**anarquía** *f.* anarchie

**anárquico, -a** *adj.* anarchique

**anarquismo** *m.* anarchisme

**anarquista** *adj. -s.* anarchiste

**anatema** *m.* anathème

**anatomía** *f.* anatomie

**anatómico, -a** *adj.* anatomique

**ancas** *f. pl.* croupe *a* ~ en croupe ~ *de rana* cuisses de grenouille

**ancestral** *adj.* ancestral, e

**anciano, -a** *adj.* 1 âgé, ée, vieux, vieille 2 *m. -f.* vieillard, vieille femme

**ancla** *f.* ancre

**ancladero** *m.* ancrage, mouillage

**anclaje** *m.* ancrage, mouillage, droit de mouillage

**anclar** *tr. -intr.* 1 ancrer, mouiller 2 *pr.* s'ancrer

**áncora** *f.* ancre

**ancho, -a** *adj.* large *a lo largo y a lo* ~ en long et en large *estar a sus anchas* être à l'aise *quedarse tan* ~ *fig. fam.* ne pas s'en faire, ne pas se casser la tête

**anchoa** *f.* anchois *m.*

**anchura** *f.* largeur, ouverture ~ *de miras* ouverture d'esprit *tener* ~ *de miras* avoir les idées larges ~ *de espaldas* carrure

**andada** *f.* longue marche *fig. fam. volver a las andadas* retomber dans les mêmes erreurs, donner dans le même piège

**andaluz, -uza** *adj.* 1 andalou, ouse 2 *m. -f.* Andalou, ouse

**andamiaje** *m.* échafaudage

**andamio** *m.* échafaudage

**andanada** *f.* 1 bordée 2 *fig.* bordée ~ *de injurias* bordée d'injures

**¡ andando !** *interj.* en avant !

**andante** *m.* 1 andante 2 *adj.* errant, e *caballero* ~ chevalier errant

**andanza** *f.* 1 aventure 2 fortune *buena* ~ bonne fortune

**andar** *intr.* 1 marcher *andamos rápido* nous marchons rapidement 2 être ~ *bien vestido* être bien habillé ~ *en tratos* être en pourparlers ~ *muy ata-reado* être très affairé 3 s'occuper de ~ *en negocios* s'occuper d'affaires 4 hanter *dime con quien andas y te diré quien eres* dis-moi qui tu hantes et je te dirai qui tu es 5 aller ~ *por los treinta años* aller sur ses trente ans 6 aller, se porter *¿ qué tal anda el enfermo ?* comment se porte le malade ? 7 parcourir *el camino andado* le chemin parcouru ~ + *gér.* = être en train de *anda escribiendo una novela* il est en train d'écrire un roman *¡ anda ya !* *interj.* allons donc ! *andarse con* user de, employer, faire *andarse con ceremo-nias* faire des manières *no andarse con rodeos* ne pas y aller par quatre chemins

**andar** *m.* 1 démarche *f. su andar es airoso* sa démarche est gracieuse 2 marche *f. el* ~ *es bueno para la salud* la marche est bonne pour la santé

**andariego, -a** *adj.* bon marcheur, bonne marcheuse, flâneur, euse

**andas** *f. pl.* brancard *m. sing.*

**andén** *m.* quai

**andino, -a** *adj.* andin, e

**andrajo** *m.* guenille *f.*, haillon *estar hecho un* ~ être en loques

**andrajoso, -a** *adj.* déguenillé, ée, en haillons, loqueteux, euse

**andrógino, -a** *adj. -s.* androgyne

**andurriales** *m. pl.* coin perdu *m.*

**anécdota** *f.* anecdote

**anegar** *tr.* 1 inonder *(un terreno)* 2 noyer 3 *pr.* s'inonder 4 se noyer *anegarse en el llanto* fondre en larmes

**anejar** *tr.* annexer

**anejo, -a** *adj.* annexe

**anemia** *f.* anémie

**anémico, -a** *adj.* anémique, ané-mié, ée

**anémona** *f.* anémone

**anestesia** *f.* anesthésie

**anestesiar** *tr.* anesthésier

**anestesista** *m. -f.* anesthésiste

**aneurisma** *m.* anévrisme

**anexar** *tr.* annexer

**anexión** *f.* annexion

**anexionar** *tr.* annexer

**anexo, -a** *adj.* annexe *m.* annexe *f.*

**anfibio, -a** *adj.* amphibie

**anfiteatro** *m.* amphithéâtre

**ánfora** *f.* amphore

**angarillas** *f. pl.* brancard *m. sing.*

**ángel** *m.* **1** ange ~ *caído* ange déchu **2** *fig.* charme *tener* ~ avoir du charme

**angelical** *adj.* angélique

**angelote** *m.* angelot

**angina** *f.* angine *tener anginas* avoir une angine

**anglicano, -a** *adj.* anglican, e

**anglicismo** *m.* anglicisme

**anglicista** *m. -f.* angliciste

**anglofilia** *f.* anglophilie

**anglomanía** *f.* anglomanie

**anglosajón, -ona** *adj.* anglo-saxon, onne

**angosto, -a** *adj.* étroit, e

**angostura** *f.* étroitesse

**anguila** *f.* anguille ~ *de mar* congre

**angula** *f.* civelle

**angulación** *f.* angle de prise de vue *m.*

**angular** *adj.* angulaire *piedra* ~ pierre angulaire

**ángulo** *m.* angle

**anguloso, -a** *adj.* anguleux, euse

**angustia** *f.* angoisse *dar* ~ angoisser, rendre malade *eso me da* ~ cela me rend malade

**angustiado, -a** *adj. -s.* angoissé, ée, anxieux, euse

**angustiar** *tr.* **1** angoisser **2** *pr.* s'angoisser

**angustioso, -a** *adj.* angoissant, e

**anhelante** *adj.* **1** essoufflé, ée, haletant, e **2** *fig.* désireux, euse

**anhelar** *tr.* **1** aspirer à, désirer avec force, avec ardeur, souhaiter *anhela terminar su carrera* il aspire à terminer ses études **2** *intr.* haleter

**anidar** *intr.* **1** nicher, faire son nid **2** *pr.* se nicher

**anilina** *f.* aniline

**anilla** *f.* anneau, anneaux *pl. (de gimnasia)*

**anillo** *m.* **1** anneau, bague *f.* **2** alliance *f.* ~ *de oro* alliance en or *venir como* ~ *al dedo* tomber à pic *esto me viene como* ~ *al dedo* cela me va comme un gant

**ánima** *f.* âme

**animación** *f.* animation

**animado, -a** *adj.* **1** animé, ée *dibujos animados* dessins animés **2** plein, e d'entrain *chica animada* fille pleine d'entrain **3** encouragé, ée **4** en forme *estoy más animada* je suis plus en forme

**animador, -ora** *adj. -s.* animateur, trice

**animal** *m.* **1** animal **2** *fig.* brute *¡ qué* ~ *!* quelle brute **3** *adj.* animal, e *el mundo* ~ le monde animal

**animalada** *f.* ânerie, bêtise, sottise *no hace más que animaladas* il ne fait que des sottises

**animar** *tr.* **1** animer ~ *la fiesta* animer la fête **2** encourager, donner du courage ~ *a un amigo* encourager un ami **3** *pr.* prendre courage, se secouer *tienes que animarte* tu dois prendre courage, te secouer ~ *a* se décider à *¡ anímate ! interj.* allons, courage !

**ánimo** *m.* **1** esprit *presencia de* ~ présence d'esprit **2** courage *¡ ánimo ! interj.* courage ! *dar ánimos* donner du courage *no tener ánimos para* ne pas avoir le courage de

**animosidad** *f.* animosité

**aniñado, -a** *adj.* enfantin, e

**aniquilamiento** *m.* anéantissement

**aniquilar** *tr.* anéantir, annihiler

**anís** *m.* anis, anisette *f.* ~ *estrellado* anis étoilé

**aniversario** *m.* anniversaire

**ano** *m.* anus

**anoche** *adv.* hier soir

**anochecer** *intr. impers.* commencer à faire nuit *anochece* la nuit tombe, il commence à faire nuit *al* ~ à la tombée de la nuit

**anochecer** *m.* crépuscule, tombée de la nuit *f. al* ~ à la tombée de la nuit

**anodino, -a** *adj.* anodin, e

**anomalía** *f.* anomalie

**anonadar** *tr.* anéantir

**anonimato** *m.* anonymat

**anónimo, -a** *adj.* anonyme *sociedad anónima* société anonyme

**anónimo** *m.* **1** anonymat *m.* *conservar el* ∼ garder l'anonymat **2** lettre anonyme *f.*

**anoraka** *f.* ou **anorak** *m.* anorak *m.*

**anorexia** *f.* anorexie

**anormal** *adj.* anormal, e

**anotación** *f.* annotation, note

**anotar** *tr.* **1** annoter **2** noter, prendre note

**anquilosar** *tr.* **1** ankyloser **2** *pr.* s'ankyloser

**ánsar** *m.* oie *f.*

**ansia** *f.* **1** angoisse, anxiété **2** soif, désir ardent *m.* ∼ *de libertad* soif de liberté

**ansiar** *tr.* convoiter, désirer ardemment

**ansiedad** *f.* anxiété, angoisse

**antagónico, -a** *adj.* antagonique

**antagonismo** *m.* antagonisme

**antagonista** *adj.* *-s.* antagoniste

**antaño** *adv.* autrefois, jadis

**antártico, -a** *adj.* antarctique

**ante** *m.* **1** élan **2** daim *un abrigo de* ∼ un manteau en daim

**ante** *prép.* devant ∼ *todo* avant tout ∼ *notario* par-devant notaire

**anteanoche** *adv.* avant-hier soir

**anteayer** *adv.* avant-hier

**antebrazo** *m.* avant-bras

**antecámara** *f.* antichambre

**antecedente** *adj.* **1** antécédent, e **2** *m.* précédent *antecedentes penales m. pl.* casier judiciaire *m. pl.*

**antedata** *f.* antidate *poner* ∼ antidater

**antedatar** *tr.* antidater

**antefechar** *tr. amer.* antidater

**antefirma** *f.* formule de politesse en fin de lettre

**antelación** *f.* anticipation *con* ∼ à l'avance, par anticipation

**antemano (de)** *loc. adv.* à l'avance, d'avance

**antena** *f.* antenne ∼ *parabólica* antenne parabolique

**anteojo** *m.* lunette *f.* ∼ *de larga vista* longue-vue

**antepasado** *m.* ancêtre *los antepasados* les aïeux

**antepecho** *m.* garde-fou, parapet

**antepenúltimo, -a** *adj.* antépénultième

**anteponer** *tr.* mettre devant, faire passer avant, préférer

**anteproyecto** *m.* avant-projet

**anterior** *adj.* antérieur, e, précédent, e

**anterioridad** *f.* antériorité *con* ∼ antérieurement

**anteriormente** *adv.* antérieurement, auparavant

**antes** *adv.* avant *llegó antes* il arriva avant *el día* ∼ le jour d'avant ∼ *de poco* avant peu ∼ *de que llegue* avant qu'il n'arrive *mucho* ∼ *que él* bien avant lui *cuanto* ∼ le plus tôt possible, au plus tôt ∼ *morir que no poder viajar* plutôt mourir que ne pas pouvoir voyager

**antesala** *f.* antichambre *hacer* ∼ faire antichambre

**antiaéreo, -a** *adj.* antiaérien, ienne

**antibala** *adj.* pare-balles *chaleco* ∼ gilet pare-balles

**antibiótico** *m.* antibiotique

**anticaspa** *adj.* antipelliculaire

**anticiclón** *m.* anticyclone

**anticipación** *f.* anticipation *con* ∼ à l'avance, d'avance, par anticipation

**anticipado, -a** *adj.* anticipé, ée

**anticipar** *tr.* **1** avancer ∼ *dinero* avancer de l'argent **2** devancer ∼ *la fecha* devancer la date **3** *pr.* devancer, dépasser *anticiparse a su siglo* devancer son siècle

**anticipo** *m.* avance *f.*, acompte *dar un* ∼ faire une avance

**anticlericalismo** *m.* anticléricalisme

**anticomunismo** *m.* anticommunisme

**anticoncepción** *f.* contraception

**anticonceptivo, -a** *adj.* **1** contraceptif, ive **2** *m.* contraceptif

**anticonformismo** *m.* anticonformisme

**anticonformista** *adj.* *-s.* anticonformiste

**anticongelante** *m.* antigel

**anticonstitucional** *adj.* anticonstitutionnel, elle

**anticuado, -a** *adj.* vieilli, ie, démodé, ée, dépassé, ée

**anticuario, -a** *m. f.* antiquaire

**anticuerpo** *m.* anticorps

**antidepresor** *m.* antidépresseur

**antideslizante** *adj.* antidérapant, e *suelas antideslizantes* semelles antidérapantes

**antídoto** m. antidote

**antifaz** m. masque

**antigás** adj. à gaz *máscara* ~ masque à gaz

**antigualla** f. antiquaille, objet démodé, m. vieillerie

**antiguamente** adv. anciennement

**antigüedad** f. 1 Antiquité, antiquité *tienda de antigüedades* magasin d'antiquités 2 ancienneté *de poca* ~ de peu d'ancienneté *ascenso por* ~ avancement à l'ancienneté

**antiguo, -a** adj. ancien, ienne *mueble antiguo* meuble ancien *a lo antiguo* à l'antique *a la antigua* à l'ancienne *de* ~ depuis longtemps *estar chapado a la antigua* être vieux jeu

**antiinflacionista** adj. anti-inflationniste

**antiinflamatorio, -a** adj. 1 anti-inflammatoire 2 m. anti-inflammatoire

**antílope** m. antilope f.

**antillano, -a** adj. 1 antillais, e 2 m. -f. Antillais, e

**antiniebla** adj. antibrouillard *luces* ~ phares antibrouillard

**antioxidante** adj. antirouille

**antipatía** f. antipathie

**antipático, -a** adj. antipathique

**antirreflejo** adj. antireflet

**antirrobo** m. antivol

**antisemita** adj. -s. antisémite

**antisemitismo** m. antisémitisme

**antiséptico, -a** adj. 1 antiseptique 2 m. antiseptique

**antitanque** m. antichar

**antitrust** adj. antitrust

**antítesis** f. antithèse

**antojadizo, -a** adj. capricieux, euse

**antojarse** pr. 1 avoir envie *se le antojó salir* il eut envie de sortir 2 paraître, sembler *se me antoja que va a llover* il me semble qu'il va pleuvoir

**antojo** m. caprice *vivir a su* ~ vivre à sa guise

**antología** f. anthologie

**antonomasia (por)** loc. adv. par définition

**antorcha** f. torche, flambeau m.

**antro** m. antre

**antropología** f. anthropologie

**antropólogo, -a** m. -f. anthropologue

**anual** adj. annuel, elle

**anualidad** f. annualité, annuité

**anuario** m. annuaire

**anubarrado, -a** adj. nuageux, euse

**anublar** tr. 1 couvrir 2 pr. se couvrir (le ciel)

**anudar** tr. nouer, renouer

**anulación** f. annulation

**anular** m. annulaire

**anular** tr. 1 annuler 2 pr. s'annuler

**anunciante** m. annonceur

**anunciar** tr. 1 annoncer 2 faire de la publicité ~ *en televisión* faire de la publicité à la télévision *producto anunciado en televisión* produit dont on fait la publicité à la télévision

**anuncio** m. 1 annonce f. *los anuncios por palabras* les petites annonces 2 affiche f., enseigne f. 3 réclame f., publicité f. *un* ~ *en televisión* une publicité à la télévision

**anverso** m. avers (de una medalla), recto (de una hoja)

**anzuelo** m. hameçon *tragarse el* ~ mordre à l'hameçon, tomber dans le piège

**añadido, -a** adj. ajouté, ée *impuesto al valor* ~ (IVA) taxe à la valeur ajoutée

**añadidura** f. addition, supplément *por* ~ par surcroît, par-dessus le marché, en outre

**añadir** tr. 1 ajouter 2 pr. s'ajouter

**añejo, -a** adj. vieux, vieille *vino* ~ vin vieux

**añicos** m. pl. miettes f. pl. petits morceaux *hacer* ~ réduire en miettes

**año** m. 1 an *tiene diez años* il a dix ans ~ *nuevo* nouvel an *día de Año Nuevo* le jour de l'an 2 année f. ~ *civil* année civile ~ *entrante* année qui commence 3 âge *a mis años* à mon âge *entrado en años* d'un âge avancé *en lo que va de* ~ cette année, depuis le début de l'année

**añoranza** f. nostalgie *tener* ~ *de un país* avoir la nostalgie d'un pays

**añorar** tr. regretter, avoir la nostalgie de

**apabullante** adj. sidérant, e

**apabullar** tr. 1 aplatir, écraser 2 fig. sidérer

**apacentamiento** m. pâturage

**apacentar** tr. 1 paitre, faire paitre 2 fig. nourrir 3 pr. paitre, se repaitre

**apacible** adj. paisible, calme, tranquille

**apaciguamiento** *m.* apaisement

**apaciguar** *tr.* **1** apaiser, calmer **2** *pr.* s'apaiser, se calmer

**apache** *adj. -s.* apache

**apadrinamiento** *m.* parrainage

**apadrinar** *tr.* **1** parrainer, être le parrain de ~ *a una niña* être le parrain d'une petite fille **2** être le témoin de mariage *apadrino a mi prima* je suis le témoin de mariage de ma cousine

**apagado, -a** *adj.* **1** éteint, e *luz apagada* lumière éteinte **2** terne *color* ~ couleur terne **3** effacé, ée *(persona)*, étouffé, ée *(ruido)*

**apagar** *tr.* **1** éteindre ~ *la luz* éteindre la lumière **2** étouffer *(ruido)* **3** adoucir, apaiser, atténuer ~ *los colores* amortir les couleurs ~ *la sed* étancher la soif

**apagavelas** *m.* éteignoir

**apagón** *m.* coupure de courant *f.*

**apalabrar** *tr.* convenir verbalement ~ *una cita* décider d'un rendez-vous

**apalancar** *tr.* soulever à l'aide d'un levier, faire levier

**apalear** *tr.* rosser, donner des coups de bâton

**apañado, -a** *adj.* adroit, habile *fig.* *¡ estamos apañados !* nous voilà bien !

**apañarse** *pr.* s'arranger, se débrouiller *siempre se las apaña para no hacer nada* il se débrouille toujours pour ne rien faire

**aparador** *m.* **1** buffet ~ *de comedor* buffet de salle à manger **2** vitrine *f.*

**aparato** *m.* appareil ~ *de radio* poste de radio

**aparatoso, -a** *adj.* pompeux, euse, spectaculaire

**aparcamiento** *m.* **1** stationnement **2** parking, place de stationnement *f.*

**aparcar** *tr.* **1** garer ~ *la moto* garer la moto **2** *intr.* se garer, stationner *prohibido* ~ défense de stationner

**aparcería** *f.* métayage

**aparcero, -a** *m. -f.* métayer, ère

**aparecer** *intr.* **1** apparaître, paraître **2** *pr.* apparaître, paraître *hace mucho que no aparece por aquí* il y a longtemps qu'il ne vient pas ici

**aparejador** *m.* assistant d'un architecte, aide-architecte

**aparejo** *m.* **1** attirail, matériel **2** harnais *(de un caballo)*

**aparentar** *tr.* **1** feindre, faire semblant de *aparenta tristeza* il fait semblant d'être triste **2** faire *aparenta los años que tiene* il fait son âge

**aparente** *adj.* apparent, e

**aparentemente** *adv.* apparemment

**aparición** *f.* **1** apparition **2** parution *(de una publicación)*

**apariencia** *f.* apparence

**apartado, -a** *adj.* écarté, ée, éloigné, ée *barrio* ~ quartier éloigné *mantenerse apartado* se tenir à l'écart

**apartado** *m.* **1** boîte postale *f.* ~ *de correos nº 7* boîte postale nº 7 **2** alinéa

**apartadero** *m.* gare de triage *f.*

**apartadora** *f.* trieuse

**apartamento** *m.* petit appartement, appartement

**apartar** *tr.* **1** écarter, éloigner ~ *del fuego* éloigner du feu **2** détourner ~ *del camino* détourner du chemin ~ *la vista* détourner le regard **3** retirer **4** *pr.* s'écarter, s'éloigner, se détourner, se pousser *apártate un poco, que no tengo sitio* pousse-toi un peu car je n'ai pas de place

**aparte** *m.* **1** aparté **2** alinéa *punto y* ~ point à la ligne

**aparte** *adv.* **1** de côté *dejar* ~ laisser de côté **2** à part ~ *de* mis à part

**apasionado, -a** *adj.* passionné, ée, ardent, e

**apasionamiento** *m.* passion *f.*

**apasionante** *adj.* passionnant

**apasionar** *tr.* passionner, se passionner

**apático, -a** *adj.* apathique

**apátrida** *adj. -s.* apatride

**apeadero** *m.* halte *f.*, petite gare *f.*

**apear** *tr.* **1** faire descendre ~ *a los pasajeros* faire descendre les voyageurs **2** *pr.* descendre *(de un vehículo, de un medio de transporte) apearse del camión* descendre du camion

**apechugar** *tr.* **1** *fam.* s'appuyer **2** *pr.* *fam.* se coltiner ~ *con todo el trabajo* se coltiner tout le travail **3** affronter

**apedrear** *tr.* **1** lapider **2** *intr.* grêler

**apedreo** *m.* lapidation *f.*

**apego** *m.* affection *f.*, attachement *le tengo* ~ *a este país* j'ai de l'attachement pour ce pays

**apelable** *adj.* susceptible d'appel

**apelación** *f.* appel *m.*, recours *m.* *interponer una* ~ faire appel

***aportación***

**apelar** *intr.* **1** faire appel **2** en appeler à, s'en remettre à ~ *a su juicio* s'en remettre à son jugement ~ *a* avoir recours à ~ *a la publicidad* avoir recours à la publicité

**apelativo** *m.* nom, appellation *f.*

**apellidar** *tr.* **1** nommer, dénommer **2** *pr.* s'appeler, se nommer *¿cómo te apellidas?* quel est ton nom de famille ?

**apellido** *m.* nom de famille

**apenas** *adv.* à peine, presque pas

**apéndice** *m.* appendice

**apendicitis** *f.* appendicite

**apergaminado, -a** *adj.* parcheminé, ée, frippé, ée

**apergaminarse** *pr.* se fripper, se racornir

**aperitivo** *m.* apéritif

**apero** *m.* **1** matériel agricole **2** *pl.* outils *pl.*, matériel **3** bête de somme *f.*

**apertura** *f.* ouverture ~ *de curso* rentrée des classes, rentrée scolaire

**aperturista** *adj.* **1** réformateur, trice, d'ouverture *política* ~ politique d'ouverture **2** *m. -f.* réformateur, trice, partisan, e de l'ouverture

**apesadumbrar** *tr.* **1** chagriner, attrister **2** *pr.* s'attrister

**apestar** *intr.* puer, empester

**apetecer** *intr.* faire envie, avoir envie *no me apetece salir esta noche* je n'ai pas envie de sortir ce soir

**apetecible** *adj.* désirable

**apetito** *m.* appétit *tener buen* ~ avoir un bon appétit

**apetitoso** *adj.* appétissant, e

**apiadar** *tr.* **1** apitoyer **2** *pr.* s'apitoyer

**ápice** *m.* extrémité *f.*, pointe *f. no falta un* ~ il n'y manque rien *ni un* ~ pas le moins du monde

**apicultor, -ora** *m. -f.* apiculteur, trice

**apilar** *tr.* empiler, entasser, mettre en piles

**apiñado, -a** *adj.* entassé, ée, tassé, ée, serré, ée *gente apiñada en el tren* gens entassés dans le train

**apiñamiento** *m.* entassement

**apiñar** *tr.* **1** entasser, empiler, serrer **2** *pr.* s'entasser ~ *en el metro* s'entasser dans le métro

**apio** *m.* céleri

**apisonadora** *f.* rouleau compresseur *m.*

**aplacamiento** *m.* apaisement

**aplacar** *tr.* **1** apaiser, calmer ~ *la cólera* apaiser la colère **2** *pr.* s'apaiser, se calmer

**aplanar** *tr.* aplanir

**aplastamiento** *m.* aplatissement

**aplastar** *tr.* **1** aplatir, écraser **2** *pr.* s'aplatir, s'écraser

**aplaudir** *intr.* applaudir

**aplauso** *m.* applaudissement *con el* ~ *de* avec les félicitations de

**aplazamiento** *m.* **1** ajournement, renvoi ~ *de la reunión* renvoi de la réunion **2** citation *f. (en justicia)*

**aplazar** *tr.* **1** ajourner, remettre à plus tard, renvoyer ~ *la reunión* remettre la réunion à plus tard **2** citer *(en justicia)*

**aplicable** *adj.* applicable

**aplicación** *f.* application

**aplicado, -a** *adj.* appliqué, ée, studieux, euse *alumno* ~ élève studieux

**aplicar** *tr.* **1** appliquer **2** *pr.* s'appliquer

**aplique** *f.* applique

**aplomar** *tr.* **1** mettre d'aplomb **2** *intr.* vérifier à l'aide du fil à plomb

**aplomo** *m.* **1** aplomb **2** sérieux

**apnea** *f.* apnée

**apocado, -a** *adj.* timide

**apocalipsis** *f.* apocalypse

**apócope** *f.* apocope

**apodar** *tr.* surnommer

**apoderado** *m.* fondé de pouvoir, mandataire

**apoderar** *tr.* **1** donner une procuration, donner des pouvoirs **2** *pr.* s'emparer *se apoderó de todo el dinero* il s'empara de tout l'argent *la tristeza se apoderó de ella* la tristesse s'empara d'elle

**apodo** *m.* surnom

**apogeo** *m.* apogée *estar en el* ~ être à son apogée

**apolillarse** *pr.* être mangé, ée par les mites

**apolítico, -a** *adj.* apolitique

**apología** *f.* apologie

**apoplegía** *f.* apoplexie

**aporrear** *tr.* **1** cogner, donner des coups, frapper **2** *intr.* cogner, frapper **3** *pr.* se frapper, *fig.* s'acharner au travail, travailler beaucoup

**aportación** *f.* apport *m.* ~ *de datos* apport de données

**aportar** tr. 1 apporter, faire un apport 2 fournir, procurer ~ *informes* fournir des renseignements

**aporte** m. *amér.* apport

**aposentar** tr. 1 loger 2 pr. se loger, s'installer, descendre *aposentarse en un parador* descendre dans un parador

**aposento** m. 1 chambre f., pièce f. 2 logement

**aposición** f. apposition

**apósito** m. pansement

**apostante** m. -f. parieur, euse

**apostar** tr. -intr. 1 parier *apuesto a que* je parie que 2 pr. parier ¿ *qué te apuestas a que...?* qu'est-ce que tu paries que... ?

**apóstol** m. apôtre

**apostolado** m. apostolat

**apostólico, -a** adj. apostolique

**apostrofar** tr. apostropher

**apóstrofe** m. apostrophe

**apoteosis** f. apothéose

**apoyar** tr. 1 appuyer ~ *contra la pared* appuyer contre le mur 2 soutenir ~ *una campaña* soutenir une campagne 3 pr. s'appuyer, reposer sur

**apoyo** m. appui, soutien

**apreciable** adj. appréciable

**apreciación** f. appréciation, estimation

**apreciar** tr. 1 apprécier, estimer, évaluer 2 pr. s'apprécier, s'estimer, s'évaluer

**aprecio** m. appréciation f., estimation *le tengo mucho* ~ je l'apprécie beaucoup, je l'estime beaucoup

**apremiar** tr. 1 contraindre, astreindre 2 intr. presser *apremia el tiempo* le temps presse

**apremio** m. contrainte f.

**aprender** tr. 1 apprendre 2 pr. *se lo aprende todo de memoria* il apprend tout par cœur

**aprendiz, -a** m. -f. apprenti, ie *de brujo* apprenti sorcier *aprendiza de peluquera* apprentie coiffeuse

**aprendizaje** m. apprentissage

**aprensión** f. 1 appréhension 2 scrupule *me da* ~ *hacerle esto* j'ai scrupule à lui faire cela

**aprensivo, -a** adj. craintif, ive

**apresamiento** m. 1 capture f., saisie f. 2 arraisonnement

**apresar** tr. saisir, capturer

**apresuradamente** adv. à la hâte, en toute hâte

**apresuramiento** m. empressement ~ *en* empressement à

**apresurar** 1 hâter, presser 2 pr. se presser, se dépêcher, se hâter *apresurarse a* se hâter de

**apretar** tr. 1 serrer ~ *los dientes* serrer les dents 2 étreindre, serrer ~ *contra el pecho* serrer contre sa poitrine *me aprieta el zapato* ma chaussure me serre 3 appuyer sur ~ *el gatillo* appuyer sur la détente 4 intr. redoubler *la lluvia aprieta* la pluie redouble 5 pr. se serrer

**apretón** m. serrement, étreinte f. ~ *de manos* poignée de main

**apretujar** tr. 1 presser, serrer fortement 2 se serrer, se tasser

**aprieto** m. embarras, gêne f., situation difficile f. *salir de* ~ se tirer d'affaire

**aprisa** adv. vite

**aprisionar** tr. emprisonner, enchaîner fig.

**aprobación** f. 1 approbation 2 adoption ~ *de una solución* adoption d'une solution

**aprobado** m. mention passable f. *tuvo un* ~ il a eu la mention passable

**aprobado, -a** adj. 1 approuvé, ée *presupuesto* ~ budget approuvé 2 adopté, ée *solución aprobada* solution adoptée 3 reçu, ue à un examen

**aprobar** tr. 1 approuver 2 adopter ~ *una solución* adopter une solution 3 réussir un examen *aprobó en junio* il a réussi son examen en juin

**aprontar** tr. 1 préparer rapidement 2 verser, payer aussitôt *(una cantidad de dinero)*

**apropiación** f. appropriation

**apropiado, -a** adj. approprié, ée

**apropiar** tr. 1 approprier, adapter 2 pr. s'approprier

**aprovechable** adj. utilisable

**aprovechado, -a** m. -f. profiteur, euse

**aprovechado, -a** adj. bien employé, ée

**aprovechamiento** m. 1 parti, profit *sacar* ~ *de* tirer profit de 2 utilisation f. ~ *de los recursos humanos* utilisation des ressources humaines 3 exploitation f., mise en valeur f. ~ *turístico de los embalses* exploitation touristique des barrages

**aprovechar** *tr.* **1** profiter de, mettre à profit, utiliser *aprovecho el tiempo para leer* je mets à profit mon temps pour lire ~ *la ocasión* profiter de l'occasion **2** *intr.* profiter à, être utile, servir **3** *pr.* profiter de, tirer avantage de, tirer parti de *aprovecharse de los amigos* profiter des amis *i que aproveche !* bon appétit !

**aprovechón, -ona** *m. -f.* profiteur, euse

**aproximación** *f.* **1** approximation **2** rapprochement *m.*

**aproximadamente** *adv.* approximativement

**aproximado, -a** *adj.* approximatif, ive

**aproximar** *tr.* **1** approcher **2** *pr.* approcher *se aproximan las fiestas* les fêtes approchent *aproximarse a* s'approcher de

**aproximativo, -a** *adj.* approximatif, ive

**aptitud** *f.* aptitude

**apto, -a** *adj.* apte *película no apta para menores de 13 años* film interdit aux moins de 13 ans

**apuesta** *f.* pari

**apuesto, -a** *adj.* élégant, e

**apuntador** *m.* souffleur *(teatro)*, secrétaire de plateau *(cine)*

**apuntalamiento** *m.* **1** indication *f.*, bordereau **2** étayage

**apuntalar** *tr.* étayer

**apuntar** *tr.* **1** viser ~ *el blanco* viser le but **2** noter, prendre des notes *lo apunto en mi agenda* je le note sur mon agenda **3** *intr.* poindre *(el alba)* **4** *pr.* s'inscrire *me apunto para la fiesta* je m'inscris pour la fête

**apunte** *m.* note *f.* *tomar apuntes* prendre des notes

**apuñalar** *tr.* poignarder

**apurado, -a** *adj.* **1** gêné, ée, à court d'argent *estamos apurados* nous sommes à court d'argent **2** *amér.* pressé, ée *estoy muy apurada* je suis très pressée

**apurar** *tr.* **1** épurer **2** épuiser ~ *la paciencia* épuiser la patience **3** aller jusqu'au bout ~ *un vaso de vino* boire un verre de vin jusqu'au bout **4** *pr.* s'inquiéter, s'en faire *no se apura por nada* il ne s'en fait pas du tout, il ne s'inquiète de rien **5** *amér.* se dépêcher *i apúrate !* dépêche-toi !

**apuro** *m.* gêne *f.*, difficulté *f.*, mauvais pas, mauvais passage *dar* ~ ennuyer

*me da* ~ *decírselo* ça m'ennuie de le lui dire *esta familia está en un* ~ cette famille est dans l'embarras, traverse un moment difficile *sacar de* ~ tirer d'un mauvais pas *estar en un* ~ *de dinero* être à court d'argent

**aquel** *m.* un petit quelque chose *esta mujer tiene un* ~ cette femme a un petit quelque chose

**aquel, aquellos** *adj. dém. m. -m. pl.* ce, ces ~ *libro* ce livre, ce livre-là *aquellos chicos* ces garçons, ces garçons-là

**aquella, aquellas** *adj. dém. f. -f. pl.* cette, ces *aquellas casas* ces maisons-là

**aquél, aquéllos, aquélla, aquéllas** *pron. dém.* celui-là, ceux-là, celle-là, celles-là

**aquelarre** *m.* sabbat *(de brujos o brujas)*

**aquello** *pron. dém.* cela ~ *fue terrible* cela fut terrible

**aquí** *adv.* ici ~ *cerca* près d'ici ~ *estoy,* ~ *me quedo* j'y suis j'y reste ~ *yace* ci-gît *he* ~ voici *de* ~ *en adelante* désormais, dorénavant

**aquietar** *tr.* **1** apaiser, tranquilliser **2** *pr.* s'apaiser, se tranquilliser

**aquilatar** *tr.* **1** déterminer le titre d'or ou d'argent **2** *fig.* juger

**ara** *f.* autel *m. en aras de* au nom de

**árabe** *adj.* **1** arabe **2** *m. -f.* Arabe

**árabe** *m.* arabe

**arabesco** *m.* arabesque *f.*

**arábigo, -a** *adj.* arabe *números arábigos* chiffres arabes

**arada** *f.* **1** labourage *m.* **2** terre labourée *f.*

**arado** *m.* **1** charrue *f.* **2** labour

**aragonés, -esa** *adj.* **1** aragonais, e **2** *m. -f.* Aragonais, e

**arancel** *m.* **1** droit de douane, droit douanier **2** tarif

**arancelario, -a** *adj.* douanier, ière *barrera arancelaria* barrière douanière

**araña** *f.* **1** araignée **2** lustre *m.* *una* ~ *de bronce* un lustre de bronze

**arañar** *tr.* **1** griffer **2** *pr.* se griffer

**arañazo** *m.* coup de griffe, égratignure *f.*

**arar** *tr.* labourer

**arbitraje** *m.* arbitrage

**arbitrajista** *m. -f.* arbitragiste

**arbitral** *adj.* arbitral, e

**arbitrar** *tr.* arbitrer

**arbitrariedad** *f.* arbitraire *m.*

**arbitrario, a** *adj.* arbitraire

**arbitrio** *m.* arbitre

**árbitro** *m.* arbitre

**árbol** *m.* arbre ~ *frutal* arbre fruitier ~ *genealógico* arbre généalogique ~ *de Navidad* sapin de Noël

**arbolado, -a** *adj.* boisé, ée, planté, ée d'arbres *sitio arbolado* endroit boisé

**arbolado** *m.* 1 endroit planté d'arbres 2 bois, ensemble des arbres *chalet con* ~ *villa* avec jardin paysager

**arbolar** *tr.* arborer

**arboleda** *f.* bois *m.* bosquet *m.*

**arboricultura** *f.* arboriculture

**arbusto** *m.* arbuste

**arca** *f.* 1 coffre *m.* 2 arche *el* ~ *de Noé* l'arche de Noé

**arcada** *f.* arcade, arche *(de un puente)*

**arcaico, -a** *adj.* archaïque

**arcaísmo** *m.* archaïsme

**arcángel** *m.* archange

**arcano** *m.* arcane *los arcanos de la historia* les arcanes de l'histoire

**arce** *m.* érable

**arcén** *m.* bas-côté de la route

**arcilla** *f.* argile

**arco** *m.* 1 arc ~ *de medio punto* arc en plein cintre ~ *de triunfo* arc de triomphe 2 arc *tiro con* ~ tir à l'arc 3 archet *(de violín)*

**arcón** *m.* grand coffre

**archipiélago** *m.* archipel

**archivador** *m.* classeur

**archivar** *tr.* archiver, classer

**archivista** *m. -f.* archiviste

**archivo** *m.* archives *f. pl.*

**arder** *intr.* brûler *la casa arde* la maison brûle *fig. ¡ la cosa está que arde !* ça chauffe !, ça barde !

**ardid** *m.* ruse *f.*, stratagème

**ardiente** *adj.* ardent, e

**ardilla** *f.* écureuil *m.*

**ardor** *m.* ardeur

**arduo, -a** *m.* ardu, ue

**área** *f.* 1 aire, surface, superficie 2 aire ~ *de esparcimiento* aire de détente, de repos 3 zone ~ *del dólar* zone dollar

**arena** *f.* sable *m.*

**arengar** *tr.* haranguer

**arenoso, -a** *adj.* sablonneux, euse

**arenque** *m.* hareng

**arete** *m.* anneau, boucle d'oreille *f.*

**argamasa** *f.* mortier

**argelino, -a** *adj.* 1 algérien, ienne 2 *m. -f.* Algérien, ienne

**argentino, -a** *adj.* 1 argentin, e 2 *m. -f.* Argentin, e

**argolla** *f.* anneau *m.*, carcan *m.*

**argot** *m.* argot

**argótico, -a** *adj.* argotique

**argüir** *tr.* 1 arguer, démontrer, prouver 2 *intr.* argumenter

**argumentación** *f.* argumentation

**argumentar** *intr. -tr.* argumenter

**argumento** *m.* 1 argument 2 sujet *el* ~ *de la novela* le sujet du roman

**aridez** *f.* aridité

**árido, -a** *adj.* aride

**arisco, -a** *adj.* 1 farouche, sauvage *niña arisca* fillette sauvage 2 revêche *carácter* ~ caractère revêche

**arista** *f.* arête

**aristocracia** *f.* aristocratie

**aristócrata** *m. -f.* aristocrate

**aristocrático, -a** *adj.* aristocratique

**aritmética** *f.* arithmétique

**aritmético, -a** *adj.* arithmétique

**arlequín** *m.* arlequin

**arma** *f.* arme ~ *de dos filos* arme à deux tranchants *descansar las armas* déposer les armes *rendir las armas* rendre les armes *ser de armas tomar* être gratiné, ée, ne pas avoir froid aux yeux

**armada** *f.* flotte

**armado, -a** *adj.* armé, ée *cemento armado* ciment armé

**armador** *m.* armateur

**armadura** *f.* 1 armure 2 monture

**armamentismo** *m.* course à l'armement *f.*

**armamentista** *adj.* qui a rapport à l'armement *carrera* ~ course à l'armement

**armamento** *m.* armement

**armar** *tr.* 1 armer ~ *a un país* armer un pays 2 faire ~ *ruido* faire du bruit ~ *jaleo* faire du tapage ~ *escándalo* faire toute une histoire, faire un scandale 3 organiser, préparer, tramer ~ *una trampa* tendre un piège 4 *pr.* s'armer ; éclater, se produire *se armó un escándalo* cela a fait toute une histoire

**armario** *m.* armoire *f.,* placard ~ *empotrado* placard encastré

**armatoste** *m.* objet encombrant

**armazón** *f.* 1 armature *f.* 2 charpente *f.* ~ *metálica* charpente métallique 3 carcasse *f.*

**armenio, -a** *adj.* 1 arménien, ienne 2 *m. -f.* Arménien, ienne

**armería** *f.* armurerie

**armero** *m.* armurier

**armiño** *m.* hermine *f.*

**armisticio** *m.* armistice

**armonía** *f.* harmonie

**armónico, -a** *adj.* harmonique

**armonización** *f.* harmonisation

**armonizar** *tr.* 1 harmoniser 2 *pr.* s'harmoniser

**arnés** *m.* harnais

**aro** *m.* cercle, anneau, bague *f.* fig. *entrar, pasar por el* ~ s'incliner, se soumettre

**aroma** *m.* arôme, parfum

**aromático, -a** *adj.* aromatique

**aromatizar** *tr.* aromatiser

**arpa** *f.* harpe

**arpegio** *m.* arpège

**arpillera** *f.* serpillière

**arpón** *m.* harpon

**arponear** *tr.* harponner

**arquear** *tr.* arquer, courber ~ *el lomo* faire le dos rond

**arqueo** *m.* 1 courbure *f.,* cambrure 2 caisse *f.* *hacer el* ~ faire la caisse

**arqueología** *f.* archéologie

**arqueológico, -a** *adj.* archéologique

**arqueólogo, -a** *m. -f.* archéologue

**arquero** *m.* archer, tireur à l'arc

**arquetipo** *m.* archétype

**arquitecto** *m.* architecte

**arquitectónico, -a** *adj.* architectural, e

**arquitectura** *f.* architecture

**arrabal** *m.* faubourg

**arraigado, -a** *adj.* enraciné, ée

**arraigar** *tr.* 1 enraciner 2 *intr.* s'enraciner, prendre racine 3 *pr.* s'enraciner, prendre racine

**arraigo** *m.* enracinement, attachement *tener* ~ *a* avoir de l'attachement pour

**arrancado, -a** *adj.* arraché, ée

**arrancamiento** *m.* arrachement

**arrancar** *tr.* 1 arracher 2 *intr.* démarrer, partir *el coche arrancó* la voiture démarra 3 *pr.* commencer ~ *de cuajo* déraciner, extirper *arrancarse a* se mettre à

**arranque** *m.* 1 arrachement 2 démarrage ~ *eléctrico* démarrage électrique 3 accès, élan, mouvement subit ~ *de ira* accès de colère ~ *de generosidad* élan de générosité

**arras** *f. pl.* arrhes

**arrasamiento** *m.* aplanissement

**arrasar** *tr.* 1 aplanir, niveler 2 dévaster *las inundaciones arrasaron la región* les innondations ont dévasté la région 3 *pr.* s'éclaircir *(cielo)*

**arrastrado, -a** *adj. fig.* misérable, pénible *una vida arrastrada* une vie misérable

**arrastrar** *tr.* 1 traîner ~ *los pies* traîner les pieds 2 entraîner ~ *en su caída* entraîner dans sa chute 3 *intr.* traîner 4 *pr.* se traîner *arrastrarse por el suelo* se traîner par terre

**arrastre** *m.* 1 traînage, action de traîner, entraînement 2 remonte-pente *(esquí) estar para el* ~ être à plat, être au bout du rouleau *ser de mucho* ~ avoir beaucoup d'influence, d'importance

**arrebatar** *tr.* 1 arracher, enlever 2 *fig.* entraîner, enflammer, ravir 3 *pr.* s'emporter

**arrebato** *m.* 1 emportement, accès ~ *de cólera* accès de colère 2 extase *f.*

**arreciar** *intr.* redoubler *arrecia el temporal* la tempête redouble

**arrecife** *m.* récif

**arreglado, -a** *adj.* 1 rangé, ée *cuarto* ~ chambre rangée 2 réparé, ée *reloj* ~ montre réparée 3 arrangé, ée, réglé, ée *asunto* ~ affaire réglée 4 habillé, ée *siempre va bien arreglada* elle est toujours bien habillée *interj.* *¡ arreglados estamos !* nous voilà bien !

**arreglar** *tr.* 1 arranger ~ *un asunto* arranger une affaire 2 ranger ~ *la habitación* ranger la chambre 3 réparer ~ *el coche* réparer la voiture 4 régler ~ *su horario* régler son emploi du temps 5 *pr.* s'habiller, s'arranger, se préparer *tarda en arreglarse* elle met du temps à se préparer 6 s'arranger, se ranger, se réparer, se régler *arreglárselas* se débrouiller, s'arranger *me las arreglo como puedo* je me débrouille comme je peux

**arreglo** *m.* accord, arrangement *con ∼ a* conformément à

**arrellanarse** *pr.* s'enfoncer, se caler *∼ en un sillón* se caler dans un fauteuil

**arremangar** *tr.* **1** trousser, retrousser **2** *pr.* retrousser, se retrousser *se arremangó las faldas* elle retroussa sa jupe

**arremeter** *intr.* **1** attaquer, foncer sur, se jeter sur *∼ contra el enemigo* foncer sur l'ennemi **2** *pr.* s'attaquer, s'en prendre

**arremetida** *f.* attaque, assaut *m.*

**arrendador** *m.* **1** bailleur **2** loueur

**arrendamiento** *m.* **1** bail **2** location *f.* **3** fermage

**arrendar** *tr.* **1** louer **2** louer par affermage

**arreo** *m.* **1** parure *f.* **2** *pl.* harnais **3** *fig.* attirail

**arrepentido, -a** *adj.* repenti, ie *terrorista ∼* terroriste repenti

**arrepentimiento** *m.* repentir

**arrepentirse** *pr.* se repentir

**arrestar** *tr.* arrêter, mettre aux arrêts

**arresto** *m.* arrêts *pl.*, détention *f.*

**arriba** *adv.* **1** *en alto estamos ∼* nous sommes en haut **2** là-haut *vamos allá ∼* nous allons tout là-haut **3** au-dessus *de cien pesetas ∼* au-dessus de cent pesetas **4** ci-dessus *lo ∼ dicho* ce qui est dit ci-dessus *∼ de todo* tout en haut *de ∼ abajo* de haut en bas *más ∼* plus haut *ir río ∼* remonter le fleuve *¡ manos ∼!* haut les mains !

**arribar** *intr.* accoster, aborder

**arribismo** *m.* arrivisme

**arribista** *adj. -s.* arriviste

**arribo** *m.* **1** arrivée *f. (de un barco)* **2** arrivage *(de mercancías)*

**arriero** *m.* muletier

**arriesgado, -a** *adj.* risqué, ée

**arriesgar** *intr.* **1** risquer **2** *pr.* se risquer

**arrimar** *tr.* **1** approcher **2** *pr.* s'approcher *∼ al fuego* s'approcher du feu **3** s'appuyer, s'adosser *arrimarse a la pared* s'adosser au mur *∼ a* approcher de *∼ el hombro* donner un coup de collier, travailler dur *arrimarse a alguien fig.* se mettre sous la protection de quelqu'un

**arrinconado, -a** *adj.* délaissé, ée, laissé, ée de côté, laissé, ée à l'écart

**arrinconar** *tr.* **1** mettre dans un coin, mettre à l'écart, laisser de côté **2** *pr.* se renfermer, se replier, se mettre à l'écart

**arrocero, -a** *adj.* rizicole

**arrodillarse** *pr.* se mettre à genoux

**arrogancia** *f.* arrogance

**arrogante** *adj.* arrogant, e

**arrogarse** *pr.* s'arroger

**arrojar** *tr.* **1** jeter, lancer *∼ basura* jeter des ordures **2** faire apparaître *los sondeos arrojan malos resultados* les sondages font apparaître de mauvais résultats **3** *pr.* se jeter, se lancer, se précipiter *arrojarse de cabeza* se jeter la tête la première *∼ la toalla* rendre son tablier, jeter l'éponge *prohibido ∼ basura* décharge interdite

**arrojo** *m.* audace *f.*, bravoure *f.*, courage

**arrollador, -ora** *adj.* irrésistible *fuerza ∼* force irrésistible

**arrollar** *tr.* **1** entraîner, emporter **2** renverser

**arropar** *tr.* **1** couvrir, border, *fig.* protéger **2** *pr.* se couvrir

**arrostrar** *tr.* affronter, braver, faire face *∼ la muerte* braver la mort

**arroyo** *m.* ruisseau

**arroz** *m.* riz

**arrubiado, -a** *adj.* blondinet, ette

**arruga** *f.* **1** ride *tener arrugas* avoir des rides **2** pli *m. falda con arrugas* jupe qui fait des plis

**arrugar** *tr.* **1** rider *el sol arruga la piel* le soleil ride la peau **2** froisser *∼ un tejido* froisser un tissu **3** *pr.* se rider *la piel se arruga* la peau se ride **4** se froisser *el algodón se arruga fácilmente* le coton se froisse facilement

**arruinar** *tr.* **1** ruiner **2** *pr.* se ruiner

**arrullar** *intr.* roucouler

**arrumaco** *m.* cajolerie *f.*, câlinerie *f.*, simagrée *f. hacer arrumacos* faire des simagrées

**arrumbar** *tr.* mettre au rebut

**arsenal** *m.* arsenal

**arsénico** *m.* arsenic

**arte** *m.* **1** art *la pintura es un ∼* la peinture est un art **2** adresse *f.*, habileté *f.*, ruse *f. tiene mucho ∼* il est très fort *las bellas artes f. pl.* les beaux-arts *m. pl. no tener ni parte ni ∼* n'y être pour rien *no tengo ni parte ni ∼ en este asunto* je n'y suis pour rien dans cette affaire

**artefacto** *m.* engin *anoche estallaron dos artefactos* hier soir, deux engins ont explosé

**arteria** *f.* artère

**artesa** *f.* pétrin *m.*

**artesanado** *m.* artisanat

**artesanal** *adj.* artisanal, e

**artesanía** *f.* artisanat *taller de* ~ atelier d'artisanat *trabajo de* ~ travail artisanal

**artesano, -a** *m.* -*f.* artisan, e

**artesano, -a** *adj.* artisanal, e *calidad artesana* qualité artisanale

**artesonado** *m.* plafond à caissons, lambris

**articulación** *f.* articulation

**articulado, -a** *adj.* articulé, ée

**articular** *tr.* 1 articuler 2 *pr.* s'articuler

**articulista** *m. f.* auteur d'articles, éditorialiste, journaliste

**artículo** *m.* article ~ *de prensa* article de presse ~ *de fondo* éditorial

**artífice** *m.* -*f.* artisan *somos los artífices de nuestro destino* nous sommes les artisans de notre destin

**artificial** *adj.* artificiel, elle *fuegos artificiales* feux d'artifice

**artificio** *m.* artifice

**artilugio** *m.* engin

**artillería** *f.* artillerie

**artillero** *m.* artilleur

**artimaña** *f.* ruse, piège *m.*

**artista** *m. f.* artiste *el afamado* ~ le célèbre artiste ~ *de cine* acteur de cinéma

**artrosis** *f.* arthrose

**arzobispo** *m.* archevêque

**as** *m.* as *un* ~ *del esquí* un as du ski

**asa** *f.* anse, poignée

**asado** *m.* rôti, méchoui

**asado, -a** *adj.* rôti, ie, cuit, e à la broche

**asador** *m.* rôtisserie *f.*, gril, *COC.*-broche *f.*

**asalariado, -a** *m.* -*f.* salarié, ée

**asalariar** *tr.* salarier

**asalmonado, -a** *adj.* saumoné, ée

**asaltante** *m.* -*f.* assaillant, e, attaquant, e

**asaltar** *tr.* assaillir, attaquer

**asalto** *m.* 1 assaut *tomar por* ~ prendre d'assaut 2 round *(boxeo)*

**asamblea** *f.* assemblée

**asar** *tr.* 1 rôtir, griller 2 *pr.* rôtir, étouffer de chaleur

**ascendencia** *f.* ascendance

**ascendente** *adj.* 1 ascendant, e 2 *m.* ascendant

**ascender** *intr.* 1 monter 2 monter en grade, être promu, ue ~ *a capitán* être promu au rang de capitaine 3 avancer ~ *por antigüedad* avancer à l'ancienneté 4 atteindre, s'élever à *los gastos ascienden a 10 millones* les frais s'élèvent à 10 millions

**ascensión** *f.* ascension

**ascenso** *m.* 1 montée *f.* 2 avancement *m.* ~ *por antigüedad* avancement à l'ancienneté

**ascensor** *m.* ascenseur

**asceta** *m.* -*f.* ascète

**ascético, -a** *adj.* ascétique

**asco** *m.* dégoût *m.* *dar* ~ dégoûter *i qué* ~*! interj.* quelle horreur ! *estar hecho un* ~ être très sale, être dans un état dégoûtant *este niño está hecho un* ~ cet enfant est dégoûtant

**ascua** *f.* braise *estar sobre ascuas* être sur des charbons ardents *arrimar el* ~ *a la sardina* tirer la couverture à soi

**asear** *tr.* nettoyer, arranger *pr.* faire sa toilette, s'arranger, se préparer ; *tarda en asearse,* elle met du temps à se préparer

**asechar** *tr.* tendre des pièges

**asediar** *tr.* assiéger

**asedio** *m.* siège

**asegurado, -a** *adj.* assuré, ée ~ *en dos millones* assuré pour deux millions

**asegurador** *m.* assureur

**asegurador, -ora** *adj.* d'assurances, qui a rapport à l'assurance *compañía aseguradora* compagnie d'assurances

**asegurar** *tr.* 1 assurer, mettre en sûreté ~ *contra incendios* assurer contre les incendies 2 *pr.* s'assurer

**asemejarse** *pr* ressembler, se ressembler

**asentador** *m.* fournisseur *(de un mercado al por mayor)*

**asentamiento** *m.* 1 établissement, installation *f.* ~ *de un hiper* installation d'un hypermarché 2 emplacement

**asentar** *tr.* 1 établir, fixer ~ *las bases de un contrato* établir les bases d'un contrat 2 implanter, installer 3 inscrire, porter ~ *en un libro* porter sur un livre **4** *pr.* se fixer, s'établir

**asentimiento** *m.* assentiment

**asentir** *intr.* acquiescer

**aseo** *m.* toilette *f.,* soin, hygiène *f.* *cuarto de* ~ cabinet de toilette

**asepsia** *f.* asepsie

**asequible** *adj.* accessible *precio* ~ prix abordable

**aserción** *f.* assertion

**aserradero** *m.* scierie *f.*

**aserrar** *tr.* scier

**aserrín** *m.* sciure *f.*

**asesinar** *tr.* assassiner

**asesinato** *m.* assassinat

**asesino, -a** *adj.* assassin, e

**asesino** *m.* assassin

**asesor, -ora** *adj. -s.* **1** conseiller, ère, conseil ~ *jurídico* conseil juridique **2** assesseur

**asesorado** *m.* assessorat

**asesoramiento** *m.* **1** aide *f.,* assistance *f.* ~ *técnico* assistance technique **2** conseil ~ *jurídico* conseil juridique

**asesorar** *tr.* **1** conseiller ~ *jurídicamente* conseiller juridiquement **2** assister, aider ~ *técnicamente* apporter son assistance technique

**asesoría** *f.* bureau de conseil *m.*

**asestar** *tr.* assener, envoyer ~ *un golpe* assener un coup

**aseveración** *f.* affirmation

**aseverar** *tr.* affirmer

**asfalto** *m.* asphalte

**asfixia** *f.* asphyxie

**asfixiar** *tr.* **1** asphyxier, *fig.* étouffer **2** *pr.* s'asphyxier, étouffer *nos asfixiamos de calor* nous étouffons de chaleur

**así** *adv.* **1** ainsi **2** *adj.* pareil, eille, comme celui-ci, comme celle-ci *un caso* ~ *es grave* un pareil cas est grave, un cas comme celui-ci est grave ~ *es* c'est comme ça ~ *sea* qu'il en soit ainsi, ainsi donc, alors *¿* ~ *me abandonas?* alors tu me quittes ? *así* ~ comme ci, comme ça ~ *pues* ainsi donc ~ *o asá* d'une façon ou d'une autre

**asiático, -a** *adj.* **1** asiatique **2** *m. -f.* Asiatique

**asidero** *m.* manche, poignée *f.*

**asiduidad** *f.* assiduité

**asiduo, -a** *adj.* assidu, ue

**asiento** *m.* **1** siège *un* ~ *cómodo* un siège confortable **2** place *no quedan asientos en el autobús* il ne reste plus de places dans le bus **3** enregistrement, inscription *f.* ~ *en un libro de contabilidad* inscription dans un livre de comptabilité **4** assiette *f.* ~ *del tributo* assiette de l'impôt *tomar* ~ prendre place, s'asseoir

**asignación** *f.* **1** allocation, traitement *m.* **2** assignation

**asignar** *tr.* assigner, accorder, affecter, attribuer ~ *un sueldo* attribuer un salaire

**asignatura** *f.* matière scolaire *la historia es una* ~ *importante* l'histoire est une matière importante

**asilo** *m.* asile ~ *político* asile politique

**asimilación** *f.* assimilation

**asimilar** *tr.* **1** assimiler **2** *pr.* s'assimiler

**asimismo** *adv.* de la même manière

**asir** *tr.* **1** saisir, prendre ~ *de la mano* prendre par la main **2** *pr.* s'accrocher, saisir *asirse de una oportunidad* saisir une occasion *asirse de* s'accrocher à

**asistencia** *f.* assistance, secours *m.* *prestar* ~ *a un herido* prodiguer des soins à un blessé

**asistencialismo** *m.* assistanat

**asistenta** *m.* femme de ménage

**asistente** *m. -f.* assistant, e ~ *social* assistante sociale

**asistido, -a** *adj.* assisté, ée

**asistir** *tr.* assister, secourir, soigner ~ *a un herido* soigner un blessé

**asma** *m.* asthme

**asmático, -a** *adj. -s.* asthmatique

**asno** *m.* âne

**asociación** *f.* association ~ *delictiva* association de malfaiteurs

**asociado, -a** *adj.* associé, ée

**asociar** *tr.* **1** associer **2** *pr.* s'associer

**asolador, -ora** *adj.* destructeur, trice, dévastateur, trice

**asolamiento** *m.* ravage

**asolar** *tr.* dévaster, ravager

**asomar** *intr.* **1** apparaître, se montrer *asomó el sol* le soleil apparut **2** *pr.* se pencher *asomarse a la ventana* se pencher à la fenêtre *es peligroso asomarse* il est dangereux de se pencher

**asombrado, -a** *adj.* étonné, ée, stupéfait, e

**asombrar** *tr.* **1** épater, étonner, stupéfier *la película me asombró* le film m'a stupéfié *quedarse asombrado* être stupéfait **2** *pr.* s'étonner, s'effrayer *se asombra con todo* il s'étonne de tout

**asombro** *m.* étonnement, frayeur *f.,* surprise *f.*

**asombroso, -a** *adj.* étonnant, e, surprenant, e, stupéfiant, e

**asomo** *m.* indice, signe, soupçon *ni por* ~ en aucune manière, pas le moins du monde

**aspa** *f.* aile *(de molino)*

**aspavientos** *m. pl.* grands gestes, simagrées *f. pl.*

**aspecto** *m.* aspect, air, mine *tener buen* ~ avoir bonne mine

**aspereza** *f.* aspérité, âpreté

**áspero, -a** *adj.* âpre, revêche *carácter* ~ caractère revêche

**aspiración** *f.* aspiration

**aspirante** *m. -f.* **1** aspirant, e, candidat, e **2** *adj.* aspirant, e

**aspirar** *tr. -intr.* aspirer

**aspirina** *f.* aspirine *tomarse una* ~ prendre un cachet d'aspirine

**asquerosamente** *adv.* salement *comer* ~ manger salement

**asquerosidad** *f.* saleté

**asqueroso, -a** *adj.* **1** dégoûtant, e, écœurant, e **2** *m. -f.* dégoûtant, e *es un* ~ c'est un dégoûtant

**asta** *f.* hampe *m. (de bandera)* manche *m. bandera a media* ~ drapeau en berne

**asterisco** *m.* astérisque

**astilla** *f.* éclat *m. (de bois ou de pierre) hacer astillas* briser en éclats *de tal palo, tal astilla* tel père, tel fils

**astillero** *m.* chantier naval

**astracán** *m.* astrakan

**astral** *adj.* astral, e

**astreñir** *tr.* **1** astreindre **2** *pr.* s'astreindre

**astringente** *adj. -s.* astringent

**astro** *m.* astre

**astrología** *f.* astrologie

**astrólogo, -a** *m. -f.* astrologue

**astronauta** *m. -f.* astronaute

**astronomía** *f.* astronomie

**astrónomo, -a** *m. -f.* astronome

**astucia** *f.* astuce

**astuto, -a** *adj.* astucieux, euse, rusé, ée

**asueto** *m.* congé *día de* ~ jour de congé

**asumir** *tr.* **1** assumer **2** prendre en charge ~ *los gastos* prendre en charge les frais **3** *pr.* s'assumer

**asunción** *f.* action d'assumer, prise en charge ~ *de las facturas* prise en charge des factures

**asunto** *m.* affaire *f.,* question *f. es un* ~ *grave* c'est une affaire grave *el* ~ *es que* le fait est que *Ministerio de Asuntos Exteriores* ministère des Affaires étrangères *no es* ~ *mío* ce n'est pas mon affaire

**asustadizo, -a** *adj.* craintif, ive

**asustar** *tr.* **1** effrayer, faire peur *eso me asusta* cela me fait peur **2** *pr.* avoir peur *me asusta la velocidad* j'ai peur de la vitesse

**atacante** *adj. -s.* attaquant, e

**atacar** *tr.* attaquer

**ataché** *m.* attaché-case

**atadura** *f.* attache, lien *m.*

**atajar** *intr.* **1** prendre un raccourci ~ *por un camino* couper par un chemin **2** *tr.* couper, barrer la route ~ *un coche* couper la route à une voiture **3** enrayer ~ *la epidemia* enrayer l'épidémie **4** *pr.* se troubler

**atajo** *m.* raccourci *echar por el* ~ prendre le chemin le plus court

**atañer** *intr.* concerner *eso nos atañe a todos* ceci nous concerne tous

**ataque** *m.* **1** attaque *f.* ~ *nuclear* attaque nucléaire **2** crise *f.* ~ *de nervios* crise de nerfs

**atar** *tr.* **1** attacher, lier *estar atado de pies y manos* être pieds et poings liés **2** *pr.* attacher, lier, nouer, lacer *se ató el pañuelo* elle noua son foulard *se ata los cordones de los zapatos* il lace ses chaussures

**atardecer** *intr.* décliner, tomber *(el día) está atardeciendo* la nuit tombe, le jour décline

**atardecer** *m.* crépuscule, déclin du jour, tombée du jour *f. al* ~ à la tombée du jour, à la nuit tombante

**atareado, -a** *adj.* affairé, ée, occupé, ée

**atascamiento** *m.* enlisement ~ *de las negociaciones* enlisement des négociations

**atascar** *tr.* **1** boucher ~ *un lavabo* boucher un lavabo **2** engorger ~ *una cañería* engorger une canalisation

**3** coincer, arrêter ~ *un mecanismo* coincer un mécanisme ~ *el tráfico* arrêter la circulation **4** *pr.* se boucher, s'engorger, se coincer, s'arrêter *quedarse atascado* rester coincé

**atasco** *m.* **1** bouchon, embouteillage *los atascos del fin de semana* les bouchons du week-end **2** engorgement ~ *de una cañería* engorgement d'une canalisation

**ataúd** *m.* bière *f.,* cercueil

**ataviar** *tr.* **1** parer, orner **2** *pr.* se parer, s'orner, s'habiller

**atávico, -a** *adj.* atavique

**atavío** *m.* **1** parure *f.,* habillement **2** *péj.* accoutrement

**atavismo** *m.* atavisme

**ateísmo** *m.* athéisme

**atemorizar** *tr.* effrayer, intimider

**atenazas** *f. pl.* tenailles

**atenazar** *tr.* tenailler

**atención** *f.* **1** attention *llamar la* ~ attirer l'attention *prestar* ~ faire attention **2** courtoisie, politesse **3** soin *m.* ~ *médica* assistance médicale, soins *m. pl.*

**atender** *tr.* **1** servir, s'occuper de ~ *a un cliente* servir un client *¿ les atienden?* on s'occupe de vous? **2** assurer ~ *un servicio de custodia* assurer un service de surveillance **3** satisfaire ~ *una demanda* satisfaire à une demande **4** prendre soin de ~ *a un enfermo* prendre soin d'un malade **5** tenir compte de *atendiendo a las circunstancias* compte tenu des circonstances **6** *intr.* faire attention à, prêter attention à, tenir compte de

**atenerse** *pr.* s'en tenir à ~ *a las instrucciones* s'en tenir aux instructions

**atentamente** *adv.* attentivement *le saluda* ~ *(formule de politesse de lettre)* recevez mes sincères salutations

**atentar** *intr.* **1** attenter ~ *contra la vida de* attenter à la vie de **2** porter atteinte à

**atentado** *m.* **1** attentat ~ *terrorista* attentat terroriste **2** atteinte *f.* ~ *contra la vida privada* atteinte à la vie privée

**atento, -a** *adj.* **1** attentif, ive *alumno* ~ élève attentionné **2** attentionné, ée, prévenant, e *es* ~ *con su familia* il est attentionné envers sa famille *su atenta del* votre honorée du *(carta)*

**atenuante** *adj.* atténuant, e *circunstancias atenuantes* circonstances atténuantes

**atenuante** *m.* circonstance atténuante *f.*

**atenuar** *tr.* **1** atténuer **2** *pr.* s'atténuer

**ateo, -a** *adj. -s.* athée

**aterrizaje** *m.* atterrissage ~ *forzoso* atterrissage forcé

**aterrizar** *intr.* atterrir

**aterrorizar** *tr.* **1** terroriser **2** *pr.* être terrorisé, ée

**atesoramiento** *m.* thésaurisation *f.*

**atesorar** *tr.* amasser, économiser, thésauriser

**atestación** *f.* attestation, déposition, déclaration

**atestado** *m.* **1** constat ~ *amigable* constat à l'amiable **2** procès-verbal **3** attestation *f.*

**atestado, -a** *adj.* bondé, ée, comble *metro* ~ métro bondé *sala atestada* salle comble

**atestar** *tr.* **1** bourrer, remplir ~ *una sala* remplir une salle, faire salle comble ~ *la maleta* bourrer la valise **2** attester, témoigner **3** *pr.* se remplir, se bourrer

**atestiguar** *tr.* attester, témoigner de

**atiborrar** *tr.* **1** bourrer **2** *pr.* se gaver ~ *de pasteles* se gaver de gâteaux

**ático** *m.* appartement au dernier étage avec terrasse

**atildado, -a** *adj.* recherché, ée, soigné, ée

**atinadamente** *adv.* judicieusement

**atinado, -a** *adj.* judicieux, euse

**atinar** *intr.* **1** trouver ~ *con la solución* trouver la solution **2** deviner juste, réussir *atinó a solucionar el problema* il réussit à régler le problème

**atisbar** *tr.* guetter

**atisbo** *m.* **1** guet **2** soupçon, lueur *f.*

**atizar** *tr.* attiser ~ *el fuego* attiser le feu

**atlántico, -a** *adj.* atlantique *Océano Atlántico* océan Atlantique

**atlas** *m.* atlas

**atleta** *m. -f.* athlète

**atlético, a** *adj.* athlétique

**atletismo** *m.* athlétisme

**atmósfera** *f.* atmosphère

**atmosférico, -a** *adj.* atmosphérique

**atolón** *m.* atoll

**atolondrado, -a** *adj.* étourdi, ie
**atolondramiento** *m.* étourderie *f.*
**atolladero** *m.* **1** bourbier **2** *fig.* impasse *f. estar en un* ∼ être dans une impasse
**atómico, -a** *adj.* atomique
**átomo** *m.* atome
**atónito, -a** *adj.* stupéfait, e
**átono, -a** *adj.* atone
**atontado, -a** *adj.* abruti, ie, ahuri, ie
**atontar** *tr.* **1** étourdir, abrutir **2** s'abrutir
**atormentar** *tr.* **1** tourmenter **2** *pr.* se tourmenter
**atornillar** *tr.* visser
**atosigar** *tr.* **1** empoisonner **2** *fig.* harceler
**atracar** *intr.* **1** amarrer *(un barco)* **2** *fig.* faire un hold-up, dévaliser ∼ *un banco* dévaliser une banque **3** *pr. fam.* se gaver, se bourrer
**atracción** *f.* **1** attraction **2** attirance ∼ *por una persona* attirance pour une personne
**atraco** *m.* hold-up, agression *f.*, vol à main armée
**atractivo** *m.* attrait, charme
**atractivo, -a** *adj.* attirant, e, attrayant, e
**atraer** *tr.* **1** attirer **2** *pr.* s'attirer
**atragantarse** *pr.* s'étrangler, avaler de travers
**atrancar** *tr.* **1** barricader ∼ *la casa* barricader la maison **2** boucher, obstruer *(una tubería)* **3** *pr.* se barricader **4** se boucher
**atrapado, -a** *adj.* pris, e, coincé, ée, piégé, ée *quedó atrapado en los escombros de la casa* il se trouva coincé sous les décombres de la maison
**atrapar** *tr.* **1** attraper, décrocher ∼ *un empleo* décrocher un emploi **2** piéger, coincer, prendre *lo atrapó el terremoto* le tremblement de terre l'a piégé
**atrás** *adv.* arrière, en arrière *la parte* ∼ la partie arrière *dejar* ∼ laisser en arrière *días* ∼ il y a quelques jours *echar la cabeza para* ∼ renverser la tête
**atrasado** *m.* arriéré *pagar un* ∼ payer un arriéré
**atrasado, -a** *adj.* en retard, arriéré *llegar* ∼ arriver en retard *pago* ∼ paiement arriéré

**atravesar** *tr.* **1** traverser, transpercer **2** mettre en travers **3** *pr.* se mettre en travers, intervenir, s'interposer
**atrecista** *m. -f.* accessoiriste
**atreverse** *pr.* **1** oser ∼ *a hacerlo* oser le faire **2** être insolent, e ∼ *con su director* manquer de respect à son directeur
**atrevido, -a** *adj.* **1** audacieux, euse *proyecto* ∼ projet audacieux **2** osé, ée *revista atrevida* revue osée **3** insolent, e *niño* ∼ enfant insolent **4** *m. -f.* audacieux, euse, insolent, e
**atrevimiento** *m.* audace *f.,* insolence *f.*
**atrezo** *m.* accessoire
**atribución** *f.* attribution
**atribuir** *tr.* **1** attribuer **2** *pr.* s'attribuer
**atributo** *m.* attribut
**atril** *m.* **1** pupitre à musique **2** appui-livres **3** lutrin
**atrincherar** *tr.* **1** retrancher **2** *pr.* se retrancher
**atrocidad** *f.* atrocité
**atrofiar** *tr.* **1** atrophier **2** *pr.* s'atrophier
**atronar** *tr.* assourdir *me atruenan con el ruido* ils m'assourdissent avec le bruit
**atropellado, -a** *adj.* **1** précipité, ée **2** qui parle ou agit avec précipitation
**atropellar** *tr.* **1** renverser *lo atropelló un coche* une voiture l'a renversé **2** bousculer, malmener
**atropello** *m.* **1** accident **2** bousculade *f.* **3** *fig.* affront *¡ eso es un* ∼*!* c'est un affront ! **4** précipitation *f.*
**atroz** *adj.* atroce
**atrozmente** *adv.* atrocement
**atuendo** *m.* toilette *f.,* tenue *f.*
**atún** *m.* thon
**atunero** *m.* thonier
**aturdimiento** *m.* étourdissement
**aturdir** *tr.* étourdir, abasourdir
**audaz** *adj.* audacieux, euse
**audible** *adj.* audible
**audición** *f.* audition
**audiencia** *f.* **1** audience **2** cour, palais de justice *m.* ∼ *territorial* cour d'appel
**audímetro** *m.* audimètre
**audiovisual** *adj.* audiovisuel, elle
**audito** *m.* audit

**auditoría** f. audit, bureau de l'auditeur m.

**auditorio** m. 1 auditoire 2 auditorium

**auditorium** m. auditorium

**auge** m. 1 apogée *en el ~ de su gloria* à l'apogée de sa gloire 2 essor, expansion f. *en pleno ~* en plein essor *~ económico* expansion économique

**augurar** tr. augurer

**aula** f. 1 salle de classe, classe 2 amphithéâtre m. *~ magna* grand amphithéâtre

**aullar** intr. hurler

**aullido** m. hurlement *dar aullidos* pousser des hurlements

**aumentar** tr. 1 augmenter, majorer *~ los precios* majorer les prix 2 intr. augmenter, accroître 3 pr. s'augmenter, s'accroître

**aumento** m. augmentation f., hausse f. *~ de los precios* hausse des prix *lentes de ~* verres grossissants

**aun** adv. même *~ así* et encore *~ cuando* même si, quand bien même

**aún** adv. encore *~ no ha llegado* il n'est pas encore arrivé *~ no* pas encore

**aunar** tr. 1 unir, réunir, conjuguer *~ los esfuerzos* conjuguer les efforts 2 pr. s'unir, s'allier

**aunque** conj. 1 *(suivi de l'ind.)* quoique, bien que *(suivi du subj.)* *~ no es de aquí, habla bien el español* bien qu'il ne soit pas d'ici, il parle bien l'espagnol 2 *(suivi du subj.)* même si *(suivi de l'ind.)* *~ no sea estudioso, saca buenas notas* même s'il n'est pas studieux, il a de bonnes notes

**aura** f. 1 *fig.* approbation générale 2 aura

**aureola** f. auréole

**aureolar** tr. auréoler

**auricular** adj. 1 auriculaire 2 m. casque, écouteur *radiocasete con auriculares* radio-cassette avec écouteurs 3 écouteur *(de teléfono)*

**aurora** f. aurore

**ausencia** f. absence

**ausentarse** pr. s'absenter

**ausente** adj. absent

**ausentismo** m. absentéisme

**ausentista** adj. -s. absentéiste

**auspicio** m. auspice *bajo los auspicios de* sous les auspices de

**austeridad** m. austérité

**australiano, -a** adj. 1 australien, ienne 2 m. -f. Australien, ienne

**austríaco, -a** adj. 1 autrichien, ienne 2 m. -f. Autrichien, ienne

**autarcia** f. autarcie

**autenticidad** f. authenticité

**auténtico, -a** adj. authentique

**autentificar** tr. authentifier

**autista** adj. -s. autiste

**auto** m. 1 voiture f. 2 arrêté *~ de prisión* mandat d'arrêt

**autobiografía** f. autobiographie

**autobús** m. autobus, bus *la parada del ~* l'arrêt du bus

**autocar** m. car *~ de turistas* car de touristes

**autóctono, -a** adj. -s. autochtone

**autodefensa** f. autodéfense

**autodeterminación** f. autodétermination

**autodidacto, -a** adj. -s. autodidacte

**autoescuela** f. auto-école

**autofinanciación** f. autofinancement

**autofinanciarse** pr. s'autofinancer

**autogestión** f. autogestion

**autogestionado, -a** adj. autogéré, ée

**autogestionar** tr. 1 autogérer 2 pr. s'autogérer

**autógrafo, -a** adj. 1 autographe 2 m. autographe

**automación** f. automation

**autómata** m. automate

**automaticidad** f. automaticité

**automático, -a** adj. automatique

**automatismo** m. automatisme

**automatización** f. automatisation

**automatizar** tr. automatiser

**automóvil** adj. 1 automobile 2 m. automobile f.

**automovilismo** m. automobilisme

**automovilista** m. -f. automobiliste

**autonomía** f. autonomie

**autonómico, -a** adj. autonomique *gobierno ~* gouvernement autonomique

**autonomista** adj. -s. autonomiste

**autónomo, -a** adj. autonome

**autopista** f. autoroute *~ de peaje* autoroute à péage

**autopsia** f. autopsie

**autopsiar** tr. autopsier

**autor, -ora** *m. -f.* auteur

**autoridad** *f.* autorité

**autoritario, a** *adj.* autoritaire

**autoritarismo** *m.* autoritarisme

**autorización** *f.* **1** autorisation **2** licence

**autorizar** *tr.* **1** autoriser **2** légaliser, confirmer, prouver

**autorradio** *m.* autoradio

**autorretrato** *m.* autoportrait

**autoservicio** *m.* libre-service, self-service

**auto-stop** *m.* autostop

**autovía** *f.* route à quatre voies, voie rapide

**auxiliar** *adj.* **1** auxiliaire **2** d'appoint *mesa* ~ table d'appoint **3** *m. -f.* auxiliaire, aide, assistant, e *profesor* ~ assistant en Faculté ~ *de clínica* aide soignante

**auxiliar** *tr.* aider, assister

**auxilio** *m.* assistance *f.*, secours *interj. ¡ auxilio !* au secours !

**aval** *m.* aval, garantie *dar el aval a* se porter garant de

**avalancha** *f.* avalanche

**avalar** *tr.* donner son aval, se porter garant de

**avance** *m.* **1** avance *f.*, avancée *f.*, avancement, progrès *los avances de la técnica* les avancées de la technique, les progrès de la technique **2** acompte *m.* **3** devis, prévision *f.* **4** flash, annonce *f.* ~ *informativo* flash d'information ~ *del programa* annonce du programme *dar un* ~ faire une avance

**avanzada** *f.* avancée

**avanzar** *intr.* avancer

**avaricia** *f.* avarice

**avariento, -a** *adj.* avare, avaricieux, euse

**avaro, -a** *adj. -s.* avare

**avasallar** *tr.* **1** asservir **2** *pr.* s'asservir

**avatar** *m.* avatar

**ave** *f.* oiseau *m.* ~ *de mal agüero* oiseau de mauvais augure ~ *de rapiña* oiseau de proie

**avecinar** *tr.* domicilier, établir

**avecinarse** *pr.* **1** se domicilier, s'établir **2** approcher, s'approcher *se avecina un aumento de los precios* une augmentation des prix approche

**avellana** *f.* noisette

**avellano** *m.* noisetier

**avena** *f.* avoine

**avenar** *tr.* drainer

**avenencia** *f.* accord *m.*

**avenida** *f.* avenue

**avenido, -a** *adj. estar bien avenido, a* s'entendre bien *están mal avenidos* ils s'entendent mal

**avenir** *tr.* **1** accorder **2** *pr.* s'accorder, s'entendre, se mettre d'accord, s'entendre bien *se avienen con sus primos* ils s'entendent bien avec leurs cousins

**aventajar** *tr.* **1** dépasser, l'emporter sur, surpasser *nos aventaja a todos* il nous dépasse tous **2** favoriser **3** *pr.* dépasser, surpasser *se nos aventaja en todo* il nous surpasse en tout

**aventura** *f.* aventure

**aventurar** *tr.* **1** aventurer **2** *pr.* s'aventurer

**aventurero, a** *m. f.* aventurier, ère *adj.* aventureux, euse

**avergonzado, -a** *adj.* honteux, euse

**avergonzar** *tr.* **1** faire honte **2** *pr.* avoir honte *avergonzarse de* avoir honte de

**avería** *f.* **1** avarie **2** panne ~ *de moto* panne de moto

**averiarse** *pr.* tomber en panne *se me averió el coche* ma voiture est tombée en panne

**averiguación** *f.* vérification

**averiguar** *tr.* **1** vérifier **2** enquêter sur, rechercher, s'enquérir de, se renseigner sur ~ *las causas de un siniestro* rechercher les causes d'un sinistre

**aversión** *f.* aversion

**avestruz** *f.* autruche

**avezado, -a** *adj.* expérimenté, ée ~ *terapeuta* thérapeute expérimenté

**aviación** *f.* aviation ~ *civil* aviation civile

**aviador, -ora** *m. -f.* aviateur, trice

**aviar** *tr.* **1** arranger, préparer, disposer **2** *pr.* s'arranger, se préparer *fig. estar aviado, a* être dans de beaux draps

**avidez** *f.* avidité

**ávido, -a** *adj.* avide

**avinagrar** *tr.* **1** aigrir **2** *pr.* s'aigrir

**avío** *m.* **1** attirail **2** préparatifs *pl.*

**avión** *m.* avion ~ *de reacción* avion à réaction

**avioneta** *f.* avion de tourisme *m.*

**avisado, -a** *adj.* avisé, ée, avertie, ie

**avisar** *tr.* **1** avertir *te he avisado con tiempo* je t'ai averti à temps **2** prévenir *si vienes, avísame* si tu viens, préviens-moi **3** appeler ∼ *la ambulancia* appeler l'ambulance

**aviso** *m.* **1** avis ∼ *de giro* avis de virement **2** avis, avertissement *sin previo* ∼ sans avis préalable *dar un* ∼ donner un avertissement *estar sobre* ∼ être sur ses gardes

**avispa** *f.* guêpe

**avispado, -a** *adj.* vif, vive, éveillé, ée *niño* ∼ enfant éveillé

**avispón** *m.* frelon

**avivar** *tr.* **1** exciter, stimuler **2** aviver, raviver ∼ *los colores* raviver les couleurs **3** *pr.* reprendre des forces, reprendre vigueur

**axila** *f.* aisselle

**¡ ay !** *interj.* **1** aïe !, hélas ! **2** *m.* plainte *f.,* soupir, gémissement *i* ∼ *de mí !* pauvre de moi !

**aya** *f.* gouvernante

**ayer** *adv.* hier *antes de* ∼ avant-hier *no es cosa de* ∼ cela ne date pas d'hier

**ayuda** *f.* aide, secours *m. acudir en* ∼ *de* porter secours à, venir en aide à ∼ *mutua* entraide *con* ∼ *de* à l'aide de *prestar* ∼ prêter secours

**ayudante** *m.* assistant, adjoint ∼ *de cámara* opérateur adjoint ∼ *de dirección* assistant metteur en scène

**ayudar** *tr.* **1** aider **2** *pr.* s'aider *ayudarse mutuamente* s'entraider

**ayunar** *intr.* jeûner

**ayunas (en)** *loc. adv.* à jeun *llegar en* ∼ arriver à jeun

**ayuno** *m.* jeûne

**ayuntamiento** *m.* mairie *f.*

**azabache** *m.* jais

**azada** *f.* houe

**azadón** *m.* houe *f.*

**azafata** *f.* **1** hôtesse de l'air **2** hôtesse, hôtesse d'accueil

**azafrán** *m.* safran

**azahar** *m.* fleur d'oranger *f.*

**azalea** *f.* azalée

**azar** *m.* hasard *al* ∼ au hasard

**ázimo** *adj.* -s. *m.* azyme *pain* ∼ pain azyme

**azogado, -a** *adj. fig.* agité, ée *temblar como un* ∼ trembler comme une feuille

**azogue** *m.* mercure, vif-argent

**azotado, -a** *adj.* fouetté, ée, battu, ue ∼ *por el viento* battu par le vent

**azotaina** *f.* volée, raclée

**azotar** *tr.* **1** fouetter, frapper **2** battre *el viento azota la costa* le vent bat la côte **3** s'abattre sur

**azote** *m.* **1** fouet, coup de fouet **2** *fig.* fléau *el* ∼ *de la droga* le fléau de la drogue

**azotea** *f.* terrasse

**azteca** *adj.* **1** aztèque **2** *m.* -f. Aztèque

**azúcar** *m.* sucre ∼ *blanquilla* sucre en poudre ∼ *cande (o candi)* sucre candi ∼ *moreno* sucre roux ∼ *estuchado* sucre emballé *caña de* ∼ canne à sucre *echar* ∼ sucrer *terrón de* ∼ morceau de sucre

**azucarado, -a** *adj.* sucré, ée

**azucarar** *tr.* sucrer

**azucarero** *m.* sucrier

**azucena** *f.* lys *m.*

**azufre** *m.* soufre

**azul** *adj.* **1** bleu, e ∼ *celeste* bleu ciel **2** *m.* bleu, azur *la Costa* ∼ la Côte d'Azur

**azulejo** *m.* carreau de faïence, azulejo

**azuzar** *tr.* exciter ∼ *a los perros* exciter les chiens

# B

**b** f. b m.

**baba** f. bave loc. fig. *caérsele a uno la* ~ être aux anges

**babear** intr. baver

**babero** m. bavette f., bavoir

**Babia** n. pr. -f. fig. *estar en Babia* être dans la lune

**babieca** adj. -s. nigaud, e

**bable** m. asturien (dialecto)

**babor** m. MAR. bâbord

**babosa** f. limace

**babosear** tr. baver

**babucha** f. babouche

**bacalao** m. morue f. *cortar el* ~ loc. fig. être le maître, faire la pluie et le beau temps

**bacanal** f. bacchanale f., orgie

**bacilo** m. bacille

**bacteria** f. bactérie

**báculo** m. 1 bâton recourbé 2 fig. appui, soutien ~ *pastoral* crosse épiscopale f.

**bache** m. 1 trou, nid-de-poule 2 trou d'air

**bachiller, -a** s. bachelier, ière

**bachillerato** m. 1 baccalauréat, bac 2 études secondaires f. pl.

**badajo** m. battant (de campana)

**badén** m. 1 caniveau, rigole f. 2 cassis

**badulaque** fig. fam. crétin, e, vaurien, ienne (amer.)

**bagaje** m. 1 MIL. bagage 2 fig. bagage (intellectuel)

**bagatela** f. bagatelle

**bahía** f. GEOG. baie

**bailable** adj. dansable, dansant, e

**bailador, -ora** s. danseur, euse

**bailaor, -ora** s. danseur, euse de flamenco

**bailar** intr. -tr. danser ~ *al son que tocan* hurler avec les loups

**bailarín, -ina** adj. danseur m., danseuse f., ballerine f.

**baile** m. 1 danse 2 bal ~ *de máscaras* bal masqué

**bailón, -ona** fig. fam. personne qui aime danser

**bailongo** m. bal populaire (amer.)

**bailotear** intr. dansotter

**baja** f. 1 baisse (des prix) 2 MIL. perte 3 arrêt de travail m., congé m. *dar de*

~ donner congé, congédier, licencier (despedir)

**bajá** m. pacha m.

**bajada** f. 1 descente, baisse 2 baisser m.

**bajamar** f. basse mer

**bajar** tr. 1 baisser, abaisser 2 descendre 3 intr. descendre ~ *el orgullo a uno* rabaisser, rabattre l'orgueil à quelqu'un

**bajel** m. bateau, vaisseau

**bajeza** f. bassesse

**bajío** m. banc de sable

**bajito** adv. tout bas

**bajo, -a** adj. 1 bas, basse 2 baissé, ée *con los ojos bajos* les yeux baissés 3 petit, e *es* ~ *como su padre* il est petit comme son père *a* ~ *precio* à vil prix

**bajo** adv. 1 bas *hablar* ~ parler bas 2 prép. sous 3 m. terrain bas 4 MAR. bas-fond 5 MUS. basse f. 6 m. pl. ourlet (de una falda) *por lo* ~ loc. adv. tout bas ~ *cero* au-dessous de zéro ~ *pena de* loc. prép. sous peine de

**bajón** m. 1 MUS. basson 2 bassoniste 3 fig. baisse subite f., chute f. *dar un* ~ baisser, prendre un coup de vieux fig. fam.

**bajorrelieve** m. bas-relief

**bala** f. balle ~ *perdida* balle perdue

**balada** f. ballade

**baladí** adj. futile, insignifiant, e

**balance** m. 1 COM. bilan 2 balancement 3 MAR. roulis

**balancear** intr. 1 se balancer 2 fig. hésiter 3 tr. balancer, compenser

**balanceo** m. balancement

**balancín** m. rocking-chair

**balanza** f. 1 balance 2 fig. balance *balanza de pagos* balance des paiements

**balar** intr. bêler

**balazo** m. 1 blessure de balle f. (herida) 2 coup de feu, balle f. *recibió un* ~ *en el pecho* il reçut une balle dans la poitrine

**balbucear** intr. balbutier

**balbuceo** m. 1 babil, babillage 2 balbutiement

**balcón** m. balcon

**baldaquín** m. ou **baldaquino** m. baldaquin

**baldear** tr. laver à grande eau

**balde** m. seau en bois loc. adv. de ~ gratis en ~ en vain

**baldío, -ía** adj. 1 vague, inculte 2 vain, vaine 3 m. terrain inculte

**baldosa** f. 1 carreau m. 2 dalle

**balido** m. bêlement

**balística** f. balistique

**balita** f. amér. bille

**baliza** f. MAR., AVIAC. balise

**balizaje** m. balisage

**balneario, -a** adj. 1 balnéaire 2 m. station balnéaire f.

**balón** m. ballon

**balonazo** m. coup de ballon

**baloncesto** m. basket-ball

**balonmano** m. handball

**balonvolea** m. volley-ball

**balsa** f. 1 mare 2 radeau m. 3 bac m. (para pasar un río) loc. fig. como una ~ de aceite très calme

**bálsamo** m. baume

**báltico, -a** adj. balte

**baluarte** m. 1 bastion 2 fig. rempart, défense f.

**ballena** f. baleine

**ballenero** m. baleinier

**ballenero, -a** adj. baleinier, ière

**ballesta** f. 1 arbalète 2 ressort à lames (de coche)

**ballet** m. ballet m.

**bambolear** intr. vaciller

**bamboleo** m. oscillation, balancement

**bambú** m. bambou m.

**banal** adj. banal, e

**banana** f. banane (amer.)

**bananar** f. bananeraie (amer.)

**banasto** m. panier rond

**banca** f. banque (comercio, juego) copar la ~ faire banco

**bancario, -a** adj. bancaire

**bancarrota** f. banqueroute

**banco** m. 1 banc 2 établi (de carpintero) 3 COM. banque ~ de datos banque de données ~ de pruebas banc d'essai Banco Hipotecario Crédit Foncier

**banda** f. 1 bande 2 écharpe, grand cordon m. 3 fanfare ~ de salarios échelle des salaires

**bandada** f. bande (de pájaros)

**bandazo** m. embardée f., roulis MAR.

**bandeja** f. plateau m.

**bandera** f. 1 drapeau m. 2 bannière 3 pavillon m. arriar ~ amener pavillon izar la ~ hisser les couleurs ~ de conveniencia pavillon de complaisance

**banderilla** f. TAUROM. banderille

**banderillero** m. banderillero

**banderín** m. fanion

**banderola** f. banderole, flamme

**bandidaje** m. banditisme

**bandido** m. bandit

**bando** m. 1 ban, édit 2 parti, faction f.

**bandolera** bandoulière loc. adv. en ~ en bandoulière

**bandolero** m. bandit, brigand

**bandoneón** m. bandonéon

**bandurria** f. MUS. sorte de petite guitare à douze cordes, mandore

**banjo** m. MUS. banjo m.

**banquero** m. banquier

**banqueta** f. banquette

**banquete** m. banquet

**banquillo** m. 1 petit banc 2 banc des accusés estar en el ~ être au banc des accusés

**banquisa** f. banquise

**bañadera** f. baignoire (amer.)

**bañador** m. maillot de bain

**bañar** tr. 1 baigner 2 pr. se baigner

**bañera** f. baignoire

**bañista** m. -f. baigneur, euse

**baño** m. 1 baignade f., bain (acción) 2 couche f., enduit (capa) 3 amér. toilettes ~ de María bain-marie

**baobab** m. baobab

**baptisterio** m. baptistère m.

**baquelita** f. bakélite

**bar** m. bar

**barahúnda** f. tapage m.

**baraja** f. jeu de cartes m. loc. fig. jugar con dos barajas jouer double jeu

**barajar** tr. 1 battre les cartes 2 fig. mêler, brouiller 3 mettre en avant, brasser, se barajaron varias hipótesis plusieurs hypothèses ont été brassées, mises en avant

**barandilla** f. 1 balustrade 2 rampe d'escalier 3 garde-fou m.

**baratija** f. 1 babiole 2 camelote

**baratillero, -a** s. brocanteur, euse

**barato, -a** adj. -adv. bon marché invar. salir ~ revenir bon marché más ~ meilleur marché

**barba** f. **1** barbe **2** menton m. *(parte de la cara)* **3** m. *TEAT.* barbon ~ *cerrada* barbe fournie *tanto por* ~ tant par tête

**barbacana** f. barbacane

**barbacoa** f. barbecue m.

**barbado, -a** adj. barbu, ue

**barbaridad** f. **1** énormité, bêtise *decir barbaridades* sortir des énormités **2** atrocité, cruauté, barbarie, horreur interj. *¡ qué* ~*!* c'est incroyable !, quelle horreur !

**barbarie** f. barbarie

**barbarismo** m. barbarisme

**bárbaro, -a** adj. -s. **1** barbare **2** adj. *fam.* formidable, terrible, énorme

**barbecho** m. jachère f.

**barbería** f. boutique du barbier, du coiffeur

**barbero** m. barbier

**barbilampiño, -a** adj. **1** imberbe **2** *fig.* blanc-bec m.

**barbirrojo, -a** adj. à la barbe rousse

**barbilla** f. menton

**barbitúrico** m. barbiturique

**barbo** m. barbeau

**barbudo, -a** adj. barbu, ue

**barca** f. barque

**barcaza** f. **1** *MAR.* allège **2** péniche

**barcelonés, -esa** adj. -s. barcelonais, e

**barco** m. *MAR.* bateau ~ *de vapor, de vela* bateau à vapeur, à voiles

**baremo** m. barème

**bargueño** m. cabinet espagnol *(mueble)*

**barítono** m. baryton

**barloa** f. *MAR.* amarre f.

**barlovento** m. *MAR.* dessus du vent n. pr. *islas de Barlovento* îles du Vent

**barniz** m. vernis m.

**barnizar** tr. vernir

**barómetro** m. baromètre

**barón** m. baron

**baronesa** f. baronne

**barquillero** m. marchand d'oublies

**barquillo** m. **1** petit bateau **2** oublie f., gaufre f.

**barquinazo** m. cahot

**barra** f. **1** barre **2** lingot m. **3** bâton m. **4** comptoir, bar ~ *americana* bar américain ~ *para los labios* rouge à lèvres *no pararse en barras* ne pas y aller par quatre chemins

**barraca** f. baraque

**barragán, -ana** s. concubin, concubine

**barranco** m. ravin

**barrena** f. mèche, foret m.

**barrenar** tr. forer, percer

**barrendero, -a** s. balayeur, euse

**barrer** tr. balayer

**barrera** f. barrière *(valla, obstáculo)* ~ *del sonido* mur du son m.

**barretina** f. bonnet catalan m.

**barriada** f. quartier m., banlieue

**barricada** f. barricade

**barrido** m. balayage, coup de balai

**barriga** f. ventre m.

**barrigón, ona** *fam.* bedonnant, e

**barril** m. baril, tonneau

**barrio** m. quartier *barrios bajos* bas quartiers *irse al otro* ~ *fig.* passer l'arme à gauche

**barro** m. boue f.

**barroco, -a** adj. -m. *B. AR.* baroque

**barroso, -a** adj. boueux, euse

**barrote** m. barreau

**barruntar** tr. pressentir

**barrunto** m. pressentiment m.

**bartola (a la)** loc. adv. sans souci *tumbarse a la* ~ se coucher sur le dos, s'étendre tout à son aise *(echarse)*, ne pas s'en faire

**bártulos** m. pl. *fig.* affaires f. pl., attirail m. *liar los* ~ plier bagage

**barullo** m. **1** tohu-bohu **2** cohue f.

**basar** tr. baser pr. *basarse en* se fonder sur, se baser sur

**basca** f. nausée f.

**báscula** f. bascule

**base** f. base *partiendo de la* ~ *de que* en admettant que

**básico, -a** adj. basique, de base

**basílica** f. basilique

**basilisco** m. basilic *(animal fabuloso)* *hecho un* ~ être hors de soi, fou de rage

**¡ basta !** interj. assez !, ça suffit ! *¡* ~ *ya !* en voilà assez ! ~ *de* loc. prep. trêve de

**bastante** adj. **1** suffisant, e, assez de *esto no es* ~ cela n'est pas suffisant **2** adv. assez *¿ habéis comido* ~*?* avez-vous assez mangé ? *hay bastantes libros* il y a assez de livres

**bastar** *intr.* suffire *basta la intención* l'intention suffit

**bastardilla** *adj. -f.* IMPR. italique

**bastardo, -a** *adj. -s.* bâtard, e

**bastidor** *m.* **1** châssis **2** métier *(para bordar)* **3** *pl.* TEAT. coulisses *f. pl.* *entre bastidores loc. fig.* dans les coulisses

**basto, -a** *adj.* grossier, ière

**bastón** *m.* **1** canne *f.* **2** bâton ∼ *de esquí* bâton de ski

**basura** *f.* ordures *pl. prohibido arrojar* ∼ défense de déposer des ordures *cubo de la* ∼ *m.* poubelle *f.*

**basurero** *m.* **1** éboueur **2** décharge *f.*

**bata** *f.* robe de chambre, peignoir *m.*, blouse *(de enfermera, etc.)*

**batahola** *f.* tapage *m.*

**batalla** *f.* bataille ∼ *campal* bataille rangée

**batallón** *m.* bataillon

**batata** *f.* patate douce

**batea** *f.* **1** plateau *m. (bandeja)* **2** bateau plat *m.* **3** plate-forme, plateau *m. (wagón)*

**batería** *f.* batterie

**batida** *f.* **1** battue **2** *fig.* rafle

**batido, -a** *adj.* **1** battu, ue **2** *m.* milk-shake

**batidora** *f.* mixer *m. (cocina)*

**batín** *m.* veste d'intérieur *f.*

**batir** *tr.* **1** battre *(vencer)* *nuestro equipo fue batido en la final* notre équipe a été battue en finale ∼ *un récord* battre un record **3** *pr.* se battre *batirse en duelo* se battre en duel

**batista** *f.* batiste

**batracios** *m. pl.* ZOOL. batraciens

**baturrillo** *m.* méli-mélo, fatras

**baturro, -a** *adj. -s.* paysan aragonais, paysanne aragonaise

**batuta** *f.* baguette de chef d'orchestre *llevar la* ∼ diriger l'orchestre, *fig.* mener la danse

**baúl** *m.* malle *f.* ∼ *mundo* grande malle

**bautismo** *m.* baptême ∼ *del aire, del fuego* baptême de l'air, du feu

**bautizar** *tr.* baptiser

**bautizo** *m.* baptême

**bayoneta** *f.* baïonnette

**baza** *f.* **1** levée, pli *m.* **2** atout *es su mejor* ∼ c'est son meilleur atout *fig.* *meter* ∼ dire son mot

**bazar** *m.* bazar

**beatificación** *f.* béatification

**beatificar** *tr.* béatifier

**beato, -a** *adj.* **1** bienheureux, euse **2** *adj. -s.* dévot, e **3** *fam.* bigot, e

**bebé** *m.* bébé ∼ *probeta* bébé éprouvette

**bebedor, -ora** *adj. -s.* buveur, euse

**beber** *intr.* **1** boire **2** *pr.* boire *se bebió tres cervezas una tras otra* il but trois bières l'une après l'autre ∼ *en buenas fuentes loc. fig.* puiser à de bonnes sources

**bebible** *adj.* buvable

**bebida** *f.* boisson *darse a la* ∼ s'adonner à la boisson

**bebido, -a** *adj.* ivre *estaba* ∼ il était ivre

**beca** *f.* bourse

**becario, -a** *s.* boursier, ière

**becerra** *f.* génisse

**becerro** *m.* veau

**becuadro** *m.* MUS. bécarre

**bedel** *m.* appariteur

**beduino, -a** *adj.* bédouin, e

**begonia** *m.* bégonia

**belfo, -a** *adj.* **1** lippu, ue **2** *m.* babine, lippe *f.*

**belga** *adj. -s.* belge

**bélico, -a** *adj.* belliqueux, euse

**beligerante** *adj. -s.* belligérant, e

**bellaco, -a** *adj.* coquin, e, vaurien, ienne

**belleza** *f.* beauté

**bello, -a** *adj.* beau, bel, belle *el* ∼ *sexo* le beau sexe *las bellas artes* les beaux-arts *la Bella durmiente* la Belle au bois dormant

**bellota** *f.* BOT. gland *m.*

**bembo, -a** *adj.* ou **bembón, -ona** *amér.* lippu, ue

**bemol** *m.* MUS. bémol

**bendecir** *tr.* bénir *¡ Dios les bendiga !* Dieu vous bénisse !

**bendición** *f.* bénédiction *echar la* ∼ donner sa bénédiction

**bendito, -a** *adj. p. p. de bendecir* béni, ie, bénit, e *agua bendita* eau bénite *¡ sea Dios !* Dieu soit béni !

**benefactor, -ora** *adj. -s.* bienfaiteur, trice

**beneficencia** *f.* bienfaisance ~ *pública* assistance publique

**beneficiar** *tr.* **1** faire du bien **2** améliorer, exploiter **3** *intr. -pr.* bénéficier de, tirer profit de *beneficiarse de la situación* tirer profit de la situation

**beneficio** *m.* **1** bénéfice **2** bienfait ~ *limpio* bénéfice net

**benéfico, -a** *adj.* bénéfique, bienfaisant, e

**benemérito, -a** *adj.* digne d'honneur, de récompense ~ *de la patria* qui a bien mérité de la patrie *la Benemérita* la Garde Civile

**benévolo, -a** *adj.* bénévole

**benigno, -a** *adj.* **1** bénin, igne **2** doux, douce *(clima, etc.)*

**beréber** *adj. -s.* berbère

**berenjena** *f.* aubergine ~ *rellena* aubergine farcie

**berlina** *f.* berline

**berlinés, -esa** *adj. -s.* berlinois, e

**bermellón** *m.* vermillon

**berrear** *intr.* **1** beugler **2** *fig.* beugler, brailler

**berrido** *m.* beuglement, mugissement

**berrinche** *m. fam.* accès de colère, rogne *f. coger un* ~ piquer une rogne

**berro** *m.* cresson

**berza** *f.* chou *m.*

**besar** *tr.* **1** embrasser ~ *en las mejillas* embrasser sur les joues **2** *pr.* s'embrasser

**beso** *m.* baiser *loc. fig. fam. comerse a besos* se couvrir de baisers

**bestia** *f.* **1** bête ~ *de carga* bête de somme **2** *fig.* brute *¡ qué* ~*!* quelle brute !

**bestialidad** *f.* bestialité

**best seller** *m.* best-seller

**besugo** *m.* daurade *f.*

**besuquear** *tr.* **1** bécoter **2** *pr.* se bécoter

**betún** *m.* cirage *dar* ~ *a un zapato* cirer une chaussure

**biberón** *m.* biberon

**biblia** *f.* bible

**bíblico, -a** *adj.* biblique

**bibliografía** *f.* bibliographie

**biblioteca** *f.* bibliothèque

**bibliotecario, -a** *s.* bibliothécaire

**bicarbonato** *m.* bicarbonate

**bíceps** *m.* biceps

**bici** *f.* bicyclette, vélo *m.*

**bicicleta** *f.* bicyclette ~ *mountain bike* vélo tout-terrain *m.*

**bicoca** *f. fam.* bagatelle, babiole

**bicolor** *adj.* bicolore

**bicóncavo, -a** *adj.* biconcave

**biconvexo, -a** *adj.* biconvexe

**bicho** *m.* **1** bête *f.*, bestiole *f.* **2** *TAUROM.* taureau *loc. fig. todo* ~ *viviente* tout le monde *mal* ~ sale individu

**bidé** *m.* bidet

**biela** *f.* bielle *fundir una* ~ couler une bielle

**bien** *m.* **1** bien **2** *adv.* bien **3** *conj.* soit ~ *por la mañana,* ~ *por la tarde* soit le matin, soit l'après-midi *bienes raíces* les biens-fonds *salir* ~ bien réussir *tener a* ~ vouloir, vouloir bien *ahora* ~ *o más* ~ plutôt *no* ~ aussitôt que, à peine ~ *que, si* ~ si bien que *no hay mal que por* ~ *no venga* à quelque chose malheur est bon

**bienal** *adj. -f.* biennal, e

**bienaventurado, -a** *adj. -s.* bienheureux, euse

**bienestar** *m.* bien-être

**bienhechor, -ora** *adj. -s.* bienfaiteur, trice

**bienintencionado, -a** *adj.* bien intentionné, ée

**bienio** *m.* espace de deux ans

**bienvenida** *f.* bienvenue *dar la* ~ souhaiter la bienvenue

**bies** *m.* biais *al* ~ en biais

**bife** *m. amér.* bifteck

**biftec** *m.* bifteck

**bifurcación** *f.* bifurcation

**bigamia** *f.* bigamie

**bígamo, -a** *adj. -s.* bigame

**bigarrado, -a** *adj.* bigarré, ée

**bigote** *m.* moustache *f.*

**bigotudo, -a** *adj.* moustachu, ue

**bikini** *m.* bikini

**bilateral** *adj.* bilatéral, e

**bilbaíno, -a** *adj. -s.* de Bilbao

**biliar** *adj.* biliaire

**bilingüe** *adj.* bilingue

**bilingüismo** *m.* bilinguisme

**bilis** *f.* bile

**billar** *m.* billard

**billete** *m.* billet ~ *de banco* billet de banque ~ *de ida y vuelta* billet aller-retour *no hay billetes* complet

**billetero** *m.* portefeuille

**billón** *m.* billion

**bimensual** *adj.* bimensuel, elle

**bimestre** *m.* bimestre

**binario, -a** *adj.* binaire

**binóculo** *m.* binocle

**binomio** *m.* binôme

**biodegradable** *adj.* biodégradable

**biografía** *f.* biographie

**biología** *f.* biologie

**biombo** *m.* paravent

**bioquímica** *f.* biochimie

**bióxido** *m. QUIM.* bioxyde

**bipartido, -a** *adj.* biparti, ie

**bipartito, -a** *adj.* biparti, ie, bipartite *acuerdo* ~ accord bipartite

**biplano** *m.* biplan

**birlar** *tr.* faucher, barboter *le han birlado la bici* on lui a barboté son vélo

**birlibirloque (por arte de)** *loc. adv.* comme par enchantement

**birrete** *m.* 1 toque *f.* 2 barrette *f.*

**birria** *f.* 1 *fam.* horreur, mocheté *fam.* 2 *fam.* cochonnerie *eso es una* ~ c'est une cochonnerie

**bis** *adv.* bis

**bisabuelo, -a** *s.* 1 bisaïeul, e, arrière-grand-père *m.*, arrière-grand-mère *f.* 2 *pl.* arrière-grands-parents, bisaïeux

**bisagra** *f.* charnière

**bisanual** *adj.* bisannuel, elle

**bisel** *m.* biseau

**bisemanal** *adj.* bihebdomadaire

**bisexual** *adj.* bisexuel, elle

**bisiesto** *adj.* bissextile *año* ~ année bissextile

**bisílabo, -a** *adj.* de deux syllabes

**bisonte** *m.* bison

**bisoño, -a** *adj. -s.* novice

**bisturí** *m.* bistouri

**bisutería** *f.* 1 bijouterie fantaisie 2 toc *m.*

**bizantino, -a** *adj. -s.* byzantin, e

**bizarría** *f.* 1 courage *m.*, bravoure *(valor)* 2 générosité

**bizarro, -a** *adj.* courageux, euse, brave

**bizco, -a** *adj.* 1 bigle, louche 2 *s.* loucheur, euse

**bizcocho** *m.* biscuit ~ *borracho* baba au rhum

**biznieto, -a** *s.* arrière-petit-fils, arrière-petite-fille

**bizquear** *intr.* loucher

**blanca** *f.* 1 monnaie 2 *MUS.* blanche *loc. fig. no tener* ~, *estar sin* ~ être sans le sou, à sec

**blanco, -a** *adj.* 1 blanc, blanche *arma blanca* arme blanche *cheque en* ~ chèque en blanc 2 *s.* blanc, blanche 3 *m.* blanc 4 *fig.* but, cible *f. dar en el* ~ viser juste, faire mouche

**blancor** *m.* OU **blancura** *f.* blancheur

**blandengue** *adj.* mou, molle, faible

**blandir** *tr.* brandir

**blando, -a** *adj.* 1 mou, molle *un colchón* ~ un matelas mou 2 mou, molle, faible, lâche 3 doux, douce *droga blanda* drogue douce

**blandura** *f.* 1 mollesse 2 douceur

**blanquear** *tr.* 1 blanchir ~ *el dinero del narcotráfico* blanchir l'argent de la drogue 2 badigeonner 3 *intr.* blanchir *(volverse blanco)* 4 tirer sur le blanc

**blanqueo** *m.* blanchiment *el* ~ *del dinero del narcotráfico* le blanchiment de l'argent de la drogue

**blasfemar** *intr.* blasphémer

**blasfemia** *f.* blasphème *m.*

**blasón** *m.* blason

**bledo** *m.* blette *f. loc. fig. fam. me importa un* ~ je m'en fiche, je m'en moque comme de quarante

**blindado, -a** *adj.* blindé, ée

**blindaje** *m.* blindage

**blindar** *tr.* blinder

**bloque** *m.* bloc ~ *de viviendas* immeubles d'habitation

**bloquear** *tr.* bloquer

**bloqueo** *m.* 1 blocus 2 blocage ~ *de los precios* blocage des prix

**blusa** *f.* corsage *m.*, chemisier *m.*, blouse *una* ~ *de seda* un chemisier en soie

**boa** *f.* boa *m.*

**boato** *m.* faste

**bobada** *f.* bêtise, sottise

**bobina** *f.* bobine

**bobo, -a** *adj. -s.* sot, sotte, nigaud, e, idiot, e *hacer el* ~ faire l'idiot, le zouave

**bobsleigh** *m.* bobsleigh

**boca** *f.* bouche *no decir esta* ~ *es mía loc. fig.* ne pas ouvrir la bouche, ne pas desserrer les dents *está oscuro como* ~ *de lobo* il fait noir comme dans un four *a* ~ *de jarro loc. adv.* à bout portant, à brûle-pourpoint *estar* ~ *abajo* être à

plat ventre *estar* ∼ *arriba* être sur le
dos

**bocacalle** *f.* entrée d'une rue

**bocadillo** *m.* sandwich *tomar un* ∼
casser la croûte

**bocado** *m.* 1 bouchée *f.* 2 morsure *f.*,
coup de dent *(mordisco)*

**bocanada** *f.* bouffée ∼ *de aire* bouffée d'air

**bocata** *m.* sandwich

**bocazas** *m. fig. fam.* grande gueule *f.*

**boceto** *m.* ébauche *f.*, esquisse *f.*

**bocina** *f.* avertisseur *m.*, klaxon *m.*

**bocio** *m.* goitre

**bochorno** *m.* 1 chaleur lourde *f.*,
temps lourd 2 *fig.* rougeur *f.*, honte *f.*

**bochornoso, -a** *adj.* 1 lourd, e,
étouffant, e 2 *fig.* honteux, euse

**boda** *f.* noce, mariage *m.*

**bodega** *f.* 1 cave, chai *m.*, cellier *m.*
2 cale *(de barco)*

**bodegón** *m.* bistrot, nature morte
*(peinture)*

**bodeguero, -a** *s.* 1 caviste 2 patron,
onne de bistrot

**bodrio** *m. fam.* méli-mélo, fatras

**bofe** *m.* poumon *loc. fig. fam. echar los
bofes* se tuer au travail

**bofetón** *m.* gifle *f.*

**boga** *f.* vogue, mode *estar en* ∼ être en
vogue

**bogar** *intr.* ramer

**bohemia** *f.* Bohême

**bohemio, -a** *adj. -s.* 1 bohémien,
ienne 2 *s.* tzigane 3 *adj.* de Bohême

**boicoteo** *m.* ou **boicot** *m.* boycott,
boycottage *m.*

**boicotear** *tr.* boycotter

**boina** *f.* béret *m.*

**boj** *m.* BOT. buis

**bol** *m.* bol

**bola** *f.* 1 boule 2 bille *rodamiento a,
de bolas* roulement à billes 3 *fig.*
mensonge *m.*, bobard *m. (embuste)*
*¡ rueda la* ∼ *!* *loc. fig.* laissez faire !,
vogue la galère ! *no dar pie con* ∼ faire
tout de travers

**bolchevique** *s.* bolcheviste, bolchevik

**boleada** *f. amer.* chasse *(boleadoras)*

**bolera** *f.* bowling *m. (juego y sala)*, jeu
de quilles *m.*, bilboquet *f.*

**bolero, -a** *adj. -s.* 1 menteur, euse
2 *m.* boléro

**boletín** *m.* 1 bulletin 2 billet ∼ *oficial*
journal officiel

**boleto** *m. amer.* billet

**bólido** *m.* bolide

**boliche** *m.* 1 *amer.* bilboquet *m.*,
jeu de quilles 2 *amer.* bistrot, échoppe *f.*

**bolígrafo** *m.* stylo à bille

**bolillo** *m.* fuseau *encaje de bolillos*
dentelle au fuseau

**boliviano, -a** *adj. -s.* bolivien, ienne

**bolo** *ml.* quille *f.*, bowling *(juego)*

**boloñés, -esa** *adj. -s.* bolonais, aise

**bolsa** *f.* 1 bourse *(para el dinero)* 2 sac
*m.* ∼ *de papel, de plástico* sac en
papier, en plastique 3 MIN., MIL.
poche 4 poche, faux pli *m.* 5 Bourse *f.*
*operaciones en* ∼ opérations en Bourse

**bolsillo** *m.* 1 poche *f.* 2 bourse *f.*,
porte-monnaie *libro de* ∼ livre de
poche

**bolsita** *f.* sachet *m.*

**bolsista** *m.* COM. boursier

**bolso** *m.* sac à main

**bolladura** *f.* bosse

**bollar** *tr.* cabosser

**bollo** *m.* 1 brioche *f.*, petit pain au lait
2 bosse *f. no está el horno para bollos*
ce n'est vraiment pas le moment

**bomba** *f.* 1 pompe ∼ *aspirante*
pompe aspirante 2 bombe ∼ *de mano*
grenade *coche* ∼ voiture piégée
*pasarlo* ∼ s'amuser comme un fou

**bombacho** *adj. -s. pantalones bombachos* pantalon bouffant, culotte bouffante

**bombardear** *tr.* bombarder

**bombardeo** *m.* bombardement

**bombear** *tr.* 1 bombarder 2 pomper
3 *fam.* vanter, couvrir d'éloges

**bombero** *m.* pompier, sapeur-
pompier

**bombilla** *f.* ampoule ∼ *halógena*
ampoule halogène

**bombín** *m. fam.* chapeau melon

**bombo, -a** *adj.* 1 *fam.* étourdi, ie,
abasourdi, ie 2 *m.* MUS. grosse caisse
*f. a* ∼ *y platillos* avec tambour et
trompettes

**bombón** *m.* bonbon au chocolat *una
caja de bombones* une boîte de chocolats *fam. ella es un* ∼ elle est jolie
comme un cœur

**bombonera** *f.* bonbonnière

**bonachón, -ona** *adj.* bonasse, débonnaire

**bonaerense** *adj. -s.* de Buenos Aires

**bonanza** *f.* **1** bonace, vent favorable **2** *fig.* prospérité, calme

**bondad** *f.* bonté

**bondadoso, -a** *adj.* bon, bonne

**bonete** *m.* bonnet *(de eclesiásticos, colegiales, graduados),* barrette *f. (de eclesiásticos)*

**bonetería** *f. amer.* mercerie *f.*

**bonificación** *f.* **1** bonification **2** ristourne, rabais *m.*

**bonificar** *tr.* bonifier, améliorer

**bonito, -a** *adj.* **1** joli, ie **2** *m.* bonite *f.,* thon

**bono** *m.* bon ∼ *del Tesoro* bon du Trésor

**bono bus** *m.* carte d'abonnement pour le bus *f.,* carte orange *(bus)*

**boom** *m.* boom

**boñiga** *f.* bouse *f.*

**boqueada** *f.* dernier soupir *m.*

**boquear** *intr.* **1** ouvrir la bouche **2** *fig.* être mourant, e **3** tirer à sa fin *(cosa)*

**boquerón** *m.* anchois

**boquete** *m.* **1** passage étroit **2** trou, brèche *f.*

**boquiabierto, -a** *adj. fig.* bouche bée, qui a la bouche ouverte

**boquilla** *f.* **1** MUS. bec *m.,* embouchure *(instrumento)* **2** fume-cigare *m. invar.,* fume-cigarette *m. invar.*

**borboteo** *m.* bouillonnement

**borbotón** *m.* bouillonnement *a borbotones* à gros bouillons

**borceguí** *m.* brodequin

**borda** *f.* MAR. bord *m. lanzar por la* ∼ jeter par-dessus bord

**bordado** *m.* broderie *f.*

**bordado, -a** *adj.* brodé, ée ∼ *a mano* brodé à la main

**bordar** *tr.* broder

**borde** *m.* **1** bord **2** *adj. fam.* lourd, e, grossier, ière *loc. prép. al* ∼ *de* au bord de *al* ∼ *de llorar* au bord des larmes

**bordear** *tr. -intr.* **1** côtoyer, louvoyer **2** *tr. fig.* friser **3** frôler *(un peligro)*

**bordillo** *m.* bordure *f. el* ∼ *de la acera* la bordure du trottoir

**bordo** *m.* MAR. bord *a* ∼ à bord *ordenador de a* ∼ ordinateur de bord

**bordón** *m.* bourdon

**bordoncillo** *m.* rengaine *f.*

**boreal** *adj.* boréal, ale

**borgoñón, -ona** *adj. -s.* bourguignon, onne

**borla** *f.* **1** houppe, gland *m.* **2** pompon *m.*

**borne** *m.* ELECTR. borne *f.*

**borra** *f.* **1** bourre *(de lana, pelo)* **2** *fig.* remplissage *m. (en un escrito)*

**borrable** *adj.* effaçable

**borrachera** *f.* cuite, ivresse *agarrar una* ∼ attraper une cuite

**borracho, -a** *adj.* **1** ivre **2** *s.* ivrogne

**borrador** *m.* brouillon

**borraja** *f.* bourrache *(planta) agua de borrajas* eau de boudin

**borrar** *tr.* **1** effacer **2** biffer, rayer *(tachar)* **3** *pr.* s'effacer

**borrasca** *f.* bourrasque, tempête

**borrego** *m.* **1** mouton **2** *fig.* benêt *(necio)*

**borreguil** *adj.* grégaire *espíritu* ∼ esprit grégaire

**borrico** *m.* **1** âne **2** baudet

**borriquito** *m.* ou **borriquillo** *m.* bourricot

**borrón** *m.* **1** pâté *(tinta)* **2** tache *f.* ∼ *y cuenta nueva* passons l'éponge

**borroso, -a** *adj.* confus, e

**bosque** *m.* bois, forêt

**bosquecillo** *m.* bosquet

**bosquejo** *m.* ébauche *f.,* esquisse *f.*

**bostezar** *intr.* bâiller

**bostezo** *m.* bâillement

**bota** *f.* **1** gourde en cuir **2** botte *botas de montar* bottes de cavalier **3** chaussure montante *botas mosqueteras* cuissardes ∼ *de esquí* chaussure de ski

**botadura** *f.* lancement d'un bateau *m.*

**botánica** *f.* botanique

**botánico, -a** *adj.* **1** botanique **2** *m. -f.* botaniste

**botar** *tr.* **1** jeter, lancer, mettre à la porte, mettre dehors ∼ *un barco* lancer un bateau **2** *intr.* rebondir *la pelota bota* la balle rebondit **3** bondir, sauter ∼ *de alegría* bondir de joie

**botarate** *m. fam.* étourdi, écervelé

**bote** *m.* **1** canot **2** bocal, pot **3** bond *(salto) dar botes* faire des bonds **4** cagnotte *loc. adv. de* ∼ *en* ∼ bondé, ée, plein, pleine à craquer

**botella** *f.* bouteille *beber de la botella* boire à la bouteille

**botellín** *m.* petite bouteille *f.*, canette *f.*

**botica** *f.* pharmacie

**boticario, -a** *s.* pharmacien, ienne

**botijo** *m.* cruche *f.*, gargoulette *f.*

**botín** *m.* 1 butin 2 *m.* bottillon, bottine *f.*

**botines** *f. pl.* bottines, boots

**botiquín** *m.* boîte à pharmacie *f.*, pharmacie portative *f.*

**botón** *m.* bouton ~ *automático* bouton-pression ~ *de muestra* échantillon

**botones** *m.* chasseur, groom

**bóveda** *f.* voûte ~ *celeste* voûte céleste ~ *craneana* boîte crânienne

**bovino, -a** *adj. -s.* 1 bovin, e 2 *m. pl.* bovidés, bovins

**boxeador** *m.* boxeur

**boxeo** *m.* boxe *f.*

**boya** *f.* bouée

**boyante** *adj. fig.* prospère, florissant, e *negocio* ~ affaire prospère *f.*

**boyerizo** *m.* ou **boyero** *m.* bouvier

**boycot, boycotear, boycoteo** *cf.* *boicot, boicotear, boicoteo*

**bozal** *m.* muselière *f.*

**bozo** *m.* duvet

**braceaje** *m.* brassage

**bracear** *intr.* 1 mouvoir les bras 2 nager la brasse 3 brasser

**braceo** *m.* 1 brasse *f. (natación)* 2 mouvement des bras

**bracero** *m.* manœuvre, journalier

**braga** *f.* ou **bragas** *f. pl.* culotte, slip *m.*

**bragadura** *f.* 1 entrecuisse *m. (de un animal)* 2 enfourchure *(de pantalón)*

**bragueta** *f.* braguette

**braguetazo** *m. fam.* mariage d'intérêt

**brahmán** *m.* brahmane

**brahmín** *m.* brahmane

**brama** *f.* rut *m.*

**bramante** *m.* ficelle *f.*

**bramar** *intr.* 1 bramer 2 mugir

**bramido** *m.* mugissement *m.*

**branquias** *f. pl.* branchies

**brasa** *f.* braise

**brasero** *m.* brasero

**brasil** *m.* bois du Brésil, brésil

**brasileño, -a** *adj. -s.* brésilien, ienne

**bravata** *f.* bravade

**bravo, -a** *adj.* 1 brave, vaillant, e 2 fanfaron, onne 3 grand, e, magnifique 4 sauvage, indompté, ée *(animal)* *animal* ~ animal sauvage 5 déchaîné, ée *toro* ~ taureau de combat *¡ bravo! interj.* bravo !

**bravura** *f.* 1 bravoure 2 férocité 3 combativité *(del toro)*

**braza** *f.* brasse *nadar a* ~ nager la brasse

**brazada** *f.* brassée, brasse

**brazal** *m.* brassard

**brazalete** *m.* 1 bracelet 2 brassard

**brazo** *m.* bras *iban cogidos del* ~ ils allaient bras dessus, bras dessous *cogerse del brazo* se donner le bras *cruzarse de brazos* se croiser les bras *a* ~ *partido loc. adv.* à tour de bras *con los brazos abiertos* à bras ouverts

**brea** *f.* goudron *m.*

**brebaje** *m.* breuvage

**brecha** *f.* brèche *(abertura)* *abrir* ~ faire une brèche

**brega** *f.* lutte, dispute, querelle

**bregar** *intr.* 1 lutter, se battre 2 *fig.* se démener, se donner du mal *(ajetrearse)*

**breña** *f.* broussaille *f.*

**brete** *m. fig.* difficulté *f.* embarras *poner en un* ~ mettre dans une situation difficile

**bretón, -ona** *adj. -s.* breton, onne

**breva** *f.* figue-fleur *loc. fig.* *más blando que una* ~ doux comme un agneau

**breve** *adj.* bref, brève *loc. adv.* *en* ~ sous peu

**brevedad** *f.* brièveté *con* ~ brièvement

**brevemente** *adv.* brièvement

**breviario** *m.* bréviaire

**bribón, -ona** *adj. -s.* fripon, onne, coquin, e

**bricolage** *m.* ou **bricolaje** *m.* bricolage *sección* ~ rayon bricolage

**brida** *f.* bride *a toda* ~ *loc. adv.* à bride abattue

**brigada** 1 *f.* brigade 2 *m.* adjudant

**brillante** *adj.* brillant, e *un chico* ~ un garçon brillant

**brillantez** *f.* éclat *m.* *con* ~ brillamment

**brillar** *intr.* briller

**brillo** *m.* éclat *m.* *sacar* ~ faire briller, faire reluire

**brincar** *intr.* sauter, bondir *loc. fig.* ∼ *de gozo* bondir de joie

**brinco** *m.* saut, bond *dar brincos* faire des bonds

**brindar** *intr.* **1** boire à la santé de, porter un toast à *brindo por los recién casados* je bois à la santé des jeunes mariés **2** *intr. -tr.* offrir ∼ *su ayuda* offrir son aide **3** *pr.* s'offrir, offrir, proposer *se brindó a acompañarme* il proposa de m'accompagner

**brindis** *m.* toast *echar un* ∼ porter un toast

**brío** *m.* courage, brio, entrain

**brioso, -a** *adj.* vigoureux, euse, énergique, vaillant, e

**brisa** *f.* brise

**británico, -a** *adj. -s.* britannique

**brocha** *f.* **1** blaireau *m.* **2** brosse, gros pinceau *m.* (*pincel*) *pintor de* ∼ *gorda* peintre en bâtiment, mauvais peintre *fig.*

**broche** *m.* **1** broche *f.* **2** agrafe *f.*, trombone (*amer.*)

**broma** *f.* plaisanterie, farce, blague ∼ *pesada* mauvaise plaisanterie *gastar bromas* plaisanter

**bromear** *intr.* plaisanter

**bromista** *adj. -s.* farceur, euse, blagueur, euse

**bromo** *m.* brome

**bronca** *f.* **1** grabuge *m.* **2** huées *f. pl.* **3** réprimande *f. fam. mi madre me armó una bronca* ma mère m'a passé un savon

**bronce** *m.* bronze

**bronceado, -a** *adj.* **1** bronzé, ée **2** *m.* bronzage

**bronco(p)neumonia** *f.* bronchopneumonie

**bronquio** *m. ANAT.* bronche *f.*

**bronquitis** *f.* bronchite

**brotar** *intr.* **1** pousser, bourgeonner **2** jaillir *el agua brotaba del manantial* l'eau jaillissait de la source **3** *fig.* apparaître, surgir *los conflictos brotan fácilmente* les conflits surgissent rapidement

**brote** *m.* bourgeon, pousse *f.*

**broza** *f.* feuilles mortes *f. pl.*, broussailles *f. pl.*

**bruces (de)** *loc. adc.* à plat ventre *caerse de* ∼ tomber à plat ventre

**bruja** *f.* sorcière *loc. fig. creer en brujas* croire au Père Noël

**brujería** *f.* sorcellerie

**brujo** *m.* sorcier *el aprendiz de* ∼ l'apprenti sorcier

**brújula** *f.* boussole

**bruma** *f.* brume

**bruñido** *m.* polissage, brunissage

**bruñir** *tr.* polir, brunir (*metal*)

**brusco, -a** *adj.* brusque

**brutal** *adj. s.* brutal, ale

**brutalidad** *f.* brutalité

**bruto, -a** *adj. -s.* **1** sot, sotte, bête **2** *adj.* brutal, ale *la fuerza bruta* la force brutale **3** brut, e *sueldo* ∼ salaire brut **4** *m.* brute *f. en* ∼ *loc. adv.* brut *hacer las cosas a lo bruto* faire les choses grossièrement

**bucal** *adj.* buccal, ale

**buceador** *m.* plongeur

**bucear** *intr.* plonger, faire de la plongée sous-marine

**bucle** *m.* boucle *f.*

**buche** *m.* **1** jabot *m.* (*de las aves*) **2** *fam.* estomac, panse *f.* **3** gorgée *f.* (*de líquido*)

**buda** *m.* bouddha

**budín** *m.* pudding

**budismo** *m.* bouddhisme

**buen** *adj.* forme apocopée de *bueno*

**buenaventura** *f.* bonne aventure

**bueno, -a** *adj.* **1** bon, bonne *un hombre* ∼ un homme bon **2** *interj.* bon !, bien ! *dar por* ∼ approuver, juger bon *a buenas, por las buenas loc. adv.* de bon gré *de buenas a primeras loc. adv.* de but en blanc, de prime abord *¡* ∼ *está !* bon !, ça va comme ça ! *¡ muy buenas !* salut !

**buey** *m.* bœuf

**bufa** *f.* plaisanterie, *amer.* cuite *f. ópera bufa* opéra bouffe

**búfalo, -a** *s.* buffle, bufflonne

**bufanda** *f.* écharpe, cache-nez *m. invar.*

**bufar** *intr.* **1** souffler (*toro*) **2** s'ébrouer (*caballo*) **3** *fig.* frémir de colère

**bufete** *m.* **1** cabinet, étude *f.* ∼ *de abogado* cabinet d'avocat ∼ *de notario* étude de notaire **2** buffet

**buganvilla** *f.* bougainvillée

**buhardilla** *f.* mansarde

**búho** *m.* hibou

**buhonería** *f.* **1** colportage *m.* **2** camelote *f.*

**buhonero** *m.* colporteur

**buitre** *m.* vautour

**bujía** *f.* bougie

**bula** *f.* 1 bulle 2 *fig.* exemption, privilège *m.*

**bulbo** *m.* bulbe

**bulevar** *m.* boulevard *m.*

**búlgaro, -a** *adj. -s.* bulgare

**bulo** *m. fam.* bobard, faux bruit

**bulto** *m.* 1 volume, grosseur *f.* 2 paquet, colis 3 silhouette *f.* 4 bosse *f.*, enflure *f.* *escurrir el* ~ *loc. fig.* s'esquiver, se dérober *a* ~ *loc. adv.* en gros, approximativement, au jugé

**bulla** *f.* tapage *m.*, bruit *m.*

**bullanguero, -a** *adj. -s.* turbulent, e

**bullicio** *m.* tumulte, agitation *f.*, tapage

**bullir** *intr.* 1 bouillir, bouillonner, s'agiter 2 grouiller *(insectos)* 3 foisonner, abonder *(cosas)* 4 s'agiter, remuer 5 *tr.* mouvoir, remuer

**bumerán** *m.* boomerang

**buñolería** *f.* boutique de marchand de beignets

**buñuelo** *m.* beignet

**buque** *m.* navire, vaisseau, bateau

**burbujear** *intr.* faire des bulles

**burbuja** *f.* bulle

**burdo, -a** *adj.* grossier, ière

**burgalés, -esa** *adj. -s.* de Burgos

**burgués, -esa** *adj. s.* bourgeois, oise

**burguesía** *f.* bourgeoisie

**buril** *m.* burin

**burla** *f.* 1 moquerie, raillerie 2 plaisanterie *(chanza)* *hacer* ~ se moquer *de burlas loc. adv.* pour rire *entre burlas y veras* mi-figue, mi-raisin

**burlador, -ora** *adj.* moqueur, euse, abuseur, séducteur

**burlar** *intr.* 1 plaisanter, badiner 2 *tr.* tromper, abuser ~ *a uno* tromper quelqu'un 3 *pr.* se moquer *loc. adv.* *burla burlando* sans en avoir l'air

**burlete** *m.* bourrelet *(de deporte)*

**burlón, -ona** *adj.* moqueur, plaisantin

**buró** *m.* bureau ~ *político* bureau politique

**burocracia** *f.* bureaucratie

**burócrata** *s.* bureaucrate

**burra** *f.* 1 ânesse 2 *adj. -f.* sotte, ignorante

**burro** *m.* âne

**burrada** *f. fig. fam.* ânerie, bêtise

**bursátil** *adj.* boursier, ière *operación* ~ opération boursière

**busca** *f.* recherche, quête *a la* ~, *en* ~ *de* à la recherche de, en quête de

**buscador, -ora** *adj.* chercheur, euse *cabeza buscadora* tête chercheuse

**buscar** *tr.* chercher *loc. fig.* *buscársela a uno* provoquer quelqu'un

**búsqueda** *f.* recherche

**busto** *m.* buste

**butaca** *f.* fauteuil *m.* ~ *de patio* fauteuil d'orchestre

**butano** *m.* butane *(gas)* *bombona de* ~ bouteille de butane

**butifarra** *f.* saucisse, sorte de boudin

**buzo** *m.* plongeur, scaphandrier

**buzón** *m.* boîte aux lettres *echar una carta al* ~ mettre une lettre à la boîte

# C

**c** *f.* c *m.*

**cabal** *adj.* **1** juste, exact, e **2** *fig.* accompli, ie *un hombre* ~ un homme accompli *no estar en sus cabales* ne pas avoir toute sa tête

**cábala** *f.* **1** kabbale, cabale **2** *fig.* supposition, pronostic *m.* *hacer cábalas* faire des pronostics **3** *fig. fomentar una* ~ manœuvrer contre quelqu'un

**cabalgada** *f.* chevauchée, cavalcade

**cabalgar** *intr.* chevaucher, monter à cheval

**cabalgata** *f.* cavalcade

**cabalístico, -a** *adj.* cabalistique

**cabalmente** *adv.* justement, parfaitement

**caballa** *f.* maquereau *m.*

**caballar** *adj.* chevalin, ine *cría* ~ élevage chevalin

**caballeresco, -a** *adj.* chevaleresque

**caballería** *f.* **1** monture **2** cavalerie, chevalerie

**caballeriza** *f.* écurie

**caballero** *m.* **1** chevalier **2** monsieur *por favor,* ~ s'il vous plaît, monsieur *señoras y caballeros* mesdames et messieurs **3** homme *peluquería para caballeros* coiffeur pour hommes **4** homme bien élevé, loyal, gentleman *es todo un* ~ c'est un vrai gentleman

**caballete** *m.* **1** chevalet **2** tréteau

**caballista** *m.* cavalier

**caballito** **1** *m.* petit cheval **2** *m. pl.* chevaux de bois, manège *m. sing.*

**caballo** *m.* cheval *caballos de vapor* chevaux-vapeur *a uña de* ~ à bride abattue

**cabaña** *f.* **1** cabane **2** bétail *m.*, cheptel *m.*

**cabaret** OU **cabaré** *m.* cabaret

**cabecear** *intr.* hocher la tête, dodeliner de la tête

**cabecera** *f.* tête de lit, chevet *m.* *médico de* ~ médecin de famille, médecin traitant

**cabecero** *m.* appui-tête

**cabecilla** *m.* chef de file, meneur

**cabellera** *f.* chevelure

**cabello** *m.* cheveu *poner los cabellos de punta* faire dresser les cheveux sur la tête

**caber** *intr.* **1** tenir *estos libros no caben en el armario* ces livres ne tiennent pas dans l'armoire **2** contenir, rentrer *cabe pensar que* il y a lieu de penser que *no cabe duda* il n'y a pas de doute *no cabe la menor duda* il n'y a pas le moindre doute

**cabestrillo** *m.* écharpe *f.* *tener el brazo en* ~ avoir le bras en écharpe

**cabeza** *f.* **1** tête **2** chef ~ *de familia* chef de famille ~ *rapada* skin head *m.* ~ *de partido* chef-lieu de canton, d'arrondissement *no tener ni pies ni* ~ n'avoir ni queue ni tête *quebradero de* ~ casse-tête

**cabezada** *f.* coup de tête *m.*, dodelinement de la tête *m.* *dar cabezadas* dodeliner de la tête

**cabezal** *m.* appui-tête, traversin

**cabezón, -ona** *adj.* -s. qui a une grosse tête, *fig.* têtu, ue

**cabezonada** *f. fig.* coup de tête *m.*

**cabezota** *m. fig.* cabochard

**cabezudo, -a** *adj.* qui a une grosse tête, grosses têtes *(carnaval)*

**cabida** *f.* contenance, capacité

**cabina** *f.* cabine ~ *telefónica* cabine téléphonique

**cabizbajo, -a** *adj.* tête basse

**cable** *m.* **1** câble **2** encablure *f.*

**cablear** *tr.* câbler

**cabo** *m.* **1** bout, extrémité *f.* **2** cap ~ *de Hornos* cap Horn *llevar a* ~ mener à bien, réaliser *al* ~ *de* au bout de *al fin y al* ~ au bout du compte *atar cabos* faire des recoupements

**cabotaje** *m.* cabotage

**cabra** *f.* chèvre *la* ~ *siempre tira al monte* le naturel revient au galop *estar como una* ~ *fig. fam.* être timbré, ée, maboul

**cabrear** **1** *tr. fam.* taper sur le système **2** *pr.* se mettre en rogne, piquer sa crise

**cabreo** *m. fam.* colère *f.*, crise *f.* *tener un* ~ être en rogne, piquer sa crise

**cabrero** *m.* chevrier

**cabrío, -a** **1** *adj.* caprin, e **2** *m.* troupeau de chèvres *macho* ~ bouc

**cabritilla** *f.* chevreau *m.* *zapatos de* ~ chaussures en chevreau

**cabrito** *m.* cabri, chevreau

**cabrón** *m.* **1** bouc **2** *fam.* salaud

**cabronada** *f. fam.* tour de cochon *m.*

**cabuchón** OU **cabujón** *m.* cabochon

**cacahuete** OU **cacahué** *m.* cacahuète *f.* *aceite de* ~ huile d'arachide

**cacao** *m.* **1** cacao **2** *fig. fam.* pagaille *f.*

**cacarear** *intr.* **1** caqueter **2** *fig.* claironner, crier sur tous les toits

**cacatúa** *f.* cacatoès

**cacería** *f.* chasse, partie de chasse

**cacerola** *f.* casserole, faitout *m.*

**cacique** *m.* chef, cacique

**caciquismo** *m.* caciquisme, influence arbitraire *f.*

**caco** *m. fam.* filou, voleur, cambrioleur

**cacofonía** *f.* cacophonie

**cacto** *m.* cactus

**cachalote** *m.* cachalot

**cacharro** *m.* **1** pot, poterie *f.* **2** *fam.* truc, machin *los cacharros de la cocina* les ustensiles de cuisine *es un* ~ *viejo* c'est une vieille bagnole, c'est un vieux machin

**cachear** *tr.* fouiller quelqu'un *(policía)*

**cacheo** *m.* fouille d'une personne *f.* *(policía)*

**cachemir** *m.* cachemir

**cachete** *m.* **1** bajoue *f.* **2** claque *f.*, gifle *f.* *pegar un* ~ donner une gifle

**cachiporra** *f.* matraque, massue

**cachito** *m.* petit morceau

**cachivache** *m.* machin, truc, babiole *f.*, ustensile

**cacho** *m.* morceau *tomar un* ~ manger un morceau, casser la croûte

**cachondearse** *pr.* **1** *fam.* se payer la tête de, se ficher de **2** se marrer, rigoler

**cachondeo** *m. fam.* rigolade *f.*, chahut *estar de* ~ *o armar* ~ chahuter

**cachorro, -a** *m. -f.* chiot *un animal y sus cachorros* un animal et ses petits

**cada** *adj.* **1** chaque **2** tous, toutes ~ *día* tous les jours ~ *cuatro días* tous les quatre jours ~ *cual* chacun, e ~ *vez que* toutes les fois que ~ *vez más* de plus en plus ~ *vez menos* de moins en moins ~ *dos por tres* à tout bout de champ

**cadalso** *m.* échafaud

**cadáver** *m.* cadavre

**cadavérico, -a** *adj.* cadavérique

**cadena** *f.* chaîne *trabajo en* ~ travail à la chaîne *condenar a* ~ *perpetua* condamner à perpétuité

**cadencia** *f.* cadence

**cadera** *f.* hanche

**caducar** *intr.* expirer, être périmé, se périmer

**caducación** *f.* péremption *fecha de* ~ date de péremption

**caduceo** *m.* caducée

**caducidad** *f.* caducité

**caduco, -a** *adj.* caduc, caduque

**caer** *intr.* **1** tomber ~ *de espaldas* tomber sur le dos, à la renverse **2** échoir, gagner *le cayó el premio* il a gagné le prix **3** se trouver, être situé *esto cae lejos de aquí* cela se trouve loin d'ici **4** aller *este peinado te cae bien* cette coiffure te va bien *¡ ya caigo !* j'y suis ! ~ *en la cuenta* se rendre compte ~ *en algo* se rendre compte, comprendre *esta chica me cae bien* cette fille m'est sympathique *me cae mal* elle m'est antipathique *no tener donde caerse muerto* être sur le pavé, sur la paille

**café** *m.* café ~ *solo* café noir ~ *con leche* café au lait ~ *cortado* café avec un nuage de lait

**cafeína** *f.* caféine

**cafetal** *m.* plantation de café *f.*

**cafetera** *f.* cafetière *fig. estar como una* ~ être cinglé, ée, être timbré, ée

**cafetería** *f.* cafétéria, snack-bar *m.*

**cafetín** *m.* bistrot

**cafre** *adj.* -s. sauvage, rustre

**cagada** *f.* excrément *m.*

**cagar** *intr. pop.* chier

**caída** *f.* **1** chute ~ *libre* chute libre **2** tomber *m.*, retombée

**caído, -a** *adj.* **1** tombé, ée, déchu, ue **2** *fig.* défaillant, e, affaibli, ie **3** *m. pl.* morts *monumento a los caídos* monument aux morts

**caimán** *m.* caïman

**Caín** *n. pr. m.* Caïn *pasar las de* ~ en voir de toutes les couleurs

**caja** *f.* **1** boîte *una* ~ *de caramelos* une boîte de bonbons **2** caisse, cageot *m.* *una* ~ *de naranjas* un cageot d'oranges **3** cage d'escalier ~ *fuerte o de caudales* coffre-fort *m.* ~ *registradora* caisse enregistreuse ~ *de ahorros* caisse d'Epargne

**cajero** *m. -f.* caissier, ière ~ *automático* distributeur de billets

**cajetilla** *f.* paquet de cigarettes *m.*

**cajón** *m.* tiroir ~ *de sastre* pêle-mêle, fatras, fouillis, méli-mélo

**cal** *f.* chaux ~ *viva* chaux vive *una de* ~ *y otra de arena* avoir des hauts et des bas, moitié-moitié

**cala** *f.* 1 cale 2 crique, calanque

**calabacín** *m.* courgette *f.*

**calabaza** *f.* 1 citrouille, potiron *m.*, courge 2 calebasse *fig.* *dar calabazas* recaler à un examen, renvoyer se rhabiller

**calabobos** *m.* crachin

**calabozo** *m.* cachot

**calada** *f.* bouffée de cigarette

**calado** *m.* 1 ajour, broderie *f.* 2 tirant d'eau

**calafatear** *tr.* 1 calfeutrer 2 MAR. calfater

**calamar** *m.* calmar, encornet

**calambre** *m.* crampe *f.* *me da un* ~ j'ai une crampe

**calamidad** *f.* calamité

**calandra** *f.* calandre

**calandria** *f.* calandre, alouette

**calaña** *f.* caractère *m.*, espèce, acabit *individuos de la misma* ~ deux individus du même acabit

**calar** *tr.* 1 imbiber, transpercer, tremper 2 *fig.* pénétrer ~ *hondo* pénétrer à fond 3 *pr.* se tremper, se mouiller

**calavera** 1 *f.* tête de mort 2 *m. fig.* tête brûlée, noceur *m.*

**calaverada** *f.* frasque

**calcar** *tr.* calquer, décalquer *papel de* ~ papier calque

**calcáreo, -a** *adj.* calcaire

**calce** *m.* 1 jante 2 cale *f.*

**calceta** *f.* bas *m.* *hacer* ~ faire du tricot, tricoter

**calcetín** *m.* chaussette *f.*

**calcificar** *tr.* calcifier

**calcinar** *tr.* calciner

**calcio** *m.* calcium

**calco** *m.* calque *papel de* ~ papier calque

**calcomanía** *f.* décalcomanie, autocollant *m.*

**calculador, -a** *adj.* *-s.* calculateur, trice

**calculadora** *f.* calculatrice, calculette

**calcular** *tr.* 1 calculer 2 *fig.* calculer, estimer, penser

**cálculo** *m.* calcul

**caldear** *tr.* chauffer, réchauffer

**caldera** *f.* chaudière, *amér.* bouilloire

**calderilla** *f.* menue monnaie

**caldero** *m.* chaudron

**calderón** *m.* point d'orgue

**caldo** *m.* 1 bouillon, consommé ~ *de cultivo* bouillon de culture 2 cru *(vino)*

**calé** *adj.* *-s.* gitan *ser de raza* ~ être gitan

**calefacción** *f.* chauffage *m.* ~ *central* chauffage central

**calendario** *m.* calendrier

**calentador** *m.* chauffe-eau

**calentador, -a** *adj.* chauffant, e

**calentamiento** *m.* réchauffement

**calentar** *tr.* 1 chauffer, faire chauffer 2 *fig. fam.* rosser 3 *pr.* se réchauffer, *fig.* s'échauffer

**calentura** *f.* fièvre

**calesa** *f.* calèche

**calesero** *m.* cocher

**caleta** *f.* petit port *m.*, crique

**calibrar** *tr.* calibrer

**calibre** *m.* calibre, *fig.* importance

**calidad** *f.* qualité

**cálido, -a** *adj.* 1 chaud, e *clima* ~ climat chaud 2 *fig.* chaleureux, euse

**calidoscopio** *m.* kaléidoscope

**calientaplatos** *m. invar.* chauffe-plats

**caliente** *adj.* chaud, e *mantener* ~ tenir au chaud *perro* ~ hot dog

**calificación** *f.* 1 qualification 2 mention à un examen

**calificado, -a** *adj.* qualifié, ée

**calificar** *tr.* qualifier

**calificativo, -a** *adj.* qualificatif, ive

**caligrafía** *f.* calligraphie

**cáliz** *m.* calice *apurar el* ~ *hasta las heces* boire le calice jusqu'à la lie

**caliza** *f.* calcaire

**calizo, -a** *adj.* calcaire

**calma** *f.* 1 calme *m.* 2 accalmie, *la* ~ *chicha* le calme plat

**calmante** 1 *m.* calmant, tranquillisant 2 *adj.* calmant, e

**calmar** 1 *tr.* calmer, apaiser 2 *pr.* se calmer, s'apaiser

**calmoso, -a** *adj.* indolent, e, flegmatique

**caló** *m.* langue des gitans *f.*

**camillero**

**calor** m. **1** chaleur f. **2** chaud *hace ∼ il fait chaud* **tener ∼** avoir chaud

**caloría** f. calorie

**calumnia** f. calomnie

**calumniar** tr. calomnier

**calumnioso, -a** adj. calomnieux, euse

**caluroso, -a** adj. chaud, e, chaleureux, euse

**calva** f. calvitie

**calvario** m. calvaire m.

**calvero** m. clairière f.

**calvicie** f. calvitie

**calvo, -a 1** adj. chauve, pelé, ée **2** s. chauve

**calzada** f. chaussée

**calzado, -a 1** adj. chaussé, ée **2** m. chaussure f. *tienda de ∼ para niños* magasin de chaussures pour enfants

**calzador** m. chausse-pied

**calzar 1** tr. chausser *calzo un 35* je chausse du 35 **2** pr. se chausser

**calzón** m. culotte f. fig. *ponerse, llevar los calzones* porter la culotte

**calzoncillos** m. pl. caleçon sing.

**callado, -a** adj. silencieux, euse, réservé, ée

**callar** intr. -pr. se taire *quien calla otorga* qui ne dit mot consent *¡ cállate !* interj. tais-toi ! *¡ a callar !* interj. silence !, taisez-vous !

**calle** f. rue *ir ∼ arriba* remonter la rue *ir ∼ abajo* descendre la rue *traer por la ∼ de la Amargura* fig. en faire voir de toutes les couleurs *estar en la ∼* être sur le pavé

**callejear** intr. flâner dans les rues

**callejero, -a** adj. **1** flâneur, euse **2** de la rue *escena callejera* scène de la rue

**callejón** m. ruelle f. *∼ sin salida* cul-de-sac, impasse f.

**callejuela** f. ruelle

**callista** m. -f. pédicure

**callo** m. **1** cor (pie), durillon **2** pl. tripes f. pl. *callos a la madrileña* tripes à la madrilène

**cama** f. lit m. *∼ de matrimonio* lit à deux places, grand lit

**camada** f. portée

**camafeo** m. camée, camaïeu

**camaleón** m. caméléon

**cámara** f. **1** salle, chambre **2** caméra **3** m. cadreur, caméraman *∼ de aire* chambre à air *∼ frigorífica* chambre froide *∼ de Comercio y de Industria* Chambre de Commerce et d'Industrie *a ∼ lenta* au ralenti *∼ fotográfica* appareil photo m.

**camarada** m. -f. camarade

**camarera** f. serveuse (de bar o restaurante)

**camarero** m. serveur, garçon de café, interj. garçon !

**camarilla** f. clan m., lobby m.

**camarín** m. **1** TEAT. loge (de actor) **2** cabinet, boudoir

**camarón** m. crevette grise f.

**camarote** m. cabine (de barco)

**camastro** m. **1** grabat **2** lit de camp

**cambalache** m. **1** fam. troc, échange **2** fam. brocante f., bric-à-brac

**cambiable** adj. échangeable

**cambiado, -a** adj. changé, ée *estás muy ∼* tu as beaucoup changé

**cambiadizo, -a** adj. changeant, e, inconstant, e

**cambiador, -ora** adj. -s. changeur, euse

**cambiante** adj. changeant, e

**cambiar** tr. -intr. **1** changer *este niño cambia mucho* cet enfant change beaucoup *∼ dinero* changer de l'argent **2** échanger *cambio este libro por otro* j'échange ce livre contre un autre **3** faire de la monnaie **4** pr. se changer, s'échanger

**cambiazo** m. volte-face f. fig. fam. *dar el ∼* rouler quelqu'un

**cambio** m. **1** change, bureau de change **2** changement *es un ∼ rápido* c'est un changement rapide **3** changement *∼ de velocidades* changement de vitesses **4** échange *∼ de impresiones* échange de points de vue **5** monnaie f. *no tengo ∼* je n'ai pas de monnaie loc. adv. *en ∼* par contre

**cambista** m. changeur

**camelador, -ora** adj. -s. flatteur, euse, charmeur, euse, fam. baratineur, euse

**camelar** tr. fam. baratiner, embobiner, faire du baratin

**camelo** m. fam. baratin

**camello** m. **1** chameau **2** revendeur (de droga), dealer

**cameraman** m. caméraman

**camilla** f. **1** brancard m., civière **2** table juponnée

**camillero** m. brancardier

**caminar** 1 *intr.* marcher, cheminer, voyager à pied 2 *tr.* parcourir

**caminada** *f.* grande promenade, *fam.* trotte

**camino** *m.* chemin *abrirse ~* se frayer un chemin *~ trillado* chemin battu, sentier battu *ponerse en ~* se mettre en route

**camión** *m.* 1 camion 2 *amér.* autobus, autocar *fig. fam.* **esta chica está como un ~** cette fille est canon

**camisa** *f.* chemise *~ de fuerza* camisole de force *meterse en ~ de once varas* se mêler des affaires d'autrui *no llegarle a uno la ~ al cuerpo* ne pas en mener large

**camiseta** *f.* 1 tee-shirt *m.* 2 chemisette, maillot *m.* gilet de corps *m.*

**camisón** *m.* chemise de nuit *f.*

**camomila** *f.* camomille

**camorra** *f. fam.* bagarre

**campal** *adj.* -*f.* *batalla ~* bataille, bagarre rangée

**campamento** *m.* camp, campement

**campana** *f.* 1 cloche 2 hotte, manteau *(de la chimenea) ~ extractora* hotte aspirante *echar las campanas al vuelo* sonner à toute volée, crier sur tous les toits *haber oído campanas y no saber dónde* avoir vent de quelque chose *dar la vuelta de ~* faire un tonneau *(en coche)*

**campanada** *f.* coup de cloche *f.*, *fig.* scandale

**campanilla** *f.* 1 clochette 2 sonnette *(de puerta) de campanillas* très important, e

**campante** *adj.* content, e de soi, satisfait, e *tan ~* comme si de rien n'était

**campaña** *f.* campagne *~ electoral* campagne électorale

**campechano, -a** *adj.* bon enfant *invar.*, ouvert, e

**campeón** *m.* champion

**campeona** *f.* championne

**campeonato** *m.* championnat *ser de ~* être terrible

**campero, -a** *adj.* de la campagne, rustique *botas camperas* chaussures pour la marche

**campesino, -a** 1 *adj.* paysan, anne, campagnard, e 2 *m.* -*f.* paysan, anne

**campestre** *adj.* champêtre

**camping** *m.* camping

**campiña** *f.* campagne

**campista** *m.* -*f.* campeur, euse

**campo** *m.* 1 champ 2 campagne *f.* *una casa de ~* une maison de campagne 3 domaine, secteur *en el ~ científico* dans le domaine scientifique 4 terrain *(de fútbol) a ~ raso* à la belle étoile *a ~ traviesa* à travers champs

**camposanto** *m.* cimetière

**campus** *m.* campus *~ universitario* campus universitaire

**cana** *f.* cheveu blanc *m.* *echar una ~ al aire* faire une incartade

**canadiense** *m.* -*f.* Canadien, ienne

**canadiense** *adj.* canadien, ienne

**canal** *m.* 1 canal *el ~ de Panamá* le canal de Panama 2 chenal *(de un puerto)* 3 chaîne *(de televisión)*

**canalización** *f.* canalisation

**canalizar** 1 *tr.* canaliser 2 *pr.* se canaliser

**canalón** *m.* gouttière *f.* *(de un techo)*

**canalones** *m. pl.* cannellonis

**canalla** 1 *f.* canaille 2 *m.* fripouille *f.* *este hombre es un ~* cet homme est une fripouille

**canapé** *m.* COC. canapé

**canario** *m.* canari

**canario, -a** *m.* -*f.* Canarien, ienne

**canario, -a** *adj.* canarien, ienne

**canasta** *f.* 1 corbeille, panier *m.* 2 canasta *f.*

**canastilla** *f.* layette

**canasto** *m.* panier, corbeille *f.*

**cancán** *m.* 1 jupon 2 french-cancan *(danse)*

**cancela** *f.* grille, portail *m.*, porte en fer forgé

**cancelación** *f.* annulation

**cancelar** *tr.* 1 annuler 2 composter *(un billete de metro...)*

**cáncer** *m.* cancer *~ de mama* cancer du sein

**canceroso, -a** *adj.* cancéreux, euse

**canciller** *m.* chancelier

**cancillería** *f.* chancellerie

**canción** *f.* chanson *~ de cuna* berceuse

**cancro** *m.* 1 chancre 2 *ASTROL.* cancer

**cancha** *f.* terrain *m.* *~ de fútbol* terrain de football *~ de tenis* court

**candado** *m.* cadenas

**candeal** *adj. trigo* ~ froment *pan* ~ pain de froment

**candela** *f.* chandelle

**candelabro** *m.* candélabre

**candelaria** *f.* Chandeleur *(fiesta)*

**candelero** *m.* chandelier *m. fig. estar en el* ~ tenir le haut du pavé, tenir le devant de la scène

**candente** *adj.* 1 incandescent, e 2 brûlant, e *un problema* ~ un problème brûlant

**candidato** *m.* candidat, challenger

**candidatura** *f.* 1 candidature 2 liste des candidats

**cándido, -a** *adj.* candide, naïf, naïve

**candil** *m.* lampe à huile *f.*

**candileja** *f.* petite lampe *TEAT. las candilejas pl.* les feux de la rampe *m. pl.*

**candor** *m.* candeur

**canela** *f.* cannelle *fig. es la flor de la* ~ c'est la fine fleur, c'est le fin du fin

**canelón** *m.* 1 gouttière *f.* 2 glaçon 3 torsade *f. (para un jersey)* 4 canelones *pl.,* cannellonis

**canesú** *m.* empiècement *(de un vestido)*

**cangrejo** *m.* crabe ~ *de río* écrevisse *f.*

**canguelo** *m. fam.* frousse *f.*

**canguro** *m.* 1 kangourou 2 babysitter *hacer de* ~ faire du baby-sitting

**caníbal** *adj. -s.* cannibale

**canibalismo** *m.* cannibalisme

**canibalización** *f.* cannibalisation, autoconcurrence

**canica** *f.* bille

**canícula** *f.* canicule

**canicular** *adj.* caniculaire

**canilla** *f.* 1 canette 2 *amér.* robinet *m.*

**canino, -a** *adj.* canin, e *hambre canina* faim de loup

**canje** *m.* échange *(de prisioneros...)*

**canjear** *tr.* échanger

**cano, -a** *adj.* blanc, blanche *tener el pelo* ~ avoir les cheveux blancs

**canoa** *f.* canot *m.,* canoë

**canódromo** *m.* cynodrome

**canon** *m.* canon *(de la Iglesia) el* ~ *de la belleza* le canon de la beauté

**canónico, -a** *adj.* canonique

**canónigo** *m.* chanoine

**canonizar** *tr.* canoniser

**canotaje** *m.* canotage

**canoso, -a** *adj.* chenu, ue, grisonnant, e *sienes canosas* tempes grisonnantes

**canotié** OU **canotier** *m.* canotier

**cansado, -a** *adj.* 1 fatigué, ée, 2 fatigant, e *es un trabajo cansado* c'est un travail fatigant

**cansancio** *m.* fatigue *f.*

**cansar** 1 *tr.* fatiguer, lasser 2 *pr.* se fatiguer, se lasser

**cansino, -a** *adj.* traînant, e *paso* ~ pas traînant

**cantábrico, -a** *adj.* cantabrique *el Mar Cantábrico* la mer Cantabrique

**cantador, -ora** *s.* chanteur, euse

**cantaor, -ora** *s.* chanteur, euse de flamenco

**cantante** *s.* chanteur, euse ~ *de ópera* chanteur d'opéra, chanteur lyrique

**cantante** *adj.* chantant, e *llevar la voz* ~ mener la danse

**cantar** *intr.* chanter

**cantar** *m.* 1 chanson *f.* ~ *de gesta* chanson de geste 2 cantique *el Cantar de los Cantares* le Cantique des Cantiques *fig. eso es otro* ~ c'est une autre chanson, c'est une autre histoire

**cántaro** *m.* cruche *f. llover a cántaros* pleuvoir à verse

**cantata** *f.* cantate

**cantatriz** *f.* cantatrice

**cantautor** *m.* auteur compositeur interprète

**cante** *m.* chant populaire andalou

**cantera** *f.* 1 carrière *(de piedra)* 2 *fig.* pépinière

**cantero** *m.* tailleur de pierres

**cantidad** *f.* 1 quantité 2 somme *una* ~ *de dinero* une somme d'argent 3 montant *cantidades de compensación* montants compensatoires *adj. fam. en* ~ énormément, beaucoup *esto me gusta* ~ cela me plaît beaucoup

**cantimplora** *f.* gourde

**cantina** *f.* 1 cantine, buvette, buffet de la gare *m.* 2 *amer.* bistrot *m.,* café *m.*

**canto** *m.* 1 chant 2 bord, coin, côté *de* ~ sur le côté, de chant 3 tranche *f. (de un libro) libro de* ~ *dorado* livre doré sur tranche 4 caillou, pierre *f.* ~ *rodado* galet

**cantón** *m.* 1 canton 2 cantonnement

**cantor, -ora** *s.* chanteur, euse

**canturrear** *intr.* chantonner, fredonner

**cánula** *f.* canule

**canutero** *m.* **1** étui à aiguilles **2** *amér.* porte-plume, stylo

**canuto** *m.* **1** tube, étui à aiguilles **2** joint *fumarse un* ~ fumer un joint

**caña** *f.* **1** chaume *m.,* roseau *m.* **2** canne ~ *de azúcar* canne à sucre ~ *de pescar* canne à pêche **3** rotin *m.* **4** demi *m. una* ~ *de cerveza* un demi de bière

**cañada** *f.* **1** vallon *m.* **2** chemin creux *m.* **3** *amér.* ruisseau

**cañamazo** *m.* **1** étoupe *f.* **2** canevas

**cáñamo** *m.* chanvre

**cañaveral** *m.* plantation de canne à sucre *f.*

**cañería** *f.* conduite *(de agua, de gas...)*

**caño** *m.* **1** tube, tuyau **2** jet *(de una fuente)*

**cañón** *m.* **1** canon **2** canyon *estar a pie de* ~ être à pied d'œuvre

**cañonazo** *m.* coup de canon

**caoba** *f.* acajou *m.*

**caos** *m.* chaos

**caótico, -a** *adj.* chaotique

**capa** *f.* **1** cape **2** couche *(de pintura)* **3** robe *(de un animal) estar de* ~ *caída* filer un mauvais coton, battre de l'aile *so* ~ *de* sous prétexte de

**capacidad** *f.* capacité

**capacitación** *f.* qualification

**capacitado, -a** *adj.* qualifié, ée *persona capacitada* personne qualifiée

**capacitar** *tr.* **1** rendre apte, capable **2** former **3** habiliter

**capacho** *m.* cabas

**capar** *tr.* castrer, châtrer

**caparazón** *m.* carapace *f.,* carcasse *f.*

**capataz** *m.* contremaître, agent de maîtrise

**capaz** *adj.* capable ~ *para* apte à

**capazo** *m.* grand cabas

**capcioso, -a** *adj.* captieux, euse

**capear** *tr.* **1** *TAUROM.* tromper le taureau avec la cape **2** *fig.* tromper

**capellán** *m.* aumônier, prêtre, chapelain

**capellina** *f.* capeline

**caperucita** *f.* petit capuchon *m. Caperucita Roja* Petit Chaperon Rouge

**capilar** *adj.* capillaire

**capilla** *f.* chapelle

**capirote** *m.* chapeau pointu ~ *de asno* bonnet d'âne *es tonto de* ~ il est bête comme ses pieds

**capital 1** *adj.* capital, ale **2** *f.* capitale *(de un Estado),* chef-lieu *(de provincia)* **3** *m.* capital *invertir capitales* investir des capitaux ~ *circulante* capital d'exploitation

**capitalismo** *m.* capitalisme

**capitalista** *adj. -s.* capitaliste

**capitalizable** *adj.* capitalisable

**capitalizar** *tr.* capitaliser

**capitán** *m.* capitaine

**capitanear** *tr.* commander, diriger

**capitanía** *f.* **1** charge de capitaine **2** bureau du capitaine *m.* ~ *General* état-major *m.,* région militaire

**capitel** *m. ARQUIT.* chapiteau

**capitulación** *f.* **1** capitulation **2** contrat de mariage *m.*

**capitular 1** *intr.* capituler **2** *adj.* capitulaire

**capítulo** *m.* chapitre *(de un libro) llamar a* ~ chapitrer

**capó** *m.* capot

**capón** *m.* **1** chapon **2** castrat

**capota** *f.* capote *(de coche)*

**capotazo** *m. TAUROM.* passe de cape *f.*

**capote** *m.* **1** capote *f.,* manteau **2** cape du toréador

**capricornio** *m.* capricorne

**capricho** *m.* **1** caprice **2** fantaisie *f.* **3** coup de tête *lo ha hecho por* ~ il l'a fait sur un coup de tête

**caprichoso, -a** *adj.* capricieux, euse

**caprino, -a** *adj.* caprin, e

**cápsula** *f.* **1** capsule **2** gélule *(medicamento)*

**capsular** *tr.* capsuler

**captación** *f.* **1** captage *(de las aguas)* **2** captation *(de herencia)*

**captar** *tr.* **1** capter **2** *fig.* comprendre, saisir

**captura** *f.* capture

**capturar** *tr.* capturer

**capucha** *f.* capuche, capuchon *m.*

**capuchina** *f.* capucine

**capuchino** *m.* cappuccino *(café)*

**capuchino, -a** *adj. -s.* capucin, e

**capullo** *m.* **1** cocon **2** bouton de fleur

**caqui** *m.* kaki

**cara** *f.* **1** visage *m.*, figure, face **2** mine *f.*, air *tener mala* ~ avoir grise mine **3** face ~ *o cruz* pile ou face **4** *fam.* culot *m.*, toupet *m. tener mucha* ~ avoir un toupet monstre, avoir beaucoup de culot ~ *a* face à ~ *a* ~ face à face *dar la* ~ prendre les choses sur soi, agir ouvertement *echarle a uno algo en* ~ reprocher quelque chose à quelqu'un *poner buena* ~ faire bonne figure *poner mala* ~ faire grise mine, mauvaise figure, faire la tête *por la* ~ *fam.* pour des prunes *por su* ~ *bonita* pour ses beaux yeux *tener* ~ *de pocos amigos* être un ours mal léché, faire une tête d'enterrement

**carabela** *f.* caravelle

**carabina** *f.* carabine

**carabinero** *m.* **1** carabinier **2** douanier

**caracol** *m.* escargot ~ *de mar* bigorneau *escalera de* ~ escalier en colimaçon *¡ caracoles ! interj.* sapristi !

**caracola** *f.* conque

**caracolear** *intr.* caracoler

**carácter** *m.* caractère *buen, mal* ~ bon, mauvais caractère

**característica** *f.* caractéristique

**característico, -a** *adj.* caractéristique

**caracterizar** *tr.* caractériser

**caradura** *m. -f. fam.* personne culottée *f. es un* ~ il est gonflé, culotté, impudent

**carámbano** *m.* glaçon

**carambola** *adj.* **1** carambolage *(billar)* **2** *fig. fam.* coup double *m.*, hasard *m.*

**caramelo** *m.* **1** bonbon **2** caramel *(líquido)*

**caraqueño, -a** *adj. -s.* de Caracas, habitant, e de Caracas

**carátula** *f.* **1** masque *m.* **2** *amer.* couverture d'un livre, frontispice *m.*, page de titre

**caravana** *f.* **1** caravane **2** file *una* ~ *de coches* une file de voitures

**carbón** *m.* charbon *papel* ~ papier carbone

**carbonato** *m.* carbonate

**carboncillo** *m.* fusain *dibujo al* ~ dessin au fusain

**carbonero, -a** *adj. -s.* charbonnier, ière

**carbónico, -a** *adj.* carbonique

**carbonilla** *f.* **1** escarbille, poussière **2** *amér.* fusain *m.*

**carbonizar** *tr.* carboniser

**carbono** *m.* carbone

**carbunco** *m. MED.* charbon

**carburador** *m.* carburateur

**carburante** *m.* carburant

**carburar** *tr.* carburer

**carburo** *m.* carbure

**carcajada** *f.* éclat de rire *m. reír a carcajadas* rire aux éclats

**carcamal** *m. fam.* vieux gâteux, vieux croulant

**cárcel** *f.* prison

**carcelario, -a** *adj.* carcéral, ale

**carcelero, -a** *m. -f.* **1** gardien, ienne de prison **2** geôlier, ière

**carcoma** *f.* **1** ver rongeur *m.* **2** vermoulure

**carcomer** *tr.* ronger le bois *madera carcomida f.* bois vermoulu *m.*

**cardado** *m.* **1** cardage **2** crêpage *(el cabello)*

**cardán** *m.* cardan

**cardar** *tr.* **1** carder *(la lana)* **2** crêper *(el cabello)*

**cardenal** *m.* **1** cardinal **2** bleu *un* ~ *en el muslo* un bleu sur la cuisse

**cardenalicio** *adj.* cardinalice

**cárdeno, -a** *adj.* violet, ette, violacé, ée

**cardíaco, -a** **1** *adj.* cardiaque **2** *m. -f.* cardiaque

**cárdigan** *m.* cardigan

**cardinal** *adj.* cardinal, ale *puntos cardinales* points cardinaux

**cardiograma** *m.* cardiogramme

**cardiólogo, -a** *m. -f.* cardiologue

**cardo** *m.* chardon

**carear** *tr.* confronter *(testigos)*

**carecer** *intr.* manquer ~ *de* manquer de *carecen de comida* ils manquent de nourriture

**carencia** *f.* carence, manque *m.*

**carenado** *m.* carénage

**careo** *m.* confrontation *f. (testigos)*

**carestía** *f.* **1** disette **2** cherté

**careta** *f.* masque ~ *antigás* masque à gaz

**carey** *m.* écaille *f. gafas de* ~ des lunettes en écaille

**carga** *f.* 1 chargement *(acción)* 2 cargaison 3 charge *(obligación)* **volver a la ~** revenir à la charge

**cargador** *m.* chargeur

**cargamento** *m.* cargaison *f.*, chargement

**cargante** *adj. fig. fam.* casse-pieds, lourd, e *este chico es muy ~* ce garçon est très casse-pieds

**cargar** 1 *tr.* charger 2 *intr.* prendre, emporter, porter, se charger de **~ con la maleta** porter la valise **~ con el asunto** se charger de l'affaire 3 *pr.* se charger 4 *fig. fam.* descendre quelqu'un *se lo cargaron* il s'est fait descendre

**cargo** *m.* 1 charge *f.*, poids 2 poste *tiene un ~ important* il a un poste important 3 débit *(de una cuenta bancaria)* 4 charge *f.*, accusation *f. testigo de ~* témoin à charge 5 *chef ~ de acusación* chef d'accusation

**cariar** 1 *tr.* carier 2 *pr.* se carier

**Caribe (El)** *n. pr. m.* les Caraïbes *f. pl.*

**caricatura** *f.* caricature

**caricaturizar** *tr.* caricaturer

**caricia** *f.* caresse

**caridad** *f.* 1 charité 2 aumône, charité *¡ por ~!* par charité !, de grâce !

**caries** *f. invar.* carie *lucha contra la ~* lutte contre les caries

**cariño** *m.* affection *f.*, tendresse *f. tenerle ~ a* avoir de l'affection pour *interj. ¡ ~!* chéri, ie !

**cariñoso, -a** *adj.* affectueux, euse

**carísimo, -a** *adj.* très cher, très chère

**carisma** *m.* charisme

**carismático, -a** *adj.* charismatique

**caritativo, -a** *adj.* caritatif, ive, charitable

**cariz** *m.* aspect, allure *f.*, tournure *f.*

**carlista** *adj. -s.* carliste

**carmelita** *f.* carmélite

**carmesí** *adj.* cramoisi, ie

**carmín** 1 *adj. invar.* carmin 2 *m.* rouge carmin

**carnada** *f.* appât *(carne)*

**carnal** *adj.* charnel, elle *primo ~* cousin germain *tío ~* oncle au premier degré

**carnaval** *m.* carnaval

**carnavalesco, -a** *adj.* carnavalesque

**carnaza** *f. fam.* bidoche

**carne** *f.* 1 chair 2 viande **~ de gallina** chair de poule **~ de membrillo** pâte de coing **~ picada** viande hachée **~ de vaca** viande de bœuf *ser uña y ~* être comme les deux doigts de la main

**carné** *m.* 1 carnet 2 permis **~ de conducir** permis de conduire **~ de moto** permis moto 3 carte *f.* **~ de identidad** carte d'identité

**carnero** *m.* mouton

**carnet** *m.* voir **carné**

**carnicería** *f.* boucherie

**carnicero, -a** *m. -f.* boucher, ère

**carnívoro, -a** *adj. -s.* carnivore

**carnoso, -a** *adj.* charnu, ue

**caro, -a** *adj.* cher, chère *salir ~* revenir cher

**carpa** *f.* 1 carpe 2 *amer.* tente

**carpeta** *f.* 1 sous-main *m.* 2 chemise *(pour les papiers)* 3 tapis de table *m.*

**carpintear** *intr.* travailler le bois

**carpintería** *f.* 1 menuiserie 2 charpenterie, charpente **~ metálica** charpente métallique

**carpintero** *m.* 1 menuisier 2 charpentier

**carraca** *f.* crécelle

**carraspear** *intr.* se racler la gorge

**carraspera** *f.* enrouement *m.* *tener ~* avoir un chat dans la gorge

**carrera** *f.* 1 course *una ~ de coches* une course automobile 2 études supérieures *f. pl. hace la ~ de arquitecto* il fait ses études d'architecte 3 maille filée *f. tengo una ~ en la media* j'ai un bas filé 4 cours, rue *fig. fam. hacer la carrera* faire le trottoir

**carrerista** *m. -f.* 1 coureur, euse 2 turfiste

**carreta** *f.* charrette

**carrete** *m.* 1 bobine *f.* 2 pellicule photo *f.* 3 moulinet *(caña de pesca)*

**carretera** *f.* route **~ de dos carriles** route à deux voies **~ comarcal** route secondaire **~ nacional** route nationale *red de carreteras f.* réseau routier *m.*

**carretero** 1 *m.* charretier 2 *adj.* carrossable

**carretilla** *f.* 1 brouette 2 chariot *m.* **~ elevadora** chariot élévateur 3 diable *m.*

**carricoche** *m.* carriole *f.*

**carril** *m.* 1 rail 2 voie *f.*, voie de circulation

**carrillo** *m.* **1** joue **2** table roulante *f.* **3** poulie *f.* **comer a dos carrillos** manger comme quatre

**carrito** *m.* **1** Caddie, chariot de supermarché **2** table roulante *f.*

**carro** *m.* **1** chariot, charrette *f.* **2** *amer.* voiture *f.* **3** char

**carrocería** *f.* carrosserie

**carroña** *f.* charogne

**carroza** *f.* **1** carrosse *m.* **2** char *m.* *(de carnaval)* **3** *fig. fam.* croulant, e *es un* ~ c'est un vieux croulant

**carta** *f.* lettre ~ *certificada* lettre recommandée *cartas credenciales* lettres de créance *dar* ~ *blanca* donner carte blanche *no saber a qué* ~ *quedarse* ne pas savoir à quel saint se vouer *poner las cartas boca arriba* jouer cartes sur table

**cartearse** *pr.* s'écrire, échanger une correspondance, se mettre en rapport avec

**cartabón** *m.* équerre *f.*

**cartapacio** *m.* cartable

**cartel** *m.* affiche *f.* *prohibido fijar carteles* défense d'afficher

**cártel** *m.* cartel

**cartelera** *f.* **1** rubrique des spectacles **2** porte-affiches *m. invar.* *hace dos meses que está en la* ~ ça fait deux mois qu'il est à l'affiche

**cartera** *f.* **1** portefeuille *m.* **2** cartable *m.* ~ *documentos* porte-documents

**carterista** *m.* pickpocket, voleur, euse à la tire

**cartero** *m.* facteur

**cartílago** *m.* cartilage

**cartilla** *f.* **1** abécédaire **2** livret *m.* ~ *de ahorros* livret de caisse d'épargne **3** carte ~ *de racionamiento* carte de rationnement

**cartografía** *f.* cartographie

**cartógrafo** *m.* cartographe

**cartomancia** *f.* cartomancie

**cartomántico, -a** *m.* *-f.* cartomancien, ienne

**cartón** *m.* carton ~ *piedra* cartonpâte

**cartuchera** *f.* cartouchière

**cartucho** *m.* cartouche *f.*

**cartuja** *f.* chartreuse

**cartulina** *f.* bristol *m.*, carte

**casa** *f.* maison ~ *de campo* maison de campagne ~ *de comidas* gargote ~ *de empeños* maison de prêts sur gages ~ *de huéspedes* pension de famille *echar la* ~ *por la ventana* jeter l'argent par les fenêtres *empezar la* ~ *por el tejado* mettre la charrue avant les bœufs

**casaca** *f.* casaque *volver* ~ tourner casaque, retourner sa veste

**casación** *f.* cassation

**casadero, -a** *adj.* bon, bonne à marier

**casado, -a** *adj.* *-s.* marié, ée *los recién casados* les jeunes mariés, les nouveaux mariés

**casamentero, -a** *adj.* *-s.* entremetteur, euse, marieur, euse

**casamiento** *m.* mariage

**casar 1** *tr.* marier, unir **2** *pr.* se marier ~ *por lo civil* faire un mariage civil, se marier à la mairie

**cascabel** *m.* grelot

**cascada** *f.* cascade

**cascado, -a** *adj.* fêlé, ée

**cascadura** *f.* fêlure

**cascanueces** *m. invar.* casse-noix

**cascar 1** *tr.* fêler **2** *pr.* se fêler

**cáscara** *f.* **1** coquille *(huevo)* **2** peau, écorce *(fruta)*

**cascarrabias** *s. invar.* grincheux, euse

**casco** *m.* **1** casque **2** sabot *(caballos)* **3** bouteille consignée *f.* **4** coque *f.* *(barco)* **5** centre ~ *histórico* centre historique ~ *urbano* centre ville *ser ligero, a de cascos* être écervelé, ée

**cascotes** *m. pl.* gravats

**caserío** *m.* **1** ferme *f.*, maison de campagne *f.* *(País Vasco)* **2** hameau

**casero, -a** *adj.* domestique *cocina casera* cuisine familiale *tarta casera* tarte maison

**caserón** *m.* grande maison *f.*, bâtisse

**caseta** *f.* **1** cabine de bain **2** petite maison

**casete** *m.* cassette *f.*

**casi** *adv.* presque

**casilla** *f.* case, casier *m.* *salir de sus casillas* sortir de ses gonds

**casillero** *m.* casier *(mueble)*

**casimir** ou **casimiro** *m.* cachemire

**casino** *m.* **1** casino **2** cercle, club

**casita** *f.* maisonnette

**caso** *m.* cas *en* ~ *de* en cas de *el* ~ *es que* le fait est que *en* ~ *de que* au cas où *hacer* ~ *de* faire cas de, tenir compte de *hacer* ~ *omiso de* ne pas tenir compte de *no hacer* ~ ne pas faire attention, ne pas faire cas

**casón** *m.* grande maison *f.*, grande bâtisse *f.*

**casona** *f.* grande maison, grande bâtisse

**caspa** *f.* pellicules *f. pl.* *tener* ~ avoir des pellicules

**casquería** *f.* triperie

**casquivano, -a** *adj.* *-s.* écervelé, ée

**casta** *f.* 1 caste 2 race *un perro de* ~ un chien de race 3 espèce, nature

**castaña** *f.* châtaigne, marron *m.*

**castaño, -a** *adj.* châtain

**castaño** *m.* châtaignier, marronnier

**castañuela** *f.* castagnette

**castellano, -a** 1 *adj.* castillan, ane 2 *m.* castillan, espagnol *hablar* ~ parler l'espagnol

**castidad** *f.* chasteté

**castigar** *tr.* punir, châtier

**castigo** *m.* punition *f.*, châtiment

**castillo** *m.* château *hacer castillos en el aire* bâtir des châteaux en Espagne

**castizo, -a** *adj.* pur, e, vrai, e, typique *es un andaluz* ~ c'est un vrai andalou

**casto, -a** *adj.* chaste

**castración** *adj.* castration

**castrar** *tr.* castrer, châtrer

**castrense** *adj.* militaire *capellán* ~ aumônier militaire

**casual** *adj.* fortuit, e

**casualidad** *f.* hasard *m.* *por* ~ par hasard

**casucha** *f.* bicoque

**casuística** *adj.* casuistique

**casuístico, -a** *f.* casuistique

**casulla** *f.* chasuble

**cata** *f.* dégustation ~ *de vinos* dégustation de vins

**cataclismo** *m.* cataclysme

**catacumbas** *f. pl.* catacombes

**catador, -ora** *m.* *-f.* dégustateur, trice ~ *de vinos* taste-vin

**catafalco** *m.* catafalque

**catalán** *m.* catalan

**catalán, -ana** *m.* *-f.* Catalan, e

**catalán, -ana** *adj.* catalan, e

**catalanismo** *m.* catalanisme

**catalejo** *m.* longue-vue *f.*

**catálisis** *f.* catalyse

**catalítico, -a** *adj.* catalytique

**catalogar** *tr.* cataloguer

**catálogo** *m.* catalogue

**catamarán** *m.* catamaran

**cataplasma** *m.* cataplasme

**catapulta** *f.* catapulte

**catar** *tr.* goûter, déguster

**catarata** *f.* 1 *MED.* cataracte 2 chute, cascade

**catarro** *m.* rhume *estar con* ~ être enrhumé, ée

**catarsis** *f.* catharsis

**catastral** *adj.* cadastral, ale

**catastro** *m.* cadastre

**catástrofe** *f.* catastrophe

**catastrófico, -a** *adj.* catastrophique

**catavinos** *m. invar.* taste-vin

**cate** *m.* 1 coup, taloche *f.* 2 *fig. fam.* veste *f.* *le han dado un* ~ il s'est pris une veste

**catear** *tr.* *fam.* coller à un examen *le han cateado* il s'est fait coller

**catecismo** *m.* catéchisme

**cátedra** *f.* chaire *oposición a* ~ concours de l'agrégation

**catedral** *f.* cathédrale

**catedrático, -a** *m.* *-f.* agrégé, ée, professeur agrégé, ée, professeur titulaire d'une chaire dans une université

**categoría** *f.* 1 catégorie 2 rang *m.*, classe 3 classe *gente de* ~ gens de haut rang

**categórico, -a** *adj.* catégorique

**catequesis** *f.* catéchèse

**caterva** *f.* tas *m.* *fam. desp.* *una* ~ *de catetos* un tas de péquenauds

**cateto, -a** *m.* *-s.* péquenaud, e

**cátodo** *m.* cathode *f.*

**catolicismo** *m.* catholicisme

**católico, -a** *adj.* *-s.* catholique

**catorce** *adj.* *-s.* *-m.* quatorze

**catre** *m.* lit, *fam.* pieu ~ *de tijera* lit de camp

**cauce** *m.* lit *(río)*

**caución** *f.* garantie, caution

**caucho** *m.* caoutchouc

**caudal** *m.* 1 débit *(río)* 2 fortune *f.* *caja de caudales* coffre-fort

**caudaloso, -a** *adj.* abondant, e, riche

**caudillo** *m.* 1 chef 2 caudillo

**causa** *f.* cause *a* ~ *de* à cause de

**causalidad** *f.* causalité

**causar** *tr.* causer, occasionner

**cáustico, -a** *adj.* caustique
**cautela** *f.* précaution, prudence *andar con ~* être prudent, e
**cauteloso, -a** *adj.* prudent, e, avisé, ée
**cauterizar** *tr.* cautériser
**cautivar** *tr.* 1 captiver 2 capturer
**cautiverio** *m.* captivité *f.*
**cautivo, -a** *adj. -s.* captif, ive
**cauto, -a** *adj.* avisé, ée
**cava** *m.* 1 vin selon la méthode champenoise, " champagne " espagnol 2 *AGR.* binage
**cavar** *tr.* 1 creuser 2 bêcher
**caverna** *f.* caverne
**cavernoso, -a** *adj.* caverneux, euse
**caviar** *m.* caviar
**cavidad** *f.* cavité
**cavilación** *f.* réflexion
**cavilar** *intr.* réfléchir, se creuser la tête
**caza** *f.* 1 chasse 2 gibier *m. ~ mayor* gros gibier *m. ~ menor* petit gibier *m.*
**cazador, -ora** *m. -f.* chasseur, euse *~ furtivo* braconnier
**cazadora** *f.* blouson *m.*
**cazar** *tr.* chasser
**cazatalentos** *m. invar.* chasseur de têtes
**cazarecompensas** *m. invar.* chasseur de primes
**cazo** *m.* 1 faitout, casserole *f.* 2 louche *f.,* cuiller à pot *f.*
**cazuela** *f.* cocotte, faitout *m.*
**cazurro, -a** *adj.* têtu, ue, renfermé, ée, sournois, e
**ce** *f.* lettre C *~ por ~* en long et en large
**cebada** *f.* orge *m.*
**cebar** 1 *tr.* gaver, engraisser *~ una oca* gaver une oie 2 *pr.* s'acharner *se cebó en su víctima* il s'acharna sur sa victime
**cebiche** *m.* 1 *amer.* soupe de poisson froide *f.* 2 poisson cru mariné au citron
**cebo** *m.* 1 nourriture pour animaux *f.* 2 appât
**cebolla** *f.* oignon *m. contigo a pan y ~* vivre d'amour et d'eau fraîche
**cebolleta** *f.* ciboulette
**cebón, -ona** *adj.* gras, grasse
**cebra** *m.* zèbre *paso de ~* passage pour piétons
**cecear** *intr.* zézayer

**ceceo** *m.* zézaiement
**cecina** *f.* viande séchée
**cedazo** *m.* tamis
**ceder** 1 *intr.* céder 2 *tr.* céder *ceda el paso* cédez le passage
**cedro** *m.* cèdre
**cédula** *f.* 1 billet *m.* 2 *amer.* carte d'identité
**cefalea** *f.* céphalée
**céfiro** *m.* zéphir
**cegar** 1 *tr.* aveugler 2 *intr.* être aveuglé, ée, *fig.* perdre la raison 3 *pr.* s'aveugler
**cegetista** *m. -f.* cégétiste, membre du syndicat C.G.T. *(Confederación General del Trabajo)*
**cegetista** *adj.* cégétiste
**ceguera** *f.* cécité, aveuglement *m.*
**ceja** *f.* sourcil *m. fig. fam. tener a uno entre ~ y ~* avoir quelqu'un dans le nez
**celador, -ora** *m. -s.* surveillant, e
**celar** *tr.* 1 veiller, surveiller 2 cacher, celer
**celda** *f.* cellule
**celebérrimo, -a** *adj.* très célèbre
**celebración** *f.* célébration
**celebrar** *tr.* 1 célébrer 2 tenir *~ una reunión* tenir une réunion 3 *pr.* avoir lieu *los Juegos Olímpicos se celebraron en Barcelona* les jeux Olympiques eurent lieu à Barcelone
**célebre** *adj.* célèbre
**celebridad** *f.* célébrité
**celeste** *adj.* céleste *azul ~* bleu ciel
**celestial** *adj.* céleste *música ~* musique céleste
**celibato** *m.* célibat
**celo** *m.* 1 zèle 2 rut *(animales)*
**celos** *m. pl.* jalousie *f. sing. tener ~* être jaloux, ouse *dar ~* rendre jaloux, ouse
**celosía** *f.* jalousie *(ventana)*
**celoso, -a** *adj. -s.* 1 jaloux, ouse 2 zélé, ée
**celta** *adj.* celtique
**celta** *m. - f.* Celte
**célula** *f.* cellule
**celular** *adj.* cellulaire
**celulitis** *f.* cellulite
**celuloide** *m.* Celluloïd
**celulosa** *f.* cellulose
**cementerio** *m.* cimetière

**cemento** *m.* ciment ～ *armado* ciment armé, béton armé

**cena** *f.* dîner

**cenáculo** *m.* cénacle

**cenador** *m.* tonnelle *f.*

**cenagoso, -a** *adj.* bourbeux, euse

**cenar** *intr.* dîner

**cencerro** *m.* sonnaille *f. estar como un* ～ être fou à lier

**cenefa** *f.* 1 bordure, liseré *m.* 2 plinthe 3 frise

**cenicero** *m.* cendrier

**Cenicienta** *n. pr. f.* Cendrillon

**cenit** *m.* zénith

**ceniza** *f.* cendre

**censo** *m.* 1 recensement 2 corps électoral 3 bail

**censor** *m.* censeur ～ *jurado* commissaire aux comptes

**censura** *f.* censure

**censurar** *tr.* censurer, critiquer

**centavo** *m.* centime, sou *estar sin un* ～ être sans le sou

**centellear** *intr.* scintiller

**centelleo** *m.* scintillement

**centenar** *m.* centaine *f.*

**centenario** *m.* centenaire

**centenario, -a** *adj. -s.* centenaire

**centeno** *m.* seigle

**centígrado** *m.* centigrade

**centímetro** *m.* centimètre

**céntimo** *m.* centime

**centinela** *m.* sentinelle *f.*

**centollo** *m.* araignée de mer *f.*, tourteau

**central** *adj.* central, ale

**central** *f.* centrale ～ *térmica* centrale thermique ～ *nuclear* centrale nucléaire

**centralismo** *m.* centralisme

**centralita** *f.* standard téléphonique

**centrar** 1 *tr.* centrer 2 *pr.* se centrer

**céntrico, -a** *adj.* central, ale *una calle céntrica* une rue centrale

**centrífugo, -a** *adj.* centrifuge

**centro** *m.* centre *estar en su* ～ être dans son élément

**centroamericano, -a** *adj. -s.* de l'Amérique centrale

**centuplicar** *tr.* centupler

**centurión** *m.* centurion

**ceñido, -a** *adj.* ajusté, ée, moulant, e *un vestido* ～ une robe moulante

**ceñir** 1 *tr.* serrer, mouler 2 *pr.* serrer, mouler *fig. ceñirse a* s'en tenir à

**ceño** *m.* froncement des sourcils *fruncir el* ～ froncer les sourcils

**cepa** *f.* 1 cep *m. (vid)* 2 souche *(árbol)* 3 *fig.* souche *de pura* ～ de vieille souche

**cepillado** *m.* brossage

**cepillar** *tr.* brosser

**cepillo** *f.* 1 brosse *f.* ～ *de los dientes* brosse à dents 2 tronc *(iglesia)*

**cepo** *m.* 1 rameau 2 traquenard, piège *caer en el* ～ tomber dans le piège

**cera** *f.* cire ～ *depilatoria* cire à épiler

**cerámica** *f.* céramique

**cerbatana** *f.* sarbacane

**cerca** *f.* clôture

**cerca** *adv.* près ～ *de* près de

**cercado** *m.* 1 enclos 2 clôture *f.*

**cercanía** *f.* voisinage *m.*, proximité *pl.* environs *m. pl. tren de cercanías* train de banlieue

**cercano, -a** *adj.* proche, voisin, e

**cercar** *tr.* clôturer, entourer

**cercén (a)** *loc. adv.* à ras

**cercenar** *tr.* 1 rogner 2 réduire

**cerco** *m.* 1 cercle 2 siège, cordon ～ *policial* cordon de police

**cerda** *f.* 1 truie 2 crin *m.* 3 soie *f. (jabalí)*

**cerdo** *m.* porc, cochon

**cereal** *m.* céréale

**cerebral** *adj.* cérébral, ale

**cerebro** *m.* cerveau

**ceremonia** *f.* cérémonie

**ceremonial** *m.* cérémonial

**ceremonial** *adj.* cérémoniel, elle

**cerería** *f.* fabrique de bougies, de cierges

**cereza** *f.* cerise ～ *gordal* bigarreau *m.*

**cerezo** *m.* cerisier ～ *silvestre* merisier

**cerilla** *f.* 1 allumette *una caja de cerillas* une boîte d'allumettes 2 cérumen *m.*

**cernedera** *f.* tamis *m.*

**cerner** 1 *tr.* tamiser, *fig.* scruter, observer 2 *intr.* être en fleur 3 *pr.* planer *(pájaro)*, *fig.* planer *la amenaza de guerra se cernía* la menace de guerre planait

**cero** *m.* zéro *ser un* ～ *a la izquierda* être un moins que rien

**cerquita** *adv.* tout près

**cerrado, -a** *adj.* fermé, ée *a puerta cerrada* à huis clos

**cerradura** *f.* serrure

**cerrajero** *m.* serrurier

**cerrar** 1 *tr.* fermer 2 *intr.* se fermer, fermer 3 *pr.* se fermer ~ *con siete llaves* fermer à double tour

**cerrazón** *f.* 1 obscurité 2 *fig.* étroitesse d'esprit

**cerro** *m.* coteau, colline *f.*

**cerrojo** *m.* verrou *echar el* ~ mettre le verrou, verrouiller

**certamen** *m.* concours *(literario...)*

**certeza** *f.* certitude *tener la* ~ *de que* avoir la certitude que

**certidumbre** *f.* certitude

**certificado** *m.* certificat

**certificación** *f.* attestation ~ *de seguro* attestation d'assurance

**certificado, -a** *adj.* 1 certifié, ée 2 recommandé, ée *carta certificada* lettre recommandée

**certificar** *tr.* 1 certifier 2 envoyer en recommandé ~ *una carta* envoyer une lettre en recommandé

**cerumen** *m.* cérumen

**cervato** *m.* faon

**cervecería** *f.* brasserie

**cerveza** *f.* bière ~ *de barril* bière à la pression

**cervical** *f.* cervicale

**cervical** *adj.* cervical, ale

**cerviz** *f.* nuque *fig.* *doblar la* ~ courber l'échine

**cesante** *m.* -*f.* fonctionnaire en disponibilité

**cesantía** *f.* mise à pied, révocation

**cesar** 1 *intr.* cesser 2 *tr.* révoquer, mettre à pied *sin* ~ sans cesse

**cese** *m.* 1 cessation ~ *de pagos* cessation de paiement 2 débrayage ~ *de trabajo* débrayage *el* ~ *del fuego* le cessez-le-feu

**césped** *m.* gazon, pelouse *f.* *prohibido pisar el* ~ interdit de marcher sur le gazon

**cesta** *f.* panier *m.* *la* ~ *de la compra* le panier de la ménagère

**cestería** *f.* 1 vannerie 2 boutique où l'on vend de la vannerie

**cesto** *m.* panier

**cesura** *f.* césure

**ceta** *f.* lettre Z

**cetrero** *m.* fauconnier

**cetro** *m.* sceptre

**cianuro** *m.* cyanure

**ciática** *f.* sciatique

**ciático, -a** *adj.* sciatique

**cibelina** *f.* zibeline

**cicatear** *intr.* lésiner, *fam.* chicaner

**cicatero, -a** *adj.* -*s.* lésineur, euse, *fam.* chicaneur, euse, avare, chiche

**cicatriz** *f.* cicatrice

**cicatrización** *f.* cicatrisation

**cicatrizar** 1 *tr.* cicatriser 2 *intr.* cicatriser 3 *pr.* se cicatriser

**cicerone** *m.* cicérone

**cíclico** *adj.* cyclique

**ciclismo** *m.* cyclisme

**ciclista** *m.* -*f.* cycliste

**ciclo** *m.* cycle

**ciclón** *m.* cyclone

**cíclope** *m.* cyclope

**cicuta** *f.* ciguë

**ciego, -a** 1 *m.* -*f.* aveugle 2 *adj.* aveugle *a ciegas* à l'aveuglette *en país de ciegos el tuerto es rey* au pays des aveugles les borgnes sont rois

**cielo** *m.* 1 ciel 2 *fig.* ange *este niño es un* ~ cet enfant est un ange ~ *de la boca* le palais *(boca)* ~ *de la cama* ciel de lit *a* ~ *raso* à la belle étoile *poner el grito en el* ~ pousser les hauts cris

**cien** *adj.* cent *(forme apocopée de ciento)* ~ *mil* cent mille ~ *por* ~ cent pour cent

**ciénaga** *f.* bourbier *m.*

**cieno** *m.* bourbe *f.*, vase *f.*

**ciencia** *f.* science

**científico** *m.* savant, homme de science, scientifique

**científico, -a** *adj.* scientifique

**ciento** *adj.* -*s.* cent ~ *diez* cent dix

**cierne** *f.* floraison *(trigo, vid)* *en ciernes* en herbe, *fig.* en herbe *un pintor en ciernes* un peintre en herbe

**cierre** *m.* 1 fermeture *f.* 2 clôture *f.* ~ *del congreso* clôture du congrès 3 fermoir *m.* *el* ~ *de un collar* le fermoir d'un collier

**cierto, -a** *adj.* certain, e, sûr, e, vrai, e *estar en lo* ~ être dans le vrai

**ciervo** *m.* cerf

**cierzo** *m.* bise *f.*

**cifra** *f.* chiffre *m.*

**cifrar 1** *tr.* chiffrer **2** *pr.* se chiffrer *cifrarse en* se chiffrer à

**cigala** *f.* langoustine

**cigarrera** *f.* cigarière

**cigarrillo** *m.* cigarette *f.*

**cigarro** *m.* cigarette *f.*

**cigüeña** *f.* cigogne

**cigüeñal** *m.* vilebrequin

**cilicio** *m.* cilice

**cilantro** *m.* coriandre *f.*

**cilíndrico, -a** *adj.* cylindrique

**cilindro** *m.* cylindre

**cima** *f.* sommet *m.*, cime *la ∼ de la montaña* le sommet de la montagne

**cimbreante** *adj.* flexible, souple

**cimentar** *tr.* **1** jeter les fondations d'un édifice **2** cimenter, consolider

**cimiento** *m.* **1** fondation *f.* **2** *fig.* fondement, base *f.*

**cinc** *m.* zinc

**cincel** *m.* ciseau *(escultor)*

**cincelar** *tr.* ciseler

**cincelado** *m.* ciselure *f.*

**cinco** *adj.* *-s.* *-m.* cinq

**cincuenta** *adj.* *-s.* cinquante

**cincuentavo, -a** *adj.* *-s.* cinquantième

**cincuentena** *f.* cinquantaine

**cincuentón, -ona** *m.* *-f.* quinquagénaire

**cincha** *f.* sangle

**cine** *m.* **1** cinéma *∼ de arte y ensayo* cinéma d'art et d'essai **2** salle de cinéma *f.*

**cinemateca** *f.* cinémathèque

**cinematográfico, -a** *adj.* cinématographique

**cinerario, -a** *adj.* cinéraire

**cíngaro, -a** *adj.* **1** tsigane **2** *m.* *-f.* Tsigane

**cínico, -a** *adj.* *-s.* cynique

**cinismo** *m.* cynisme

**cinta** *f.* **1** ruban *m.* *una ∼ en el pelo* un ruban dans les cheveux *∼ adhesiva* ruban adhésif **2** bande *(grabación)* *∼ grabada* bande enregistrée *∼ transportadora* tapis roulant, tapis mécanique

**cinto, -a** *adj.* ceint, e

**cinto** *m.* ceinture *f.*

**cintura** *f.* taille *es delgada de ∼* elle a la taille fine *cogerse por la ∼* se prendre par la taille *meter a alguien en ∼* faire entendre raison à quelqu'un

**cinturón** *m.* ceinture *f.* *∼ de seguridad* ceinture de sécurité *∼ de ronda* boulevard périphérique

**ciprés** *m.* cyprès

**circense** *adj.* du cirque *espectáculo ∼* spectacle de cirque

**circo** *m.* cirque

**circuito** *m.* circuit *corto ∼* court circuit

**circulación** *f.* circulation *código de ∼* code de la route

**circular 1** *adj.* circulaire **2** *f.* circulaire

**circular** *intr.* circuler

**círculo** *m.* cercle *∼ vicioso* cercle vicieux

**circundar** *tr.* entourer

**circunferencia** *f.* circonférence

**circunflejo** *adj.* *-m.* circonflexe

**circunscribir** *tr.* circonscrire

**circuncisión** *f.* circoncision

**circunspección** *f.* circonspection

**circunspecto, -a** *adj.* circonspect, e

**circunstancia** *f.* circonstance *∼ atenuante* circonstance atténuante

**circunstanciado, -a** *adj.* circonstancié, ée

**circunstancial** *adj.* circonstanciel, elle

**circunvalación** *f.* **1** périphérique *m.*, boulevard périphérique *m.*, ceinture **2** circonvallation

**cirio** *m.* cierge

**cirrosis** *f.* cirrhose

**ciruela** *f.* prune *∼ claudia* reine-claude *∼ pasa* pruneau *m.*

**ciruelo** *m.* prunier

**cirugía** *f.* chirurgie

**cirujano** *m.* chirurgien

**cisco** *m.* charbon végétal *fig.* *armar ∼* faire du grabuge *hacer ∼* mettre en pièces

**cisma** *m.* schisme

**cisne** *m.* cygne

**cisterna** *f.* **1** citerne **2** ballon *m.* *(agua)* *la ∼ de agua caliente* le ballon d'eau chaude

**cita** *f.* **1** rendez-vous *m.* *dar ∼* donner rendez-vous **2** citation *una ∼ del texto* une citation du texte **3** citation, convocation *(tribunal)*

**citar** *tr.* **1** fixer, donner un rendez-vous **2** citer, convoquer **3** citer *(texto)* *∼ a un autor* citer un auteur

**cítrico, -a** *adj.* citrique

**cítricos** *s. -m. -pl.* les agrumes *el cultivo de los* ~ la culture des agrumes

**ciudad** *f.* 1 ville 2 cité *la* ~ *universitaria* la cité universitaire

**ciudadanía** *f.* citoyenneté *derecho de* ~ droit de cité

**ciudadano, -a** *adj.* citoyen, enne, citadin, e

**civil** *adj.* civil, e *boda por lo* ~ mariage civil *guardia* ~ garde civil, gendarme

**civil** *m. fam.* gendarme

**civilización** *f.* civilisation

**civilizado, -a** *adj.* civilisé, ée

**civilizar** 1 *tr.* civiliser 2 *pr.* se civiliser

**civismo** *m.* civisme

**cizaña** *f.* 1 BOT. ivraie 2 zizanie, discorde *meter* ~ semer la zizanie

**clamar** 1 *tr.* clamer, crier 2 *intr.* implorer

**clamoroso, -a** *adj.* retentissant, e, bruyant, e *un* ~ *éxito* un succès retentissant

**clan** *m.* clan

**clandestino, -a** *adj. -s.* clandestin, e

**clandestinidad** *f.* clandestinité

**clara** *f.* 1 blanc *m. (huevo)* 2 éclaircie

**claraboya** *f.* claire-voie

**clarear** 1 *tr.* éclaircir 2 *intr.* éclaircir, commencer à faire jour 3 *pr.* s'éclaircir

**clarete** *m.* vin rosé, clairet

**clarete** *adj.* clair, clairet

**claridad** *f.* clarté

**clarificar** 1 *tr.* clarifier 2 *pr.* se clarifier

**clarín** *m.* clairon

**clarinete** *m.* 1 clarinette *f.* 2 clarinettiste

**clarividencia** *f.* clairvoyance

**clarividente** *adj.* clairvoyant, e

**claro, -a** *adj.* clair, e *a las claras* clairement *no tenerlo* ~ *fig.* ne pas y voir très clair, ne pas comprendre

**claro** *adv.* clair, clairement *bien* ~ clair et net *i* ~ *! interj.* bien sûr *i* ~ *que sí !* mais bien sûr !

**claro** *m.* 1 clairière *f.,* jour, espace *dejar un* ~ *entre dos palabras* laisser un blanc entre deux mots 2 clair *un* ~ *de luna* un clair de lune

**claroscuro** *m.* clair-obscur

**clase** *f.* 1 classe *f. lucha de clases* lutte des classes 2 cours *m. la* ~ *de historia* le cours d'histoire 3 sorte *libros de toda* ~ des livres de toute sorte *¿ qué* ~ *de hombre es ?* quelle sorte d'homme est-ce ? *dar* ~ faire cours *fumarse la* ~ sécher un cours

**clásico, -a** *adj.* classique

**clasificación** *f.* classement *m.*

**clasificar** 1 *tr.* classer 2 *pr.* se classer

**claudicar** *intr.* 1 claudiquer, boiter 2 *fig.* faiblir, céder

**claustro** *m.* 1 cloître *el* ~ *de la catedral* le cloître de la cathédrale 2 conseil de classe, de professeurs *(instituto)*

**claustrofobia** *f.* claustrophobie

**claustrófobo, -a** *adj. -s.* claustrophobe

**cláusula** *f.* clause

**clausura** *f.* clôture *convento de* ~ couvent de clôture *monjas de* ~ religieuses cloîtrées

**clausurar** *tr.* clore, fermer

**clavado, -a** *adj.* cloué, ée *a las siete clavadas* à sept heures tapantes *es* ~ *a su padre* c'est son père tout craché

**clavado** *m.* clouage

**clavar** *tr.* 1 clouer, enfoncer *(un clavo)* 2 fixer *(la mirada)*

**clave** *f.* 1 clef, clé *cerrar con* ~ fermer à clef 2 MUS. clef 3 code *m. hablar en* ~ parler en code

**clavel** *m.* œillet

**clavero** *m.* giroflier

**clavícula** *f.* clavicule

**clavija** *f.* cheville *(de madera o metal)*

**clavo** *m.* 1 clou 2 clou de girofle *dar en el* ~ mettre dans le mille

**clemencia** *f.* clémence

**clemente** *adj.* clément, e

**cleptómano, -a** *adj. -s.* cleptomane

**cleptomanía** *f.* cleptomanie

**clerecía** *f.* clergé

**clerical** *adj.* clérical, ale

**clérigo** *m.* prêtre

**cliente** *m. -f.* client, e

**clientela** *f.* clientèle

**cliché** *m.* cliché

**clima** *m.* climat

**climático, -a** *adj.* climatique

**climatización** *f.* climatisation

**climatizar** *tr.* climatiser

**clínica** *f.* clinique

**clínico, -a** *adj.* clinique

**clínico** *m.* clinicien

**clip** ou **clipe** *m.* trombone *marco clip* sous-verre

**clisé** *m.* cliché

**clítoris** *m.* clitoris

**cloaca** *f.* égout *m.*, cloaque *m.*

**cloquear** *intr.* glousser

**clorado, -a** *adj.* chloré, ée

**clorhídrico, -a** *adj.* chlorhydrique

**cloro** *m.* chlore

**clorofila** *f.* chlorophylle

**cloroformo** *m.* chloroforme

**cloruro** *m.* chlorure

**club** *m.* club

**clueca** *f.* poule couveuse

**coacción** *f.* contrainte

**coaccionar** *tr.* contraindre

**coadyuvar** *tr.* aider, contribuer à

**coágulo** *m.* caillot de sang

**coalición** *f.* coalition

**coartada** *f.* alibi *m.*

**coartar** *tr.* limiter, restreindre

**cobarde** *adj. -s.* lâche

**cobardía** *f.* lâcheté

**cobayo** *m.* cobaye

**cobertizo** *m.* 1 hangar 2 auvent

**cobertura** *f.* couverture, garantie ~ *bancaria* couverture bancaire

**cobijar** *tr.* abriter, protéger

**cobijo** *m.* abri, refuge, protection *f.*

**cobrador** *m.* receveur *(bus)*

**cobrar** *tr.* 1 recevoir, encaisser, percevoir, toucher *(dinero)* ~ *el sueldo* toucher son salaire 2 prendre ¿ *cuánto te cobra tu garagista?* combien te prend ton garagiste ? 3 *pr.* se payer ¡ *camarero, cóbrese !* garçon, payez-vous !

**cobre** *m.* cuivre

**cobrizo, -a** *adj.* cuivré, ée

**cobro** *m.* 1 encaissement 2 recouvrement

**coca** *f.* 1 coca *(arbusto)* 2 cocaïne

**cocaína** *f.* cocaïne

**cocción** *f.* cuisson

**cocear** *intr.* ruer

**cocer** 1 *tr.* cuire 2 *intr.* cuire ~ *a fuego lento* cuire à petit feu

**cocido** *m.* pot-au-feu

**cocido, -a** *adj.* cuit, e

**cociente** *m.* quotient ~ *intelectual* quotient intellectuel

**cocina** *f.* cuisine

**cocinar** 1 *intr.* cuisiner 2 *tr.* faire la cuisine, cuisiner, faire cuire

**cocinilla** *f.* cuisinière ~ *de gas* cuisinière à gaz

**cocinero, -a** *m. -f.* cuisinier, ière

**coco** *m.* 1 noix de coco *f.* 2 croquemitaine, loup-garou 3 *fam.* tête *f.*, caboche *f. no está bien del* ~ il travaille du chapeau

**cocodrilo** *m.* crocodile

**cóctel** *m.* cocktail

**coctelera** *f.* shaker *m.*

**cochambre** *f.* crasse

**cochambroso, -a** *adj.* crasseux, euse

**coche** *m.* 1 automobile *f.*, voiture *f.* 2 wagon ~ *cama* wagon-lit ~ *bomba* voiture piégée ~ *deportivo* voiture de sport ~ *fúnebre* corbillard

**cochecito** *m.* 1 fauteuil roulant 2 voiture d'enfant *f.* 3 petite voiture *f.*

**cochera** 1 *f.* remise, garage *m.*, dépôt *m.* 2 *adj.* cochère *puerta* ~ porte cochère

**cochero** *m.* cocher

**cochinillo** *m.* cochon de lait, cochonnet

**cochino, -a** 1 *adj.* cochon, onne 2 *m. -f.* malpropre, cochon, onne

**coda** *f.* coda

**codazo** *m.* coup de coude

**codear** 1 *intr.* donner des coups de coude 2 *pr.* coudoyer, côtoyer, fréquenter *se codea con todos* il fréquente tout le monde

**códice** *m.* codex

**codicia** *f.* cupidité, convoitise

**codiciar** *tr.* convoiter

**codicioso, -a** *adj. -s.* cupide

**codificación** *f.* codage

**código** *m.* code ~ *de barras* code-barres ~ *de la circulación* code de la route ~ *postal* code postal

**codo** *m.* code *empinar el* ~ lever le coude

**codorniz** *f.* caille

**coeficiente** *m.* coefficient

**coercitivo, -a** *adj.* coercitif, ive

**coetáneo, -a** 1 *m. -f.* contemporain, e 2 *adj.* contemporain, e

**coexistencia** *f.* coexistence

**coexistir** *intr.* coexister

**cofia** *f.* coiffe

**cofrade** *m.* confrère

**cofradía** *f.* confrérie

**cofre** *m.* coffre

**coger** *tr.* 1 prendre ~ *del brazo* prendre par le bras ~ *el tren* prendre le train 2 cueillir ~ *frutas* cueillir des fruits 3 attraper ~ *un resfriado* attraper un rhume 4 *TAUROM.* blesser à coups de corne, encorner *le cogió el toro* le taureau l'a encorné 5 *intr.* prendre ~ *a la izquierda* prendre à gauche 6 *pr.* se prendre, s'attraper ~ *desprevenido* prendre au dépourvu ~ *con las manos en la masa* prendre la main dans le sac

**cogestión** *f.* cogestion

**cogida** *f.* 1 cueillette 2 *TAUROM.* coup de corne *m.*

**cogido, -a** *adj.* 1 pris, e, attrapé, ée 2 *TAUROM.* blessé par le taureau

**cogollo** *m.* cœur de laitue, de chou, etc.

**cogote** *m.* nuque *f.*

**cogulla** *f.* cagoule

**cohecho** *m.* pot-de-vin, dessous-de-table

**cohechar** *tr.* suborner, acheter, corrompre

**coherencia** *f.* cohérence

**coherente** *adj.* cohérent, e

**cohesión** *f.* cohésion

**cohete** *m.* fusée *f.*

**cohibir** *tr.* intimider

**cohorte** *f.* cohorte

**coima** *f.* 1 concubine 2 *amer.* pot-de-vin *m.*, dessous-de-table *m.* corruption *(de funcionario)*

**coincidencia** *f.* coïncidence

**coincidir** *intr.* coïncider ~ *en la misma idea* partager la même idée

**coito** *m.* coït

**cojear** *intr.* boiter *fig. saber de qué pie cojea* savoir où le bât blesse

**cojera** *f.* claudication

**cojín** *m.* coussin

**cojinete** *m.* coussinet

**cojo, -a** *adj. -s.* boiteux, euse

**cojón** *m. arg.* couille *f.,* testicule

**col** *f.* chou

**cola** *f.* 1 queue 2 traîne *(de un vestido)* 3 colle

**colaboración** *f.* collaboration

**colaborador, -ora** *m.-f.* collaborateur, trice

**colaborar** *intr.* collaborer

**colada** *f.* lessive, lessivage *m. hacer la* ~ faire la lessive

**coladera** *f.* passoire

**colador** *m.* passoire *f. (para el té),* filtre

**colapsar** 1 entraver, *fig.* paralyser 2 *pr.* s'entraver, se paralyser

**colapso** *m.* 1 *MED.* collapsus 2 *fig.* affaissement, chute *f.,* baisse *f.,* paralysie *f.*

**colar** 1 *tr.* passer, filtrer ~ *la leche* passer le lait 2 *pr.* se faufiler, *fam.* resquiller *este chico sabe colarse en el cine* ce garçon sait resquiller au cinéma

**colcha** *f.* couvre-lit *m.*

**colchón** *m.* matelas ~ *de muelles* matelas à ressorts

**colchoneta** *f.* matelas pneumatique *m.*

**colear** *intr.* remuer la queue *siempre está vivo y coleando* il est toujours frétillant

**colección** *f.* collection

**coleccionismo** *m.* manie de la collection *f.*

**coleccionista** *m. -f.* collectionneur, euse

**colecta** *f.* collecte, quête

**colectividad** *f.* collectivité

**colectivismo** *m.* collectivisme

**colectivizar** *tr.* collectiviser

**colectivo, -a** 1 *adj.* collectif, ive 2 *m.* collectif

**colega** *m. -f.* collègue

**colegial** *m.* collégien, lycéen

**colegial, -a** *adj.* collégial, ale

**colegiala** *f.* collégienne, lycéenne

**colegio** *m.* 1 collège, école *f. ir al* ~ aller à l'école 2 ordre ~ *de abogados* ordre des avocats

**cólera** *m.* 1 choléra 2 colère *f. ponerse en* ~ se mettre en colère, se fâcher tout rouge

**colesterol** *m.* cholestérol

**coleta** *f.* queue, tresse, natte *(de pelo),* *TAUROM. cortarse la* ~ abandonner l'arène, *fig.* prendre sa retraite, se retirer

**coletazo** *m.* 1 coup de queue 2 *fig.* sursaut *el último* ~ le dernier sursaut

**colgado, -a** *adj.* pendu, ue, suspendu, ue, accroché, ée, *fig.* déçu, ue

**colgador** *m.* portemanteau, crochet

**colgajo** *m.* **1** pendeloque *f.* **2** lambeau

**colgar** *tr.* **1** pendre, suspendre, accrocher *ha colgado su abrigo* il a suspendu son manteau **2** raccrocher ~ *el teléfono* raccrocher le téléphone **3** *intr.* pendre, être suspendu, ue *una lámpara cuelga del techo* une lampe pend au plafond

**cólico** *m.* colique

**coliflor** *f.* chou-fleur *m.*

**colilla** *f.* mégot

**colina** *f.* colline

**colindante** *adj.* limitrophe, mitoyen, enne

**colirio** *m.* collyre

**colisión** *f.* collision

**colmado** *m.* épicerie *f.*

**colmado, -a** *adj.* comble, plein, e

**colmar** *tr.* combler, remplir

**colmena** *f.* ruche

**colmenar** *m.* rucher

**colmillo** *m.* **1** canine *f.* **2** croc *(de un perro...)* **3** défense *f. (de un elefante)*

**colmo** *m.* comble *i es el* ~*!* c'est le comble !

**colocación** *f.* **1** emplacement *m.*, situation **2** place, emploi *m. tiene una buena* ~ il a un bon emploi, une bonne place

**colocar** **1** *tr.* placer **2** *pr.* se placer

**colombiano, -a** *m. -f.* Colombien, ienne

**colombiano, -a** *adj.* colombien, ienne

**colonia** *f.* **1** colonie **2** eau de Cologne

**colonial** *adj.* colonial, ale

**colonialismo** *m.* colonialisme

**colonizar** *tr.* coloniser

**colono** *m.* colon, fermier

**coloquial** *adj.* familier, ère, parlé, ée *lenguaje* ~ langue parlée

**coloquio** *m.* colloque, conversation *f.*

**color** *m.* couleur *f.*

**colorado, -a** *adj.* **1** rouge **2** coloré, ée *ponerse* ~ rougir

**colorante** *m.* colorant

**colorear** **1** *tr.* colorier, colorer **2** *intr.* se colorer

**colorete** *m.* fard *(afeite)*

**colorido** *m.* coloris

**colosal** *adj.* colossal, ale

**columbrar** *tr.* apercevoir de loin

**columna** *f.* colonne

**columnata** *f.* colonnade

**columnista** *m. -f.* éditorialiste

**columpiar** **1** *tr.* balancer **2** *pr.* se balancer

**columpio** *m.* balançoire

**colusión** *f.* collusion

**colza** *f.* colza *m.*

**collar** *m.* collier

**coma** *f.* **1** virgule *punto y* ~ point-virgule **2** coma *estar en* ~ être dans le coma

**comadrear** *intr.* cancaner

**comadrona** *f.* sage-femme

**comal** *m. amer.* plaque pour la cuisson des galettes de maïs *f.*

**comandante** *m.* commandant

**comandita** *f.* commandite

**comarca** *f.* contrée, région

**comarcal** *adj.* régional, ale *carretera* ~ route départementale

**comba** *f.* **1** courbure, cambrure **2** corde *(juego) saltar a la* ~ sauter à la corde

**combar** **1** courber **2** *pr.* se courber

**combate** *m.* combat

**combatiente** *m.* combattant, e *ex* ~ ancien combattant

**combatir** **1** *intr.* combattre **2** *tr.* combattre

**combatividad** *f.* combativité

**combativo, -a** *adj.* combatif, ive

**combinación** *f.* combinaison

**combinado** *m.* **1** cocktail ~ *de frutas* cocktail de fruits **2** combiné

**combinar** **1** *tr.* combiner **2** *pr.* se combiner

**combustible** *m.* combustible

**combustión** *f.* combustion

**comedia** *f.* comédie

**comediante** *m. -f.* **1** comédien, ienne **2** cabotin, e

**comedido, -a** *adj.* modéré, ée

**comedor** *m.* salle à manger *f.*

**comendador** *m.* commandeur

**comensal** *m. -f.* convive

**comentar** **1** *tr.* commenter **2** *pr.* se commenter

**comentario** *m.* commentaire

**comenzar** *tr.* commencer

**comer** **1** *tr.* manger **2** *intr.* déjeuner

**comercial** *adj.* commercial, ale
**comercialización** *f.* commercialisation
**comercializar** *tr.* commercialiser
**comerciar** *intr.* commercer, faire du commerce
**comercio** *m.* commerce
**comestible** *adj.* comestible *tienda de comestibles* épicerie
**cometa** *f.* cerf-volant *m.*, comète *f.*
**cometer** *tr.* commettre
**cometido** *m.* mission *f. cumplir un ~* remplir une mission
**comezón** *f.* démangeaison
**comicios** *m. pl.* élections *f. pl.*
**cómico, -a** 1 *m.* -f. comédien, enne 2 *adj.* comique
**comida** *f.* 1 nourriture *hay poca ~* il y a peu de nourriture 2 repas *m.*, déjeuner *m. dos comidas al día* deux repas par jour *sirven la ~ a las dos* le déjeuner est servi à deux heures
**comido, -a** *adj.* mangé, ée *llegaron comidos* ils sont arrivés après avoir déjeuné *es pan ~* c'est simple comme bonjour
**comienzo** *m.* commencement, début *a comienzos de* au début de
**comilón, -ona** *m.* -f. goinfre
**comilona** *f.* gueuleton *m.*
**comilla** *f.* guillemet *m. entre comillas* entre guillemets
**comino** *m.* cumin *esto no vale un ~* ça ne vaut pas tripette *no me importa un ~* je m'en moque complètement
**comisaría** *f.* commissariat *m.*
**comisario** *m.* commissaire
**comisión** *f.* commission
**comisionado, -a** *adj.* mandaté, ée
**comisionar** *tr.* mandater
**comisionista** *m.* -f. commissionnaire
**comité** *m.* comité *~ de empresa* comité d'entreprise
**comitiva** *f.* suite, cortège *m.*
**como** *adv.* 1 comment ¿ *cómo estás?* comment vas-tu ? 2 comme i *cómo canta !* comme il chante ! 3 que *(comparaison) es tan alto ~ Pedro* il est aussi grand que Pedro 4 comme *hablar ~ un adulto* parler comme un adulte 5 *conj.* comme 6 si *~ no me lo digas, me enfado* si tu ne me le dis pas, je me fâche *~ si nada* comme si de rien n'était *tan pronto ~* dès que *así ~* dès que, aussitôt que *hacer ~ quien*

faire semblant de *hace ~ quien no oye* il fait semblant de ne pas entendre
**cómo** *m.* comment *el ~ y el porqué* le pourquoi et le comment
**cómoda** *f.* commode *(mueble)*
**comodidad** *f.* 1 confort *m. habitación con todas las comodidades* chambre avec tout le confort 2 commodité
**cómodo, -a** *adj.* confortable, commode *estar ~* être à l'aise
**compacto** *m.* compact *disco ~* compact disc, disque compact
**compacto, -a** *adj.* compact, e
**compadecer** 1 *tr.* plaindre, avoir pitié de *te compadezco* je te plains 2 *pr.* compatir a, plaindre, avoir pitié de
**compadre** *m.* 1 compère 2 *amér.* parrain
**compaginar** 1 *tr.* rendre compatible, concilier, accorder 2 *pr.* s'accorder, se concilier
**compañerismo** *m.* camaraderie *f.*, copinage
**compañero, -a** *m. y f.* compagnon, compagne *~ de trabajo* collègue, camarade de travail *es mi compañera* c'est ma compagne
**compañía** *f.* compagnie *tener ~* avoir de la compagnie *~ de seguros* compagnie d'assurances
**comparable** *adj.* comparable
**comparación** *f.* comparaison
**comparar** 1 *tr.* comparer 2 *pr.* se comparer
**comparativo, -a** *adj.* comparatif, ive
**comparecer** *intr.* comparaître
**compartimiento** *m.* compartiment
**compartir** *tr.* partager *~ un almuerzo* partager un repas
**compás** *m.* 1 compas 2 rythme *al ~ de* au rythme de 3 mesure *f. marcar el ~* battre la mesure
**compasión** *f.* compassion, pitié *i ten ~ !* pitié !
**compatible** 1 *m.* compatible 2 *adj.* compatible
**compatriota** *m.* compatriote
**compendio** *m.* abrégé, résumé
**compenetrarse** *pr.* s'entendre *están muy compenetrados* ils s'entendent à merveille
**compensación** *f.* compensation
**compensar** *tr.* compenser

**compensatorio, -a** *adj.* compensatoire

**competencia** *f.* **1** concurrence ~ *comercial* concurrence commerciale *hacer la* ~ *a* faire concurrence à **2** compétence, ressort *m. no es de mi* ~ ce n'est pas de mon ressort

**competente** *adj.* compétent, e

**competición** *f.* compétition

**competidor, -ora** *m. -f.* concurrent, e

**competir** *intr.* concourir, être en compétition

**compilación** *f.* compilation

**compilar** *tr.* compiler

**compinche** *m.* copain

**complacer 1** *tr.* être agréable à *para* ~ *a sus padres* pour être agréable à ses parents **2** *pr.* se complaire *complacerse en* se complaire à

**complejo** *m.* complexe

**complejo, -a** *adj.* complexe

**complementar 1** *tr.* compléter **2** *pr.* se compléter

**complemento** *m.* complément

**completar** *tr.* compléter

**completo, -a** *adj.* complet, ète

**complexión** *f.* **1** teint *m. de* ~ *clara* au teint clair **2** constitution, complexion *de robusta* ~ de robuste constitution

**complicación** *f.* complication

**complicado, -a** *adj.* compliqué, ée

**complicar 1** *tr.* compliquer **2** *pr.* se compliquer

**cómplice** *m. -f.* complice

**complo** ou **complot** *m.* complot

**componente** *m.* composante *f.*

**componente** *adj.* composant, e

**componer 1** *tr.* composer **2** *pr.* se composer *componérselas* se débrouiller, s'arranger

**comportamiento** *m.* comportement

**comportar 1** *tr.* supporter, tolérer **2** *pr.* se comporter, se conduire

**composición** *f.* composition

**compositor, -ora** *m. -f.* compositeur, trice

**compostelano, -a** *adj. -s.* de Saint-Jacques-de-Compostelle

**compostura** *f.* **1** maintien *m.* **2** réparation *(de un objeto)*

**compota** *f.* compote

**compra** *f.* achat *m. ir de compras* faire des courses *ir a la* ~ faire son marché

**comprador, -ora** *m. -f.* acheteur, euse

**comprar** *tr.* acheter

**compraventa** *f.* vente et achat ~ *de ocasión* brocante

**comprender 1** *tr.* comprendre **2** *pr.* se comprendre

**comprendido, -a** *adj.* compris, e

**comprensión** *f.* compréhension

**comprensivo, -a** *adj.* compréhensif, ive

**compresa** *f.* **1** compresse **2** serviette hygiénique, garniture périodique

**compresión** *f.* compression

**comprimido, -a** *adj.* comprimé, ée

**comprimir 1** *tr.* comprimer **2** *pr.* se comprimer

**comprobación** *f.* constat *m.*, vérification

**comprobante 1** *m.* preuve *f.*, reçu **2** *adj.* probant, e

**comprobar 1** *tr.* vérifier, constater **2** *pr.* se vérifier, se constater

**comprometer 1** *tr.* compromettre **2** *pr.* se compromettre, s'engager *comprometerse a* s'engager à

**comprometido, -a** *adj.* compromis, e, engagé, ée *un poeta* ~ un poète engagé

**compromiso** *m.* **1** compromis **2** engagement *tengo un* ~ j'ai un engagement **3** fiançailles *f. pl. sortija de* ~ bague de fiançailles *literatura de* ~ littérature engagée

**compuesto, -a** *adj.* composé, ée, arrangé, ée

**compuesto** *m.* composé

**compulsar** *tr.* compulser

**compulsivo, -a** *adj.* compulsif, ive

**computadora** *f.* ordinateur

**cómputo** *m.* comput, calcul

**comulgante** *m. -f.* communiant, e

**comulgar** *intr.* communier ~ *con ruedas de molino* prendre des vessies pour des lanternes

**común** *adj.* **1** commun, e **2** ordinaire, courant, e *fuera de lo* ~ hors du commun, qui sort de l'ordinaire

**comunal** *adj.* communal, ale

**comunicación** *f.* communication *los medios de* ~ les mass media

**comunicado** *m.* communiqué

**comunicado, -a** *adj.* **1** communiqué, ée **2** desservi, ie *pueblos bien comunicados* villages bien desservis

**comunicar** *tr.* communiquer *el teléfono está comunicando* ça répond occupé *están comunicando* c'est occupé *(teléfono)*

**comunidad** *f.* communauté, copropriété *pisos en régimen de* ~ appartements en copropriété

**comunión** *f.* communion

**comunismo** *m.* communisme

**comunista 1** *m. -f.* communiste **2** *adj.* communiste

**con** *prép.* **1** avec *viene* ~ *un amigo* il vient avec un ami **2** *de* *saludó* ~ *la mano* il salua de la main **3** au *café* ~ *leche* café au lait **4** à *un jersey* ~ *mangas cortas* un pull à manches courtes ~ + *inf.* quoique, bien que, en ~ *ser tan rico no es generoso* bien qu'il soit si riche il n'est pas généreux ~ *discutir no lograremos nada* en discutant nous n'obtiendrons rien *para* ~ envers, à l'égard de ~ *respecto a* par rapport ~ *esto y* ~ *todo* néanmoins ~ *tal que* pourvu que

**conato** *m.* **1** tentative *f.* ~ *de golpe* tentative de coup d'État **2** début ~ *de incendio* début d'incendie

**concavidad** *f.* concavité

**cóncavo, -a** *adj.* concave

**concebible** *adj.* concevable

**concebir 1** *tr.* concevoir **2** *intr.* concevoir **3** *pr.* se concevoir

**conceder** *tr.* concéder, accorder ~ *razón* donner raison

**concejal** *m.* conseiller municipal

**concejo** *m.* conseil municipal

**concentración** *f.* concentration

**concentrado** *m.* concentré

**concentrado, -a** *adj.* concentré, ée

**concentrar 1** *tr.* concentrer **2** *pr.* se concentrer

**concéntrico, -a** *adj.* concentrique

**concepción** *f.* conception

**concepto** *m.* concept

**conceptuar** *tr.* considérer, juger

**concerniente** *adj.* concernant, relatif, ive

**concernir** *intr.* concerner

**concertación** *f.* concertation

**concertar** *tr.* **1** concerter **2** convenir *concertaron ir de vacaciones* il convinrent de partir en vacances **3** *intr.*

concorder **4** *pr.* se concerter, se mettre d'accord, s'entendre sur

**concertista** *m. -f.* concertiste

**concesión** *f.* concession

**concesionario** *m* concessionnaire

**conciencia** *f.* conscience *toma de* ~ prise de conscience *tomar* ~ *de* prendre conscience de

**concienciar 1** *tr.* faire prendre conscience ~ *a la gente* faire prendre conscience aux gens **2** prendre conscience *concienciarse de* prendre conscience de

**concienzudo, -a** *adj.* consciencieux, euse

**concierto** *m.* **1** concert **2** concerto ~ *de piano* concerto pour piano **3** concert, accord, harmonie *f.*

**conciliable** *adj.* conciliable

**conciliador, -ora 1** *m. -f.* conciliateur, trice **2** *adj.* conciliant, e

**conciliar 1** *tr.* concilier, mettre d'accord **2** *pr.* se concilier ~ *el sueño* trouver le sommeil

**concilio** *m.* concile

**conciudadano, -a** *m. -f.* concitoyen, enne

**concisión** *f.* concision

**cónclave** *m.* conclave

**concluir 1** *tr.* conclure, achever, terminer **2** *intr.* terminer, finir **3** *pr.* se conclure, se terminer, s'achever

**conclusión** *f.* conclusion

**concluyente** *adj.* concluant, e

**concomitancia** *f.* concomitance

**concomitente** *adj.* concomitant, e

**concordancia** *f.* concordance, accord *m.*

**concordar 1** *tr.* accorder, mettre d'accord **2** *intr.* concorder **3** *pr.* s'accorder, se mettre d'accord

**concordato** *m.* concordat

**concordia** *f.* concorde

**concretar 1** *tr.* concrétiser, préciser **2** *pr.* se concrétiser, se préciser, prendre corps

**concreto, -a** *adj.* concret, ète

**concubinato** *m.* concubinage

**concurrencia** *f.* assistance, affluence *la* ~ *era muy elegante* l'assistance était très élégante

**concurrido, -a** *adj.* fréquenté, ée *una calle muy concurrida* une rue très fréquentée

**concurrir** *intr.* **1** se rendre à **2** concourir à, contribuer à

**concursante** *m. -f.* participant, e *(en un concurso)*

**concursar** *intr.* concourir, participer à un concours

**concurso** *m.* concours

**concha** *f.* **1** coquillage *m.* **2** carapace *(de tortue)*

**condado** *m.* comté

**condal** *adj.* comtal, ale *la Ciudad Condal* la ville de Barcelone

**conde** *m.* comte

**condecoración** *f.* décoration *(insignia...)*

**condecorar** *tr.* décorer

**condena** *f.* condamnation, peine *cumplir ~* purger sa peine

**condenado, -a** *m. -f.* condamné, ée, damné, ée

**condenado, -a** *adj.* condamné, ée, *fig.* maudit, e *correr como un ~* courir comme un dératé

**condenar** **1** *tr.* condamner **2** *pr.* se condamner, se damner

**condensado** *m.* concentré, condensé

**condensado, -a** *adj.* condensé, ée, concentré, ée *leche condensada* lait concentré

**condensar** **1** condenser, concentrer **2** *pr.* se condenser, se concentrer

**condesa** *f.* comtesse

**condescender** *intr.* condescendre

**condición** *f.* condition

**condicional** *adj.* conditionnel, elle

**condicionamiento** *m.* conditionnement

**condicionar** *tr.* conditionner

**condimentar** *tr.* assaisonner

**condimento** *m.* condiment, assaisonnement

**condón** *m.* préservatif

**condolerse** *pr.* s'apitoyer sur, compatir à

**condonación** *f.* remise *la ~ de la deuda del Tercer Mundo* la remise de la dette du tiers monde

**condonar** *tr.* remettre *~ de una deuda* remettre une dette

**cóndor** *m.* condor

**conducción** *f.* conduite *~ en estado de embriaguez* conduite en état d'ivresse

**conducir** **1** *tr.* conduire **2** *intr.* conduire **3** *pr.* se conduire

**conducta** *f.* conduite *buena ~* bonne conduite

**conductibilidad** *f.* conductibilité

**conducto** *m.* conduit

**conductor, -ora** **1** *m. -f.* conducteur, trice **2** *adj.* conducteur, trice

**conectar** **1** *tr.* connecter, brancher, raccorder **2** *pr.* se connecter, se brancher, se raccorder

**conejo** *m.* lapin *~ de campo* lapin de garenne

**conexión** *f.* connexion, branchement *m.,* liaison *en ~ con* en liaison avec

**confección** *f.* confection

**confeccionar** *tr.* confectionner

**confeccionista** *m. -f.* confectionneur, euse

**confederación** *f.* confédération

**confederar** **1** *tr.* confédérer **2** *pr.* se confédérer

**conferencia** *f.* **1** conférence **2** communication téléphonique *poner una ~* téléphoner *(interurbana...)*

**conferir** *tr.* conférer, attribuer

**confesar** *tr.* avouer, confesser

**confesarse** *pr.* se confesser

**confesionario** *m.* confessionnal

**confesión** *f.* **1** aveu *m.* **2** confession

**confesor** *m.* confesseur

**confeti** *m.* confetti

**confiado, -a** *adj.* confiant, e

**confianza** *f.* confiance *con toda ~* en toute confiance

**confiar** **1** *tr.* confier **2** *intr.* avoir confiance *~ en* avoir confiance en **3** *pr.* se confier

**confidencia** *f.* confidence

**confidencial** *adj.* confidentiel, elle

**confidente** *m.* **1** confident, e **2** indicateur de police, *fam.* indic

**configuración** *f.* configuration

**configurar** *tr.* configurer

**confín** **1** *adj.* limitrophe **2** *m. pl.* confins *en los confines de* aux confins de

**confinar** **1** *intr.* confiner **2** *tr.* confiner **3** *pr.* se confiner

**confirmación** *f.* confirmation

**confirmar** **1** *tr.* confirmer **2** *pr.* se confirmer

**confiscable** *adj.* confiscable

**confiscación** *f.* confiscation

**confiscar** *tr.* confisquer

**confitar** *tr.* confire

**confite** *m.* sucrerie *f.*

**confitera** *f.* bonbonnière

**confitería** *f.* confiserie, pâtisserie, *amér.* salon de thé *m.*

**confitero, -a** *m. -f.* confiseur, euse

**confitura** *f.* confiture

**conflagración** *f.* conflagration

**conflicto** *m.* conflit ~ *laboral* conflit du travail

**conflictual** *adj.* conflictuel, elle

**confluencia** *f.* confluence

**confluente** *m.* confluent

**confluir** *intr.* confluer

**conformar 1** *tr.* conformer **2** *intr.* être d'accord **3** *pr.* se conformer, se résigner *conformarse con* se contenter de

**conforme** *adj.* **1** conforme **2** au fur et à mesure ~ *leemos el texto* au fur et à mesure que nous lisons le texte **3** conformément, selon ~ *a lo decidido* conformément à ce qui a été décidé *estoy ~ con ella* je suis d'accord avec elle

**conformismo** *m.* conformisme

**conformista 1** *m. -f.* conformiste **2** *adj.* conformiste

**confortable** *adj.* confortable

**confortar 1** *tr.* réconforter **2** *pr.* se réconforter, se conforter

**confrontación** *f.* confrontation

**confrontar** *tr.* confronter

**confundir 1** *tr.* confondre **2** *pr.* se confondre, se tromper *se ha confundido* il s'est trompé

**confusión** *f.* confusion

**confuso, -a** *adj.* confus, e

**congelación** *f.* **1** congélation **2** blocage *m.,* gel *m.* ~ *de los precios* blocage des prix ~ *de los sueldos* blocage des salaires

**congelador** *m.* congélateur

**congelar** *tr.* **1** congeler **2** bloquer, geler ~ *los precios* bloquer les prix

**congeniar** *intr.* sympathiser

**congénito, -a** *adj.* congénital, ale

**congestionar 1** *tr.* congestionner **2** *pr.* se congestionner

**conglomerado** *m.* conglomérat

**congolés, -esa** *m. -f.* Congolais, e

**congolés, -esa** *adj.* congolais, e

**congoja** *f.* angoisse

**congratular 1** *tr.* congratuler **2** *pr.* se congratuler

**congregación** *f.* congrégation

**congregar 1** *tr.* assembler, rassembler, réunir **2** *pr.* s'assembler, se rassembler, se réunir

**congreso** *m.* congrès *Congreso de los Diputados* Chambre des députés

**congresista** *m. -f.* congressiste

**congruo, -a** *adj.* congru, ue *porción congrua* portion congrue

**cónico, -a** *adj.* conique

**conífero** *m.* conifère

**conjetura** *f.* conjecture

**conjeturar** *tr.* conjecturer

**conjugación** *f.* conjugaison

**conjugar 1** *tr.* conjuguer **2** *intr.* conjuguer **3** *pr.* se conjuguer

**conjunción** *f.* conjonction

**conjuntivo, -a** *adj.* conjonctif, ive

**conjuntivitis** *f.* conjonctivite

**conjunto** *m.* ensemble *en* ~ dans l'ensemble

**conjura** *f.* conjuration, conspiration

**conjurar** *tr.* conjurer, conspirer

**conllevar** *tr.* comporter *dificultades que conlleva la crisis* les difficultés que comporte la crise

**conmemoración** *f.* commémoration

**conmemorar 1** *tr.* commémorer **2** *pr.* se commémorer

**conmensurable** *adj.* commensurable

**conmigo** *pron. pers.* avec moi *quieren hablar* ~ ils veulent parler avec moi

**conminar** *tr.* menacer, intimider

**conmoción** *f.* commotion, vive émotion

**conmovedor, -ora** *adj.* émouvant, e

**conmover 1** *tr.* émouvoir **2** *pr.* s'émouvoir

**conmutar 1** *tr.* commuer **2** *pr.* commuer

**connivencia** *f.* connivence

**connotación** *f.* connotation

**cono** *m.* cône

**conocedor, -ora 1** *m. -f.* connaisseur, euse **2** *adj.* connaisseur, euse

**conocer** *tr.* **1** connaître *me gusta* ~ *países* j'aime connaître des pays **2** reconnaître *ha cambiado tanto que por poco no lo conozco* il a tellement changé que j'ai failli ne pas le reconnaître *dar a* ~ faire connaître *darse a* ~ se faire connaître ~ *como la palma de la mano* connaître comme sa poche

**conocimiento** *m.* connaissance *f.*

**conque** *conj.* alors, ainsi donc ~ *¿ no lo sabías?* ainsi donc, tu ne le savais pas ?

**conquense** *adj. -s.* de Cuenca

**conquista** *f.* conquête

**conquistador, -ora** 1 *m. -f.* conquérant, e 2 *adj.* conquérant, e

**conquistador** *m.* conquistador

**conquistar** 1 *tr.* conquérir 2 *pr.* se conquérir

**consabido, -a** *adj.* traditionnel, elle, bien connu, ue *la consabida historia* l'histoire bien connue

**consagración** *f.* 1 consécration 2 sacre *m. (ceremonia)*

**consagrar** *tr.* 1 consacrer 2 sacrer

**consanguíneo, -a** *adj.* consanguin, e

**consciente** *adj.* conscient, e

**conscripción** *f.* conscription

**consecución** *f.* réalisation, obtention

**consecuencia** *f.* conséquence

**consecuente** *adj.* conséquent, e

**conseguir** *tr.* 1 obtenir 2 parvenir à

**consejero, -a** 1 *m. -f.* conseiller, ère 2 *adj.* conseiller, ère

**consejo** *m.* conseil ~ *de Administración* conseil d'administration

**consenso** *m.* consensus

**consensual** *adj.* consensuel, elle

**consentido, -a** *adj.* gâté, ée *un niño* ~ un enfant gâté

**consentimiento** *m.* consentement

**consentir** *tr.* 1 consentir 2 permettre *sus padres se lo consienten todo* ses parents lui permettent tout 3 accepter *no lo consiento* je ne l'accepte pas

**conserje** *m.* portier, concierge

**conserjería** *f.* conciergerie, porterie

**conserva** *f.* conserve

**conservación** *f.* conservation

**conservador, -ora** 1 *m. -f.* conservateur, trice 2 *adj.* conservateur, trice

**conservaduría** *f.* conservation *(cargo y despacho en un museo)*

**conservadurismo** *m.* conservatisme

**conservante** *m.* conservateur *alimentos con* ~ aliments avec des conservateurs

**conservar** 1 *tr.* conserver 2 *pr.* se conserver

**conservatorio** *m.* conservatoire

**considerable** *adj.* considérable

**consideración** *f.* considération, estime

**considerado** *adj.* 1 considéré, ée 2 réfléchi, ie, pondéré, ée

**considerar** 1 *tr.* considérer 2 *pr.* se considérer

**consigna** *f.* consigne, mot d'ordre *m.*

**consignación** *f.* consignation

**consignar** *tr.* consigner

**consignatario** *m.* consignataire

**consigo** *pron. pers.* avec soi *no tenerlas todas* ~ ne pas être tranquille

**consiguiente** *adj.* consécutif, ive *por* ~ par conséquent

**consistente** *adj.* consistant, e

**consistir** *intr.* consister ~ *en* consister à

**consola** *f.* console

**consolación** *f.* consolation

**consolador, -ora** *m. -f.* consolateur, trice

**consolar** 1 *tr.* consoler 2 *pr.* se consoler

**consolidación** *f.* consolidation

**consolidar** 1 *tr.* consolider 2 *pr.* se consolider

**consonancia** *f.* consonance, accord *m.*

**consonante** *f.* consonne

**consonante** *adj.* consonant, e

**consorcio** *m.* consortium, groupement

**consorte** *adj.* consort *príncipe* ~ prince consort

**conspiración** *f.* conspiration

**conspirar** *intr.* conspirer

**constancia** *f.* constance

**constante** *f.* constante

**constante** *adj.* constant, e

**constar** *intr.* être composé, ée de, comprendre *el texto consta de dos partes* le texte se compose de deux parties *me consta que* j'ai la certitude que

**constelación** *f.* constellation

**consternación** *f.* consternation

**consternar** 1 *tr.* consterner 2 *intr.* être consterné, ée

**constipado, -a** *adj.* enrhumé, ée

**constipado** *m.* rhume

**constiparse** *pr.* s'enrhumer

**constitución** *f.* constitution

**constitucionalidad** *f.* constitutionnalité

**constitutivo, -a** *adj.* constitutif, ive

**constituir** 1 *tr.* constituer 2 *pr.* se constituer

**constituyente** *adj.* constituant, e

**constreñir** *tr.* contraindre, forcer

**construcción** *f.* construction

**constructivo, -a** *adj.* constructif, ive

**construir** 1 *tr.* construire *mandar ~* faire construire 2 *pr.* se construire

**consuelo** *m.* 1 consolation *f.* 2 soulagement

**consuetudinario, -a** *adj.* habituel, elle, coutumier, ière

**consulta** *f.* 1 consultation *horario de ~* heures de consultation 2 cabinet de consultation *m. la ~ del dentista* le cabinet du dentiste

**consultante** *m. -f.* consultant, e

**consultar** *tr.* consulter, aller en consultation

**consultivo, -a** *adj.* consultatif, ive

**consultorio** *m.* cabinet de consultation

**consumación** *f.* consommation

**consumición** *f.* consommation *(bebidas)*

**consumidor, -ora** *m. -f.* consommateur, trice

**consumir** *tr.* 1 consommer 2 consumer 3 *pr.* se consumer, se consommer

**consumo** *m.* consommation *f. sociedad de ~* société de consommation

**consunción** *f.* consomption

**contabilidad** *f.* comptabilité

**contabilizar** *tr.* comptabiliser

**contable** *m. -f.* comptable

**contacto** *m.* contact

**contado, -a** *adj.* compté, ée, rare *en contadas ocasiones* en de rares occasions *pagar al ~* payer comptant

**contador** *m.* compteur *~ de gas* compteur à gaz

**contaduría** *f.* charge, emploi de comptable *m. ~ General* services du Trésor *m. pl.*

**contagiar** 1 *tr.* contaminer, transmettre 2 *pr.* se transmettre

**contagio** *m.* contagion *f.*

**contagioso, -a** *adj.* contagieux, euse

**contaminación** *f.* pollution, contamination

**contaminar** 1 *tr.* polluer, contaminer 2 *pr.* se polluer, se contaminer

**contar** *tr.* 1 compter *~ hasta cien* compter jusqu'à cent 2 raconter, conter *~ un chiste* raconter une histoire drôle

**contemplación** *f.* contemplation *sin contemplaciones* sans égards

**contemplar** *tr.* 1 contempler 2 avoir des égards pour 3 *pr.* se contempler

**contemporáneo, -a** *adj. -s.* contemporain, e

**contencioso, -a** 1 *adj.* contentieux, euse 2 *m.* contentieux

**contender** *intr.* se battre, lutter, *fig.* rivaliser, disputer

**contenedor** *m.* container, conteneur

**contener** 1 *tr.* contenir 2 *pr.* se contenir

**contenido** *m.* contenu

**contenido, -a** *adj.* contenu, ue

**contentar** 1 *tr.* contenter 2 *pr.* se contenter *~ con* se contenter de

**contento, -a** *adj.* content, e

**contento** *m.* contentement

**contestación** *f.* 1 réponse 2 contestation

**contestador** *m. ~ telefónico* répondeur téléphonique

**contestar** *tr. -intr.* répondre

**contexto** *m.* contexte

**contienda** *f.* conflit *m.*, bataille

**contigo** *pron. pers.* avec toi *~ pan y cebolla* vivre d'amour et d'eau fraîche

**contiguo, -a** *adj.* contigu, uë

**continental** *adj.* continental, ale

**continente** *m.* 1 continent 2 contenant *(lo que contiene)* 3 maintien, contenance *f.*

**contingente** 1 *m.* contingent 2 *adj.* contingent, e

**continuación** *f.* continuation, suite *a ~* à la suite

**continuamente** *adv.* continuellement

**continuar** 1 *tr.* continuer 2 *intr.* rester *~ sentado* rester assis *~ + gér.* continuer à + *inf. ~ leyendo* continuer à lire

**continuo, -a** *adj.* 1 continu, e *jornada continua* journée continue 2 continuel, elle

**contorno** *m.* **1** contour, pourtour **2** *pl.* les alentours

**contorsión** *f.* contorsion

**contra 1** *prép.* contre ~ *mi voluntad* contre ma volonté **2** *m.* contre *el pro y el* ~ le pour et le contre *en* ~ contre, à l'encontre *en* ~ *de* à l'encontre de

**contraalmirante** *m.* contre-amiral

**contraataque** *m.* contre-attaque *f.*

**contrabajo** *m.* contrebasse *f.*, contre-bassiste *m.*

**contrabandista** *m.* contrebandier

**contrabando** *m.* contrebande *f.*

**contracampo** *m.* contrechamp

**contracción** *f.* contraction

**contracepción** *f.* contraception

**contracorriente** *m.* contre-courant *a* ~ à contre-courant

**contractual** *adj.* contractuel, elle

**contrachapado** *m.* contre-plaqué

**contrachapar** *tr.* contre-plaquer

**contradecir 1** *tr.* contredire **2** *pr.* se contredire

**contradicción** *f.* contradiction

**contradictorio, -a** *adj.* contradictoire

**contraer 1** *tr.* contracter **2** *pr.* se contracter ~ *matrimonio* se marier

**contraespionaje** *m.* contre-espionnage

**contrafuerte** *m.* contrefort

**contrahacer** *tr.* contrefaire

**contrahecho, -a** *adj.* contrefait, e

**contraindicación** *f.* contre-indication

**contralto** *m.* contralto

**contraluz** *m.* contre-jour *a* ~ à contre-jour

**contramano (a)** *adv.* en sens interdit

**contraoferta** *f.* contre-proposition

**contraorden** *f.* contrordre *m.*

**contrapartida** *f.* contrepartie *como* ~ en contrepartie

**contrapelo (a)** *adj.* à rebrousse-poil, *fig.* à contrecœur

**contrapesar** *tr.* contrebalancer

**contrapeso** *m.* contrepoids

**contraponer 1** *tr.* opposer **2** *pr.* s'opposer

**contraproducente** *adj.* qui a des effets contraires, contre-indiqué, ée

**contraproyecto** *m.* contre-projet

**contrapunto** *m.* contrepoint

**contrariedad** *f.* contrariété

**contraria** *f.* opposition *llevar la* ~ contredire quelqu'un *siempre está llevando la* ~ il a l'esprit de contradiction

**contrario, -a** *adj.* contraire, opposé, ée *al* ~ au contraire *por lo* ~ tout au contraire *de lo* ~ autrement

**contrarrestar** *tr.* contrecarrer

**contrasentido** *m.* contresens

**contraseña** *f.* mot de passe *m.*, contremarque

**contrastar 1** *tr.* résister à, contrecarrer, poinçonner *(oro, plata)* **2** *intr.* contraster

**contraste** *m.* **1** contraste **2** poinçon, contrôle *(oro, plata)*

**contratación** *f.* embauche, recrutement *m.*

**contratar** *tr.* engager, embaucher

**contratiempo** *m.* contretemps *a* ~ à contretemps, mal à propos

**contratista** *m.* entrepreneur ~ *de obras públicas* entrepreneur de travaux publics

**contrato** *m.* contrat ~ *de fianza* cautionnement ~ *de franquicia* franchisage ~ *laboral* contrat de travail

**contravenir** *intr.* contrevenir

**contrayente** *m. -f.* contractant, e

**contribución** *f.* **1** contribution **2** imposition, impôt *m.* ~ *territorial* impôt foncier, le foncier *m.*

**contribuir** *intr.* contribuer

**contribuyente** *m. -f.* contribuable

**contrincante** *m. -f.* concurrent, e

**control** *m.* contrôle *torre de* ~ tour de contrôle

**controlar 1** *tr.* contrôler **2** *intr.* contrôler **3** *pr.* se contrôler

**controversia** *f.* controverse

**controvertible** *adj.* discutable

**controvertir 1** *tr.* controverser **2** *intr.* controverser

**contumacia** *f.* contumace

**contumaz** *adj.* opiniâtre

**contundente** *adj.* **1** contondant, e **2** convaincant, e, concluant, e *argumento* ~ argument convaincant

**contusión** *f.* contusion

**convalecencia** *f.* convalescence

**convalecente** *m. -f.* convalescent, e

**convalidación** *f.* validation, équivalence *(de diplomas)*

**convalidar** *tr.* valider, donner une équivalence *(de diplomas)*

**convencer 1** *tr.* convaincre **2** *pr.* se convaincre

**convencimiento** *m.* conviction *f.*

**convencional** *adj.* conventionnel, elle

**conveniencia** *f.* convenance *bandera de ~* pavillon de complaisance *m.*

**conveniente** *adj.* convenable, qui convient

**convenio** *m.* accord, convention *f.* ~ *colectivo* convention collective

**convenir 1** *tr.* convenir, se mettre d'accord **2** *impers.* convenir **3** *pr.* s'accorder, s'entendre

**convento** *m.* couvent

**convergencia** *f.* convergence

**convergente** *adj.* convergent, e

**converger** *intr.* converger

**conversación** *f.* conversation, entretien *m.*

**conversar** *intr.* converser, s'entretenir

**conversión** *f.* conversion

**converso, -a** *adj. -s.* converti, ie *(religión)*

**convertible** *adj.* convertible, convertissable *divisa ~* devise convertible

**convexo, -a** *adj.* convexe

**convicción** *f.* conviction

**convidado** *m. -f.* invité, ée, convive

**convidar** *tr.* inviter, convier *convido yo* c'est ma tournée

**convincente** *adj.* convaincant, e

**convite** *m.* **1** invitation *f.* **2** banquet

**convivencia** *f.* cohabitation, vie en commun

**convocar** *tr.* convoquer, réunir ~ *a huelga* lancer un ordre de grève

**convocatoria** *f.* **1** convocation **2** session *(examen)* ~ *de huelga* ordre de grève *m.*

**convoy** *m.* convoi, cortège

**convulsión** *f.* convulsion

**convulsionar 1** *tr.* convulser **2** *pr.* se convulser

**conyugal** *adj.* conjugal, ale

**cónyuge** *m. -f.* conjoint, e *los cónyuges* les conjoints

**coñac** *m.* cognac

**cooperación** *f.* coopération

**cooperar** *intr.* coopérer

**cooperativa** *f.* coopérative

**cooperativo, -a** *adj.* coopératif, ive

**cooptar** *tr.* coopter

**coordenada** *f.* coordonnée

**coordenador, -ora** *m. -f.* coordinateur, trice

**coordinación** *f.* coordination

**coordinar** *tr.* coordonner

**copa** *f.* **1** coupe ~ *de champán* coupe de champagne **2** verre *m.* *vamos a tomar una ~* allons prendre un verre **3** forme *sombrero de ~ alta* chapeau haut de forme **4** cime *la ~ de un árbol* la cime d'un arbre *ir de copas* faire la tournée des bars *invitar a una ~* offrir un verre

**copeo** *m.* tournée des bars *f.*

**copete** *m.* toupet, houppe *f.* *de alto ~* huppé, ée

**copia** *f.* copie ~ *legalizada* copie certifiée conforme

**copiadora** *f.* photocopieuse

**copiar** *tr.* copier

**copioso, -a** *adj.* copieux, euse

**copla** *f.* chanson

**copo** *m.* flocon ~ *de nieve* flocon de neige

**coproducción** *f.* coproduction

**copropiedad** *f.* copropriété

**copropietario, -a** *m. -f.* copropriétaire

**cópula** *f.* copulation

**coqueta 1** *f.* coquette **2** *adj.* coquette

**coquetear** *intr.* faire du charme, faire la coquette

**coquetería** *f.* coquetterie

**coraje** *m.* **1** bravoure *f.,* courage **2** rage *f.,* colère *f.* *esto me da ~* cela me met en colère, me fait rager

**corajudo, -a** *adj. amér.* courageux, euse

**coral** *m.* corail

**coraza** *f.* cuirasse

**corazón** *m.* cœur *ojos que no ven, ~ que no siente* loin des yeux, loin du cœur

**corazonada** *f.* pressentiment *m.*

**corbata** *f.* cravate

**corbeta** *f.* corvette

**corcova** *f.* bosse

**corcovado, -a** *adj. -s.* bossu, ue

**corchea** *f.* croche

**corchete** *m.* crochet

**corcho** *m.* liège

**cordada** *f.* cordée

**cordelería** *f.* corderie

**cordera** *f.* agnelle

**cordero** *m.* agneau ~ *lechal* agneau de lait

**cordial** *adj.* cordial, ale

**cordialidad** *f.* cordialité

**cordillera** *f.* cordillère

**cordobés, -esa** *adj.* 1 cordouan, e *m. -f.* 2 Cordouan, e

**cordón** *m.* 1 cordon 2 lacet *el ~ del zapato* le lacet de la chaussure *atar los cordones de los zapatos* lacer les chaussures

**cordura** *f.* sagesse, bon sens *m.*

**coreano, -a** *adj.* 1 coréen, enne *m. -f.* 2 Coréen, enne

**corear** *intr.* accompagner en chœur, faire chorus

**coreografía** *f.* chorégraphie

**coreógrafo** *m.* chorégraphe

**corista** *m. -f.* choriste

**cornada** *f.* coup de corne *m.*

**cornamenta** *f.* cornes *f. pl.*

**córnea** *f.* cornée

**cornear** *intr.* donner des coups de corne

**corneja** *f.* corneille

**corneta** *f.* clairon *m.*, clairon *(soldat)*

**cornucopia** *f.* 1 miroir *m.* 2 corne d'abondance

**cornisa** *f.* corniche

**cornudo, -a** 1 *adj.* cornu, ue, 2 *adj. -s. fam.* cocu, ue

**coro** *m.* chœur *hacer ~* faire chorus

**corolario** *m.* corollaire

**corona** *f.* couronne

**coronación** *f.* couronnement

**coronar** *tr.* couronner

**coronario, -a** *adj.* coronaire

**coronel** *m.* colonel

**coronilla** *f.* 1 petite couronne 2 sommet de la tête *fig. estar hasta la ~* en avoir par-dessus la tête

**corpiño** *m.* corsage

**corporación** *f.* corporation

**corporal** *adj.* corporel, elle

**corporativo, -a** *adj.* corporatif, ive

**corpulencia** *f.* corpulence

**corpulento, -a** *adj.* corpulent, e

**corral** *m.* basse-cour *f.*

**correa** *f.* 1 courroie 2 bracelet *m.* *(de un reloj)*

**correaje** *m.* harnais

**corrección** *f.* correction ~ *modelo* corrigé *m.*

**correccional** 1 *adj.* correctionnel, elle 2 *m.* établissement pénitentiaire

**correcto, -a** *adj.* correct, e

**corredera** *f.* coulisse

**corredizo, -a** *adj.* coulissant, e, coulant, e *puerta corrediza* porte coulissante

**corredor** *m.* 1 coureur 2 courtier ~ *de seguros* courtier d'assurances 3 couloir

**correduría** *f.* courtage *m.*

**corregible** *adj.* corrigible

**corregir** 1 *tr.* corriger 2 *pr.* se corriger

**correlación** *f.* corrélation

**correlacionar** *tr.* relier

**correo** *m.* 1 courrier *a vuelta de ~* par retour du courrier 2 omnibus *tren ~* train omnibus *venta por ~* vente par correspondance

**Correos** *m. pl.* la Poste

**correr** *intr.* 1 courir 2 couler *(líquidos)* *la sangre corre en las venas* le sang coule dans les veines 3 tirer ~ *la cortina* tirer le rideau 4 *pr.* se pousser *se va corriendo* il part à toute allure ~ *a cargo de* être à la charge de ~ *por cuenta de* être à la charge de *corre la voz* le bruit court

**correspondencia** *f.* correspondance

**corresponder** *intr.* 1 correspondre 2 payer de retour, répondre

**corresponsal** *m. -f.* correspondant, e *nuestro ~ en París* notre correspondant à Paris *(prensa)*

**corretear** *intr.* courir d'un côté à l'autre

**corrida** *f.* course ~ *de toros* corrida de ~ *couramment*

**corrido (de)** *adv.* couramment

**corriente** *f.* courant *hay mucha ~* il y a beaucoup de courant ~ *de aire* courant d'air *m.*

**corriente** *adj.* courant, e

**corro** *m.* 1 cercle *(de personas)* 2 ronde *f. bailar en ~* danser en rond 3 corbeille *(en la Bolsa)*

**corroborar** *tr.* corroborer

**corroer** 1 *tr.* ronger, corroder 2 *pr.* corroder

**corromper** 1 *tr.* corrompre 2 *pr.* se corrompre

**corrosión** *f.* corrosion

**corrupción** *f.* corruption ~ *de menores* détournement de mineurs *m.*

**corrupto, -a** *adj.* corrompu, ue

**corsario** *m.* corsaire

**corsé** *m.* corset

**cortacéspedes** *m.* tondeuse à gazon *f.*

**cortado, -a** *adj.* 1 coupé, ée 2 tourné, ée *leche cortada* lait tourné *m. café cortado* café avec un nuage de lait

**cortadura** *f.* coupure

**cortante** 1 tranchant 2 *adj.* coupant, e, tranchant, e

**cortapisa** *f.* condition, restriction, obstacle *m. poner cortapisas* poser des conditions *sin cortapisas* sans réserve

**cortaplumas** *m.* canif

**cortar** 1 *tr.* couper 2 *intr.* couper 3 *pr.* se couper, se gercer *(la piel),* tourner *(la leche),* fig. se troubler ~ *por lo sano* trancher dans le vif

**cortaúñas** *m.* coupe-ongles

**corte** 1 *m.* coupe *f.* 2 *f.* cour *la ~ del Rey* la cour du roi *hacer la ~* faire la cour *un ~ de manga fam.* un bras d'honneur

**cortejar** *tr.* courtiser

**cortés** *adj.* courtois, e

**cortesía** *f.* courtoisie, politesse, gentillesse, amabilité *por ~ de* grâce à l'amabilité de

**corteza** *f.* 1 écorce 2 croûte

**cortijo** *m.* ferme *f.,* métairie *f. (en Andalucía)*

**cortina** *f.* rideau

**cortinaje** *m.* rideaux *m. pl.*

**corto, -a** *adj.* court, e *a la corta y a la larga* tôt ou tard *corto, a de alcances* borné, ée *ni ~ ni perezoso* de but en blanc *novela corta* nouvelle

**corto** *m.* court-métrage

**cortometraje** *m.* court-métrage

**coruñés, -esa** *adj. -s.* de La Corogne

**corvadura** *f.* courbure

**corvar** *tr.* courber

**corzo** *m.* chevreuil

**cosa** 1 *f.* chose 2 *f. pl.* affaires *son cosas suyas* ce sont ses affaires *no es ~ del otro jueves* ça n'est pas la mer à boire *una ~ es decirlo y otra hacerlo* la critique est aisée, mais l'art est difficile *como quien no quiere la ~* mine de rien *¡ qué cosas tienes !* tu en as des idées !

**cosaco** *m.* cosaque

**coscorrón** *m.* coup sur la tête, bosse *f.*

**cosecha** *f.* moisson, récolte

**cosechadora** *f.* moissonneuse-lieuse

**cosechar** *tr. -intr.* récolter, moissonner

**coseno** *m.* cosinus

**coser** *tr.* coudre ~ *a puñaladas* larder à coups de couteau *eso es ~ y cantar* c'est bête comme chou

**cosido, -a** *adj.* cousu, ue

**cosmética** *f.* cosmétique

**cosmético** *m.* cosmétique

**cosmético, -a** *adj.* cosmétique

**cósmico, -a** *adj.* cosmique

**cosmogonía** *f.* cosmogonie

**cosmopolita** *adj. -s.* cosmopolite

**cosmos** *m.* cosmos

**cosquillas** *f. pl.* chatouilles *hacer ~* faire des chatouilles *fig. buscarle ~ a uno* chercher des crosses à quelqu'un

**cosquilleo** *m.* chatouillis, chatouillement

**cosquilloso, -a** *adj.* chatouilleux, euse

**costa** *f.* côte *la Costa Azul* la Côte d'Azur

**costa** *f.* dépense, frais *m. pl.,* coût *m. a toda ~* à tout prix *a ~ de* aux dépens de *a ~ de lo que sea* coûte que coûte

**costado** *m.* côté *dolor de ~* point de côté *por los cuatro costados* jusqu'au bout des ongles

**costal** *m.* sac *(para granos, etc...) es harina de otro ~* c'est une autre paire de manches

**costar** *intr.* coûter *cueste lo que cueste* coûte que coûte ~ *un riñón* ou ~ *un ojo de la cara* coûter les yeux de la tête

**coste** *m.* coût

**costear** *tr.* financer

**costero, -a** *adj.* côtier, ière

**costilla** *f.* côte, côtelette ~ *de cordero* côtelette d'agneau

**costo** *m.* coût

**costoso, -a** *adj.* coûteux, euse

**costra** *f.* croûte

**costumbre** coutume, habitude

**costura** *f.* couture

**costurera** *f.* couturière

**costurero** *m.* boîte à ouvrages *f.*

**cotejar** *tr.* confronter, comparer

**cotejo** *m.* confrontation *f.*, comparaison *f.*

**cotidiano, -a** *adj.* quotidien, enne

**cotilla** *f.* 1 corset *m.* 2 *fig.* cancanière

**cotillear** *intr.* cancaner

**cotilleo** *m.* cancans *m. pl.*, potins *m. pl.*

**cotización** *f.* 1 cours *m.*, cote *(en la Bolsa)* 2 cotisation ~ *social* cotisation sociale

**cotizar** 1 *intr.* coter, cotiser 2 *tr.* coter

**coto** *m.* terrain clos ~ *de caza* chasse gardée *poner* ~ *a* mettre un terme à

**cotorra** *f.* perruche

**cotorrear** *intr. fam.* jacasser

**coxis** *m.* coccyx

**coxcojita** *f.* marelle *a* ~ à cloche-pied

**coyote** *m.* coyote

**coyuntura** *f.* conjoncture

**conyuntural** *adj.* conjoncturel, elle

**coz** *f.* ruade *dar coces* ruer

**crac** *m.* krach

**cráneo** *m.* crâne

**cráter** *m.* cratère

**creación** *f.* création

**creador, -ora** *adj. -s.* créateur, trice

**crear** 1 *tr.* créer 2 *pr.* se créer

**creativo, -a** 1 *m. -f.* créateur, trice 2 *adj.* créatif, ive

**crecer** *intr.* 1 croître, grandir *este niño ha crecido mucho* cet enfant a beaucoup grandi 2 croître, augmenter

**creces** *f. pl.* augmentation *f. sing. con* ~ largement

**crecido, -a** *adj.* grand, e, important, e *un número* ~ *de* un grand nombre de *un niño* ~ un enfant qui a grandi

**creciente** 1 *m.* croissant *(de luna)* 2 *adj.* croissant, e

**crecimiento** *m.* croissance *f.*, accroissement

**credencial** *adj.* de créance *cartas credenciales* lettres de créance

**crédito** *m.* crédit, créance *f. tarjeta de* ~ carte de crédit ~ *al consumidor* crédit à la consommation ~ *para la exportación* crédit à l'exportation ~ *puente* crédit relais

**credo** *m.* credo

**crédulo, -a** *adj.* crédule

**creencia** *f.* croyance

**creer** 1 *tr. -intr.* croire ~ *en Dios* croire en Dieu 2 *pr.* se croire

**creíble** *adj.* croyable

**creído, -a** *adj.* crédule, fier, ière *es un* ~ c'est un arrogant *es muy* ~ il ne se prend pas pour n'importe quoi

**crema** *f.* crème ~ *dental* dentifrice *m.*

**cremallera** *f.* fermeture Éclair, crémaillère

**crepe** *f.* crêpe

**crematorio** *m.* crématorium

**crematorio, -a** *adj.* crématoire

**crepitar** *intr.* crépiter

**crepúsculo** *m.* crépuscule

**crescendo** *m.* crescendo

**crespo, -a** *adj.* crépu, ue

**crespón** *m.* crépon, papier crépon

**cresta** *f.* crête

**cretinismo** *m.* crétinisme

**cretino, -a** *adj. -s.* crétin, e

**cretona** *f.* cretonne

**creyente** *adj. -s.* croyant, e

**cría** *f.* 1 élevage *m. la* ~ *de caballos* l'élevage de chevaux 2 petit *m. una gata y sus crías* une chatte et ses petits 3 allaitement *m.*

**criada** *f.* domestique, bonne

**crianza** *f.* élevage *m.*, éducation, allaitement *m. vinos de* ~ vins d'appellation contrôlée

**criar** *tr.* 1 élever *ha criado a muchos hijos* elle a élevé de nombreux enfants 2 nourrir, allaiter 3 élever, produire *(animales)*

**criatura** *f.* 1 enfant *m.*, nourrisson *m.* 2 créature

**cribar** *tr.* cribler

**crimen** *m.* crime

**criminal** *adj. -s.* criminel, elle

**criminalidad** *f.* criminalité

**criminar** *tr.* incriminer

**crin** *m.* crin ~ *vegetal* crin végétal

**crío** *m.* gosse *es un* ~ c'est un gosse

**criollo, -a** *adj. -s.* créole

**cripta** *f.* crypte

**crisantemo** *m.* chrysanthème

**crisis** *f.* crise ~ *energética* crise d'énergie

**crismas** *m.* carte de Noël *f.*, carte de vœux *f.*

**crisol** *m.* creuset

**crispar** 1 *tr.* crisper 2 *pr.* se crisper

**cristal** *m.* 1 cristal *cristales de cuarzo* cristaux de quartz 2 vitre *f.*, carreau *los* *cristales de la ventana* les vitres de la fenêtre **3** *amér.* verre

**cristal de roca** *m.* cristal *un jarrón de* ~ un vase en cristal

**cristalino** *m.* cristallin

**cristalino, -a** *adj.* cristallin, e

**cristalizar 1** *tr.* cristalliser **2** *pr.* se cristalliser

**cristiandad** *f.* chrétienté

**cristianismo** *m.* christianisme

**cristiano, -a** *adj.* -*s.* chrétien, enne *hablar en* ~ parler espagnol, parler clairement

**criterio** *m.* critère

**crítica** *f.* critique

**criticar 1** *tr.* critiquer **2** *pr.* se critiquer

**crítico** *m.* critique ~ *de arte* un critique d'art

**crítico, -a** *adj.* critique

**criticón, -ona** *adj.* -*s.* qui a l'esprit critique, qui critique

**croar** *intr.* coasser

**cromar** *tr.* chromer

**cromático, -a** *adj.* chromatique

**cromo** *m.* chromo, image *f.*

**crónica** *f.* chronique

**crónico, -a** *adj.* chronique

**cronista** *m.* chroniqueur

**cronología** *f.* chronologie

**cronológico, -a** *adj.* chronologique

**cronometrar** *tr.* chronométrer

**cronómetro** *m.* chronomètre

**croqueta** *f.* croquette

**croquis** *m.* croquis

**cruce** *m.* croisement, carrefour

**crucero** *m.* croisière *f.*

**crucial** *adj.* crucial, ale

**crucificar** *tr.* crucifier

**crucigrama** *m.* mots croisés *m. pl.*

**crudeza** *f.* dureté, rigueur

**crudo, -a** *adj.* **1** cru, ue *carne cruda* viande crue **2** écru, ue *seda cruda* soie écrue

**crudo** *m.* pétrole brut

**cruel** *adj.* cruel, elle

**crueldad** *f.* cruauté

**cruento, -a** *adj.* sanglant, e

**crujido** *m.* craquement, grincement

**crujiente** *adj.* craquant, e

**crujir** *intr.* craquer, grincer

**cruz** *f.* **1** croix **2** pile *(de una moneda)*

**cruzada** *f.* croisade

**cruzado, -a** *adj.* croisé, ée, barré, ée *cheque cruzado* chèque barré

**cruzar** *tr.* **1** croiser **2** traverser ~ *la calle* traverser la rue **3** barrer ~ *un cheque* barrer un chèque **4** *pr.* se croiser

**cuadernillo** *m.* carnet

**cuaderno** *m.* cahier

**cuadra** *f.* **1** écurie **2** *amér.* pâté de maisons *m.*

**cuadrado** *m.* carré *un* ~ *de seda* un carré de soie

**cuadrado, -a** *adj.* carré, ée

**cuadragenario, -a** *adj.* -*s.* quadragénaire

**cuadrangular** *adj.* quadrangulaire

**cuadrángulo** *m.* quadrangle

**cuadrante** *m.* cadran

**cuadrar** *intr.* **1** cadrer **2** plaire *esto no me cuadra* cela ne me plait pas **3** *pr.* se mettre au garde-à-vous

**cuadratura** *f.* quadrature

**cuadricular** *tr.* quadriller

**cuadrilátero** *m.* quadrilatère

**cuadrilla** *f.* équipe, troupe, bande *un torero con su* ~ un toréador avec son équipe

**cuadro** *m.* tableau, peinture *f.*

**cuajada** *f.* lait caillé *m.*

**cuajado, -a** *adj.* **1** caillé, ée **2** givré, ée *nieve cuajada* neige givrée *fig.* **estar** ~ *de* être plein de, rempli de, parsemé de

**cuajar** *intr.* **1** prendre *la nieve cuaja* la neige tient **2** cailler *la leche cuaja* le lait caille

**cual 1** *pron. rel.* sans article comme, tel que, telle que, tels que, telles que **2** *adv.* comme, tel que *pron. rel. el* ~ lequel *la* ~ laquelle *los cuales* lesquels *las cuales* lesquelles *cada* ~ chacun, e

**cuál** *adj.* -*pron. interrog.* ¿ ~ *de vosotros ?* lequel d'entre vous ?

**cualidad** *f.* qualité

**cualificación** *f.* qualification

**cualificativo** *m.* qualificatif

**cualificativo, -a** *adj.* qualificatif, ive

**cualquiera 1** *adj.* -*pron. indéf.* n'importe quel, n'importe quelle *a cualquier hora* à n'importe quelle heure *cualquier chico* n'importe quel garçon **2** *adj.* quelconque *(change de sens lorsqu'il est devant un substantif)* *es un libro cualquiera* c'est un livre quelconque *apocope en* **cualquier** *devant un substantif*

**cuan** *adv.* combien *(devant un adj. ou un adv.)* **imagínate cuán triste sería que** imagine combien il serait triste que

**cuando** *adv.* quand **cuando estamos en España** quand nous sommes en Espagne *¿* **cuándo vendrás?** quand viendras-tu? **aun** ~ quand bien même **de vez en** ~ de temps en temps

**cuantía** *f.* montant *m.*, importance

**cuántico, -a** *adj.* quantique

**cuantificar** *ntr.* quantifier

**cuantioso, -a** *adj.* considérable, abondant, e

**cuantitativo, -a** *adj.* quantitatif, ive

**cuanto** *adv.* combien *¿* **cuánto vale esto?** combien ça vaut? **tú sabes cuánto te quiero** tu sais combien je t'aime ~ **más, más** plus... plus **cuanto más tiene, más quiere** plus il en a plus il en veut ~ **menos, menos** moins... moins **en** ~ dès que

**cuanto, -a** *adj.* 1 combien *¿* **cuántos libros tienes?** combien de livres as-tu? 2 que de, combien **¡ cuánta gente !** que de monde! **unos cuantos, unas cuantas** quelques-uns, quelques-unes

**cuarenta** *adj.* quarante **me cantó las** ~ il m'a dit mes quatre vérités

**cuarentena** *f.* quarantaine

**cuarentón** 1 *m. -f.* quadragénaire 2 *adj.* quadragénaire

**cuartel** *m.* caserne *f.* **sin** ~ sans merci

**cuartelada** *f.* putsch

**cuartelazo** *m.* putsch

**cuarteto** *m.* quatuor, quatrain

**cuartilla** *f.* feuille de papier

**cuarto** *m.* chambre *f.*, pièce *f.* ~ **de dormir** chambre à coucher *f.* ~ **de baño** salle de bains *f.* ~ **de aseo** cabinet de toilette ~ **trastero** débarras

**cuarto, -a** 1 *adj.* quatrième **es el** ~ c'est le quatrième 2 *m.* quart **la cuarta parte** le quart *m.*

**cuartucho** *m.* taudis

**cuarzo** *m.* quartz

**cuatro** *adj. -s.* quatre

**cuatrocientos** *adj.* quatre cents

**cuba** *f.* tonneau *m.*, cuve, fût *m.* **estar borracho como una** ~ être ivre mort

**cuba libre** *m.* rhum-coca

**cubano, -a** *m. -f.* Cubain, e

**cubano, -a** *adj.* cubain, e

**cubero** *m.* tonnelier **a ojo de buen** ~ à vue de nez

**cubertería** *f.* couverts *m. pl.* ménagère ~ **de plata** ménagère en argent, argenterie

**cubicación** *f.* cubage

**cúbico, -a** *adj.* cubique **metro** ~ mètre cube

**cubierta** *f.* 1 couverture 2 pont *m.* *(de un barco)*

**cubierto** *m.* couvert **a** ~ à couvert

**cubierto, -a** *adj.* couvert, e

**cubilete** *m.* gobelet

**cubismo** *m.* cubisme

**cubito** *m.* glaçon

**cubo** *m.* 1 seau 2 cube ~ **de la basura** seau à ordures, poubelle *f.*

**cubrecama** *m.* couvre-lit

**cubretiestos** *m. invar.* cache-pot

**cubrir** 1 *tr.* couvrir 2 *pr.* se couvrir

**cucaña** *f.* mât de cocagne *m.*

**cucaracha** *f.* cafard *m.*, cancrelat *m.*

**cucarda** *f.* cocarde

**cuclillas (en)** *loc. adv.* accroupi, ie **estar** ~ être accroupi, ie

**cuco, -a** *adj.* 1 malin, igne, rusé, ée 2 mignon, onne

**cuco** *m.* coucou **reloj de** ~ coucou

**cucurucho** *m.* cornet **helado de** ~ glace en cornet ~ **de papel** cornet en papier

**cuchara** *f.* cuiller, cuillère

**cucharada** *f.* cuillerée

**cucharilla** *f.* petite cuillère, cuillère à café

**cucharón** *m.* louche *f.*

**cuchichear** *intr.* chuchoter

**cuchicheo** *m.* chuchotement

**cuchilla** *f.* 1 coutelas 2 lame

**cuchillada** *f.* coup de couteau *m.*, estafilade

**cuchillería** *f.* coutellerie

**cuchillero** *m.* coutellier

**cuchillo** *m.* couteau

**cuchitril** *m.* taudis, bouge

**cuello** *m.* 1 cou **me duele el** ~ j'ai mal au cou 2 col ~ **blanco** col blanc **jersey de** ~ **cisne** pull à col montant

**cuenca** *f.* 1 bassin *m.* **la cuenca mediterránea** le bassin méditerranéen 2 écuelle en bois

**cuenco** *m.* jatte *f.*, plat creux

**cuenta** *f.* **1** compte *m.* **2** compte *m.* ∼ *corriente* compte courant ∼ *bloqueada* compte bloqué ∼ *acreedora* compte créditeur ∼ *de depósito* compte de dépôt ∼ *en descubierto* compte à découvert **3** addition *(en el restaurante etc.) pedir la* ∼ demander l'addition *ajustar cuentas* régler ses comptes *un ajuste de cuentas* un règlement de comptes *borrón y* ∼ *nueva* on passe l'éponge *la* ∼ *atrás* le compte à rebours *las cuentas claras y el chocolate espeso* les bons comptes font les bons amis *en resumidas cuentas* en fin de compte

**cuentacorrentista** *m.* -*f.* titulaire d'un compte courant

**cuentarrevoluciones** *m. invar.* compte-tours

**cuentagotas** *m. invar.* compte-gouttes

**cuentista** *m.* -*f.* baratineur, euse

**cuento** *m.* conte *un* ∼ *de hadas* un conte de fées *tener mucho* ∼ être un baratineur *el* ∼ *de la lechera* Perette et le pot au lait *es el* ∼ *de nunca acabar* c'est une histoire sans fin

**cuerda** *f.* **1** corde **2** ressort *(reloj) dar* ∼ *al reloj* remonter la montre

**cuerdo, -a** *adj.* -*s.* sage

**cuerno** *m.* corne *f.*

**cuero** *m.* cuir ∼ *cabelludo* le cuir chevelu *en cueros* nu, ue comme un ver

**cuerpo** *m.* corps ∼ *diplomático* corps diplomatique *a* ∼ *limpio* à corps perdu *estar a* ∼ *de rey* être comme un coq en pâte *vino de* ∼ vin corsé

**cuervo** *m.* corbeau

**cuesta** *f.* côte *a cuestas* sur le dos *ir* ∼ *arriba* monter la côte *ir* ∼ *abajo* descendre la côte

**cuestión** *f.* question *es* ∼ *de vida o de muerte* c'est une question de vie ou de mort

**cuestionario** *m.* questionnaire

**cueva** *f.* grotte, caverne

**cugulla** *f.* cagoule

**cuidado** **1** *m.* soin *cuidados intensivos* soins intensifs **2** *interj.* attention ! *tener* ∼ faire attention *¡* ∼ *con el perro !* attention au chien ! *ser de mucho* ∼ être terrible, être grave, être dangereux

**cuidadoso, -a** *adj.* soigneux, euse

**cuidar** **1** *tr.* soigner, prendre soin de **2** *pr.* se soigner, prendre soin de, tenir compte de *intr.* ∼ *de* prendre soin de, veiller à

**cuita** *f.* peine, souci *m.*

**culata** *f.* **1** crosse *(de fusil)* **2** culasse *fig. fam. le ha salido el tiro por la* ∼ cela a complètement raté

**culebra** *f.* couleuvre

**culebrón** *m.* série télévisée *f.*

**culinario, -a** *adj.* culinaire

**culminante** *adj.* culminant, e

**culminación** *f.* apogée, *m.*, sommet *m.*, summum *m.*, faîte *m.*

**culminar** *intr.* culminer, aboutir

**culo** *m.* cul *fig. fam. tener* ∼ *de mal asiento* avoir la bougeotte

**culón, -ona** *adj.* fessu, ue

**culpa** *f.* faute

**culpabilidad** *f.* culpabilité

**culpabilizar** **1** *tr.* -*intr.* culpabiliser **2** *pr.* se culpabiliser

**culpable** *adj.* coupable

**culpar** *tr.* inculper, accuser, rendre responsable

**cultivable** *adj.* cultivable

**cultivador** *m.* -*f.* cultivateur, trice

**cultivar** *tr.* cultiver

**cultivo** *m.* culture *f.* ∼ *de los cereales* culture des céréales *caldo de* ∼ bouillon de culture

**culto, -a** *adj.* cultivé, ée *una persona culta* une personne cultivée

**culto** *m.* culte

**cultura** *f.* culture

**cumbre** *f.* sommet *m.* *conferencia en la* ∼ conférence au sommet

**cumpleaños** *m. invar.* anniversaire *¡* ∼ *feliz !* joyeux anniversaire !

**cumplido, -a** *adj.* **1** accompli, ie **2** révolu, ue *tiene 20 años cumplidos* il a 20 ans révolus, il a un peu plus de 20 ans

**cumplido** *m.* compliment, politesse *f.* *por* ∼ par pure politesse *andarse con cumplidos* faire des manières *sin cumplidos* sans manières

**cumplidor, -ora** *adj.* sérieux, euse

**cumplimiento** *m.* accomplissement, exécution *f.*

**cumplir** *tr.* **1** accomplir, faire, exécuter ∼ *una tarea* accomplir une tâche **2** tenir *no* ∼ *su promesa* ne pas tenir sa promesse **3** avoir *hoy cumple 5 años* aujourd'hui il a 5 ans **4** purger ∼ *condena* purger sa peine **5** *intr.* tenir sa parole, s'acquitter de ses obligations ∼ *con sus compromisos* tenir ses engagements **6** *pr.* s'accomplir, se réaliser

**cumulativo, -a** *adj.* cumulatif, ive

**cúmulo** *m.* **1** accumulation *f.*, tas **2** cumulus *(nube)*

**cuna** *f.* berceau *m.* *canción de* ∼ berceuse

**cundir** *intr.* **1** s'étendre, se répandre *cunde la noticia* la nouvelle se répand **2** avancer *su tarea cunde* son travail avance

**cuneta** *f.* fossé *m.*

**cuñada** *f.* belle-sœur

**cuñado** *m.* beau-frère

**cuño** *m.* **1** coin, poinçon *(pour les monnaies)* **2** *fig.* marque *f.*, empreinte *f. de nuevo* ∼ d'un nouveau style

**cuota** *f.* **1** quote-part, cotisation, contingent *m.* **2** charges *(de comunidad)*

**cuplé** *m.* chanson *f.*

**cupo** *m.* contingent *fijar cupos* fixer des contingents ∼ *de importación* contingent d'importation

**cupón** *m.* **1** coupon *rellenar el* ∼ remplir le coupon **2** carte *f.* ∼ *de respuesta* carte-réponse

**cúpula** *f.* coupole

**cura** *m.* curé

**cura** *f.* cure, soin *m.*

**curable** *adj.* curable

**curación** *f.* guérison

**curado, -a** *adj.* **1** guéri, ie **2** endurci, ie **3** affiné *queso curado* fromage affiné *estar* ∼ *de espanto* en avoir vu d'autres *madera curada* bois séché

**curador, ora** *m.* *-f.* conservateur *(musée)*

**curar** *tr.* **1** soigner ∼ *a un herido* soigner un blessé **2** sécher *(la carne, la madera...)* **3** affiner *(el queso)* **4** *intr.* guérir **5** *pr.* se soigner, guérir *fig.* *curarse en salud* ménager ses arrières, prendre ses précautions

**curativo, -a** *adj.* curatif, ive

**curdo, -a** *m.* *-f.* kurde

**curdo, -a** *adj.* curde

**curia** *f.* curie, gens de robe *m. pl.*

**curiosear** *intr.* regarder avec curiosité, fouiner

**curiosidad** *f.* curiosité

**curioso, -a** *adj.* *-s.* curieux, euse

**curling** *m.* curling

**currar** *intr.* bosser, trimer

**currante** *m.* *-f.* bosseur, euse

**currelar** *intr.* bosser, trimer

**curro** *m.* boulot

**currículum vitae** *m.* curriculum vitae

**cursar** *tr.* étudier, faire des études de ∼ *derecho* faire des études de droit

**cursi** *1 m.* snob **2** *adj.* snob, prétentieux, euse, ridicule

**cursillo** *m.* stage

**cursillista** *m.* *-f.* stagiaire

**cursiva** *f.* italique *escribir en* ∼ écrire en italique

**curso** *m.* année scolaire *f.*, année universitaire *f.* *apertura de* ∼ rentrée scolaire *repetir* ∼ redoubler une classe

**cursor** *m.* curseur

**curtido** *m.* tannage

**curtido, -a** *adj.* **1** tanné, ée **2** *fig.* chevronné, ée, expérimenté, ée

**curtidor** *m.* tanneur

**curtir** *tr.* tanner, *fig.* endurcir

**curva** *f.* **1** courbe ∼ *de consumo* courbe de consommation **2** virage *m.* ∼ *peligrosa* virage dangereux

**curvar** **1** *tr.* courber **2** *pr.* se courber

**curvo, -a** *adj.* courbe

**cuscús** *m.* couscous

**cúspide** *f.* sommet *m.*, faîte *m.*

**custodia** *f.* **1** garde *tener la* ∼ *de los niños* avoir la garde des enfants **2** gardiennage *m.*

**custodiar** *tr.* garder, surveiller

**cutáneo, -a** *adj.* cutané, ée

**cutis** *m.* peau *f.* *(de la cara)*

**cutre** *adj.* *-s.* ringard, e

**cuyo, -a** *pron. rel.* **1** dont le, dont la, dont les *el libro* ∼ *capítulo* le livre dont le chapitre *la casa cuya chimenea* la maison dont la cheminée *la casa cuyas ventanas* la maison dont les fenêtres **2** de qui, duquel, de laquelle... *el amigo con* ∼ *padre viajo* l'ami avec le père duquel je voyage

**czar** *m.* tsar

# CH

**ch** *f.* groupe de consonnes qui est considéré en espagnol comme la quatrième lettre de l'alphabet

**chabacanada** *f.* vulgarité, grossièreté

**chabacanamente** *adv.* vulgairement

**chabacano, -a** *adj.* vulgaire, ordinaire, quelconque, grossier, ière

**chabola** *f.* cabane, *f. pl.* bidonville *m. sing.*

**chabolismo** *m.* bidonvilles *pl.* **el ~ aumenta** les bidonvilles augmentent

**chacal** *m.* chacal

**chacalín** *m. amer.* crevette *f.*

**chácara** *f. amer.* ferme

**chacarero, -a** *adj. -s. amer.* fermier, ière, paysan, anne

**chacó** *m.* shako

**chacina** *f.* charcuterie

**chacolí** *m.* chacoli *(vino vasco)*

**chacota** *f.* plaisanterie

**chacotear** *intr.* plaisanter

**chacra** *f. amer.* ferme, petite exploitation agricole

**chacha** *f. fam.* bonne, boniche, bonniche

**cháchara** *f.* bavardage *m.*, verbiage *m.*

**chacharear** *intr. fam.* papoter

**chafallar** *tr. fam.* bâcler, saboter

**chafar** *tr.* 1 écraser, aplatir 2 froisser, chiffonner

**chafe** *m. amer.* flic

**chaflán** *m.* coin **la tienda que hace chaflán** le magasin qui fait le coin

**chagra** 1 *m. amer.* paysan, -anne 2 *f. amer.* ferme

**chaise longue** *f.* méridienne

**chal** *m.* châle

**chalado, -a** *adj.* fou, folle, dingue, cinglé, ée **está ~ por ella** il est fou d'elle

**chaladura** *f.* folie, excentricité

**chalán** *m.* maquignon, *amer.* dresseur de chevaux

**chalana** *f.* péniche, gabarre

**chalanear** *tr.* maquignonner, *amer.* dompter, dresser les chevaux

**chalaneo** *m.* maquignonnage

**chalar** *tr.* affoler *pr.* **chalarse por** s'éprendre de

**chalé** ou **chalet** *m.* pavillon, villa *f.* **~ adosado** pavillon jumelé

**chaleco** *m.* gilet **~ antibalas** gilet pare-balles

**chalina** *f.* lavallière

**chalote** *f.* échalote

**chaludo, -a** *adj. fam. amer.* argenté, ée

**chalupa** *f.* chaloupe, *amer.* gâteau de maïs *m.*

**challenger** *m.* challenger

**chama** *f. pop.* troc

**chamar** *tr.* troquer

**chamaco** *m. amer.* garçon

**chamagoso, -a** *adj. amer.* négligé, ée, crasseux, euse, vulgaire

**chamal** *m. amer.* couverture, cape

**chamán** *m.* chamane

**chamanto** *m. amer.* poncho

**chámara** *f.* flambée

**chamarileo** *m.* brocante *f.*

**chamarilero** *m.* brocanteur

**chamarra** *f.* pelisse

**chamarro** *m. amer.* couverture *f.*

**chamba** *f. fam.* chance, veine, bol *m.*

**chambelán** *m.* chambellan

**chambergo** *m.* chapeau à large bord

**chambón, ona** *adj.* veinard, e

**chambrana** *f.* chambranle, *amer.* tapage, chahut

**chamicado, -a** *adj. amer.* taciturne

**champán** *m.* champagne

**champaña** *m.* champagne

**champañera** *f.* seau à champagne *m.*

**champiñón** *m.* champignon *(de París)*

**champú** *m.* shampooing

**chamuscar** *tr.* flamber, roussir

**chamusquina** *f.* roussi *m.* **huele a ~** ça sent le roussi

**chance** *m. amer.* chance *f.*, occasion *f.*

**chancear** *intr.* plaisanter

**chancero, -a** *adj. -s.* blagueur, euse

**chanciller** *m.* chancelier

**chancillería** *f.* chancellerie

**chancla** *f.* pantoufle, mule, savate

**chancleta** *f.* sandale, nu-pied *m.*

**chancletear** *intr.* traîner ses savates

**chanclo** *m.* socque, sabot

**chanco** *m. MED.* chancre

**chancha** *f. amer.* truie, *fig.* souillon

**chanchada** *f. amer.* vacherie

**chanchería** *f. amer.* charcuterie

**chanchero, -a** *m. -f. amer.* charcutier, ière

**chancho, -a** *adj. amer.* sale

**chancho** *m. amer.* porc

**chanchullero, -a** *adj. -s.* magouilleur, euse, combinard, e

**chanchullo** *m.* magouille *f.*, combine *f.*

**chandal** *m.* survêtement

**chanelar** *intr. fam.* piger

**chantaje** *m.* chantage

**chantajista** *m.* maître chanteur

**chanza** *f.* plaisanterie *entre chanzas y veras* mi-figue, mi-raisin

**chantillí** ou **chantilly** *f.* chantilly *(nata)*, dentelle de Chantilly

**chapa** *f.* **1** plaque, tôle **2** capsule *(botella)* **3** badge, pin's **4** *amer.* serrure

**chapado, -a** *adj.* plaqué, ée ∼ *de oro* plaqué or *fig.* *chapado a la antigua* vieux jeu

**chapalear** *intr.* barboter, patauger

**chapaleta** *f.* clapet *m.*

**chapapote** *m. amer.* bitume

**chapar** *tr.* plaquer

**chaparrón** *m.* averse *f.* *está cayendo un* ∼ il pleut à verse

**chapeado, -a 1** *adj.* plaqué, ée **2** *m.* placage

**chapear** *tr.* plaquer

**chapería** *f. TÉCN.* placage *m.*

**chapista** *m.* **1** tôlier **2** collectionneur de pin's

**chapistería** *f.* atelier *ou* activité de tôlerie

**chapitel** *m. ARQ.* chapiteau

**chapopote** *m. amer.* bitume, asphalte

**chapotear** *intr.* patauger, barboter

**chapuceado, -a** *adj.* bâclé, ée

**chapucear** *tr.* bâcler, bricoler

**chapucería** *f.* bâclage *m.*, travail bâclé *m.*, bricolage *m.*

**chapucero, -a** *m. -f.* bricoleur, euse *es un chico* ∼ c'est un garçon qui bâcle son travail

**chapurrear** *tr.* baragouiner

**chapuza** *f.* rafistolage *m.*, bricole, bricolage *m.*, travail mal fait *m.*

**chapuzar 1** *tr. -intr.* plonger **2** *pr.* se baigner

**chapuzón** *m.* plongeon *darse un* ∼ faire trempette, se baigner

**chaqué** *m.* jaquette *f.*

**chaqueta** *f.* veste, veston *m.*, blazer *m.* *traje de* ∼ tailleur *cambiar la* ∼ *fig.* retourner sa veste

**chaquetear** *intr. fig.* retourner sa veste, tourner casaque

**chaquetilla** *f.* veste courte, spencer *m.*

**chaquetón** *m.* veste *f.*, manteau trois-quarts

**charada** *f.* charade

**charango** *m. amer.* petite guitare

**charca** *f.* mare

**charco** *m.* flaque *f.*

**charcutería** *f.* charcuterie

**charcutero, -a** *m. -f.* charcutier, ière

**charla** *f.* bavardage *m.*, causerie

**charlador, -ora** *adj. -s.* bavard, e

**charlar** *intr.* bavarder, jaser comme une pie

**charlatán** *m.* charlatan, camelot

**charlatán, ana** *adj.* bavard, e

**charlatanería** *f.* charlatanerie

**charlatanismo** *m.* charlatanisme

**charol** *m.* vernis noir, vernis *(cuero)* *zapatos de* ∼ chaussures vernies

**charolar** *tr.* vernir le cuir

**charquear** *tr. amer.* boucaner la viande

**charqui** *m. amer.* viande boucanée *f.*

**chárter** *m.* charter *vuelo* ∼ vol charter

**charrada** *f.* balourdise

**charrán** *m.* mufle

**charranería** *f.* muflerie

**charro, -a 1** *adj. -s.* paysan, anne de Salamanque **2** *m.* cavalier *(México)*, chapeau à large bord

**chascar 1** *tr.* claquer *(lengua)* **2** *intr.* craquer *(madera)*

**chascarrillo** *m.* plaisanterie *f.*, calembour

**chasco** *m.* moquerie *f.*, tour, déception *f.* *llevarse un* ∼ éprouver une déception *dar un* ∼ causer une déception

**chasis** *m.* châssis

**chasquear 1** *tr.* jouer des tours, duper, faire claquer *(lengua)* **2** *intr.*

craquer *(madera)* **2** *pr.* avoir une déception

**chasquido** *m.* claquement, craquement

**chatarra** *f.* ferraille, ferblanterie

**chatarrero** *m.* ferrailleur

**chatear** *intr. fam.* prendre un pot, un verre

**chateo** *m.* faire la tournée des bistrots

**chato, -a 1** *adj.* camus, e *nariz chata* nez camus **2** *m.* verre, ballon de vin *barco* ~ bateau plat

**chatón** *m.* chaton *(sortija)*

**chauvinismo** *m.* chauvinisme

**chauvinista** *adj. -s.* chauvin, e

**chaval** *m. fam.* gosse, gamin, gars

**chavala** *f.* gosse, gamine

**chaveta** *f. TÉCN.* clavette *fig. fam. perder la* ~ perdre la boule

**checo, -a** *adj. -s.* tchèque

**checoslovaco, -a** *adj. -s.* tchécoslovaque

**Checoslovaquia** *n. pr. f.* Tchécoslovaquie

**chelín** *m.* shilling

**cheque** *m.* chèque ~ *al portador* chèque au porteur ~ *cruzado* chèque barré ~ *en blanco* chèque en blanc ~ *confirmado* chèque certifié ~ *descubierto,* ~ *sin fondos* chèque sans provision ~ *de viaje* chèque de voyage ~ *con fecha adelantada* chèque antidaté ~ *postdatado* chèque postdaté *talonario de cheques* m. chéquier *extender un* ~ faire un chèque *cancelar un* ~ annuler un chèque, faire opposition

**chequear** *tr.* **1** faire un bilan de santé, faire un check-up **2** *amer.* faire un chèque **3** contrôler, inspecter, fouiller ~ *el equipaje* enregistrer les bagages *(aeropuerto)*

**chequeo** *m.* **1** bilan de santé, check-up **2** contrôle, fouille *f.,* vérification *f.*

**chequero** *m. amer.* chéquier

**chéster** *m.* chester

**cheviot** *m.* cheviotte *f.*

**chica** *f.* jeune fille, fille

**chicana** *f. amer.* chicanerie

**chicano** *m.* Mexicain émigré aux États-Unis

**chicle** *m.* chewing-gum

**chicler** *m.* gicleur

**chico** *m.* garçon, enfant

**chico, -a** *adj.* petit, e

**chicoria** *f.* chicorée

**chicote** *m. fam.* grand garçon

**chicuelo, -a** *m. -f.* gamin, e, gosse

**chicha** *f. amer.* chicha *(bebida) la calma* ~ le calme plat *ni* ~ *ni limonada* ni chair, ni poisson

**chicharra** *f.* cigale *fam. hablar como una* ~ être un moulin à paroles

**chicharrón** *m.* rillons *m. pl.*

**chiche** *m. amer.* babiole *f.,* joujou

**chichón** *m.* bosse *f. (en la cabeza)*

**chiflado, -a** *adj. -s. fam.* cinglé, ée, maboul, e *está* ~ il est cinglé, il travaille du chapeau *estar* ~ *por* être mordu de, raffoler de

**chifladura** *f. fam.* toquade, engouement *m.,* caprice *m.,* manie

**chiflar 1** *tr.* siffler, huer *(actor)* **2** *intr.* adorer, être fou, folle de *esta moto me chifla* j'adore cette moto *pr.* **chiflarse** *por* se toquer de, s'éprendre de, raffoler de

**chiita** *adj. -s.* chiite

**chilaba** *f.* djellaba

**chile** *m.* piment

**Chile** *n. pr. m.* Chili

**chileno, -a** *adj. -s.* chilien, ienne

**chillar** *intr.* crier, pousser des cris

**chillido** *m.* cri aigu, perçant

**chillón, ona** *adj. -s.* criard, e, braillard, e *un color* ~ une couleur criarde

**chimenea** *f.* cheminée

**chimpancé** *m.* chimpanzé

**china** *f.* **1** petit caillou *m.* **2** porcelaine *echar chinas ou echar a la china* tirer à la courte paille *poner chinas* mettre des bâtons dans les roues *tocarle a uno la* ~ être désigné par le sort

**China** *n. pr. f.* Chine

**chincha** *f. amer.* punaise

**chinche** *f.* punaise

**chincheta** *f.* punaise

**chinchilla** *f.* chinchilla *m.*

**chinchín** *m.* **1** *fam.* flonflon **2** *amer.* bruine *f.*

**chinchorrería** *f.* impertinence

**chiné** *adj.* chiné, ée *(tejido)*

**chinela** *f.* mule *(zapatilla)*

**chinesco, -a** *adj.* chinois, e *sombras chinescas* ombres chinoises

**chino, -a** *adj.* *-s.* **1** chinois, e **2** *amer.* métis, isse, indien, ienne *es un cuento* ~ c'est une histoire à dormir debout *sonar a* ~ être de l'hébreu *engañar a alguien como a un* ~ tromper quelqu'un, rouler quelqu'un dans la farine

**chip** *m.* puce *f.* *(electrónica)*

**chipirón** *m.* calmar, encornet

**Chipre** *n. pr.* Chypre

**chipriota** *adj.* *-s.* chypriote

**chiquero** *m.* **1** *TAUROM.* toril **2** *amer.* étable

**chiquillada** *f.* gaminerie, enfantillage *m.*

**chiquillo, -a** *m.* *-f.* gamin, e, gosse

**chiquito, -a** **1** *adj.* petit, e, tout petit, toute petite **2** *m.* *-f.* petit, e, gosse, gamin, e *no andarse con chiquitas* ne pas y aller de main morte

**chiribita** *f.* étincelle

**chirigota** *f.* plaisanterie *fam.* *a* ~ à la rigolade

**chirimbolo** *m.* *fam.* truc, machin

**chirimía** *f.* *MÚS.* chalumeau *m.*, flageolet *m.*

**chirimoya** *f.* anone *(fruta del chirimoyo)*

**chirlo** *m.* balafre *f.*

**chirona** *f.* *fam.* tôle, prison *estar en* ~ être en tôle

**chiringuito** *m.* buvette *f.*, guinguette *f.*, débit de boissons, caboulot

**chirriar** *intr.* grincer

**chirrido** *m.* grincement, crépitement, grésillement

**¡ chis !** *interj.* chut !

**chisgarabís** *m.* *fam.* freluquet, gringalet

**chisme** *m.* **1** cancan, potin, commérage **2** truc, machin, chose *f.*

**chismorrear** *intr.* cancaner

**chismorreo** *m.* cancans *pl.*, commérage

**chismoso, -a** *adj.* *-s.* cancannier, ière

**chispa** *f.* étincelle *echar chispas* jeter des étincelles, être furieux

**chispazo** *m.* étincelle *f.*, brûlure *f.*

**chispeante** *adj.* étincellant, e, pétillant, e

**chisporrotear** *intr.* crépiter, pétiller, jeter des étincelles

**chisporroteo** *m.* crépitement, pétillement, grésillement

**chistar** *intr.* parler, répliquer, ouvrir la bouche *sin* ~ sans broncher

**chiste** *m.* plaisanterie *f.*, histoire drôle *f.*, blague *f.* ~ *verde* plaisanterie grivoise *no le veo el* ~ je ne vois pas ce qu'il y a de drôle

**chistera** *f.* **1** chapeau haut de forme **2** chistera *(pelote basque)*

**chistoso, -a** *adj.* drôle

**chita** *f.* **1** *ANAT.* astragale **2** palet *(juego)* *a la* ~ *callando* en douce, en tapinois, à pas de loup, sans tambour ni trompette

**¡ chitón !** *interj.* chut !

**chivarse** *pr.* moucharder, rapporter

**chivatazo** *m.* mouchardage

**chivato** *m.* **1** mouchard, e, délateur, trice, donneur, euse **2** judas *(puerta)* **3** chevreau

**chivo, -a** *m.* *-f.* cabri *m.*, chevreau *m.*, chevrette *f.* *el* ~ *expiatorio* le bouc-émissaire

**chocante** *adj.* choquant, e

**chocar** *intr.* heurter, *fig.* choquer ~ *de frente* heurter de plein fouet

**chocarrero, -a** **1** *adj.* grossier, ière **2** *m.* *-f.* blagueur, euse

**choclo** *m.* **1** sabot **2** *amer.* épi de maïs tendre

**choco** *m.* petite seiche *f.*

**chocolate** *m.* chocolat, *fig.* haschich *pastilla de* ~ barre de chocolat *las cosas claras y el* ~ *espeso* soyons clairs

**chocolatera** *f.* chocolatière

**chocolatería** *f.* chocolaterie

**chochear** *intr.* radoter

**chochera** OU **chochez** *f.* radotage *m.*

**chocho, -a** *adj.* gâteux, euse, radoteur, euse *fig.* *estar* ~ *por* raffoler de

**chófer** *m.* chauffeur, conducteur

**cholo, -a** *adj.* *-s.* *amer.* métis, isse

**chollo** *m.* *fam.* aubaine *f.*

**chonguear** *intr.* *amer.* plaisanter

**chopera** *f.* peupleraie, plantation de peupliers

**chopo** *m.* peuplier

**choque** *m.* choc, heurt, collision *f.* ~ *de frente* télescopage

**choricería** *f.* charcuterie

**chorizo** *m.* **1** chorizo **2** *fig.* voyou, loubard **3** *amer.* faux-filet

**chorlito** *m.* linotte *f. cabeza de* ~ tête de linotte

**chorrada** *f. fam.* bêtise

**chorrear** *intr.* couler, dégouliner, ruisseler

**chorreo** *m.* écoulement, flot

**chorrillo** *m.* filet *(de líquido)*

**chorro** *m.* **1** jet *(líquido)*, flot *(luz)* **2** *fig.* pluie *beber a* ~ boire à la régalade *soltar el* ~ éclater de rire

**choteo** *m. fam.* moquerie *f.*, rigolade *f.*

**chotis** *m.* chotis *(baile popular de Madrid) marcar un* ~ danser un chotis

**choza** *f.* cabane, hutte, chaumière

**christmas** *m.* carte de vœux *f. (Navidad)*

**chubasco** *m.* averse *f.*

**chubasquero** *m.* coupe-vent *(impermeable)*

**chuchería** *f.* babiole, sucrerie

**chucho** *m. fam.* toutou

**chufa** *f. BOT.* souchet *m. horchata de* ~ orgeat *m.*

**chulada** *f.* **1** désinvolture, aplomb *m.* **2** grossièreté *hacer chuladas* crâner

**chulería** *f.* crânerie, bravade

**chuleta** *f.* côtelette, *fig.* antisèche *(en los exámenes)*

**chulo, -a** **1** *adj.* effronté, ée, désinvolte **2** *m.* souteneur, gigolo, *TAUROM.* valet

**chumbera** *f. BOT.* figuier de Barbarie

**chumbo, a** *adj. higo* ~ figue de Barbarie *higuera chumba* figuier de Barbarie

**chunga** *f. fam.* plaisanterie

**chupa** *f. amer., fam.* **1** cuite **2** *fam.* blouson *m. poner a alguien como* ~ *de dómine* mettre quelqu'un plus bas que terre

**chupada** *f.* succion, bouffée *(de tabaco) dar una* ~ tirer une bouffée

**chupado, -a** *adj.* maigre, émacié, ée *fig. esto está* ~ c'est l'enfance de l'art, c'est simple comme bonjour

**chupar** **1** *tr.* sucer, absorber, boire **2** *pr.* lécher, se lécher *chuparse los dedos* se lécher les doigts, les babines *chuparse el dedo* sucer son pouce *interj. ¡ chúpate esa !* avale ça !, prends ça !

**chupatintas** *m.* scribouillard, rond-de-cuir, gratte-papier

**chupete** *m.* tétine *f.*, sucette *f.*

**churrasco** *m.* grillade, steack grillé

**churrería** *f.* boutique de beignets

**churrigueresco, -a** *adj. ARQ.* churriguéresque *(estilo)*, rococo

**churro** *m.* sorte de beignet allongé *fig. ¡ vete a freír churros !* va te faire cuire un œuf !

**chuscada** *f.* plaisanterie, facétie

**chusma** *f.* populace, racaille, canaille, chiourme

**chut** *m.* shoot *(fútbol)*

**chuta** *f. fam.* shooteuse *(jeringuilla para la droga)*

**chutar** **1** *intr.* shooter *(fútbol)* **2** *pr.* se shooter *(droga)*

**chute** *m.* shoot *(heroína)*

**chuzo** *m.* pique *f.*, bâton *llover a chuzos* pleuvoir à verse

# D

**d** *f.* d *m.*

**dactilar** *adj.* digital, ale *huellas dactilares* empreintes digitales

**dádiva** *f.* don *m.*, présent *m.*

**dadivosidad** *f.* générosité

**dadivoso, -a** *adj.* généreux, euse

**dado** *m.* dé ~ *falso* dé pipé

**dado, -a** *adj.* **1** donné, ée **2** porté, ée, enclin, e *ser* ~ *a* être enclin à ~ *al vino* porté sur le vin ~ *que* étant donné que

**dalia** *f.* dahlia *m.*

**daltoniano, -a** *adj.* daltonien, ienne

**daltonismo** *m.* daltonisme

**dama** *f.* dame *juego de damas* jeu de dames *la final damas* la finale dames *(tenis, etc.)*

**damajuana** *f.* dame-jeanne

**damnificado, -a** *adj.* sinistré, ée

**damnificar** *tr.* endommager

**danés, -esa** *adj.* -s. danois, e

**danza** *f.* danse

**dañable** *adj.* nuisible

**dañar** *tr.* endommager, nuire à

**daño** *m.* **1** mal *hacer* ~ faire mal *ou* faire du mal **2** dommage, préjudice **3** tort, dégât *daños y perjuicios* dommages et intérêts

**dar** *tr.* **1** donner ~ *de comer* donner à manger **2** déclarer, tenir, considérer *lo da por terminado* il le considère comme terminé **3** faire ~ *un paseo* faire une promenade ~ *una vuelta* faire un tour ~ *la vuelta a* faire le tour de ~ *risa* faire rire ~ *miedo* faire peur ~ *vergüenza* faire honte **4** sonner *dan las seis* six heures sonnent **5** *pr.* se mettre à, s'adonner à *darse a la bebida* s'adonner à la boisson ~ *que hablar* faire parler de soi ~ *un resbalón* faire une glissade, glisser ~ *con* rencontrer, trouver ~ *a* donner sur ~ *en* comprendre ~ *en el clavo* mettre le doigt dessus ~ *por* avoir l'envie de *le dio por subirse al árbol* il lui prit l'envie de grimper à l'arbre ~ *a entender* faire comprendre ~ *a conocer* faire connaître *me da lo mismo* ça m'est égal *darse por aludido* se sentir visé *darse por satisfecho* s'estimer satisfait *darse cuenta de* se rendre compte de ~ *de baja* donner un congé maladie, un arrêt de travail ~ *de alta* reprendre le travail

**dardo** *m.* dard

**dares y tomares** *m. pl.* sommes données et reçues *f. pl. andar en* ~ avoir des démêlés

**dársena** *f.* bassin *m.*, dock *m.*

**data** *f.* actif d'un compte *m.*

**dátil** *m.* datte *f.*

**dato** *m.* donnée *f. banco de datos* banque de données *proceso de datos* traitement de données

**de** *prép.* **1** *el libro* ~ *Pedro* le livre de Pierre *vuelvo* ~ *Francia* je reviens de France *soy* ~ *Madrid* je suis de Madrid *el banco* ~ *piedra* le banc de pierre **2** *en una cesta* ~ *mimbre* un panier en osier *máquina* ~ *coser* une machine à coudre *la señora del abanico* la dame à l'éventail *el chico* ~ *ojos claros* le garçon aux yeux clairs *coger* ~ *la mano* prendre par la main *colgar* ~ *una percha* suspendre à un portemanteau *estar* ~ être, exercer la fonction de *está* ~ *profesor en Madrid* il est professeur à Madrid *hacer* ~ faire le, jouer le rôle de *tirar* ~ tirer *tirar* ~ *una cuerda* tirer une corde

**debajo** *adv.* dessous ~ *de* sous, au-dessous de

**debate** *m.* débat

**debatible** *adj.* discutable, à débattre

**debatir** *intr.* débattre

**debe** *m.* débit *el* ~ *y el haber* l'actif et le passif *cargar al* ~ porter au débit

**deber** *m.* devoir

**deber** *tr.* devoir *me debe dinero* il me doit de l'argent *debes hacerlo* tu dois le faire ~ *de* devoir *(probabilidad) debe de haber llegado* il doit être arrivé

**debidamente** *adv.* dûment, convenablement, comme il se doit

**débil** *adj.* -s. faible

**debilidad** *f.* faiblesse

**debilitación** *f.* **1** affaiblissement *m.* **2** tassement *m.*, repli *m. (Bolsa)*

**debilitar** **1** *tr.* affaiblir **2** *pr.* s'affaiblir, faiblir

**debitar** *tr.* amér. débiter

**débito** *m.* débit, dette *f.*

**debut** *m.* débuts *m. pl. (de un artista)*

**década** *f.* décade, décennie

**decadencia** *f.* décadence

**decadente** *adj.* décadent, e

**decaer** *intr.* déchoir, décliner, s'affaiblir

**decaído, -a** *adj.* affaibli, ie, abattu, ue, déchu, ue

**decaimiento** *m.* décadence *f.*, abattement

**decano, -a** *m.* -*f.* doyen, enne

**decantar** *tr.* décanter

**decapar** *tr.* décaper

**decapitar** *tr.* décapiter

**decatlón** *m.* décathlon

**decelerador** *m.* ralentisseur

**decena** *f.* dizaine

**decenal** *adj.* décennal, ale

**decencia** *f.* décence

**decente** *adj.* décent, e, convenable, honnête

**decepción** *f.* déception

**decepcionar** *tr.* décevoir, désappointer

**decibel** ou **decibelio** *m.* décibel

**decididamente** *adv.* résolument

**decidir 1** *tr.* décider, décider de **2** *pr.* se décider

**decimal** *adj.* décimal, ale

**décimo, -a 1** *adj.* dixième **2** *m.* dixième *(de un billete de loteria)*

**decir** *m.* dire *es un ~* c'est une façon de parler

**decir** *tr.* dire *~ por lo bajo* dire tout bas *dicho y hecho* aussitôt dit, aussitôt fait *lo dicho, dicho* ce qui est dit est dit *el qué dirán* le qu'en-dira-t-on *ni que decir tiene* cela va sans dire

**decisión** *f.* décision

**decisivo, -a** *adj.* décisif, ive

**decisorio, -a** *adj.* DER. décisoire *poder ~* pouvoir de décision

**declaración** *f.* déclaration *~ de la renta* déclaration de revenus *~ de quiebra* dépôt de bilan

**declarar 1** *tr.* déclarer **2** *pr.* se déclarer *declararse en quiebra* déposer le bilan *declararse en huelga* se mettre en grève

**declinar** *intr.* décliner, baisser

**declive** *m.* inclinaison *f.*, pente *f.*, *en ~* en pente, *fig.* en déclin

**decodificador** *m.* décodeur

**decomisar** *tr.* saisir, confisquer

**decomiso** *m.* saisie *f.*

**decoración** *f.* décoration

**decorador, -ora** *m.* -*f.* décorateur, trice *~ de escaparate* étalagiste

**decorar** *tr.* décorer

**decorativo, -a** *adj.* décoratif, ive

**decoro** *m.* décorum, respect, convenance *f.*

**decrecer** *intr.* décroître

**decrépito, -a** *adj.* décrépit, e

**decretar** *tr.* décréter

**decreto** *m.* décret

**dechado** *m.* modèle, exemple

**dedal** *m.* dé à coudre

**dédalo** *m.* dédale

**dedicación** *f.* attachement *m.*, acharnement *m. (al trabajo)*, dévouement *m.*, ardeur

**dedicar** *tr.* dédier, consacrer, dédicacer *pr.* dedicarse a se consacrer à, s'occuper de

**dedicatoria** *f.* dédicace

**dedillo** *m.* petit doigt *saber al ~* savoir sur le bout du doigt

**dedo** *m.* doigt *el ~ meñique* le petit doigt *~ gordo* pouce *~ del pie* orteil *~ índice* index

**deducción** *f.* déduction *~ del salario* retenue sur le salaire

**deducir** *tr.* déduire *~ del salario* retenir sur le salaire

**defección** *f.* défection

**defecto** *m.* défaut

**defender** *tr.* défendre

**defendible** *adj.* défendable

**defensa** *f.* défense *en ~ mía* à mon corps défendant

**defensiva** *f.* défensive

**defensor** *m.* défenseur *~ del pueblo* médiateur

**deferir 1** *tr.* DER. déférer **2** *intr.* s'en remettre à

**deficiencia** *f.* déficience, défaut *m.*

**deficiente** *adj.* déficient, e *~ profundo* débile profond *~ mental* débile mental

**déficit** *m.* déficit

**definición** *f.* définition

**definir** *tr.* définir

**definitivo, -a** *adj.* définitif, ive *en definitiva* en définitive

**deflación** *f.* déflation

**deflagración** *f.* déflagration

**deformación** *f.* déformation

**deformar 1** *tr.* déformer **2** *pr.* se déformer

**deforme** *adj.* difforme

**defraudar** *tr.* frauder, décevoir, trahir

**defunción** *f.* décès *esquela de* ~ faire-part de décès

**degeneración** *f.* dégénérescence

**degenerar** *intr.* dégénérer

**degollar** *tr.* égorger, *fig.* ruiner

**degradante** *adj.* dégradant, e

**degradar** *tr.* dégrader

**degüello** *m.* égorgement

**dehesa** *f.* pâturage, *m.*

**deificar** *tr.* diviniser

**dejadez** *f.* négligence, laisser-aller *m.*

**dejado, -a** *adj.* négligent, e

**dejar** *tr.* 1 laisser ~ *el paso libre* laisser le passage ~ *en paz* laisser tranquille 2 quitter, abandonner 3 *pr.* se laisser ~ *que* laisser, permettre ~ *que desear* laisser à désirer ~ *de* cesser de *no* ~ *de* ne pas manquer de, ne pas oublier de *dejarse de* arrêter de

**deje** *m.* accent, intonation *f.*

**del** *art.* *(contraction de* de + el*)* la *situación* ~ *país* la situation du pays

**delación** *f.* délation

**delantal** *m.* tablier

**delantera** *f.* devant *m.* *tomar la* ~ prendre les devants

**delantero, -a** 1 *adj.* qui est situé, ée devant 2 *m.* avant ~ *centro* avant centre

**delatar** *tr.* dénoncer

**delegación** *f.* délégation

**delegado, -a** *adj.* *-s.* délégué, ée

**delegar** *tr.* déléguer, mandater

**deleite** *m.* plaisir, délice

**deletrear** *tr.* épeler

**deleznable** *adj.* friable, fragile, instable, *fig.* horrible, détestable

**delfín** *m.* dauphin

**delgadez** *f.* maigreur, minceur

**delgado, -a** *adj.* mince, maigre

**delgaducho, -a** *adj.* maigrichon, onne

**deliberación** *f.* délibération

**deliberar** *intr.* délibérer

**delicadeza** *f.* délicatesse

**delicado, -a** *adj.* délicat *persona delicada* personne fragile

**delicia** *f.* délice

**delictivo, -a** *adj.* délictueux, euse *asociación delictiva* association de malfaiteurs

**delimitar** *tr.* délimiter

**delincuencia** *f.* délinquance

**delincuente** *adj.* *-s.* délinquant, e

**delinquir** *intr.* commettre un délit

**delineante** *m.* dessinateur industriel

**delinear** *tr.* dessiner des plans

**delirante** *adj.* délirant, e, en délire

**delirar** *intr.* délirer

**delirio** *m.* délire

**delito** *m.* délit ~ *de fuga* délit de fuite ~ *flagrante* flagrant délit

**delta** *m.* delta

**demacrado, -a** *adj.* émacié, ée

**demagogia** *f.* démagogie

**demagogo** *m.* démagogue

**demanda** *f.* 1 demande *la ley de la oferta y la* ~ la loi de l'offre et de la demande 2 quête *ir en* ~ *de* aller en quête de

**demandante** *m.* *-f.* demandeur, eresse *abogado* ~ avocat plaidant ~ *de empleo* demandeur d'emploi

**demarcación** *f.* démarcation, territoire *m.*

**demás** *adj.* *-pron. ind.* autres *pl. los* ~ les autres *lo* ~ le reste *por lo* ~ d'ailleurs *todo lo* ~ tout le reste

**demasiado, -a** 1 *adj.* trop de *demasiada paciencia* trop de patience *demasiados libros* trop de livres 2 *adv.* trop

**demente** *adj.* *-s.* dément, e

**democracia** *f.* démocratie

**demócrata** *adj.* *-s.* démocrate

**democrático, -a** *adj.* démocratique

**democristiano, -a** *adj.* *-s.* démocrate-chrétien, enne

**demografía** *f.* démographie

**demográfico, -a** *adj.* démographique

**demonio** *m.* démon, diable *ser el mismísimo* ~ être le diable en personne

**demora** *f.* délai *m.*, retard *m.*, attente

**demorar** *tr.* retarder, différer

**demostración** *f.* démonstration

**demostrar** *tr.* démontrer, montrer, prouver

**demostrativo, -a** *adj.* démonstratif, ive

**denegación** *f.* 1 dénégation 2 *DER.* débouté ~ *de auxilio* non-assistance à personne en danger

**denegar** *tr.* 1 dénier, refuser 2 *DER.* débouter

**denigrar** *tr.* dénigrer

**denodado, -a** *adj.* courageux, euse

**denominación** f. dénomination, appellation *(vino)* ∼ *de origen* appellation contrôlée

**densidad** f. densité

**denso, -a** adj. dense

**dentado, -a 1** adj. denté, ée, dentelé, ée **2** m. dents f. pl. *(de un sello)*

**dentadura** f. dentition ∼ *postiza* dentier m.

**dental** adj. dentaire *crema* ∼ dentifrice

**dentera** f. agacement m. *(en los dientes)*

**dentífrico, -a** adj. dentifrice

**dentista** m. dentiste

**dentro** adv. dans, dedans ∼ *del cajón* dans le tiroir ∼ *de* dedans

**denuncia** f. dénonciation, plainte *presentar una* ∼ porter plainte

**denunciar** tr. dénoncer, porter plainte

**deontología** f. déontologie

**deparar** tr. procurer, accorder, présenter, offrir

**departamento** m. **1** département **2** service *(administración)* **3** rayon *(almacén)* **4** compartiment *(tren)* **5** *amer.* appartement

**dependencia** f. dépendance

**depender** intr. dépendre

**dependienta** f. vendeuse, employée

**dependiente 1** m. vendeur, employé **2** adj. dépendant, e

**depilación** f. épilation

**depilar** tr. épiler

**deplorable** adj. déplorable

**deponer 1** tr. déposer, poser **2** intr. déposer, faire une déposition

**deportación** f. déportation

**deportar** tr. déporter

**deporte** m. sport

**deportismo** m. pratique du sport

**deportista** adj. -s. sportif, ive

**deportivo, -a 1** adj. sportif, ive **2** m. voiture de sport f. *coche* ∼ voiture de sport

**depositar** tr. déposer

**depósito** m. **1** dépôt, réservoir *(para líquidos)* **2** dépôt, entrepôt, réserves f. pl. ∼ *de equipaje* consigne f. *(en una estación)*

**depravar** tr. dépraver

**depreciación** f. dépréciation, dévalorisation

**depreciar** tr. déprécier

**depresión** f. dépression

**depresivo, -a** adj. dépressif, ive

**deprimente** adj. déprimant, e

**deprimir** tr. déprimer

**depuración** f. épuration, dépuration

**depurador, -ora** adj. épurateur, trice, dépurateur, trice

**depurar** tr. dépurer, épurer

**derecha** f. droite *a la* ∼ à droite *a mano* ∼ à droite *partido de derechas* parti de droite *ser de derechas* être de droite

**derechista** adj. -s. de droite *(politique)*

**derecho 1** m. droit ∼ *de rescisión* droit de résiliation *¿ con qué* ∼*?* de quel droit? ∼ *constitucional* droit constitutionnel ∼ *penal* droit pénal ∼ *de tanteo* droit de préemption **2** adv. droit *los Derechos humanos* les droits de l'homme

**derecho, -a** adj. droit, e *un hombre hecho y* ∼ un homme accompli

**deriva** f. dérive

**dermatología** f. dermatologie

**dermatólogo, -a** m. -f. dermatologue

**derogación** f. dérogation

**derogar** tr. déroger à

**derramamiento** m. effusion f., écoulement

**derramar 1** tr. répandre, renverser, verser **2** pr. se répandre, s'écouler

**derrame** m. écoulement, épanchement

**derretir 1** tr. fondre, faire fondre **2** pr. fondre *el hielo se derrite* la glace fond

**derribar** tr. démolir, renverser, abattre

**derribo** m. démolition f. *empresa de* ∼ entreprise de démolition

**derrocar** tr. **1** précipiter du haut d'un rocher **2** fig. renverser *(el poder)*

**derrochador, -ora** adj. -s. gaspilleur, euse

**derrochar** tr. gaspiller, dilapider

**derroche** m. **1** gaspillage **2** fig. abondance f.

**derrota** f. déroute, défaite, débâcle

**derrotar** tr. battre, vaincre, mettre en déroute

**derrotismo** m. défaitisme

**derrotista** adj. -s. défaitiste

**derrumbar 1** tr. abattre **2** pr. s'écrouler

**derrumbe** m. éboulement, écroulement, glissement de terrain

**desabrido, -a** *adj.* fade, insipide, maussade

**desabrigar 1** *tr.* découvrir **2** *pr.* se découvrir

**desabrochar 1** *tr.* dégrafer, déboutonner **2** *pr.* se déboutonner

**desacelerar** *intr.* ralentir

**desaceleración** *f.* décélération

**desacertado, -a** *adj.* erroné, ée

**desacertar** *intr.* se tromper

**desacierto** *m.* erreur *f.*

**desaconsejar** *tr.* déconseiller

**desacorde** *adj.* discordant, e

**desacostumbrar 1** *tr.* désaccoutumer **2** *pr.* perdre l'habitude

**desacreditar** *tr.* discréditer

**desactivar** *tr.* désamorcer ~ *una bomba* désamorcer une bombe

**desactivo** *m.* désamorçage

**desacuerdo** *m.* désaccord

**desafiar** *tr.* défier, lancer un défi, braver

**desafinar 1** *tr.* MUS. désaccorder **2** *intr.* jouer *ou* chanter faux

**desafío** *m.* défi

**desaforado, -a** *adj.* énorme, démesuré, ée, effréné, ée, frénétique

**desafortunado, -a** *adj.* infortuné, ée

**desafuero** *m.* atteinte à la loi *f.*, infraction *f.*, écart

**desagradable** *adj.* désagréable

**desagradar** *intr.* déplaire

**desagradecido, -a** *adj.* -*s.* ingrat, e

**desagradecimiento** *m.* ingratitude *f.*

**desagrado** *m.* mécontentement, contrariété *f.*

**desagraviar** *tr.* dédommager, réparer

**desagravio** *m.* satisfaction *f.*, dédommagement

**desagregar** *tr.* désagréger

**desaguar** *tr.* tarir, assécher

**desagüe** *m.* écoulement ~ *directo* tout-à-l'égout

**desaguisado** *m.* maladresse *f.*, offense *f.*

**desaguisado, -a** *adj.* illégal, ale

**desahogar 1** *tr.* soulager, réconforter **2** *pr.* se détendre, se mettre à l'aise, *fig.* s'épancher

**desahogo** *m.* **1** soulagement, consolation *f.* **2** délassement **3** effusion *f.*, épanchement

**desahuciar** *tr.* **1** DER. expulser **2** condamner *(a un enfermo)*

**desahucio** *m.* expulsion *f.*

**desairado, -a** *adj.* disgracieux, euse

**desairar** *tr.* repousser, éconduire

**desaire** *m.* mépris, dédain, affront

**desajustar** *tr.* **1** désajuster, dérégler **2** *fig.* déranger **3** rompre un contrat

**desajuste** *m.* **1** désajustement, dérèglement **2** rupture d'un contrat *f.* **3** distorsion *f.* *el* ~ *de los precios* la distorsion des prix

**desalentar** *tr.* **1** essouffler **2** *fig.* décourager **3** *pr.* se décourager

**desaliento** *m.* découragement

**desaliñado, -a** *adj.* négligé, ée

**desaliño** *m.* négligence *f. (descuido)*

**desalmado, -a 1** *adj.* inhumain, e, cruel, elle **2** *m. -f.* scélérat, e

**desalojar** *tr.* déloger, expulser, vider *(lieux)*

**desamortización** *f.* désamortissement *m.*

**desamparar** *tr.* abandonner

**desamparado, -a** *adj.* abandonné, ée, délaissé, ée

**desamparo** *m.* abandon, détresse *f.*

**desandar** *tr.* refaire ~ *el camino* rebrousser chemin

**desangrar 1** *tr.* saigner **2** *pr.* saigner, se vider de son sang

**desanimar 1** *tr.* décourager **2** *pr.* se décourager

**desánimo** *m.* découragement, abattement

**desanudar** *tr.* dénouer

**desaparecer** *intr.* disparaître *ser dado por desaparecido* être porté disparu

**desaparición** *f.* disparition

**desapego** *m.* détachement, indifférence *f.*

**desapercibido, -a** *adj.* inaperçu, ue *pasar* ~ passer inaperçu

**desaplicado, -a 1** *adj.* inappliqué, ée **2** *m. -f.* paresseux, euse

**desaprobar** *tr.* désapprouver

**desaprovechar** *tr.* ne pas profiter de, mal employer

**desarmar** *tr.* désarmer, démonter *(un motor, un mueble)*

**desarme** *m.* désarmement, démontage

**desarraigar** *tr.* déraciner

**desarraigo** *m.* déracinement

**desarreglar** *tr.* dérégler, déranger, mettre en désordre

**desarreglo** *m.* désordre, dérèglement

**desarrollar** 1 *tr.* développer 2 *pr.* se développer, se dérouler

**desarrollo** *m.* développement

**desarticulación** *f.* désarticulation, démantèlement *m.*

**desarticular** *tr.* désarticuler, démanteler

**desasir** 1 *tr.* lâcher 2 *pr.* se défaire

**desasnar** *tr.* déniaiser, dégrossir

**desasosiego** *m.* inquiétude *f.*

**desastre** *m.* désastre

**desastroso, -a** *adj.* désastreux, euse

**desatar** *tr.* détacher, défaire, dénouer

**desatascar** *tr.* déboucher *(un conducto)*

**desatender** *tr.* ne pas prêter attention à, ne pas écouter, négliger

**desatento, -a** *adj.* inattentif, ive, distrait, e, impoli, ie

**desatinar** *intr.* dire, commettre des absurdités

**desatino** *m.* déraison *f.*, bêtise *f.*, sottise *f.*, erreur *f.*

**desavenencia** *f.* désaccord *m.*, discorde, brouille

**desavenido, -a** *adj.* brouillé, ée

**desayunar** 1 *intr.* prendre le petit déjeuner 2 *pr.* prendre son petit déjeuner

**desayuno** *m.* petit déjeuner

**desazón** *f.* fadeur, *fig.* contrariété, inquiétude, malaise *m.*

**desbandada** *f.* débandade

**desbarajustar** *tr.* déranger, *fam.* chambarder

**desbarajuste** *m.* désordre, confusion *f.*, *fam.* pagaille *f.*

**desbaratar** *tr.* détruire, défaire, démantibuler

**desbloqueo** *m.* déblocage ∼ *de créditos* déblocage de crédits

**desbocado, -a** *adj.* emballé, ée, débridé, ée

**desbordar** *tr.* -*intr.* déborder

**desborde** *m.* *amér.* débordement

**desbravar** *tr.* dresser, dompter

**desbrozar** *tr.* débroussailler, défricher

**descafeinado** *m.* décafëiné

**descalabrar** *tr.* blesser à la tête, maltraiter

**descalabro** *m.* échec, désastre

**descalzar** 1 *tr.* déchausser 2 *pr.* se déchausser

**descalzo, -a** *adj.* nu-pieds, déchaussé, ée, pieds nus

**descamación** *f.* desquamation

**descaminar** *tr.* égarer, fourvoyer

**descampado, a** 1 *adj.* découvert, e *(terreno)* 2 *m.* terrain découvert

**descansar** 1 *intr.* reposer, se reposer 2 *tr.* reposer, appuyer

**descansillo** *m.* palier

**descanso** *m.* repos, halte *f.*, pause *f.*, mi-temps *f.*, entracte

**descapotable** 1 *adj.* décapotable 2 *m.* voiture décapotable *f.*

**descarado, a** *adj.* -*s.* insolent, e, effronté, ée

**descarga** *f.* décharge *(eléctrica)*, déchargement *m.*

**descargadero** *m.* débarcadère

**descargador** *m.* déchargeur ∼ *de muelle* docker

**descargar** 1 *tr.* décharger 2 *pr.* se décharger

**descargo** *m.* déchargement, *DER.* décharge *f.* *testigo a* ∼ témoin à décharge

**descarnar** 1 *tr.* décharner 2 *pr.* se décharner, se déchausser *(los dientes)*

**descaro** *m.* effronterie *f.*, insolence *f.*

**descarriar** 1 *tr.* égarer, fourvoyer 2 *pr.* s'égarer

**descarrilamiento** *m.* déraillement, *fig.* égarement

**descarrilar** *intr.* dérailler

**descartar** *tr.* écarter, éliminer

**descendencia** *f.* descendance

**descender** *intr.* descendre

**descendiente** *adj.* -*s.* descendant, e

**descenso** *m.* 1 descente *f.* ∼ *femenino* descente femmes (ski) 2 déclin 3 décrue *f.* *(de un río)*

**descentralización** *f.* décentralisation

**descentralizar** *tr.* décentraliser

**descifrable** *adj.* déchiffrable

**descifrar** *tr.* déchiffrer

**desclasificación** *f.* déclassement *m.*

**desclasificar** *tr.* déclasser

**descoco** *m.* *fam.* impudence *f.*, effronterie *f.*, sans-gêne

**descolgar** *tr.* décrocher, dépendre

**descolonización** *f.* décolonisation

**descolonizar** *tr.* décoloniser

**descolorar** 1 *intr.* décolorer 2 *pr.* se décolorer

**descolorido, a** *adj.* décoloré, ée, pâle

**descollar** *intr.* surpasser, dominer, se distinguer

**descomedido, a** *adj.* excessif, ive, impoli, ie, insolent, e

**descomponer** *tr.* 1 décomposer 2 déranger, mettre en désordre 3 détraquer, dérégler 4 *pr.* se détraquer, se dérégler, *fig.* se mettre en colère, s'emporter

**descomposición** *f.* décomposition

**descompostura** *f.* 1 dérangement *m.* 2 négligence

**descompresión** *f.* décompression

**descompuesto, a** *adj.* décomposé, ée, détraqué, ée, dérangé, ée

**descomunal** *adj.* énorme, démesuré, ée

**desconcertante** *adj.* déconcertant, e

**desconcertar** *tr.* déconcerter

**desconcierto** *m.* désordre, confusion *f.*

**desconchar** *tr.* écailler, ébrécher, décrépir

**desconectar** *tr.* débrancher, déconnecter

**desconfiado, -a** *adj. -s.* méfiant, e

**desconfianza** *f.* méfiance

**desconfiar** *intr.* se méfier

**descongelación** *f.* 1 décongélation 2 dégivrage *m.*

**descongelar** *tr.* 1 décongeler 2 dégivrer

**descongestionar** *tr.* décongestionner

**desconocer** *tr.* méconnaître, ne pas connaître, ignorer

**desconocido, -a** *adj. -s.* inconnu, ue

**desconocimiento** *m.* ignorance *f.*

**desconsiderar** *tr.* déconsidérer

**desconsolar** *tr.* affliger

**desconsuelo** *m.* chagrin

**descontable** *adj.* escomptable

**descontar** *tr.* déduire, escompter, défalquer, retenir **dar por descontado** être sûr de

**descontento, -a** 1 *adj. -s.* mécontent, e 2 *m.* mécontentement

**descontrol** *m.* laisser-aller

**descontrolado, -a** *adj.* incontrôlé, ée

**desconvocar** *tr.* annuler ∼ *una huelga* annuler une grève

**descorazonamiento** *m.* découragement

**descorchar** *tr.* déboucher

**descorrer** *tr.* tirer *(cortina...)*

**descortés** *adj. -s.* impoli, ie

**descoser** *tr.* découdre

**descosido, -a** *adj.* décousu, ue

**descoyuntamiento** *m.* dislocation *f.*, luxation *f.*

**descoyuntar** *tr.* déboîter, démettre, disloquer, luxer

**descrédito** *m.* discrédit

**descremado, -a** *adj.* écrémé, ée

**describir** *tr.* décrire

**descripción** *f.* description

**descriptivo, -a** *adj.* descriptif, ive

**descrito, -a** *adj.* décrit, e

**descruzar** *tr.* décroiser

**descuartizar** *tr.* écarteler, dépecer

**descubierto, -a** 1 *adj.* découvert, e 2 *m.* découvert ∼ *en cuenta* découvert bancaire *al* ∼ à découvert

**descubridor, -ora** *adj. -s.* découvreur, euse, inventeur, trice

**descubrimiento** *m.* découverte

**descubrir** *tr.* découvrir

**descuento** *m.* escompte, remise *f.*, rabais, ristourne *f.*, décompte, retenue *f.*

**descuidado, -a** *adj.* négligent, e, négligé, ée

**descuidar** 1 *tr.* négliger, oublier 2 *pr.* négliger, oublier

**descuido** *m.* négligence *f.*, oubli, inattention *f.*

**desde** *prép.* depuis, de ∼ *el lunes* depuis lundi ∼ *Madrid hasta Sevilla* de Madrid à Séville ∼ *ahora* dès à présent ∼ *entonces* depuis ∼ *luego* bien sûr ∼ *hace dos meses* depuis deux mois ∼ *hace poco* depuis peu ∼ *hace mucho tiempo* depuis longtemps

**desdecir** 1 *intr.* ne pas être en accord avec 2 *pr.* se dédire, se raviser

**desdén** *m.* dédain, mépris

**desdentar** *tr.* édenter

**desdeñar** *tr.* dédaigner, mépriser

**desdicha** *f.* malheur *m.*

**desdichado, -a** *adj. -s.* malheureux, euse

**desdoblamiento** *m.* dédoublement

**desdoblar** *tr.* dédoubler, déplier

**desdramatizar** *tr.* dédramatiser

**deseable** *adj.* désirable, souhaitable

**desear** *tr.* désirer, souhaiter

**desecar** *tr.* dessécher, assécher

**desechable** *adj.* jetable

**desechar** *tr.* rejeter, refuser, écarter ~ *una oferta* refuser une offre

**desecho** *m.* résidu, déchet *desechos nucleares* déchets nucléaires

**desembalar** *tr.* déballer

**desembarazar** *tr.* débarrasser, dégager

**desembarcadero** *m.* débarcadère

**desembarcar** *tr. -intr.* débarquer

**desembarco** *m.* débarquerment

**desembargar** *tr.* lever l'embargo, lever le séquestre

**desembargo** *m. DER.* mainlevée *f.*

**desembarque** *m.* débarquement

**desembocadura** *f.* embouchure *(de un río)*, issue, sortie, débouché *m.*

**desembocar** *intr.* déboucher

**desembolsar** *tr.* débourser, dépenser

**desembolso** *m.* déboursement, versement

**desembragar** *tr.* débrayer

**desembrague** *m.* débrayage

**desembriagar** *tr.* désenivrer, dégriser

**desembrollar** *tr.* débrouiller, tirer au clair

**desempacar** *tr.* déballer

**desempalmar** *tr.* déconnecter

**desempaque** ou **desempaquetado** *m.* déballage

**desempaquetar** *tr.* déballer

**desempeñar** *tr.* **1** remplir, exercer, exécuter *(un cargo, una función)* **2** dégager *(lo que está empeñado)* **3** *pr.* se libérer de ses dettes, payer ses dettes ~ *un papel* jouer un rôle

**desempleo** *m.* chômage, sous-emploi *subsidio de* ~ allocation chômage, indemnité de chômage

**desempolvar** *tr.* épousseter, dépoussiérer

**desencadenante** *m.* déclencheur

**desencadenamiento** *m.* déclenchement, déchaînement

**desencadenar** **1** *tr.* déchaîner, déclencher **2** *pr.* se déchaîner

**desencajar** *tr.* déboîter, démettre *(los huesos)*

**desencargar** *tr.* décommander, annuler

**desenclavar** *tr.* déclouer, débloquer

**desenchufar** *tr.* débrancher

**desenfadado, -a** *adj.* décontracté, ée, désinvolte

**desenfado** *m.* aisance *f.*, aplomb, désinvolture *f.*, décontraction *f.*

**desenfreno** *m. fig.* dérèglement, débordement, déchaînement

**desenganchar** **1** *tr.* décrocher, détacher **2** *pr.* faire une cure de désintoxication *(droga, alcohol)*

**desengañar** *tr.* détromper, décevoir

**desengaño** *m.* déception *f.*, désillusion *f.*

**desenlace** *m.* dénouement, aboutissement

**desenlazar** **1** *tr.* dénouer, résoudre, conclure **2** *pr.* avoir un dénouement

**desenmarañar** *tr.* démêler

**desenmascarar** *tr.* démasquer

**desenredar** *tr.* débrouiller, dénouer, démêler, éclaircir

**desenrollar** *tr.* dérouler

**desenroscar** *tr.* dévisser

**desensibilizar** *tr.* désensibiliser

**desentenderse** *pr.* se désintéresser de *hacerse el desentendido* faire l'innocent, faire semblant de ne pas comprendre

**desenterrar** *tr.* déterrer, exhumer

**desentonar** *intr.* chanter faux, détonner

**desentumecer** *tr.* dégourdir, se dégourdir

**desenvolver** **1** *tr.* dérouler, défaire *(un paquete)*, développer **2** *pr.* se développer, se dérouler, *fig.* se débrouiller *sabe desenvolverse solo* il sait se débrouiller tout seul

**desenvuelto, -a** *adj.* désinvolte, débrouillard, e

**deseo** *m.* désir, souhait

**desequilibrado, -a** *adj.* déséquilibré, ée

**desequilibrar** *tr.* déséquilibrer

**desequilibrio** *m.* déséquilibre

**deserción** *f.* désertion

**desertar** *tr.* déserter

**desértico, -a** *adj.* désertique

**desertor** *m.* déserteur

**desesperación** *f.* désespoir *con gran* ~ *de* au grand désespoir de

**desesperado, a** *adj. -s.* désespéré, ée

**desesperar 1** *tr.* désespérer, exaspérer **2** *intr.* désespérer **3** *pr.* être désespéré, se désespérer

**desestabilizar** *tr.* déstabiliser

**desestimar** *tr.* mésestimer, mépriser, sous-estimer

**desetiquetado, -a** *adj.* dégriffé, ée *(vêtement)*

**desfachatez** *f.* sans-gêne *m.,* culot *m.*

**desfalcar** *tr.* **1** défalquer, déduire **2** détourner, escroquer

**desfalco** *m.* **1** déduction **2** détournement, escroquerie *f.*

**desfallecer** *intr.* défaillir, s'évanouir

**desfase** *m.* déphasage, décalage ∼ *de horas* décalage horaire

**desfavorable** *adj.* défavorable

**desfavorecer** *tr.* défavoriser

**desfigurar** *tr.* défigurer

**desfiladero** *m.* défilé *(paso estrecho)*

**desfilar** *intr.* défiler

**desfile** *m.* défilé *(militar)*

**desforestación** *f.* déboisement *m.*

**desformación** *f.* déformation

**desformar** *tr.* déformer

**desgana** *f.* dégoût *m.,* répugnance

**desganar 1** *tr.* dégoûter, couper l'appétit à **2** *pr.* perdre l'appétit *estar desganado, a* manquer d'appétit

**desgañitarse** *pr.* s'égosiller

**desgarrador, -ora** *adj.* déchirant, e

**desgarrar** *tr.* déchirer

**desgarro** *m.* déchirement, déchirure *f.*

**desgarrón** *m.* déchirure *f.,* accroc

**desgastar 1** *tr.* user, abîmer **2** *pr.* s'user, s'abîmer

**desgaste** *m.* usure *f.*

**desgobernar** *tr.* désorganiser, perturber, mal gouverner

**desgobierno** *m.* désordre, mauvaise gestion *f.,* mauvaise administration *f.*

**desgracia** *f.* malheur *m.* disgrâce

**desgraciado, -a** *adj. -s.* malheureux, euse

**desgravación** *f.* détaxe, exonération, dégrèvement *m.*

**desgravar** *tr.* détaxer, dégrever, exonérer

**desgreñar** *tr.* écheveler, ébouriffer

**desguace** *m.* **1** casse *f. (de coches)* **2** démontage, démolition *f.* ∼ *de una*

*central nuclear* démontage d'une centrale nucléaire

**desguazado, -a** *adj.* envoyé, ée à la casse

**desguazar** *tr.* **1** mettre à la casse **2** démonter

**deshabitado, -a** *adj.* inhabité, ée

**deshacer** *tr.* **1** défaire **2** dissoudre, délayer, faire fondre *(disolver)* **3** déjouer *(una intriga)* **4** *pr.* se défaire ∼ *en* fondre en, *fig.* se répandre en, se confondre en *estar deshecho, a* être épuisé, ée

**desharrapado, -a** *adj. -s.* déguenillé, ée

**deshecho, -a** *adj.* défait, e

**deshelar 1** *tr.* dégeler **2** *pr.* se dégeler

**desherbar** *tr.* désherber

**desheredado, -a** *adj. -s.* déshérité, ée

**desheredar** *tr.* déshériter

**deshidratar** *tr.* déshydrater

**deshielo** *m.* dégel, dégivrage

**deshijar** *tr.* sevrer

**deshilar** *tr.* effilocher

**deshilvanar** *tr.* débâtir *(costura)*

**deshinchar 1** *tr.* dégonfler, désenfler **2** *pr.* se dégonfler, désenfler

**deshojar** *tr.* effeuiller

**deshollinador** *m.* ramoneur

**deshollinar** *tr.* ramoner

**deshonor** *m.* déshonneur, honte *f.*

**deshonra** *m.* déshonneur *m.*

**deshonrar** *tr.* déshonorer

**deshora** *f.* heure indue, moment indu *a* ∼ à une heure indue, mal à propos

**desidia** *f.* négligence

**desidioso, -a** *adj.* négligent, e

**desierto, -a 1** *adj.* désert, e, désertique, vacant *(concurso, etc.)* **2** *m.* désert *predicar en el* ∼ prêcher dans le désert

**designación** *f.* désignation, nomination

**designar** *tr.* désigner

**designio** *m.* dessein

**desigual** *adj.* inégal, ale, changeant, e, variable

**desigualdad** *f.* inégalité, disparité

**desilusionar** *tr.* désillusionner, décevoir

**desincrustación** *f.* détartrage *m.*

**desincrustante** *adj. -s. -m.* détartrant

**desincrustar** *tr.* détartrer

**desinfectante** *adj. -s. -m.* désinfectant, e

**desinfectar** *tr.* désinfecter

**desinflar** *tr.* dégonfler

**desintegrar 1** *tr.* désintégrer **2** *pr.* se désintégrer

**desinterés** *m.* désintérêt, désintéressement

**desinteresarse** *pr.* se désintéresser

**desistimiento** *m.* désistement

**desistir** *intr.* renoncer à, se désister

**deslastrar** *tr.* jeter du lest, délester

**deslavar** *tr.* délaver

**desleal** *adj.* déloyal, ale

**desligar 1** *tr.* délier, détacher, dégager **2** *pr.* se détacher, se dégager, se libérer

**deslindar** *tr.* délimiter, borner

**deslinde** *m.* délimitation *f.* bornage

**desliz** *m.* faute *f.*, faux pas, moment de faiblesse

**deslizamiento** *m.* glissement, *fig.* tendance

**deslizante** *adj.* glissant, e

**deslizar** *tr. -intr.* glisser

**deslucido, a** *adj.* terne, sans éclat

**deslumbrante** *adj.* éblouissant, e

**deslumbrar** *tr.* éblouir

**deslustrar** *tr.* ternir, dépolir

**desmadrar** *tr.* sevrer

**desmadre** *m.* débordement, pagaille *f.* ~ **sexual** révolution sexuelle

**desmán** *m.* excès, abus

**desmandarse** *pr.* dépasser les bornes

**desmantelamiento** *m.* démantèlement

**desmantelar** *tr.* démanteler

**desmaquillador** *m.* démaquillant ~ **de ojos** démaquillant pour les yeux

**desmaquillar 1** *tr.* démaquiller **2** *pr.* se démaquiller

**desmarcar** *tr.* démarquer

**desmayarse** *pr.* s'évanouir

**desmayo** *m.* évanouissement

**desmedido, -a** *adj.* démesuré, ée

**desmedrar 1** *tr.* détériorer **2** *intr.* baisser, décliner

**desmejorado, -a** *adj.* qui a mauvaise mine, changé, ée

**desmejorar** *intr. -pr.* changer, s'affaiblir, se dégrader, se détériorer

**desmembramiento** *m.* démembrement

**desmembrar** *tr.* démembrer

**desmemoriado, -a** *adj.* oublieux, euse

**desmentir** *tr. -intr.* démentir, donner un démenti

**desmenuzar** *tr.* émietter, mettre en miettes, *fig.* examiner en détail

**desmerecer** *tr.* démériter

**desmesurado, -a** *adj.* démesuré, ée

**desmilitarizar** *tr.* démilitariser

**desmitificar** *tr.* démythifier

**desmonetización** *f.* démonétisation

**desmonetizar** *tr.* démonétiser

**desmontable** *adj.* démontable

**desmontar** *tr.* démonter

**desmonte** *m.* déboisement, terrassement, déblaiement

**desmoralizar** *tr.* démoraliser

**desmoronamiento** *m.* éboulement, effondrement, effritement, dégradation *f.*

**desmoronar 1** *tr.* ébouler, miner, ruiner **2** *pr.* s'écrouler, se dégrader

**desmovilizar** *tr.* démobiliser

**desnacionalizar** *tr.* dénationaliser

**desnatar** *tr.* écrémer **leche desnatada** lait écrémé

**desnaturalizar** *tr.* dénaturer

**desnieve** *m.* fonte des neiges *f.*

**desnivel** *m.* dénivellation *f.*, *fig.* déséquilibre

**desnudar 1** *tr.* déshabiller, dévêtir, dénuder, dépouiller **2** *pr.* se déshabiller, se dévêtir, se défaire de

**desnudo, -a** *adj.* nu, ue

**desnutrición** *f.* malnutrition

**desobedecer 1** *tr.* désobéir à **2** *intr.* désobéir

**desobediente** *adj. -s.* désobéissant, e

**desobligar** *tr.* désobliger, dégager, libérer

**desocupado, -a** *adj.* désœuvré, ée

**desodorante** *m.* désodorisant

**desoír** *tr.* faire la sourde oreille

**desolación** *f.* désolation

**desolador, -ora** *adj.* désolant, e **espectáculo** ~ spectacle désolant

**desorbitado, -a** *adj.* exorbitant, e

**desorden** *m.* désordre

**desordenado, -a** *adj.* désordonné, ée, déréglé, ée

**desordenar** tr. mettre en désordre, déranger, désordonner

**desorganizar** tr. désorganiser

**desorientar** tr. désorienter

**desosar** tr. désosser, dénoyauter

**despabilado, -a** adj. éveillé, ée, vif, vive, dégourdi, ie,

**despacio** adv. lentement, doucement

**despacito** adv. tout doucement, lentement

**despachar** tr. 1 expédier, envoyer, acheminer *(mercancías)* 2 débiter, vendre, servir *(a los clientes)* 3 congédier, renvoyer ∼ *de aduana* dédouaner

**despacho** m. 1 bureau 2 expédition f. *(de mercancías)* 3 vente 4 débit, dépôt ∼ *de pan* dépôt de pain

**desparejar** tr. dépareiller

**desparpajo** m. sans-gêne, culot, aplomb

**desparramar** tr. répandre

**despavorido, -a** adj. effrayé, ée

**despectivo, -a** adj. méprisant, e, péjoratif, ive

**despecho** m. dépit *a* ∼ *de* en dépit de

**despedazar** tr. dépecer, mettre en pièces

**despedida** f. 1 adieux m. pl. 2 renvoi m., licenciement m.

**despedir** tr. congédier, licencier, mettre à la porte, renvoyer

**despedirse** pr. faire ses adieux ∼ *de su familia* prendre congé de sa famille ∼ *a la francesa* filer à l'anglaise

**despegar** 1 tr. décoller 2 intr. décoller, prendre son envol, effectuer un décollage 3 pr. fig. se détacher

**despego** m. détachement

**despegue** m. décollage

**despeinar** 1 tr. décoiffer, dépeigner 2 pr. se décoiffer

**despejado, -a** adj. 1 dégagé, ée *cielo* ∼ ciel dégagé 2 désinvolte

**despejar** 1 tr. dégager, débarrasser 2 pr. s'éclaircir *(el cielo)*

**despensa** f. garde-manger m., provisions f. pl.

**despeñadero** m. précipice

**despeñar** tr. jeter, pousser, précipiter

**desperdiciar** tr. gaspiller, gâcher, rater, perdre

**desperdicio** m. 1 déchet, rebut 2 gaspillage

**desperezarse** pr. s'étirer

**desperfecto** m. imperfection f., défaut

**despersonalizar** tr. dépersonnaliser

**despertador** m. réveil, réveille-matin

**despertar** m. éveil, réveil

**despertar** tr. *-intr.* réveiller, éveiller

**despertarse** pr. se réveiller, s'éveiller

**despiadado, -a** adj. impitoyable

**despierto, -a** adj. éveillé, ée, réveillé, ée

**despilfarrar** tr. gaspiller

**despilfarro** m. gaspillage

**despistado, -a** adj. *-s.* distrait, e, étourdi, ie

**despistar** 1 tr. dérouter, mettre sur une fausse piste 2 pr. s'égarer, perdre la tête

**despiste** m. étourderie f., distraction f.

**desplante** m. geste arrogant, insolence f.

**desplazamiento** m. déplacement

**desplazar** 1 tr. déplacer 2 pr. se déplacer

**desplegar** tr. déplier, déployer

**despliegue** m. déploiement

**desplomarse** pr. s'écrouler, s'effondrer

**desplome** m. écroulement, effondrement *el* ∼ *del dólar* l'effondrement du dollar

**despoblación** f. dépeuplement m. ∼ *del campo* exode rural ∼ *forestal* déboisement m.

**despoblado, -a** 1 adj. dépeuplé, ée 2 m. lieu désert *en* ∼ en rase campagne

**despoblar** tr. dépeupler, vider de sa population

**despojar** 1 tr. dépouiller, spolier 2 pr. se dépouiller de

**despojo** m. 1 dépouille f. 2 butin 3 abats m. pl. *(de aves)*

**desposeer** tr. déposséder

**déspota** m. despote

**despótico, -a** adj. despotique

**despotismo** m. despotisme

**despotricar** intr. fam. déblatérer, parler à tort et à travers

**despreciable** adj. méprisable

**despreciar** tr. mépriser

**despreciativo, -a** *adj.* méprisant, e

**desprecio** *m.* mépris

**desprender 1** *tr.* détacher **2** *pr.* se détacher, se défaire de, *fig.* se déduire *se desprende que* on en déduit que

**desprendimiento** *m.* **1** éboulement **2** détachement **3** générosité *f.* ~ *de la retina* décollement de la rétine

**despreocupado, -a** *adj.* insouciant, e

**desprestigiar** *tr.* discréditer

**desprestigio** *m.* discrédit

**desprevenido, -a** *adj.* dépourvu, ue *coger* ~ prendre au dépourvu

**desproporción** *f.* disproportion

**despropósito** *m.* absurdité *f.,* sottise *f.*

**desproveer** *pr.* démunir

**desprovisto, -a** *adj.* démuni, ie, dépourvu, ue

**después** *adv.* après, plus tard ~ *de las diez* après dix heures ~ *de comer* après avoir mangé *leeré* ~ je lirai plus tard

**despuntar** *intr.* briller, se distinguer, poindre *(el alba)*

**desquiciar 1** *tr.* sortir de ses gonds, faire sortir quelqu'un de ses gonds, *fig.* perturber **2** *pr.* sortir de ses gonds

**desquitar 1** *tr.* dédommager **2** *pr.* se dédommager, prendre sa revanche

**desquite** *m.* revanche *f.*

**desrizar** *tr.* défriser

**destacado, -a** *adj.* remarquable

**destacar 1** *tr.* détacher, mettre en évidence, distinguer **2** *pr.* se détacher

**destajar** *tr.* traiter à forfait

**destajero, -a** *m. -f.* travailleur, euse à forfait

**destajo** *m.* forfait *a* ~ à façon, à la pièce, à forfait

**destapar 1** *tr.* découvrir **2** *pr.* se découvrir

**destartalado, -a** *adj.* délabré, ée

**destello** *m.* scintillement, éclat, lueur *f.*

**destemplado, -a** *adj.* dérangé, ée, emporté, ée, qui manque de mesure *con cajas destempladas* avec pertes et fracas

**desteñir** *tr.* déteindre

**desternillarse** *pr.* ~ *de risa* se tordre de rire

**desterrar** *tr.* exiler, bannir

**destetar** *tr.* sevrer

**destiempo (a)** *loc. adv.* à contre-temps, mal à propos

**destierro** *m.* exil

**destilador** *m.* bouilleur de cru

**destilar** *tr.* distiller

**destilería** *f.* distillerie

**destinar** *tr.* **1** destiner, envoyer **2** affecter *(a un funcionario)* **3** *pr.* se destiner

**destinatario, -a** *m. -f.* destinataire

**destino** *m.* **1** destin, destinée *f.* **2** affectation *(militar)* **3** poste, place *f.,* situation *f.* **4** destination *f.* *con* ~ *a* à destination de

**destitución** *f.* destitution

**destituir** *tr.* destituer

**destornillador** *m.* tournevis

**destornillar** *tr.* dévisser

**destreza** *f.* adresse, habileté, dextérité

**destronar** *tr.* détrôner

**destrozar** *tr.* **1** mettre en pièces **2** déchirer **3** détruire, abîmer **4** démolir, briser

**destrozos** *m. pl.* débris

**destrucción** *f.* destruction

**destructor, -ora** *adj. -s.* destructeur, trice

**destruible** *adj.* destructible

**destruir** *tr.* détruire

**desunión** *f.* désunion

**desunir** *tr.* désunir, séparer, diviser, *fig.* brouiller

**desuso** *m.* désuétude *f.* *caer en* ~ tomber en désuétude

**desvaído, -a** *adj.* terne, pâle

**desvalijar** *tr.* dévaliser

**desvalorar** *tr.* **1** dévaluer **2** dévaloriser

**desvalorización** *f.* **1** dévaluation **2** dévalorisation

**desvalorizar** *tr.* **1** dévaluer **2** dévaloriser

**desván** *m.* grenier

**desvanecer** *tr.* **1** dissiper, faire évanouir **2** pâlir *(colores)* **3** *pr.* s'évanouir, se dissiper, pâlir

**desvanecimiento** *m.* évanouissement, dissipation *f.,* effacement

**desvarío** *m.* délire, *fig.* folie *f.,* absurdité *f.*

**desvelado, -a** *adj.* éveillé, ée

**desvelar 1** *tr.* empêcher de dormir **2** *pr.* se réveiller *fig.* **desvelarse por** se donner du mal pour

**desvencijado, -a** *adj.* branlant, e, détraqué, ée, délabré, ée

**desventaja** *f.* désavantage

**desventura** *f.* malheur *m.,* infortune

**desvergüenza** *f.* insolence, effronterie

**desviación** *f.* déviation

**desviar 1** *tr.* dévier, détourner **2** *pr.* dévier, s'écarter

**desvincular 1** *tr.* détacher, délier **2** *pr.* se détacher

**desvío** *m.* déviation *f.* *(carretera)*

**desvivirse** *pr.* rêver de, être fou de, se mettre en quatre pour

**detallar** *tr.* détailler

**detalle** *m.* **1** détail **2** attention, gentillesse *es un* ~ c'est une petite attention *vender al* ~ vendre au détail *no meterse en detalles* ne pas entrer dans les détails

**detallista** *m. -f.* détaillant, e

**detective** *m.* détective ~ *privado* détective privé

**detector** *m.* détecteur

**detención** *f.* **1** arrêt *m.* **2** arrestation, détention ~ *preventiva o previa* garde à vue

**detener 1** *tr.* arrêter, retenir, garder **2** *pr.* s'arrêter, s'attarder

**detenidamente** *adv.* attentivement

**detentación** *f.* recel *m.*

**detentador, -ora** *m. -f.* détenteur, trice, titulaire

**detergente 1** *m.* détergent, poudre à laver *f.* **2** *adj.* détergent, e

**deteriorar 1** *tr.* détériorer **2** *pr.* se détériorer

**deterioro** *m.* détérioration *f.,* dégradation *f.*

**determinación** *f.* détermination, décision, fixation ~ *del blanco* ciblage

**determinante** *adj. -s. -m.* déterminant, e

**determinar** *tr.* **1** déterminer, fixer **2** décider **3** se décider, se déterminer ~ *el blanco* cibler

**detestable** *adj.* détestable

**detonante** *adj. -s. -m.* détonnant, e

**detrás** *adv.* derrière ~ *de* derrière *por* ~ par-derrière

**deuda** *f.* dette, créance, endettement *m.* ~ *externa* dette extérieure ~ *pública* dette publique ~ *tributaria* montant de l'impôt

**deudo, -a** *m. -f.* parent, e

**deudor, -ora** *adj.* débiteur, trice

**devaluación** *f.* dévaluation

**devaluar** *tr. -intr.* dévaluer

**devanar** *tr.* dévider *devanarse los sesos* se creuser la cervelle

**devaneo** *m.* **1** divagation *f.* **2** amourette *f.*

**devengado, -a** *adj.* mis en recouvrement, payable

**devengar** *tr.* toucher *(salario),* rapporter *(intereses)*

**deviación** *f.* déviation

**devoción** *f.* dévotion

**devolución** *f.* renvoi *m. (correo),* restitution, remboursement *m.*

**devolver** *tr.* **1** rendre, restituer **2** renvoyer, réexpédier **3** rendre, vomir

**devorar** *tr.* dévorer

**devoto, -a** *adj. -s.* dévot, e, pieux, euse

**dexteridad** *f.* dextérité

**deyección** *f.* déjection

**día** *m.* jour, journée *f.* ~ *festivo* jour férié ~ *laborable* jour ouvrable ~ *entre semana* jour de semaine ~ *de asueto* jour de congé ~ *de descanso* jour de repos ~ *D* jour J ~ *del Padre* fête des Pères ~ *de la Madre* fête des Mères *un* ~ *es un* ~ une fois n'est pas coutume *vivir al* ~ vivre au jour le jour *el* ~ *menos pensado* un beau jour *dar los buenos días* dire bonjour *¡ buenos días !* bonjour !

**diabetes** *f.* diabète *m.*

**diablo** *m.* diable, démon

**diablura** *f.* espièglerie, diablerie

**diabólico, -a** *adj.* diabolique

**diadema** *f.* diadème *m.*

**diáfano, -a** *adj.* diaphane

**diafragma** *m.* diaphragme

**diagnóstico** *m.* diagnostic

**diagonal 1** *f.* diagonale **2** *adj.* diagonal, ale

**diagrama** *m.* diagramme

**dialecto** *m.* dialecte

**dialogar** *intr.* dialoguer

**diálogo** *m.* dialogue

**dialoguista** *m. -f.* dialoguiste

**diamante** *m.* diamant

**diamantista** *m.* diamantaire
**diámetro** *m.* diamètre
**diapasón** *m.* diapason
**diapositiva** *f.* diapositive
**diario** *m.* journal, quotidien
**diario, -a** *adj.* journalier, ère, quotidien, enne
**diarista** *m. -f. amer.* journaliste
**diarrea** *f.* diarrhée
**dibujante** *m. -f.* dessinateur, trice
**dibujar** *tr.* dessiner ∼ *a pulso* dessiner à main levée
**dibujo** *m.* dessin ∼ *del natural* dessin d'après nature ∼ *al carbón* dessin au fusain *dibujos animados* dessins animés
**dicción** *f.* diction
**diccionario** *m.* dictionnaire
**diciembre** *m.* décembre
**dicotomía** *f.* dichotomie
**dictado, -a 1** *adj.* dicté, ée **2** *m.* dictée *f. escribir al* ∼ écrire sous la dictée
**dictador** *m.* dictateur
**dictadura** *f.* dictature
**dictáfono** *m.* dictaphone
**dictamen** *m.* opinion *f.,* avis, rapport ∼ *del perito* rapport d'expertise ∼ *médico* diagnostic
**dictaminar** *tr.* penser, estimer, opiner, déterminer, se prononcer, donner son avis
**dictar** *tr.* dicter
**dictatorial** *adj.* dictatorial, ale
**dicha** *f.* bonheur *m.*
**dicharachero, -a** *adj.* amusant, e
**dicho** *m.* dicton, mot
**dicho, -a** *p. p. de decir et adj.* dit, e ∼ *y hecho* aussitôt dit, aussitôt fait *mejor* ∼ plutôt ∼ *de otro modo* autrement dit *lo* ∼, ∼ ce qui est dit est dit
**dichoso, -a** *adj.* heureux, euse, *fig. fam.* maudit, e, sacré, ée *¡ día!* sacrée journée !
**didáctico, -a 1** *adj.* didactique **2** *f.* didactique
**diecinueve** *adj. -s. -m.* dix-neuf
**dieciocho** *adj. -s. -m.* dix-huit
**dieciséis** *adj. -s. -m.* seize
**diecisiete** *adj. -s. -m.* dix-sept
**diente** *m.* dent *f.* ∼ *picado* dent gâtée ∼ *de ajo* gousse d'ail *dar* ∼ *con* ∼ claquer des dents
**diéresis** *f.* tréma *m.*

**diesel** *m.* diesel
**diestro, -a 1** *adj.* habile, adroit, e **2** *m.* torero, matador *a* ∼ *y siniestro* à tort et à travers
**dieta** *f.* **1** diète, régime *m.* **2** *pl.* honoraires *m. pl.* **3** indemnités de déplacement *f. pl.* **4** vacation
**dietético, -a 1** *adj.* diététique **2** *f.* diététique
**diez** *adj. -s. -m.* dix
**diezmar** *tr.* décimer
**difamación** *f.* diffamation
**difamar** *tr.* diffamer
**diferencia** *f.* **1** différence **2** différend *m.* **3** décalage *m.* ∼ *horaria* décalage horaire *a* ∼ *de* à la différence de
**diferencial** *m.* différentiel
**diferenciar 1** *tr.* différencier **2** *pr.* différer
**diferente** *adj.* différent, e
**diferir 1** *tr.* différer, retarder, repousser **2** *intr.* différer, diverger
**difícil** *adj.* difficile ∼ *de comprender* difficile à comprendre
**difícilmente** *adv.* difficilement
**dificultad** *f.* difficulté
**dificultar** *tr.* rendre difficile, compliquer
**difteria** *f.* diphtérie
**difuminar** *tr.* estomper
**difundir** *tr.* **1** diffuser **2** divulguer, propager, répandre *(una noticia)*
**difunto, -a** *adj. -s.* défunt, e, feu, e *su* ∼ *padre* feu son père *Día de los Difuntos* jour des Morts
**difusión** *f.* diffusion
**difuso, -a** *adj.* diffus, e
**difusor** *m.* diffuseur
**digerir** *tr.* digérer
**digestión** *f.* digestion
**digital** *adj.* digital, ale
**dignarse** *pr.* daigner, avoir l'obligeance de
**dignidad** *f.* dignité
**dignatario** *m.* dignitaire
**dignidad** *f.* dignité
**digno, -a** *m.* digne
**digresión** *f.* digression
**dije** *m.* breloque *f.*
**dilación** *f.* retard *m.,* délai *m.*
**dilapidar** *tr.* dilapider
**dilatación** *f.* dilatation

**dilatar** *tr.* **1** dilater **2** retarder, faire traîner

**dilema** *m.* dilemme

**diletante** *adj. -s.* dilettante

**diligencia** *f.* **1** diligence **2** diligence, soin *m.* **3** démarche *hacer diligencias* faire des démarches **4** poursuite

**diligenciar** *tr.* faire les démarches nécessaires pour

**diligente** *adj.* diligent, e

**dilucidar** *tr.* élucider

**diluir** *tr.* diluer

**diluvio** *m.* déluge

**diluyente** *m.* diluant

**dimanar** *intr.* découler, émaner, provenir

**dimensión** *f.* dimension

**diminutivo, -a** *adj. -s. -m.* diminutif, ive

**diminuto, -a** *adj.* très petit, e, minuscule

**dimisión** *f.* démission

**dimisionario, -a** *adj. -s.* démissionnaire

**dimitente** *adj. -s.* démissionnaire

**dimitir** *intr.* démissionner, se démettre, présenter sa démission

**dinámico, -a** *adj.* dynamique

**dinamismo** *m.* dynamisme

**dinamita** *f.* dynamite

**dinastía** *f.* dynastie

**dineral** *m.* grosse somme d'argent *f.*, fortune *f.*

**dinerillo** *m.* argent de poche

**dinero** *m.* argent ~ *en efectivo* o ~ *en metálico* argent liquide ~ *suelto* monnaie ~ *contante y sonante* espèces sonnantes et trébuchantes *f. pl.*

**dintel** *m.* linteau

**diócesis** *f.* diocèse *m.*

**dios** *m.* dieu *¡ Dios mío !* mon Dieu !

**diosa** *f.* déesse

**diploma** *m.* diplôme ~ *habilitante* certificat d'aptitude

**diplomacia** *f.* diplomatie

**diplomado, -a** *adj.* diplômé, ée

**diplomático, -a** **1** *adj.* diplomatique *cuerpo* ~ corps diplomatique **2** *m.* diplomate

**diputación** *f.* députation *(cargo y conjunto de diputados),* fonction, mandat de député ~ *provincial* conseil général, *amer.* mairie

**diputado, -a** *m. -f.* député, ée ~ *por Madrid* député de Madrid

**diputar** *tr.* mandater, députer

**dique** *m.* digue *f.*

**dirección** *f.* **1** direction ~ *asistida* direction assistée **2** adresse *tengo tu* ~ j'ai ton adresse **3** sens *m.* ~ *prohibida* sens interdit **4** direction ~ *general* direction générale **5** mise en scène *(filme)*

**directiva** *f.* directive

**directivo** *m.* cadre de direction, chef d'entreprise, responsable, cadre supérieur

**directo, -a** *adj.* direct, e

**director, -ora** *adj. -s.* **1** directeur, trice **2** metteur en scène ~ *de orquesta* chef d'orchestre

**directorio** *m.* comité directeur

**directriz** *f.* **1** directrice **2** directives *f. pl.*

**dirigente** *m.* dirigeant

**dirigible** *adj.* dirigeable

**dirigir** *tr.* **1** diriger **2** adresser ~ *la palabra* adresser la parole **3** *pr.* se diriger, s'adresser

**dirigismo** *m.* dirigisme

**dirigista** *adj.* dirigiste

**dirimir** *tr.* **1** annuler ~ *un contrato* annuler un contrat **2** régler *(un problema)*

**discernimiento** *m.* discernement

**discernir** *tr.* discerner

**disciplina** *f.* discipline

**discípulo, -a** *m. -f.* disciple, élève

**disco** *m.* disque ~ *de larga duración* disque 33 tours ~ *duro* disque dur ~ *blando* disque souple ~ *elepé* 33 tours ~ *compacto* compact disc, compact

**disconforme** *adj.* en désaccord, pas d'accord

**disconformidad** *f.* désaccord *m.*

**discontinuar** *tr. -intr.* discontinuer

**discordancia** *f.* discordance, désaccord *m.*

**discordia** *f.* discorde

**discoteca** *f.* discothèque

**discreción** *f.* discrétion

**discrecional** *adj.* **1** facultatif, ive *parada* ~ arrêt facultatif **2** discrétionnaire

**discrepancia** *f.* désaccord *m.*, divergence

**discrepar** *intr.* être en désaccord, diverger, différer

**discreto, -a 1** *adj.* *-s.* discret, ète, réservé, ée **2** *m.* *-f.* personne sensée

**discriminación** *f.* discrimination

**disculpa** *f.* excuse

**disculpar 1** *tr.* disculper, excuser **2** *pr.* s'excuser, se disculper

**discurrir** *intr.* penser, réfléchir

**discurso** *m.* discours

**discusión** *f.* discussion

**discutir** *intr.* discuter, débattre, se disputer *han discutido* ils se sont disputés

**disecar** *tr.* disséquer

**diseminar** *tr.* disséminer

**diseñador, -ora** *m.* *-f.* dessinateur, trice

**diseñar** *tr.* dessiner

**diseño** *m.* **1** dessin, design **2** *INFORM.* conception *f.*

**disertación** *f.* dissertation

**disertar** *intr.* disserter

**disforme** *adj.* difforme

**disfraz** *m.* déguisement *baile de disfraces* bal costumé

**disfrazar 1** *tr.* déguiser **2** *pr.* se déguiser

**disfrutar 1** *tr.* profiter de **2** *intr.* jouir, s'amuser

**disgregar 1** *tr.* désagréger **2** *pr.* se désagréger

**disgusto** *m.* **1** contrariété *f.* **2** ennui, chagrin *llevarse un* ∼ éprouver une contrariété *estar a* ∼ ne pas se plaire, être mal à l'aise

**disidencia** *f.* dissidence

**disidente** *adj.* *-s.* dissident, e

**disidir** *intr.* faire dissidence

**disimular 1** *tr.* dissimuler **2** *intr.* faire semblant, faire semblant d'ignorer

**disimulo** *m.* dissimulation *f.*

**disipar** *tr.* dissiper

**diskette** *m.* *INFORM.* disquette *f.*

**dislocar** *tr.* disloquer

**disminución** *f.* diminution ∼ *de la población* dépeuplement *m.*

**disminuir** *tr.* *-intr.* diminuer

**disociar** *tr.* dissocier

**disolución** *f.* dissolution ∼ *de un cártel* décartellisation

**disolver 1** *tr.* dissoudre **2** *pr.* se dissoudre, se disperser *(una manifestación)*

**disparador** *m.* **1** tireur **2** détente *f.* *(armas)* **3** déclencheur *(de máquina fotográfica)*

**disparar 1** *tr.* tirer un coup *(armes)*, tirer ∼ *a alguien* tirer sur quelqu'un **2** *intr.* tirer un coup de feu, faire feu **3** *fig.* flamber, grimper *los precios disparan* les prix flambent *fig.* *salir disparado* partir comme une flèche

**disparate** *m.* sottise, bêtise, énormité *¡ qué* ∼! quelle bêtise !

**disparidad** *f.* disparité

**disparo** *m.* **1** coup de feu, décharge *f.* **2** *fig.* flambée *f.* *el* ∼ *de los precios* la flambée des prix

**dispendio** *m.* gaspillage

**dispensar** *tr.* dispenser, excuser, pardonner *dispense usted* excusez-moi

**dispersar** *tr.* disperser

**disperso, -a** *adj.* dispersé, ée, épars, e

**disponer 1** *tr.* *-intr.* disposer **2** *pr.* se disposer

**disponibilidad** *f.* disponibilité

**disposición** *f.* disposition *última* ∼ dernières volontés *f.* *pl.*

**dispositivo** *m.* dispositif

**dispuesto, -a** *adj.* *et p. p. de disponer* disposé, ée, prêt, e

**disquete** *m.* *INFORM.* disquette *f*

**distancia** *f.* distance *a* ∼ à distance

**distanciar 1** *tr.* éloigner, écarter, dépasser **2** *pr.* s'éloigner, prendre ses distances

**distar** *intr.* être éloigné, ée de, *fig.* être loin *dista de ser tonto* il est loin d'être bête

**distensión** *f.* distension ∼ *muscular* claquage *m.*

**distinción** *f.* distinction

**distinguir 1** *tr.* distinguer **2** *pr.* se distinguer

**distinto, -a** *adj.* différent, e, distinct, e

**distraer 1** *tr.* distraire **2** *pr.* se distraire

**distribución** *f.* distribution ∼ *de gastos* ventilation des frais

**distribuidor** *m.* distributeur ∼ *automático* distributeur automatique

**distribuidor, -ora** *adj.* distributeur, trice *red distribuidora* réseau de distribution

**distribuir** *tr.* distribuer ∼ *los gastos* ventiler les frais

**distrito** *m.* **1** district, secteur **2** arrondissement *(ciudad)*

**disturbio** *m.* trouble, émeute *f. policía antidisturbio* forces de l'ordre *f. pl.*

**disuadir** *tr.* dissuader

**disuelto, -a** *adj. et p. p. de disolver* dissous, dissoute

**disuasión** *f.* dissuasion *poder de* ∼ force de frappe

**disuasorio, -a** *adj.* dissuasif, ive *fuerza disuasoria* force de frappe

**diurno, -a** *adj.* diurne

**diva** *f.* diva, star

**divagar** *intr.* divaguer

**diván** *m.* divan

**divergencia** *f.* divergence

**diversidad** *f.* diversité

**diversificar** *tr.* diversifier

**diversión** *f.* **1** divertissement *m.*, distraction **2** diversion

**divertido, -a** *adj.* amusant, e, drôle

**divertir** *tr.* **1** divertir, amuser **2** faire diversion **3** *pr.* s'amuser

**dividendo** *m.* dividende

**dividir** *tr.* diviser

**divinidad** *f.* divinité

**divino, -a** *adj.* divin, e

**divisa** *f.* devise *control de divisas* contrôle des changes

**divisar** *tr.* apercevoir, distinguer *se divisa un árbol* on aperçoit un arbre

**división** *f.* division

**divisor** *m.* **1** diviseur **2** sous-multiple

**divisorio, -a** *adj.* qui divise

**divo** *m.* vedette *f.*, star *f. este hombre es un* ∼ cet homme est une star, une vedette

**divorciar** **1** *tr.* divorcer, prononcer le divorce **2** *pr.* divorcer *acaban de divorciarse* ils viennent de divorcer

**divorcio** *m.* divorce ∼ *por mutuo acuerdo* divorce par consentement mutuel *presentar una demanda de* ∼ demander le divorce

**divulgar** *tr.* divulguer

**dobladillo** *m.* ourlet

**doblaje** *m.* doublage *(filme)*

**doblar** *tr.* **1** doubler, tourner *(la esquina)* **2** plier ∼ *un papel* plier un papier **3** tordre **4** *intr.* doubler, plier, sonner le glas *¿ por quién doblan las campanas?* pour qui sonne le glas ?

**doble** *adj.* **1** double **2** fort, robuste **3** *m.* double **4** report *(Bolsa)* **5** *adv.* double *ver* ∼ voir double

**doblegar** **1** *tr.* plier, soumettre **2** *pr.* se plier

**doblez** *f.* duplicité

**doce** *adj. -s. -m.* douze *son las* ∼ il est midi *son las* ∼ *de la noche* il est minuit

**docena** *f.* douzaine *media* ∼ demi-douzaine

**docente** *adj.* enseignant, e *el cuerpo* ∼ le corps enseignant

**dócil** *adj.* docile

**docilidad** *f.* docilité

**doctor, -ora** *m. -f.* **1** docteur ∼ *en letras* docteur ès lettres **2** docteur, médecin

**doctorado** *m.* doctorat

**doctorarse** *pr.* passer son doctorat, soutenir sa thèse de doctorat, obtenir le doctorat

**doctrina** *f.* doctrine, catéchisme *m.*

**documentación** *f.* **1** documentation **2** papiers d'identité *m. pl.* ∼ *del coche* carte grise

**documental** *adj. -s. -m.* documentaire

**documentar** *tr.* documenter

**documento** *m.* document ∼ *nacional de identidad (DNI)* carte nationale d'identité

**dogma** *m.* dogme

**dólar** *m.* dollar *el desplome del* ∼ la chute du dollar

**dolencia** *f.* maladie, indisposition, infirmité

**doler** *intr.* avoir mal à, faire mal *me duele la cabeza* j'ai mal à la tête *me duelen los pies* j'ai mal aux pieds

**dolor** *m.* douleur *f.* ∼ *de cabeza* mal à la tête

**dolorido, -a** *adj.* endolori, ie

**doloroso, -a** *adj.* douloureux, euse

**doma** *f.* domptage *m.*

**domador, -ora** *m. -f.* dompteur, euse

**domar** *tr.* dompter

**domesticar** *tr.* domestiquer

**doméstico, -a** *adj.* domestique

**domiciliación** *f.* domiciliation

**domiciliar** *tr.* domicilier

**domicilio** *m.* domicile

**dominación** *f.* domination

**dominante** **1** *adj.* dominant, e **2** *f.* dominante

**dominar** *tr.* dominer, se dominer

**domingo** *m.* dimanche ∼ *de Resurrección* dimanche de Pâques

**dominguero, -a 1** adj. du dimanche *ropa dominguera* vêtements du dimanche **2** m. conducteur du dimanche

**dominio** m. **1** domaine, propriété f. **2** autorité *bajo su* ~ sous son autorité **3** maîtrise f. *el* ~ *del español* la maîtrise de l'espagnol **4** emprise f. *está bajo el* ~ *de la bebida* il est sous l'emprise de la boisson **5** contrôle *el* ~ *de sí mismo* le contrôle de soi

**domótica** f. domotique

**don** m. **1** don, présent **2** don ~ *de gentes* don de plaire **3** don *Don Juan* Don Juan ~ *Fulano de tal* monsieur Untel

**donación** f. donation ~ *de sangre* don du sang m.

**donador, -ora** m. -f. donateur, trice

**donante** m. -f. donateur, trice ~ *de sangre* donneur de sang

**donar** tr. donner, faire don de, faire une donation

**donde** adv. où ¿ *dónde estás?* où es-tu? *de* ~ d'où *a* ~ où *(lieu où l'on va)*

**dondequiera** adv. n'importe où

**doña** f. madame

**dopado** m. dopage

**dopar 1** tr. doper **2** pr. se doper

**doping** m. doping, dopage

**dorada** f. daurade

**dorado, -a 1** adj. doré, ée **2** m. dorure f.

**dorar** tr. dorer

**dórico, -a** adj. dorique

**dormir 1** intr. dormir ~ *al raso* dormir à la belle étoile ~ *a pierna suelta* dormir à poings fermés **2** tr. endormir, faire dormir **3** pr. s'endormir ~ *la siesta* faire la sieste *estar dormido* être endormi

**dormitar** intr. somnoler

**dormitorio** m. chambre à coucher f. ~ *común* dortoir

**dorso** m. dos *(de una carta) al* ~ au dos

**dos** adj. -s. -m. deux *son las* ~ il est deux heures *en un* ~ *por tres* en moins de deux *cada* ~ *por tres* à tout bout de champ

**doscientos, -as** adj. deux cents

**dosel** m. **1** dais **2** ciel de lit

**dosificar** tr. doser

**dosis** f. dose

**dotar** tr. **1** doter **2** doter, pourvoir **3** doter, douer *dotado de cualidades* doué de qualités

**dote** f. **1** dot **2** don m., aptitude

**dragado** m. dragage

**dragar** tr. draguer

**dragón** m. dragon

**drama** m. drame

**dramático, -a** adj. dramatique

**dramatizar** tr. dramatiser

**drástico, -a** adj. drastique, draconien, enne

**drenaje** m. drainage

**droga** f. drogue *tráfico de drogas* trafic de drogue ~ *dura* drogue dure ~ *blanda* drogue douce

**drogadicción** f. toxicomanie

**drogadicto, -a** m. -f. drogué, ée, toxicomane

**drogata** m. -f. fam. drogué, ée, toxicomane

**droguería** f. droguerie

**dromedario** m. dromadaire

**dualidad** f. dualité

**dualismo** m. dualisme

**ducha** f. douche *darse una* ~ prendre une douche

**duchar 1** tr. doucher **2** pr. se doucher

**ducho, -a** adj. expert, e ~ *en la materia* expert en la matière

**duda** f. doute m. *no cabe* ~ il n'y a pas de doute *no cabe la menor* ~ sans aucun doute, il n'y a pas le moindre doute

**dudar** intr. **1** douter **2** hésiter *dudó un momento* il hésita un moment

**duelo** m. **1** duel **2** deuil ~ *nacional* deuil national

**duende** m. **1** lutin **2** charme *tiene mucho* ~ elle a un charme fou

**dueño, -a** m. -f. **1** maître, esse *hacerse* ~ *de* se rendre maître de **2** propriétaire

**duermevela** m. demi-sommeil

**dulce 1** adj. doux, douce **2** m. friandise f., sucrerie f.

**dulcificación** f. **1** adoucissement m. **2** fig. allègement

**dulcificar** tr. adoucir

**dulzor** m. douceur f.

**dulzura** f. fig. douceur

**duna** f. dune

**duodécimo, -a** adj. douzième

**dúplex** *m.* duplex

**duplicación** *f.* 1 reproduction 2 doublement *m.*

**duplicado** 1 *m.* duplicata, double 2 *adj.* double, bis *nº 25* ∼ nº 25 bis *por* ∼ en double exemplaire

**duplicar** *tr.* 1 doubler, multiplier par deux 2 reproduire, copier

**duque** *m.* duc

**duquesa** *f.* duchesse

**duración** *f.* durée

**duradero, -a** *adj.* durable

**duramente** *adv.* durement

**durante** *adv. -prép.* pendant, durant ∼ *el verano* pendant l'été

**durar** *intr.* durer

**dureza** *f.* dureté

**durmiente** *adj.* dormant, e *la Bella* ∼ *del Bosque* la Belle au Bois dormant

**duro** *m.* douro *(moneda de cinco pesetas)*

**duro, -a** 1 *adj.* dur, e *ser* ∼ *de oído* être dur d'oreille 2 *adv.* dur, durement *trabajar* ∼ travailler dur ∼ *de pelar* *fam.* dur à cuire *a duras penas* à grand-peine

# E

**e** *f.* **1** e *m.* **2** *conj.* et *s'emploie au lieu de* y *devant les mots commençant par* i *ou* hi

**ebanista** *m.* ébéniste

**ébano** *m.* ébène *f.*

**ebrio, -a** *adj.* ivre

**ebullición** *f.* ébullition

**ecléctico, -a** *adj.* éclectique

**eclesiástico, -a** *adj.* ecclésiastique

**eclipsar** *tr.* éclipser

**eclipse** *m.* éclipse *f.*

**eco** *m.* écho

**ecología** *f.* écologie

**ecológico, -a** *adj.* écologique

**ecologista** *m.* -*f.* écologiste

**economato** *m.* économat

**economía** *f.* économie ∼ *sumergida* économie souterraine

**económico, -a** *adj.* économique

**economista** *m.* -*f.* économiste

**ecuación** *f.* équation

**ecualizador** *m.* équaliseur

**ecuatoriano, -a** *adj.* -*s.* équatorien, enne

**ecuestre** *adj.* équestre

**echar** *tr.* **1** jeter **2** verser ∼ *vino* verser du vin **3** mettre ∼ *una carta en el buzón* mettre une lettre dans la boîte aux lettres **4** renvoyer, congédier **5** faire ∼ *cálculos* faire des calculs ∼ *cuentas* faire des comptes **6** *pr.* se coucher, s'étendre, s'allonger *echarse para dormir la siesta* s'allonger pour faire la sieste ∼ *al correo* poster ∼ *a patadas* flanquer dehors ∼ *de menos* regretter *(a una persona)* te echo de menos tu me manques ∼ *tierra a* étouffer *(un asunto)* ∼ *a perder* abîmer ∼ *a* se mettre à ∼ *por* prendre à ∼ *por la izquierda* prendre à gauche ∼ *un vistazo* jeter un coup d'œil *echarlo todo a perder* tout gâcher ∼ *una mano* donner un coup de main ∼ *raíces* prendre racine

**edad** *f.* âge *m. menor de* ∼ mineur, e *prohibido para menores de edad* interdit aux moins de dix-huit ans *mayor de* ∼ majeur, e *la* ∼ *Media* le Moyen Age

**edición** *f.* edition

**edicto** *m.* édit

**edificar** *tr.* bâtir, édifier

**edificio** *m.* édifice, immeuble, bâtiment

**edil** *m.* édile, élu, ue municipal, ale

**editor, -ora** *m.* -*f.* éditeur, trice

**editorial** **1** *f.* maison d'édition **2** *adj.* d'édition **3** *m.* éditorial

**edredón** *m.* couette *f.*, édredon

**educación** *f.* éducation

**educador, -ora** *m.* -*f.* éducateur, trice

**educar** *tr.* éduquer, élever

**educativo, -a** *adj.* éducatif, ive

**edulcorante** *adj.* -*s.* -*m.* édulcorant

**efectivo, -a** *adj.* **1** effectif, ive **2** comptant *dinero* ∼ argent comptant **3** *m.* effectif, espèces *f. pl. pagar en* ∼ payer en espèces, en liquide

**efecto** *m.* effet ∼ *invernadero* effet de serre *efectos especiales* cascades, truquages *(cine) surtir* ∼ faire de l'effet

**efectuar** *tr.* effectuer

**efervescente** *adj.* effervescent, e

**eficacia** *f.* efficacité

**eficaz** *adj.* efficace

**eficiente** *adj.* efficient, e, efficace

**efímero, -a** *adj.* éphémère

**efluvio** *m.* effluve

**efracción** *f.* effraction

**efusión** *f.* effusion

**egipcio, -a** *adj.* -*s.* égyptien, ienne

**egoísmo** *m.* égoïsme

**egoísta** *adj.* -*s.* égoïste

**eje** *m.* **1** axe **2** essieu

**ejecución** *f.* exécution

**ejecutante** *m.* -*f.* exécutant, e

**ejecutar** *tr.* exécuter

**ejecutivo** *m.* cadre *(d'entreprise)*

**ejemplar** *adj.* exemplaire

**ejemplo** *m.* exemple *por* ∼ par exemple

**ejercer** *tr.* exercer

**ejercicio** *m.* exercice

**ejercitación** *f.* entraînement

**ejercitar** **1** *tr.* entraîner, exercer **2** *pr.* s'entraîner, s'exercer

**ejército** *m.* armée *f.*

**ejido** *m.* terrain communal

**el** *art.* -*m.* -*sing.* le *ou* l' ∼ *árbol* l'arbre *el que, la que* celui qui, celle qui *el + inf.* le fait de ∼ *decirlo es importante* le fait de le dire est important

**él** *pron. pers.* 1 il *(sujet)* ∼ **habla** il parle 2 lui *(complément)* **habla con** ∼ elle parle avec lui

**elaboración** *f.* 1 élaboration 2 établissement *m.*

**elaborar** *tr.* élaborer

**elástico, -a** *adj.* élastique

**elección** *f.* 1 élection 2 choix *m.* **la** ∼ **de las vacaciones** le choix des vacances

**electo, -a** *adj.* élu, ue *el Presidente* ∼ le président élu

**elector, -ora** *m. -f.* électeur, trice

**electorado** *m.* corps électoral, électorat

**electoral** *adj.* électoral, ale

**electricidad** *f.* électricité

**electricista** *m.* électricien

**eléctrico, -a** *adj.* électrique

**electrificar** *tr.* électrifier

**electrizar** *tr.* électriser

**electrocutar** *tr.* électrocuter

**electrochoque** *m.* électrochoc

**electrodo** *m.* électrode *f.*

**electrodomésticos** *m. pl.* appareils électroménagers, électroménager *sing.*

**electrólisis** *f.* électrolyse

**electrónico, -a** 1 *adj.* électronique 2 *f.* électronique

**elefante** *m.* éléphant

**elegancia** *f.* élégance

**elegante** *adj.* élégant, e

**elegible** *adj.* éligible

**elegir** *tr.* 1 choisir ∼ **un oficio** choisir un métier 2 élire

**elemental** *adj.* élémentaire

**elemento** *m.* élément

**elenco** *m.* distribution *f. (filme)*

**elepé** *m.* disque 33 tours

**elevación** *f.* élévation

**elevado, -a** *adj.* élevé, ée

**elevador** *m.* 1 élévateur, monte-charge 2 *amér.* ascenseur

**elevar** 1 *tr.* élever 2 *pr.* s'élever

**eliminación** *f.* élimination

**eliminar** *tr.* éliminer

**eliminatorio, -a** 1 *adj.* éliminatoire 2 *m.* éliminatoire

**elipse** *f.* ellipse

**elíptico, -a** *adj.* elliptique

**élite** *f.* élite

**elocución** *f.* élocution

**elocuencia** *f.* éloquence

**elocuente** *adj.* éloquent, e

**elogiar** *tr.* louer, faire l'éloge de

**elogio** *m.* éloge *deshacerse en elogios* se répandre en éloges

**elogioso, -a** *adj.* élogieux, euse

**elucidar** *tr.* élucider

**eludir** *tr.* éluder

**ella, ellas** *pron. pers.* elle, elles

**ello** *pron. pers. neutre* cela, ça *no hay dificultad en* ∼ il n'y a pas de difficulté à cela *de* ∼ **en** *le hablaré de* ∼ je lui en parlerai **en** ∼ **y** *pensaré en* ∼ j'y penserai

**ellos** *pron. pers.* 1 ils ∼ **están aquí** ils sont ici 2 eux *hablo con* ∼ je parle avec eux

**emanación** *f.* émanation

**emancipación** *f.* émancipation

**emancipar** *tr.* émanciper

**embadurnar** 1 *tr.* barbouiller, enduire 2 *pr.* s'enduire

**embajada** *f.* ambassade

**embajador, -ora** *m. -f.* ambassadeur, drice

**embalaje** *m.* emballage *papel de* ∼ papier d'emballage

**embaldosado, -a** 1 *adj.* dallé, ée, carrelé, ée 2 *m.* carrelage, dallage

**embaldosar** *tr.* carreler

**embalsamar** *tr.* embaumer

**embalse** *m.* barrage, retenue d'eau *f.*

**embarazada** *adj.* enceinte *mujer* ∼ femme enceinte

**embarazar** 1 *tr.* embarrasser 2 *pr.* être embarrassé, ée, s'embarrasser

**embarazo** *m.* 1 grossesse *f. interrupción voluntaria del* ∼ interruption volontaire de la grossesse 2 embarras

**embarcación** *f.* embarcation

**embarcar** 1 *tr.* embarquer 2 *pr.* s'embarquer

**embarco** *m.* embarquement

**embargar** *tr.* 1 mettre l'embargo sur, saisir 2 gêner

**embargo** *m.* 1 saisie *f.*, mainmise *f.*, séquestre, embargo 2 *sin* ∼ cependant

**embarque** *m.* embarquement

**embaucar** *tr.* enjôler, séduire, embobiner, leurrer, tromper

**embeber** *tr.* 1 absorber 2 imbiber

**embelesar** 1 *tr.* charmer 2 *pr.* être sous le charme

**embeleso** *m.* ravissement, enchantement

**embellecer** 1 *tr.* embellir 2 *intr.* embellir 3 *pr.* s'embellir

**embestida** *f.* assaut *m.*, charge, attaque

**embestir** *tr.* attaquer, charger *el toro embiste* le taureau charge

**emblandecer** *tr.* ramollir

**emblema** *m.* emblème

**embobado, -a** *adj.* ébahi, ie

**embobar** *tr.* ébahir

**embodegar** *tr.* mettre en cave *(el vino)*

**embolia** *f.* embolie

**émbolo** *m.* MEC. piston

**embolsar** *tr.* empocher

**emboquillado, -a** *adj.* à bout filtre

**emborrachar** 1 *tr.* enivrer 2 *pr.* s'enivrer

**emboscada** *f.* embuscade, guet-apens *m.*

**embotellamiento** *m.* embouteillage, mise en bouteille *f.*

**embotellar** *tr.* 1 embouteiller 2 mettre en bouteille

**embozar** *tr.* 1 couvrir le bas du visage 2 *fig.* cacher, déguiser ∼ *sus intenciones* déguiser ses intentions 3 *pr.* se draper *embozarse en una capa* se draper dans une cape

**embozo** *m.* 1 rabat ∼ *de la sábana* le rabat du drap de lit 2 pan *(de una capa)* 3 *fig.* dissimulation *f.*

**embragar** *intr. -tr.* embrayer

**embrague** *m.* embrayage

**embravecer** 1 *tr.* irriter, rendre furieux, euse 2 *pr.* se déchaîner, s'irriter

**embrear** *tr.* goudronner

**embriagado, -a** *adj.* ivre

**embriagador, -ora** *adj.* enivrant, e, grisant, e

**embriagar** 1 *tr.* enivrer, griser 2 *pr.* s'enivrer, se griser

**embriaguez** *f.* ivresse, ébriété

**embrión** *m.* embryon

**embrionario, -a** *adj.* embryonnaire

**embrollo** *m.* imbroglio

**embrujar** *tr.* ensorceler, envoûter

**embrutecedor, -ora** *adj.* abrutissant, e

**embrutecer** 1 *tr.* abrutir 2 *pr.* s'abrutir

**embudo** *m.* entonnoir

**embuste** *m.* mensonge

**embustero, -a** *adj. -s.* menteur, euse

**embutido** *m.* charcuterie *f.*

**emergencia** *f.* 1 urgence, danger *m.* *salida de* ∼ sortie de secours 2 émergence 3 exception *medida de* ∼ mesure d'exception

**emerger** *intr.* émerger

**emigración** *f.* émigration

**emigrante** *m. -f.* émigrant, e ∼ *clandestino* émigrant clandestin ∼ *indocumentado* émigrant sans papiers

**emigrado, -a** *adj. -s.* émigré, ée

**emigrar** *intr.* émigrer

**eminente** *adj.* éminent, e

**emir** *m.* émir

**emirato** *m.* émirat

**emisión** *f.* émission

**emisor, -ora** *adj.* émetteur, trice

**emisora** *f.* station de radio

**emitir** *tr.* émettre

**emoción** *f.* émotion

**emocional** *adj.* émotionnel, elle, émotif, ive

**emocionante** *adj.* émouvant, e

**emotivo, -a** *adj.* émotif, ive

**empacamiento** *m. amer.* emballage

**empacharse** *pr.* se gaver, avoir une indigestion

**empadronamiento** *m.* recensement

**empadronar** *tr.* recenser

**empalagar** *tr.* 1 dégoûter, écœurer *(aliments)* 2 *fig.* fatiguer, ennuyer

**empalagoso, -a** *adj.* écœurant, e, *fig.* collant, e

**empalmar** 1 *tr.* raccorder, relier, embrancher 2 *pr.* se raccorder, s'embrancher

**empalme** *m.* 1 raccordement 2 correspondance *f.* ∼ *con la línea B del metro* correspondance avec la ligne B du métro

**empanada** OU **empanadilla** *f.* friand *m.*, pâté en croûte *m.*, empanada

**empanar** *tr.* paner

**empantanar** *tr.* 1 inonder 2 embourber 3 *pr.* s'embourber

**empañar** *tr.* 1 ternir 2 embuer

**empapar** *tr.* 1 tremper *estoy empapada* je suis trempée 2 détremper 3 imbiber 4 *pr.* s'imbiber, pénétrer, être trempé, ée, *fig.* s'imprégner de

**empapelado** *m.* papier peint

**empapelar** *tr.* tapisser, poser du papier peint

**empaque** *m. fam.* allure *f.*

**empaquetar** *tr.* empaqueter, emballer

**emparedar** *tr.* emmurer, claquemurer

**emparejar** *tr.* 1 assortir 2 égaliser

**emparentar** 1 *tr.* apparenter 2 *intr.* s'apparenter

**emparrado** *m.* treillage, treille *f.*

**empastar** *tr.* 1 plomber *una muela empastada* une dent plombée 2 couvrir de pâte 3 *amer.* mettre au pâturage

**empaste** *m.* plombage

**empatar** *tr.* égaliser, faire match nul *están empatados* ils sont à égalité

**empate** *m.* match nul

**empecinado, -a** *adj.* obstiné, ée, têtu, ue

**empecinarse** *tr.* s'obstiner

**empedernido, -a** *adj.* endurci, ie, invétéré, ée

**empedrado, -a** 1 *adj.* pavé, ée 2 *m.* pavage

**empedrar** *tr.* paver *calle empedrada* rue pavée

**empeine** *m.* 1 coup de pied 2 empeigne *f. (del zapato)*

**empellón** *m.* poussée *f.*, bousculade *f.*

**empeñar** 1 *tr.* gager, mettre en gage 2 *pr.* s'obstiner, s'entêter, s'acharner *empeñarse en* s'obstiner à

**empeño** *m.* 1 engagement 2 obstination *f.*, acharnement *la casa de* ∼ le mont-de-piété, Crédit municipal *poner* ∼ *en algo* s'acharner à

**empeorar** 1 *tr.* empirer, aggraver 2 *intr.* empirer, s'aggraver

**empequeñecer** *tr.* rapetisser

**emperador** *m.* empereur

**emperatriz** *f.* impératrice

**emperifollarse** *pr.* se mettre sur son trente et un

**empezar** 1 *tr.* commencer 2 *intr.* commencer ∼ *la casa por el tejado* mettre la charrue avant les bœufs

**empiezo** *m. amer.* commencement

**empinado, -a** *adj.* en pente, raide, escarpé, ée *una calle empinada* une rue en pente

**empinar** 1 *tr.* dresser 2 *pr.* se dresser, se mettre sur la pointe des pieds *fam.* ∼ *el codo* lever le coude

**empingorotarse** *pr.* grimper

**empírico, -a** *adj.* empirique

**empirismo** *m.* empirisme

**emplazar** *tr.* assigner, convoquer

**empleado, -a** *m. -f.* employé, ée

**emplear** 1 *tr.* employer 2 *pr.* s'employer

**empleo** *m.* 1 emploi *demanda de* ∼ demande d'emploi *puesto de* ∼ emploi *creación de puestos de* ∼ création d'emplois 2 fonction *f.*, charge *f.*, situation *f. tiene un buen* ∼ il a une bonne situation

**empobrecer** 1 *tr.* appauvrir 2 *pr.* s'appauvrir

**empobrecimiento** *m.* appauvrissement

**empolvar** 1 *tr.* couvrir de poussière 2 *pr.* se mettre de la poudre, se poudrer

**empollar** *tr.* 1 couver *la gallina empolla* la poule couve 2 *fig. fam.* bosser, bûcher, potasser

**empollón, -ona** *adj. -s. fam.* bosseur, euse, bûcheur, euse

**emporio** *m.* 1 haut lieu *un* ∼ *de la moda* un haut lieu de la mode 2 grand centre commercial 3 empire

**empotrar** *tr.* encastrer *armario empotrado* placard encastré

**emprendedor, -ora** *adj.* entreprenant, e, qui a l'esprit d'entreprise

**emprender** *tr.* entreprendre

**empresa** *f.* entreprise

**empresariado** *m.* patronat

**empresarial** *adj.* patronal, ale

**empresario, -a** *m. -f.* 1 chef d'entreprise, entrepreneur, euse 2 impresario

**empréstito** *m.* emprunt

**empujar** 1 *tr.* pousser 2 *intr.* pousser 3 *pr.* se pousser

**empujón** *m.* bousculade *f.*, poussée *f.*, *dar empujones* pousser, bousculer

**empuñar** *tr.* empoigner

**emulación** *f.* émulation

**emulsión** *f.* émulsion

**en** *prep.* 1 en *estoy* ∼ *España* je suis en Espagne 2 à *estoy* ∼ *Madrid* je suis à Madrid 3 dans *estoy* ∼ *la casa* je suis dans la maison 4 sur ∼ *la mesa* sur la table 5 dans ∼ *el cajón* dans le tiroir ∼ *cambio* par contre ∼ *serio* sérieusement *pensar* ∼ penser à

**enaguas** *f. pl.* jupon *m.*, combinaison *f.*

**enajenación** *f.* aliénation

**enajenamiento** *m.* aliénation *f.*

**enajenar** 1 *tr.* aliéner 2 *pr.* s'aliéner

**enamorado, -a** *adj. -s.* amoureux, euse

**enamorarse** *pr.* tomber amoureux, euse

**enano, -a** *m. -f.* nain, e

**enarbolar** *tr.* arborer ∼ *bandera* battre pavillon

**enardecer** *tr.* exciter, échauffer

**encabezamiento** *m.* en-tête *f.*

**encabezar** *tr.* 1 mener, être à la tête de ∼ *una manifestación* être à la tête d'une manifestation 2 placer en tête

**encabritarse** *pr.* se cabrer

**encadenamiento** *m.* enchaînement, engrenage

**encadenar** *tr.* enchaîner

**encajar** *tr.* 1 ajuster, emboîter 2 cadrer *sus actividades encajan con su formación* ses activités cadrent avec sa formation 3 *intr.* s'emboîter, s'encastrer

**encaje** *m.* 1 dentelle *f. mantilla de* ∼ mantille en dentelle 2 emboîtement

**encajonar** *tr.* encaisser, mettre en caisses

**encalar** *tr.* blanchir à la chaux

**encallar** *intr.* échouer, s'échouer

**encaminar** 1 *tr.* acheminer 2 *pr.* s'acheminer

**encanallarse** *pr.* s'encanailler

**encandilar** *tr.* éblouir

**encanecer** *intr.* blanchir, grisonner *pelo encanecido* cheveux grisonnants

**encantado, -a** *adj.* enchanté, ée

**encantador, -ora** *adj.* charmant, e, ravissant, e

**encantar** 1 *tr.* charmer, enchanter 2 *intr.* adorer, aimer beaucoup, raffoler de *me encanta el cine* j'aime beaucoup le cinéma *le encantan los libros* il adore les livres

**encanto** *m.* 1 enchantement 2 charme *tiene mucho* ∼ il a beaucoup de charme *es un* ∼ il est adorable

**encañar** *tr.* canaliser

**encapotado, -a** *adj.* couvert, e *cielo* ∼ ciel couvert

**encapotarse** *pr.* se couvrir

**encapricharse** *pr.* s'enticher ∼ *por* s'enticher de

**encaramar** 1 *tr.* hisser, jucher 2 *pr.* se hisser, se jucher, se percher

**encarar** *tr.* 1 regarder en face, dévisager 2 affronter 3 *pr.* s'affronter ∼ *con un enemigo* s'affronter à un ennemi

**encarcelar** *tr.* incarcérer, emprisonner, écrouer

**encarecimiento** *m.* augmentation *f.,* enchérissement

**encarecer** 1 *tr.* augmenter le prix de, élever le prix de 2 *intr.* augmenter 3 faire l'éloge de quelqu'un

**encarecimiento** *m.* augmentation *f.,* hausse des prix *f.*

**encargado, -a** *m. -f.* 1 chargé, ée *de prepararlo todo* chargé de tout préparer 2 employé, ée, responsable 3 gérant, e ∼ *de negocios* chargé d'affaires

**encargar** *tr.* 1 charger *te encargo de esto* je te charge de cela 2 commander *lo encargo todo en este comercio* je commande tout dans ce magasin 3 *pr.* se charger, s'occuper

**encargo** *m.* 1 commission *f. tengo un* ∼ *para ti* j'ai une commission pour toi 2 commande *f.* hacer un ∼ passer une commande *de* ∼ sur mesure, sur commande

**encariñarse** *pr.* s'attacher ∼ *con* s'attacher à, se prendre d'affection pour

**encarnado, -a** *adj.* rouge

**encarnar** 1 *tr.* incarner 2 *pr.* s'incarner

**encarnizado, -a** *adj.* acharné, ée *batalla encarnizada* bataille acharnée

**encarnizar** 1 *tr.* rendre féroce 2 *pr.* s'acharner ∼ *con* s'acharner sur

**encarpetar** *tr.* ranger dans un classeur, classer

**encarrilar** *tr.* acheminer, diriger, mettre sur la voie

**encarte** *m.* encart ∼ *publicitario* encart publicitaire

**encartonar** *tr.* cartonner

**encasillamiento** *m.* enfermement

**encasillar** *tr.* ranger, mettre dans des cases *ou* dans des grilles, *fig.* enfermer

**encasquetar** 1 *tr.* enfoncer sur la tête 2 *pr. fig.* se mettre dans la tête

**encausar** *tr.* poursuivre en justice, traduire en justice

**encauzamiento** *m.* canalisation *f.*

**encauzar** *tr.* canaliser, endiguer, *fig.* diriger, aiguiller

**encefalitis** *f.* encéphalite

**encenagamiento** *m.* enlisement

**encenagarse** *pr.* s'embourber, s'enliser

**encendedor** *m.* briquet

**encender 1** *tr.* allumer ∼ *la luz* allumer **2** *pr.* s'allumer, s'enflammer

**encendido 1** *m.* allumage **2** *adj.* rouge, ardent, e, enflammé, ée

**encerado** *m.* **1** tableau noir **2** action de cirer, encaustiquage

**encerar** *tr.* cirer, encaustiquer

**encerrar** *tr.* **1** enfermer ∼ *con siete llaves* enfermer à double tour **2** *fig.* renfermer, contenir

**encerrona** *f.* réclusion, retraite, *fig.* piège *m.*, embûche, embuscade, guet-apens *m.*

**enceste** *m.* panier *(baloncesto)*

**encía** *f.* gencive

**enciclopedia** *f.* encyclopédie

**encierro** *m.* **1** retraite *f.* **2** action d'enfermer **3** *TAUROM.* action d'enfermer les taureaux dans le toril

**encima** *adv.* **1** dessus *estar* ∼ être dessus **2** en plus, par-dessus le marché, en outre ∼, *le dio una paliza* en plus, il lui donna une raclée *prep.* ∼ *de* dessus ∼ *de la mesa* sur la table *por* ∼ *de* par-dessus

**encimera** *f.* plan de travail *m. cocina con* ∼ cuisine avec plan de travail

**encina** *f.* chêne vert *m.*

**encinta** *adj.* enceinte

**encizañar** *tr.* semer la zizanie

**enclavar** *tr.* enclaver

**enclave** *m.* enclave *f.*

**enclavijar** *tr.* cheviller

**enclenque** *adj.* chétif, ive, malingre

**encoger** *tr.* **1** rétrécir, faire rétrécir *el agua encoge la lana* l'eau fait rétrécir la laine **2** contracter **3** *intr.* rétrécir *la lana encoge* la laine rétrécit **4** *pr.* se rétrécir, *fig.* se serrer *encogerse de hombros* hausser les épaules

**encolar** *tr.* encoller, coller

**encolerizar 1** *tr.* mettre en colère **2** *pr.* se mettre en colère

**encomendar 1** *tr.* recommander, confier, charger **2** *pr.* s'en remettre à

**encomiable** *adj.* digne d'éloges

**encomio** *m.* éloge

**enconado, -a** *adj.* acharné, ée, passionné, ée

**enconar 1** *tr.* enflammer, envenimer **2** *pr.* s'enflammer, s'envenimer

**encono** *m.* haine *f.*, rancune *f.*, animosité *f.*

**encontrado, -a** *adj.* contraire, opposé, ée *opiniones encontradas* opinions contraires

**encontrar** *tr.* **1** trouver ∼ *la solución* trouver la solution **2** rencontrer **3** *pr.* se trouver, rencontrer, *fig.* trouver *me encuentro en Zamora* je me trouve à Zamora *me encontré con él* je l'ai rencontré *la encuentro bien* je la trouve bien *encontrarse con* tomber sur

**encopetado, -a** *adj.* huppé, ée

**encordar 1** *tr.* mettre des cordes **2** *pr.* s'encorder

**encorvar 1** *tr.* courber, incliner, recourber, voûter *una mujer encorvada* une femme voûtée **2** *pr.* se courber, se recourber, se voûter

**encrespar 1** *tr.* friser, hérisser, ébouriffer *pelo encrespado* cheveux ébouriffés **2** *fig.* irriter, mettre en colère **3** *pr.* s'agiter, se mettre en colère

**encrucijada** *f.* carrefour *m.*, croisement *m.*

**encuadernación** *f.* reliure

**encuadernador, -ora** *m. -f.* relieur, euse

**encuadernar** *tr.* relier ∼ *en rústica* brocher

**encuadre** *m.* cadrage

**encuadrar** *tr.* **1** encadrer **2** cadrer

**encubierta** *f.* fraude

**encubierto, -a** *adj.* caché, ée, couvert, e

**encubridor, -ora** *m. -f.* receleur, euse, *fig.* complice

**encubrimiento** *m.* **1** dissimulation *f.* **2** recel

**encubrir** *tr.* **1** cacher, dissimuler **2** receler **3** frauder **4** être complice de

**encuentro** *m.* **1** rencontre *f.* **2** trouvaille *f. ir al* ∼ *de* aller à la rencontre de

**encuesta** *f.* enquête *la* ∼ *publicada en la revista* l'enquête publiée dans la revue

**encuestado, -a** *m. -f.* personne interrogée dans une enquête, un sondage *f.*

**encuestador, -ora** *m. -f.* enquêteur, euse

**encuestar** *tr.* enquêter, sonder

**encumbrado, -a** adj. haut, e, élevé, ée, haut placé, ée

**encumbrar** tr. 1 élever 2 fig. glorifier, exalter 3 pr. s'élever, progresser

**encharcar** 1 tr. inonder, détremper 2 pr. s'inonder

**enchufado, -a** adj. -s. fam. pistonné, ée, planqué, ée

**enchufar** tr. 1 brancher ~ *la plancha* brancher le fer à repasser 2 fig. fam. pistonner ~ *a un sobrino* pistonner un neveu *estar enchufado, a* être pistonné, ée

**enchufe** m. 1 prise de courant f. 2 fig. fam. piston, planque f.

**endeble** adj. faible

**endémico, -a** adj. endémique

**endemoniado, -a** adj. démoniaque, endiablé, ée, possédé, ée par le démon

**enderezar** 1 tr. redresser 2 pr. se redresser

**endeudamiento** m. endettement

**endeudar** 1 tr. endetter 2 pr. s'endetter

**endibia** f. endive

**endomingar** 1 tr. endimancher 2 pr. s'endimancher

**endosar** tr. endosser

**endoso** m. endos, endossement

**endrina** f. prunelle

**endulzar** tr. sucrer, adoucir

**endurecer** 1 tr. durcir, endurcir 2 pr. se durcir, s'endurcir

**endurecimiento** m. durcissement, endurcissement

**enea** f. BOT. massette *silla de* ~ chaise de paille

**enemigo, -a** adj. -s. ennemi, ie

**enemistad** f. inimitié

**enemistar** 1 tr. brouiller 2 pr. se brouiller

**energía** f. énergie

**enérgico, -a** adj. énergique

**enero** m. janvier

**enervar** tr. affaiblir

**enésimo, -a** adj. énième *por enésima vez* pour la énième fois

**enfadar** 1 tr. fâcher, mettre en colère 2 pr. se fâcher, se mettre en colère

**enfado** m. mécontentement, colère f., brouille f.

**enfangarse** pr. s'embourber, se couvrir de boue

**énfasis** f. emphase

**enfático, -a** adj. emphatique

**enfermar** 1 intr. tomber malade *enfermó rápidamente* il est tombé rapidement malade 2 tr. rendre malade

**enfermedad** f. maladie

**enfermería** f. infirmerie

**enfermero, -a** m. -f. infirmier, ière

**enfermizo, -a** adj. maladif, ive

**enfermo, -a** adj. -s. malade ~ *de gravedad* gravement malade *ponerse* ~ tomber malade

**enfilada** f. enfilade

**enflaquecer** 1 intr. amaigrir, faire maigrir 2 tr. maigrir, faiblir

**enflaquecimiento** m. amaigrissement

**enfocador** m. viseur

**enfocar** tr. 1 mettre au point, centrer 2 fig. envisager ~ *un problema* envisager un problème

**enfoque** m. 1 mise au point f., centrage f. 2 fig. approche f., façon d'envisager f. ~ *del problema* l'approche du problème 3 fig. point de vue, optique f. *su* ~ *es diferente* leur optique est différente

**enfrascarse** pr. se plonger, s'absorber *estaba enfrascado en su lectura* il était plongé dans sa lecture

**enfrentamiento** m. affrontement

**enfrentar** 1 tr. affronter 2 pr. s'affronter 3 intr. être face à

**enfrente** adv. en face ~ *de* en face de

**enfriamiento** m. refroidissement

**enfriar** 1 tr. refroidir 2 intr. refroidir *la comida está enfriando* le repas refroidit 3 pr. se refroidir, prendre froid *me he enfriado* j'ai pris froid

**enfundar** tr. mettre dans un étui, une housse, gainer, rengainer

**enfurecer** 1 tr. rendre furieux, euse 2 pr. s'emporter

**enfurruñarse** pr. bougonner

**engalanar** 1 tr. parer, orner 2 pr. se parer

**enganchar** tr. 1 accrocher 2 enrôler 3 pr. s'accrocher, s'enrôler

**enganche** m. 1 accrochage 2 attelage 3 recrutement

**engañar** tr. 1 tromper ~ *a un amigo* tromper un ami 2 duper, leurrer

**engañifa** f. duperie, escroquerie

**engaño** m. tromperie f., erreur f.

**engañoso, -a** *adj.* trompeur, euse, illusoire, mensonger, ère *publicidad engañosa* publicité mensongère

**engarzar** *tr.* enfiler ∼ *perlas* enfiler des perles, sertir

**engaste** *m.* sertissage

**engatusar** *tr.* enjôler, embobiner

**engendrar** *tr.* engendrer

**engendro** *m.* avorton, engeance *f.*

**englobar** *tr.* englober

**engolfarse** *pr.* se plonger, s'absorber

**engolosinar** *tr.* allécher *engolosinarse con* prendre goût à

**engomado** *m.* encollage

**engomar** *tr.* encoller, apprêter

**engordar** 1 *tr.* engraisser 2 *intr.* grossir, faire grossir *el pan engorda* le pain fait grossir

**engorro** *m.* ennui, embarras

**engorroso, -a** *adj.* ennuyeux, euse, embarrassant, e

**engranaje** *m.* engrenage

**engrandecer** *tr.* 1 agrandir, grandir 2 exalter, louer, grandir

**engrandecimiento** *m.* agrandissement

**engrasar** 1 *tr.* graisser, lubrifier 2 *pr.* s'encrasser

**engrase** *m.* graissage, lubrification *f.*

**engreimiento** *m.* suffisance *f.*

**engreírse** *pr.* s'enorgueillir

**engrescarse** *pr.* se disputer, se chamailler

**engrosar** *tr.* grossir

**engrudo** *m.* empois, colle *f.*

**enguatar** *tr.* capitonner, rembourrer, molletonner

**engullir** *tr.* engloutir

**enhebrar** *tr.* enfiler ∼ *una aguja* enfiler une aiguille

**enhiesto, -a** *adj.* dressé, ée

**enhorabuena** *f.* félicitations *f. pl. dar la* ∼ féliciter ∼ *!* félicitations !

**enigma** *m.* énigme *f.*

**enigmático, -a** *adj.* énigmatique

**enjabonado** *m.* savonnage

**enjabonar** *tr.* savonner

**enjaezamiento** *m.* harnachement

**enjaezar** *tr.* harnacher *caballo enjaezado* cheval harnaché

**enjalbegar** *tr.* blanchir à la chaux, badigeonner

**enjambre** *m.* essaim

**enjaular** *tr.* mettre en cage, *fam.* coffrer

**enjoyar** *tr.* parer, orner de bijoux

**enjuagar** 1 *tr.* rincer 2 *pr.* se rincer ∼ *la boca* se rincer la bouche

**enjuague** *m.* rinçage

**enjugar** *tr.* sécher, éponger, essuyer *enjugarse la frente* s'éponger le front

**enjuiciar** *tr.* mettre en accusation, poursuivre en justice, instruire un procès, juger

**enjundia** *f.* 1 force, importance, poids *m. un libro de mucha* ∼ un livre d'une grande importance 2 graisse

**enjuto, -a** *adj.* sec, sèche

**enlace** *m.* 1 liaison *f.,* correspondance *f. el* ∼ *con el otro tren* la correspondance avec l'autre train 2 union *f.* 3 lien, liaison *f.* 4 échangeur ∼ *de autopista* échangeur d'autoroute ∼ *matrimonial* mariage ∼ *sindical* délégué syndical

**enlatar** *tr.* mettre en conserve

**enlazar** *tr.* 1 assurer la correspondance 2 lier, enlacer, enchaîner

**enlodar** *tr.* couvrir de boue

**enloquecer** 1 *tr.* affoler, rendre fou, folle 2 *intr.* devenir fou, folle

**enlosado** *m.* carrelage, dallage

**enlosar** *tr.* carreler, daller

**enlucido** *m.* enduit, crépi

**enlucir** *tr.* crépir, enduire

**enlutar** *tr.* endeuiller

**enmaderado** *m.* boiserie *f.*

**enmarañamiento** *m.* enchevêtrement

**enmarañar** 1 *tr.* enchevêtrer, emmêler 2 *pr.* s'enchevêtrer, s'emmêler

**enmarcar** *tr.* 1 encadrer 2 *fig.* s'inscrire dans le cadre de

**enmascarar** *tr.* masquer, camoufler

**enmendar** *tr.* corriger, réparer, amender

**enmienda** *f.* 1 correction, rectification 2 amendement

**enmohecer** 1 *tr.* rouiller, moisir 2 *intr.* moisir, rouiller

**enmudecer** 1 *tr.* faire taire 2 *intr.* se taire, devenir muet, ette

**enmugrecer** 1 *tr.* encrasser 2 *pr.* s'encrasser

**ennoblecer** *tr.* annoblir

**enojadizo, -a** *adj.* irritable

**enojado, -a** *adj.* en colère *estar* ∼ *con* être en colère contre

**enojar 1** *tr.* irriter, fâcher **2** *pr.* se fâcher, se mettre en colère

**enojo** *m.* colère *f.*

**enojoso, -a** *adj.* fâcheux, euse, contrariant, e

**enología** *f.* œnologie

**enólogo** *m.* œnologue

**enorgullecer 1** *tr.* enorgueillir **2** *pr.* s'enorgueillir

**enorme** *adj.* énorme

**enormidad** *f.* énormité

**enquistarse** *pr.* s'enkyster

**enraizar** *intr.* s'enraciner

**enramada** *f.* branchage *m.*

**enrarecer 1** *tr.* raréfier **2** *intr.* -*pr.* se raréfier

**enredadera 1** *adj. f.* grimpante *planta* ~ plante grimpante **2** *f.* BOT. liseron *m.*, volubilis *m.*

**enredar** *tr.* emmêler, embrouiller *lo enreda todo* il embrouille tout

**enredo** *m.* confusion *f.*, intrigue *f.*, affaire compliquée *f.*

**enrejado** *m.* grillage, grilles *f. pl.*

**enrejar** *tr.* grillager

**enrevesado, -a** *adj.* compliqué, ée

**enriquecer 1** *tr.* enrichir **2** *pr.* s'enrichir, faire fortune

**enriquecimiento** *m.* enrichissement

**enrojecer 1** *tr.* rougir **2** *intr.* -*pr.* rougir

**enrolar** *tr.* enrôler

**enrollar 1** *tr.* enrouler, rouler **2** *fig. fam. estar enrollado, a,* être au courant, au parfum **3** *pr. fig. fam.* se lier, s'embarquer

**enronquecer 1** *tr.* enrouer **2** *pr.* s'enrouer

**enroscar** *tr.* **1** visser **2** enrouler, entortiller

**ensalada** *f.* salade ~ *de tomate* salade de tomates

**ensaladilla** *f.* macédoine de légumes ~ *rusa* salade russe

**ensalmo** *m.* remède de bonne femme *como por* ~ comme par enchantement

**ensalzar** *tr.* louer, chanter les louanges de

**ensamblaje** *m.* assemblage

**ensanchar** *tr.* élargir, étendre, agrandir ~ *la calle* élargir la rue

**ensanche** *m.* **1** agrandissement, élargissement **2** nouveau quartier

**ensangrentar** *tr.* ensanglanter

**ensañamiento** *m.* acharnement

**ensañarse** *pr.* s'acharner ~ *con* s'acharner sur

**ensartar** *tr.* **1** enfiler ~ *perlas* enfiler des perles **2** *fig. fam.* débiter ~ *disparates* débiter des idioties

**ensayar 1** *tr.* essayer ~ *un vestido* essayer une robe **2** *intr.* répéter *ensayan una escena* ils répètent une scène

**ensayista** *m.* -*f.* auteur d'essais littéraires

**ensayo** *m.* **1** répétition *f.* **2** essai **3** essai littéraire

**enseguida, en seguida** *adv.* tout de suite, immédiatement

**ensenada** *f.* anse

**enseñanza** *f.* enseignement *m.* ~ *primaria* enseignement primaire ~ *segundaria*, ~ *media* enseignement secondaire ~ *con la ayuda de ordenador* enseignement assisté par ordinateur

**enseñar** *tr.* **1** apprendre *me enseña a escribir* il m'apprend à écrire **2** enseigner ~ *historia* enseigner l'histoire **3** montrer *quiere* ~ *su casa* elle veut montrer sa maison

**enseres** *m. pl.* outils, ustensiles

**ensillado, -a** *adj.* sellé, ée

**ensillar** *tr.* seller ~ *el caballo* seller le cheval

**ensimismarse** *pr.* **1** se plonger *ensimismado en su lectura* plongé dans sa lecture **2** se replier sur soi-même, se renfermer *es una niña muy ensimismada* c'est une enfant très renfermée

**ensombrecer** *tr.* assombrir

**ensordecedor, -ora** *adj.* assourdissant, e

**ensordecer 1** *tr.* assourdir **2** *intr.* devenir sourd, e

**ensordecimiento** *m.* assourdissement

**ensuciar 1** *tr.* salir **2** *pr.* se salir

**ensueño** *m.* rêve *una casa de* ~ une maison de rêve

**entablar 1** *tr.* entamer, amorcer, engager ~ *un proceso* engager des poursuites ~ *el diálogo* amorcer le dialogue **2** *intr. amér.* faire match nul

**entalladura** *f.* entaille, encoche

**entallar** *tr.* **1** sculpter, graver, ciseler **2** ajuster à la taille

**entarimado** *m.* plancher, parquet

**ente** *m.* 1 être, réalité *f.* 2 société, organisme, firme *f.*

**entendedor, -ora** 1 *adj.* -s. connaisseur, euse 2 *m.* entendeur

**entender** *tr.* 1comprendre *no entiendo lo que dices* je ne comprends pas ce que tu dis 2 entendre *¿ qué entiende por eso?* qu'entendez-vous par là ? 3 *intr.* s'y connaître ~ *de cine* s'y connaître en cinéma 4 *pr.* se comprendre, s'entendre *dar a* ~ faire comprendre *no* ~ *ni jota* ne pas comprendre un traître mot

**entendido, -a** *adj.* 1 compris, e 2 compétent, e, connaisseur, euse *darse por* ~ faire celui qui a compris *no darse por* ~ faire semblant de ne pas comprendre, faire la sourde oreille

**entendimiento** *m.* entendement

**enteramente** *adv.* entièrement

**enterarse** *pr.* apprendre, s'informer, être au courant *¿ te has enterado de la noticia ?* as-tu appris la nouvelle ?, es-tu au courant de la nouvelle ? *me he enterado de su éxito* j'ai appris son succès

**entereza** *f.* intégrité, force de caractère, cran *m.*

**enterizo, -a** *adj.* d'une seule pièce *columna enteriza* colonne d'une seule pièce

**enternecer** 1 *tr.* attendrir 2 *pr.* s'attendrir

**entero, -a** *adj.* entier, ière

**enterrador** *m.* fossoyeur, *fam.* croquemort

**enterrar** 1 enterrer, ensevelir, enfouir 2 *pr. fig.* s'enterrer

**entibiar** *tr.* tiédir, faire refroidir, refroidir

**entidad** *f.* 1 entité 2 société, organisme *m.* 3 importance *un asunto de* ~ une affaire d'importance

**entierro** *m.* enterrement

**entintador** *m.* encreur

**entintar** *tr.* encrer

**entoldado** *m.* bâche *f.*, vélum

**entoldar** *tr.* bâcher

**entonación** *f.* 1 intonation 2 redressement *m.* (*Bolsa*)

**entonar** 1 *tr.* entonner 2 *intr.* chanter juste 3 *fam.* remonter, retaper, donner un coup de fouet *este vino te entonará* ce vin te donnera un coup de fouet

**entonces** *adv.* alors *en aquel* ~ à cette époque-là

**entontecer** *tr.* abrutir

**entornar** *tr.* 1 entrebâiller, entrouvrir ~ *la puerta* entrebâiller la porte 2 ouvrir à moitié *ojos entornados* yeux entrouverts, yeux à demi ouverts

**entorno** *m.* environnement *el* ~ *familiar* l'environnement familial

**entorpecer** *tr.* 1 engourdir 2 *fig.* gêner, entraver

**entrada** *f.* 1 entrée 2 place, billet *m.* *tengo una* ~ *para el concierto* j'ai une place pour le concert 3 premier versement *m.*, apport personnel 4 *INFORM.* saisie ~ *de datos* saisie de données

**entramado** *m.* 1 treillis, caillebotis 2 *fig.* confusion *f.*, intrigue *f.*, imbrication *f.*

**entrampar** *tr.* prendre au piège *fig.* *estar entrampado* être criblé de dettes

**entrante** *adj.* qui vient, qui commence *el mes* ~ le mois qui commence

**entrañas** *f. pl.* entrailles *pl.*

**entrañable** *adj.* 1 qui est cher, chère, cher, chère *mi* ~ *amigo* mon très cher ami *es un amigo* ~ c'est un ami qui m'est très cher 2 profond, e *un* ~ *sentimiento* un sentiment profond

**entrañar** *tr.* 1 renfermer 2 impliquer *las exigencias que entraña la convivencia* les exigences qu'implique la vie en commun

**entrar** *intr.* 1 entrer ~ *en la tienda* entrer dans le magasin 2 rentrer 3 *tr.* rentrer, entrer *entrado en años* d'un certain âge ~ *en años* prendre de l'âge *ni* ~ *ni salir en algo* ne pas se mêler d'une affaire

**entre** *prép.* 1 entre ~ *Madrid y Burgos* entre Madrid et Burgos 2 parmi ~ *mis amigos* parmi mes amis 3 chez ~ *los españoles* chez les Espagnols 4 dans *coger* ~ *las manos* prendre dans ses mains 5 à *llevar una cosa* ~ *dos* porter une chose à deux ~ *tanto* pendant ce temps

**entreabierto, -a** *adj.* entrouvert, e

**entreabrir** *tr.* entrouvrir

**entreacto** *m.* entracte

**entrecano, -a** *adj.* poivre et sel *pelo* ~ cheveux poivre et sel

**entrecejo** *m. fruncir el* ~ froncer les sourcils

**entrecerrar** *tr. amér.* entrebâiller

**entrecortar** *tr.* entrecouper, hacher

**entrecot, entrecote** *m.* entrecôte *f.*

**entrecruzar** 1 *tr.* entrecroiser 2 *pr.* s'entrecroiser

**entredicho** *m.* interdit *poner en ~* mettre, remettre en question *estar en ~* être en question

**entrefilete** *m.* entrefilet

**entrega** *f.* 1 remise *~ de un premio* remise d'un prix 2 livraison

**entregar** 1 *tr.* remettre, livrer 2 *pr.* se livrer, se vouer *entregarse a una causa* se vouer à une cause

**entrelazar** *tr.* entrelacer

**entremés** *m.* hors-d'œuvre *¿ qué quiere de ~?* que voulez-vous comme hors-d'œuvre ?

**entremeter** 1 *tr.* mêler 2 *pr.* s'immiscer dans, se mêler de

**entremezclar** *tr.* entremêler

**entrenador** *m.* entraîneur

**entrenamiento** *m.* entraînement

**entrenar** 1 *tr.* entraîner 2 *pr.* s'entraîner

**entresacar** *tr.* 1 trier, choisir 2 tirer *se pueden ~ las consecuencias* on peut en tirer les conséquences

**entresijo** *m.* mystère, secret

**entresuelo** *m.* entresol

**entretanto** *adv.* pendant ce temps, entre-temps

**entretener** *tr.* 1 amuser, distraire *me entretienes* tu me distrais 2 retarder *no la entretengas* ne la retarde pas 3 *pr.* s'amuser, se distraire *entretenerse viendo la tele* se distraire en regardant la télévision 4 s'attarder

**entretenido, -a** *adj.* amusant, e, distrayant, e

**entretenimiento** *m.* amusement, passe-temps

**entretiempo** *m.* demi-saison *f.* *ropa de ~* vêtements de demi-saison

**entrever** *tr.* entrevoir

**entrevista** *f.* 1 entrevue, entretien *m.* *tener una ~* avoir une entrevue 2 interview

**entrevistador, -ora** *m.* -*f.* interviewer, journaliste qui fait une interview

**entrevistarse** *pr.* 1 avoir un entretien, une entrevue, donner une entrevue 2 interviewer

**entristecer** 1 *tr.* attrister 2 *pr.* s'attrister

**entroncamiento** *m.* lien, rattachement, correspondance

**entroncar** 1 *tr.* allier, rattacher 2 *pr.* s'allier, être lié à

**entronque** *m.* 1 alliance *f.* 2 correspondance, embranchement *m.*

**entuerto** *m.* tort, dommage

**entumecer** 1 *tr.* engourdir, tuméfier 2 *pr.* s'engourdir, se tuméfier

**enturbiar** *tr.* troubler

**entusiasmar** 1 *tr.* enthousiasmer 2 *pr.* s'enthousiasmer

**entusiasmo** *m.* enthousiasme

**entusiasta** *adj.* -*s.* enthousiaste

**enumeración** *f.* énumération, dénombrement *m.*

**enumerar** *tr.* énumérer

**enunciación** *f.* OU **enunciado** *m.* énoncé *m.*

**envasado** *m.* mise *f.* en bouteille, en conserve, en sachet, en sac

**envasar** *tr.* 1 mettre en bouteille 2 empaqueter 3 mettre en sac, en sachet

**envase** *m.* 1 bouteille *f.* *devolver los envases* rendre les bouteilles consignées 2 emballage *~ de plástico* emballage en matière plastique 3 conditionnement *~ de cartón* berlingot

**envejecer** 1 *tr.* vieillir 2 *intr.* vieillir

**envejecimiento** *m.* vieillissement

**envenenamiento** *m.* empoisonnement

**envenenar** *tr.* empoisonner

**envergadura** *f.* envergure

**envés** *m.* verso, envers

**enviado, -a** *adj.* -*s.* envoyé, ée *~ especial* envoyé spécial

**enviar** *tr.* envoyer *~ a paseo* envoyer promener

**enviciar** 1 *tr.* vicier, corrompre 2 *pr.* se corrompre, s'adonner à un vice, prendre une mauvaise habitude

**envidia** *f.* envie, jalousie *lo dices por ~* tu le dis par jalousie *dar ~* faire envie *eso me da ~* cela me fait envie *tener ~* envier *te tengo ~* je t'envie

**envidioso, -a** *adj.* -*s.* envieux, euse, jaloux, ouse

**envilecer** *tr.* avilir

**envío** *m.* envoi, expédition *f.*, acheminement du courrier *~ certificado* envoi recommandé *~ contra reembolso* envoi contre remboursement

**enviudar** *intr.* devenir veuf, veuve

**envoltorio** *m.* emballage, papier d'emballage

**envoltura** *f.* emballage *m.*, enveloppe

**envolver** *tr.* 1 envelopper 2 emballer, faire un paquet ¿ *se lo envuelvo para regalo ?* je vous fais un paquet cadeau ?

**enyesar** *tr.* plâtrer

**enzarzarse** *pr.* s'embrouiller, s'empêtrer

**épico, -a** *adj.* épique

**epidemia** *f.* épidémie

**epidermis** *f.* épiderme *m.*

**epilepsia** *f.* épilepsie

**epílogo** *m.* épilogue

**episcopal** *adj.* épiscopal, ale

**episcopado** *m.* épiscopat

**episódico, -a** *adj.* épisodique

**episodio** *m.* épisode

**epistolar** *adj.* épistolaire

**época** *f.* époque *en aquella* ~ à cette époque-là

**epopeya** *f.* épopée

**equidad** *f.* équité

**equidistante** *adj.* équidistant, e

**equilátero, -a** *adj.* équilatéral, ale

**equilibrar** 1 *tr.* équilibrer 2 *pr.* s'équilibrer

**equilibrio** *m.* équilibre

**equino, -a** *adj.* équin, e

**equinoccio** *m.* équinoxe

**equipaje** *m.* bagages *pl. ir ligero de* ~ avoir peu de bagages *exceso de* ~ excédent de bagages *facturación de* ~ *f.* enregistrement des bagages *m. mozo de* ~ bagagiste, porteur ~ *de mano* bagage à main

**equipamiento** *m.* équipement *coche con* ~ *moderno* voiture à l'équipement moderne

**equipar** *tr.* équiper

**equiparación** *f.* comparaison

**equiparar** *tr.* comparer

**equipo** *m.* 1 équipe *f.* ~ *de fútbol* équipe de football 2 équipement ~ *informático* équipement informatique ~ *de novia* trousseau de mariée ~ *estereofónico* chaîne stéréo ~ *de alta fidelidad* chaîne hi-fi

**equitativo, -a** *adj.* équitable

**equivalencia** *f.* équivalence

**equivalente** *adj.* équivalent, e

**equivocación** *f.* erreur

**equivocar** 1 *tr.* tromper 2 *pr.* se tromper *estoy equivocado* je me suis trompé

**equívoco, -a** 1 *adj.* équivoque 2 *m.* équivoque *f.*

**era** *f.* ère ~ *cristiana* ère chrétienne

**erario** *m.* Trésor ~ *público* Trésor public

**erección** *f.* érection

**erguir** 1 *tr.* dresser, lever 2 *pr.* se dresser

**erial** *m.* terrain en friche

**erigir** 1 *tr.* ériger 2 *pr.* s'ériger

**erizar** *tr.* hérisser

**ermita** *f.* ermitage *m.*

**ermitaño** *m.* ermite

**erosión** *f.* erosion

**erótico, -a** *adj.* érotique *teléfono* ~ téléphone rose

**erotismo** *m.* érotisme

**erradicar** *tr.* déraciner

**errante** *adj.* errant, e

**errar** 1 *tr.* manquer, rater ~ *su vocación* rater sa vocation 2 *intr.* errer 3 *pr.* tromper, faire erreur

**errata** *f.* erratum *m.*, coquille *fe de erratas* errata

**error** *m.* erreur *f.* ~ *garrafal* erreur de taille

**eructar** *intr.* éructer

**erudición** *f.* érudition

**erudito, -a** *adj.* érudit, e

**erupción** *f.* éruption

**esbelto, -a** *adj.* svelte

**esbozar** *tr.* ébaucher, esquisser

**esbozo** *m.* ébauche *f.*, esquisse *f.*

**escabeche** *m.* marinade *f. sardinas en* ~ sardines en marinade, sardines à l'escabèche

**escabel** *m.* repose-pieds, tabouret

**escabroso, -a** *adj.* scabreux, euse

**escabullirse** *pr.* 1 s'éclipser, s'esquiver 2 glisser des mains

**escafandro** *m.* scaphandre

**escala** *f.* 1 MUS. gamme 2 échelle *a gran* ~ à grande échelle 3 escale *hacer* ~ faire escale

**escalada** *f.* escalade

**escalafón** *m.* tableau d'avancement, échelon *subir en el* ~ grimper d'échelon

**escalar** *tr.* escalader

**escaldar** *tr.* ébouillanter, échauder *gato escaldado del agua huye* chat échaudé craint l'eau froide

**escalera** *f.* escalier *m.* ~ *de caracol* escalier en colimaçon ~ *de mano* échelle ~ *mecánica* escalier roulant, escalator

**escalofrío** *m.* frisson

**escalonamiento** *m.* étalement, échelonnement

**escalonar** *tr.* échelonner

**escalpelo** *m.* scalpel

**escama** *f.* écaille *jabón en escamas* savon en paillettes

**escamar** **1** *tr.* écailler **2** *pr.* se méfier

**escamotear** *tr.* escamoter

**escampar** *intr.* cesser de pleuvoir

**escandalizar** **1** *tr.* scandaliser **2** *pr.* se scandaliser, être scandalisé, ée

**escándalo** *m.* scandale *armar un* ~ faire un esclandre

**escandaloso, -a** *adj.* scandaleux, euse

**escandallar** *tr.* **1** *MAR.* sonder **2** contrôler la qualité des marchandises

**escandallo** *m.* **1** *MAR.* sonde *f.* **2** contrôle de la qualité des marchandises

**escandinavo, -a** *adj.* -s. scandinave

**escáner** *m.* scaner

**escaño** *m.* **1** banc à dossier **2** siège de député

**escapada** *f.* escapade

**escapar** *intr.* -pr. échapper, s'échapper, se sauver ~ *de un peligro* échapper à un danger

**escaparate** *m.* vitrine *f.*, devanture *f.*, étalage

**escaparatista** *m.* -f. étalagiste

**escapatoria** *f.* **1** échappatoire *no hay* ~ il n'y a pas d'échappatoire **2** échappée *une* ~ *en la carretera de la vuelta a Francia* une échappée sur la route du Tour de France

**escape** *m.* **1** échappement **2** fuite *f.* ~ *de gas* fuite de gaz *tubo de* ~ pot d'échappement

**escarabajo** *m.* scarabée

**escaramuza** *f.* accrochage *m.*, échauffourée

**escarbar** *tr.* gratter, fouiller ~ *la tierra* gratter la terre

**escarcha** *f.* givre *m.*

**escarchado, -a** *adj.* givré, ée

**escardar** *tr.* sarcler

**escarlatina** *f.* scarlatine

**escarmentar** **1** *tr.* corriger, donner une leçon **2** *intr.* servir de leçon *te lo digo para que escarmientes* je te le dis pour que cela te serve de leçon

**escarmiento** *m.* **1** leçon *f.*, expérience *f.* *es un buen* ~ c'est une bonne leçon **2** châtiment

**escarnio** *m.* outrage, moquerie *f.*

**escarola** *f.* scarole

**escarpado, -a** *adj.* escarpé, ée

**escasamente** *adv.* légèrement, faiblement

**escasear** *intr.* manquer, se faire rare, se raréfier *la comida comienza a* ~ la nourriture commence à manquer

**escasez** *f.* **1** manque *m.*, pénurie ~ *de agua* pénurie d'eau **2** disette *época de* ~ époque de disette

**escaso, -a** *adj.* **1** insuffisant, e, rare *unas escasas casas* quelques rares maisons **2** faible ~ *recurso* faible revenu *andar* ~ *de* être à court de

**escatimar** *tr.* lésiner sur *no* ~ *medios* ne pas lésiner sur les moyens

**escayola** *f.* **1** plâtre *m.* *pierna en* ~ jambe dans le plâtre **2** stuc *m.*

**escena** *f.* scène *f.* *director de* ~ metteur en scène

**escenario** *m.* scène *f.* *salir al* ~ entrer en scène

**escenificación** *f.* mise en scène

**escenografía** *f.* mise en scène

**escepticismo** *m.* scepticisme

**escéptico, -a** *adj.* sceptique

**escindirse** *pr.* se scinder

**escisión** *f.* scission

**esclarecimiento** *m.* éclaircissement

**esclavitud** *f.* esclavage *m.*

**esclavizar** *tr.* réduire en esclavage

**esclavo, -a** **1** *adj.* -s. esclave **2** *f.* bracelet

**escoba** *f.* balai *m.*

**escobazo** *m.* coup de balai

**escobilla** *f.* balayette

**escocer** *intr.* brûler, cuire *me escuecen los ojos* les yeux me brûlent

**escocés, -esa** *adj.* -s. écossais, e

**escoger** *tr.* choisir ~ *un oficio* choisir un métier *a* ~ au choix *tener donde* ~ avoir le choix

**escolar** *adj.* scolaire

**escolaridad** *f.* scolarité

**escolarización** *f.* scolarisation

**escolarizar** *tr.* scolariser

**escolta** *f.* 1 escorte 2 MAR. escorteur

**escoltar** *tr.* escorter, encadrer

**escollo** *m.* écueil

**escombros** *m. pl.* décombres

**esconder** 1 *tr.* cacher 2 *pr.* se cacher

**escondidas** *f. pl. amer.* cache-cache *m. invar. adv. a* ∼ en cachette *a* ∼ *de* à l'insu de

**escondite** *m.* cachette *f. jugar al* ∼ jouer à cache-cache

**escopeta** *f.* fusil

**escoria** *f.* scorie

**escorpión** *m.* scorpion

**escotar** 1 *tr.* échancrer, décolleter 2 *intr.* payer sa part, son écot

**escote** *m.* 1 décolleté, échancrure *f.* 2 écot *pagar el* ∼ payer sa part, payer son écot

**escotilla** *f.* écoutille

**escozor** *m.* brûlure *f.*

**escribano** *m.* greffier, secrétaire ∼ *de ayuntamiento* secrétaire de mairie

**escribidor** *m.* scribouillard

**escribir** *tr.* écrire *máquina de* ∼ machine à écrire ∼ *a máquina* écrire à la machine ∼ *de su puño y letra* écrire de sa main

**escrito** 1 *m.* écrit 2 *adj.* écrit, e

**escritura** *f.* 1 écriture 2 acte *m.* ∼ *pública* acte notarié ∼ *privada* acte sous seing privé

**escrúpulo** *m.* scrupule

**escrupuloso, -a** *adj.* scrupuleux, euse

**escrutar** *tr.* 1 scruter 2 dépouiller un scrutin

**escrutinio** *m.* scrutin, dépouillement du scrutin

**escuadra** *f.* équerre

**escuadrón** *m.* escadron

**escúalido, -a** *adj.* maigre, émacié, ée

**escucha** *f.* écoute *escuchas telefónicas* écoutes téléphoniques

**escuchar** *tr.* écouter

**escudar** 1 *tr.* protéger 2 *pr.* se retrancher derrière

**escudero** *m.* écuyer

**escudo** *m.* 1 bouclier 2 écu ∼ *europeo* écu européen

**escudriñar** *tr.* fureter, fouiller du regard, scruter

**escuela** *f.* école ∼ *de párvulos* école maternelle ∼ *de primera enseñanza* école primaire *formar* ∼ faire école *autoescuela* auto-école

**escueto, -a** *adj.* sobre, dépouillé, ée

**esculpir** *tr.* sculpter

**escultor, -ora** *m. -f.* sculpteur

**escultura** *f.* sculpture

**escupir** *tr. -intr.* cracher

**escupitajo** *m.* crachat

**escurreplatos** *m.* égouttoir à vaisselle

**escurrir** 1 *tr.* égoutter 2 *intr.* s'égoutter 3 *pr.* glisser, *fam.* se défiler, s'éclipser ∼ *el bulto* se défiler

**ese** *f.* 1 s *m.* 2 zigzag *m. andar haciendo eses* marcher en zigzaguant

**ese, esa, esos, esas** *adj. dém.* ce, cette, ces

**ése, ésa, ésos, ésas** *pron. dém.* celui-ci, celle-ci, ceux-ci, celles-ci *ni por ésas* jamais de la vie

**esencia** *f.* essence *quinta* ∼ quintessence *en, por* ∼ par essence

**esencial** *adj.* essentiel, elle *lo* ∼ l'essentiel *es lo* ∼ c'est l'essentiel

**esfera** *f.* 1 sphère 2 *fig.* cadre *m. en la* ∼ *de sus actividades* dans le cadre de ses activités

**esfinge** *m.* sphinx

**esforzarse** *pr.* s'efforcer ∼ *en* s'efforcer de

**esfuerzo** *m.* effort

**esfumar** 1 *intr.* estomper 2 *pr.* s'estomper, se volatiliser

**esgrima** *f.* escrime

**esgrimir** *tr.* brandir ∼ *un arma* brandir une arme

**esguince** *m.* entorse *f.,* foulure *f.*

**eslabón** *m.* maillon, chaînon

**eslogan** *m.* slogan ∼ *publicitario* slogan publicitaire

**esmalte** *m.* émail ∼ *para las uñas* vernis à ongles

**esmerado, -a** *adj.* soigné, ée *trabajo* ∼ travail soigné

**esmeralda** *f.* émeraude

**esmerarse** *pr.* s'appliquer, faire de son mieux *me he esmerado en este trabajo* j'ai fait de mon mieux ce travail

**esmero** *m.* soin *trabajar con* ∼ travailler avec soin

**esmoquin** *m.* smoking

**esnob** *adj. -s.* snob

**eso** *pron. neutre* cela, ça ~ *es importante* cela est important *i* ~ *sí que no !* ah ça non !

**esoterismo** *m.* ésotérisme

**espabilado, -a** *adj. -s.* dégourdi, ie

**espabilarse** *pr.* se secouer, se remuer

**espacial** *adj.* spatial, ale

**espaciar** *tr.* espacer

**espacio** *m.* **1** espace **2** place *f. ocupar* ~ prendre de la place **3** programme ~ *musical* programme musical **4** interligne **5** blanc *rellenar los espacios* remplir les blancs

**espacioso, -a** *adj.* spacieux, euse

**espada** *f.* épée *entre la* ~ *y la pared* entre le marteau et l'enclume

**espalda** *f.* **1** dos *m.* **2** *f. pl.* dos *m. sing. cargado de espaldas* voûté *dar de espaldas* tomber sur le dos *de espaldas* de dos, sur le dos *anchura de espaldas* carrure

**espantapájaros** *m.* épouvantail

**espantar** *tr.* **1** effrayer, épouvanter **2** chasser, éloigner

**espanto** *m.* frayeur *f.*, épouvante *f.*

**espantoso, -a** *adj.* épouvantable, effrayant, e

**español, -a** *adj. -s.* espagnol, e

**esparadrapo** *m.* sparadrap

**esparcimiento** *m.* **1** épanchement **2** détente *f.*, loisir *área de* ~ aire de repos

**esparcir** **1** *tr.* répandre, éparpiller **2** *pr.* se répandre, se délasser, se détendre

**espárrago** *m.* asperge *f. fig. fam. i véte a freír espárragos !* va te faire cuire un œuf !

**esparto** *m.* sparte, alfa

**espasmo** *m.* spasme

**espátula** *f.* spatule

**especia** *f.* épice

**especial** *adj.* spécial, ale

**especialidad** *f.* spécialité

**especialista** *m. -f.* **1** spécialiste **2** cascadeur *escena de película con especialistas* scène de film avec des cascadeurs *médico* ~ spécialiste

**especialización** *f.* spécialisation

**especializar** **1** *tr.* spécialiser **2** *pr.* se spécialiser

**especie** *f.* **1** espèce **2** sorte, espèce *una* ~ *de* une espèce de *pagar en* ~ payer en nature

**especificar** *tr.* spécifier

**específico, -a** *adj.* spécifique

**espécimen** *m.* spécimen

**espectacular** *adj.* spectaculaire

**espectáculo** *m.* spectacle

**espectador, -ora** *m. -f.* spectateur, trice

**espectro** *m.* spectre

**especulación** *f.* spéculation

**especulador, -ora** *m. -f.* spéculateur, trice

**especular** *intr.* spéculer

**especulativo, -a** *adj.* spéculatif, ive

**espejismo** *m.* mirage

**espejo** *m.* miroir, glace *f.*

**espeleología** *f.* spéléologie

**espeluznante** *adj.* effrayant, e

**espeluzno** *m.* frisson

**espera** *f.* attente *sala de* ~ salle d'attente *en* ~ *de su respuesta* dans l'attente de votre réponse

**esperanza** *f.* **1** espoir *m.* **2** espérance *dar esperanzas* laisser espérer

**esperanzador, -ora** *adj.* encourageant, e

**esperar** **1** *tr.* attendre *te esperamos a cenar* nous t'attendons pour dîner **2** *intr.* espérer *espero que no lloverá mañana* j'espère qu'il ne pleuvra pas demain

**esperma** *m.* sperme

**esperpento** *m.* épouvantail *esta mujer es un* ~ cette femme est un épouvantail

**espesar** *tr.* épaissir, faire épaissir

**espeso, -a** *adj.* épais, aisse

**espesor** *m.* épaisseur *f.*

**espesura** *f.* épaisseur

**espetar** *tr.* **1** débiter, placer, asséner *me espetó un discurso* il m'a débité un discours **2** embrocher *(poner en el asador)*

**espía** *m. -f.* espion, onne

**espiar** *tr.* espionner, épier

**espiga** *f.* épi *m.*

**espigado, -a** *adj.* monté, ée en graine, *fig.* élancé, ée *un chico* ~ un garçon élancé

**espigón** *m.* jetée *f.*, brise-lames

**espina** *f.* **1** épine ~ *dorsal* épine dorsale **2** arête *(de los peces) eso me da mala* ~ cela ne me dit rien qui vaille

**espinaca** *f.* épinard *m.*

**espinal** *adj. médula espinal* moelle épinière

**espinazo** *m.* épine dorsale *f.*, échine *f.*

**espinilla** *f.* bouton *m.*, point noir *m. una ~ en la mejilla* un bouton sur la joue

**espinoso, -a** *adj.* épineux, euse

**espionaje** *m.* espionnage

**espiración** *f.* expiration

**espiral** *f.* **1** spirale *~ inflacionista* spirale inflationniste **2** MED. stérilet *m.*

**espiritismo** *m.* spiritisme

**espíritu** *m.* esprit

**espiritual** *adj.* spirituel, elle

**espléndido, -a** *adj.* **1** splendide **2** généreux, euse, large *es un hombre muy ~* c'est un homme très généreux

**esplendor** *m.* splendeur *f.*

**espliego** *m.* lavande *f.*

**espolear** *tr.* éperonner

**espoliar** *tr.* spolier, dépouiller

**esponja** *f.* éponge

**esponsales** *m. pl.* fiançailles *f. pl.*

**espontaneidad** *f.* spontanéité

**espontáneo, -a** *adj.* spontané, ée

**esporádico, -a** *adj.* sporadique

**esposado, -a** *adj.* qui a les menottes aux poings *llegó ~* il arriva, menottes aux poings

**esposar** *tr.* passer les menottes

**esposa** *f.* **1** épouse **2** *pl.* menottes

**esposo** *m.* époux

**esprint** *m.* sprint

**esprintar** *intr.* sprinter

**espuela** *f.* **1** éperon *m.* **2** *fig.* aiguillon *m.*

**espuerta** *f.* couffin *m. a espuertas* à la pelle

**espuma** *f.* **1** écume **2** mousse *la ~ del jabón* la mousse du savon *crecer como la ~* pousser comme des champignons

**espumadera** *f.* écumoire

**espúreo, -a** *adj.* bâtard, e

**esqueje** *m.* bouture *f.*

**esquela** *f.* billet *m.*, faire-part *m. ~ de defunción* o *~ mortuoria* faire-part de décès

**esqueleto** *m.* squelette

**esquema** *m.* schéma

**esquemático, -a** *adj.* schématique

**esquematizar** *tr.* schématiser

**esquí** *m.* ski *~ acuático* ski nautique *~ alpino* ski alpin *~ de fondo* ski de fond *salto de ~* saut à ski

**esquiador, -ora** *m. -f.* skieur, euse

**esquiar** *intr.* skier, faire du ski

**esquilar** *tr.* tondre

**esquimal** *adj. -s.* esquimau, aude

**esquina** *f.* coin *m.*, angle *m. la tienda que hace ~* le magasin qui est au coin de la rue *está a la vuelta de la ~* c'est à deux pas *esperar a la vuelta de la ~ fig.* attendre au tournant *doblar la ~* tourner au coin de la rue

**esquirla** *f.* éclat *m. ~ de granada* éclat de grenade

**esquivar** **1** *tr.* esquiver **2** *pr.* s'esquiver

**esquizofrenia** *f.* schizophrénie

**estabilidad** *f.* stabilité *~ monetaria* stabilité monétaire

**estabilización** *f.* stabilisation

**estabilizar** *tr.* stabiliser

**estable** *adj.* stable

**establecer** **1** *tr.* établir **2** *pr.* s'établir

**establecimiento** *m.* **1** établissement *~ hotelero* établissement hôtelier **2** établissement, fixation *f.*, détermination *f.*

**estaca** *f.* pieu *m.*

**estación** *f.* **1** saison *alta ~* haute saison *baja ~* basse saison **2** station *~ balnearia* station balnéaire *~ de servicio* station-service *~ de metro* station de métro **3** gare *~ de apartado* gare de triage *~ de autobuses* gare routière

**estacional** *adj.* saisonnier, ière *trabajo ~* travail saisonnier

**estacionamiento** *m.* stationnement

**estacionar** **1** *tr.* stationner, garer **2** *pr.* se garer, stationner

**estadio** *m.* stade

**estadista** *m.* homme d'Etat

**estadística** *f.* statistique

**estadístico, -a** **1** *adj.* statistique **2** *m.* statisticien

**estado** *m.* **1** état *en buen ~* en bon état **2** Etat *jefe de ~* chef d'Etat *golpe de ~* coup d'Etat *asunto de ~* affaire d'Etat

**estadounidense** *adj.* des Etats-Unis

**estafa** *f.* escroquerie, fraude

**estafador** *m.* escroc

**estafar** *tr.* escroquer

**estallar** *intr.* **1** éclater *estalló la guerra* la guerre a éclaté **2** exploser *estalló una bomba* une bombe a explosé

**estallido** *m.* explosion *f.*, déflagration *f.*

**estamento** *m.* classe *f.*, groupe, couche *f.*

**estameña** *f.* étamine

**estampa** *f.* **1** image, estampe **2** impression *dar a la ~* donner à l'impression

**estampado, -a 1** *adj.* imprimé, ée *un vestido ~* une robe imprimée **2** *m.* imprimé

**estampilla** *f.* estampille, griffe, cachet *m.*, label *m.*

**estancamiento** *m.* **1** stagnation *f. ~ de la economía* stagnation de l'économie **2** enlisement *~ de la conferencia* enlisement de la conférence

**estancado, -a** *adj.* dormant, e, stagnant, e *agua estancada* eau stagnante

**estancar** *tr.* **1** arrêter, étancher **2** laisser en suspens **3** *pr.* stagner

**estancia** *f.* **1** séjour *m. ~ de un mes* séjour d'un mois **2** appartement *m.*, demeure **3** *amer.* ferme

**estanco** *m.* bureau de tabac

**estanco, -a** *adj.* étanche

**estándar** *adj.* -s. -m. standard

**estanque** *m.* étang

**estanqueidad** *f.* **1** étanchéité **2** durabilité

**estanquero** *m.* buraliste

**estante** *m.* étagère *f.*, rayon, bibliothèque *f.*

**estantería** *f.* étagères *f. pl.*, bibliothèque, rayonnage *m.*

**estaño** *m.* étain

**estar** *intr.* **1** être, se trouver *(situation dans l'espace et le temps, état passager, résultat d'une action) estoy aquí* je suis ici *estamos en invierno* nous sommes en hiver *está contenta* elle est contente *la ventana está cerrada* la fenêtre est fermée **2** aller *¿ qué tal estás ?* comment vas-tu ? *estoy bien* je vais bien **3** *pr.* rester, demeurer, se tenir *estarse en casa* rester à la maison *estarse quieto* rester tranquille *~ por* être sur le point de *~ + gérondif* être en train de *están comiendo* ils sont en train de manger *~ a matar* être comme chien et chat *~ en todo* s'occuper de tout *~ libre de* être exempt de *~ que arde* être très agité *~ sobre aviso* être sur ses gardes

**estatal** *adj.* de l'Etat *instituto ~* lycée d'Etat

**estatua** *f.* statue

**estatuir** *tr.* -*intr.* statuer

**estatura** *f.* **1** stature **2** taille *por orden de ~* par rang de taille

**estatuto** *m.* statut

**este** *m.* est, orient

**este, esta, estos, estas** *adj.* dém. ce, cette, ces *este hombre* cet homme *este cielo* ce ciel *estos libros* ces livres *esta casa* cette maison *estas sillas* ces chaises

**éste, ésta, éstos, éstas** *pron. dem.* celui-ci, celle-ci, ceux-ci, celles-ci

**estela** *f.* **1** stèle **2** sillage *m.* **3** *fig.* trace

**estenografía** *f.* sténographie

**esténtor** *m.* stentor

**estepa** *f.* steppe

**estera** *f.* natte, carpette

**estereofónico, -a** *adj.* stéréophonique *equipo ~* chaîne stéréo

**estereotipo** *m.* stéréotype

**estéril** *adj.* stérile

**esterilidad** *f.* stérilité

**esterilización** *f.* stérilisation

**esteticista** *f.* esthéticienne

**estético, -a** *adj.* esthétique

**estiércol** *m.* fumier

**estigma** *m.* stigmate

**estilarse** *pr.* se porter, être à la mode *esto ya no se estila* cela ne se porte plus *se estilan los abrigos largos* les manteaux longs sont à la mode

**estilismo** *m.* stylisme

**estilista** *m.* -*f.* styliste

**estilizar** *tr.* styliser

**estilo** *m.* **1** style *~ clásico* style classique **2** classe *f. tener mucho ~* avoir de la classe *al ~ de* à la manière de *por el ~* du même genre

**estilográfica** *f.* stylo *m.* *pluma ~* stylo à plume

**estima** *f.* estime, considération

**estimación** *f.* **1** estimation **2** imposition, mode de calcul de l'impôt

**estimar** **1** *tr.* estimer, apprécier **2** *pr.* s'estimer, évaluer *estimado Señor* Cher Monsieur...

**estimativo, -a** *adj.* estimatif, ive

**estimular** *tr.* stimuler

**estímulo** *m.* 1 stimulant 2 stimulation *f.*

**estío** *m.* été

**estipendio** *m.* rémunération *f.*

**estipular** *tr.* stipuler

**estirar** 1 *tr.* étirer, allonger 2 *pr.* s'étirer

**estirón** *m.* secousse *f.*, poussée *f.* *dar un* ~ avoir une poussée de croissance

**estirpe** *f.* souche, lignée

**estival** *adj.* estival, ale

**esto** *pron. dem.* ceci, cela ~ *es importante* cela est important *en* ~ sur ces entrefaites

**estocada** *f.* estocade

**estofado** *m.* daube *f.*, plat à l'étouffée

**estoico, -a** *adj.* stoïque

**estómago** *m.* estomac *me duele el* ~ j'ai mal à l'estomac

**estoque** *m.* épée *f.*

**estorbar** *tr.* gêner, embarrasser, encombrer

**estorbo** *m.* gêne *f.*, embarras, obstacle, entrave *f.*

**estornudar** *intr.* éternuer

**estornudo** *m.* éternuement

**estrabismo** *m.* strabisme

**estrado** *m.* 1 estrade *f.* 2 *pl.* salle de tribunal, salle d'audience

**estrafalario, -a** *adj. -s.* extravagant, e

**estrago** *m.* ravage, dégât *causar estragos* faire des ravages

**estrangulación** *f.* étranglement *m.*, strangulation

**estrangular** *tr.* étrangler

**estraperlista** *m. -f.* traficant, e

**estraperlo** *m.* marché noir

**estratega** *m.* stratège

**estrategia** *f.* stratégie

**estratégico, -a** *adj.* stratégique

**estrato** *m.* 1 strate *f.* 2 *fig.* couche *f.* *estratos sociales* couches sociales

**estrechamiento** *m.* 1 rétrécissement 2 *fig.* resserrement

**estrechar** *tr.* 1 rétrécir 2 resserrer ~ *las relaciones* resserrer les relations 3 serrer 4 *pr.* se restreindre

**estrechez** *f.* 1 étroitesse 2 *fig.* difficulté financière *pasar estrecheces* avoir des problèmes d'argent

**estrecho** *m.* détroit ~ *de Gibraltar* détroit de Gibraltar

**estrecho, -a** *adj.* étroit, e

**estrés** *m.* stress

**estrella** *f.* étoile ~ *fugaz* étoile filante

**estrellar** 1 *tr.* briser, écraser 2 *pr.* s'écraser *estrellarse contra un árbol* s'écraser contre un arbre *se estrelló el avión* l'avion s'est écrasé

**estremecerse** *pr.* trembler, frémir, tressaillir

**estremecimiento** *m.* frisson, frémissement

**estrenar** 1 *tr.* étrenner 2 *pr.* sortir, être à l'affiche *la película se estrenará mañana* le film sortira demain

**estreno** *m.* première d'une pièce de théâtre *f.*, sortie d'un film *f.* *película de estreno* film en première exclusivité

**estreñimiento** *m.* constipation *f.*

**estrépito** *m.* fracas

**estría** *f.* strie, *pl.* vergetures *pl.*

**estribar** *intr.* s'appuyer, *fig.* résider, reposer sur *el interés estriba en la acción* l'intérêt repose sur l'action

**estribillo** *m.* refrain

**estribo** *m.* étrier *perder los estribos* perdre les pédales

**estricto, -a** *adj.* strict, e

**estridente** *adj.* strident, e

**estrofa** *f.* strophe

**estropear** *tr.* 1 abîmer 2 gâcher, faire échouer

**estructura** *f.* structure

**estructuración** *f.* structuration

**estructural** *adj.* structurel, elle

**estructurar** *tr.* structurer

**estruendo** *m.* fracas

**estrujar** *tr.* 1 presser, serrer, pressuriser 2 *pr.* se presser

**estuario** *m.* estuaire

**estuco** *m.* stuc, staff

**estuche** *m.* 1 étui ~ *para gafas* étui à lunettes 2 coffret 3 trousse *f.* d'écolier

**estudiante** *m. -f.* étudiant, e

**estudiantil** *adj.* estudiantin, e, d'étudiant *vida* ~ vie d'étudiant

**estudiar** *tr.* étudier ~ *Derecho* faire du Droit

**estudio** *m.* 1 étude *f.* 2 studio 3 atelier ~ *de pintor* atelier de peintre

**estudioso, -a** 1 studieux, euse 2 *m.* spécialiste, chercheur

**estufa** *f.* poêle *m.*

**estupefaciente** 1 *adj.* stupéfiant, e 2 *m.* stupéfiant

**estupefacto, -a** *adj.* stupéfait, e

**estupendamente** *adv.* très bien, parfaitement

**estupendo, -a** *adj.* admirable, épatant, e, formidable *¡ es un tío* ~*!* c'est un type épatant !

**estúpido, -a** *adj.* stupide

**estupor** *m.* stupeur *f.*

**etapa** *f.* étape

**etcétera** *loc. adv.* et caetera, etc.

**éter** *m.* éther

**eternidad** *f.* éternité

**eternizar** *tr.* éterniser, s'éterniser

**eterno, -a** *adj.* éternel, elle

**ético, -a** 1 *adj.* éthique 2 *f.* éthique

**etimología** *f.* étymologie

**etiqueta** *f.* 1 étiquette ~ *adhesiva* étiquette autocollante 2 étiquette, cérémonie 3 étiquette, griffe, label *m.* *traje de* ~ tenue de soirée

**etiquetado** *m.* étiquetage

**etnia** *f.* ethnie

**eucalipto** *m.* eucalyptus

**eufemismo** *m.* euphémisme

**euforia** *f.* euphorie

**eufórico, -a** *adj.* euphorique

**eurodólar** *m.* eurodollar

**europeísta** *m.* -*f.* favorable à l'Europe, partisan de l'Europe

**europeo, -a** *adj.* -*s.* européen, enne

**evacuación** *f.* 1 évacuation 2 exécution, règlement *m.*

**evacuar** *tr.* 1 évacuer 2 régler, exécuter ~ *un asunto* régler une affaire

**evadir** 1 *tr.* fuir, éviter, éluder 2 *pr.* s'évader

**evaluación** *f.* évaluation, chiffrage *m.*

**evaluar** *tr.* évaluer, chiffrer

**evangelio** *m.* évangile

**evaporación** *f.* évaporation

**evaporar** 1 *tr.* évaporer 2 *pr.* s'évaporer

**evasión** *f.* évasion ~ *de capitales* évasion de capitaux

**evasiva** *f.* faux-fuyant *m.*

**evento** *m.* événement

**eventual** *adj.* éventuel, elle

**evicción** *f.* éviction

**evidencia** *f.* évidence

**evidenciar** 1 *tr.* mettre en évidence 2 *pr.* être évident, manifeste

**evidente** *adj.* évident, e

**evitar** *tr.* éviter

**evocación** *f.* évocation

**evocar** *tr.* évoquer

**evolución** *f.* évolution

**evolucionar** *intr.* évoluer

**exacción** *f.* 1 exaction 2 taxe, impôt *m.*, recouvrement *m.*, encaissement *m.* ~ *de exportación* taxe à l'exportation ~ *de multas* recouvrement des amendes

**exacerbar** *tr.* exacerber

**exactitud** *f.* exactitude

**exacto, -a** *adj.* exact, e

**exagerado, -a** *adj.* 1 exagéré, ée 2 excessif, ive *precios exagerados* prix excessifs

**exagerar** *intr.* exagérer

**exaltar** *tr.* 1 exalter 2 élever à un haut rang 3 *pr.* s'exalter

**examen** *m.* examen ~ *pericial* expertise *f.*

**examinador, -ora** *m.* -*f.* examinateur, trice

**examinar** *tr.* 1 examiner 2 *pr.* passer un examen

**excavación** *f.* 1 creusement *m.* 2 fouille ~ *arqueológica* fouille archéologique

**excavadora** *f.* bulldozer *m.*, pelleteuse

**excedencia** *f.* 1 disponibilité *pedir una* ~ demander une mise en disponibilité 2 congé sans solde *m.*, mise en disponibilité

**excedente** *adj.* 1 excédentaire 2 en disponibilité 3 *m.* excédent ~ *agrícola* excédent agricole

**exceder** *tr.* dépasser, excéder

**excelencia** *f.* excellence

**excelente** *adj.* excellent, e

**excepción** *f.* exception *con* ~ *de* à l'exception de

**excepcional** *adj.* exceptionnel, elle

**excepto** *adv.* sauf, excepté

**exceptuar** *tr.* faire exception

**excesivo, -a** *adj.* excessif, ive

**exceso** *m.* excès, abus ~ *de equipaje* excédent de bagages

**excitación** *f.* excitation

**excitar** *tr.* exciter

**exclamar** *intr.* s'exclamer

**excluir** *tr.* exclure

**exclusiva** *f.* exclusivité *tener la* ~ avoir l'exclusivité

**exclusive** *adv.* non compris *hasta la página 5* ~ jusqu'à la page 5 non compris

**excursión** *f.* excursion *ir de* ~ faire une excursion

**excusable** *adj.* **1** excusable **2** évitable

**excusar** **1** *tr.* excuser, éviter **2** *pr.* s'excuser

**exento, -a** *adj.* exempt, e, exonéré, ée

**exhausto, -a** *adj.* épuisé, ée

**exhibición** *f.* **1** exposition **2** exhibition **3** présentation de mode

**exhortar** *tr.* exhorter

**exhumar** *tr.* exhumer

**exigencia** *f.* exigence

**exigente** *adj.* exigeant, e

**exigibilidad** *f.* exigibilité

**exigible** *adj.* exigible

**exigir** *tr.* exiger

**exiguo, -a** *adj.* exigu, ë

**exilio** *m.* exil

**eximir** *tr.* exempter, dispenser, exonérer ~ *de impuestos* exonérer d'impôts

**existencia** *f.* **1** existence **2** *f. pl.* stock *m.*, stocks *m. pl.*

**existir** *intr.* exister

**éxito** *m.* succès *un* ~ *rotundo* un succès fracassant

**exitoso, -a** *adj.* qui a du succès

**éxodo** *m.* exode ~ *rural* exode rural

**exoneración** *f.* exonération

**exonerar** *tr.* exonérer

**exorbitante** *adj.* exorbitant, e

**exótico, -a** *adj.* exotique

**exotismo** *m.* exotisme

**expansión** *f.* expansion

**expansionista** *adj.* expansionniste

**expatriarse** *pr.* s'expatrier

**expectación** *f.* attente

**expectativa** *f.* expectative, attente, espoir *m. contra toda* ~ contre toute attente

**expedición** *f.* **1** expédition **2** envoi *m.*, expédition **3** exécution **4** établissement d'un document *m.*

**expediente** *m.* **1** dossier **2** affaire *f. instruir un* ~ instruire une affaire

**expedir** *tr.* expédier

**expendedor** *m.* appareil *el* ~ *no devuelve cambio* l'appareil ne rend pas la monnaie

**expender** *tr.* **1** débiter, vendre, écouler **2** dépenser

**expensas** *f. pl.* dépens *m. pl. a* ~ *de* aux dépens de

**experiencia** *f.* expérience

**experimentación** *f.* expérimentation, expérience

**experimentar** *tr.* **1** expérimenter **2** éprouver, ressentir ~ *un sentimiento* éprouver un sentiment **3** subir ~ *una crisis* subir une crise, connaître une crise

**experimento** *m.* expérience *f.* ~ *científico* expérience scientifique

**experto, -a** *adj.* expert, e

**expiración** *f.* expiration

**expirar** *intr.* expirer *el plazo expira dentro de una semana* le délai expire dans une semaine

**explanación** *f.* **1** nivellement *m.* **2** éclaircissement *m.*

**explanar** *tr.* **1** niveler, aplanir **2** expliquer, éclaircir

**explayarse** *pr.* **1** s'étendre ~ *en una conferencia* s'étendre dans une conférence **2** se confier

**explicación** *f.* explication

**explicar** **1** *tr.* expliquer **2** *pr.* s'expliquer *no me lo explico* je ne me l'explique pas

**explícito, -a** *adj.* explicite

**exploración** *f.* exploration

**explorador, -ora** *m. -f.* explorateur, trice

**explorar** *tr.* explorer

**explosión** *f.* explosion

**explosionar** **1** *tr.* faire exploser **2** *intr.* exploser *el coche bomba explosionó* la voiture piégée explosa

**explotación** *f.* exploitation *coste de* ~ coût d'exploitation

**explotar** *tr.* exploiter

**expoliar** *tr.* spolier

**exponente** *adj. -s.* **1** exposant, e **2** exemple, preuve *f. es un* ~ *de su energía* c'est un exemple de son énergie

**exponer** **1** *tr.* exposer **2** *pr.* s'exposer

**exportable** *adj.* exportable

**exportación** *f.* exportation

**exportador, -ora** *adj. -s.* exportateur, trice *empresa exportadora* entreprise d'exportation

**exportar** *tr.* exporter

**exposición** *f.* **1** exposition **2** exposé *m. tiempo de* ~ temps de pose

*eyectable*

**expositor, -ora** *m. -f.* exposant, e
**exprés** *m.* express
**expresar 1** *tr.* exprimer ~ *un senti-miento* exprimer un sentiment **2** *pr.* s'exprimer
**expresión** *f.* expression
**expreso, -a** *adj.* exprès, esse
**exprimir** *tr.* presser ~ *un limón* presser un citron
**expropiación** *f.* expropriation
**expropiar** *tr.* exproprier
**expulsar** *tr.* expulser
**expulsión** *f.* expulsion
**exquisito, -a** *adj.* exquis, e
**éxtasis** *f.* extase
**extender** *tr.* **1** étendre, dérouler **2** émettre, libeller ~ *un chèque* libeller un chèque **3** délivrer, établir ~ *un certificado* délivrer un certificat **4** *pr.* s'étendre
**extensión** *f.* **1** étendue ~ *de terreno* étendue de terrain **2** poste télépho-nique *m.* ~ *nº 7* poste nº 7
**extenso, -a** *adj.* vaste, étendu, ue
**exterior** *adj. -s. -m.* extérieur, e
**exterminar** *tr.* exterminer
**exterminio** *m.* extermination *f.*
**externo, -a** *adj. -s.* externe
**extinción** *f.* extinction
**extinguir 1** *tr.* éteindre **2** *pr.* s'éteindre
**extorsión** *f.* **1** extorsion ~ *de fondos* extorsion de fonds **2** racket *m.* **3** dom-mage *m.*, préjudice *m.*
**extorsionar** *tr.* **1** extorquer **2** rac-ketter **3** porter préjudice

**extra** *adj.* **1** extra **2** figurant *(cine)* *hora* ~ heure supplémentaire *paga* ~ double paie
**extracción** *f.* extraction
**extracto** *m.* **1** extrait **2** relevé ~ *de cuenta* relevé de compte
**extradición** *f.* extradition
**extraditar** *tr.* extrader
**extraer** *tr.* extraire
**extranjero, -a 1** *adj.* étranger, ère **2** *m.* étranger *ir al* ~ aller à l'étranger
**extrañamiento** *m.* dépaysement
**extrañar 1** *tr.* étonner **2** *pr.* s'étonner
**extraño, -a** *adj.* **1** étrange **2** étranger, ère
**extraordinario, -a** *adj.* extraordi-naire *hora* ~ heure supplémentaire *paga* ~ double paie
**extrarradio** *m.* proche banlieue *f.*
**extravagante** *adj.* extravagant, e
**extraviar 1** *tr.* égarer, perdre **2** *pr.* s'égarer, se perdre *se me han extra-viado las gafas* j'ai égaré ou perdu mes lunettes
**extremar 1** *tr.* pousser à l'extrême **2** *pr.* se surpasser, faire tout son possible
**extremo, -a 1** *adj.* extrême **2** extré-mité *en último* ~ en dernière extré-mité
**exuberancia** *f.* exubérance
**exultar** *intr.* exulter
**eyaculación** *f.* éjaculation
**eyectable** *adj.* éjectable *asiento* ~ siège éjectable

# F

**f** *f.* f *m.*

**fa** *m.* MÚS. fa *m.*

**fabada** *f.* cassoulet *(Asturies)*

**fábrica** *f.* 1 fabrique, usine *precio de ~* prix d'usine 2 fabrication *defecto de ~* défaut de fabrication *~ de tabacos* manufacture de tabacs *de ~* TECN. en dur *paredes de ~* murs en dur

**fabricación** *f.* fabrication

**fabricante** *m.* fabricant *~ de automóviles* constructeur automobile

**fabricar** *tr.* fabriquer, construire *~ cerveza* brasser la bière

**fabril** *adj.* industriel, elle, manufacturier, ière *obrero ~* ouvrier d'usine

**fábula** *f.* fable

**fabuloso, -a** *adj.* fabuleux, euse

**facción** *f.* 1 faction 2 *pl.* traits *m. pl. (de la cara)*

**faccioso, -a** *adj.* factieux, euse

**faceta** *f.* facette

**facial** *adj.* facial, ale *tónico ~* tonique pour le visage *técnico ~* visagiste

**facies** *f.* faciès *m.*

**fácil** 1 *adj.* facile *~ de resolver* facile à résoudre 2 *adv.* facilement *es ~ que* il est probable que

**facilidad** *f.* facilité

**facilillo, -a** *adj.* archi-simple

**facilísimo, -a** *adj.* très facile

**facilitar** *tr.* 1 faciliter 2 fournir, procurer, livrer *~ informes, datos* fournir des renseignements

**fácilmente** *adv.* facilement

**facilón, -ona** *adj.* archi-simple, simple comme bonjour

**facsímil** *m.* fac-similé

**factible** *adj.* faisable, réalisable

**facticio, -a** *adj.* factice

**factor** *m.* facteur, élément, cause *f.*

**factoría** *f.* 1 usine 2 agence, comptoir à l'étranger *m.*

**factorial** *f.* factorielle

**factótum** *m.* factotum

**factura** *f.* facture *~ por duplicado* facture en double *~ sin pagar* facture impayée *extender una ~* facturer, faire une facture

**facturación** *f.* 1 facturation 2 chiffre d'affaires *m.* 3 enregistrement *(equipaje)*

**facturador, -ora** *m. -f.* facturier, ière

**facturar** *tr.* 1 facturer 2 faire un chiffre d'affaires 3 enregistrer *(equipaje)*

**facultad** *f.* 1 faculté, aptitude 2 faculté *(universidad)* 3 droit, pouvoir

**facultar** *tr.* habiliter, autoriser

**facultativo, -a** *adj.* 1 facultatif, ive 2 médical, ale 3 scientifique 4 *m.* médecin, chirurgien *parte ~* bulletin de santé *el Cuerpo ~* la Faculté

**facundia** *f.* verve

**facha** *f.* 1 *fam.* allure, mine, aspect *tener buena ~* avoir de l'allure *tener mala ~* avoir une drôle d'allure 2 facho *(fascista)*

**fachada** *f.* façade *renovación de ~* ravalement

**faena** *f.* tâche, besogne, travail, corvée *hacerle a uno una ~* jouer un mauvais tour à quelqu'un

**faenero** *m. amér.* ouvrier agricole

**fagot** *m.* MÚS. basson

**faisán** *m.* faisan

**faja** *f.* 1 ceinture, gaine, bande 2 bande *(de terreno, de periódico)*

**fajín** *m.* ceinture *f.*, écharpe *f. (militar)*

**fajo** *m.* liasse *f. un ~ de billetes* une liasse de billets

**falacia** *f.* tromperie

**falange** *f.* 1 ANAT. phalange 2 Phalange *(movimiento político)*

**falangista** *adj. -s.* phalangiste, membre de la Phalange

**falaz** *adj.* fallacieux, euse

**falbalá** *m.* falbala

**falda** *f.* 1 jupe *~ plisada* jupe plissée *~ pantalón* jupe-culotte 2 basques *pl. (robe)* 3 giron 4 flanc *m. (de la montaña)*

**faldero, -a** *adj.* de la jupe *hombre ~* coureur de jupons

**faldón** *m.* basque *f.*

**falible** *adj.* faillible

**fálico, -a** *adj.* phallique

**falo** *m.* phallus

**falsamente** *adv.* faussement

**falsario, -a** *m. -f.* faussaire, falsificateur, trice

**falseador, -ora** *m. -f.* falsificateur, trice, contrefacteur

**falseamiento** *m.* contrefaçon *f.*, falsification *f.*, copie *f.*, faux

**falsear** *tr.* fausser, dénaturer, contrefaire

**falsedad** *f.* fausseté, faux *m.*

**falsete** *m.* fausset *voz de* ~ voix de fausset

**falsificación** *f.* falsification, contrefaçon, faux *m.* ~ *de escritura pública* faux en écriture publique

**falsificador, -ora** *adj.* -s. faussaire, falsificateur, trice ~ *de moneda* faux-monnayeur

**falsificar** *tr.* contrefaire, falsifier

**falsilla** *m.* transparent *(para escribir)*

**falso, -a** *adj.* faux, fausse *monedero* ~ faux-monnayeur

**falso** *m.* faux *lo* ~ le faux *dar un paso en* ~ faire un faux pas

**falta** *f.* 1 manque *m.*, absence, défaut *m.* 2 faute, erreur *hacer* ~ falloir, avoir besoin de *hace* ~ *estudiar* il faut étudier *me hace* ~ *un libro* j'ai besoin d'un livre *por* ~ *de* faute de *a* ~ *de* à défaut de *sin* ~ sans faute

**faltante** *adj.* manquant, e

**faltar** *intr.* 1 manquer *nos falta tiempo* nous manquons de temps *faltan dos botones* il manque deux boutons 2 rester *faltan dos meses* il reste deux mois 3 manquer *mucho falta* il s'en faut de beaucoup *i no faltaba más!* mais bien sûr! *! lo que faltaba !* il ne manquait plus que cela !

**falto, -a** *adj.* dépourvu, ue *estar* ~ *de* être à court de

**faltriquera** *f.* poche, gousset *m.*

**falla** *f.* 1 défaut *m. (tela)* 2 GEOL. faille 3 *pl.* "fallas", fêtes de San José à Valencia

**fallar** *tr.* 1 juger, prononcer *(una sentencia)* 2 couper *(naipes)* 3 décerner un prix ~ *un premio literario* décerner un prix littéraire 4 *intr.* faillir, manquer, échouer *el negocio ha fallado* l'affaire a échoué 5 faire défaut *me falla la memoria* j'ai des trous de mémoire

**fallecer** *intr.* mourir, décéder

**fallecimiento** *m.* décès

**fallero, -a** *adj.* -s. qui concerne les "fallas", participant, e aux "fallas" *fallera mayor* reine des "fallas"

**fallido, -a** *adj.* manqué, ée, déçu, ue *acto* ~ acte manqué

**fallo** *m.* 1 sentence *f.*, jugement ~ *sin apelación* jugement sans appel 2 trou *un* ~ *de memoria* un trou de mémoire

3 erreur *f.*, défaillance *f.*, manque *un* ~ *técnico* une défaillance technique *un* ~ *humano* une erreur humaine

**fama** *f.* réputation, renommée *tener mucha* ~ être très célèbre

**famélico, -a** *adj.* famélique

**familia** *f.* famille ~ *numerosa* famille nombreuse

**familiar** *adj.* 1 familial, ale *planificación* ~ planning familial 2 familier, ière 3 *m.* parent, membre de la famille

**familiaridad** *f.* familiarité

**familiarizar** 1 *tr.* familiariser 2 *pr.* se familiariser

**famoso, -a** *adj.* célèbre, fameux, euse *los famosos* les célébrités

**fanático, -a** *adj.* -s. fanatique

**fanatismo** *m.* fanatisme

**fanatizar** *tr.* fanatiser

**fandango** *m.* fandango

**fanega** *f.* fanègue *(medida)*

**fanfarrear** *intr.* fanfaronner, crâner

**fanfarria** *f.* fanfaronnade, fanfare

**fanfarrón, -ona** *adj.* -s. fanfaron, onne, crâneur, euse

**fanfarronear** *intr.* fanfaronner, crâner

**fangal** *m.* bourbier

**fango** *m.* boue *f.*

**fangoso, -a** *adj.* boueux, euse, fangeux, euse

**fantasear** *intr.* rêvasser

**fantasía** *f.* 1 fantaisie 2 fantasme *m.*

**fantasma** *m.* 1 fantôme 2 fantasme

**fantasmal** *adj.* fantomatique

**fantástico, -a** *adj.* fantastique

**fantoche** *m.* fantoche, pantin

**faquir** *m.* fakir

**faralá** *m.* falbala *pl. vestido de faralaes* robe à volants *(flamenco)*

**faramalla** *f.* baratin *m.*, boniment *m.*

**faramallear** *intr.* amer. bluffer

**farándula** *f.* 1 troupe de comédiens, farandole 2 fête, bringue *amigo de la* ~ fêtard

**faraón** *m.* pharaon

**fardar** 1 *tr.* équiper 2 *intr.* crâner, faire bien, poser *esto farda mucho* ça fait bien

**fardo** *m.* ballot, paquet

**fardón** *m.* crâneur, poseur

**farfallón, -ona** ou **farfalloso, -a** *adj.* bègue

**farfullar** *tr.* bredouiller, bafouiller

**farináceo, -a** adj. -s. farineux, euse

**faringe** f. ANAT. pharynx m.

**faringitis** f. MED. pharyngite

**fariseo** m. pharisien

**farmacéutico, -a** 1 adj. pharmaceutique 2 m. -f. pharmacien, enne

**farmacia** f. pharmacie

**fármaco** m. médicament

**faro** m. phare *faros antiniebla* feux antibrouillard

**farol** m. 1 lanterne f. 2 reverbère fig. *echarse un* ~ bluffer, rouler les mécaniques

**farola** f. réverbère m.

**farolear** intr. fam. bluffer, rouler les mécaniques

**farolero, -a** adj. -s. bluffeur, euse

**farolillo** m. lampion

**farra** f. fam. noce, bringue *ir de* ~ faire la bringue

**fárrago** m. fatras

**farsa** f. farce, comédie

**farsante** adj. -s. comédien, ienne

**fascículo** m. fascicule

**fascinación** f. fascination

**fascinante** adj. fascinant, e

**fascinar** tr. fasciner

**fascismo** m. fascisme

**fascista** adj. -s. fasciste

**fase** f. 1 phase 2 tranche *(de una obra)*

**fastidiar** tr. 1 fatiguer, embêter, fam. assommer, fam. enquiquiner 2 dégoûter *estar fastidiado* être mal en point, être mal fichu

**fastidio** m. 1 ennui, corvée f. 2 dégoût

**fasto, -a** 1 adj. faste 2 m. faste

**fastuoso, -a** adj. fastueux, euse

**fatal** adj. 1 fatal, ale 2 fig. lamentable, très mauvais *es un libro* ~ c'est un livre lamentable 3 adv. très mal, lamentablement fig. fam. *estoy* ~ je suis mal en point, mal fichu

**fatalidad** f. fatalité

**fatalismo** m. fatalisme

**fatalmente** adv. 1 fatalement 2 horriblement mal

**fatídico, -a** adj. fatidique

**fatiga** f. 1 fatigue 2 ennuis m. pl., peines f. pl., tracas m.

**fatigar** tr. fatiguer

**fatigosamente** adv. péniblement

**fatuo** adj. -s. -m. fat *fuego* ~ feu follet

**fauna** f. faune

**favor** m. faveur f., service *hacer un* ~ rendre un service *por* ~ s'il te (vous) plaît *letra de* ~ traite de complaisance *en* ~ *de* en faveur de, à l'actif de

**favorable** adv. favorable

**favorecedor, -ora** adj. flatteur, euse *este peinado es* ~ cette coiffure est flatteuse

**favorecer** tr. 1 favoriser 2 flatter, avantager, aller bien *este vestido te favorece* cette robe t'avantage

**favorito, -a** adj. favori, ite

**faz** f. face

**fe** f. 1 foi 2 certificat m., acte m., extrait m. ~ *de vida* fiche d'état civil ~ *de erratas* errata, erratum *dar* ~ témoigner

**fealdad** f. laideur

**febrero** m. février

**febril** adj. fébrile

**febrilidad** f. fébrilité

**fecal** adj. fècal, ale

**fécula** f. fécule, pl. les féculents

**fecundación** f. fécondation

**fecundar** tr. féconder

**fecundo, -a** adj. fécond, e

**fecha** f. date ~ *de caducidad* date limite de vente, de péremption ~ *de entrega* date de livraison ~ *de vencimiento* date d'échéance *de* ~ *reciente* de fraîche date *con* ~ *de* en date du *hasta la* ~ jusqu'à ce jour *poner* ~ dater

**fechador** m. cachet d'oblitération, composteur, horodateur

**fechar** tr. dater, composter

**fechoría** f. méfait m.

**federal** adj. fédéral, ale

**federar** tr. fédérer

**fehaciente** adj. digne de foi, qui fait foi

**felicidad** f. bonheur m., félicité i *felicidades !* félicitations !, mes (nos) meilleurs vœux !

**felicitación** f. 1 félicitation 2 pl. vœux m. pl., souhaits *tarjeta de* ~ carte de vœux

**felicitar** tr. 1 féliciter 2 souhaiter *te felicito en el día de tu cumpleaños* je te souhaite un bon anniversaire

**feligrés, esa** m. -f. paroissien, enne

**felino, -a** 1 adj. félin, e 2 m. félin

**feliz** *adj.* heureux, euse *i ~ Año Nuevo !* bonne année !

**felpa** *f.* peluche *un oso de ~* un ours en peluche

**felpudo** *m.* paillasson

**femenino, -a** *adj.* féminin, e

**feminidad** *f.* féminité

**feminista** *adj. -s.* féministe

**femoral** *adj. -s.* fémoral, ale

**fémur** *m.* fémur

**fenomenal** *adj.* phénoménal, ale, sensationnel, elle

**fenómeno 1** *m.* phénomène **2** *adj. invar.* formidable **3** *interj.* formidable !

**feo, -a 1** *adj.* laid, e, vilain, e **2** *m.* affront *hacer un ~* faire un affront **3** *adv. amer.* mauvaise, e

**feraz** *adj.* fertile

**féretro** *m.* cercueil, bière *f.*

**feria** *f.* foire, marché *~ de muestras* foire-exposition *~ de ganado* foire aux bestiaux *real de la ~* le champ de foire *la ~ de Sevilla* la feria de Séville *el Real de la ~* le champ de la feria

**feriado, -a** *adj.* férié, ée

**ferial** *adj.* relatif à la foire *recinto ~* champ de foire

**feriante** *adj. -s.* forain, e, exposant *(en una feria de muestras)*

**feriar 1** *tr.* vendre, acheter à une foire **2** chômer

**fermentar** *intr.* fermenter

**fermento** *m.* ferment

**ferocidad** *f.* férocité

**feroz** *adj.* féroce *el lobo ~* le grand méchant loup

**férreo, -a** *adj.* de fer, ferré, ée *voluntad férrea* volonté de fer *vía férrea* voie ferrée

**ferretería** *f.* quincaillerie

**ferretero, -a** *m. -f.* quincaillier, ière

**ferrocarril** *m.* chemin de fer

**ferrocarrilero, -a** *adj.* ferroviaire

**ferroviario, -a 1** *adj.* ferroviaire **2** *m.* cheminot

**ferruginoso, -a** *adj.* ferrugineux, euse

**ferry-boat** *m. angl.* ferry-boat

**fértil** *adj.* fertile

**fertilidad** *f.* fertilité

**fertilizante 1** *adj.* fertilisant, e **2** *m.* engrais

**fertilizar** *tr.* fertiliser

**fervor** *m.* ferveur *f.*

**fervoroso, -a** *adv.* fervent, e

**festejar** *tr.* fêter, faire fête à, courtiser

**festejo** *m.* bon accueil, *pl.* festivités *f.*, réjouissances *f.*, fêtes *f.*

**festival** *m.* festival

**festividad** *f.* festivité

**festivo, -a** *adj.* relatif à la fête *ambiente ~* ambiance de fête

**festón** *m.* feston

**fetal** *adj.* fœtal, ale

**fetiche** *m.* fétiche

**fetichismo** *m.* fétichisme

**feto** *m.* fœtus

**feudal** *adj.* féodal, ale

**feudo** *m.* fief

**fiabilidad** *f.* fiabilité

**fiable** *adj.* **1** fiable, digne de confiance **2** solvable

**fiado, -a** *adj.* **1** confié, ée, confiant, e **2** à crédit *comprar ~* acheter à crédit

**fiador, -ora** *m. -f.* garant, e, caution *ser o salir ~ de* se porter garant de *~ solidario* caution solidaire

**fiambre** *m.* plat froid, *fig. pop.* macchabée, cadavre *fiambres variados* assiette anglaise *f.*

**fiambrera** *f.* gamelle, *amer.* garde-manger

**fianza** *f.* caution, cautionnement *libertad bajo ~* liberté sous caution *pagar una ~* payer une caution *contrato de ~* contrat de garantie

**fiar** *tr.* **1** se porter caution, cautionner **2** vendre à crédit, faire crédit **3** *pr.* se fier, avoir confiance *fiarse en* avoir confiance en, se fier à

**fiasco** *m.* fiasco, échec

**fibra** *f.* **1** fibre *~ de vidrio* fibre de verre **2** énergie, vigueur, *fig.* nerf

**fibrana** *f.* fibranne

**fibroma** *m. MED.* fibrome

**ficción** *f.* fiction *ciencia ~* science fiction

**ficticio, -a** *adj.* fictif, ive *nombre ~* nom d'emprunt

**ficha** *f.* fiche *~ de teléfono* jeton de téléphone *~ magnética* carte magnétique *~ técnica* générique *(cine)*

**fichar 1** *tr.* ficher, mettre sur fiche **2** *intr.* pointer

**fichero** *m.* fichier *~ maestro* fichier principal, central

**fidedigno, -a** adj. digne de foi *según fuentes fidedignas* d'après des sources dignes de foi

**fidelidad** f. fidélité *alta* ~ haute fidélité, hi-fi *equipo alta* ~ chaîne hi-fi

**fideo** m. vermicelle *estar como un* ~ être maigre comme un clou

**fiduciario, -a** adj. DER. fiduciaire

**fiebre** f. fièvre ~ *del heno* rhume des foins

**fiel** 1 adj. fidèle 2 m. aiguille f., fléau d'une balance 2 contrôleur, vérificateur *medidor o* ~ *de pesos y medidas* contrôleur des poids et mesures *inclinar el* ~ *de la balanza* faire pencher la balance

**fieltro** m. feutre

**fiera** f. bête féroce, fauve m., fig. brute *está hecho una* ~ c'est une vraie brute

**fierabrás** m. matamore, fier-à-bras

**fiereza** f. sauvagerie

**fiero, -a** adj. féroce, cruel, elle

**fiesta** f. fête *aguar la* ~ gâcher, troubler la fête

**figura** f. 1 forme, aspect 2 silhouette, allure 3 figure ~ *retórica* figure de rhétorique

**figurado, -a** adj. figuré, ée *en sentido* ~ au figuré

**figurante** m. -f. figurant, e

**figurar** tr. 1 figurer, représenter 2 feindre 3 pr. s'imaginer, se figurer *¿qué se ha figurado usted?* qu'est-ce que vous croyiez? *ya te lo puedes* ~ tu peux t'en douter

**figurativo, -a** adj. figuratif, ive

**figurilla** OU **figurita** f. santon m.

**figurín** m. dessin ou figurine de mode f.

**fijación** f. fixation ~ *de un cupo* contingentement m. ~ *de carteles* affichage

**fijador** m. fixateur, fixatif

**fijar** 1 tr. fixer ~ *cupos* fixer des contingents 2 pr. faire attention à, prendre garde ~ *carteles* afficher *prohibido* ~ *carteles* interdiction d'afficher ~ *el orden del día* arrêter l'ordre du jour *fíjate en lo que te digo* écoute bien ce que je te dis

**fijo, -a** 1 adj. fixe 2 m. fixe *cobrar un* ~ toucher un fixe

**fila** f. file, rangée, rang m. *en primera* ~ au premier rang *formar* ~ se mettre en rang *en* ~ *india* à la queue leu leu

**filamento** m. filament

**filantropía** f. philanthropie

**filántropo, -a** adj. philanthrope

**filarmónico, -a** adj. philharmonique

**filatelia** f. philatélie

**filatelista** m. -f. philatéliste

**filete** m. filet, steak ~ *de ternera* escalope de veau

**filiación** f. 1 filiation 2 signalement m. *(de una persona)* 3 enrôlement m. *(en el ejército)*

**filial** 1 adj. filial, ale 2 f. filiale

**filigrana** f. filigrane m.

**filipino, -a** adj. -s. philippin, e, fig. fam. coquin, canaille

**film** OU **filme** m. film

**filmación** f. tournage m.

**filmar** tr. filmer

**filo** m. fil, tranchant *el* ~ *de la navaja* le fil du rasoir *arma de dos filos* arme à double tranchant

**filología** f. philologie

**filón** m. filon

**filosofía** f. philosophie

**filósofo, -a** adj. -s. philosophe

**filtración** f. 1 filtrage m., fig. fuite 2 fam. malversation

**filtrar** 1 tr. -intr. filtrer 2 pr. s'infiltrer

**filtro** m. filtre, philtre *(bebedizo)*

**fin** m. 1 fin 2 but *¿con qué?* dans quel but? *un* ~ *feliz* un happy end *el* ~ *de semana* le week-end *a fines de mes* à la fin du mois *al* ~ *y al cabo* en définitive, en fin de compte *dar* ~ achever, finir *a* ~ *de que* afin que *en* ~ enfin, bref

**final** 1 adj. final, ale 2 m. fin f., final, issue f. *al* ~ *del texto* à la fin du texte

**finalidad** f. finalité, but m.

**finalizar** 1 tr. mettre fin à, achever 2 intr. prendre fin

**financiación** f. financement m.

**financiar** tr. financer

**financiero, -a** adj. -s. financier, ière

**financista** adj. -s. amér. financier, ière

**finanzas** f. pl. finances *las altas* ~ la haute finance

**finca** f. propriété, ferme, maison de campagne ~ *urbana* immeuble *administrador de fincas* administrateur de biens

**fineza** f. finesse, fig. amabilité

**fingido, -a** adj. feint, e, trompeur, euse

**fingir 1** tr. -intr. feindre, simuler, faire semblant **2** pr. faire semblant d'être, se faire passer pour

**finiquitar** tr. arrêter, solder, liquider un compte

**finlandés, -esa** adj. -s. finlandais, e

**fino, -a** adj. fin, e, fig. poli, ie

**finura** f. finesse, délicatesse, politesse

**fiord** ou **fiordo** m. fjord

**firma** f. **1** signature *poner su* ~ apposer sa signature **2** *seing* ~ *en blanco* blanc-seing **3** firme, société

**firmamento** m. firmament

**firmante** adj. -s. signataire *abajo* ~ soussigné, ée

**firmar** tr. signer

**firme 1** adj. ferme, solide, fig. décidé, constante, e **2** m. chaussée f. ~ *deslizante* chaussée glissante **3** adv. ferme, fermement *a pie* ~ de pied ferme *comprar en* ~ acheter ferme *¡ firmes !* interj. garde à vous !

**firmeza** f. fermeté, solidité

**fiscal 1** adj. fiscal, ale **2** m. procureur *la acusación* ~ le réquisitoire *ministerio* ~ ministère public ~ *del Tribunal Supremo* avocat général *ser* ~ *y parte* être juge et partie

**fiscalía** f. ministère public m., cabinet du procureur m.

**fiscalidad** f. fiscalité

**fiscalización** f. contrôle m. ~ *administrativa* contrôle administratif

**fiscalizar** tr. contrôler, surveiller *(asuntos públicos)*

**fisco** m. fisc

**fisgar** tr. épier, fouiner

**fisgón, -ona** adj. -s. curieux, euse, fouineur, euse

**física** f. physique

**físico, -a 1** adj. physique **2** m. physique *(aspecto de una persona)* **3** m. -f. physicien, enne

**fisiología** f. physiologie

**fisiológico, -a** adj. physiologique

**fisonomía** ou **fisonomía** f. physionomie

**fístula** f. MED. fistule

**fisura** f. fissure

**flácido, -a** ou **fláccido, -a** adj. flasque, mou, molle

**flaco, -a 1** adj. maigre, faible **2** m. faible, point faible

**flacucho, -a** adj. maigrichon, onne

**flagelación** f. flagellation

**flagelo** m. **1** fouet **2** fléau

**flamante** adj. flambant, e *una moto* ~ une moto flambant neuve

**flamear** intr. **1** flamber **2** ondoyer *(la bandera)*

**flamenco** m. **1** flamenco **2** ZOOL. flamant

**flamenco, -a** adj. -s. flamand, e

**flamígero, -a** adj. ARQUIT. flamboyant, e *gótico* ~ gothique flamboyant

**flan** m. flan, crème renversée f. ~ *de arena* pâté de sable

**flaquear** intr. **1** faiblir **2** menacer ruine, chanceler **3** flancher

**flaqueza** f. maigreur, faiblesse

**flauta** f. flûte *tocar la* ~ jouer de la flûte ~ *recta* flûte à bec ~ *travesera* flûte traversière

**flautista** m. -f. flûtiste

**flebitis** f. MED. phlébite

**fleco** m. frange f.

**flecha** f. flèche

**flechazo** m. fig. coup de foudre, coup de flèche

**flema** f. flegme m.

**flemático, -a** adj. flegmatique

**flequillo** m. frange f. *(de cabello)*, petite frange f.

**fletar** tr. **1** affréter **2** fréter

**flete** m. fret

**fletero** m. amér. transporteur

**flexibilidad** f. flexibilité, assouplissement m., souplesse

**flexible 1** adj. flexible, souple **2** m. fil électrique

**flexibilizar** tr. assouplir

**flexibilización** f. assouplissement

**flirteo** m. flirt

**flirtear** intr. flirter

**flojear** intr. faiblir, fléchir

**flojedad** f. faiblesse, mollesse, paresse, nonchalance

**flojera** f. fam. flemme

**flojo, -a** adj. **1** mou, molle **2** lâche, peu serré, ée **3** faible, nonchalant, e **4** faible *va* ~ *en latín* il est faible en latin

**flor** f. fleur *harina de* ~ fleur de farine *pan de* ~ pain de gruau *a* ~ *de piel* à fleur de peau *la* ~ *y nata* le gratin, la crème, la fine fleur *la* ~ *de la canela* le fin du fin *en la* ~ *de la vida* à la fleur de l'âge

**flora** f. flore

**floración** f. floraison

**florecer** intr. 1 fleurir 2 être florissant, e

**floreciente** adj. 1 fleurissant 2 florissant, e

**florero, -a** 1 m. -f. fleuriste 2 m. vase

**floresta** f. bocage m.

**florete** m. fleuret

**florido, -a** adj. fleuri, ie *lo más* ~ la fine fleur

**florista** m. -f. fleuriste

**floristería** f. magasin de fleurs m.

**florón** m. fleuron

**flota** f. flotte ~ *pesquera* flotte de pêche ~ *mercante* flotte marchande

**flotación** f. 1 flottement m. 2 flottaison *línea de* ~ ligne de flottaison 3 flottement *(de la moneda)*

**flotador** m. bouée f., flotteur

**flotante** adj. flottant, e

**flotar** intr. flotter

**flote** m. flottage *poner a* ~ mettre à flot *sacar a* ~ *una empresa* renflouer une entreprise *salir a* ~ s'en tirer, se tirer d'affaire

**fluctuación** f. fluctuation

**fluctuar** intr. fluctuer, fig. hésiter

**fluidez** f. fluidité

**fluidificar** tr. fluidifier, rendre fluide

**fluir** intr. s'écouler, couler

**flujo** m. flux, fig. afflux

**flúor** m. fluor

**fluorescente** adj. fluorescent, e *tubo* ~ tube au néon, néon

**fluvial** adj. fluvial, ale

**fobia** f. phobie

**foca** f. phoque

**foco** m. foyer, centre

**fofo, -a** adj. flasque

**fogata** f. flambée, feu de joie m. *las fogatas de San Juan* les feux de la Saint-Jean

**fogón** m. fourneau *(de cocina)*, foyer, *amer.* feu

**fogosidad** f. fougue

**fogoso, -a** adj. fougueux, euse

**folio** m. folio ~ *vuelto* folio verso *en* ~ in-folio

**folklore** m. folklore

**folklórico, -a** adj. folklorique

**follaje** m. feuillage

**folletín** m. feuilleton

**folleto** m. dépliant, brochure f. ~ *turístico* dépliant touristique ~ *explicativo* notice explicative f.

**follón** m. fam. histoire f., pagaille f. *estoy metido en un* ~ je me suis fourré dans une sale histoire *armar* ~ chahuter, faire du chahut, organiser la pagaille

**fomentar** tr. fomenter, favoriser, encourager

**fomento** m. encouragement, aide f., promotion f. ~ *de la producción* encouragement à la production

**fonda** f. 1 auberge, pension, hôtel m. 2 buffet *(en una estación)*

**fondear** 1 intr. mouiller, jeter l'ancre 2 tr. MAR. sonder

**fondeo** m. 1 MAR. mouillage 2 fouille d'un bateau f.

**fondo** m. 1 fond *el* ~ *del mar* le fond de la mer *artículo de* ~ article de fond *en el* ~ au fond 2 fonds ~ *de comercio* fonds de commerce ~ *de maniobra* fonds de roulement *fondos de previsión* fonds de prévoyance *fondos públicos* fonds publics *cheque sin* ~s chèque sans provision

**fonético, -a** adj. phonétique

**fontanela** f. ANAT. fontanelle

**fontanería** f. plomberie

**fontanero** m. plombier

**foque** m. MAR. foc

**forajido, -a** adj. -s. hors-la-loi

**foráneo, -a** adj. étranger, ère

**forastero, -a** adj. -s. étranger, ère, qui n'est pas de la ville ou de la région

**forcejear** intr. résister, se débattre, lutter, se démener, faire le forcing

**forcejeo** m. effort, lutte f., forcing

**forense** adj. qui concerne les tribunaux *médico* ~ médecin légiste

**forestal** adj. forestier, ière *patrimonio* ~ forêt domaniale *repoblación* ~ reboisement

**forfait** m. forfait *viaje a* ~ voyage forfaitaire, à forfait

**forjar** 1 tr. forger 2 pr. se forger, se faire *forjarse ilusiones* se faire des illusions

**forma** *f.* **1** forme *en debida* ∼ en bonne et due forme **2** manière, moyen *no hay* ∼ *de convencerle* il n'y a pas moyen de le convaincre *de todas formas* de toute manière *de* ∼ *que* de sorte que *de ninguna* ∼ en aucune façon

**formación** *f.* formation ∼ *profesional* formation professionnelle ∼ *continuada* formation continue ∼ *sobre el terreno* formation sur le tas

**formal** *adj.* **1** formel, elle **2** sérieux, euse *es un chico muy* ∼ c'est un garçon très sérieux

**formalidad 1** *f.* formalité **2** *m.* sérieux *¡ un poco de* ∼*!* un peu de sérieux !

**formalismo** *m.* formalisme

**formalizar** *tr.* **1** régulariser, normaliser, légaliser **2** parachever **3** *pr.* s'assagir

**formar 1** *tr.* former **2** *pr.* se former, se faire ∼ *filas* se mettre en rang

**formidable** *adj.* formidable

**fórmula** *f.* formule ∼ *de cortesía* formule de politesse

**formulación** *f.* formulation

**formular** *tr.* formuler ∼ *una petición* présenter une requête

**formulario** *m.* formulaire

**foro** *m.* **1** forum **2** barreau *(abogacía)* **3** *TEAT.* toile de fond

**forofo, -a** *m. -f. fam.* supporter, fan

**forraje** *m.* fourrage

**forrar** *tr.* **1** doubler *(un traje)* **2** fourrer *(con pieles)* **3** couvrir un livre **4** *pr. fig.* se remplir les poches, s'en mettre plein les poches

**forro** *m.* doublure *f.*

**fortalecer** *tr.* fortifier, renforcer

**fortalecimiento** *m.* renforcement, affermissement, raffermissement

**fortaleza** *f.* force, vigueur

**fortificar** *tr.* fortifier

**fortuito, -a** *adj.* fortuit, e

**fortuna** *f.* **1** fortune **2** chance, sort *m. por* ∼ heureusement *probar* ∼ tenter sa chance

**fortunón** *m.* grosse fortune *f.*

**forúnculo** *m. MED.* furoncle

**forzado, -a 1** *adj.* contraint, e, forcé, ée **2** *m.* forçat

**forzar** *tr.* forcer

**forzoso, -a** *adj.* forcé, ée, inévitable *trabajos forzosos* travaux forcés *heredero* ∼ héritier réservataire

**forzudo, -a 1** *adj.* fort, e, vigoureux, euse, costaud **2** *m.* costaud

**fosa** *f.* fosse

**fosfato** *m.* phosphate

**fosforera** *f.* fabrique d'allumettes, boîte, étui d'allumettes *m.*

**fósforo** *m.* **1** allumette **2** phosphore

**fósil** *m.* fossile

**fosilizarse** *pr.* se fossiliser

**foso** *m.* fosse *f.,* fossé

**foto** *f.* photo *sacar una* ∼ prendre une photo *sacarse una* ∼ se faire prendre en photo, se faire photographier *una* ∼ *movida* une photo floue

**fotocomposición** *f.* photocomposition

**fotocopia** *f.* photocopie

**fotocopiadora** *f.* photocopieuse

**fotocopiar** *tr.* photocopier

**fotóforo** *m.* photophore

**fotogénico, -a** *adj.* photogénique

**fotografía** *f.* photographie

**fotográfico, -a** *adj.* photographique

**frac** *m.* frac, habit

**fracasar** *intr.* échouer, rater

**fracaso** *m.* échec *un* ∼ *rotundo* un échec retentissant

**fracción** *f.* fraction

**fractura** *f.* fracture

**fracturar** *tr.* fracturer

**fragancia** *f.* parfum *m. (olor)*

**fraganti (in)** *adv.* en flagrant délit

**fragata** *f.* frégate

**frágil** *adj.* fragile

**fragilidad** *f.* fragilité

**fragmentar** *tr.* fragmenter

**fragmento** *m.* fragment

**fragor** *m.* fracas, grondement, roulement

**fragua** *f.* forge

**fraguar** *tr.* forger

**fraile** *m.* moine, religieux

**frambuesa** *f.* framboise

**frambueso** *m.* framboisier

**francés, -esa** *adj. -s.* français, e *despedirse a la francesa* filer à l'anglaise *tortilla a la francesa* omelette nature

**francmasón, -ona** *m. -f.* francmaçon, onne

**francmasonería** *f.* franc-maçonnerie

**franco, -a 1** *adj.* franc, franche *puerto* ~ port franc **2** *m.* franc *(moneda)* **3** *adv.* franco ~ *de porte* franco de port

**franela** *f.* flanelle

**franja** *f.* frange

**franqueable** *adj.* franchissable

**franquear** *tr.* **1** franchir ~ *un obstáculo* franchir un obstacle **2** affranchir *(una carta)* **3** exempter, dégager **4** ouvrir *(una puerta) a* ~ *en su destino* en port dû

**franqueo** *m.* affranchissement ~ *concertado* dispensé d'affranchissement

**franqueza** *f.* franchise, sincérité *con toda* ~ en toute franchise

**franquicia** *f.* **1** franchise, exemption ~ *postal* franchise postale **2** franchise *(comercio) sistema de* ~ franchise

**frasco** *m.* flacon

**frase** *f.* phrase ~ *hecha* expression toute faite

**fraternal** *adj.* fraternel, elle

**fraternidad** *f.* fraternité

**fraterno, -a** *adj.* fraternel, elle

**fraude** *m.* fraude *f.* ~ *fiscal* fraude fiscale *cometer* ~ frauder

**fraudulento, -a** *adj.* frauduleux, euse *quiebra fraudulenta* faillite frauduleuse

**fray** *m. apoc. de fraile*, moine, frère ~ *Luis de León* frère Louis de Léon

**freático, -a** *adj.* phréatique

**frecuencia** *f.* fréquence ~ *modulada* modulation de fréquence

**frecuentar** *tr.* fréquenter

**frecuente** *adj.* fréquent, e

**fregadera** *f.* ou **fregadero** *m.* évier *m.*

**fregado** *m.* **1** récurage, lavage *(de los platos)*, nettoyage *(del pavimento)* **2** *fig.* imbroglio, affaire louche *f. lo mismo sirve para un* ~ *que para un barrido* on le met à toutes les sauces

**fregar** *tr.* frotter, laver, récurer ~ *los platos* faire la vaisselle

**fregona** *f.* **1** serpillière **2** souillon, bonne à tout faire, plongeuse

**freidora** *f.* friteuse

**freír** *tr.* frire, faire frire *mandar a* ~ *espárragos* envoyer quelqu'un se faire cuire un œuf

**fréjol** *m.* haricot

**frenada** *f.* ou **frenado** *m.* freinage *m.*

**frenar** *intr.* freiner

**frenazo** *m.* coup de frein

**frenesí** *m.* frénésie *f.*

**frenético, -a** *adj.* frénétique

**freno** *m.* **1** frein ~ *de mano* frein à main *poner* ~ *a* mettre un frein à **2** mors *(de un caballo)*

**frente** *f.* front *m. hacer* ~ faire face, faire front, tenir tête *en* ~ *(de) adv.* en face (de) ~ *a* ~ *adv.* face à face *de* ~ *adv.* de face *¡ de* ~ *! MIL.* en avant, marche !

**fresa** *f.* **1** fraise ~ *silvestre* fraise des bois **2** fraisier *m.*

**fresco, -a** *adj.* **1** frais, fraîche **2** *fig.* culotté, ée, effronté, ée, sans gêne **3** *m.* frais *tomar el* ~ prendre le frais **4** fresque *f. ¡ qué* ~ *eres !* quel culot !

**frescor** *m.* fraîcheur *f.*

**frescura** *f.* **1** fraîcheur **2** *fig.* toupet *m.*, culot *m.*, sans-gêne *m.*

**fresno** *m.* frêne

**fresón** *m.* grosse fraise *f.*

**fresquera** *f.* garde-manger *m.*

**friabilidad** *f.* friabilité

**friable** *adj.* friable

**frialdad** *f.* froideur

**fricandó** *m.* fricandeau

**fricción** *f.* friction *dar fricciones* frictionner

**friega** *f.* friction *dar friegas* frictionner

**frigidez** *f.* frigidité

**frígido, -a** *adj.* froid, e, frigide

**frigorífico, -a 1** *adj.* frigorifique **2** *m.* réfrigérateur *cámara frigorífica* chambre froide

**frigorista** *m.* frigoriste

**frigio, -a** *adj.* -*s.* phrygien, enne

**fríjol** *m. amer.* haricot

**frío, -a 1** *adj.* froid, e **2** *m.* froid *en* ~ à froid *tener* ~ avoir froid *hace* ~ il fait froid *hace mucho* ~ il fait très froid *hace un* ~ *que pela* il fait un froid de canard

**friolento, -a** *adj.* frileux, euse

**friolera** *f.* bagatelle

**friolero, -a** *adj.* frileux, euse

**frisa** *f.* frise

**frisar 1** *tr.* friser *(un tejido)* **2** *intr.* friser *frisa en los cuarenta años* il frise la quarantaine

**friso** *m. ARQUIT.* frise *f.*

**frito, -a** *adj.* frit, e *patatas fritas* des frites, des cheeps *estoy* ~ *fig. fam.* je

suis cuit, je n'en peux plus *esto me trae*
~ cela me casse les pieds

**fritura** *f.* friture

**frivolidad** *f.* frivolité

**frívolo, -a** *adj.* frivole

**frondosidad** *f.* frondaison

**frondoso, -a** *adj.* touffu, ue,
feuillu, ue

**frontal 1** *adj.* frontal, ale **2** *m.* frontal

**frontalero, -a** *adj.* frontalier, ière

**frontera** *f.* frontière

**fronterizo, -a** *adj.* frontalier, ière *país*
~ pays frontalier

**frontón** *m.* fronton

**frotar 1** *tr.* frotter **2** *pr.* se frotter

**frote** *m.* frottement

**fructífero, -a** *adj.* fructueux, euse

**fructificar** *intr.* fructifier

**frugal** *adj.* frugal, ale

**frugalidad** *f.* frugalité

**frunce** *m.* fronce *f.*

**fruncir** *tr.* froncer ~ *las cejas* froncer
les sourcils

**fruslería** *f.* bagatelle

**frustración** *f.* frustration

**frustrar** *tr.* **1** frustrer, décevoir **2** manquer, rater, faire échouer *atentado frustrado* attentat manqué

**fruta** *f.* fruit *m. pl.* ~ *del tiempo* fruits
de saison ~ *escarchada* fruits confits

**frutal** *adj.* fruitier, ière *árbol* ~ arbre
fruitier

**frutería** *f.* magasin de fruits *m.*

**frutero, -a 1** *adj.* fruitier, ière *industria* ~ industrie fruitière **2** *m.* compotier, coupe à fruits *f.*

**frutícola** *adj.* fruitier, ière *cultivos fru-
tícolas* cultures fruitières

**fruto** *m.* fruit *el* ~ *del trabajo* le
fruit du travail *el* ~ *prohibido* le fruit
défendu *dar sus frutos* porter ses fruits

**fu** *m.* grondement du chat *ni* ~ *ni fa*
couci-couça

**fucsia** *f.* BOT. fuchsia *m.,* fuchsia *(color)*

**fuego** *m.* feu ~ *fatuo* feu follet *fuegos
artificiales* feux d'artifice *a* ~ *lento* à
feu doux *el alto el* ~ le cessez-le-
feu *prender* ~ incendier, mettre le feu

**fuel** OU **fueloil** *m.* fuel, mazout

**fuelle** *m.* soufflet

**fuente** *f.* **1** fontaine **2** source
*fuentes fidedignas* sources dignes de foi
**3** grand plat *m.*

**fuera 1** *adv.* dehors *comemos* ~ nous
mangeons dehors **2** *interj.* dehors ! ~
*de* en dehors de, hors de *viven* ~ *de
España* ils vivent hors d'Espagne ~ *de
tema* hors sujet *desde* ~ du dehors ~
*de peligro* hors de danger *estar* ~ être
absent, sorti, en voyage, en déplacement ~ *de eso* à part ça ~ *de sí* hors
de soi *esquiar* ~ *de pista* faire du ski
hors-piste *¡* ~ *de aquí !* hors d'ici !

**fuera borda** *m.* MAR. hors-bord

**fuero** *m.* **1** privilège **2** for *en mi* ~
*interno* en, dans mon for intérieur

**fuerte** *adj.* **1** fort, e **2** fort *la generosidad no es su* ~ la générosité n'est pas
son fort **3** *adv.* fort *hablar* ~ parler
fort

**fuerza** *f.* force ~ *de disuasión* force de
frappe ~ *mayor* force majeure *a* ~ *de*
à force de *a la* ~ par force *sacar
fuerzas de flaqueza* prendre son courage à deux mains

**fuga** *f.* **1** fuite ~ *hacia adelante* fuite
en avant ~ *de capitales* fuite, évasion
des capitaux *emprender la* ~ prendre
la fuite **2** fougue **3** MUS. fugue

**fugarse** *pr.* s'enfuir, prendre la fuite,
s'évader

**fugaz** *adj.* fugace

**fugitivo, -a** *adj. -s.* fugitif, ive

**fulano, -a 1** *m. -f.* un tel, une telle
*Don* ~ *de Tal* monsieur Un Tel **2** *m.
-f.* amant, maîtresse *es su fulana* c'est sa
maîtresse **3** *f.* catin, putain

**fular** *m.* foulard

**fulgor** *m.* lueur *f.,* éclat

**fulminante** *adj.* **1** foudroyant, e
*(enfermedad)* **2** *fig.* fulminant, e

**fulminar 1** *tr.* foudroyer, *fig.* foudroyer, fusiller, terrasser *fulminado por
un cáncer* terrassé par un cancer **2** *intr.*
fulminer

**fullero, -a** *adj. -s.* tricheur, euse

**fumador, -ora** *m. -f.* fumeur, euse

**fumar** *tr. -intr.* fumer ~ *en pipa* fumer
la pipe *papel de* ~ papier à cigarettes

**fumigar** *tr.* fumiger

**funámbulo** *m. -f.* funambule

**función** *f.* **1** fonction *desempeñar las
funciones de* remplir les fonctions de
**2** représentation théâtrale, spectacle *m.*
~ *de noche* soirée ~ *de tarde* matinée
*no hay* ~ relâche

**funcional** *adj.* fonctionnel, elle

**funcionamiento** *m.* fonctionnement

**funcionar** *intr.* fonctionner, marcher
*no funciona* en dérangement

**funcionario, -a** *m. -f.* fonctionnaire

**funda** *f.* 1 housse 2 étui *m.*
*(gafas),* pochette *(de disco),* fourreau
*m. (de paraguas)*

**fundación** *f.* fondation

**fundador, -ora** *m. -f.* fondateur, trice

**fundamental** *adj.* fondamental

**fundamentalmente** *adv.* fondamen-
talement, foncièrement

**fundamentar** *tr.* jeter les fondements,
*fig.* fonder

**fundamento** *m.* fondement, fondation
*f.*

**fundar** 1 *tr.* fonder 2 *pr.* se fonder,
s'appuyer sur

**fundible** *adj.* fusible

**fundición** *f.* fonderie, fonte *(acción)* ~
*de acero* aciérie

**fundidor** *m.* fondeur

**fundir** 1 *tr.* fondre *(zel bronce)* 2 *pr.*
fondre, se fondre, griller *(una bombilla),*
couler *(una biela)*

**fúnebre** *adj.* funèbre

**funeral** *m.* obsèques *f. pl.,* funérailles *f.*
*pl.*

**funerario, -a** 1 *adj.* funéraire 2 *f.*
entreprise des pompes funèbres

**funesto, -a** *adj.* funeste

**funicular** *m.* funiculaire

**furgón** *m.* fourgon

**furgoneta** *f.* camionnette, fourgonnette

**furia** *f.* furie *estar hecho una* ~ être
furieux, fou de rage

**furioso, -a** *adj.* furieux, euse

**furor** *m.* fureur *f. causar* ~ faire fureur
*con* ~ à la folie

**furtivo, -a** *adj.* furtif, ive *cazador* ~
braconnier

**fusible** *adj. -s.* fusible

**fusil** *m.* fusil

**fusilamiento** *m.* exécution *f., fig.* pla-
giat

**fusilar** *tr.* fusiller, *fig.* plagier

**fusión** *f.* 1 fusion *(de los metales),* fonte
*(de la nieve)* 2 fusion, fusionnement
*(de sociedades)*

**fusionar** 1 *tr.* fusionner 2 *pr.* fusionner

**fusta** *f.* cravache

**fuste** *m.* hampe *f., fig.* poids, importance *f.,* envergure *f. un hombre de*
*mucho* ~ homme de grande envergure

**fustigar** *tr.* fustiger

**fútbol** *m.* football

**futbolín** *m.* baby-foot

**futbolista** *m.* joueur de foot, footballeur

**fútil** *adj.* futile

**futurista** *adj.* futuriste

**futuro, -a** 1 *adj.* futur, e 2 *m.* futur,
avenir

# G

**g** *f.* g *m.*

**gabacho, -a** *adj. -s.* gavache, *fam. desp.* français, e

**gabán** *m.* pardessus

**gabardina** *f.* gabardine

**gabarra** *f.* péniche

**gabinete** *m.* cabinet *(de ministros)*

**gacela** *f.* gazelle

**gaceta** *f.* gazette, journal *m.*

**gacetero** *m.* échotier, journaliste

**gacetilla** *f.* **1** échos *m. pl.,* nouvelles brèves *f. pl. (de un periódico)* **2** *fig.* commère

**gachí** *f. fam. pop.* fille, gonzesse, pépée

**gacho, -a** *adj.* penché, ée, courbé, ée *orejas gachas* oreilles tombantes *volver con las orejas gachas* revenir l'oreille basse

**gachupín** *m. amer.* espagnol émigré en Amérique *(Mexique)*

**gaditano, -a** *adj. -s.* habitant, e de Cadix

**gafas** *f. pl.* lunettes ∼ *de sol* lunettes de soleil ∼ *bifocales* lunettes à double foyer *llevar* ∼, *usar* ∼ porter des lunettes

**gafe** *m. fam.* oiseau de malheur *ser* ∼ porter malheur, porter la poisse

**gaita** *f. MUS.* cornemuse, biniou *m. es una* ∼ *fig. fam.* c'est une corvée *templar gaitas fig.* arrondir les angles

**gaitero** *m.* joueur de cornemuse

**gaje** *m.* **1** gage **2** *pl.* gages, émoluments, appointements, salaire *m. sing. los gajes del oficio* les aléas du métier

**gajo** *m.* branche *f. (de un árbol),* quartier *(de una naranja)*

**gala** *f.* habit de fête *m. traje de* ∼ habit de cérémonie, de soirée, tenue de gala *sus mejores galas* ses plus beaux atours *m. pl. hacer* ∼ *de* se vanter de, faire montre de, étaler, exhiber

**galán** *m.* **1** bel homme, soupirant, chevalier servant **2** *TEAT. CINE* jeune premier

**galante** *adj.* galant, e

**galantear** *tr.* courtiser, faire la cour

**galanteo** *m.* cour *f.,* propos galant

**galantería** *f.* galanterie, compliment *m.,* politesse

**galardón** *m.* récompense *f.,* prix

**galardonar** ou **galardonear** *tr.* récompenser, primer *(literatura, cine),* couronner

**galaxia** *f.* galaxie *la guerra de las galaxias* la guerre des étoiles

**galeno** *m. fam.* toubib

**galeón** *m. MAR.* galion

**galeote** *m.* galérien

**galera** *f.* galère

**galería** *f.* galerie

**galerista** *m. -f.* directeur, trice d'une galerie d'art

**Gales** *n. pr. GEOG.* Galles

**galés, -esa** *adj. -s.* gallois, e

**galgo** *m.* lévrier *correr como un* ∼ courir comme un lapin

**gálibo** *m.* gabarit

**galicano, -a** *adj. -s.* gallican, e

**Galicia** *n. pr. GEOG.* Galice

**galicismo** *m.* gallicisme

**galimatías** *m.* charabia, galimatias

**galo, -a** *adj. -s.* gaulois, e, français, e

**galón** *m.* galon

**galopar** *intr.* galoper *i a* ∼*!* au galop !

**galope** *m.* galop *a* ∼ au galop *a* ∼ *tendido* au triple galop

**galorromano, -a** *adj. -s.* gallo-romain, e

**galvanización** *f.* galvanisation

**galvanizar** *tr.* galvaniser

**gallardamente** *adv.* hardiment

**gallardete** *m.* banderole *f.,* flamme *f.*

**gallardía** *f.* **1** allure, prestance **2** bravoure

**gallardo, -a** *adj.* **1** qui a fière allure **2** hardi, ie, courageux, euse

**gallego, -a** *adj. -s.* **1** galicien, enne **2** *amer. desp.* espagnol, e

**galleta** *f.* biscuit *m.,* gâteau sec *m.*

**gallina** *f.* **1** poule *tener carne de* ∼ avoir la chair de poule *la* ∼ *de los huevos de oro* la poule aux œufs d'or **2** *fig.* poule mouillée, lâche ∼ *ciega* colin-maillard *m.*

**gallinero** *m.* poulailler

**gallo** *m.* **1** coq ∼ *de riña* coq de combat **2** *fig.* canard, couac *soltar un* ∼ faire un couac *misa del* ∼ messe de minuit *levantar, alzar el* ∼ monter sur ses ergots *otro* ∼ *te cantara* ce serait une autre chanson

**gama** f. gamme

**gamado, -a** adj. gammé, ée *cruz gamada* croix gammée

**gamba** f. crevette rose, gamba

**gamberrada** f. vandalisme m., délinquance

**gamberro, -a** m. -f. délinquant, e, voyou

**gamberrismo** m. délinquance f., vandalisme

**gamezno** m. faon

**gamma** f. gamma *(letra griega) rayos* ∼ rayons gamma

**gamo** m. daim

**gamuza** f. peau de chamois, chamois m.

**gana** f. envie, désir *tener ganas de* avoir envie de *darle a uno la* ∼ *de* avoir envie de *no me da la* ∼ je n'ai pas envie *de buena* ∼ volontiers *de mala* ∼ à contrecœur

**ganadería** f. 1 troupeau m., bétail m., cheptel m. 2 élevage m. *(cría de ganado)*

**ganadero, -a** 1 m. -f. éleveur, euse, propriétaire de troupeau 2 adj. d'élevage *actividad ganadera* activité d'élevage

**ganado** m. bétail, troupeau ∼ *mayor* gros bétail ∼ *vacuno* bovins m. pl. ∼ *ovino* ovins m. pl. ∼ *porcino* porcins m. pl. ∼ *cabrío* chèvres f. pl.

**ganador, -ora** adj. -s. gagnant, e

**ganancia** f. gain m., profit m., bénéfice m.

**ganancial** adj. bénéficiaire DER. *comunidad de bienes gananciales* communauté réduite aux acquêts

**ganancioso, -a** adj. gagnant, e, lucratif, ive

**ganar** tr. gagner *ganarse la vida* pr. gagner sa vie *¡ que gane el mejor !* que le meilleur gagne !

**ganchillo** m. crochet *labor de* ∼ crochet

**gancho** m. 1 crochet 2 amer. épingle à cheveux f. 3 fig. fam. chien *tener mucho* ∼ avoir du chien, amer. avoir des appuis, du piston

**gandul, -a** adj. -s. fainéant, e

**gandulería** f. fainéantise, flemme

**gandulear** intr. paresser, flemmarder

**gandulitis** f. fam. fainéantise, flemme

**ganga** f. aubaine, occasion, bonne affaire

**ganglio** m. ganglion

**gangoso, -a** adj. nasillard, e *hablar* ∼ parler du nez

**gangrena** f. gangrène

**gángster** m. gangster

**gangsterismo** m. gangstérisme

**ganguear** intr. nasiller

**gansada** f. bêtise, niaiserie

**ganso** m. oie f., jars

**ganso, -a** adj. -s. bête, idiot, e, niais, e *hacer el* ∼ faire l'âne

**ganzúa** f. crochet m., pince-monseigneur

**gañán** m. valet de ferme, paysan

**gañir** intr. glapir

**garabatear** intr. griffonner

**garabateo** m. griffonnage, gribouillage

**garabato** m. griffonnage, gribouillage, pattes de mouche f. pl.

**garaje** m. garage

**garajista** m. garagiste

**garante** adj. garant, e *salir* ∼ se porter garant

**garantía** f. garantie *con* ∼ sous garantie

**garantizar** tr. garantir, se porter garant *deuda garantizada* dette consolidée

**garapiñado, a** adj. praliné, ée *almendra garapiñada* praline

**garbanzo** m. pois chiche

**garbear** intr. fam. faire un tour, une virée

**garbeo** m. fam. tour, balade f. *darse un* ∼ faire un tour

**garbo** m. grâce f., aisance f., élégance f.

**garboso, -a** adj. gracieux, euse, élégant, e

**gardenal** m. gardénal

**gardenia** f. gardénia m.

**garduña** f. fouine

**garfio** m. crochet, croc

**garganta** f. gorge *me duele la* ∼ j'ai mal à la gorge

**gargantear** intr. faire des roulades

**gargantilla** f. collier m.

**gárgara** f. gargarisme m. *hacer gárgaras* se gargariser *mandar a hacer gárgaras* envoyer promener quelqu'un

**gárgola** f. ARQUIT. gargouille

**garita** f. MIL. guérite

**garito** m. tripot

**garlopa** *f.* varlope

**garlito** *m. fig.* piège *caer en el* ~ tomber dans le panneau

**garnacha** *f.* grenache *m.*, hermine *(de magistrado)*

**garra** *f.* griffe, serre *garras de astracán* pattes d'astrakan

**garrafa** *f.* dame-jeanne, carafe

**garrafal** *adj.* gros, grosse, énorme *error* ~ énorme erreur *cereza* ~ bigarreau *m.*

**garrafón** *m.* grande carafe *f.*, dame-jeanne *f.*

**garrapata** *f.* tique

**garrapato** *m.* gribouillage, griffonnage, *pl.* pattes de mouche *f. pl.*

**garrido, -a** *adj.* beau, belle

**garroba** *f.* caroube

**garrocha** *f.* TAUROM. pique

**garrote** *m.* gourdin, MED. garrot, garrot *(suplicio)*

**garza** *f.* héron *m.*

**garzo, -a** *adj.* pers, e *ojos garzos* yeux pers

**gas** *m.* gaz ~ *ciudad* gaz de ville ~ *lacrimógeno* gaz lacrymogène *a todo* ~ à toute allure, à fond de train

**gasa** *f.* gaze, crêpe *m.*

**gaseosa** *f.* limonade

**gaseoso, -a** *adj.* gazeux, euse

**gasificar** *tr.* gazéifier

**gasoducto** *m.* gazoduc

**gasóleo** *m.* gas-oil, gazole

**gasolina** *f.* essence

**gasolinera** *f.* pompe à essence, station-service

**gasómetro** *m.* gazomètre

**gastable** *adj.* consommable

**gastado, -a** *adj.* usé, ée

**gastador, -ora** *adj. -s.* dépensier, ière, gaspilleur, euse

**gastar** *tr.* 1 dépenser 2 user 3 consommer *este coche gasta mucha gasolina* cette voiture consomme beaucoup 4 *pr.* s'user, *fig.* se porter *este modelo ya no se gasta* ce modèle ne se porte plus ~ *una broma* faire une blague

**gasto** *m.* 1 dépense *f.* 2 *pl.* frais *gastos accesorios* faux frais *gastos de custodia* frais de garde *gastos de envío* frais d'envoi *gastos de viaje* frais de déplacement *gastos generales* frais généraux *cubrir gastos* rentrer dans ses frais

**gástrico, -a** *adj.* gastrique

**gastronomía** *f.* gastronomie

**gastrónomo** *m.* gastronome, gourmet

**gata** *f.* chatte

**gatas (a)** *loc. adv.* à quatre pattes

**gatear** *intr.* 1 grimper, marcher à quatre pattes 2 *amer.* faire la cour 3 voler

**gatillo** *m.* détente *f. (de un arma de fuego)*, gâchette *f.*

**gato** *m.* 1 chat ~ *montés* chat sauvage 2 cric *(coche) hay cuatro gatos* il y a trois pelés et un tondu *hay* ~ *encerrado* il y a anguille sous roche *buscarle tres pies al* ~ couper les cheveux en quatre, chercher midi à quatorze heures, chercher trois pattes à un canard *dar* ~ *por liebre* faire prendre des vessies pour des lanternes *llevarse el* ~ *al agua* emporter le morceau

**gatuno, -a** *adj.* félin, e

**gaucho, a** 1 *adj.* du gaucho 2 *m.* gaucho

**gaveta** *f.* tiroir *m.*

**gavilán** *m.* épervier

**gavilla** *f.* gerbe, fagot *m.*

**gaviota** *f.* mouette

**gazapera** *f.* 1 terrier *m.* 2 *fig.* réunion de fripouilles 3 dispute, rixe

**gazapo** *m.* lapereau

**gazmoño, -a** OU **gazmoñero, -a** *adj. -s.* tartufe, bigot, ~

**gaznate** *m.* gosier, gorge *f.*

**gazpacho** *m.* soupe froide *f.*, gazpacho

**gazuza** *f. fam.* fringale

**géiser** *m.* geyser

**gel** *m.* gel

**gelatina** *f.* gélatine, gelée

**gélido, -a** *adj.* glacé, ée, gelé, ée

**gelificar** *tr.* gélifier

**gema** *f.* gemme *sal* ~ sel gemme

**gemelo, -a** 1 *adj. -s.* jumeau, jumelle 2 *m. pl.* boutons de manchettes, TEAT. jumelles

**gemido** *m.* gémissement

**Géminis** *n. pr. m. pl.* Gémeaux

**gemir** *intr.* geindre, gémir

**gene** *m.* gène

**genealogía** *f.* généalogie

**genealógico, -a** *adj.* généalogique *árbol* ~ arbre généalogique

**generación** *f.* génération

**generador, -ora** *adj. -s.* générateur, trice

**general** *m.* général

**generala** *f.* générale

**generalidad** *f.* généralité

**Generalitat** *f.* gouvernement autonome de la Catalogne *m.*

**generalización** *f.* généralisation

**generalizar 1** *tr.* généraliser **2** *pr.* se généraliser

**generar** *tr.* engendrer, entraîner, avoir pour résultat

**género** *m.* **1** genre **2** article, marchandise *f.* **3** tissu ~ *de algodón* tissu de coton ~ *de punto* tricot *géneros de punto* bonneterie *f.*

**generosidad** *f.* générosité

**generoso, -a** *adj.* généreux, euse

**génesis** *f.* genèse

**genética** *f.* génétique

**genial** *adj.* génial, ale

**geniazo** *m. fam.* sale caractère

**genio** *m.* **1** caractère *tener mal* ~ avoir mauvais caractère **2** humeur *f. estar de muy mal* ~ être de fort méchante humeur **3** génie

**genocidio** *m.* génocide

**genovés, -esa** *adj. -s.* génois, e

**gente** *f.* **1** gens *m. pl.* **2** monde *m. hay mucha* ~ il y a beaucoup de monde

**gentil** *adj.* gracieux, euse, gentil, ille

**gentilhombre** *m.* gentilhomme

**gentilmente** *adv.* avec grâce, *amer.* gentiment

**gentío** *m.* foule *f.*, monde, affluence *f.*

**gentuza** *f.* populace, racaille

**genuino, -a** *adj.* authentique, véritable

**geografía** *f.* géographie

**geógrafo, -a** *m. -f.* géographe

**geología** *f.* géologie

**geológico, -a** *m. -f.* géologique

**geómetra** *m. -f.* géomètre

**geometría** *f.* géométrie

**geométrico, -a** *adj.* géométrique

**geopolítica** *f.* géopolitique

**geranio** *m.* géranium

**gerencia** *f.* gérance

**gerente** *m.* gérant

**germánico, -a** *adj. -s.* germanique

**germanista** *m. -f.* germaniste, germanisant, e

**germen** *m.* germe

**germinación** *f.* germination

**germinar** *intr.* germer

**gerundense** *adj. -s.* de Gérone

**gerundio** *m.* gérondif

**gestación** *f.* gestation, grossesse

**gestar** *tr.* concevoir

**gestear** *intr.* grimacer

**gesticular** *intr.* gesticuler, grimacer

**gestión** *f.* démarche, gestion *hacer gestiones* faire des démarches

**gestionar** *tr.* faire des démarches, négocier, traiter ~ *un negocio* traiter une affaire

**gesto** *m.* **1** expression du visage *f.*, mine *f.* **2** grimace *f.*

**gestor, -ora** *m. -f.* gérant, e, administrateur, trice, gestionnaire, agent d'affaires

**gestoría** *f.* cabinet d'affaires *m.*

**giba** *f.* bosse

**gibraltareño, -a** *adj. -s.* de Gibraltar

**giboso, -a** *adj. -s.* bossu, ue

**gigante** *m.* géant

**gigantesco, -a** *adj.* gigantesque

**gimcana** *m.* gymkhana

**gimnasia** *f.* gymnastique

**gimnasio** *m.* gymnase

**gimnasta** *m. -f.* gymnaste

**gimotear** *intr.* pleurnicher

**Ginebra** *n. pr. f.* Genève

**ginebra** *f.* gin *m.*, genièvre

**ginebrino, -a** *adj. -s.* genevois, e

**ginecología** *f.* gynécologie

**ginecólogo, -a** *m. -f.* gynécologue

**gingivitis** *f.* gingivite

**gira** *f.* tournée *(de artistas)*, excursion

**giralda** *f.* girouette

**girar** *intr.* **1** tourner **2** faire un virement, virer, tirer **3** *fig.* tourner autour de, porter sur, être axé sur

**girasol** *m.* tournesol

**giro** *m.* **1** tour, rotation **2** virement **3** *fig.* tournure *f.* ~ *internacional* mandat international

**gitanada** *f.* **1** action propre aux gitans **2** *fig. desp.* vilain tour *m.*

**gitano, -a** *adj. -s.* gitan, e

**glacial** *adj.* glacial, ale

**glaciar** *m.* glacier

**gladiolo** ou **gladíolo** *m.* glaïeul

**glándula** *f.* glande

**glandular** *adj.* glandulaire

*gotear*

**glasear** *tr.* glacer *(repostería, papel)*

**glauco, -a** *adj.* glauque

**glaucoma** *m. MED.* glaucome

**gleba** *f.* glèbe

**glicerina** *f.* glycérine

**glicina** *f.* glycine

**global** *adj.* global, ale

**globo** *m.* 1 globe ∼ *terráqueo* globe terrestre 2 ballon 3 bulle *f. (de historieta)* *deshincharse como un* ∼ se dégonfler comme une baudruche

**globular** *adj.* globulaire

**globulina** *f.* globuline

**glóbulo** *m.* globule

**gloria** *f.* 1 gloire 2 ciel *m.*, paradis *m.* *estar en la* ∼ être aux anges *saber a* ∼ être délicieux

**glorieta** *f.* tonnelle, rond-point *m.*

**glorificar** 1 *tr.* glorifier 2 *pr.* se glorifier, se vanter

**glorioso, -a** *adj.* glorieux, euse

**glosa** *f.* glose, note, remarque

**glosar** *tr.* gloser, annoter

**glosario** *m.* glossaire

**glotis** *f.* glotte

**glotón, -ona** *adj.* -*s.* glouton, onne

**glotonería** *f.* gloutonnerie

**glucosa** *m.* glucose

**gluten** *m.* gluten

**gnosis** *f.* gnose

**gobernable** *adj.* gouvernable

**gobernación** *f.* gouvernement *m.* ∼ *civil* préfecture

**gobernador, -ora** 1 *m.* gouverneur 2 *adj.* gouvernant, e ∼ *civil* préfet

**gobernante** *m.* dirigeant, chef d'Etat

**gobernar** *tr.* gouverner, commander, diriger

**gobierno** *m.* 1 gouvernement 2 *fig.* gouverne *f.* ∼ *civil* préfecture

**goce** *m.* jouissance *f.*, plaisir

**godo, -a** *adj.* -*s.* goth

**gol** *m.* goal, but *(fútbol)* *marcar goles* marquer des buts

**goleta** *f. MAR.* goélette

**golf** *m.* golf *palo de* ∼ club

**golfista** *m.* -*f.* joueur, joueuse de golf

**golfo** *m.* 1 golfe 2 voyou

**golondrina** *f.* 1 hirondelle 2 bateaumouche *m.*

**golosina** *f.* gourmandise, friandise, sucrerie

**goloso, -a** *adj.* -*s.* gourmand, e

**golpe** *m.* coup ∼ *de Estado* coup d'Etat ∼ *de efecto* coup de théâtre *un* ∼ *magistral* un coup de maître *a* ∼ *de* à coups de, à force de *a golpes* par à-coups *de* ∼ tout à coup *de* ∼ *y porrazo* de but en blanc *dar el* ∼ *fam.* épater *no dar* ∼ ne rien faire, se la couler douce

**golpear** *tr.* -*intr.* frapper

**golpetazo** *m.* grand coup

**golpista** *m.* putschiste

**golletazo** *m.* estocade portée dans le cou du taureau *f.*

**gollete** *m.* goulot

**goma** *f.* 1 gomme 2 caoutchouc *m.* 3 élastique *m.* ∼ *de borrar* gomme à effacer ∼ *de pegar* colle

**gomoso, -a** *adj.* -*s.* gommeux, euse, *amér. fam.* ivre

**góndola** *f.* gondole

**gondolero** *m.* gondolier

**gordiano** *adj.* -*m.* gordien

**gordinflón, -ona** *adj.* grassouillet, ette

**gordo, -a** *adj.* gros, grosse, gras, grasse *un pez* ∼ *fig. fam.* un gros bonnet, une grosse légume *f.* *premio* ∼ gros lot *tocar el* ∼ toucher le gros lot *me ha tocado el* ∼ j'ai gagné le gros lot *algo* ∼ *ha ocurrido fam.* il est arrivé quelque chose de grave

**gordura** *f.* embonpoint *m.*, graisse

**gorgojo** *m.* 1 charançon 2 *fig. fam.* nabot

**gorgoritos** *m. pl. MUS.* roulades *f. pl.*

**gorgotear** *intr.* gargouiller

**gorila** *m.* gorille

**gorjear** *intr.* gazouiller, faire des roulades

**gorra** *f.* casquette *de* ∼ gratis, à l'œil *pasar la* ∼ faire la manche

**gorrear** *intr.* vivre en parasite

**gorrero, -a** *m.* -*f.* pique-assiette

**gorrión** *m.* moineau

**gorrista** *m.* -*f.* parasite, pique-assiette

**gorro** *m.* bonnet ∼ *frigio* bonnet phrygien

**gota** *f.* goutte *sudar la* ∼ *gorda* suer à grosses gouttes *no ver ni* ∼ n'y voir goutte

**gotear** *intr.* dégoutter, tomber goutte à goutte, couler

**gotera** f. gouttière, fuite d'eau (en un tejado)

**gótico, -a 1** adj. gothique **2** m. gothique ~ **flamígero** gothique flamboyant

**gotoso, -a** adj. -s. MED. goutteux, euse

**gozada** f. plaisir m.

**gozador, -ora** adj. jouisseur, euse

**gozar 1** intr. jouir, se réjouir, bénéficier, profiter **2** tr. jouir de

**gozne** m. gond

**gozo** m. plaisir, joie f.

**gozoso, -a** adj. joyeux, euse

**grabación** f. enregistrement m.

**grabado** m. gravure f.

**grabar** tr. enregistrer, graver

**gracejo** m. esprit

**gracia** f. **1** grâce, charme m. **2** mot d'esprit m., plaisanterie **tener** ~ être amusant, e **¡ gracias !** interj. merci ! **¡ muchas gracias !** interj. merci beaucoup ! **dar las gracias** remercier

**grácil** adj. gracile

**gracioso, -a** adj. **1** gracieux, euse **2** amusant, e, drôle **3** m. TEAT. bouffon **hacerse el** ~ faire le pitre

**grada** f. **1** degré m., marche **2** gradin m.

**gradación** f. gradation, grade m.

**grado** m. **1** degré **2** grade **3** année f. (de un curso escolar) **4** taux ~ **de invalidez** taux d'invalidité **de buen** ~ de bon gré **de buen o mal** ~ bon gré, mal gré **de** ~ **o por fuerza** de gré ou de force

**graduación** f. degré m., grade m., titre m.

**graduado, -a** adj. **1** gradué, ée **2** diplômé, ée

**graduar** tr. **1** graduer **2** titrer **3** conférer un grade, un titre **4** pr. être élevé au grade de, recevoir le titre de

**grafía** f. graphie

**gráfica** f. graphique m.

**gráfico, -a** adj. **1** graphique **2** photographique **reportaje** ~ reportage photo

**grafología** f. graphologie

**grafólogo** m. graphologue

**gragea** f. dragée

**grajo** m. crave, corbeau

**gramática** f. grammaire

**gramático, -a** m. -f. grammairien, enne

**gramo** m. gramme

**gramola** f. phonographe m., tournedisque m.

**gran** adj. grand, e

**grana** adj. écarlate

**granada** f. grenade

**granadino, -a 1** adj. -s. de Grenade **2** f. grenadine

**granado** m. grenadier (árbol)

**granado, -a** adj. **1** remarquable, illustre, mûr, e, expert, e **2** grenu, ue

**granar** intr. monter en graine

**granate** adj. -s. -m. grenat

**grande** adj. grand, e **a lo** ~ en grand **ver en** ~ voir grand **vivir a lo** ~ vivre sur un grand pied **en** ~ en gros, en bloc **pasarlo en grande** s'amuser comme un fou

**grandeza** f. grandeur, magnificence

**grandilocuencia** f. grandiloquence

**grandiosidad** f. magnificence

**grandioso, -a** adj. grandiose

**grandor** m. grandeur f.

**grandote, -a** adj. fam. trop grand, e

**granel (a)** loc. adv. **1** en vrac **2** au détail **3** à foison

**granero** m. grenier, grange f.

**granítico, -a** adj. granitique

**granito** m. **1** granit **2** MED. petit bouton **3** petit grain

**granizada** f. chute de grêle, grêle

**granizado** m. boisson avec de la glace pilée f.

**granizar** impers. grêler

**granizo** m. grêle f., grêlon

**granja** f. ferme, exploitation agricole ~ **modelo** ferme modèle, ferme pilote

**granjear 1** tr. amer. voler **2** pr. gagner **granjearse la amistad de** gagner l'amitié de

**granjero, -a** m. -f. fermier, ière

**grano** m. **1** grain, graine f. **2** grain (de la piel, del papel) **3** bouton (tumorcillo) **ir al** ~ aller au fait, aller droit au but **no ser** ~ **de anís** ce n'est pas une mince affaire, fam. ce n'est pas de la tarte

**granoso, -a** adj. grenu, ue

**granuja** m. -f. fripouille f., voyou, garnement

**gránulo** m. granule

**granuloso, -a** adj. granuleux, euse

**granza** f. garance

***guano***

**grao** *m.* plage *f. El Grao* le port de Valence

**grapa** *f.* agrafe, crampon *m.*

**grapadora** *f.* agrafeuse

**grapar** *tr.* agrafer

**grasa** *f.* graisse, crasse

**grasera** *f.* lèchefrite

**grasiento, -a** *adj.* graisseux, euse

**graso, -a** *adj.* gras, grasse

**gratén** *m.* gratin

**gratificación** *f.* gratification

**gratificar** *tr.* gratifier

**gratis** *adv.* gratis

**gratitud** *f.* gratitude

**grato, -a** *adj.* agréable

**gratuito, -a** *adj.* gratuit, e

**gratuidad** *f.* gratuité

**grava** *f.* gravier *m.*

**gravación** *f.* fiscalisation

**gravamen** *m.* imposition *f.*, charge *f.*, taxe *f.*

**gravar** *tr.* imposer, taxer, grever, frapper *(impôt)*

**grave** *adj.* grave

**gravedad** *f.* gravité *enfermo de* ∼ gravement malade *herido de* ∼ grièvement blessé

**gravilla** *f.* gravillon *m.*

**gravitar** *intr.* **1** graviter **2** *fig.* graviter, reposer sur, peser

**gravoso, -a** *adj.* coûteux, euse, onéreux, euse

**graznar** *intr.* croasser

**graznido** *m.* croassement

**greca** *f.* frise, bande *(tissu)*

**greda** *f.* glaise

**gregario, -a** *adj.* grégaire

**gremial** *adj.* corporatif, ive

**gremialismo** *m.* corporatisme

**gremio** *m.* corporation *f.*, corps de métier

**greña** *f.* tignasse *andar a la* ∼ se crêper le chignon

**gres** *m.* grès *(cérame)*

**gresca** *f.* vacarme *m.*, tapage *m. andar a la* ∼ chercher la bagarre

**grey** *f.* troupeau *m.*, ouailles *f. pl.*

**grial** *m.* Graal

**griego, -a 1** *adj. -s.* grec, grecque **2** *m.* grec

**grieta** *f.* crevasse, lézarde, gerçure *(mains)*

**grifería** *f.* robinetterie

**grifo** *m.* robinet, *amer.* pompe à essence

**grilletes** *m. pl.* fers *(prison)*

**grillo 1** *m.* grillon, **2** *m. pl.* fers *(prison)* **3** *fig.* entraves *f. pl.*

**grima** *f.* dégoût *m. dar* ∼ avoir horreur de

**gringo, -a** *adj. -s.* étranger, ère, *amer. desp.* yankee

**gripe** *f. MED.* grippe *estar con* ∼ avoir la grippe

**gris** *adj.* gris, e

**grisáceo, -a** *adj.* grisâtre

**grisú** *m.* grisou

**grisura** *f.* grisaille

**gritar 1** *intr.* crier **2** *tr.* conspuer, huer

**grito** *m.* cri *dar gritos* crier, pousser les hauts cris *poner el* ∼ *en el cielo* pousser les hauts cris

**grosella** *f.* groseille

**grosellero** *m.* groseiller

**grosería** *f.* grossièreté

**grosero, -a** *adj.* grossier, ière

**grosor** *m.* grosseur *f.*

**grosura** *f.* graisse

**grotesco, -a** *adj.* grotesque

**grúa** *f.* **1** grue **2** dépanneuse, voiture de la fourrière

**grueso, -a 1** *adj.* gros, grosse, épais, épaisse, fort, e **2** *m.* gros, épaisseur *f. el* ∼ *del ejército* le gros de l'armée **3** *adv.* gros *escribir* ∼ écrire gros

**grumete** *m. MAR.* mousse

**grumo** *m.* grumeau, caillot

**gruñido** *m.* grognement

**gruñir** *intr.* grogner, ronchonner, grincer

**grupa** *f.* croupe

**grupaje** *m.* groupage

**grupo** *m.* groupe

**grupúsculo** *m.* groupuscule

**gruta** *f.* grotte

**guacamole** *m.* guacamole

**guadaña** *f.* faux

**guagua** *f.* **1** bagatelle **2** *amer.* bébé *m.*, autobus *m.*

**guajiro, -a 1** *m. -f. amer.* paysan, anne de Cuba **2** *f.* chanson populaire de Cuba

**gualdo, -a** *adj.* jaune

**guano** *m.* guano

**guantada** *f.* ou **guantazo** *m.* soufflet *m.*, gifle *f.*, claque *f.*

**guante** *m.* gant *echarle a alguien el ~* harponner quelqu'un *echar el ~* lancer un défi *recoger el ~* relever le défi, *untar el ~ fig. fam.* graisser la patte

**guantera** *f.* boîte à gants *(en un coche)*

**guapear** *intr.* faire le beau, l'important

**guaperas** *m. fam.* beau gosse, joli cœur

**guapetón, -ona** *adj.* beau, belle, *m. fam.* joli cœur, beau gosse

**guapo, -a** *adj.* beau, belle

**guapote, -a** *adj. fam.* beau, belle

**guapura** *f. fam.* beauté

**guarda** **1** *m. -f.* garde, gardien, enne, surveillant, e **2** *f.* garde *~ de noche* veilleur de nuit *~ jurado* vigile *ángel de la ~* ange gardien

**guardabarrera** *m. -f.* garde-barrière

**guardabarros** *m.* garde-boue

**guardabosque** *m.* garde forestier

**guardabrisa** *m.* fanal, *amér.* paravent

**guardacostas** *m.* garde-côte

**guardador, -ora** *m. -f.* gardien, enne *guardadores m. pl.* représentants légaux

**guardaespaldas** *m.* garde du corps

**guardagujas** *m.* aiguilleur

**guardameta** *m.* goal, gardien de but *(fútbol)*

**guardamonte** *m.* garde-chasse

**guardamuebles** *m.* garde-meubles

**guardar** **1** *tr.* garder *~ con llave* garder sous clé **2** *pr.* se garder, éviter, garder *~ con siete llaves* enfermer à double tour

**guardarropa** *m.* **1** vestiaire **2** dressing-room **3** garde-robe *f.* **4** *TEAT.* costumier, ière

**guardarropía** *m. TEAT.* vestiaire, magasin d'accessoires

**guardería** *f.* garderie *~ infantil* crèche, halte-garderie

**guardia** **1** *f.* garde *estar de ~* être de garde **2** *m.* agent *(de policía, del tráfico)*, gardien de la paix *Guardia civil* gendarmerie *(en España)* *~ civil* gendarme

**guardián, -ana** *m. -f.* gardien, enne

**guarecer** *tr.* abriter, protéger, mettre à l'abri

**guarida** *f.* **1** repaire *(animaux)* **2** *fig.* refuge, retraite

**guarismo** *m.* chiffre, nombre

**guarnecer** *tr.* **1** garnir **2** *MIL.* être en garnison

**guarnición** *f.* **1** garniture **2** *MIL.* garnison

**guarnicionería** *f.* sellerie, bourrellerie

**guarnicionero** *m.* sellier, bourrelier

**guarrada** *f.* cochonnerie

**guarro, -a** *m. -f.* **1** cochon *m.*, truie *f.* **2** *fig.* cochon, onne

**guasa** *f. fam.* plaisanterie, blague, gouaille *estar de ~* plaisanter, blaguer *en ~ o de ~* pour rire *sin ~* blague à part *tomárselo a ~* le prendre à la rigolade

**guasada** *f. amer.* grossièreté

**guasón, -ona** *adj. -s.* moqueur, euse, plaisantin *m.*, blagueur, euse, farceur, euse

**guateado, -a** *adj.* matelassé, ée, molletonné, ée

**guateque** *m.* surprise-partie *f.*, boom *f.*

**guatón, -ona** *adj. amer.* ventru, ue

**guayaba** *f.* **1** goyave **2** *amer.* blague, mensonge *m.*

**guayabera** *f. amer.* chemise en toile

**guyabero, -a** *adj. amer. fam.* menteur, euse

**gubernamental** *adj.* gouvernemental, ale

**gubernativo, -a** *adj.* du gouvernement *orden ~* arrêté préfectoral

**guerra** *f.* guerre *la ~ de las galaxias* la guerre des étoiles *~ a muerte* guerre à outrance, sans quartier *dar ~* donner du fil à retordre

**guerrear** *intr.* faire la guerre, guerroyer

**guerrero, -a** *adj. -s.* guerrier, ière *reposo del guerrero*

**guerrilla** *f.* guérilla

**guerrillero** *m.* guérillero, partisan, membre d'un commando

**gueto** *m.* ghetto

**guía** **1** *m. -f.* guide *(persona)*, **2** *s. -m.* guide *(libro)*, indicateur *(de ferrocarriles)*, annuaire *~ telefónica electrónica* minitel *m.*

**guiar** *tr.* guider, mener, conduire

**guijarro** *m.* caillou, galet

**guijo** *m.* cailloutis, gravier

**guilladura** *f. fam.* toquade

**guillotina** *f.* guillotine, massicot

**guinda** *f.* griotte, guigne

***gutural***

**guindilla 1** *f.* piment rouge *m.* **2** *m.* *fam. pop.* flic

**guiñapo** *m.* haillon, guenille *f.,* loque *f.* *estar hecho un* ∼ être une loque

**guiñar** *intr.* *-tr.* cligner de l'œil ∼ *el ojo* faire un clin d'œil

**guiño** *m.* clin d'œil

**guión** *m.* **1** scénario **2** trait d'union, tiret **3** croix *f.* *(procesión)*

**guionista** *m.* *-f.* scénariste

**guipuzcoano, -a** *adj.* *-s.* de Guipuzcoa

**guirnalda** *f.* guirlande

**guisa** *f.* guise *a* ∼ *de* en guise de

**guisado** *m.* ragoût

**guisante** *m.* petit pois ∼ *de olor* pois de senteur

**guisar 1** *intr.* cuisiner, faire la cuisine **2** *tr.* cuisiner, accommoder

**guiso** *m.* plat, mets

**guita** *f.* ficelle, *fam. pop.* fric *m.,* galette

**guitarra** *f.* guitare

**guitarrero** *m.* luthier, fabricant de guitares

**guitarrista** *m.* *-f.* guitariste

**gula** *f.* gourmandise

**gurú** *m.* gourou

**gusanillo** *m.* petit ver *fig.* *el* ∼ *de la conciencia* le remords

**gusano** *m.* ver, asticot *fig.* *matar el* ∼ tromper, calmer la faim

**gustar 1** *intr.* aimer, plaire *me gusta el cine* j'aime le cinéma *esta obra gusta mucho* cette œuvre plaît beaucoup **2** *pr.* se plaire

**gustativo, -a** *adj.* gustatif, ive

**gustazo** *m.* *fam.* grand plaisir *darse el* ∼ *de* s'offrir le luxe de

**gustillo** *m.* arrière-goût, petit goût

**gusto** *m.* **1** goût **2** plaisir *estar a* ∼ être à l'aise *tener el* ∼ *de* avoir le plaisir de *tomar* ∼ *a* prendre plaisir à *al* ∼ *de* au goût de *darse el* ∼ *de* s'offrir le luxe de *mucho* ∼ *o tanto* ∼ *en conocerle* enchanté, ée de faire votre connaissance

**gustosamente** *adv.* avec plaisir

**gustoso, -a** *adj.* **1** savoureux, euse **2** plaisant, e, agréable *lo haré muy* ∼ je le ferai avec grand plaisir

**gutural** *adj.* guttural, ale

# H

**h** *f.* h *m.*

**haba** *f.* fève *son habas contadas* ça ne fait pas l'ombre d'un doute *es más tonta que una mata de habas* elle est bête à manger du foin

**habanero, -a 1** *adj.* -s. havanais, e **2** *f.* habanera *(baile)*

**habano, -a 1** *adj.* havanais, e, havane *(color)* **2** *f.* habanera *(baile)*

**haber** *m.* avoir, crédit

**haber** *auxil.* **1** avoir *he hablado* j'ai parlé *hemos salido* nous sommes sortis **2** y avoir *hay muchos libros* il y a beaucoup de livres ~ *de* devoir *(idée d'obligation)* *hemos de salir* nous devons sortir ~ *que* falloir *hay que cantar* il faut chanter *habérselas con uno* avoir affaire à quelqu'un *no hay de qué* de rien, il n'y a pas de quoi

**habichuela** *f.* haricot *m.*

**hábil** *adj.* habile, adroit, e ~ *para* apte à

**habilidad** *f.* habileté, adresse

**habilidoso, -a** *adj.* habile, adroit, e

**habilitación** *f.* habilitation

**habilitar** *tr.* habiliter

**habitable** *adj.* habitable

**habitación** *f.* chambre, pièce

**habitáculo** *m.* habitacle

**habitante** *m.* -*f.* habitant, e

**habitar** *tr.* habiter

**hábitat** *m.* habitat

**hábito** *m.* habitude *f.*, coutume *f.*, habit *(de religioso)* *el ~ no hace al monje* l'habit ne fait pas le moine

**habitual** *adj.* habituel, elle

**habitualmente** *adv.* habituellement

**habituar 1** *tr.* habituer **2** *pr.* s'habituer

**habla** *f.* parole, langage *m.* *perder el ~* perdre la parole *José al ~* José à l'appareil *(teléfono)*

**hablar 1** *intr.* parler ~ *alto* parler fort ~ *a medias palabras* parler à mots couverts, à demi-mots ~ *a solas* parler tout seul ~ *por los codos* parler pour ne rien dire ~ *a tontas y a locas* parler à tort et à travers ~ *en voz baja* parler à voix basse **2** *pr.* se parler, se fréquenter *Carmen y Lolita ya no se hablan* Carmen et Lolita ne se parlent plus, ne se fréquentent plus *¡ ni hablar !* pas question !

**hacendado** *m.* amer. propriétaire terrien

**hacendoso, -a** *adj.* travailleur, euse, actif, ive

**hacer 1** *tr.* faire **2** *impers.* faire *hace calor* il fait chaud *hace frío* il fait froid *hace mucho calor* il fait très chaud **3** y avoir *hace una semana que* il y a une semaine que *hace mucho tiempo que* il y a longtemps que **4** *pr.* se faire, devenir *hacerse rico* devenir riche ~ *una pregunta* poser une question ~ *pedazos* mettre en morceaux ~ *de* TEAT. jouer le rôle de ~ *bien en intr.* faire bien de *mandar* ~ faire faire *el que la hace la paga* les casseurs seront les payeurs *quien hizo hará* qui a du boira *me hace falta un libro* j'ai besoin d'un livre *hacerse con* s'emparer de *hacerse cargo de* se charger de

**hacienda** *f.* **1** domaine rural, grande propriété rurale **2** fortune, biens *m. pl.* **3** finances *Ministerio de* ~ ministère des Finances

**hacinamiento** *m.* entassement

**hacinar 1** *tr.* entasser, accumuler **2** *pr.* s'entasser

**hacha** *f.* **1** hache **2** torche, flambeau *m.*

**hachazo** *m.* coup de hache

**hache** *f.* h *m.*, lettre H

**hachís** *m.* haschisch

**hada** *f.* fée *cuento de hadas* conte de fées

**¡ hala !** *interj.* allons !, allez !

**halagador, -ra** *adj.* flatteur, euse

**halagar** *tr.* flatter

**halago** *m.* flatterie *f.*

**halagüeño, -a** *adj.* flatteur, euse, *fig.* séduisant, e, prometteur, euse

**halar** *tr.* MAR. haler

**halcón** *m.* faucon *m.*

**¡ hale !** *interj.* allons !, allez !

**hálito** *m.* souffle, haleine *f.*

**halógeno, -a** *adj.* -s. halogène

**haltera** *f.* haltère *m.*

**halterofilia** *f.* haltérophilie

**hallar 1** *tr.* trouver **2** *pr.* se trouver *hallarse en Madrid* se trouver à Madrid *hallarse con* rencontrer

**hallazgo** *m.* trouvaille *f.*, découverte *f.*

**hamaca** *f.* hamac *m.*

**hambre** *f.* faim *tengo ∼* j'ai faim *tengo mucha ∼* j'ai très faim *∼ canina* faim de loup *el ∼ es mala consejera* ventre affamé n'a pas d'oreille

**hambriento, -a** *adj.* affamé, ée

**hambruna** *f.* **1** *amer.* famine **2** *fam.* fringale

**hamburguesa** *f.* hamburger *m.*

**hamburguesería** *f.* restauration rapide, fast food

**hampa** *f.* pègre

**handicap** *m.* handicap

**haragán, ana** *adj. -s.* fainéant, e

**harapiento, -a** *adj.* déguenillé, ée, en haillons

**harapo** *m.* haillon

**hardware** *m.* hardware

**harén, harem** *m.* harem

**harina** *f.* farine *es ∼ de otro costal* c'est une autre paire de manches

**harpa** *f.* harpe

**harpillera** *f.* serpillière

**hartar** *tr.* **1** rassasier **2** *fig.* lasser, fatiguer **3** *pr.* se gaver, *fig.* se lasser

**hartazgo** *m.* indigestion *f. darse un ∼* s'empiffrer

**harto, -a** *adj.* **1** rassasié, ée **2** las, lasse, fatigué, ée *fig. fam. estar ∼ en* avoir assez de, en avoir marre de

**hasta** **1** *prep.* jusqu'à *∼ el final* jusqu'à la fin **2** *conj.* même *∼ él lo dice* même lui le dit *∼ luego* à tout à l'heure *∼ la vista* à bientôt *∼ mañana* à demain

**hastiar** *tr.* dégoûter, écœurer

**hastío** *m.* dégoût, ennui

**hatajo** *m.* petit troupeau

**hato** *m.* **1** baluchon **2** troupeau **3** *fig. péj.* bande *liar el ∼* faire sa malle

**haya** *m.* hêtre

**haz** *m.* faisceau, gerbe *f.,* botte *f.,* fagot

**haza** *f.* lopin de terre *m.*

**hazaña** *f.* exploit *m.,* prouesse

**hazmerreír** *m.* risée *f. es el ∼ de todos* c'est la risée de tout le monde

**he** *adv. dém. se combine avec les adv. aquí ou allí et avec les pronoms pers. compl. directs ∼ aquí* voici *∼ allí* voilà *heme aquí* me voici *helo aquí* le voici

**hebilla** *f.* boucle *(cinturón)*

**hebra** *f.* **1** brin *m. (hilo),* fil *m.,* filament *m.* **2** *fig.* fil *(discurso)*

**hebreo, -a** *adj. -s.* hébreu, hébraïque, juif, juive

**hecatombe** *f.* hécatombe

**hectárea** *f.* hectare *m.*

**hectolitro** *m.* hectolitre

**hechicería** *f.* sorcellerie

**hechicero, -a** *adj. -s.* sorcier, ière, ensorceleur, euse, envoûtant, e

**hechizar** *tr.* ensorceler, envoûter

**hechizo** *m.* **1** sortilège **2** *fig.* charme

**hecho, -a** **1** *part. passé de hacer* fait, e *dicho y ∼* aussitôt dit, aussitôt fait **2** *adj.* fait, e *frase hecha* phrase toute faite **3** *m.* fait *el ∼ es que* le fait est que *∼ de que* le fait que *loc. adv. de ∼* en fait

**hechura** *f.* façon *(de un traje)*

**heder** *intr.* puer

**hediondo, -a** *adj.* puant, e, fétide

**hedonismo** *m.* hédonisme

**hedonista** *adj. -s.* hédoniste

**hedor** *m.* puanteur *f.*

**hegemonía** *f.* hégémonie

**helada** *f.* gelée *∼ blanca* givre *m.*

**heladera** *f.* sorbetière, *amer.* réfrigérateur *m.*

**heladería** *f.* glacier *m. (fábrica y establecimiento)*

**helado, -a** **1** *aj.* glacé, ée, gelé, ée **2** *m.* glace *un ∼ de fresa* une glace à la fraise *quedarse ∼* être frappé de stupeur

**helar** **1** *tr.* geler, glacer **2** *impers.* geler *está helando* il gèle **3** *pr.* se geler

**helénico, -a** *adj.* hellénique

**helenístico, -a** *adj.* hellénistique

**heleno, -a** *adj. -s.* hellène

**hélice** *f.* hélice

**helicóptero** *m.* hélicoptère *transportado por ∼* héliporté

**helio** *m.* hélium

**heliotropo** *m.* héliotrope

**helipuerto** *m.* héliport

**helvético, -a** *adj. -s.* helvétique

**hematíe** *m.* ANAT. hematie *f.*

**hematoma** *m.* hématome *m.*

**hembra** *f.* **1** femelle **2** *fam.* femme, jeune fille, de sexe féminin

**hemeroteca** *f.* département des périodiques *m.*

**hemiciclo** *m.* hémicycle

**hemisferio** *m.* hémisphère

**hemofilia** *f.* MED. hémophilie

**hemofílico, -a** *adj. -s.* hémophile

**hemorragia** *f.* hémorragie

**henchidura** *f.* ou **henchimiento** *m.* remplissage *m.*, bourrage *m.*

**henchir 1** *tr.* remplir, bourrer, gonfler **2** *pr.* se gonfler, se bourrer

**hender** *tr.* fendre

**hendidura** *f.* fente, crevasse

**heno** *m.* foin

**hepático, -a** *adj. MED.* hépatique

**hepatitis** *f. MED.* hépatite

**heráldico, -a** *adj.* héraldique

**heraldista** *m. -f.* héraldiste

**heraldo** *m.* héraut

**herbáceo, -a** *adj.* herbacé, ée

**herbaje** *m.* herbage

**herbario** *m.* herbier

**herbívoro, -a** *adj. -s.* herbivore

**herbolario** *m.* herboriste

**Hércules** *n. pr. m.* Hercule

**heredad** *f.* propriété, domaine *m.*

**heredar** *tr.* hériter

**heredero, -a** *adj. -s.* héritier, ière ~ *universal* légataire universel ~ *forzoso* héritier réservataire

**hereditario, -a** *adj.* héréditaire

**hereje** *m. -f.* hérétique

**herejía** *f.* hérésie

**herencia** *f.* héritage *m.*, hérédité

**herético, -a** *adj.* hérétique

**herida** *f.* blessure

**herido, -a** *adj. -s.* blessé, ée ~ *de gravedad* grièvement blessé

**herir 1** *tr.* blesser ~ *de muerte* blesser à mort **2** *pr.* se blesser ~ *en lo vivo* piquer au vif

**hermafrodita** *adj. -s. -m.* hermaphrodite

**hermana** *f.* sœur ~ *política* belle-sœur ~ *mayor* sœur aînée ~ *menor* la cadette

**hermanado, -a** *adj.* jumelé, ée *(ciudad)*

**hermanamiento** *m.* jumelage *(ciudades)*

**hermanar 1** *tr.* jumeler *(ciudades)*, réunir **2** *pr.* s'assortir

**hermanastra** *f.* demi-sœur

**hermanastro** *m.* demi-frère

**hermandad** *f.* confrérie, association

**hermano** *m.* frère ~ *político* beau-frère ~ *mayor* frère aîné ~ *menor* le cadet

**hermético, -a** *adj.* hermétique, étanche

**hermetismo** *m.* hermétisme

**hermoseamiento** *m.* embellissement

**hermosear** *tr.* embellir

**hermoso, -a** *adj.* beau, belle

**hermosura** *f.* beauté

**hernia** *f. MED.* hernie

**héroe** *m.* héros

**heroico, -a** *adj.* héroïque

**heroína** *f.* héroïne

**herpe** *m. MED.* herpès

**herrador** *m.* maréchal-ferrant

**herradura** *f.* fer à cheval *m.*

**herraje** *m.* ferrure *f.*, *amer.* fer à cheval

**herramienta** *f. pl.* outillage *m. sing.* *caja de herrramientas* boîte à outils

**herrar** *tr.* ferrer, marquer au fer

**herrería** *f.* forge, métier de forgeron

**herrero** *m.* forgeron, *amer.* maréchal-ferrant

**herrumbre** *f.* rouille

**hervidero** *m.* bouillonnement, *fig.* foyer, fourmilière *f.*

**hervir** *intr.* bouillir, bouillonner

**hervor** *m.* bouillonnement, ébullition *f.*, *fig.* fougue *f.*, vivacité *f.*

**heteróclito, -a** *adj.* hétéroclite

**heterodoxo, -a** *adj.* hétérodoxe

**hexagonal** *adj.* hexagonal

**hexágono** *m.* hexagone

**hez** *f.* lie

**hiato** *m.* hiatus

**hibernación** *f.* hibernation

**hibernal** *adj.* hivernal

**hibernar** *intr.* hiberner

**híbrido, -a** *adj. -s.* hybride

**hidalgo 1** *m.* gentilhomme, hidalgo **2** *adj.* noble

**hidalguía** *f.* noblesse, *fig.* générosité

**hidratación** *f.* hydratation

**hidratante** *adj.* hydratant, e

**hidratar** *tr.* hydrater

**hidrato** *m.* hydrate ~ *de carbono* hydrate de carbone

**hidraulicidad** *f.* capacité hydraulique

**hidráulico, -a** *adj.* hydraulique

**hidroavión** *m.* hydravion

**hidrocéfalo, -a** *adj. -s. MED.* hydrocéphale

**hidrocarburo** *m.* hydrocarbure

**hidroeléctrico, -a** *adj.* hydro-électrique

**hidrófilo** *adj. -s. -m.* hydrophile

**hidrógeno** *m.* hydrogène

**hidrografía** *f.* hydrographie

**hidrolisis** *f.* hydrolyse

**hidrometría** *f.* hydrométrie

**hidropesía** *f. MED.* hydropisie

**hidroplano** *m.* hydroglisseur

**hiedra** *f.* lierre *m.*

**hiel** *f.* fiel *m.*

**hielo** *m.* glace *f.,* verglas

**hiena** *f.* hyène

**hierba** *f.* herbe *fig. mala ~* mauvaise graine *mala ~ nunca muere* c'est de la mauvaise graine

**hierbabuena** *f.* menthe

**hierro** *m.* fer *~ forjado* fer forgé *~ colado o ~ fundido* fonte *f.*

**higa** *f.* amulette en forme de poing, *fig.* signe de mépris

**hígado** *m.* foie

**higiene** *f.* hygiène

**higiénico, -a** *adj.* hygiénique

**higo** *m.* figue *f. ~ chumbo* figue de Barbarie *fig. fam. de higos a brevas* tous les trente-six du mois

**higrometría** *f.* hygrométrie

**higuera** *f.* figuier *m. ~ chumba f.* figuier de Barbarie *m.*

**hija** *f.* fille *~ política* belle-fille, bru *~ mayor* fille aînée *~ menor* la cadette

**hijastra** *f.* belle-fille *(issue d'un premier mariage de l'un des conjoints)*

**hijastro** *m.* beau-fils *(issu d'un premier mariage de l'un des conjoints)*

**hijo 1** *m.* fils **2** enfant *~ político* beau-fils, gendre *~ mayor* fils aîné *~ menor* fils cadet *los hijos m. pl.* les enfants *tienen muchos hijos* ils ont beaucoup d'enfants *es su ~ predilecto* c'est son enfant préféré *cada hijo de vecino fig.* tout un chacun

**hilacha** *f.* ou **hilacho** *m.* **1** effilochure *f.* **2** *pl. amer.* haillons *m. pl.*

**hilado** *m.* filage *fábrica de hilados* filature

**hilador, -ora** *s.* fileur, euse

**hilar** *tr.* filer

**hilera** *f.* file, rangée, filière

**hilo** *m.* **1** fil *colgar de un ~ o estar pendiente de un ~* ne tenir qu'à un fil **2** filet *un ~ de luz* un filet de lumière

**hilván** *m.* faufilage, *amér.* ourlet

**hilvanar** *tr.* **1** faufiler, bâtir *(costura)* **2** *fig.* bâtir, tramer

**himno** *m.* hymne

**hincapié** *m.* effort que l'on fait en s'appuyant sur le pied *fig. hacer ~ en* insister sur

**hincar 1** *tr.* ficher, enfoncer, planter **2** *pr.* se ficher, s'enfoncer *~ el diente* mordre *hincarse de rodillas* se mettre à genoux

**hincha** *f.* **1** haine, inimitié **2** *fam.* fana, fan, supporter *los hinchas del Real Madrid* les supporters du Real Madrid

**hinchado, -a** *adj.* enflé, ée, gonflé, ée, boursouflé, ée

**hinchar** *tr.* gonfler, enfler

**hinchazón** *f.* enflure, boursouflure, gonflement *m.*

**hindú** *adj. -s.* hindou, e

**hiniesta** *f.* genêt *m.*

**hinojo** *m.* fenouil *ponerse de hinojos* se mettre à genoux

**hipérbola** *f. GEOM.* hyperbole

**hipérbole** *f. RET.* hyperbole

**hipermercado** *m.* hypermarché, grande surface *f.*

**hipersensible** *adj.* hypersensible

**hipertensión** *f.* hypertension

**hípico, -a** *adj.* hippique

**hipismo** *m.* hippisme

**hipnosis** *f.* hypnose

**hipnotismo** *m.* hypnotisme

**hipnotizar** *tr.* hypnotiser

**hipo** *m.* hoquet *tener ~* avoir le hoquet

**hipocampo** *m.* hippocampe

**hipocondríaco, -a** *adj.* hypocondriaque

**hipocresía** *f.* hypocrisie

**hipócrita** *adj. -s.* hypocrite

**hipodérmico, -a** *adj.* hypodermique

**hipódromo** *m.* hippodrome

**hipopótamo** *m.* hippopotame

**hipoteca** *f.* hypothèque

**hipotecar** *tr.* hypothéquer

**hipotecario, -a** *adj.* hypothécaire *Banco ~* Caisse des dépôts et consignations

**hipótesis** *f.* hypothèse

**hipotético, -a** *adj.* hypothétique

**hiriente** *adj.* blessant, e

**hirsuto, -a** *adj.* hirsute

**hirviente** *adj.* bouillant, e

**hisopo** *m.* goupillon

**hispánico, -a** *adj.* hispanique

**hispanismo** *m.* hispanisme

**hispanista** *adj.* -s. hispaniste, hispanisant, e

**hispano, -a** *adj.* espagnol, e

**Hispanoamérica** *n. pr. f.* Amérique de langue espagnole

**hispanoamericano, -a** *adj.* hispanoaméricain, e

**hispanofilia** *f.* hispanophilie

**hispanofobia** *f.* hispanophobie

**hispanohablante** *adj.* -s. de langue espagnole, qui parle espagnol

**histeria** *f.* hystérie

**histérico, -a** *adj.* hystérique

**histerismo** *m.* MED. hystérie

**historia** *f.* histoire *i déjate de historias !* arrête tes histoires !

**histograma** *m.* histogramme

**historiador, -ora** *s.* -m. -f. historien, ienne

**historial** *m.* historique ∼ *personal* curriculum vitae

**histórico, -a** *adj.* historique

**historieta** *f.* bande dessinée, anecdote, historiette

**histrión** *m.* histrion

**hito** *m.* borne *f.*, jalon *mirar de* ∼ *en* ∼ dévisager *dar en el* ∼ donner dans le mille *ser un* ∼ *o marcar un* ∼ faire date, marquer

**hocico** *m.* 1 museau 2 *pop.* gueule *darse de hocicos* se casser la figure, la gueule *romper los hocicos* casser la gueule

**hockey** *m.* hockey

**hogar** *m.* foyer, âtre *(de chimenea)*

**hogareño, -a** *adj.* 1 familial, ale *vida hogareña* vie familiale 2 casanier, ière, pantouflard, e *es más* ∼ *que ella* il est plus casanier qu'elle

**hogaza** *f.* pain paysan *m.*, miche

**hoguera** *f.* feu *m.*, bûcher *m.* *las hogueras de San Juan* les feux de la Saint-Jean

**hoja** *f.* 1 feuille ∼ *seca* feuille morte ∼ *de ruta* feuille de route ∼ *de parra* feuille de vigne ∼ *suelta* feuille volante 2 battant *(de puerta)*, panneau *(de biombo)*, volet *(de tríptico)* 3 lame ∼ *de afeitar* lame de rasoir ∼ *de paga* bulletin de salaire ∼ *de pedido* bulletin de commande *pasar las hojas de un libro* feuilleter un livre

**hojalata** *f.* fer-blanc *m.* *fig.* *eso es* ∼ c'est du toc

**hojaldre** *m.* COC. pâte feuilletée *f.*, feuilleté

**hojarasca** *f.* les feuilles mortes *f. pl.*

**hojear** *tr.* feuilleter

**¡ hola !** *interj.* bonjour !, bonsoir !, salut !, *amér.* allô !

**holandés, esa** *adj.* -s. hollandais, e

**holding** *m.* holding

**holgadamente** *adv.* à l'aise, confortablement, largement

**holgado, -a** *adj.* 1 ample *una prenda holgada* un vêtement ample, large, confortable 2 aisé, ée, à l'aise *una vida holgada* une vie aisée

**holgar** *intr.* 1 se reposer 2 être de trop, superflu, inutile 3 *pr.* se réjouir, se divertir *huelgan los comentarios* sans commentaire, cela se passe de commentaires

**holgazán, -ana** *adj.* -s. paresseux, euse, fainéant, e

**holgura** *f.* largeur, ampleur, aisance *esta familia vive con* ∼ cette famille vit dans l'aisance

**holocausto** *m.* holocauste

**hollar** *tr.* fouler aux pieds, piétiner

**hollín** *m.* suie *f.*

**hombre** *m.* homme ∼ *de negocios* homme d'affaires *el* ∼ *de la calle* l'homme de la rue ∼ *mujeriego* homme à femmes *i* ∼ *!* exclamation très employée et qui sert à exprimer des sentiments tout à fait divers mon vieux ! *(cariño)*, sans blague ! *(duda, ironía)*, vraiment ! *(admiración, sorpresa)*, etc.

**hombrera** *f.* épaulette

**hombría** *f.* virilité, qualité d'homme

**hombro** *m.* épaule *f.* *arrimar el* ∼ travailler dur *encogerse de hombros* hausser les épaules

**hombruno, -a** *adj.* hommasse

**homenaje** *m.* hommage

**homenajear** *tr.* rendre hommage à

**homeópata** *m.* homéopathe

**homeopatía** *f.* homéopathie

**homeopático, -a** *adj.* homéopathique

**homicida** *adj.* -s. homicide

**homicidio** *m.* homicide *(acción)*
**homilía** *f.* homélie
**homogeneidad** *f.* homogénéité
**homogeneización** *f.* homogénéisation
**homogeneizar** *tr.* homogénéiser
**homogéneo, -a** *adj.* homogène
**homologación** *f.* homologation
**homologar** *tr.* homologuer
**homólogo, -a** *adj.* -*s.* homologue
**homonimia** *f.* homonymie
**homónimo, -a** *adj.* homonyme
**homosexual** *adj.* -*s.* homosexuel, elle
**homosexualidad** *f.* homosexualité
**honda** *f.* fronde
**hondamente** *adv.* profondément
**hondo, -a 1** *adj.* profond, e **2** *m.* fond *cante* ~ flamenco *en lo* ~ *de* au fond de
**hondonada** *f.* fondrière, dépression, cuvette
**hondura** *f.* profondeur
**hondureño, -a** *adj.* -*s.* hondurien, ienne, du Honduras
**honestamente** *adv.* honnêtement
**honesto, -a** *adj.* honnête
**hongo** *m.* champignon *sombrero* ~ chapeau melon
**honor** *m.* honneur
**honorabilidad** *f.* honorabilité
**honorable** *adj.* honorable
**honorario, -a** *adj.* -*s.* honoraire *profesor* ~ professeur honoraire *los honorarios de un médico* les honoraires d'un médecin
**honorífico, -a** *adj.* honorable
**honra** *f.* honneur *tener a mucha* ~ *pr.* s'honorer de, être très fier de
**honradamente** *adv.* honnêtement, honorablement
**honradez** *f.* honnêteté
**honrado, -a** *adj.* honnête, honorable
**honrar 1** *tr.* honorer, faire honneur à ~ *padre y madre* honorer père et mère ~ *con* honorer de **2** *pr.* s'honorer de
**honrilla** *f.* amour-propre *m.*, point d'honneur *m.*
**honroso, -a** *adj.* honorable
**hopalanda** *f.* houppelande
**hora** *f.* heure ~ *punta* heure de pointe ~ *baja* heure creuse ~ *extraordinaria* heure supplémentaire *media* ~ une demi-heure *un cuarto de* ~ un quart

d'heure *una* ~ *escasa* une petite heure *¿ qué hora es?* quelle heure est-il ? *dar* ~ donner un rendez-vous *(médico...)* *pedir* ~ prendre rendez-vous *(médico...)*
**horadación** *f.* percement *m.*, forage *m.*
**horadadora** *f.* perceuse, foreuse
**horadar** *tr.* percer, forer
**horario, -a** *adj.* horaire *huso* ~ fuseau horaire
**horario** *m.* horaire, emploi du temps
**horca** *f.* potence, gibet *condenar a la* ~ condamner à la pendaison
**horcadura** *f.* enfourchure, fourche
**horcajadas (a)** *loc. adv.* à califourchon
**horchata** *f.* orgeat *m.*
**horcajadura** *f.* entrecuisse
**horda** *f.* horde
**horizontal** *adj.* horizontal, ale
**horizonte** *m.* horizon *en el* ~ l'horizon
**horma** *f.* forme à chaussure, à chapeau *encontrar la* ~ *de su zapato* trouver chaussure à son pied, trouver son maître
**hormiga** *f.* fourmi
**hormigón** *m.* béton ~ *armado* béton armé
**hormiguear** *intr.* fourmiller, grouiller
**hormigueo** *m.* fourmillement *fig.* *tener* ~ avoir des fourmis
**hormiguera** *f.* fourmilière
**hormiguero** *m.* fourmilière *f.*
**hormona** *f.* MED. hormone
**hormonal** *adj.* hormonal, ale
**hornacina** *f.* ARQUIT. niche
**hornada** *f.* fournée
**hornillo** *m.* fourneau, réchaud ~ *eléctrico* réchaud électrique
**horno** *m.* four, *fig.* fournaise, étuve *alto* ~ haut fourneau
**Hornos** *n. pr. m.* GEOG. *Cabo de Hornos* cap Horn
**horóscopo** *m.* horoscope
**horquilla** *f.* épingle à cheveux, fourche
**horrendo, -a** *adj.* horrible, affreux, euse
**horrible** *adj.* horrible
**horripilante** *adj.* horripilant, e
**horripilar** *tr.* horripiler

**horror** *f.* horreur *dar* ∼ faire horreur
*¡ qué horror !* quelle horreur !

**horrorizar 1** *tr.* horrifier, faire horreur **2** *pr.* s'effrayer *horrorizarse por* s'effrayer de

**horroroso, -a** *adj.* horrible, affreux, euse, épouvantable

**hortaliza** *f.* légume *m.*, plante potagère *las hortalizas* les légumes frais

**hortelano, -a 1** *adj.* maraîcher, ère **2** *s.* maraîcher, ère

**hortera** *adj. -s.* ringard, e

**horterada** *f.* de mauvais goût, ringard, e *¡ qué* ∼*!* comme c'est ringard

**hortensia** *f.* hortensia *m.*

**hortícola** *adj.* horticole

**horticultura** *f.* horticulture

**hosco, -a** *adj.* renfrogné, ée

**hospedaje** *m.* hébergement

**hospedar 1** *tr.* héberger, loger **2** *pr.* être hébergé, ée, se loger

**hospicio** *m.* hospice

**hospital** *m.* hôpital *ingresar en el* ∼ être hospitalisé

**hospitalario, -a** *adj.* hospitalier, ière

**hospitalidad** *f.* hospitalité

**hospitalización** *f.* hospitalisation

**hospitalizar** *tr.* hospitaliser

**hosquedad** *f.* âpreté, rudesse

**hostal** *m.* auberge *f.*

**hostería** *f.* auberge

**hostia** *f.* hostie

**hostigador, -ora 1** *s.* harceleur, euse **2** *adj.* harcelant, e

**hostigamiento** *m.* harcèlement

**hostigar** *tr.* harceler

**hostil** *adj.* hostile

**hostilidad** *f.* hostilité

**hostilmente** *adv.* hostilement, avec hostilité

**hotel** *m.* hôtel ∼ *de tres estrellas* hôtel trois étoiles

**hotelero, -a** *adj. -s.* hôtelier, ière *industria hotelera* industrie hôtelière

**hoy** *adv.* aujourd'hui ∼ *por* ∼ actuellement, à présent ∼ *día o* ∼ *en día* de nos jours, maintenant, actuellement *de* ∼ *en adelante* dorénavant *en el día de* ∼ au jour d'aujourd'hui

**hoya** *f.* fosse

**hoyo** *m.* trou, creux

**hoyuelo** *m.* fossette *f.*

**hoz** *f.* faucille

**huaco** *m.* poterie précolombienne *f.*

**hucha** *f.* tirelire

**huaquero** *m.* pilleur de tombes précolombiennes

**hueco, -a 1** *adj.* creux, euse, vide **2** *m.* creux, vide *el* ∼ *de la escalera* la cage d'escalier

**huelga** *f.* grève *declararse en* ∼ se mettre en grève *convocar una* ∼ appeler à la grève ∼ *de celo* grève du zèle ∼ *alternativa* grève tournante ∼ *intermitente* grève perlée ∼ *del hambre* grève de la faim ∼ *de brazos cruzados* grève sur le tas *un piquete de* ∼ un piquet de grève

**huelguista** *s.* gréviste

**huella** *f.* trace, empreinte ∼ *dactilar* empreinte digitale

**huérfano, -a** *adj. -s.* orphelin, e

**huerta** *f.* grand jardin potager *m.*, verger *m.*

**huerto** *m.* jardin potager

**hueso** *m.* **1** os **2** noyau *el* ∼ *de la aceituna* le noyau d'olive *quedarse en los huesos* n'avoir que les os et la peau *calado o empapado hasta los huesos* trempé jusqu'aux os *dar en* ∼ *fig. fam.* tomber sur un os

**huésped, a** *m. -f.* hôte, hôtesse *casa de huéspedes* pension de famille

**huesudo, -a** *adj.* osseux, euse

**huevera** *f.* coquetier *m.*

**huevo** *m.* œuf ∼ *frito* œuf au plat ∼ *pasado por agua* œuf à la coque *huevos revueltos* œufs brouillés *poner un* ∼ pondre *se parecen como un* ∼ *a otro* ∼ ils se ressemblent comme deux gouttes d'eau *buscarle pelos al* ∼ chercher la petite bête

**huida** *f.* fuite *la* ∼ *hacia adelante* la fuite en avant

**huidizo, -a** *adj.* fuyant, e

**huidor, -ora** *adj. -s.* fuyard, e

**huipil** *m. amer.* chemise de femme *f.*

**huir** *intr.* fuir, s'enfuir, prendre la fuite *gato escaldado del agua fría huye* chat échaudé craint l'eau froide

**hule** *m.* toile cirée *f.*

**hulla** *f.* houille

**humanidad** *f.* humanité

**humanismo** *m.* humanisme

**humanista** *adj. -s.* humaniste

**humanitario, -a** *adj.* humanitaire

**humanización** *f.* humanisation

**humanizar** *tr.* humaniser

**humano, -a** *adj.* humain, e *lo* ∼ l'humain, ce qui est humain *un ser* ∼ un être humain *los seres humanos* les humains

**humarada** ou **humareda** *f.* nuage de fumée *m.*

**humeante** *adj.* fumant, e

**humear** *intr.* fumer *la chimenea humea* la cheminée fume

**humectador** *m.* humidificateur

**humectar** *tr.* humecter

**humedad** *f.* humidité

**humedecer 1** *tr.* humidifier, humecter **2** *pr.* s'humecter

**húmedo, -a** *adj.* humide

**húmero** *m. ANAT.* humérus

**humidificación** *f.* humidification

**humildad** *f.* humilité

**humilde** *adj. -s.* humble

**humillación** *f.* humiliation

**humillante** *adj.* humiliant, e

**humillar 1** *tr.* humilier, abaisser ∼ *la cabeza* baisser la tête **2** *pr.* s'humilier

**humo** *m.* **1** fumée **2** *fig.* suffisance, vanité *bajarle los humos a uno* remettre quelqu'un à sa place *tener muchos humos* prendre de grands airs

**humor** *m.* **1** humeur *f. estar de buen, de mal* ∼ être de bonne, mauvaise humeur **2** humour *sentido del* ∼ sens de l'humour

**humorado, -a** *adj. bien, mal* ∼ de bonne, mauvaise humeur

**humorismo** *m.* humour

**humorista** *adj. -s.* humoriste

**humorísticamente** *adv.* avec humour

**humorístico, -a** *adj.* humoristique

**humoso, -a** *adj.* fumeux, euse

**hundible** *adj.* qui est susceptible de s'écrouler, s'enfoncer, couler

**hundido, -a** *adj.* enfoncé, ée, creux, euse

**hundimiento** *m.* **1** effondrement, écroulement, affaissement, glissement *(suelo)* **2** naufrage *(barco)*

**hundir** *tr.* **1** enfoncer, affaisser **2** couler *(barco)* **3** *pr.* couler, sombrer *(un barco) se hunde el barco* le bateau coule **4** s'écrouler, s'effondrer, s'affaisser, glisser *(el suelo)*

**húngaro, -a** *adj.* hongrois, e

**Hungría** *n. pr. f. GEOG.* Hongrie

**huracán** *m.* ouragan

**huraño, -a** *adj.* bourru, ue, insociable, sauvage

**hurgar** *tr.* attiser *(el fuego)*, remuer, fouiller *fig.* ∼ *en la herida* retourner le couteau dans la plaie *hurgarse la nariz* se curer le nez

**hurgón** *m.* tisonnier

**hurgonear** *tr.* attiser

**hurgonero** *m.* tisonnier

**hurguetear** *tr. amér.* fouiller

**hurón** *m.* furet

**huronear** *intr.* fureter

**¡ hurra !** *interj.* hourra !

**hurraca** *f.* pie

**hurtadillas (a)** *loc. adv.* à la dérobée, en cachette

**hurtar 1** *tr.* voler, dérober **2** *pr.* se dérober, se cacher, s'esquiver ∼ *el cuerpo* se dérober, s'esquiver

**hurto** *m.* vol, larcin

**husada** *f.* quenouille

**húsar** *m.* hussard

**husma** *f.* flair

**husmear** *tr.* flairer, *fig.* fouiner, fureter

**husmeo** *m.* flair

**huso** *m.* fuseau ∼ *horario* fuseau horaire

**¡ huy !** *interj.* aïe !

# I

**i** *f.* i *m.*

**ibis** *m.* ibis *(ave)*

**ibérico, -ca** *adj.* ibérique

**iceberg** *m.* iceberg

**icono** *m.* icône *f.*

**iconoclasta** *adj. -s.* iconoclaste

**ictiología** *f.* ichtyologie

**ictericia** *f. MED.* ictère *m.*, jaunisse

**ida** *f.* aller *m. (acción de ir)* ~ *y vuelta* aller et retour *idas y venidas* allées et venues

**idea** *f.* 1 idée 2 intention, idée *(propósito) llevar* ~ *de* avoir l'intention de

**ideal** *adj.* 1 idéal, ale 2 *m.* idéal *ideales políticos* idéaux politiques

**idealismo** *m.* idéalisme

**idealista** *adj. -s.* idéaliste

**idear** *tr.* concevoir, inventer, imaginer

**idem** *adv.* idem

**idéntico, -a** *adj.* identique

**identidad** *f.* identité

**identificar** 1 *tr.* identifier 2 *pr.* s'identifier, décliner son identité

**ideología** *f.* 1 idéologie 2 idées *pl.*, doctrine *(de un autor, etc.)*

**idilio** *m.* idylle *f.*

**idioma** *m.* langue *f.*, idiome

**idiomático, -a** *adj.* idiomatique

**idiosincrasia** *f.* idiosyncrasie

**idiota** *adj. -s.* idiot, ote

**idiotismo** *m. gram.* idiotisme

**idolatrar** *tr. -intr.* idolâtrer

**ídolo** *m.* idole *f.*

**idóneo, -ea** *adj.* approprié, ée, indiqué, ée, idoine

**idus** *m. pl.* ides *f.*

**iglesia** *f.* église

**ígneo, -a** *adj.* igné, ée

**ignición** *f.* ignition

**ignominia** *f.* ignominie

**ignorancia** *f.* ignorance

**ignorante** *adj. -s.* ignorant, e

**ignorar** *tr.* ignorer

**igual** *adj. -s.* 1 égal, ale *dos números iguales* deux nombres égaux 2 semblable *(semejante)* loc. conj. *al* ~ *que*, ~ *que* comme

**iguala** *f.* 1 égalisation 2 convention, arrangement *m. (ajuste)*

**igualación** *f.* 1 égalisation 2 convention, accord *m. (convenio)*

**igualar** *tr.* égaliser

**igualdad** *f.* égalité ~ *de oportunidades* égalité des chances

**igualitario, -ia** *adj.* égalitaire

**igualmente** *adv.* également, de la même manière

**iguana** *f.* iguane *m.*

**ijada** *f. ANAT.* flanc *m.*

**ijar** *m. ANAT.* flanc

**ilación** *f.* déduction, enchainement *m.*

**ilegal** *adj.* illégal, ale

**ilegible** *adj.* illisible

**ilegítimo, -a** *adj.* illégitime

**ileso, -a** *adj.* sain et sauf, saine et sauve, indemne

**ilícito, -a** *adj.* illicite

**ilimitado, -a** *adj.* illimité, ée

**ilógico, -a** *adj.* illogique

**iluminación** *f.* 1 illumination 2 éclairage *m. (alumbrado)* 3 enluminure *(pintura)*

**iluminar** *tr.* 1 illuminer, éclairer 2 enluminer *(estampas, libros)*

**ilusión** *f.* illusion

**ilusionar** *tr.* 1 illusionner 2 faire rêver 3 *pr.* s'illusionner, se faire des illusions 4 se réjouir d'avance

**ilusionista** *m. -f.* illusionniste *m.*, prestidigitateur *m.*

**iluso, -a** *adj. -s.* 1 trompé, ée 2 rêveur, euse *(soñador)*

**ilustración** *f.* 1 illustration 2 savoir *m.*, connaissances *pl.* 3 magazine illustré *m.*

**ilustrado, -a** *adj.* instruit, e, cultivé, ée

**ilustrar** *tr.* 1 illustrer 2 éclairer, instruire

**ilustre** *adj.* illustre

**ilustrísimo, -a** *adj.* illustrissime

**imagen** *f.* 1 image 2 statue *(religiosa)*

**imaginación** *f.* imagination

**imaginar** *tr.* 1 imaginer 2 *pr.* s'imaginer, croire

**imaginario, -a** *adj.* imaginaire

**imán** *m.* 1 aimant 2 imam, iman *(jefe religioso musulmán)*

**imbécil** *adj. -s.* imbécile

**imberbe** *adj.* imberbe

**imborrable** *adj.* ineffaçable
**imbricación** *f.* imbrication
**imbricado, -a** *adj.* imbriqué, ée
**imbuido, -a** *adj.* imbu, ue
**imbuir** *tr.* 1 inculquer, inspirer 2 *pr.* s'imprégner
**imitación** *f.* imitation
**imitar** *tr.* imiter, copier
**impaciencia** *f.* impatience
**impaciente** *adj. -s.* impatient, e
**impacto** *m.* impact
**impalpable** *adj.* impalpable
**impar** *adj.* impair, e
**imparcial** *adj.* impartial, ale
**impartir** *tr.* distribuer, donner, accorder, communiquer ~ *su bendición* donner sa bénédiction
**impasible** *adj.* impassible
**impecable** *adj.* impeccable
**impedido, -a** *adj.* 1 perclus, e, infirme 2 *s.* impotent, infirme
**impedimento** *m.* empêchement, obstacle
**impedir** *tr.* empêcher
**impenetrable** *adj.* impénétrable
**impenitencia** *f.* impénitence
**impensado, -a** *adj.* inopiné, ée, imprévu, ue
**imperar** *intr.* 1 dominer, commander 2 régner *(una moda, ideas, etc.)*
**imperdible** 1 *adj.* imperdable 2 *m.* épingle de nourrice *f.*
**imperdonable** *adj.* impardonnable
**imperecedero, -a** *adj.* impérissable
**imperfecto, -a** *adj.* imparfait, e *GRAM. pretérito* ~ imparfait *futuro* ~ futur simple
**imperial** 1 *adj.* impérial, ale 2 *f.* impériale *(de un carruaje)*
**impericia** *f.* impéritie
**imperio** *m.* empire
**imperioso, -a** *adj.* impérieux, euse
**impermeable** *adj. -m.* imperméable
**impersonal** *adj.* impersonnel, elle
**impertinente** *adj.* impertinent, e
**imperturbable** *adj.* imperturbable
**impetrar** *tr.* solliciter avec insistance
**ímpetu** *m.* élan, impétuosité *f.*
**impetuoso, -a** *adj.* impétueux, euse
**impiedad** *f.* impiété
**impiedoso, -a** *adj.* impie
**implacable** *adj.* implacable

**implantar** *tr.* implanter
**implicar** *tr.* impliquer
**implícito, -a** *adj.* implicite
**implorar** *tr.* implorer
**imponderable** *adj.* impondérable
**imponderable** *m.* impondérable
**imponente** *adj. -s.* 1 imposant, e 2 déposant, e *(que impone dinero)*
**imponer** *tr.* 1 imposer *(silencio, una obligación, una condición, el respeto, etc.)* 2 *IMPR. LITURG.* imposer 3 déposer *(dinero)* 4 *pr.* s'imposer 5 se mettre au courant
**imponible** *adj.* imposable
**impopular** *adj.* impopulaire
**importación** *f.* importation
**importador, -ora** *adj.* importateur, trice
**importador, -ora** *s.* importateur, trice
**importancia** *f.* importance *darse uno* ~ faire l'important *de* ~ important, e
**importar** *tr.* 1 importer *(introducir en un país)* 2 valoir, coûter *(valer),* monter à, s'élever à *(sumar) la factura importa cien pesetas* la facture s'élève à cent pesetas 3 *intr.* importer, avoir de l'importance
**importe** *m.* montant
**importunar** *tr.* importuner
**importuno, -a** *adj.* 1 importun, e *(molesto)* 2 inopportun, e
**imposibilidad** *f.* impossibilité
**imposibilitar** *tr.* rendre impossible, empêcher
**imposible** *adj. -m.* 1 impossible *hacer lo* ~ faire l'impossible 2 *adj.* insupportable, impossible *(inaguantable)*
**imposición** *f.* imposition
**impostor, -ora** *adj. -s* imposteur
**impotencia** *f.* impuissance
**impotente** *adj.* impuissant, e
**impotente** *s.* impuissant, e
**impreciso, -a** *adj.* imprécis, e
**impregnar** *tr.* imprégner
**imprenta** *f.* imprimerie
**imprescindible** *adj.* indispensable
**impresión** *f.* impression
**impresionar** 1 *tr.* impressionner 2 *pr.* être impressionné, ée
**impresionismo** *m.* impressionnisme
**impreso, -a** *adj.* 1 imprimé, ée 2 *m.* imprimé
**impresor** *m.* imprimeur

**impresora** *f.* imprimante
**imprevisible** *adj.* imprévisible
**imprevisor, -ora** *adj. -s.* imprévoyant, e
**imprevisto, -a** 1 *adj.* imprévu, ue 2 *m. pl.* dépenses imprévues *f.*
**imprimir** *tr.* imprimer
**improbable** *adj.* improbable
**improcedente** *adj.* 1 inadéquat, e, inopportun, e 2 non conforme au droit
**improductivo, -a** *adj.* improductif, ive
**impropiedad** *f.* impropriété
**impropio, -a** *adj.* impropre
**improvisación** *f.* improvisation, impromptu *m.*
**improvisar** *tr.* improviser
**improviso, -a** *adj.* OU **improvisto, -a** *adj.* imprévu, ue *de ~, al ~ loc. adv.* à l'improviste *llegar a la ~* arriver à l'improviste
**imprudencia** *f.* imprudence
**imprudente** *adj. -s.* imprudent, e
**impudente** *adj.* impudent, e
**impúdico, -a** *adj.* impudique
**impudor** *m.* impudeur *f.*
**impuesto** *m.* impôt *~ sobre la renta* impôt sur le revenu *~ de radicación* impôts locaux *~ sobre el valor añadido, I.V.A.* T.V.A.
**impugnar** *tr.* 1 attaquer *(combatir)* 2 contester, réfuter *(refutar)*
**impulsar** *tr.* 1 pousser 2 *fig.* pousser, inciter
**impulsión** *f.* impulsion
**impulsivo, -a** *adj. -s.* impulsif, ive
**impune** *adj.* impuni, ie
**impunidad** *f.* impunité
**impureza** *f.* impureté
**impurificar** *tr.* rendre impur, e
**impuro, -a** *adj.* impur, e
**imputable** *adj.* imputable
**imputación** *f.* imputation
**imputar** *tr.* imputer
**inaccesible** *adj.* inaccessible
**inaceptable** *adj.* inacceptable
**inacostumbrado, -a** *adj.* inaccoutumé, ée
**inacción** *f.* inaction
**inactivo, -a** *adj.* inactif, ive
**inadmisible** *adj.* inadmissible
**inadaptado, -a** *adj.* inadapté, ée

**inadvertencia** *f.* inadvertance *por ~* par inadvertance
**inadvertido, -a** *adj.* 1 distrait, e, imprudent, e 2 inaperçu, ue *(no advertido) pasar ~* passer inaperçu
**inagotable** *adj.* inépuisable, intarissable
**inaguantable** *adj.* insupportable, intolérable
**inalienable** *adj.* inaliénable
**inalterable** *adj.* inaltérable
**inamovible** *adj.* inamovible
**inanición** *f.* inanition
**inanimado, -a** *adj.* inanimé, ée
**inapelable** *adj.* sans appel
**inapetencia** *f.* inappétence
**inaplicado, -a** *adj.* inappliqué, ée
**inarrugable** *adj.* infroissable
**inasequible** *adj.* inaccessible
**inaudito, -a** *adj.* inouï, ïe
**inauguración** *f.* 1 inauguration 2 vernissage *m. (de una exposición de pintura)*
**inaugural** *adj.* inaugural, e
**inaugurar** *v. tr.* inaugurer
**inca** *-m.* inca, des Incas
**incaico, -a** *adj.* inca
**incalificable** *adj.* inqualifiable
**incandescencia** *f.* incandescence
**incansable** *adj.* infatigable, inlassable
**incapacidad** *f.* incapacité
**incapacitar** *tr.* 1 rendre incapable 2 déclarer inapte, incapable *(inhabilitar)*
**incapaz** *adj. -s.* incapable *~ para* incapable de
**incautación** *f.* saisie, réquisition
**incauto, -a** *adj.* 1 imprudent, e 2 naïf, ïve, crédule
**incendio** *m.* incendie
**incentivo** *m.* 1 aiguillon, stimulant, attrait 2 prime *f.*
**incertidumbre** *f.* incertitude
**incesante** *adj.* incessant, e
**incidencia** *f.* 1 *GEOM.* incidence 2 incident *m. (en el curso de un asunto)*
**incidental** *adj.* incident, e
**incidente** 1 *adj.* incident, e 2 *m.* incident
**incidir** *intr.* 1 tomber dans 2 *GEOM.* tomber 3 *CIR.* faire une incision
**incienso** *m.* encens

**incierto, -a** *adj.* incertain, e
**incinerar** *tr.* incinérer
**incipiente** *adj.* qui commence, débutant, e
**incisión** *f.* incision
**inciso, -a** *adj.* **1** coupé, ée, haché, ée *(estilo)* **2** *m.* incise *f.*
**incitar** *tr.* inciter, encourager
**incivil** *adj.* incivil, ile, impoli, ie
**inclasificable** *adj.* inclassable
**inclemencia** *f.* inclémence *loc. adv.* **a la** ~ à découvert
**inclinación** *f.* **1** inclinaison *(estado de lo inclinado)* **2** inclination
**inclinar** *tr.* **1** incliner *(bajar, doblar, predisponer)* **2** écarter d'une direction **3** *pr.* s'incliner **4** incliner, tendre *(propender)*
**ínclito** *adj.* illustre
**incluir** *tr.* **1** inclure **2** comprendre *(llevar en sí) vino incluido* vin compris
**inclusivamente** *adv.* OU **inclusive** *adv.* inclusivement, même, y compris
**incluso, -a** *adj.* **1** inclus, e **2** *adv.* y compris, même, inclusivement **3** *prep.* même, y compris *(hasta) habla muchos idiomas,* ~ **el chino** il parle de nombreuses langues, même le chinois
**incógnito, -a** *adj.* **1** *adj.* inconnu, ue **2** *m.* incognito **3** *f.* MAT. inconnue *loc. adv. de* ~ incognito
**incoherencia** *f.* incohérence
**incoloro, -a** *adj.* incolore
**incombustible** *adj.* incombustible
**incomestible** *adj.* immangeable
**incomible** *adj.* immangeable
**incomodar** *tr.* **1** incommoder, gêner **2** fâcher *(enfadar)*
**incomodidad** *f.* **1** incommodité **2** gêne *(molestia)*
**incomparable** *adj.* incomparable
**incompatible** *adj.* incompatible
**incompetencia** *f.* incompétence
**incompetente** *adj.* incompétent, e
**incompleto, -a** *adj.* incomplet, ète
**incomprendido, -a** *adj.* -s. incompris, e
**incomprensible** *adj.* incompréhensible
**incomunicación** *f.* manque de communication *m.*
**incomunicar** *tr.* **1** priver de communication **2** mettre au secret *(a un preso)* **3** *pr.* s'isoler

**inconcebible** *adj.* inconcevable
**inconcluso, -a** *adj.* inachevé, ée
**inconexo, -a** *adj.* qui manque de connexion, de rapport
**inconfesable** *adj.* inavouable
**incongruencia** *f.* incongruité
**incongruente** *adj.* incongru, ue
**inconmensurable** *adj.* incommensurable
**inconmovible** *adj.* **1** inébranlable **2** inflexible *(persona)*
**inconquistable** *adj.* imprenable, inexpugnable
**inconsciente** *adj.* -s. inconscient, e
**inconsecuente** *adj.* inconséquent, e
**inconsecuencia** *f.* inconséquence
**inconsiderado, -a** *adj.* inconsidéré, ée
**inconsistente** *adj.* inconsistant, e
**inconsolable** *adj.* inconsolable
**inconstancia** *f.* inconstance
**incontable** *adj.* **1** innombrable **2** irracontable *(que no se puede referir)*
**incontestable** *adj.* incontestable
**incontinencia** *f.* incontinence
**inconveniencia** *f.* **1** inconvénient *m.* **2** inconvenance *(grosería)*
**inconveniente** *adj.* **1** qui ne convient pas **2** inconvenant, e *(incorrecto)* **3** *m.* inconvénient *(desventaja)*, empêchement *(estorbo)*
**incorporar** *tr.* **1** incorporer **2** asseoir, soulever *(levantar)* **3** *pr.* se redresser, s'asseoir *(el que está echado) incorporarse a filas* entrer sous les drapeaux
**incorpóreo, -a** *adj.* incorporel, elle
**incorrecto, -a** *adj.* incorrect, e
**incorregible** *adj.* incorrigible
**incorruptible** *adj.* incorruptible
**incredulidad** *f.* **1** incrédulité **2** incroyance *(falta de fe)*
**incrédulo, -a** *adj.* -s. incrédule, incroyant, e
**increíble** *adj.* incroyable
**incremento** *m.* **1** accroissement, augmentation *f. (aumento)* ~ **del desempleo** augmentation du chômage **2** développement
**incriminar** *tr.* incriminer
**increpar** *tr.* réprimander sévèrement
**incruento, -a** *adj.* non sanglant, e
**incrustación** *f.* incrustation
**incrustar** *tr.* **1** incruster **2** s'incruster

**inculcar** *tr.* inculquer

**inculpar** *tr.* inculper

**inculto, -a** *adj.* inculte

**incumbencia** *f.* charge, obligation, ressort *m.* **eso no es de mi ~** cela n'est pas de mon ressort

**incumbir** *intr.* incomber

**incumplir** *tr.* manquer à, faillir à, enfreindre

**incunable** *adj. -s. -m.* incunable

**incurable** *adj. -s.* incurable

**incurrir** *intr.* **1** encourir **~ en menosprecio** encourir le mépris **2** tomber *(en un error, etc.)*

**incursión** *f.* incursion

**indagar** *tr.* rechercher, s'enquérir de, enquêter sur

**indebido, -a** *adj.* indu, ue, illicite

**indecente** *adj.* **1** indécent, e **2** très mauvais, e, infect, e, infâme *(asqueroso)*

**indecible** *adj.* indicible

**indecisión** *f.* incertitude

**indeciso, -a** *adj.* indécis, e, incertain, e

**indecoroso, -a** *adj.* indécent, e, malséant, e

**indefectible** *adj.* indéfectible

**indefendible** *adj.* indéfendable

**indefenso, -a** *adj.* sans défense

**indefinible** *adj.* indéfinissable

**indefinido, -a** *adj.* indéfini, ie

**indeleble** *adj.* indélébile

**indelicadeza** *f.* indélicatesse

**indemne** *adj.* indemne *(ileso)*

**indemnizar** *tr.* indemniser

**independencia** *f.* indépendance

**independiente** *adj.* indépendant, e

**indescifrable** *adj.* indéchiffrable

**indescriptible** *adj.* indescriptible

**indeseable** *adj. -s.* indésirable

**indestructible** *adj.* indestructible

**indeterminado, -a** *adj.* indéterminé, ée

**indiano, -a** *adj. -s.* Espagnol, e qui revient riche d'Amérique

**indicación** *f.* indication

**indicador, -ora** *adj. -s.* indicateur, trice

**indicar** *tr.* indiquer, signaler

**indicativo, -a** **1** *adj.* indicatif, ive **2** *m.* indicatif

**índice** *m.* **1** index *(dedo)* **2** *m.* index *(lista, aguja de un reloj de sol)* **3** taux **4** *MAT. FIS.* indice

**indicio** *m.* indice, signe, trace

**índico, -a** *adj.* indien, indienne **Océano ~** océan Indien

**indiferencia** *f.* indifférence

**indiferente** *adj.* indifférent, e

**indígena** *adj. -s.* indigène

**indigencia** *f.* indigence

**indigente** *adj. -s.* indigent, e

**indigestión** *f.* indigestion

**indignación** *f.* indignation

**indignar** **1** *tr.* indigner **2** *pr.* s'indigner

**indigno, -a** *adj.* indigne

**indio, -a** *adj. -s.* indien, ienne

**indirecto, -a** *adj.* indirect, e

**indisciplina** *f.* indiscipline

**indisciplinado, -a** *adj.* indiscipliné, ée

**indiscreción** *f.* indiscrétion

**indiscreto, -a** *adj.* indiscret, ète

**indiscutible** *adj.* indiscutable

**indispensable** *adj.* indispensable

**indisponer** **1** *tr.* indisposer **2** *pr.* se fâcher

**indisoluble** *adj.* indissoluble

**indistinto, -a** *adj.* indistinct, e

**individual** *adj.* **1** individuel, elle **2** *m.* set de table

**individuo, -a** *adj.* **1** individuel, elle **2** indivisible **3** *m.* individu

**indivisión** *f.* indivision

**indivisible** *adj.* indivisible

**indiviso, -a** *adj.* indivis, e

**indo, -a** *adj. -s.* hindou, e

**indócil** *adj.* indocile

**indocumentado, -a** *adj.* dépourvu, ue de pièces d'identité

**indoeuropeo, -ea** *adj. -s.* indoeuropéen, enne

**índole** *f.* **1** nature, caractère *m.*, naturel *m. (de una persona)* **2** nature, caractère *m. (de una cosa)* **3** genre *m. (género)*

**indolencia** *f.* indolence

**indolente** *adj.* indolent, e

**indoloro, -ora** *adj.* indolore

**indomable** *adj.* indomptable

**indómito, -a** *adj.* **1** indompté, ée **2** indomptable

*inflamar*

**inducción** *f.* induction
**inducir** *tr.* 1 induire ～ **en error** induire en erreur 2 pousser, conduire
**inductor, -ora** *adj. -m.* inducteur, trice
**indudable** *adj.* indubitable
**indulgencia** *f.* indulgence
**indulto** *m.* 1 indult *(del Papa)* 2 grâce *f.,* remise de peine *f. (gracia)*
**indumentaria** *f.* 1 histoire du costume 2 habillement *m.,* vêtement *m.,* costume *m.*
**industria** *f.* industrie *loc. adv. de ～* exprès, à dessein
**industrial** *adj.* 1 industriel, elle 2 *m.* industriel
**industrializar** *tr.* industrialiser
**industrioso, -a** *adj.* industrieux, euse
**inédito, -a** *adj.* inédit, e
**inefable** *adj.* ineffable
**ineficaz** *adj.* inefficace
**ineludible** *adj.* inéludible, inévitable
**ineluctable** *adj.* inéluctable
**inenarrable** *adj.* inénarrable
**inepto, -a** 1 *adj.* inepte, incapable 2 *s.* incapable
**inequívoco, -a** *adj.* indubitable, non équivoque
**inercia** *f.* inertie
**inerme** *adj.* désarmé, ée
**inerte** *adj.* inerte
**inervar** *tr.* innerver
**inesperado, -a** *adj.* inattendu, ue
**inestable** *adj.* instable
**inestimable** *adj.* inestimable
**inexactitud** *f.* inexactitude
**inexacto, -a** *adj.* inexact, e
**inexistente** *adj.* inexistant, e
**inexorable** *adj.* inexorable
**inexperto, -a** *adj.* inexpérimenté, ée, inexpert, e
**inexpiable** *adj.* inexpiable
**inexplicable** *adj.* inexplicable
**inexplorado, -a** *adj.* inexploré, ée
**inexpresivo, -a** *adj.* inexpressif, ive
**inexpugnable** *adj.* inexpugnable, imprenable
**inextenso, -a** *adj.* inétendu, ue
**inextinguible** *adj.* inextinguible
**inextricable** *adj.* inextricable
**infalible** *adj.* infaillible
**infamante** *adj.* infamant, e

**infamar** *tr.* déshonorer, diffamer
**infame** *adj. -s.* infâme
**infamia** *f.* infamie
**infancia** *f.* enfance *amigo de la ～* ami d'enfance
**infanta** *f.* infante
**infante** *m.* 1 garçon en bas âge 2 infant *(hijo del rey)* 3 *MIL.* fantassin
**infantería** *f.* infanterie
**infanticidio** *m.* infanticide *(crimen)*
**infantil** *adj.* 1 infantile 2 enfantin, e, puéril, e, d'enfant *(inocente)*
**infarto** *m.* infarctus, engorgement
**infatigable** *adj.* infatigable
**infatuar** *tr.* 1 infatuer *(p. us.)* 2 *pr.* s'engouer, s'infatuer
**infausto, -a** *adj.* malheureux, euse
**infección** *f.* infection
**infectar** *tr.* infecter
**infecundo, -a** *adj.* infécond, e
**infeliz** *adj. -s.* 1 malheureux, euse, infortuné, ée 2 *fam.* bonasse, pauvre type
**inferencia** *f.* inférence
**inferior** *adj. -s.* inférieur, eure
**inferir** *tr.* 1 inférer, induire, conclure 2 faire, causer *(una ofensa, una herida, etc.)*
**infernal** *adj.* infernal, ale
**infestar** *tr.* infester *(causar daños, invadir) los tiburones infestan la costa* les requins infestent la côte
**inficionar** *tr.* infecter
**infidelidad** *f.* infidélité
**infiel** *adj. -s.* infidèle
**infierno** 1 *m.* enfer 2 *pl. MIT.* enfers
**infiltrar** *tr.* 1 faire s'infiltrer 2 insinuer, inspirer 3 *pr.* s'infiltrer
**ínfimo, -a** *adj.* infime
**infinidad** *f.* infinité
**infinitivo, -a** 1 *adj.* infinitif, ive 2 *m.* infinitif
**infinito, -a** 1 *adj.* infini, ie 2 *pl.* un nombre infini de *infinitas veces* un nombre infini de fois 3 *adv.* infiniment, extrêmement
**infirmar** *tr.* infirmer
**inflación** *f.* 1 enflure, gonflement *m.* 2 inflation *(economía)*
**inflamación** *f.* 1 inflammation 2 exaltation *(de las pasiones)*
**inflamar** 1 *tr.* enflammer 2 *pr.* s'enflammer

**inflar** *tr.* **1** enfler, gonfler **2** *fig.* enfler, exagérer, grossir *(exagerar)* **3** *pr.* se gonfler d'orgueil

**inflexible** *adj.* inflexible

**infligir** *tr.* infliger

**inflorescencia** *f.* inflorescence

**influencia** *f.* influence

**influir** *intr.* **1** influer ∼ *en* influer sur **2** influencer *(ejercer una fuerza moral)*

**influyente** *adj.* influent, e

**información** *f.* **1** information **2** enquête *(de la policía)*

**informal** *adj.* -s. **1** peu sérieux, euse, fantaisiste **2** *adj.* sans formalité

**informar** *tr.* **1** informer, renseigner *(dar noticia)* **2** *intr.* faire un rapport *(dar un informe)*, se prononcer *(dictaminar)* **3** *pr.* s'informer, se renseigner

**informática** *f.* informatique

**informe** **1** *adj.* informe **2** *m.* information *f.*, renseignement **3** rapport *(de una comisión, etc.)* **4** *pl.* références *f.* *(sobre una persona)*

**infortunado, -a** *adj.* infortuné, ée

**infracción** *f.* infraction

**infraestructura** *f.* infrastructure

**infranqueable** *adj.* infranchissable

**infrarrojo, -a** *adj.* -s. -m. infrarouge

**infringir** *tr.* enfreindre

**infructuoso, -a** *adj.* infructueux, euse

**infundado, -a** *adj.* sans fondement, non fondé, ée

**infundio** *m.* bobard, mensonge

**infundir** *tr.* inspirer, communiquer ∼ *respeto* inspirer le respect

**infusión** *f.* infusion

**ingeniar** **1** *tr.* inventer **2** *pr.* s'ingénier à *ingeniárselas fam.* s'arranger

**ingeniero** *m.* ingénieur ∼ *de caminos, canales y puertos* ingénieur des ponts et chaussées

**ingenio** *m.* **1** esprit *(agudeza)*, ingéniosité *f.*, habileté *f.* **2** homme de talent **3** engin *(máquina)* **4** plantation de canne à sucre *f.*

**ingenioso, -a** *adj.* ingénieux, euse

**ingente** *adj.* énorme

**ingenuidad** *f.* ingénuité, naïveté

**ingenuo, -a** *adj.* -s. ingénu, ue, naïf, ïve

**ingerencia** *f.* ingérence

**ingerir** *tr.* **1** ingérer, avaler **2** *pr.* s'ingérer

**ingestión** *f.* ingestion

**ingle** *f. ANAT.* aine

**inglés, -esa** *adj.* -s. anglais, e

**ingratitud** *f.* ingratitude

**ingrato, -a** *adj.* -s. ingrat, e

**ingrediente** *m.* ingrédient

**ingresar** **1** *intr.* entrer *(en una escuela, hospital, etc.)* **2** *tr.* verser, déposer *(dinero en un banco, etc.)*

**ingreso** **1** *m.* entrée *f.* *(entrada)* **2** *pl.* appointements, émoluments, revenus *(de una persona)*, revenus *(del Estado)* *los ingresos presupuestarios* les rentrées budgétaires

**inhábil** *adj.* inhabile *día* ∼ jour férié, chômé *hora* ∼ heure de fermeture

**inhabilitar** *tr.* déclarer inhabile, incapable

**inhabitado, -a** *adj.* inhabité, ée

**inhalación** *f.* inhalation

**inhalar** *tr.* inhaler

**inherente** *adj.* inhérent, e

**inhibición** *f.* inhibition

**inhibir** **1** *tr.* inhiber **2** *DER.* dessaisir *(a un juez)* **3** *pr.* se dessaisir *(de un asunto)* **4** s'abstenir d'intervenir *(en un asunto)*

**inhospitalario, -a** *f.* inhospitalier, ière

**inhumación** *f.* inhumation

**inhumano, -a** *adj.* inhumain, e

**inhumar** *tr.* inhumer

**iniciación** *f.* initiation

**inicial** **1** *adj.* initial, ale **2** *f.* initiale

**iniciar** *tr.* **1** initier *me inició en la pintura* il m'a initié à la peinture **2** commencer, entamer *(comenzar)*

**iniciativa** *f.* initiative

**inimaginable** *adj.* inimaginable

**inimitable** *adj.* inimitable

**ininteligible** *adj.* inintelligible

**ininterrumpido, -a** *adj.* ininterrompu, ue

**iniquidad** *f.* iniquité

**injerencia** *f.* ingérence

**injerir** *tr.* **1** introduire *(introducir)* **2** ingérer *(tragar)* **3** *AGR.* greffer **4** *pr.* s'ingérer, s'immiscer (*en*, dans)

**injerto, -a** **1** *adj.* greffé, ée **2** *m. AGR.* greffe *f.*, greffon **3** plante greffée *f.* **4** *CIR.* greffe *f.*

**injuriar** *tr.* injurier

**injuria** *f.* injure, outrage *m.*

**injusticia** *f.* injustice

**injustificado, -a** *adj.* injustifié, ée

**injusto, -a** *adj.* injuste

**inmaculado, -a** *adj.* immaculé, ée *la Inmaculada, la Inmaculada Concepción* *n. pr. f.* l'Immaculée Conception

**inmanente** *adj.* immanent, e

**inmaterial** *adj.* immatériel, elle

**inmediato, -a** *adj.* **1** immédiat, e **2** contiguo, uë, voisin, e

**inmejorable** *adj.* excellent, e, parfait, e

**inmensidad** *f.* immensité

**inmenso, -a** *adj.* immense

**inmerecido, -a** *adj.* immérité, ée

**inmersión** *f.* immersion

**inmigración** *f.* immigration

**inmigrante** *adj.* -s. immigrant, e

**inmigrar** *intr.* immigrer

**inminente** *adj.* imminent, e

**inmiscuir** **1** *tr.* immiscer **2** *pr.* s'immiscer

**inmobiliario, -a** **1** *adj.* immobilier, ière **2** *f.* société immobilière

**inmodesto, -a** *adj.* immodeste

**inmolar** **1** *tr.* immoler **2** *pr.* s'immoler

**inmoralidad** *f.* immoralité

**inmortal** *adj.* immortel, elle

**inmortalizar** *tr.* immortaliser

**inmóvil** *adj.* immobile

**inmovilizar** *tr.* immobiliser

**inmueble** *aj.* -m. immeuble

**inmundicia** *f.* immondice

**inmundo, -a** *adj.* immonde

**inmunidad** *f.* immunité

**inmunizar** *tr.* immuniser

**inmutable** *adj.* immuable

**inmutar** **1** *tr.* altérer, changer **2** *pr.* se troubler, s'émouvoir

**innato, -a** *adj.* inné, ée

**innecesario, -a** *adj.* inutile, non nécessaire, superflu, ue

**innegable** *adj.* indéniable

**innoble** *adj.* ignoble

**innovación** *f.* innovation

**innovar** *tr.* innover

**innumerable** *adj.* ou **innúmero, -a** *adj.* innombrable

**inocencia** *f.* innocence

**inocentada** *f.* **1** *fam.* niaiserie, naïveté *(acción, palabra)* **2** attrape *(engaño)*, plaisanterie

**inocente** *adj.* -s. innocent

**inocuidad** *f.* innocuité

**inoculación** *f.* inoculation

**inocular** **1** *tr.* inoculer **2** *pr.* s'inoculer

**inocuo, -a** *adj.* inoffensif, ive

**inofensivo, -a** *adj.* inoffensif, ive

**inolvidable** *adj.* inoubliable

**inoperante** *adj.* inopérant, e

**inopinado, -a** *adj.* inopiné, ée

**inoportuno, -a** *adj.* inopportun, e

**inorgánico, -a** *adj.* inorganique

**inquebrantable** *adj.* inébranlable

**inquietar** **1** *tr.* inquiéter **2** *pr.* s'inquiéter

**inquieto, -a** *adj.* **1** inquiet, ète **2** remuant, e *(agitado)*

**inquietud** *f.* inquiétude

**inquilino, -a** *adj.* -s. locataire

**inquirir** *tr.* s'enquérir de, se renseigner sur

**inquisición** *f.* **1** recherche, enquête **2** inquisition *(tribunal eclesiástico)*

**inquisidor, -ora** *adj.* -s. inquisiteur, trice

**insaciable** *adj.* insatiable

**insalivar** *tr.* imprégner de salive *(alimentos)*

**insalubre** *adj.* insalubre

**insania** *f.* insanité

**insano, -a** *adj.* **1** malsain, e **2** fou, folle, dément, e

**insatisfecho, -a** *adj.* insatisfait, e, inassouvi, ie

**inscribir** **1** *tr.* inscrire **2** *pr.* s'inscrire *(en una lista)*

**inscrito, -a** *adj.* inscrit, e

**insecticida** *adj.* -m. insecticide

**insecto** *m.* insecte

**inseguridad** *f.* insécurité

**inseguro, -a** *adj.* qui n'est pas sûr, sûre, incertain, e

**insensato, -a** *adj.* -s. insensé, ée

**insensible** *adj.* insensible

**inseparable** *adj.* -s. inséparable

**inserción** *f.* insertion

**insertar** *tr.* insérer

**inservible** *adj.* hors d'état de servir, inutilisable

**insidioso, -a** *adj.* insidieux, euse

**insigne** *adj.* insigne

**insignia** *f.* **1** insigne *m.* **2** bannière *(de una cofradía)* **3** *MAR.* pavillon *m.* *(de almirante, etc.)*

**insignificante** *adj.* insignifiant, e

**insinuar** *tr.* **1** insinuer **2** suggérer **3** *pr.* s'insinuer

**insípido, -a** *adj.* insipide

**insistencia** *f.* insistance

**insistir** *intr.* insister

**insociable** *adj.* insociable

**insolación** *f.* insolation

**insolentar** *tr.* **1** rendre insolent, e **2** *pr.* se montrer insolent

**insolente** *adj. -s.* insolent, e

**insólito, -a** *adj.* insolite

**insoluble** *adj.* insoluble

**insolvencia** *f.* insolvabilité

**insolvente** *adj.* insolvable

**insomnio** *m.* insomnie *f.*

**insoportable** *adj.* insupportable

**inspección** *f.* inspection

**inspeccionar** *tr.* inspecter

**inspector, -ora** *adj. -s.* inspecteur, trice

**inspiración** *f.* inspiration

**inspirar** *tr.* **1** inspirer **2** *pr.* s'inspirer *inspirarse en* s'inspirer de

**instalación** *f.* installation

**instalar** *tr.* installer

**instancia** *f.* **1** instance **2** pétition, demande *(escrito)*

**instantáneo, a** *adj.* instantané, e

**instante** *m.* instant

**instar 1** *tr.* prier avec instance, instamment ∼ *a uno para que* prier instamment quelqu'un de **2** *intr.* insister, presser *(urgir)*

**instaurar** *tr.* instaurer

**instigador, -ora** *s.* instigateur, trice

**instigar** *tr.* inciter

**instintivo, -a** *adj.* instinctif, ive

**instinto** *m.* instinct

**institución** *f.* institution

**instituir** *tr.* instituer

**instituto** *m.* **1** institut **2** lycée ∼ *de enseñanza media* lycée

**institutriz** *f.* institutrice, préceptrice *(n'a pas le sens de maîtresse d'école)*

**instrucción** *f.* instruction

**instructivo, -a** *adj.* instructif, ive

**instruir** *tr.* instruire

**instrumental** *adj.* **1** instrumental, ale **2** *DER.* instrumentaire **3** *m. CIR. MÚS.* ensemble des instruments, instruments *pl.*

**instrumentista** *s.* instrumentiste

**instrumento** *m.* instrument

**insubordinación** *f.* insubordination

**insubordinado, -a 1** *adj.* insubordonné, ée **2** *s.* insurgé, ée

**insuficiencia** *f.* insuffisance

**insuficiente** *adj.* insuffisant, e

**insuflar** *tr.* insuffler

**insular** *adj. -s.* insulaire

**insulso, -a** *adj.* insipide, fade

**insultante** *adj.* insultant, e

**insultar** *tr.* insulter

**insulto** *m.* insulte *f.*

**insumiso, -a** *adj. -s. -m.* insoumis, e

**insuperable** *adj.* **1** insurmontable *(dificultad, etc.)* **2** insurpassable, incomparable

**insurreccionarse** *pr.* s'insurger

**insurrección** *f.* insurrection

**insurrecto, -a** *adj. -s.* insurgé, ée, rebelle

**insustituible** *adj.* irremplaçable

**intacto, -a** *adj.* intact, e

**intachable** *adj.* irréprochable

**intangible** *adj.* intangible

**integración** *f.* intégration

**integral** *adj.* intégral, e *pan* ∼ pain complet

**integrar** *tr.* **1** compléter *(dar integridad a una cosa)* **2** composer, constituer *(un todo)* **3** réintégrer

**integridad** *f.* **1** intégrité **2** intégralité

**íntegro, -a** *adj.* **1** intégral, ale *(completo)* **2** intègre *(probo)*

**intelectual** *adj. -s.* intellectuel, elle

**inteligencia** *f.* intelligence

**inteligente** *adj.* intelligent, e

**intemperie** *f.* intempérie

**intención** *f.* **1** intention **2** malignité, mauvais instinct de certains animaux *m. primera* ∼ premier mouvement *toro de* ∼ taureau vicieux *tener una segunda* ∼ avoir une idée derrière la tête

**intencionado, -a** *adj.* intentionné, ée

**intendencia** *f.* intendance

**intendente** *m.* intendant

**intensidad** *f.* intensité

**intensificar** *tr.* intensifier

**intensivo, -a** *adj.* intensif, ive

**intenso, -a** *adj.* intense

**intentar** *tr.* tenter, tâcher, essayer de

**intento** *m.* **1** dessein, projet **2** tentative *f. de* ~ *loc. adv.* exprès, à dessein

**intentona** *f.* tentative téméraire

**intercalar 1** *adj.* intercalaire **2** *tr.* intercaler

**intercambiable** *adj.* interchangeable

**intercambio** *m.* échange *(cambio mutuo)*

**interceder** *intr.* intercéder

**interceptar** *tr.* intercepter

**intercesión** *f.* intercession

**intercostal** *adj.* intercostal, ale

**interés 1** *m.* intérêt **2** *m. pl.* biens, fortune *f. sing.*

**interesado, -a** *adj. -s.* intéressé, ée

**interesante** *adj.* intéressant, e

**interesar 1** *tr.* intéresser **2** *pr.* s'intéresser *interesarse por* s'intéresser à

**interferencia** *f.* interférence

**interino, -a** *adj. -s.* **1** intérimaire **2** *adj.* par intérim *(persona),* provisoire *(cosa)*

**interior** *adj. -m.* intérieur, e

**interiorismo** *m.* décoration d'intérieur *f.*

**interiorista** *s.* décorateur d'intérieur

**interjección** *f.* interjection

**interlínea** *f.* interligne

**interlocutor, -ora** *s.* interlocuteur, trice

**intermediario, -a** *adj. -s.* intermédiaire

**intermedio, -a 1** *adj. -s.* intermédiaire **2** *m.* intervalle *(de tiempo)* **3** entracte *(entreacto)*

**interminable** *adj.* interminable

**intermitente 1** *adj.* intermittent, e **2** *m.* clignotant *(luz)* **huelga** ~ grève perlée *f.*

**internacional** *adj. -s.* international, ale

**internado, -a 1** *adj. -s.* interné, ée **2** *m.* internat

**internar** *tr.* **1** interner **2** hospitaliser *(a un enfermo)* **3** *pr.* pénétrer, s'enfoncer

**interno, -a** *adj.* **1** interne, intérieur, e **2** interne *(alumno médico)* **fuero** ~ for intérieur

**interpelación** *f.* interpellation

**interpelar** *tr.* interpeller

**interpolación** *f.* interpolation

**interponer** *tr.* **1** interposer **2** *DER.* intenter, interjeter *(un recurso)* **3** *pr.* s'interposer

**interposición** *f.* interposition

**interpretación** *f.* interprétation

**interpretar** *tr.* interpréter

**intérprete** *s.* interprète

**interrogación** *f.* interrogation

**interrogante 1** *adj. -s.* interrogateur, trice **2** *m.* point d'interrogation

**interrogar** *tr.* interroger

**interrogatorio** *m.* interrogatoire

**interrumpir 1** *tr.* interrompre **2** *pr.* s'interrompre

**interrupción** *f.* interruption

**interruptor** *m.* interrupteur

**intersección** *f.* intersection

**intersticio** *m.* interstice

**intervalo** *m.* intervalle *a intervalos* par intervalles

**intervención** *f.* **1** intervention **2** vérification, contrôle *m. (cargo del interventor)*

**intervenir 1** *intr.* participer, prendre part *(tomar parte)* ~ *en un debate* participer à un débat **2** *tr.* contrôler *(cuentas, una administración, etc.)* **3** *CIR.* opérer **4** mettre sur table d'écoute *(teléfono)*

**interventor, -ora** *adj. -s.* **1** qui intervient **2** contrôleur *(de las cuentas, etc.)*

**interviú** *f.* interview

**intestino, -a** *adj.* intestin, e

**intimación** *f.* intimation

**intimar 1** *tr.* intimer *(una orden),* sommer, notifier *(a alguien)* **2** *intr. -pr.* devenir intime, nouer amitié

**intimidad** *f.* intimité

**intimidar** *tr.* intimider

**íntimo, -a** *adj.* intime

**intitular 1** *tr.* intituler **2** *pr.* s'intituler

**intolerable** *adj.* intolérable

**intolerancia** *f.* intolérance

**intonación** *f.* intonation

**intoxicar** *tr.* intoxiquer

**intranquilidad** *f.* inquiétude

**intranquilizar** *tr.* inquiéter

**intranquilo, -a** *adj.* inquiet, ète, anxieux, euse

**intransferible** *adj.* instransférable

**intransigencia** *f.* intransigeance

**intransitable** *adj.* impraticable

**intransitivo, -a** *adj.* intransitif, ive

**intratable** *adj.* intraitable
**intrépido, -a** *adj.* intrépide
**intriga** *f.* intrigue
**intrigante** *adj. -s.* intrigant, e
**intrigar** *intr. -tr.* intriguer
**intrincado, -a** *adj.* embrouillé, ée, compliqué, ée
**intrínseco, -a** *adj.* intrinsèque
**introducción** *f.* introduction
**introducir 1** *tr.* introduire **2** *pr.* s'introduire
**introductor, -ora** *adj. -s.* introducteur, trice
**intromisión** *f.* immixtion, ingérence
**intronizar** *tr.* introniser
**intrusión** *f.* intrusion
**intruso, -a** *adj. -s.* intrus, e
**intuición** *f.* intuition
**intuitivo, -a** *adj. -s.* intuitif, ive
**intuir** *tr.* percevoir, connaître par intuition
**inundación** *f.* inondation
**inundar** *tr.* inonder
**inusitado, -a** *adj.* inusité, ée
**inútil** *adj. -s.* inutile
**inutilidad** *f.* inutilité
**inutilizable** *adj.* inutilisable
**inutilizar** *tr.* mettre hors d'état, rendre inutilisable *(una máquina, etc.)*
**invadir** *tr.* envahir
**invalidar** *tr.* invalider
**inválido, -a** *adj. -s.* invalide
**invariable** *adj.* invariable
**invasión** *f.* invasion
**invasor, -ora** *adj. -s.* envahisseur, euse
**invectiva** *f.* invective
**invencible** *adj.* invincible
**invención** *f.* invention
**invendible** *adj.* invendable
**inventar** *tr.* inventer
**inventario** *m.* inventaire
**invento** *m.* invention *f.*
**inventor, -ora** *adj. -s.* inventeur, trice
**invernadero** *m.* **1** serre *f. (para las plantas)* **2** *AGR.* pâturage d'hiver **3** hivernage *(refugio de invierno)* *efecto* ~ effet de serre
**invernal** *adj.* hivernal, ale
**invernar** *intr.* hiverner
**inverosímil** *adj.* invraisemblable

**inversión** *f.* **1** inversion **2** investissement *m.*, placement *m.*
**inversionista** *m.* bailleur de fonds, investisseur
**inversor, -ora** *s.* investisseur, euse
**invertir** *tr.* **1** invertir, inverser **2** renverser *(volcar)* **3** intervertir *(alterar el orden)* **4** investir, placer *(dinero)* **5** employer, passer *(tiempo)*
**investigación** *f.* investigation, enquête *(policíaca, etc.)*, recherche
**invicto, -a** *adj.* invaincu, ue
**invierno** *m.* hiver
**invisible** *adj.* invisible
**invitación** *f.* invitation
**invitado, -a** *adj. -s.* invité, ée
**invitar** *tr.* inviter
**invocar** *tr.* invoquer
**involucrar** *tr.* **1** mêler **2** insérer **3** impliquer
**involuntario, -a** *adj.* involontaire
**inyección** *f.* **1** injection **2** *MED.* piqûre *poner una* ~ faire une piqûre
**inyectar 1** *tr.* injecter **2** *pr.* s'injecter
**ir** *intr.* **1** aller *(moverse, llevar)* *voy a Madrid* je vais à Madrid **2** importer, intéresser, y aller de *me va mucho en ello* cela m'importe beaucoup *te va la cabeza en ello* il y va de sa tête **3** être, être en *(vestido)* *ir bien puesto* être bien mis *ir de levita* être en redingote **4** *avec le gérondif indique que l'action se réalise progressivement* ~ *corriendo* courir *vaya usted trabajando* continuez à travailler **5** *pr.* s'en aller, partir *no te vayas* ne t'en va pas **6** fuir *(un recipiente)* *el tonel se va* le tonneau fuit **7** glisser *se le fue el pie* son pied glissa **8** perdre *se me va la memoria* je perds la mémoire *allá se va* cela revient au même ~ *tras de uno* courir après quelqu'un, poursuivre quelqu'un *¿ quién va ?* qui va là ? *¡ vaya !, ¡ vamos !* allons ! ~ *a lo más urgente* aller au plus pressé *mucho va del uno al otro* il y a beaucoup de différences entre les deux
**ira** *f.* colère *interj. ¡* ~ *de Dios !* tonnerre !
**iraní** *s.* Iranien, ienne
**iraquí** *s.* Iraqien, ienne
**irascible** *adj.* irascible
**iris** *m.* **1** iris **2** *arco* ~ arc-en-ciel
**irisar 1** *tr.* iriser **2** *pr.* s'iriser
**irlandés, -esa** *adj. -s.* irlandais, e
**ironía** *f.* ironie

**irónico, -a** *adj.* ironique
**irracional** *adj.* **1** irraisonnable *(que carece de razón)* **2** irrationnel, elle *(opuesto a la razón)* **3** *m.* animal
**irradiar** *tr.* irradier
**irreal** *adj.* irréel, elle
**irrealizable** *adj.* irréalisable
**irrebatible** *adj.* irréfutable
**irreducible** *adj.* OU **irreductible** *adj.* irréductible
**irreflexión** *f.* irréflexion
**irreflexivo, -a** *adj.* irréfléchi, ie
**irregular** *adj.* irrégulier, ière
**irregularidad** *f.* irrégularité
**irremediable** *adj.* irrémédiable
**irremisible** *adj.* irrémissible, sans rémission
**irreparable** *adj.* irréparable
**irreprochable** *adj.* irréprochable
**irresistible** *adj.* irrésistible
**irresolución** *f.* irrésolution
**irresoluto, -a** *adj.* irrésolu, ue
**irrespetuoso, -a** *adj.* irrespectueux, euse
**irrespirable** *adj.* irrespirable
**irresponsable** *adj.* -s. irresponsable
**irreverencia** *f.* irrévérence
**irrevocable** *adj.* irrévocable
**irrigación** *f.* irrigation

**irritación** *f.* irritation
**irritante** *adj.* irritant, e
**irritar** *tr.* **1** irriter **2** *pr.* s'irriter
**irrompible** *adj.* **1** incassable **2** indéchirable
**irrumpir** *intr.* faire irruption
**irrupción** *f.* irruption
**isba** *f.* isba
**isla** *f.* **1** île **2** pâté de maisons *m.*, îlot *m. (de casas)*
**islam** *m.* islam
**islamismo** *m.* islamisme
**isleño, -a** *adj.* -s. insulaire
**islote** *m.* GEOG. îlot
**isobara** *f.* METEOR. isobare
**isócrono, -a** *adj.* FIS. isochrone, isochronique
**isósceles** *adj.* GEOM. isocèle
**israelí** *adj.* -s. israélien, ienne
**israelita** *adj.* -s. israélite
**istmo** *m.* isthme
**italiano, -a** *adj.* -s. italien, ienne
**itálico, -a** *adj.* -s. italique
**itinerario, -a** *adj.* -m. itinéraire
**izar** *tr.* hisser
**izquierdo, -a** **1** *adj.* gauche *(lado)* **2** *adj.* panard, e *(caballo)* **3** *s.* gaucher, ère *(zurdo)*

# J

**j** *f.* j *m.*

**jabalí** *m.* sanglier

**jabalina** *f.* 1 laie 2 javeline *(arma)* 3 javelot *m. (deportes).*

**jabón** *m.* savon ~ *de afeitar* savon à barbe *pastilla de* ~ savonnette

**jabonado** *m.* savonnage

**jabonar** *tr.* savonner

**jaboncillo** *m.* savonnette *f.*

**jabonería** *f.* savonnerie

**jabonero, -a** 1 *adj.* blanc jaunâtre *(toro, etc.)* 2 *f.* boîte à savon 3 *m.* savonnier *(fabricante).*

**jabonoso, -a** *adj.* savonneux, euse

**jaca** *f.* bidet *m.,* petit cheval *m.*

**jácara** *f.* 1 sorte de poème plaisant *m.* 2 chanson et danse populaires 3 *fam.* ennui *m.,* embêtement *m. (molestia)*

**jacarero, -a** 1 chanteur des rues 2 *fig. fam.* gai luron

**jácena** *f. CONSTR.* poutre maîtresse

**jacinto** *m.* jacinthe *f.,* hyacinthe *f.*

**jaco** *m.* rosse *f. (caballo)*

**jacobino, -a** *adj. -s.* jacobin, e

**jactancia** *f.* jactance, vantardise

**jactarse** *pr.* se vanter

**jade** *m.* jade

**jadear** *intr.* haleter

**jadeo** *m.* halètement

**jaez** *m.* 1 harnachement, harnais 2 *fig.* nature *f.,* acabit, espèce *f.*

**jaguar** *m.* jaguar

**jalar** *tr.* bouffer

**jalea** *f.* gelée *(de frutas)*

**jaleo** *m.* 1 cris pl. *(acción de jalear)* 2 danse et chant andalou 3 *fam.* chahut, chambard, boucan, tapage *(ruido),* histoire *f. (enredo)*

**jalón** *m.* jalon

**jalonar** *tr.* jalonner

**jamás** *adj.* jamais *loc. adv. nunca* ~ jamais de la vie *para siempre* ~ à jamais

**jamba** *f.* jambage *m. (de puerta, ventana)*

**jamelgo** *m.* rosse *f. (caballo malo)*

**jamón** *m.* jambon ~ *en dulce* jambon blanc ~ *serrano* jambon de pays

**jamona** *adj. -f. fam.* bien en chair

**jansenismo** *m.* jansénisme

**japonés, -esa** *adj. -s.* japonais, e

**jaque** *m.* 1 échec *(del ajedrez)* ~ *mate* échec et mat 2 fanfaron *(valentón) poner en* ~ mettre en échec

**jaqueca** *f.* migraine

**jarabe** *m.* sirop

**jarana** *f. fam.* tapage *m.*

**jaranear** *intr.* faire la foire

**jarcia** *f. MAR.* cordages *m. pl.,* agrès *m. pl.*

**jardín** *m.* jardin

**jardinera** *f.* 1 jardinière 2 jardinière *(mueble, carruaje)*

**jardinería** *f.* jardinage *m.*

**jardinero** *m.* jardinier

**jarra** *f.* 1 jarre 2 pot *m. (jarro)*

**jarro** *m.* pot (à une anse), broc *(grande),* pichet *(pequeño para bebidas) loc. adv. a jarros* à verse *a boca de* ~ à brûle-pourpoint

**jarrón** *m.* vase d'ornement

**jaspe** *m.* jaspe

**jaspear** *tr.* jasper, marbrer

**jauja** *f. fig.* pays de cocagne

**jaula** *f.* cage *(para animales)*

**jauría** *f.* meute

**jazmín** *m.* jasmin

**jazz** *m.* jazz

**jeep** *m.* jeep *f. (todoterreno)*

**jefatura** *f.* 1 dignité, charge de chef 2 direction ~ *de policía* préfecture de police

**jefe** *m.* 1 chef ~ *de negociado* chef de bureau 2 patron ~ *de comedor* maître d'hôtel

**jenjibre** *m.* gingembre

**jeque** *m.* cheik

**jerarca** *m.* supérieur, dignitaire

**jerarquía** *f.* 1 hiérarchie 2 dignitaire *m. (persona)*

**jerez** *m.* xérès *(vino)*

**jerezano, -a** *adj. -s.* de Xérès

**jerga** *f.* 1 jargon *m.,* argot *m.* 2 étoffe grossière

**jerigonza** *f.* jargon, argot, charabia *m.*

**jeringa** *f.* seringue

**jeringuilla** *f.* 1 petite seringue 2 seringa *m. (arbusto)*

**jeroglífico, -a** 1 *adj.* hiéroglyphique 2 *m.* hiéroglyphe 3 *m.* rébus *(acertijo)*

**jersey** *m.* pull-over, chandail

**jesuita** *adj. s.* jésuite

**Jesús** *n. pr.* Jésus

**jeta** *f.* museau *m.*, gueule, bouille *fam.*
*tener mucha* ~ avoir du toupet

**jibia** *f.* seiche

**jibión** *m.* os de seiche

**jícara** *f.* tasse *(chocolate)*

**jilguero** *m.* chardonneret

**jilipolla** *m. fam.* couillon, conard

**jineta** *f.* 1 genette *(mamífero)* 2 lance
courte *loc. adv. a la* ~ à la genette

**jinete** *m.* cavalier

**jipijapa** 1 *f.* paille qui sert à fabriquer
les panamas 2 *m.* panama *(sombrero)*

**jirafa** *f.* girafe

**jirón** *m.* 1 lambeau 2 BLAS. giron

**jocoso, -a** *adj.* drôle, amusant, e,
plaisant, e

**jofaina** *f.* cuvette

**jolgorio** *m.* 1 réjouissance *f.*, liesse *f.*
2 *fam.* bringue *f.*

**jornada** *f.* 1 journée *(de viaje, de
trabajo)* 2 voyage *m.* TEAT. journée,
acte *m.* ***trabajar media*** ~ travailler à
mi-temps

**jornal** *m.* journée, salaire journalier
*loc. adv. a* ~ à la journée

**jornalero, -a** *s.* journalier, ière
*(obrero)*

**joroba** *f.* 1 bosse *(corcova)* 2 *fig. fam.*
corvée *(fastidio)*

**jorobar** *tr. fig. fam.* casser les pieds,
empoisonner

**jota** *f.* 1 lettre J 2 jota *(baile)* ***no
entiendo ni*** ~ je n'y comprends rien

**joven** 1 *adj. -s.* jeune *los jóvenes* les
jeunes, les jeunes gens 2 *m.* jeune
homme 3 *f.* jeune fille

**jovial** *adj.* jovial, ale

**jovialidad** *f.* jovialité

**joya** *f.* bijou *m.*, joyau *m.*

**joyería** *f.* bijouterie, joaillerie

**joyero, -a** 1 *s.* bijoutier, ière, joaillier,
ière 2 *m.* coffret à bijoux

**juanete** *m.* ANAT. pommette très
grosse *f.*, oignon *(del pie)*

**jubilación** *f.* retraite ~ *anticipada*
retraite anticipée, préretraite

**jubilado, -a** *s.* retraité, ée

**jubilar** *adj.* jubilaire

**jubilar** 1 *tr.* mettre à la retraite *(a un
funcionario)* 2 *intr.* se réjouir, jubiler
3 *pr.* prendre sa retraite

**júbilo** *m.* jubilation *f.*, grande joie *f.*

**judas** *m.* judas, traître

**judaismo** *m.* judaïsme

**judería** *f.* quartier juif *m.*, juiverie

**judicial** *adj.* judiciaire

**judía** *f.* haricot *m.* ~ *verde* haricot vert

**judío, -a** *adj. -s.* juif, juive

**juego** *m.* 1 jeu 2 service *un* ~ *de café*
un service à café 3 train *(de un coche)*
~ *de ingenio* jeu d'esprit ~ *de un
actor* interprétation ou jeu d'un acteur
***hacer*** ~ faire pendant, aller ensemble
***por*** ~ par jeu

**juerga** *f. fam.* foire, bringue

**jueves** *m.* jeudi

**juez** *m.* juge ~ *de línea* juge de touche
~ *de silla* juge de ligne *(tennis)*

**jugada** *f.* coup *m. fig.* mauvais tour

**jugador, -ora** *adj. -s.* joueur, euse

**jugar** *intr.* 1 jouer ~ *fuerte* jouer gros
jeu 2 *tr.* jouer *(una carta, una partida, etc.)* ~ *el todo por el todo* jouer le
tout pour le tout ~ *con dos barajas*
jouer un double jeu

**juglar** *m.* jongleur *(de la edad media)*

**juglaría** *f.* ou **juglería** *f. ant.* art des
jongleurs *m.*

**jugo** *m.* 1 jus *(de frutas)* 2 suc *(secreción)* 3 *fig.* substance *f.*, suc

**jugoso, -a** *adj.* juteux, euse

**juguete** *m.* 1 jouet 2 plaisanterie *f.*,
moquerie *f.* 3 TEAT. petite pièce *f.*
4 *fig.* jouet

**juguetear** *intr.* s'amuser, jouer

**juguetero, -a** *adj. -s. el sector* ~
l'industrie du jouet *los jugueteros españoles* les fabricants de jouets espagnols

**juguetón, -ona** *adj.* joueur, euse

**juicio** *m.* 1 jugement 2 raison *f.*,
sagesse *f.* ~ *final, universal* jugement
dernier *a mi* ~ à mon avis *falto de* ~
écervelé, fou, toqué

**juicioso, -a** *adj.* judicieux, euse

**julio** *m.* 1 juillet *el 14 de* ~ le 14
juillet 2 ELECTR. joule

**juncal** *adj.* 1 relatif, ive au jonc 2 *fig.*
élancé, ée, gracieux, euse 3 *m.* jonchaie
*f.*

**juncia** *f.* souchet *m.*

**junco** *m.* 1 jonc 2 MAR. jonque *f.*

**jungla** *f.* jungle

**junio** *m.* juin

**junquillo** *m.* 1 jonquille *f. (planta)*
2 ARQ. baguette *(moldura)* 3 rotang,
rotin *(junco de Indias)*

**junta** *f.* **1** réunion, séance *(sesión)* **2** assemblée **3** conseil *m.*, comité *m.* **4** junte

**juntamente** *adv.* ensemble, conjointement

**juntar** *tr.* **1** joindre, unir **2** amasser *(acopiar)* **3** réunir, assembler

**junto, -a** *adj.* uni, ie, réuni, ie *(unido)* *loc. adv.* **en ～** en tout *por* **～** en gros *todo* **～** à la fois

**juntura** *f.* jointure, joint *m.*

**jura** *f.* serment de fidélité *m.*

**jurado, -a** **1** *adj.* juré, ée **2** *m.* jury **3** juré, membre d'un jury **～** *de empresa* comité d'entreprise

**juramento** *m.* **1** serment **2** juron *(voto)*

**jurar** *tr.* **1** jurer *¡ se lo juro !* je vous le jure ! **2** prêter serment **3** *intr.* blasphémer, dire des jurons

**jurídico, -a** *adj.* juridique

**jurisconsulto** *m.* jurisconsulte

**jurisdicción** *f.* juridiction

**jurisprudencia** *f.* jurisprudence *sentar* **～** faire jurisprudence

**jurista** *m.* juriste

**juro** *m.* droit perpétuel de propriété

**justa** *f.* joute

**justar** *intr.* jouter

**justicia** *f.* justice

**justiciero, -a** *adj. -m.* justicier, ière

**justificante** **1** *adj.* justifiant, e **2** *m.* attestation *f.*, document qui prouve, qui justifie

**justificar** *tr.* justifier

**justo, -a** **1** *adj.* juste **2** *m.* juste **3** *adv.* juste *llegar* **～** arriver juste

**juvenil** *adj.* juvénile

**juventud** *f.* jeunesse

**juzgado** *m.* tribunal **～** *municipal* tribunal du juge de paix

**juzgar** *tr.* **1** juger **2** *fam.* jauger *a* **～** *por* à en juger par

# K

**k** *f.* k *m.*

**ka** *f.* k *m.*, lettre K

**kayac** *m.* kayac *ou* kayak *(embarcación)*

**káiser** *m.* kaiser

**kan** *m.* kan *ou* khan

**kantismo** *m.* kantisme

**kepi** *m.* ou **kepis** *m.* képi

**kermese** *f.* kermesse

**kibutz** *m.* kibboutz

**kilo** *m.* kilo

**kilogramo** *m.* kilogramme

**kilolitro** *m.* kilolitre

**kilómetro** *m.* kilomètre

**kilovatio** *m.* kilowatt

**kimono** *m.* kimono

**kinesiterapeuta** *m.* kinésithérapeute

**kiosco** *m.* kiosque

**kriptón** *m.* krypton *(gas)*

**kurdo, -a** *adj.* -s. kurde

# L

**l** f. l m.

**la** art. f. **1** la el artículo la debe traducirse a menudo por el adjetivo posesivo **2** celle ∼ *que* celle que, celle qui **3** pron. pers. la ∼ *veo* je la vois **4** m. MUS. la

**laberinto** m. labyrinthe

**labia** f. fam. bagout m. *tiene mucha* ∼ il a beaucoup de bagout, il est beau parleur

**labial** adj. labial, ale

**labihendido, -a** adj. qui a un bec-de-lièvre

**labio** m. lèvre f. ∼ *leporino* bec-de-lièvre *no descoser los labios* ne pas desserrer les dents *hablar con el corazón en los labios* parler à cœur ouvert

**labor** f. **1** travail m. *(acción)* **2** œuvre, ouvrage m. *(resultado)* **3** travail m. *labores domésticas* travaux domestiques **4** ornement m. *(adorno)* **5** AGR. labour m., façon **6** *sus labores (fórmula administrativa)* sans profession

**laborable** adj. labourable *día* ∼ jour ouvrable

**laboratorio** m. laboratoire

**laborioso, -a** adj. laborieux, euse

**laborista** adj. -s. travailliste *partido* ∼ parti travailliste ou labour-party

**labrador, -ora** s. **1** paysan, anne, cultivateur, trice **2** propriétaire cultivateur **3** laboureur *(que labra)*

**labranza** f. **1** labourage m. *(de los campos)* **2** propriété rurale

**labrar** tr. **1** travailler, tailler *(la madera, la piedra)*, ouvrager, ouvrir *(minuciosamente)* **2** AGR. cultiver **3** AGR. labourer *(arar)* **4** bâtir, édifier **5** fig. faire, causer, travailler à ∼ *la felicidad de* faire le bonheur de

**labriego, -a** s. paysan, anne

**laca** f. laque

**lacayo** m. laquais

**lacerado, -a** adj. **1** lacéré, ée **2** malheureux, euse

**lacerar** tr. lacérer *(lesionar)*, blesser, meurtrir *(herir)*

**lacero** m. homme adroit à manier le lasso, braconnier

**lacio, -a** adj. **1** flétri, ie, fané, ée *(marchito)* **2** mou, molle *(sin vigor)* **3** plat, plate *(cabello)*

**lacón** m. jambonneau

**lacónico, -a** adj. laconique

**lacrar** tr. **1** cacheter *(con lacre)* **2** contaminer *(contagiar)* **3** fig. nuire

**lacre** m. cire à cacheter f.

**lacrimal** adj. lacrymal, ale

**lacrimoso, -a** adj. larmoyant, e

**lactancia** f. allaitement m.

**lactar** tr. **1** allaiter *(amamantar)* **2** téter *(niño)*

**lácteo, -a** adj. lacté, ée

**lacustre** adj. lacustre

**ladear** tr. **1** pencher, incliner, faire pencher *(inclinar)*, tordre *(torcer)* **2** intr. -pr. pencher, s'incliner **3** s'écarter

**ladera** f. pente, versant m. *(de una montaña)*

**ladino, -a** adj. madré, ée, rusé, ée

**ladino** m. *lengua pedagógica y litúrgica*, judéo-espagnol

**lado** m. **1** côté **2** fig. faveur f., protection f. *dejar a un* ∼ *loc. fig.* laisser de côté *hacerse a un* ∼ s'écarter, se mettre de côté *al* ∼ *loc. adv.* à côté, tout près *de uno y otro* ∼ des deux côtés

**ladrar** intr. **1** aboyer, japper **2** fig. fam. crier, menacer

**ladrido** m. aboiement

**ladrillo** m. **1** brique f. **2** plaque f. *(de chocolate)*

**ladrón, -ona** s. voleur, euse *el buen* ∼ le bon larron *¡ ladrones !* interj. au voleur !

**ladronzuelo** m. petit voleur

**lagar** m. pressoir *(lugar)*

**lagartija** f. petit lézard gris m.

**lagarto** m. **1** lézard **2** fig. fin renard

**lago** m. lac

**lágrima** f. larme *llorar a* ∼ *viva* pleurer à chaudes larmes

**lagrimal** m. **1** lacrymal, ale **2** m. ANAT. larmier

**lagrimear** intr. larmoyer

**laguna** f. **1** petit lac m. **2** lagon m. *(de un atolón)* **3** lagune *(marítima)* **4** fig. lacune *(fallo)*

**laicidad** f. laïcité

**laico, -a** adj. -s. laïc, laïque

**lama** f. **1** vase, limon m. *(cieno)* **2** ulve *(alga)* **3** tissu de laine frangée m. **4** m. lama *(sacerdote)*

**lamentable** adj. lamentable, regrettable

**lamentar** tr. 1 déplorer ~ *la muerte de alguien* déplorer la mort de quelqu'un 2 regretter *lamento molestarle* je regrette de vous déranger 3 pr. se lamenter

**lamento** m. lamentation f. *prorrumpir en lamentos* se répandre en lamentations

**lamer** tr. lécher

**lámina** f. 1 lame (de metal) 2 planche (plancha grabada) 3 estampe, planche, gravure (grabado)

**laminado, -a** 1 adj. laminé, ée 2 m. laminage

**laminar** tr. laminer

**lámpara** f. 1 lampe 2 fam. tache d'huile (mancha)

**lamparilla** f. petite lampe, veilleuse

**lampiño, -a** adj. 1 glabre 2 imberbe (que no tiene barba)

**lamprea** f. lamproie

**lana** f. laine

**lanar** adj. à laine *ganado* ~ bêtes à laine

**lance** m. 1 jet, lancement (acción) 2 coup (en el juego) 3 situation critique f., circonstance f., incident, péripétie f. 4 affaire f. ~ *de honor* affaire d'honneur, duel 5 *TAUROM.* passe de cape f. ~ *de fortuna* coup de hasard *de* ~ d'occasion

**lancero** m. 1 *MIL.* lancier 2 pl. lanciers; quadrille des lanciers sing. (baile)

**lancha** f. 1 canot m., chaloupe 2 pierre plate, lisse et mince ~ *cañonera* canonnière ~ *motora, rápida* vedette

**lanchero** m. batelier, patron d'un canot, d'une chaloupe

**landó** m. landau

**lanería** f. lainerie (tienda)

**lanero, -a** adj. 1 lainier, ière 2 m. lainier

**langosta** f. 1 langouste (crustáceo) 2 sauterelle, criquet m. (insecto)

**langostino** m. gros bouquet, grosse crevette f.

**languidecer** intr. languir

**languidez** f. langueur

**lánguido, -a** adj. langoureux, euse, languissant, e *voz lánguida* voix langoureuse

**lanoso, -a** adj. 1 laineux, euse 2 duveteux, euse

**lanza** f. 1 lance (arma) 2 lance, lancier m. (soldado) 3 timon m., flèche (de un coche)

**lanzacohetes** m. invar. lance-fusées

**lanzada** f. coup de lance m.

**lanzadera** f. navette

**lanzador, -ora** s. lanceur, euse

**lanzamiento** m. lancement (flecha, cohete, etc.)

**lanzar** tr. 1 lancer (flecha, cohete, disco, etc.), jeter (arrojar) 2 pr. s'élancer, se jeter

**lanzatorpedos** m. invar. lance-torpilles

**lapa** f. 1 fleur (en la superficie del vino, etc.) 2 patelle (molusco)

**lapicero** m. 1 porte-crayon, porte-mine 2 crayon (lápiz)

**lápida** f. 1 plaque commémorative 2 pierre qui porte une inscription ~ *sepulcral* pierre tombale

**lapidar** tr. lapider

**lapidario, -a** adj. -s. lapidaire

**lápiz** m. crayon *una caja de lápices* une boîte de crayons ~ *de labios* bâton de rouge à lèvres

**lapón, -ona** adj. -s. lapon, one

**lapso** m. 1 laps 2 lapsus (equivocación)

**lar** m. 1 lare 2 foyer (hogar)

**larga** f. 1 la plus longue queue du billard 2 délai m., retard m. *a la* ~ à la longue *dar largas a* faire traîner en longueur

**largar** tr. 1 lâcher 2 larguer 3 *MAR.* prendre le large 4 fam. filer

**largo, -a** adj. 1 long, longue ~ *y ancho* long et large 2 fig. généreux, euse, libéral, ale, large 3 copieux, euse, abondant, e 4 adv. longuement 5 m. long, longueur f. *dos metros de* ~ deux mètres de long 6 *MUS.* largo *a lo* ~ en long (longitudinalmente), le long *a lo* ~ *del río* le long du fleuve *a la larga* à la longue (al final) ~ *y tendido* longuement, abondamment *un rato* ~ fam. beaucoup *pasar de* ~ passer outre *¡ largo !, ¡* ~ *de aquí !* interj. du vent !, ouste !, allez-vous-en !

**largura** f. longueur (dimensión)

**laringe** f. *ANAT.* larynx m.

**larva** f. larve

**las** *art. f. pl.* **1** les **2** celles ∼ *que* celles que, celles qui **3** *pron. pers. f. pl.* les, en ∼ *veo* je les vois ∼ *hay muy malas* il en est de bien mauvaises

**lascivia** *f.* lascivité

**lascivo, -a** *adj.* lascif, ive

**laser** *m.* laser

**lasitud** *f.* lassitude, fatigue

**lástima** *f.* **1** pitié, compassion **2** dommage *m.*, chose regrettable *¡ qué ∼ !* quel dommage ! *es una ∼* c'est dommage *dar ∼* faire pitié, de la peine *tener ∼ de* plaindre

**lastimar** *tr.* **1** blesser, faire mal **2** *fig.* blesser, offenser

**lastrar** *tr.* lester

**lastre** *m.* lest

**lata** *f.* **1** latte *(de madera)* **2** ferblanc *m. (hojalata)* **3** boîte en ferblanc *(envase)* ∼ *de sardinas* boîte de sardines *(envase)* **4** *fig.* chose ennuyeuse, embêtement *m. (fastidio)* *loc. fam.* *dar la ∼* assommer, raser, faire suer

**latente** *adj.* latent, e

**lateral** *adj.* latéral, ale *m.* bas-côté, contre-allée *f.*

**latido** *m.* **1** battement *(del corazón)* **2** glapissement *(ladrido)* *corazón que da latidos* cœur qui bat

**latifundio** *m.* grande propriété rurale *f.*, latifundium

**latifundista** *m.* grand propriétaire foncier

**látigo** *m.* fouet, cravache *f.*

**latín** *m.* **1** latin *(lengua)* **2** mot latin employé en espagnol

**latino, -a** *adj.* **1** latin, e *vela latina* voile latine **2** *s.* latin, e *(persona)*

**Latinoamérica** *n. pr. f.* GEOG. Amérique latine

**latir** *intr.* **1** glapir *(el perro)* **2** battre *(el corazón)*

**latitud** *f.* **1** largeur *(anchura)* **2** étendue *(extensión)* **3** *fig.* latitude **4** GEOG. latitude

**latón** *m.* laiton

**latoso, -a** *adj.* **1** assommant, e, rasoir **2** *s.* raseur, e

**laúd** *m.* **1** luth **2** MAR. sorte de felouque *f.*

**láudano** *m.* laudanum

**laudatorio, -a** *adj.* laudatif, ive, élogieux, euse

**laureado, -a** *adj. -s.* lauréat, e

**laurear** *tr.* **1** couronner de lauriers **2** *fig.* récompenser d'un prix

**laurel** *m.* laurier ∼ *común* laurier, laurier-sauce ∼ *real* laurier-cerise

**lava** *f.* **1** lave **2** lavage *m. (de los metales)*

**lavabo** *m.* **1** lavabo **2** toilettes *f. pl. (retrete)*

**lavandería** *f.* blanchisserie, laverie automatique

**lavadero** *m.* lavoir

**lavado** *m.* **1** lavage **2** PINT. lavis

**lavandera** *f.* lavandière, blanchisseuse

**lavaplatos** *m.* plongeur, laveur de vaisselle, lave-vaisselle

**lavavajillas** *m. invar.* machine à laver la vaisselle *f.*, lave-vaisselle

**lavar** *tr.* **1** laver **2** *pr.* se laver *fig.* ∼ *una ofensa* laver une injure

**lavativa** *f.* **1** MED. lavement *m.* **2** MED. seringue à lavements

**laxante** *adj.* laxatif, ive

**laxitud** *f.* laxité

**laxo, -a** *adj.* **1** lâche, flasque **2** *fig.* relâché, ée *(la moral)*

**lazada** *f.* **1** nœud *m. (nudo)* **2** cravate *(de adorno)* **3** rosette *(de cinta)*

**lazarillo** *m.* guide d'aveugle

**lazo** *m.* **1** nœud *(nudo)* **2** cravate *f. (de adorno)* **3** lasso *(para cazar o sujetar animales)* **4** lacs, lacet, collet *(para cazar)* **5** *fig.* piège, embûche *f. (trampa)* **6** lien *(vínculo)* **7** ARQUIT. entrelacs

**le** *pron. pers.* **1** le *(en acusativo)* **2** lui *(en dativo)* *le doy la carta* je lui donne la lettre **3** *avec usted* vous *como le guste* comme il vous plaira *il peut être remplacé par lo : le veo o lo veo* je le vois

**leal** *adj.* loyal, ale *unos súbditos leales* des sujets loyaux

**lealtad** *f.* loyauté

**lebrato** *m.* levraut

**lebrel** *m.* lévrier

**lección** *f.* leçon *dar la ∼* réciter la leçon

**lectivo, -a** *adj.* scolaire, de classe *horas lectivas* heures de cours

**lector, -ora** *s.* lecteur, trice

**lectura** *f.* lecture

**lecha** *f.* laitance *ou* laite

**lechal** *adj.* **1** qui tète encore *(animal)* **2** BOT. laiteux, euse *cordero ∼,* agneau de lait

**leche** *f.* lait *m.* ∼ *cuajada* lait caillé ∼ *de almendras* lait d'amandes

**lechería** *f.* laiterie, crèmerie

**lechero, -a** *adj.* **1** laitier, ière *vaca lechera* vache laitière **2** *s.* laitier, ière **3** *f. fam.* panier à salade *(policía)*

**lecho** *m.* **1** lit **2** GEOG. couche *f.,* lit, strate *f.*

**lechón** *m.* **1** cochon de lait **2** cochon, porc

**lechoso, -a** *adj.* laiteux, euse

**lechuga** *f.* laitue *loc. fig. fam. ser más fresco que una* ∼ avoir du culot

**lechuza** *f.* chouette

**leer** *tr.* lire *leí en su cara lo que pensaba* j'ai lu sur son visage ce qu'il pensait ∼ *en voz alta, baja* lire à haute voix, à voix basse

**legacía** *f.* légation

**legado** *m.* **1** legs *(herencia)* **2** légat *(enviado)*

**legajo** *m.* liasse de papiers *f.,* dossier

**legal** *adj.* légal, ale

**legaña** *f.* chassie

**legañoso, -a** *adj.* -s. **1** chassieux, euse **2** *fig.* minable

**legar** *tr.* **1** léguer **2** envoyer, déléguer comme légat *(a alguien)*

**legendario, -a** *adj.* légendaire

**legible** *adj.* lisible

**legión** *f.* légion

**legionario** *m.* légionnaire

**legislación** *f.* législation

**legislador, -ora** *adj.* -s. législateur, trice

**legislar** *intr.* légiférer

**legislativo, -a** *adj.* législatif, ive

**legítima** *f.* DER. réserve, réserve légale

**legitimar** *tr.* légitimer

**legítimo, -a** *adj.* **1** légitime **2** véritable, authentique *oro* ∼ or véritable

**lego, -a** *adj.* -s. **1** laïque **2** *adj.* lai, laie **3** ignorant, e

**legua** *f.* lieue *(medida)*

**legumbre** *f.* légume *m.*

**leído, -a** *adj.* **1** instruit, e, érudit, e **2** *f.* lecture

**lejanía** *f.* lointain *m.* *en la* ∼ dans le lointain

**lejano, -a** *adj.* lointain, e, éloigné, ée

**lejía** *f.* eau de Javel *(solución preparada industrialmente)*

**lejos** *adj.* loin *a lo* ∼ *loc. adv.* au loin *de* ∼ de loin ∼ *de loc. prep.* loin de

**lema** *m.* **1** devise *f. (en los emblemas)* **2** thème, sujet **3** MAT. lemme **4** slogan ∼ *publicitario* slogan publicitaire

**lencería** *f.* lingerie

**lencero, -a** *s.* linger, ère

**lengua** *f.* **1** ANAT. langue **2** langue *(idioma)* **3** battant *m. (de campana)* *sacar la* ∼ tirer la langue *mala* ∼, ∼ *viperina* langue de vipère *tirar de la* ∼ *a uno* pousser quelqu'un à dire ce qu'il ne veut ou ne devrait pas dire, tirer les vers du nez à quelqu'un

**lenguado** *m.* sole *f. (pez)*

**lenguaje** *m.* langage

**lengüeta** *f.* languette

**lenitivo, -a** *adj.* -s. lénitif, ive

**lente** *m.* -f. **1** OPT. lentille *f.,* verre *m. (de gafas)* **2** *pl.* lorgnon *m. sing. (quevedos)*, lunettes *f. (gafas) lentes de contacto* verres de contact

**lenteja** *f.* lentille

**lentejuela** *f.* paillette

**lentitud** *f.* lenteur

**lentilla** *f.* lentille *(de contacto)*

**lento, -a** *adj.* lent, e *loc. adv. a fuego* ∼ à petit feu

**leña** *f.* **1** bois à brûler *m.* **2** *fig.* rossée, raclée *(paliza) loc. fig. echar* ∼ *al fuego* jeter de l'huile sur le feu

**leñador** *m.* bûcheron

**leo** *m.* ASTROL. lion

**león** *m.* **1** lion **2** *fig.* lion *(hombre valiente)*

**leonés, -esa** *adj.* de León

**leonino, -a** *adj.* léonin, e

**leopardo** *m.* léopard

**leotardos** *m.* collants *(medias)*

**leporino, -a** *adj.* du lièvre *labio* ∼ bec-de-lièvre

**lepra** *f.* **1** lèpre **2** VET. ladrerie

**leproso, -a** *adj.* -s. lépreux, euse

**lerdo, -a** *adj.* lourd, e, maladroit, e

**les** *pron. pers.* leur *(dativo)* ∼ *doy un libro* je leur donne un livre *avec ustedes vous*

**lesbiana** *adj.* -f. lesbienne

**lesión** *f.* **1** MED. DER. lésion **2** blessure *(herida)*

**lesionar** *tr.* **1** léser **2** blesser *(herir)*

**letanía** *f.* **1** litanie **2** *fig.* litanie

**letárgico, -a** *adj.* léthargique

**letra** *f.* **1** lettre ~ **mayúscula,**
**minúscula** lettre majuscule, minuscule
**2** COM. lettre de change, traite
**3** IMPR. caractère *m.* **4** écriture *tener*
*buena* ~ avoir une belle écriture **5** *pl.*
lettres *(literatura, etc.) las buenas letras*
les belles-lettres **6** *pl.* paroles *(de una*
*canción)* ~ *de molde* caractère d'imprimerie *a la* ~*, al pie de la* ~ au pied
de la lettre

**letrado, -a** *adj.* -s. **1** lettré, ée **2** *m.*
avocat, jurisconsulte

**letrero** *m.* **1** écriteau, panonceau
**2** enseigne *f.* *(de las tiendas, cines)* ~
*de neón* enseigne au néon

**letrina** *f.* latrines *pl.*

**leucemia** *f.* leucémie

**leva** *f.* **1** départ *m.* *(de un barco)*
**2** levée *(de soldados)* **3** MEC. came

**levadura** *f.* levain *m.,* levure ~ *de*
*cerveza* levure de bière

**levantar** *tr.* **1** lever, hausser *(mover*
*hacia arriba)* **2** élever, exalter **3** lever,
relever *(poner de pie, derecho)* **4** élever, hausser *(la voz, el tono)* **5** plier
*(una tienda de campaña)* **6** défaire *(la*
*cama)* **7** ôter, enlever *(quitar)* **8** MIL.
lever *(tropas)* **9** imputer faussement
*(una cosa)* **10** *pr.* se lever *(el viento)*
**11** se lever *(ponerse de pie, dejar la*
*cama)* *el enfermo se levanta* le malade
se lève **12** se soulever ~ *polvo* faire de
la poussière

**levante** *m.* **1** levant **2** *n. pr. m.* région
de Valence et de Murcie *f.*

**levar** *tr.* **1** MAR. lever *(el ancla)* **2** *pr.*
mettre à la voile

**leve** *adj.* léger, ère

**levita** *m.* **1** REL. lévite **2** *f.* redingote

**levitación** *f.* lévitation

**léxico** *ml.* lexique

**ley** *f.* **1** loi **2** titre *m.,* aloi *m.* *(de un*
*metal)* **3** *pl.* droit *m. sing.* ~ *de bases*
loi cadre ~ *de Dios* loi de Dieu *la* ~
*del embudo* loc. fig. application arbitraire de la loi *de* ~ véritable *(oro,*
*plata)* *de buena* ~ de bon aloi *con*
*todas las de la* ~ dans les règles

**leyenda** *f.* légende

**lezna** *f.* alène

**lía** *f.* **1** lie **2** tresse de sparte

**liar** *tr.* **1** lier *(atar)* **2** rouler *(un cigar-*
*rillo)* fam. *liarlas* décamper *(huir)*, casser sa pipe ~ *el petate* plier bagage

**libanés, -esa** *adj.* -s. libanais, e

**libelo** *m.* libelle, pamphlet

**libélula** *f.* libellule

**liberación** *f.* libération, délivrance

**liberal** *adj.* -s. libéral, ale

**liberalismo** *m.* libéralisme

**liberar** *tr.* libérer, délivrer

**libertad** *f.* liberté

**libertador, -ora** *s.* libérateur, trice

**libertar** *tr.* libérer

**libertinaje** *m.* libertinage

**libidinoso, -a** *adj.* libidineux, euse

**libra** *f.* **1** livre *(peso, moneda)* **2** ASTR.
balance

**librador, -ora** *adj.* **1** libérateur, trice
**2** COM. tireur *(de una letra de cam-*
*bio)*

**libranza** *f.* ordre de paiement *m.,*
mandat *m.*

**librar** *tr.* **1** délivrer *(de un peligro, una*
*preocupación, etc.)* *líbranos del mal*
délivre-nous du mal **2** délivrer *(un*
*documento)* **3** COM. tirer *(una letra*
*de cambio)*

**libre** *adj.* libre

**libre albedrío** *m.* libre arbitre

**libre cambio** *m.* libre-échange

**librería** *f.* **1** librairie **2** bibliothèque
*(mueble)* ~ *de lance* bouquinerie

**librero, -a** *s.* libraire

**libreta** *f.* **1** cahier *m.* *(cuaderno)*
**2** livret *m.,* carnet *m.* ~ *de ahorros*
livret de caisse d'épargne **3** pain d'une
livre *m.* *(pan)*

**libretista** *m.* parolier, librettiste

**libreto** *m.* livret, libretto

**libro** *m.* **1** livre **2** feuillet *(de los*
*rumiantes)* ~ *diario* livre journal, journal ~ *mayor* grand-livre

**licencia** *f.* **1** licence, permission
**2** congé *m.* ~ *absoluta* congé définitif, libération *(de los soldados)* ~
*fiscal* taxe professionnelle

**licenciado, -a** **1** *adj.* licencié, ée,
libéré, ée **2** *s.* licencié, ée *(en una*
*facultad)* **3** *m.* soldat libéré

**licenciar** *tr.* **1** donner une licence,
une permission **2** licencier, congédier
*(despedir)* **3** libérer *(a un soldado)*
**4** *pr.* passer sa licence

**liceo** *m.* **1** nom de certaines sociétés
littéraires, etc. **2** lycée *(no se utiliza en*
*España)*

**licitación** *f.* appel d'offres *m.,* soumission

**licitado, -a** *s.* soumissionnaire

**licitar** *tr.* offrir un prix dans une vente aux enchères, dans une adjudication, enchérir, soumissionner

**lícito, -a** *adj.* licite

**licor** *m.* liqueur *f.*

**licuar** *tr.* 1 liquéfier 2 METAL. faire subir la liquation

**líder** *m.* leader, chef

**liderar** *tr.* mener, diriger

**liderazgo** *m.* leadership

**lidia** *f.* combat *m.*

**lidiar** *intr.* 1 batailler, lutter 2 *tr.* TAUROM. combattre le taureau

**liebre** *f.* 1 lièvre *m.* 2 *fig.* poltron *m.* *loc. fig.* **coger una** ~ ramasser une pelle

**lienzo** *m.* 1 toile *f.* 2 PINT. toile *f.* 3 pan de mur *(de pared)*

**liga** *f.* 1 jarretière, jarretelle *(para medias, etc.)* 2 ligue

**ligamento** *m.* ANAT. ligament

**ligar** *tr.* 1 lier, attacher *(atar),* unir, joindre *(unir)* 2 allier *(metales)* 3 *intr.* réunir en main des cartes convenables *(en el juego)* 4 *fam.* draguer, flirter, sympathiser 5 *pr.* s'allier, se liguer *(para algún fin)*

**ligereza** *f.* légèreté

**ligero, -a** *adj.* léger, ère ~ **de cascos** *loc. fig.* écervelé, étourdi **a la ligera** *loc. adv.* à la légère

**lija** *f.* 1 roussette, chien de mer *m.* 2 peau de roussette

**lila** *f.* 1 lilas *m.* *(arbusto)* 2 lilas *m.* *(color)* 3 *fig.* sot, sotte

**liliputiense** *adj.* *-s.* lilliputien, ienne

**lima** *f.* 1 lime *(herramienta)* 2 lime, limette *(fruta)* 3 limettier *m.* *(limero)*

**limadura** *f.* limage

**limar** *tr.* limer

**limbo** *m.* 1 limbe 2 limbes *pl.* *(de las almas)*

**limeño, -a** *adj.* *-s.* de Lima

**limitación** *f.* limitation

**limitado, -a** *adj.* 1 limité, ée 2 borné, ée *(poco inteligente)*

**limitar** *tr.* 1 limiter 2 *pr.* se limiter, se borner

**límite** *m.* limite *f.*

**limítrofe** *adj.* limitrophe

**limo** *m.* limon

**limón** *m.* 1 citron 2 citronnier *(árbol)* 3 limon *(de un carruaje)*

**limonada** *f.* citronnade

**limonero** *m.* citronnier

**limosna** *f.* aumône **pedir** ~ demander l'aumône

**limpia** *f.* 1 nettoiement *m.,* nettoyage *m.* 2 curage *m.* *(de un pozo, letrina)* 3 *m. fam.* cireur

**limpiabotas** *m. inv.* cireur de chaussures

**limpiaparabrisas** *m. inv.* essuie-glace

**limpiador, -ora** *adj.* *-s.* nettoyeur, euse

**limpiar** *tr.* 1 nettoyer 2 curer *(un pozo, etc.)* 3 émonder *(un árbol)* 4 *fig. fam.* voler, faucher *(robar)*

**limpidez** *f.* limpidité

**limpieza** *f.* propreté, netteté, ménage ~ **en seco** nettoyage à sec *m.* **artículos de** ~ produits d'entretien

**limpio, -a** *adj.* 1 propre, net, nette 2 pur, pure **corazón** ~ cœur pur 3 *adv.* proprement, honnêtement **juego** ~ franc jeu **jugar** ~ jouer franc jeu **en** ~ *loc. adv.* net *(deducidos los gastos o desperdicios)*

**linaje** *m.* lignée *f.* **el** ~ **humano** le genre humain

**lince** *m.* 1 lynx 2 *fig.* malin *adj.* **ojos linces** yeux de lynx

**linchar** *tr.* lyncher

**lindante** *adj.* contigu, uë, attenant, e, avoisinant, e

**lindar** *intr.* être contigu, uë, être attenant, e, avoisiner ~ **con** être contigu à

**linde** *f.* 1 borne, limite 2 orée, lisière *(de un bosque)*

**lindo, -a** *adj.* 1 joli, ie, gentil, ille 2 parfait, e, exquis, e 3 *m.* petit-maître *loc. adv.* **de lo** ~ joliment, beaucoup

**línea** *f.* ligne **leer entre líneas** *loc. fig.* lire entre les lignes **en toda la** ~ *loc. adv.* sur toute la ligne, complètement ~ **de servicios** gamme de services

**linfa** *f.* 1 FISIOL. lymphe 2 *poét.* eau

**lingote** *m.* lingot

**lingüista** *m.* linguiste

**lino** *m.* lin

**linóleo** *m.* linoleum *ou* linoléum

**linón** *m.* linon

**linotipista** *s.* linotypiste

**lintel** *m.* linteau

**linterna** *f.* 1 lanterne ~ **sorda** lanterne sourde 2 lampe de poche *(con* *pila)* **3** ARQUIT. lanterne **4** MAR. phare

**lío** m. **1** paquet, baluchon **2** fig. imbroglio, embrouillement *(embrollo)*, histoire f. **armar un ~** faire toute une histoire

**lionés, -esa** adj. -s. lyonnais, e

**liquen** m. lichen

**liquidación** f. **1** liquéfaction **2** COM. liquidation **3** COM. soldes *(rebajas)*

**liquidar** tr. **1** liquéfier **2** COM. liquider **3** fig. liquider

**líquido, -a** adj. -m. liquide

**lira** f. **1** MÚS. ASTR. lyre **2** lire *(moneda italiana)*

**lírico, -a 1** adj. lyrique **2** s. lyrique *(poeta)* **3** f. poésie lyrique

**lirio** m. iris **~ blanco** lis **~ de los valles** muguet **~ de agua** variété d'arum

**lirón** m. loir

**lis** f. BLAS. lis m.

**lisiado, -a** adj. -s. estropié, ée

**liso, -a** adj. **1** lisse, uni, ie *(sin asperezas)*, plat, plate *(llano)* **2** uni, ie **tela lisa** étoffe unie

**lisonja** f. flatterie

**lista** f. **1** raie, rayure *(línea)* **2** liste *(enumeración)* **~ de correos,** poste restante

**listado, -a** adj. rayé, ée

**listado** m. listage *(en informática)* o listing angl.

**listo, -a** adj. **1** intelligent, e, dégourdi, ie *(sagaz)* **2** prêt, prête *(dispuesto)* **todo está ~** tout est prêt

**litera** f. **1** litière *(vehículo)* **2** couchette *(en un barco, un tren)* **3** pl. lits superposés

**literal** adj. littéral, ale

**literario, -a** adj. littéraire

**literato, -a** adj. cultivé, ée

**literato, -a** s. écrivain m., homme de lettres m., femme de lettres f.

**literatura** f. littérature

**litigar 1** tr. plaider **2** intr. fig. disputer

**litigio** m. litige

**litografía** f. lithographie

**litoral 1** adj. littoral, ale **2** m. littoral

**litro** m. litre

**liturgia** f. liturgie

**liviano, -a** adj. **1** léger, ère *(de poco peso, de poca importancia)* **2** fig. inconstant, e, léger, ère, volage

**livrea** f. livrée

**liza** f. **1** lice *(campo)* **entrar en ~** entrer en lice **2** lutte, combat

**lizo** m. lice f., lisse f. *(de un telar)*

**lo 1** art. neutre le, l', ce qui est, ce *(devant un pronom relatif)* **~ bueno** le bon, ce qui est bon **~ mío** ce qui est à moi **~ que yo quiero** ce que je veux **~ que ocurrió** ce qui est arrivé **2** pron. pers. m. et neutre **~ veo** je le vois **~ haré** je le ferai **hay que hacerlo** il faut le faire

**loa** f. louange

**loable** adj. louable

**loar** tr. louer, vanter

**lobato** m. louveteau

**lobo** m. loup **~ cerval** loup-cervier **~ marino** loup de mer, phoque **~ de mar** vieux marin

**lóbrego, -a** adj. **1** sombre, ténébreux, euse **2** fig. triste, mélancolique

**lóbulo** m. lobe

**local** adj. local, ale

**localidad** f. **1** localité **2** place *(en un espectáculo)*

**localizar** tr. localiser

**loción** f. lotion

**loco, -a 1** adj. fou, fol *(devant un mot masculin commençant par une voyelle)*, folle **~ de atar, ~ de remate** fou à lier **2** s. fou, folle **casa de locos** asile de fous

**locomoción** f. locomotion

**locomotora** f. locomotive *(de un tren)*

**locomotriz** adj. -f. locomotrice

**locuaz** adj. loquace

**locución** f. locution

**locura** f. folie **querer con ~** aimer à la folie

**locutor, -ora** s. speaker, speakerine, présentateur, trice

**lodo** m. boue f.

**logia** f. **1** ARQUIT. loge **2** loge *(de francmasones)*

**logicial** m. logiciel *(de ordenador)*

**lógico, -a** adj. **1** logique **2** s. logicien, ienne

**logística** f. logistique

**lograr** tr. **1** obtenir **2** atteindre *(su propósito)* **3** réussir à, parvenir à *(con infinitivo)* **he logrado encontrarle** j'ai réussi, je suis parvenu à le rencontrer **~ sus fines** arriver à ses fins

**logro** *m.* **1** obtention *f. (acción de lograr)* **2** réussite *f.,* succès **3** gain *(lucro)*

**loma** *f.* coteau *m.,* hauteur

**lombarda** *f.* **1** bombarde **2** chou rouge *m. (col)*

**lombriz** *f.* **1** ver de terre *m.,* lombric *m.* **2** ver *m. (intestinal)*

**lomo** *m.* **1** lombes *f. pl.,* reins *pl. (del hombre)* **2** dos *(de un animal, un libro, un cuchillo)* **3** échine *f. (de cerdo)* **4** aloyau *(de vaca)*

**lona** *f.* toile à voile, toile

**loncha** *f.* tranche *(lonja)*

**longevidad** *f.* longévité

**longitud** *f.* **1** longueur **2** *ASTR. GEOG.* longitude

**lonja** *f.* **1** tranche *(de carne)* **2** bourse de commerce **3** porche *m.,* parvis *m. (atrio)*

**loquero, -a** *s.* gardien, ienne d'un asile de fous

**lord** *m.* lord

**loro** *m.* perroquet

**los** *art. m. pl. -pron. pers.* les ~ *de* ceux de ~ *que* ceux qui, ceux que ~ *hay* il y en a

**losa** *f.* **1** dalle **2** *fig.* sépulcre *m.* ~ *sepulcral* pierre tombale

**losar** *tr.* daller

**lote** *m.* lot

**lotería** *f.* **1** loterie **2** loto *m. (juego casero)*

**loto** *f.* loto *m.*

**loza** *f.* faïence

**lozanía** *f.* **1** vigueur, fraîcheur **2** exubérance *(de la vegetación)*

**lubina** *f.* bar *m.,* loup de mer *m. (pez)*

**lubricación** *f.* lubrification

**lubricante** *adj.* **1** lubrifiant, e **2** *m.* lubrifiant

**lubricar** *tr.* lubrifier

**lucerna** *f.* **1** lucarne *(lumbrera)* **2** ver luisant *m. (luciérnaga)*

**lucero** *m.* **1** étoile brillante *f.* **2** Vénus *f. (planeta)*

**lucido, -a** *adj.* brillant, e, splendide

**lúcido, -a** *adj.* **1** lucide *(persona)* **2** *poét.* brillant, e

**luciérnaga** *f.* ver luisant *m.*

**lucir** *intr.* **1** briller, resplendir **2** *fig.* se distinguer, briller **3** profiter *(cundir),* faire de l'effet **4** *tr.* montrer *(cualidades),* arborer *(exhibir)* **5** *pr.* exceller,

agir d'une manière brillante, briller ~ *en un examen* briller à un examen

**lucro** *m.* lucre, profit

**luctuoso, -a** *adj.* triste

**lucha** *f.* lutte

**luchar** *intr.* lutter

**luego** *adv.* **1** aussitôt, tout de suite **2** bientôt, tout à l'heure **3** après, ensuite *(después)* **4** *conj.* donc *pienso,* ~ *existo* je pense, donc je suis *hasta* ~ à bientôt, au revoir *desde* ~ *loc. adv.* bien entendu, évidemment

**lugar** *m.* lieu, endroit *(paraje),* place *f. (sitio) personarse en el* ~ *del accidente* se rendre sur les lieux, à l'endroit de l'accident *en primer* ~ *loc. adv.* en premier lieu, d'abord *en* ~ *de loc. prep.* au lieu de *lugares comunes pl.* lieux communs

**lugareño, -a** *adj. -s.* villageois, e, campagnard, e

**lugarteniente** *m.* lieutenant

**lúgubre** *adj.* lugubre

**lujo** *m.* luxe

**lujuria** *f.* luxure

**lumbago** *m. MED.* lumbago

**lumbar** *adj.*

**lumbre** *f.* **1** lumière *(luz)* **2** feu *m. (fuego) al amor de la* ~ au coin du feu **3** *fig.* éclat *m.,* clarté **4** jour *m. (de una puerta, ventana)* **5** pinces *(de la herradura)*

**lumbrera** *f.* lumière *(cuerpo luminoso, persona muy sabia)*

**luminar** *m.* luminaire *(astro)*

**luminaria** *f.* luminaire *m.*

**luminoso, -a** *adj.* lumineux, euse

**luna** *f.* **1** lune ~ *llena* pleine lune ~ *nueva* nouvelle lune *claro de* ~ clair de lune ~ *de miel* lune de miel **2** glace *(de un espejo, un escaparate, etc.) armario de* ~ armoire à glace *loc. adv. fig. a la* ~ *de Valencia* déçu, ue

**lunar** *adj.* lunaire

**lunar** *m.* grain de beauté

**lunático, -a** *adj. -s.* lunatique

**lunes** *m.* lundi

**lunfardo** *m.* argot de Buenos Aires

**lupa** *f.* loupe

**lúpulo** *m.* houblon

**lusitano, -a, luso, -a** *adj. -s.* lusitanien, ienne, portugais, e

**lustrado** *m.* lustrage

**lustrar** *tr.* **1** purifier par des sacrifices **2** cirer *(zapatos)* **3** lustrer, catir *(las telas)*

**lustro** *m.* lustre *(cinco años)*

**lustroso, -a** *adj.* lustré, ée, brillant, e

**luterano, -a** *adj.* luthérien, ienne

**luto 1** *m.* deuil **2** *pl.* tentures de deuil *f. estar de* ～ être en deuil *medio* ～ demi-deuil

**luxación** *f.* luxation

**luxemburgués, -esa** *adj.* *-s.* luxembourgeois, e

**luz** *f.* **1** lumière **2** jour *m. (claridad)* **3** lampe *(lámpara)* **efecto de** ～ effet de lumière *dar a* ～ enfanter, mettre au monde, accoucher de *(parir) dio a* ～ *a una niña* elle a accouché d'une fille, elle a mis au monde une fille *traje de luces* habit de lumières *(torero) a primera* ～ *loc. adv.* à l'aube *a todas luces loc. adv.* de toute évidence *entre dos luces loc. adv.* entre chien et loup, *fig.* à moitié ivre *(borracho)*

# LL

**ll** *f.* double l *m.*

**llaga** *f.* **1** plaie **2** *CONSTR.* joint *m.* *(entre los ladrillos)*

**llama** *f.* **1** flamme *(del fuego, de la pasión)* **2** lama *m. (mamífero)*

**llamada** *f.* **1** appel *m.* ∼ *telefónica* appel téléphonique **2** *MIL.* rappel *m.* *tocar* ∼ battre le rappel **3** renvoi *m.* *(en un libro)* **4** rappel *m. (al orden)*

**llamado** *m.* appel

**llamamiento** *m.* appel

**llamar** *tr.* **1** appeler *(con la voz, la mano, convocar)* ∼ *a filas* appeler sous les drapeaux **2** appeler, nommer *(nombrar)* **3** attirer ∼ *la atención* attirer l'attention **4** *intr.* frapper *(a una puerta)*, sonner *(con timbre)* **5** *pr.* se nommer, s'appeler *¿ cómo te llamas?* comment t'appelles-tu ?

**llamativo, -a** *adj.* criard, e, voyant, e *(que llama la atención)*

**llaneza** *f.* **1** simplicité *(sencillez)* **2** franchise **3** familiarité

**llano, -a** *adj.* **1** plat, plate *plato* ∼ assiette plate **2** *fig.* simple, naturel, elle **3** facile **4** *GRAM.* qui a l'accent tonique sur la pénultième syllabe, paroxyton *loc. adv.* *a la llana* sans façon, sans cérémonie

**llanta** *f.* jante *(de coche)*

**llanto** *m.* pleurs *pl.*, larmes *f. pl. al borde del* ∼ au bord des larmes

**llanura** *f. GEOG.* plaine

**llave** *f.* **1** clef, clé *cerrar con* ∼ fermer à clef **2** robinet *m. (grifo)* **3** *IMPR.* accolade *(corchete)* **4** *MÚS.* clef ∼ *maestra* passe-partout *m.*

**llavero, -a** *s.* personne qui garde les clefs **2** *m.* porte-clefs

**llegada** *f.* **1** arrivée **2** approche, venue

**llegar** *intr.* **1** arriver **2** atteindre, monter à *(una cantidad)* **3** aller *(hasta decir, hacer, etc.)* **4** atteindre ∼ *al techo con la mano* atteindre le plafond avec la main **5** parvenir à *(con esfuerzo o dificultad)* **6** *tr.* approcher *(una cosa a otra)* ∼ *una silla a la mesa* approcher une chaise de la table **7** *pr.* se rapprocher, s'approcher de **8** aller, se rendre *(ir)*

**llenar** *tr.* **1** remplir **2** *fig.* remplir ∼ *un cargo* remplir dignement une place, une fonction **3** combler **4** plaire, satisfaire **5** *pr.* se remplir

**llenazo** *m.* salle comble *f.*

**lleno, -a** *adj.* plein, pleine

**llevar** *tr.* **1** porter **2** emmener *la llevó al cine* il l'emmena au cinéma **3** supporter, tolérer ∼ *con paciencia* supporter avec patience **4** amener, conduire *(inducir)* **5** avoir passé, être depuis *(cierto tiempo)* *lleva dos horas leyendo* il lit depuis deux heures **6** tenir *(cuidar)* ∼ *los libros* tenir les livres ∼ *la cuenta* tenir les comptes **7** *MAT.* retenir *(una cifra)* *escribo seis y llevo dos* je pose six et je retiens deux **8** *pr.* remporter *(un premio)*, obtenir *(conseguir)* **9** emporter *(quitar, apartar)* *llevarse bien, llevarse mal* bien, mal s'entendre

**llorar** *intr. -tr.* pleurer

**lloroso, -a** *adj.* éploré, ée, en larmes, larmoyant, e

**llovedizo, -a** *adj.* de pluie *agua llovediza* eau de pluie

**llover** *impers.* pleuvoir *llueve a cántaros* il pleut à verse *ha llovido mucho* il a beaucoup plu

**llovizna** *f.* crachin *m.*, bruine *f.*

**lluvia** *f.* pluie

**lluvioso, -a** *adj.* pluvieux, euse

# M

**m** *f.* m *m.*

**maca** *f.* **1** cotissure, meurtrissure *(en una fruta)* **2** tache, défaut *m.*

**macabro, -a** *adj.* macabre

**macaco, -a** *s.* macaque

**macana** *f.* **1** *amer.* matraque, massue *(porra)* **2** *amer.* blague, plaisanterie *(broma)*

**macarrón** *m.* macaron

**macarrones** *m. pl.* macaronis

**macarrónico, -a** *adj.* macaronique

**macarse** *pr.* se gâter *(las frutas)*

**maceración** *f.* macération

**macerar 1** *tr.* macérer, faire macérer **2** *pr.* se macérer, se mortifier

**macero** *m.* massier *(ujier)*

**maceta** *f.* **1** marteau court *m.* *(herramienta)* **2** pot à fleurs *m.* *(tiesto),* pot de fleurs *m. (con una planta)*

**macilento, -a** *adj.* émacié, ée, pâle

**macillo** *m.* **1** petit maillet **2** marteau *(de piano)*

**mácula** *f.* macule, tache

**macular** *tr.* maculer

**machaca** *f.* **1** pilon *m. (para machacar)* **2** *s. fig.* raseur, euse *(persona pesada)*

**machacar** *tr.* **1** piler, broyer **2** *intr. fig.* rabâcher, insister, ressasser

**machacón, -ona** *adj.* **1** insistant, e, ennuyeux, euse **2** *s.* rabâcheur, euse

**machete** *m.* **1** machette *f.,* sabre d'abattis **2** coutelas

**machihembrar** *tr.* CARP. assembler à tenon et mortaise ou à rainure et languette

**macho** *adj. -m.* **1** mâle **2** *m.* mulet **3** crochet *(de corchete)* **4** marteau *(de herrero)* **5** enclume carrée *f. (yunque)* **6** ARQUIT. pilier, jambage ~ **cabrío** bouc ~ **de aterrajar** MEC. taraud

**machucar** *tr.* meurtrir *(frutas),* froisser *(arrugar),* bosseler *(abollar)*

**madeja** *f.* écheveau *m.* ~ **de pelo** touffe de cheveux

**madera** *f.* **1** bois *m. (materia)* ~ **de carpintería** bois de charpente **2** *fig. fam.* nature, qualités *pl.,* dispositions *pl.,* étoffe **tener** ~ **de** avoir l'étoffe de

**maderero** *m.* **1** marchand de bois **2** flotteur *(conductor de armadías)*

**madero** *m.* madrier

**madrastra** *f.* marâtre

**madre** *f.* **1** mère **2** mère *(religiosa)* **3** *fig.* mère *(origen, causa, etc.)* **la** ~ **patria** la mère patrie **4** lit *m. (de un río)* **salir de** ~ déborder, sortir de son lit ~ **de leche** nourrice ~ **política** belle-mère

**madreperla** *f.* huître perlière

**madrépora** *f.* madrépore

**madreselva** *f.* chèvrefeuille *m.*

**madrigal** *m.* madrigal

**madriguera** *f.* **1** terrier *m. (de un animal)* **2** *fig.* repaire *m. (de malhechores)*

**madrileño, -a** *adj. -s.* madrilène

**madrina** *f.* **1** marraine **2** jument qui guide un train de bêtes *(yegua)*

**madrugada** *f.* **1** aube, point du jour *m.* **2** action de se lever de bon matin

**madrugar** *intr.* **1** se lever de bon matin **2** *fig.* se dépêcher, gagner du temps, prendre les devants

**madurar** *tr. -intr.* mûrir

**madurez** *f.* maturité

**maduro, -a** *adj.* mûr, mûre

**maestra** *f.* **1** maîtresse, institutrice *(que enseña)* **2** femme d'un instituteur

**maestría** *f.* maîtrise, maestria

**maestro, -a** *adj.* **1** maître, maîtresse, principal, ale **2** *m.* maître, instituteur *(que enseña)* **3** maître *(en un oficio, arte, etc.)* **4** maître, maestro *(compositor)* **5** maître ~ **de ceremonias** maître de cérémonies

**magia** *f.* magie

**magiar** *adj. -s.* magyar

**mágico, -a** *adj.* **1** magique **2** *m.* magicien **3** *f.* magicienne

**magisterio** *m.* **1** enseignement, magistère **2** profession d'instituteur *f.* **3** corps des instituteurs

**magistral** *adj.* magistral, ale

**magistratura** *f.* magistrature

**magnanimidad** *f.* magnanimité

**magnate** *m.* magnat

**magnesia** *f.* magnésie

**magnesio** *m.* magnésium

**magnético, -a** *adj.* magnétique

**magnetizar** *tr.* magnétiser

**magnetófono** *m.* magnétophone

**magnificar** *tr.* magnifier

**magnífico, -a** *adj.* magnifique

**magnitud** *f.* **1** grandeur *(de las cosas)* **2** *ASTR.* magnitude

**magno, -a** *adj.* grand, grande *Alejandro el* ~ Alexandre le Grand

**magnolia** *f.* **1** magnolia, magnolier *m.* *(árbol)* **2** magnolia *(flor)*

**mago, -a 1** *s.* magicien, ienne **2** *adj. -m.* mage *los Reyes Magos* les Rois mages

**magro, -a 1** *adj.* maigre **2** *m.* maigre *(del cerdo)*

**magullar** *tr.* **1** meurtrir **2** abîmer, cotir *(frutas)*

**mahometano, -a** *adj. -s.* mahométan, ane

**mahón** *m.* nankin *(tela)*

**mahonesa** *f.* mayonnaise *(salsa)*

**maitines** *m. pl.* matines

**maíz** *m.* maïs

**majadero, -a 1** *adj. -s.* sot, sotte, imbécile **2** *m.* pilon *(maza)*

**majestad** *f.* majesté *su Divina* ~ Dieu, Notre-Seigneur

**majestuoso, -a** *adj.* majestueux, euse

**majo, -a** *adj.* pimpant, e *(elegante)*, joli, ie, mignon, onne

**mal 1** *m.* mal, maladie *f.* **2** *adv.* mal *oler* ~ sentir mauvais *llevar a* ~ *una cosa* prendre mal une chose, s'offenser d'une chose ~ *caduco* mal caduc, épilepsie *salir* ~ ne pas réussir *de* ~ *en peor* loc. adv. de mal en pis *i* ~ *haya !* *interj.* maudit soit !

**mala** *f.* malle *(correo)*

**malabarista** *s.* jongleur, euse

**málaga** *m.* malaga *(vino)*

**malagueño, -a 1** *adj. -s.* de Malaga **2** *f.* air populaire andalou

**malaria** *f.* malaria

**malaventurado, -a** *adj.* malheureux, euse

**malayo, -a** *adj. -s.* malais, e

**malbaratar** *tr.* **1** vendre à vil prix **2** dissiper, gaspiller

**malcriado, -a 1** *adj.* malappris, e, grossier, ière **2** *s.* malappris, e

**malcriar** *tr.* mal élever *(educar mal a los hijos)*, gâter *(mimar)*

**maldad** *f.* méchanceté, malveillance

**maldecir 1** *tr.* maudire *Dios maldijo a Caín* Dieu a maudit Caïn **2** *intr.* médire *maldice de todos* il médit de tout le monde

**maldición** *f.* malédiction

**maldito, -a 1** *adj. -s.* maudit, e **2** *adj. embustero* un satané menteur *f. fam. la maldita* la langue

**maleable** *adj.* malléable

**maleante** *adj.* **1** qui corrompt, qui gâte **2** méchant, e, pervers, e

**malear 1** *tr.* corrompre, pervertir **2** *pr.* se débaucher, se dévergonder

**malecón** *m.* jetée

**maléfico, -a** *adj.* **1** maléfique **2** malfaisant, e *(dañino)*

**malentendido** *m.* malentendu

**malestar** *m.* malaise

**maleta 1** *f.* valise **2** *m. fam.* empoté *(torpe)*

**maletero** *m.* **1** malletier **2** porteur *(mozo de estación)* **3** coffre à bagages *(coche)*

**malevolencia** *f.* malveillance

**malévolo, -a** *adj.* malveillant, e

**maleza** *f.* broussailles *pl.*

**malgastar** *tr.* gaspiller, dissiper

**malhablado, -a** *adj. -s.* mal embouché, ée, grossier, ière

**malhechor, -ora** *adj. -s.* malfaiteur, trice

**malherir** *tr.* blesser grièvement

**malhumorado, -a** *adj.* qui est de mauvaise humeur

**malicia** *f.* **1** malignité, malice, méchanceté *(maldad)* **2** astuce, sagacité

**malicioso, -a** *adj. -s.* malicieux, euse, soupçonneux, euse

**maligno, -a** *adj. -s.* malin, igne, méchant, e

**malilla** *f.* manille *(juego de naipes)*

**malintencionado, -a** *adj. -s.* mal-intentionné, ée

**malo, -a 1** *adj.* **1** mauvais, e *(no bueno)* *comida mala* mauvaise nourriture **2** difficile ~ *de entender* difficile à comprendre *estar* ~ être malade, indisposé *ser* ~ être méchant *el* ~ *m.* le diable, le malin *por las malas* loc. adv. de force, par la violence

**malograr 1** *tr.* perdre, ne pas profiter de *(el tiempo, la ocasión, etc.)* **2** *pr.* échouer *(fracasar)* **3** avorter, ne pas réussir, ne pas arriver à son plein développement

**maloliente** *adj.* malodorant, e

**malparar** *tr.* mettre en mauvais état, mal en point, maltraiter

**malsano, -a** *adj.* malsain, e

**malta** *m.* malt

**maltés, -esa** *adj. -s.* maltais, e

**maltratar** *tr.* maltraiter, rudoyer, malmener *(a una persona)*

**maltrecho, -a** *adj.* en mauvais état, maltraité, ée

**maluco, -a, malucho, -a** *adj. fam.* un peu malade, mal fichu, ue, patraque

**malva** 1 mauve *f.* 2 *adj. -m.* mauve *(color)*

**malvado, -a** *adj. -s.* méchant, e, pervers, e

**malvarrosa** *f.* rose trémière

**malvender** *tr.* mévendre

**malversación** *f.* malversation

**malla** *f.* 1 maille *(de una red, una cota, un tejido)* 2 *amer.* maillot *m.*

**mallorquín, -ina** *adj. -s.* majorquin, e

**mama** *f.* 1 mamelle *(teta)* 2 sein *m.* *(pecho)* 3 *fam.* maman *(madre)*

**mamá** *f.* maman *(madre)*

**mamar** *tr.* téter

**mamarracho** *m.* 1 *fam.* croûte *f.,* navet *(cuadro malo),* navet *(película mala, etc.)* 2 fantoche, polichinelle *(persona)*

**mameluco** *m.* mameluk *ou* mamelouk

**mamífero, -a** *adj. -m.* mammifère

**mamotreto** *m.* calepin, *fig.* gros bouquin ennuyeux

**mampara** *f.* 1 paravent *m. (biombo)* 2 contre-porte

**mampostería** *f.* maçonnerie

**mamut** *m.* mammouth

**manada** *f.* troupeau *m. (de animales domésticos),* bande *(de lobos, etc., de personas)*

**manantial** *m.* source *f.*

**manar** *intr.* jaillir, sourdre *el agua manaba de las rocas* l'eau jaillissait des rochers

**manaza** *f.* grosse main *ser un manazas* être un brise-tout

**manceba** *f.* concubine

**mancebo** *m.* jeune homme

**mancillar** *tr.* tacher, souiller, déshonorer

**manco, -a** *adj. -s.* 1 manchot, e 2 *f.* incomplet, ète

**mancomunar** 1 *tr.* unir, associer, grouper 2 *pr.* s'unir, s'associer

**mancomunidad** *f.* 1 association, union 2 fédération 3 copropriété

**mancha** *f.* 1 tache 2 *fig.* souillure 3 tavelure *(en una fruta)* 4 nappe *una ~ de petróleo* une nappe de pétrole

**manchego, -a** *adj. -s.* de la Manche *(región de España)*

**mandado** *m.* envoi, commandement, précepte

**mandamiento** *m.* 1 ordre 2 *REL.* commandement *(de Dios, de la Iglesia)* 3 *DER.* ordre, mandat

**mandar** *tr.* 1 ordonner, enjoindre *(ordenar) te mando que te calles* je t'ordonne de te taire 2 commander *(ejercer autoridad)* 3 léguer *(por testamento)* 4 envoyer *(enviar) ~ por* envoyer chercher

**mandarín** *m.* mandarin

**mandarina** *f.* mandarine

**mandatario** *m.* mandataire

**mandato** *m.* 1 ordre 2 mandat, procuration *f.* 3 mandat *(de un diputado, soberanía ejercida por un país)*

**mandíbula** *f.* mandibule

**mandil** *m.* tablier *(delantal)*

**mandioca** *f.* manioc

**mando** *m.* commandement *el alto ~* le haut commandement *~ a distancia* télécommande *f.* *cabina de ~* poste de contrôle, cabine de pilotage

**mandrágora** *f.* mandragore

**mandril** *MEC.* mandrin

**manduca** *f. fam.* mangeaille, boustifaille

**manducar** *tr. -intr. fam.* becqueter, bouffer

**manecilla** *f.* 1 petite main, menotte 2 aiguille *(de reloj)*

**manejar** *tr.* 1 manier 2 manier, conduire 3 *fig.* diriger, manœuvrer 4 gérer 5 *pr.* se conduire, se débrouiller *(arreglárselas)*

**manejo** *m.* 1 maniement 2 manigance *f.,* agissement *(intriga)*

**manera** 1 *f.* manière, façon 2 *pl.* manières *(modales)* loc. adv. *sobre ~, en gran ~* beaucoup, extrêmement

**manes** *m. pl.* mânes

**manga** *f.* 1 manche *(de vestido)* 2 tuyau *m. (de riego)* 3 fusée *(de un eje de carruaje)* 4 filet *m. (de caza)* 5 manche *(de pesca)* 6 chausse *(para filtrar)* 7 trombe *(de agua)*

**manganeso** *m. QUÍM.* manganèse

**mango** *m.* **1** manche *(de un instrumento)* **2** queue *f. (de una sartén, etc.)* **3** manguier *(árbol)* **4** mangue *f. (fruta)*

**mangosta** *f.* mangouste

**manguera** *f.* **1** tuyau *m. (de regar)* **2** *MAR.* manche

**manguito** *m.* **1** manchon *(de piel)* **2** manchette *f. (manga postiza)* **3** *MEC.* manchon

**manía** *f.* manie

**maniatar** *tr.* lier les mains

**maniático, -a** *adj. -s.* maniaque

**manicomio** *m.* asile d'aliénés

**manicuro, -a** *s.* manucure

**manido, -a** *adj.* faisandé, ée

**manifestación** *f.* manifestation

**manifestar** **1** *tr.* manifester **2** *pr.* se manifester, faire une manifestation, manifester

**manifiesto, -a** *adj. -m.* manifeste

**maniobrar** *intr.* manœuvrer

**manipulación** *f.* manipulation, manutention

**manipular** *tr.* manipuler *~ frascos, con frascos* manipuler des flacons

**maniqueo, -a** *adj. -s.* manichéen, enne

**maniquí** *m.* mannequin

**manivela** *f.* manivelle

**manjar** *m.* **1** mets **2** *fig.* nourriture *f. (espiritual)*

**mano** *f.* **1** main *(del hombre, de un cuadrúmano)* **2** autorité, ascendant *m.*, influence *tener ~ con uno* avoir de l'ascendant sur quelqu'un **3** patte de devant *(de un cuadrúpedo)* **4** pilon *m. (de mortero)* **5** couche *(de pintura)* **6** partie *(partida en el juego),* manche *(jugada parcial)* **7** main *(juego de naipes) ser ~* avoir la main *alzar la ~ a uno loc. fig.* lever la main sur quelqu'un *dar de ~* laisser de côté, suspendre *(el trabajo) dejar de la ~* abandonner *pedir la ~* demander en mariage *a ~ loc. adv.* à la main *(sin máquina),* sous la main, à portée de la main *(cerca) de primera ~ loc. adv.* de première main *de segunda ~ loc. adv.* de seconde main, d'occasion *a ~ izquierda loc. adv.* à gauche *¡ manos arriba ! loc. adv.* haut les mains !

**manojo** *m.* botte *f.,* bouquet *(flores),* poignée *f. (puñado)*

**manolo, -a** *s.* homme ou femme du bas peuple à Madrid

**Manolo** *fam.* diminutif de Manuel

**manómetro** *m.* manomètre

**manopla** *f.* **1** gantelet *m. (de armadura)* **2** moufle *(guante)* **3** manique

**manosear** *tr.* tripoter, manier

**manotear** *tr.* **1** frapper de la main, taper **2** *intr.* gesticuler

**mansalva (a)** *loc. adv.* sans danger, sans risque

**mansedumbre** *f.* mansuétude

**mansión** *f.* séjour *m.,* demeure, logis *m. hacer ~* séjourner, demeurer

**manso, -a** *adj.* **1** calme, doux, douce *(persona)* **2** doux, douce, docile, apprivoisé, ée *(animal)*

**manta** *f.* couverture *(de cama, de viaje, para las caballerías) loc. adv. a ~ de Dios* à tire-larigot

**manteca** *f.* **1** graisse *(de los animales, de algunos frutos)* **2** beurre *m. (mantequilla) ~ de cerdo* saindoux *m.*

**mantecada** *f.* petit gâteau au beurre *m.*

**mantecado** *m.* **1** gâteau au saindoux **2** glace à la vanille *f.*

**mantel** *m.* nappe *f.*

**mantelería** *f.* linge de table *m.*

**mantenimiento** *m.* maintenance

**mantener** *tr.* **1** maintenir *(conservar, sostener)* **2** *fig.* maintenir, soutenir *(una opinión, etc.)* **3** nourrir *(alimentar),* entretenir *(una familia)* **4** *pr.* se maintenir *se mantiene en equilibrio* il se maintient en équilibre **5** se nourrir, s'alimenter

**mantequilla** *f.* beurre *m.*

**mantilla** *f.* **1** mantille *(de mujer)* **2** lange *m. (de niño)* **3** *IMPR.* blanchet *m. fig. haber salido uno de mantillas* ne pas être né de la dernière pluie

**mantillo** *m.* terreau

**manto** *m.* **1** manteau *(capa de ceremonia),* mante *f. (de mujer) ~ real* manteau royal **2** manteau *(de chimenea, de un molusco)*

**mantón** *m.* châle *~ de Manila* grand châle de soie à dessins brodés

**manual** *adj.* **1** manuel, elle **2** facile à manier **3** *m.* manuel *(libro)*

**manubrio** *m.* manivelle *f.*

**manuela** *f.* fiacre ouvert *m.*

**manufactura** *f.* **1** produit manufacturé *m.* **2** manufacture *(fábrica)*

**manufacturar** *tr.* manufacturer

**manuscrito, -a** adj. 1 manuscrit, e
2 m. manuscrit

**manutención** f. 1 entretien m.,
conservation 2 manutention

**manzana** f. 1 pomme (fruto, adorno)
2 pâté de maisons (grupo de casas)
*estar sano como una* ~ se porter
comme un charme

**manzanilla** f. 1 camomille (planta,
infusión) 2 manzanilla m. (vino)

**manzano** m. pommier

**maña** f. 1 habileté, adresse 2 ruse,
astuce 3 vice m., mauvaise habitude
*darse* ~ *para* s'ingénier à

**mañana** f. 1 matin m. *las nueve de la*
~ neuf heures du matin 2 matinée
*una hermosa* ~ une belle matinée
3 adv. demain *hasta* ~ à demain

**maño, -a** s. fam. Aragonais, e

**mañoso, -a** adj. adroit, e, habile

**mapamundi** m. mappemonde f.

**maqueta** f. maquette

**maquiavélico, -a** adj. machiavélique

**maquillar** 1 tr. maquiller 2 pr. se
maquiller

**máquina** f. 1 machine ~ *de coser*
machine à coudre 2 locomotive ~ *de
afeitar* rasoir m.

**maquinal** adj. machinal, ale

**maquinaria** f. machinerie

**maquinista** m. 1 mécanicien (de un
tren) 2 machiniste

**mar** m. -f. mer f. *alta* ~ haute mer,
pleine mer *un* ~ *de* fig. beaucoup de
*la* ~ *de* loc. fam. énormément de, des
tas de *la* ~ *de trabajo* énormément de
travail

**marabú** m. marabout (ave)

**maraña** f. 1 broussaille 2 fig.
embrouillement m., enchevêtrement
m., affaire embrouillée *una* ~ *de pelo*
une tignasse

**marasmo** m. marasme

**maravilla** f. 1 merveille 2 étonnement
m. (asombro) *a las mil maravillas, de*
~ loc. adv. à merveille

**maravilloso, -a** adj. merveilleux, euse

**marca** f. 1 marque (señal, huella)
2 marquage m. (acción de marcar)
3 marche (provincia fronteriza) 4 toise
(para medir) 5 DEP. record m. *batir
la* ~ battre le record ~ *registrada*
marque déposée

**marcar** tr. marquer (poner una marca)

**marcial** adj. martial, ale

**marciano, -a** adj. -s. martien, ienne

**marco** m. 1 cadre (de un cuadro),
encadrement (de una puerta o ventana)
2 mark (moneda alemana) 3 étalon
(patrón)

**marcha** f. 1 marche (acción de marchar) 2 fig. marche (de un asunto,
negocio, etc.) 3 vitesse, marche (de un
vehículo) *cambio de marchas* changement de vitesse 4 départ m. (acción
de marcharse)

**marchamo** m. 1 scellés m. pl. (sello)
2 cachet, marque f.

**marchar** 1 intr. MIL. marcher 2 intr.
-pr. s'en aller, partir *me marcho* je m'en
vais

**marchitar** 1 intr. faner, flétrir 2 pr. se
faner, se flétrir, s'étioler

**marea** f. 1 marée 2 bruine (llovizna)
3 brise de mer (viento) 4 rosée (rocío)
~ *humana* fig. marée humaine ~ *alta,
baja* marée haute, basse ~ *entrante,
saliente* marée montante, descendante
~ *viva* grande marée

**marear** 1 tr. gouverner, conduire (un
barco) 2 tr. -intr. fig. ennuyer, fatiguer,
assommer, casser les pieds (molestar),
faire tourner la tête (aturdir) 3 pr. avoir
le mal de mer (en un barco)

**marejada** f. 1 houle 2 fig. efferves-
cence, agitation

**maremoto** m. raz de marée

**mareo** m. 1 mal de mer (en un barco)
2 mal au cœur (náusea)

**marfil** m. ivoire

**marga** f. MIN. marne

**margarina** f. margarine

**margarita** f. 1 marguerite (planta)
2 fig. perle *echar margaritas a puercos*
jeter des perles aux pourceaux

**margen** m. -f. 1 marge f. 2 apostille f.
3 rive f., bord m. (de un río), lisière f.
(de un bosque) *al* ~ *de* en marge de

**marginado, -a** s. marginal, e

**marginal** adj. -s. marginal, e

**marginación** f. marginalité

**marginar** tr. 1 marger 2 marginer
(apostillar)

**marica** f. fig. fam. tapette f., pédale
(homosexual)

**marido** m. mari

**marimba** f. 1 tambour des Noirs
d'Afrique m. 2 sorte de xylophone m.

**marimorena** f. fam. dispute, bagarre

**marina** *f.* **1** marine **2** région du bord de la mer

**marinera** *f.* **1** vareuse de marin **2** marinière *(blusa)*

**marinero, -a** **1** *adj.* marinier, ière **2** marin *(barco)* **3** *m.* matelot, marin *(hombre)*

**marino, -a** *adj. -m.* marin, e

**mariposa** *f.* **1** papillon *m. (insecto)* **2** veilleuse *(lamparilla, luz)*

**mariposear** *intr.* papillonner

**mariquita** **1** *f.* coccinelle, bête à bon Dieu **2** *m.* homme efféminé

**mariscal** *m.* MIL. maréchal

**marisco** **1** *m.* coquillage **2** *pl.* fruits de mer

**marisma** *f.* marais *m. (a orillas del mar)*

**marisquero, -a** *s.* mareyeur, euse

**marista** *adj. -s.* mariste

**marital** *adj.* marital, ale

**marítimo, -a** *adj.* maritime

**marketing** *m.* marketing, mercatique *f.*

**marmita** *f.* marmite *(olla)*

**mármol** *m.* marbre

**marmota** *f.* marmotte

**marqués** *m.* marquis

**marquesa** *f.* marquise

**marquesina** *f.* marquise *(cobertizo)*

**marquetería** *f.* marqueterie

**marranada** *f.* **1** cochonnerie **2** tour de cochon *m. (acción vil)*

**marrano** *m.* **1** porc **2** *fig.* cochon, saligaud

**marrar** *tr. -intr.* rater, manquer ~ *el tiro* rater le tir

**marrón** **1** *adj. -m.* marron *(color)* **2** *m.* palet *(para jugar)*

**marroquí** **1** *adj. -s.* marocain, e **2** *m.* maroquin *(cuero)*

**marroquinería** *f.* maroquinerie

**marsellés, -esa** *adj. -s.* marseillais, e

**marta** *f.* martre ~ *cebellina* martre zibeline

**martes** *m.* mardi ~ *de Carnaval* mardi gras

**martillar** *tr.* marteler *fig.* ~ *en hierro frío* donner des coups d'épée dans l'eau

**martillo** *m.* **1** marteau *(herramienta)* **2** ANAT. marteau *(del oído)* ~ *pilón* marteau-pilon *pez* ~ requin-marteau

**mártir** *s.* martyr, e

**martirio** *m.* martyre

**marzo** *m.* mars

**mas** *conj.* mais

**más** *adv.* **1** plus ~ *de uno* plus d'un **2** davantage *vosotros tenéis* ~ vous en avez davantage **3** plus de *(delante de un sustantivo)* ~ *trabajo* plus de travail **4** le plus, la plus, les plus *(con artículo)* *el avión* ~ *rápido* l'avion le plus rapide **5** *m.* plus *el* ~ *y el menos* le plus et le moins *a lo* ~ *loc. adv.* tout au plus *a* ~ *loc. adv.* en plus, en outre *a* ~ *y mejor loc. adv.* beaucoup, tant et plus ~ *bien loc. adv.* plutôt *de poco* ~ *o menos !oc. adj.* de peu de valeur, de peu d'importance

**masa** *f.* **1** masse *(volumen, conjunto)* **2** pâte *(del pan)* **3** FIS. masse *loc. adv.* *en* ~ en masse

**masaje** *m.* massage *dar masajes* faire des massages

**masajista** *s.* masseur, euse

**máscara** *f.* masque *m. (para taparse el rostro o protegerse)* ~ *antigás* masque à gaz

**mascota** *f.* mascotte

**mascujar** *tr.* **1** mâchonner **2** *fig.* maugréer

**masculino, -a** *adj.* **1** masculin, e **2** BOT. mâle **3** *m.* GRAM. masculin

**mascullar** *tr. fam.* marmonner

**masón, -ona** *s.* franc-maçon, onne

**masonería** *f.* franc-maçonnerie

**masónico, -a** *adj.* maçonnique

**masoquismo** *m.* masochisme

**masoquista** *adj. -s.* masochiste

**masticar** *tr.* mastiquer, mâcher

**mástil** *m.* **1** mât **2** tuyau *m. (de pluma)* **3** MUS. manche *(de la guitarra, etc.)*

**mastín** *m.* mâtin *(perro)*

**mastoides** *adj. -m.* mastoïde

**mata** *f.* **1** arbrisseau *m.* **2** pied *m. (de una planta)*, touffe *(de hierba)* **3** METAL. matte *fig.* ~ *de pelo* chevelure épaisse

**matadero** *m.* abattoir *loc. fig.* *llevar al* ~ conduire à l'abattoir

**matador, -ora** *adj. -s.* **1** tueur, euse **2** *m.* TAUROM. matador

**matamoros** *m.* matamore

**matamoscas** *m. invar.* tue-mouches

**matasiete** *m.* fanfaron, matamore

**matanza** f. **1** tuerie, massacre m.
**2** abattage m. *(de los animales)*

**matar** tr. **1** tuer **2** éteindre *(el fuego, la cal)* **3** adoucir *(las aristas, los colores)* **4** ternir *(el brillo de un metal)* **5** monter *(naipes)* **6** pr. se tuer

**matasellos** m. oblitérateur *(instrumento)*, cachet, tampon *(marca)*

**mate** adj. mat, mate

**mate** m. smash *dar un* ~ smasher

**matemáticas** f. pl. mathématiques

**matemático, -a** **1** adj. mathématique **2** s. mathématicien, ienne **3** f. mathématique

**materia** f. **1** matière ~ *prima* matière première **2** MED. pus m. *entrar en* ~ entrer en matière

**material** adj. matériel, elle

**materialismo** m. matérialisme

**maternal** adj. maternel, elle

**maternidad** f. maternité

**materno, -a** adj. maternel, elle *idioma* ~ langue maternelle

**matinal** adj. matinal, ale

**matiz** m. nuance f.

**matizar** tr. nuancer

**matorral** m. buisson, hallier

**matraca** f. crécelle loc. fig. fam. *dar* ~ se payer la tête *(burlar)*, importuner, assommer

**matrero, -a** adj. rusé, ée, futé, ée

**matricular** tr. **1** immatriculer *(un vehículo)* **2** inscrire *(en la Universidad, etc.)* **3** pr. s'inscrire

**matrimonio** m. **1** mariage *(unión, sacramento)* **2** ménage *(marido y mujer) cama de* ~ lit à deux places

**matriz** f. **1** ANAT. matrice **2** matrice *(molde)* **3** souche *(de un talonario)* **4** adj. mère *casa* ~ maison mère

**matrona** f. **1** matrone **2** sage-femme

**matutino, -a** adj. matinal, ale *nieblas matutinas* brouillards matinaux

**maullar** intr. miauler

**maullido** m. miaulement

**mausoleo** m. mausolée

**máxima** f. maxime

**máximo, -a** adj. **1** le plus grand, la plus grande **2** adj. -m. maximum

**mayo** m. mai *el 2 de* ~ le 2 mai

**mayólica** f. maïolique, majolique

**mayonesa** f. mayonnaise

**mayor** **1** adj. plus grand, plus grande **2** adj. majeur, e **3** m. MIL. major,

commandant **4** chef *(en algunas oficinas)* **5** f. LOG. majeure **6** m. pl. aïeux *(antepasados)* ~ *de edad* majeur *al por* ~ en gros *estado* ~ MIL. état-major

**mayordomo** m. majordome, intendant

**mayoría** f. majorité

**mayorista** m. grossiste

**mayúsculo, -a** adj. **1** très grand, e **2** adj. -f. majuscule *(letra)*

**maza** f. **1** masse *(arma)* **2** masse *(insignia)* **3** masse, talon m. *(del taco de billar)*

**mazapán** m. massepain

**mazmorra** f. basse-fosse, oubliette, cachot m.

**mazo** m. **1** maillet **2** paquet *(manojo)* prov. *a Dios rogando y con el* ~ *dando* aide-toi et le ciel t'aidera

**me** pron. pers. **1** me, m' *(delante de vocal)* ~ *escribió ayer* il m'a écrit hier **2** moi *(con el imperativo) dame* donne-moi

**meandro** m. méandre

**mear** intr. pop. pisser, uriner

**¡ mecachis !** interj. sapristi !

**mecánica** f. **1** mécanique **2** mécanisme m.

**mecánico, -a** adj. **1** mécanique **2** m. mécanicien

**mecanismo** m. mécanisme

**mecanografía** f. dactylographie

**mecenas** m. mécène

**mecer** tr. **1** remuer *(un líquido)* **2** bercer *(a un niño)*, balancer *(la cuna, etc.)* **3** pr. se balancer

**mecha** f. **1** mèche *(de lámpara, para pegar fuego)* **2** mèche *(de cabellos)* **3** COC. lardon *aguantar* ~ loc. fig. tenir bon *a toda* ~ à toute vitesse

**mechar** tr. larder, entrelarder *(la carne)*

**mechero** m. **1** bec *(de lámpara)* **2** briquet *(encendedor)*

**medalla** f. médaille

**medallón** m. médaillon

**médano** m. **1** dune f. **2** banc de sable

**media** f. **1** bas m. **2** moyenne

**mediación** f. médiation

**mediado, -a** adj. à moitié rempli, ie, plein, pleine *una botella mediada* une bouteille à moitié pleine loc. adv. *a mediados del mes, del año, etc.* vers le milieu du mois, de l'année, etc.

**mediador, -ora** adj. -s. **1** médiateur, trice **2** intermédiaire

**mediano, -a** adj. moyen, enne, médiocre

**medianoche** f. minuit m.

**mediante** prep. grâce à loc. adv. Dios ~ Dieu aidant ger. de mediar

**mediar** intr. **1** arriver à la moitié, être à sa moitié **2** intervenir, intercéder (en favor de uno) **3** être, se trouver au milieu de (una cosa en medio de otras) **4** arriver, survenir (ocurrir)

**medias (a)** loc. adv. **1** à moitié, à demi **2** de moitié

**mediatizar** tr. médiatiser

**mediato, -a** adj. médiat, e

**médica** f. femme médecin

**medicamento** m. médicament

**medicina** f. **1** médecine **2** médicament m.

**médico, -a** adj. **1** médical, ale **2** m. médecin ~ de cabecera médecin traitant ~ forense médecin légiste

**medida** f. mesure loc. conj. a ~ que au fur et à mesure que, à mesure que

**medieval** adj. médiéval, ale

**medio, -a** adj. **1** demi, ie es invariable delante del substantivo, variable después de él media hora une demi-heure **2** moyen, enne término ~ moyen terme **3** m. milieu un justo ~ un juste milieu **4** moyen (para conseguir algo) **5** milieu (ambiente) **6** pl. moyens, ressources **7** adv. à moitié, à demi, en partie ~ podrido à moitié pourri a ~, media à mi- a ~ camino à mi-chemin en ~ de au milieu de, entre quitar a uno de en ~ écarter quelqu'un, se débarrasser de quelqu'un por ~ de loc. prép. au moyen, par le moyen de los medios de comunicación les masses-médias, les médias

**medioambiental** adj. environnemental

**medioambiente** m. environnement

**mediocre** adj. médiocre

**mediodía** m. midi

**medioevo** m. Moyen Age (Edad Media)

**medir** tr. mesurer

**meditación** f. méditation

**meditar** tr. -intr. méditer, penser

**mediterráneo, -a** adj. méditerranéen, enne el mar ~ la mer Méditerranée

**medrar** intr. **1** croître, grandir (los animales, las plantas) **2** fig. prospérer, améliorer sa fortune

**médula, medula** f. moelle ~ espinal moelle épinière

**megáfono** m. mégaphone

**megalítico, -a** adj. mégalithique

**meharí** m. méhari

**mejicano, -a** adj. -s. mexicain, e

**mejilla** f. joue

**mejillón** m. moule f.

**mejor** **1** adj. meilleur, e **2** adv. mieux loc. adv. a lo ~ peut-être a cual ~ à qui mieux mieux

**mejora** f. **1** amélioration **2** progrès m. **3** augmentation

**mejoramiento** m. **1** amélioration f. **2** avancement (ascenso)

**mejorar** tr. **1** améliorer **2** DER. avantager (a un heredero) **3** intr. -pr. aller mieux (un enfermo) el enfermo está muy mejorado le malade va beaucoup mieux **4** se mettre au beau, s'améliorer (el tiempo)

**melancolía** f. mélancolie

**melaza** f. mélasse

**melcocha** f. **1** miel cuit m. **2** pâte faite avec du miel cuit, guimauve

**melena** f. **1** crinière (del león) **2** cheveux longs m. pl. (cabellos)

**melenudo, -a** adj. chevelu, ue

**melificar** intr. faire le miel (las abejas)

**melindre** m. **1** sorte de beignet au miel **2** fig. simagrée f., minauderie f.

**melisa** f. mélisse

**melocotón** m. **1** pêche f. (fruta) **2** pêcher (árbol)

**melodía** f. mélodie

**melodrama** m. mélodrame

**melón** m. melon

**meloso, -a** adj. **1** mielleux, euse **2** fig. doucereux, euse

**mella** f. **1** brèche (en el filo de un arma, de una dentadura, etc.) **2** fig. dommage m., atteinte hacer ~ faire impression, porter atteinte

**mellizo, -a** adj. -s. jumeau, jumelle (persona)

**membrana** f. membrane

**membrete** m. en-tête (en un escrito, un papel)

**membrillo** m. **1** cognassier (árbol) **2** coing (fruto) **3** pâte de coing f. carne de ~ pâte de coing

**memo, -a** adj. niais, e

**memorable, memorando, -a** adj. mémorable

**memorándum** m. mémorandum, aide-mémoire

**memoria** f. 1 mémoire (facultad) 2 souvenir m. (recuerdo) 3 mémoire m. (documento), rapport m. (informe) 4 compliments m., souvenirs m. **dé usted memorias a** rappelez-moi au souvenir de **memorias** pl. mémoires (relación escrita)

**memorial** m. exposé pour demander une grâce, une requête f.

**menaje** m. 1 mobilier (muebles) 2 batterie f. (de cocina) 3 matériel pédagogique

**mención** f. mention ~ **honorífica** mention honorable

**mendicidad** f. mendicité

**mendigar** tr. mendier

**mendigo, -a** s. mendiant, e

**mendrugo** m. morceau de pain dur, croûton

**menear** tr. remuer, secouer

**menester** m. 1 besoin, nécessité f. 2 exercice, occupation f. 3 pl. besoins naturels **haber ~ una cosa** avoir besoin d'une chose

**menestral** s. artisan, ouvrier, ière

**menguado, -a** adj. 1 lâche, poltron, onne 2 niais, e, imbécile 3 mesquin, e 4 diminution f. (al hacer media)

**menguante** adj. décroissant, e

**menor** adj. 1 plus petit, plus petite 2 moindre (en cantidad, importancia) 3 plus jeune 4 mineur, e 5 adj. -s. mineur, e (persona) 6 m. frère mineur 7 f. LOG. mineure ~ **de edad** mineur

**menorquín, -ina** adj. -s. minorquin, e (de Menorca)

**menos** adv. 1 moins, moins de (delante de un substantivo) ~ **frío** moins froid ~ **ruido** moins de bruit 2 excepté, sauf (salvo) 3 m. moins **el más y el ~** le plus et le moins 4 MAT. moins (signo de la sustracción) **echar de ~** regretter (añorar), remarquer l'absence de **al ~, a lo ~, por lo ~** loc. adv. au moins, du moins

**menoscabo** m. diminution f. (mengua), détérioration f. (daño) loc. prep. **en ~ de** au détriment de

**menospreciar** tr. 1 mépriser (desdeñar) 2 sous-estimer

**mensaje** m. message

**mensajero, -a** s. messager, ère adj. **paloma mensajera** pigeon voyageur

**menstruar** intr. avoir ses règles

**mensual** adj. mensuel, elle

**mensualidad** f. mensualité

**mensurar** tr. mesurer

**menta** f. menthe (hierbabuena)

**mental** adj. mental, ale

**mentalidad** f. mentalité

**mente** f. 1 esprit m. 2 intention (propósito) **tener en la ~** avoir en vue de (proyectar)

**mentidero** m. fam. potinière f.

**mentir** intr. mentir

**mentira** f. mensonge **parece ~** c'est incroyable

**mentiroso, -a** adj. -s. menteur, euse

**mentís** m. démenti **dar un ~** donner un démenti

**mentón** m. menton

**menú** m. menu (minuta)

**menudear** tr. faire fréquemment, répéter, multiplier

**menudencia** f. 1 petitesse (pequeñez) 2 bagatelle, bricole (cosa de poca importancia)

**menudo, -a** adj. petit, e, menu, ue (pequeño), menu, ue (delgado) 2 m. pl. menue monnaie f. sing. 3 abats (de una res) 4 abattis (de un ave)

**meñique** adj. très petit, e **dedo ~** petit doigt

**mequetrefe** m. fam. freluquet, demi-portion f.

**mercader** m. marchand **hacer oídos de ~** faire la sourde oreille

**mercadería** f. marchandise

**mercado** m. marché ~ **negro** marché noir

**mercadotecnia** f. marketing m., mercatique

**mercancía** f. marchandise

**mercante** adj. marchand, e **marina ~** marine marchande

**mercantil** adj. mercantile

**merced** f. 1 faveur, grâce 2 merci, volonté, arbitre m. **estar a la ~ de** être à la merci de **Nuestra Señora de las Mercedes** n. pr. Notre-Dame de la Merci

**mercería** f. mercerie

**mercero, -a** s. mercier, ière

**merecer** tr. -intr. mériter

**merecido** *m.* dû *ha llevado su* ~ il a été puni comme il l'avait mérité, il a eu ce qu'il méritait

**merendar** *intr.* 1 goûter 2 *tr.* manger au goûter *(una cosa)*

**merendero** *m.* guinguette *f.*

**merengue** *m.* meringue *f.*

**meridiano, -a** *adj.* 1 méridien, ienne 2 *fig.* très clair, e, très lumineux, euse 3 *m.* ASTR. GEOG. méridien 4 méridienne *f.* 5 GEOM. méridienne *f.*

**meridional** *adj.* *-m.* méridional, ale

**merienda** *f.* goûter *m.* ~ *de negros* charivari *m.*, confusion

**merino** *m.* merinos

**mérito** *m.* mérite *de* ~ remarquable, de valeur *hacer méritos* faire ce qu'il faut pour obtenir, pour mériter *hacer* ~ *de* faire mention de

**meritorio, -a** *adj.* méritoire

**merluza** *f.* 1 ZOOL. merluche 2 COC. colin *m.* 3 *fig. fam.* cuite *(borrachera)*

**mermar** 1 *intr.* *-pr.* diminuer, se réduire 2 *tr.* diminuer, réduire

**mermelada** *f.* marmelade, confiture

**mero, -a** *adj.* 1 pur, pure, simple, seul, seule *el* ~ *hecho* le simple fait 2 *m.* mérou *(pez)*

**merodear** *intr.* 1 marauder 2 rôder

**merodeo** *m.* maraudage, maraude

**mes** *m.* mois *doce meses* douze mois

**mesa** *f.* 1 table 2 bureau *m.* *(de una asamblea)* 3 GEOG. plateau *m.* ~ *redonda* table d'hôte *poner la* ~ mettre le couvert *quitar la* ~ desservir

**mesada** *f.* mensualité, mois *m.*

**meseta** *f.* 1 palier *m.* *(de una escalera)* 2 GEOG. plateau *m.*

**mesías** *m.* messie

**mesilla** *f.* petite table

**mesocarpio** *m.* BOT. mésocarpe

**mesón** *m.* auberge *f.*, hôtellerie *f.*

**mesonero, -a** 1 *adj.* d'auberge 2 *s.* aubergiste, hôtelier, ière

**mestizar** *tr.* métisser

**mestizo, -a** *adj. -s.* métis, isse

**mesura** *f.* 1 mesure, modération 2 gravité 3 politesse *(cortesía)*

**meta** *f.* 1 borne *(en un circo romano)* 2 DÉP. ligne d'arrivée *(en una carrera)*, buts *m. pl. (portería, en fútbol)* 3 *fig.* but *m.*, fin, objectif *m.*

**metafísico, -a** *adj.* 1 métaphysique 2 *s.* métaphysicien, ienne

**metáfora** *f.* RET. métaphore

**metal** *m.* 1 métal 2 *fig.* timbre *(de la voz)* *el vil* ~ *loc. fig.* le vil métal

**metálico, -a** *adj.* 1 métallique 2 *m.* espèces *f. pl. (dinero) pagar en* ~ payer en espèces

**metalurgia** *f.* métallurgie

**metamorfosis, metamórfosis** *f.* métamorphose

**metatarso** *m.* ANAT. métatarse

**meteco** *m.* métèque

**metedor, -ora** *s.* 1 metteur, euse 2 contrebandier, ière

**meteórico, -a** *adj.* météorique

**meteorito** *m.* ASTR. météorite

**meteoro** *m.* météore

**meteorología** *f.* météorologie

**meteorológico, -a** *adj.* météorologique

**meter** *tr.* 1 mettre *(introducir) metió su collar en el joyero* elle mit son collier dans l'écrin 2 faire, causer *(causar)* ~ *chisme* faire des cancans ~ *miedo* faire peur ~ *ruido* faire du bruit 3 resserrer *(letras, renglones)* 4 *pr.* entrer *se metieron en un café* ils entrèrent dans un café 5 s'introduire, s'engager, se fourrer *se metió por una calle desierta* il s'engagea dans une rue déserte 6 se faire *(con nombres de oficio o estado)* *meterse fraile* se faire moine ~ *la pata* faire une gaffe *meterse a (con el infinitivo)* se mettre à, *(con un substantivo)* vouloir faire le *meterse con uno* attaquer *(atacar)*, critiquer quelqu'un *(censurar)*

**metido, -a** 1 *adj.* abondant, e 2 *m.* coup de poing dans la poitrine *(puñetazo)* 3 semonce *f.*, réprimande *f.* *(reprensión)* ~ *en carnes* bien en chair

**metódico, -a** *adj.* méthodique

**método** *m.* méthode *f.*

**metralla** *f.* mitraille

**métrico, -a** *adj. -f.* métrique

**metro** *m.* 1 mètre ~ *lineal* mètre linéaire 2 mètre *(verso)*

**metro** *m.* métro

**metrópoli** *f.* métropole

**mezcla** *f.* 1 mélange *m.* 2 mixage *m.* *(sonido, cine)*

**mezclar** *tr.* mélanger, mêler

**mescolanza** *f.* 1 méli-mélo *m.* 2 mélange *m.*

**mezquino, -a** *adj.* **1** mesquin, e
**2** pauvre, misérable

**mezquita** *f.* mosquée

**mi** *m. MUS.* mi

**mi, mis** *adj. poss.* mon, ma, mes ~
*padre y ~ madre* mon père et ma mère
*mis padres* mes parents

**mí** *pron. pers.* moi *(précédé de prép.) i a
~! à* moi! *para ~* pour moi

**miasma** *m.* miasme

**miau** *m.* miaou

**mica** *f.* mica *m.*

**micción** *f.* miction

**mico** *m.* singe *(de cola larga) dar,
hacer ~ fig. fam.* poser un lapin,
manquer à un engagement *ser el último
~* être un lampiste

**microbicida** *adj. -m.* microbicide

**microbio** *m.* microbe

**microcosmo** *m.* microcosme

**microficha** *f.* microfiche

**microfilm** *m.* microfilm

**micrófono** *m.* microphone, micro

**micrómetro** *m.* micromètre

**microonda** *m.* micro-onde *(aparato)*

**microprocesador** *m.* microprocesseur

**microscopio** *m.* microscope

**miedo** *m.* peur *f. ~ cerval* peur bleue
*dar ~* faire peur *tener ~ a* avoir peur
de

**miel** *f.* miel *m.*

**miembro** *m.* membre

**mientes** *f. pl. ant.* pensée *sing.*, esprit
*m. sing. caer en las ~, en ~* imaginer,
venir à l'esprit

**mientras** *adv.* cependant, pendant ce
temps, en attendant ~ *que loc. conj.*
tandis que, pendant que ~ *más...,
menos...* plus..., moins... ~ *más mira,
menos ve* plus il regarde, moins il voit

**miércoles** *m.* mercredi ~ *de ceniza*
mercredi des cendres

**mies** *f.* **1** moisson **2** *pl.* semis *m. (sem-
brados)*

**miga** *f.* **1** miette **2** mie *(del pan)* **3** *fig.*
substance, importance *esto tiene mucha
~* cela est plein de substance, est
important

**migaja** *f.* miette

**migración** *f.* migration

**mijo** *m.* millet, mil

**mil 1** *adj.* mille, mil **2** *m.* mille **3** *AGR.*
mil **4** *pl.* milliers ~ *millones* un mil-

liard *a las ~ y quinientas loc.adv.* très
tard, à une heure impossible *a miles
loc. adv.* par milliers

**milagro** *m.* miracle

**milenario, -a 1** *adj.* millénaire **2** *s.*
millénaire *m.*

**milicia** *f.* **1** milice **2** service militaire
*m.*

**miliciano, -a** *adj. -s.* de la milice,
milicien, ienne

**miligramo** *m.* milligramme

**mililitro** *m.* millilitre

**milímetro** *m.* millimètre

**militante** *adj. -s.* militant, e

**militar** *adj. -m.* militaire

**militar** *intr.* militer

**militarizar** *tr.* militariser

**milord** *m.* milord

**milla** *f.* mille *m. (medida)*

**millar** *m.* millier

**millón** *m.* million *mil millones* un
milliard

**millonario, -a** *adj. -s.* millionnaire

**mimar** *tr.* **1** cajoler, choyer **2** gâter *(a
una persona)* **3** *TEAT.* mimer

**mimbre** *s.* **1** osier *m.* **2** baguette
d'osier *f.*

**mímico, -a 1** *adj.* mimique **2** *s.*
mimique *f.*

**mimo** *m.* **1** *TEAT.* mime **2** caresse *f.
(caricia)* **3** gâterie *f. (con los niños)*,
indulgence *f.*

**mimosa** *f.* mimosa *m.*

**mimoso, -a** *adj.* **1** caressant, e, câlin,
e **2** délicat, e *(delicado)*, minaudier,
ière *(melindroso)*

**mina** *f.* **1** mine **2** *fig.* mine, filon,
grande abondance **3** *FORT.* sape

**mineral 1** *adj. -m.* minéral, ale **2** *m.*
minerai

**mineralizar** *tr.* minéraliser

**minero, -a 1** *adj.* minier, ière **2** *m.*
mineur *(obrero)*

**miniatura** *f.* miniature

**minimizar** *tr.* minimiser

**mínimo, -a 1** *adj.* minime **2** *adj.
-s.* minime *(religioso)* **3** *m.* minimum
**4** *MUS.* blanche *(nota) el ~ esfuerzo* le
moindre effort

**ministerio** *m.* ministère ~ *de Asuntos
Exteriores* ministère des Affaires étrangères

**_modernizar_**

**ministra** f. 1 épouse d'un ministre 2 ministre m. *la Primera* ~ Mme le Premier ministre

**ministro** m. ministre

**minoría** f. minorité ~ *de edad* minorité

**minorista** m. détaillant

**minucia** f. minutie

**minucioso, -a** adj. minutieux, euse

**minúsculo, -a** adj. -f. minuscule

**minuta** f. 1 minute *(borrador)* 2 note *(honorarios de un abogado, etc.)* 3 liste, catalogue m. 4 menu m. *(de una comida)*

**minuto** m. minute f. *(parte de una hora, de un círculo)*

**mío, mía** 1 pron. poss. mien, mienne *(con el artículo) este libro es el* ~ ce livre est le mien 2 adj. poss. à moi *este libro es* ~ ce livre est à moi 3 mon, ma *(en los vocativos) ¡ madre mía !, ¡ Dios mío !* ma mère !, mon Dieu !

**miope** adj. -s. myope

**mira** f. 1 mire 2 fig. visée, dessein m., intention *(intención)*, but m. *(objetivo) estar a la* ~ *de* guetter *poner la* ~ *en* jeter son dévolu m.

**mirada** f. 1 regard m. *(acción, modo de mirar)* 2 coup d'œil m. *(ojeada)*

**mirar** tr. 1 regarder 2 observer, considérer, envisager 3 veiller à *(cuidar)*, viser *(tener por objeto) mirándolo bien* en y regardant bien, tout bien considéré ~ *por* prendre soin de, veiller sur, s'occuper de ~ *al trasluz un huevo* mirer un œuf

**mirilla** f. judas m. *(en una puerta)*

**mirlo** m. merle ~ *blanco* merle blanc

**mirra** f. myrrhe

**mirto** m. myrte

**mirón, -ona** adj. -s. curieux, euse, badaud, e

**misa** f. messe ~ *cantada, mayor* grand-messe ~ *rezada* messe basse ~ *de difuntos* messe des morts

**misal** m. missel

**misántropo** m. misanthrope

**miserable** adj. -s. 1 misérable 2 avare, mesquin, e *(avariento)*

**miserere** m. 1 miserere 2 MED. colique de miserere f.

**miseria** f. 1 misère 2 mesquinerie, avarice *(avaricia)*

**misericordia** f. miséricorde

**misión** f. mission

**misionero, -a** adj. -m. missionnaire

**misiva** f. missive *(carta)*

**mismo, -a** adj. même *(se enlaza con el pronombre personal mediante un guión) él* ~ lui-même *lo* ~ la même chose *ahora* ~ loc. adv. tout de suite

**misterio** m. mystère

**misterioso, -a** adj. mystérieux, euse

**místico, -a** adj. -s. mystique

**mistral** m. mistral *(viento)*

**mitad** f. 1 moitié *reducir a la* ~ réduire de moitié 2 milieu m. *(centro)*

**mítico, -a** adj. mythique

**mitigar** tr. mitiger

**mitin** m. meeting

**mito** m. mythe

**mitología** f. mythologie

**mitón** m. mitaine f.

**mitra** f. mitre

**mitrado, -a** adj. mitré, ée

**mixto, -a** 1 adj. mixte 2 m. allumette f.

**mixtura** f. mixture

**mobiliario, -a** adj. -m. mobilier, ière

**moblaje** m. mobilier

**moca** m. moka *(café)*

**mocedad** f. jeunesse

**moción** f. 1 motion *(proposición)* 2 mouvement m. *(movimiento)*

**moco** m. 1 morve f. 2 mucus, mucosité f. 3 bout du lumignon *(de una vela)* 4 caroncule f. *(de pavo)* ~ *de pavo* crête-de-coq f. *(planta)*

**mochila** f. havresac m. *(de soldado)*, sac à dos m. *(de excursionista)*

**mocho, -a** adj. écorné, ée *(toro)*, étêté, ée *(árbol)*, épointé, ée

**moda** f. mode *estar de* ~, *ser de* ~ être à la mode *pasado de* ~ démodé

**modal** adj. modal, ale

**modales** m. pl. manières f. pl.

**modalidad** f. modalité

**modelar** tr. modeler

**modelo** 1 adj. -m. modèle 2 f. mannequin m. *(maniquí)*

**moderación** f. modération

**moderado, -a** adj. -s. modéré, ée

**moderador, -ora** adj. -s. modérateur, trice

**moderar** 1 tr. modérer 2 pr. se modérer

**modernizar** tr. moderniser

**moderno, -a** *adj. -m.* moderne
**modestia** *f.* modestie
**modesto, -a** *adj.* modeste
**módico, -a** *adj.* modique, modéré, ée
**modificación** *f.* modification
**modificar** *tr.* modifier
**modista** *m.* couturier
**modo** *m.* **1** manière *f.*, façon *f.* (de obrar, de ver, etc.) ~ **de ser** manière d'être **2** *MÚS. GRAM.* mode ~ **adverbial, prepositivo** locution adverbiale, prépositive *f.* **a** ~ **de** *loc. prep.* en guise de, en manière de
**modorra** *f.* torpeur, sommeil pesant *m.*
**modular** *intr. -tr.* moduler
**módulo** *m.* module
**mofa** *f.* moquerie, raillerie
**mofar** *intr.* **1** se moquer, bafouer **2** *pr.* se moquer de
**moflete** *m.* grosse joue *f.*
**mofletudo, -a** *adj.* joufflu, ue
**mogol, -a** *adj. -s.* mongol, e
**mogollón, -ona** *loc. adv.* gratuitement, à l'œil, aux dépens d'autrui
**mohín** *m.* grimace *f.*, moue *f.*
**mohíno, -a** *adj.* triste, marri, ie
**moho** *m.* **1** moisi, moisissure *f.* **2** rouille *f.* (de un metal)
**moisés** *m.* berceau *ou* couffin
**mojar** *tr.* mouiller, tremper
**mojigato, -a** *adj. -s.* **1** hypocrite **2** bigot, e (beato)
**mojón** *m.* borne *f.* (hito)
**molar** *adj.* **1** meulier, ière **2** *ANAT.* molaire **3** *m.* molaire *f.* (diente)
**molde** *m.* **1** moule **2** *IMPR.* forme *f.* **venir de** ~, **como de** ~ venir à propos, tomber à pic
**moldear** *tr.* mouler
**moldura** *f.* moulure
**molécula** *f.* molécule
**moledor, -ora** *adj. -s.* **1** qui moud, broyeur, euse **2** *fam.* raseur, euse (persona)
**moler** *tr.* **1** moudre, broyer **2** *fig.* éreinter, fatiguer (cansar) **3** *fig.* importuner ~ **a palos** *fig.* rouer de coups
**molestar** *tr.* **1** gêner, déranger **2** embêter, ennuyer (fastidiar), offenser (ofender) **me molesta tener que pedirle este favor** cela m'ennuie de devoir lui demander cette faveur **3** molester **4** *pr.* se déranger, se gêner, se donner de la

peine **no se moleste usted** ne nous dérangez pas **5** s'offenser, se vexer
**molesto, -a** *adj.* **1** gênant, e (embarazoso), embêtant, e, ennuyeux, euse (fastidioso) **2** gêné, ée, mal à l'aise (incómodo), fâché, ée (resentido)
**molido, -a** *adj.* **1** moulu, ue **2** *fig.* éreinté, ée, moulu, ue, vanné, ée (cansado) **estoy** ~ je suis moulu
**molinero, -a** *adj.* **1** du moulin, de la meunerie **2** *s.* meunier, ière
**molinillo** *m.* **1** moulin ~ **de café, de pimienta** moulin à café, à poivre **2** moulinet
**molino** *m.* moulin ~ **de agua** moulin à eau ~ **de viento** moulin à vent
**molusco** *m.* mollusque
**mollera** *f.* **1** sommet de la tête *m.* **2** *fig.* jugeote, cervelle *loc. fam.* **cerrado de** ~ bouché
**momentáneo, -a** *adj.* momentané, ée
**momento** *m.* **1** moment, instant **2** *MEC.* moment *loc. adv.* **a cada** ~ à tout moment
**momia** *f.* momie
**momificar** *tr.* momifier
**momio, -a** *adj.* maigre (sin grasa)
**mona** *f.* **1** guenon (hembra del mono) **2** magot (mono) **3** *fig. fam.* cuite (borrachera) **4** jeu de cartes *m.* **dormir la** ~ cuver son vin
**monacal** *adj.* monacal, ale
**monada** *f.* jolie (persona, cosa) **i qué** ~**!** comme c'est mignon !
**monaguillo** *m.* enfant de chœur
**monarca** *m.* monarque
**monarquía** *f.* monarchie
**monárquico, -a** *adj.* **1** monarchique **2** *adj. -s.* monarchiste
**monasterio** *m.* monastère
**monda** *f.* **1** émondage *m.* (de los árboles) **2** épluchage *m.* (de frutas o verduras) *fam.* **esto es la** ~ c'est le comble, c'est trop
**mondadientes** *m. invar.* cure-dent
**mondar** *tr.* **1** nettoyer (limpiar) **2** émonder (árboles) **3** nettoyer, curer (un río, un canal) **4** éplucher, peler (frutas, verduras), écosser (guisantes)
**moneda** *f.* **1** monnaie **2** pièce de monnaie (pieza) ~ **imaginaria** monnaie de compte
**monedero** *m.* **1** monnayeur ~ **falso** faux-monnayeur **2** porte-monnaie *invar.*

**monería** *f.* action, geste gracieux d'un enfant *m.*

**monetario, -a 1** *adj.* monétaire **2** *m.* collection de monnaies, de médailles *f.*

**mongol, -a** *adj. -s.* mongol, ole

**monigote** *m.* pantin *(muñeco)*, bonhomme *(dibujo)*

**monitor** *m.* **1** moniteur **2** *MAR.* monitor

**monja** *f.* religieuse, bonne sœur *fam.*, nonne

**monje** *m.* moine

**mono, -a 1** *adj.* joli, ie, mignon, onne **2** *m.* singe *(animal)* **3** salopette *f.*, bleu, combinaison *f. (traje)* **estar de monos** être fâché, ée, brouillé **entrarle a uno el ∼** *fig. fam.* être en manque *(drogadicto, a)*

**monocotiledóneas** *f. pl. BOT.* monocotylédones

**monóculo** *m.* monocle

**monofásico, -a** *adj. FIS.* monophasé, ée

**monogamia** *f.* monogamie

**monografía** *f.* monographie

**monolito** *m.* monolithe

**monólogo** *m.* monologue

**monomio** *m. MAT.* monôme

**monopatín** *m.* skate-board *angl.*, planche à roulettes

**monopolio** *m.* monopole

**monopolizar** *tr.* monopoliser

**monosabio** *m. TAUROM.* valet, aide

**monosílabo, -a** *adj. -m.* monosyllabe

**monoteísmo** *m.* monothéisme

**monotonía** *f.* monotonie

**monótono, -a** *adj.* monotone

**monseñor** *m.* monseigneur

**monstruo** *m.* monstre

**monstruoso, -a** *adj.* monstrueux, euse

**monta** *f.* montant *m.*, total *m. (suma)*

**montacargas** *m. invar.* monte-charge

**montador, -ora** *s. IMP. MED. CINE.* monteur, euse

**montaje** *m.* montage *(de una máquina, de un filme)*

**montaña** *f.* montagne

**montañés, -esa** *adj. -s.* montagnard, e

**montañoso, -a** *adj.* montagneux, euse

**montar** *intr.* **1** monter *(encima de una cosa, sobre un vehículo, un animal)* ∼ **en bicicleta** monter à bicyclette **2** monter *(cabalgar)* **3** *fig.* avoir de l'importance, être important, e **4** *tr.* monter *(un negocio, etc.)* **tanto monta** c'est la même chose ∼ **en cólera** se mettre en colère

**monte** *m.* **1** mont *el Monte Blanco* le mont Blanc **2** montagne *f.* **3** bois *(bosque)* **4** talon *(naipes que quedan por robar)* ∼ **alto** bois de haute futaie ∼ **bajo** taillis, maquis ∼ **de piedad** mont-de-piété *echarse al* ∼ prendre le maquis

**montepío** *m.* caisse de secours

**montés** *adj.* sauvage **gato** ∼ chat sauvage

**montículo** *m.* monticule

**monto** *m.* montant, total

**montón** *m.* tas, monceau, amas

**montura** *f.* **1** monture **2** harnachement du cheval de selle *m. (arreos)*

**monumental** *adj.* monumental, ale

**monumento** *m.* monument

**monzón** *m. -f.* mousson *f.*

**moño** *m.* **1** chignon **2** nœud de rubans **3** houppe *f.*, huppe *f. (de pájaro)* **4** *pl.* colifichets

**moquear** *intr.* avoir le nez qui coule

**moqueta** *f.* moquette

**mora** *f.* **1** mauresque *(mujer)* **2** mûre *(fruto)*

**morabito** *m.* **1** marabout *(santón)* **2** koubba *(pequeña capilla que contiene la tumba del santón)*

**morada** *f.* **1** demeure **2** séjour *m. (estancia)*

**morado, -a** *adj.* violet, ette

**morador, -ora** *s.* habitant, e

**moral 1** *adj.* moral, ale **2** *f.* morale **3** *f.* moral *m. levantar la* ∼ relever le moral **4** *m.* mûrier noir *(árbol)*

**moraleja** *f.* morale, moralité *(de una fábula, etc.)*

**moralidad** *f.* moralité

**moralizar** *tr. -intr.* moraliser

**moratorio, -a** *adj.* **1** moratoire **2** *f.* moratoire *m.*, moratorium *m.*

**mórbido, -a** *adj.* morbide

**morbosidad** *f.* morbidité

**morboso, -a** *adj.* morbide

**morcilla** *f.* **1** boudin *m. (embutido)* **2** *TEAT.* tradition *(palabras de su* *invención que un actor añade a su papel)*

**mordaza** *f.* 1 bâillon *m.* 2 *TECN.* mâchoire

**mordedura** *f.* morsure

**morder** *tr.* mordre *un perro le ha mordido la mano* un chien lui a mordu la main

**mordisco** *m.* coup de dent, morsure *f.*

**mordisquear** ou **mordiscar** *tr.* mordiller

**morena** *f.* 1 murène *(pez)* 2 pain bis *m. (pan)* 3 *GEOL.* moraine

**moreno, -a** *adj.* brun, brune

**morera** *f.* mûrier *m.*

**moretón** *m.* bleu *(equimosis)*

**morfina** *f.* morphine

**morfología** *f.* morphologie

**moribundo, -a** *adj. -s.* moribond, e

**morir** *intr.* 1 mourir *murió en la guerra* il est mort à la guerre 2 *pr.* mourir *morirse de risa loc. fig.* mourir de rire *¡ muera ! interj.* à mort !

**morisco, -a** 1 *adj.* mauresque, moresque 2 *adj. -s.* morisque, maure espagnol converti

**morisqueta** *f.* tromperie *(engaño)*, ruse *(ardid)*, grimace *(mueca)*

**mormón, -ona** *s. REL.* mormon, e

**moro, -a** *adj. -s.* maure, more, mauresque, moresque *loc. fig.* **hay moros en la costa** il faut prendre garde, soyons vigilants

**moroso, -a** *adj.* 1 lent, lente, nonchalant, e 2 retardataire, en retard *(deudor)* ~ **en el pago** mauvais payeur

**morrillo** *m.* 1 gras du cou *(de los bueyes, etc.)* 2 *fam.* grosse nuque *f.*

**morriña** *f. fig.* tristesse, cafard *m. (tristeza)*, mal du pays *m. (nostalgia)*, vague à l'âme

**morro** *m.* 1 extrémité arrondie *f. (de un objeto)* 2 mufle *(hocico de un animal)* 3 grosses lèvres *f. pl.*, lippe *f. (de persona)* 4 capot *(de coche)* 5 nez *(de avión)* **estar de morros** *loc. fig.* être fâché, ée, brouillé, ée, faire la tête

**morrongo, -a** *s. fam.* chat, chatte

**morrudo, -a** *adj.* 1 à gros museau, à gros mufle 2 lippu, ue

**mortaja** *f.* 1 linceul *m.*, suaire *m.* 2 *CARP.* mortaise

**mortal** *adj. -s.* 1 mortel, elle 2 *adj. fig.* certain, e, concluant, e *signos mortales* signes certains, décisifs

**mortalidad** *f.* mortalité

**mortandad** *f.* mortalité

**mortero** *m.* mortier *(almirez, pieza de artillería, bonete)*

**mortífero, -a** *adj.* meurtrier, ière

**mortificación** *f.* mortification

**mortuorio, -a** *adj.* mortuaire

**moruno, -a** *adj.* mauresque, moresque

**mosaico** *m.* mosaïque *f.*

**mosca** *f.* 1 mouche 2 *fam.* fric *m.*, galette *(dinero)* **aflojar, soltar la** ~ abouler le fric *loc. fig.* ~ **muerta** sainte nitouche

**moscada** *adj.* **nuez** ~ noix muscade

**moscardón** *m.* 1 frelon *(abejón)* 2 mouche bleue *f.*

**moscatel** *adj. -m.* muscat

**moscovita** *adj. m.* moscovite

**mosqueado, -a** *adj.* moucheté, ée, tacheté, ée **estar** ~ être irrité, e

**mosquear** *tr.* émoucher, chasser les mouches, *pr.* prendre la mouche

**mosquetero** *m.* mousquetaire

**mosquita** *f.* petite mouche *loc. fig.* ~ **muerta** sainte nitouche

**mosquitero** *m.* moustiquaire *f.*

**mosquito** *m.* moustique

**mostacilla** *f.* cendrée, menuise, plomb de chasse *m.*

**mostachón** *m.* macaron *(pastel)*

**mostaza** *f.* moutarde

**mosto** *m.* moût de vin

**mostrador, -ora** 1 *adj. -s.* qui montre 2 *m.* comptoir *(en una tienda)* 3 cadran *(de reloj)*

**mostrar** *tr.* 1 montrer, faire voir 2 montrer *(manifestar)*

**mota** *f.* 1 nœud *m.* *(en el paño)* 2 brin de fil, duvet, etc., qui s'attache à un habit *m. (de hilo, etc.)*, petite tache *(mancha)* 3 *fig.* léger défaut *m.* 4 monticule *m.*, motte

**motín** *m.* 1 mutinerie *f.* 2 émeute *f.*

**motivo** *m.* motif *loc. prep.* **con** ~ **de** à l'occasion de

**motocicleta** *f.* motocyclette

**motor, -ora** 1 *adj.* moteur, trice 2 *m.* moteur

**motorista** *s.* motocycliste *fam.*, motard

**movedizo, -a** *adj.* mouvant, e *arenas movedizas* sables mouvants

**mover** *tr.* 1 mouvoir *(accionar)*, remuer *(menear)*, déplacer *(desplazar)*

**2** susciter, faire ~ *alboroto* faire du tapage ~ *a* pousser à *(incitar)*, exciter, inspirer *(un sentimiento, etc.)* ~ *a compasión* exciter la compassion

**móvil 1** *adj. -m.* mobile **2** *s.* mobile *(de un crimen)*

**movimiento** *m.* mouvement

**mozárabe** *adj.* mozarabe

**mozo, -a 1** *adj.* jeune *(persona)* **2** *s.* jeune homme, jeune fille **3** *s.* célibataire *(soltero)* **4** *m.* garçon *(camarero)*, domestique *(criado) un buen* ~ un beau garçon ~ *de café* garçon de café ~ *de cordel, de cuerda* porteur, portefaix

**mu** *m.* meuh *(onomatopeya)*, beuglement

**muaré** *m.* moire *(tela)*

**mucosidad** *f.* mucosité

**muchacho, -a 1** *s.* garçon *(niño)*, fillette, petite fille *(niña)*, jeune homme, jeune fille *(joven)* **2** *f.* bonne, domestique *(criada)*

**muchedumbre** *f.* foule

**mucho, -a** *adj. -pron.* beaucoup de ~ *viento* beaucoup de vent ~ *tiempo* longtemps

**mucho** *adv.* beaucoup, bien *come* ~ il mange beaucoup *ni con* ~ *loc. adv.* tant s'en faut *ni* ~ *menos loc. adv.* pas le moins du monde, encore moins ~ *será que* il serait étonnant que

**muda** *f.* **1** changement *m.*, déménagement *m. (mudanza)* **2** mue *(de la pluma, de la voz, etc.)* **3** linge de rechange *m. (ropa) tráigame una* ~ *limpia* apportez-moi du linge propre

**mudanza** *f.* déménagement *m.*

**mudar** *tr.* changer *parfois on l'emploie au réfléchi* ~ *casa, mudarse de casa* changer de domicile, déménager

**mudéjar** *adj. -s.* mudéjar

**mudo, -a** *adj. -s.* muet, ette

**mueble** *m.* meuble *adj. DER. bienes muebles* biens meubles

**mueca** *f.* grimace, moue

**muela** *f.* **1** meule *(para moler)* **2** dent *(diente)* **3** molaire *(diente molar)* ~ *cordal, del juicio* dent de sagesse

**muelle** *adj.* **1** mou, molle, doux, douce *(suave)*, moelleux, euse *(mullido)* **2** *fig.* voluptueux, euse **3** quai *(de un puerto, una estación)*

**muerte** *f.* **1** mort **2** meurtre *m.*, homicide *m. herido de* ~ blessé à mort *hasta la* ~ *loc. adv.* pour toujours

**muerto, -a** *adj. -s.* mort, morte *cal muerta* chaux éteinte *echar el* ~ *a uno* mettre sur le dos de quelqu'un

**muesca** *f.* mortaise, entaille

**muestra** *f.* **1** enseigne *(de una tienda)* **2** échantillon *m. (de una mercancía, etc.)* **3** modèle *(modelo)* **4** marque, signe *(señal)*, preuve, témoignage *m. (prueba)* ~ *de cariño* témoignage d'affection **5** cadran *m. (de reloj)*

**muestrario** *m.* échantillonnage

**mugido** *m.* mugissement, beuglement

**mugir** *intr.* mugir, beugler

**mugre** *f.* crasse, saleté

**mujer** *f.* femme

**mujeriego, -a** *adj.* **1** féminin, e **2** *m.* coureur de jupons *loc. adv. a mujeriegas* en amazone

**mujerzuela** *f.* femme de rien, bonne femme

**mújol** *m.* mulet *(pez)*

**mula** *f.* mule

**muladar** *m.* tas de fumier *(estiércol)*, dépotoir *(de basuras)*

**mulato, -a** *adj. -m.* mulâtre

**muleta** *f.* **1** béquille *(para andar)* **2** *fig.* soutien *m.*, appui *m.* **3** *TAUROM.* palo que sujeta un trapo rojo con el que se torea, "muleta"

**muletilla** *f.* petite béquille

**muletón** *m.* molleton

**multar** *tr.* condamner à une amende

**multimillonario, -a** *adj. -s.* milliardaire

**múltiple** *adj.* multiple

**multiplicar 1** *tr.* multiplier **2** *pr.* se multiplier

**multitud** *f.* multitude, foule

**mullir** *tr.* **1** ameublir *(la tierra)* **2** assouplir, battre *(un colchón, la lana, etc.)*

**mundano, -a** *adj.* mondain, e

**mundial** *adj.* mondiale

**mundo** *m.* **1** monde **2** globe terrestre **3** malle *f. (baúl) tener* ~ connaître le monde, avoir de l'expérience *traer al* ~ mettre au monde

**munición** *f.* munition

**municipal** *adj.* municipal, e

**municipio** *m.* **1** commune *f. (conjunto de vecinos)* **2** municipalité *f. (ayuntamiento)*

**munificencia** *f.* munificence

**muñeca** f. 1 ANAT. poignet m.
2 poupée (juguete) 3 jeune fille frivole,
poupée 4 tampon m. (de barnizador)
5 nouet m. (para poner algo en infusión)

**muñeco** m. poupée f. (juguete)

**muñeira** f. danse de Galice

**muñón** m. moignon

**mural** adj. mural, ale

**muralla** f. muraille, rempart m.

**murciélago** l. chauve-souris f.

**murga** f. bande de musiciens ambu-
lants fig. dar la ~ raser, barber i qué
~! quelle barbe !

**murmullo** m. murmure

**murmuración** f. médisance

**murmurar** intr. 1 murmurer 2 fig.
médire ~ de alguien médire de
quelqu'un

**muro** m. mur, muraille f.

**mus** m. jeu de cartes

**musa** f. muse

**musaraña** f. 1 musaraigne 2 bestiole
(sabandija) 3 pl. sorte de mouches
volantes fig. mirar a las musarañas
bayer aux corneilles

**muscular** adj. musculaire

**músculo** m. muscle

**muselina** f. mousseline

**museo** m. musée, muséum

**musgo** m. mousse f.

**música** f. musique ~ celestial fig
vaines paroles irse con la ~ a otra
parte prendre ses cliques et ses claques

**musical** adj. musical, ale

**músico, -a 1** adj. musical, ale 2 s.
musicien, ienne

**musitar** intr. marmonner

**muslo** m. cuisse f.

**mustio, -a** adj. 1 fané, ée, flétri, ie
(plantas) 2 triste, mélancolique

**musulmán, -ana** adj. -s. musulman, e

**mutilado, -a** adj. -s. mutilé, ée

**mutilar** tr. mutiler

**mutis** m. sortie (acción) hacer ~ sortir
de scène, s'en aller, fig., se taire (callarse)

**mutual** adj. -f. mutuel, elle

**mutuo, -a** adj. mutuel, elle

**muy** adv. 1 très, bien ~ bonito très joli
~ a menudo très, bien souvent 2 fort
(más culto) muy señor mío monsieur,
cher monsieur (en las cartas)

**muzárabe** adj. mozarabe (mozárabe)

# N

**n** *f.* n *m.*

**nabo** *m.* **1** navet **2** noyau *(de escalera)*

**nácar** *m.* nacre *f.*

**nacarado, -a** *adj.* nacré, ée, nacarat *m.*

**nacer** *intr.* **1** naître *nació en Burgos* il est né à Burgos **2** se lever *(un astro, el día)*

**nacido, -a** *adj.* né, ée *bien ~* bien né

**nacimiento** *m.* **1** naissance *f.* **2** source *f.* *(de un río)* **3** crèche *f.* *(Belén)* *partida de ~ f.* acte de naissance

**nación** *f.* nation

**nacional** *adj.* national, ale

**nacionalidad** *f.* nationalité

**nacionalizar** *tr.* nationaliser

**nada** **1** *pron. indef.* rien *no quiero ~, ~ quiero* je ne veux rien **2** *adv.* pas du tout **3** peu, peu de temps **4** *f.* rien *m.*, néant *m.* *(el no ser)* *sacar de la ~* tirer du néant *~ más que loc. conj.* rien que *~ menos que loc. conj.* rien moins que *~ más loc. adv.* pas plus, seulement, plus rien *en ~ menos* pas moins *en ~ estuvo que* peu s'en fallut que

**nadador, -ora** *s.* nageur, euse

**nadar** *intr.* nager

**nadie** **1** *pron.* personne, nul *~ lo sabe* personne ne le sait **2** *m.* personne insignifiante *f.*, nullité *f.* *un don ~* un rien-du-tout

**nado** *m.* nage *f.* *salvarse a ~* se sauver à la nage

**nafta** *f.* naphte *m.*

**naftalina** *f.* naphtaline

**naipe** *m.* **1** carte *f.* *(juego)* **2** jeu de cartes *(baraja)*

**nalga** *f.* fesse

**nana** *f.* **1** berceuse *(canción)* **2** *fam.* grand-mère

**naranja** *f.* orange *~ agria* bigarade, orange amère *media ~* coupole, dôme *(cúpula)*, *fig.* moitié *(esposa)*

**naranjada** *f.* orangeade

**naranjero, -a** *adj.* qui a rapport à l'orange

**naranjo** *m.* oranger

**narcótico, -a** *adj. -m.* narcotique

**narcotráfico** *m.* trafic de drogue

**narices** *interj.* des clous! *(para rehusar)* *f. pl.* v. **nariz**

**nariz** *f.* **1** nez *m.* **2** naseau *m.* *(de los animales)* **3** nez *m.*, odorat *m.* *(olfato)* **4** tuyau *m.* *(del alambique)* **5** mentonnet *m.* *(del picaporte)* **6** *pl.* nez *m. sing.* *~ aguileña* nez aquilin *dejar a uno con un palmo de narices* décevoir, berner quelqu'un

**narración** *f.* narration, récit *m.*

**narrador, -ora** *s.* narrateur, trice

**narrativa** *f.* narration, récit *m.*

**nasal** *adj.* nasal, ale

**nata** **1** *f.* crème *(de la leche)* **2** *pl.* crème *sing.* *(especie de chantilly)*

**natación** *f.* natation

**natal** *adj.* natal, ale

**natalidad** *f.* natalité

**natillas** *f. pl.* crème renversée *(huevo, leche y azúcar)*

**nativo, -a** *adj. -s.* **1** natif, ive **2** maternel, elle *lengua ~* langue maternelle

**natural** *adj.* **1** naturel, elle **2** nature, naturel, elle *(sencillo)* **3** natif, ive, originaire *(de un país)* **4** *m.* nature *f.*, caractère **5** *m. pl.* ressortissants *(de un país)* *loc. adv. del ~* d'après nature *(pintar, esculpir)* *al ~* au naturel

**naturaleza** *f.* **1** nature **2** nationalité *(nacionalidad)*

**naturalidad** *f.* **1** naturel *m.* *(sencillez)* **2** nationalité

**naufragar** *intr.* naufrager, faire naufrage

**naufragio** *m.* naufrage

**náusea** *f.* nausée

**náutica** *f.* art nautique *m.*

**náutico, -a** *adj.* nautique

**navaja** *f.* **1** couteau pliant *m.* **2** couteau *(molusco)* *~ de afeitar* rasoir *m.*

**naval** *adj.* naval, ale *combates navales* combats navals

**navarro, -a** *adj. -s.* navarrais, aise

**nave** *f.* **1** navire *m.*, vaisseau *m.*, nef *(barco)* **2** ARQUIT. nef

**navegación** *f.* navigation

**navegar** *intr.* naviguer

**Navidad** *f.* Noël

**navideño, -a** *adj.* de Noël

**naviera** *f.* compagnie maritime

**naviero, -a** *adj.* naval

**naviero** *m.* armateur

**navío** *m.* navire, vaisseau *montar un ~* commander un vaisseau

**nazareno, -a** *adj. -s.* **1** nazaréen, enne **2** pénitent en tunique violette

**neblina** *f.* brouillard *m.*

**nebulosa** *f.* nébuleuse

**necedad** *f.* sottise

**necesario, -a** *adj.* nécessaire *hacer* ～ rendre nécessaire

**neceser** *m.* nécessaire *(para el aseo, etc.)* ～ *de tocador* nécessaire de toilette

**necesidad** *f.* **1** nécessité *hacer de la* ～ *virtud* faire de la nécessité vertu **2** besoin *m.* *tener* ～ *de* avoir besoin de **3** *pl.* nécessités, besoins naturels *m.*

**necesitado, -a** *adj. -s.* nécessiteux, euse

**necesitar** *tr.* **1** nécessiter **2** avoir besoin de, falloir *necesitamos una silla* il nous faut une chaise

**necio, -a** *adj.* sot, sotte, ignorant, e

**necrología** *f.* nécrologie

**necrópolis** *f.* nécropole

**néctar** *m.* nectar

**nefasto, -a** *adj.* néfaste

**negación** *f.* négation

**negar** *tr.* **1** nier *(la existencia o la verdad de algo)* **2** renier *(decir que no se conoce)* **3** désavouer *(no reconocer como propio)* **4** refuser *(rehusar),* dénier *(no otorgar)* **5** prohiber, interdire **6** *pr.* se refuser, refuser *se niega a ayudarme* il se refuse à m'aider

**negativo, -a** *adj.* **1** négatif, ive **2** *m.* FOT. négatif

**negligencia** *f.* négligence

**negociante** *m.* négociant

**negociar** *intr. -tr.* négocier

**negocio** *m.* **1** négoce *(comercio)* **2** affaire *f.* *buen, mal* ～ bonne, mauvaise affaire ～ *redondo* affaire en or ～ *sucio* affaire louche

**negrito, -a** *s.* négrillon, onne

**negro, -a** *adj.* **1** noir, noire *alma negra* âme noire **2** *fig.* sombre, triste **3** *m.* noir *(color)* ～ *animal* noir animal **4** *s.* Noir, Noire, Nègre, Négresse *(persona)* **5** MUS. noire

**negrura** *f.* noirceur

**negruzco, -a** *adj.* noirâtre

**nemoroso, -a** *adj. poét.* des bois, relatif, ive aux bois

**nene, -a** *s.* **1** *fam.* bébé **2** *fam.* mon petit, ma petite *(apelativo cariñoso)*

**neófito, -a** *adj.* néophyte

**neolatino, -a** *adj.* néo-latin, e

**neolítico, -a** *adj. -m.* néolithique

**neologismo** *m.* néologisme

**neón** *m.* néon *letrero de* ～ enseigne au néon

**neoyorquino, -a** *adj. -s.* new-yorkais, e

**nepotismo** *m.* népotisme

**nereida** *f.* MIT. néréide

**nervadura** *f.* **1** ARQUIT. nervure, nerf *m.* **2** BOT. nervation

**nervio** *m.* **1** nerf **2** BOT. ARQUIT. nervure *f.* ～ *de buey* nerf de bœuf

**nerviosidad** *f.* **1** nervosité **2** énervement *m.* *(irritación, impaciencia)*

**nervioso, -a** *adj.* **1** nerveux, euse **2** énervé, ée *(irritado)* *poner* ～ énerver

**neto, -a** *adj.* **1** net, nette *(limpio, puro)* **2** net, nette *(beneficio, peso, etc.)* **3** *m.* ARQUIT. piédestal

**neumático, -a** *adj. y s.* pneumatique

**neuralgia** *f.* névralgie

**neurastenia** *f.* neurasthénie

**neurólogo** *m.* neurologue

**neurona** *f.* ANAT. neurone *m.*

**neurópteros** *m. pl.* névroptères

**neurosis** *f.* MED. névrose

**neurótico, -a** *adj.* **1** névrotique **2** *adj. -s.* névrosé, ée *(persona)*

**neutral** *adj.* neutre

**neutralidad** *f.* neutralité

**neutralizar** *tr.* neutraliser

**neutro, -a** *adj.* neutre

**nevada** *f.* chute de neige

**nevado, -a** *adj.* neigeux, euse, couvert, e de neige, enneigé, ée

**nevar** *impers.* neiger

**nevera** *f.* glacière ～ *eléctrica* réfrigérateur *m.*

**nevisca** *f.* chute légère de neige

**nexo** *m.* nœud, lien, trait d'union

**ni** *conj.* ni

**nicotina** *f.* nicotine

**nicho** *m.* niche *f.* *(hornacina)*

**nidal** *m.* **1** pondoir **2** nichet *(huevo)*

**nido** *m.* **1** nid **2** *fig.* repaire

**niebla** *f.* **1** brouillard *m.*, brume **2** AGR. nielle *(enfermedad)*

**nieto, -a** *s.* petit-fils, petite-fille **2** *pl.* petits-enfants

**nieve** *f.* neige

**nigromancia** *f.* nécromancie

**nilón** *m.* nylon

**nimbo** *m.* nimbe

**nimiedad** *f.* **1** petitesse, mesquinerie **2** bagatelle

**nimio, -a** *adj.* insignifiant, e, minime

**ninfa** *f.* nymphe

**ningún, ninguno, -a** *adj.* **1** aucun, e, nul, nulle **2** personne, nul, nulle *(nadie) no ha venido ninguno* personne n'est venu *devant un nom masculin on emploie* **ningún** : *ningún hombre* aucun homme

**niña** *adj.* **1** petite fille, fillette **2** pupille, prunelle *(del ojo)*

**niñera** *f.* bonne d'enfant

**niñez** *f.* enfance

**niño, -a** *adj. -s.* **1** enfant *(que se halla en la niñez, sin experiencia)*, jeune *(que tiene pocos años) los niños* les enfants **2** *m.* garçon, garçonnet **3** *f.* petite fille, fillette ~ *de teta* nourrisson *de* ~ *loc. adv.* dès l'enfance *niño Jesús* enfant Jésus

**niquel** *m.* nickel

**níspero** *m.* **1** néflier **2** nèfle *f. (fruto)*

**nitidez** *f.* netteté, limpidité

**nítido, -a** *adj.* net, nette, limpide

**nitrato** *m.* QUIM. nitrate

**nitrógeno** *m.* azote, nitrogène

**nivel** *m.* niveau *paso a* ~ passage à niveau

**nivelación** *f.* nivellement *m.*

**nivelar** *tr.* niveler

**nivoso, -a** *adj.* **1** neigeux, euse, de neige **2** *m.* nivôse

**no** *adv.* non *(en respuestas)*, ne... pas, ne... point, ne pas *(delante de un verbo)*, ne *(con otra negación)*, pas *(en frases sin verbo)* ~ *señor* non, monsieur ~ *duerme* il ne dort pas ~ *bien* aussitôt que ~ *menos* pas moins ~ *ya* non seulement *(solamente) el* ~ *va más* le nec plus ultra

**nobiliario, -a** *adj. -m.* nobiliaire

**noble** *adj. -s.* noble

**nobleza** *f.* noblesse

**noción** *f.* notion

**nocivo, -a** *adj.* nocif, ive, nuisible *(perjudicial)*

**noctámbulo** *adj. -s.* noctambule

**nocturno, -a** *adj.* nocturne

**noche** *f.* **1** nuit **2** soir *m. (principio de la noche) las diez de la* ~ dix heures du soir *buenas noches* bonsoir *(saludo) de* ~ *loc. adv.* de nuit, la nuit *de la* ~ *a la mañana* du jour au lendemain

**nochebuena** *f.* nuit de Noël

**nochevieja** *f.* nuit de la Saint-Sylvestre

**nodriza** *f.* nourrice

**nogal** *m.* noyer *(árbol)*

**nómada** *adj. -s.* nomade

**nombrado, -a** *adj.* fameux, euse, renommé, ée *(célebre)*

**nombrar** *tr.* nommer

**nombre** *m.* **1** nom **2** nom, renom, réputation *f. hacerse un* ~ se faire un nom **3** surnom *llamar las cosas por su* ~ appeler les choses par leur nom *mal* ~ sobriquet

**nomenclatura** *f.* nomenclature

**nomeolvides** *f.* myosotis *m.*, ne m'oubliez pas *m. invar.*

**nómina** *f.* **1** liste de noms **2** état du personnel *m. (en una oficina, etc.)* **3** feuille de paye

**non** *adj.* **1** impair, e **2** *m.* nombre impair *pares o nones* pair ou impair

**nordeste** *m.* nord-est

**nórdico, -a** *adj. -m.* nordique

**noria** *f.* noria

**norma** *f.* **1** norme, règle de conduite **2** règle, équerre

**normal** *adj.* normal, ale

**normalidad** *f.* normalité, état normal *m.*

**noroeste** *m.* nord-ouest

**norte** *m.* nord

**norteamericano, -a** *adj. -s.* nord-américain, e, américain, e du Nord

**norteño, -a** *adj.* du nord d'un pays

**nos** *pron. pers.* nous *(complemento sin preposición)* ~ *habla* il nous parle

**nosotros, -as** *pron. pers.* nous

**nostalgia** *f.* nostalgie

**nota** *f.* **1** note **2** MUS. note **3** mention *(en un examen)* **4** réputation **5** remarque *(observación) de* ~ de marque *(persona) de mala* ~ mal famé, ée

**notable 1** *adj.* notable, remarquable **2** *m.* bien *(en exámenes)* **3** *pl.* notables *(personas)*

**notar** *tr.* **1** remarquer, trouver **2** se voir, se sentir

**notaría** *f.* **1** notariat *m. (empleo)* **2** étude de notaire *(oficina)*

**notario** *m.* notaire

**noticia** *f.* **1** nouvelle *(comunicación)* **2** notice **3** connaissance *he tenido* ~

*de* j'ai eu connaissance de ~ *bomba* nouvelle sensationnelle

**noticiero, -ra** *m. f.* **1** reporter, journaliste **2** *m.* journal

**notificar** *tr.* **1** notifier, signifier, faire savoir **2** *pr.* se voir, se sentir

**notorio, -a** *adj.* notoire

**novatada** *f.* brimade *(en los cuarteles)*, bizutage *m. (en el colegio)*

**novato, -a** *adj. -s.* novice, nouveau, elle, bizuth

**novecientos, -as** *adj. -m.* neuf cents

**novedad** *f.* **1** nouveauté **2** du nouveau *m.*, changement *m. (cambio)* **hay ~** il y a du nouveau **3** étonnement *m.*, surprise **4** nouvelle récente *(noticia)* **causar ~** étonner **sin ~** rien de nouveau, sans changement, rien à signaler

**novel** *adj.* novice, débutant

**novela** *f.* roman *m.* ~ *corta* nouvelle

**novelista** *s.* romancier, ière

**noveno, -a** *adj. -s.* neuvième

**noventa** *adj. -m.* quatre-vingt-dix

**novia** *f.* **1** fiancée *(prometida)* **2** jeune mariée *(recién casada)*

**noviazgo** *m.* fiançailles *f. pl.*

**novicio, -a** *adj. -s.* novice

**noviembre** *m.* novembre

**novillada** *f. TAUROM.* course de taurillons

**novillo** *m.* taurillon *pl.* **hacer novillos** faire l'école buissonnière

**novio** *m.* fiancé *(prometido)*, marié, jeune marié

**nubarrón** *m.* gros nuage, nuée *f.*

**nube** *f.* **1** nuage *m.* **2** nuée *(multitud)* **3** taie *(en el ojo)* **4** sorte de châle en mailles *loc. fig.* ~ *de verano* brouille, chagrin passager **estar en las nubes** être dans les nuages

**núbil** *adj.* nubile

**nublado, -a** *adj.* **1** nuageux, euse, couvert, e *(cielo)* **2** *m.* nuée *f.*, nuage **3** *fig.* trouble, situation menaçante *f.*

**nuca** *f.* nuque

**nuclear, nucleario, -a** *adj.* nucléaire

**núcleo** *m.* **1** noyau **2** *BIOL.* nucléus

**nudo** *m.* nœud *(lazo)*

**nuera** *f.* bru, belle-fille

**nuestro, -a, nuestros, -as** **1** *adj. poss.* notre, nos, à nous ~ *padre* notre père **2** *pron. poss.* nôtre, nôtres

**nueva** *f.* nouvelle *coger de nuevas* surprendre, étonner

**nuevo, -a** *adj.* neuf, neuve *(recién hecho, o fabricado, no o poco gastado)*, nouveau, nouvel, nouvelle *(reciente)* *un vestido* ~ un habit neuf *loc. adv. de* ~ de nouveau, à nouveau

**nuez** *f.* **1** noix *nueces* des noix **2** *ANAT.* pomme d'Adam *(nuez del cuello)*

**nulo, -a** *adj.* nul, nulle

**numeración** *f.* **1** numération **2** numérotage *m. (acción)*

**numerar** *tr.* **1** dénombrer, nombrer **2** numéroter *(poner un número)*

**numérico, -a** *adj.* numérique

**número** *m.* **1** nombre *(cantidad)* **2** numéro *(en una serie)* **3** *MAT.* chiffre *números arábigos* chiffres arabes

**numeroso, -a** *adj.* nombreux, euse

**numismático, -a** **1** *adj.* numismatique **2** *s.* numismate

**nunca** *adv.* jamais *no la he visto* ~ je ne l'ai jamais vue

**nunciatura** *f.* nonciature

**nuncio** *m.* **1** nonce **2** envoyé, messager **3** signe, présage *(señal)*

**nupcial** *adj.* nuptial, ale

**nupcias** *f. pl.* noces *hijos de primeras, de segundas* ~ enfants du premier, du second lit

**nutria** *f.* loutre

**nutrición** *f.* nutrition

**nutrido, -a** *adj.* nourri, ie

**nutrir** *tr.* **1** nourrir **2** *fig.* nourrir **3** *pr.* se nourrir

**nutritivo, -a** *adj.* nutritif, ive, nourrissant, e

# Ñ

**ñ** *f.* ~ *m.* dix-septième lettre de l'alphabet espagnol *elle a le son du* gn *français dans* espagnol

**ñandú** *m.* nandou *(ave)*

**ñaque** *m.* fouillis, bric-à-brac *invar.*

**ñiquiñaque** *m.* **1** *fam.* nullité *f. (persona)* **2** *fam.* machin, truc

**ñoñería, ñoñez** *f.* niaiserie

**ñoño, -a** *adj.* **1** niais, niaise, geignard, e, gnangnan *(quejumbroso)* **2** insipide, fade, mièvre *(soso)*, banal, ale

**ñoqui** *m.* COC. gnocchis

# O

**o** f. o m.

**oasis** m. oasis f.

**obcecar** tr. 1 aveugler 2 pr. être aveuglé, ée, être ébloui, ie

**obedecer** tr. 1 obéir à 2 intr. obéir

**obediencia** f. 1 obéissance 2 obédience

**obediente** adj. obéissant, e

**obelisco** m. obélisque

**obertura** f. MUS. ouverture

**obesidad** f. obésité

**obeso, -a** adj. obèse

**óbice** m. obstacle, empêchement

**obispado** m. évêché

**obispillo** m. 1 sorte de boudin 2 croupion, sot-l'y-laisse (de las aves)

**obispo** m. évêque

**óbito** m. décès, trépas

**objeción** f. objection

**objetivo, -a** adj. -m. objectif, ive

**objetar** tr. objecter

**objeto** m. objet con ~ de loc. adv. afin de, pour, en vue de

**objetor** m. objecteur ~ de conciencia objecteur de conscience

**oblación** f. oblation

**oblea** f. pain à cacheter m.

**oblicuo, -a** adj. oblique

**obligación** f. obligation

**obligar** tr. 1 obliger 2 pr. s'obliger, s'engager

**obligatorio, -a** adj. obligatoire

**oblongo, -a** adj. oblong, gue

**obnubilar** tr. obnubiler

**obra** f. 1 œuvre (labor) 2 œuvre (producción artística, etc.) 3 ouvrage m. (libro) 4 œuvre (en sentido moral) 5 CONSTR. chantier m. (edificio) 6 pl. travaux m. obras públicas travaux publics loc. adv. por ~ de par l'action de

**obrar** intr. 1 agir 2 se trouver, être el expediente obra en poder del juez le dossier se trouve entre les mains du juge 3 aller à la selle (exonerar el vientre) 4 tr. bâtir, construire

**obrero, -a** adj. -s. ouvrier, ière

**obscurecer** 1 tr. obscurcir, assombrir 2 intr. commencer à faire nuit 3 pr. s'obscurcir, s'assombrir

**obscuridad** f. obscurité

**obscuro, -a** adj. 1 obscur, e 2 sombre, foncé, ée (color) loc. adv. a obscuras dans l'obscurité, fig. dans l'ignorance

**obsequiar** tr. 1 combler de prévenances (agasajar) 2 courtiser (a una mujer) 3 faire cadeau, offrir

**obsequio** lm. 1 cadeau (regalo) 2 prévenance f., attention f. (afabilidad)

**observación** f. observation

**observar** tr. 1 observer 2 remarquer, constater 3 pr. se surveiller

**observatorio** m. observatoire

**obsesión** f. obsession

**obsesionar** tr. obséder

**obsoleto, -a** adj. obsolète

**obstáculo** m. obstacle

**obstante (no)** adv. cependant, néanmoins, nonobstant (sin embargo)

**obstinarse** pr. s'obstiner

**obstinación** f. obstination

**obstruir** tr. 1 obstruer 2 fig. entraver, contrarier

**obtener** tr. obtenir ha obtenido un premio il a obtenu un prix

**obturación** f. obturation

**obturar** tr. obturer

**obtuso, -a** adj. obtus, e

**obús** m. obus

**obvio, -a** adj. évident, e obvio es decir il est inutile de dire

**oc (lengua de)** f. langue d'oc

**oca** f. oie (ave) juego de la ~ jeu de l'oie

**ocasión** f. occasion de ~ d'occasion

**ocasionar** tr. occasionner, causer

**ocaso** m. 1 coucher (de un astro) 2 ouest, couchant (punto cardinal) 3 fig. décadence f., crépuscule

**occidental** adj. occidental, ale

**occidente** m. occident

**océano** m. océan

**ocio** m. 1 désœuvrement, inaction f. 2 loisir (tiempo libre) ratos de ~ moments de loisir

**ocioso, -a** 1 adj. -s. oisif, ive 2 adj. inutile, oiseux, euse (palabras, etc.)

**ocluir** 1 tr. MED. occlure 2 pr. se fermer

**oclusión** f. occlusion

**ocre** 1 adj. ocre 2 m. ocre f.

**octogonal** *adj. GEOM.* octogonal, ale

**octava** *f.* **1** octave **2** *LIT.* huitain *m. (estrofa)*

**octavilla** *f.* **1** huitain de vers octosyllabes *m.* **2** huitième d'une feuille de papier *m.* **3** tract *m.*

**octavo, -a** *adj. -s.* huitième *loc. adv.* **en** ~ in-octavo

**octeto** *m.* **1** octet **2** *MUS.* octuor

**octubre** *m.* octobre

**ocular** *adj. -m.* oculaire

**oculista** *s.* oculiste

**ocultar** **1** *tr.* cacher, dissimuler **2** *pr.* se cacher

**ocultismo** *m.* occultisme

**oculto, -a** *m.* **1** caché, ée *(escondido)* **2** occulte *(secreto)*

**ocupación** *f.* occupation

**ocupar** **1** *tr.* occuper **2** *pr.* s'occuper

**ocurrencia** *f.* **1** occasion, circonstance **2** saillie, trait d'esprit *m. (dicho agudo)* **3** idée, **tener** ~ avoir de l'à-propos

**ocurrir** **1** *intr.* arriver, se passer, se produire ¿ *qué ocurre?* que se passet-il ? **2** *pr.* venir à l'idée, venir à l'esprit *se le ocurrió escribir al propio director* il lui est venu à l'idée d'écrire au directeur lui-même

**octogenario, -a** *adj.* octogénaire

**octogonal** *adj.* octogonal, ale

**ochenta** *adj. -m.* quatre-vingt(s)

**ocho** *adj. -m.* huit *son las* ~ il est huit heures

**ochocientos, -as** *adj.* huit cents

**oda** *f.* ode

**odiar** *tr.* haïr, détester

**odio** *m.* haine *f.*

**odisea** *f.* odyssée

**odontólogo** *m.* chirurgien-dentiste

**oeste** *m.* ouest

**ofender** **1** *tr.* offenser **2** *pr.* s'offenser

**ofensa** *f.* offense

**ofensivo, -a** *adj.* **1** offensif, ive *(arma, etc.)* **2** offensant, e *(injurioso)* **3** *f.* offensive

**ofensor, -ora** *adj. -s.* offenseur, euse

**oferta** *f.* **1** offre **2** promesse

**oficial** **1** *adj.* officiel, elle **2** *m.* compagnon, ouvrier ~ **de sastre** ouvrier tailleur **3** employé de bureau *(oficinista)* **4** *MIL.* officier

**oficialidad** *f.* **1** *MIL.* cadres *m. pl.*, officiers *m. pl.* **2** caractère officiel *m. (de una cosa)*

**oficiar** **1** *intr.* officier **2** *tr. LITURG.* célébrer ~ **una misa** célébrer une messe ~ **de** agir en qualité de

**oficina** *f.* **1** bureau *m. (despacho)* **2** officine *(de farmacia)*

**oficio** *m.* **1** métier, profession *f.* **2** office *(función, papel)* **3** office **buenos oficios** bons offices **4** office *(antecocina)* **no hay** ~ **malo** il n'est point de sot métier *el Santo Oficio* le Saint-Office

**oficioso, -a** *adj.* officieux, euse *(no oficial)*

**ofimática** *f.* bureautique

**ofrecer** *tr.* **1** offrir **2** *fig.* offrir, présenter ~ **sus respetos** présenter ses hommages **3** *pr.* venir à l'esprit ¿ *qué se le ofrece?* que désirez-vous ?

**ofrecimiento** *m.* offre *f.*

**oftalmología** *f.* ophtalmologie

**oftalmólogo** *m.* ophtalmologiste *ou* ophtalmologue

**ofuscar** *tr.* offusquer, aveugler, éblouir *(turbar la vista)*

**ogro, ogresa** *s.* ogre, ogresse

**¡ oh !** *interj.* oh !

**oídas (de)** *loc. adv.* par ouï-dire

**oído** *m.* **1** ouïe *f.*, oreille *f. (sentido)* oreille *f. (órgano)* **2** lumière *f. (de arma)* **duro de** ~ dur d'oreille **al** ~ *loc. adv.* à l'oreille **de** ~ *loc. adv.* d'oreille

**oír** *tr.* entendre, écouter

**ojal** *m.* **1** boutonnière *f.* **2** trou *(agujero)*

**¡ ojalá !** *interj.* plaise à Dieu

**ojeador** *m.* rabatteur *(caza)*

**ojear** *tr.* **1** regarder, examiner **2** rabattre *(la caza)*

**ojera** *f.* cerne *(de los ojos)*

**ojival** *adj.* ogival, ale

**ojo** *m.* **1** œil **2** chas *(de una aguja)* **3** trous *(de la cerradura)* **4** anneau *(de llave)* **5** arche *f. (de un puente)* **ojos saltones** yeux à fleur de tête **llenar el** ~ plaire *i mucho* ~ *!* gare !, attention ! ~ **de gallo, de pollo** œil-de-perdrix *(callo)*

**okupa** *m.* squatter

**ola** *f.* **1** vague, lame **2** *fig.* vague *(de calor, etc.)*

**¡ ole !** ou **¡ olé !** *interj.* bravo !

**oleada** *f.* **1** grande vague **2** paquet de mer *m.*

**oleaginoso, -a** *adj.* oléagineux, euse

**oleaje** *m.* houle *f.*

**óleo** *m.* huile *f. pintura al* ~ peinture à l'huile *los santos óleos* les saintes huiles

**oleoducto** *ml.* oléoduc, pipe-line

**oler** *tr.* **1** sentir **2** *fig.* flairer **3** *intr.* sentir ~ *a rosa* sentir la rose **4** *pr.* pressentir

**olfato** *m.* odorat, flair

**oliente** *adj.* qui sent *bien* ~ qui sent bon *mal* ~ qui sent mauvais

**oligarquía** *f.* oligarchie

**olimpiada** *f.* olympiade

**olímpico, -a** *adj.* **1** olympien, ienne *(del Olimpo)* **2** olympique *juegos olímpicos* jeux Olympiques

**oliva** *f.* olive

**olivar** *m.* olivaie *f.*, oliveraie *f.*

**olivo** *m.* olivier

**olmo** *m.* orme

**olor** *m.* odeur

**oloroso, -a** *adj.* odorant, e

**olvidadizo, -a** *adj.* oublieux, euse, ingrat, e *fig.*

**olvidado, -a** *adj.* **1** oublié, ée **2** oublieux, euse *(olvidadizo)*

**olvidar** *tr.* oublier

**olvido** *m.* oubli

**olla** *f.* **1** marmite, pot *m. (vasija)* **2** pot-au-feu *m. invar. (guiso)* ~ *a presión* autocuiseur *m.* ~ *podrida* pot-pourri *m.*

**ombligo** *m.* nombril, ombilic

**ominoso, -a** *adj.* abominable, criminel, elle

**omisión** *f.* omission

**omiso, -a** *adj.* omis, e *hacer caso* ~ *de* ne pas faire cas de, faire peu de cas de

**omitir** *tr.* omettre

**ómnibus** *m.* omnibus

**omnipotencia** *f.* omnipotence

**omóplato, omoplato** *m.* omoplate *f.*

**once** *adj.* -*m.* onze

**onda** *f.* **1** onde **2** ondulation *(del pelo)* ~ *corta, larga* ondes courtes, grandes ondes *estar en la* ~ être dans le coup, être branché, ée

**ondeante** *adj.* ondoyant, e, ondulant, e

**ondear** *intr.* ondoyer, onduler

**ondulación** *f.* ondulation

**ondulante** *adj.* ondulant, e

**oneroso, -a** *adj.* onéreux, euse

**onírico, -a** *adj.* onirique

**onomástico, -a** **1** *adj.* onomastique **2** *f.* fête *(de una persona)*

**onomatopeya** *f.* onomatopée

**onza** *f.* **1** once *(peso)* **2** once *(mamífero)* ~ *de oro* monnaie d'or espagnole

**opaco, -a** *adj.* opaque

**opalino, -a** *adj.* opalin, e

**ópalo** *m.* opale *f.*

**opción** *f.* option, choix *m.*

**ópera** *f.* opéra *m.* ~ *cómica* opéra-comique

**operación** *f.* opération

**operar** **1** *tr.* opérer **2** *pr. CIR.* se faire opérer

**operario, -a** *s.* ouvrier, ière

**opinar** *intr.* penser, être d'avis

**opinión** *f.* opinion

**opio** *m.* opium

**oponer** **1** *tr.* opposer **2** *pr.* s'opposer

**oportunidad** *f.* opportunité *(calidad de oportuno)*, chance *le dan una* ~ on lui donne une chance

**oportunismo** *m.* opportunisme

**oportuno, -a** *adj.* opportun, e

**oposición** *f.* **1** opposition **2** concours *m. oposiciones a un cargo* concours en vue d'obtenir un poste

**oposicionista** *m.* opposant, membre de l'opposition

**opositar** *intr.* passer un concours

**opositor, -ora** *s.* **1** opposant, e **2** candidat, e *(en oposiciones)*

**opresión** *f.* oppression

**oprimir** *tr.* **1** presser, appuyer sur ~ *el botón* presser le bouton **2** serrer *(dicho de un vestido)* **3** oppresser *(ahogar)* **4** *fig.* opprimer *(tiranizar)*

**optar** *tr.* opter, choisir *optó por callarse* il choisit de se taire

**óptico, -a** **1** *adj.* -*f.* optique **2** *m.* opticien

**optimismo** *m.* optimisme

**opulencia** *f.* opulence

**opulento, -a** *adj.* opulent, e

**opúsculo** *m.* opuscule

**ora** *conj.* tantôt ~ *llora,* ~ *ríe* tantôt il pleure, tantôt il rit

**oración** *f.* **1** prière, oraison *(rezo)* **2** *GRAM.* propositon *las partes de la* ∼ les parties du discours

**orador, -ora** *s.* orateur, trice

**oral 1** *adj.* oral, ale **2** *s.* oral *(examen)*

**orangután** *m.* orang-outan *ou* orang-outang

**orar** *intr.* -tr. prier ∼ *a Dios* prier Dieu

**oratoria** *f.* art oratoire *m.*

**oratorio, -a** *adj.* oratoire

**oratorio** *m.* **1** oratoire **2** *MÚS.* oratorio

**orbe** *m.* **1** orbe *(círculo)*, sphère *f.* *(esfera)*, globe **2** monde, univers

**órbita** *f.* *ANAT. ASTR.* orbite *en* ∼ sur orbite

**órdago (de)** *loc. adv. fam.* du tonnerre, épatant, e *(muy bueno)*, terrible

**orden 1** *f.* ordre *m.* *(mandato, orden militar) las órdenes del general* les ordres du général **2** *m.* ordre *el* ∼ *público* l'ordre public ∼ *de pedido* bon de commande ∼ *de entrega* bon de livraison

**ordenación** *f.* **1** ordre *m.*, ordonnancement *m.* **2** *LITURG.* ordination **3** aménagement *m.* ∼ *del territorio* aménagement du territoire

**ordenada** *f.* *GEOM.* ordonnée

**ordenador, -ora** *s.* -*m.* **1** ordinateur **2** *adj.* ordonnateur, ordonnatrice

**ordenamiento** *m.* **1** mise en ordre *f.* **2** ordonnance *f.* *(ley)*

**ordenanza 1** *f.* ordonnance, règlement *m.* **2** *m.* *MIL.* ordonnance *(soldado)* **3** garçon de bureau *(en las oficinas)*

**ordenar** *tr.* **1** ordonner **2** mettre en ordre *(poner en orden)*

**ordeñar** *tr.* traire

**ordinario, -a** *adj.* **1** ordinaire **2** vulgaire, grossier, ière *(grosero)* **3** *m.* ordinaire **4** commissionnaire *(recadero)*

**orear** *intr.* aérer **2** *pr.* prendre l'air

**orégano** *m.* origan

**oreja** *f.* oreille *apearse por las orejas loc. fig.* vider les arçons *calentar las orejas* frotter les oreilles

**orfanato** *m.* orphelinat

**orfandad** *f.* **1** orphelinage *m.* **2** pension accordée à un orphelin

**orfebre** *m.* orfèvre

**orfeón** *m.* orphéon

**orgánico, -a** *adj.* organique

**organillo** *m.* orgue de Barbarie

**organismo** *m.* organisme

**organista** *s.* organiste

**organización** *f.* organisation

**organizar** *tr.* organiser

**órgano** *m.* **1** *MÚS.* orgue **2** organe

**orgía** *f.* orgie

**orgullo** *m.* **1** orgueil **2** fierté *f.*

**orgulloso, -a** *adj.* **1** orgueilleux, euse **2** fier, fière

**orientación** *f.* orientation

**oriental** *adj.* -*s.* oriental, ale

**orientar 1** *tr.* orienter **2** *pr.* s'orienter

**oriente** *m.* orient

**orificio** *m.* orifice

**oriflama** *f.* oriflamme

**origen** *m.* origine *f.*

**original 1** *adj.* originel, elle *(relativo al origen) pecado* ∼ péché originel **2** *adj.* -*s.* original, ale *(persona)* **3** *IMPR.* copie *f.*

**originalidad** *f.* originalité

**originar** *tr.* causer, donner naissance à

**orilla** *f.* **1** bord *m.*, rivage *m.* *(del mar)* **2** bord *m.* *(de un tejido, una mesa, etc.)*

**orillo** *m.* lisière d'une étoffe *f.*

**orina** *f.* urine

**orinal** *m.* pot de chambre

**orinar** *intr.* -*pr.* -*tr.* uriner

**oriundo, -a** *adj.* originaire

**ornamentación** *f.* ornementation

**ornamentar** *tr.* ornementer, orner

**ornitología** *f.* ornithologie

**ornitólogo** *m.* ornithologiste, ornithologue

**oro 1** *m.* or **2** *pl.* une des couleurs du jeu de cartes espagnol ∼ *de ley* or au titre, or véritable

**orografía** *f.* orographie

**oropel** *m.* **1** oripeau **2** *fig.* clinquant

**oropéndola** *f.* loriot *m.*

**orquesta** *f.* orchestre *m.*

**orquídea** *f.* orchidée

**ortiga** *f.* ortie

**ortodoxo, -a** *adj.* -*s.* orthodoxe

**ortografía** *f.* orthographe

**ortográfico, -a** *adj.* orthographique

**ortopedia** *f.* orthopédie

**ortopédico, -a 1** *adj.* orthopédique **2** *s.* orthopédiste

**oruga** *f.* **1** chenille **2** roquette *(hierba)* **3** *MEC.* chenille

**orujo** *m.* marc de raisin, d'olive

**orza** *f.* **1** pot de terre vernie **2** dérive *(pieza triangular)*

**orzuelo** *m.* **1** orgelet, compère-loriot *(en un párpado)* **2** piège

**os** *pr. pers.* vous ~ *veo* je vous vois

**osa** *f.* ourse

**osadía** *f.* audace, hardiesse

**osamenta** *f.* **1** squelette *m.,* ossature **2** *TECN.* armature *(armazón)*

**osar** *intr.* oser

**oscilación** *f.* oscillation

**oscilar** *intr.* **1** osciller **2** vaciller *(una llama)*

**ósculo** *m.* baiser

**óseo, -a** *adj.* osseux, euse

**ósmosis, osmosis** *f.* osmose

**oso** *m.* ours ~ *hormiguero* fourmilier, tamanoir

**ostentación** *f.* ostentation *hacer* ~ *de* faire ostentation de, étalage de, étaler, afficher

**ostentoso, -a** *adj.* magnifique, somptueux, euse

**ostra** *f.* huître *loc. fam.* *aburrirse como una* ~ s'ennuyer mortellement

**ostracismo** *m.* ostracisme

**ostricultura** *f.* ostréiculture

**ostrogodo, -a** *adj.* -*s.* ostrogoth, e

**otear** *tr.* **1** observer, guetter **2** scruter **3** *fig.* fureter

**otero** *m.* butte *f.,* tertre

**otomano, -a** *adj.* -*s.* **1** ottoman, e **2** *f.* ottomane *(sofá)*

**otoñal** *adj.* automnal, ale

**otoño** *m.* automne

**otorgamiento** *m.* **1** octroi, concession *f.* **2** *DER.* passation *f.*

**otorgar** *tr.* **1** accorder, octroyer **2** *DER.* passer par-devant notaire *(un acta)* **3** conférer

**otro, -a** *adj.* -*pron. indef.* autre ~ *libro* un autre livre *quiero* ~ *pastel* je veux un autre gâteau

**ovación** *f.* ovation

**oval, ovalado, -a** *adj.* ovale

**ovalar** *tr.* ovaliser

**óvalo** *m.* ovale

**ovario** *m.* ovaire

**oveja** *f.* brebis *(hembra del carnero),* mouton *m. (carnero)*

**ovejuno, -a** *adj.* de brebis, ovin, e

**oviducto** *m.* oviducte

**ovillar** *intr.* mettre en pelote

**ovillo** *m.* pelote *f.,* peloton *loc. fig.* *hacerse un* ~ se pelotonner, se ramasser, se mettre en boule

**ovíparo, -a** *adj.* ovipare

**ovoide, ovoideo, -a** *adj.* ovoïdal, ale

**óvolo** *m.* *ARQUIT.* ove

**óvulo** *m.* ovule

**oxear** *tr.* chasser *(gallinas)*

**oxidación** *f.* oxydation

**oxidar** *tr.* **1** oxyder **2** *pr.* s'oxyder, se rouiller

**óxido** *m.* oxyde, rouille *f.*

**oxigenar** *tr.* **1** oxygéner **2** *pr.* s'oxygéner

**oxígeno** *m.* oxygène

**oyente** *s.* auditeur, trice

**ozono** *m.* ozone

# P

**p** *f.* p *m.*

**pabellón** *m.* 1 pavillon 2 faisceau *(de fusiles)*

**pacer** *tr. -intr.* paître, faire paître, nourrir

**paciencia** *f.* patience *acabársele a uno la* ~ être à bout de patience *perder la* ~ perdre patience

**paciente** *adj. -s.* patient, e

**pacificación** *f.* pacification

**pacificar** *tr.* pacifier

**pacifista** *adj. -s.* pacifiste

**pacífico, -a** *adj.* pacifique *Océano* ~ *n. pr. m.* océan Pacifique

**pacotilla** *f.* pacotille *de* ~ de pacotille

**pactar** *intr.* 1 pactiser 2 *tr.* convenir *(de una cosa)*

**pacto** *m.* pacte, accord, convention *f.*

**pachucho, -a** *adj.* faible, patraque

**padecer** *tr. -intr.* souffrir, souffrir de ~ *una enfermedad grave, sed* souffrir d'une maladie grave, de la soif

**padrastro** *m.* 1 beau-père, nouveau mari d'une mère remariée 2 envie *f.* *(en las uñas)*

**padre** *m.* 1 père 2 curé, prêtre, abbé 3 *pl.* parents *(padre y madre)* ~ *Santo* Saint-Père ~ *nuestro* Notre Père, Pater

**padrenuestro** *m.* Notre Père, Pater

**padrinazgo** *m.* 1 parrainage 2 *fig.* protection

**padrino** *m.* 1 parrain 2 témoin *(en un desafío, una boda)* 3 *fig.* protecteur

**padrón** *m.* 1 recensement, cens, rôle *hacer el* ~ faire le recensement 2 modèle *(dechado)*

**paella** *f.* paella, riz à la valencienne *m.*

**¡ paf !** *interj.* paf !

**paga** *f.* paye, paie *(sueldo)* ~ *extraordinaria* double paye, treizième mois

**pagable, pagadero, -a** *adj.* payable

**paganismo** *m.* paganisme

**pagano, -a** 1 *adj. -s.* païen, enne 2 *m. fam.* celui qui paie les frais, lampiste, dindon de la farce

**pagar** 1 *tr.* payer 2 *pr.* s'infatuer, être fier, fière *de estar pagado de sí mismo* être infatué de soi-même ~ *con su vida* payer de sa vie

**pagaré** *m.* COM. billet à ordre

**página** *f.* page

**pagaya** *f.* pagaie

**pago** *m.* 1 paiement ~ *al contado, a plazos* paiement comptant, à tempérament 2 propriété rurale *f.,* domaine *(heredad)* 3 *fig.* récompense *f.* *el* ~ *de la gloria* la rançon de la gloire

**país** *m.* pays

**paisaje** *m.* paysage

**paisajista** *s.* paysagiste

**paisano, -a** 1 *adj. -s.* pays, payse, compatriote 2 *m.* civil *(persona)* *vestido de* ~ habillé en civil

**paja** *f.* paille *(del trigo, etc.)* *echar pajas* tirer à la courte paille

**pajar** *m.* pailler, grenier à foin

**pájara** *f.* 1 oiseau *m.* 2 cocotte *(de papel)* 3 cerf-volant *m.* *(cometa)*

**pajarero, -a** *adj.* 1 gai, gaie, joyeux, euse, enjoué, ée *(persona)* 2 criard, e *(color)*, bigarré, ée *(tela, etc.)*

**pajarita** *f.* cocotte *(de papel)* *corbata de* ~ nœud papillon

**pájaro** *m.* 1 oiseau 2 ZOOL. passereau ~ *bobo* guillemot *a vista de* ~ *fig.* à vol d'oiseau *matar dos pájaros de un tiro* *fig.* faire d'une pierre deux coups

**pajarraco** *m. desp.* vilain oiseau

**paje** *m.* 1 page *(persona)* 2 MAR. mousse *(grumete)*

**palabra** *f.* 1 mot *m.,* terme *m.* *(vocablo)* 2 parole *(habla)* *la última* ~ le dernier mot ~ *de matrimonio* promesse de mariage ~ *clave* mot clé *m.*

**palabreo** *m.* ou **palabrería** *f.* papotage *m.,* bavardage *m.*

**palabrota** *f.* gros mot *m.*

**palaciego, -a** *adj.* du palais

**palacio** *m.* 1 palais *(real, de justicia, etc.)* 2 château

**palada** *f.* 1 pelletée 2 coup d'aviron sur l'eau *m.*

**paladar** *m.* 1 ANAT. palais 2 *fig.* goût *(gusto)* 3 goût, saveur *f.* *(sabor)*

**paladear** *tr.* savourer

**paladín** *m.* paladin

**paladino, -a** *adj.* manifeste, clair, e

**palanca** *f.* 1 levier *m.* 2 FORT. palanque

**palangana** *f.* cuvette

**palanqueta** *f.* pince-monseigneur

**palco** *m.* 1 *TEAT.* loge *f.* 2 tribune *f.* *(tabladillo)* ∼ *de platea* baignoire *f.* ∼ *de proscenio* avant-scène *f.*

**palenque** *m.* 1 palissade *f.* 2 champ clos, arène *f. (recinto) salir al* ∼ entrer en lice

**paleolítico, -a** *adj.* paléolithique

**paleontología** *f.* paléontologie

**palestra** *f.* 1 palestre 2 *fig.* lutte *salir a la* ∼ entrer en lice

**paleta** *f.* 1 petite pelle 2 palette *(de mercancías o de pintor)* 3 pale *(de hélice, ventilador)* 4 truelle *(de albañil)*

**paletada** *f.* truellée, pelletée

**paletilla** *f.* 1 *ANAT.* omoplate 2 appendice xiphoïde *m. (del esternón)*

**paleto, -a** *adj. -s. fig.* rustre, paysan, anne, péquenaud, e *ser un* ∼ être un rustre

**paliar** *tr.* pallier

**palidecer** *intr.* pâlir

**palidez** *f.* pâleur

**pálido, -a** *adj.* pâle

**paliducho, -a** *adj.* pâlot, otte

**palillero** *m.* 1 étui à cure-dents 2 porte-plume

**palillo** *m.* 1 affiquet *(de hacer media)* 2 fuseau *(de encajera)* 3 cure-dents *invar. (mondadientes)* 4 baguette *f. (de tambor)* 5 ébauchoir *(de escultor)* 6 *pl.* quilles *f. (del billar)* 7 castagnettes *f. (castañuelas)*

**palisandro** *m.* palissandre

**paliza** *f.* raclée, rossée

**palma** *f.* 1 palme 2 palmier *m. (árbol)* 3 paume *(de la mano)* 4 sole *(del casco de las caballerías)* 5 *pl.* applaudissements *m. llevarse la* ∼ *loc. fig.* remporter la palme *batir palmas* applaudir, battre des mains

**palmada** *f.* tape *(golpe)*

**palmar** *adj.* 1 de palme 2 palmaire 3 *m.* palmeraie *f. (sitio poblado de palmas)*

**palmera** *f.* palmier *m.,* dattier *m. (datilera)*

**palmeral** *m.* palmeraie *f.*

**palmesano, -a** *adj. -s.* de Palma de Majorque

**palmo** *m.* empan *loc. adv.* **recorrer** *España de* ∼ *a* ∼ parcourir l'Espagne d'un bout à l'autre

**palmoteo** *m.* battement de mains, applaudissement

**palo** *m.* 1 bâton 2 bois *(madera)* ∼ *campeche* bois de Campêche ∼ *brasil* bois du Brésil 3 *BLAS.* pal 4 gibet *(suplicio)* 5 queue *f. (de una letra)* 6 couleur *f. (de la baraja)* 7 quille *f. (para jugar al billar) fig. de tal* ∼, *tal astilla* tel père, tel fils

**paloma** *f.* pigeon *m.,* colombe ∼ *mensajera* pigeon voyageur

**palomar** *m.* pigeonnier, colombier *adj. hilo* ∼ sorte de ficelle *f.*

**palomo** *m.* pigeon mâle

**palote** *m.* baguette courte *f.*

**palpable** *adj.* palpable

**palpar** *tr.* 1 palper 2 tâtonner *(andar a tientas)* 3 *fig.* comprendre clairement

**palpitación** *f.* palpitation

**palpitar** *intr.* palpiter

**paludismo** *m. MED.* paludisme

**palustre** *adj.* 1 palustre 2 *m.* truelle *f. (de albañil)*

**pampa** *f.* pampa

**pámpano** *m.* pampre

**pampero, -a** 1 *adj.* habitant de la pampa 2 *m.* pampéro, vent de la pampa

**pamplina** *f.* 1 mouron *m.* 2 *fam.* niaiserie, baliverne, sornette, *pl.* broutilles

**pan** *m.* 1 pain ∼ *de pueblo* pain de campagne ∼ *candeal* pain complet ∼ *de molde* pain de mie 2 feuille *f.* ∼ *de oro, de plata* feuille d'or, d'argent battu 3 blé *(trigo) tierra de* ∼ *llevar* terre à blé *loc. fig. al* ∼, ∼ *y al vino, vino* il faut appeler un chat un chat

**panacea** *f.* panacée

**panadería** *f.* boulangerie

**panadero, -a** *s.* boulanger, ère

**panadizo** *m.* panaris

**panal** *m.* rayon *(de colmena) en forma de* ∼ en nid-d'abeilles

**pancarta** *f.* pancarte

**pancista** *adj. -s.* opportuniste

**páncreas** *m. ANAT.* pancréas

**pandear** *intr.* se bomber *(pared, etc.),* s'incurver

**pandeo** *m.* bombement *(pared, etc.),* gauchissement, courbure *f.*

**pandereta** *f.* tambour de basque *m.,* tambourin

**pandero** m. **1** tambour de basque **2** cerf-volant *(juguete)* **3** *fam.* postérieur *(d'une personne)*

**pandilla** f. **1** bande *(grupo de personas)* **2** ligue, coterie *(camarilla)*

**panecillo** m. petit pain

**panegírico** m. panégyrique

**panel** m. panneau *(de puerta, etc.)*

**panetela** f. **1** sorte de panade *(sopa)* **2** panatela m. *(cigarro)*

**pánfilo, -a** adj. -s. flemmard, e, mou, molle *(flojo)*, endormi, ie *(tardo en comprender)*

**pánico, -a 1** adj. panique **2** m. panique f.

**panificar** tr. panifier

**panoplia** f. panoplie

**panorama** m. panorama

**pantalón** m. **1** pantalon **2** culotte f. *(de mujer)* ~ *corto* culotte courte

**pantalla** f. **1** abat-jour m. invar. *(de lámpara)* **2** écran m. *(de cine, televisión)* **3** écran m., garde-feu m. invar. *(de chimenea)*

**pantano** m. **1** marais **2** réservoir *(de una presa)*

**panteísmo** m. panthéisme

**panteón** m. **1** panthéon **2** caveau de famille *(sepultura)*

**pantera** f. panthère

**pantomima** f. pantomime

**pantorrilla** f. mollet m.

**pantufla** f. pantoufle

**panza** f. panse

**pañal** m. **1** lange **2** pan *(de camisa)* **3** pl. couches f., maillot sing. *(del niño)*

**paño** m. **1** drap *(de lana)* **2** étoffe f., tissu *(tela)* **3** torchon *(trapo)* **4** tenture f. *(colgadura)* **5** MAR. voilure f. **6** taie f. *(en el ojo)* **7** tache f., envie f. *(en la piel)* **8** pan de mur *(de pared)* **9** pl. vêtements *paños menores* sous-vêtements ~ *de manos* essuie-mains *hablar al* ~ parler à la cantonade

**pañoleta** f. fichu m.

**pañuelo** m. mouchoir ~ *de bolsillo* mouchoir de poche

**papa** m. pape *(Sumo Pontífice)*

**papá** m. papa

**papada** f. **1** double menton m. **2** fanon m. *(de los bueyes)*

**papagayo** m. perroquet

**papal** adj. papal, ale

**papanatas** m. invar. niais, crédule, jobard

**papel** m. **1** papier ~ *de fumar* papier à cigarettes ~ *secante* papier buvard ~ *sellado* papier timbré **2** TEAT. rôle **3** fig. rôle *desempeñar un* ~ jouer un rôle **4** pl. papiers *(documentos, periódicos, etc.) hacer buen* ~ faire bonne figure

**papeleo** m. paperasserie f.

**papelera** f. corbeille à papier *(cesto)*

**papelería** f. **1** paperasserie **2** papeterie *(comercio)*

**papelero, -a** adj. **1** poseur, euse *(farolero)* **2** m. papetier

**papeleta** f. **1** billet m. *(de rifa, etc.)*, bulletin m. *(para votar)* **2** reconnaissance *(del monte de piedad)*

**papera 1** f. goitre m. *(bocio)* **2** f. pl. oreillons m. *(enfermedad)*

**papila** f. ANAT. papille

**papilla** f. bouillie *(para los niños) fig. hacer* ~ *a* réduire en bouillie

**papiro** m. papyrus

**papirote** m. **1** chiquenaude f. **2** nigaud *(tonto)*

**papo** m. jabot *(de los pájaros)*

**paquete** m. **1** paquet **2** MAR. paquebot *un* ~ *de medidas* un train de mesures

**paquidermo** m. pachyderme

**par** adj. **1** pair, paire *número* ~ nombre pair **2** pareil, eille *sin* ~ sans pareil **3** m. paire f. *un* ~ *de guantes* une paire de gants **4** couple ~ *de fuerzas* couple de forces **5** ARQUIT. arbalétrier loc. adv. *a* ~, *a la* ~ en même temps

**para** prep. **1** pour *salir* ~ *París* partir pour Paris *una carta* ~ *ti* une lettre pour toi **2** sur le point de *estar* ~ *salir* être sur le point de partir **3** à *(idea de finalidad, destino) no servir* ~ *nada* ne servir à rien **4** conj. pour, afin de, que loc. conj. ~ *que* pour que

**parabrisas** m. invar. pare-brise

**paracaídas** m. invar. parachute

**parachoques** m. invar. pare-chocs

**parada** f. **1** arrêt m. *(acción de parar, lugar donde se para)* **2** station *(de autobús, metro, taxis, etc.)*

**parado, -a** adj. **1** gauche, timide, lent, lente **2** désœuvré, ée, sans occupation *(desocupado)*, en chômage *(sin trabajo)* **3** s. chômeur, euse p.p. *de parar*

**paradójico, -a** adj. paradoxal, ale

**parador** *m.* auberge *f. (mesón)*, hostellerie *f.*, "parador", hôtel de luxe géré par l'Etat

**parafernalia** *f.* attirail *m.*

**parafina** *f.* paraffine

**parafrasear** *tr.* paraphraser

**paraguas** *m. invar.* parapluie

**paraguayo, -a** *adj. -s.* paraguayen, enne

**paraíso** *m.* paradis ∼ **terrenal** paradis terrestre

**paraje** *m.* endroit, parages *pl. invar.*

**paralelo, -a** *adj.* **1** parallèle **2** *m.* parallèle *(círculo geográfico, comparación)*

**parálisis** *f.* paralysie

**paralítico, -a** *adj. -s.* paralytique

**paralizar** *tr.* paralyser

**paramento** *m.* ornement

**páramo** *m.* lande *f.*, étendue désertique *f.*

**paraninfo** *m.* grand amphithéâtre *(en las universidades)*

**parar** *intr.* **1** s'arrêter *(detenerse un vehículo, mecanismo, etc.)* **2** arrêter, cesser *(cesar)* **no para de llover** il ne cesse pas de pleuvoir **3** arriver à un terme, avoir une fin **4** venir, tomber *(en poder de alguien)* **5** descendre *(en un hotel, etc.)*, loger *(alojarse)* **6** *tr.* arrêter *(el movimiento o acción de)* **7** parer *(un golpe)* **8** *pr.* s'arrêter **ir a** ∼ aller échouer

**pararrayo** *m.* OU **pararrayos** *invar.* paratonnerre

**parásito, -a** *adj. -s.* parasite

**parasol** *m.* parasol

**parcela** *f.* parcelle

**parcelar** *tr.* parcelliser

**parcial** *adj.* **1** partiel, elle *(no completo)* **2** partial, ale *(no justo)* **juicios parciales** jugements partiaux **3** *adj. -s.* partisan *(partidario)*

**parco, -a** *adj.* sobre

**parche** *m.* **1** emplâtre **2** peau *f. (del tambor)* **3** rustine *(en un neumático)*

**pardo, -a** *adj.* brun, brune **oso** ∼ ours brun

**parecer** *m.* **1** avis, opinion *f.* **a mi** ∼ à mon avis **2** apparence *f.*, air, aspect *(aspecto)*

**parecer** *intr.* **1** paraître, se montrer *(dejarse ver)* **2** apparaître *(aparecer)* **3** paraître, sembler, avoir l'air de **me parece** il me semble **4** *pr.* ressembler **se parece mucho a su padre** il ressemble beaucoup à son père **parece (ser) que** *impers.* il semble que, on dirait que

**parecido, -a** *adj.* ressemblant, e

**pared** *f.* mur *m.*

**pareja** *f.* **1** couple *m. (de personas, de animales)* **2** couple *m. (consortes)* **3** cavalier, cavalière, partenaire *(en los bailes)* **4** pendant *m. (objeto que completa el par)* **correr parejas** *pl.* aller de pair

**parejo, -a** *adj.* pareil, eille, semblable *(semejante)*

**parentela** *f.* parenté, parentèle

**paréntesis** *m. invar.* parenthèse *f.* **entre** ∼ entre parenthèses

**paridad** *f.* parité

**pariente, -a** **1** *adj. -s.* parent, e **2** *s. pop.* mari *m.*, bourgeoise *f.*

**parisiense, parisino, -a** *adj. -s.* parisien, ienne

**paritario, -a** *adj.* paritaire

**parlamentar** *intr.* parlementer

**parlamentario, -a** *adj. -s.* parlementaire

**parlamento** *m.* **1** parlement **2** discours **3** *TEAT.* tirade *f.*

**parlante** *adj.* parlant, e

**parlería** *f.* verbiage *m.*

**parlero, -a** *adj.* **1** bavard, e **2** cancanier, ière *(chismoso)*

**paro** *m.* **1** arrêt *(del trabajo, del movimiento)* **2** mésange *f. (pájaro)* ∼ **carbonero** mésange charbonnière *f.* **3** chômage

**parodia** *f.* parodie

**parpadear** *intr.* ciller, cligner des yeux

**párpado** *m.* paupière *f.*

**parque** *m.* **1** parc **2** *MIL.* parc ∼ **tecnológico** technopole *f.*

**parqué** OU **parquet** *m.* parquet

**parquedad** *f.* parcimonie

**parquímetro** *m.* parcmètre

**parra** *f.* treille *(vid)*

**párrafo** *m.* paragraphe *loc. fig.* **echar un** ∼ tailler une bavette

**parral** *m.* treille *f.*

**parranda** *f.* fête, noce, bombance **andar de** ∼ faire la noce

**parricidio** *m.* parricide *(crimen)*

**parrilla** *f.* gril *m. (para asar)*

**párroco** *m.* curé

**parroquia** *f.* **1** paroisse **2** clientèle *(de una tienda, etc.)*

**parsimonia** f. 1 parcimonie 2 circonspection

**parte** f. 1 partie 2 DER. MUS. partie 3 partie (beligerante) 4 part tomar ~ en prendre part à echar a mala ~ prendre en mauvaise part 5 côté m. (lado), endroit m. (sitio) 6 côté m., parti m. (en una contienda) 7 TEAT. rôle m. (papel) 8 m. dépêche f., télégramme 9 communiqué, rapport (informe), bulletin ~ meteorológico, facultativo, de nieve bulletin météorologique, de santé, d'enneigement

**participación** f. 1 participation ~ en participation à 2 lettre de faire-part, faire-part m. ~ de boda faire-part de mariage

**participar** intr. participer ~ en participer à

**partícipe** adj. -s. participant, e

**participio** m. participe ~ activo participe présent

**partícula** f. particule

**particular** adj. 1 particulier, ière 2 personnel, elle, privé, ée 3 m. sujet, matière f. (asunto)

**particularidad** f. particularité

**partida** f. 1 départ m. 2 acte f. (de nacimiento, etc.), extrait m. (copia) 3 COM. partie ~ doble partie double 4 article m. (en una cuenta) 5 partie (en el juego) 6 partie (de caza, etc.) 7 bande, faction, troupe (cuadrilla) 8 lot m., quantité (de una mercancía) 9 tour m. mala ~ mauvais tour

**partidario, -a** adj. -s. partisan, e

**partido, -a** 1 adj. divisé, ée 2 m. parti espíritu de ~ esprit de parti sacar ~ de tirer parti de 3 partie f. (en deportes), match (de fútbol, etc.) 4 avantage (en el juego) 5 parti (hablando de un casamiento) ~ judicial arrondissement

**partir** tr. 1 diviser (dividir) 2 fendre (hender), casser (romper), couper (cortar) 3 partir (marcharse) 4 partager (repartir)

**parto** m. accouchement (de una mujer)

**párvulo** adj. -s. enfant, petit, e escuela de párvulos école maternelle

**pasa** f. raisin sec m.

**pasada** f. passage m. (acción) hacer una mala ~ jouer un mauvais tour

**pasado, -a** adj. 1 passé, ée 2 trop mûr, e 3 m. passé

**pasador, -ora** adj. -s. 1 passeur, euse 2 m. broche f., agrafe f. 3 brochette f. (para las condecoraciones)

**pasaje** m. 1 passage 2 amer. billet

**pasajero, -a** 1 adj. passant, e (concurrido) 2 adj. -s. passager, ère

**pasantía** f. stage (abogado)

**pasaporte** m. passeport

**pasar** intr. 1 passer 2 se passer, arriver, se produire (acontecer) ¿ qué pasa ? que se passe-t-il ? 3 dépasser (aventajar) 4 avaler (tragar) 5 fig. endurer (sufrir), avoir ~ frío, hambre avoir froid, faim 6 pr. passer pasarse al enemigo passer à l'ennemi ~ por passer pour yo no paso por esto je ne tolère pas ça ir pasando vivoter ~ de todo dépasser (un límite, etc.), s'en ficher, s'en moquer pasarse de exagérer, fam. être trop

**pasarela** f. défilé de mode

**pasatiempo** m. passe-temps

**pascua** f. 1 pâque (fiesta judía) 2 pâques ~ florida, de resurrección Pâques ~ de Pentecostés Pentecôte ~ de Navidad Noël

**pase** m. 1 permis, laissez-passer 2 passe f. (de magnetizador, en fútbol, etc.) 3 ESGR. feinte f. 4 TAUROM. passe f.

**pasear** 1 tr. promener 2 intr. -pr. se promener

**paseo** m. promenade f. loc. fig. mandar a ~ envoyer promener

**pasillo** m. 1 couloir, corridor 2 TEAT. saynète f.

**pasión** f. passion

**pasivo, -a** adj. 1 passif, ive 2 m. COM. passif

**pasmar** tr. 1 glacer, transir 2 geler (hablando de las plantas) 3 intr. fig. étonner, stupéfier (asombrar) 4 pr. s'évanouir, se pâmer

**pasmoso, -a** adj. étonnant, e, stupéfiant, e

**paso** m. 1 pas 2 démarche f., allure f. (manera de andar) 3 passage (acción, lugar por donde se pasa, derecho de pasar) 4 scène de la Passion de N.-S. J.-C., statues figurant une scène de la Passion dans les processions de la Semaine Sainte 5 TEAT. petite pièce dramatique f. ~ ligero pas de gymnastique ~ de rosca pas de vis ~ de Calais Pas-de-Calais dar un ~ faire un pas ~ a nivel passage à niveau a cada ~ loc. adv. à chaque instant

**pasota** *s.* je-m'en-foutiste

**pasotismo** *m.* je-m'en-foutisme

**pasta** *f.* 1 pâte *pastas para sopa* pâtes alimentaires 2 reliure *(de un libro)* *media* ~ demi-reliure 3 *pl.* petits gâteaux *m.*, petits fours *m. (dulces)* 4 *fam.* galette, fric *m.*

**pastar** *tr.* 1 paître, mener au pâturage 2 *intr.* pâturer

**pastel** *m.* 1 gâteau 2 pâté *(de carne)* 3 *fig.* arrangement secret 4 PINT. pastel *descubrir el* ~ découvrir le pot aux roses

**pastelería** *f.* pâtisserie

**pastelero, -a** *s.* 1 pâtissier, ière 2 *fam.* lèche-bottes *invar.*

**pasterizar** ou **pasteurizar** *tr.* pasteuriser

**pastilla** *f.* cachet *m.*, pilule, pastille ~ *de jabón* savonnette

**pastillero** *m.* boîte à pilules

**pastizal** *m.* pâturage, pacage

**pasto** *m.* 1 pâturage *(acción, sitio)* 2 pâture *f. (alimento)* ~ ordinaire *(vino, etc.) derecho de* ~ droit de pacage

**pastor, -ora** *s.* 1 berger, ère 2 *m.* pâtre *(de ganado)* 3 pasteur *(sacerdote)*

**pastorear** *tr.* paître, mener paître *(el ganado)*

**pastoril** *adj.* pastoral, ale

**pastoso, -a** *adj.* 1 pâteux, euse 2 chaude *(voz)*

**pata** *f.* 1 patte, pied *m. (pierna, pie de un animal)* 2 cane *(hembra del pato)* 3 patte *(de un vestido)* 4 pied *m. (de un mueble)* ~ *de gallo* loc. fig. patte-d'oie *(arrugas)*, sottise *(despropósito) meter la* ~ faire un impair, faire une gaffe *a la* ~ *coja* loc. adv. à cloche-pied

**patada** *f.* coup de pied *m.*

**patalear** *intr.* trépigner

**patán** 1 *m.* rustre, paysan 2 *adj.* malotru, ue

**patata** *f.* pomme de terre

**patatús** *m. fam.* évanouissement, malaise

**patear** *tr.* 1 fouler aux pieds *(pisotear)*, maltraiter 2 siffler *(en el teatro)* 3 *intr.* piétiner, trépigner

**patentar** *tr.* patenter, breveter

**patente** 1 *adj.* patent, e, évident, e 2 *f.* patente 3 brevet *m. (de invención)*

**paternal** *adj.* paternel, elle

**paternidad** *f.* paternité

**patético, -a** *adj.* pathétique

**patíbulo** *m.* échafaud, gibet

**paticojo, -a** *adj. -s.* boiteux, euse

**patidifuso, -a** *adj. fam.* épaté, e *quedarse* ~ rester bouche bée

**patilla** *f.* 1 favori *m. (barba)* 2 certaine position de la main sur la guitare 3 branche *(de gafas)*

**patín** *m.* 1 patin *(para patinar)* 2 MEC. patin 3 pétrel *(ave)* ~ *de cuchilla, de ruedas* patin à glace, à roulettes

**patinaje** *m.* patinage

**patinar** *intr.* 1 patiner 2 déraper *(un vehículo)* 3 *tr.* patiner *(dar pátina)*

**patinazo** *m.* 1 patinage, dérapage *(de un coche)* 2 *fig.* bévue *f.*, bourde *f.* *dar un* ~ se mettre le doigt dans l'œil

**patio** *m.* 1 cour *f. (espacio cerrado)* 2 patio *(en las casas españolas, etc.)* 3 TEAT. parterre

**patitieso, -a** *adj. fam.* qui a les jambes engourdies, raides *quedarse* ~ être stupéfait

**patizambo, -a** *adj.* cagneux, euse

**pato** *m.* canard loc. fig. *pagar el* ~ payer pour les autres, payer les pots cassés, trinquer

**patología** *f.* pathologie

**patoso, -a** *adj.* pataud, e, lourdaud, e

**patraña** *f.* bourde, mensonge *m.*

**patria** *f.* patrie

**patriarca** *m.* patriarche

**patrimonio** *m.* 1 patrimoine 2 *fig.* apanage, lot

**patrio, -a** *adj.* de la patrie

**patriota** *s.* patriote

**patriótico, -a** *adj.* patriotique

**patriotismo** *m.* patriotisme

**patrocinar** *tr.* patronner, protéger, appuyer *(a alguien)*

**patrocinio** *m.* patronage, appui, protection *f.*

**patrón, -ona** *s.* 1 patron, onne 2 hôte, hôtesse *(en una casa de huéspedes)* 3 *m.* patron *(modelo)*

**patronal** 1 *adj.* patronal, ale 2 *f.* le patronat *(empresariado)*

**patronato** *m.* patronage *(asociación benéfica)*

**patrono, -a** *s.* patron, onne

**patrulla** *f.* patrouille

**paulatino, -a** *adj.* lent, e

**pauta** *f.* 1 règle *(regla)* 2 lignes d'un papier réglé *pl. (rayas)* 3 *fig.* règle, norme, modèle *m.*

**pava** *f.* dinde

**pavada** *f.* 1 troupeau de dindons *m.* 2 *fig. fam.* fadaise, niaiserie

**pavero, -a** *s. fig.* poseur, euse, hâbleur, euse

**pavés** *m.* pavois

**pavesa** *f.* flammèche, brandon *m.*

**pavimentar** *tr.* paver *(con adoquines)*, carreler, daller *(con losas)*

**pavimento** *m.* pavage, pavement, pavé *(de adoquines)*

**pavo** *m.* dindon ∼ **real** paon

**pavonearse** *pr.* se pavaner

**pavor** *m.* frayeur *f.*

**pavoroso, -a** *adj.* effrayant, e

**payasada** *f.* pantalonnade

**payaso** *m.* clown, paillasse, pitre

**payés, -esa** *s.* paysan, anne de la Catalogne et des Baléares

**paz** *f.* paix *dejar en* ∼ laisser tranquille *estar, quedar en* ∼ être en paix, être quitte *(descargado de deuda)*

**pe** *f.* p *m.*, lettre P *de* ∼ *a pa* de A jusqu'à Z

**peaje** *m.* péage *autopista de* ∼ autoroute à péage

**peatón** *m.* piéton *paso de peatones* passage pour piétons

**peatonal** *adj.* piétonnier, ère

**peca** *f.* tache de rousseur

**pecado** *m.* péché

**pecador, -ora** *adj. -s.* pécheur, eresse

**pecaminoso, -a** *adj.* qui tient du péché, coupable

**pecar** *intr.* pécher

**peccata minuta** *loc.* faute légère *f.*, peccadille *f.*

**pecera** *f.* aquarium *m.*

**pecoso, -a** *adj.* qui a des taches de rousseur

**pectoral** 1 *adj. -m.* pectoral, ale 2 *m.* LITURG. croix pectorale *f.*

**pecuario, -a** *adj.* relatif, ive au bétail, de l'élevage

**peculiar** *adj.* particulier, ère, propre, caractéristique

**pechera** *f.* 1 plastron *m. (de camisa)*, devant *m. (una prenda de vestir)* 2 jabot *m. (chorrera)*

**pechero, -a** *adj. -s.* roturier, ière

**pecho** *m.* 1 poitrine *f.* 2 *fig.* cœur *(corazón)*, courage *(valor)* 3 gorge *f.*, poitrine *f. (de una mujer)* 4 sein, mamelle *f. dar el* ∼ *a un niño* donner le sein à un enfant *loc. adv.* **a** ∼ *descubierto* à découvert, loyalement, à cœur ouvert

**pechuga** *f.* blanc de volaille *m.*

**pedagogía** *f.* pédagogie

**pedal** *m.* pédale *f.*

**pedalear** *intr.* pédaler

**pedante** *adj. -s.* pédant, e

**pedantería** *f.* pédanterie

**pedazo** *m.* morceau *hacer pedazos* mettre en morceaux

**pedernal** *m.* silex

**pedestal** *m.* piédestal, socle

**pedido** *m.* 1 commande *f.* ∼ **de prueba** commande d'essai ∼ **en firme** commande ferme ∼ **de reposición** commande de réassortiment *cartera de pedidos* carnet de commandes 2 demande *f.*

**pedir** *tr.* demander *loc. adv.* **a** ∼ **de boca** à pic, au bon moment, à souhait

**pedo** *m.* 1 pet 2 *fam.* cuite *f.*

**pedrada** *f.* coup de pierre *m.*

**pedrea** *f.* 1 combat à coup de pierre 2 *fam.* série de petits lots, lots de consolation *m. pl. (lotería)*

**pedregal** *m.* terrain pierreux

**pedregera** *f.* carrière

**pedrería** *f.* pierreries *pl.*

**pedrisco** *m.* grêle *f.*

**pega** *f.* 1 collage *m. (acción de pegar)* 2 enduit de poix *m.* 3 colle *(pregunta difícil)*, difficulté 4 pie ∼ **reborda** pie-grièche

**pegadizo, -a** *adj.* 1 collant, e 2 contagieux, euse

**pegar** *tr.* 1 coller *(con cola, etc.)*, appliquer *(arrimar)*, fixer, coudre ∼ **un botón** coudre un bouton 2 communiquer, passer *(contagiar)* 3 battre, frapper *(golpear)* 4 donner *(un golpe)*, faire *(un salto)*, pousser *(un grito)* 5 *intr.* venir à propos *(venir a pro-pósito)*, aller *(armonizar, corresponder o no) pegársela a uno fig. fam.* rouler, tromper quelqu'un *pegársele a uno las sábanas fig.* faire la grasse matinée, *fam.* avoir une panne d'oreiller

**pegatina** *f.* autocollant *m.*

**pego** *m.* tricherie *f.*

**pegote** *m.* **1** emplâtre **2** *fig.* pique-assiette *(gorrón)*

**peinado** *m.* coiffure *f.*

**peinador, -ora 1** *adj. -s.* coiffeur, euse **2** *m.* peignoir *(prenda)*

**peinar** *tr.* **1** peigner, coiffer *(el cabello)*, **2** *fig.* passer au peigne fin

**peine** *m.* peigne

**peladilla** *f.* **1** dragée *(almendra)* **2** petit caillou *m. (guijarro)*

**pelado, -a** *adj.* **1** pelé, ée *(piel, terreno)* **2** tondu, ue *(cabeza)* **3** plumé, ée *(ave)* **4** *fig. fam.* sans le sou, fauché, ée *(sin dinero)*

**pelaje** *m.* pelage, livrée *f.*, robe *f. (de un animal)*

**pelar** *tr.* **1** tondre *(pelo)*, peler *(fruta, etc.)*, plumer *(aves)* **2** *fig.* dépouiller, plumer *(a alguien)* ∼ *la pava fig.* faire la cour *pelárselas* se grouiller *pelárselas por una cosa* mourir d'envie de quelque chose

**peldaño** *m.* marche *f.*, degré *(de escalera)*, échelon *(de escalera de mano)*

**pelea** *f.* **1** combat *m.*, lutte **2** dispute

**pelear 1** *intr.* se battre, combattre, lutter **2** *pr.* se battre **3** se disputer *(reñir)*, se brouiller *(enemistarse)*

**pelele** *m.* **1** mannequin *(muñeco)* **2** pantin *(persona)* **3** fantoche *(mamarracho)* **4** barboteuse *f. (traje para niños)*

**peletería** *f.* pelleterie

**peletero, -a** *adj. -s.* **1** pelletier, ière **2** *m.* fourreur

**pelicano, -a 1** *adj.* chenu, ue **2** *s.* pélican *m.* **3** *BOT.* ancolie *f.*

**película** *f.* **1** pellicule **2** *CIN.* film *m.*

**peligrar** *intr.* être en danger *hacer* ∼, mettre en danger

**peligro** *m.* danger, péril

**peligroso, -a** *adj.* dangereux, euse, périlleux, euse *(arriesgado)*

**pelirrojo, -a** *adj.* roux, rousse

**pelo** *m.* **1** poil **2** cheveu *(cabello)*, cheveux *pl.*, chevelure *f. (cabellos, cabellera) tiene el* ∼ *rizado* il a les cheveux frisés **3** paille *f. (en el metal, el vidrio)*

*tomarle el* ∼ *a uno loc. fig.* se payer la tête de quelqu'un *al* ∼ *loc. adv.* à propos *en* ∼ à poil

**pelota** *f.* **1** balle **2** ballon *m. (de fútbol)* **3** pelote basque *loc. adv. fam. en* ∼ tout nu, toute nue, à poil

**pelotón** *m.* **1** peloton *(de personas, de soldados)* **2** grosse balle *f.*

**peluca** *f.* **1** perruque **2** *fig.* réprimande, savon *m.*

**peludo, -a** *adj.* poilu, ue, velu, ue

**peluquería** *f.* salon de coiffure *m.*

**peluquero, -a** *s.* coiffeur, euse

**pelusa** *f.* **1** *BOT.* duvet *m.* **2** peluche *(de las telas)*

**pelvis** *f.* **1** *ANAT.* pelvis *m.*, bassin *m.* **2** bassinet *m. (del riñón)*

**pellejo** *m.* **1** peau *jugarse el* ∼ jouer sa peau **2** outre *f. (odre)*

**pellizco** *m.* **1** pincement *(acción)* **2** pinçon *(huella)* **3** pincée *f. (porción pequeña) dar un* ∼ pincer

**pena** *f.* peine *loc. adv.* *a duras penas* à grand-peine *a penas* à peine

**penado, -a** *s.* condamné, ée

**penal 1** *adj.* pénal, ale **2** *m.* pénitencier *(presidio)*

**penar 1** *tr.* punir **2** *intr.* peiner, souffrir

**penca** *f.* **1** *BOT.* feuille, côte charnue **2** fouet *m. (del verdugo)*

**pendenciero, -a** *adj.* querelleur, euse

**pender** *intr.* **1** pendre **2** dépendre ∼ *de* pendre à

**pendiente** *adj.* **1** pendant, e **2** en attente *factura* ∼ facture en attente **3** boucle d'oreille *f.* **4** *f.* pente *(declive)*

**péndulo, -a 1** *adj.* pendant, e **2** *m. MEC.* pendule

**pene** *m. ANAT.* pénis

**penetrante** *adj.* pénétrant, e

**penetrar 1** *tr. -intr.* pénétrer **2** *pr.* se pénétrer

**península** *f.* presqu'île, péninsule ∼ *ibérica* péninsule Ibérique

**peninsular** *adj.* péninsulaire

**penitencia** *f.* pénitence

**penitenciaría** *f.* **1** pénitencerie **2** pénitencier *m. (cárcel)*

**penitente** *adj. -s.* pénitent, e

**penoso, -a** *adj.* pénible

**pensado, -a** *adj.* pensé, ée *adj. -s. mal* ∼ qui a mauvais esprit

**pensamiento** *m.* pensée *f.*

**pensar** *tr. -intr.* penser

**pensativo, -a** *adj.* pensif, ive, songeur, euse

**pensión** *f.* **1** pension **2** bourse *(beca)* **3** pension de famille *(casa de huéspedes)*

**pensionista** *s.* pensionnaire

**pentagrama** OU **pentágrama** *m.* MUS. portée *f.*

**penúltimo, -a** *adj.* avant-dernier, ière, pénultième

**penumbra** *f.* pénombre

**peña** *f.* **1** rocher *m.*, roc *m.* **2** réunion d'amis, cercle *m.*

**peñasco** *m.* rocher

**peñón** *m.* rocher

**peón** *m.* **1** manœuvre *(obrero)* **2** ouvrier agricole **3** pion *(de damas, ajedrez)* ∼ **caminero** cantonnier

**peonía** *f.* pivoine

**peor** *adj.* **1** pire **2** *adv.* pis *tanto* ∼ tant pis

**pepinillo** *m.* cornichon

**pepino** *m.* concombre

**pepita** *f.* **1** pépie *(enfermedad de las gallinas)* **2** pépin *m. (de fruta)* **3** pépite *(de oro)*

**pequeño, -a** *adj. -s.* petit, e

**pequeñuelo, -a 1** *adj.* tout petit, toute petite, petiot, ote **2** *s.* petit enfant

**pera** *f.* **1** poire **2** impériale, barbiche *(barba) loc. fig.* **pedir peras al olmo** demander l'impossible

**percance** *m.* contretemps

**percatarse** *pr.* s'apercevoir, se rendre compte

**percepción** *f.* perception

**percibir** *tr.* percevoir *percibo tus intenciones* je perçois tes intentions

**percibo** *m.* perception *f.*

**percusión** *f.* percussion

**percutir** *tr.* percuter

**percha** *f.* **1** perche **2** MAR. espar *m.* **3** portemanteau *m.* **ha colgado el sombrero en la** ∼ il a accroché son chapeau au portemanteau

**perdedor, -ora** *adj. -s.* perdant, e

**perder 1** *tr.* perdre **2** *intr.* déteindre *(tratándose de una tela)* **3** *pr.* perdre, *fig.* se perdre *(corromperse)* **echar a** ∼ abîmer, gâter, corrompre ∼ *el tren, la ocasión* manquer, rater le train, l'occasion

**pérdida** *f.* perte

**perdido, -a 1** *adj.* perdu, ue **2** *m.* vaurien **3** IMPR. passe *f. loc. fig.* ∼ *por* follement épris de, fou de

**perdigar** *tr.* COC. faire revenir *(ave, carne)*

**perdigón** *m.* **1** chevrotine *f.*, plomb de chasse **2** perdreau *(ave)*

**perdiz** *f.* perdrix

**perdón** *m.* pardon *loc. fam.* **con** ∼ *de usted* avec votre permission

**perdonar** *tr.* **1** pardonner **2** faire grâce de *no* ∼ *ni un detalle* ne pas faire grâce du moindre détail

**perdurable** *adj.* perpétuel, elle, éternel, elle

**perdurar** *intr.* **1** durer longtemps **2** perdurer

**perecer** *intr.* périr *pr.* **perecerse por** mourir d'envie de, désirer avec ardeur

**peregrinación** *f.* OU **peregrinaje** *m.* pèlerinage *m. (a un santuario)* ∼ *a Tierra Santa* pèlerinage en Terre sainte

**peregrinar** *intr.* **1** aller en pèlerinage **2** voyager

**peregrino, -a** *adj. -s.* **1** pèlerin, e **2** *fig.* bizarre, drôle, singulier, étrange

**perejil** *m.* **1** persil **2** *fam.* colifichet

**perengano, -a** *m. -f.* un tel, une telle

**pereza** *f.* paresse

**perfección** *f.* perfection

**perfeccionar** *tr.* **1** perfectionner **2** parfaire

**perfecto, -a** *adj.* parfait, e

**perfil** *m.* **1** profil **2** délié *(de una letra)*

**perfilar** *tr.* **1** profiler **2** *fig.* parfaire, parachever, fignoler *(afinar)*

**perforación** *f.* perforation

**perforar** *tr.* **1** perforer *(papel, etc.)* **2** forer *(pozo)*

**perfumador** *m.* brûle-parfum *invar.*

**perfumar** *tr.* parfumer

**perfume** *m.* parfum

**perfumería** *f.* parfumerie

**pergamino 1** *m.* parchemin **2** *m. pl.* titres de noblesse, parchemins

**pericia** *f.* habileté, compétence

**perico** *m.* perruche *f.*

**periferia** *f.* périphérie

**perífrasis** *f.* périphrase

**perilla** *f.* **1** impériale, barbiche **2** pommeau *m. (de una silla de montar)*

**3** ornement en forme de poire *loc. adv. fam. de* ∼ à propos, à pic

**perímetro** *m.* périmètre

**perinola** *f.* toton *m.* *(juguete)*

**periódico, -a** *adj.* **1** périodique **2** *m.* journal *(publicación)*

**periodismo** *m.* journalisme

**periodista** *s.* journaliste

**período** *m.* période *f.*

**peripecia** *f.* péripétie

**periplo** *m.* périple

**periquete (en un)** *loc. adv.* en un clin d'œil, en moins de deux

**periquito** *m.* perruche *f.*

**peritación** *f.* expertise

**perito, -a** *adj.* **1** expert, e, compétent, e, habile **2** *m.* expert ∼ *tasador* commissaire-priseur

**peritoneo** *m.* ANAT. péritoine

**perjudicar** *tr.* nuire à, porter préjudice à, léser

**perjuicio** *m.* préjudice, dommage

**perjurio** *m.* parjure *(acción)*

**perjuro, -a** *adj. -s.* parjure *(persona)*

**perla** *f.* perle *venir de perlas* tomber à propos, à merveille

**perlado, -a** *adj.* perlé, ée

**permanecer** *intr.* rester, demeurer, séjourner *(en un lugar)*

**permanencia** *f.* **1** permanence *(duración constante)* **2** séjour *m.* *(estancia en algún lugar)* **3** durée

**permanente** *adj.* permanent, e

**permeable** *adj.* perméable

**permiso** *m.* **1** permission *f.*, autorisation *f.* *pedir* ∼ *para* demander la permission de **2** permis *(escrito)* **3** MIL. permission *f.* ∼ *de conducir* permis de conduire

**permitir** *tr.* permettre

**permutar** *tr.* **1** permuter *(empleos)* **2** troquer

**pernada** *f.* coup donné avec la jambe *m.* DER. *derecho de* ∼ droit de cuissage

**pernera** *f.* jambe *(de un pantalón)*

**pernicioso, -a** *adj.* pernicieux, euse

**pernil** *m.* **1** cuisse *f.* *(de un animal)* **2** jambon *(de cerdo)*

**pernoctar** *intr.* passer la nuit

**pero** *m.* **1** variété de pommier **2** variété de pomme allongée *f.* *(fruto)*

**pero** *conj.* **1** mais **2** *m.* défaut *no tiene* ∼ cela est sans défaut

**perogrullada** *f.* lapalissade

**perol** *m.* **1** bassine *f.* **2** casserole *f.*

**perorata** *f.* harangue, discours ennuyeux *m.*, laïus *m.*

**perpendicular** *adj. -f.* perpendiculaire

**perpetua** *f.* immortelle

**perpetuidad** *f.* perpétuité

**perpetuo, -a** *adj.* perpétuel, elle *a cadena perpetua,* à perpétuité

**perplejidad** *f.* perplexité

**perra** *f.* chienne ∼ *chica,* ∼ *gorda* pièce d'un sou, de deux sous

**perrada** *f.* **1** ensemble de chiens *m.* **2** *fam.* vacherie, sale tour *m.*

**perrera** *f.* **1** chenil *m.*, niche *(casilla)* **2** fourgon à chiens *m.*

**perro** *m.* chien ∼ *guía* chien d'aveugle *ser* ∼ *viejo loc. fig.* être un vieux renard ∼ *caliente* hot dog

**perro, -a** *adj.* affreux, euse, horrible *vida perra* chienne de vie

**persa** *adj. -s.* **1** perse *(de la Persia antigua)* **2** persan, ane

**persecución** *f.* **1** poursuite **2** persécution *(tormentos) en* ∼ *de* à la poursuite de

**perseguir** *tr.* **1** poursuivre *(seguir, importunar, pretender)* **2** persécuter *(a las personas)*

**perseverancia** *f.* persévérance

**perseverar** *intr.* persévérer

**persiana** *f.* persienne *(rígida)*, jalousie, store *m.* *(enrollable)*

**persignar** **1** *tr.* faire le signe de croix **2** *pr.* se signer

**persistente** *adj.* persistant, e

**persistir** *intr.* persister *(durar, mantenerse)* ∼ *en* persister dans, à *persiste en negar* il persiste à nier

**persona** *f.* personne *loc. adv. en* ∼ en personne

**personaje** *m.* personnage

**personal** *adj. -m.* personnel, elle

**personalidad** *f.* personnalité

**personarse** *pr.* **1** se présenter en personne **2** DER. comparaître

**perspicaz** *adj.* perspicace

**persuadir** **1** *tr.* persuader **2** *pr.* se persuader

**persuasión** *f.* persuasion

**pertenecer** *intr.* appartenir

**pertenencia** *f.* **1** appartenance *(dependencia)* **2** propriété, possession

**pértiga** *f.* perche *(vara larga)* **salto de** ∼ saut à la perche

**pertinente** *adj.* pertinent, e

**pertrechar** *tr.* munir, pourvoir

**perturbación** *f.* **1** perturbation **2** trouble *m. (mental)*

**perturbar** *tr.* **1** perturber, troubler **2** toucher, émouvoir

**peruano, -a** *adj. -s.* péruvien, ienne

**pervertir** *tr.* pervertir

**pesa 1** *f.* poids *m. (de balanza, de reloj)* **2** *f. pl.* haltères *m. (de gimnasia)*

**pesadez** *f.* **1** pesanteur, poids *m.* **2** lourdeur *(de estómago)*

**pesadilla** *f.* cauchemar *m.*

**pesado, -a** *adj.* **1** lourd, lourde, pesant, e **2** *fig.* ennuyeux, euse, assommant, e *(molesto, aburrido)*, pénible *(penoso)*

**pesadumbre** *f.* peine, chagrin *m.*

**pésame** *m.* condoléances *f.* **dar el** ∼ présenter ses condoléances

**pesar 1** *intr. -tr.* peser **2** *intr. fig.* regretter **me pesa haberlo hecho** je regrette de l'avoir fait *loc. adv.* **pese a** malgré, en dépit de

**pesar** *m.* **1** peine *f.*, chagrin **2** regret *(sentimiento, arrepentimiento)* **a** ∼ **de** *loc. prep.* malgré **a** ∼ **de todo** *loc. prep.* malgré tout **a** ∼ **suyo** *loc. prep.* malgré lui **a** ∼ **de que** *loc. conj.* bien que

**pesca** *f.* pêche ∼ **con caña** pêche à la ligne

**pescadería** *f.* poissonnerie

**pescadilla** *f.* merlan *(pez)*

**pescado** *m.* poisson

**pescador, -ora 1** *adj. -s.* pêcheur, euse **2** *f.* marinière *(camisa)*

**pescar** *tr.* **1** pêcher **2** *fig.* attraper *(coger)* ∼ **un catarro** attraper un rhume

**pesebre** *m.* **1** mangeoire *f.*, râtelier **2** crèche *f. (de Navidad)*

**peseta** *f.* peseta

**pesimismo** *m.* pessimisme

**pésimo, -a** *adj.* très mauvais, e

**peso** *m.* **1** poids **2** balance *(balanza)* **3** *fig.* poids **4** peso *(moneda)*

**pespunte** *m.* point arrière, point de piqûre

**pespuntear** *tr.* piquer, coudre

**pesquisa** *f.* recherche, enquête

**pestaña** *f.* **1** ANAT. ZOOL. cil *m.* **2** *fig.* bord *m. (borde)*, lisière *(de una tela)*

**pestañear** *intr.* ciller, cligner des yeux

**peste** *f.* **1** peste **2** mauvaise odeur, puanteur *(hedor)* **3** *pl.* imprécations

**pestilencia** *f.* pestilence

**pestillo** *m.* **1** targette *f.* **2** pêne *(de la cerradura)*

**petaca** *f.* blague à tabac

**pétalo** *m.* BOT. pétale

**petardo** *m.* **1** pétard **2** *fig. fam.* escroquerie *f. (estafa)*

**petenera** *f.* petenera, chant andalou *m. (flamenco)*

**petición** *f.* demande **previa** ∼ **de hora** sur rendez-vous

**petitorio, -a 1** *adj.* pétitoire **2** *m.* réclamation *f.* **3** *m.* liste

**peto** *m.* **1** plastron *(de armadura o vestido)* **2** bavette *f. (de delantal, etc.)* **3** salopette *f.*

**petrificar** *tr.* pétrifier

**petróleo** *m.* pétrole

**petrolero, -a 1** *adj.* pétrolier, ière **2** *m.* pétrolier *(barco)*

**petulante** *adj.* présomptueux, euse, outrecuidant, e, fier, fière

**peyorativo, -a** *adj.* péjoratif, ive

**pez** *m.* **1** poisson *(vivo)* **peces de colores** poissons rouges **2** *f.* poix ∼ **griega** colophane **estar** ∼ *fig. fam.* être nul, ignare **cayó el** ∼ l'affaire est dans le sac **ser un** ∼ **gordo** être un gros bonnet

**pezón** *m.* **1** queue *f. (de hojas, frutos, etc.)* **2** mamelon *(de la mama)*

**pezuña** *f.* sabot *m.*, pied fourchu des ruminants *m.*

**pi** *f.* pi *m. (letra griega)*

**piadoso, -a** *adj.* pieux, euse

**pianista** *s.* pianiste

**piano, pianoforte** *f.* piano ∼ **de manubrio** orgue de Barbarie

**piar** *intr.* piailler, pépier, piauler

**piara** *f.* troupeau de cochons *m.*

**pica** *f.* **1** pique *(arma)* **2** pic *m. (herramienta)*

**picada** *f.* **1** coup de bec *m.* **2** piqûre *(picadura)* **3** touche *(pesca)*

**picador** m. 1 TAUROM. picador 2 dresseur de chevaux 3 COC. ha choir

**picadura** f. 1 piqûre 2 trou m. (en una tela, un diente) 3 tabac m.

**picante** adj. piquant, e

**picapleitos** m. 1 chicaneur, plaideur 2 desp. avocaillon (abogado)

**picaporte** m. 1 loquet 2 heurtoir, marteau (aldaba) 3 bec-de-cane (manubrio)

**picar** tr. 1 piquer 2 mordre (peces) ~ el anzuelo mordre à l'hameçon 3 COC. hacher 4 intr. brûler, taper (el sol) 5 pr. se piquer (dicho del vino) 6 se gâter (dientes, frutas) 7 se miter (una tela) 8 s'agiter (el mar) ~ en todo connaître un peu de tout ~ en historia devenir intéressant ~ alto viser haut ~ un billete composter un billet

**picardía** f. 1 friponnerie, coquinerie (bellaquería) 2 malice 3 grivoiserie

**picaresco, -a** adj. 1 picaresque 2 rusé, ée, malin, igne

**pícaro** adj. -s. 1 vaurien, ienne, voyou 2 malin, igne 3 picaro (tipo de la literatura española)

**picazón** f. démangeaison, picotement m.

**pico** m. 1 bec (de un ave, una vasija, etc.) 2 fig. bec (boca) 3 pointe f. (parte puntiaguda) cuello en ~ col en pointe 4 sommet, pic, piton (cima) 5 pic (herramienta) 6 pic (pájaro) cerrar el ~ fermer son bec (callarse) andar a picos pardos, irse a de picos pardos loc. fam. bambocher, faire la noce

**picota** f. pilori

**picotear** tr. 1 becqueter 2 picorer 3 intr. bavarder 4 pr. se chamailler

**pictórico, -a** adj. pictural, ale

**pichón** m. pigeonneau tiro de ~ tir au pigeon

**pie** m. 1 pied 2 occasion f., motif dar ~ donner l'occasion 3 bas al ~ de la escalera au bas de l'escalier 4 METR. pied de ~, en ~ debout levantarse con el ~ izquierdo fig. se lever du pied gauche ~ de altar casuel poner pies en polvorosa prendre la poudre d'escampette saber de qué ~ cojea uno savoir où le bât le blesse

**piedad** f. 1 pitié (compasión) ten ~ de mí aie pitié de moi por ~ par pitié 2 piété (devoción)

**piedra** f. 1 pierre ~ fina, preciosa pierre précieuse 2 MED. calcul m.

**piel** f. 1 peau 2 fourrure abrigo de pieles manteau de fourrure ~ de zapa peau de chagrin

**pienso** m. aliment, nourriture sèche que l'on donne au bétail f.

**pienso (ni por)** loc. adv. en aucune façon

**pierna** f. 1 jambe 2 cuisse (de aves), gigot m. (carnero) 3 branche (de compás) estirar las piernas loc. fig. se dégourdir les jambes dormir a ~ suelta loc. fig. dormir à poings fermés

**pieza** f. 1 pièce 2 pièce (moneda) dejar de una ~ laisser baba quedarse hecho una ~ rester stupéfait, e ~ de repuesto, ~ de recambio pièce détachée ou pièce de rechange

**pigmento** m. pigment

**pignoración** f. nantissement m., engagement m. (en el Monte de Piedad)

**pignorar** tr. nantir, engager, mettre en gage

**pijama** m. pyjama

**pila** f. 1 pile, tas m. (montón) 2 bassin m. (de fuente), auge (de abrevadero) 3 fonts baptismaux m. pl. ~ de agua bendita bénitier m. nombre de ~ nom de baptême

**pilar** 1 m. pilier 2 m. vasque f. (de fuente) 3 tr. piler, broyer

**píldora** f. pilule

**pilón** m. 1 vasque f. (de fuente) 2 poids (pesa de la romana)

**pilongo, -a** adj. maigre, sec, sèche

**pilotaje** m. pilotage

**pilotar** tr. piloter

**piloto** m. 1 pilote ~ de pruebas pilote d'essai 2 voyant lumineux

**piltrafa** f. déchet de viande m. fig. ~ humana loque

**pillada** f. friponnerie, filouterie

**pillaje** m. pillage

**pillar** tr. 1 piller 2 fig. attraper, choper (coger) 3 pr. se prendre

**pillo, -a** adj. -m. fripon, onne, coquin, e, garnement m.

**pimentón** m. 1 piment rouge moulu 2 poivron (fruto)

**pimienta** f. poivre m.

**pimiento** m. 1 piment (planta) 2 poivron, piment (fruto)

**pimpollo** m. 1 pousse f., rejeton 2 jeune arbre 3 bouton de rose (de *rosa)* **4** *fig.* bel enfant, beau garçon, belle fille

**pinacoteca** *f.* pinacothèque

**pinar** *m.* pinède *f.*

**pincel** *m.* pinceau

**pincelada** *f.* coup de pinceau *m.* touche

**pinchar** **1** *tr.* piquer **2** *pr.* se piquer *(con una punta)* **3** *recipr.* se taquiner

**pinchazo** *m.* **1** piqûre *f. (hecha con una punta)* **2** crevaison *f. (de un neumático)*

**pinche** *m.* marmiton

**pincho** *m.* pointe *f.*

**pingüe** *adj.* **1** graisseux, euse, gras, grasse **2** *fig.* abondant, e, productif, ive, gros, grosse *pingües beneficios* de gros bénéfices

**pingüino** *m.* pingouin

**pinito** *m.* premier pas *hacer pinitos* faire ses premiers pas

**pino** **1** *m.* pin *(árbol)* **2** *adj.* raide, escarpé, ée *en el quinto ~ fig. fam.* au diable

**pintado, -a** *adj.* **1** peint, peinte **2** tacheté, ée *(de diversos colores)* *estar, venir como ~* *loc. fig.* aller à merveille, tomber à pic

**pintada** *f.* **1** graffiti *m. pl.* **2** tag *(inscripción en un muro)* **3** pintade *(ave)*

**pintar** **1** *tr.* peindre *~ de azul* peindre en bleu **2** *tr.* dépeindre, décrire *(describir)* **3** *intr.* avoir de l'importance, être important, e **4** *pr.* se farder, se maquiller *(el rostro)* *pintarse solo para* être sans pareil pour

**pintor, -ora** *s.* peintre *m. (hombre o mujer)*, femme peintre *f. (mujer)* *~ de brocha gorda* peintre en bâtiment

**pintoresco, -a** *adj.* pittoresque

**pintura** *f.* peinture *~ al óleo, al temple* peinture à l'huile, à la détrempe

**pinza** **1** *f.* pince *(de crustáceo, etc.)* **2** *f. pl.* pince *sing. (instrumento)*

**pinzón** *m.* pinson

**piña** *f.* **1** pomme de pin **2** *fig.* foule, masse **3** ananas *~ de América* ananas *m.*

**piñón** *m.* **1** pignon **2** *MEC.* pignon

**pío** *m.* pépiement, piaulement *loc. fig. no decir ni ~* ne pas souffler mot, ne pas piper

**pío, -a** *adj.* **1** pie *obra pía* œuvre pie **2** pieux, euse *(piadoso)*

**piojo** *m.* pou

**pipa** *f.* **1** pipe *fumar en ~* fumer la pipe **2** fût *m.*, tonneau *m. (tonel)* **3** pépin *m. (semilla)*, graine *(de girasol)*

**pipí** *m.* pipi

**pique** *m.* brouille *f. MAR. echar a ~* couler *(un barco, un negocio, etc.)* *irse a ~* sombrer, couler à pic

**piquete** *m.* **1** piquet *(jalón)* **2** *MIL.* piquet **3** piqûre *f. (herida) ~ de ejecución* peloton d'exécution *~ de huelga* piquet de grève

**piragua** *f.* **1** pirogue **2** *DEP.* canoë *m.*, kayak *m.*

**piragüismo** *m. DEP.* canoë-kayak

**pirámide** *f.* pyramide

**pirata** *m.* pirate

**piratería** *f.* piraterie, flibuste

**pirenaico, -a** *adj.* pyrénéen, enne

**piropo** *m.* galanterie *f.*, compliment

**pirueta** *f.* pirouette

**pisa** *f.* foulage *m. (de la uva, del paño, etc.)*

**pisacorbata** *m.* épingle à cravate

**pisada** *f.* **1** pas *m. el ruido de sus pisadas* le bruit de ses pas **2** trace *(huella)* **3** foulée *(de un animal)*

**pisapapeles** *m. invar.* presse-papiers

**pisar** *tr.* **1** marcher sur *~ una alfombra* marcher sur un tapis **2** fouler *(los paños, la uva, etc.)* **3** pincer *(las cuerdas de un instrumento)* **4** appuyer sur *(un pedal)*

**piscicultura** *f.* pisciculture

**piscina** *f.* piscine

**piscis** *m. ASTROL.* poissons

**piso** *m.* **1** étage *(de una casa)* **2** appartement *(vivienda) ~ piloto* appartement témoin **3** sol *(suelo)*, plancher *(de madera)*

**pisotear** *tr.* **1** piétiner **2** fouler aux pieds

**pista** *f.* piste

**pistacho** *m.* pistache *f.*

**pistola** *f.* **1** pistolet *m. (arma)* **2** pistolet *m. (para pintar)*, aérographe

**pistolero** *m.* bandit

**pistón** *m.* **1** piston **2** amorce *f. (de arma de fuego)*

**pita** *f.* sifflets *m. pl.* huées *pl. recibir una ~* se faire siffler

**pitada** *f.* **1** coup de sifflet *m.* **2** *fam.* impair *m.*, incongruité

**pitar** *intr.* siffler *salir pitando* filer en quatrième vitesse

**pitillera** *f.* porte-cigarettes *m. invar.*

**pitillo** *m.* cigarette *f.*

**pito** *m.* sifflet *loc. fam. no se me da un* ~ je m'en moque *esto no vale un* ~ cela ne vaut pas tripette

**pitón** *m.* python *(serpiente)*

**pitorreo** *m.* moquerie *f.*

**pitorro** *m.* bec *(de vasija)*

**pizarra** *f.* **1** ardoise **2** tableau noir *m. (encerado)*

**pizca** *f.* brin *m.*, soupçon *m.* miette, bribe *ni* ~ *de* pas une miette de

**pizpireta** *adj. -f.* vive, qui a l'esprit prompt *(mujer)*

**placa** *f.* **1** plaque ~ *giratoria* plaque tournante **2** panneau *m.*

**pláceme** *m.* félicitation *f.*, compliment *dar el* ~ féliciter

**placentero, -a** *adj.* agréable, plaisant, e

**placer** *m.* plaisir *(goce, diversión)*

**placer** *tr.* plaire

**placidez** *f.* placidité

**plácido, -a** *adj.* placide

**plaga** *f.* plaie, fléau *m. las siete plagas de Egipto* les sept plaies d'Egypte

**plan** *m.* **1** plan *(proyecto, programa, plano)* **2** projet *(intención)*

**plana** *f.* page *(página) a toda* ~ sur toute la page *en primera* ~ à la une

**plancha** *f.* **1** plaque, feuille *(de metal)* **2** fer à repasser *m.* **3** planche *(natación)* **4** *IMPR.* planche

**planchar** *tr.* repasser

**planeta** *m.* planète *f.*

**planicie** *f.* **1** plaine **2** plateau *m.*

**planisferio** *m. GEOG.* planisphère

**plano, -a** *adj.* **1** plat, plate **2** *GEOM.* plan, plane

**planta** *f.* **1** *BOT.* plante **2** plan *m. (plano)* **3** plante *(del pie)* **4** étage *m. en la* ~ *cuarta* au quatrième étage **5** unité de production, usine ~ *nuclear* centrale atomique

**plantar** *tr.* **1** planter **2** flanquer *(un golpe, etc.)* **3** mettre *(en un lugar)* ~ *en la calle* mettre à la porte **4** *fam.* plaquer *su mujer le ha plantado* sa femme l'a plaqué **5** *pr.* se planter *(ponerse, pararse)* **6** se buter *(resistirse en no hacer algo)* **7** se rendre *(trasladarse)*, arriver, débarquer *(llegar)*

**plantear** *tr.* **1** former le plan de, projeter **2** poser *(un problema)*

**plantilla** *f.* **1** semelle *(del calzado)* **2** patron *m. (para cortar, etc.)* **3** personnel *m.*, effectif *m. (de una empresa)*

**plantón** *m.* **1** *AGR.* plant **2** planton *(persona) dar un* ~ poser un lapin

**plasmar** **1** *tr.* créer, former **2** *pr.* prendre forme, se concrétiser

**plástico, -a** **1** *adj.* plastique **2** *m.* plastique, matière plastique *f.* **3** plastic *(explosivo)*

**plata** *f.* **1** argent *m.* **2** argenterie *(vajilla de plata, etc.) amer.* argent *(dinero) m.*

**plataforma** *f.* plate-forme

**plátano** *m.* **1** platane **2** bananier *(árbol frutal)* **3** banane *f. (fruto)*

**platea** *f. TEAT.* parterre *m.*, orchestre *m. (patio)*

**plateado, -a** *adj.* **1** argenté, ée **2** *m.* argenture *f.*

**platería** *f.* orfèvrerie

**platero** *m.* orfèvre

**plática** *f.* conversation

**platija** *f.* limande *(pez)*, plie *(pez)*

**platillo** *m.* **1** soucoupe *f.* **2** plateau *(de balanza)* **3** *pl. MUS.* cymbales *f.* ~ *volante* soucoupe volante

**platina** *f.* **1** platine *(de microscopio, etc.)* **2** *IMPR.* marbre *m. quedarse en la* ~ rester sur le marbre

**platino** *m.* platine

**plato** *m.* **1** assiette *f. (vasija)* ~ *sopero* assiette creuse **2** plat *(manjar)* ~ *fuerte* plat de résistance **3** plateau *(de tocadiscos, de bicicleta, etc.)*

**plató** *m.* plateau de cinéma

**plausible** *adj.* plausible

**playa** *f.* plage

**playero, -a** **1** *adj.* de plage *sandalias playeras* sandales de plage **2** *f.* air populaire andalou *m.*

**plaza** *f.* **1** place *(lugar público)* **2** marché *m. (mercado)* **3** place *(sitio, empleo)* ~ *mayor* grand-place ~ *de toros* arènes *pl.*

**plazo** *m.* **1** délai ~ *de entrega* délai de livraison **2** terme **3** échéance *f. (vencimiento)*

**plebe** *f.* plèbe

**plebiscito** *m.* plébiscite

**plegado** *m.* **1** pliage **2** pliure *(encuadernación)* **3** plissage *(acción de hacer tablas)*

**plegar** *tr.* 1 plier *(doblar)* 2 plisser *(hacer tablas)* 3 *pr. fig.* plier, se soumettre

**plegaria** *f.* prière

**pleitear** *tr. DER.* plaider

**pleito** *m.* 1 *DER.* procès, litige 2 dispute *f.* ~ *homenaje* hommage

**plenario, -a** 1 *adj.* plénier, ière 2 *m. DER.* partie du procès qui suit l'instruction *f.*

**plenipotenciario, -a** *adj. -s.* plénipotentiaire

**plenitud** *f.* plénitude

**pleno, -a** 1 *adj.* plein, pleine *con* ~ *derecho* de plein droit 2 *m.* séance plénière *f.*

**pléyade** *f. LIT.* Pléiade

**plica** *f.* pli cacheté *m.*

**pliego** *m.* 1 feuille de papier *f. (hoja)* 2 pli *(carta)* ~ *de condiciones* cahier des charges

**pliegue** *m.* pli

**plomada** *f.* 1 fil à plomb *m.* 2 plombée *(de una red de pescar)*

**plomero** *m.* plombier

**plomizo, -a** *adj.* plombé, ée

**plomo** *m.* plomb *a* ~ *loc. adv.* à plomb

**pluma** *f.* plume ~ *estilográfica* stylographe *m.*, stylo *m. al correr de la* ~, *a vuela* ~ *loc. adv.* au fil de la plume

**plumaje** *m.* 1 plumage 2 plumet *(penacho)*

**plumero** *m.* 1 plumeau 2 plumet *(adorno)* 3 plumier *(cajita) ver el* ~ voir la ficelle *vérsele a uno el* ~ montrer le bout de l'oreille

**plumón** *m.* 1 duvet *(de las aves)* 2 édredon *(de la cama)*

**plural** 1 *adj.* pluriel, elle 2 *m.* pluriel *poner en* ~ mettre au pluriel

**pluriempleo** *m.* cumul d'emplois

**plus** *m.* 1 *MIL.* supplément de solde 2 gratification *f.*, prime *f.* 3 supplément

**plusvalía** *f.* plus-value

**pluvial** *adj.* pluvial, ale *ECLES. capa* ~ chape pluviale

**población** *f.* 1 peuplement *m. (acción de poblar)* 2 population *(habitantes)* 3 localité *(lugar)*, ville *(ciudad)*

**poblado** *m.* localité *f.*, agglomération *f. (población)*

**poblador, -ora** *adj. -s.* 1 habitant, e 2 colonisateur, trice

**poblar** *tr.* peupler

**pobre** 1 *adj.* pauvre 2 *s.* pauvre, pauvresse, malheureux, euse

**pobreza** *f.* pauvreté

**pocillo** *m.* tasse à chocolat *f.*

**poco, -a** *adj.* 1 peu de ~ *dinero* peu d'argent 2 *pron.* peu *(pequeña cantidad) un* ~ *de* un peu de 3 *adv.* peu *de* ~ *más o menos* de peu de valeur *tener en* ~ ne pas estimer, mépriser ~ *a* ~ peu à peu, petit à petit ~ *más o menos* à peu près

**poda** *f. AGR.* émondage *m.*, élagage *m.*, taille

**podadera** *f.* serpe *(hoz)*, sécateur *m. (tijeras)*

**podar** *tr. AGR.* élaguer, émonder, tailler

**poder** 1 *tr.* pouvoir 2 *impers.* se pouvoir, être possible *puede que venga* il se peut qu'il vienne *no* ~ *con intr.* ne pouvoir supporter *(aguantar)*, venir à bout de *(someter)*

**poder** *m.* 1 pouvoir 2 puissance *f. (fuerza, poderío, capacidad)* ~ *adquisitivo* pouvoir d'achat

**poderoso, -a** *adj. -s.* puissant, e

**podio** *m.* podium

**podredumbre** *f.* 1 pourriture 2 pus *m. (humor)*

**poema** *m.* poème

**poesía** *f.* poésie

**poeta** *m.* poète

**poetisa** *f.* poétesse

**póker** *m.* poker

**polaco, -a** *adj. -s.* polonais, e

**polea** *f.* poulie

**polémico, -a** *adj. -f.* polémique

**polen** *m. BOT.* pollen

**policía** *f.* 1 police 2 politesse *(cortesía)* 3 propreté *(aseo)* 4 *m.* policier, agent de police

**policromo, -a** *adj.* polychrome

**polichinela** *m.* polichinelle

**polifonía** *f.* polyphonie

**poligamia** *f.* polygamie

**polígloto, -a** *adj. -s.* polyglotte

**polígono** *m.* polygone

**polilla** *f.* mite *(insecto)*

**polinomio** *m. MAT.* polynôme

**polípero** *m.* polypier

**pólipo** *m. ZOOL. MED.* polype

**polisílabo, -a** *adj. -m.* polysyllabe

**politécnico, -a** *adj.* polytechnique

**politeísmo** *m. REL.* polythéisme

**política** *f.* politique

**político, -a** *adj.* **1** politique **2** poli, ie, courtois, e **3** *marque la parenté par mariage* **padre** ~, **hijo** ~ beau-père, beau-fils

**póliza** *f.* **1** police *(de seguros)* **2** vignette, timbre *m. (del impuesto)* ~ **adicional** avenant *m.*

**polizón** *m.* passager clandestin

**polo** *m.* **1** pôle ~ **norte, sur** pôle Nord, Sud **2** polo *(juego, camisa)*

**poltrón, -ona** *adj.* **1** paresseux, euse **2** *f.* bergère *(sillón)* **poltrona ministerial** *f.* fauteuil ministériel

**polvareda** *f.* **1** nuage de poussière *m.* **2** *fig.* agitation des esprits

**polvera** *f.* poudrier *m.*

**polvo** *m.* **1** poussière *f.* **levantar** ~ faire de la poussière **2** poudre *f.* *(sustancia pulverizada)* **oro en** ~ poudre d'or **3** prise *f.* *(de tabaco)* **4** *pl.* poudre *f. sing. (afeite)*

**pólvora** *f.* poudre *(explosivo)* *loc. fig.* **gastar** ~ **en salvas** tirer sa poudre aux moineaux

**polvoriento, -a** *adj.* **1** poussiéreux, euse **2** poudreux, euse

**polvorín** *m.* **1** pulvérin **2** poire à poudre *f. (frasquito)* **3** poudrière *f.*

**pollera** *f.* **1** chariot d'enfant *m.*, youpala *m.* **2** jupon *m.* **3** *amer.* jupe

**pollino** *m.* **1** ânon **2** âne, baudet **3** *fig.* âne, imbécile

**pollito, -a** *s.* **1** *fam.* jeune garçon, jeune fille **2** *m.* poussin *(polluelo)*

**pollo** *m.* **1** poulet *(cría de gallina),* petit *(de cualquier ave)* **2** *fam.* jeune homme

**pomar** *m.* **1** verger **2** pommeraie *f.*

**pomelo** *m.* **1** pamplemousse **2** pamplemoussier

**pómez** *adj.* **piedra** ~ pierre ponce

**pomo** *m.* **1** petit flacon *(frasco)* **2** pommeau *(de espada)*

**pompa** *f.* **1** pompe, apparat *m.* **2** bulle ~ **de jabón** bulle de savon

**pómulo** *m.* pommette *f.*

**ponderar** *tr.* **1** peser, examiner **2** pondérer *(equilibrar)* **3** vanter *(celebrar)*

**ponencia** *f.* **1** rapport *m. (informe)* **2** charge de rapporteur **3** exposé *m.*

**ponente** *adj. -s. DER.* rapporteur

**poner** *tr.* **1** mettre, placer, poser *(colocar)* ~ **una coma** mettre une virgule **2** rendre *(con ciertos adjetivos)* ~ **triste, furioso,** *etc.* rendre triste, furieux, euse, *etc.* **3** ouvrir *(una tienda, etc.)* **4** *pr.* se mettre, se placer **se puso de rodillas** il se mit à genoux **5** devenir **ponerse furioso** devenir furieux **6** mettre *(vestido, zapatos, etc.)* **se puso el sombrero** il mit son chapeau **7** se coucher *(un astro)* ~ **como nuevo** remettre à neuf, *fig.* maltraiter *(a uno)*

**poniente** *m.* **1** ponant, couchant **2** vent d'ouest

**pontificado** *m.* pontificat

**pontífice** *m.* pontife **sumo** ~ souverain pontife

**ponzoña** *f.* poison *m.,* venin *m.*

**popular** *adj.* populaire

**popularizar** *tr.* populariser

**por** *prep.* **1** par *(indica agente, causa, medio, modo, parte)* ~ **ignorancia** par ignorance **2** pour *(a causa de, en consideración a, a favor de)* **castigado** ~ **su pereza** puni pour sa paresse **3** pour, comme **dejar** ~ **muerto** laisser pour mort **4** pour, afin de *(con infinitivo)* **no cansarle** pour ne pas le fatiguer **estar** ~ **hacer** *(seguido de infinitivo, con el sentido de sin)* être à faire **ir** ~ **pan** aller chercher du pain ~ **esto** c'est pourquoi ~ **ahora** *loc. adv.* pour le moment ~ **la mañana,** ~ **la noche** *loc. adv.* le matin, le soir *ou* la nuit ~ **Navidad** *loc. adv.* à la Noël ~ **abril** *loc. adv.* en avril ~ **qué** *loc. conj.* pourquoi

**porcelana** *f.* porcelaine

**porcentaje** *m.* pourcentage

**porcino, -a** **1** *adj. -s.* porcin, e **2** *m.* porcelet

**porción** *f.* **1** portion **2** part *(parte)*

**pordiosero, -a** *s.* mendiant, e

**porfiado, -a** *adj.* obstiné, ée

**porfiar** *intr.* **1** s'entêter, s'obstiner **2** se disputer

**pormenor** *m.* **1** détail **2** tenants et aboutissants *pl. (de un proceso)*

**pornografía** *f.* pornographie

**poroso, -a** *adj.* poreux, euse

**porque** *conj.* parce que

**porqué** *m.* pourquoi *invar. (causa, motivo)*

**porquería** *f.* cochonnerie, saleté

**potaje**

**porra** f. **1** massue **2** matraque *(de caucho)* **3** *interj. fam.* zut! *loc. fam.* **mandar a la** ~ envoyer balader

**porrazo** m. **1** coup de massue, etc. **2** coup

**porrillo (a)** *loc. adv.* à foison

**porro** m. joint *(cigarrillo de marijuana, etc.)*

**porrón, -ona** **1** *adj.* lourdaud, e **2** m. cruche à bec pour boire à la régalade f.

**porta** f. *MAR.* sabord m.

**portaaviones** m. *invar.* porte-avions

**portada** f. **1** frontispice m. **2** *IMPR.* page de titre *(de un libro)*, couverture *(de una revista)* **3** portail m. *(de un edificio)*

**portador, -ora** *adj.* -s. porteur, euse

**portaequipajes** m. *invar.* porte-bagages

**portal** m. **1** entrée f., vestibule **2** portique **3** porte f. *(de una ciudad)*

**portarse** *pr.* **1** se comporter, se conduire **se ha portado bien conmigo** il s'est bien conduit avec moi **2** agir honorablement

**portátil** *adj.* portatif, ive

**portavoz** m. **1** porte-voix **2** porte-parole *invar. (persona)*

**portazo** m. claquement de porte **dar un** ~ claquer la porte

**porte** m. **1** port, maintien, allure f. *(de una persona)* **2** transport, port ~ **pagado** port payé ~ **debido** port dû

**portería** f. **1** loge de concierge, conciergerie *(habitación)* **2** *DEP.* but m., cage *(fútbol)*

**portero, -a** s. **1** concierge, portier, ière **2** m. huissier **3** *DEP.* gardien de but *(fútbol)*

**portezuela** f. **1** portillon m. **2** portière *(de coche)*

**pórtico** m. portique

**portón** m. grande porte f.

**portorriqueño, -a** *adj. s.* de Porto Rico, portoricain, e

**portuario, -a** *adj.* portuaire

**portugués, -esa** *adj.* -s. portugais, e

**porvenir** m. avenir

**pos (en)** *loc. adv.* derrière, à la suite **ir en** ~ **de** courir après

**posada** f. **1** auberge *(mesón)* **2** demeure, logis m. *(casa)* **3** hébergement m. **4** hospitalité **dar** ~ offrir l'hospitalité

**posar** *intr.* **1** poser *(ante un pintor, un fotógrafo)* **2** loger *(alojarse)* **3** *intr. -pr.* se poser *(los pájaros)*

**posdata** f. post-scriptum m. *invar.*

**poseer** *tr.* posséder

**posesión** f. **1** possession **2** propriété *(finca)*

**posibilidad** f. **1** possibilité **2** *pl.* moyens m. *pl.*

**posible** *adj.* possible, éventuel, elle, **cliente** ~, client éventuel

**posición** f. **1** position **2** position, situation *(social)*

**positivo, -a** **1** *adj.* positif, ive **2** f. *FOT.* positif m.

**posponer** *tr.* placer, faire passer après *(a una persona, una cosa)*, retarder

**posta** f. **1** poste, relais m. *(de caballos)* **2** chevrotine *(bala) loc. adv.* **por la** ~ rapidement **a** ~ à dessein, exprès

**postal** **1** *adj.* postal, ale **tarjeta** ~ carte postale **2** f. carte postale

**poste** m. **1** poteau m. pylône

**postergar** *tr.* **1** ajourner *(aplazar)* **2** laisser en arrière **3** ajourner l'avancement *(de alguien)*

**posterior** *adj.* postérieur, e

**postigo** m. **1** volet *(de ventana)* **2** porte dérobée f. *(puerta falsa)*

**postizo, -a** *adj.* **1** postiche **2** faux, fausse **cuello** ~ faux col

**postor** m. offrant, enchérisseur *(en una licitación)* **el mejor** ~ le plus offrant ou le dernier enchérisseur **venderse al mejor** ~ se vendre au plus offrant

**postración** f. **1** prostration *(abatimiento)* **2** prosternation

**postrar** *tr.* **1** abattre *(derribar, debilitar)* **2** *pr.* se prosterner *(hincarse de rodillas)*

**postre** **1** m. dessert **2** *adj.* dernier, ière **a la** ~ *loc. adv.* à la fin

**postulado** m. postulat

**postular** *tr.* **1** postuler **2** quêter *(hacer una colecta)*

**póstumo, -a** *adj.* posthume

**postura** f. **1** posture, position **2** enchère *(en una subasta)* **3** mise, enjeu m. *(en el juego)* **4** ponte *(de los huevos)* **5** *fig.* attitude

**postventa** ou **posventa** *adj.* après-vente

**potable** *adj.* potable

**potaje** m. **1** potage **2** plat de légumes secs

**pote** m. 1 pot (vasija) 2 marmite f. (para cocer viandas)

**potencia** f. puissance en ~ loc. adv. en puissance

**potencial** adj. -m. 1 potentiel, elle 2 m. GRAM. conditionnel

**potenciar** tr. renforcer, favoriser

**potentado** m. potentat

**potente** adj. puissant, e

**poterna** f. FORT. poterne

**potestad** f. puissance, pouvoir m. patria ~ puissance paternelle

**potranca** f. jeune jument, pouliche

**potro** m. 1 poulain (animal) 2 chevalet (de tormento) 3 VET. travail (aparato) 4 cheval d'arçon

**pozo** m. puits

**práctica** f. 1 pratique 2 méthode 3 pl. travaux pratiques m. (ejercicios) 4 pl. stage (cursillos)

**practicante** 1 adj. pratiquant, e (en religión) 2 m. infirmier

**practicar** tr. 1 pratiquer 2 pratiquer, faire ~ la natación faire de la natation 3 intr. faire un stage

**práctico, -a** adj. 1 pratique 2 expérimenté, ée, exercé, ée

**pradera** f. prairie

**prado** m. pré

**pragmático, -a** adj. -f. pragmatique

**preámbulo** m. préambule

**precario, -a** adj. précaire

**precaución** f. précaution

**precavido, -a** adj. prévoyant, e

**precedente** adj. -m. précédent, e

**precepto** m. précepte

**preceptor, -ora** s. précepteur, trice

**preciar** tr. 1 apprécier 2 pr. se vanter de, se piquer de

**precintar** tr. 1 mettre des renforts aux angles (de cajas, maletas) 2 sceller, cacheter, plomber, mettre des bandes de sûreté à (un paquete, etc.)

**precio** m. prix ~ corriente prix courant ~ medio prix moyen el ~ óptimo le meilleur prix ~ de coste prix de revient al ~ de au prix de tener en ~ apprécier

**preciosidad** f. qualité de ce qui est précieux

**precioso, -a** adj. 1 précieux, euse (de mucho valor) 2 très joli, ie, ravissant, e (bonito)

**precipicio** m. précipice

**precipitación** f. précipitation

**precipitar** tr. précipiter

**precisar** tr. 1 préciser (fijar) 2 forcer, obliger (obligar) 3 impers. falloir

**preciso, -a** adj. 1 précis, e 2 nécessaire ser ~ être nécessaire, falloir es ~ que vengáis il faut que vous veniez

**preclaro, -a** adj. fameux, euse, illustre

**precocidad** f. précocité

**precolombino, -a** adj. précolombien, enne

**preconcebir** tr. préconcevoir idea preconcebida idée préconçue

**preconizar** tr. préconiser

**precoz** adj. précoce

**precursor, -ora** adj. 1 précurseur, avant-coureur, annonciateur, trice 2 m. précurseur

**predecesor, -ora** s. 1 prédécesseur m. 2 ancêtre

**predecir** tr. prédire

**predestinar** tr. prédestiner

**predicador, -ora** 1 s. prêcheur, euse 2 m. prédicateur

**predicar** tr. prêcher

**predicción** f. prédiction

**predilecto, -a** adj. préféré, ée, bien-aimé, ée, chéri, ie

**predisponer** tr. prédisposer

**predominio** m. prédominance f.

**preestablecido, -a** adj. préétabli, ie

**prefacio** m. préface f.

**prefecto** m. préfet

**prefectura** f. préfecture

**preferencia** f. 1 préférence 2 priorité ~ de paso priorité

**preferible** adj. préférable

**preferir** tr. préférer

**prefijo, -a** adj. -s. 1 préfixe 2 indicatif (teléfono)

**pregón** m. 1 proclamation f., annonce f. (noticia) 2 cri (de vendedor) 3 bans (para un matrimonio)

**pregonar** tr. 1 publier à haute voix, annoncer publiquement 2 crier (un vendedor) 3 vanter

**pregunta** f. demande, question hacer preguntas poser des questions

**preguntar** tr. 1 demander 2 questionner, interroger

**prehistoria** f. préhistoire

**prejuicio** m. préjugé, parti pris

**presumido**

**prejuzgar** *tr.* préjuger
**prelado** *m.* prélat
**preliminar** *adj. -m.* préliminaire
**preludiar** 1 *intr.* préluder 2 *tr. fig.* préluder à *(anunciar)*
**prematuro, -a** *adj.* prématuré, ée
**premeditación** *f.* préméditation
**premeditar** *tr.* préméditer
**premiar** *tr.* récompenser, accorder un prix
**premio** *m.* 1 prix, récompense *f.* 2 lot *(de lotería)* ～ **gordo** gros lot 3 *COM.* prime *f.*
**premisa** *f LOG.* prémisse
**premura** *f.* urgence ～ **de tiempo** hâte
**prenda** *f.* 1 gage *m. (garantía)* 2 gage *(de amistad)* 3 vêtement *m. (ropa)* 4 personne, chose très aimée 5 *pl.* qualités *(de una persona)* ～ **interior** sous-vêtement
**prendado, -a** *adj.* épris, e
**prender** *tr.* 1 prendre, arrêter *(a una persona)*, faire prisonnier *(aprisionar)* 2 accrocher, retenir *(hablando de cosas)* 3 *intr.* prendre *(el fuego, una vacuna, etc.)* **el injerto ha prendido** la greffe a pris
**prensa** *f.* 1 presse *(máquina, publicaciones, diarios)* **dar a la** ～ faire imprimer **en** ～ *loc. adv.* sous presse **meter en** ～ mettre sous presse
**prensar** *tr.* 1 presser *(en una prensa)* 2 pressurer *(uva, etc.)*
**prensible** *adj.* préhensible
**prensil** *adj.* préhensile
**preñado, -a** 1 *adj.* plein, pleine, chargé, ée *(cargado)* 2 *adj. -f.* enceinte, grosse *(mujer)*, pleine *(animales)*
**preñar** *tr.* 1 féconder *(a una mujer)* 2 couvrir *(a un animal)*
**preocupación** *f.* 1 préoccupation 2 souci *m. (inquietud)*
**preocupar** *tr.* préoccuper
**preparación** *f.* préparation
**preparado** *m.* préparation *f.*
**preparar** *tr.* 1 préparer 2 *pr.* se préparer
**preparativos** *m. pl.* préparatifs
**preponderar** *intr.* être prépondérant, e, prédominer
**preposición** *f.* préposition
**presa** *f.* 1 prise *(acción, cosa apresada)* 2 proie *(de un animal)* **ave de** ～ oiseau de proie 3 barrage *m. (a través*

*de un río)* 4 bief *m. (de un molino)*, canal *m.* 5 *pl.* crocs *(colmillo)* 6 *pl.* serres *(de ave de rapiña)*
**presagiar** *tr.* présager
**presbítero** *m.* prêtre
**prescindir** *intr.* 1 se passer de 2 faire abstraction de **prescindiendo de...** abstraction faite de...
**prescribir** *tr.* prescrire *(ordenar)* **el médico ha prescrito un reposo absoluto** le médecin a prescrit un repos absolu
**presencia** *f.* 1 présence 2 prestance, tournure, aspect *m.* ～ **de ánimo** présence d'esprit
**presenciar** *tr.* être présent, e à, assister à *(asistir)* ～ **una corrida** assister à une corrida
**presentación** *f.* présentation
**presentador, -ora** *m. -f.* présentateur, trice
**presentar** *tr.* 1 présenter 2 déposer *(una queja, etc.)* 3 *pr.* se présenter 4 *DER.* comparaître
**presente** *adj. -m.* présent, e
**presentir** *tr.* pressentir
**presidencia** *f.* présidence
**presidente** *m.* président
**presidio** *m.* 1 bagne 2 *MIL.* place forte *f.* garnison *f.* 3 travaux forcés *pl.*
**presidir** *tr.* présider
**presilla** *f.* 1 bride 2 ganse *(cordoncillo)*
**presión** *f.* pression
**preso, -a** 1 *adj.* pris, prise 2 *adj. -s.* prisonnier, ière, détenu, ue *p.p. de* **prender**
**prestado, -a** *adj.* prêté, ée **pedir** ～, **tomar** ～ emprunter
**prestamista** *s.* prêteur, euse
**préstamo** *m.* 1 prêt *(acción, cosa prestada)* 2 emprunt
**prestancia** *f.* excellence, qualité supérieure, prestance
**prestatario, -a** *s.* 1 prestataire 2 emprunteur, euse
**prestar** 1 *tr.* prêter 2 *pr.* se prêter *(consentir)*
**prestidigitación** *f.* prestidigitation
**prestigio** *m.* prestige
**presumido, -a** *adj.* 1 prétentieux, euse, présomptueux, euse 2 coquet, ette

**presumir 1** *tr.* présumer **2** *intr.* se pavaner, faire l'important, e, se donner des grands airs, se rengorger **3** se vanter, se croire *presume de guapa* elle se croit belle

**presunción** *f.* présomption

**presuntuoso, -a** *adj.* présomptueux, euse

**presuponer** *tr.* **1** présupposer **2** établir le budget de

**presupuesto, -a 1** *adj.* présupposé, ée **2** *m.* budget **3** devis *(de una obra)* **4** supposition *f.*

**pretender** *tr.* **1** solliciter, briguer **2** prétendre, essayer de *(esforzarse)*

**pretendiente** *adj. -s.* prétendant, e

**pretensión** *f.* prétention

**pretérito, -a 1** *adj. -m.* passé, ée **2** *m. GRAM.* passé ~ *imperfecto* imparfait ~ *indefinido* passé simple, prétérit ~ *perfecto* passé composé ~ *pluscuamperfecto* plus-que-parfait

**pretexto** *m.* prétexte *con el ~ de que* sous prétexte que

**prevalecer** *intr.* prévaloir

**prevaler 1** *intr.* prévaloir **2** *pr.* se prévaloir

**prevención** *f.* **1** prévention, préjugé *m. (idea preconcebida)* **2** disposition, précaution **3** poste de police *m.*

**prevenir** *tr.* **1** prévenir *(avisar, precaver, predisponer)* **2** préparer, disposer **3** *pr.* se préparer *(prepararse)*

**prever** *tr.* prévoir

**previo, -a** *adj.* **1** préalable **2** après *previa entrega de* après remise de ~ *aviso* préavis

**previsión** *f.* prévision

**previsto, -a** *adj.* prévu, ue

**prima** *f.* **1** cousine **2** prime *(premio, etc.)* **3** prime *(hora)* ~ *hermana, carnal* cousine germaine

**primario, -a** *adj. -m.* primaire

**primavera** *f.* **1** printemps *m. (estación)* **2** primevère *(planta)*

**primaveral** *adj.* printanier, ière

**primer** *adj. forme apocopée de primero; elle ne s'emploie que devant le substantif* ~ *piso* premier étage

**primero** *adv.* **1** premièrement, d'abord **2** plutôt *(más bien)*

**primero, -a 1** *adj. -s.* premier, ière **2** *m.* premier étage

**primicias** *f. pl.* **1** prémices **2** *fig.* primeur *sing.*

**primitivo, -a** *adj. -s.* primitif, ive

**primo, -a 1** *adj.* premier, ière *número* ~ nombre premier **2** *s.* cousin, e ~ *hermano, carnal* cousin germain **3** *fig. fam.* poire *f.*, naïf **4** *adv.* primo

**primogénito, -a** *adj. -s.* premier-né, première-née, aîné, ée

**primor** *m.* **1** délicatesse *f.* **2** perfection *f.* **3** splendeur *f.* **4** merveille *f.*

**primordial** *adj.* primordial, ale

**princesa** *f.* princesse

**principado** *m.* **1** principat **2** principauté *f. (territorio)*

**principal 1** *adj.* principal, ale **2** *adj. -m.* premier *piso* ~ premier étage

**príncipe 1** *m.* prince **2** *adj.* princeps *(edición)*

**principiar** *tr. -intr.* commencer

**principio** *m.* **1** commencement, début **2** principe *(fundamento, máxima)*

**pringar** *tr.* **1** tacher *(con grasa)* **2** graisser **3** saucer *(con pan)* **4** *fam.* salir *(la reputación)* **5** *intr. fam.* bosser, marner *(trabajar)* **6** *pr.* tacher *ou* se tacher

**priorato** *m.* **1** prieuré **2** priorat *(cargo)*

**priori (a)** *loc. adv.* a priori

**prioridad** *f.* priorité

**prisa** *f.* hâte *darse* ~ se hâter, se dépêcher *tener* ~ être pressé, ée, avoir hâte *tengo* ~ *por salir* je suis pressé de, j'ai hâte de partir *correr* ~ presser, être pressant *a* ~, *de* ~ *loc. adv.* vite

**prisión** *f.* **1** prison **2** arrestation *(acción de prender)*, détention, emprisonnement *m. (pena)* **3** *pl.* fers *m. (grillos)*

**prisionero, -a** *s.* prisonnier, ière

**prisma** *m.* prisme

**prismático, -a 1** *adj.* prismatique **2** *m. pl.* jumelles *f.*

**privación** *f.* privation

**privado, -a** *adj.* **1** privé, ée **2** particulier, ière *consulta privada* consultation particulière **3** *m.* favori *(de un príncipe)*

**privar** *tr.* **1** priver **2** interdire *(prohibir)* **3** *intr.* être en faveur *(con uno)* **4** être en vogue, être à la mode **5** *pr.* se priver

**privativo, -a** *adj.* privatif, ive ~ *a* particulier à, propre à, l'apanage de

**privilegio** *m.* privilège

**pro** *m.* profit *hombre de* ～ homme de bien *en* ～ *de* loc. prep. en faveur de

**proa** *f.* MAR. proue

**probabilidad** *f.* probabilité

**probable** *adj.* **1** probable *(verosímil)* **2** prouvable *(que se puede probar)*

**probador, -ora** **1** *adj.* qui prouve **2** *s.* essayeur, euse **3** *m.* cabine d'essayage *f.*, salon d'essayage

**probar** *tr.* **1** prouver *(justificar)* **2** éprouver, essayer, mettre à l'épreuve *(experimentar)* **3** goûter *(un manjar o un líquido)* **4** essayer *(un vestido, un coche, etc.)* ～ *a* essayer de

**probeta** *f.* éprouvette *un bebé* ～ un bébé éprouvette

**problema** *m.* problème

**procedencia** *f.* origine, provenance

**procedente** *adj.* provenant, en provenance *(de un lugar)* *barco* ～ *de Génova* bateau en provenance de Gênes

**proceder** *m.* procédé, conduite *f.*

**proceder** *intr.* **1** procéder *(originarse)*, provenir, venir *este vino procede de España* ce vin provient d'Espagne **2** être convenable, opportun, convenir *(ser conveniente)*

**procedimiento** *m.* **1** procédé, méthode *f.* **2** DER. procédure *f.*

**prócer** **1** *adj.* grand, e, éminent, e **2** *m.* personnage illustre

**procesar** *tr.* **1** DER. instruire un procès **2** inculper *(a una persona)* **3** traiter *(en informática)*

**procesión** *f.* procession

**proceso** *m.* **1** DER. procès **2** processus *(desarrollo de una cosa)* ～ *de datos* traitement de données ～ *de textos* traitement de textes ～ *de fabricación* procédé de fabrication

**proclama** *f.* proclamation

**proclamar** *tr.* proclamer

**proclive** *adj.* enclin, e

**procónsul** *m.* proconsul

**procrear** *tr.* procréer

**procurador** *m.* **1** procureur **2** procureur *(de una comunidad)* **3** avoué *(abogado)* ～ *a, de, en Cortes* membre du Parlement

**procurar** *tr.* **1** tâcher de, s'efforcer de, essayer de *(tratar de)* **2** procurer *(proporcionar)* **3** *pr.* se procurer ～ *que* tâcher que, faire en sorte que *pro-*

*curaba que nadie le viera* il faisait en sorte que personne ne le voie

**prodigar** *tr.* prodiguer, donner à profusion

**prodigioso, -a** *adj.* prodigieux, euse

**producción** *f.* production

**producir** **1** *tr.* produire **2** *pr.* se produire

**productividad** *f.* productivité

**producto** *m.* produit

**productor, -ora** *adj.* -s. producteur, trice

**proeza** *f.* prouesse, exploit *m.*

**profanar** *tr.* profaner

**profano, -a** *adj.* -s. profane

**profecía** *f.* prophétie

**profesar** **1** *tr.* professer **2** *intr.* prononcer ses vœux *(religión)*

**profesión** *f.* profession

**profesional** *adj.* -s. professionnel, elle

**profesor, -ora** *s.* professeur *(sin femenino en francés)* *es profesora de inglés* elle est professeur d'anglais

**profeta** *m.* prophète

**profetizar** *tr.* prophétiser

**profiláctico, -a** **1** *adj.* prophylactique **2** *f.* prophylaxie

**prófugo, -a** **1** *adj.* -s. fugitif, ive **2** *m.* MIL. réfractaire, insoumis

**profundidad** *f.* profondeur

**profundo, -a** **1** *adj.* profond, e **2** *m.* profondeur *f.*

**profusión** *f.* profusion

**programa** *m.* programme

**programador, ora** programmateur, trice ; *m.* programmeur

**progresar** *intr.* progresser

**progresivo, -a** *adj.* progressif, ive

**progreso** *m.* progrès

**prohibir** *tr.* défendre, interdire, prohiber *se prohibe el paso* passage interdit

**prohijamiento** *m.* adoption *f.*

**prohijar** *tr.* adopter *(opiniones, a un niño, etc.)*

**prohombre** *m.* homme important, grand homme, notable

**prójimo, -a** *m.* **1** prochain, autrui *amar al* ～ aimer son prochain **2** desp. individu

**prole** *f.* enfants *m. pl.*, progéniture, lignée

**proletariado** *m.* prolétariat

**proletario, -a** **1** *adj.* prolétarien, ienne **2** *adj.* -m. prolétaire

**prolífico, -a** *adj.* prolifique

**prolijidad** *f.* prolixité

**prolijo, -a** *adj.* 1 prolixe 2 minutieux, euse

**prólogo** *m.* préface *f.,* prologue

**prolongación** *f.,* **prolongamiento** *m.* 1 prolongation *f.* 2 prolongement *m.*

**prolongar** *tr.* prolonger

**promedio** *m.* 1 milieu *(punto medio)* 2 moyenne *f. (término medio)*

**promesa** *f.* promesse

**prometer** 1 *tr. -intr.* promettre 2 *pr.* se fiancer *(desposarse)*

**prominente** *adj.* proéminent, e

**promiscuidad** *f.* promiscuité

**promoción** *f.* promotion

**promotor, -ora** *adj. -s.* OU **promovedor, -ora** promoteur, trice

**promover** *tr.* 1 promouvoir *(elevar)* 2 occasionner, causer

**promulgar** *tr.* promulguer

**pronombre** *m.* pronom

**pronosticar** *tr.* pronostiquer

**pronóstico** *m.* 1 pronostic 2 MED. diagnostic 3 prévisions météorologiques

**pronto, -a** 1 *adj.* prompt, prompte, rapide 2 *adj.* prêt, prête *(dispuesto, listo)* 3 *m.* impulsion *f.,* mouvement d'humeur 4 *adv.* vite *(prestamente),* tôt *(temprano),* bientôt *(luego)* ∼ **está dicho** c'est vite dit *loc. adv. al* ∼ à première vue, de prime abord *de* ∼ soudain *por de* ∼*, por el* ∼ pour le moment

**pronunciar** 1 *tr.* prononcer 2 *pr.* s'insurger, se soulever

**propiciar** *tr.* 1 rendre propice 2 apaiser *(aplacar)*

**propicio, -a** *adj.* propice, favorable

**propiedad** *f.* 1 propriété 2 *fig.* ressemblance *(semejanza)*

**propietario, -a** *adj. -s.* propriétaire

**propina** *f.* pourboire *m.,* récompense

**propio, -a** *adj.* 1 propre *nombre* ∼ nom propre 2 lui-même, elle-même, etc. *(mismo) el* ∼ *alcalde* le maire lui-même ∼ *para* propre à, approprié à *lo* ∼ la même chose *al* ∼ *tiempo loc. adv.* en même temps

**proponer** *tr.* 1 proposer 2 *pr.* se proposer

**proporción** *f.* 1 proportion 2 occasion *(oportunidad)*

**propósito** *m.* dessein, intention *f. (intención),* but *(objeto) a* ∼ *loc. adv.* à propos *a* ∼ *de loc. prep.* à propos de

**propuesta** *f.* proposition *a* ∼ *de* sur la proposition de

**propugnar** *tr.* protéger, défendre

**propulsor** *m.* propulseur

**prórroga** *f.* 1 prorogation 2 prolongation *(de un permiso, un partido, etc.)*

**prorrumpir** *intr.* 1 jaillir impétueusement 2 *fig.* éclater ∼ *en risa, sollozos* éclater de rire, en sanglots

**prosa** *f.* prose

**proscenio** *m.* TEAT. avant-scène *f. (teatro moderno),* proscenium *(teatro antiguo)*

**proscribir** *tr.* proscrire

**proscipto, -a, proscrito, -a** *s.* proscrit, e

**prosecución** *f.,* **proseguimiento** *m.* poursuite *f.,* continuation *f.*

**proseguir** *tr.* 1 poursuivre, continuer 2 *intr.* continuer

**proselitismo** *m.* prosélytisme

**prosista** *s.* prosateur *m. un, una* ∼ un prosateur

**prospeccionar** *tr.* prospecter

**prospecto** *m.* prospectus

**prosperar** *intr.* prospérer

**prosperidad** *f.* prospérité

**próstata** *f.* MED. prostate

**protagonismo** *m.* rôle, *tener* ∼ jouer un rôle important

**protagonista** *s.* 1 protagoniste 2 héros, héroïne

**protección** *f.* protection

**proteccionismo** *m.* protectionnisme

**protector, -ora** *adj. -s.* protecteur, trice

**protectorado** *m.* protectorat

**proteger** *tr.* protéger

**proteína** *f.* QUIM. protéine

**prótesis** *f.* CIR. prothèse

**protesta, protestación** *f.* protestation

**protestante** *adj. -s.* 1 REL. protestant, e 2 protestataire

**protestar** *tr. -intr.* protester

**protesto** *m.* COM. protêt

**prostíbulo** *m.* maison de tolérance *f.,* bordel

**_puesto_**

**prostituir** _tr._ **1** prostituer **2** _pr._ se prostituer

**prostituta** _f._ prostituée

**protocolo** _m._ **1** protocole **2** minutier _(de un notario)_

**prototipo** _m._ prototype

**provecho** _m._ profit _sacar ~ tirer_ profit, profiter _de ~ utile hombre de ~_ homme de bien

**provechoso, -a** _adj._ profitable

**proveedor, -ora** _s._ fournisseur, euse, pourvoyeur, euse

**proveer** _tr._ **1** pourvoir, fournir, munir **2** _DER._ prononcer _(una resolución)_

**provenir** _intr._ provenir

**provenzal** _adj._ -s. provençal, ale

**proverbio** _m._ proverbe

**providencia** _f._ **1** providence **2** mesure, disposition _tomar providencias_ prendre des mesures

**provincias** _f._ **1** province **2** département _m._ _(división territorial de la Francia actual)_

**provincial** _adj._ provincial, ale _la diputación ~_ le conseil général

**provinciano, -a** _adj._ -s. provincial, ale

**provisión** _f._ provision

**provisional** _adj._ provisoire

**provocar** _tr._ provoquer

**provocativo, -a** _adj._ provocant, e, agressif, ive

**proximidad** _f._ **1** proximité **2** _pl._ alentours _(cercanías)_

**próximo, -a** _adj._ **1** proche _(cercano)_ _hotel ~ a la estación_ hôtel proche de la gare **2** prochain, e _la semana próxima_ la semaine prochaine

**proyectar** _tr._ **1** projeter **2** _fig._ projeter, envisager _(pensar)_

**proyectil** _m._ projectile

**proyecto** _m._ projet

**prudencia** _f._ prudence

**prudente** _adj._ prudent, e, sage, modéré, ée

**prueba** _f._ **1** épreuve **2** preuve _(lo que prueba)_ **3** essayage _m._ _(de un vestido)_ **4** essai _m._ _(ensayo)_ **5** test **6** _fig._ preuve, marque, témoignage _m._ _(testimonio) dar pruebas de_ faire preuve _del SIDA_ test de dépistage du SIDA _~ de alcoholemia_ alcootest

**prurito** _m._ _MED._ prurit

**psicoanálisis** _m._ psychanalyse _f._

**psicología** _f._ psychologie

**psicólogo, -a** _s._ psychologue

**psicosis** _f._ psychose

**psiquiatría** _f._ psychiatrie

**psíquico, -a** _adj._ psychique

**púa** _f._ **1** pointe, piquant _m._ **2** dent _(de un peine)_ **3** piquant _m._ _(de erizo)_ **4** _MUS._ médiator _m._

**pubertad** _f._ puberté

**pubis** _m._ _ANAT._ pubis

**publicación** _f._ publication

**publicar** _tr._ publier

**publicidad** _f._ publicité

**público, -a 1** _adj._ public, ique **2** _m._ public **3** monde _(gente) dar al ~_ publier

**pucherazo** _m._ _fig._ trucage électoral _dar pucherazos_ truquer les élections

**puchero** _m._ **1** pot-au-feu, marmite _f._ _(vasija)_ **2** pot-au-feu _(manjar)_ **3** _fig._ croûte _f._ _(alimento diario)_

**pudiente** _adj._ -s. puissant, e, riche

**pudor** _m._ pudeur _f._

**pudrir 1** _tr._ pourrir, putréfier **2** _pr._ pourrir, se putréfier **3** _intr._ être mort, morte, être enterré, ée

**pueblerino, -a** _adj._ **1** villageois, e **2** _fig._ provincial, ale

**pueblo** _m._ **1** village _(población pequeña)_ **2** peuple _(conjunto de personas)_

**puente** _m._ pont _m._ _~ levadizo_ pont-levis _puentes y caminos_ ponts et chaussées

**puerco, -a 1** _adj._ sale, cochon, onne **2** _m._ cochon, porc **3** _f._ truie _~ espín_ porc-épic

**puerro** _m._ poireau

**puerta** _f._ porte _loc. fig. dar con la ~ en las narices_ fermer la porte au nez

**puerto** _m._ **1** port _(de mar o río, refugio)_ **2** défilé, col _(desfiladero)_

**pues** _conj._ **1** car _(porque)_, puisque _(puesto que)_ **2** donc _(sentido continuativo) decíamos ~_ nous disions donc **3** or _(ahora bien)_ **4** eh bien !

**puesta** _f._ coucher _(de un astro) la ~ del sol_ le coucher du soleil _la ~ en escena_ la mise en scène

**puesto, -a 1** _adj._ mis, mise _bien ~_ bien mis, e, bien habillé, e **2** _m._ endroit, lieu **3** poste, situation _f._ _(empleo)_ **4** étalage, étal _(en un mercado, en la calle)_, kiosque **5** _p.p._ de _poner_

**¡ puf !** *interj.* pouah !

**pugna** *f.* 1 lutte 2 opposition *(entre personas o cosas)*

**pujante** *adj.* 1 vigoureux, euse, puissant, e, fort, forte 2 riche

**pujar** 1 *tr.* enchérir, surenchérir *(en una subasta)* 2 *intr.* éprouver des difficultés pour s'exprimer

**pulcritud** *f.* 1 propreté 2 soin *m.* *(esmero)*

**pulga** *f.* puce

**pulgada** *f.* pouce *m. (medida)*

**pulgar** *adj. -m.* pouce *(dedo)*

**pulido, -a** *adj.* 1 poli, ie 2 beau, belle, élégant, e, soigné, ée

**pulir** *tr.* 1 polir 2 *fig.* dégrossir *(a una persona)* 3 *pr.* se polir, s'affiner

**pulmón** *m.* poumon

**pulmonía** *f.* pneumonie

**pulpa** *f.* pulpe

**púlpito** *m.* chaire *f. (en una iglesia)* **en el** ~ en chaire

**pulpo** *m.* poulpe, pieuvre *f.*

**pulsación** *f.* pulsation

**pulsador** *m.* poussoir, bouton

**pulsar** *tr.* 1 tâter le pouls *(tomar el pulso)* 2 *MUS.* pincer, jouer de 3 appuyer sur

**pulsera** *f.* bracelet *m.*

**pulso** *m.* 1 pouls *tomar el* ~ tâter le pouls 2 force *f.*, sûreté du poignet *f.* 3 prudence *a* ~ à la force du poignet *echar un* ~ faire le bras de fer

**pulverizador** *m.* pulvérisateur

**¡ pum !** *interj.* boum !

**puma** *m.* puma, cougouar

**pundonor** *m.* point d'honneur

**punta** *f.* pointe *(extremo agudo)*, bout *m. (extremo)* **la** ~ **del dedo** le bout du doigt *estar de* ~ être brouillé, fâché

**puntada** *f.* point *m.*

**puntal** *m.* étançon

**puntapié** *m.* coup de pied

**puntear** *tr.* 1 pointiller 2 pointer *(en una lista, una cuenta, etc.)* 3 *MUS.* pincer *(la guitarra, etc.)*

**puntera** *f.* 1 bout *m. (de calzado, media)* 2 *fam.* coup de pied *m.*

**puntería** *f.* *ARTILL.* pointage *m.*, visée *f.* *afinar la* ~ rectifier le tir

**puntiagudo, -a** *adj.* pointu, ue

**puntilla** *f.* 1 dentelle fine 2 poignard pour achever les animaux *m. de pun-*

*tillas* sur la pointe des pieds *marcharse de puntillas* s'en aller à pas de loup

**punto** *m.* 1 point 2 maille rompue *f. (en una media)* 3 guidon, mire *f. (de un arma de fuego)* 4 petite quantité *f.* 5 station de voiture *f.* 6 point d'honneur 7 ponte *f. (en el juego)* ~ **y aparte** point à la ligne *géneros de* ~ tricot, bonneterie *estar a* ~ *de* être sur le point de *coger los puntos a* remailler *arco de medio* ~ *ARQUIT.* arc de plein cintre *arco de* ~ *entero ARQUIT.* arc en ogive *a* ~ *loc. adv.* à point *al* ~ *loc. adv.* sur-le-champ, tout de suite

**puntual** *adj.* ponctuel, elle

**puntuar** *tr.* ponctuer

**punzada** *f.* point de côté

**punzante** *adj.* 1 piquant, e 2 *fig.* lancinant, e *(dolor)* 3 poignant, e *(aflictivo)*

**punzar** *tr.* piquer *(herir)*

**puñado** *m.* poignée *f. (porción)*

**puñalada** *f.* coup de poignard *f.*

**puñetazo** *m.* coup de poing

**puño** *m.* 1 poing 2 poignet *(de vestido)* 3 manchette *f. (de camisa)* 4 poignée *f. (de un arma, bastón, utensilio)*

**pupa** *f.* 1 bouton *m. (pústula)* 2 *fam.* bobo *m. (dolor, herida)* *hacer* ~ *a uno* faire du mal à quelqu'un

**pupila** *f.* 1 pupille *(huérfana)* 2 pupille, prunelle *(del ojo)*

**pupilo, -a** *s.* pensionnaire *(de una casa de huéspedes o de un colegio)*

**pupitre** *m.* pupitre

**puré** *m.* purée *f.*

**pureza** *f.* pureté

**purgar** *tr.* 1 purger 2 expier *(un delito, etc.)* 3 *pr.* se purger

**purgatorio** *m.* purgatoire

**purificación** *f.* purification

**purificar** *tr.* purifier, épurer

**puritano, -a** *adj. -s.* puritain, e

**puro, -a** 1 *adj.* pur, pure 2 *m.* cigare *loc. adv. a* ~ *de* à force de *de* ~ *viejo* tant il est vieux

**púrpura** *f.* 1 pourpre *m. (molusco, color)* 2 pourpre *(tinta, tela)*

**purpurado** *m.* cardinal *(prelado)*

**purpurina** *f.* purpurine

**purulento, -a** *adj.* purulent, e

**pus** *m.* pus

**pusilánime** *adj.* pusillanime

**pústula** *f.* pustule

**puta** *f.* putain
**putada** *f. fam.* vacherie
**putrefacción** *f.* putréfaction
**putrefacto, -a** *adj.* pourri, ie, putré-
fié, ée

**pútrido, -a** *adj.* putride
**puya** *f.* fer *m.*, pointe *(de aguijón, etc.)*
**puyazo** *m. TAUROM.* coup de pique
**pymes** *n. pr. f. pl.* petites et moyennes
entreprises, P.M.E.

# Q

**q** *f.* q *m.*

**que** *pron.* **1** qui *(sujeto)* *la mujer ~ canta* la femme qui chante **2** que *(compl. directo)* *el libro ~ leo* le livre que je lis **3** que, quel, quelle, quels, quelles *(en la interrogación directa o indirecta)* *¿ qué quiere usted ?* que voulez-vous ? **4** quoi *no sé qué hacer* je ne sais pas quoi faire **5** que, quel, quelle *(exclamativo)* *¡ qué pena !* quel dommage ! *a ~* à quoi, auquel, à laquelle, auxquels, auxquelles *en ~* où *la casa en ~ vives* la maison où tu demeures *qué de* que de, combien de

**que** *conj.* **1** que, de *(con verbos de orden o de ruego)* *dile ~ venga* dis-lui qu'il vienne, dis-lui de venir **2** car *date prisa ~ es tarde* dépêche-toi, car il est tard *que admet la prép.* *de* : *me alegro de ~ hayas venido* je suis content que tu sois venu

**quebrada** *f.* GEOG. gorge, ravin *m.*

**quebradizo, -a** *adj.* **1** cassant, e, fragile **2** *fig.* fragile

**quebrado, -a** *adj.* **1** brisé, ée *(línea, voz)*, affaibli, ie **2** accidenté, ée *(terreno)* **3** *adj. -s.* COM. failli, ie **4** MED. hernieux, euse **5** *m.* MAT. fraction *f.*, nombre fractionnaire

**quebradura** *f.* **1** brisure **2** MED. hernie

**quebrantamiento** *m.* **1** brisement **2** concassage **3** *fig.* transgression *f.*, infraction *f.*, violation *f.*

**quebrantar** *tr.* **1** briser, casser, rompre **2** concasser, broyer *(machacar)* **3** *fig.* transgresser, enfreindre, violer *(la ley, etc.)* **4** affaiblir, abattre *(la salud)*, abattre *(la moral, etc.)*, briser *(la resistencia, etc.)*

**quebrar** *tr.* **1** casser, briser, rompre **2** plier, courber *(doblar)* **3** adoucir, tempérer *(la fuerza, el rigor)* **4** *intr.* COM. faire faillite **5** *pr.* se briser, se rompre, se casser

**queda** *f.* couvre-feu *m.* *toque de ~* couvre-feu

**quedar** *intr.* **1** rester *~ en casa* rester chez soi *queda mucho por hacer* il reste beaucoup à faire **2** rester, devenir *(resultar)* *~ ciego* devenir aveugle **3** *(con en)* convenir, décider *¿ en qué quedamos ?* que décidons-nous ? **4** *pr.* rester *quedarse en cama* rester au lit **5** devenir *se quedó sordo* il devint sourd **6** *(con la prep. con)* prendre *(tomar)*, garder *(guardar)* *quedarse con uno* loc. *fig.* avoir quelqu'un *(engañar)*

**quehacer** *m.* travail, affaire *f.*, occupation *f.* *tener muchos quehaceres* avoir beaucoup de travail, d'occupations

**queja** *f.* plainte

**quejarse** *pr.* se plaindre, geindre

**quejido** *m.* plainte *f.*, gémissement

**quemado, -a** *adj.* brûlé, ée

**quemar** *tr.* **1** brûler **2** *fig.* vendre au rabais *(malbaratar)* **3** *fig.* irriter, exaspérer **4** *intr.* brûler **5** *pr.* brûler *el asado se quema* le rôti brûle

**quepis** *m.* képi

**querella** *f.* DER. plainte

**querer** *m.* amour, affection *f.*

**querer** *tr.* vouloir *Dios lo quiera* Dieu le veuille *do quiera, donde quiera* loc. *adv.* n'importe où *cuando quiera* loc. *adv.* n'importe quand *sin ~* loc. *adv.* sans le vouloir *como quiera que* loc. *conj.* comme, puisque *como quiera que sea* loc. *conj.* quoi qu'il en soit

**querido, -a** *adj.* **1** voulu, ue **2** aimé, ée **3** cher, chère *~ amigo* cher ami **4** *s.* amant, maîtresse

**quesera** *f.* **1** fromagerie *(donde se fabrican los quesos)* **2** assiette *ou* cloche à fromage

**quesería** *f.* fromagerie

**queso** *m.* fromage

**quevedos** *m. pl.* lorgnon

**quicio** *m.* gond *sacar de ~ a uno* loc. *fig.* faire sortir quelqu'un de ses gonds

**quid pro quo** *m.* quiproquo

**quiebra** *f.* **1** brisure **2** crevasse *(grieta)* **3** COM. faillite, liquidation des biens **4** krach

**quien, quienes** *pron. rel.* **1** qui *(hablando de una persona)* *el hombre con ~ hablo* l'homme à qui je parle **2** *(con prep)* que, dont *mi padre, a ~ respeto* mon père, que je respecte **3** *interr. o exclamat. (con acento)* qui *¿ quién ha venido ?* qui est venu ?

**quienquiera** *pron. indef.* quiconque *~ que sea* qui que ce soit

**quieto, -a** *adj.* **1** calme, tranquille *no puede estarse ~* il ne peut pas rester tranquille **2** immobile

**quijotada** *f.* action propre à un Don Quichotte, extravagance

**quilate** *m.* carat

**quilo** *m.* **1** *FISIOL.* chyle **2** kilo

**quilla** *f. MAR.* quille

**quimera** *f.* **1** chimère **2** dispute, querelle *buscar* ∼ chercher querelle

**química** *f.* chimie

**químico, -a 1** *adj.* chimique **2** *s.* chimiste

**quimono** *m.* kimono

**quince** *adj. -m.* **1** quinze **2** quinzième *el siglo* ∼ le quinzième siècle

**quincena** *f.* quinzaine

**quincenal** *adj.* **1** bimensuel, elle **2** qui dure quinze jours

**quinientos, -as** *adj.* **1** cinq cents **2** cinq cent *(seguido de otra cifra)*

**quinina** *f.* quinine

**quinqué** *m.* quinquet

**quinquenal** *adj.* quinquennal, ale

**quinquenio** *m.* quinquennat

**quinta** *f.* **1** maison de campagne **2** *MIL.* classe **3** *MUS.* quinte **4** *pl. MIL.* tirage au sort *m. sing.*, conscription *sing.*

**quintaesencia** *f.* quintessence

**quintal** *m.* quintal

**quintar** *tr.* **1** tirer au sort un sur cinq **2** *MIL.* tirer au sort

**quinteto** *m.* **1** *MUS.* quintette **2** *METR.* quintette **3** *METR.* strophe de cinq vers

**quinto, -a 1** *adj. -s.* cinquième **2** *adj.* cinq *Felipe* ∼ Philippe V **3** *m.* recrue *f.*, conscrit, bleu

**quíntuplo, -a** *adj. -m.* quintuple

**quiñón** *m.* lopin de terre

**quiosco** *m.* kiosque

**quiquiriquí** *m.* cocorico

**quirófano** *m. CIR.* salle d'opération *f.,* bloc opératoire

**quiromancia** *f.* chiromancie

**quirúrgico, -a** *adj.* chirurgical, ale

**quisquilloso, -a** *adj.* pointilleux, euse, susceptible

**quiste** *m. MED.* kyste

**quitamanchas** *m.* détachant

**quitanieves** *m. máquina* ∼ chasse-neige

**quitar** *tr.* **1** enlever, ôter **2** prendre, dérober *(hurtar)* **3** empêcher *(impedir, obstar)* **4** libérer *(librar de)* **5** *MAT.* ôter **6** *pr.* enlever, ôter *(vestidos, etc.) quitarse la gorra* ôter sa casquette **7** *fig.* renoncer à, abandonner, se débarrasser de *(apartarse)* ∼ *la vida* tuer

**quitasol** *m.* parasol

**quite** *m.* **1** action d'empêcher *f.* **2** *ESGR.* parade *f.* **3** *TAUROM.* jeu d'un torero consistant à écarter le taureau qui menace un autre torero

**quizás, quizá** *adv.* peut-être ∼ *cene con nosotros* peut-être dînera-t-il avec nous

**quórum** *m.* quorum

# R

**r** f. r m.

**rabadilla** f. croupion m.

**rabanal** m. champ de radis

**rabanera** f. 1 marchande de radis 2 fig. poissarde

**rábano** m. radis **tomar el ~ por las hojas** loc. fig. interpréter tout de travers

**rabí** m. 1 rabbi (título) 2 rabbin

**rabia** f. 1 MED. VET. rage 2 fig. rage, colère **dar ~** loc. fig. faire rager

**rabiar** intr. 1 avoir la rage 2 fig. enrager, rager **~ por** avoir une envie folle de **a ~** loc. adv. à tout rompre, à tous crins

**rabieta** f. accès de colère m., rogne, rage d'enfant

**rabillo** m. 1 queue f. (de hoja, flor, fruto) 2 coin (del ojo)

**rabino** m. rabbin

**rabioso, -a** adj. 1 enragé, ée **perro ~** chien enragé 2 fig. violent, e, furieux, euse **color ~** couleur criarde

**rabo** m. 1 queue f. (de un cuadrúpedo) 2 coin (del ojo) **salir con el ~ entre las piernas** loc. fig. s'en retourner la queue entre les jambes

**rabón, -ona** adj. à queue courte, sans queue (animal)

**racial** adj. racial, e

**racimo** m. grappe f. **~ de uvas** grappe de raisin, régime (plátanos, dátiles)

**raciocinio** m. raisonnement

**ración** f. ration **a media ~** insuffisamment

**racional** adj. 1 raisonnable (dotado de razón) 2 rationnel, elle (lógico) 3 m. être doué de raison

**racha** f. 1 rafale 2 fig. série 3 fig. fam. brève période de chance **buena ~, mala ~** veine, déveine

**radar** m. radar

**radiación** f. FIS. radiation

**radiactivo, -a** adj. radioactif, ive

**radiador** m. radiateur

**radial** adj. radial, ale

**radiante** adj. 1 radiant, e 2 rayonnant, e 3 fig. radieux, euse, rayonnant, e **~ de alegría** rayonnant de joie

**radical** adj. -m. radical, ale

**radicar** intr. être situé, ée, se trouver **~ en** fig. résider dans

**radio** m. 1 GEOM. rayon 2 rayon (extensión) **~ de acción** rayon d'action 3 rayon (de una rueda) 4 ANAT. radius 5 QUIM. radium 6 f. radio

**radiodifusión** f. radiodiffusion

**radiofonía** f. radiophonie

**radiografía** f. radiographie, radio

**radiólogo** m. radiologue, radiologiste

**radioyente** s. auditeur, trice

**raer** tr. racler, râper

**ráfaga** f. 1 rafale 2 jet m. (de luz)

**rafia** f. raphia m.

**raído, -a** adj. râpé, ée, usé, ée (vestido)

**raigambre** f. racines pl. (de una planta, antecedentes)

**raíz** f. racine **echar raíces** s'enraciner **cortar de ~** extirper, couper à la racine **a ~ de** loc. adv. tout de suite après, immédiatement après, à la suite de

**raja** f. 1 fente (hendidura), crevasse, fissure 2 tranche (de melón, salchichón, etc.)

**rajá** m. rajah

**rajar** 1 tr. fendre (hender) 2 pr. se lézarder 3 fam. se dégonfler

**rajatabla (a)** loc. adv. rigoureusement, point par point

**ralo, -a** adj. clairsemé, ée (árboles, pelo), peu fourni, ie (barba)

**rallador** m. COC. râpe f.

**rallar** tr. COC. râper

**rama** f. 1 branche 2 IMPR. ramette **en ~** loc. adv. brut

**ramadán** m. ramadan

**ramaje** m. branchage, ramure f., ramée f.

**rambla** f. 1 ravin m. 2 avenue, cours m. (en algunas ciudades)

**ramificación** f. ramification

**ramificarse** pr. se ramifier

**ramillete** m. 1 bouquet (de flores, etc.) 2 pièce montée f. (pastel)

**ramilletera** f. bouquetière

**ramo** m. 1 BOT. rameau 2 bouquet, gerbe f. (de flores), botte f. (manojo) 3 branche f. (de una ciencia, actividad, etc.), section f.

**rampa** f. 1 crampe (calambre) 2 rampe (plano inclinado)

**rana** f. 1 grenouille 2 tonneau m. (juego) **~ de San Antonio** rainette

**rancio, -a** adj. **1** rance **2** adj. m. vieux (vino) **3** fig. vieux, vieille, ancien, ienne (abolengo, estirpe)

**rancho** m. **1** ordinaire, gamelle f., soupe f. (de los soldados, presos, etc.) **2** campement **3** ranch (en Norteamérica) **4** chaumière (bohío en Latinoamérica)

**ranúnculo** m. renoncule f.

**ranura** f. **1** rainure **2** fente (hendidura)

**rapacidad** f. rapacité

**rapado, -a** adj. rasé, ée, tondu, ue un cabeza rapada un skin head

**rapadura, rapamiento** m. rasage (de la barba), tonte f. (del pelo)

**rapapolvo** m. fam. savon echar un ~ passer un savon

**rapar** tr. raser (afeitar), tondre (el pelo)

**rapaz** **1** adj. rapace **2** m. gamin, mioche (muchacho)

**rapaza** f. gamine

**rapazuelo, -a** s. petit gamin, petite gamine

**rapé** m. tabac à priser

**rape** m. **1** baudroie f. (pez) **2** rasage al ~ loc. adv. ras cortar al ~ couper ras

**rapidez** f. rapidité

**rápido, -a** adj. -m. rapide

**rapiña** f. rapine, pillage m. ave de ~ oiseau de proie

**rapsodia** f. rapsodie, rhapsodie

**raptar** tr. enlever (una persona), kidnapper (para obtener rescate)

**rapto** m. rapt, enlèvement

**raqueta** f. raquette

**raquídeo, -a** adj. ANAT. rachidien, ienne

**raquitismo** m. rachitisme

**rareza** f. **1** rareté **2** bizarrerie

**raro, -a** adj. **1** rare **2** bizarre, étrange (extraño) raras veces loc. adv. rarement

**ras** m. égalité de surface, de niveau f. a ~ de au ras de, à ras de

**rasante** adj. rasant, e (tiro), en rasemottes (vuelo) cambio de ~ haut d'une côte

**rasar** tr. remplir à ras

**rascacielos** m. gratte-ciel

**rascar** tr. gratter (la piel, etc.), racler (raspear), égratigner (arañar)

**rasero** m. racloire f. medir por el mismo ~ loc. fig. traiter de la même façon, sans la moindre différence, mettre sur le même pied

**rasgado, -a** adj. **1** déchiré, ée **2** fendu, ue (boca, ojo)

**rasgar** tr. déchirer (papel, etc.)

**rasgo** **1** m. trait **2** pl. traits du visage

**rasguñar** tr. égratigner

**rasguño** m. **1** égratignure f. **2** esquisse f. (boceto)

**raso, -a** adj. **1** ras, rase, plat, plate **2** simple soldado ~ simple soldat **3** bas, basse (vuelo) **4** serein, e, dégagé, ée, limpide (cielo) **5** m. satin (tela)

**raspado** m. CIR. curetage

**raspador** m. **1** grattoir (para raspar lo escrito) **2** CIR. curette f.

**raspadura** f. grattage m. (de un objeto, un escrito), râpage m.

**raspar** tr. **1** gratter, racler, râper **2** racler le gosier (un vino, etc.)

**rastra** f. **1** AGR. herse **2** râteau m. (rastrillo) **3** chose qui traîne **4** chapelet m. (de fruta seca) **5** trace (huella) loc. adv. a la ~, a rastras à la traîne, fig. à contrecœur

**rastrear** tr. **1** suivre la trace **2** fig. chercher à s'informer sur, sonder **3** traîner sur le fond de l'eau

**rastrillar** tr. AGR. râteler, ratisser (las calles de un jardín)

**rastrillo** m. râteau

**rastro** m. **1** trace f., vestige **2** râteau (rastrillo) **3** abattoir (matadero) El Rastro n. pr. m. le marché aux puces à Madrid

**rastrojar** tr. AGR. chaumer

**rastrojo** m. chaume (parte del tallo, campo)

**rasurar** tr. raser (la barba)

**rata** **1** f. rat m. **2** f. femelle du rat, rate (hembra) **3** m. filou, voleur ~ de alcantarilla rat d'égout, surmulot

**ratero, -a** s. filou, voleur, euse, pickpocket (carterista)

**ratificación** f. ratification

**ratificar** tr. ratifier

**rato** m. moment, instant (espacio de tiempo) pasar el ~ passer le temps, s'amuser a ratos loc. adv. par moments

**ratón** m. souris ~ del campo, campesino mulot

**ratonera** f. souricière, ratière

**raudal** *m.* **1** torrent **2** flot *un ~ de injurias fig.* un torrent d'injures

**raya** *f.* **1** raie, ligne **2** rayure *(en el cañón de una arma)* **3** *fig.* limite, frontière, borne *4* raie *(pez) pasar de (la) ~ loc. fig.* dépasser les bornes *tres en ~* marelle *(juego)*

**rayado, -a 1** *adj.* rayé, ée **2** *m.* rayage, rayure *f.*

**rayar** *tr.* **1** rayer **2** régler *(un papel)* **3** souligner *(subrayar)* **4** *intr.* confiner, toucher *(con,* à) **5** *fig.* friser *esto raya en la locura* cela frise la folie *al ~ el alba loc. adv.* à l'aube

**rayo** *m.* **1** rayon *(de luz, etc.) rayos X* rayons X **2** rayon *(de una rueda)* **3** foudre *f. (meteoro)*

**rayuela** *f.* **1** petite raie **2** palet *m.*, marelle *(juego)*

**raza** *f.* race *de ~* de race

**razón** *f.* raison *tener ~* avoir raison *no tener ~* avoir tort *sin ~ loc. adv.* à tort *con ~ o sin ella loc. adv.* à tort ou à raison *a ~ de loc. prep.* à raison de

**razonable** *adj.* raisonnable

**razonar 1** *intr.* raisonner **2** *tr.* justifier

**re** *m.* MUS. ré

**reacción** *f.* réaction

**reacio, -a** *adj.* rétif, ive, indocile, réticent, e

**reactivación** *f.* **1** reprise **2** relance **3** réactivation

**reajuste** *m.* **1** réajustement, rajustement **2** remaniement *(de un ministerio)*

**real** *adj.* **1** réel, elle **2** royal, ale *(del rey)* **3** *m.* MIL. quartier général, camp **4** champ de foire, foirail *(de la feria)* **5** réal *(moneda)*

**realce** *m.* B. ART. relief, rehaut *bordado de ~* broderie en relief **2** éclat, lustre *(brillo)*

**realeza** *f.* royauté

**realidad** *f.* réalité *en ~ loc. adv.* en réalité

**realismo** *m.* réalisme

**realista** *adj. -s.* **1** réaliste **2** royaliste *(monárquico)*

**realización** *f.* réalisation

**realizador, -ora** *adj. -s.* **1** réalisateur, trice **2** metteur en scène *(cine)* **3** réalisateur *(televisión)* **4** metteur en ondes *(radio)*

**realizar** *tr.* réaliser

**realzar** *tr.* **1** rehausser, relever **2** mettre en valeur, donner du relief

**reanimar** *tr.* ranimer, réanimer

**reanudar** *tr.* **1** renouer *(el trato)* **2** reprendre *reanudó la faena* il reprit son travail **3** *pr.* reprendre

**reapertura** *f.* **1** réouverture **2** rentrée *(de clases, tribunales, etc.)*

**rebaja** *f.* **1** rabais *m. vender con ~* vendre au rabais **2** *pl.* soldes

**rebajar** *tr.* **1** rabaisser, abaisser **2** PINT. affaiblir, dégrader **3** COM. rabattre *(un precio)*, solder *(un producto)*, faire une déduction *(de 4* ARQUIT. surbaisser **5** *pr.* s'abaisser, se rabaisser **6** MIL. être dispensé *(de algún servicio)*

**rebalsar** *tr.* retenir *(las aguas corrientes)*

**rebanada** *f.* tranche *(de pan, etc.)*

**rebaño** *m.* troupeau

**rebasar** *tr.* dépasser, aller au-delà de

**rebatir** *tr.* **1** repousser *(un ataque, etc.)* **2** réfuter *(un argumento)*

**rebato** *m.* tocsin *tocar a ~* sonner le tocsin

**rebelarse** *pr.* se rebeller

**rebelde** *adj. -s.* **1** rebelle **2** DER. défaillant, contumace

**rebeldía** *f.* **1** rébellion, révolte **2** DER. défaut *m.*, contumace *en ~ loc. adv.* par défaut, par contumace

**rebelión** *f.* rébellion, révolte

**reblandecer** *tr.* ramollir, attendrir

**reborde** *m.* rebord

**rebosar** *intr.* **1** déborder **2** regorger *~ de salud* être rayonnant de santé

**rebotar** *intr.* rebondir *(pelota, etc.)*, ricocher *(bala, piedra)*

**rebote** *m.* rebond, rebondissement *(de una pelota)*, ricochet *(de una piedra) de ~ loc. adv.* par ricochet

**rebozar** *tr.* **1** cacher son visage sous le manteau **2** COC. paner, enrober **3** *pr.* se couvrir le visage

**rebrotar** *intr.* BOT. repousser

**rebullicio** *m.* **1** tumulte **2** *fig.* agitation *f.*

**rebullir** *intr. -pr.* bouger, s'agiter

**rebuscar** *tr.* **1** rechercher **2** grappiller *(uvas)*, glaner *(cereales)*

**rebuznar** *intr.* braire

**recadero** *m.* garçon de courses, coursier

**recado** *m.* **1** message *tengo un ~ para usted* j'ai un message pour vous **2** commission *f.* **hacer, dar un ~** faire une commission **3** commission *f.*, course *f.* **hacer recados** faire des courses

**recaer** *intr.* **1** retomber *(en vicios, errores, etc.)* **2** rechuter *(un enfermo)*

**recaída** *f.* rechute

**recalcar** *tr.* **1** presser, tasser **2** *fig.* souligner, mettre l'accent sur

**recalentar** *tr.* réchauffer

**recámara** *f.* **1** garde-robe **2** chambre *(de un arma de fuego)* **3** *amer.* chambre à coucher *tener ~* *fig.* être sournois

**recambio** *m.* rechange *f.* *de ~* de rechange

**recapacitar** *tr.* repasser dans son esprit, réfléchir

**recapitular** *tr.* récapituler

**recargar** *tr.* **1** recharger *(cargar de nuevo)* **2** surcharger *(cargar demasiado, adornar con exceso)* **3** majorer *(un precio)*

**recargo** *m.* surcharge *f.*, majoration *f.*

**recato** *m.* **1** pudeur *f.*, honnêteté *f.* **2** circonspection *f.*, réserve *f.*

**recaudación** *f.* **1** recouvrement *m.*, perception *(impuestos, tasas)* **2** recette *(cantidad)*

**recaudador** *m.* receveur, percepteur

**recaudar** *tr.* recouvrer, percevoir *(impuestos, etc.)*

**recelar** *tr. -pr.* **1** craindre *(temer)* **2** soupçonner *(sospechar)*

**recelo** *m.* crainte *f.* *(temor)*

**recesión** *f.* récession

**recensión** *f.* recension, compte rendu *m.*, notice

**recepción** *f.* réception

**receptor, -ora** *adj. -s.* **1** récepteur, trice **2** *m.* récepteur *(aparato)* **3** receveur *m.*

**receta** *f.* **1** MED. ordonnance *venta con ~ médica* vente sur ordonnance **2** recette *(fórmula)* *~ de cocina* recette de cuisine

**recetar** *tr.* MED. ordonner, prescrire

**recibimiento** *m.* **1** réception *f.*, accueil *(acogida)* **2** antichambre *f.* *(antesala)* **3** vestibule

**recibir** *tr. -intr.* recevoir *recibí tu carta* j'ai reçu ta lettre

**recibo** *m.* **1** réception **2** COM. reçu, quittance *f.* *(escrito)* **acusar ~ de** accuser réception de

**recién** *adv.* récemment, nouvellement *s'emploie toujours avec des participes passés* *~ pintado* nouvellement peint *~ nacido* nouveau-né *~ casados* nouveaux, jeunes mariés

**reciente** *adj.* récent, e

**recinto** *m.* enceinte *f.*

**recio, -a** *adj.* **1** fort, forte, robuste **2** gros, grosse, épais, aisse **3** âpre, dur, dure **4** *adv.* fortement, vigoureusement *hablar ~* parler haut

**reciclaje** ou **reciclado** *m.* recyclage

**reciclar** *tr.* recycler

**recipiente** *m.* récipient

**recíproco, -a** *adj.* réciproque

**recitar** *tr.* réciter

**reclamación** *f.* réclamation

**reclamar** **1** *tr. -intr.* réclamer **2** *tr.* appeler *(las aves)*

**reclamo** *m.* **1** appeau **2** appelant *(ave amaestrada)* **3** réclame *f.* *(publicidad)*

**reclinar** *tr.* **1** incliner, pencher le corps **2** *pr.* s'appuyer

**recluir** *tr.* reclure, enfermer

**recluta** *f.* MIL. recrutement *m.* **2** *m.* recrue *f.*, conscrit *(soldado)*

**recobrar** *tr.* **1** recouvrer *(la salud)*, récupérer **2** reprendre *(fuerzas, ánimo)* **3** *pr.* se dédommager **4** revenir à soi *(volver en sí)*

**recodo** *ml.* coude, détour *(de un río, etc.)*, tournant *(vuelta)*, recoin

**recoger** *tr.* **1** reprendre *(coger de nuevo)* **2** recueillir *(reunir, juntar, dar asilo)* **3** ramasser *(algo en el suelo)* *recogió del suelo su pañuelo* il ramassa son mouchoir **4** récolter *(cosechar)* **5** relever, noter *(una noticia)* **6** *pr.* se recueillir *(abstraerse)*

**recogida** *f.* **1** saisie *(de datos, de una publicación)* **2** récolte *(cosecha)* **3** ramassage *m.* *(de basuras, etc.)* **4** levée *(del correo)*

**recogimiento** *m.* recueillement

**recolección** *f.* **1** AGR. récolte **2** collecte

**recolectar** *tr.* récolter, collecter

**recomendación** *f.* recommandation

**recomendar** *tr.* recommander

**recompensa** *f.* récompense

**recomponer** *tr.* **1** recomposer **2** réparer *(arreglar)*

**reconcentrar** *tr.* **1** concentrer **2** *fig.* concentrer *(su ira, etc.)* **3** *pr.* se concentrer

**reconciliar 1** *tr.* réconcilier **2** *pr.* se réconcilier

**reconocer** *tr.* **1** reconnaître **2** *MED.* examiner *(a un enfermo)* **3** fouiller *(registrar)*

**reconocimiento** *m.* **1** reconnaissance *f.* **2** vérification *f.* ∼ *médico MED.* examen médical

**reconquistar** *tr.* reconquérir

**reconstituir** *tr.* reconstituer

**reconstruir** *tr.* reconstruire

**reconvenir** *tr.* reprocher, faire des reproches

**recopilación** *f.* **1** compilation **2** résumé *m.* *(compendio)* ∼ *de datos* collecte de données

**récord** *m.* record

**recordar** *tr.* se rappeler, se souvenir *si mal no recuerdo* si je m'en souviens bien, si j'ai bonne mémoire

**recorrer** *tr.* **1** parcourir *(un espacio, un escrito)* **2** *IMPR.* remanier

**recorrido** *m.* **1** parcours, trajet **2** réprimande *f.*

**recortar** *tr.* **1** découper **2** rogner *(quitar los bordes o puntas)*

**recorte** *m.* **1** découpage *(acción)* **2** découpure **3** coupure *f.*

**recostar** *tr.* **1** appuyer *(la parte superior del cuerpo)* **2** incliner

**recrear** *tr.* **1** recréer *(crear de nuevo)* **2** récréer *(divertir)* **3** *pr.* se distraire, se divertir

**recreo** *m.* récréation *f.*

**recriminar 1** *tr.* récriminer **2** *pr.* s'accuser *(recíprocamente)*

**recrudecer** *intr. -pr.* redoubler, s'intensifier *se recrudecen las luchas* les combats redoublent de violence

**rectángulo, -a** *adj. -m.* rectangle

**rectificar** *tr.* rectifier

**rectitud** *f.* **1** rectitude **2** *fig.* droiture, rectitude

**recto, -a** *adj.* **1** droit, droite *línea recta* ligne droite **2** *GEOM. ASTR.* droit, droite **3** *GRAM.* propre *(sentido)* **4** folio recto, recto **5** *m.* *ANAT.* rectum

**rector, -ora** *adj.* recteur, trice

**rectorado** *m.* rectorat

**rectoría** *f.* rectorat *m.*

**recuadro** *m.* entrefilet *(en un diario)*

**recuento** *m.* **1** comptage, action de recompter *f.* **2** dénombrement *(enumeración)* **3** décompte

**recuerdo** *m.* souvenir

**recuperación** *f.* **1** récupération **2** reprise ∼ *económica* reprise de l'économie

**recuperar 1** *tr.* récupérer **2** *pr.* se remettre

**recurrir** *intr.* **1** recourir, faire appel **2** faire appel, appeler **3** *DER.* pourvoir

**recurso** *m.* **1** *DER.* recours, pourvoi ∼ *de casación* pourvoi en cassation **2** recours **3** ressource *f.* *(medio)* **4** *pl.* ressources *f.* *(bienes)* *loc. adv.* **en último** ∼ en dernier recours

**rechazar** *tr.* **1** repousser *(repeler)* **2** rejeter *(rehusar)*

**rechazo** *m.* **1** refus **2** contrecoup, ricochet **3** recul *(de un arma de fuego)* *de* ∼ *loc. adv.* par ricochet, *fig.* par contrecoup

**rechiflar** *tr.* **1** huer **2** *pr.* railler, persifler *(burlarse)*

**rechinar** *intr.* grincer, crisser

**rechoncho, -a** *adj.* trapu, ue, replet, replète

**rechupete (de)** *loc. adj. fam.* exquis, e, délicieux, euse

**red** *f.* **1** filet *m.* *(para pescar, cazar)* **2** réseau *m.* *(de vías de comunicación, teléfono, etc.)* **3** *ELECT.* secteur *m.*

**redacción** *f.* rédaction

**redactar** *tr.* rédiger

**redactor, -ora** *s.* rédacteur, trice

**redada** *f.* **1** coup de filet *m.* **2** rafle *(de la policía)*

**redecilla** *f.* **1** petit filet *m.* **2** résille *(para el pelo)*

**rededor** *m.* alentours *pl. loc. adv.* **al, en** ∼ autour *(alrededor)*

**redención** *f.* **1** rédemption **2** rachat *m.* *(rescate)*

**redentor, -ora** *adj. -s.* rédempteur, trice

**redil** *m.* bercail

**redimir** *tr.* **1** racheter *(a un cautivo)* **2** libérer *(de una obligación)*

**rédito** *m.* intérêt *(de un capital)*

**redoblar** *tr.* **1** redoubler *(reiterar, aumentar)* ∼ *su actividad* redoubler d'activité **2** river *(un clavo)*

**redoble** *m.* **1** redoublement **2** roulement *(de tambor)*

**redonda** *f. MUS.* ronde *a la* ~ *loc. adv.* à la ronde

**redondear** *tr.* arrondir

**redondel** *m.* 1 rond 2 *TAUROM.* arène *f.*

**redondez** *f.* rondeur *la* ~ *de la Tierra* la surface de la terre

**redondo, -a** *adj.* 1 rond, ronde *(circular, esférico)* 2 *fig.* clair, claire, catégorique 3 ronde *(letra)* 4 *m.* rond *(cosa redonda)* **caerse** ~ tomber raide, mort *un negocio* ~ une excellente affaire

**reducción** *f.* réduction

**reducido** *adj.* réduit, e, petit, e *(pequeño)*, étroit, e *(estrecho)*

**reducir** *tr.* réduire

**reducto** *m. FORT.* redoute *f.*, réduit

**redundar** *intr.* 1 déborder, surabonder 2 tourner ~ *en beneficio, en perjuicio de* tourner à l'avantage, au désavantage de

**reelegir** *tr.* réélire

**reembarcar** *tr.* rembarquer

**reembolso** *m.* remboursement *envío contra* ~ envoi contre remboursement

**reemplazar** *tr.* remplacer

**reemplazo** *m.* 1 remplacement 2 *MIL.* classe *f. (quinta)*

**reenganchar** *tr. MIL.* rengager, *fam.* rempiler

**reestreno** *m.* reprise *f. (cine, teatro, etc.)*

**reexportar** *tr.* réexporter

**refectorio** *m.* réfectoire

**referencia** *f.* 1 récit *m.*, compte rendu *m.* 2 référence 3 renvoi *m. (remisión en un texto)* 4 *pl.* références *con* ~ *a* en ce qui concerne

**referéndum** *m.* référendum

**referente** *adj.* relatif, ive, se rapportant à ~ *a...* en ce qui concerne...

**referir** *tr.* 1 rapporter, raconter 2 rapporter *(una cosa a otra)* 3 *pr.* parler de, faire allusion à *(aludir)* 4 s'en rapporter, se référer *(remitirse)* 5 avoir rapport à *(relacionarse)*

**refilón (de)** *loc. adv.* 1 de biais 2 *fig.* en passant *(de paso)*

**refinado, -a** *adj.* raffiné, ée, fin, fine

**refinado** OU **refino** *m.* raffinage

**refinamiento** *m.* raffinement

**refinar** *tr.* raffiner

**refinería** *f.* raffinerie

**reflector, -ora** *adj.* 1 réfléchissant, e 2 *m.* réflecteur

**reflejar** *tr.* 1 *FIS.* réfléchir 2 *fig.* refléter *pr.* se réfléchir, se refléter

**reflejo, -a** 1 *adj.* réflexe 2 *m.* reflet *(luz reflejada, imagen)* 3 *FISIOL.* réflexe

**reflexión** *f.* réflexion

**reflexionar** *intr. -tr.* réfléchir

**reforma** *f.* 1 réforme 2 transformation

**reformatorio, -a** 1 *adj.* réformateur, trice 2 *m.* maison de correction, de redressement *f.*

**reforzar** *tr.* 1 renforcer 2 fortifier

**refractario, -a** *adj.* réfractaire

**refrán** *m.* proverbe, adage

**refregar** *tr.* 1 frotter 2 *fig.* jeter au nez, à la figure

**refreír** *tr.* frire de nouveau

**refrendar** *tr.* 1 légaliser 2 contresigner 3 viser *(un documento oficial)* 4 approuver, ratifier *(una ley)*

**refrendo** *m.* 1 visa 2 contreseing 3 approbation *f.*

**refrescante** *adj.* rafraîchissant, e

**refrescar** 1 *tr.* rafraîchir 2 *intr. -pr.* se rafraîchir, fraîchir *(el tiempo, etc.)*

**refresco** *m.* rafraîchissement

**refriega** *f.* combat *m.*, engagement *m.*, rencontre

**refrigerador** *adj. -m.* réfrigérateur, trice

**refrigerar** *tr.* réfrigérer

**refrito, -a** *m.* réchauffé, nouvelle mouture *f.*, resucée *f. (obra literaria, etc.) p. p. de refreír*

**refuerzo** *m.* renfort

**refugiado, -a** *s.* réfugié, ée

**refugio** *m.* refuge, abri

**refulgir** *intr.* briller, resplendir

**refundir** *tr.* refondre

**refunfuñar** *intr.* grommeler, ronchonner, bougonner, marmonner

**refutación** *f.* réfutation

**regadera** *f.* arrosoir *m. está como una* ~ *loc. fam.* il est cinglé

**regadío, -a** 1 *adj.* irrigable, arrosable 2 *m.* terrain irrigable 3 arrosage *m.*, irrigation *f.*

**regalado, -a** *adj.* donné, ée en cadeau

**regalar** *tr.* 1 donner en cadeau, faire cadeau de, offrir *le ha regalado una sortija* il lui a offert une bague 2 flatter

*(halagar)* **3** régaler *(deleitar)* **4** *pr.* se
régaler *(con, de)*

**regaliz** *m.* réglisse *f.*

**regalo** *m.* cadeau, présent *ofrecer un*
~ offrir un cadeau

**regañadientes (a)** *loc. adv.* à
contrecœur, en rechignant

**regañar** *intr.* **1** montrer les dents *(un
perro)* **2** gronder *(reñir)* **3** se disputer *(reñir)*

**regar** *tr.* arroser

**regata** *f.* MAR. régate

**regate** *m.* écart, esquive *f.*, feinte *f.*

**regatear** **1** *tr.* marchander **2** *intr.*
DEP. dribbler *(con el balón)*, feinter

**regazo** *m.* giron, sein

**regencia** *f.* régence

**regeneración** *f.* régénération

**regentar** *tr.* diriger, gérer

**regente** *s.* régent, e

**regidor** *m.* conseiller municipal
*(concejal)*

**régimen** *m.* régime

**regimiento** *m.* régiment

**región** *f.* région

**regional** *adj.* régional, ale

**regir** **1** *tr.* régir **2** *intr.* être en vigueur
*la ley que rige* la loi qui est en vigueur
**3** bien fonctionner *(un organismo, etc.)*
**4** MAR. obéir au gouvernail

**registrar** *tr.* **1** fouiller *(a un ladrón,
un bosque, etc.)*, perquisitionner *(en los
domicilios)* **2** enregistrer *(anotar, inscribir)*

**registro** *m.* **1** fouille *f. (en la aduana)*,
perquisition *f.* **3** registre *(libro)*
**4** signet **5** prise de son *f.*, enregistrement *(del sonido)* ~ *civil* registre de
l'état civil

**regla** *f.* règle *en* ~ en règle

**reglamento** *m.* règlement

**regocijado, -a** *adj.* réjoui, ie, amusé,
ée, joyeux, euse

**regocijar** **1** *tr.* réjouir, amuser **2** *pr.*
s'en donner à cœur joie

**regocijo** *m.* réjouissance *f.*, joie *f.*,
allégresse *f.*

**regresar** *intr.* revenir, rentrer, retourner

**reguero** *m.* OU **reguera** *f.* rigole *f.*,
traînée *f.*

**regulación** *f.* **1** régulation **2** régula-
risation **3** réglage *m.* ~ *de precios*
encadrement ou contrôle des prix *m.*

**regular** *adj.* **1** régulier, ière **2** moyen,
enne, médiocre, ni bien ni mal
*(mediano)*

**regular** *tr.* **1** régler **2** MEC. régler
**3** contrôler

**regularizar** *tr.* régulariser

**rehabilitar** *tr.* réhabiliter

**rehacer** **1** *tr.* refaire **2** *pr.* se refaire
**3** *fig.* se reprendre, se ressaisir *(serenarse)*

**rehén** *m.* otage

**rehogar** *tr.* **1** COC. cuire à l'étuvée
*(cocer)* **2** faire revenir *(freír)*

**rehuir** *tr.* **1** éviter, fuir *rehúye mi compañía* il fuit ma compagnie **2** esquiver
**3** refuser

**rehusar** *tr.* refuser

**reimprimir** *tr.* réimprimer

**reina** *f.* reine

**reinado** *m.* règne

**reinar** *intr.* régner

**reincidir** *intr.* récidiver

**reincorporar** **1** *tr.* réincorporer **2** *pr.*
rejoindre *reincorporarse a su puesto*
rejoindre son poste **3** MIL. rejoindre
son corps

**reino** *m.* **1** royaume **2** règne *(animal,
vegetal)*

**reintegrar** **1** *tr.* réintégrer, rendre,
restituer **2** *pr.* recouvrer *(lo que se
había perdido)*

**reintegro** *m.* **1** remboursement
**2** réintégration *f. cobrar el* ~ être
remboursé *(lotería)*

**reír** **1** *intr.* rire **2** *tr.* rire de **3** *pr.* rire
*reírse a carcajadas* rire aux éclats *reírse
de,* se moquer de

**reivindicación** *f.* revendication

**reivindicar** *tr.* revendiquer

**reja** *f.* grille ~ *del arado* soc *m.*

**rejilla** *f.* **1** grillage *m. (de ventana, etc.)*
**2** guichet *m. (abertura pequeña)* **3** cannage *m. (de silla)*

**rejoneador** *m.* TAUROM. toréador
qui combat à cheval

**rejuvenecer** *tr.* -intr. -pr. rajeunir

**relación** *f.* **1** relation, rapport *m.
(entre personas o cosas)* **2** récit *m.*,
relation *(relato)* **3** liste *(lista)* **4** DER.
rapport *m.*

**relacionar** **1** *tr.* rapporter, faire le
récit de **2** mettre en rapport *(a varias
personas)* **3** *pr.* avoir un rapport, se rattacher, se rapporter

**relajado, -a** adj. décontracté, ée, détendu, ue

**relajar** tr. 1 relâcher 2 pr. se décontracter, se détendre

**relamer** 1 tr. pourlécher 2 pr. se pourlécher

**relámpago** m. éclair

**relatar** tr. raconter, relater, narrer, rapporter

**relativo, -a** adj. relatif, ive

**relato** m. 1 récit 2 compte rendu

**relator, -ora** s. 1 narrateur, trice 2 rapporteur

**relevar** tr. 1 dispenser, exempter (de una obligación, etc.) 2 relever (revocar) 3 relayer (sustituir a una persona)

**relevo** m. 1 MIL. relève f. 2 relais (carrera)

**relieve** m. relief **alto ～** haut-relief

**religión** f. religion

**religioso, -a** adj. -s. religieux, euse

**relinchar** intr. hennir

**reliquia** f. 1 relique 2 fig. vestige m. 3 séquelle (de una enfermedad)

**reloj** m. horloge f., pendule f., montre f. ～ **de torre** horloge ～ **de sol** cadran solaire ～ **de arena** sablier ～ **de pulsera** montre-bracelet

**relojero, -a** s. horloger, ère

**reluciente** adj. reluisant, e, brillant, e, étincelant, e

**relucir** intr. 1 briller (despedir luz) 2 reluire (reflejar luz)

**rellano** m. palier, replat

**rellenar** tr. 1 remplir 2 rembourrer 3 farcir 4 combler 5 pr. se remplir 6 se gaver

**relleno, -a** adj. 1 très plein, pleine 2 COC. farci, ie **aceitunas rellenas** olives farcies

**remachar** tr. river (un clavo, roblón)

**remanso** m. 1 eau dormante f. 2 fig. refuge, havre

**remar** intr. ramer

**remarcar** tr. marquer de nouveau

**rematar** tr. 1 achever, terminer 2 adjuger (en una subasta) 3 donner le coup de grâce 4 intr. tirer au but

**remate** m. 1 fin f., achèvement, bout, extrémité f. 2 ARQUIT. couronnement (de un edificio) 3 adjudication f. (en una subasta) 4 tir au but **de ～** loc. adv. complètement, absolument **loco de ～** fou à lier

**remediar** tr. 1 remédier à, porter remède à 2 réparer 3 éviter, empêcher

**remedio** m. 1 remède 2 recours, remède **no hay ～** on n'y peut rien, il n'y a pas moyen de faire autrement

**remendar** tr. rapiécer, raccommoder

**remendón, -ona** adj. -s. ravaudeur, euse **zapatero ～** savetier

**remero, -a** s. rameur, euse

**remesa** f. 1 renvoi m. (a un tribunal, etc., en un texto) 2 ajournement m. 3 COM. envoi m., remise, expédition de marchandises (acción) 4 rémission (de una enfermedad)

**remitente** 1 adj. -s. expéditeur, trice 2 adj. MED. rémittent, e

**remitir** tr. 1 envoyer, expédier 2 renvoyer (en un texto) 3 remettre (aplazar, perdonar) 4 intr. se calmer, perdre de son intensité, faiblir

**remo** m. 1 rame f., aviron 2 canotage (deporte) 3 galères f. pl.

**remojar** tr. tremper, mouiller

**remojo** m. trempage **poner en ～** mettre à tremper

**remolacha** f. betterave ～ **azucarera** betterave sucrière

**remolcador, -ora** adj. -m. remorqueur, euse

**remolino** m. remous (agua), tourbillon (agua, aire, etc.)

**remolonear** intr. lambiner

**remolque** m. 1 remorquage (acción) 2 remorque f. **a ～** loc. adv. à la remorque, à la traîne

**remontar** tr. 1 élever (por el aire) 2 ressemeler, remonter (calzado) 3 MIL. remonter 4 pr. s'élever (subir) 5 remonter **remontarse al siglo diez** remonter au dixième siècle

**remonte** m. remontée f. **un ～ mecánico** une remontée mécanique

**rémora** f. 1 rémora (pez) 2 fig. frein m. **ser ～** être un frein

**remordimiento** m. remords

**remoto, -a** adj. 1 éloigné, ée, lointain, aine 2 reculé, ée (tiempo)

**remover** tr. déplacer (trasladar), remuer (revolver)

**remozar** tr. 1 rajeunir 2 fig. ragaillardir (vigorizar) 3 pr. rajeunir

**remunerar** tr. rémunérer

**renacer** intr. renaître

**renacimiento** m. renaissance f.

**renacuajo** m. 1 têtard 2 fam. fig. avorton

**renal** adj. rénal, ale

**rencilla** f. querelle, discorde

**rencor** m. rancune f., rancœur f.

**rendido, -a** adj. 1 soumis, e 2 empressé, ée, galant, e 3 épuisé, ée, fourbu, ue, à plat (cansado)

**rendija** f. fente

**rendimiento** m. 1 fatigue f., épuisement (cansancio) 2 soumission f. 3 déférence obséquieuse f. 4 rendement

**rendir** tr. 1 vaincre, forcer à se rendre 2 soumettre (al dominio de) 3 rendre ~ una plaza, homenaje, cuentas rendre une place, hommage, des comptes 4 pr. se rendre, se soumettre la ciudad se rindió sin condiciones la ville s'est rendue sans conditions ~ gracias rendre grâces ~ culto a rendre un culte à

**renegar** 1 tr. nier avec insistance 2 intr. renier, abjurer ~ de su fe renier sa foi 3 blasphémer

**renglón** m. ligne f. (de escritura, de un impreso)

**reno** m. renne

**renombre** m. renommée f., renom de ~ de renom

**renovar** tr. 1 rénover (dar nueva forma) 2 renouveler (reemplazar, reiterar)

**renta** f. 1 rente ~ en bienes raíces rente foncière 2 revenu m. ~ per cápita revenu par habitant 3 fermage m. (de un arrendatario) 4 rapport

**renuncia** f. 1 renonciation, renoncement m. 2 démission

**renunciar** tr. 1 renoncer à ~ a un derecho renoncer à un droit 2 abandonner, renoncer ~ a un proyecto abandonner un projet

**reñir** intr. 1 se disputer, se quereller 2 se fâcher, se brouiller (dejar de ser amigos, etc.) 3 tr. réprimander, gronder

**reo** m. -f. accusé, ée, prévenu, ue

**reojo (de)** loc. adv. de travers (con enfado), du coin de l'œil

**reorganizar** tr. réorganiser

**reparable** adj. 1 réparable 2 remarquable

**reparación** f. réparation

**reparar** 1 tr. réparer 2 tr. -intr. remarquer, observer (notar)

**reparo** m. 1 réparation f. 2 objection f. poner reparos faire des objections 3 observation f., remarque f. 4 difficulté f., gêne f.

**repartidor, -ora** s. livreur, euse, distributeur, trice

**repartir** tr. 1 répartir, partager 2 distribuer

**reparto** m. 1 répartition f. 2 distribution f. (del correo, etc.)

**repasar** 1 tr. -intr. repasser (volver a pasar) 2 tr. repasser, réviser (la lección) 3 revoir (volver a mirar, a examinar) 4 jeter un coup d'œil sur (un escrito)

**repaso** m. revision f. (de una lección, etc.)

**repatriar** 1 tr. rapatrier 2 pr. être rapatrié, ée

**repecho** m. raidillon

**repeler** tr. 1 repousser (rechazar) 2 fig. dégoûter (repugnar)

**repente** m. mouvement brusque de ~ loc. adv. soudain, tout à coup

**repentinamente** adv. soudain

**repentino, a** adj. subit, e, soudain, e

**repercusión** f. répercussion

**repercutir** 1 tr. répercuter 2 intr. -pr. se répercuter, retentir

**repertorio** m. répertoire

**repetir** tr. répéter (volver a hacer, a decir)

**repicar** tr. 1 hacher menu 2 faire carillonner, sonner (las campanas)

**repipi** adj. -s. bêcheur, euse

**repique** m. carillonnement (de las campanas)

**repiqueteo** m. son vif et répété de cloches, de castagnettes, etc.

**repisa** f. 1 ARQUIT. console 2 étagère

**replegar** tr. replier

**repleto, -a** adj. 1 plein, pleine, rempli, ie bar ~ de gente bar plein de monde 2 qui a trop mangé, repu, ue

**réplica** f. réplique

**replicar** tr. répliquer

**repliegue** m. repli

**repoblación** f. 1 repeuplement 2 reboisement

**repoblar** tr. repeupler ~ con árboles reboiser

**repollo** m. chou pommé

**reponer** tr. 1 replacer, remettre 2 réintégrer (en un empleo) 3 rétablir, remettre *(salud)* **4** répliquer, répondre *(replicar)* **5** *pr.* se remettre, se rétablir *(recobrar la salud)*

**reportero, -a** *s.* reporter

**reposacabezas** *m.* appui-tête *(coche)*

**reposado, -a** *adj.* calme, tranquille

**reposar** *intr.* -*pr.* **1** reposer, se reposer **2** déposer *(los líquidos)*

**reposición** *f.* **1** reposition, replacement *m.* **2** reprise *(cine, teatro)* **3** réassortiment *pedido de* ~ demande de réassortiment **4** renouvellement ~ *de existencias* o *de stocks* renouvellement des stocks

**repostar** *pr.* se ravitailler, faire une escale technique *intr. (buque o avión)* ~ *gasolina* prendre *ou* mettre de l'essence

**repostería** *f.* pâtisserie

**repostero** *m.* pâtissier

**represa** *f.* barrage *m.*

**represalia** *f.* représailles

**representación** *f.* représentation

**representante** *s.* représentant *m.*

**representar** *tr.* **1** représenter **2** paraître, faire *(aparentar) no representa la edad que tiene* il ne fait pas son âge **3** *TEAT.* jouer, représenter **4** *pr.* se représenter

**representativo, -a** *adj.* représentatif, ive

**represión** *f.* **1** répression **2** refoulement *m. (de una pasión, etc.)*

**reprimir** *tr.* **1** réprimer **2** refouler *(una pasión, etc.)*

**reprobar** *tr.* réprouver

**reprocesamiento** *m.* retraitement

**reprocesar** *tr.* retraiter

**reproche** *m.* reproche

**reproducir** *tr.* reproduire *pr.* se reproduire

**reptar** *intr.* ramper

**reptil** *m.* reptile

**república** *f.* république

**republicano, -a** *adj.* -*s.* républicain, aine

**repudiar** *tr.* répudier

**repuesto** *m.* provisions de réserve *f. pl. de* ~ *loc. adv.* en réserve, de rechange *(de recambio) rueda de* ~ *f.* roue de secours

**repugnante** *adj.* répugnant, e

**repugnar** *intr.* répugner

**repujar** *tr.* repousser

**repulsa** *f.* **1** refus *m.*, rejet *m.* **2** répulsion **3** désapprobation, réprobation *(condena)*, protestation

**repulsivo, -a** *adj.* répulsif, ive

**repuntar** **1** *intr.* commencer à monter, à descendre *(la marea)* **2** *pr.* aigrir, se piquer *(el vino)*

**reputación** *f.* réputation

**requebrar** *tr.* faire la cour

**requerimiento** *m.* **1** *DER.* sommation *f.* **2** requête *f.*

**requerir** *tr.* requérir, demander *eso requiere mucho tacto* cela demande beaucoup de doigté

**requesón** *m.* **1** lait caillé **2** fromage blanc *(queso)*

**requetebién** *adv. fam.* très bien

**réquiem** *m.* requiem

**requisar** *tr.* réquisitionner

**requisito** *m.* condition requise *f.*, formalité nécessaire *f.*

**res** *m.* tête de bétail *f.*, ~ *vacuna* bête à cornes

**resabio** *m.* **1** vice, mauvaise habitude *f.* **2** arrière-goût *(sabor)*

**resaca** *f.* **1** ressac *m.* **2** *fam.* gueule de bois

**resaltar** *intr.* **1** saillir, être en saillie *(balcón, etc.)* **2** *fig.* ressortir *(sobresalir)* **3** rebondir *(rebotar)*

**resarcir** *tr.* indemniser, dédommager

**resbalar** *intr.* -*tr.* **1** glisser **2** *fig.* faire un faux pas

**resbalón** *m.* glissade *f.*, dérapage, faux pas

**rescatar** *tr.* **1** racheter *(mediante dinero, etc.)* **2** délivrer *(libertar)* **3** sauver *(de peligro)*

**rescate** *m.* **1** rachat **2** délivrance *f.* **3** sauvetage *(de personas en peligro)* **4** rançon *f. (dinero)*

**rescindir** *tr.* résilier, rescinder ~ *un contrato* résilier un contrat

**rescisión** *f.* résiliation

**rescoldo** *m.* braises *f. pl.*

**reseco, -a** *adj.* desséché, ée, trop sec, trop sèche

**resentimiento** *m.* ressentiment

**resentirse** *pr.* **1** se ressentir **2** commencer à se détériorer *(cosa)* **3** se fâcher *(con alguien)*

**reseña** *f.* **1** description **2** compte rendu *m. (de una obra)* **3** signalement

**reserva** *f.* **1** réserve **2** *MIL.* réserve **3** réservation *(de un asiento, una habitación, etc.) loc. adv.* **sin ~** franchement *de ~* en réserve

**reservar** *tr.* réserver

**resfriado** *m.* rhume *coger un ~* attraper un rhume

**resfriar 1** *tr. -intr.* refroidir **2** *pr.* s'enrhumer *(acatarrarse)*

**resguardo** *m.* **1** abri, protection *f.,* défense *f.* **2** garantie *f.* **3** récépissé, reçu *(recibo)* **4** poste de douane

**residencia** *f.* résidence

**residente** *adj. -s.* résidant, e *ministro ~* résident *carné de ~* carte de séjour

**residual** *adj.* résiduel, elle, usé, ée *aguas residuales* eaux usées

**residuo** *m.* résidu, déchet

**resignación** *f.* résignation

**resignar 1** *tr.* résigner **2** *pr.* se résigner

**resistencia** *f.* résistance

**resistir 1** *intr.* résister **2** *tr.* résister à **3** *adj. -s.* endurer, supporter **4** *pr.* se débattre *(forcejear)* se refuser à

**resma** *f.* rame *(de papel)*

**resolución** *f.* **1** résolution **2** décision *(de una autoridad)*

**resolver** *tr.* **1** résoudre **2** résoudre de, décider de *resolví marcharme* je résolus de m'en aller

**resollar** *intr.* respirer, souffler bruyamment

**resonancia** *f.* **1** résonance **2** *fig.* retentissement *m. (de un hecho)*

**resonante** *adj.* **1** résonnant, e **2** *fig.* retentissant, e

**resonar** *intr.* résonner, retentir

**resorte** *m.* ressort

**respaldar** *tr.* **1** écrire au dos **2** *fig.* protéger **3** *fig.* garantir **4** *pr.* s'adosser

**respaldo** *m.* **1** dossier *(de un asiento)* **2** dos *(de un escrito)* **3** caution *f.,* garantie *f.*

**respectivo, -a** *adj.* respectif, ive

**respecto** *m.* rapport *(relación) loc. prep. ~ a, de, con ~ a, de* par rapport à *(con relación a),* à l'égard de, au sujet de, quant à *a este ~* à cet égard

**respetable** *adj.* respectable

**respetar** *tr.* respecter

**respeto** *m.* respect

**respiradero** *m.* soupirail

**respirar** *intr. -tr.* respirer *~ alegría* respirer la joie

**respiro** *m.* **1** respiration *f.* **2** *fig.* relâche *f.,* répit *(tregua)*

**resplandecer** *intr.* resplendir

**resplandor** *m.* éclat

**responder** *tr. -intr.* **1** répondre *(contestar)* **2** garantir, répondre *(salir fiador)*

**responsabilidad** *f.* responsabilité

**responsable** *adj.* responsable

**respuesta** *f.* réponse

**resquebrajar** *tr.* **1** fendre, fêler, fendiller **2** craqueler *(barniz, pintura)*

**resta** *f.* **1** *MAT.* reste *m. (residuo)* **2** *MAT.* soustraction

**restablecer 1** *tr.* rétablir **2** *pr.* se rétablir *(recobrar la salud)*

**restante 1** *adj.* restant, e **2** *m.* reste

**restar** *tr.* **1** *MAT.* soustraire **2** lever, ôter *(quitar)* **3** *intr.* rester *(quedar)*

**restauración** *f.* restauration

**restaurador, -ora** *adj. -s.* restaurateur, trice

**restaurante** *m.* restaurant

**restaurar** *tr.* restaurer

**restituir** *tr.* restituer

**resto** *m.* reste

**restregar** *tr.* frotter vigoureusement

**restringir** *tr.* **1** restreindre **2** *MED.* resserrer **3** *pr.* se restreindre

**restriñir** *tr.* resserrer

**resucitar** *tr. -intr.* ressusciter

**resuello** *m.* souffle *quedarse sin ~* être à bout de souffle

**resuelto, -a** *adj.* résolu, ue, décidé, ée

**resulta** *f.* suite, résultat *m. de resultas loc. adv.* par suite

**resultado** *m.* résultat

**resultar** *intr.* **1** résulter **2** être *(ser) el día resultó caluroso* la journée fut chaude **3** tourner à *(en provecho, daño, etc.)*

**resumen** *m.* résumé, abrégé *en ~ loc. adv.* en résumé

**resumir 1** *tr.* résumer **2** *pr.* se résumer

**resurgir** *intr.* réapparaître, resurgir

**resurrección** *f.* résurrection *pascua de ~* Pâques

**retablo** *m.* retable

**retador, -ora** *adj. -m.* provocateur, trice

**retal** *m.* **1** coupon *(de tela)* **2** retaille *f.* *(trozo sobrante)*

**retama** *f.* genêt *m. (planta)*

**retar** *tr.* lancer un défi, provoquer

**retardar** *tr.* **1** retarder **2** ralentir *(hacer más lento)*

**retardo** *m.* retard **bomba de** ∼ bombe à retardement

**retazo** *m.* **1** morceau, coupon *(de tela)* **2** *fig.* fragment *(de un discurso, etc.)*

**retener** *tr.* retenir

**reticencia** *f.* réticence

**reticente** *adj.* réticent, e

**retina** *f.* ANAT. rétine

**retirada** *f.* **1** retraite *(acción de retirarse)* **2** retrait *m. (de un proyecto de ley, etc.)* **3** MIL. retraite

**retirar** *tr.* **1** retirer **2** mettre à la retraite *(jubilar)* **3** IMPR. retirer **4** *pr.* se retirer *¡ no se retire !* ne quittez pas ! *(en el teléfono)*

**retiro** *m.* retraite *f.*

**reto** *m.* défi, provocation *f.*

**retocar** *tr.* retoucher

**retoño** *m.* pousse *f.*, rejeton

**retoque** *m.* retouche *f.*

**retorcer** **1** *tr.* retordre **2** *pr.* se tordre *(de dolor, etc.)*

**retórico, -a** **1** *adj.* rhétorique **2** *s.* rhétoricien, ienne **3** *f.* rhétorique

**retornar** **1** *tr.* retourner, rendre **2** *intr.* retourner, revenir

**retorno** *m.* **1** retour *(acción de retornar, recompensa)* **2** échange

**retozar** *intr.* **1** bondir, sauter, gambader *(saltar, brincar)* **2** batifoler, s'ébattre

**retractar** **1** *tr.* rétracter **2** *pr.* se rétracter, se dédire

**retraer** *tr.* **1** détourner *(de un intento)* **2** rétracter *(las uñas, etc.)* **3** *fig.* accuser *(echar en la cara)* **4** DER. retraire **5** *pr.* se retirer

**retraído, -a** *adj.* **1** retiré, ée **2** *fig.* renfermé, ée, timide

**retranca** *f.* avaloire *(del arnés)* **tener** ∼ être madré

**retrasar** **1** *tr.* retarder **2** *intr. -pr.* retarder *(un reloj)* **3** *pr.* être en retard

**retraso** *m.* retard

**retratar** *tr.* **1** faire le portrait de, portraiturer **2** photographier **3** *fig.* peindre, dépeindre

**retratista** *s.* portraitiste

**retrato** *m.* **1** portrait **2** photographie

**retrete** *m.* cabinets *pl.*, toilettes *f. pl.*

**retribuir** *tr.* rétribuer

**retroceder** *intr.* **1** reculer **2** rétrograder

**retroceso** *m.* **1** recul **2** MED. recrudescence *f. (de una enfermedad)* **3** rétro *(billar)*

**retrógrado, -a** *adj. -s.* rétrograde

**retrospectivo, -a** *ad.* rétrospectif, ive

**retroventa** *f.* vente à réméré

**retrovisor** *m.* rétroviseur

**retruécano** *m.* calembour, jeu de mots

**retumbante** *adj.* retentissant, e

**retumbar** *intr.* retentir, faire un grand bruit

**reuma** *m. -f.* rhumatisme *m.*

**reumático, -a** **1** *adj.* rhumatismal, ale **2** *adj. -s.* rhumatisant, e

**reunión** *f.* réunion

**reunir** *tr.* réunir, rassembler

**reválida** *f.* examen de fin d'études

**revalidar** **1** *tr.* confirmer **2** *pr.* passer l'examen de fin d'études

**revaluación** *f.* réévaluation

**revaluar** *tr.* réévaluer

**revelación** *f.* révélation

**revelador, -ora** *adj -m.* révélateur, trice

**revelar** *tr.* **1** révéler **2** FOT. développer **3** *pr.* se révéler

**reventar** *intr.* **1** crever, éclater **2** se briser *(las olas)* **3** *fig.* éclater *(cólera, etc.)* **4** *fig.* mourir d'envie ∼ **por** mourir d'envie de **5** *tr.* crever, faire éclater *(un globo, etc.)* **6** *pr.* crever, éclater *(globo, neumático, etc.)* **7** *fam.* épuiser, éreinter ∼ **de risa** mourir de rire

**reventón** *m.* éclatement, crevaison *f.*

**rever** *tr.* **1** revoir **2** DER. réviser

**reverberar** *intr.* réverbérer

**reverdecer** *intr. -tr.* reverdir

**reverencia** *f.* révérence

**reverenciar** *tr.* révérer

**reverendo, -a** **1** *adj.* respectable **2** *adj. -s.* révérend, e

**reversible** *adj.* réversible

**reverso** *m.* revers, envers

**revés** *m.* **1** envers, revers **2** mornifle *f. (bofetada)* **3** *fig.* revers, disgrâce *f.*, infortune *f. al* ∼ à l'envers, en sens contraire

**revestir** *tr.* revêtir

**revisar** *tr.* 1 réviser *(un trabajo, un motor, un coche, etc.)* 2 revoir *(volver a ver)* 3 contrôler

**revisión** *f.* révision ∼ *de cuentas* vérification des comptes

**revista** *f.* revue

**revistero, -a** 1 *s.* chroniqueur *m.*, journaliste chargé des comptes rendus 2 *m.* porte-revues *(mueble)*

**revivir** *intr.* revivre

**revocar** *tr.* 1 révoquer, annuler 2 *CONSTR.* ravaler, recrépir

**revolcar** 1 *tr.* renverser, terrasser 2 *pr.* se vautrer, se rouler

**revoltijo, revoltillo** *m.* 1 mélange, fatras, méli-mélo, brouillamini 2 *COC.* œufs brouillés *pl.*

**revolución** *f.* révolution

**revolucionario** *adj. -s.* révolutionnaire

**revólver** *m.* revolver

**revolver** *tr.* 1 agiter, remuer 2 fouiller dans *(buscando)* 3 mettre sens dessus dessous, bouleverser *(poner en desorden)* 4 *fig.* brouiller, alarmer, exciter 5 *pr.* bouger, remuer *(moverse)*

**revoque** *m.* 1 recrépissage, ravalement *(acción)* 2 crépi *(cal y arena)*

**revuelta** *f.* révolte, sédition

**revuelto, -a** *adj.* 1 docile à la bride *(caballo)* 2 turbulent, e 3 embrouillé, ée, confus, e

**rey** *m.* roi *vivir a cuerpo de* ∼ *loc. fig.* vivre comme un prince, comme un coq en pâte

**reyerta** *f.* rixe, dispute, querelle

**rezagado, -a** 1 *adj. -s.* qui reste en arrière, retardataire 2 *m.* traînard *(soldado)*

**rezar** *tr.* 1 réciter *(una oración)* 2 dire *(una misa)* 3 *intr.* prier ∼ *por los difuntos* prier pour les défunts

**rezo** *m.* 1 prière *f. (acción de rezar)* 2 prière *f., ou* office de chaque jour

**rezongar** *intr.* rouspéter, ronchonner, rechigner

**ría** *f.* estuaire *m.*, ria

**riada** *f.* 1 crue *(crecida)*, inondation 2 *fig.* ruée

**ribera** *f.* rive, berge, rivage *m.*

**ribereño, -a** *adj. -s.* riverain, e

**ribete** *m.* liséré, passepoil, bordure *f.*

**rico, -a** *adj.* 1 riche 2 délicieux, euse *unos caramelos muy ricos* des bonbons délicieux 3 mignon, onne *(expresión de cariño)*

**ridiculizar** *tr.* ridiculiser

**ridículo, -a** *adj. -m.* ridicule *poner en* ∼ tourner en ridicule

**riego** *m.* 1 arrosage 2 irrigation *f. boca de* ∼ prise d'eau

**riel** *m.* 1 petit lingot 2 rail *(de tren)*

**rienda** *f.* guide, rêne, bride *loc. fig. a* ∼ *suelta* à bride abattue *dar* ∼ *suelta* lâcher la bride *dar* ∼ *suelta a* donner libre cours à

**riesgo** *m.* risque

**rifa** *f.* tombola, loterie

**rigidez** *f.* rigidité, raideur

**rígido, -a** *adj.* rigide

**rigor** *m.* rigueur *f. ser el* ∼ *de las desdichas* jouer de malheur

**riguroso, -a** *adj.* rigoureux, euse

**rima** *f.* 1 rime 2 pile, tas *m. (rimero)*

**rincón** *m.* 1 coin, encoignure *f.* 2 coin *(sitio pequeño y apartado)*, recoin *(lugar apartado)*

**ring** *m. angl.* ring

**rinoceronte** *m.* rhinocéros

**riña** *f.* 1 querelle, rixe, bagarre *(lucha)* 2 dispute

**riñón** *m.* 1 rein 2 *COC.* rognon *riñones de cerdo* des rognons de porc

**río** *m.* fleuve *(que desemboca en el mar)*, rivière *(que desemboca en otros)* ∼ *arriba* en amont ∼ *abajo* en aval

**riqueza** *f.* richesse

**risa** *f.* rire *m.* ∼ *de conejo* rire jaune *dar* ∼ faire rire

**risco** *m.* rocher, roc escarpé

**risotada** *f.* éclat de rire *m.*

**ristra** *f.* 1 chapelet *m. una* ∼ *de ajos, de cebollas* un chapelet d'ails, d'oignons 2 *fig.* file, ribambelle

**risueño, -a** *adj.* souriant, e, riant, e

**rítmico, -a** *adj.* rythmique

**ritmo** *m.* rythme

**rito** *m.* rite

**ritual** *adj. -m.* rituel, elle

**rival** *adj. -s.* rival, ale

**rizado, -a** *adj.* frisé, ée

**rizar** *tr.* 1 friser *(el pelo)* 2 plisser *(papel, tela)* 3 rider *(la superficie del agua)* 4 *pr.* se friser *(el cabello)*, se rider *(el agua del mar)* ∼ *el rizo* couper les cheveux en quatre

**robar** *tr.* voler, dérober

**roble** *m.* chêne

**roblón** *m.* rivet

**robo** *m.* **1** vol **2** rapt, enlèvement *(rapto)* **3** rentrée *f. (en algunos juegos)*

**robot** *m.* robot

**robótica** *f.* robotique

**robusto, -a** *adj.* robuste

**roca** *f.* **1** roche **2** rocher *m.*, roc *m.* *(peñasco)*

**roce** *m.* **1** frottement *(de dos cuerpos)* **2** frôlement *(ligero)*

**rociar** *tr.* asperger, arroser

**rocío** *m.* rosée *f.* ~ *del mar* embruns

**rococó** *adj. -m.* rococo

**rocoso, -a** *adj.* rocheux, euse

**rodaballo** *m.* turbot *(pez)*

**rodado, -a** *adj.* rodé *tránsito* ~ circulation routière, trafic routier *canto* ~ galet

**rodaja** *f.* rondelle, tranche

**rodaje** *m.* **1** rouage **2** tournage *(de una película)* **3** rodage *(de un automóvil, etc.)*

**rodar** *intr.* **1** rouler *(dando vueltas)* **2** rouler *(sobre ruedas)* **3** rouler, dégringoler *(caer)* **4** *tr.* tourner ~ *una película* tourner un film

**rodear** *intr.* **1** faire le tour **2** faire un détour **3** *tr.* entourer *(cercar)* **4** contourner **5** faire tourner

**rodeo** *m.* détour, crochet *dar un* ~ faire un détour *no andarse con rodeos* aller droit au but, ne pas tergiverser *andar con rodeos* biaiser

**rodilla** *f.* genou *m. de rodillas loc. adv.* à genoux

**rodillera** *f.* genouillère

**rodillo** *m.* rouleau

**roedor, -ora** **1** *adj.* rongeur, euse **2** *m. pl.* ZOOL. rongeurs

**roer** *tr.* ronger, grignoter

**rogar** *tr.* prier *le ruego que se calle* je vous prie de vous taire

**rojo, -a** *adj.* **1** rouge **2** roux, rousse *(pelo, etc.)*

**rol** *m.* **1** rôle, liste *f.*, catalogue **2** MAR. rôle

**roldana** *f.* MEC. réa *m.*, rouet *m.*

**rollizo, -a** *adj.* rond, ronde, dodu, ue, potelé, ée

**rollo** *m.* rouleau *(de papel, tela, etc.)* *este chico es un* ~ cet enfant est un casse-pieds *i vaya rollo !* quel pétrin !, quelle barbe !

**romance** **1** *adj. -m.* roman, e *(lengua)* **2** *m.* langue espagnole *f.*, espagnol **3** poème espagnol formé par une suite indéfinie de vers octosyllabes, qui a à même assonance dans tous les vers pairs **4** liaison *f.*

**románico, -a** *adj.* roman, e

**romano, -a** *adj. -s.* romain, e

**romanticismo** *m.* romantisme

**rombo** *m.* GEOM. losange

**romería** *f.* **1** pèlerinage *m.* **2** fête populaire autour d'un sanctuaire

**romero, -a** **1** *s.* pèlerin, e **2** *m.* romarin *(planta)*

**romo, -a** *adj.* **1** émoussé, ée **2** camus, e *(nariz)*

**rompecabezas** *m. invar.* **1** casse-tête *(arma, acertijo)* **2** puzzle *(juego)*

**rompeolas** *m. inv.* brise-lames

**romper** *tr.* **1** casser, briser, rompre ~ *un cristal* casser un carreau **2** déchirer *(papel, tela)* **3** fendre *(el aire, las aguas)* **4** *fig.* rompre ~ *el silencio* rompre le silence **5** *intr.* s'épanouir *(las flores)* **6** rompre *estos novios han roto* ces fiancés ont rompu

**rompiente** *m.* brisant

**ron** *m.* rhum

**roncar** *intr.* **1** ronfler *(cuando se duerme)* **2** mugir *(el mar, el viento)*

**ronco, -a** *adj.* **1** rauque **2** enroué, ée *(que padece enronquido)*

**roncha** *f.* **1** grosseur, cloque **2** ecchymose

**ronda** *f.* **1** ronde *(inspección, patrulla)* **2** tournée *(del cartero)* **3** groupe de jeunes gens donnant des sérénades *m.* **4** tournée *(convidada)*

**rondar** *intr.* **1** faire une ronde *(de vigilancia)* **2** courir les rues pendant la nuit **3** donner des sérénades **4** rôder

**rondeña** *f.* air populaire andalou *m.* *(de Ronda)*

**rondó** *m.* MUS. rondeau

**rondón (de)** *loc. adv.* tout de go, sans crier gare

**ronquera** *f.* enrouement *m.*

**ronquido** *m.* ronflement

**ronronear** *intr.* ronronner

**ronzal** *m.* longe, licou

**roñoso, -a** *adj.* **1** galeux, euse *(animal)* **2** crasseux, euse *(sucio)* **3** pingre, rapiat

**ropa** f. 1 vêtements m. pl. (prendas de vestir) 2 linge m. ~ de casa linge de maison ~ blanca linge m. a quema ~ loc. adv. à brûle-pourpoint

**ropaje** m. 1 vêtements pl. 2 habits de cérémonie 3 ART. draperie f.

**ropero** m. armoire f.

**roqueño, -a** adj. 1 rocheux, euse 2 dur, dure comme le roc

**rorro** m. poupon, onne (nene, nena)

**rosa** 1 f. rose 2 adj. -m. rose (color) ~ de los vientos, náutica rose des vents

**rosado, -a** adj. 1 rose (color de rosa) rosé, e 2 rosat invar. miel rosada miel rosat

**rosal** m. rosier

**rosaleda** ou **rosalera** f. roseraie

**rosario** m. 1 chapelet rezar el ~ dire son chapelet 2 rosaire (de quince decenas) 3 fig. chapelet, suite f.

**rosca** f. 1 vis paso de ~ pas de vis 2 filet m. (de un tornillo, de una tuerca) 3 couronne (pan) pasarse de ~ foirer (tornillo), fig. dépasser les bornes

**rosco, roscón** m. 1 couronne f. (pan) 2 brioche en forme de couronne (bollo)

**rosquilla** f. gimblette (bollo) venderse como rosquillas se vendre comme des petits pains

**rostro** m. visage, figure f.

**rota** f. 1 route (de un barco) 2 déroute, défaite 3 rote (tribunal) 4 rotin m.

**rotación** f. rotation

**rotatorio, -a** adj. rotatoire

**roten** m. rotin

**roto, -a** adj. 1 rompu, ue, brisé, ée, cassé, e 2 débauché, e 3 adj. -s. déguenillé, ée (andrajoso) p. p. de romper

**rotulador** m. 1 crayon feutre 2 dessinateur de lettres

**rotular** tr. 1 étiqueter 2 dessiner des lettres

**rótulo** m. 1 enseigne f. (de tienda), écriteau (letrero), panonceau (placa metálica) 2 étiquette f. 3 titre

**rotundo, -a** adj. 1 rond, ronde 2 complet, ète, catégorique un no ~ un non catégorique 3 sonore (lenguaje)

**rotura** f. 1 rupture (tubería, etc.) 2 déchirure (desgarrón), cassure (fractura) 3 bris m. (cristal, parabrisas)

**rozadura** f. 1 frottement m., frôlement m. 2 éraflure

**rozar** tr. 1 AGR. essarter 2 frôler, effleurer (tocar ligeramente) 3 érafler 4 intr. frotter 5 pr. s'écorcher légèrement, s'érafler

**rubí** m. rubis

**rubia** f. 1 garance (planta) 2 fam. peseta

**rubio, -a** adj. -s. blond, blonde 2 m. grondin (pez) 3 pl. centre du garrot d'un taureau

**rublo** m. rouble

**rubor** m. 1 rougeur f. 2 fig. honte

**rúbrica** f. 1 marque rouge 2 parafe m., paraphe m. (de una firma)

**rubricar** tr. parafer, parapher (un escrito)

**rudeza** f. 1 rudesse 2 grossièreté 3 lourdeur d'esprit

**rudimentario, -a** adj. rudimentaire

**rudo, -a** adj. 1 rude 2 grossier, ière 3 lourdaud, e (torpe)

**rueda** f. 1 roue ~ delantera, trasera roue avant, arrière 2 tranche ronde, rouelle (tajada), darne (de pescado) 3 meule (de molino) ~ de prensa conférence de presse

**ruedo** m. 1 bord, bordure f. 2 cercle, circonférence f. 3 paillasson, natte f. (esterilla) 4 TAUROM. arène f.

**ruego** m. prière f.

**rufián** m. 1 rufian, souteneur 2 fig. canaille f.

**rugby** m. rugby

**rugir** intr. rugir el león rugía le lion rugissait

**rugoso, -a** adj. rugueux, euse

**ruibarbo** m. rhubarbe

**ruido** m. bruit

**ruin** adj. 1 vil, vile, bas, basse 2 mesquin, ine, avare, ladre

**ruina** f. ruine

**ruinoso, -a** adj. 1 délabré, ée, qui menace ruine (edificio) 2 ruineux, euse (que arruina)

**ruiseñor** m. rossignol

**ruleta** f. roulette (juego)

**rumbo** m. 1 MAR. route f., cap 2 MAR. rhumb (de la rosa náutica) 3 fig. voie f., direction 4 fig. pompe f., apparat

**rumiante** adj. -m. ruminant, e

**rumor** m. rumeur f., bruit corre un ~ un bruit court

**rupestre** adj. rupestre

**rupia** *f.* roupie *(moneda)*

**ruptura** *f.* rupture

**rural** *adj.* rural, ale *los medios rurales* les milieux ruraux

**ruso, -a 1** *adj.* -*s.* russe **2** *m.* russe, langue russe *f.*

**rústico, -a 1** *adj.* rustique **2** *adj.* -*m.* rustre, rustaud, e *(tosco)* **3** campagnard, e *en rústica loc. adv.* broché, ée *(libro)*

**ruta** *f.* **1** route, chemin *m.* **2** itinéraire *m.*, parcours *m.*

**rutina** *f.* routine

# S

**s** f. s m.

**sábado** m. **1** samedi **2** REL. sabbat *(día de descanso para los judíos)*

**sábana** f. **1** drap m., drap de lit m. **2** nappe d'autel *(del altar)*

**sabana** f. savane

**sabandija** f. **1** bestiole *(animal)* **2** fig. vermine, sale bête *(persona)*

**sabañón** m. engelure f.

**sabático, -a** adj. du sabbat, sabbatique

**sabedor, -ora** adj. informé, ée

**saber 1** tr. savoir **sé que ha llegado** je sais qu'il est arrivé **2** intr. savoir **a ~** à savoir **~ a** avoir le goût de *esto sabe a café* cela a un goût de café

**saber** m. savoir, acquis

**sabido, -a** adj. **1** su, ue, connu, ue *es ~ que* il est bien connu que **2** instruit, e

**sabiduría** f. **1** savoir m. *(ciencia)* **2** sagesse, prudence *(prudencia)*

**sabio, -a** adj. -s. **1** savant, e **2** sage

**sable** m. **1** sabre **2** BLAS. sable

**sabor** m. saveur f., goût

**saborear** tr. savourer

**sabotaje** m. sabotage

**sabroso, -a** adj. savoureux, euse

**sabueso** m. **1** limier *(perro)* **2** fig. fin limier *(policía)*

**saca** f. **1** extraction *(acción de sacar)* **2** COM. exportation *(de mercancías)* **3** gros sac m. *(costal)*

**sacacorchos** m. invar. tire-bouchon

**sacamanchas** m. invar. détachant *(quitamanchas)*

**sacamuelas** m. invar. arracheur de dents, charlatan

**sacapuntas** m. invar. taille-crayon

**sacar** tr. **1** tirer *(de un lugar, de un estado)* **~ la lengua** tirer la langue **2** extraire, tirer **~ el jugo** extraire le jus **3** sortir *(de dentro)* **4** arracher *(una muela)*, enlever, ôter *(una mancha)* **5** tirer, retirer *(dinero)* **6** prendre *(un billete, una foto)* **7** se faire délivrer *(un pasaporte, etc.)* **8** gagner *(un premio)* **9** avancer *(parte del cuerpo)* **10** déduire, conclure *(deducir)*, tirer *(una consecuencia)* **11** résoudre *(un problema)* **12** lancer, créer *(una moda)*, sortir *(un nuevo modelo)* **13** DEP. servir *(tenis)*, botter *(fútbol)*

**sacarino, -a** adj. **1** saccharin, e **2** f. saccharine

**sacerdocio** m. sacerdoce

**sacerdote** m. prêtre

**saciar** tr. assouvir, rassasier

**saco** m. **1** sac *(receptáculo, su contenido)* **~ de mano** sac de voyage **~ de dormir** sac de couchage **2** amer. veste f. **3** sac, pillage

**sacramental 1** adj. sacramentel, elle **2** m. pl. sacramentaux

**sacramento** m. sacrement **el Santísimo Sacramento** le Saint Sacrement

**sacrificar** tr. **1** sacrifier **2** tuer, abattre *(las reses)*

**sacrificio** m. sacrifice

**sacrilegio** m. sacrilège

**sacristán** m. sacristain

**sacristía** f. sacristie

**sacro, -a 1** adj. sacré, ée **2** m. ANAT. sacrum

**sacrosanto, -a** adj. sacrosaint, e

**sacudida** f. secousse

**sacudir** tr. **1** secouer **2** battre *(dando golpes)*, épousseter *(quitar el polvo)* **3** battre *(pegar)* **4** pr. se débarrasser de

**sachar** tr. sarcler

**sacho** m. sarcloir

**sádico, -a** adj. sadique

**saeta** f. **1** flèche *(arma)* **2** aiguille *(de reloj, de brújula)* **3** air andalou que l'on chante au passage de la procession de la Semaine Sainte m. *(flamenco)*

**sáfico, -a** adj. saphique

**sagacidad** f. sagacité

**sagaz** adj. sagace

**sagitario** m. ASTR. sagittaire

**sagrado, -a 1** adj. sacré, ée **2** m. asile, refuge **~ Corazón** Sacré-Cœur

**sagrario** m. **1** tabernacle *(del altar)* **2** sanctuaire

**sahumar** tr. parfumer *(con humo aromático)*

**sahumerio** m. **1** fumigation f. *(acción)* **2** fumée que produit une substance aromatique f. **3** substance aromatique f.

**sainete** m. TEAT. saynète f.

**saíno** m. pécari

**sajón, -ona** adj. -s. saxon, onne

**sal 1** f. sel **2** m. fig. grâce *(garbo)* **3** esprit m., sel m., piquant m.

**sala** *f.* **1** salle ~ *de espera* salle d'attente **2** DER. chambre *(de un tribunal)*

**saladar** *m.* marais salant

**salado, -a** *adj.* **1** salé, ée **2** *fig.* spirituel, elle, piquant, e, drôle, amusant, e

**salar** *tr.* saler

**salario** *m.* salaire

**salazón** *f.* salaison

**salchicha** *f.* saucisse

**salchichería** *f.* charcuterie

**salchichón** *m.* saucisson

**saldar** *tr.* solder *(una cuenta, una mercancía)*

**saldo** *m.* COM. solde

**salero** *m.* **1** salière *f.* *(en la mesa)* **2** *fig.* grâce *f.*, charme, esprit **3** chic

**saleroso, -a** *adj.* gracieux, euse, charmant, e, spirituel, elle

**salesiano, -a** *adj.* -*m.* salésien, ienne

**salida** *f.* **1** sortie *(acción, parte por donde se sale)* **2** départ *m.* *(de un tren, un barco, etc.)* *tomar la* ~ prendre le départ **3** lever *m. (de un astro)*

**saliente** *adj.* saillant, e MIL. *guardia* ~ garde descendante

**salina** *f.* saline, marais salant *m.*

**salinero** *m.* saunier

**salir** *intr.* **1** sortir **2** partir *(marcharse)* **3** se lever *(un astro)* **4** pousser *(plantas, pelo, dientes)*, jaillir *(brotar)* **5** se révéler, apparaître, se montrer, paraître *(en un libro, una película)* **6** paraître *(un periódico, un libro)* *esta revista sale el lunes* cette revue paraît le lundi **7** revenir, coûter ~ *caro* coûter cher **8** aboutir *(ir a parar)* **9** saillir *(sobresalir)* ~ *bien, mal* réussir, échouer

**salitre** *m.* salpêtre

**saliva** *f.* salive

**salivar** *intr.* **1** saliver **2** *amer.* cracher

**salmón** *m.* saumon

**salmuera** *f.* saumure

**salobre** *adj.* saumâtre *(agua)*

**salón** *m.* **1** salon **2** salle *f.* ~ *de actos* salle des fêtes

**salpicadero** *m.* tableau de bord *(coche)*

**salpicadura** *f.* éclaboussement *m.*, éclaboussure *f.*

**salpicar** *tr.* **1** éclabousser **2** asperger *(rociar)*

**salpicón** *m.* viande froide en salade ~ *de mariscos* fruits de mer en salade

**salpimentar** *tr.* assaisonner de sel et de poivre

**salpullido** *m.* MED. légère éruption cutanée *f.*

**salsa** *f.* sauce ~ *de tomate* sauce tomate

**salsifí** *m.* salsifis

**saltador, -ora 1** *s.* sauteur, euse **2** *m.* corde à sauter *(comba)*

**saltamontes** *m.* sauterelle *f.*, criquet

**saltar** *intr.* **1** sauter **2** bondir *(brincar)* **3** jaillir *(un líquido)* **4** rebondir, bondir *(una pelota)* **5** *tr.* sauter *(un obstáculo)* **6** sauter *(omitir)* **7** *pr.* sauter *me salté dos páginas* j'ai sauté deux pages **8** brûler *saltarse un semáforo* brûler le feu (rouge)

**saltarín, -ina** *s.* danseur, euse

**saltear** *tr.* **1** détrousser, voler à main armée **2** assaillir

**saltimbanqui** *m.* saltimbanque, baladin

**salto** *m.* **1** saut ~ *mortal* saut périlleux ~ *de altura* saut en hauteur **2** bond, saut *dar un* ~ faire un bond **3** précipice **4** chute d'eau *f. loc. adv.* *a saltos* en sautant, par bonds

**salubre** *adj.* salubre

**salud** *f.* santé *(del cuerpo, del espíritu)* *beber a la* ~ *de* boire à la santé de

**saludable** *adj.* **1** salutaire **2** sain, saine

**saludar** *tr.* saluer

**saludo** *m.* salut, salutation *f.*

**salva** *f.* **1** salut *m.*, salutation **2** MIL. salve ~ *de aplausos* tonnerre d'applaudissements *m.*

**salvación** *f.* salut *m.* *tabla de* ~ planche de salut

**salvador, -ora** *adj.* -*s.* **1** salvateur, trice **2** sauveur, sauveteur

**salvaguardar** *tr.* sauvegarder

**salvaje** *adj.* -*s.* **1** sauvage **2** brutal, ale

**salvamento, salvamiento** *m.* sauvetage

**salvar** *tr.* **1** sauver **2** franchir *(un obstáculo, recorrer una distancia)* **3** éviter *(una dificultad)* **4** exclure *(exceptuar)*

**salvavidas** *m. invar.* bouée de sauvetage *f. adj.* *bote* ~ canot de sauvetage *chaleco* ~ gilet de sauvetage

**salvedad** *f.* réserve, restriction

**salvia** *f.* sauge

**salvo** 260

**salvo, -a 1** *adj.* sauf, sauve *sano y* ∼ sain et sauf **2** *adv.* sauf, hormis

**salvoconducto** *m.* sauf-conduit

**sambenito** *m.* **1** san-benito, casaque dont on revêtait les condamnés de l'Inquisition *f.* **2** *fig.* note de discrédit *f.*

**san** *adj. -m.* forme apocopée de *santo* que l'on met devant le nom *San Juan* saint Jean

**sanar** *tr. -intr.* guérir

**sanatorio** *m.* **1** sanatorium **2** clinique *f.* **3** hôpital

**sanción** *f.* sanction

**sancionar** *tr.* sanctionner

**sandalia** *f.* sandale

**sandía** *f.* pastèque, melon d'eau *m.*

**sandwich** *m.* sandwich

**sanear** *tr.* **1** assainir **2** *DER.* indemniser, garantir

**sangrar** *tr.* **1** saigner **2** résiner, gemmer *(un pino)* **3** *intr.* saigner, perdre son sang **4** *pr.* se faire saigner

**sangre** *f.* sang *m.* ∼ *fría* sang-froid *caballo de pura* ∼ cheval pur-sang

**sangría** *f.* **1** saignée **2** *IMPR.* alinéa *m.* **3** sangria, boisson rafraîchissante faite avec du vin, du sucre, des fruits macérés

**sangriento, -a** *adj.* sanglant, e

**sanguijuela** *f.* sangsue

**sanguinario, -a** *adj.* sanguinaire

**sanguíneo, -a** *adj.* sanguin, e

**sanidad** *f.* **1** santé **2** salubrité, hygiène

**sanitario, -a** *adj. -m.* sanitaire

**sano, -a** *adj.* sain, saine ∼ *y salvo* sain et sauf

**santateresa** *f.* mante religieuse

**santiaguista** *adj.* de l'ordre de Saint-Jacques

**santiamén (en un)** *loc. adv.* en un clin d'œil, en moins de rien

**santidad** *f.* sainteté

**santificar** *tr.* sanctifier

**santiguar 1** *tr.* faire le signe de la croix sur **2** *pr.* se signer

**santísimo, -a 1** *adj.* très saint, très sainte **2** *n. pr. m.* le saint sacrement

**santo, -a 1** *adj. -s.* saint, sainte **2** *m.* statue d'un saint **3** fête *f. (de una persona)* hoy *es mi* ∼ c'est aujourd'hui ma fête *el Padre Santo* le Saint-Père ∼ *y seña* MIL. mot de passe

**santón** *m.* santon

**santoral** *m.* **1** liste des saints *f.* **2** vie des saints *f.*

**santuario** *m.* sanctuaire

**saña** *f.* acharnement *m.* fureur, rage

**sapiencia** *f.* sagesse, savoir *m.*

**sapo** *m.* crapaud

**saque** *m.* *DEP.* service *(juego de la pelota, tenis)*, dégagement *(fútbol)* ∼ *de esquina* corner

**saquear** *tr.* saccager, piller

**saqueo** *m.* sac, pillage

**sarampión** *m.* *MED.* rougeole *f.*

**sarcasmo** *m.* sarcasme

**sarcófago** *m.* sarcophage

**sardana** *f.* sardane *(danza catalana)*

**sardina** *f.* sardine

**sardinero, -a 1** *adj.* relatif, ive aux sardines **2** *s.* sardinier, ière

**sardónice** *f.* *MINER.* sardoine

**sardónico, -a** *adj.* sardonique

**sarga** *f.* serge *(tela)*

**sargento** *m.* *MIL.* sergent

**sarmiento** *m.* sarment

**sarna** *f.* gale

**sarpullido** *m.* légère éruption cutanée *f.*

**sarro** *m.* **1** tartre **2** dépôt *(de una vasija)*

**sarta** *f.* **1** chapelet *m.*, collier *m. (de objetos)* **2** *fig.* kyrielle, ribambelle

**sartén** *f.* poêle *fig.* esta *ciudad es una* ∼ cette ville est une fournaise

**sastre** *m.* tailleur *cajón de* ∼ fouillis

**sastrería** *f.* métier *m.*, boutique du tailleur

**satánico, -a** *adj.* satanique

**satélite** *adj. -m.* satellite *m.* ∼ *artificial* satellite artificiel

**satén** *m.* satin

**satinar** *tr.* satiner

**sátira** *f.* satire

**satirizar** *intr. -tr.* satiriser

**satisfacer** *tr.* satisfaire

**satisfecho, -a** *adj.* satisfait, e, content, e ∼ *de sí* content de soi, de sa personne

**saturar** *tr.* saturer

**saturnino, -a** *adj.* **1** triste, taciturne **2** *MED.* saturnin, e

**sauce** *m.* saule ∼ *llorón* saule pleureur

**savia** *f.* sève

**saxófono** *m.* saxophone

**saya** *f.* **1** jupon *m.* **2** jupe

**sayo** *m.* casaque *f.* *loc. fig.* *decir para su* ~ parler à son bonnet *hacer de su capa un* ~ n'en faire qu'à sa guise *cortar a uno un* ~ casser du sucre sur le dos de quelqu'un

**sazón** *m.* **1** maturité *f.* **2** occasion *f.*, moment **3** saveur *f.*, assaisonnement *loc. adv. en* ~ mûr, mûre *a la* ~ alors, à ce moment-là

**sazonar** *tr.* **1** assaisonner **2** mûrir, faire mûrir **3** *fig.* mettre au point **4** *pr.* mûrir, arriver à maturité

**se** *pron.* **1** se ~ *levanta* il se lève ~ *sienta* il s'assoit **2** lui, leur *(delante de lo, la, los, las)* ~ *lo diré* je le lui, leur dirai **3** on ~ *dice* on dit

**sebáceo, -a** *adj.* sébacé, ée

**sebo** *m.* suif, graisse *f.*

**secador, -ora** *adj. -s.* **1** sécheur, euse **2** séchoir, sèche-cheveux *invar.*

**secano** *m.* terrain sec, non irrigué

**secante** *adj. -m.* **1** siccatif, ive *(pintura)* **2** buvard *(papel)* **3** *adj. -f.* GEOM. sécant, e

**secar** *tr.* **1** sécher ~ *la ropa* sécher le linge **2** dessécher **3** assécher *(terreno)* **4** tarir *(fuente, pozo)*

**sección** *f.* **1** section **2** rayon *m.* ~ *caballeros* rayon hommes

**secesión** *f.* sécession

**seco, -a** *adj.* sec, sèche *loc. adv. en* ~ à sec, net *pararse en* ~ s'arrêter net, pile *a secas* tout court

**secreción** *f.* sécrétion

**secretaría** *f.* **1** secrétariat *m.* **2** secrétairerie *(en el Vaticano)*

**secretariado** *m.* secrétariat

**secretario, -a** *s.* secrétaire *(persona)*

**secreter** *m.* secrétaire *(mueble)*

**secreto, -a** *adj. -m.* secret, ète ~ *a voces* secret de polichinelle

**secta** *f.* secte

**sector** *m.* secteur

**secuaz** *adj. -s.* acolyte, partisan

**secuela** *f.* **1** suite, conséquence **2** MED. sequelle

**secuencia** *f.* séquence

**secuestrar** *tr.* **1** séquestrer **2** enlever, kidnapper *(raptar)* **3** détourner *(un avión)*

**secuestro** *m.* **1** séquestre **2** détournement *(de un avión)* **3** saisie

**secular 1** *adj.* séculaire **2** *adj. -s.* séculier, ière

**secundar** *tr.* seconder

**secundario, -a** *adj.* secondaire

**sed** *f.* soif

**seda** *f.* soie

**sedal** *m.* **1** ligne *f.* *(para la pesca)* **2** CIR. séton

**sedante** *adj. -m.* sédatif, ive

**sede** *f.* siège *m.* *(episcopal, de un organismo)* *la Santa* ~ le Saint-Siège

**sediento, -a** *adj.* altéré, ée, assoiffé, ée, avide

**sedimento** *m.* sédiment

**sedoso, -a** *adj.* soyeux, euse

**seducir** *tr.* séduire

**seductor, -ora 1** *adj.* séduisant, e **2** *adj. -s.* séducteur, trice

**sefardí, sefardita** *adj. -s.* sefardi, sefardim *pl.*, *ou* séfarade

**segar** *tr.* faucher, moissonner

**seglar** *adj. -s.* laïque

**segmento** *m.* segment

**segregar** *tr.* **1** séparer **2** FISIOL. sécréter

**seguida** *f.* suite, série *loc. adv. de* ~ de suite *en* ~ tout de suite *(pronto)*, aussitôt après, immédiatement *(acto continuo)*

**seguidilla** *f.* MUS. séguedille

**seguido, -a** *adj.* **1** suivi, ie **2** continu, ue, ininterrompu, ue **3** en ligne droite

**seguidor, -ora 1** *adj.* qui suit **2** *s.* disciple *m.*, adepte *m.*, sympathisant, e

**seguir** *tr.* **1** suivre **2** poursuivre, continuer *(proseguir)* **3** *intr.* continuer à ~ *leyendo* continuer à lire **4** *pr.* s'ensuivre *(inferirse)*

**según 1** *pr.* selon, d'après, suivant ~ *él* d'après, selon lui **2** *adv.* comme, ainsi que *(como)*

**segundero** *m.* trotteuse *f.* *(de reloj)*

**segundo, -a 1** *adj.* second, e, deuxième **2** *m.* second *(en jerarquía)* **3** seconde *f.* *(división del minuto)*

**seguridad** *f.* **1** sûreté, sécurité **2** assurance *(certidumbre)* **3** garantie

**seguro, -a** *adj.* **1** sûr, sûre **2** ferme, solide, fixe **3** *m.* sécurité *f.* abri **4** sauf-conduit **5** COM. assurance *f.* ~ *de incendios* assurance contre l'incendie *a buen* ~, *de* ~ *loc. adv.* sûrement, certainement, pour sûr, à coup sûr *en* ~ *loc. adv.* en sécurité ~ *de empleo* l'assurance chômage

**seis** *adj. -m.* six *son las* ∼ il est six heures

**seiscientos** *adj. -m.* six cents

**seísmo** *m.* séisme

**selección** *f.* 1 sélection 2 choix *m.* 3 tri *m.* ∼ *natural* sélection naturelle

**seleccionar** *tr.* sélectionner

**selva** *f.* forêt

**sellar** *tr.* 1 sceller 2 cacheter *(una carta)*, timbrer 3 poinçonner *(el oro, etc.)*

**sello** *m.* 1 sceau, cachet *(para estampar)* 2 timbre *(de papel)* 3 cachet *(marca)* 4 timbre-poste, timbre *(de correos)*

**semáforo** *m.* 1 sémaphore 2 feux de signalisation *pl. (en las calles) un* ∼ *en rojo* un feu rouge

**semana** *f.* semaine *la* ∼ *pasada* la semaine dernière

**semanal** *adj.* hebdomadaire

**semanario, -a** *adj. -m.* hebdomadaire

**semblante** *m.* 1 figure *f.,* visage, mine *f. tener buen* ∼ avoir bonne mine 2 *fig.* aspect

**semblanza** *f.* portrait *m.,* notice biographique

**sembrador, -ora** 1 *s.* semeur, euse 2 *f. AGR.* semoir *m.*

**sembrar** *tr.* 1 *AGR.* semer, ensemencer 2 *fig.* semer 3 joncher *(de cosas esparcidas)*

**semejante** 1 *adj.* semblable, pareil, eille 2 *s.* semblable

**semejanza** *f.* ressemblance

**semen** *m.* 1 sperme 2 *BOT., BIOL.* semence *f.*

**semental** *m.* étalon *(animal macho)*

**semestre** *m.* semestre

**semicírculo** *m.* demi-cercle

**semidiós** *m.* demi-dieu

**semilla** *f.* 1 graine, semence 2 *fig.* semence

**semillero** *m.* pépinière *f.*

**seminario** *m.* séminaire

**seminarista** *m.* séminariste

**semita** *adj. -s.* sémite

**sémola** *f.* semoule

**sen** *m.* 1 séné 2 sen *(moneda)*

**senado** *m.* sénat

**senador** *m.* sénateur

**sencillez** *f.* simplicité

**sencillo, -a** *adj.* simple

**senda** *f.* OU **sendero** *m.* sentier *m.,* sente *f.*

**senderismo** *m.* randonnée

**senderista** *s.* randonneur, euse

**sendos, -as** *adj. pl.* chacun un, chacun une, *los niños llevaban sendas mochilas* les enfants portaient chacun leur cartable

**senectud** *f.* vieillesse

**senil** *adj.* sénile

**seno** *m. ANAT.* sein *(pecho)*

**sensación** *f.* sensation *causar, producir* ∼ faire sensation

**sensacional** *adj.* sensationnel, elle

**sensatez** *f.* bon sens *m.,* sagesse

**sensato, -a** *adj.* sensé, ée

**sensibilidad** *f.* sensibilité

**sensible** *adj.* sensible

**sensitivo, -a** 1 *adj.* sensitif, ive 2 *f.* sensitive *(planta)*

**sensorial** *adj.* sensoriel, elle

**sensual** *adj.* sensuel, elle

**sensualidad** *f.* sensualité

**sentado, -a** *adj.* assis, e

**sentar** *tr.* 1 asseoir 2 *fig.* établir 3 *pr.* s'asseoir *siéntese* asseyez-vous *intr.* ∼ *bien, mal* faire du bien, du mal *(a la salud),* aller bien, mal ; seoir, ne pas seoir *(vestido, peinado, etc.) este vestido le sienta bien* cette robe lui sied parfaitement

**sentencia** *f.* 1 sentence 2 *DER.* jugement *m.,* arrêt *m.*

**sentido** *adj.* 1 senti, ie 2 sincère 3 susceptible 4 *m.* sens ∼ *común* sens commun, bon sens

**sentimiento** *m.* 1 sentiment 2 regret *(pesar)* 3 peine *f. te acompaño en el* ∼ je partage ta peine

**sentir** *m.* sentiment

**sentir** *tr.* 1 sentir *(experimentar una sensación)* 2 entendre *(oír)* 3 éprouver, ressentir, avoir *(experimentar)* ∼ *miedo* avoir peur 4 juger *(opinar)* 5 regretter *(lamentar) lo siento mucho* je le regrette beaucoup *loc. adv. sin* ∼ sans que l'on s'en rende compte

**seña** *f.* 1 signe *m.* 2 *pl.* adresse *sing. (dirección) pl. señas bancarias* R.I.B., relevé d'identité bancaire

**señal** *f.* 1 signe *m. (marca, indicio)* 2 signe *m. (prodigio)* 3 preuve, témoignage *m.* 4 trace, marque *(huella, cicatriz)* 5 acompte *m.,* arrhes *pl. dar* *paga y* ∼ donner des arrhes, verser un acompte ∼ *de la cruz* signe de croix

**señalado, -a** *adj.* **1** marqué, ée **2** remarquable *(insigne)* **3** fixé, ée *(día, etc.)*

**señalar** *tr.* **1** montrer, indiquer ∼ *con el dedo* montrer du doigt **2** signaler, annoncer

**señor, -ora 1** *s.* monsieur, madame **2** *adj.* *-s.* maître, esse *(dueño)* **3** *adj.* noble, distingué, ée **4** *m.* seigneur *(feudal, Dios)* **el Señor** le Seigneur *Nuestro* ∼ Notre-Seigneur

**señora** *f.* **1** dame *(persona)* **2** madame *buenos días* ∼ bonjour, madame **3** maîtresse *(ama)*

**señoría** *f.* seigneurie *f. su* ∼ Votre Seigneurie

**señorío** *m.* **1** seigneurie *f. (dignidad, territorio)* **2** pouvoir, autorité *f.* **3** majesté *f.*, gravité *f.*

**señorita** *f.* **1** demoiselle, jeune fille **2** mademoiselle *(tratamiento de cortesía)*

**señorito** *m.* **1** fils du maître de la maison **2** monsieur *(amo de los criados)* **3** *fam.* fils à papa

**señuelo** *m.* appeau, leurre, *fig.* piège

**separación** *f.* séparation

**separar** *tr.* **1** séparer **2** écarter *(apartar)* **3** destituer **4** *pr.* se séparer **5** s'écarter

**sepelio** *m.* enterrement, inhumation *f.*

**sepia** *f.* **1** seiche *(molusco)* **2** sépia *(color)*

**septenio** *m.* septennat

**septentrional** *adj.* septentrional, ale

**séptico, -a** *adj.* septique

**septiembre** *m.* septembre

**séptimo, -a 1** *adj.* *-m.* septième **2** *f.* *MUS.* septième

**septuagésimo, -a** *adj.* *s.* soixante-dixième

**sepulcral** *adj.* sépulcral, ale

**sepulcro** *m.* sépulcre, tombeau

**sepultar** *tr.* enterrer, ensevelir

**sepultura** *f.* sépulture

**sequía** *f.* sécheresse *(del clima)*

**séquito** *m.* **1** suite *f.* **2** cortège

**ser** *m.* être

**ser** *intr.* **1** être *comme copule il sert à attribuer des qualités considérées comme permanentes, à la différence de* **estar** *qui sert à attribuer des qualités considérées comme transitoires* **esto es**

*mío* ceci est à moi **ser médico** être médecin **estar enfermo** être malade **2** arriver, se produire *(suceder)*, avoir lieu *(tener lugar)*, venir *¿ cómo fue esto ?* comment cela est-il arrivé ? ∼ *para* être fait pour *(persona)*, servir à, être fait pour *(cosa)* **no soy para eso** je ne suis pas fait pour cela *a no* ∼ si ce n'est *a no* ∼ *que* à moins que *i cómo ha de* ∼ *!* qu'y pouvons-nous ! **eso es** c'est cela, c'est ça

**sera** *f.* couffin *m.*

**serenar** *tr.* **1** calmer, apaiser, tranquilliser **2** rasséréner, calmer *(a uno)* **3** *pr.* se calmer

**sereno, -a** *adj.* **1** serein, e *(cielo, tiempo)* **2** *fig.* serein, e, paisible, calme **3** *m.* veilleur de nuit **4** serein *(humedad de la atmósfera por la noche)* **al** ∼ à la belle étoile

**serie** *f.* série

**seriedad** *f.* sérieux *m.*, gravité **tomar en** ∼ prendre au sérieux

**sermón** *m.* **1** sermon **2** semonce *f. (reprensión)*

**serpiente** *f.* serpent *m.* ∼ *de cascabel* serpent à sonnettes

**serrado, -a** *adj.* dentelé, ée, en dents de scie

**serrallo** *m.* sérail

**serranía** *f.* montagne, terrain montagneux *m.*

**serrano, a** *adj.* montagnard, e **jamón serrano** jambon de pays, jambon de montagne

**serrar** *tr.* scier

**serrín** *m.* sciure *f.*

**serrucho** *m.* scie à main *f.*, égoïne *f.*

**servicio** *m.* **1** service **2** *pl.* toilettes *(baño)*

**servidor, -ora** *s.* serviteur, servante, domestique **servidor, servidora de usted** à votre service

**servidumbre** *f.* servitude, domestiques *m. pl.*

**servilleta** *f.* serviette de table

**servir 1** *tr.* *-intr.* servir *¿ de qué sirve... ?* à quoi sert...? **2** *tr.* desservir *(una parroquia)* **3** *pr.* se servir **4** vouloir, daigner *sírvase entrar* veuillez entrer ∼ *para* servir à

**sesenta** *adj.* *-m. inv.* soixante *inv.*

**seseo** *m.* défaut qui consiste à prononcer le c et le z comme un s

**sesera** *f.* **1** *fam.* boîte crânienne **2** *fig.* *fam.* cervelle

**sesión** f. 1 séance 2 session

**seso** m. 1 cerveau, cervelle f. 2 jugement m., bon sens m.

**seta** f. champignon m.

**setecientos, -as** adj. sept cents

**setenta** adj. -m. inv. soixante-dix

**setiembre** m. septembre

**seto** m. haie f. ~ vivo haie vive

**seudónimo** adj. -m. pseudonyme

**severidad** f. sévérité

**severo, -a** adj. sévère

**sevillano, -a** adj. -s. sévillan, ane

**sexagésimo, -a** adj. -s. soixantième

**sexo** m. sexe

**sexta** f. 1 sexte 2 MÚS. ESGR. sixte

**sexto, -a** adj. -s. sixième

**sexual** adj. sexuel, elle

**si** 1 m. MÚS. si 2 conj. si, s' si yo fuera más joven si j'étais plus jeune

**sí** 1 pron. pers. soi volver en sí, revenir à soi 2 adv. oui ni ~ ni no ni oui ni non loc. adv. de por ~ en soi de ~ en soi para ~ à part soi sobre ~ sur ses gardes

**siamés, -esa** adj. -s. siamois, e

**sibarita** adj. -s. sybarite

**sicario** m. sicaire

**siciliano, -a** adj. -s. sicilien, ienne

**sicoanálisis** m. psychanalyse f.

**sicómoro** m. sycomore

**sicosis** f. psychose

**sicoterapia** f. psychothérapie

**sideral, sidéreo, -a** adj. sidéral, ale

**siderurgia** f. sidérurgie

**sidra** f. cidre m.

**siembra** f. semailles pl.

**siempre** adv. toujours

**sien** f. tempe

**sierra** f. 1 scie (herramienta, pez) 2 chaîne de montagnes

**siervo, -a** s. 1 serf, serve 2 serviteur, servante (de Dios)

**siesta** f. sieste dormir, echar la ~ faire la sieste

**siete** adj. m. 1 sept 2 m. déchirure f., accroc (en una tela)

**sífilis** f. MED. syphilis

**sifón** m. siphon

**sigilo** m. 1 sceau 2 secret ~ sacramental secret de la confession

**sigiloso, -a** adj. réservé, ée, discret, ète

**sigla** f. sigle m.

**siglo** m. siècle en el ~ veinte au vingtième siècle

**significación** f. 1 signification 2 importance

**significado, -a** 1 adj. important, e 2 m. signification f., sens

**significar** tr. signifier

**signo** m. signe

**siguiente** adj. -s. suivant, e

**sílaba** f. syllabe

**silábico, -a** adj. syllabique

**silba** f. huées pl., sifflets pl. (pita)

**silbar** intr. -tr. siffler

**silbato** m. sifflet

**silbido** m. sifflement, coup de sifflet

**silencio** m. silence pasar en ~ passer sous silence (silenciar)

**silencioso, -a** adj. silencieux, euse

**sílex** m. silex (pedernal)

**silicato** m. silicate

**silogismo** m. LOG. syllogisme

**silueta** f. silhouette

**silva** f. 1 silves pl. 2 sorte de composition poétique 3 recueil

**silvestre** adj. 1 sylvestre, forestier, ière 2 sauvage

**silla** f. 1 chaise ~ de manos chaise à porteurs 2 siège m. (sede, dignidad) 3 selle (de jinete) ~ de montar selle ~ de coro stalle

**sillería** f. 1 construction en pierre de taille 2 fabrique de chaises, de selles 3 stalles pl. (del coro)

**sillín** m. selle f. (de bicicleta, etc.)

**sillón** m. fauteuil

**simbólico, -a** adj. symbolique

**símbolo** m. symbole

**simetría** f. symétrie

**simiente** f. semence, graine

**similar** adj. similaire

**similitud** f. similitude, similarité

**simio** m. singe

**simpatía** f. sympathie

**simpático, -a** adj. -m. sympathique

**simpatizar** intr. sympathiser

**simple** 1 adj. simple 2 adj. -s. fig. naïf, ive, crédule, niais, e

**simplicidad** f. simplicité

**simplificar** tr. simplifier

**simulación** f. simulation

**simulacro** m. simulacre

**simular** *tr.* simuler, feindre

**simultaneidad** *f.* simultanéité

**simultáneo, -a** *adj.* simultané, ée

**sin** *prep.* sans

**sinagoga** *f.* synagogue

**sincerar 1** *tr.* disculper, justifier **2** *pr.* se justifier, ouvrir son cœur

**sinceridad** *f.* sincérité

**sincero, -a** *adj.* sincère

**síncopa** *f. GRAM. MÚS.* syncope

**sincronizar** *tr.* synchroniser

**sindical** *adj.* syndical, ale

**sindicalismo** *m.* syndicalisme

**sindicar** *tr.* syndiquer

**sindicato** *m.* syndicat

**síndico** *m.* syndic

**sinfín** *m.* infinité *f.,* grand nombre

**sinfonía** *f.* symphonie

**sinfónico, -a** *adj.* symphonique

**singular** *adj. -m.* singulier, ière

**singularizar 1** *tr.* singulariser **2** *pr.* se distinguer

**siniestra** *f.* main gauche

**siniestrismo** *m.* sinistrose *f.*

**siniestro, -a** *adj.* **1** gauche **2** sinistre *(funesto)*

**sino** *m.* sort, destin

**sino** *conj.* **1** mais *no lo he dicho yo ~ él* ce n'est pas moi qui l'ai dit mais lui **2** sinon **3** *precedido de una negación, se traduce por* seul, seulement, sauf, ne... que *nadie lo sabe ~ él* personne ne le sait sauf lui, lui seul le sait

**sinónimo, -a** *adj. -s. -m.* synonyme

**sinopsis** *f.* synopsis

**sinovial** *adj.* synovial, ale

**sinrazón** *f.* tort *m.,* injustice

**sinsabor** *m.* **1** insipidité *f.* **2** chagrin *(pesar),* désagrément *(disgusto)*

**sintaxis** *f.* syntaxe

**síntesis** *f.* synthèse

**sintético, -a** *adj.* synthétique

**sintetizar** *tr.* synthétiser

**síntoma** *m.* symptôme

**sintonía** *f.* **1** *FIS.* syntonie **2** *RAD.* indicatif *m.*

**sintonizar** *tr.* **1** syntoniser **2** accorder *(radio) sintonizas con Radio Madrid* tu es à l'écoute de Radio Madrid

**sinuoso, -a** *adj.* **1** sinueux, euse **2** *fig.* tortueux, euse

**sinusitis** *f. MED.* sinusite

**sinvergüenza 1** *adj -s.* dévergondé, ée, fripon, onne **2** *s.* crapule *f.,* personne sans scrupule

**siquiera 1** *adv.* au moins, ne serait-ce que **2** *conj.* même si, encore que *hazme este favor, ~ sea el último* rends-moi ce service même si c'est le dernier

**sirena** *f.* sirène

**sirviente, -a 1** *adj.* serviteur, servante, domestique **2** *m. MIL.* servant

**sisa** *f.* **1** menus profits *m. pl., fam.* carottage **2** emmanchure *(de la manga) hacer la ~* faire danser l'anse du panier

**sisar** *tr.* **1** soutirer, carotter, rabioter *fam.* **2** échancrer *(un vestido)*

**sísmico, -a** *adj.* sismique

**sistema** *m.* système

**sitiado, -a** *adj. -s.* assiégé, ée

**sitiar** *tr.* assiéger

**sitio** *m.* **1** endroit, place *f.* **2** *MIL.* siège *estado de ~* état de siège *dejar en el ~* tuer net *en algún ~* loc. adv. quelque part *en cualquier ~* loc. adv. n'importe où

**situación** *f.* situation

**situar** *tr.* situer, placer

**smoking** *m.* smoking

**so** *prep.* sous *~ color* sous couleur, sous prétexte

**sobaco** *m.* aisselle *f.*

**sobar** *tr.* **1** masser, pétrir **2** tripoter, peloter *(manosear)*

**soberanía** *f.* souveraineté

**soberano, -a** *adj. -s.* souverain, e

**soberbia** *f.* **1** superbe, orgueil *m.* **2** emportement *m.,* colère *(ira)*

**sobornar** *tr.* soudoyer, suborner

**soborno** *m.* **1** subornation *f.,* corruption *f.* **2** pot-de-vin

**sobra** *f.* **1** excès *m.,* abondance **2** *pl.* reliefs *m. (de una comida),* restes *m. (de una cosa),* déchets *m. (deshechos)*

**sobrado, -a** *adj.* de trop, en trop

**sobrante 1** *adj.* restant, en trop **2** *m.* reste, restant

**sobrar** *intr.* rester, être de trop, avoir eu trop

**sobrasada** *f.* saucisse de Majorque

**sobre** *m.* enveloppe *f. (de una carta)*

**sobre** *prep.* **1** sur *(encima) ~ la mesa* sur la table **2** au-dessus de **3** sur, au sujet de *(acerca de)* **4** sur *(en prenda de)* **5** sur *(repetición) desgracia ~ des-*

*gracia* malheur sur malheur **6** en plus
de, outre ~ *esto* en plus de ceci
**7** environ *tiene* ~ *50 años* il a environ
50 ans **8** vers, aux environs de *llegaré*
~ *las nueve* j'arriverai vers neuf heures

**sobrecama** *f.* dessus-de-lit *m.*

**sobrecarga** *f.* surcharge

**sobrecargo** *m. MAR.* subrécargue,
commis

**sobrecoger 1** *tr.* surprendre, saisir
**2** *pr.* être surpris, e, saisi, ie

**sobredosis** *f.* surdose *ou* overdose
*(angl.)*

**sobrecubierta** *f.* jaquette *(de libro)*

**sobreentender** *tr.* sous-entendre

**sobrehumano, -a** *adj.* surhumain, e

**sobrellevar** *tr.* endurer, supporter

**sobremanera** *adv.* beaucoup, extrêmement, excessivement

**sobremesa** *f.* **1** tapis de table *m.*
**2** temps que l'on passe à table après le
repas *m. de* ~ après le repas

**sobrenatural** *adj.* surnaturel, elle

**sobrenombre** *m.* surnom

**sobrepasar** *tr.* surpasser, excéder

**sobreponer 1** *tr.* superposer **2** *pr.* se
dominer **3** surmonter *(adversidades,
etc.) se sobrepuso al asco...* il surmonta
le dégoût...

**sobreprecio** *m.* augmentation de prix
*f.*

**sobrepuesto, -a** *adj.* superposé, ée

**sobrepujar** *tr.* **1** surpasser, dépasser
**2** surenchérir

**sobresaliente** *adj.* **1** qui dépasse
**2** remarquable *(notable)* **3** *m.* mention
très bien *f. (en los exámenes)* **4** *TAU-
ROM.* matador de réserve **5** *s. TEAT.*
doublure *f.*

**sobresalir** *intr.* **1** surpasser, dépasser
**2** émerger *(resaltar)* **3** *fig.* se distinguer, exceller

**sobresaltar** *tr.* **1** attaquer soudain
**2** effrayer, faire sursauter *(asustar)*

**sobresalto** *m.* émotion *f.*, frayeur sou-
daine *f.* soubresaut

**sobrescrito** *m.* suscription *f.*, adresse
*f.*

**sobreseimiento** *m. DER.* sursis, non-
lieu

**sobresueldo** *m.* salaire d'appoint

**sobretasa** *f.* surtaxe

**sobretodo** *m.* **1** pardessus **2** cache-
misère

**sobrevivir** *intr.* survivre

**sobrino, -a** *s.* neveu, nièce

**sobrio, -a** *adj.* sobre

**socaire** *m. MAR.* côté sous le vent *al*
~ à l'abri *(del viento)*

**socarrón, -ona** *adj. -s.* **1** sournois, e
*(disimulado)* **2** narquois, e *(burlón)*

**socavar** *tr.* **1** creuser dessous **2** *fig.*
miner, saper

**sociable** *adj.* sociable

**social** *adj.* social, ale

**socialismo** *m.* socialisme

**socialista** *adj. -s.* socialiste

**sociata** *s. fam.* socialo *(socialista)*

**sociedad** *f.* société

**socio, -a** *s.* **1** *COM.* associé, ée
**2** sociétaire, membre *(de una asociación, club)* ~ *capitalista* associé

**sociología** *f.* sociologie

**socorrido, -a** *adj.* **1** secourable
**2** usé, ée, banal, ale, passe-partout
*(trillado)*

**socorrer** *tr.* secourir

**socorro 1** *m.* secours, aide *f.* **2** *interj.*
au secours !

**soda** *f.* **1** soda *m. (bebida)* **2** *QUÍM.*
soude

**sódico, -a** *adj.* sodique

**sodio** *m. QUIM.* sodium

**sofá** *m.* sofa, canapé

**sofisma** *m.* sophisme

**sofisticar** *tr.* sophistiquer

**soflamar** *tr.* **1** enjôler **2** *fig.* faire
rougir *(avergonzar)* **3** *pr.* brûler

**sofocación** *f.* **1** suffocation **2** étouffement *m.*

**sofocar** *tr.* **1** suffoquer, étouffer
**2** importuner **3** faire rougir *(avergonzar)* **4** *pr.* rougir *(ruborizarse)*

**sofoco** *m.* **1** suffocation *f.*, étouffement **2** rougeur *f. (rubor)* **3** gros ennui,
contrariété *f. (disgusto)*

**sofreír** *tr. COC.* faire revenir, frire
légèrement

**soga** *f.* corde

**soja** *f.* soja *m.*

**sojuzgar** *tr.* subjuguer, asservir

**sol** *m.* **1** soleil **2** monnaie du Pérou *f.
no dejar ni a* ~ *ni a sombra* harceler,
être toujours sur le dos de *mi* ~ mon
amour

**sol** *m. MÚS.* sol

**solador** m. paveur, carreleur, dalleur, parqueteur

**solamente** adv. seulement

**solana** f. 1 endroit exposé au soleil m. 2 véranda

**solapa** f. 1 revers m. (de vestido) 2 revers m. (de la sobrecubierta de un libro) 3 fig. prétexte m.

**solapadamente** adv. sournoisement

**solar** tr. 1 paver, carreler, daller 2 ressemeler (calzado)

**solar** 1 adj. solaire 2 m. terrain vague, terrain à bâtir adj. -m. casa ~ manoir m.

**solaz** m. distraction f., délassement

**soldada** f. 1 salaire m. 2 solde (de un soldado)

**soldado** m. soldat

**soldador** m. 1 soudeur 2 fer à souder (instrumento)

**soldadura** f. soudure

**soldar** tr. souder

**soleá** f. chant et danse andalous m. (flamenco) pl. soleares

**solear** tr. exposer au soleil

**soledad** f. solitude

**solemne** adj. solennel, elle

**solemnidad** f. solennité

**soler** intr. 1 avoir coutume de suele venir temprano il a l'habitude de venir de bonne heure 2 être fréquent

**solera** f. 1 poutre, solive (viga) 2 meule gisante (del molino) 3 lie (del vino) 4 vino de ~ vin fin, vin vieux

**soleta** f. semelle (de una media)

**solfa** f. 1 solfège m. 2 fam. raclée (paliza)

**solfear** tr. solfier

**solfeo** m. solfège

**solicitar** tr. solliciter, demander

**solicitud** f. 1 sollicitude 2 demande, requête, pétition (documento)

**solidaridad** f. solidarité

**solidario, -a** adj. solidaire

**solidez** f. solidité

**solidificar** tr. solidifier

**sólido, -a** adj. -m. solide

**solista** s. soliste

**solitario, -a** 1 adj. solitaire 2 m. solitaire 3 ver solitaire

**solo, -a** 1 adj. seul, seule 2 m. jeu de cartes 3 MÚS. solo

**sólo** adv. seulement no ~... sino también non seulement... mais encore

**solomillo, solomo** m. aloyau, filet de porc

**soltar** tr. 1 détacher, défaire (lo que estaba atado) 2 lâcher (lo que se tiene cogido) 3 fig. se dégourdir, se débrouiller, devenir plus habile (adquirir desenvoltura) 4 commencer soltarse a hablar commencer à parler

**soltero, -a** adj. -s. célibataire apellido de soltera nom de jeune fille

**soltura** f. aisance, facilité

**soluble** adj. soluble

**solución** f. solution ~ de continuidad solution de continuité

**solvencia** f. solvabilité

**solventar** tr. 1 régler, résoudre (un asunto) 2 payer (una deuda)

**solvente** adj. solvable

**sollozar** intr. sangloter

**sollozo** m. sanglot

**somanta** f. raclée, rossée

**sombra** f. 1 ombre dar ~ donner de l'ombre 2 fig. ombre ni ~ de pas l'ombre de 3 chance (suerte) tener buena ~ avoir de la chance (suerte)

**sombrear** tr. 1 ombrager 2 PINT. ombrer

**sombrerazo** m. coup de chapeau

**sombrerera** f. 1 chapelière (mujer) 2 modiste (la que hace sombreros) 3 carton à chapeau m. (caja)

**sombrerero** m. chapelier

**sombrero** m. chapeau ~ cordobés chapeau à large bord ~ de copa alta chapeau haut de forme ~ de tres picos tricorne

**sombrilla** f. ombrelle

**sombrío, -a** adj. 1 sombre, ombragé, ée 2 fig. sombre (melancólico)

**somero, -a** adj. sommaire

**someter** tr. soumettre

**somier** m. sommier (de cama) ~ de lamas sommier à lattes

**somnífero, -a** adj. -m. somnifère

**somnolencia** f. somnolence

**son** m. 1 son 2 manière f., façon f. (modo) en ~ de burla en manière de moquerie, sur un ton de moquerie sin ton ni ~ sans rime ni raison

**sonado, -a** adj. 1 fameux, euse 2 qui fait du bruit, qui fait sensation (divulgado)

**sonajero** m. hochet

**sonámbulo, -a** adj. -s. somnambule

**sonante** adj. sonnant, e

**sonar** intr. **1** sonner (producir un sonido) ~ a hueco sonner creux **2** sonner (reloj) **3** être cité, ée, être mentionné, ée **4** pr. se moucher se suena que le bruit court que

**sonata** f. MÚS. sonate

**sondar, sondear** tr. sonder

**sondeo** m. sondage

**soneto** m. sonnet

**sonido** m. son

**sonoro, -a** adj. sonore

**sonreír** intr. -pr. sourire

**sonriente** adj. souriant, e

**sonrisa** f. sourire m.

**sonrojar 1** tr. faire rougir (de vergüenza) **2** pr. rougir

**sonsacar** tr. **1** soutirer **2** tirer les vers du nez à (procurar que uno hable)

**soñador, -ora** s. rêveur, euse

**soñar** tr. -intr. rêver, songer soñé con ella esta noche j'ai rêvé d'elle cette nuit

**soñolencia** f. somnolence

**soñoliento, -a** adj. **1** somnolent, e **2** endormi, ie

**sopa** f. soupe ~ de leche soupe au lait hecho una ~ loc. fig. trempé comme une soupe comer la ~ boba vivre en parasite

**sopapo** m. **1** tape sous le menton f. **2** fam. gifle f. (bofetada)

**sopera** f. soupière

**sopetón** m. forte tape f. loc. adv. de ~ à l'improviste

**soplar 1** intr. souffler el viento sopla le vent souffle **2** tr. rapporter, moucharder (delatar)

**soplete** m. chalumeau

**soplido** m. souffle, soufflement

**soplo** m. souffle

**soplón, -ona** adj. -s. fam. mouchard, e, rapporteur, euse, cafard, e, indicateur, indicatrice

**sopor** m. assoupissement

**soportable** adj. supportable

**soportal** m. porche, arcades f. pl

**soportar** tr. supporter

**soporte** m. support ~ lógico de programación logiciel

**soprano** s. MÚS. soprano

**sor** f. sœur Sor Juana, sœur Jeanne

**sorber** tr. **1** avaler en aspirant, boire, humer **2** fig. absorber

**sorbete** m. sorbet

**sorbo** m. **1** gorgée f. **2** fig. petite quantité f. loc. adv. a sorbos à petites gorgées

**sordera** f. surdité

**sórdido, -a** adj. sordide

**sordina** f. MÚS. sourdine con ~ en sourdine

**sordo, -a** adj. -s. sourd, sourde

**sordomudo, -a** adj. -s. sourd-muet, sourde-muette

**sorna** f. goguenardise

**sorprender 1** tr. surprendre sorprendimos al ladrón nous avons surpris le voleur **2** pr. s'étonner

**sorpresa** f. surprise

**sortear** tr. **1** tirer au sort **2** évaluer, éluder (dificultades, etc.)

**sorteo** m. tirage au sort

**sortija** f. **1** bague, anneau m. **2** boucle (de pelo) **3** furet m. (juego)

**sosa** f. soude ~ cáustica soude caustique

**sosegar 1** tr. calmer, apaiser **2** intr. reposer **3** pr. s'apaiser, se calmer

**sosia** m. sosie

**sosiego** m. calme, tranquillité f.

**soslayar** tr. mettre en biais

**soso, -a** adj. fade, insipide

**sospecha** f. soupçon m.

**sospechar** tr. -intr. **1** soupçonner (conjeturar) **2** se douter de lo sospechaba je m'en doutais **3** intr. soupçonner, suspecter ~ de uno soupçonner quelqu'un

**sospechoso, -a** adj. -s. suspect, e (que inspira sospechas)

**sostén** m. **1** soutien **2** soutien-gorge (prenda)

**sostener** tr. soutenir

**sostenido, -a** adj. -m. **1** soutenu, ue **2** MÚS. dièse

**sota** f. valet m. (naipe)

**sotana** f. soutane

**sótano** m. sous-sol, cave f.

**soviético, -a** adj. -s. soviétique

**stock** m. angl. stock (existencias)

**su, sus** adj. poss. **1** son, sa, ses (un solo poseedor) **2** leur, leurs (varios poseedores) **3** votre, vos (de usted, de ustedes) ~ sobrino de usted votre neveu

**suave** *adj.* **1** doux, douce, suave **2** souple

**suavidad** *f.* **1** douceur, suavité **2** souplesse

**suavizante, suavizador** *m.* adoucisseur

**suavizar** *tr.* adoucir

**subalterno, -a** *adj. -s.* subalterne

**subarrendar** *tr.* sous-louer

**subarriendo** *m.* sous-location *f.,* sous-bail

**subasta** *f.* vente aux enchères, adjudication

**subconsciente** *adj. -m.* subconscient, e

**subcontratista** *m.* sous-traitant

**subcontratación** *f.* sous-traitance

**subcontratar** *tr.* sous-traiter

**subdesarrollado, a** *adj.* sous-développé, ée

**subdesarrollo** *m.* sous-développement

**subcutáneo, -a** *adj.* sous-cutané, ée

**subdirector, -ora** *s.* sous-directeur, trice

**súbdito, -a** *s.* **1** sujet, ette **2** ressortissant, e *(natural de un país)*

**subdividir** *tr.* subdiviser

**subgobernador** *m.* sous-gouverneur

**subida** *f.* **1** montée *(el globo, etc.),* ascension *(de un monte)* **2** montée, côte *(cuesta)* **3** hausse *(de los precios)* **4** crue *(de las aguas)* **5** *TEAT.* lever *m. (del telón)*

**subido, -a** *adj.* **1** fort, forte *(olor)* **2** vif, vive *(color)* **3** élevé, ée *(precio)*

**subir** **1** *intr.* monter ~ *a caballo* monter à cheval **2** *tr.* monter, gravir ~ *una cuesta* monter une côte **3** monter *(llevar a un sitio más elevado)* **4** augmenter *(precio)* **5** hausser *(el tono)*

**súbito** **1** *adj.* subit, e, soudain, e **2** *adv.* subitement, soudain

**subjetivo, -a** *adj.* subjectif, ive

**sublevación** *f.* soulèvement *m.,* révolte

**sublevar** **1** *tr.* soulever, révolter **2** *pr.* se soulever, se révolter

**sublime** *adj.* sublime

**submarinismo** *m.* plongée sous-marine *f.*

**submarino, -a** *adj. -m.* sous-marin, e

**submúltiplo, -a** *adj. -m. MAT.* sous-multiple

**subnormal** *adj. -s. MED.* attardé, ée, anormal, ale

**suboficial** *m.* sous-officier

**subordinación** *f.* subordination

**subordinado, -a** *adj. -s.* subordonné, ée

**subrayar** *tr.* souligner

**subsanar** *tr.* réparer *(un daño, un olvido),* corriger *(una falta),* combler *(un déficit)*

**subscribir** **1** *tr.* souscrire **2** *pr.* souscrire à **3** s'abonner *(a un periódico)*

**subsidio** *m.* **1** subside **2** allocation *f. (de paro, etc.)*

**subsiguiente** *adj.* subséquent, e

**subsistencia** *f.* subsistance

**subsistir** *intr.* subsister

**substancia** *f.* substance

**substanciar** *tr.* abréger

**substancioso, -a** *adj.* substantiel, elle

**substantivo, -a** *adj. -m.* substantif, ive

**substitución** *f.* **1** substitution **2** remplacement *m.*

**substituir** *tr.* **1** substituer **2** remplacer

**substracción** *f.* **1** soustraction **2** vol *m. (robo)*

**substraer** *tr.* **1** soustraire **2** voler, dérober, soustraire *(robar)* **3** *pr.* se soustraire

**subsuelo** *m.* sous-sol

**subteniente** *m.* sous-lieutenant

**subterráneo, -a** *adj. -m.* souterrain, e

**subtítulo** *m.* sous-titre

**suburbano, -a** *adj.* suburbain, e

**suburbio** *m.* faubourg

**subvención** *f.* subvention

**subversión** *f.* subversion

**subyugar** *tr.* subjuguer

**succión** *f.* succion

**sucedáneo, -a** *adj. -m.* succédané, ée

**suceder** *intr.* **1** succéder **2** arriver, se produire *(ocurrir)* **lo que sucedió ayer** ce qui est arrivé hier

**sucesión** *f.* succession

**sucesivo, -a** *adj.* successif, ive *loc. adv.* **en lo** ~ à l'avenir

**suceso** *m.* **1** événement **2** fait divers *(periódicos)*

**sucesor, -ora** *s.* successeur

**suciedad** *f.* saleté

**sucio, -a** *adj.* sale

**sucursal** *f.* succursale

**sudadera** *f.* vêtement de sport *m.*, jogging *m.*

**sudafricano, -a** *adj. -s.* sud-africain, e

**sudamericano, -a** *adj. -s.* américain, e du Sud, sud-américain, e

**sudar 1** *intr. -tr.* suer, transpirer **2** *tr.* mouiller de sueur

**sudeste** *m.* sud-est

**sudoeste** *m.* sud-ouest

**sudor** *m.* sueur *f.* **con el ~ de su frente** à la sueur de son front

**sueco, -a** *adj. -s.* suédois, e

**suegra** *f.* belle-mère *(madre del cónyuge)*

**suegro** *f.* beau-père *(padre del cónyuge)*

**suela** *f.* semelle *(del calzado)*

**sueldo** *m.* **1** salaire *(paga mensual)*, appointements *pl. (de un empleado)*, traitement *(de un funcionario)*, gages *pl. (de un criado)* **2** sou *(antigua moneda)* **~ base** salaire de base ou minimum

**suelo** *m.* **1** sol *(tierra, terreno)* **2** fond *(de una vasija)* **3** plancher

**suelto, -a** *adj.* **1** léger, ère, rapide **2** libre **3** dépareillé, ée *(que no hace juego)* **4** *m.* entrefilet *(de periódico)* **dinero ~** (petite) monnaie *f.*

**sueño** *m.* **1** sommeil **caerse de ~** tomber de sommeil **2** rêve, songe

**suero** *m.* **1** petit-lait **2** *MED.* sérum

**suerte** *f.* **1** sort *m.* **2** sorte **toda ~ de** toutes sortes de **3** chance **tener ~** avoir de la chance **4** *TAUROM.* chacune des phases d'une course de taureaux **echar a suertes** tirer au sort

**suficiencia** *f.* capacité, aptitude

**suficiente** *adj.* suffisant, e *(bastante)*

**sufijo, -a** *adj. -m.* suffixe

**sufragar** *tr.* **1** aider *(ayudar)* **2** payer *(costear)* **3** *intr. amer.* voter

**sufragio** *m.* **1** suffrage **2** prière *f.*, œuvre pour les âmes du Purgatoire *f.*

**sufrido, -a** *adj.* **1** endurant, e, patient, e **2** résistant, e, peu salissant, e *(color)*

**sufrimiento** *m.* **1** souffrance *f.* **2** patience *f.*, résignation *f.*

**sufrir** *tr.* **1** souffrir *(padecer)* **2** subir *(experimentar)*, supporter *(aguantar)*, éprouver *(un desengaño, etc.)* **3** souf-frir, tolérer *(consentir)* **4** passer, subir **~ un examen** passer un examen

**sugerir** *tr.* suggérer

**sugestión** *f.* suggestion

**suicida** *s.* **1** suicidé, ée **2** *fam.* casse-cou, fou

**suicidio** *m.* suicide

**suizo, -a** *adj. -s.* suisse

**sujetador** *m.* soutien-gorge *(prenda)*

**sujetar** *tr.* **1** assujettir *(someter)* **2** tenir *(mantener asido)*, retenir *(contener)* **3** attacher

**sujeto, -a** *adj.* **1** assujetti, ie **2** sujet, ette *(propenso)*, exposé, ée *(expuesto)* **3** *m.* sujet, individu *(persona)* **4** *FIL. LOG. GRAM.* sujet

**sultán** *m.* sultan

**sultana** *f.* sultane

**suma** *f.* **1** somme *(cantidad de dinero, agregado de cosas, recopilación)* **2** *MAT.* somme *loc. adv.* **en ~** en somme

**sumando** *m. MAT.* terme d'une addition

**sumar** *tr.* **1** *MAT.* additionner **2** se monter à, totaliser **3** *pr.* se joindre

**sumariar** *tr. DER.* instruire un procès

**sumario, -a** *adj.* **1** sommaire **2** *m.* sommaire, résumé **3** *DER.* instruction *f. (de una causa)*

**sumergible** *adj. -m.* submersible **reloj ~** montre étanche

**sumergir** *tr.* **1** submerger **2** *pr.* plonger **3** *fig.* se plonger *(en*, dans)

**suministrar** *tr.* fournir, pourvoir

**suministro** *m.* fourniture *f.*

**sumisión** *f.* soumission

**sumo, -a** *adj.* **1** suprême, souverain **el Sumo Pontífice** le Souverain Pontife **2** très grand, très grande, extrême **actuar con suma prudencia** agir avec une extrême prudence *loc. adv.* **a lo ~** tout au plus

**suntuario, -a** *adj.* somptuaire

**suntuoso, -a** *adj.* somptueux, euse

**supeditar** *tr.* **1** assujettir *(sujetar)* **2** *fig.* soumettre, subordonner **3** *pr.* se soumettre

**superable** *adj.* surmontable

**superar** *tr.* **1** surpasser **2** surmonter *(un obstáculo, una dificultad, etc.)* **3** *pr.* se surpasser

**superávit** *m. COM.* excédent

**superdotado, -a** *adj.* surdoué, ée

**suyo**

**super ego** m. FILOS. surmoi
**superficial** adj. superficiel, elle
**superficie** f. 1 surface, superficie
2 GEOM. surface
**superfino, -a** adj. surfin, e
**superfluo, -a** adj. superflu, ue
**superior, -ora** s. supérieur, e
**superioridad** f. supériorité la ～ les
autorités
**surperlativo, -a** adj. -m. superlatif,
ive
**supermercado** m. supermarché
**superpoblación** f. surpopulation
**superponer** tr. superposer
**superproducción** f. 1 surproduction
2 superproduction (cine)
**superservicio** m. superette f.
**superstición** f. superstition
**supersticioso, -a** adj. superstitieux,
euse
**supervivencia** f. survie
**superviviente** adj. -s. survivant, e
**supino, -a** adj. couché, ée sur le dos
ignorancia supina fig. ignorance crasse
**suplantar** tr. supplanter
**suplemento** m. supplément
**suplente** adj. suppléant, e, remplaçant, e
**súplica** f. 1 supplique 2 requête
**suplicar** tr. 1 supplier 2 prier (rogar)
3 solliciter, demander (pedir)
**suplicio** m. supplice
**suplir** tr. suppléer
**suponer** tr. supposer
**suposición** f. supposition
**supositorio** m. suppositoire
**supremacía** f. suprématie
**supremo, -a** adj. suprême
**suprimir** tr. supprimer
**supuesto, -a** adj. 1 supposé, ée
2 prétendu, ue, soi-disant invar. 3 m.
supposition f., hypothèse f., p. p. de
suponer
**surco** m. 1 sillon (en la tierra, de
disco) 2 ride f. (arruga)
**sureste** m. sud-est
**surgir** intr. 1 surgir 2 sourdre, jaillir
(agua) 3 MAR. ancrer, mouiller

**suroeste** m. sud-ouest
**surtido, -a** adj. 1 COM. assorti, ie
(variado) 2 COM. approvisionné, ée,
achalandé, ée, fourni, ie (de, en)
**surtido** m. choix, assortiment
**surtidor, -ora** adj. -s. 1 fournisseur,
qui fournit 2 pompe à essence f. 3 jet
d'eau 4 gicleur m.
**surtir** tr. 1 pourvoir, fournir 2 COM.
asssortir 3 intr. jaillir, MAR. mouiller
4 pr. s'approvisionner
**suscitar** tr. susciter
**suscribir** 1 tr. souscrire 2 pr. s'abonner 3 se rallier
**suscriptor, -ora** m. -f. 1 souscripteur
m. 2 abonné, ée
**susodicho, -a** adj. susdit, e
**suspender** tr. 1 suspendre 2 refuser,
recaler (en un examen) 3 surseoir
**suspensión** f. 1 suspension
2 ECLES. suspense ～ de pagos règlement judiciaire, cessation de paiements
**suspensivo, -a** adj. suspensif, ive
**suspenso, -a** adj. 1 suspendu, ue
2 étonné, ée, perplexe 3 m. note éliminatoire f. (nota), ajournement (en exámenes)
**suspirar** intr. soupirer ～ por soupirer
après
**suspiro** m. soupir dar un ～ pousser
un soupir
**sustentar** tr. 1 soutenir (sostener)
2 sustenter, nourrir (mantener) 3 soutenir (una tesis, opinión, etc.)
**sustento** m. 1 subsistance f., nourriture f. 2 soutien (apoyo)
**sustituir** tr. substituer, remplacer
**susto** m. peur f. dar un ～ faire peur
**susurrar** intr. parler bas, chuchoter
**susurro** m. murmure, chuchotement
**sutileza** f. subtilité
**sutura** f. suture
**suyo, suya, suyos, suyas** adj. poss.
1 à lui, à elle, à eux, à elles, à vous (de
usted, de ustedes), un de ses, un de
leurs, un de vos 2 à lui, à elle, etc. estas
muñecas son suyas ces poupées sont à
elle el ～, la ～ pron. poss. le sien, la
sienne, le leur, la leur, le vôtre, la vôtre
(de usted, de ustedes) los suyos m. pl.
les siens (parientes)

# T

**t** *f.* t *m.*

**taba** *f.* **1** astragale *m. (hueso)* **2** *pl.* osselets *m. (juego)*

**tabacalero, -a 1** *adj.* du tabac **2** *m.* -*f.* planteur, euse *(de tabaco)* **3** marchand, e de tabac

**tabaco** *m.* **1** tabac **2** cigare *(puro)*

**tábano** *m.* taon

**tabaquera** *f.* **1** tabatière **2** fourneau *m. (de pipa)*

**tabaquismo** *m.* tabagisme

**taberna** *f.* cabaret *m.*, bistrot *m.*, café *m. (modernamente)*

**tabernáculo** *m.* tabernacle

**tabernario, -a** *adj.* **1** de cabaret **2** grossier, ière

**tabernero, -a** *s.* cabaretier, ière, patron, onne d'un café

**tabique** *m.* cloison *f.*

**tabla** *f.* **1** planche *(de madera)*, plaque *(de mármol, etc.)* **2** *MAT.* table ~ *pitagórica* table de Pythagore **3** étal *m. (de carnicero)* **4** *PINT.* panneau *m.* **5** *pl.* partie nulle *sing.* **6** *TEAT.* planches ~ *de planchar* planche à repasser ~ *a vela* planche à voile ~ *de salvación* planche de salut *hacer* ~ *rasa loc. fig.* faire table rase

**tablado** *m.* **1** plancher, parquet **2** *TEAT.* tréteaux *pl. (de saltimbanquies)*, planches *f. pl. (escenario)* **3** estrade *f. (tarima)* **4** échafaud *(patíbulo)*

**tablero** *m.* **1** échiquier *(de ajedrez)* **2** damier *(de damas)* **3** tableau noir *(encerado)* **4** tableau de bord ~ *contador* abaque, boulier

**tableta** *f.* **1** *FARM.* tablette, comprimé *m.* **2** tablette *(de chocolate)* **3** *pl.* tablettes *(para escribir)*

**tablón** *m.* **1** grosse planche *f.* **2** tableau, panneau *(de anuncios)*

**tabú** *m.* tabou

**taburete** *m.* tabouret

**tacaño, -a 1** *adj.* pingre, chiche, avare **2** *s.* pingre, avare

**tacita** *f.* petite tasse

**taco** *m.* **1** *CARP.* taquet *(trozo de madera)* **2** bourre *f. (de arma de fuego)* **3** queue *f. (de billar)* **4** bloc *(de calendario)* **5** cannonière *f. (juguete)* **6** *fam.* juron, gros mot *(palabrota)* **7** imbroglio **8** *fam.* pige, berge *tiene cincuenta tacos* il (elle) a cinquante piges, berges

**tacón** *m.* talon *(del calzado)*

**taconear** *intr.* frapper du talon en marchant, en dansant

**táctica** *f.* tactique

**táctico, -a** *s.* -*f. et adj.* **1** tactique **2** tacticien, ienne

**tacto** *m.* **1** tact **2** toucher *(acción)* **3** *fig.* tact, doigté

**tacha** *f.* défaut *m.*, tache

**tachadura** *f.* rature

**tachar** *tr.* **1** accuser *(culpar)* **2** biffer, raturer *(borrar)*

**tachuela** *f.* broquette *(clavo)*

**tafetán** *m.* taffetas

**tafiletería** *f.* maroquinerie

**taimado, -a** *adj.* madré, ée, rusé, ée

**tajada** *f.* **1** tranche *(de jamón, queso, etc.)* **2** *fam.* cuite *(borrachera) loc. fig. sacar* ~ faire son affaire

**tajado, -a** *adj.* taillé, ée à pic

**tajante** *adj.* tranchant, e, cassant, e *tono* ~ ton cassant

**tajar** *tr.* couper, trancher

**tajo** *m.* **1** coupure *f.* **2** *ESGR.* fendant, **3** escarpement taillé à pic **4** billot *(de cocina, del verdugo)*

**tal** *adj.* **1** tel, telle ~ *actitud es inadmisible* une telle attitude est inadmissible **2** pareil, eille *(semejante)*, cet, cette *(este, esta)* **3** *pron. dem.* ceci, cela, cette chose-là, une pareille chose *no haría yo* ~ je ne ferais pas une pareille chose **4** *adv.* ainsi, de telle sorte, en tel état ~ *como* tel que ~ *cual* tel quel *con* ~ *que loc. conj.* à condition que, pourvu que

**tala** *f.* **1** abattage *m. (de árboles)* **2** élagage *m.* **3** bâtonnet *m. (juego)*

**talabartero** *m.* bourrelier, sellier

**taladradera** *f.* perceuse

**taladro** *m.* perceuse *f. (máquina)*, foret, tarière *f. (instrumento)*

**tálamo** *m.* lit nuptial

**talante** *m.* **1** humeur *f. de buen, mal* ~ de bonne, mauvaise humeur **2** volonté *f.*, gré *(gusto) de buen* ~ de bon gré **3** air *(semblante)*

**talar** *tr.* **1** couper, abattre *(árboles)* **2** détruire, ravager

**talco** *m.* talc

**talento** *m.* talent

**talión** *m.* talion

**tarántula**

**talismán** *m.* talisman

**talón** *m.* **1** talon *(del pie, de una media)* **2** COM. chèque **3** volant *(de un talonario)* **4** étalon *(monetario)*

**talonario, -a 1** *adj.* à souche *libro ~* registre à souche **2** *m.* carnet, registre à souche **3** chéquier

**talud** *m.* talus

**talla** *f.* **1** sculpture *(escultura)* **2** taille *(estatura)* **3** toise *(instrumento para medir)*

**tallar** *tr.* **1** tailler *(piedras preciosas)*, sculpter *(madera)* **2** toiser *(medir la estatura)* **3** tailler *(en el juego)*

**tallarín** *m.* nouille *f.*

**talle** *m.* **1** taille *f. (cintura de una persona)* *~ esbelto* taille fine **2** ceinture *f. (de un vestido)*

**taller** *m.* atelier

**tallo** *m.* tige *f.*

**tamaño, -a 1** *adj.* aussi grand, grande, aussi petit, e **2** *m.* grandeur *f.*, taille *f.*, volume

**tambalear** *intr. -pr.* chanceler, vaciller, tituber *(al andar)*

**también** *adv.* aussi

**tambor** *m.* MUS. tambour *loc. adv. a ~ batiente* à tambour battant

**tamboril** *m.* tambourin

**tamborilear** *intr.* tambouriner

**tamiz** *m.* tamis

**tamizar** *tr.* tamiser

**tampoco** *adv.* non plus

**tan** *adv.* aussi, si *(delante de un adj. o un adv.) soy ~ fuerte como usted* je suis aussi fort que vous *forme apocopée de tanto*

**tanda** *f.* **1** tour *m. (turno)* **2** groupe *m.*, équipe *(de personas)*

**tangente** *adj. -f.* tangent, e

**tango** *m.* tango

**tanino** *m.* tanin

**tanque** *m.* **1** tank **2** citerne *f.* **3** réservoir *(depósito)*

**tantear** *tr.* **1** mesurer *(medir)* **2** *fig.* examiner *(una cosa)*, tâter, sonder *(a una persona)*

**tanteo** *m.* **1** examen, sondage, essai, tâtonnement **2** DEP. score, nombre de points **3** DER. retrait

**tanto, -a 1** *adj.* tant de *~ dinero* tant d'argent **2** *adv.* tant, autant *no grite usted ~* ne criez pas tant **3** si longtemps *hace ya ~* il y a si longtemps **4** *m.* tant *(tal cantidad) un ~ por*

*ciento* un tant pour cent **5** jeton, fiche *f. (ficha)* **6** point *(en el juego)*, but *(en fútbol)* **7** *pl.* quantité que l'on ignore ou que l'on ne précise pas *a tantos de julio* à telle date du mois de juillet *loc. adv. ~ mejor* tant mieux

**tañer** *tr.* **1** jouer de *(un instrumento)* **2** sonner *(las campanas)*

**tapa** *f.* **1** couvercle *m.* **2** couverture *(de un libro)* **3** amuse-gueule *m. (que se sirve en los bares con vino o aperitivo) ir de tapas, de tapeo* faire la tournée des bars

**tapadera** *f.* **1** couvercle *m.* **2** tampon *m. (de un agujero)* **3** *fig.* couverture *(encubridor)*

**tapar** *tr.* **1** boucher, fermer *(un agujero, cavidad, botella, etc.)* **2** couvrir *(para abrigar, proteger)* **3** *fig.* cacher *(una falta, etc.)* **4** *pr.* se couvrir

**taparrabo** *m.* **1** pagne **2** cache-sexe **3** slip de bain

**tapete** *m.* tapis de table

**tapia** *f.* **1** mur en pisé *m.* **2** cloison *loc. fig. más sordo que una ~* sourd comme un pot

**tapiar** *tr.* murer *(una puerta, etc.)*

**tapicería** *f.* **1** tapisserie *(arte, obra)* **2** magasin du tapissier *m.*

**tapir** *m.* tapir

**tapiz** *m.* tapisserie *f.*

**tapizar** *tr.* tapisser

**tapón** *m.* **1** bouchon *(de botellas)* **2** bonde *f. (de toneles)*

**taponar** *tr.* boucher

**tapujo** *m.* **1** déguisement **2** cachotterie *f. andar con tapujos* faire des cachotteries

**taquigrafía** *f.* sténographie

**taquígrafo, -a** *s.* sténographe

**taquilla** *f.* **1** guichet *m. (de una estación, un teatro, etc.)* **2** recette *ser un éxito de ~* faire recette

**taquillero, -a 1** *s.* employé, ée de guichet, guichetier, ière **2** *adj.* qui fait recette

**taquimecanógrafa** *f.* sténodactylographe

**taquimecanografía** *f.* sténodactylographie

**tara** *f.* COM. tare

**taracea** *f.* marqueterie

**tarambana** *adj. -s.* écervelé, ée, étourdi, ie

**tarántula** *f.* tarantule

**tararear** *tr.* fredonner

**tardanza** *f.* retard *m.*

**tardar** *intr.* **1** tarder *sin ~* sans tarder **2** mettre du temps à, être long, tarder à *tarda en contestar* il met du temps à répondre

**tarde 1** *f.* après-midi *(después de mediodía),* soir *m. (atardecer)* **2** *adv.* tard *buenas tardes* bonjour, bonsoir *de ~ en ~* loc. adv. de loin en loin

**tardío, -a** *adj.* tardif, ive

**tarea** *f.* tâche, travail *m.*

**tarifa** *f.* tarif *m.*

**tarima** *f.* estrade

**tarjeta** *f.* carte *~ de visita* carte de visite *~ postal* carte postale *~ de crédito* carte de crédit

**tarro** *m.* pot

**tarta** *f.* tarte, tourte

**tartamudear** *intr.* bégayer

**tartamudeo** *m.* bégaiement *(acción)*

**tartamudo, -a** *adj. -s.* bègue

**tártaro, -a 1** *adj. -s.* tartare *(de tartaria)* **2** *m.* tartre

**tartera** *f.* tourtière

**tarugo** *m.* **1** taquet, tasseau, cale *f.* **2** pavé de bois *(para pavimentar)* **3** *fig.* borné

**tasa** *f.* **1** taxe *(precio)* **2** taux *m. ~ de mortalidad* taux de mortalité **3** mesure, limite, règle *~ de marca* taux de marque

**tasación** *f.* **1** taxation **2** évaluation

**tasador, -ora 1** *adj. -m.* taxateur **2** *m.* commissaire-priseur

**tasar** *tr.* **1** taxer *(fijar el precio)* **2** évaluer *(valorar)* **3** mesurer, doser, limiter

**tasca** *f.* bistrot *m. (taberna)*

**tatarabuelo, -a** *s.* trisaïeul, e

**tatuaje** *m.* tatouage

**taurino, -a** *adj.* taurin, e

**tauro** *m. ASTROL.* taureau

**tauromaquia** *f.* tauromachie

**taxi** *m.* taxi

**taxímetro** *m.* taximètre

**taxista** *m. -f.* chauffeur de taxi *m.*

**taza** *f.* **1** tasse **2** vasque *(de fuente)* **3** cuvette *(del retrete)*

**tazón** *m.* bol

**te** *f.* **1** té *m.,* lettre T **2** té *m.(regla)*

**te** *pron. pers.* te, t' *~ digo* je te dis *~ llamo* je t'appelle

**té** *m.* thé

**teatral** *adj.* théâtral, ale

**teatro** *m.* théâtre

**teca** *f.* teck *m.,* tek *m. (árbol)*

**tecla** *f.* touche *(de piano, etc.)*

**teclado** *m.* clavier

**teclear** *intr.* **1** frapper les touches d'un clavier **2** tambouriner *(con los dedos)* **3** taper à la machine *(escribir a máquina)*

**técnica** *f.* technique

**técnico, -a 1** *adj.* technique **2** *s.* technicien, ienne

**tecnología** *f.* technologie

**techado, -a 1** *adj.* couvert, e, qui a un toit **2** *m.* toit

**techar** *tr.* couvrir *(una casa)*

**techo** *m.* **1** plafond *(interior)* **2** toit *(tejado)* **3** *fig.* toit *~ practicable* toit ouvrant *(coche)*

**tedéum** *m.* Te Deum

**tedio** *m.* **1** ennui **2** dégoût **3** spleen

**teja** *f.* tuile *loc. adv. a ~ vana* sans rien que la toiture dessus *a toca ~* comptant, rubis sur l'ongle

**tejado** *m.* toiture *f.,* toit

**tejedor, -ora 1** *adj.* qui tisse **2** *s.* tisseur, euse, tisserand, e

**tejemaneje** *m.* **1** *fam.* activité *f.,* agitation *f.* **2** adresse *f. (destreza)* **3** manigances *f. pl. (manejos)* **4** *fam.* micmac

**tejer** *tr.* **1** tisser **2** tresser, entrelacer

**tejido, -a 1** *adj.* tissé, ée **2** *m.* tissu **3** texture *f.* **4** tissu *(biología)*

**tejo** *m.* **1** palet *(para jugar)* **2** bouchon *(juego)* **3** if *(árbol)*

**tela** *f.* **1** tissu *m.,* étoffe *(tejido),* toile **2** membranes *las telas del corazón* les membranes du cœur **3** pellicule, peau *(en la superficie de un líquido)* **4** taie *(en el ojo)* **5** *PINT.* toile *~ de araña* toile d'araignée *~ de cebolla* pelure d'oignon

**telar** *m.* **1** métier à tisser **2** *TEAT.* cintre

**telaraña** *f.* toile d'araignée *fig. mirar las telarañas* bayer aux corneilles

**telearrastre** *m.* remonte-pente, télésiège

**teleférico, -a** *adj. -m.* téléphérique

**telefonazo** *m. fam.* coup de fil, appel téléphonique

**telefonear** *intr. -tr.* téléphoner

**telefonista** *s.* standardiste, téléphoniste

**teléfono** *m.* téléphone *llamar por* ~ téléphoner, appeler au téléphone ~ *de teclado* téléphone à touches ~ *intervenido* téléphone sur table d'écoute ~ *inalámbrico* téléphone sans fil

**telegrafía** *f.* télégraphie

**telegrafiar** *tr.* télégraphier

**telégrafo** *m.* télégraphe

**telegrama** *m.* télégramme

**telemática** *f.* télématique

**telenovela** *f.* téléfilm *m.*

**telepatía** *f.* télépathie

**telescópico, -a** *adj.* télescopique

**telescopio** *m.* télescope

**telesilla** *m.* télésiège

**telesquí** *m.* téléski

**televidente** *m.* téléspectateur

**televisión** *f.* télévision

**televisor** *m.* poste de télévision, téléviseur

**telilla** *f.* 1 petite toile 2 pellicule

**telón** *m.* TEAT. rideau

**telúrico, -a** *adj.* tellurien, ienne, tellurique

**tema** *m.* 1 thème, sujet 2 thème *(traducción inversa)* 3 manie *f.,* marotte *f.,* idée fixe *f. cada loco con su* ~ à chacun sa marotte

**temblar** *intr.* 1 trembler 2 trembloter *(ligeramente)*

**tembleque** *adj.* tremblotant, e

**temblor** *m.* 1 tremblement 2 frisson

**tembloroso, -a** *adj.* tremblant, e

**temer** *tr.* craindre, redouter, avoir peur de

**temeroso, -a** *adj.* effrayant, e *(que causa temor)*

**temible** *adj.* redoutable

**temor** *m.* crainte *f.,* peur *f.*

**témpano** *m.* 1 glaçon *(de hielo)* 2 MUS. cymbale *f.*

**temperamento** *m.* tempérament

**temperatura** *f.* température

**tempestad** *f.* tempête *(en tierra o en mar),* orage *(tormenta)*

**templado, -a** *adj.* 1 modéré, ée, tempérant, e *(en sus apetitos)* 2 tempéré, ée *(clima)* 3 tiède *(agua)* 4 *fam.* calme, courageux, euse

**temple** *m.* 1 température *f.* 2 trempe *f. (de un metal)* 3 humeur *f. (estado de ánimo)* 4 vaillance *f.,* trempe *f. (valentía)*

**templo** *m.* 1 temple 2 église *f.*

**temporada** *f.* 1 saison *(de baño, teatral, etc.)* 2 époque, période

**temporal** *adj.* 1 temporel, elle 2 temporaire *(no permanente)* 3 *adj. -m.* temporal *(hueso)* 4 tempête *f.* 5 mauvais temps

**temporero, -a** *adj. -s. -m.* saisonnier, ière

**temprano, -a** 1 *adj.* hâtif, ive, précoce, prématuré, ée 2 *adv.* de bonne heure, tôt *frutas, hortalizas tempranas* primeurs *f.*

**tenacidad** *f.* ténacité

**tenaz** *adj.* tenace

**tenaza** *f.* 1 tenaille 2 pincettes *pl. (para la lumbre)* 3 pince *(de crustáceo)*

**tendel** *m.* cordeau *(de albañil)*

**tendencia** *f.* tendance

**tender** *tr.* 1 étendre, tendre *(la ropa)* 2 *intr.* tendre *la situación tiende a mejorar* la situation tend à s'améliorer 3 *pr.* s'étendre, se coucher

**tenderete** *m.* 1 étalage, éventaire 2 échoppe *f.*

**tendido, -a** *adj.* 1 étendu, ue, tendu, ue 2 TAUROM. gradin d'une arène

**tendón** *m.* tendon

**tenedor** *m.* 1 fourchette *f. (utensilio de mesa)* 2 possesseur 3 porteur *(de una letra de cambio)* ~ *de libros* teneur de livres, comptable

**tener** *tr.* 1 avoir *(poseer, experimentar, etc.) tengo frío* j'ai froid 2 tenir *(asir, mantener asido)* 3 tenir *(en un sitio o estado)* 4 *pr.* se tenir *tenerse de pie* tenir debout 5 ~ *que (seguido de un infinitivo)* avoir à, être obligé de, falloir *tengo que irme* je dois m'en aller, il faut que je m'en aille ~ *interés en una cosa* tenir à quelque chose ~ *a bien* daigner, vouloir bien ~ *en menos a uno* mépriser quelqu'un

**teniente** *m.* 1 lieutenant ~ *coronel* lieutenant-colonel 2 adjoint ~ *de alcalde* adjoint au maire, maire adjoint

**tenis** *m.* tennis

**tenista** *m. f.* joueur, euse de tennis

**tenor** *m.* 1 teneur *f.* 2 MUS. ténor

**tensión** *f.* tension

**tenso, -a** *adj.* tendu, ue

**tentación** *f.* tentation

**tentar** *tr.* 1 tâter 2 tenter *(incitar, inducir)* 3 tenter *(intentar)*

**tentativa** *f.* tentative

**tentempié** *m*. collation *f.*, en-cas

**tenue** *adj.* 1 ténu, ue, fin, fine 2 faible *(luz)* 3 léger, ère

**teñido, -a** 1 *adj.* teint, teinte ~ *de azul* teint en bleu 2 *m.* teinture *f. (acción)*, teinte *f. (tinte)*

**teñir** *tr.* teindre ~ *de negro* teindre en noir

**teología** *f.* théologie

**teólogo** *m.* théologien

**teorema** *m.* théorème

**teoría** *f.* théorie *en* ~ en théorie

**teórico, -a** 1 *adj.* théorique 2 *s.* théoricien, ienne

**terapéutico, -a** *adj.* -*f.* thérapeutique

**tercer** *adj. forme apocopée de* **tercero** *qui ne s'emploie que devant un substantif m. sing.* ~ *piso* troisième étage *el* ~ *mundo* le tiers monde

**tercera** *f.* 1 tierce *(en el juego)* 2 *MUS.* tierce

**tercermundista** *adj.* -*s.* tiersmondiste

**tercero, -a** 1 *adj.* troisième 2 *m.* tiers, tierce personne *f.* **tercera persona** tierce personne

**terceto** *m.* 1 tercet 2 *MUS.* trio

**tercia** *f.* 1 ancienne mesure de longueur 2 tiers *m. (tercera parte)*

**terciar** *tr.* 1 mettre en travers *(una cosa)*, porter en bandoulière 2 *MIL.* porter *(el fusil)* 3 *intr.* intervenir, s'entremettre *(en un debate, etc.)*

**tercio, -a** *adj.* 1 troisième 2 *m.* tiers *(tercera parte)* 3 ancien régiment d'infanterie 4 légion étrangère *f.*

**terciopelo** *m.* velours

**terco, -a** *adj.* têtu, ue, obstiné, ée

**termas** *f. pl.* thermes *m.*

**térmico, -a** *adj.* thermique

**terminación** *f.* 1 terminaison 2 fin 3 finition 4 achèvement

**terminal** 1 *adj.* terminal, ale 2 *f.* terminal *m.*, aérogare 3 terminus

**terminar** 1 *tr.* terminer, finir, achever 2 *intr.* -*pr.* se terminer, finir

**término** *m.* 1 terme ~ *medio* moyen terme 2 limite *f. (de un territorio)* 3 terminus *(de una línea de transportes)* 4 plan *(plano) en primer* ~ *loc. adv.* au premier plan, *fig.* d'abord *en último* ~ en fin de compte, finalement

**termita** *f.* termite

**termómetro** *m.* thermomètre

**termostato** *m.* thermostat

**terna** *f.* 1 liste de trois candidats à une charge 2 terne *m. (de dados)*

**ternario, -a** *adj.* ternaire

**ternera** *f.* 1 génisse *(animal)* 2 veau *m. (carne)*

**ternero** *m.* veau *(animal)*

**terneza** *f.* tendresse

**terno** *m.* 1 ensemble de trois choses 2 complet *(traje de hombre)* 3 terne *(lotería)* 4 juron *(reniego)*

**ternura** *f.* 1 tendresse 2 tendreté *(del pan, de la carne)*

**terquedad** *f.* obstination, entêtement *m.*

**terrado** *m.* terrasse *f. (azotea)*

**terraplén** *m.* terre-plein, remblai

**terráqueo, -a** *adj.* terrestre *globo* ~ globe terrestre

**terraza** *f.* terrasse *(azotea)*

**terrateniente** *m.* propriétaire terrien

**terremoto** *m.* tremblement de terre

**terreno, -a** 1 *adj.* terrestre 2 *m.* terrain

**terrestre** *adj.* terrestre

**terrible** *adj.* terrible *(terrífico)*

**territorio** *m.* territoire

**terrón** *m.* 1 motte *f. (de tierra)* 2 morceau ~ *de azúcar* morceau de sucre

**terror** *m.* terreur *f.*

**terrorismo** *m.* terrorisme

**terrorista** *m. f.* terroriste

**terroso, -a** *adj.* terreux, euse

**terruño** *m.* 1 terroir *(comarca)* 2 pays natal *(país natal)*

**terso, -a** *adj.* 1 poli, ie, lisse, luisant, e 2 lisse *(piel, cara)*

**tersura** *f.* poli *m.*, lustre *m.*

**tertulia** *f.* réunion *(para hablar, conversar o divertirse)*

**tesar** *tr. MAR.* raidir, tendre

**tesis** *f.* thèse

**tesitura** *f.* 1 *MUS.* tessiture 2 *fig.* circonstance, situation

**tesón** *m.* fermeté *f.*, inflexibilité *f.*

**tesorería** *f.* trésorerie

**tesorero, -a** *s.* trésorier, ière

**tesoro** *m.* trésor

**test** *m.* test *(prueba) someter a un* ~ tester

**testador, -ora** *s.* testateur, trice

**tintinear**

**testaferro** *m.* homme de paille, prête-nom

**testamentario, -a 1** *adj.* testamentaire **2** *s.* exécuteur, trice testamentaire *(albacea)*

**testamento** *m.* testament

**testar** *intr.* tester *(hacer testamento)*

**testarudez** *f.* entêtement *m.*, obstination, ténacité

**testarudo, -a** *adj.* -*s.* têtu, ue, obstiné, ée

**testifical** *adj.* testimonial, ale

**testificar** *tr.* **1** attester, témoigner **2** *intr.* témoigner

**testigo** *m.* témoin ~ *cargo* témoin à charge

**testimonial** *adj.* testimonial, ale

**testimoniar** *tr.* témoigner

**testimonio** *m.* témoignage

**teta** *f.* **1** mamelle *(de un mamífero)* **2** sein **3** mamelon *niño de* ~ enfant qui tête encore *quitar la* ~ sevrer

**tétano, tétanos** *m. MED.* tétanos

**tetera** *f.* théière

**tetilla** *f.* **1** mamelle *(de los mamíferos machos)* **2** tétine *(de biberón)*

**tétrico, -a** *adj.* sombre, triste, lugubre

**textil** *adj.* -*m.* textile

**texto** *m.* texte *libro de* ~ livre de classe

**textual** *adj.* textuel, elle

**tez** *f.* teint *m. (del rostro)*

**ti** *pron. pers.* toi *(précédé d'une préposition)*

**tía** *f.* **1** tante **2** mère *(mujer del pueblo) la* ~ *Juana* la mère Jeanne **3** *fam.* bonne femme *(mujer cualquiera) loc. fig. no hay tu* ~ il n'y a rien à faire, ce n'est pas possible

**tiara** *f.* tiare

**tibio, -a 1** *adj.* tiède **2** *f. ANAT.* tibia *m.*

**tiburón** *m.* requin

**tiemblo** *m.* tremble

**tiempo** *m.* temps ~ *diferido* temps différé ~ *compartido* temps partagé ~ *real* temps réel *a* ~ loc. adv. à temps *al mismo* ~ *loc. adv.* en même temps

**tienda** *f.* **1** tente ~ *de campaña* tente **2** boutique, magasin *m.* ~ *de modas* boutique de modes

**tienta** *f.* essai par lequel on évalue la bravoure des taurillons *m. andar a tientas* marcher à tâtons

**tiento** *m.* **1** toucher **2** bâton d'aveugle *(de ciego)* **3** sûreté de la main *f.* **4** *fig.* tact, prudence *f.* **5** *pl.* chant et danse d'Andalousie *(flamenco)*

**tierno, -a** *adj.* **1** tendre **2** frais *(pan)*

**tierra** *f.* **1** terre ~ *de pan llevar* terre à blé ~ *Santa* Terre Sainte **2** patrie, pays *m.*

**tieso, -a** *adj.* raide, rigide

**tiesto** *m.* **1** tesson *(pedazo de vasija)* **2** pot à fleurs *(maceta)*

**tifón** *m.* typhon

**tifus** *m.* typhus

**tigre** *m.* tigre

**tijera** *f.* ou **tijeras** *f. pl.* ciseaux *m. cama de* ~ lit de sangle

**tijereta** *f.* **1** vrille *(de la viña)* **2** forficule *m. (insecto)*

**tila** *f.* tilleul *m.*

**tildar** *tr.* **1** mettre un tilde **2** biffer *(borrar)* **3** *fig.* taxer *(acusar)*

**tilo** *m.* tilleul *(árbol)*

**timador, -ora** *s.* escroc

**timar** *tr.* **1** escroquer **2** *fam.* rouler *(engañar)* **3** *pr.* se faire de l'œil

**timbal** *m. MUS. COC.* timbale *f.*

**timbrado, -a** *adj. papel* ~ papier timbré

**timbrar** *tr.* timbrer

**timbre** *m.* **1** timbre fiscal *(sello)* **2** sonnette *f.* **3** timbre *(sonido) tocar el* ~ sonner

**timidez** *f.* timidité

**tímido, -a** *adj.* timide

**timo** *m.* **1** *ANAT.* thymus **2** escroquerie *f.*

**timón** *m.* **1** timon **2** gouvernail *(de barco, avión)* **3** barre *f.*

**timonel, timonero** *m.* timonier

**tímpano** *m.* **1** *ANAT. ARQUIT. IMPR.* tympan **2** *MUS.* tympanon

**tinaja** *f.* jarre

**tinglado** *m.* **1** hangar **2** *fig.* stratagème **3** imbroglio

**tinieblas** *f. pl.* ténèbres

**tino** *m.* **1** adresse *f. (acierto)* **2** jugement, bon sens

**tinta** *f.* **1** encre ~ *china* encre de Chine **2** teinte *saber de buena* ~ savoir de source sûre

**tinte** *m.* teinte *f. (acción, color)*

**tintero** *m.* encrier

**tintinear** *intr.* tintinnabuler

**tinto, -a** *adj.* **1** teint, teinte ∼ *en sangre* teint de sang **2** rouge *vino* ∼ vin rouge **3** noir *(uva)*

**tintorería** *f.* teinturerie ∼ *en seco* pressing

**tintura** *f.* teinture

**tiñoso, -a** *adj.* teigneux, euse

**tío** *m.* **1** oncle **2** *fam.* père *(hombre de cierta edad) el* ∼ *Lucas* le père Lucas ∼ *abuelo* grand-oncle

**tío vivo** *m.* manège, chevaux de bois *pl.*

**típico, -a** *adj.* typique

**tipo** *m.* **1** type **2** allure *f.*, air, aspect *(de una persona)* **3** genre **4** taux *(de descuento, etc.)* **5** *fam.* type *(persona) un* ∼ *raro* un drôle de type

**tira** *f.* bande *(de tela, papel, etc.)*

**tirada** *f.* **1** tir *m.*, jet *m. (acción de tirar)* **2** tirade *(de versos, etc.)* **3** IMPR. tirage *m.* **4** *fam.* trotte *(distancia)*

**tirado, -a** *adj.* qui abonde, qui se vend très bon marché *(barato)*

**tirador, -ora** *s.* tireur, euse

**tiranía** *f.* tyrannie

**tirano, -a** *s.* tyran

**tirante** **1** *adj.* raide, tendu, ue **2** *m.* ARQUIT. chaîne *f.*, entretoise *f.*, tirant **3** trait *(de arreos)* **4** *pl.* bretelles *f. (del pantalón)*

**tirantez** *f.* raideur, tension

**tirar** *tr.* **1** jeter *(echar)* **2** tirer *(un tiro, una flecha, etc.)* **3** renverser, abattre *(derribar)* **4** dissiper, gaspiller *(malgastar),* vendre pour rien **5** tirer *(estirar),* tréfiler *(erstirar un metal)* **6** *intr.* tirer *(hacia sí o tras de sí, ejercer una tracción)* ∼ *de una cuerda* tirer sur une corde **7** avoir une tendance, chercher à devenir, à être *(propender)* **8** vivre, se maintenir péniblement, tant bien que mal, tenir le coup *el enfermo va tirando* le malade va comme ci comme ça **9** *pr.* se jeter, s'élancer ∼ *al suelo* jeter par terre, lancer *(arrojar)* ∼ *a* tirer sur ∼ *a azul* tirer sur le bleu

**tirilla** *f.* bandelette

**tirita** *f.* pansement adhésif *m.*

**tiritar** *intr.* grelotter

**tiro** *m.* **1** tir *(acción de tirar con arma de fuego)* ∼ *al blanco* tir à la cible **2** coup de feu *(disparo)* **3** portée *f. (alcance de un arma)* **4** attelage *(de caballería)* **5** trait *(de arreos) caballo de* ∼ cheval de trait **6** tirage *(de una chimenea)* **7** longueur *f. (longitud de una pieza de tejido) loc. adv. a* ∼ *de* à portée de

**tirón** *m.* tiraillement *loc. adv. de un* ∼ d'un seul coup, tout d'une traite, d'affilée

**tiroteo** *m.* fusillade *f.*

**tisana** *f.* tisane

**tísico, -a** *adj.* -s. phtisique

**tisis** *f.* MED. phtisie

**titán** *m.* titan

**títere** *m.* marionnette *f.*, pantin

**titilar** *intr.* **1** trembloter, frémir *(temblar)* **2** scintiller *(un cuerpo luminoso)*

**titiritero, -a** *s.* montreur, euse de marionnettes, bateleur, euse

**titubear** *intr.* tituber

**titulación** *f.* diplôme *(diploma)*

**titular** **1** *adj.* -s. titulaire **2** *f.* IMPR. lettre capitale **3** *tr.* intituler *el* ∼ *del diario* la une du journal *los titulares pl.* les manchettes des journaux

**título** *m.* **1** titre *(de un libro, nobiliario)* **2** diplôme ∼ *de bachiller* diplôme du bachelier

**tiza** *f.* craie

**tizna** *f.* suie *(tizne)*

**tiznar** *tr.* **1** tacher de noir **2** *fig.* noircir

**tizón** *m.* tison

**toalla** *f.* serviette de toilette

**toallero** *m.* porte-serviettes *invar.*

**tobera** *f.* tuyère

**tobillo** *m.* cheville *f.*

**toca** *f.* **1** coiffe **2** béguin *m. (de religiosa)* **3** toque

**tocado, -a** *adj.* **1** coiffé, ée *(con,* de) **2** *fam.* toqué, ée, maboul, e **3** *m.* coiffure *f. (de mujer)*

**tocador, -ora** *adj.* -s. **1** MUS. joueur, euse **2** coiffeuse *f. (mueble) productos de* ∼ articles de toilette

**tocar** *tr.* **1** toucher *(palpar, tropezar, etc.)* **2** jouer de *(un instrumento)* ∼ *el piano* jouer du piano **3** *intr.* toucher *(estar contiguo)* ∼ *a su fin* toucher à sa fin **4** incomber, appartenir **5** revenir, échoir *(por suerte, etc.),* gagner *le tocó el gordo* il a gagné le gros lot **6** *impers.* être le tour de *a usted le toca* c'est votre tour *por lo que toca a* en ce qui concerne

**tocateja (a)** *adv.* rubis sur l'ongle, comptant

**tocayo, -a** *s.* homonyme

**tocinería** *f.* charcuterie

**tocino** m. lard (del cerdo)

**tocón** m. souche (de un árbol)

**todavía** adv. encore ~ no ha llegado il n'est pas encore arrivé

**todo 1** pron. tout **2** m. tout jugarse el ~ por el ~ jouer le tout pour le tout loc. adv. ante ~ d'abord, avant tout

**todo, -a, todos, -as** adj. -pron. tout, toute, tous, toutes todos nosotros nous tous loc. adv. a ~ esto cependant, sur ces entrefaites

**todopoderoso, -a** adj. tout-puissant, toute-puissante

**toga** f. toge, robe

**toldo** m. **1** vélum (en una calle) **2** bâche f. (de un camión) **3** banne f. (de un café, una tienda), store

**toledano, -a** adj. -s. de Tolède, tolédan, e fig. pasar una noche toledana passer une nuit blanche

**tolerancia** f. tolérance

**tolerante** adj. tolérant, e

**tolerar** tr. tolérer

**toma** f. prise (acción) ~ de posesión prise de possession ~ de conciencia prise de conscience

**tomador, -ora** adj. preneur, euse

**tomador, -ora** s. bénéficiaire el ~ de un crédito le bénéficiaire d'un crédit

**tomadura** f. **1** prise (acción) **2** fam. eso es una ~ de pelo, on se paie ma tête

**tomar 1** tr. prendre **2** intr. prendre al llegar a la vuelta hay que ~ a la izquierda en arrivant au tournant il faut prendre à gauche ~ a bien prendre du bon côté ~ a pecho prendre à cœur i toma ! interj. tiens !

**tomate** m. tomate f.

**tómbola** f. tombola

**tomillo** m. thym

**tomo** m. tome

**ton** m. sin ~ ni son sans rime ni raison

**tonada** f. air m., chanson

**tonadilla** f. chansonnette

**tonalidad** f. tonalité

**tonel** m. tonneau, fût

**tonelada** f. **1** tonne (peso) **2** MAR. tonneau

**tónico, -a 1** adj. tonique **2** m. MED. tonique, fortifiant

**tono** m. ton

**tontear** intr. **1** faire, dire des sottises **2** fam. flirter

**tontería** f. sottise, bêtise

**tonto, -a** adj. -s. sot, sotte, idiot, e

**topacio** m. topaze f.

**topar 1** tr. heurter **2** tr. -intr. trouver (una cosa), rencontrer (a alguien) ~ a, con un amigo rencontrer un ami **3** intr. se heurter, heurter ~ con un poste se heurter contre un poteau, heurter un poteau

**tope** m. **1** MEC. butoir **2** tampon (de vagón, locomotora) fig. poner ~ a mettre un frein à estar hasta las topes être plein à ras bord (lleno), en avoir par-dessus la tête

**topetón** m. choc, heurt

**tópico, -a 1** adj. -m. MED. topique **2** m. lieu commun, cliché

**topo** m. taupe f.

**toque** m. **1** touche f. **2** attouchement (acción de tocar) **3** sonnerie f. (de trompeta, corneta, campanas), batterie f. (de tambor) ~ de queda couvre-feu

**tórax** m. thorax

**torbellino** m. tourbillon, tourbillonnement

**torcaz** adj. ramier paloma ~ pigeon ramier

**torcedura** f. **1** torsion, tordage m. **2** MED. entorse

**torcer** tr. **1** tordre **2** courber, incliner, mettre de travers **3** détourner, dévier (dar dirección distinta) **4** fig. détourner, fausser (el sentido de las palabras, etc.) **5** faire plier, faire céder (a uno) **6** intr. tourner (cambiar de dirección) ~ a la izquierda tourner à gauche **7** pr. se tordre me torcí un pie je me suis tordu un pied

**torcida** f. mèche (de una vela, etc.)

**torcido, -a** adj. **1** tordu, ue **2** fig. qui n'agit pas avec droiture, retors, e **3** m. gros fil de soie torse

**tordo, -a** adj. -s. **1** tourdille (caballo) **2** grive f. (ave)

**torear** intr. -tr. TAUROM. combattre les taureaux, toréer

**toreo** m. tauromachie f.

**torero** m. torero, toréador

**torete** m. taurillon

**tormenta** f. orage m., tourmente (en la tierra), tempête (en el mar)

**tormento** m. **1** tourment **2** question f., torture f. (suplicio)

**torna** f. **1** restitution, renvoi m. **2** retour m. (vuelta)

**tornado** m. tornade f.

**tornar** tr. 1 retourner, rendre, restituer 2 rendre *(mudar)* 3 intr. revenir *(regresar)* 4 pr. devenir ∼ a *(con infinitivo)* recommencer

**tornasol** m. 1 tournesol 2 reflets pl. *(visos)*

**tornear** 1 tr. tourner, usiner au tour 2 intr. participer à un tournoi

**torneo** m. 1 tournoi 2 VET. tournis

**tornero** m. tourneur

**tornillo** m. vis f.

**torno** m. 1 tour *(máquina)* 2 treuil *(para elevar pesos)* 3 tour *(en los conventos)* 4 rouet *(para hilar)* 5 étau *(de carpintero o cerrajero)* 6 roulette f. *(de dentista)* loc. adv. en ∼ autour

**toro** m. 1 taureau 2 ARQUIT. GEOM. tore 3 pl. course de taureaux f. sing. fig. *está hecho un* ∼ il est fou de rage

**torpe** adj. 1 lourd, e, lent, e, gauche 2 maladroit, e 3 stupide

**torpedero** adj. -m. torpilleur *(barco)*

**torpedo** m. 1 torpille f. *(pez, proyectil)* 2 torpédo f. *(coche)*

**torpeza** f. 1 lourdeur, lenteur 2 maladresse 3 stupidité

**torre** f. 1 tour *(construcción, pieza del juego de ajedrez)* 2 maison de campagne *(casa de campo)* 3 clocher m.

**torrefacto, -a** adj. torréfié, ée

**torrencial** adj. torrentiel, elle

**torreón** m. grande tour f.

**torrezno** m. lardon

**tórrido, -a** adj. torride

**torsión** f. torsion

**torso** m. torse

**torta** f. 1 galette 2 *(amer.)* sandwich m. 3 fam. claque, baffe, gifle, *pegar una* ∼ flanquer une gifle

**tortícolis** f. MED. torticolis

**tortilla** f. omelette ∼ *francesa* omelette nature

**tortuga** f. tortue

**tortuoso, -a** adj. tortueux, euse

**tortura** f. torture

**torturar** tr. torturer

**torzal** m. cordonnet de soie

**tos** f. toux MED. ∼ *ferina* coqueluche

**tosco, -a** adj. 1 grossier, ière 2 rustre, inculte, grossier, ière *(persona)*

**toser** intr. tousser

**tostada** f. toast m. *(pan)*, pain grillé m.

**tostado, -a** adj. 1 grillé, ée 2 hâlé, ée, bruni, ie *(la tez)*

**tostadura** f. torréfaction

**tostar** tr. 1 griller, torréfier 2 hâler, bronzer *(la piel)*

**tostón** m. 1 chose trop grillée f. 2 rôtie trempée d'huile f. 3 fam. chose ennuyeuse, rasante f., truc rasoir *es un* ∼ il est barbant, assommant

**total** 1 adj. -m. total, ale 2 adv. en résumé, bref

**totalidad** f. totalité

**tóxico, -a** adj. -m. toxique

**tozudo, -a** adj. têtu, ue, entêté, ée

**traba** f. 1 lien m., attache 2 entrave *poner trabas a* entraver

**trabajador, -ora** adj. -s. travailleur, euse

**trabajar** intr. -tr. travailler ∼ *a tiempo parcial* travailler à mi-temps

**trabajo** 1 m. travail 2 m. pl. misères f., peines f., difficultés f. *(penalidades)* 3 jeu *(del actor)* *tomarse el* ∼ *de* se donner la peine de

**trabalenguas** m. mot, phrase difficile à prononcer f.

**trabar** tr. 1 entraver *(un animal)* 2 joindre, lier *(cosas)* 3 lier *(una salsa)*, épaissir *(un líquido, masa)* 4 fig. engager, entamer *(una batalla, una conversación)*, lier, nouer *(amistad, etc.)* pr. *trabarse de palabras* se disputer

**tractor** m. tracteur

**tradición** f. tradition

**tradicional** adj. traditionnel, elle

**traducir** tr. traduire

**traductor, -ora** adj. -s. traducteur, trice

**traer** tr. 1 apporter, amener *(al lugar en donde se habla)* 2 porter *(llevar puesto)* 3 amener, entraîner, causer *(acarrear)* 4 attirer *(atraer hacia sí)* ∼ *a la memoria* rappeler ∼ *consigo* entraîner, emporter avec soi ∼ *inquieto* causer de l'inquiétude, inquiéter

**traficante** m. trafiquant

**traficar** intr. trafiquer

**tráfico** m. 1 trafic 2 circulation f., trafic *(de vehículos)*

**tragabolas** m. passe-boules invar.

**tragaluz** m. 1 lucarne f., œil-de-bœuf 2 soupirail *(de un sótano)*

**tragaperras** m. distributeur automatique, machine à sous f.

**tragar 1** *tr.* avaler *(los alimentos)* **2** *tr. -pr. fig.* avaler *(creer)* **3** engloutir *(engullir)*, absorber *fig.* **no ~ a uno** ne pouvoir souffrir quelqu'un

**tragedia** *f.* tragédie

**trágico, -a 1** *adj. -m.* tragique **2** *s.* tragédien, ienne *(actor, actriz)* **3** tragique *(autor)*

**tragicomedia** *f.* tragi-comédie

**trago** *m.* gorgée *f.*, coup **echar un ~** boire un coup **un buen ~** une lampée **beber a grandes tragos** lamper, boire à grands traits

**traición** *f.* **1** trahison *(delito)* **2** traîtrise *(alevosía)*

**traicionar** *tr.* trahir

**traidor, -ora** *adj. -m.* traître, esse

**traje** *m.* **1** vêtement **2** costume **3** robe *f.* **~ de baño** maillot de bain **~ de luces** habit de lumière *(de un torero)* **~ de etiqueta** tenue de soirée

**trajín** *m.* **1** transport *(de mercancías)* **2** remue-ménage, agitation *f. (ajetreo)*

**trajinar** *tr.* **1** transporter, voiturer **2** s'agiter, aller et venir, s'activer

**trama** *f.* trame

**tramar 1** *tr.* tramer **2** *pr.* se tramer

**tramitación** *f.* **1** formalité **2** démarche

**tramitar** *tr.* **1** faire suivre son cours à *(un asunto)* **2** s'occuper de

**trámite** *m.* **1** formalité *f. (requisito)* **2** démarche *f. (diligencia)* **3** passage *(paso)*

**tramo** *m.* **1** *ARQUIT.* travée *f.* **2** volée *f. (de escalera)* **3** tronçon *(de canal, de camino)* **4** section *f. (de terreno)*

**tramontana** *f.* **1** tramontane **2** *fig.* vanité

**tramoya** *f.* **1** machinerie **2** machination, intrigue

**trampa** *f.* **1** trappe, piège *m.*, traquenard *m. (artificio de caza)* **caer en la ~** tomber dans le piège **2** trappe *(puerta)* **3** dette *(deuda)* **4** tricherie *(en el juego)* **5** expédient *m.* **vivir de la ~** vivre d'expédients

**trampantojo** *m.* trompe-l'œil

**trampear** *intr.* vivre d'expédients

**trampolín** *m.* **1** tremplin **2** plongeoir **salto de ~** plongeon

**tramposo, -a** *adj. -s.* **1** menteur, euse **2** tricheur, euse

**trance** *m.* **1** moment critique **2** transe *f. (fenómeno psíquico)* **el último ~** le dernier souffle

**tranco** *m.* grand pas, enjambée *f.*

**tranquilidad** *f.* tranquillité

**tranquilizar** *tr.* tranquilliser, rassurer

**tranquilo, -a 1** *adj.* tranquille **2** *m.* père tranquille

**transatlántico, -a** *adj. -m.* transatlantique

**transbordador** *m.* ferry-boat

**transbordar 1** *tr.* transborder **2** *intr. -pr.* passer d'un train à un autre, changer de train, d'avion, etc.

**transbordo** *m.* transbordement, changement

**transcender** *intr.* **1** *FIL.* être transcendant, e **2** transpirer *(empezar a conocerse una noticia)*

**transcribir** *tr.* transcrire

**transcripción** *f.* transcription

**transcurrir** *intr.* s'écouler

**transcurso** *m.* cours *(del tiempo)* **en el ~ del almuerzo** au cours du déjeuner

**transeúnte** *adj. -s.* passant, e *(persona)*

**transferencia** *f.* **1** transfert **2** virement *(de dinero)* **mandato de ~** ordre de virement

**transferir** *tr.* transférer

**transformación** *f.* tranformation

**transformar 1** *tr.* transformer *(en)* **2** *pr.* se transformer

**transfusión** *f.* transfusion

**transgredir** *tr.* transgresser

**transición** *f.* transition

**transigir** *intr.* transiger

**transitable** *adj.* praticable *(camino)*

**transitivo, -a** *adj. -m.* transitif, ive

**tránsito** *m.* **1** passage, circulation *f.* **2** *COM.* transit **3** passage **de ~** de passage

**transitorio, -a** *adj.* transitoire

**transmisión** *f.* transmission

**transmisor, -ora** *adj. -m.* transmetteur

**transmitir** *tr.* transmettre **insecto que transmite una enfermedad** insecte qui transmet une maladie

**transpaleta** *m.* chariot élévateur

**transparencia** *f.* transparence

**transparente 1** *adj.* transparent, e **2** *m.* transparent

**transpiración** *f.* transpiration

**transpirar** *intr.* transpirer

**transponer** *tr.* **1** transposer *(una cosa)* **2** disparaître au-delà de **3** *pr.* s'assoupir

**transportar** *tr.* **1** transporter **2** MUS. transposer **3** GEOM. rapporter

**transporte** *m.* **1** transport *transportes colectivos* transports en commun **2** MUS. transposition *f.*

**transvasar** *tr.* transvaser

**transversal** *adj.* transversal, ale

**transverso, -a** *adj.* transverse

**tranvía** *m.* tramway

**trapacear** *intr.* **1** finasser, ruser **2** frauder

**trápala** *f.* **1** vacarme *m.*, tapage *m.* *(de gente)* **2** bruit du trot ou du galop d'un cheval *m.*

**trapatiesta** *f.* dispute, bagarre *(riña)*, tapage *m.*, raffut *m.* *(ruido)*

**trapecio** *m.* trapèze

**trapero, -a** *s.* chiffonnier, ière

**trapezoide** *m.* trapézoïde

**trapiche** *m.* moulin à huile, à canne à sucre

**trapillo** *m.* chiffon

**trapío** *m.* **1** *fig. fam.* charme, chien **2** TAUROM. fougue

**trapo** *m.* **1** chiffon **2** MAR. toile *f.*, voilure *f.* *poner a alguien como un ∼* traiter quelqu'un de tous les noms *a todo ∼* à pleines voiles, à toute vitesse

**tráquea** *f.* ANAT. trachée

**traqueal** *adj.* trachéal, ale

**traquetear** **1** *intr.* éclater *(un cohete)* **2** *tr.* secouer, agiter *(sacudir)*, cahoter *(un vehículo)*

**traqueteo** *m.* **1** pétarade *f.* *(de cohetes)* **2** cahotement, secousse *f.*

**tras** *prep.* **1** après *(aplicado al espacio y al tiempo)* *uno ∼ otro* l'un après l'autre **2** derrière *(detrás)* **3** outre que, non seulement, non content de *(además)* *∼ ser caro, es de inferior calidad* non seulement c'est cher mais c'est de mauvaise qualité

**trascolar** *tr.* filtrer

**trasegar** *tr.* **1** remuer, changer de place **2** transvaser *(líquidos)* **3** soutirer *(vino)* **4** dépoter *(petróleo)*

**trasero, -a** **1** *adj.* arrière, postérieur, e **2** *m.* derrière *(de un animal, de una persona)* **3** *f.* arrière *m.* *(de un vehículo)*, derrière *(de una casa, etc.)*

**trasgo** *m.* **1** lutin *(duende)* **2** enfant espiègle

**trashumante** *adj.* transhumant, e

**trashumar** *intr.* transhumer

**trasiego** *m.* **1** remue-ménage **2** transvasement *(de líquidos)*, soutirage *(para eliminar las heces)* **3** dépotage *(petróleo)*

**trasladar** *tr.* **1** changer de place, déplacer **2** transférer, transporter **3** ajourner *(una reunión, función, etc.)* **4** transcrire, copier **5** reporter *(a otra página, columna)*

**traslado** *m.* **1** transport, transfert **2** copie *f.*, double *(copia)* **3** mutation *f.*

**traslucirse** *pr.* **1** être translucide **2** *fig.* percer, se laisser deviner, se déduire

**trasluz** *m.* lumière tamisée *f.* *loc. adv.* *al ∼* par transparence

**trasnochado, -a** *adj.* **1** gâté, ée, de la veille **2** pâle, blême *(persona)* **3** *fig.* usé, ée, périmé, ée

**trasnochar** *intr.* **1** passer une nuit blanche **2** se coucher tard **3** découcher

**traspapelar** *tr.* égarer

**traspasar** *tr.* **1** traverser, passer *(de una parte a otra)* **2** transpercer, percer *(con una cosa punzante)* **3** transférer, céder *(un negocio, etc.)*

**traspaso** *m.* **1** traversée *f.*, passage **2** cession *f.* *(de un local comercial)*, reprise *f.*, pas-de-porte *(precio)*

**traspié** *m.* faux pas *dar un ∼* faire un faux pas

**trasplantar** *tr.* **1** transplanter **2** MED. greffer

**trasplante** *m.* greffe *f.*

**traspunte** *m.* TEAT. régisseur

**traspuntín** *m.* strapontin

**trasquilar** *tr.* **1** mal couper les cheveux **2** tondre *(un animal)*

**trastada** *f.* mauvais tour *m.*

**traste** *m.* MUS. touchette *f.* *(de guitarra, etc.)* *dar al ∼ con una cosa* détruire, anéantir, mettre à mal une chose

**trastear** *tr.* **1** poser les touchettes *(a una guitarra, etc.)* **2** pincer *(una guitarra, etc.)* **3** TAUROM. faire des passes *(a un toro)*

**trastera** *f.* ou **trastero** *m.* pièce de débarras *f.*, débarras *m.*

**trastienda** *f.* **1** arrière-boutique **2** *fig.* prudence, ruse, savoir-faire *m.*

**trasto** *m.* **1** vieux meuble **2** cochonnerie *f.,* saleté *f. (cosa inútil)* **3** propre à rien *(persona)* **4** truc, machin

**trastornar** *tr.* bouleverser

**trastorno** *m.* **1** bouleversement **2** trouble, désordre

**trasudar** *intr.* suer légèrement

**trata** *f.* traite ~ *de negros, de blancas* traite des Noirs, des Blanches

**tratable** *adj.* traitable

**tratado** *m.* traité

**tratar** *tr. -intr.* **1** fréquenter *(tener trato)* ~ *a, con uno* fréquenter quelqu'un **2** traiter *(bien o mal)* **3** traiter *(un asunto, una enfermedad)* ~ *de intr.* essayer de, tâcher de *(intentar) trataré de convencerle* j'essaierai de le convaincre *se trata de impers.* il s'agit de

**trato** *m.* **1** fréquentation *f.,* relations *f. pl.,* rapports *pl.* **2** traitement *(manera de tratar a alguien)* **3** marché *(convenio)* ~ *hecho* marché conclu ~ *de cuerda* estrapade *f. (tormento)*

**traumatismo** *m.* traumatisme

**través** *m.* travers *(inclinación) loc. adv. al* ~, *de* ~ en travers

**travesía** *f.* **1** chemin de traverse *m. (camino)* **2** rue traversière *(calle)* **3** traversée *(viaje)*

**travestido, -a 1** *adj.* travesti, ie **2** *m.* travesti

**travesura** *f.* **1** espièglerie, polissonnerie **2** vivacité d'esprit

**traviesa** *f.* traverse *(ferrocarril) loc. adv. a campo* ~ à travers champs

**travieso, -a** *adj.* **1** mis, mise en travers **2** *fig.* espiègle *es una chica muy traviesa* c'est une enfant très espiègle

**trayecto** *m.* trajet, parcours

**trazado** *m.* **1** tracé *(de un camino, etc.)* **2** plan *(traza)* **3** traçage *(acción)*

**trazo** *m.* **1** tracé, dessin **2** ligne *f.,* trait

**trébol** *m.* trèfle

**trece** *adj. -m.* treize *loc. fam. mantenerse en sus* ~ ne pas céder

**trecho** *m.* espace, distance *f. loc. adv. a trechos* par intervalles, de place en place

**tregua** *f.* trêve

**treinta** *adj. -m.* trente

**treintena** *f.* **1** trentaine **2** trentième *(parte)*

**tremendo, -a** *adj.* **1** terrible **2** formidable **3** énorme

**tren** *m.* train ~ *correo* train-poste *perder el* ~ *fig.* rater le coche, l'occasion ~ *de laminación* train de laminoir

**trencilla** *f.* galon étroit *m.*

**trenza** *f.* **1** tresse **2** natte, tresse

**trenzar** *f.* **1** *tr.* tresser, natter **2** *intr.* faire des entrechats *(en la danza)*

**trepado, -a** *adj.* vigoureux, euse *(animal)*

**trepador, -ora** *adj. BOT.* grimpant, e

**trepar** *intr.* **1** grimper **2** escalader

**tres** *adj. -s.* trois *son las* ~ il est trois heures ~ *en raya* marelle *f.*

**trescientos, -as** *adj. -m.* trois cents

**tresillo** *m.* **1** hombre *(juego de naipes)* **2** ensemble d'un canapé et deux fauteuils

**treta** *f.* ruse, artifice *m.*

**tría** *f.* triage *m.,* tri *m.*

**tríada** *f.* triade

**triangular** *adj.* triangulaire

**triangular** *tr.* trianguler

**triángulo, -a 1** *adj.* triangulaire **2** *m.* triangle

**triar** *v. t.* trier

**tribu** *f.* tribu

**tribuna** *f.* tribune

**tribunal** *m.* **1** tribunal **2** jury *(en un examen)* ~ *de apelación* cour d'appel *f.* ~ *supremo (o de Casación)* Cour de Cassation ~ *de Cuentas* Cour des Comptes ~ *de conciliación laboral* conseil des prud'hommes

**tribuno** *m.* tribun

**tributar** *tr.* **1** payer un tribut, un impôt **2** *fig.* rendre *(homenaje),* témoigner *(respeto, etc.)*

**tributo** *m.* **1** tribut **2** impôt

**tricolor** *adj.* tricolore

**triedro** *adj. GEOM.* trièdre

**trienal** *adj.* triennal, ale

**trienio** *m.* triennat

**trifulca** *f.* dispute, querelle

**trigal** *m.* champ de blé

**trigésimo, -a** *adj. -s.* trentième

**trigo** *m.* blé ~ *candeal* froment ~ *sarraceno* blé noir, sarrasin

**trigonometría** *f.* trigonométrie

**trilogía** *f.* trilogie

**trilla** *f. AGR.* battage *m.,* dépiquage *m.*

**trillado, -a** *adj. camino* ~ chemin battu *una historia trillada fig.* une histoire rebattue

**trillar** *tr. AGR.* battre, dépiquer

**trimestre** *m.* trimestre

**trinar** *intr.* **1** *MUS.* triller, faire des trilles **2** *fig.* enrager

**trinca** *f.* trio *m.*

**trincar** *tr.* **1** casser, déchiqueter **2** assujettir fortement *(atar)*

**trinchar** *tr. COC.* découper

**trinchera** *f.* **1** tranchée **2** trench-coat *m. (impermeable)*

**trineo** *m.* traîneau

**trinidad** *f.* trinité

**trinquete** *m.* **1** *MAR.* misaine *f. (vela)*, mât de misaine *(palo)* **2** *MEC.* cliquet, encliquetage

**trío** *m. MUS.* trio

**tripa** *f.* **1** tripe, boyau *m.* **2** *fam.* ventre *m. dolor de tripas* mal au ventre *loc. fig. hacer de tripas corazón* faire contre mauvaise fortune bon cœur

**triple** *adj. -m.* triple

**triplicar** *tr.* tripler

**trípode** *m.* trépied

**triptongo** *m. GRAM.* triphtongue *f.*

**tripulación** *f. MAR. AVIAC.* équipage *m.*

**tripulante** *m. MAR. AVIAC.* membre d'un équipage

**tripular** *tr.* **1** *MAR. AVIAC.* former l'équipage **2** faire partie de l'équipage **3** piloter *(conducir)*

**triquinosis** *f. MED.* trichinose

**tris** *m. fig.* un rien *estuvo en un* ~ peu s'en est fallu, il s'en est fallu d'un rien

**triscar** *intr.* **1** faire du bruit avec les pieds, trépigner **2** s'ébattre *(retozar)*, gambader

**triste** *adj.* **1** triste **2** misérable *(insignificante)*

**tristeza** *f.* tristesse

**triturar** *tr.* triturer, broyer, concasser

**triunfador, -ora** *adj. -s.* triomphateur, trice

**triunfar** *intr.* **1** triompher **2** couper avec un atout *(en naipes)*

**triunfo** *m.* triomphe

**trivial** *adj.* banal, ale, insignifiant, e

**triza** *f.* **1** petit morceau *m.*, miette *hacer trizas* mettre en morceaux, réduire en miettes **2** *MAR.* drisse

**trocar** *tr.* **1** troquer, échanger **2** changer

**trocear** *tr.* couper en morceaux, tronçonner

**trocha** *f.* sentier *m.*, *amer.* voie

**trofeo** *m.* trophée

**troglodita** *adj. s.* troglodyte

**trolebús** *m.* trolleybus

**tromba** *f.* trombe

**trompa** *f.* **1** trompe **2** *MUS.* cor *m.* ~ *de caza* cor de chasse **3** *fam.* cuite

**trompada** *f.* ou **trompazo** *m.* **1** coup de trompe, de toupie *m.* **2** coup de poing *m. (puñetazo)*

**trompeta** *f.* **1** *MUS.* trompette **2** *m.* trompettiste *(músico)*

**trompetazo** *m.* **1** coup de trompette **2** *fig. fam.* bourde *f.*

**trompo** *m.* **1** toupie *f.* **2** troque o troche *(molusco)*

**tronar** *impers. -intr.* **1** tonner **2** *pr.* se ruiner *(arruinarse) intr.* ~ *con uno* se brouiller avec quelqu'un

**tronco** *m.* **1** tronc **2** souche *f. (de una familia)* **3** paire *f. (de caballos) loc. fig. estar hecho un* ~ dormir comme une souche, être paralysé

**tronchar** *tr.* casser, briser *pr. fam. troncharse de risa* se tordre de rire, se marrer

**tronera** *f.* **1** *FORT.* meurtrière **2** soupirail *m.* vasistas *m.*

**trono** *m.* trône

**tropa** *f.* **1** *MIL.* troupe **2** troupe *(de gente)*

**tropel** *m.* **1** cohue *f. (de gente)* **2** hâte *f. (prisa) loc. adv. en* ~ à la hâte

**tropezar** *intr.* **1** buter, trébucher, achopper **2** se heurter ~ *con una dificultad* se heurter à une difficulté **3** se brouiller avec, s'opposer à *(reñir)* **4** *pr.* se trouver nez à nez avec quelqu'un ~ *con, en una piedra* buter contre une pierre, broncher *(el caballo)*

**tropical** *adj.* tropical, ale

**trópico** *m.* tropique *adj. año* ~ année tropique

**tropiezo** *m.* **1** faux pas *dar un* ~ faire un faux pas **2** *fig.* faux pas *(falta)*

**trotamundos** *s.* globe-trotter

**trotar** *intr.* trotter

**trote** *m.* **1** trot **2** *fig.* travail fatigant *(faena) loc. adv. a* ~, *al* ~ au trot

**trovador, -ora** *s.* **1** poète, poétesse **2** *m.* troubadour

**trozo** *m.* **1** morceau **2** passage

**trucaje** *m. CINEM.* trucage, truquage

**truco** *m.* **1** truc *(artificio)* **2** trucage *(cinematográfico)* **3** *pl.* truc *sing. (juego de billar)*

**truculencia** *f.* truculence

**trucha** *f.* truite

**trueno** *m.* **1** tonnerre, coup de tonnerre *(ruido)* **2** détonation *f. (de un arma o cohete)* **3** *fig.* hurluberlu

**trueque** *m.* troc, échange

**trufa** *f.* **1** truffe **2** *fig.* mensonge *m.*

**truhán, -ana** *adj. -s.* **1** truand, e, fripon, onne **2** *ant.* bouffon, onne

**truncar** *tr.* **1** tronquer **2** *fig.* briser *(esperanzas, etc.)*

**tú** *pron. pers.* **1** tu *(forma átona)* ~ *eres* tu es **2** toi *(forma tónica y con prep.)* *¡* ~ *te callas!* toi, tu te tais! *tratar de* ~ tutoyer

**tu, tus** *adj. poss.* ton, ta, tes

**tubérculo** *m.* tubercule

**tuberculosis** *f.* tuberculose

**tubería** *f.* **1** tuyauterie *(conjunto de tubos)* **2** conduite *(tubo)*

**tubo** *m.* **1** tube, tuyau ~ *de escape* tuyau d'échappement **2** verre *(de lámpara)* **3** *ANAT.* tube

**tubular** *adj.* tubulaire

**tucán** *m.* toucan

**tuerca** *f.* écrou *m.*

**tuerto, -a 1** *adj. -s.* borgne **2** *m.* tort, outrage *(agravio)* **3** *adj.* tordu, ue *(torcido)*

**tueste** *m.* grillage, torréfaction *f.*

**tuétano** *m.* moelle *f.*

**tufillo** *m.* fumet *(olor agradable de un manjar)*

**tufo** *m.* **1** émanation *f.* **2** odeur forte et désagréable *f.* **3** mèche de cheveux *f.*

**tugurio** *m.* taudis

**tul** *m.* tulle

**tulipán** *m.* tulipe *f.*

**tullido, -a** *adj. -s.* **1** perclus, e **2** estropié, ée **3** impotent, e *(persona)*

**tumba** *f.* tombe, tombeau *m.*

**tumbar** *tr.* **1** renverser, faire tomber, jeter à terre **2** s'allonger, se coucher

**tumbo** *m.* cahot *dar tumbos* cahoter

**tumbona** *f.* méridienne, chaise longue

**tumor** *m.* tumeur *f.*

**tumulto** *m.* tumulte

**tuna** *f.* **1** vagabondage *m.* **2** figuier de Barbarie *m. (árbol)* **3** orchestre d'étudiants

**tunante** *adj. -s.* **1** vagabond, e **2** coquin, e, fripon, onne **3** roublard, e

**tunda** *f.* raclée, volée *(zurra)*

**tunecino, -a** *adj. -s.* tunisien, ienne

**túnel** *m.* tunnel

**túnica** *f.* tunique

**tuno** *m.* étudiant membre de la «tuna»

**tupé** *m.* toupet

**tuntún (al, al buen)** *loc. adv.* au petit bonheur

**tupido, -a** *adj.* épais, épaisse, serré, ée, dru, ue

**tupir** *tr.* comprimer, serrer, reserrer

**turba** *f.* tourbe

**turbación** *f.* trouble *m.*

**turbante** *m.* turban

**turbar** *tr.* **1** troubler **2** décontenancer *(desconcertar)*

**turbina** *f.* turbine

**turbio, -a** *adj.* **1** trouble **2** louche, suspect, e *(sospechoso)*

**turbión** *m.* averse avec vent *f.*, grosse ondée *f.*

**turbulencia** *f.* turbulence

**turbulento, -a** *adj.* turbulent, e

**turco, -a 1** *adj. -s.* turc, turque **2** *f. fig.* cuite *(borrachera)*

**turismo** *m.* **1** tourisme **2** voiture particulière *f. (coche) oficina de* ~ office du tourisme, syndicat d'initiatives

**turista** *s.* touriste

**turnar** **1** *intr.* alterner, se succéder à tour de rôle **2** *pr.* se relayer

**turno** *m.* tour *(momento)* *me va a llegar el* ~ ça va être mon tour

**turquesa** *f.* turquoise

**turrón** *m.* touron, nougat

**tute** *m.* sorte de mariage *(juego de cartas)* fam. volée *f.* raclée *f.*

**tutear** *tr.* tutoyer

**tutela** *f.* tutelle

**tuteo** *m.* tutoiement

**tutor, -ora** *s. DER.* tuteur, trice

**tutoría** *f.* tutelle, tutorat *m.*

**tuyo, tuya 1** *pron. poss.* tien, tienne *este libro es el* ~ ce livre est le tien **2** *adj. poss.* à toi *este libro es* ~ ce livre est à toi *un amigo* ~ un ami à toi, un de tes amis

# U

**u** *f.* u *m.*

**u** *conj.* ou *(devant un mot qui commence par o ou ho)*

**ubérrimo, -a** *adj.* très fertile, abondant, e, luxuriant, e

**ubicación** *f.* situation, position

**ubicar** *intr. -pr.* être situé, ée, se trouver

**ubre** *f.* 1 mamelle 2 pis *m. (de vaca)*

**ud** *pron. pers.* abréviation de *usted*

**uds** *pron. pers.* abréviation de *ustedes*

**¡ uf !** *interj.* ouf !

**ufanarse** *pr.* se vanter, s'enorgueillir

**ufano, -a** *adj.* 1 fier, fière 2 orgueilleux, euse

**ujier** *m.* huissier

**úlcera** *f.* ulcère *m.*

**ulcerar** *tr. MED.* ulcérer

**ultimar** *tr.* achever, terminer, parachever

**ultimátum** *m.* ultimatum

**último, -a** *adj. -s.* dernier, ière *loc. adv. por* ∼ enfin, en dernier lieu, finalement

**ultra** *s.* ultra *(extremista)*

**ultraderecha** *f.* extrême droite

**ultrajar** *tr.* outrager

**ultraligero** *m.* "U. L. M."

**ultramar** *m.* outre-mer

**ultramarino, -a** *adj.* d'outre-mer *m. pl. tienda de ultramarinos* épicerie

**ultranza (a)** *loc. adv.* à outrance

**ultratumba** *f.* outre-tombe

**ultraviolado, -a, ultravioleta** *adj.* ultraviolet, ette

**umbilical** *adj.* ombilical, ale

**umbral** *m.* 1 seuil 2 *fig.* seuil *en los umbrales de* au seuil de

**un, una** *art. indef.* un, une *un* est la forme apocopée de *uno* devant un nom masculin, ou de *una* devant un nom féminin commençant par a ou ha accentué ∼ *alma* une âme

**unánime** *adj.* unanime

**unanimidad** *f.* unanimité *por* ∼ à l'unanimité

**undécimo, -a** *adj. -s.* onzième

**ungir** *tr.* oindre

**ungüento** *m.* onguent

**único, -a** *adj.* 1 unique 2 seul, seule *m. lo* ∼ la seule chose

**unicornio** *m.* unicorne, licorne *f.*

**unidad** *f.* unité

**unido, -a** *adj.* uni, ie

**uniformar** *tr.* 1 uniformiser 2 pourvoir d'un uniforme

**uniforme** 1 *adj.* uniforme 2 *m.* uniforme 3 tenue *f.* ∼ *de gala* grande tenue

**unión** *f.* union

**unir** *tr.* 1 unir 2 joindre *(juntar)* 3 lier, relier *(enlazar)* 4 *pr.* s'unir

**unísono** *m.* unisson *al* ∼ à l'unisson

**unitario, -a** *adj. -s.* unitaire

**universal** *adj.* universel, elle

**universidad** *f.* université

**universitario, -a** *adj. -m.* universitaire

**universo** *m.* univers

**uno, una** 1 *num. -indef.* un, une *devant un nom masculin on emploie un* 2 *adj.* une *(único, que no está dividido, idéntico) Dios es* ∼ Dieu est un 3 *adj. indef. pl.* des, quelques *(algunos),* environ *(aproximadamente) unos zapatos* des souliers 4 *pron. indef.* quelqu'un, l'un, l'une ∼ *lo ha dicho* quelqu'un l'a dit ∼ *de ellos* l'un d'eux 5 *on (significa el que habla)* ∼, *una pensaría* on penserait ∼, *una* ∼, *de* ∼ *en* ∼, ∼ *por* ∼ *loc. adv.* un à un ∼ *a otro loc. adv.* l'un l'autre *la una f.* une heure

**untar** *tr.* graisser *(con una materia grasa)*

**untura** *f. MED.* friction, badigeonnage *m.*

**uña** *f.* 1 ongle *m.* 2 griffe *(del gato, etc.)* 3 bec *m. (de una ancla)*

**uñero** *m. MED.* panaris

**¡ upa !** *interj.* hop !

**uranio** *m. QUÍM.* uranium

**urbanidad** *f.* politesse, courtoisie, urbanité

**urbanización** *f.* lotissement

**urbanizar** *tr.* 1 urbaniser 2 civiliser, rendre sociable *(a uno)*

**urbano, -a** *adj.* 1 urbain, e 2 courtois, e, poli, ie *(cortés) (guardia) urbano* gardien de la paix, agent de police municipale

**urbe** *f.* ville, métropole

**urdir** *tr.* ourdir

**uretra** *f. ANAT.* urètre

**urgencia** *f.* urgence *con* ~ d'urgence

**urgente** *adj.* urgent, e

**urgir** *intr.* être urgent, presser *urge que vengas* il est urgent que tu viennes

**urinario, -a 1** *adj.* urinaire **2** *m.* urinoir

**urna** *f.* urne

**urología** *f.* urologie

**urraca** *f.* pie

**urticaria** *f.* urticaire

**usado, -a** *adj.* **1** usagé, ée *(que ha servido)*, usé, ée, vieux, vieille *(gastado)* **2** usité, ée *(en uso)*

**usanza** *f.* usage *m.*, mode

**usar** *tr.* utiliser, faire usage de, employer *(utilizar)*, porter *(llevar) intr.* ~ *de* user de, faire usage de

**uso** *m.* **1** usage, us, coutume *f. (costumbre)* **2** usage *fuera de* ~ hors d'usage

**usted, ustedes** *pron. pers.* vous *(de tratamiento)* ~ *es, ustedes son* vous êtes

**usual** *adj.* usuel, elle

**usuario** *m.* usager

**usufructuario** *m.* usufruitier

**usufructo** *m. DER.* usufruit

**usurero, -a** *s.* usurier, ière

**usurpar** *tr.* usurper

**utensilio** *m.* ustensile

**útil 1** *adj.* utile **2** *m.* outil *(herramienta)*, ustensile *(utensilio)*

**utilidad** *f.* utilité

**utilitario, -a** *adj.* utilitaire

**utilización** *f.* utilisation

**utilizar** *tr.* utiliser

**utopía** *f.* utopie

**uva** *f.* **1** raisin *m.* **2** grain de raisin *m. (grano)* **3** grappe de raisin *(racimo)* ~ *pasa* raisin sec, *estar de malas uvas* être de mauvais poil

**uvate** *m.* raisiné

**úvea** *f. ANAT.* uvée

**úvula** *f.* uvule

**uvular** *adj.* uvulaire

# V

**v** *f.* v *m.*

**vaca** *f.* 1 vache 2 bœuf *m. (carne)* ~ *de San Antón* coccinelle

**vacaciones** *f. pl.* 1 vacances 2 vacations *(de un tribunal)*

**vacante** 1 *adj.* vacant, e 2 *f.* vacance, emploi vacant *m.* *cubrir las vacantes* pourvoir les postes vacants

**vaciadero** *m.* 1 dépotoir *(lugar)* 2 déversoir, égout *(conducto)* 3 bonde *f. (de un estanque)*

**vaciador** *m.* 1 videur *(instrumento)* 2 mouleur *(operario)*

**vaciar** *tr.* 1 vider 2 évider *(dejar hueco)* 3 mouler *(una estatua, etc.)*, couler *(metales)* 4 affûter, aiguiser *(un instrumento cortante)*

**vacilación** *f.* vacillation, hésitation

**vacilante** *adj.* vacillant, e, hésitant, e

**vacilar** *intr.* 1 vaciller 2 *fig.* hésiter ~ *en aceptar* hésiter à accepter

**vacío, -a** *adj.* 1 vide 2 *fig.* vain, vaine, présomptueux, euse *(vanidoso)*, creux, creuse *(insubstancial)* 3 *m.* vide *(espacio vacío, falta de una persona o cosa)* 4 creux *(cavidad)* 5 ANAT. flanc

**vacuna** *f.* vaccin *m.*

**vacunar** *tr.* vacciner

**vacuno, -a** *adj.* bovin, e

**vacuo, -a** *adj.* 1 vide, vacant, e 2 MED. vide, vacuité

**vado** *m.* gué *(de un río)*

**vagabundear** *intr.* vagabonder

**vagabundo, -a** OU **vagamundo, -a** *adj. -s.* vagabond, e

**vagancia** *f.* oisiveté, fainéantise

**vagar** *intr.* 1 errer, vaguer, traîner, flâner 2 être oisif, ive, inoccupé, ée

**vagido** *m.* vagissement

**vagina** *f.* vagin *m.*

**vagar** *intr.* errer, flâner

**vago, -a** *adj.* 1 vague 2 *adj. -s.* oisif, ive, fainéant, e, vagabond, e

**vagón** *m.* wagon

**vagoneta** *f.* wagonnet *m.*, chariot *m.*

**vaguada** *f.* talweg *m.*, thalweg *m.*

**vaho** *m.* vapeur *f.*, buée *f.*

**vaina** *f.* 1 fourreau *m.*, gaine 2 BOT. gousse, cosse *(de los guisantes)*, gaine *(del tallo)*

**vainilla** *f.* 1 vanille 2 vanillier *m. (planta)*

**vaivén** 1 *m.* va-et-vient *invar.* 2 *pl.* vicissitudes *f.*

**vajilla** *f.* vaisselle

**vale** *m.* 1 bon 2 reçu 3 billet à ordre 4 bon point ~ *de pedido* bon de commande ~ *de entrega* bon de livraison ~ *de salida* bon de sortie ~ *de recepción* bon de livraison ~ *de respuesta* coupon réponse

**valenciano, -a** *adj. -s.* valencien, ienne

**valentía** *f.* 1 vaillance, bravoure 2 action héroïque

**valer** *intr.* 1 valoir *(tener cierto valor, precio, equivaler)* 2 avoir de la valeur, du mérite, valoir 3 servir, être utile *no ~ para nada* ne servir à rien 4 être valable *(ser valedero)* 5 *tr.* protéger 6 valoir *(redituar, proporcionar)* *su franqueza le ha valido muchos disgustos* sa franchise lui a valu bien des ennuis *hacer ~* faire valoir *vale más* il vaut mieux *valerse de pr.* se servir de, s'aider de, utiliser *(usar)*, avoir recours à *(recurrir a)*

**valeroso, -a** *adj.* valeureux, euse

**validez** *f.* validité

**válido, -a** *adj.* valide, valable *(documento, firma, etc.)*

**valiente** *adj. -s.* 1 vaillant, e, courageux, euse, brave 2 bravache *(valentón)* 3 *adj.* vigoureux, euse, robuste

**valija** *f.* valise, ~ *diplomática* valise diplomatique

**valioso, -a** *adj.* précieux, euse, d'une grande valeur

**valor** *m.* 1 valeur *f.* 2 courage *(arrojo)* 3 audace *f. (descaro)*

**valorar** *tr.* estimer, évaluer ~ *en un millón de pesetas* évaluer à un million de pesetas

**valorizar** *tr.* valoriser

**vals** *m.* valse *f.*

**válvula** *f.* 1 MEC. valve, clapet *m.*, *(de bomba)*, soupape *(de máquina de vapor, de motor)* ~ *de seguridad* soupape de sûreté 2 ANAT. valvule

**valla** *f.* 1 clôture, palissade 2 *fig.* obstacle *m.* 3 DEP. haie

**valle** *m.* vallée *f.*

**vallisoletano, -a** *adj. -s.* de Valladolid

**vampiro** *m.* vampire

**vándalo** *m.* vandale

**vanguardia** *f.* avant-garde
**vanguardista** *adj.* d'avant-garde
**vanidad** *f.* vanité
**vanidoso, -a** *adj.* *-s.* vaniteux, euse
**vano, -a** *adj.* **1** vain, vaine **2** vide *(vacío),* creux, creuse *(hueco)*
**vapor** *m.* FIS. vapeur *f.* *máquina de* ~ machine à vapeur
**vaporizador** *m.* vaporisateur
**vaporizar** *tr.* vaporiser
**vaporoso, -a** *adj.* vaporeux, euse
**vaquería** *f.* vacherie, étable à vaches
**vaquero, -a** **1** *adj.* des vachers **2** *s.* vacher, ère *pl.* **vaqueros** jeans *(pantalones)*
**vara** *f.* **1** baguette, verge *(ramo delgado),* gaule *(palo largo)* **2** limon *m.,* brancard *m.* *(de carro)* **3** bâton *m.* *(de mando)* **4** TAUROM. pique *(pica),* coup de pique *m.* **5** mesure de longueur
**varadero** *m.* MAR. échouage
**varar** **1** *tr.* mettre à sec *(un barco)* **2** *intr.* MAR. échouer
**varear** *tr.* **1** gauler *(frutos)* **2** battre avec une verge *(golpear)*
**varec** *m.* BOT. varech *(alga)*
**vareta** *f.* baguette
**variable** **1** *adj.* *-f.* variable **2** *adj.* changeant, e
**variación** *f.* variation
**variante** *f.* variante
**variar** *tr.* varier
**várice, varice** *f.* MED. varice
**varicela** *f.* MED. varicelle
**variedad** *f.* variété
**varilla** *f.* **1** baguette **2** tringle *(para una cortina)*
**vario, -a** *adj.* divers, e, différent, e
**varita** *f.* baguette ~ *encantada, de las virtudes* baguette magique
**varón** *m.* **1** homme **2** garçon *(chico)*
**vasco, -a, vascongado, -a** *adj.* *-s.* basque
**vascuence** *adj.* *-m.* basque *(lengua)*
**vaselina** *f.* vaseline
**vasija** *f.* pot *m.* *(recipiente)*
**vaso** *m.* **1** verre *(para beber)* **2** vase *(recipiente)* **3** ANAT. BOT. vaisseau
**vaticano, -a** **1** *adj.* du Vatican, vaticane **2** *n. pr. m.* Vatican
**vaticinar** *tr.* prédire vaticiner

**vaya** *f.* raillerie, taquinerie *dar* ~ railler, taquiner
**ve** *f.* v *m.,* lettre V
**vecindad** *f.* voisinage *m.*
**vecindario** *m.* ensemble des habitants d'une ville, population *f.* *(de una ciudad)*
**vecino** **1** *adj.* *-s.* voisin, e **2** *s.* habitant, e *(de una ciudad, un barrio)*
**vector** *m.* vecteur
**veda** *f.* défense, prohibition
**vedado** *m.* chasse gardée *f.* ~ *de caza* réserve de chasse *f.*
**vegetación** *f.* végétation
**vegetal** *adj.* *-m.* végétal, ale
**vegetar** *intr.* végéter
**vegetariano, -a** *adj.* *-s.* végétarien, ienne
**vehemente** *adj.* véhément, e
**vehículo** *m.* véhicule
**veinte** *adj.* *-m.* vingt *el siglo* ~ le vingtième siècle
**veintena** *f.* vingtaine
**veintidós, veintitrés, veinticuatro, etc.** *adj.* *-m.* vingt-deux, vingt-trois, vingt-quatre, etc.
**veintiuno, -a** *adj.* *-m.* vingt et un
**vejar** *tr.* vexer
**vejatorio, -a** *adj.* vexatoire
**vejez** *f.* vieillesse
**vejiga** *f.* **1** ANAT. vessie **2** ampoule *(en la piel)*
**vela** *f.* **1** veille *(acción de velar)* **2** bougie, chandelle *(para alumbrar)* **3** MAR. voile *barco de* ~ bateau à voile *tabla a* ~ planche à voile *loc. adv. en* ~ sans dormir
**velada** *f.* veillée, soirée
**velador, -ora** **1** *adj.* *-s.* veilleur, euse, surveillant, e **2** *m.* guéridon *(mesita)*
**velar** *adj.* *-f.* vélaire
**velar** *intr.* **1** veiller *(estar sin dormir)* **2** veiller *(cuidar)* **3** *tr.* veiller ~ *a un enfermo, a un muerto* veiller un malade, un mort **4** voiler *(cubrir con un velo)* ~ *por* veiller à, sur
**velatorio** *m.* veillée funèbre *f.*
**veleidad** *f.* velléité
**velero, -a** **1** *adj.* MAR. à voiles *(barco)* **2** *m.* MAR. voilier **3** chandelier *(persona que hace velas)*
**veleta** *f.* girouette
**velo** *m.* **1** voile **2** voilette *f.* *(de sombrero, que cubre el rostro)* *correr un*

tupido ~ *sobre* jeter un voile sur *tomar el* ~ prendre le voile ~ *del paladar* voile du palais

**velocidad** *f.* vitesse

**velocista** *s.* sprinter, sprinteuse

**veloz** *adj.* rapide, véloce

**vello** *m.* **1** duvet **2** *BOT.* duvet

**velloso, -a** *adj.* duveteux, euse

**velludo, -a 1** *adj.* velu, ue **2** *m.* velours **3** peluche *f. (felpa)*

**vena** *f.* **1** veine **2** nervure, côte *(de una hoja)* **3** *fig.* disposition favorable *loc. fig.* ~ *de loco* grain de folie

**venablo** *m.* javelot

**venado** *m.* cerf

**venal** *adj.* vénal, ale

**vencejo** *m.* martinet *(ave)*

**vencer 1** *tr.* vaincre **2** *intr.* échoir, expirer *(un plazo, deuda, etc.)*

**vencido, -a** *adj.* *-s.* vaincu, ue *darse por* ~ s'avouer vaincu

**vencimiento** *m.* **1** victoire *f. (victoria)* **2** défaite *f. (derrota)* **3** échéance *f.,* expiration *f. (de un plazo, una deuda, etc.)*

**venda** *f.* bande

**vendaje** *m.* bandage

**vendedor, -ora** *adj.* *-s.* vendeur, euse

**vender** *tr.* vendre *ha vendido su coche a, en tal precio* il a vendu sa voiture tel prix, à tel prix

**vendimia** *f.* vendange

**vendimiador, -ora** *s.* vendangeur, euse

**vendimiar** *tr.* vendanger

**veneciano, -a** *adj.* *-s.* vénitien, ienne

**veneno** *m.* poison *(vegetal, químico),* venin *(de los animales)*

**venenoso, -a** *adj.* **1** vénéneux, euse *(planta),* venimeux, euse *(animal)* **2** *fig.* venimeux, euse

**venerar** *tr.* vénérer

**venganza** *f.* vengeance

**vengar** *tr.* venger

**venidero, -a** *adj.* futur, e, à venir

**venir 1** *intr.* venir **2** *pr.* venir ~ *a menos* déchoir ~ *bien* aller bien *(vestido, etc.),* convenir, arranger *(convenir)* ~ *de perillas, de perlas, de primera* tomber à pic ~ *en conocimiento de* apprendre, être informé de *en lo por* ~ *loc. adv.* à l'avenir *venirse abajo* s'écrouler

**venoso, -a** *adj.* *ANAT.* veineux, euse

**venta** *f.* **1** vente *(acción de vender)* **2** auberge *(en la carretera) estar a la* ~, *en* ~ être en vente ~ *al por mayor* vente en gros ~ *al por menor* vente au détail ~ *en subasta* vente aux enchères

**ventaja** *f.* avantage *m.*

**ventajoso, -a** *adj.* avantageux, euse

**ventana** *f.* fenêtre ~ *de la nariz* narine

**ventanal** *m.* grande fenêtre *f.*

**ventanilla** *f.* fenêtre *(de tren),* glace *(de coche),* hublot *m. (de barco, avión),* guichet *m. (de oficina)*

**ventarrón** *m.* vent fort

**ventear** *impers.* venter *ventea* il vente

**ventilación** *f.* ventilation, aération

**ventilador** *m.* ventilateur

**ventilar** *tr.* ventiler, aérer

**ventisca** *f.* tempête de vent et de neige

**ventoso, -a 1** *adj.* venteux, euse, venté, ée **2** *m.* ventôse

**ventura** *f.* **1** bonheur *m.* **2** hasard *m. (casualidad),* chance *(suerte)* **3** risque *m. buena* ~ bonne aventure

**ventrílocuo, -a** *adj.* *-s.* ventriloque

**venturado, -a** *adj.* heureux, euse

**ver 1** *tr.* voir **2** *pr.* se voir ~ *claro* y voir clair *a más* ~, *hasta más* ~ au revoir *¡ a* ~ *!* voyons ! ~ *de intr.* tâcher de, essayer de *verse negro* ne savoir comment faire

**ver** *m.* **1** vue *f. (sentido)* **2** avis, opinion *f. loc. adv.* *a mi modo de* ~ à mon avis

**veracidad** *f.* véracité

**veraneante** *m.* vacancier

**veranear** *intr.* passer ses vacances d'été

**veraneo** *m.* villégiature *f.*

**veranillo** *m.* ~ *de San Martín* été de la Saint-Martin

**verano** *m.* été

**veras** *loc. adv. de* ~ vraiment, pour de bon *(realmente),* sérieusement *(en serio),* sincèrement *(sinceramente)*

**veraz** *adj.* véridique

**verbal** *adj.* verbal, ale

**verbena** *f.* **1** verveine *(planta)* **2** fête populaire, kermesse

**verbo** *m.* verbe

**verdad** *f.* vérité *la pura* ~ la pure vérité *a decir* ~ *loc. adv.* à vrai dire

**viajero**

**verdadero, -a** *adj.* **1** véritable **2** vrai, vraie, réel, réelle **3** sincère

**verde** *adj.* **1** vert, verte **2** *fig.* libre, grivois, e, leste **3** *m.* vert *(color verde)* **4** feuillage

**verdear** *intr.* verdoyer, verdir

**verdecer** *intr.* verdir, reverdir

**verdor** *m.* **1** vert *(color verde)* **2** verdeur *f.*, verdure *f. (de las plantas)*

**verdoso, -a** *adj.* verdâtre

**verdugo** *m.* **1** bourreau, tortionnaire **2** fouet, verge *f. (azote)* **3** trace d'un coup de fouet *f.* **4** BOT. rejeton

**verdulera** *f.* **1** marchande des quatre-saisons, de légumes **2** *fig.* poissarde *(mujer grosera)*

**verdulería** *f.* boutique de légumes

**verdura** *f.* **1** verdure **2** légumes verts *m. pl. (hortaliza)*

**veredicto** *m.* verdict

**verga** *f.* **1** ANAT. verge **2** MAR. vergue

**vergel** *m.* verger

**vergonzoso, -a 1** *adj.* honteux, euse **2** *s.* timide *(persona)*

**vergüenza** *f.* **1** honte *dar* ~ faire honte **2** dignité, sentiment de l'honneur *m.*, vergogne **3** exposition publique d'un condamné *perder la* ~ perdre toute retenue

**verídico, -a** *adj.* véridique

**verificar** *tr.* **1** vérifier **2** effectuer **3** *pr.* avoir lieu *(efectuarse)* **4** se vérifier *(salir cierto)*

**verja** *f.* grille

**vermut** *m.* vermout, vermouth *(licor)*

**vernáculo, -a** *adj.* vernaculaire *idioma* ~ langue vernaculaire

**verosímil** *adj.* vraisemblable

**verruga** *f.* verrue

**verrugoso, -a** *adj.* verruqueux, euse

**versal** *adj.* -*f.* IMPR. capitale *(letra)*

**versalita** *adj.* -*f.* IMPR. petite capitale

**versar** *intr.* tourner autour *~ sobre* traiter de *(un tema, etc.)*, rouler sur

**versículo** *m.* verset

**versificación** *f.* versification

**versificar** *intr.* -*tr.* versifier

**versión** *f.* version

**verso** *m.* vers *~ suelto* vers blanc *folio* ~ *adj.* verso

**vértebra** *f.* vertèbre

**vertebral** *adj.* vertébral, ale

**vertedero** *m.* **1** décharge *f.* **2** *fam.* dépotoir *~ de basuras* vide-ordures

**verter** *tr.* **1** verser *(de un recipiente)* **2** répandre, renverser *(derramar)* **3** *fig.* émettre *(conceptos, etc.)* **4** traduire *(traducir)* ~ *al español* traduire en espagnol

**vertical 1** *adj.* -*f.* vertical, ale **2** *m.* ASTR. vertical

**vértice** *m.* sommet

**vertido** *m.* **1** rejet *(de aguas residuales)* **2** déchet, résidu **3** dépotoir **4** décharge *f.*

**vertiente** *m.* -*f.* **1** GEOG. versant *m.* **2** pente *f. (de un tejado)*

**vértigo** *m.* vertige *producir, tener* ~ donner, avoir le vertige

**vesícula** *f.* vésicule

**vespertino, -a** *adj.* vespéral, ale

**vestíbulo** *m.* vestibule

**vestido, -a 1** *adj.* vêtu, ue, habillé, ée **2** *m.* vêtement **3** costume

**vestir** *tr.* **1** habiller, vêtir **2** couvrir, recouvrir *(cubrir)* **3** *fig.* orner, parer **4** *intr.* s'habiller *(bien, mal)* **5** *pr.* habillé, ée ~ *de negro* être habillé de noir, être en noir

**vestuario** *m.* **1** garde-robe *f. (de una persona)* **2** vestiaire *(lugar)* **3** TEAT. costumes *pl. (conjunto de trajes)*

**veta** *f.* veine, filon *m.*

**veterano, -a 1** *adj.* -*s.* vieux, vieille **2** *s.* vétéran

**veterinaria** *f.* médecine vétérinaire

**veterinario, -a** *adj.* -*s.* vétérinaire

**veto** *m.* veto

**vetusto, a** *adj.* vétuste

**vez** *f.* **1** fois *una* ~ *al año* une fois par an **2** tour *m. (turno) a tu* ~ à ton tour *a la* ~ *loc. adv.* à la fois *de una* ~ *para siempre loc. adv.* une fois pour toutes *tal* ~ *loc. adv.* peut-être *en* ~ *de loc. prep.* au lieu de, à la place de

**vía** *f.* voie ~ *férrea* voie ferrée ~ *muerta* voie de garage

**viable** *adj.* viable

**vía crucis** *m.* chemin de croix

**viaducto** *m.* viaduc

**viajante 1** *adj.* -*s.* qui voyage, voyageur, euse **2** *m.* voyageur de commerce, commis voyageur, représentant

**viajar** *intr.* voyager

**viaje** *m.* voyage *ir de* ~ partir en voyage

**viajero, a** *m.* et *f.* voyageur, euse

**vialidad** *f.* voirie

**vianda** *f.* aliment *m.*, nourriture *(del hombre)*

**víbora** *f.* vipère

**vibración** *f.* vibration

**vibrar** *intr.* vibrer

**vicaría** *f.* vicaire, vicariat *m.*

**vicario** *m.* vicaire

**vice** *pref.* **vicealmirante** vice-amiral **vicecónsul** vice-consul

**viceversa** *adj.* vice versa

**vicio** *m.* 1 vice 2 mauvaise habitude *f.* 3 gâterie *f.* *(mimo)* 4 gauchissement *(torcedura) de* ∼ sans raison

**vicioso, -a** *adj.* vicieux, euse

**víctima** *f.* victime

**victoria** *f.* victoire

**victorioso, -a** *adj.* victorieux, euse

**vicuña** *f.* vigogne

**vid** *f.* vigne

**vida** *f.* vie *darse buena* ∼, *la gran* ∼ mener joyeuse vie ∼ *y milagros* faits et gestes *de por* ∼, *para toda la* ∼ *loc. adv.* pour la vie, à vie *en la* ∼, *en mi* ∼, *en tu* ∼, *etc. loc. adv.* de la vie, de ma vie, de ta vie, etc. *en* ∼ *loc. adv.* de son vivant

**vidente** *adj.* *-s.* voyant, e

**vídeo** *f.* vidéo

**videocámara** *m.* caméscope

**vídeo** ou **videocasete** *m.* magnétoscope

**videojuego** *m.* jeu vidéo

**vidriera** *f.* 1 vitrage *m.* 2 vitrail *m.* 3 verrière

**vidrio** *m.* verre *(substancia, objeto)*

**vidrioso, -a** *adj.* vitreux, euse

**viejo, -a** *adj.* vieux, vieil *(delante de vocal o h muda)*, vieille *un hombre* ∼ un vieil homme

**viento** *m.* 1 vent 2 hauban *(cuerda)* ∼ *de proa* vent debout

**vientre** *m.* ventre

**viernes** *m.* vendredi

**viga** *f.* poutre ∼ *maestra* maîtresse poutre, solive

**vigencia** *f.* vigueur

**vigente** *adj.* en vigueur *la ley* ∼ la loi en vigueur

**vigía** *f.* 1 tour de guet 2 guet *m.* *(acción de vigilar)* 3 MAR. écueil *m.*, vigie 4 *m.* vigie *f.* *(marino)*

**vigilante** 1 *adj.* vigilant, e 2 *m.* surveillant, veilleur ∼ *nocturno* veilleur de nuit

**vigilar** 1 *intr.* veiller 2 *tr.* surveiller ∼ *por* veiller à

**vigilia** *f.* 1 veille 2 REL. vigile 3 abstinence

**vigor** *m.* vigueur *f.*

**vigorizar** *tr.* fortifier

**vigoroso, -a** *adj.* vigoureux, euse

**vil** *adj.* vil, vile, lâche

**vileza** *f.* 1 bassesse 2 vilenie

**vilo (en)** *loc. adv.* 1 en l'air, audessus du sol 2 *fig.* dans l'incertitude, en haleine, en suspens

**villa** *f.* 1 bourg *m.*, petite ville, ville *(ciudad)* 2 municipalité, mairie 3 villa *(casa)*

**villancejo, villancete, villancico** *m.* chant de Noël

**villanía** *f.* 1 roture 2 vilenie, bassesse *(acción ruin)*

**villano, -a** *adj.* *-s.* vilain, e, roturier, ière

**villorrio** *m.* petit village

**vinagre** *m.* vinaigre

**vinagrera** 1 *f.* vinaigrier *m.* *(vasija)* 2 *pl.* huilier *m.* *pl.*

**vinagreta** *f.* vinaigrette *(salsa)*

**vinatería** *f.* commerce de vins *m.*

**vincular** *tr.* 1 unir, lier, attacher 2 DER. rendre inaliénable 3 perpétuer

**vínculo** *m.* 1 lien ∼ *de parentesco* lien de parenté 2 DER. inaliénabilité *f.*

**vinícola** *adj.* vinicole

**vino** *m.* vin ∼ *aloque, clarete* vin rosé ∼ *tinto* vin rouge ∼ *blanco* vin blanc ∼ *añejo* vin vieux ∼ *peleón* pinard

**viña** *f.* vigne *loc. fig. ser una* ∼ être une mine *(de beneficios)*

**viñedo** *m.* vignoble

**viola** *f.* 1 MUS. viole 2 violette

**violáceo, -a** *adj.* *-f.* violacé, ée

**violación** *f.* violation *(de las leyes)*, viol *m.* *(de una mujer)*

**violar** *tr.* violer

**violencia** *f.* violence

**violentar** 1 *tr.* violenter, violer 2 *pr.* se forcer, se faire violence *no te violentes* ne te force pas

**violento, -a** *adj.* violent, e

**violeta** *f.* violette

**violetera** *f.* marchande de violettes

**violín** m. MÚS. violon

**violinista** s. violoniste

**violoncelo, violonchelo** m. MÚS. violoncelle

**viraje** m. virage

**virar 1** intr. virer (un barco, un coche, etc.) **2** tr. MAR. virer (cabrestante) **3** FOT. virer

**virgen** adj. -s. vierge n. pr. f. la ~ la Sainte Vierge

**virginidad** f. virginité

**virgo** m. ASTROL. vierge

**viril 1** adj. viril, e **2** m. LITURG. custode f.

**virilidad** f. virilité

**virreinato, virreino** m. vice-royauté f.

**virrey** m. vice-roi

**virtual** adj. virtuel, elle

**virtud** f. vertu loc. prep. en ~ de en vertu de

**virtuoso, -a 1** adj. vertueux, euse **2** m. MÚS. virtuose

**viruela** f. variole, petite vérole

**virulencia** f. virulence

**virus** m. virus

**viruta** f. copeau m.

**visado** m. visa (de pasaporte)

**viscoso, -a** adj. visqueux, euse

**visera** f. visière

**visible** adj. visible

**visillo** m. rideau, brise-bise

**visión** f. vision

**visita** f. visite ~ de cumplido, de *pésame* visite de politesse, de condoléances

**visitante** adj. -s. visiteur, euse

**visitar** tr. visiter (un país, museo, etc.)

**vislumbrar** tr. **1** entrevoir **2** fig. entrevoir, deviner

**viso** m. reflet, moirure f., mire f., chatoiement

**visón** m. vison

**visor** m. viseur

**víspera** f. **1** veille (día precedente) *estar en vísperas de* être à la veille de **2** pl. REL. vêpres

**vista** f. **1** vue (sentido, acción de ver, órgano de la visión) **2** vue (panorama, cuadro, foto de un lugar) **3** coup d'œil m. (vistazo) **4** perspicacité **5** intention, dessein m., vue **6** aspect m., apparence *ser corto de* ~ avoir la

vue courte *hasta la* ~ au revoir *a primera* ~ loc. adv. à première vue, de prime abord *a simple* ~ loc. adv. à vue d'œil *en* ~ *de* loc. prep. étant donné, en raison de, vu, eu égard à

**visto, -a** adj. vu, vue *ni* ~ *ni oído* ni vu ni connu *por lo* ~ apparemment ~ *bueno* lu et approuvé, visa *dar el* ~ *bueno* donner son accord p. p. de *ver*

**vistoso, -a** adj. voyant, e

**visual** adj. visuel, elle

**visualización** f. **1** visualisation **2** affichage m. (de datos informáticos)

**vital** adj. vital, ale

**vitalicio, -a** adj. **1** viager, ère **2** à vie (cargo) *senador* ~ sénateur à vie

**vitalidad** f. vitalité

**vitela** f. vélin *papel* ~ papier vélin

**vitícola 1** adj. viticole **2** m. viticulteur

**viticultor, -ora** s. viticulteur, trice

**viticultura** f. viticulture

**¡ vítor ! 1** inter. vivat !, hourra ! **2** m. vivat, acclamation f.

**vitorear** tr. acclamer

**vítreo, -a** adj. **1** vitreux, euse (parecido al vidrio), vitré, ée

**vitrificar** tr. vitrifier

**vitrina** f. vitrine (armario)

**viuda** f. veuve

**viudez** f. veuvage m.

**viudo, -a** adj. -s. veuf, veuve

**¡ viva !** interj. vive !, vivat !

**vivaz** adj. **1** vivace (que dura) **2** vigoureux, euse **3** perspicace

**vivencia** f. vécu m.

**vivero** m. **1** AGR. pépinière f. **2** vivier (para peces) **3** ZOOL. vivarium

**viveza** f. vivacité

**vívido, -a** adj. vécu, ue (relato, etc.)

**vividor, -ora** adj. -s. **1** vivant, e **2** laborieux, euse

**vivienda** f. **1** logement m. *el problema de la* ~ le problème du logement **2** habitation, logement m., logis m. DER. demeure (morada) *una* ~ *espaciosa* un logement spacieux *una* ~ *de protección oficial* une H. L. M.

**viviente** adj. -s. vivant, e

**vivir** intr. vivre *aún vive* il vit encore interj. *¿ quién vive?* qui vive ?

**vivo, -a 1** adj. -s. vivant, e **2** adj. vif, vive *agua viva* eau vive **3** m. DER. *entre vivos* entre vifs **4** vif (lo más sensible) *dar, herir en lo* ~ toucher, piquer au vif **5** arête *f. (borde)* **6** liséré *(cordoncillo)*

**vizcaíno, -a** *adj. -s.* biscaïen, enne *(de Vizcaya)*

**vizconde** *m.* vicomte

**vocablo** *m.* mot, vocable

**vocabulario** *m.* vocabulaire

**vocación** *f.* vocation

**vocal 1** *adj.* vocal, ale **2** *f. GRAM.* voyelle **3** *s.* membre d'un bureau, d'un conseil

**vocalizar** *intr. MÚS.* vocaliser

**vocear 1** *intr.* crier **2** *tr.* crier *(pregonar)* ~ *diarios* crier des journaux

**vocería** *f.* ou **vocerío** *m.* cris *m. pl.,* tapage *m.*

**vociferar** *tr. -intr.* vociférer

**vodevil** *m.* vaudeville

**vodka** *m.* ou *f.* vodka *f.*

**volada** *f.* volée, vol court *m.*

**volador, -ora** *adj.* volant, e *(que vuela) pez* ~ poisson volant

**voladura** *f.* action de sauter, de faire sauter *(por un explosivo),* destruction provoquée par un explosif

**volante 1** *adj.* volant, e **2** *m.* volant **3** *MEC.* volant **4** feuille écrite *f.,* volet *(hoja de papel)*

**volar** *intr.* **1** voler *(por el aire)* **2** s'envoler *(elevarse en el aire)*

**volátil** *adj.* **1** qui vole, qui peut voler **2** *fig.* inconstant, e, changeant, e **3** *QUÍM.* volatil, ile **4** *m.* volatile

**volatilizar** *tr.* volatiliser

**volcán** *m.* volcan

**volcánico, -a** *adj.* volcanique

**volcar** *tr.* **1** renverser *(un recipiente)* **2** *fig.* faire changer d'avis **3** *fig.* agacer, irriter **4** *intr.* verser, capoter *(un vehículo)*

**volear** *intr. DEP.* lober

**voleo** *m. DEP.* volée *f.*

**volquete** *m.* **1** benne *f.* **2** tombereau

**voltaje** *m.* voltage

**voltear** *tr.* **1** faire tourner, faire voltiger *(dar vueltas)* **2** renverser, culbuter *(derribar)* **3** *intr.* faire des tours en l'air, des culbutes

**voltereta** *f.* culbute, cabriole, pirouette

**voltio** *m.* volt

**voluble** *adj.* **1** versatile **2** *BOT.* volubile

**volumen** *m.* volume ~ *de ventas,* ~ *de negocios* chiffre d'affaires

**voluminoso, -a** *adj.* volumineux, euse

**voluntad** *f.* **1** volonté *última* ~ dernières volontés **2** amour *m.,* affection

**voluntario, -a** *adj. -s.* volontaire

**voluntarioso, -a** *adj.* volontaire, obstiné, ée

**voluptuosidad** *f.* volupté

**voluptuoso, -a** *adj. -s.* voluptueux, euse

**volver** *tr.* **1** tourner *(dar vuelta)* ~ *la espalda, la página* tourner le dos, la page **2** rendre *(devolver, restituir)* ~ *el cambio* rendre la monnaie **3** rendre *(hacer)* ~ *loco* rendre fou **4** *intr.* revenir, rentrer *(regresar),* retourner, revenir *(ir de nuevo) volveré mañana* je reviendrai demain **5** tourner *(torcer)* ~ *a la derecha* tourner à droite **6** revenir *volvamos a nuestra historia* revenons à notre histoire **7** *pr.* devenir *(cambiar de estado) volverse loco* devenir fou ~ *a ser* redevenir ~ *en sí* revenir à soi

**vomitar** *tr.* vomir

**vómito** *m.* vomissement

**voracidad** *f.* voracité

**vos** *pron. pers.* **1** vous **2** tu *(Argentina)*

**vosotros, -as** *pron. pers.* vous

**votación** *f.* vote *m.,* votation *(acción de votar),* scrutin *m.* ~ *secreta* vote, scrutin secret

**votante** *adj. -s.* votant, e

**votar** *intr. -tr.* voter ~ *a un candidato* voter pour un candidat

**voto** *m.* **1** vote **2** voix *f. (sufragio)* **3** vœu *(promesa) tener* ~ avoir le droit de vote ~ *de calidad* voix prépondérante ~ *consultivo* voix consultative ~ *de censura* blâme ~ *de confianza* vote de confiance ~ *de castigo* vote de censure

**voz** *f.* **1** voix **2** cri *m. (grito)* **3** mot *m. (vocablo) llevar la* ~ *cantante* être celui qui dirige, commander *corre la* ~ le bruit court *dar voces* pousser des cris, crier

**vuelco** *m.* renversement, retournement, culbute *f. (caída),* capotage *dar un* ~ se retourner, capoter, chavirer

**vuelo** *m.* **1** vol **2** *fig.* envolée *f. (del espíritu, etc.)* **3** ampleur *f. (de una falda, etc.)* **4** *ARQUIT.* saillie *f.*

**vuelta** *f.* **1** tour *m. (movimiento circular, paseo) media* ~ demi-tour **2** tournant *m.,* détour *m. (recodo)* **3** tour *m. (de una cosa alrededor de otra)* **4** retour *m. (regreso) de* ~ de retour *ida y* ∼ aller et retour **5** retour *m.*, renvoi *m.* **6** monnaie *(dinero que se devuelve)* **7** envers *m. (de una tela)* **8** *fig.* changement *m. (cambio)*, vicissitude **9** retourne *(naipes)* **dar vueltas a una cosa** retourner une chose dans son esprit

**vuestro, -a, -os, -as 1** *adj. poss.* votre, vos **2** *pron. poss.* vôtre, vôtres

**vulcanizar** *tr.* vulcaniser

**vulgar** *adj.* **1** vulgaire **2** banal, ale *(común)*

**vulgarizar** *tr.* vulgariser

**vulgo** *m.* le peuple, le commun des hommes, la masse *f.*

**vulnerable** *adj.* vulnérable

**vulnerar** *tr.* **1** nuire, porter atteinte à **2** enfreindre, violer *(ley, etc.)*

# W

**w** *f*. w *m. lettre qui ne s'emploie que dans certains mots étrangers et leurs dérivés espagnols*

**wat** *m*. watt *(vatio)*

**water** *m*. water-closet

**water-polo** *m*. water-polo

**week-end** *m*. fin de semana

**western** *m*. película del oeste *f*.

**whisky** *m*. whisky

**whist** *m*. whist

**wolframio** *m*. wolfram *(metal)*

# X

**x** *f.* x *m.*

**xenofilia** *f.* xénophilie

**xenofobia** *f.* xénophobie

**xenófobo, -a** *adj.* -s. xénophobe

**xenón** *m.* xénon *(gas)*

**xerografía** *f.* xérographie

**xifoideo, -a** *adj.* xiphoïdien, ienne

**xifoides** *adj. -m. ANAT.* xiphoïde

**xilófono** *m. MÚS.* xylophone *(instrumento)*

# Y

**y** *f.* y *m. l'y espagnol, semi-consonne, est voyelle quand il termine une syllabe et dans la conjonction y*

**y** *conj.* et

**ya** *adv.* **1** déjà ~ *ha llegado* il est déjà arrivé **2** maintenant *(ahora)* **3** enfin *(por fin)*, voici, voilà ~ *hemos llegado* nous voici arrivés **4** *conj.* tantôt... tantôt, soit... soit ~ *llora,* ~ *ríe* tantôt il pleure, tantôt il rit *s'emploie souvent pour confirmer, pour renforcer l'idée exprimée par le verbe ; ya peut alors se traduire par* **bien** *ou ne se traduit pas* ~ *lo ves* tu le vois bien ~ *vengo* j'arrive *loc. conj.* ~ *que* puisque

**yacente** *adj.* gisant, e

**yacer** *intr.* gésir *aquí yace* ci-gît

**yacimiento** *m.* gisement

**yambo** *m. LIT.* ïambe

**yanqui** *adj. -s.* yankee

**yate** *m.* yacht

**yedra** *f.* lierre *m.*

**yegua** *f.* jument

**yeguada** *f.* troupeau de chevaux *m.*, manade *f.*

**yema** *f.* **1** *BOT.* bourgeon *m.* **2** jaune d'œuf *m. (del huevo)* **3** confiserie au jaune d'œuf *(dulce)* **4** bout *m. (del dedo)* **5** le meilleur *m.*

**yen** *m.* yen

**ypérita** *f.* ypérite *(gas)*

**yermo, -a 1** *adj.* désert, e, stérile **2** *m.* désert, lande *f.*

**yerno** *m.* gendre

**yerto, -a** *adj.* roide, raide

**yesca** *f.* amadou *m.*

**yesería** *f.* plâtrière, plâtrerie *(fábrica de yeso)*

**yesero** *m.* plâtrier

**yeso** *m.* **1** *MINER.* gypse, pierre à plâtre *f.* **2** plâtre *(polvo, escultura)*

**yeyuno** *m. ANAT.* jéjunum

**yo** *pron. pers.* **1** je *(forma átona)* ~ *soy* je suis **2** moi *(forma tónica) tú y* ~ toi et moi

**yodo** *m.* iode

**yoduro** *m.* iodure

**yoga** *m.* yoga

**yogur** *m.* yoghourt, yaourt

**yuca** *f.* yucca *m.*

**yudo** *m.* judo

**yugo** *m.* **1** joug **2** sommier *(de una campana)* **3** poêle *(velo nupcial)*

**yugular** *adj. -f. ANAT.* jugulaire

**yunque** *m.* enclume *f.*

**yunta** *f.* paire de bœufs, de mules, etc.

**yute** *m.* jute

**yuxtaponer** *tr.* juxtaposer

**yuxtaposición** *f.* juxtaposition

**yuyuba** *f. BOT.* jujube *m.*

# Z

**z** *f.* z *m.*

**zafar** *tr.* **1** orner, garnir **2** MAR. dégager **3** *pr.* se sauver *(escaparse)* **4** s'esquiver, se dérober *(eludir)*

**zafarrancho** *m.* **1** MAR. branle-bas ~ *de combate* branle-bas de combat **2** dispute *f.*, bagarre *f.* *(riña)*

**zafio, -a** *adj.* grossier, ière

**zafiro** *m.* saphir

**zafra** *f.* **1** récolte de la canne à sucre *(cosecha)* **2** bidon à huile *m.*

**zaga** *f.* **1** arrière *m.*, derrière *m.* *(parte posterior)* charge sur l'arrière d'une voiture *no quedarse a la* ~, *no ir a la* ~ ne pas être en reste

**zagal** *m.* **1** garçon, gars **2** jeune berger *(pastor)*

**zaguán** *m.* entrée *f.*, vestibule

**zaherir** *tr.* critiquer, blâmer, railler, mortifier

**zahorí** *m.* **1** sourcier *(de agua subterránea)* **2** devin

**zaíno, -a** *adj.* **1** traître **2** châtain foncé *(caballo)*

**zalamería** *f.* cajolerie

**zalamero, -a** *adj. -s.* **1** cajoleur, euse **2** flatteur, euse

**zamarra** *f.* peau de mouton

**zamarrear** *tr.* **1** secouer *(sacudir)* **2** *fig.* malmener, houspiller

**zambo, -a** **1** *adj. -s.* cagneux, euse **2** *m.* babouin *(mono)*

**zambomba** *f.* **1** MÚS. *instrumento rústico de piel que frotado con la mano produce sonido ronco m.* **2** *interj.* sapristi !

**zambra** *f.* fête mauresque ou gitane

**zambullida, zambullidura** *f.*, **zambullimiento** *m.* plongeon *m.*

**zambullir** *tr.* plonger *pr.* plonger

**zampar** *tr.* **1** fourrer **2** avaler, engloutir *(comer)* **3** *pr.* se fourrer, entrer soudainement

**zampatortas** *s.* glouton, onne, goinfre

**zampoña** *f.* **1** MUS. chalumeau *m.* **2** flûte de Pan

**zanahoria** *f.* carotte

**zanca** *f.* patte *(de las aves)*

**zancada** *f.* enjambée, grand pas *m.*

**zancadilla** *f.* croc-en-jambe *m.*, croche-pied *m.* *echar, poner la* ~ faire un croc-en-jambe

**zanco** *m.* échasse *f.*

**zancudo, -a** **1** *adj.* à longues jambes **2** *f. pl.* échassiers *m.* *(aves)*

**zángano** *m.* **1** faux bourdon *(insecto)* **2** *fig.* fainéant

**zanguango, -a** *adj. -s.* fainéant, e, flemmard, e

**zanja** *f.* tranchée, fossé *m.*

**zanjar** *tr.* **1** creuser des fossés dans **2** *fig.* trancher *(una dificultad)*, régler *(un problema)*, aplanir *(un obstáculo)*

**zapador** *m.* MIL. sapeur

**zapar** *tr.* saper

**zapateado** *m.* zapateado *(baile español que se ejecuta zapateando)*

**zapatear** *tr.* **1** frapper du pied **2** *fig.* malmener **3** *intr.* accompagner un air musical en frappant le sol du pied **4** MAR. claquer *(las velas)*

**zapatería** *f.* **1** cordonnerie **2** boutique de chaussures

**zapatero, -a** *s.* cordonnier, ière

**zapatilla** *f.* **1** pantoufle, chausson *m.* **2** chausson *m.* *(de baile)* ~ *de deporte* chaussure de sport

**zapato** *m.* chaussure *f.*, soulier

**¡ zape !** *interj.* ouste ! *mot pour chasser les chats*

**zar** *m.* tsar

**zarabanda** *f.* **1** sarabande **2** *fig.* tintamarre

**zarandear** *tr.* **1** cribler ~ *trigo* cribler du blé **2** *pr.* se démener *(ajetrearse)* **3** *fig.* se dandiner, se trémousser *(contonearse)*

**zarco, -a** *adj.* bleu clair *ojos zarcos* yeux bleu clair

**zarina** *f.* tsarine

**zarpa** *f.* **1** MAR. action de lever l'ancre **2** patte armée de griffes *(del león, etc.)*

**zarpada** *f.* coup de griffe *m.*

**zarpar** *intr.* MAR. lever l'ancre, partir

**zarpazo** *m.* coup de griffe

**zarrapastroso, -a** *adj. -s.* malpropre, déguenillé, ée

**zarzal** *m.* roncier, roncière *f.*

**zarzamora** *f.* **1** mûre sauvage, mûron *m.* **2** ronce *(zarza)*

**zarzo** *m.* claie de roseaux *f.*

**zarzuela** *f.* zarzuela *(composición musical dramática española en la que alternan los fragmentos hablados y los cantados)*

**¡ zas !** *interj.* vlan !

**zenit** *m.* zénith

**zeplín** *m.* zeppelin

**zigzag** *m.* **1** zigzag **2** lacet *(de una carretera)*

**zigzaguear** *intr.* zigzaguer

**zinc** *m.* zinc *(metal)*

**¡ zis !, ¡ zas !** *onomat.* pif !, paf !

**zócalo** *m.* **1** ARQ. soubassement *(de un edificio)* **2** socle *(del pedestal)* **3** plinthe *f. (friso)*

**zoco** *m.* **1** sabot *(de madera)* **2** socle *(del pedestal)*

**zodiacal** *adj.* zodiacal, ale

**zodiaco** *m.* zodiaque

**zona** *f.* **1** zone **2** MED. zona ~ *verde* espace vert ~ *de recreo* aire de jeu

**zoo** *m.* zoo

**zoológico, a** *adj.* zoologique, *parque zoológico* zoo

**zopo, -a** *adj.* **1** contrefait, e **2** qui a les mains ou les pieds contrefaits ~ *de un pie* pied-bot

**zorra** *f.* **1** renard *m. (macho)*, renarde *(hembra)* **2** *fig.* personne rusée, fin-renard *m. (persona astuta)* **3** *fig. fam.* prostituée, grue **4** cuite *(borrachera)*

**zorrero, -a** *adj.* rusé, ée, astucieux, euse *adj. -s. perro* ~ fox

**zorro** *m.* **1** renard mâle **2** *fig.* fin renard *(hombre)* **3** *pl.* époussette *f. sing. (para sacudir el polvo)*

**zorzal** *m.* litorne *f.*

**zozobra** *f.* **1** MAR. action de sombrer, naufrage *m.* **2** *fig.* angoisse, inquiétude

**zozobrar** *intr.* **1** MAR. être en danger, chavirer *(volcarse)* **2** MAR. couler, sombrer *(irse a pique)*

**zueco** *m.* **1** sabot *(de madera)* **2** galoche *f. (cuero y madera)*

**zulo** *m.* cache *f.*, cachette *f.*, planque *f.*

**zulú** *adj. -s.* **1** zoulou **2** *fig.* sauvage

**zumba** *f.* **1** grande sonnaille **2** *fig.* raillerie, taquinerie

**zumbar** *intr.* **1** bourdonner *(un insecto, etc.)*, ronfler, vrombir *(un motor)* **2** bourdonner, corner, tinter *me zumban los oídos* mes oreilles bourdonnent **3** *pr.* se moquer de *loc. fam. ir zumbando* filer, aller à toute vitesse

**zumbido** *m.* bourdonnement *(insectos, etc.)*, ronflement, vrombissement *(motor)*

**zumo** *m.* **1** jus ~ *de naranja* jus d'orange **2** suc *(de ciertas plantas)*

**zurcido** *m.* **1** reprisage, raccommodage *(acción de zurcir)* **2** reprise *f. (costura)*

**zurcir** *tr.* **1** repriser, raccommoder, ravauder **2** *fig.* unir

**zurdo, -a** *adj.* **1** gauche *mano zurda* main gauche **2** *adj. -s.* gaucher, ère

**zurear** *intr.* roucouler *(la paloma)*

**zurra** *f.* **1** corroyage *m. (de las pieles)* **2** *fam.* raclée *(paliza)*

**zurrador** *m.* corroyeur

**zurrar** *tr.* **1** corroyer *(las pieles)* **2** *fig.* battre, rosser *(dar golpes)*

**zurrón** *m.* **1** gibecière *f.*, panetière *f. (de pastor)*, sac de cuir **2** écorce de certains fruits *f.*

# FRANÇAIS-ESPAGNOL

# Abréviations

| | | | | | |
|---|---|---|---|---|---|
| *adj.* | adjectif. | ÉCON. | économie. | *onom.* | onomatopée. |
| *adj. f.* | adjectif féminin. | ÉLECTR. | électricité. | OPT. | optique. |
| *adj.-f.* | adjectif employé aussi comme substantif féminin. | *emp.* | employé. | *p. p.* | participe passé. |
| | | *f.* | substantif féminin. | PEINT. | peinture. |
| | | *fam.* | familier. | *péj.* | péjoratif. |
| *adj. m.* | adjectif masculin. | *fig.* | figuré. | *pers.* | personnel. |
| *adj.-m.* | adjectif employé aussi comme substantif masculin. | *gallic.* | gallicisme. | PHARM. | pharmacie. |
| | | GÉOG. | géographie. | PHILOS. | philosophie. |
| | | GÉOL. | géologie. | PHOTO | photo. |
| *adj.-s.* | adjectif employé aussi comme substantif. | GÉOM. | géométrie. | PHYS. | physique. |
| | | *gér.* | gérondif. | PHYSIOL. | physiologie. |
| | | GRAM. | grammaire. | *pl.* | pluriel. |
| *adv.* | adverbe. | *impers.* | impersonnel. | *poét.* | poétique. |
| AÉR. | aéronautique. | IMPR. | imprimerie. | *pop.* | populaire. |
| AGR. | agriculture. | *indéf.* | indéfini. | *poss.* | possessif. |
| *amér.* | américanisme. | *inter.* | interrogatif, ve. | *pr.* | verbe pronominal. |
| ANAT. | anatomie. | *interj.* | interjection. | *prép.* | préposition. |
| *angl.* | anglicisme. | *intr.* | intransitif. | *pron.* | pronom. |
| ARCHIT. | architecture. | *invar.* | invariable. | *prov.* | proverbe. |
| *art.* | article. | *iron.* | ironique. | *rel.* | relatif. |
| ASTROL. | astrologie. | JUR. | juridique. | RELIG. | religion. |
| ASTRON. | astronomie. | LITT. | littérature. | RHÉT. | rhétorique. |
| *augm.* | augmentatif. | LITURG. | liturgie. | *s.* | substantif. |
| AUTO | automobile. | *loc.* | locution. | SCULPT. | sculpture. |
| *auxil.* | verbe auxiliaire. | *loc. adj.* | locution adjective. | *sing.* | singulier. |
| BIOL. | biologie. | *loc. adv.* | locution adverbiale. | SPORTS | sports. |
| BLAS. | blason. | *loc. conj.* | locution conjonctive. | TAUROM. | tauromachie. |
| BOT. | botanique. | *loc. interj.* | locution interjective. | TECHN. | mot technique. |
| CHIM. | chimie. | *loc. prép.* | locution prépositive. | THÉAT. | théâtre. |
| CHIR. | chirurgie. | *m.* | substantif masculin. | *tr.* | verbe transitif. |
| CINÉ. | cinéma. | MAR. | marine. | *tr. ind.* | verbe transitif indirect. |
| *conj.* | conjonction. | MATH. | mathématiques. | | |
| COMM. | commerce. | MÉC. | mécanique. | *tr.-intr.* | verbe transitif employé aussi comme intransitif. |
| CONSTR. | construction. | MÉD. | médecine. | | |
| *contr.* | forme contractée. | MÉTAL. | métallurgie. | | |
| CUIS. | cuisine. | MIL. | militaire. | *v.* | voir. |
| *déf.* | défectif. | MINÉR. | minéralogie. | VÉTÉR. | vétérinaire. |
| *dém.* | démonstratif. | MUS. | musique. | *vieil.* | vieilli. |
| *dim.* | diminutif. | MYTH. | mythologie. | ZOOL. | zoologie. |
| DR. | droit. | *n. pr.* | nom propre. | | |
| ECCLÉS. | ecclésiastique. | NUMIS. | numismatique. | | |

~ remplace le mot ou l'infinitif du verbe traité dans les exemples ou les locutions.

# A

**a** *m.* a *f. de* ∼ *à z* de cabo a rabo

**à** *prép.* **1** a *complément indirect ;* *indique la direction où l'on va ; traduction de l'heure ; indique le moyen ; traduit la manière ; complément d'un verbe j'écris* ∼ *mon père* escribo a mi padre *je vais* ∼ *Madrid* voy a Madrid ∼ *trois heures* a las tres *taper* ∼ *la machine* escribir a máquina ∼ *la nage* a nado *manquer* ∼ *sa parole* faltar a su palabra **2** con *combinaison, mélange, moyen café au lait* café con leche *pêcher* ∼ *la ligne* pescar con caña **3** *de l'appartenance ; destination ; prix ce livre est* ∼ *Jean* este libro es de Juan *tasse* ∼ *thé* taza de té *un timbre* ∼ *deux francs* un sello de dos francos **4** en *traduit le lieu où l'on se trouve être* ∼ *Barcelone* estar en Barcelona **5** para *traduit la destination bon* ∼ *manger* bueno para comer **6** que *le but j'ai quelque chose* ∼ *faire* tengo algo que hacer **7** por *distribution ; la vitesse vendre* ∼ *la douzaine* vender por docenas *cent km* ∼ *l'heure* cien Km. por hora *tout est* ∼ *faire* todo está por hacer **8** hasta *aboutissement courir* ∼ *perdre haleine* correr hasta perder el aliento **9** *parfois à ne se traduit pas continuer* ∼ *lire* seguir leyendo

**abaissement** *m.* **1** bajada *f.*, descenso ∼ *de la température* descenso de la temperatura **2** reducción *f.* ∼ *des taux d'escompte* reducción de los tipos de interés

**abaisser** *tr.* **1** bajar ∼ *un store* bajar un estor **2** rebajar ∼ *quelqu'un* rebajar a una persona **3** trazar ∼ *une perpendiculaire* trazar una perpendicular **4** bajar ∼ *un chiffre* bajar una cifra **5** reducir ∼ *les taux d'intérêt* reducir los tipos de interés **6** *pr.* rebajarse, reducirse

**abandon** *m.* **1** abandono *l'* ∼ *d'un enfant* el abandono de un niño *état d'* ∼ estado de abandono **2** *fig.* renuncia *f.* *à l'* ∼ abandonado, a, descuidado, a *adj. la maison était à l'* ∼ la casa estaba abandonada

**abandonné, -ée** *adj.* abandonado, a *un enfant* ∼ un niño abandonado

**abandonner** *tr.* **1** abandonar ∼ *un enfant* abandonar a un niño **2** renunciar a ∼ *un projet* renunciar a un proyecto **3** descuidar **4** *pr.* abandonarse, entregarse *s'* ∼ *à la douleur* entregarse al dolor

**abasourdir** *tr.* **1** ensordecer *le bruit abasourdit* el ruido ensordece **2** *fig.* aturdir, asombrar

**abats** *m. pl.* menudos, menudillos

**abâtardir** *tr.* **1** degenerar, bastardear **2** *pr.* degenerarse

**abat-jour** *m. invar.* pantalla *f.*

**abattage** *m.* **1** tala *f. l'* ∼ *des arbres* la tala de los árboles **2** derribo *m. l'* ∼ *d'une cloison* el derribo de un tabique **3** matanza *f. (des animaux)* **4** *fig.* arranque *avoir de l'* ∼ tener arranque

**abattant** *m.* tablero movible

**abattement** *m.* **1** abatimiento **2** deducción *f. (impôts)* ∼ *fiscal* deducción tributaria

**abattis** *m. pl.* menudillos

**abattoir** *m.* matadero *garçon d'* ∼ matarife

**abattre** *tr.* **1** derribar ∼ *une maison* derribar una casa **2** matar ∼ *un soldat* matar a un soldado **3** debilitar *la maladie l'abat* la enfermedad lo debilita **4** *pr.* derribarse, desplomarse **5** azotar *l'ouragan s'abattit sur l'île* el huracán azotó la isla

**abbaye** *f.* abadía

**abbé** *m.* abad, padre *l'* ∼ *Pierre* el Padre Pierre

**abbesse** *f.* abadesa

**abc** *m.* abecé, abecedario *il ignore l'abc du métier* desconoce el abecé del oficio

**abcès** *m.* **1** absceso **2** flemón

**abdication** *f.* abdicación

**abdiquer** *intr.* **1** abdicar ∼ *en faveur de* abdicar en favor de **2** renunciar a ∼ *ses droits* renunciar a sus derechos

**abdomen** *m.* abdomen

**abdominal, -ale** *adj.* abdominal

**abécédaire** *m.* abecedario

**abeille** *f.* abeja

**aberration** *f.* aberración

**abêtir** *tr.* **1** embrutecer **2** *pr.* embrutecerse

**abhorrer** *tr.* aborrecer

**abîme** *m.* abismo

**abîmer** *tr.* **1** estropear ∼ *ses affaires* estropear sus cosas **2** *pr.* estropearse *les aliments s'abîment avec la chaleur* los alimentos se estropean con el calor **3** hundirse *l'avion s'est abîmé en mer* el avión se hundió en el mar

**abject, -e** *adj.* abyecto, a

**abjection** *f.* abyección

**abjurer** *tr.* abjurar

**ablation** *f.* ablación

**ablution** *f.* ablución

**abnégation** *f.* abnegación

**abois** *m.* ladrido *être aux abois* estar acorralado, a

**aboiement** *m.* ladrido

**abolir** *tr.* abolir

**abolition** *f.* abolición

**abolitionniste** *adj. -s.* abolicionista

**abominable** *adj.* abominable

**abominer** *tr.* odiar, detestar

**abondance** *f.* abundancia *corne d'~* cornucopia

**abonder** *intr.* **1** abundar *les touristes abondent en été* los turistas abundan en verano **2** estar conforme con *j'abonde dans ton sens* estoy conforme contigo

**abonné, -ée** *adj. -s.* **1** abonado, a *(gaz, eau...)* **2** suscriptor, ora *les ~ d'un journal* los suscriptores a un periódico

**abonnement** *m.* **1** abono *(gaz...)* **2** suscripción *f. (à un journal)*

**abonner** *tr.* **1** abonar *(aux spectacles)* **2** suscribir *(à un journal)* **3** *pr.* abonarse **4** suscribirse a *s'~ à une revue* suscribirse a una revista

**abord** *m.* **1** acceso *plage d'un ~ facile* playa de fácil acceso **2** trato *personne d'un ~ facile* persona de fácil trato **3** inmediaciones *(d'une ville) les abords d'une ville* las inmediaciones de una ciudad *d'~* primero, en primer lugar *tout d'~* en primer lugar *de prime ~* de buenas a primeras

**abordable** *adj.* **1** abordable **2** asequible *(prix)*

**aborder** *tr.* **1** abordar *(bateau)* **2** abordar, tratar, enfocar *~ un sujet important* enfocar un problema importante **3** abordar *(une personne)*

**aborigène** *adj. -s.* aborigen

**abortif, -ive** *adj.* abortivo, a

**aboulique** *adj. -s.* abúlico, a

**aboutir** *tr.* **1** acabar en, llegar a *chemin qui aboutit à la maison* camino que llega a la casa **2** *intr.* dar resultado, tener éxito *cette négociation a abouti* esta negociación ha tenido éxito

**aboutissants** *loc. les tenants et les ~* los pormenores

**aboutissement** *m.* resultado, desenlace

**aboyer** *intr.* ladrar

**abrasif, -ive** *adj.* **1** abrasivo, a **2** *m.* abrasivo

**abrégé** *m.* compendio *l'~ d'un récit* el compendio de un relato

**abréger** *tr.* **1** abreviar, acortar **2** compendiar, resumir *~ un texte* resumir un texto

**abreuver** *tr.* **1** abrevar **2** *fig.* colmar *~ d'injures* colmar de insultos **3** dar de beber **4** *pr.* beber

**abreuvoir** *m.* abrevadero

**abréviation** *f.* abreviatura

**abri** *m.* **1** refugio *~ atomique* refugio atómico **2** cobertizo *~ contre la pluie* cobertizo contra la lluvia **3** *fig.* amparo *être à l'~ de* estar al amparo de *se mettre à l'~* ponerse a cubierto *se mettre à l'~ de* ponerse a salvo de, ponerse a cubierto de

**abricot** *m.* albaricoque

**abriter** *tr.* **1** abrigar **2** *fig.* resguardar, proteger **3** *pr.* abrigarse, resguardarse, protegerse **4** *fig.* escudarse *s'~ derrière ce qu'il dit* escudarse en lo que dice

**abrogation** *f.* abrogación

**abroger** *tr.* abrogar

**abrupt, -e** *adj.* abrupto, a

**abrutir** *tr.* **1** embrutecer **2** *pr.* embrutecerse

**abrutissant, -e** *adj.* embrutecedor, ora

**abrutissement** *m.* embrutecimiento

**absence** *f.* **1** ausencia *en l'~ de* en ausencia de **2** carencia *(manque) ~ de responsabilité* carencia de responsabilidades **3** fallo *m.* de memoria *(de mémoire)*

**absent, -e** *adj.* ausente

**absentéisme** *m.* absentismo *taux d'~* tasa de absentismo

**absentéiste** *adj. -s.* absentista

**absenter (s')** *pr.* ausentarse

**abside** *f.* ábside *m.*

**absolu, -ue** *adj.* absoluto, a

**absolument** *adv.* absolutamente *~ pas* en absoluto, de ningún modo

**absolution** *f.* absolución

**absolutisme** *m.* absolutismo

**absorbant, -e** *adj.* absorbente

**absorber** *tr.* **1** absorber *~ les coûts* absorber los costes **2** beber, tomar *~ un thé chaud* beber té caliente **3** *pr.*

enfrascarse *s'~ dans la lecture* enfrascarse en la lectura

**absorption** *f.* absorción

**absoudre** *tr.* absolver

**abstenir (s')** *pr.* abstenerse

**abstention** *f.* abstención

**abstentionnisme** *m.* abstencionismo

**abstentionniste** *adj. -s.* abstencionista

**abstinence** *f.* abstinencia

**abstraction** *f.* abstracción

**abstraire** *tr.* **1** abstraer **2** *pr.* abstraerse

**abstrait, -e** *adj.* abstracto, a *peinture abstraite* pintura abstracta

**absurde** *adj.* absurdo, a

**absurdité** *f.* absurdo *m.*, absurdidad *dire des absurdités* decir absurdos

**abus** *m.* abuso *~ de pouvoir* abuso de poder

**abuser** *tr.* **1** abusar **2** engañar *il abuse ses amis* engaña a sus amigos **3** *fam.* pasarse *tu abuses !* ¡ te pasas !

**abusif, -ive** *adj.* abusivo, a

**acabit** *m.* **1** índole *f.* **2** *péj.* calaña *f. ils sont tous du même ~* son gente de la misma calaña

**acacia** *m.* acacia *f.*

**académicien, -ienne** *m. -f.* académico, a

**académie** *f.* academia

**académique** *adj.* académico, a

**académisme** *m.* academismo

**acajou** *m.* caoba *f.*

**acanthe** *f.* acanto *m.*

**acariâtre** *adj.* adusto, a, malhumorado, a

**accablant, -e** *adj.* **1** abrumador, ora *évidence accablante* abrumadora evidencia **2** agobiador, ora *travail ~* trabajo agobiador

**accablement** *m.* agobio

**accabler** *tr.* **1** abrumar *preuves qui accablent* pruebas que abruman **2** agobiar *travail qui accable* trabajo que agobia

**accalmie** *f.* **1** calma, tregua *période d'~* periodo de calma **2** recalmón *m. (de la mer)*

**accaparement** *m.* acaparamiento

**accaparer** *tr.* acaparar

**accéder** *intr.* **1** entrar en, tener acceso a *~ au grenier* entrar en el desván **2** dar *porte qui accède au couloir*

puerta que da al pasillo **3** llegar *~ à un poste de directeur* llegar a un cargo de director **4** acudir *~ au marché de l'emploi* acudir al mercado del trabajo **5** consentir *~ à une demande* consentir una solicitud

**accélérateur** *m.* acelerador

**accélérateur, -trice** *adj.* acelerador, ora

**accélération** *f.* **1** aceleración **2** agilización *~ des formalités* agilización de los trámites

**accéléré** *m.* acelerado

**accélérer** *tr.* **1** acelerar **2** *fig.* agilizar, activar *~ les démarches* activar, agilizar los trámites

**accent** *m.* acento *mettre l'~ sur* poner de relieve, poner de realce, recalcar, hacer hincapié en *l'auteur met l'~ sur le sujet* el autor pone de relieve el tema, pone de realce el tema, recalca el tema, hace hincapié en el tema

**accentuer** *tr.* **1** acentuar **2** *pr.* acentuarse

**acceptation** *f.* aceptación

**accepter** *tr.* **1** aceptar **2** *pr.* aceptarse

**accepteur** *m.* aceptante

**acception** *f.* acepción

**accès** *m.* **1** acceso *d'un ~ facile* de fácil acceso *~ direct* acceso directo **2** entrada *f. ~ interdit* prohibida la entrada **3** ataque *~ de fièvre* ataque de calentura **4** arrebato *(de colère)*

**accessible** *adj.* **1** accesible **2** asequible *prix ~* precio asequible

**accession** *f.* acceso *m. ~ à la propriété* acceso a la propiedad

**accessoire** *adj.* **1** accesorio, a **2** *m.* accesorio, atrezo, complemento

**accessoiriste** *m.* accesorista, atrecista

**accident** *m.* accidente *~ du travail* acidente laboral *par ~* por casualidad, casualmente

**accidenté, -ée** *adj.* **1** accidentado, a **2** *m. -f.* víctima de un accidente, accidentado, a

**acclamation** *f.* aclamación

**acclamer** *tr.* aclamar

**acclimater** *tr.* **1** aclimatar **2** *pr.* aclimatarse

**accolade** *f.* **1** abrazo *m. donner l'~* dar un abrazo **2** llave

**accoler** *tr.* enlazar, juntar, unir

**accommodant, -e** *adj.* complaciente, sociable, tratable

**accommoder** *tr.* **1** acomodar **2** aliñar, condimentar ∼ *les aliments* condimentar los alimentos **3** *pr.* acomodarse, aliñarse, condimentarse **4** conformarse con *il s'accommode de tout* se conforma con todo

**accompagnateur, -trice** *m. -f.* **1** acompañante **2** guía turístico *m.*

**accompagner** *tr.* **1** acompañar **2** *pr.* acompañarse

**accomplir** *tr.* **1** realizar **2** cumplir ∼ *une formalité* cumplir un trámite **3** llevar a cabo ∼ *une tâche* llevar a cabo una tarea **4** *pr.* realizarse, cumplirse, llevarse a cabo

**accord** *m.* **1** acuerdo **2** convenio ∼ *commercial* convenio comercial **3** aprobación *f. il a son* ∼ tiene su aprobación **4** *MUS.* acorde *donner son* ∼ dar el visto bueno *être d'*∼ estar de acuerdo, estar conforme *se mettre d'*∼ ponerse de acuerdo

**accordéon** *m.* acordeón *jouer de l'*∼ tocar el acordeón

**accordéoniste** *m. -f.* acordeonista

**accorder** *tr.* **1** conceder ∼ *un prêt* conceder un préstamo **2** otorgar ∼ *une autorisation* otorgar un permiso **3** afinar ∼ *un piano* afinar un piano **4** *pr.* ponerse de acuerdo *ils s'accordent pour critiquer* se ponen de acuerdo para criticar **5** llevarse bien *ces deux garçons s'accordent bien* estos dos chicos se llevan bien **6** armonizarse *ces couleurs s'accordent* estos colores se armonizan

**accordeur** *m.* afinador

**accoster** *tr.* acostar, atracar ∼ *la jetée* atracar en el malecón

**accoter** *tr.* **1** apoyar **2** *pr.* apoyarse

**accouchée** *f.* parturienta

**accouchement** *m.* parto, alumbramiento

**accoucher** *tr.* parir, dar a luz ∼ *d'une fille* dar a luz una niña

**accoucheur, -euse** *m. -f.* partero, partera

**accouder (s')** *pr.* acodarse

**accoudoir** *m.* **1** recodadero **2** brazo *(d'un fauteuil)*

**accoupler** *tr.* **1** acoplar, emparejar **2** *pr.* acoplarse, emparejarse

**accourir** *intr.* acudir

**accoutrement** *m.* atavío

**accoutrer** *tr.* **1** ataviar **2** *pr.* ataviarse

**accoutumance** *f.* **1** costumbre **2** adicción *l'*∼ *à l'alcool* la adicción al alcohol

**accoutumé, -ée** *adj.* acostumbrado, a *il est* ∼ está acostumbrado *comme à l'accoutumée* como de costumbre

**accoutumer** *tr.* **1** acostumbrar **2** *pr.* acostumbrarse

**accréditer** *tr.* **1** acreditar ∼ *un ambassadeur* acreditar a un embajador **2** dar crédito a ∼ *un bruit* dar crédito a un rumor

**accréditeur** *m.* fiador

**accroc** *m.* **1** desgarrón, siete *il a un accroc au manteau* tiene un siete en el abrigo **2** *fig.* dificultad *f.*

**accrochage** *m.* **1** choque *(entre deux voitures)* **2** *fig.* altercado *ils ont eu un* ∼ tuvieron un altercado **3** enganche *(de wagons)*

**accroche-cœur** *m.* caracol

**accrocher** *tr.* **1** enganchar ∼ *des wagons* enganchar vagones **2** colgar ∼ *son manteau* colgar el abrigo ∼ *un tableau* colgar un cuadro **3** chocar con ∼ *une voiture* chocar con un coche **4** agarrar *il l'accrocha par la manche* lo agarró de la manga **5** llamar la atención *un titre qui accroche* un título que llama la atención **6** abrochar *(une ceinture)* ∼ *la ceinture de sécurité* abrochar el cinturón de seguridad **7** *pr.* engancharse, colgarse, chocarse, agarrarse, abrocharse ; *fig.* tener un altercado *ils se sont accrochés* tuvieron un altercado

**accrocheur, -euse** *adj.* llamativo, a *un slogan* ∼ un lema llamativo

**accroissement** *m.* crecimiento, incremento, aumento

**accroître** *tr.* **1** aumentar, incrementar **2** *pr.* aumentar, incrementar

**accroupir (s')** *pr.* agacharse

**accueil** *m.* **1** acogida *f. un* ∼ *sympathique* una simpática acogida **2** recepción *f.* **3** ayuda *centre d'*∼ centro de ayuda *hôtesse d'*∼ azafata

**accueillir** *tr.* acoger, recibir

**acculer** *tr.* **1** acorralar **2** *fig.* llevar a ∼ *à la ruine* llevar a la ruina

**accumulation** *f.* acumulación

**accumuler** *tr.* **1** acumular **2** amontonar *il* ∼ *l'argent* amontona el dinero

**accusateur, -trice** *adj. -s.* acusador, ora

**accusatif** *m.* acusativo

**accusation** *f.* acusación *chef d'~* cargo de acusación

**accusé, -ée** *m. -f.* **1** acusado, a **2** reo *condamner un ~* condenar a un reo

**accusé** *m.* acuse *~ de réception* acuse de recibo

**accuser** *tr.* **1** acusar, culpar **2** *pr.* acusarse, culparse *~ réception de* acusar recibo de

**acerbe** *adj.* acerbo, a

**acéré, -ée** *adj.* **1** afilado, a *couteau ~* cuchillo afilado **2** mordaz *raillerie acérée* burla mordaz

**acétate** *m.* acetato

**acétone** *f.* acetona

**acétylène** *m.* acetileno

**acharné, -ée** *adj.* encarnizado, a *une dispute acharnée* una riña encarnizada

**acharnement** *m.* **1** encarnizamiento **2** empeño, ahínco *travailler avec ~* trabajar con ahínco **3** ensañamiento *l'~ du dictateur* el ensañamiento del dictador

**acharner (s')** *pr.* **1** ensañarse *s'~ sur une victime* ensañarse con una víctima **2** empeñarse *il s'acharne à aller de l'avant* se empeña en seguir adelante

**achat** *m.* compra *f. achat et vente* la compraventa *faire des achats* ir de compras *pouvoir d'~* poder adquisitivo

**acheminement** *m.* envío, despacho

**acheminer** *tr.* **1** encaminar **2** despachar *(du courrier)* **3** *pr.* encaminarse *s'~ vers un lieu* encaminarse hacia un lugar

**acheter** *tr.* **1** comprar *~ à crédit* comprar a plazos *~ bon marché* comprar barato **2** *fig.* sobornar *~ un témoin* sobornar a un testigo

**acheteur, -euse** *m. -f.* comprador, ora

**achèvement** *m.* teminación *l'~ des travaux* la terminación de las obras

**achever** *tr.* **1** acabar, terminar *~ un travail* acabar, terminar un trabajo **2** rematar *~ un animal* rematar a un animal **3** *fig.* acabar con *ce problème l'a achevée* este problema acabó con ella

**achoppement** *m.* tropiezo *pierre d'~* escollo *m.*

**achopper** *intr.* tropezar *il achoppe sur la même difficulté* tropieza en la misma dificultad

**acide** *adj.* **1** ácido, a **2** *m.* ácido

**acidité** *f.* acidez

**acier** *m.* acero *~ inoxydable* acero inoxidable *cœur d'~* corazón de hierro

**acné** *f.* acné

**acolyte** *m.* compinche, acólito

**acompte** *m.* anticipo *verser un ~* dejar paga y señal

**acoquiner (s')** *pr.* conchabarse

**à-côté** *m.* **1** pormenores *pl. les à-côtés du problème* los pormenores del problema **2** extras *gagner des à-côtés* ganar extras

**à-coup** *m.* movimiento brusco

**acoustique** *f.* **1** acústica **2** *adj.* acústico, a

**acquéreur** *m.* comprador, adquiridor, adquiriente

**acquérir** *tr.* **1** adquirir *~ un terrain* adquirir un terreno **2** conseguir *~ la victoire* conseguir la victoria **3** granjearse *~ l'amitié de tous* granjearse la amistad de todos

**acquêts** *m. pl.* bienes gananciales *communauté réduite aux ~* comunidad de bienes gananciales

**acquiescer (à)** *tr.* consentir en; asentir a

**acquis, -e** *adj.* **1** adquirido, a **2** *fig.* adicto, a *~ à une cause* adicto a una causa

**acquis** *m.* experiencia *f. votre ~ vous aidera* su experiencia le ayudará

**acquisition** *f.* adquisición

**acquit** *m.* recibo, comprobante *par ~ de conscience* en descargo de conciencia *pour ~* recibí

**acquitté, -ée** *adj.* **1** pagado, a *dette acquittée* deuda pagada **2** absuelto, a *accusé ~* acusado absuelto

**acquittement** *m.* **1** pago *~ d'une dette* pago de una deuda **2** absolución *f.*

**acquitter** *tr.* **1** pagar **2** absolver *~ un accusé* absolver a un reo **3** satisfacer, pagar *s'~ d'une dette* pagar una deuda **4** cumplir *(une obligation)*

**âcre** *adj.* acre

**acrimonie** *f.* acrimonia

**acrobate** *m. -f.* acróbata

**acrobatie** *f.* acrobacia

**acrobatique** *adj.* acrobático, a

**acropole** *f.* acrópolis

**acrylique** *adj.* **1** acrílico, a **2** *m.* acrílico

**acte** *m.* **1** acto ~ *manqué* acto fallido **2** acta *f. l'Acte Unique* el Acta Única **3** partida *f.* ~ *de naissance* partida de nacimiento ~ *de décès* partida de defunción **4** escritura *f.* ~ *de vente* escritura de venta ~ *notarié* escritura notarial **5** *THÉÂT.* acto *le premier acte* el primer acto *dresser un* ~ levantar acta *faire* ~ *de* dar pruebas de *prendre* ~ tomar nota

**acteur, -trice** *m. -f.* actor, actriz

**actif, -ive** *adj.* activo, a

**actif** *m.* activo ~ *circulant* activo circulante *avoir à son* ~ tener en su haber, a su cuenta

**action** *f.* **1** acción *une mauvaise* ~ una mala acción **2** acción *(Bourse)* ~ *cotée* acción cotizada **3** actuación *(agissement)*

**actionnaire** *m. -f.* accionista

**actionnariat** *m.* accionariado

**actionner** *tr.* accionar

**activer** *tr.* **1** activar, acelerar ~ *un travail* activar un trabajo **2** avivar ~ *le feu* avivar el fuego **3** *pr.* activarse, acelerarse, avivarse **4** *fig.* apresurarse, menearse

**activité** *f.* actividad *en* ~ en activo

**actualité** *f.* actualidad *les actualités f. pl.* las noticias *les actualités télévisées f. pl.* el telediario *m.*, el noticiario *m.*

**actualiser** *tr.* **1** actualizar **2** *pr.* actualizarse

**actuariel, -elle** *adj.* actuarial

**acuité** *f.* acuidad, agudeza ~ *visuelle* agudeza visual

**adage** *m.* adagio

**adaptable** *adj.* adaptable

**adaptateur** *m.* adaptador

**adaptation** *f.* adaptación

**adapter** *tr.* **1** adaptar **2** *pr.* adaptarse

**additif, -ive** *adj.* **1** aditivo, a, adicional *clause* ~ cláusula adicional **2** *m.* adición *f.*

**addition** *f.* **1** suma *faire une* ~ hacer una suma, sumar **2** cuenta *(au restaurant) garçon, l'*~*!* ¡camarero, la cuenta! **3** adición

**additionnel, -elle** *adj.* adicional

**additionner** *tr.* **1** sumar ~ *deux quantités* sumar dos cantidades **2** añadir, adicionar

**adepte** *m. -s.* adepto, a, partidario, a, seguidor, ora *les adeptes d'une secte* los seguidores de una secta

**adéquat, -e** *adj.* adecuado, a

**adhérence** *f.* **1** adherencia **2** agarre *m. (d'un pneu)*

**adhérent, -e** *adj.* **1** adherente **2** *m. -f.* adherente, afiliado, a

**adhérer** *intr.* **1** adherir **2** afiliarse a ~ *à un syndicat* afiliarse a un sindicato **3** *fig.* sumarse ~ *à une doctrine* sumarse a una doctrina

**adhésion** *f.* **1** adhesión **2** afiliación ~ *à un parti* afiliación a un partido

**adhésif, -ive** *adj.* **1** adhesivo, a **2** *m.* pegatina *f.*

**adieu** *m.* **1** adiós **2** despedida *f. les adieux sont tristes* las despedidas son tristes

**adipeux, -euse** *adj.* adiposo, a

**adjacent, -e** *adj.* adyacente

**adjectif** *m.* adjetivo

**adjoint, -e** *m. -f.* auxiliar, asistente ~ *au maire* teniente de alcalde

**adjudication** *f.* **1** adjudicación **2** licitación ~ *de travaux publics* licitación de obras públicas **3** subasta *(aux enchères)*

**adjuger** *tr.* adjudicar ~ *au plus offrant* adjudicar al mejor postor

**adjuvant** *m.* adyuvante

**admettre** *tr.* admitir

**administrateur, -trice** *m. -f.* administrador, ora

**administratif, -ive** *adj.* administrativo, a

**administration** *f.* administración

**administrer** *tr.* **1** administrar **2** propinar ~ *une raclée* propinar una paliza

**administrés** *m. pl.* administrados

**admirable** *adj.* admirable

**admiration** *f.* admiración

**admirer** *tr.* admirar

**admis, -e** *adj.* **1** admitido, a **2** aprobado, a *(à un examen)* **3** ingresado, a *(dans un hôpital)*

**admission** *f.* **1** admisión **2** aprobado *m. (à un examen)* **3** ingreso *m.* ~ *dans un hôpital* ingreso en un hospital

**admonestation** *f.* admonestación

**adolescence** *f.* adolescencia

**adolescent, -e** *adj. -s.* adolescente, joven

**adonner (s')** *pr.* entregarse, dedicarse *s'*~ *à l'alcool* entregarse al alcohol *s'*~ *au sport* dedicarse al deporte

**adopter** *tr.* adoptar

**adoptif, -ive** *adj.* adoptivo, a

**adoption** *f.* **1** adopción **2** aprobación ~ *d'un rapport* aprobación de un informe *d'*~ adoptivo, a

**adorable** *adj.* encantador, ora

**adorablement** *adv.* de manera encantadora

**adoration** *f.* adoración

**adorer** *tr.* **1** adorar ~ *Dieu* adorar a Dios **2** encantarle a uno *j'adore le cinéma* me encanta el cine

**adosser** *tr.* **1** adosar **2** *pr.* respaldarse *s'*~ *contre un mur* respaldarse contra una pared

**adoucir** *tr.* **1** suavizar *crème pour la peau* crema para suavizar el cutis **2** aliviar ~ *la douleur* aliviar el dolor **3** *pr.* suavizarse, aliviarse

**adoucissant** *m.* suavizante ~ *pour le linge* suavizante para la ropa

**adresse** *f.* **1** dirección, señas *pl. donner son* ~ dar su dirección, dar sus señas **2** destreza, habilidad

**adresser** *tr.* **1** dirigir **2** enviar ~ *un livre* enviar un libro **3** *pr.* dirigirse, enviarse

**adroit, -e** *adj.* hábil, diestro, a, mañoso, a *être adroit, -e de ses mains* ser mañoso, a

**aduler** *tr.* adular

**adultère** *m.* **1** adulterio **2** *adj.* adúltero, a

**advenir** *impers.* ocurrir, acaecer, suceder *advienne que pourra* pase lo que pase

**adverbe** *m.* adverbio

**adversaire** *m.* adversario

**adversité** *f.* adversidad

**aération** *f.* **1** ventilación *l'*~ *d'une pièce* la ventilación de una sala **2** aeración

**aérer** *tr.* **1** ventilar ~ *une chambre* ventilar una habitación **2** *fig.* airear **3** *pr.* tomar el aire *je vais m'*~ voy a tomar el aire

**aérien, -ienne** *adj.* aéreo, a

**aérodrome** *m.* aeródromo

**aérogare** *f.* terminal *m.*

**aéronaute** *m. -f.* aeronauta

**aéronautique** *f.* **1** aeronáutica **2** *adj.* aeronáutico, a

**aérophagie** *f.* aerofagia

**aéropostal, -e** *adj.* aeropostal

**aéroport** *m.* aeropuerto

**aérosol** *m.* aerosol

**aérostat** *m.* aeróstato

**affabilité** *f.* afabilidad

**affable** *adj.* afable

**affaiblir** *tr.* **1** debilitar, depreciar ~ *une monnaie* depreciar una moneda **2** *pr.* debilitarse, depreciarse

**affaiblissement** *m.* **1** debilitación *f.* **2** depreciación *f.* ~ *d'une monnaie* depreciación de una moneda

**affaire** *f.* **1** asunto *m. c'est mon* ~ es asunto mío **2** cosa *il ne trouve pas ses affaires* no encuentra sus cosas **3** negocio *m. c'est une* ~ *prospère* es un negocio boyante **4** ganga *cette robe est une bonne* ~ este vestido es una ganga **5** caso *l'*~ *Dreyfus* el caso Dreyfus *les Affaires étrangères* Asuntos Exteriores *m. pl. le ministère des Affaires étrangères* el ministerio de Asuntos Exteriores *avoir* ~ *à* tener que verlas con *c'est l'*~ *de* es cosa de *c'est l'*~ *de quelques semaines* es cosa de pocas semanas *c'est ton* ~! *interj.* ¡allá tú! *chiffre d'*~ volumen de negocios *faire* ~ hacer negocio *faire une bonne* ~ hacer un buen negocio *homme d'affaires* hombre de negocios

**affairement** *m.* ajetreo

**affairer (s')** *pr.* ajetrearse *un homme affairé* un hombre ajetreado

**affairisme** *m.* mercantilismo

**affairiste** *m.* especulador

**affaissement** *m.* hundimiento

**affaisser** *tr.* **1** hundir **2** *pr.* hundirse *le sol s'affaissa* se hundió el suelo **3** desplomarse *elle s'affaissa sur le fauteuil* se desplomó en el sillón

**affaler (s')** *pr.* desplomarse, dejarse caer *il s'affale sur le lit* se desploma en la cama

**affamé, -ée** *adj.* hambriento, a *être* ~ pasar hambre *je suis* ~! ¡estoy pasando un hambre!

**affamer** *tr.* hambrear, hacer pasar hambre

**affectation** *f.* **1** destino *m. (à un poste)* **2** asignación, imputación ~ *d'un budget* asignación de un presupuesto **3** afectación, amaneramiento *m. (des manières)*

**affecter** *tr.* **1** fingir ~ *la modestie* fingir modestia **2** destinar *(à un poste)* ~ *un fonctionnaire* destinar a un funcionario **2** destinar *(à une fonction)* ~ *un véhicule à un transport* destinar un vehículo a un transporte **4** afligir *cette* *situation l'~ beaucoup* esta situación le aflige mucho **5** atacar *virus qui ~ les poumons* virus que ataca los pulmones

**affectif, -ive** *adj.* **1** afectivo, a **2** *m.* lo afectivo

**affection** *f.* **1** cariño *m. je le dis avec ~* lo digo con cariño *avoir de l'~ pour quelqu'un* tenerle cariño a uno *j'ai de l'~ pour elle* le tengo cariño **2** afección *cette maladie est une ~ grave* esta enfermedad es una afección grave

**afférent, -e** *adj.* correspondiente

**affermer** *tr.* arrendar

**affermir** *tr.* **1** afirmar *~ une position* afirmar una posición **2** fortalecer *le sport affermit le corps* el deporte fortalece el cuerpo **3** *pr.* afirmarse, fortalecerse

**affermissement** *m.* consolidación *f.*

**affichage** *m.* **1** visualización *f. (sur écran)* **2** publicidad en vallas *f.* **3** fijación de carteles *f. (action) ~ interdit* prohibido fijar carteles *tableau d'~* tablón de anuncios

**affiche** *f.* **1** cartel *m. ~ de cinéma* cartel de película **2** póster *m.* **3** cartelera *être à l'~* estar en cartelera

**afficher** *tr.* **1** fijar carteles *défense d'~* prohibido fijar carteles **2** anunciar *~ une vente* anunciar una venta **3** exhibir *il affiche sa richesse* exhibe su riqueza **4** hacer alarde de *il affiche son savoir* hace alarde de sabiduría **5** *pr.* anunciarse **6** *fig.* exhibirse *il s'affiche avec une artiste* se exhibe con una artista

**affilée (d')** *loc. adv.* de un tirón

**affiler** *tr.* afilar

**affiliation** *f.* afiliación

**affilié, -ée** *adj.* -s. afiliado, a

**affilier** *tr.* **1** afiliar **2** *pr.* afiliarse

**affiner** *tr.* **1** afinar *~ le goût* afinar el gusto **2** curar *(les fromages)* **3** *pr.* afinarse ; curarse *(les fromages)*

**affinité** *f.* afinidad

**affirmatif, -ive** *adj.* afirmativo, a *dans l'affirmative* en caso afirmativo

**affirmation** *f.* afirmación, aseveración

**affirmer** *tr.* **1** afirmar, aseverar **2** *pr.* afirmarse, confirmarse

**affliction** *f.* aflicción

**affliger** *tr.* **1** afligir **2** *pr.* afligirse

**affluence** *f.* **1** concurrencia *~ de gens* concurrencia de gente **2** abundancia

**afflux** *m.* **1** afluencia *f. ~ de personnes* afluencia de gente **2** abundancia *~ de*

**biens** abundancia de bienes **3** aflujo *(de sang)*

**affoler** *tr.* **1** enloquecer **2** *pr.* volverse loco, perder la cabeza *il s'affole pour peu de chose* pierde la cabeza por poca cosa

**affranchi, -ie** *adj.* **1** franqueado, a *(le courrier)* **2** exento, a *~ de charges* exento de gastos

**affranchir** *tr.* **1** franquear *(une lettre)* **2** exentar **3** *pr.* franquearse *(une lettre)*, emanciparse *(une personne)*

**affranchissement** *m.* **1** franqueo *(du courrier)* **2** exención *f.*

**affrètement** *m.* fletamiento

**affréter** *tr.* fletar

**affréteur** *m.* fletador

**affreusement** *m.* horriblemente, de manera horrorosa

**affreux, -euse** *adj.* horroroso, a, horrendo, a, horrible

**affront** *m.* afrenta *f. faire un ~* hacer un feo *fam.*

**affronter** *tr.* **1** enfrentar, hacer frente a *~ un danger* hacer frente a un peligro **2** *pr.* enfrentarse

**affubler** *tr.* **1** ataviar **2** *pr.* ataviarse, ponerse *s'~ d'un faux nez* ponerse una nariz postiza

**affût** *m.* acecho *être à l'~* estar al acecho

**aficionado** *m.* aficionado

**afin de** *loc. prép.* a fin de

**afin que** *loc. conj.* a fin de que

**africain, -e** *adj.* africano, a

**agaçant, -e** *adj.* irritante, molesto, a

**agacer** *tr.* irritar, poner nervioso, a *cela m'agace* esto me pone nervioso, a

**agape** *f.* ágape *m.*

**agate** *f.* ágata.

**âge** *m.* edad *f. l'~ bête* la edad del pavo *limite d'~* edad tope *le Moyen ~* la Edad Media *le troisième ~* la tercera edad *quel ~ as-tu ?* ¿ cuántos años tienes ?

**agence** *f.* agencia *~ de voyages* agencia de viajes *~ d'administration de biens* gestoría

**agencement** *m.* **1** arreglo **2** interiorismo *~ d'intérieurs, d'appartements* interiorismo

**agencer** *tr.* **1** arreglar, disponer **2** *pr.* arreglarse, disponerse

**agenda** *m.* agenda *f.*

**aide**

**agenouiller (s')** *tr.* arrodillarse, ponerse de rodillas

**agent** *m.* **1** agente ∼ *assermenté* agente colegiado **2** policía, guardia *(de police)* ∼ *d'administration* auxiliar administrativo

**agglomération** *f.* **1** aglomeración ∼ *de personnes* aglomeración de gente **2** población *l'*∼ *a de nombreux habitants* la población tiene muchos habitantes **3** los alrededores *m. pl. Madrid et son* ∼ Madrid y sus alrededores

**agglomérer** *tr.* **1** aglomerar **2** *pr.* aglomerarse

**agglutiner** *tr.* **1** aglutinar **2** *pr.* aglutinarse

**aggravant, -e** *adj.* agravante *circonstance* ∼ circunstancia agravante

**aggravation** *f.* agravación

**aggraver** *tr.* **1** agravar **2** *pr.* agravarse, empeorar

**agio** *m.* agio, gasto bancario

**agir** *intr.* **1** actuar, obrar **2** *pr. impers.* tratarse *il s'agit de* se trata de

**agissant, -e** *adj.* activo, a

**agissement** *m.* actuación *f.*

**agitateur, -trice** *m. -f.* agitador, ora

**agité, -ée** *adj.* **1** agitado, a **2** ajetreado, a *vie très agitée* vida muy ajetreada

**agiter** *tr.* **1** agitar **2** excitar ∼ *les esprits* excitar los espíritus **3** *pr.* agitarse **4** moverse, menearse, ajetrearse *il s'agite beaucoup* se menea mucho

**agneau** *m.* cordero ∼ *de lait* cordero lechal *côtelette d'*∼ chuleta de cordero *gigot d'*∼ pierna de cordero

**agnostique** *m. -f.* agnóstico, a

**agonie** *f.* agonía

**agonisant, -e** *adj. s.* agonizante

**agoniser** *intr.* agonizar

**agrafe** *f.* grapa

**agrafer** *tr.* **1** abrochar *elle agrafe son chemisier* se abrocha la blusa **2** unir con grapas *(des documents)* **3** *fig.* pillar

**agrafeuse** *f.* grapadora

**agraire** *adj.* agrario, a

**agrandir** *tr.* **1** ampliar ∼ *une photo* ampliar una foto ∼ *une maison* ampliar una casa **2** engrandecer *la bonté agrandit l'homme* la bondad engrandece al hombre **3** *pr.* ampliarse, extenderse, crecer *la ville s'est agrandie*

la ciudad se ha extendido, la ciudad ha crecido **4** engrandecerse

**agrandissement** *m.* ampliación *f. travaux d'*∼ obras de ampliación

**agrandisseur** *m.* ampliadora *f.*

**agréable** *adj.* agradable, grato, a ; placentero, a *(amér.) un* ∼ *voyage* un viaje placentero

**agréer** *tr.* **1** aceptar, admitir **2** habilitar *agence agréée* agencia habilitada **3** agradar, ser del agrado de *cela ne m'agrée pas* esto no me agrada, esto no es de mi agrado *veuillez* ∼ *mes salutations distinguées* le saluda atentamente

**agrégat** *m.* agregado

**agrégation** *f.* cátedra

**agrégé, -ée** *m. -f.* catedrático, a

**agréger** *tr.* **1** agregar **2** *pr.* agregarse

**agrément** *m.* **1** aprobación *f.*, consentimiento, beneplácito *attendre l'*∼ *du directeur* esperar la aprobación del director *donner son* ∼ dar el beneplácito **2** placer *voyage d'*∼ viaje de placer **3** encanto, atractivo *l'*∼ *des vacances* el encanto de las vacaciones

**agrémenter** *tr.* adornar

**agresser** *tr.* agredir

**agresseur** *m.* agresor, atracador

**agression** *f.* **1** agresión *la fumée est une* ∼ el humo es una agresión **2** atraco *m. (à main armée)*

**agressivité** *f.* agresividad

**agricole** *adj.* **1** agrícola *ouvrier* ∼ operario agrícola **2** agropecuario, a *exportations agricoles* exportaciones agropecuarias

**agriculteur, -trice** *m. -f.* agricultor, ora

**agriculture** *f.* agricultura

**agro-alimentaire** ou **agroalimentaire** *adj.* agroalimentario, a

**agronome** *m.* agrónomo

**agronomie** *f.* agronomía

**agrumes** *m. pl.* cítricos

**aguerrir** *tr.* **1** aguerrir *(les militaires)* **2** avezar ∼ *à la chaleur* avezar al calor **3** *pr.* avezarse, endurecerse, curtirse

**aguets (aux)** *loc. adv.* al acecho

**aguichant, -e** *adj.* provocativo, a

**ah !** *interj.* ¡ ah !

**ahuri, -ie** *adj. -s.* **1** asombrado, a *il en est tout* ∼ quedó asombrado **2** *fig.* estúpido, a *c'est un* ∼ es un estúpido

**aide** *f.* **1** ayuda *demander de l'*∼ pedir ayuda **2** fomento *m.* ∼ *à l'industriali-*

*sation* fomento de la industrialización **3** subvención ~ *à l'exportation* subvención a la exportación **4** asistencia **5** asistente, auxiliar *à l'*~ ! ¡ socorro ! *venir en* ~ *à* ayudar a, acudir en ayuda de

**aider** *tr.* **1** ayudar, socorrer, auxiliar **2** *pr.* ayudarse, socorrerse, auxiliarse **3** valerse de *s'*~ *d'une canne* valerse de un bastón

**aide soignant, -e** *m.* -*f.* auxiliar de clínica

**aïe !** *interj.* ¡ huy !, ¡ ay !

**aïeul, -e** *m.* -*f.* abuelo, a *les aïeux* los antepasados

**aigle** *m.* águila *f.*

**aiglon** *m.* aguilucho

**aigre** *adj.* agrio, a

**aigre-doux, douce** *adj.* agridulce

**aigreur** *f.* **1** acritud *répondre avec* ~ contestar con acritud **2** lo agrio *l'*~ *du vinaigre* lo agrio del vinagre **3** acedía *(d'estomac)*

**aigrir** *tr.* **1** agriar ~ *le lait* agriar la leche **2** *fig.* volver amargo, a *l'échec l'a aigri* el fracaso lo ha vuelto amargo **3** *pr.* agriarse **4** amargarse, volverse amargo, a *il s'aigrit avec l'âge* se vuelve amargo con los años

**aigu, uë** *adj.* agudo, a

**aigue-marine** *f.* aguamarina

**aiguille** *f.* **1** aguja ~ *à tricoter* aguja de hacer punto, de hacer calceta **2** manecilla *les aiguilles d'une montre* las manecillas de un reloj *chercher une* ~ *dans une botte de foin* buscar una aguja en un pajar

**aiguiller** *tr.* **1** orientar, encaminar **2** *pr.* orientarse, encaminarse

**aiguilleur** *m.* guardaagujas

**aiguillon** *m.* aguijón

**aiguiser** *tr.* **1** afilar ~ *un couteau* afilar un cuchillo **2** *fig.* agudizar ~ *l'intelligence* agudizar la inteligencia

**ail** *m.* ajo *tête d'*~ cabeza de ajo *gousse d'*~ diente de ajo *m.*

**aile** *f.* **1** ala *l'*~ *d'un avion* el ala de un avión **2** aspa *(d'un moulin) battre de l'*~ estar alicaído ; *fig.* estar o ir de capa caída *entreprise qui bat de l'aile* empresa que está de capa caída

**ailleurs** *adv.* en otra parte *d'*~ por otra parte

**aimable** *adj.* amable

**aimablement** *adv.* amablemente

**aimant** *m.* imán

**aimant, -e** *adj.* cariñoso, a

**aimanter** *tr.* **1** imantar **2** *pr.* imantarse

**aimer** *tr.* **1** amar ~ *la patrie* amar a la patria **2** querer ~ *ses parents* querer a sus padres *je t'aime* te quiero **3** gustar *j'aime le cinéma* me gusta el cine **4** *pr.* amarse, quererse ~ *beaucoup* gustar mucho, encantar *j'aime beaucoup les livres* me gustan mucho los libros, me encantan los libros ~ *mieux* preferir, gustar más *j'aime mieux aller au concert* prefiero ir al concierto, me gusta más ir al concierto

**aine** *f.* ingle

**aîné, -é** *adj.* -*s.* **1** primogénito, a *c'est l'*~ es el primogénito **2** mayor *il est de deux ans mon* ~ es dos años mayor que yo *c'est mon frère* ~ es mi hermano mayor

**ainsi** *adv.* así ~ *que* así como ~ *de suite* así sucesivamente ~ *soit-il* así sea *pour* ~ *dire* por decirlo así ~ *donc* conque ~ *donc, tu penses la même chose ?* ¿ conque piensas lo mismo ?

**air** *m.* **1** aire ~ *conditionné* aire acondicionado *courant* ~ corriente de aire ~ *de famille* aire de familia **2** semblante *l'*~ *grave* con semblante grave *à l'*~ *libre* al aire libre *avoir l'*~ parecer *avoir l'*~ *fatigué* parecer cansado *avoir le mal de l'*~ marearse, estar mareado, a *changer d'*~ cambiar de aires *mettre tout en l'*~ ponerlo todo patas arriba *prendre un* ~ *de* poner cara de *prendre l'*~ *dégoûté* poner cara de asco

**airbus** *m.* aerobús

**aire** *f.* **1** área ~ *de détente* área de esparcimiento **2** zona ~ *de jeu* zona de recreo

**aisance** *f.* **1** soltura *parler avec* ~ hablar con soltura **2** holgura *vivre dans l'*~ vivir con holgura **3** desahogo *m.* ~ *économique* desahogo económico

**aise** *f.* contento *m.*, gusto *m. être à l'*~ estar a gusto *ne pas être à l'*~ no estar a gusto, estar a disgusto *se mettre à l'*~ ponerse cómodo, a

**aisé, -ée** *adj.* **1** fácil *la critique est aisée* la crítica es fácil **2** acomodado, a *homme aisé* hombre acomodado **3** desahogado, a *position aisée* posición desahogada

**aisément** *adv.* fácilmente

**aisselle** *f.* sobaco *m.*

**ajouré, -ée** *adj.* calado, a

**ajournement** *m.* **1** aplazamiento ~ *des paiements* aplazamiento de los pagos **2** suspensión *f.*

**ajourner** *tr.* **1** aplazar ~ *des paiements* aplazar pagos **2** suspender ~ *une réunion* suspender una reunión **3** *pr.* aplazarse, suspenderse

**ajout** *m.* adición *f.*

**ajouter** *tr.* añadir ~ *foi à* dar crédito a

**ajustement** *m.* ajuste, reajuste ~ *des prix* ajuste (*ou* reajuste) de los precios

**ajuster** *tr.* **1** ajustar **2** contrastar (*une monnaie*) **3** ceñir (*une robe*) **4** *pr.* ajustarse, contrastarse, ceñirse

**alarmant, -e** *adj.* alarmante

**alarme** *f.* alarma *donner l'*~ dar la alarma, dar la voz de alarma

**alarmer** *tr.* **1** alarmar **2** *pr.* alarmarse

**alarmiste** *adj. -s.* alarmista

**albanais, -e** *adj.* albanés, esa

**albâtre** *m.* alabastro

**album** *m.* **1** álbum ~ *photo* álbum de fotos **2** elepé (*disque*) ~ *33 tours* elepé

**albumine** *f.* albúmina

**alcool** *m.* alcohol

**alcoolémie** *f.* alcoholemia

**alcoolique** *adj.* alcohólico, a

**alcootest** ou **alcotest** *m.* prueba de alcohol *f.*, prueba de embriaguez *f.*

**alcôve** *f.* alcoba *secret d'*~ secreto de alcoba

**aléatoire** *adj.* aleatorio, a

**alentour** *adv.* entorno, alrededor *les alentours* *m. pl.* los alrededores

**alerte** *adj.* vivo, a, despierto, a

**alerte** *f.* alerta, alarma ~ *à la bombe* alarma de bomba *donner l'*~ dar la alarma *fausse* ~ falsa alarma *en état d'*~ en estado de alerta, en alerta roja

**alfa** *m.* esparto

**algarade** *f.* riña

**algèbre** *f.* álgebra

**algérien, -ienne** *adj. -s.* argelino, a

**algue** *f.* alga

**alibi** *m.* coartada *f.*

**aliénation** *f.* enajenación

**aliéné, -ée** *m. -f.* loco, a *asile d'aliénés* manicomio *m.*

**aliéner** *tr.* **1** enajenar **2** *pr.* enajenarse

**aligné, -ée** *adj.* alineado, a *pays aligné* país alineado

**alignement** *m.* **1** alineación **2** equiparación *f.*, ajuste (*des prix*)

**aligner** *tr.* **1** alinear, poner en línea **2** ajustar, equiparar *les prix se sont alignés sur ceux de l'Europe* los precios se han equiparado a los de Europa **3** *pr.* alinearse, ajustarse, equipararse, ponerse en fila

**aliment** *m.* alimento

**alimentaire** *adj.* alimenticio, a *pension* ~ pensión alimenticia

**alimenter** *tr.* **1** alimentar, sustentar **2** *pr.* alimentarse, sustentarse

**alinéa** *m.* apartado

**aliter** *tr.* **1** acostar, guardar cama **2** *pr.* guardar cama

**alizé** *m.* alisio

**allaiter** *tr.* amamantar

**allant** *m.* empuje, animación *f.*, actividad *f.*

**alléchant, -e** *adj.* atractivo, a, seductor, ora *proposition alléchante* proposición seductora

**allécher** *tr.* atraer, seducir

**allée** *f.* **1** alameda (*bordée d'arbres*) **2** calle *allées et venues* idas y venidas

**allègement** *m.* **1** alivio **2** desgravación *f.* (*d'impôts*)

**alléger** *tr.* **1** aliviar ~ *des douleurs* aliviar dolores **2** disminuir, desgravar ~ *les impôts* desgravar los impuestos ~ *les frais* disminuir los gastos **3** desnatar *beurre allégé* m. mantequilla desnatada *f.*

**allégorie** *f.* alegoría

**allègre** *adj.* vivo, a, ágil

**allégresse** *f.* júbilo *m.*

**alléguer** *tr.* alegar

**allemand** *m.* alemán

**Allemand, -e** *m. -f.* alemán, ana

**allemand, -e** *adj.* alemán, ana

**aller** *intr.* **1** ir ~ *et venir* ir y venir **2** estar *le malade va mieux* el enfermo está mejor **3** sentar *ce costume lui va bien* este traje le sienta bien **4** convenir, interesar *ça me va* me conviene **5** *pr.* irse, marcharse *je m'en vais* me voy, me marcho ~ *+ inf* = ir a + inf. *je vais lire* voy a leer ~ *au fait, au but* ir al grano ~ *comme sur des roulettes* ir sobre ruedas *cela va de soi* esto cae de su peso *cela va sans dire* ! ya puede decir tiene ! *comment ça va ?* ¿ qué tal ? *ne pas y* ~ *par quatre chemins* no andarse con rodeos *allons donc* !

¡vaya! *allons-y!* ¡vamos! *allons-nous-en!* ¡vámonos!

**aller** *m.* ida *f. billet ~ et retour* billete de ida y vuelta *au pis-~* en el peor de los casos

**allergie** *f.* alergia

**alliage** *m.* aleación

**alliance** *f.* 1 alianza *~ militaire* alianza militar 2 parentesco *m.* 3 enlace matrimonial *m. (mariage) par ~* político, a *adj. clown par ~* primo político *~ en or* anillo de oro

**allié, -ée** *adj. -s.* aliado, a

**allier** *tr.* 1 unir, aliar 2 alear *(des métaux)*

**allitération** *f.* aliteración

**allô!** *interj.* ¡diga!, ¡dígame! *(personne qui reçoit l'appel)*, ¡oiga! *(personne qui appelle)*

**allocataire** *m. -f.* beneficiario de un subsidio

**allocation** *f.* 1 subsidio *m. ~ chômage* subsidio de paro, subsidio de desempleo 2 asignación *~ d'un prêt* asignación de un préstamo *allocations familiales* subsidio familiar

**allocution** *f.* alocución

**allongé, -ée** *adj.* 1 alargado, a *visage ~* cara alargada 2 tumbado, a *être ~ sur la plage* estar tumbado, a en la playa 3 aguado, a *boisson allongée d'eau* bebida aguada

**allongement** *m.* 1 alargamiento 2 prolongación *f.*

**allonger** *tr.* 1 alargar 2 aclarar *(une sauce)* 3 largar, propinar *~ une claque* largar una bofetada 4 *fam.* aflojar *~ du fric* aflojar la pasta 5 alargar, extender *~ le bras* alargar el brazo *~ le pas* extender el paso 6 *pr.* alargarse 7 tumbarse *s'~ sur le sable* tumbarse en la arena 8 echarse *s'~ sur le lit* echarse en la cama

**allouer** *tr.* asignar, conceder *~ un prêt* asignar un préstamo *~ une indemnité* conceder una indemnización

**allumage** *m.* encendido

**allumer** *tr.* 1 encender 2 *pr.* encenderse

**allumette** *f.* fósforo *m.*, cerilla

**allure** *f.* 1 velocidad *(vitesse)* 2 garbo *m. elle a de l'~* tiene garbo 3 pinta *f. il a l'~ d'un clown* tiene pinta de payaso 4 paso *m.*, marcha *à cette ~ à ese paso à toute ~* a toda marcha

**allusion** *f.* alusión *faire ~ à* aludir a

**alluvial, -ale** *adj.* aluvial *plaine alluviale* vega *f.*

**alluvion** *m.* aluvión

**almanach** *m.* almanaque

**aloi** *m.* ley *f. argent de bon ~* plata de ley *de bon ~ fig.* de buena ley

**alors** *adv.* 1 entonces *nous étions heureux alors* entonces éramos felices 2 *loc. conj.* mientras que *il part alors que son frère reste* se va mientras que su hermano se queda

**alouette** *f.* calandria, alondra *miroir aux alouettes* espejuelo *m.*

**alourdir** *tr.* 1 hacer pesado, volver pesado *l'âge alourdit ses pas* los años hacen pesados sus pasos 2 *fig.* recargar, sobrecargar *~ une phrase* recargar una frase 3 *pr.* hacerse pesado, volverse pesado, recargarse, sobrecargarse

**alpaga** *m.* alpaca *f.*

**alpage** *m.* pasto

**alpha** *m.* alfa *f.*

**alphabet** *m.* alfabeto

**alphabétique** *adj.* alfabético, a

**alphabétisation** *f.* alfabetización *campagne d'~* campaña de alfabetización

**alpin, -e** *adj.* alpino, a *ski alpin* esquí alpino

**alpinisme** *m.* alpinismo, montañismo *faire de l'~* practicar el montañismo *école d'~* escuela de montañismo

**alpiniste** *m. -f.* alpinista, montañista

**altérable** *adj.* alterable

**altération** *f.* 1 alteración 2 falsificación *~ de signatures* falsificación de firmas 3 adulteración *~ de l'huile* adulteración del aceite

**altercation** *f.* altercado *m.*

**altérer** *tr.* 1 alterar 2 falsificar *(signature)* 3 adulterar *(un produit alimentaire)*

**alternance** *f.* alternancia

**alternatif, -ive** *adj.* alternativo, a

**alterner** *tr.* 1 alternar 2 *pr.* alternarse

**altesse** *f.* alteza

**altier, -ière** *adj.* altivo, a, altanero, a

**altimètre** *m.* altímetro

**altitude** *f.* 1 altitud *l'~ d'une montagne* la altitud de una montaña 2 altura *~ au-dessus du niveau de la mer* altura por encima del nivel del mar

**altruiste** *adj. -s.* altruista

**aluminium** *m.* aluminio

**amabilité** *f.* amabilidad *auriez-vous l'~ de...?* ¿ sería usted tan amable de... ?

**amadouer** *tr.* engatusar

**amaigrir** *tr.* enflaquecer *le travail l'a amaigri* el trabajo lo ha enflaquecido

**amaigrissement** *m.* adelgazamiento *régime d'~* dieta de adelgazamiento, dieta para adelgazar

**amalgamer** *tr.* 1 amalgamar 2 *pr.* amalgamarse

**amande** *f.* almendra *pâte d'~ f.* turrón *m. yeux en ~* ojos rasgados

**amandier** *m.* almendro

**amant** *m.* amante, querido *elle a un ~* tiene un querido

**amarrer** *tr.* amarrar

**amas** *m.* montón *un ~ de papiers* un montón de papeles

**amasser** *tr.* 1 amontonar 2 acopiar *~ de l'argent* acopiar dinero 3 *pr.* amontonarse, acopiarse

**amateur** *m.* 1 aficionado, a *~ de photo* aficionado a la foto *photographe ~* fotógrafo aficionado 2 amante *les amateurs d'opéra* los amantes de la ópera *être ~ de* tenerle afición a *être ~ de cinéma* tenerle afición al cine *travail d'~* chapuza *f. travailler en ~* ser chapucero, hacer chapuzas

**amateurisme** *m.* diletantismo

**ambassade** *f.* embajada

**ambassadeur, -drice** *m.* -*f.* embajador, ora

**ambiance** *f.* 1 ambiente *m.* 2 ambientación *lumières d'~* luces de ambientación 3 *fam.* ambientazo *m. il y a une de ces ambiances !* ¡ menudo ambientazo ! *mettre de l'~* ambientar

**ambiant, -e** *adj.* ambiental

**ambigu, -uë** *adj.* ambiguo, a

**ambiguïté** *f.* ambigüedad

**ambitieux, -euse** *adj.* -*s.* ambicioso, a

**ambition** *f.* ambición

**ambitionner** *tr.* ambicionar *il ambitionne que son fils soit avocat* ambiciona que su hijo sea abogado

**ambivalent, -e** *adj.* ambivalente

**ambre** *m.* ámbar

**ambulance** *f.* ambulancia

**ambulancier** *m.* ambulanciero, enfermero de ambulancia

**ambulant, -e** *adj.* ambulante *marchand ~* vendedor ambulante

**âme** *f.* 1 alma 2 ánima *(du Purgatoire) grandeur d'~* grandeza de espíritu *il n'y a pas ~ qui vive* no hay ni un alma *rendre l'~* echar el último suspiro

**améliorable** *adj.* mejorable

**amélioration** *f.* 1 mejora, mejoramiento *m.*, mejoría *(de la santé)* 2 rehabilitación *f. ~ de l'habitat* rehabilitación de viviendas

**améliorer** *tr.* 1 mejorar 2 *pr.* mejorarse, mejorar *le temps s'améliore* el tiempo mejora

**amen** *adv.* amén

**aménagement** *m.* 1 instalación *l'~ de son appartement* la instalación de su piso 2 acondicionamiento *~ des espaces verts* acondicionamiento de zonas verdes 3 arreglo, disposición *f. ~ d'une chambre* arreglo de una habitación 4 habilitación *f. ~ d'un local en bureaux* habilitación de un local en despachos 5 urbanización *(d'une ville) travaux ~* obras de urbanización *~ du territoire* ordenación del territorio *f.*

**aménager** *tr.* instalar, acondicionar, arreglar, disponer, habilitar

**amende** *f.* multa *infliger une ~* poner una multa, multar *faire ~ honorable* pedir perdón

**amendement** *m.* enmienda *f. rejeter un ~ de loi* rechazar una enmienda

**amender** *tr.* 1 enmendar 2 *pr.* enmendarse

**amène** *adj.* ameno, a

**amener** *tr.* 1 traer *amène-le-moi* tráemelo 2 ocasionar, acarrear *un malheur en amène un autre* una desgracia acarrea otra desgracia 3 inducir *il faut l'~ à l'acheter* hay que inducirlo a que lo compre *mandat d'~* orden de comparecencia

**amenuisement** *m.* reducción *f.*, merma *f.*

**amenuiser** *tr.* 1 reducir, disminuir, mermar 2 *pr.* reducirse, disminuirse, mermarse *le pouvoir d'achat s'amenuise* el poder adquisitivo está mermando

**amer, -ère** *adj.* amargo, a

**américain, -e** *adj.* -*s.* americano, a

**américanisme** *m.* americanismo

**amertume** *f.* amargura

**améthyste** *f.* amatista

**ameublement** *m.* mobiliario *l'~ d'une salle* el mobiliario de una sala *magasin d'~* m. casa de muebles *f.*, tienda de muebles *f.*

**ameuter** tr. **1** amotinar **2** pr. amotinarse

**ami, -ie** adj. *-s.* amigo, a

**amiable** adj. **1** amistoso, a **2** amigable *constat à l'amiable* atestado amigable

**amical, -ale** adj. amistoso, a

**amidon** m. almidón

**amidonner** tr. almidonar

**amincir** tr. adelgazar

**amincissement** m. adelgazamiento

**amiral** m. almirante

**amitié** *f.* amistad *mes amitiés à* recuerdos a

**ammoniaque** *f.* amoniaco m.

**amnésie** *f.* amnesia

**amnésique** adj. amnésico, a

**amnistie** *f.* amnistía

**amnistier** tr. amnistiar

**amoindrir** tr. **1** aminorar, disminuir **2** pr. aminorarse, disminuirse

**amonceler** tr. **1** amontonar **2** pr. amontonarse

**amont** m. río arriba *en ~* río arriba

**amoral, -ale** adj. amoral

**amorce** *f.* **1** comienzo m., inicio m., principio m. *l'~ d'un projet* el inicio de un proyecto **2** cebo m. *(appât)* **3** esbozo m. *(ébauche)*

**amorcer** tr. **1** comenzar, iniciar *~ un travail* iniciar un trabajo **2** cebar *(avec un appât)*

**amorphe** adj. amorfo, a

**amorti** m. dejada *f.*, pelota corta *f.* *(tennis)*

**amortir** tr. **1** amortiguar **2** pr. amortiguarse

**amortissable** adj. amortizable

**amortissement** m. amortización *f.*

**amortisseur** m. amortiguador

**amour** m. amor *l'~ de l'art* el amor al arte *un ~ de chat* un encanto de gato *l'~ des voyages* la pasión por los viajes

**amoureux, -euse** adj. *-s.* enamorado, a

**amour-propre** m. amor propio

**amovible** adj. **1** amovible **2** de quita y pon *col ~* cuello de quita y pon

**ampère** m. amperio

**amphétamine** *f.* anfetamina

**amphibie** adj. anfibio, a

**amphithéâtre** m. **1** aula *f.* *(université) le grand ~* el Aula Magna **2** anfiteatro

**amphore** *f.* ánfora

**ample** adj. **1** amplio, a **2** holgado, a *vêtements amples* m. pl. ropa holgada *f.* *pour de plus amples renseignements* para más información

**ampleur** *f.* amplitud

**ampli** m. amplificador

**amplificateur** m. amplificador

**amplification** *f.* amplificación

**amplitude** *f.* amplitud

**ampoule** *f.* **1** bombilla *~ électrique* bombilla eléctrica **2** ampolla

**amputation** *f.* amputación ; *fig.* reducción

**amputer** tr. amputar ; *fig.* reducir

**amulette** *f.* amuleto m.

**amusant, -e** adj. **1** divertido, a *une situation amusante* una situación divertida **2** gracioso, a *une histoire amusante* un chiste gracioso

**amuse-gueule** m. **1** tapa *f.* *(dans un bar)* **2** pincho

**amusement** m. entretenimiento, diversión *f.*

**amuser** tr. **1** entretener, divertir *~ les enfants* divertir, entretener a los niños **2** pr. divertirse, entretenerse en *ils s'amusent beaucoup* se divierten mucho *s'~ à lire* entretenerse en leer

**amygdale** *f.* amígdala

**an** m. año *il a dix ans* tiene diez años *bon ~ mal ~* un año con otro *je m'en moque comme de l'~ quarante* me importa un bledo

**anachronisme** m. anacronismo

**anagramme** *f.* anagrama

**analgésique** adj. *-s.* analgésico, a

**anal, -ale** adj. anal

**analogie** *f.* analogía

**analogique** *f.* analógico, a

**analogue** adj. análogo, a

**analphabète** adj. *-s.* analfabeto, a

**analphabétisme** m. analfabetismo

**analyse** *f.* análisis m. *~ numérique* análisis numérico

**analyser** tr. **1** analizar **2** pr. analizarse

**analyste** m. *-f.* analista *~programmeur* analista programador

**ananas** m. piña *f.*

**anarchie** *f.* anarquía

**anarchique** *adj.* anárquico, a

**anarchisme** *m.* anarquismo

**anarchiste** *adj. -s.* anarquista

**anatomie** *f.* anatomía

**ancestral, -ale** *adj.* ancestral

**ancêtre** *m.* antepasado *mes ancêtres* mis antepasados

**anchois** *m.* anchoa *f.*, boquerón

**ancien, -ienne** *adj.* **1** antiguo, a *un meuble* ~ un mueble antiguo **2** ex *les anciens combattants* los ex combatientes

**anciennement** *adv.* antaño

**ancienneté** *f.* antigüedad *avancement à l'*~ ascenso por antigüedad

**ancrage** *m.* **1** ancladero *(mouillage)* **2** *TECHN.* anclaje *point d'*~ punto de anclaje

**ancre** *f.* ancla, áncora

**ancrer** *tr.* **1** anclar **2** *pr.* anclarse

**Andalou, -ouse** *m. -f.* andaluz, a

**andalou, -ouse** *adj.* andaluz, a

**andouille** *f. fig. fam.* bobo, a

**androgyne** *adj. -s.* andrógino, a

**âne** *m.* **1** asno, burro, borrico **2** *fig.* bestia *quel* ~ *!* ¡ qué bestia ! *têtu comme un* ~ terco como una mula

**anéantir** *tr.* **1** aniquilar **2** *fig.* anonadar

**anéantissement** *m.* aniquilamiento

**anecdote** *f.* anécdota

**anecdotique** *adj.* anecdótico, a

**anémie** *f.* anemia

**anémier** *tr.* **1** volver anémico, a **2** *pr.* volverse anémico, a

**anémique** *adj.* anémico, a

**ânerie** *f.* tontería, sandez *il ne dit que des âneries* no dice más que tonterías, que sandeces

**ânesse** *f.* burra

**anesthésie** *f.* anestesia

**anesthésier** *tr.* anestesiar

**anesthésiste** *m. -f.* anestesista

**anévrisme** *m.* aneurisma

**anfractuosité** *f.* **1** cavidad, agujero *m.* **2** anfractuosidad

**angarie** *f.* angaria

**ange** *m.* ángel ~ *gardien* ángel de la guarda *être aux anges* estar en la gloria

**angélique** *adj.* angelical

**angelot** *m.* angelote

**angine** *f.* angina *avoir une* ~ tener anginas

**angiome** *m.* angioma

**Anglais, -e** *m. -f.* **1** inglés, esa **2** *m.* inglés

**anglais, -e** *adj.* inglés, esa *filer à l'anglaise* despedirse a la francesa

**anglaises** *f. pl.* tirabuzón *m.*

**angle** *m.* **1** ángulo ~ *droit* ángulo recto **2** angulación *f.* ~ *de prise de vue* angulación **3** esquina *f. à l'*~ *de la rue d'Alcalá* en la esquina de la calle de Alcalá **4** *fig.* aspereza *f. arrondir les angles* suavizar las asperezas

**anglican, -e** *adj. -s.* anglicano, a

**anglicisme** *m.* anglicismo

**angliciste** *m. -f.* anglicista

**anglomanie** *f.* anglomanía

**anglophilie** *f.* anglofilia

**anglo-saxon, -onne** *adj. -s.* anglosajón, ona

**angoissant, -e** *adj.* angustioso, a

**angoisse** *f.* angustia

**angoisser** *tr.* **1** angustiar **2** *pr.* angustiarse

**angora** *m.* **1** angora **2** *adj.* de angora *chat* ~ gato de angora

**anguille** *f.* anguila ~ *de mer* congrio *m. il y a* ~ *sous roche* hay gato encerrado

**angulaire** *adj.* angular *pierre* ~ piedra angular

**anguleux, -euse** *adj.* anguloso, a

**anhydride** *m.* anhídrido

**aniline** *f.* anilina

**animal, -ale** *adj.* animal *règne* ~ reino animal

**animal** *m.* animal ~ *sauvage* fiera *f. les animaux* los animales *quel* ~ *! interj. fig.* ¡ qué bestia !

**animateur, -trice** *m. -f.* animador, ora

**animation** *f.* animación

**animé, -ée** *adj.* animado, a *dessin* ~ dibujo animado

**animer** *tr.* **1** animar, dar animación ~ *une fête* animar una fiesta **2** animar, dar ánimos *le chef animait son équipe* el jefe animaba, daba ánimos a su equipo **3** *pr.* animarse

**anis** *m.* anís

**ankyloser** *tr.* **1** anquilosar **2** *pr.* anquilosarse

**annales** *f. pl.* anales *m. pl.*

**anneau** *m.* **1** anillo ∼ *en or* anillo de oro **2** anilla *f. (de rideaux)* **3** anillas *f. pl. (sport)*

**année** *f.* **1** año *m.* **2** curso *(scolaire)*

**annexe** *adj.* **1** anexo, a *bâtiment* ∼ edificio anexo **2** adjunto, a *lettre* ∼ carta adjunta

**annexer** *tr.* **1** anexionar ∼ *un territoire* anexionar un territorio **2** adjuntar ∼ *un document* adjuntar un documento

**annexion** *f.* anexión

**annihiler** *tr.* **1** aniquilar **2** *pr.* aniquilarse

**anniversaire** *m.* **1** cumpleaños *joyeux anniversaire !* ¡ cumpleaños feliz ! **2** aniversario *l'*∼ *d'une victoire* el aniversario de una victoria

**annonce** *f.* anuncio *m.* ∼ *publicitaire* cartel publicitario *m. les petites annonces* los anuncios por palabras, anuncios breves

**annoncer** *tr.* **1** anunciar **2** *pr.* anunciarse

**annonceur** *m.* anunciante

**annotation** *f.* **1** anotación **2** acotación *les annotations scéniques* las acotaciones escénicas

**annoter** *tr.* anotar, acotar

**annuaire** *m.* anuario ∼ *du téléphone* guía telefónica *f.*, listín

**annuel, -elle** *adj.* anual

**annuité** *f.* anualidad

**annulation** *f.* anulación, cancelación ∼ *d'une réservation* cancelación de una reserva

**annuler** *tr.* **1** anular ∼ *un testament* anular un testamento **2** cancelar ∼ *une réservation* cancelar una reserva **3** rescindir ∼ *un contrat* rescindir un contrato **4** *pr.* anularse, cancelarse, rescindirse

**anoblir** *tr.* ennoblecer

**anodin, -e** *adj.* anodino, a

**anomalie** *f.* anomalía

**anonymat** *m.* anonimato

**anonyme** *adj.* anónimo, a *société* ∼ sociedad anónima

**anorak** *m.* anoraka *f.*, anorak

**anorexie** *f.* anorexia

**anormal, -ale** *adj.* anormal, subnormal *enfant* ∼ niño subnormal

**anse** *f.* **1** asa *l'*∼ *du panier* el asa de la cesta **2** ensenada *(petite baie) faire*

*danser l'*∼ *du panier* sisar, hacer la sisa

**antagonique** *adj.* antagónico, a

**antagoniste** *m. -f.* antagonista

**antarctique** *adj.* **1** antártico, a **2** *n. pr. m.* Antártico

**antécédent** *m.* antecedente

**antenne** *f.* antena ∼ *parabolique* antena parabólica *donner l'*∼ conectar *nous donnons l'*∼ *à notre correspondant de Madrid* conectamos con nuestro corresponsal en Madrid

**antépénultième** *m.* antepenúltimo, a

**antérieur, -e** *adj.* anterior

**antérieurement** *adv.* anteriormente, en lo anterior

**antériorité** *f.* anterioridad

**anthologie** *f.* antología

**anthracite** *m.* antracita *f.*

**anthropologie** *f.* antropología

**anthropologique** *adj.* antropológico, a

**anthropologue** *m. -f.* antropólogo, a

**anthropophage** *m. -f.* antropófago, a

**antiadhésif, -ive** *adj.* antiadherente

**antiaérien, -ienne** *adj.* antiaéreo, a

**antibiotique** *m.* antibiótico

**antibrouillard** *m.* antiniebla *phares* ∼ luces antiniebla

**antichambre** *f.* antecámara *faire* ∼ hacer antesala

**antichar** *m.* antitanque

**anticipation** *f.* anticipación *par* ∼ por adelantado, por anticipación *roman d'*∼ novela de ciencia ficción

**anticiper** *tr.* anticipar ∼ *les événements* anticiparse a los acontecimientos

**anticléricalisme** *m.* anticlericalismo

**anticommunisme** *m.* anticomunismo

**anticonceptionnel, -elle** *adj.* anticonceptivo, a

**anticonformisme** *m.* anticonformismo

**anticonformiste** *adj. -s.* anticonformista

**anticonstitutionnel, -elle** *adj.* anticonstitucional

**anticorps** *m.* anticuerpo

**anticyclone** *m.* anticiclón

**antidate** *f.* antedata ; *amér.* antefecha

**antidépresseur** *m.* antidepresor

**antidérapant, -e** adj. antideslizante *semelles antidérapantes* suelas antideslizantes

**antidote** m. antídoto

**antigel** m. anticongelante

**antigréviste** m. esquirol

**antihausse** adj. contra el alza *mesure ~ medida* contra el alza

**anti-inflammatoire** adj. -s. antiinflamatorio, a

**anti-inflationniste** adj. antiinflacionista

**antillais, -e** adj. antillano, a

**Antillais, -e** m. -f. antillano, a

**antilope** f. antílope m.

**antimites** m. matapolillas

**antinucléaire** adj. s. antinuclear *abri ~ refugio* antinuclear

**antipathie** f. antipatía

**antipathique** adj. antipático, a *être ~ à quelqu'un* caerle mal a uno *ce garçon m'est ~* este chico me cae mal

**antipelliculaire** adj. anticaspa

**antiquaille** f. antigualla

**antiquaire** m. -f. anticuario, a

**antiquité** f. antigüedad *magasin d'antiquités* tienda de antigüedades *achat et vente d'antiquités* compraventa de antigüedades

**antireflet** adj. antirreflejo

**antirouille** adj. -s. antioxidante

**antisèche** f. chuleta

**antisémite** adj. -s. antisemita

**antisémitisme** m. antisemitismo

**antiseptique** adj. 1 antiséptico, a 2 m. antiséptico

**antithèse** f. antítesis

**antitrust** adj. antitrust

**antivol** m. antirrobo

**antre** m. antro

**anus** m. ano

**anxiété** f. ansiedad

**anxieux, -euse** adj. ansioso, a, inquieto, a

**août** m. agosto

**aoûtien, -ienne** adj. -f. agosteño, a

**apache** adj. -s. apache

**apaisant, -e** adj. sosegador, ora, tranquilizador, ora

**apaisement** m. 1 apaciguamiento *~ du conflit* apaciguamiento del conflicto 2 sosiego *être dans un moment d'~* estar en un momento de sosiego

3 aplacamiento *~ de la colère* aplacamiento de la cólera

**apaiser** tr. 1 apaciguar *~ un conflit* apaciguar un conflicto 2 sosegar *~ une personne* sosegar a una persona 3 aplacar *~ la colère* aplacar la cólera 4 tranquilizar, calmar *~ les craintes* calmar los temores

**aparté** m. aparte *en ~* entre sí

**apartheid** m. apartheid

**apathique** adj. apático, a

**apatride** adj. -s. apátrida

**apercevoir** tr. 1 divisar *on aperçoit une maison* se divisa una casa 2 darse cuenta de *je m'aperçois de sa bêtise* me doy cuenta de su estupidez *s'~ que* darse cuenta de que

**aperçu** m. 1 idea general f. *avoir un ~ de la situation* tener una idea general de la situación 2 cálculo rápido *un ~ du budget* un cálculo rápido del presupuesto

**apéritif** m. aperitivo

**apesanteur** f. ingravidez

**à-peu-près** m. aproximación f.

**à peu près** loc. adv. 1 aproximadamente, más o menos *c'est ~ cela* más o menos es eso 2 unos, unas *il a ~ dix ans* tiene unos diez años *il y a ~ cent revues* hay unas cien revistas

**apeurer** tr. asustar, amedrentar

**aphone** adj. afónico, a

**aphrodisiaque** adj. 1 afrodisiaco, a 2 m. afrodisiaco

**aphte** m. afta

**apiculture** f. apicultura

**apitoyer** tr. 1 apiadar, dar lástima *le récit l'a apitoyé* el relato le dio lástima 2 pr. apiadarse de, compadecerse de *il ne faut pas s'~ sur son malheur* no hay que compadecerse de su desdicha

**aplanir** tr. 1 allanar *~ les difficultés* allanar las dificultades 2 pr. allanarse

**aplanissement** m. allanamiento

**aplatir** tr. 1 aplastar 2 achatar *(rendre plat)* 2 pr. aplastarse, achatarse

**aplatissement** m. aplastamiento, achatamiento

**aplomb** m. 1 verticalidad f. 2 caída *(d'un vêtement)* 3 fig. descaro, desfachatez f. *avoir de l'~* tener cara dura *d'~* verticalmente *se remettre d'~* recuperarse *il s'est vite remis d'~* se ha recuperado rápido

**apnée** f. apnea

**apocope** *f.* apócope

**apogée** *f.* **1** apogeo *m.* **2** cúspide *f.* *être à son* ~ estar en la cúspide

**apolitique** *adj.* apolítico, a

**apologie** *f.* apología

**apoplexie** *f.* apoplexia

**apostolat** *m.* apostolado.

**apostolique** *adj.* apostólico, a

**apostrophe** *f.* **1** apóstrofe *m.* **2** *GRAM.* apóstrofo *m.*

**apostropher** *tr.* increpar *le policier apostropha un passant* el policía increpó a un transeúnte

**apothéose** *f.* apoteosis

**apothicaire** *m.* boticario *fig. des comptes d'*~ las cuentas del Gran Capitán

**apôtre** *m.* apóstol

**apparaître** *intr.* **1** aparecer, aparecerse *la Vierge lui est apparue* se le apareció la Virgen **2** parecer *cela lui apparaissait impossible* aquello le parecía imposible *faire* ~ poner de manifiesto, arrojar *faire* ~ *un gain de plusieurs millions* arrojar una ganancia de varios millones

**apparat** *m.* **1** gala *dîner d'*~ cena de gala **2** pompa *f.*

**appareil** *m.* **1** aparato *l'*~ *du parti* el aparato del partido **2** máquina *f.,* cámara *f.* **3** maquinaria *f.* ~ *administratif* maquinaria administrativa ~ *photo* máquina fotográfica, cámara fotográfica

**appareillage** *m.* **1** equipo ~ *technique d'un hôpital* equipo técnico de un hospital **2** aparellaje ~ *électrique* aparellaje eléctrico **3** prótesis *f.* ~ *pour les jambes* prótesis para las piernas

**apparemment** *adv.* **1** aparentemente **2** por lo visto ~, *il est content* por lo visto está contento

**apparence** *f.* apariencia

**apparent, -e** *adj.* aparente

**apparenter (s')** *pr.* **1** emparentarse con, entroncar con **2** *fig.* parecerse a *son style s'apparente à celui de son ami* su estilo se parece al de su amigo

**appariteur** *m.* bedel

**apparition** *f.* aparición

**appartement** *m.* **1** piso, *amér.* departamento *un grand* ~ un gran piso **2** apartamento *un petit* ~ *sur la côte* un apartamento en la costa ~ *au dernier étage avec terrasse* un ático ~ *témoin* piso piloto

**appartenance** *f.* **1** pertenencia, propiedad **2** afiliación, adhesión ~ *à un parti politique* afiliación (adhesión) a un partido político

**appartenir** *intr.* **1** pertenecer, ser *cette maison appartient à Manuel* esta casa pertenece a Manuel, es de Manuel **2** *pr.* ser dueño de sí mismo

**appas** *m. pl.* encantos, atractivos

**appât** *m.* **1** cebo **2** *fig.* atractivo, incentivo **3** afán *l'*~ *du gain* el afán de lucro

**appâter** *tr.* **1** cebar **2** *fig.* atraer, seducir *les clients se laissent* ~ los clientes se dejan seducir

**appauvrir** *tr.* **1** empobrecer **2** *pr.* empobrecerse

**appauvrissement** *m.* empobrecimiento

**appel** *m.* **1** llamada *f.* ~ *téléphonique* llamada telefónica **2** llamamiento, llamado *lancer un* ~ hacer un llamamiento **3** *DR.* apelación ~ *de fonds* solicitación de fondos *f. faire un* ~ *de fonds* solicitar fondos ~ *d'offres* licitación *f. faire un* ~ *d'offres* abrir licitación *sans* ~ sin apelación, inapelable *adj. faire* ~ presentar una apelación, apelar ~ *à la grève* convocatoria de huelga *f. lancer un* ~ *à la grève* convocar a la huelga

**appeler** *tr.* **1** llamar ~ *au téléphone* llamar por teléfono **2** *pr.* llamarse *il s'appelle Marc* se llama Marcos ~ *à une grève* convocar a una huelga ~ *à* recurrir a

**appellation** *f.* denominación ~ *contrôlée* denominación de origen

**appendicite** *f.* apendicitis

**appentis** *m.* cobertizo

**appesantir** *tr.* **1** hacer más pesado, a **2** *pr.* hacerse más pesado, a *s'*~ *sur* insistir en

**appétissant, -e** *adj.* apetitoso, a

**appétit** *m.* apetito *il a bon* ~ tiene buen apetito *interj. bon* ~ *!* ¡ qué aproveche !, ¡ buen provecho ! *l'*~ *vient en mangeant* el comer y el rascar, todo es empezar

**applaudir** *intr.* aplaudir

**applaudissement** *m.* aplauso

**applicable** *adj.* aplicable

**applique** *f.* aplique *m.*

**appliquer** *tr.* **1** aplicar **2** *pr.* aplicarse

**appoint** *m.* **1** suelto *m. avoir l'*~ tener suelto **2** moneda fraccionaria *f.* **3** complemento *table d'*~ mesa auxiliar *salaire d'*~ sueldo de complemento, sueldo adicional

**appointement** *m. pl.* sueldo *m.*

**apport** *m.* 1 aportación *f. l'*~ *de la technique* la aportación de la técnica ~ *financier* aportación financiera 2 entrada *f. (achat d'un logement)* vente *d'appartements avec un* ~ *personnel de 10 millions* venta de pisos con entrada de 10 millones

**apporter** *tr.* 1 traer *apporte-moi ce vase* tráeme este jarrón 2 aportar *(des biens, des preuves...)* ~ *du soin à* poner cuidado en

**apposer** *tr.* 1 fijar ~ *une affiche* fijar un cartel 2 insertar ~ *une condition dans un contrat* insertar una condición en un contrato ~ *sa signature* firmar, poner su firma ~ *les scellés* precintar

**apposition** *f.* 1 colocación, fijación ~ *d'une affiche* fijación de un cartel 2 inserción ~ *d'une clause* inserción de una cláusula ~ *d'une signature* firma

**appréciable** *adj.* apreciable

**appréciation** *f.* 1 apreciación 2 evaluación, valoración ~ *d'un immeuble* valoración de un edificio *à l'*~ *de* al juicio de

**apprécier** *tr.* 1 apreciar *il l'apprécie beaucoup* lo aprecia mucho 2 valorar ~ *la maison à 10 millions* valorar la casa en 10 millones

**appréhender** *tr.* 1 prender *il s'est fait* ~ *dans la rue* lo prendieron en la calle 2 temer *j'appréhende sa réaction* temo su reacción

**appréhension** *f.* 1 aprensión, temor *m. il a une* ~ tiene una aprensión 2 aprehensión *son* ~ *des problèmes est lente* su aprehensión de los problemas es lenta

**apprendre** *tr.* 1 aprender, estudiar ~ *l'histoire* estudiar historia *la volonté d'*~ la voluntad de aprender 2 enseñar *je lui apprends à lire* le enseño a leer 3 enterarse de *j'ai appris l'événement à la télévision* me he enterado del acontecimiento en la tele

**apprenti, -ie** *m. -f.* aprendiz, a *une apprentie coiffeuse* una aprendiza de peluquera *l'homme est un* ~ *sorcier* el hombre es un aprendiz de brujo

**apprentissage** *m.* aprendizaje *être en* ~ estar de aprendiz

**apprêt** *m.* 1 apresto, aderezo *(d'un tissu)* 2 *fig.* afectación *f.*

**apprêter** *tr.* 1 preparar, condimentar ~ *la salade* condimentar la ensalada ~ *les valises* preparar las maletas 2 aprestar ~ *un tissu* aprestar un tejido 3 *pr.* prepararse *s'*~ *à* disponerse a, estar a punto de *il s'apprête à sortir* está a punto de salir

**apprivoiser** *tr.* 1 amansar 2 *pr.* amansarse, acostumbrarse a

**approbation** *f.* 1 aprobación *il a l'*~ *générale* tiene la aprobación general 2 visto bueno *m. donner son* ~ dar el visto bueno

**approchant, -e** *adj.* semejante, parecido, a, casi igual *quelque chose d'*~ algo semejante

**approche** *f.* 1 aproximación, proximidad *l'*~ *des vacances* la proximidad de las vacaciones 2 enfoque *m. l'*~ *du problème* el enfoque del problema 3 trato *m. (d'une personne) à l'*~ *de* al acercarse *à l'*~ *du troisième âge* al acercarse la tercera edad

**approcher** *tr.* 1 acercar, aproximar ~ *une table du mur* acercar una mesa a la pared 2 enfocar ~ *un problème* enfocar un problema 3 rondar *somme qui approche les 20 millions* cantidad que ronda los 20 millones 4 *intr.* aproximarse, acercarse *l'hiver approche* se aproxima el invierno 5 *pr.* aproximarse, acercarse *s'*~ *de* acercarse a *s'*~ *de Madrid* acercarse a Madrid

**approfondir** *tr.* 1 ahondar, profundizar 2 intensificar ~ *des relations* intensificar relaciones 3 *pr.* ahondarse, profundizarse, hacerse más profundo, a 4 intensificarse

**approfondissement** *m.* 1 ahondamiento ~ *d'une fissure* ahondamiento de una grieta 2 profundización *f. d'un sujet* profundización de un tema

**appropriation** *f.* 1 apropiación 2 adaptación ~ *des mesures aux moyens* adaptación de las medidas a los medios

**approprier** *tr.* 1 apropiar, acomodar ~ *les lois aux coutumes* acomodar las leyes a los usos 2 adaptar ~ *les mesures aux moyens* adaptar las medidas a los medios 3 *pr.* apropiarse, adaptarse *il a un air qui s'approprie aux circonstances* tiene un semblante que se adapta a las circunstancias 4 hacerse con *s'*~ *le pouvoir* hacerse con el poder

**approuver** *tr.* aprobar *lu et approuvé* leído y conforme

**approvisionnement** *m.* abastecimiento, suministro *l'~ en eau* el abastecimiento del agua *~ de blé* suministro de trigo

**approvisionner** *tr.* **1** abastecer, suministrar, proveer *~ une ville en eau* suministrar agua a una ciudad **2** surtir *~ un rayon de supermarché* surtir una sección de supermercado **3** *tr.* proveerse, suministrarse, abastecerse, surtirse *s'~ en* proveerse de

**approvisionneur, -euse** *m. -f.* suministrador, ora, abastecedor, ora, proveedor, ora

**approximatif, -ive** *adj.* aproximado, a

**approximation** *f.* aproximación

**approximativement** *adv.* poco más o menos

**appui** *m.* **1** apoyo *point d'~* punto de apoyo **2** sostén *mur d'~* muro de sostén **3** apoyo, ayuda *f. elle a besoin d'un ~ familial* necesita una ayuda familiar **4** *fig.* respaldo *m. il a perdu l'~ des leaders de son parti* ha perdido el respaldo de los líderes de su partido *~ d'une fenêtre* antepecho *à l'~ de* en apoyo de *preuves à l'~* con las pruebas en las manos

**appuyer** *tr.* **1** apoyar *~ une demande* apoyar una petición **2** respaldar *~ le candidat de son parti* respaldar al candidato de su partido **3** *intr.* pulsar *~ sur un bouton* pulsar el timbre **4** apretar *~ sur la détente* apretar el gatillo **5** pisar *~ sur la pédale* pisar el pedal **6** hacer hincapié en *il appuie sa démonstration* hace hincapié en su demostración **7** *pr.* apoyarse *fam. ~ sur le champignon* pisar la pastilla *s'~ sur* apoyarse en, contar con

**âpre** *adj.* **1** áspero, a **2** ávido, a *~ au gain* ávido de ganancias

**après** *prép.* **1** después, luego *je viendrai ~* vendré después, luego vendré **2** después de *~ le dimanche* después del domingo *d'~* según *d'~ son idée* según su idea *~ tout* después de todo *~ coup* a destiempo *d'~ nature* al natural

**après-demain** *adv.* pasado mañana

**après-guerre** *f.* postguerra, posguerra

**après-midi** *m.* tarde *f. l'~ je vais faire des courses* por la tarde voy de compras

**après-vente** *adj. inv.* postventa, posventa *service ~* servicio postventa

**âpreté** *f.* aspereza *~ au gain* afán de lucro *m.,* codicia

**à-propos** *m.* ocurrencia *f.*

**apte** *adj.* **1** apto, a **2** capacitado, a *~ à un emploi* capacitado, a para un empleo

**aptitude** *f.* **1** aptitud, dote *des aptitudes pour le dessin* dotes para el dibujo **2** capacidad *~ professionnelle* capacidad profesional

**aquarelle** *f.* acuarela

**aquarium** *m.* acuario, pecera *f.*

**aquatinte** *f.* acuatinta

**aquatique** *adj.* acuático, a

**aqueduc** *m.* acueducto

**aqueux, -euse** *adj.* acuoso, a

**aquilin** *adj. m.* aguileño, a

**Arabe** *m.* árabe

**arabe** *adj.* **1** árabe **2** arábigo *chiffre ~* número arábigo **3** *m.* árabe

**arabesque** *f.* arabesco *m.*

**arachide** *f.* cacahuete *m. huile d'~* aceite de cacahuete

**araignée** *f.* araña

**arbalète** *f.* ballesta

**arbitrage** *m.* arbitraje

**arbitraire** *m.* **1** arbitrariedad *f.,* lo arbitrario **2** *adj.* arbitrario, a

**arbitral, -ale** *aj.* arbitral *jugement ~* juicio arbitral

**arbitre** *m.* árbitro *libre ~* libre albedrío

**arbitrer** *tr.* arbitrar *~ un conflit du travail* arbitrar un conflicto laboral

**arboré, -ée** *adj.* con arbolado *parc ~* parque con arbolado *terrain ~* parcela con arbolado

**arborer** *tr.* **1** enarbolar *~ un étendard* enarbolar un estandarte **2** lucir *~ une robe neuve* lucir un vestido nuevo **3** hacer gala de *~ des idées de progrès* hacer gala de ideas de progreso

**arboriculture** *f.* arboricultura

**arbousier** *m.* madroño

**arbre** *m.* árbol *~ généalogique* árbol genealógico

**arbuste** *m.* arbusto

**arc** *m.* arco *tir à l'~* tiro con arco *avoir plusieurs cordes à son ~* ser de muchos recursos

**arcade** *f.* soportal *m. ~ sourcilière* ceja, arco de las cejas *m.*

**arcanes** *m. pl.* arcanos

**arc-boutant** *m.* arbotante

**arc-en-ciel** *m.* arco iris
**archaïque** *adj.* arcaico, a
**archaïsme** *m.* arcaísmo
**archange** *m.* arcángel
**arche** *f.* arca *m.*
**archéologie** *f.* arqueología
**archéologique** *adj.* arqueológico, a *fouilles archéologiques* excavaciones arqueológicas
**archéologue** *m. -f.* arqueólogo, a
**archer** *m.* arquero
**archet** *m.* arco
**archétype** *m.* arquetipo
**archevêque** *m.* arzobispo
**archiduc** *m.* archiduque
**archipel** *m.* archipiélago
**architecte** *m. -f.* arquitecto, a
**architecture** *f.* arquitectura
**archivage** *m.* archivado
**archiver** *tr.* archivar
**archives** *f. pl.* archivos *m. pl. Archives Nationales* Archivos Nacionales
**archiviste** *m. -f.* archivista
**arçon** *m.* arzón *cheval d'*∼ potro con arzón, potro
**arctique** *adj.* ártico, a
**ardent, -e** *adj.* **1** ardiente *chapelle ardente* capilla ardiente *soif ardente* sed ardiente **2** abrasador, ora *soleil* ∼ sol abrasador
**ardeur** *f.* ardor *m.*
**ardoise** *f.* **1** pizarra **2** *fig.* deuda *avoir une* ∼ tener deudas
**ardu, -ue** *adj.* arduo, a
**arène** *f.* **1** ruedo *m.*, redondel *m.* **2** *f. pl.* plaza de toros *aller aux* ∼ ir a los toros **3** *fig.* palestra *descendre dans l'*∼ salir a la palestra
**arête** *f.* **1** espina *ce poisson a des arêtes* este pescado tiene espinas **2** cresta *(d'une montagne)* **3** arista *(d'un cube)*
**argent** *m.* **1** dinero, plata *f.* amér. *avoir de l'*∼ tener dinero, tener plata **2** plata *f. (métal) un bracelet en* ∼ una pulsera de plata ∼ *comptant* dinero contante y sonante ∼ *liquide* dinero metálico, efectivo *payer en* ∼ *liquide* pagar en efectivo *jeter l'*∼ *par les fenêtres* tirar la casa por la ventana *prendre pour* ∼ *comptant* creer a pies juntillas
**argenté, -ée** *adj.* **1** adinerado, a, acaudalado, a *homme* ∼ hombre adi-

nerado **2** plateado, a *métal* ∼ alpaca *f.*
**argenter** *tr.* platear
**argenterie** *f.* **1** plata *faire l'*∼ limpiar la plata *produit pour l'*∼ producto para la plata **2** cubertería de plata *f. (ensemble des couverts en argent)*
**argentier** *m.* tesorero
**Argentin, -e** *m. -f.* argentino, a
**argentin, -e** *adj.* argentino, a
**argile** *f.* arcilla
**argot** *m.* argot, jerga *f.*, chelí *(de Madrid)*
**argotique** *adj.* argótico, a
**arguer** *tr.* **1** alegar *il arguait de sa situation de famille* alegaba su situación de familia **2** inferir, deducir **3** *intr.* argüir
**argument** *m.* argumento
**argumentation** *f.* argumentación, argumento *m.*
**argumenter** *intr.* argumentar
**argus** *m.* cotización de los coches *f.*
**aride** *adj.* árido, a
**aridité** *f.* aridez
**aristocrate** *m. -f.* aristócrata
**aristocratie** *f.* aristocracia
**arithmétique** *f.* **1** aritmética **2** *adj.* aritmético, a
**arlequin** *m.* arlequino
**armateur** *m.* naviero, armador
**armature** *f.* armazón *m.*
**arme** *f.* arma ∼ *blanche* arma blanca ∼ *à double tranchant* arma de doble filo *avec armes et bagages* con todos sus trastos *déposer les armes* deponer las armas, descansar las armas *maître d'armes* maestro de esgrima
**armée** *f.* ejército *m.*
**armement** *m.* armamento *l'industrie de l'*∼ la industria del armamento *course à l'*∼ armamentismo *m.*
**armer** *tr.* **1** armar **2** *pr.* armarse
**armistice** *m.* armisticio
**armoire** *f.* armario *m.* ∼ *à glace* armario de luna ∼ *à pharmacie* botiquín *m.*
**armure** *f.* armadura
**armurerie** *f.* armería, fábrica de armas
**armurier** *m.* armero
**arnaque** *f.* timo *m.*, estafa
**arnaquer** *tr.* timar, estafar

**arnaqueur, -euse** *m.* *-f.* estafador, ora

**aromate** *m.* planta aromática *f.*

**aromatique** *adj.* aromático, a

**aromatiser** *tr.* aromatizar

**arôme** *m.* aroma

**arpège** *m.* arpegio

**arpenter** *tr.* **1** medir un terreno **2** recorrer ∼ *un couloir* recorrer un pasillo

**arpenteur** *m.* agrimensor

**arquer** *tr.* arquear

**arrachage** *m.* arranque, recolección *f.* ∼ *de la pomme de terre* recolección de la patata

**arrachement** *m.* **1** arrancamiento **2** *fig.* desgarramiento

**arrache-pied (d')** *loc. adv.* con ahínco

**arracher** *tr.* **1** arrancar ∼ *un arbre* arrancar un árbol ∼ *une dent* arrancar una muela **2** cosechar ∼ *des pommes de terre* cosechar la patata **3** *pr.* arrancarse, cosecharse

**arraisonnement** *m.* inspección de un barco *f.*

**arraisonner** *tr.* inspeccionar un barco, apresar un barco

**arrangeant, -e** *adj.* acomodaticio, a

**arrangement** *m.* **1** arreglo **2** disposición *f.* ∼ *d'une salle* disposición de una sala **3** avenencia *f.* *ils parvinrent à un* ∼ llegaron a una avenencia ∼ *musical* arreglo musical

**arranger** *tr.* **1** arreglar, componer ∼ *un objet cassé* arreglar un objeto roto **2** arreglar, disponer, ordenar ∼ *sa chambre* ordenar la habitación **3** *pr.* arreglarse, componerse **4** disponerse, ordenarse **5** venir bien *cela nous arrange* eso nos viene bien *s'*∼ *pour* arreglárselas para *s'*∼ *de* conformarse con, contentarse con

**arrangeur** *m.* arreglista

**arrestation** *f.* detención

**arrêt** *m.* **1** parada *f.* *l'*∼ *du bus* la parada del autobús **2** cese *l'*∼ *des hostilités* el cese de las hostilidades **3** cese, paro ∼ *de travail* cese del trabajo, paro del trabajo **4** suspensión *f.* ∼ *des paiements* suspensión de los pagos **5** congelado, congelación *f.* ∼ *sur image* congelado de imagen, congelación de la imagen **6** juicio, sentencia *f.* *l'*∼ *du tribunal* la sentencia del tribunal ∼ *de travail* baja *f.* *être en* ∼ *de*

*travail* estar de baja *mandat d'*∼ orden de detención *maison d'*∼ cárcel *sans* ∼ sin cesar *tomber en* ∼ quedarse pasmado, a

**arrêté** *m.* **1** bando ∼ *municipal* bando municipal **2** decreto, orden *f.* ∼ *ministériel* orden ministerial **3** cierre *(d'un compte)*

**arrêté, -ée** *adj.* firme, decidido, a *décision arrêtée* decisión firme

**arrêter** *tr.* **1** detener, arrestar, prender ∼ *un homme* detener a un hombre **2** detener, parar ∼ *un geste* parar un ademán, detener un ademán **3** fijar ∼ *un rendez-vous* fijar una cita **4** suspender ∼ *les paiements* suspender los pagos **5** cerrar *(un compte)* **6** *pr.* detenerse, pararse *le bus s'arrête* el autobús se para

**arrhes** *f. pl.* paga y señal *f.*, señal *f.* *laisser des* ∼ dejar paga y señal

**arrière** *adv.* **1** atrás *faire marche* ∼ hacer marcha atrás **2** *loc. adv.* para atrás, hacia atrás *faire un pas en* ∼ dar un paso hacia atrás *rester en* ∼ quedarse rezagado, a

**arrière** *m.* **1** parte trasera *f.* *l'*∼ *d'une voiture* la parte trasera de un auto **2** *SPORT* defensa *f.* **3** *adj.* trasero, a *la porte* ∼ la puerta trasera *ménager ses arrières* curarse en salud

**arriéré** *m.* atraso, atrasado *payer un* ∼ pagar un atraso, un atrasado

**arriéré, -ée** *adj.* *-s.* **1** atrasado, a *dette arriérée* deuda atrasada **2** retrasado, a *un* ∼ *mental* un retrasado mental

**arrière-ban** *m.* *convoquer le ban et l'*∼ remover Roma con Santiago

**arrière-boutique** *f.* trastienda

**arrière-cour** *f.* traspatio *m.*

**arrière-garde** *f.* retaguardia

**arrière-goût** *m.* resabio, sabor de boca

**arrière-grand-mère** *f.* bisabuela

**arrière-grand-père** *m.* bisabuelo

**arrière-pays** *m.* **1** interior de las tierras *visiter l'*∼ visitar el interior de las tierras **2** tierras adentro *aller dans l'*∼ ir tierras adentro

**arrière-pensée** *f.* segunda intención

**arrière-petite-fille** *f.* bisnieta

**arrière-petit-fils** *m.* bisnieto

**arrière-petits-enfants** *m. pl.* bisnietos

**arrière-plan** *m.* **1** segundo término, segundo plano *l'~ de la photo est clair* el segundo término de la foto es claro **2** *fig.* trasfondo *l'~ de la situation politique* el trasfondo de la situación política

**arrière-saison** *f.* **1** final del otoño *m.* **2** final de temporada *m.*, fin de temporada *m. soldes d'~* rebajas de final de temporada

**arrimer** *tr.* estibar

**arrivage** *m.* **1** arribo, arribada *f. ~ d'un bateau* arribada de un barco **2** llegada *f. ~ de marchandises* llegada de mercancías

**arrivée** *f.* **1** llegada *l'~ du train* la llegada del tren **2** meta *(d'une course)*

**arrivant, -e** *adj.* recién llegado, a *les arrivants* los recién llegados

**arriver** *intr.* **1** llegar *le train arrive* llega el tren **2** suceder, pasar, ocurrir *cela arrive tout le temps* eso ocurre siempre, eso pasa siempre, eso sucede siempre *~ à l'heure* ser puntual *~ à ses fins* salirse con la suya *ne pas y ~* no dar abasto

**arrivisme** *m.* arribismo

**arriviste** *adj. -s.* arribista

**arrogance** *f.* arrogancia, soberbia

**arrogant, -e** *adj. -s.* arrogante, altanero, a, soberbio, a

**arroger (s')** *pr.* arrogarse

**arrondir** *intr.* redondear *~ les angles* suavizar, limar las asperezas, limar las aristas

**arrondissement** *m.* distrito *(d'une ville)*

**arrosage** *m.* riego

**arroser** *tr.* **1** regar **2** *pr.* regarse

**arrosoir** *m.* regadera

**arsenal** *m.* **1** arsenal **2** alijo de armas *la police a saisi tout un ~* la policía se incautó de un alijo de armas

**arsenic** *m.* arsénico

**art** *m.* arte *les beaux-arts* las bellas artes *f. pl. dans les règles de l'~* con todas las reglas del arte *les arts ménagers* las artes domésticas

**artère** *f.* arteria *une ~ centrale* una arteria céntrica

**arthrose** *f.* artrosis

**artichaut** *m.* alcachofa *f.*

**article** *m.* artículo *~ de luxe* artículo de lujo *faire l'~* hacer el artículo *~ d'un règlement* artículo de un regla-

mento *~ de presse* artículo de prensa *auteur d'un ~* articulista

**articulation** *f.* articulación

**articuler** *tr.* **1** articular **2** *pr.* articularse

**artifice** *m.* **1** artificio **2** *fig.* artimaña *f. user d'artifices* valerse de artimañas *feux d'~* fuegos artificiales

**artificiel, -elle** *adj.* artificial

**artificiellement** *adv.* artificialmente

**artillerie** *f.* artillería

**artilleur** *m.* artillero

**artisan, -e** *m. -f.* **1** artesano, a **2** *fig.* artífice *l'~ de la paix* el artífice de la paz

**artisanal, -ale** *adj.* **1** artesano, a *qualité artisanale* calidad artesana **2** artesanal *travail ~* trabajo artesanal **3** de artesanía *objet ~* objeto de artesanía

**artisanat** *m.* **1** artesanía *f. (activité)* **2** artesanado *(groupement de personnes)*

**artiste** *m. -f.* artista

**artistique** *adj.* artístico, a

**as** *m.* as *un ~ du ski* un as del esquí *être plein aux ~* estar forrado, a *être ficelé comme l'~ de pique* estar hecho un adefesio

**ascendance** *f.* ascendencia

**ascendant, -e** *adj.* **1** ascendente, ascendiente **2** influencia *f. les ascendants* los antepasados

**ascenseur** *m.* ascensor

**ascension** *f.* ascensión

**ascète** *m. -f.* asceta

**ascétique** *adj.* ascético, a

**asepsie** *f.* asepsia

**asiatique** *adj.* asiático, a

**asile** *m.* asilo *~ d'aliénés* manicomio

**aspect** *m.* aspecto

**asperge** *f.* espárrago *m.*

**asperger** *tr.* **1** rociar **2** *pr.* rociarse

**aspérité** *f.* aspereza

**asphalte** *m.* asfalto

**asphalter** *tr.* asfaltar

**asphyxiant, -e** *adj.* asfixiante

**asphyxie** *f.* asfixia

**asphyxier** *tr.* **1** asfixiar **2** *pr.* asfixiarse

**aspirateur** *m.* aspirador, aspiradora *f.*

**aspiration** *f.* aspiración

**aspirer** *tr.* aspirar

**aspirine** *f.* aspirina *un cachet d'*~ una aspirina

**assagir** *tr.* **1** sentar la cabeza **2** *pr.* sentar la cabeza, volverse formal *cet enfant s'est assagi* este niño se ha vuelto formal

**assaillant** *m.* asaltante, agresor

**assaillir** *tr.* asaltar, acometer

**assainir** *tr.* sanear

**assainissement** *m.* saneamiento

**assaisonnement** *m.* **1** aliño *(de salade)* **2** condimento

**assaisonner** *tr.* **1** aliñar *(une salade)* **2** condimentar *(un plat)*

**assassin, -e** *adj.* asesino, a *regard* ~ mirada asesina

**assassin** *m.* asesino

**assassinat** *m.* asesinato

**assassiner** *tr.* asesinar

**assaut** *m.* asalto, ataque *faire* ~ *de* rivalizar en

**assécher** *tr.* desecar, dejar en seco

**assemblage** *m.* montaje

**assemblée** *f.* **1** asamblea **2** junta ~ *de copropriétaires* junta de vecinos

**assembler** *tr.* **1** reunir, juntar **2** *TECHN.* ensamblar

**assener** *tr.* atestar ~ *un coup* atestar un golpe

**assentiment** *m.* asentimiento, asenso *donner son* ~ dar su asenso

**asseoir** *tr.* **1** sentar **2** *pr.* sentarse *s'*~ *sur une chaise* sentarse en una silla *s'*~ *dans un fauteuil* sentarse en un sillón

**assermenté, -ée** *adj.* jurado, a, juramentado, a *garde* ~ guarda jurado

**assermenter** *tr.* juramentar, tomar juramento

**assertion** *f.* aserción

**asservir** *tr.* avasallar

**asservissement** *m.* avasallamiento

**assesseur** *m.* asesor ~ *juridique* asesor jurídico

**assessorat** *m.* asesoría *f.*

**assez** *adv.* bastante *assez! interj.* ¡basta! *en voilà* ~*! interj.* ¡basta ya! ~ *de* bastantes *j'ai* ~ *de choses* tengo bastantes cosas *en avoir* ~ estar harto, a *j'en ai* ~ *de cette situation* estoy harto de esta situación

**assidu, -ue** *adj.* asiduo, a

**assiduité** *f.* asiduidad

**assiégé, -ée** *adj. -s.* **1** sitiado, a *ville assiégée* ciudad sitiada **2** asediado, a

~ *par les questions* asediado por las preguntas

**assiéger** *tr.* **1** sitiar ~ *une ville* sitiar una ciudad **2** asediar ~ *de questions* asediar con preguntas

**assiette** *f.* **1** plato *m.* ~ *de porcelaine* plato de porcelana **2** base *f.* ~ *de l'impôt* base tributaria ~ *anglaise* plato de fiambres

**assignation** *f.* asignación ~ *à comparaître* citación, auto de comparecencia *m.* ~ *à résidence* confinamiento *m.*

**assimilation** *f.* asimilación

**assimiler** *tr.* **1** asimilar **2** *pr.* asimilarse

**assis, -e** *adj.* **1** sentado, a **2** *fig.* asentado, a

**assise** *f.* cimientos *m. pl. les assises d'un bâtiment* los cimientos de un edificio

**assises** *f. pl.* audiencia *cour d'*~ tribunal de jurados *m.*

**assistanat** *m.* asistencialismo

**assistance** *f.* **1** asistencia **2** concurrencia *l'*~ *était très élégante* la concurrencia iba muy elegante **3** asesoramiento *m.* ~ *juridique* asesoramiento jurídico ~ *à personne en danger* deber de socorro *non-*~ *à personne en danger* omisión de deber de socorro

**assistant, -e** *m. -f.* **1** ayudante ~ *metteur en scène* ayudante de dirección **2** auxiliar *professeur* ~ profesor auxiliar

**assisté, -ée** *adj. -s.* asistido, a, beneficiado, a

**assister** *tr.* **1** asistir, socorrer **2** asesorar ~ *techniquement* asesorar técnicamente **3** *intr.* presenciar ~ *à une fête* presenciar una fiesta

**association** *f.* asociación *droit d'*~ derecho de asociación ~ *de malfaiteurs* asociación delictiva

**associé, -ée** *adj.* **1** asociado, a **2** *m. -f.* socio, a

**associer** *tr.* **1** asociar **2** *pr.* asociarse

**assoiffé, -ée** *adj.* sediento, a

**assombrir** *tr.* **1** oscurecer **2** *pr.* oscurecerse

**assommant, -e** *adj.* pesado, a *comme il est* ~*!* ¡qué pesado es!

**assommer** *tr.* **1** aporrear, acogotar **2** *fig.* fastidiar *ce film m'assomme* esta película me fastidia

**assomption** *f.* asunción

**assorti, -ie** *adj.* **1** que hace juego *sac ~ à la robe* bolso que hace juego con el vestido **2** surtido, a *supermarché bien assorti* supermercado bien surtido **3** avenido, a *(personnes)*

**assortiment** *m.* **1** combinación *f.* juego *~ de couleurs* combinación de colores **2** surtido *~ d'une boutique* surtido de una tienda

**assortir** *tr.* **1** combinar *~ les couleurs* combinar los colores **2** surtir *~ un rayon* surtir una sección

**assoupir** *tr.* **1** adormecer **2** *pr.* adormecerse

**assouplir** *tr.* **1** flexibilizar, dar flexibilidad *le sport assouplit le corps* el deporte da flexibilidad al cuerpo **2** suavizar *(un tissu)* **3** *fig.* moderar, flexibilizar *~ ses idées* moderar sus ideas, flexibilizar sus ideas

**assouplissement** *m.* **1** flexibilidad *f.*, flexibilización *f. exercice d'~* ejercicio de flexibilización **2** *fig.* flexibilidad *f.*, moderación *f.*

**assourdir** *tr.* **1** ensordecer *le bruit m'assourdit* el ruido me ensordece **2** amortiguar *~ un son* amortiguar un sonido

**assourdissant, -e** *adj.* ensordecedor, ora

**assouvir** *tr.* **1** saciar **2** *pr.* saciarse

**assujetir** *tr.* **1** someter *~ un pays* someter a un país **2** sujetar *~ à un impôt* sujetar a un impuesto

**assumer** *tr.* **1** asumir **2** *pr.* asumirse

**assurance** *f.* **1** seguridad, confianza, certidumbre *parler avec ~* hablar con confianza *j'ai l'~ de cela* tengo la certidumbre de ello **2** seguro *m. ~ au tiers* seguro contra terceros *~ chômage* seguro de desempleo *~ décès* seguro de deceso *~ tous risques* seguro contra todo riesgo *~ vie* seguro de vida *compagnie d'~* compañía aseguradora

**assuré, -ée** *adj. -s.* **1** asegurado, a **2** afiliado, a *~ social* afiliado al seguro social

**assurer** *tr.* **1** asegurar *~ une moto* asegurar una moto *~ pour* asegurar en **2** atender *~ un service de surveillance* atender un servicio de custodia **3** responsabilizarse *~ ses responsabilités* responsabilizarse **4** *pr.* asegurarse, atenderse

**assureur** *m.* asegurador

**astérisque** *m.* asterisco

**asthme** *m.* asma *f. avoir de l'~* padecer asma

**asthmatique** *adj. -s.* asmático, a

**asticot** *m.* gusano

**asticoter** *tr. fam.* fastidiar, chinchar

**astiquer** *tr.* dar brillo, sacar brillo *~ des chaussures* sacar brillo a los zapatos

**astral, -ale** *adj.* astral

**astre** *m.* astro

**astreindre** *tr.* **1** obligar, sujetar *être astreint à des obligations* estar sujeto a obligaciones **2** *pr.* obligarse *s'~ à un exercice* obligarse a un ejercicio

**astringent, -e** *adj.* **1** astringente **2** *m.* astringente

**astrologie** *f.* astrología

**astrologue** *m. -f.* astrólogo, a

**astronaute** *m. -f.* astronauta

**astronome** *m. -f.* astrónomo, a

**astronomie** *f.* astronomía

**astuce** *f.* astucia

**astucieux, -euse** *adj.* astuto, a, mañoso, a *(manuellement)*

**asymétrique** *adj.* asimétrico, a

**atavique** *adj.* atávico, a

**atavisme** *m.* atavismo

**atelier** *m.* **1** taller *~ de réparations* taller de reparaciones **2** estudio *(d'artiste) ~ de peintre* estudio de pintor

**atermoiement** *m.* moratoria *f.*, retraso

**athée** *m. -f.* ateo, a

**athéisme** *m.* ateísmo

**athlète** *m.* atleta

**athlétique** *adj.* atlético, a

**atlantique** *adj.* altántico, a *l'océan ~* el Océano Atlántico

**atlas** *m.* atlas

**atmosphère** *f.* atmósfera

**atmosphérique** *adj.* atmosférico, a

**atoll** *m.* atolón

**atome** *m.* átomo

**atomique** *adj.* atómico, a

**atomiseur** *m.* pulverizador *~ de parfum* pulverizador de perfume

**atone** *adj.* átono, a

**atours** *m. pl.* galas *f. pl. ses meilleurs atours* sus mejores galas

**atout** *m.* **1** baza *f. son meilleur ~ c'est le tourisme* su mejor baza es el turismo **2** triunfo *(cartes)*

**être** *m.* hogar

**atroce** *adj.* atroz, espantoso, a *il fait une chaleur ~* hace un calor espantoso

**atrocité** *f.* atrocidad

**atrophier** *tr.* **1** atrofiar **2** *pr.* atrofiarse

**attabler** *tr.* **1** sentar a la mesa **2** *pr.* sentarse a la mesa

**attachant, -e** *adj.* atractivo, a, cariñoso, a

**attache** *f.* **1** grapa, clip *m. (pour papiers)* **2** *fig.* apego *m. il a une ~ pour ce pays* le tiene apego a este país **3** lazo *m.*, relación, contacto *m.*

**attaché** *m.* agregado ~ *d'ambassade* agregado de embajada ~ *culturel* agregado cultural ~ *militaire* agregado militar

**attaché-case** *m.* ataché, portafolio

**attachement** *m.* apego, cariño *j'ai de l'~ pour cette région* le tengo apego a esta región

**attacher** *tr.* **1** atar ~ *avec une corde* atar con una cuerda **2** sujetar ~ *avec une épingle* sujetar con un alfiler **3** abrochar ~ *les ceintures de sécurité* abrochar los cinturones de seguridad **4** *pr.* atarse, sujetarse, abrocharse **5** encariñarse *s'~ à un animal* encariñarse con un animal

**attaquant** *adj. -s.* asaltante, atacante, agresor, ora

**attaque** *f.* **1** ataque *m.* ~ *atomique* ataque atómico **2** acometida *f. (d'un animal)* ~ *à main armée* atraco *m.*

**attaquer** *tr.* **1** atacar, acometer **2** *pr.* atacar, acometer *s'~ à* atacar, acometer *s'~ à un travail* acometer un trabajo

**attarder** *tr.* **1** retrasar **2** *pr.* retrasarse, entretenerse *je me suis attardé chez des amis* me he entretenido en casa de amigos *s'~* entretenerse en, perder el tiempo en

**atteindre** *tr.* **1** alcanzar **2** llegar a ~ *le troisième âge* llegar a la tercera edad **3** conseguir, lograr ~ *son but* conseguir su meta **4** ascender a *les frais atteignent une somme importante* los gastos ascienden a una cantidad importante de dinero **5** afectar *cela ne l'atteint pas* eso no lo afecta

**atteint, -e** *adj.* **1** alcanzado, a **2** aquejado, a ~ *d'un cancer* aquejado de cáncer **3** afectado, a *il est ~ par ce*

*problème* está afectado por este problema

**atteinte** *f.* **1** alcance *hors d'~* fuera de alcance **2** atentado *m.*, daño *m.*, perjuicio *m.* ~ *à la vie privée* atentado contra la vida privada *porter ~ à* perjudicar a, atentar

**attelle** *f.* tablilla

**attendant (en)** *loc. conj.* **1** mientras tanto, entretanto ~ *il se repose* mientras tanto descansa **2** hasta que ~ *qu'il arrive* hasta que llegue ~ *votre réponse* en espera de su contestación

**attendre** *tr.* **1** esperar, aguardar ~ *le bus* esperar el autobús **2** *intr.* esperar, aguardar *attends un moment* espera un momento, aguarda un momento *pr.* *s'~ à ce que* contar con *je m'attends à ce qu'il vienne* cuento con que venga *quand on ne s'y attend pas* cuando uno no se lo espera

**attendrir** *tr.* **1** ablandar **2** *fig.* conmover, enternecer **3** *pr.* ablandarse **4** *fig.* conmoverse, enternecerse

**attendrissant, -e** *adj.* conmovedor, ora, enternecedor, ora

**attendu** *loc. prép.* en vista de, teniendo en cuenta ~ *les circonstances* en vista de las circunstancias ~ *que* visto que, considerando que, en vista de que

**attentat** *m.* atentado ~ *à la pudeur* ofensa al pudor *f.* ~ *à* atentado contra

**attente** *f.* **1** espera *liste d'~* lista de espera *salle d'~* sala de espera *dans l'~ d'une réponse* en espera de una respuesta **2** expectativa *dans l'~ de* en la expectativa de **3** previsión *contre toute ~* contra toda previsión

**attention** *f.* **1** atención *à l'~ de* a la atención de **2** *interj.* ¡ cuidado ! ~ *au chien !* ¡ cuidado con el perro ! *faire ~ à* tener cuidado con

**attentisme** *m.* política de espera *f.*, atentismo

**attentiste** *adj. -s.* atentista

**attentivement** *adv.* atentamente

**atténuant, -e** *adj.* atenuante *circonstances atténuantes* circunstancias atenuantes, atenuantes *f. pl.*

**atténuer** *tr.* **1** atenuar **2** *pr.* atenuarse

**atterrer** *tr.* abrumar, aterrar

**atterrir** *intr.* aterrizar

**atterrissage** *m.* aterrizaje ~ *forcé* aterrizaje forzoso

**attestation** *f.* **1** atestación **2** atestado *m.*, certificación ～ *d'assurance* certificación de seguros

**attester** *tr.* atestar, certificar

**attifer (s')** *pr.* ataviarse

**attirail** *m.* pertrechos *m. pl.*, trastos *m. pl. il vient avec tout son* ～ viene con todos sus trastos

**attirant, -e** *adj.* atractivo, a

**attirer** *tr.* **1** atraer **2** llamar la atención *(l'attention)* **3** acarrear, ocasionar ～ *des ennuis* acarrear disgustos **4** granjearse *pr. s'*～ *la sympathie de tous* granjearse la simpatía de todos

**attiser** *tr.* atizar

**attitré, -ée** *adj.* **1** titular, titulado, a **2** habitual *fournisseur* ～ proveedor habitual

**attitude** *f.* actitud

**attraction** *f.* atracción

**attrait** *m.* **1** aliciente, atractivo, incentivo *cette photo est un* ～ *publicitaire* esta foto es un atractivo publicitario **2** *m. pl.* encantos *les attraits de cette fille* los encantos de esta chica **3** inclinación *f. il a de l'*～ *pour la peinture* tiene inclinación por la pintura

**attrape-mouches** *m. inv.* matamoscas

**attrape-nigaud** *m.* engañifa *f.*

**attraper** *tr.* **1** coger **2** atrapar *il s'est fait* ～ lo atraparon **3** *fam.* pillar, pescar ～ *un rhume* pillar un resfriado **4** *pr.* cogerse, pillarse, pescarse **5** contagiarse *maladie qui s'attrape facilement* enfermedad que se contagia fácilmente *fam. se faire* ～ llevarse una bronca

**attrayant, -e** *adj.* atractivo, a

**attribuable** *adj.* atribuible, imputable

**attribuer** *tr.* **1** atribuir, destinar ～ *une somme* destinar una cantidad de dinero **2** achacar ～ *la chute du dollar à la politique* achacar el desplome del dólar a la política **3** otorgar ～ *une récompense* otorgar un galardón **4** asignar ～ *un salaire* asignar un sueldo

**attribut** *m.* atributo

**attribution** *f.* **1** atribución **2** asignación ～ *d'un salaire* asignación de un sueldo **3** adjudicación

**attrister** *tr.* **1** entristecer **2** *pr.* entristecerse

**attrouper (s')** *pr.* aglomerarse

**au** *art. contr.* **1** al *aller* ～ *travail* ir al trabajo **2** a la *aller* ～ *bureau* ir a la oficina **3** con *café* ～ *lait* café con leche **4** de *garçon aux yeux clairs* chico de ojos claros

**aubade** *f.* alborada

**aubaine** *f.* ganga, chollo *m.*

**aube** *f.* alba *à l'*～ al rayar el alba

**auberge** *f.* posada, mesón, albergue *m.*, venta

**aubergine** *f.* berenjena ～ *farcie* berenjena rellena

**aucun** *pron. -adj.* **1** ninguno, a **2** *(devant un s. m. sing.)* ningún ～ *enfant* ningún niño *n'avoir* ～ *intérêt* no tener ningún interés **3** alguno, a *(placé après le substantif, il a la valeur de* ninguno, *a sans* ～ *doute* sin duda alguna

**aucunement** *adv.* de ningún modo

**audace** *f.* **1** audacia **2** atrevimiento *m.* *(physique) cet enfant a une* ～ *terrible* este niño tiene un atrevimiento tremendo

**audacieux, -euse** *adj.* atrevido, a, audaz

**au-delà** *loc. adv.* más allá

**au-dessous, au-dessus** *loc. adv.* debajo, por debajo, encima, por encima

**audience** *f.* audiencia

**audimètre** *m.* audímetro

**audiovisuel, -elle** *adj.* audiovisual

**audit** *m.* **1** auditor *(personne)* **2** auditoría *f. (gestion)*

**auditeur, -trice** *m. -f.* **1** oyente, radioyente, radioescucha **2** auditor, ora *(fonctionnaire)*

**audition** *f.* audición

**auditoire** *m.* auditorio

**auditorium** *m.* auditorio, auditorium

**augmentation** *f.* **1** aumento *m.*, incremento *m.* **2** subida, aumento *m.* ～ *des prix* subida de los precios **3** ampliación *(de capital)*

**augmenter** *tr.* **1** aumentar, incrementar **2** subir *les prix ont augmenté* los precios han subido **3** ampliar *(capital)* **4** *pr.* aumentarse, incrementarse, subirse, ampliarse

**augure** *m.* agüero *m. oiseau de mauvais* ～ ave de mal agüero

**augurer** *tr.* augurar

**aujourd'hui** *adv.* **1** hoy ～ *c'est lundi* hoy es lunes **2** hoy día ～ *l'économie est en crise* hoy día la economía está en crisis *au jour d'*～ hoy por hoy

**aumône** *f.* limosna *demander l'~* pedir limosna

**aumônier** *m.* capellán

**auparavant** *adv.* antes, anteriormente, con anterioridad *il l'a fait ~ lo* hizo antes

**auprès de** *loc. adv.* **1** cerca de, al lado de *ma maison est ~ la sienne* mi casa está cerca de la suya *être assis ~ lui* estar sentado al lado de él **2** para *il passe pour impoli ~ d'elle* para ella es un maleducado

**auréole** *f.* aureola

**auspice** *m.* auspicio

**aussi** *adv.* **1** también *je le sais ~* también lo sé **2** por eso *il était fatigué, ~ il s'est couché* estaba cansado, por eso se acostó *~... que* tan... como *il est ~ grand que son frère* es tan alto como su hermano *~ bien* además *~ bien que* tanto como

**aussitôt** *adv.* en seguida, en el acto *il revint ~* volvió en seguida *il l'a ~ fait* lo hizo en el acto *~ que* tan pronto como *~ qu'il l'a su* tan pronto como lo supo *~ dit, ~ fait* dicho y hecho

**austérité** *f.* austeridad

**autant** *adv.* tanto *ne fume pas ~* no fumes tanto *~... que* tanto... como *il fume ~ que moi* fuma tanto como yo *~ de* tantos, tantas *adj. d'~ plus que* tanto más... cuanto que *il est d'~ plus fatigué qu'il travaille trop* está tanto más cansado cuanto que trabaja demasiado *~ que possible* en lo que cabe, en lo posible

**autarcie** *f.* autarcía

**autel** *m.* altar

**auteur** *m.* autor

**auteur compositeur interprète** *m.* cantautor

**authenticité** *f.* autenticidad

**authentifier** *tr.* autentificar, legalizar *(un document)*

**authentique** *adj.* auténtico, a

**autiste** *adj. -s.* autista

**auto** *f.* auto *m.*, coche *m.*

**autobiographie** *f.* autobiografía

**autobus** *m.* autobús

**autochtone** *adj. -s.* autóctono, a

**autocollant, -e** **1** pegatina *f.*, etiqueta adhesiva *f.* **2** *adj.* adhesivo, a

**autodéfense** *f.* autodefensa

**autodétermination** *f.* autodeterminación

**autodidacte** *adj. -s.* autodidacta

**auto-école** *f.* autoescuela

**autofinancement** *m.* autofinanciación

**autofinancer (s')** *pr.* autofinanciarse

**autogéré, -ée** *adj.* autogestionado, a

**autogérer** *tr.* **1** autogestionar **2** *pr.* autogestionarse

**autogestion** *f.* autogestión

**autographe** *m.* **1** autógrafo **2** *adj.* autógrafo, a

**autoguidé, -ée** *adj.* autodirigido, a

**automate** *m.* autómata

**automaticité** *f.* automaticidad

**automation** *f.* automación, automatización

**automatique** *adj.* automático, a

**automatisation** *f.* automatización

**automatiser** *tr.* automatizar

**automatisme** *m.* automatismo

**automnal, -e** *adj.* otoñal

**automne** *m.* otoño

**automobile** *f.* **1** automóvil *m.* **2** *adj.* automóvil

**automobilisme** *m.* automovilismo

**automobiliste** *m. -f.* automovilista

**autonome** *adj.* autónomo, a

**autonomie** *f.* autonomía

**autonomique** *adj.* autonómico, a *gouvernement ~* gobierno autonómico

**autonomiste** *adj. -s.* autonomista

**autoportrait** *m.* autorretrato

**autopsie** *f.* autopsia

**autopsier** *tr.* autopsiar

**autorail** *m.* autovía *m.*

**autorisation** *f.* **1** permiso *m. demander l'~ de partir* pedir permiso para irse **2** autorización

**autoriser** *tr.* autorizar, permitir, dar permiso *~ une modification* autorizar una modificación

**autoritaire** *adj.* autoritario, a

**autoritarisme** *m.* autoritarismo

**autorité** *f.* autoridad *~ parentale* potestad parental

**autoroute** *f.* autopista *~ à péage* autopista de peaje

**autoroutier, -ière** *adj.* de autopistas *carte autoroutière* mapa de autopistas

**auto-stop** *m.* autoestop, autostop *faire de l'~* hacer autostop ; *fam.* viajar a dedo

**autour** *adv.* alrededor ~ *de* alrededor de *tout* ~ por todos lados

**autre 1** *adj.* otro, a *il a une* ~ *maison* tiene otra casa ~ *chose* otra cosa **2** *pron.* el otro, la otra *l'un parle et l'*~ *mange* el uno habla y el otro come *les autres* los demás *rien d'*~ nada más *d'*~ *part* por otra parte

**autrefois** *adv.* antaño

**autrement** *adv.* de otro modo ~ *dit* dicho de otra manera, de lo contrario *vite,* ~ *vous arriverez tard !* ¡ rápido, de lo contrario llegaréis tarde ! *pas* ~ no de otro modo

**Autrichien, ienne** *m. -f.* austriaco, a

**autrichien, ienne** *adj.* austriaco, a

**autruche** *f.* avestruz

**autrui** *pron.* el prójimo *d'*~ ajeno, a *adj. le bien d'*~ el bien ajeno

**auvent** *m.* tejadillo

**aux** *pl. de au* **1** a los, a las *aller* ~ *écuries* ir a las cuadras **2** de los, de las *la fille* ~ *yeux verts* la chica de ojos verdes

**auxiliaire** *adj.* **1** auxiliar **2** *m. -f.* auxiliar, ayudante

**avachi, -ie** *adj.* deformado, a

**aval** *m.* río abajo *aller en* ~ ir río abajo

**aval** *m.* aval ~ *bancaire* aval bancario *donner son* ~ avalar

**avalanche** *f.* **1** alud *m.* ~ *de neige* alud de nieve **2** avalancha ~ *de mots* avalancha de palabras

**avaler** *tr.* **1** tragar, comer *je ne peux rien* ~ no puedo comer nada **2** *pr.* tragarse, comerse

**avaliser** *tr.* avalar

**avance** *f.* **1** adelanto *m. arriver avec de l'*~ llegar con adelanto **2** anticipo *donner, faire une* ~ dar un anticipo **3** ventaja *f. une* ~ *de plusieurs km* una ventaja de varios Km. **4** avance *m. (action) à l'*~ de antemano *d'*~ con anticipación, por anticipado *en* ~ con anticipación *être en* ~ estar adelantado, a *par* ~ de antemano *faire des avances* dar los primeros pasos

**avancement** *m.* **1** adelanto, avance **2** ascenso ~ *à l'ancienneté* ascenso por antigüedad

**avancer** *tr. et intr.* **1** avanzar, adelantar *il avance lentement* avanza lentamente, adelanta lentamente **2** adelantar *(montre) ma montre avance* mi reloj adelanta **3** ascender ~ *à l'ancienneté*

ascender por antigüedad **4** anticipar, adelantar, dar a cuenta ~ *de l'argent* anticipar dinero, dar dinero a cuenta **5** *pr.* adelantarse

**avant** *prép.* **1** antes *je l'ai dit* ~ lo he dicho antes **2** antes de *je le fais* ~ *ce soir* lo hago antes de esta tarde ~ *que* antes de que ~ *qu'il ne vienne, je sortirai* antes de que venga él, saldré ~ *tout* antes que nada *plus* ~ más adentro *en* ~ *!* ¡ adelante !

**avant** *m.* **1** delantera *f.* parte delantera *l'avant de la voiture* la parte delantera del coche **2** *(foot)* delantero **3** *adj.* delantero, a *roues* ~ ruedas delanteras

**avantage** *m.* ventaja *f.* ~ *fiscal* beneficio fiscal *avantages en nature* complementos en especies *prendre l'*~ *sur* tomar la delantera a *tirer* ~ *de* sacar provecho de, aprovecharse de

**avantager** *tr.* **1** aventajar **2** favorecer *cette coiffure l'avantage* este peinado la favorece

**avantageux, -euse** *adj.* ventajoso, a

**avant-bras** *m.* antebrazo

**avant centre** *m.* delantero centro

**avant-coureur** *adj.* precursor, ora

**avant-dernier, -ière** *adj.* penúltimo, a

**avant-garde** *f.* vanguardia *d'*~ vanguardista *adj. expression d'*~ expresión vanguardista

**avant-gardisme** *m.* vanguardismo

**avant-gardiste** *adj. -s.* vanguardista

**avant-goût** *m.* primera impresión

**avant-hier** *adv.* anteayer

**avant-poste** *m.* vanguardia *f.*, puesto avanzado

**avant-première** *f.* preestreno

**avant-projet** *m.* anteproyecto

**avant-propos** *m.* prólogo

**avant-scène** *f.* proscenio

**avare** *adj. -s.* avaro, a, tacaño, a

**avarice** *f.* avaricia

**avarie** *f.* avería

**avarié, -ée** *adj.* echado, a a perder

**avarier** *tr.* **1** echar a perder **2** *pr.* echarse a perder *ce fruit s'est avarié* esta fruta se ha echado a perder

**avatar** *m.* avatar

**avec** *prép.* **1** con **2** a pesar de, sin embargo *(malgré) il s'entraîne beaucoup et* ~ *ça il n'est pas champion* se entrena mucho, y a pesar de ello no es campeón

**avenant** *m.* **1** acta adicional *f.* *(à un contrat)* **2** póliza adicional *f.* *(à une assurance)*

**avenant, -e** *adj.* simpático, a, amable *d'un caractère* ∼ de carácter amable

**avènement** *m.* advenimiento

**avenir** *m.* porvenir, futuro *à l'*∼ en adelante, en lo venidero

**aventure** *f.* aventura *partir à l'*∼ irse a la buena de Dios *tenter l'*∼ probar fortuna

**aventurer** *tr.* **1** aventurar **2** *pr.* aventurarse

**aventurier, -ière** *m. -f.* aventurero, a

**avenu** *loc.* *nul et non* ∼ nulo y sin efecto

**avenue** *f.* avenida

**averse** *f.* chaparrón *m.*, aguacero *m.*

**aversion** *f.* aversión

**averti, -ie** *adj.* **1** enterado, a *se tenir pour* ∼ darse por enterado **2** prevenido, a, avisado, a, sagaz *lecteur* ∼ lector sagaz

**avertir** *tr.* **1** advertir *je t'avertis que* te advierto que **2** avisar ∼ *d'un danger* avisar de un peligro

**avertissement** *m.* aviso, advertencia *f.*

**aveu** *m.* confesión *de l'*∼ *de* según testimonio de

**aveuglant, -e** *adj.* deslumbrante, cegador, ora

**aveugle** *adj.* *-s.* ciego, a *chien d'*∼ perro guía

**aveuglé, -ée** *adj.* cegado, a

**aveuglément** *adv.* ciegamente *aimer* ∼ amar ciegamente *croire* ∼ creer a pies juntillas

**aveugler** *tr.* **1** cegar **2** *fig.* deslumbrar **3** *pr.* cegarse

**aveuglette (à l')** *loc. adv.* a ciegas, a tientas

**aviateur, -trice** *m. -f.* aviador, ora

**aviation** *f.* aviación ∼ *civile* aviación civil

**avide** *adj.* ávido, a, ansioso, a

**avidité** *f.* codicia

**avilir** *tr.* **1** envilecer **2** *pr.* envilecerse

**avion** *m.* avión ∼ *à réaction* avión de reacción

**aviron** *m.* remo

**avis** *m.* **1** parecer, opinión, juicio *à mon* ∼ a mi parecer, a mi juicio, en mi opinión **2** advertencia *f.* *(au lecteur...)*

**3** aviso ∼ *au public* aviso al público ∼ *préalable* aviso previo *sans* ∼ *préalable* sin previo aviso *jusqu'à nouvel* ∼ hasta nuevo aviso *sauf* ∼ *contraire* salvo (excepto) aviso contrario

**aviser** *tr.* **1** avisar **2** divisar ∼ *un ami dans la foule* divisar a un amigo entre la muchedumbre **3** *intr.* pensar, reflexionar *il faut* ∼ hay que pensarlo **4** *pr.* ocurrírsele a uno *il s'avisa de le faire* se le ocurrió hacerlo **5** percatarse de, darse cuenta de *il s'avisa de son arrivée* se percató de su llegada

**aviver** *tr.* avivar

**avocaillon** *m.* leguleyo

**avocat, -e** *m. -f.* abogado, a ∼ *général* fiscal ∼ *commis d'office* abogado de oficio ∼ *stagiaire* pasante de abogado *l'ordre des avocats* el colegio de abogados *se faire l'*∼ *de* abogar por

**avocat** *m.* aguacate

**avoine** *f.* avena

**avoir** *tr.* **1** tener ∼ *des livres* tener libros ∼ *faim* tener hambre ∼ *soif* tener sed **2** pasar *qu'as-tu ?* ¿ qué te pasa ?, ¿ qué pasa contigo ? **3** *auxil.* haber *j'ai lu* he leído **4** *imper.* haber *(pour l'espace)*, hace *(pour le temps)* *il y a une chaise* hay una silla *il y avait* había *il y a eu* hubo *il y aura* habrá *il y a deux ans* hace dos años *il y avait trois semaines* hacía tres semanas *avoir beau* por más que *il a beau faire* por más que haga ∼ *l'air* parecer *il a l'air aimable* parece amable *en* ∼ *assez* estar harto, a de *j'en ai assez de lui* estoy harta de él ∼ *lieu* celebrarse *la fête a eu lieu à Madrid* la fiesta se celebró en Madrid

**avoir** *m.* **1** haber, activo *le doit et l'*∼ el debe y el haber ∼ *de réserve* activo de reserva **2** boleta *f.* *(sur achat)*

**avoisinant, -e** *adj.* colindante, vecino, a, cercano, a

**avoisiner** *tr.* lindar con, ser vecino, a *mon terrain avoisine le sien* mi parcela linda con la suya

**avortement** *m.* aborto

**avorter** *tr.* abortar

**avorton** *m.* aborto

**avoué** *m.* procurador judicial

**avouer** *tr.* **1** confesar, reconocer **2** *pr.* confesarse, darse por *s'*∼ *vaincu* darse por vencido

**avril** *m.* abril

**axe** *m.* eje

**axer** *tr.* **1** orientar, centrar **2** *pr.* orientarse, centrarse

**ayant droit** *m.* derechohabiente

**azalée** *f.* azalea

**azimut** *m.* acimut *tous azimuts* en todas las direcciones

**azote** *m.* nitrógeno

**aztèque** *adj.* *-s.* azteca

**azur** *m.* azul *la Côte d'Azur* la Costa Azul

**azyme** *adj.* *-m.* ácimo *pain* ～ pan ácimo

# B

**b** *m.* b *f.*

**baba** *m.* bizcocho borracho

**babil** *m.* parloteo, balbuceo

**babillage** *m.* cháchara *f.*, charla *f.*

**babiller** *intr.* charlar, parlotear

**babines** *f. pl.* belfos *m. pl.*, morro *fig.* **se lécher les babines** chuparse los dedos

**babiole** *f.* baratija, fruslería

**bâbord** *m.* babor

**babouche** *f.* babucha

**baby-foot** *m.* futbolín

**baby-sitter** *m.* -*f.* canguro

**bac** *m.* 1 pontón 2 balde, tina *f.* 3 cubeta *f.* 4 *fam.* bachillerato *(baccalauréat)*

**baccalauréat** *m.* bachillerato

**bacchanale** *f.* bacanal

**bâche** *f.* 1 lona 2 toldo *m.*

**bachelier, -ière** *s.* bachiller

**bâcher** *tr.* cubrir con un toldo, una lona, entoldar

**bachot** *m. fam.* bachillerato

**bachoter** *intr.* empollar

**bachoteur** *m.* empollón

**bacille** *m.* bacilo

**bâcler** *tr.* chapucear

**bâcleur** *m.* chapucero

**bactérie** *f.* bacteria

**bactériologie** *f.* bacteriología

**badaud, -e** *adj. -s.* mirón, ona, papanatas *invar.*

**baderne** *f. fam. vieille* ~ vejestorio *m.*, carcamal

**badigeon** *m.* enjalbegado, encalado

**badigeonner** *tr.* enjalbegar, encalar, recubrir de una capa, untar

**badin, -e** *adj.* juguetón, ona, bromista

**badiner** *intr.* juguetear, bromear

**bafouer** *tr.* ridiculizar, escarnecer, mofarse de

**bafouiller** *intr.* farfullar

**bâfrer** *tr.* 1 *pop.* engullir, zamparse 2 *intr.* atracarse, atiborrarse

**bâfreur** *pop.* comilón, ona

**bagage** *m.* 1 equipaje 2 *fig.* bagaje ~ *scientifique* bagaje científico *plier* ~ liar los bártulos, largarse

**bagarre** *f.* 1 riña, pelea 2 alboroto *m.*

**bagarrer** *intr. fam.* pelearse por, combatir por

**bagarreur, -euse** *adj. -s.* peleón, ona

**bagatelle** *f.* bagatela, fruslería

**bagne** *m.* presidio

**bagnole** *f. pop.* coche *m.*

**bagou, bagout** *m.* facundia *f.*, labia *f.* **avoir du** ~ tener labia

**bague** *f.* sortija, anillo *m.* ~ *de fiançailles* sortija de pedida

**baguenauder** *intr.* 1 *fam.* pasar el rato 2 *pr.* entretenerse, pasearse

**baguette** *f.* 1 bastoncillo *m.* 2 vara, varita 3 batuta *(chef d'orchestre)* 4 barra *(pain)* 5 MENUIS. listón *m.*, filete *m.* 6 *pl.* palillos *m.* *(de tambour)*

**bahut** *m.* arca *f.*, arcón, cofre

**baie** *f.* 1 bahía 2 BOT. baya

**baignade** *f.* baño *m.*

**baigner** *tr.* 1 bañar 2 *intr.* estar cubierto, a, sumergido, a ~ *dans son sang* estar cubierto de sangre 3 *pr.* bañarse

**baigneur, -euse** *s.* bañista

**baignoire** *f.* 1 bañera, baño 2 palco de platea *m.* *(théâtre)* 3 *amér.* bañadera

**bail** *m.* arrendamiento ~ *à céder* se traspasa *cession de* ~ traspaso

**bâillement** *m.* bostezo

**bâiller** *intr.* 1 bostezar 2 estar entreabierto, a

**bailleur, eresse** *s.* arrendador, ora ~ *de fonds* socio capitalista, proveedor de fondos

**bâilleur** *m. -f.* bostezador, ora

**bâillonner** *tr.* amordazar

**bain** *m.* baño *salle de* ~ cuarto de baño *m.*

**baïonnette** *f.* bayoneta

**baisemain** *m.* besamanos

**baiser** *tr.* besar *pop.* joder *s. m.* beso

**baisse** *f.* 1 baja ~ *des prix* baja de los precios 2 descenso *m.* ~ *des températures* descenso de las temperaturas *jouer à la* ~ jugar a la baja

**baisser** *tr.* 1 bajar, inclinar ~ *la tête* inclinar la cabeza ~ *un prix* bajar un precio 2 *intr.* bajar 3 menguar, disminuir 4 *pr.* bajarse, agacharse

**bajoue** *f.* moflete *m.*

**bakchich** *m.* soborno, *amér.* mordida *f.*

**bakélite** _f._ baquelita

**bal** _m._ baile

**balade** _m._ paseo _faire une_ ~ dar un paseo

**balader** _tr. fam._ pasear, llevar de paseo, sacar a paseo _fam. envoyer_ ~ mandar a paseo

**baladeuse** _f._ **1** remolque de tranvía **2** lámpara eléctrica móvil **3** carrito de vendedor ambulante _m._

**balafre** _f._ chirlo _m.,_ cuchillada _f._

**balai** _m._ **1** escoba _f._ **2** barredora _f._ ~ _mécanique_ barredora mecánica **3** _ÉLECTR._ escobilla _f. donner un coup de_ ~ dar un barrido _coup de_ ~ _fig._ despido del personal

**balance** _f._ **1** balanza **2** balance _m._ _(bilan)_ **3** balanza ~ _des paiements_ balanza de pagos **4** _n. pr. ASTROL._ Libra ~ _romaine_ romana

**balancement** _m._ **1** balanceo **2** _fig._ vacilación _f.,_ duda _f._

**balancer** _tr._ **1** balancear, mecer, menear _(la tête)_ **2** _fig. fam._ tirar, echar ~ _quelque chose par la fenêtre_ tirar algo por la ventana ~ _sa secrétaire_ echar a la secretaria **3** balancear, contrapesar, equilibrar _(équilibrer)_ **4** medir, pesar, examinar ~ _le pour et le contre_ medir el pro y el contra **5** _pr._ balancearse, columpiarse _pop. je m'en balance_ me importa un bledo

**balancier** _m._ péndulo _le_ ~ _de la pendule_ el péndulo del reloj

**balançoire** _f._ columpio _m._

**balayer** _tr._ barrer

**balayette** _f._ escobilla

**balayeur, -euse** _s._ **1** barrendero, a **2** _f._ barredora _(machine)_

**balbutiement** _m._ balbuceo

**balbutier** _intr._ balbucear

**balcon** _m._ **1** balcón **2** _THÉÂT._ piso principal

**baldaquin** _m._ baldaquín, baldaquino

**baleine** _f._ **1** ballena **2** varilla _(parapluie)_

**baleineau** _m._ ballenato

**baleinier, -ière** _adj. -m._ **1** ballenero, a **2** _f._ lancha ballenera _(embarcation)_

**balisage** _m._ balizaje

**balise** _f._ baliza

**baliser** _tr._ balizar

**balistique** _adj._ **1** balístico, a **2** _f._ balística

**baliverne** _f._ pamplina, tontería, sandez

**ballade** _f._ balada

**ballant, -e** _adj._ colgante, pendiente _marcher les bras ballants_ andar con los brazos colgantes

**balle** _f._ **1** pelota **2** bala ~ _de revolver_ bala de revólver _dix balles pop._ diez del ala _saisir la_ ~ _au bond fig._ coger la ocasión por los pelos

**ballerine** _f._ bailarina

**ballet** _m._ ballet

**ballon** _m._ **1** balón ~ _de football_ balón de fútbol **2** globo ~ _rouge_ globo colorado **3** globo _(aérostat)_ ~ _d'oxygène_ balón de oxígeno

**ballonnement** _m._ hinchazón _f._

**ballonner** _tr._ **1** hinchar, inflar **2** _pr._ hincharse

**ballot** _m._ **1** fardo, bulto **2** _fam._ bobo

**ballotage** _m._ empate

**ballotter** _tr._ sacudir, bambolear, zarandear

**balnéaire** _adj._ balneario, a _station_ ~ balneario _m._

**balourd, -e** _adj. -s._ palurdo, a, torpe, tosco, a

**balourdise** _f. fam._ torpeza

**balsamique** _adj._ balsámico, a

**balustrade** _f._ **1** barandilla, balaustrada **2** pretil _m. (d'un pont)_

**balzan, -e** _adj._ cuatralbo _(chevaux)_

**bamboche** _f._ juerga, jarana

**bambocheur, -euse** _s._ juerguista, jaranero, a

**bambou** _m._ bambú

**ban** _m._ **1** bando **2** ovación _f.,_ aplauso **3** _pl._ amonestaciones _f. (de mariage)_ _publier les bans_ correr las amonestaciones _loc. fig. le_ ~ _et l'arrière-ban_ todo el mundo

**banal, -ale** _adj._ común, banal, trivial

**banalité** _f._ banalidad, trivialidad

**banane** _f._ plátano _m., amér._ banana

**bananier** _m._ plátano, banano _(arbre),_ bananar _m. amér._

**banc** _m._ banco ~ _d'essai_ banco de prueba ~ _des accusés_ banquillo

**bancal, -ale** _adj._ **1** patituerto, a **2** cojo, a _(meubles)_

**bancaire** _adj._ bancario, a

**banco** _faire_ ~ copar la banca

**bandage** _m._ venda _f.,_ vendaje _m._

**bande** f. **1** cinta ~ *magnétique* cinta magnética **2** tira *(de papier, tissu)* **3** faja *(pour entourer, de journal)* **4** venda **5** película, cinta *(film)* **6** lista, raya *(rayure)* **7** carril m. *(partie d'une route)* **8** banda *(billard)* **9** banda, grupo m. *(de personnes)* **10** péj. partida *(de malfaiteurs)* **11** bandada, manada *(d'animaux)* ~ *dessinée* tira dibujada, cómic m.

**bandeau** m. **1** cinta f. **2** venda f. *(pour les yeux)* **3** bandós *(cheveux)*

**bander** tr. **1** vendar, fajar *(entourer d'une bande)* **2** poner tirante *(tendre)* **3** armar *(arc)*

**banderille** f. banderilla

**banderole** f. banderola, pancarta

**bandit** m. **1** bandido **2** timador, pirata, bandido *(filou)*

**banditisme** m. bandidaje

**bandoulière** f. bandolera *loc. adv. en* ~ en bandolera

**banjo** m. MUS. banjo m.

**banlieue** f. alrededores m. pl. afueras pl. cercanías pl. ~ *barriada* f. *train de* ~ tren de cercanías *proche* ~ extrarradio m.

**banne** f. **1** volquete de transporte m. *(tombereau)* **2** banasta *(manne d'osier)* **3** toldo m. *(toile)*

**banni, -ie** adj. desterrado, a, exiliado, a

**bannière** f. bandera, pendón m.

**bannir** tr. **1** desterrar, exiliar *(exiler)* **2** expulsar, apartar, alejar

**banque** f. **1** banco m. **2** banca *(commerce de l'argent)* ~ *des yeux, du sang* banco de ojos, de sangre

**banqueroute** f. bancarrota, quiebra *faire* ~ quebrar

**banquet** m. banquete *(repas)*

**banquette** f. asiento m., banco m. ~ *arrière* asiento trasero m.

**banquier, -ière** s. banquero, a

**banquise** f. banco de hielo m., banquisa

**baobab** m. baobab

**baptême** m. **1** bautismo **2** bautizo *(cérémonie) nom de* ~ nombre de pila

**baptiser** tr. bautizar

**baptismal, -ale** adj. bautismal

**baptistère** m. bautisterio

**baquet** m. tina f., cubeta f.

**bar** m. **1** bar *(établissement)* **2** lubina f., róbalo *(poisson)*

**baragouiner** tr. **1** chapurrear *(une langue)* **2** intr. farfullar

**baraque** f. **1** barraca, caseta **2** chabola, casucha *(taudis)* **3** péj. casucha

**baraquement** m. campamento de barracas

**baratin** m. camelo

**baratiner** tr. pop. camelar, charlatanear

**baratineur, -euse** m. pop. camelista

**baratte** f. mantequera

**barbant, -e** adj. pop. latoso, a

**barbare** adj. -s. bárbaro, a

**barbarie** f. barbarie

**barbarisme** m. barbarismo

**barbe** f. barba, barbas pl. ~ *à papa* algodón (de azúcar) m. *c'est la* ~ pop. es una lata, un tostón

**barbecue** m. barbacoa f.

**barbelé, -ée** adj. arpado, a *fil de fer* ~ alambre de púas *les barbelés* la alambrada

**barbiche** f. perilla

**barbier** m. barbero

**barbiturique** adj. -s. barbitúrico, a

**barbon** m. vejete, vejestorio, vejancón, barba *(théâtre)*

**barboter** intr. **1** chapotear **2** tr. fam. birlar *(voler)*

**barbouillage** m. **1** embadurnamiento *(couleurs)* **2** pintarrajo, mamarracho *(peinture)* **3** garabatos pl. *(écriture)*

**barbouiller** tr. **1** embadurnar, ensuciar *(salir)* **2** pintarrajear *(peindre grossièrement)* **3** emborronar ~ *du papier* emborronar papel

**barbu, -ue** adj. -m. barbudo, a

**barcasse** f. barcaza

**barder** tr. **1** revestir con coraza, acorazar **2** CUIS. emborrazar, enalbardar *(une volaille)* ~ *de décorations* revestir de condecoraciones *ça va* ~ *impers.* pop. la cosa está que arde

**barème** m. baremo, tabla f.

**baril** m. barril

**barillet** m. barrilete

**barioler** tr. abigarrar

**bariolure** f. abigarramiento m.

**baromètre** m. barómetro

**baron, -onne** s. barón, onesa

**baroque** adj. barroco, a

**barque** f. barca

**barrage** *m.* **1** barrera *f.* *(barrière, obstacle)* **2** dique, presa *f.* embalse, pantano ~ *de police* cordón policial *faire* ~ poner obstáculos

**barre** *f.* barra *avoir le coup de* ~ *loc. fam.* estar agotado, a, reventado, a ~ *de chocolat* pastilla de chocolate *code-barres* código de barras *jeu de barres* juego del marro

**barré** *adj.* cruzado, a *chèque* ~ cheque cruzado

**barreau** *m.* **1** barrote **2** *DR.* tribuna para los abogados *f.* *(aux assises)* **3** foro, abogacía *f.* *(profession des avocats)* **4** colegio de abogados *inscrit au* ~ inscrito en el colegio de abogados

**barrer** *tr.* **1** cerrar el paso, obstruir, atrancar ~ *la porte* atrancar la puerta **2** tachar, borrar ~ *un mot mal écrit* tachar una palabra mal escrita **3** cruzar ~ *un chèque* cruzar un cheque **4** *MAR.* gobernar *(une embarcation)* **5** *pr. pop.* largarse, pirárselas

**barrette** *f.* **1** bonete *m.*, birreta **2** broche alargado *m.* *(bijou)* **3** pasador *m.* *(pour les cheveux)*

**barricade** *f.* barricada

**barricader** *tr.* **1** atrancar *(la porte)*, levantar barricadas **2** *pr.* parapetarse

**barrière** *f.* **1** barrera **2** *fig.* obstáculo *m.*

**barrique** *f.* barrica

**barrir** *intr.* barritar, bramar, berrear

**baryton** *m.* barítono

**bas, basse** *adj.* **1** bajo, a **2** nublado, a, encapotado, a *le ciel est* ~ el cielo está encapotado **3** *abrév.* bajo *faire main basse sur* pillar, saquear *en* ~ abajo *plus* ~ más abajo *mettre* ~ parir *parler tout* ~ hablar en voz baja *à* ~ ! *interj.* ¡abajo!

**bas** *m.* **1** bajo, parte baja *f.* *le* ~ *du visage* la parte baja de la cara **2** bajos *pl.* *(d'un vêtement)* **3** pie *(d'une page)* *bas (paire de)* *f. pl.* las medias *mi-bas m. pl.* minimedias *f. pl.* ~ *de laine* *fig.* ahorros *avoir des hauts et des bas* tener altibajos

**basalte** *m.* basalto

**basané, -ée** *adj.* moreno, a, tostado, a

**basaner** *tr.* atezar, broncear, curtir, tostar

**bas-bleu** *m.* marisabidilla *f.*

**bas-côté** *m.* andén, arcén ~ *de la route* el arcén de la carretera

**bascule** *f.* báscula

**basculer** *intr.* **1** volcar **2** voltear *(culbuter)*

**base** *f.* base *de* ~ básico, a

**base-ball** *m.* béisbol

**baser** *tr.* **1** basar **2** *pr.* basarse

**bas-fond** *m.* **1** hondonada *f.* **2** *pl.* bajos fondos *(de la société)*

**basilic** *m.* albahaca *f.*

**basilique** *f.* basílica

**basique** *adj.* básico, a

**basket-ball** *m.* baloncesto

**basketteur, -euse** *s.* jugador, ora de baloncesto

**basque** *adj. -s.* **1** vasco, a **2** *m.* vascuence *(langue)* **3** *f.* faldón *m.* *(vêtement)*

**bas-relief** *m.* bajorrelieve

**basse** *f.* **1** bajo *m.* **2** contrabajo *m.* *MUS. voix de* ~ voz de bajo

**basse-cour** *f.* corral *m.*

**bassesse** *f.* bajeza

**bassin** *m.* **1** palangana *f.* **2** pila *(d'une fontaine)* **3** estanque, alberca *f.* *(pièce d'eau)* **4** dársena *f.* *(port)* **5** *ANAT.* pelvis *f.*, bacinete **6** cuenca *f. le* ~ *de l'Ebre* la cuenca del Ebro

**bassine** *f.* palangana, barreño *m.*

**bassiner** *tr. pop.* fastidiar, dar la lata

**bassiste** *m.* *MUS.* violoncelista, contrabajo

**basson** *m.* bajón, *MUS.* fagot *joueur de* ~ bajonista

**bastion** *m.* baluarte

**bastonnade** *f.* paliza, tunda, apaleamiento *m.*

**bât** *m.* albarda *f.* *savoir où le* ~ *blesse* saber donde le aprieta el zapato *je sais où le* ~ *blesse* sé donde me aprieta el zapato

**bataclan** *m. pop.* bártulos *pl.*, cachivaches *pl.*

**bataille** *f.* **1** batalla **2** pelea, riña *(bagarre)* **3** *fig.* reyerta

**bataillon** *m.* batallón

**bâtard, -e** *adj. -s.* **1** bastardo, a **2** *fig.* ambiguo, a *pain* ~ barra de pan

**bateau** *m.* barco *monter un* ~ *à quelqu'un* *fig. fam.* engañar a alguien con cuentos, embaucar ~ *à voile* barco de vela *m.* ~ *marchand* barco mercante ~ *mouche* golondrina *f.* ~ *pompe* barco pompa

**bateleur, -euse** s. saltimbanqui, titiritero, a, malabarista m. *(jongleur)*

**batelier, -ière** s. barquero, a, batelero, a

**batellerie** f. flotilla de barcos

**bâter** tr. albardar fig. *âne bâté* estúpido, ignorante

**bâti** m. 1 armazón 2 bastidor *(d'une machine)* 3 hilván *(couture)*

**batifolage** m. fam. jugueteo, retozo

**batifoler** intr. vieil. juguetear, retozar

**bâtiment** m. 1 construcción f. 2 edificio 3 MAR. buque ~ *d'habitation* edificio para vivienda *entrepreneur en* ~ contratista *le* ~ el ramo de la construcción *le* ~ *fonctionne* la construcción funciona

**bâtir** tr. 1 edificar, construir 2 hilvanar, montar *(couture)* ~ *des châteaux en Espagne* loc. fig. construir castillos en el aire *terrain à* ~ solar m.

**bâtissable** adj. edificable

**bâtisse** f. obra, caserón m.

**bâtisseur, -euse** s. constructor, ora, edificador, ora, fundador, ora

**bâton** m. 1 palo, garrote 2 vara f., bastón ~ *de maréchal* vara de mariscal 3 báculo *(de pèlerin, d'évêque)* 4 porra f. *(d'agent de police)* 5 barrita f., barra ~ *de cire à cacheter* barrita de lacre 6 palote *(écriture) coup de* ~ palo à *bâtons rompus* loc. adv. sin orden, sin ton ni son *mettre des bâtons dans les roues* poner trabas

**bâtonnet** m. palito

**bâtonner** tr. apalear

**bâtonnier** m. decano del colegio de abogados

**batracien** m. ZOOL. batracio

**battage** m. 1 trilla f. *(blé)* 2 fig. fam. propaganda a bombo y platillos f.

**battant** m. 1 hoja de puerta, de ventana f. 2 badajo *(de cloche)*

**battant, -e** adj. batiente, que bate, que late *mener tambour* ~ fig. tratar sin miramientos, llevar a la baqueta *pluie battante* chaparrón m.

**batte** f. 1 maza 2 paleta *(à beurre)* 3 SPORT pala

**battement** m. 1 golpeo 2 latido *(du cœur)* ~ *d'ailes* aleteo ~ *de mains* palmada f., palmoteo ~ *de paupières* parpadeo

**batterie** f. 1 batería 2 batería ~ *de cuisine* batería de cocina 3 ELÉCTR.

batería 4 MUS. batería *tenir la* ~ llevar la batería

**batteur** m. 1 batidor 2 MUS. batería *le* ~ *d'une formation* el batería de un conjunto 3 SPORT bateador ~ *à œufs* batidora f.

**batteuse** f. trilladora *(machine)*

**battoir** m. pala f., paleta f.

**battre** tr. 1 pegar, golpear ~ *un enfant* pegar a un niño 2 sacudir ~ *un tapis* sacudir una alfombra 3 batir *(les œufs)*, mazar *(le lait)* 4 barajar *(les cartes)* 5 batir, derrotar, vencer *(vaincre)* 6 recorrer, batir ~ *la forêt* recorrer el bosque 7 tocar ~ *le tambour* tocar el tambor 8 azotar, golpear *le vent bat les branches* el viento azota las ramas 9 AGR. trillar *(le blé)* 10 varear *(les arbres)* 11 batir ~ *le fer* batir el hierro 12 intr. chocar, golpear *une porte qui bat* una puerta que golpea 13 sonar, redoblar *(le tambour)* 14 latir *(le cœur)*, tener pulsaciones *(le pouls)* 15 pr. batirse, pelear, pegarse 16 luchar *je me bats pour elle* lucho por ella ~ *pavillon* MAR. navegar bajo un pabellón ~ *la mesure* llevar el compás ~ *un record* batir un récord ~ *des ailes* aletear ~ *des mains* palmotear, tocar palmas, aplaudir ~ *en retraite* MIL. batirse en retirada

**battu, -ue** adj. 1 pisado, a, trillado, a *(sol, chemin)*, golpeado, a, apaleado, a, pegado, a 2 fig. trillado *sentiers battus* caminos trillados 3 m. vencido 4 f. batida *(chasse) yeux battus* ojos cansados, con ojeras v. battre

**baudet** m. borrico, burro

**baudrier** m. tahalí *(en écharpe)*, talabarte *(ceinturon)*

**baudroie** f. rape m.

**baudruche** f. tripa, globo m. *(ballon)*

**bauge** f. pocilga, tugurio m.

**baume** m. bálsamo *flacon à* ~ balsamera f.

**bauxite** f. bauxita

**bavard, -e** adj. -s. hablador, ora, parlanchín, ina, charlatán, ana

**bavardage** m. 1 charla f. 2 habladuría f., comadreo *(cancan)*

**bavarder** intr. charlar

**bave** f. baba

**baver** intr. babear, babosear ~ *sur quelqu'un* fig. injuriar a alguien *en* ~ pasarlas negras *il en bave d'admiration* se le cae la baba de admiración

**bavette** *f.* babero *m.*, peto *m.* *(tablier)* **tailler une ~** echar un párrafo

**baveux, -euse** *adj.* baboso, a

**bavoir** *m.* babero

**bavure** *f.* 1 rebaba 2 *fig.* error policial *m.*

**bayadère** *f.* bayadera

**bazar** *m.* 1 bazar 2 desorden 3 *fam.* bártulos *m.*

**bazarder** *tr.* *pop.* malbaratar

**béant, -e** *adj.* abierto, a *à bouche béante* con la boca abierta

**béat, -e** *adj.* 1 plácido, a *une vie béate* una vida plácida 2 *s.* beato, a

**béatification** *f.* beatificación

**béatifier** *tr.* beatificar

**béatitude** *f.* 1 beatitud 2 bienaventuranza 3 placidez

**beau, bel, belle** *adj.* 1 hermoso, a, bello, a, guapo, a *une belle journée* un día hermoso *une belle femme* una mujer guapa *cet homme est beau* es un hombre guapo 2 bueno, a *(qualité ou état)* 3 bonito, a, lindo, a 4 *iron.* bueno, a, lindo, a 5 bueno, a, generoso, a *une belle action* una buena acción, una acción generosa 6 bueno, a, ventajoso, a *une belle occasion* una buena ocasión, una ocasión ventajosa 7 conveniente, decoroso, a, bien *cela n'est pas ~* eso no está bien 8 superior *un ~ talent* un talento superior 9 agradable *on a passé une belle journée* hemos pasado un día agradable 10 bueno *(temps) il fait ~* hace buen tiempo 11 grande, considerable *un ~ chahut* un gran alboroto 12 *m.* lo bello, lo hermoso *le ~ monde* la buena sociedad *la belle affaire !* ¡ bonito negocio ! *avoir ~* por más que *il a ~ faire* por más que hace *bel et bien loc. adv.* completamente *de plus belle* a más y mejor *tout ~* despacito *en faire, en dire de belles* hacer, decir tonterías *j'en apprends de belles* me entero de unas cosas...

**beaucoup** *m.* 1 mucho *il a ~ travaillé* ha trabajado mucho 2 *adj.* mucho, a, os, as *~ de bruit* mucho ruido *~ de livres* muchos libros 3 *pron.* muchos, as *combien en avez-vous ?* *~* ¿ cuántos tiene usted ? muchos *~ de bruit pour rien* mucho ruido y pocas nueces

**beau-fils** *m.* 1 yerno, hijo político 2 hijastro *(fils de l'autre conjoint)*

**beau-frère** *m.* cuñado, hermano político

**beau-père** *m.* 1 suegro, padre político 2 padrastro

**beauté** *f.* belleza, hermosura *se faire une ~* arreglarse, acicalarse

**beaux-arts** *m. pl.* bellas artes *f.*

**beaux-parents** *m. pl.* suegros, padres políticos

**bébé** *m.* nene, a, bebé

**bec** *m.* 1 pico 2 *fam.* labia *f.*, facundia *f.*, pico, boca *f.* 3 pitorro *(d'une cruche)* 4 *MUS.* boquilla *f.* *ferme ton ~* calla, cierra el pico *une prise de ~* una disputa *clouer le ~ à quelqu'un* hacer callar a uno *un ~ fin* un gastrónomo refinado *~ de gaz* luz de gas, farol *tomber sur un ~* *loc. fig.* llevarse un chasco

**bécasse** *f.* 1 chocha, becada 2 *fam.* pava *c'est une ~* es una pava

**bécassine** *f.* 1 agachadiza 2 *fam.* tontita *(jeune fille)*

**bec-de-cane** *m.* picaporte

**bec-de-lièvre** *m.* labio leporino

**bêche** *f.* laya

**bêcher** *tr.* layar

**bêcheur, -euse** *adj.* -*s.* *fam.* presumido, a

**bécot** *m.* *fam.* besito

**bécoter** *tr.* besuquear

**becqueter, béqueter** *tr.* 1 picotear 2 *intr.* *pop.* comer, picar

**bedaine** *f.* *fam.* panza, barriga, vientre *m.*

**bedaud** *m.* bedel, pertiguero *(église)*

**bedon** *m.* *fam.* panza *f.*

**bedonnant, -e** *adj.* *fam.* barrigón, ona

**bédouin, -e** *adj.* -*s.* beduino, a

**bée** *adj.* *bouche ~* con la boca abierta *rester bouche ~* quedarse boquiabierto

**beefsteak** *m.* bistek, bistec, bisté

**beffroi** *m.* atalaya *f.*, campanario

**bégaiement** *m.* 1 tartamudeo, tartamudez *f.* 2 balbuceo *(des enfants)*

**bégayer** *intr.* 1 tartamudear 2 *tr.* -*intr.* balbucear, farfullar

**bègue** *adj.* -*s.* tartamudo, a

**bégueule** *adj.* 1 gazmoño, a, mojigato, a 2 *f.* *fam.* gazmoña

**béguin** *m.* *fam.* capricho *avoir le ~ pour* encapricharse por *il a le ~ pour* *cette femme* está enamorado de esta mujer

**beige** *adj.* beige *(couleur)*

**beignet** *m.* buñuelo

**bêlement** *m.* balido

**bêler** *intr.* balar, dar balidos

**belette** *f.* comadreja

**belge** *adj. -s.* belga

**bélier** *m.* **1** morueco **2** ariete *(machine de guerre)* **3** *n. pr. m.* ASTROL. aries

**bélière** *f.* boquilla *(fourreau)*, anilla

**belle au bois dormant (la)** *loc.* La Bella Durmiente

**belle-de-jour** *f.* dondiego de día *m.*

**belle-de-nuit** *f.* dondiego de noche *m.*

**belle-fille** *f.* **1** nuera, hija política **2** hijastra

**belle-mère** *f.* **1** suegra, madre política **2** madrastra

**belle-sœur** *f.* cuñada, hermana política

**belligérance** *f.* beligerancia

**belligérant, -e** *adj. -s.* beligerante

**belliqueux, -euse** *adj.* belicoso, a

**belote** *f.* juego de naipes *m.*

**belvédère** *m.* mirador, belvedere

**bémol** *m.* MUS. bemol

**bénédictin, -e** *adj. -s.* benedictino, a

**bénédiction** *f.* bendición *donner la* ∼ echar la bendición

**bénéfice** *m.* beneficio ∼ *net* beneficio limpio *tirer* ∼ *de* sacar provecho de

**bénéficiaire** *adj. -s.* beneficiario

**bénéficier** *intr.* beneficiarse de, aprovecharse de, gozar de, disfrutar de

**benêt** *adj. -m.* **1** bobo, a **2** *fam.* bendito, a, inocente

**bénévole** *adj.* benévolo, voluntario, a, gratuito, a

**béni, -ie** *adj.* bendecido, a, bendito, a *eau bénie* agua bendita *p.p. de bénir*

**bénir** *tr.* bendecir

**bénit, -e** *adj.* bendito, a *eau bénite* agua bendita

**bénitier** *m.* **1** pila de agua bendita *f.* **2** acetre *(portatif)*

**benne** *f.* **1** vagoneta **2** cajón de volquete *m. (camion)* **3** cuchara de grúa *(de grue)*

**benzène** *m.* benceno

**benzine** *f.* bencina

**béquille** *f.* **1** muleta *(de boiteux)* **2** soporte *(de moto)*

**berbère** *adj. -s.* beréber, berberisco, a

**bercail** *m.* redil

**berceau** *m.* cuna *au* ∼ en mantillas

**bercer** *tr.* **1** mecer **2** arrullar *(par un chant, une musique)* **3** *pr.* mecerse, balancearse

**berceur, -euse** *adj.* arrullador, ora

**berceuse** *f.* canción de cuna, nana

**béret** *m.* boina *f.*

**bergamote** *f.* bergamota

**berge** *f.* orilla, ribera *sur les berges du fleuve* a orillas del río

**berger, -ère** *s.* **1** pastor, ora **2** *f.* poltrona *(fauteuil) étoile du* ∼ lucero del alba

**bergerie** *f.* redil *m.*, aprisco *m.*

**berline** *f.* berlina

**berlingot** *m.* **1** envase de cartón *lait en* ∼ leche en envase de cartón **2** caramelo

**berlinois, -e** *adj. -s.* berlinés, esa

**berlue** *f.* deslumbramiento *m. avoir la* ∼ tener telarañas en los ojos

**berne** *f.* burla, engaño *m.*, manteamiento *m. en* ∼ a media asta *(drapeau)*

**berner** *tr.* burlarse de, engañar *se laisser* ∼ dejarse engañar

**besace** *f.* alforja

**besicles** *f. pl.* antiparras, quevedos *m. pl.*

**besogne** *f.* tarea, trabajo *m.*

**besoin** *m.* **1** necesidad *f.* ∼ *pressant* una necesidad urgente *éprouver le* ∼ *de* sentir la necesidad de **2** necesidad *f.*, indigencia *f.*, pobreza *f. être dans le* ∼ estar necesitado *avoir* ∼ *de* necesitar, necesitar de *nous avons besoin de lire* necesitamos leer *au* ∼ *loc. adv.* en caso de necesidad

**bestiaire** *m.* bestiario

**bestial** *adj.* bestial

**bestialité** *f.* bestialidad

**bestiaux** *m. pl.* ganado *sing.*, reses *f. pl.*

**bestiole** *f.* bicho *m.*, bichito *m.*

**bêta, bêtasse** *adj. -s.* bobo, a, tontorrón, ona, bobalicón, ona

**bétail** *m.* ganado *gros* ∼ ganado mayor *tête de* ∼ *f.* res

**bête** *f.* **1** animal *m.*, bestia ∼ *de somme* bestia de carga ∼ *féroce* animal feroz *la* ∼ *humaine* la bestia humana

**2** bicho *m*. *une méchante* ~ un mal bicho **3** *adj*. tonto, a, estúpido, a ~ *à concours* empollón, ona *regarder quelqu'un comme une* ~ *curieuse* mirar a alguien como un bicho raro *bonne* ~ *fig*. infeliz, persona sin malicia *chercher la petite* ~ buscarle pelos al huevo *être la* ~ *noire de* ser la pesadilla de *faire la* ~ hacer el tonto, hacerse el tonto *que c'est* ~*!* ¡ qué lástima !

**bêtise** *f*. tontería, necedad

**béton** *m*. hormigón ~ *armé* hormigón armado

**bette** *f*. acelga

**betterave** *f*. remolacha

**beuglement** *m*. **1** mugido *(bovins)* **2** *fam*. berrido

**beugler** *intr*. **1** mugir, bramar **2** *fam*. berrear

**beurre** *m*. mantequilla *loc. fig. fam*. *œil au* ~ *noir* ojo a la funeral *faire son* ~ hacer su agosto

**beurrée** *f*. tostada de pan con mantequilla

**beurrer** *tr*. untar con mantequilla

**beurrier** *m*. mantequera *f*.

**bévue** *f*. equivocación, *fam*. metedura de pata

**biais** *m*. **1** sesgo, bies *(gallic.)* *tailler un tissu dans le* ~ cortar una tela al bies **2** *fig*. lado, aspecto *abordons le sujet par ce* ~ abordemos el asunto por ese aspecto **3** *fig*. rodeo, giro indirecto *(détour)*

**biaiser** *intr. fig*. andarse con rodeos

**bibelot** *m*. bibelot, chuchería *f*., figurilla *f*.

**biberon** *m*. biberón

**bibliographie** *f*. bibliografía

**bibliophile** *s*. bibliófilo, a

**bibliothécaire** *s*. bibliotecario, a

**bibliothèque** *f*. biblioteca

**biblique** *adj*. bíblico, a

**bicarbonate** *m*. bicarbonato

**bicéphale** *ad. -s*. bicéfalo, a

**biche** *f*. cierva

**bichonner** *tr*. **1** arreglar **2** *pr*. arreglarse

**bicoque** *f. fam*. casita, casucha *(maison)*

**bicorne** *m*. sombrero de dos picos

**bicyclette** *f*. bicicleta

**bidet** *m*. **1** bidé **2** jaca *f. (petit cheval)*

**bidon** *m*. bidón, lata *f*.

**bidonville** *m*. chabolas *f. pl*.

**bielle** *f*. biela *couler une* ~ fundir una biela

**bien** *adv*. **1** bien *se porter* ~ estar bien de salud **2** muy *(très)* ~ *content* muy contento **3** mucho *(beaucoup)* ~ *mieux* mucho mejor ~ *plus* mucho más **4** ya *nous verrons* ~ ya veremos **5** *adj*. a gusto *(à l'aise)* **6** *m*. bien, hacienda *f. (fortune)*, caudal *m*. *biens meubles et immeubles* bienes muebles e inmuebles *dire du* ~ *de* hablar bien de *vouloir* ~ servirse, dignarse, querer, aceptar ~ *que loc. conj*. aunque *si* ~ *que* de suerte que *eh* ~*! loc. interj*. ¡ bueno ! ~ *du*, ~ *de l'*, ~ *des* mucho, a, os, as ~ *des fois* muchas veces

**bien-aimé, -ée** *adj. -s*. **1** amado, a, querido, a **2** predilecto, a *c'est son fils* ~ es su hijo predilecto

**bien-être** *m*. bienestar

**bienfaisance** *f*. beneficencia

**bienfaisant, -e** *adj*. **1** benéfico, a *(personnes)* **2** beneficioso, a *(choses)*

**bienfaiteur, -trice** *s*. bienhechor, ora, benefactor, ora

**bien-fondé** *m*. lo bien fundado, legitimidad *f. le* ~ *de la grève* lo bien fundado de la huelga

**bienheureux, -euse** *adj. -s*. **1** bienaventurado, a **2** beato, a *(qui a été béatifié)*

**biennal, -ale** *adj*. **1** biennal, bisanual **2** *f*. bienal *biennale des antiquaires* bienal de los anticuarios

**bienséance** *f*. **1** decencia, decoro *m*. **2** urbanidad, convivencia

**biens-fonds** *m. pl*. bienes raíces

**bientôt** *adv*. **1** pronto, dentro de poco **2** pronto, de prisa, rápidamente *à* ~ hasta pronto, hasta luego

**bienveillance** *f*. benevolencia

**bienvenu, -ue** *adj. -s*. **1** bienvenido, a **2** *f*. bienvenida

**bière** *f*. **1** cerveza **2** ataúd *m. (cercueil)*

**biffer** *tr*. borrar, tachar

**bifteck** *m*. bistec, bisté

**bifurcation** *f*. bifurcación

**bigame** *adj. -s*. bígamo, a

**bigamie** *f*. bigamia

**bigarré, -ée** *adj*. abigarrado, a

**bigarreau** *m*. cereza gordal *f*.

**bigarrer** *tr*. abigarrar

**bigle** *adj. -s*. bizco, a

**bigler** *intr.* bizquear

**bigot, -e** *adj. -s.* santurrón, ona, beato, a

**bigoterie** *f.* beatería

**bigre** *interj. fam.* ¡ caramba !

**bijou** *m.* joya *f.*, alhaja *f.*

**bijouterie** *f.* joyería ~ *de fantaisie* bisutería

**bijoutier, -ière** *m. -f.* joyero, a

**bikini** *m.* bikini

**bilan** *m.* balance *déposer son* ~ declararse en quiebra

**bilboquet** *m.* boliche

**bile** *f.* bilis *fig. se faire de la* ~ preocuparse

**bileux, -euse** *adj. fam.* preocupado, a

**biliaire** *adj.* biliario, a

**bilieux, -euse** *adj.* bilioso, a

**bilingue** *adj. -s.* bilingüe

**bilinguisme** *m.* bilingüismo

**billard** *m.* billar

**bille** *f.* **1** bola *(de billard)* **2** canica *(des jeux d'enfants)* **3** *pop.* cara, rostro *m. (visage)* **4** *MÉC.* bola

**billet** *m.* billete, *amér.* boleto ~ *de banque* billete de banco ~ *au porteur COMM.* al portador ~ *à ordre COMM.* pagaré *billet d'aller et retour* billete de ida y vuelta ~ *d'avion* billete de avión, *amér.* pasaje, boleto

**billevesée** *f.* pamplina

**billion** *m.* billón

**billot** *m.* **1** tajo *(de boucher)* **2** banquillo *(de cordonnier)* **3** cepo *(de l'enclume)*

**bilobé, -ée** *adj. ARCHIT.* bilobulado, a

**bimbeloterie** *f.* juguetería, baratijas *f. pl.*

**bimensuel, -elle** *adj. -s.* bimensual

**binaire** *adj.* binario, a

**biner** *tr. AGR.* binar

**binette** *f.* **1** *pop.* cara ridícula **2** *AGR.* azadilla

**biniou** *m.* gaita bretona *f.*

**biochimie** *f.* bioquímica

**biodégradable** *adj.* biodegradable

**binocle** *m. vieil.* binóculo

**binôme** *m.* binomio

**biographe** *m.* biógrafo

**biographie** *f.* biografía

**biologie** *f.* biología

**biologiste** *m. -f.* biólogo, a

**biopsie** *f.* biopsia

**biosphère** *f.* biosfera

**bioxyde** *m.* bióxido

**biparti, bipartite** *adj.* bipartido, a, bipartito, a

**bipartisme** *m.* bipartidismo

**bipède** *adj. -s.* bípedo, a

**biphasé, -ée** *adj.* bifásico, a

**biplan** *m.* biplano

**bique** *f. fam.* cabra

**biquet, -ette** *s. fam.* cabrito, a

**bis** *adv.* duplicado, *interj.* ¡ que se repita !

**bis, bise** *adj.* bazo, a, moreno, a *pain* ~ pan moreno

**bisaïeul, -e** *s.* bisabuelo, a

**bisannuel, -elle** *adj.* bisanual, bienal

**biscaïen, -ienne** *adj. -s.* vizcaíno, a

**biscornu, -ue** *adj. fam.* estrambótico, a, extravagante

**biscotte** *f.* tostada

**biscuit** *m.* **1** galleta *f.* pasta *f.* **2** bizcocho ~ *à la cuiller* bizcocho ligero **3** bizcocho, biscuit, porcelana *f.* ~ *de Saxe* biscuit de Sajonia

**bise** *f.* **1** cierzo *m.*, viento frío *m.* **2** *fam.* beso, besito

**biseau** *m.* bisel

**biseauter** *tr.* biselar

**bison** *m.* bisonte

**bisquer** *intr. pop.* fastidiarse, rabiar

**bissection** *f.* bisección

**bisser** *tr. THÉÂT.* hacer repetir, repetir

**bissextile** *adj. -f.* bisiesto *année* ~ año bisiesto

**bistouri** *m.* bisturí

**bistre** *m.* bistre

**bistro, bistrot** *m. fam.* tasca, taberna *f.*, cafetín *m.*

**bitume** *m.* asfalto

**bitumer** *tr.* asfaltar

**bivalent, -e** *adj.* bivalente

**bivouac** *m. MIL.* vivaque

**bivouaquer** *intr.* vivaquear

**bizarre** *adj.* raro, a, extraño, a *comme c'est* ~ *!* ¡ qué raro !

**bizarrerie** *f.* rareza, singularidad

**bizuth** *m. fam.* novato, a

**bizuther** *tr. fam.* dar la novatada

***bluffer***

**blafard, -e** *adj.* pálido, a, descolorido, a, macilento, a

**blague** *f.* **1** petaca *(à tabac)* **2** broma, chanza, cuento *m.*, chiste **3** bola, mentira, embuste *m. interj. sans* ∼*!* ¡ en serio ! *faire une* ∼ gastar una broma *raconter une* ∼ contar un chiste *raconter des blagues* contar mentiras

**blaguer** *intr.* **1** *fam.* bromear **2** *tr.* burlarse de, pinchar

**blaireau** *m.* **1** tejón **2** brocha de afeitar *f. (pour la barbe)*

**blairer** *tr. fam.* tragar *ne pas* ∼ no poder tragar

**blâmable** *adj.* censurable

**blanc, blanche** *adj. -s.* **1** blanco, a *arme, race blanche* arma, raza blanca **2** cano, a, canoso, a *(cheveux)* **3** *m.* blanco *(couleur, matière colorante)* **4** blanco *remplissez votre formulaire et n'y laissez aucun* ∼ llene usted el formulario y no deje ningún blanco **5** lencería *f. (linge) cheveu blanc* cana *f.* ∼ *d'Espagne* blanco de España, yeso mate ∼ *de poulet* pechuga *f.* ∼ *d'œuf* clara de huevo *f. nuit blanche* fig. noche toledana, noche en blanco

**blanc-bec** *m.* joven inexperto, barbilampiño

**blanchâtre** *adj.* blanquecino, a

**blancheur** *f.* blancura

**blanchiment** *m.* blanqueo ∼ *de l'argent de la drogue* blanqueo del dinero del narcotráfico

**blanchir** *tr.* **1** blanquear **2** lavar **3** *CUIS.* sancochar **4** *MÉTAL.* blanquecer **5** *intr.* encanecer *(les cheveux)* **6** *fig.* envejecer **7** *pr. fig.* disculparse, justificarse ∼ *à la chaux* encalar, enjalbegar

**blanchissage** *m.* lavado *(linge)*, blanqueo

**blanchisserie** *f.* lavandería

**blanc-seing** *m.* firma en blanco *f.*

**blanquette** *f.* **1** guisado de carne *m.* **2** vino blanco *m.*

**blaser** *tr.* **1** hastiar **2** *pr.* hastiarse

**blason** *m.* blasón

**blasphème** *m.* blasfemia *f.*

**blasphémer** *tr. -intr.* blasfemar

**blatte** *f.* cucaracha

**blé** *m.* **1** trigo **2** *fam.* pasta *f. avoir du* ∼ tener pasta ∼ *noir* alforjón ∼ *en herbe* trigo en ciernes *battre le* ∼ trillar *faire son* ∼ hacer su agosto

**blême** *adj.* muy pálido, a

**blêmir** *intr.* palidecer

**blessant, -e** *adj.* ofensivo, a, mortificante, injurioso, a

**blesser** *tr.* **1** herir **2** hacer daño **3** *fig.* ofender, agraviar

**blessure** *f.* **1** herida **2** *fig.* ofensa *f.*, agravio *m.*

**blet, blette** *adj.* pasado, a *une poire blette* una pera pasada

**bleu, -e** *adj.* **1** azul *zone bleue* zona azul *casque* ∼ casco azul **2** *m.* azul *ciel, marine* azul celeste, marino **3** añil **4** cardenal *avoir des bleus* tener cardenales **5** quinto *(soldat)* **6** novato *(nouvel élève)* **7** mono *un* ∼ *de mécanicien* un mono de mecánico **8** telegrama

**bleuâtre** *adj.* azulado, a

**bleuet** *m.* aciano

**bleuir** *tr.* **1** azular **2** *intr.* azulear

**bleuté, -ée** *adj.* azulado, a

**blindage** *m.* blindaje

**blindé, -ée** *adj.* blindado, a

**blinder** *tr.* blindar

**bloc** *m.* **1** bloque **2** taco, bloc *(de feuillets)* ∼ *opératoire* *m.* quirófano ∼ *moteur* conjunto del motor *mettre au* ∼ *loc. fam.* meter en chirona

**blocage** *m.* **1** bloqueo **2** congelación *f.* ∼ *des prix* congelación de los precios

**blockhaus** *m.* blocao

**blocus** *m.* bloqueo

**blond, -e** *adj. -s.* **1** rubio, a **2** *f.* blonda *(dentelle) bière blonde* cerveza dorada

**blondir** *intr.* **1** enrubiarse, volverse rubio, a **2** dorarse *(les moissons)*

**bloquer** *tr.* **1** bloquear **2** congelar ∼ *les salaires* congelar los sueldos **3** *SPORT* parar, bloquear *(football)*

**blottir (se)** *pr.* acurrucarse, agazaparse

**blouse** *f.* **1** bata ∼ *d'infirmière* bata de enfermera **2** blusa

**blouser** *tr. fam.* engañar

**blouson** *m.* cazadora *f.* ∼ *noir* *fig.* gamberro

**blue-jeans** *m.* vaquero, pantalones vaqueros *m. pl.*

**bluff** *m.* *angl.* bluff, infundio

**bluffer** *tr. fam.* farolear

**bobard** *m. fam.* bola *f.*

**bobèche** *f.* arandela

**bobine** *f.* 1 bobina, carrete *m.,* canilla *(pour machine à coudre ou à tisser)* 2 PHOT. carrete *m.*

**bobo** *m. fam.* pupa *f.*

**bobsleigh** *m.* bobsleigh

**bocage** *m.* boscaje, soto

**bocal** *m.* tarro

**bock** *m.* caña *f.*

**bœuf** *m.* 1 buey 2 vaca *f. (boucherie) mettre la charrue avant les bœufs* empezar la casa por el tejado

**bohémien, -ienne** *adj. -s.* 1 bohemio, a, cíngaro, a, gitano, a 2 Bohemio, a, natural de Bohemia

**boire** *tr. -intr.* 1 beber 2 embeber, absorber *(papier, etc.) le papier boit l'encre* el papel absorbe la tinta *~ à la santé* brindar *~ à la bouteille* beber de la botella

**bois** *m.* 1 bosque 2 madera *f. table en ~* mesa de madera 3 leña *f. le ~ dans la cheminée* la leña en la chimenea 4 cornamenta *f. (du cerf, etc.)*

**boisé, -ée** *adj.* poblado, a de árboles, arbolado, a

**boisement** *m.* repoblación forestal *f.*

**boiser** *tr.* poblar de árboles

**boiserie** *f.* 1 revestimiento de madera *m.* 2 artesonado *m. (plafonds)*

**boisson** *f.* bebida

**boîte** *f.* 1 caja *(récipient)* 2 lata *(conserves)* 3 bote *m. ~ de nuit* sala de fiestas, discoteca *~ crânienne* ANAT. cavidad craneana *~ de vitesses* AUTO. caja de cambio de velocidades *~ postale* apartado de correos

**boiter** *intr.* cojear

**boiteux, -euse** *adj. -s.* cojo, a

**boîtier** *m.* caja *f. ~ de montre, de lampe de poche* caja de reloj, de linterna de bolsillo

**bol** *m.* tazón *loc. fig. fam. en avoir ras le ~* estar hasta la coronilla, estar hasta el gorro

**bolduc** *m.* balduque

**boléro** *m.* bolero *m.*

**bolet** *m.* seta *f.,* boleto

**bolide** *m.* bólido

**bombance** *f.* comilona, juerga, parranda

**bombardement** *m.* bombardeo

**bombarder** *tr.* bombardear

**bombe** *m.* bomba

**bomber** *tr.* abombar, hinchar

**bon, -onne** *adj.* 1 bueno, buen, buena *un bon ami* un buen amigo 2 *m.* bono *~ de caisse* bono de caja 3 vale *~ pour le service* apto para el servicio *à quoi ~?* ¿para qué? *~ à rien* inútil, que no sirve para nada *elle est bien bonne!* ¡buena es ésa! *~ de livraison* albarán *~ négociable* pagaré negociable

**bon** *adv.* 1 bien *trouver ~* encontrar bien, aprobar *sentir ~* oler bien 2 *interj.* ¡bueno!, ¡bien! *pour de ~ loc. adv.* de veras, en serio

**bonace** *m.* bonanza *f. (mer)*

**bonasse** *adj.* bonachón, ona, buenazo, a

**bonbon** *m.* caramelo

**bonbonne** *f.* bombona, damajuana

**bonbonnière** *f.* 1 bombonera 2 *fig.* bombonera

**bond** *m.* 1 bote, salto *faire des bonds* dar saltos, dar brincos 2 disparo *m. ~ des prix* disparo de los precios *faire faux ~* faltar a una cita

**bonde** *f.* 1 compuerta *(d'un étang)* 2 tapón *m. (bouchon)* 3 desagüe *m. (ouverture pour l'écoulement)* 4 agujero *m. (trou)*

**bonder** *tr.* atestar, abarrotar *être bondé, ée* estar a tope

**bondieuserie** *f. fam.* santurronería *f.*

**bondir** *intr.* botar, saltar, brincar

**bonheur** *m.* 1 felicidad *f.,* dicha *f.* 2 suerte *f.,* fortuna *f.,* ventura *par ~* por suerte, por fortuna, por ventura

**bonhomie** *f.* bondad

**bonhomme** *m.* 1 buen hombre, hombre, tío 2 monigote, muñeco *quel drôle de ~!* ¡qué tío más raro! *petit ~* hombrecillo

**boni** *m.* 1 exceso, superávit 2 prima *f.,* beneficio

**boniche** ou **bonniche** *f. fam.* chacha *f.*

**bonifier** *tr.* 1 mejorar, beneficiar 2 *tr.* mejorarse

**boniment** *m.* camelo *m.,* engañifa *f. fam. faire du ~* camelar

**bonjour** *m.* buenos días *pl.,* buenas tardes *pl. (à partir de 14 h)*

**bonne** *f.* criada, *amér.* mucama

**bonne-maman** *f.* abuelita

**bonnet** *m.* 1 gorro ~ *de bain* gorro de baño 2 gorra *f.* ~ *de police* gorra 3 birreta *f.*, birrete *(universitaires, magistrats, etc.) fam. gros* ~ pez gordo

**bonneterie** *f.* géneros de punto *m. pl.*

**bon-papa** *m.* abuelito

**bonsoir** *m.* 1 buenas tardes *f. pl.* 2 buenas noches *f. pl.*

**bonté** *f.* 1 bondad 2 favor *m. ayez la* ~ *de* haga el favor de

**bonze** *m.* bonzo

**boomerang** *m.* bumerang, bumerán

**borborygme** *m.* borborigmo

**bord** *m.* 1 borde 2 orilla *f. les bords du fleuve* las orillas del río 3 confín 4 orla *f.*, ribete *(vêtements)* 5 ala *f. (chapeaux)* 6 *MAR.* bordo *être à bord* estar a bordo 7 *MAR.* borda *f. être du* ~ *de fig.* ser del partido de, tener la misma opinión que *au* ~ *de* al borde de *ordinateur de* ~ ordenador de bordo

**bordeaux** *adj.* burdeos

**bordée** *f.* 1 *ARTILL.* descarga, andanada 2 *MAR.* bordada *une* ~ *d'injures fig.* una sarta de insultos *courir une* ~ *loc. fig.* ir de juerga, ir de taberna en taberna

**bordel** *m.* burdel, *fam.* lío, cacao

**bordelais, -e** *adj. -s.* bordelés, esa

**border** *tr.* 1 bordear, circundar 2 ribetear, orlar *(un vêtement)* 3 arropar *(dans le lit)* 4 *MAR.* costear

**bordereau** *m.* minuta *f.*, factura *f.*

**bordure** *f.* 1 orla 2 ribete *m. (d'un vêtement)* 3 cenefa *(d'un rideau, etc.)* 4 marco *m.*, orla *(d'un tableau)* 5 lindero *m. (d'un bois)* 6 bordillo *m. (d'un trottoir)*

**borgne** *adj. -s.* 1 tuerto, a 2 *fig.* sórdido, a, de mala fama

**bornage** *m.* amojonamiento *m.*

**borne** *f.* 1 mojón *m.* 2 *ÉLECTR.* borne *m.*

**borné, -ée** *adj.* 1 limitado, a 2 amojonado, a 3 de pocos alcances *(esprit)*

**borner** *tr.* 1 limitar 2 amojonar

**bosquet** *m.* bosquecillo *m.*

**bosse** *f.* 1 giba, joroba, corcova *(dos)* 2 chichón *m. (tête)* 3 abolladura 4 relieve *m.*, adorno en relieve *m. (relief)* 5 protuberancia *(du crâne)* 6 *fig.* don *m.*, disposición natural ~ *des maths* don de matemáticas

**bosseler** *tr.* abollar

**bosser** *tr. fam.* currelar, currar

**bosseur, -euse** *s.* currante

**bossu, -ue** *adj. -s.* jorobado, a, giboso, a, corcovado, a

**bot, -e** *adj.* zopo, a *(pied)*

**botanique** *adj.* 1 botánico, a 2 *f.* botánica

**botte** *f.* 1 bota ~ *cavalière* bota de montar 2 haz *m.*, gavilla, manojo *m.* 3 *ESCR.* estocada

**botter** *tr.* 1 calzar con botas *(chausser)* 2 dar un puntapié, una patada 3 *SPORT* tirar *(le ballon)* 4 *intr. fam.* convenir 5 *pr.* calzarse *ça me botte* me conviene, me va, me chifla

**bottier** *m.* zapatero

**bottine** *f.* bota, botina

**bouc** *m.* 1 macho cabrío 2 perilla *f. (barbe) fig.* ~ *émissaire* cabeza de turco, chivo expiatorio

**boucan** *m. pop.* alboroto, jaleo *faire du* ~ armar jaleo

**boucaner** *intr.* ahumar, acecinar

**bouche** *f.* 1 boca 2 boca, desembocadura *(d'un fleuve)* ~ *cousue !* ¡ punto en boca ! *faire la fine* ~ hacer remilgos *une fine* ~ un gastrónomo

**bouchée** *f.* 1 bocado *m.* 2 pastelillo *m.* 3 bombón *m.*

**boucher** *tr.* 1 tapar, obstruir *(une ouverture)* 2 tapar, taponar *(une bouteille)* 3 atascar *le lavabo est bouché* el lavabo está atascado

**boucher, -ère** *s.* carnicero, a

**boucherie** *f.* 1 carnicería 2 *fig.* matanza, carnicería

**bouchon** *m.* 1 tapón 2 corcho *(en liège)* 3 flotador, corcho *(de ligne de pêche)* 4 embotellamiento, atasco *(circulation) les bouchons du week-end* los atascos de los fines de semana

**boucle** *f.* 1 hebilla 2 rizo *m.*, bucle *m. (de cheveux)* 3 curva *(d'un fleuve)* ~ *d'oreille* pendiente *m.*, zarcillo *m.*

**boucler** *tr.* 1 abrochar, cerrar 2 encerrar *(emprisonner)* 3 completar *(un circuit)* 4 acordonar *(entourer par des forces de police)* 5 *intr.* rizarse *(les cheveux) boucle-la !* loc. fam. ¡ cierra la boca, el pico ! ~ *la boucle AÉR.* rizar el rizo

**bouclier** *m.* escudo, broquel, adarga *f.*

**bouddha** *m.* buda

**bouddhisme** *m.* budismo

**bouder** *intr. -tr.* **1** enfurruñarse, estar enfurruñado, a, poner mala cara **2** rechazar, apartarse de *(quelque chose)*

**bouderie** *f.* enojo *m.*, mohína, enfado *m.*, enfurruñamiento *m.*

**boudin** *m.* morcilla *f.* ***ressort à ∼*** muelle en espiral *eau de ∼ fig.* agua de borrajas

**boudiné, -ée** *adj. fig.* embutido, a

**boudoir** *m.* camarín, gabinete de señora

**boue** *f.* barro *m.*, lodo *m.*, *fig.* fango *m.*, cieno *m.*

**bouée** *f. MAR.* boya *∼ de sauvetage* salvavidas

**boueur** *m.* basurero

**boueux, -euse** *adj.* enlodado, a, barroso, a

**bouffant, -e** *adj.* hueco, a, ahuecado, a *culotte bouffante* bombachos *m. pl.*

**bouffe** *adj.* **1** bufo, a *opéra ∼* ópera bufa **2** *f. pop.* comida, manduca

**bouffée** *f.* **1** bocanada *∼ d'air* bocanada de aire **2** chupada *∼ de cigarette* chupada **3** arranque *m.*, acceso *m.*, ataque *m.*, *∼ de colère* arranque de cólera *MÉD. ∼ de chaleur* bochorno *m.*

**bouffer** *intr.* **1** ahuecarse **2** *tr. -intr. pop.* comer, tragar, jalar, jamar

**bouffi, -ie** *adj.* **1** hinchado, a, abotargado, a **2** *fig. péj.* engreído, a

**bouffissure** *f.* hinchazón, *fig.* engreimiento *m.*

**bouffon, -onne** *adj.* **1** bufón, ona **2** *THÉAT.* gracioso

**bouffonnerie** *f.* bufonada

**bouge** *m.* tugurio

**bougeoir** *m.* palmatoria *f.*

**bougeotte** *f. fam. avoir la ∼* tener, ser culo de mal asiento

**bouger** *intr.* **1** menearse, moverse **2** *fig.* rebelarse, agitarse **3** variar, cambiar *(changer)*

**bougie** *f.* **1** vela, bujía **2** *MÉC.* bujía *fabrique de ∼* cerería

**bougonner** *intr. fam.* gruñir, refunfuñar

**bougre, -esse** *s.* **1** *pop.* individuo, tío, tipo **2** *péj.* so *∼ d'imbécile !* ¡ so imbécil !

**bougrement** *adv.* extremadamente, sumamente

**boui-boui** *m.* cafetucho

**bouillabaisse** *f.* sopa de pescado

**bouillant, -e** *adj.* **1** hirviente **2** *fig.* fogoso, a, ardiente

**bouilleur** *m.* **1** destilador **2** caldera *f. (de machine),* hervidor *(de chaudière) ∼ de cru* cosechero destilador

**bouillie** *f.* **1** papilla *(pour les bébés)* **2** gachas *pl.,* papilla

**bouillir** *intr.* **1** hervir *faire ∼ de l'eau* hervir agua **2** *fig.* arder *∼ d'impatience* arder de impaciencia

**bouilloire** *f.* hervidor *m.*

**bouillon** *m.* **1** caldo **2** borbotón *à gros bouillons* a borbotones *∼ de culture* caldo de cultivo

**bouillonner** *intr.* **1** borbotear, borbotar **2** *fig.* hervir, agitarse

**bouillotte** *f.* calentador *m.,* bolsa de agua caliente

**boulanger, -ère** *s.* panadero, a

**boulangerie** *f.* panadería, tahona

**boule** *f.* **1** bola **2** *pop.* cabeza *perdre la ∼* perder la cabeza, la chaveta *se mettre en ∼* hacerse un ovillo

**bouleau** *m.* abedul

**boulet** *m.* **1** bala *f. (de canon)* **2** bola *f.,* hierros *m. pl. (de forçat)*

**boulette** *f.* **1** bolita, bolilla **2** *fam.* plancha *(bévue)* **3** *CUIS.* albóndiga *(viande)*

**boulevard** *m.* bulevar *∼ extérieur* cinturón de ronda

**bouleversement** *m.* trastorno, turbación *f.*

**bouleverser** *tr.* trastornar, turbar

**boulon** *m.* perno

**boulot, -otte** *adj.* gordinflón, ona, regordete, a, rechoncho, a

**boulot** *m. fam.* trabajo, tarea *f.,* curro *fam. au ∼ !* ¡ a trabajar !, ¡ manos a la obra !

**boulotter** *tr. -intr. pop.* comer, manducar

**bouquet** *m.* **1** ramo, ramillete **2** manojo *∼ de roses* manojo de rosas **3** aroma, bouqué *(vin, liqueur) ∼ d'arbres* bosquecillo

**bouquetière** *f.* ramilletera, florista

**bouquin** *m. fam.* libro, libraco

**bouquiniste** *s.* librero, a de viejo

**bourbe** *f.* fango *m.,* cieno *m.*

**bourbeux, -euse** *adj.* cenagoso, a

**bourbier** *m.* lodazal, cenagal

**bourbonien, -ienne** *adj. (Bourbons)* borbónico

**bourde** *f.* error *m.*, patraña *f.*

**bourdon** *m.* 1 abejorro 2 campana mayor *f. (cloche)* 3 *MUS.* bordón *faux* ~ zángano

**bourdonnement** *m.* 1 zumbido 2 rumor, murmullo *(de voix)*

**bourdonner** *intr.* zumbar

**bourg** *m.* burgo, villa *f.*

**bourgade** *f.* aldea *f.*, lugar *m.*

**bourgeois, -e** *adj. -s.* 1 burgués, esa 2 *m.* amo, patrón *petit-*~ *(esprit)* pequeñoburgués

**bourgeoisie** *f.* burguesía

**bourgeon** *m.* botón, brote, capullo

**bourgeonner** *intr.* 1 *BOT.* brotar, echar brotes *(plantes)* 2 *MÉD.* llenarse de granos *(visage)*

**bourguignon, -onne** *adj. -s.* borgoñón, ona

**bourrade** *f.* golpe *m.*, empujón *m.*, empellón *m.*

**bourrasque** *f.* borrasca

**bourre** *f.* borra

**bourré, -ée** *adj.* 1 atiborrado, a *train* ~ tren atiborrado 2 *fig.* borracho, a

**bourreau** *m.* verdugo

**bourrelet** *m.* burlete, rodete ~ *de graisse* michelin *avoir des bourrelets* tener michelines

**bourrelier** *m.* guarnicionero, talabartero

**bourrer** *tr.* 1 emborrar, rellenar 2 henchir, atestar *(remplir)* 3 cargar *(une pipe)* 4 *pr. fam.* atracarse

**bourrique** *f.* 1 borrica, burra 2 *fig.* borrico *m. (ignorant)*

**bourru, -ue** *adj.* brusco, a, adusto, a, áspero, a

**bourse** *f.* 1 bolsa 2 beca *(d'études)* 3 *COMM. ÉCON.* bolsa

**boursier, -ière** *adj. -s.* 1 becario, a *(étudiant)* 2 *adj. COMM. ÉCON.* bursátil 3 *m.* bolsista

**boursouflé, -ée** *adj.* 1 hinchado, a 2 *fig.* ampuloso, a, enfático, a

**boursoufler** *tr.* hinchar, abotargar

**boursouflure** *f.* 1 hinchazón 2 *fig.* ampulosidad

**bousculade** *f.* 1 empujón *m.*, atropello *m.* 2 remolina *m. (d'une foule)*

**bousculer** *tr.* 1 empujar, atropellar 2 apresurar, meter prisa

**bouse** *f.* boñiga

**bousiller** *tr.* 1 *fam.* chapucear 2 echar a perder

**boussole** *f.* brújula

**bout** *m.* 1 cabo, punta *f.*, extremo, fin 2 trozo, pedacito, cabo 3 contera *f.*, regatón *(de canne, de parapluie) être à* ~ *estar rendido à* ~ *de souffle* sin aliento *manger du* ~ *des dents* comer sin apetito *rire du* ~ *des lèvres* reír sin ganas *pousser à* ~ exasperar *savoir sur le* ~ *du doigt* saber al dedillo *tenir le haut* ~ predominar *à* ~ *portant loc. adv.* a quemarropa *au* ~ *du compte* al fin y al cabo, después de todo *d'un* ~ *à l'autre* de cabo a rabo

**boutade** *f.* ocurrencia, salida de tono

**bouteille** *f.* botella

**bouter** *tr. viel.* expulsar, echar ~ *hors* echar fuera, botar

**bouton** *m.* 1 botón ~ *nacré* botón nacarado 2 timbre *(d'une porte)* 3 *MÉD.* espinilla *f. avoir des boutons* tener granos *bouton-pression* automático ~ *de manchette* gemelo

**boutonner** *tr.* 1 abotonar, abrochar *(vêtements)* 2 *intr. BOT.* echar brotes 3 *pr.* abotonarse, abrocharse

**boutonnière** *f.* ojal *m.*

**bouture** *f.* esqueje *m. (fleurs)*, estaca *(arbres)*

**bouvier, -ière** *s.* boyero, a, vaquero, a

**bouvreuil** *m.* pardillo

**bovidés** *m. pl.* bóvidos

**bovin, -e** *adj.* 1 bovino, a, vacuno, a 2 *m. pl.* bovinos, ganado vacuno

**bowling** *m.* bolera *f. (lieu)*, bolos *m. pl.*

**boxe** *f.* boxeo *m.*

**boxer** *intr.* boxear

**boyau** *f.* 1 tripa *f.* 2 *fig.* pasaje largo y angosto 3 tubular *(bicyclette)*

**boycottage** *m.* boicoteo, boicot

**boycotter** *tr.* boicotear

**bracelet** *m.* pulsera ~-*montre* reloj de pulsera ~ *de montre* correa *f.*

**braconnage** *m.* caza furtiva *f.*, pesca furtiva

**braconnier, -ière** *s.* cazador, ora furtivo, a *(chasse)*, pescador, ora furtivo, a *(pêche)*

**braderie** *f.* rebajas *f. pl.*

**braguette** *f.* bragueta *f.*

**brahmane** *m.* bracmán, brahmán, bramán

**brai** *m.* brea *f.*

**braillard, -e** *adj.* *-s.* vocinglero, a, gritón, ona

**brailler** *intr.* gritar, vociferar, berrear

**braire** *intr.* rebuznar

**braise** *f.* brasa, ascua *être sur des braises* estar en ascuas

**braiser** *tr.* asar a fuego lento

**bramer** *intr.* bramar

**brancard** *m.* camilla *f.*, andas *f. pl.* *(civière)*

**brancardier** *m.* camillero

**branchage** *m.* ramaje

**branche** *f.* 1 rama 2 brazo *m. (d'un chandelier)* 3 pierna *(d'un compas)* 4 rama, ramo *m. ils travaillent dans la même* ~ trabajan en el mismo ramo *la statistique est une* ~ *des mathématiques* la estadística es una rama de las matemáticas

**branché, -ée** *adj. fam. être* ~ estar en la onda

**branchement** *m.* 1 empalme, acometida *f.* 2 ramificación *f.*, enchufe *m. (électrique)*

**brancher** *tr.* empalmar, acometer, enchufar, conectar

**branchie** *f.* branquia

**brandade** *f.* bacalao a la provenzal

**brandir** *tr.* blandir, enarbolar, esgrimir

**brandon** *m.* 1 hachón, tea *f.* 2 pavesa *f. (d'un incendie)*

**branle** *m.* oscilación *f.*, vaivén, bamboleo *mettre en* ~ poner en movimiento

**branle-bas** *m. invar.* zafarrancho ~ *de combat* zafarrancho de combate

**branler** *tr.* 1 menear 2 *intr.* tambalear

**braquer** *tr.* 1 apuntar *(une arme),* enfocar *(une longue-vue, etc.)* 2 dirigir *(le regard)*

**bras** *m.* 1 brazo 2 brazo *(d'un fauteuil, d'un levier, etc.)* 3 *MAR.* braza *loc. adv. à* ~ *ouverts* con los brazos abiertos *à* ~ *tendus* a pulso *à tour de* ~ a brazo partido ~ *dessus,* ~ *dessous* del brazo, cogidos del brazo *en* ~ *de chemise* en mangas de camisa

**brasier** *m.* 1 hoguera *f.* 2 *fig.* fuego, ardor

**brassage** *m.* mezcla *f.*, manejo *m.*

**brassard** *m.* brazalete, brazal

**brasse** *f.* 1 braza *(nage)* 2 brazada

**brassée** *f.* brazado *m.*, brazada

**brasser** *tr.* 1 mezclar removiendo 2 *fig.* apalear *(de l'argent),* manejar

*(des affaires)* 3 *MAR.* bracear ~ *la bière* fabricar la cerveza

**brasserie** *f.* cervecería

**brassière** *f.* camisita

**brasure** *f.* soldadura

**bravache** *adj. -s.* bravucón, ona

**bravade** *f.* bravata

**brave** *adj.* 1 valiente, bravo, a 2 bueno, a *un* ~ *garçon* un buen chico

**braver** *intr.* desafiar, retar

**bravo** *interj.* ¡ bravo !

**bravoure** *f.* bravura, valentía, arrojo *m.*

**brebis** *f.* oveja

**brèche** *f.* 1 brecha 2 mella *(à un couteau)* 3 desportilladura *(à une assiette)*

**brèche-dent** *adj. -s.* mellado, a

**bredouille** *adj.* fracasado, a en la caza o la pesca, o en un intento

**bredouiller** *intr.* farfullar

**bref, brève** *adj.* 1 breve 2 brusco, a, imperativo, a 3 *m.* breve *(du pape)* 4 *f.* breve *(note, syllabe)* 5 *loc. fam.* total...

**breloque** *f.* dije *m. loc. fig. battre la* ~ estar chiflado, a

**brésilien, -ienne** *adj. -s.* brasileño, a

**bretelle** *f.* 1 correa *(courroie)* 2 agujas *m. (chemin de fer)* 3 carretera de enlace 4 *pl.* tirantes *m. (de pantalón)* ~ *de raccordement* ramal de conexión ~ *d'autoroute* enlace de autopista

**breton, -onne** *adj. -s.* bretón, ona

**breuvage** *m.* brebaje

**brevet** *m.* 1 patente *f.* ~ *d'invention* patente de invención 2 diploma *(d'études)* 3 título *(professionnel)*

**brevetable** *adj.* patentable

**breveter** *tr.* patentar

**bréviaire** *m.* breviario

**bribe** *f.* 1 migaja, cantidad pequeña 2 *pl.* restos *m.*, sobras, migajas

**bric-à-brac** *m. invar.* baratillo *marchand de* ~ baratillero

**bricolage** *m.* 1 bricolaje o bricolage *rayon* ~ sección bricolaje 2 *fig.* chapucería *f.*, trabajo chapucero

**bricoler** *intr.* 1 hacer chapuzas 2 *tr.* arreglar, reparar provisionalmente, chapucear

**bride** *f.* 1 brida 2 cinta *(d'un chapeau)* 3 *TECHN.* abrazadera *à* ~ *abattue, à toute* ~ a rienda suelta *laisser la* ~ *sur le cou à quelqu'un fig.* dar rienda suelta a alguien *tenir en* ∼ sujetar *tourner* ∼ volver grupa

**bridé, -ée** *adj.* **1** refrenado, a, apretado, a **2** oblicuo *yeux bridés* ojos oblicuos

**brider** *tr.* **1** embridar *(un cheval)* **2** atar *(une volaille)* **3** *fig.* reprimir

**brièveté** *f.* **1** brevedad **2** concisión *(style)*

**brigade** *f.* **1** brigada **2** destacamento *m.*, escuadra

**brigand** *m.* bandido, bandolero

**brigandage** *m.* bandidaje

**brigantin** *m.* bergantín

**brigue** *f.* intriga, maniobra

**briguer** *tr.* solicitar, pretender, ambicionar ∼ *un poste* pretender un puesto

**brillant, -e** *adj.* **1** brillante **2** *m.* brillo, brillantez *f.* **3** brillante *(diamant)*

**briller** *intr.* brillar, relumbrar

**brimade** *f.* novatada, vejación

**brimbaler** *intr.* bambolearse

**brimer** *tr.* vejar, molestar

**brin** *m.* **1** tallito **2** brizna *f.* **3** hebra *f.* *(d'une corde)* **4** pizca *f.*, poquito *je n'ai pas un* ∼ *de patience* no tengo ni pizca de paciencia

**brioche** *f.* **1** bollo *m.* **2** *fam.* panza *(ventre)*

**brique** *f.* ladrillo *m.* ∼ *crue* adobe *m.*

**briquet** *m.* mechero, encendedor

**briquette** *f.* aglomerado de carbón *m.*

**bris** *m.* fractura *f.*, rotura *f.*

**brisant** *m.* rompiente, escollo

**brise** *f.* brisa, airecillo *m.*

**brise-glace** *m. invar.* rompehielos

**brise-lames** *m. invar.* rompeolas

**briser** *tr.* **1** romper, quebrar **2** quebrantar **3** destrozar **4** *fig.* moler, rendir, extenuar *(de fatigue)* **5** *intr.* romper ∼ *avec quelqu'un* romper con alguien **6** romper *(les vagues)* *brisons là* acabemos, no hablemos más

**bristol** *m.* cartulina *f.*, tarjeta *f.*

**broc** *m.* jarro

**brocanteur, -euse** *s.* chamarilero, a, cambalachero, a

**brocart** *m.* brocado

**brochage** *m.* encuadernación en rústica *f.*

**broche** *f.* **1** asador *m.*, espetón *m.* *(pour rôtir)* **2** alfiler *m.*, broche *m.* *(bijou)* **3** *TISS.* huso *m.*

**brochet** *m.* lucio

**brochette** *f.* pincho *m.* *(viande)*

**brochure** *f.* **1** encuadernación en rústica **2** folleto *m.* *(petit livre)*

**brodequin** *m.* borceguí

**broder** *tr.* **1** bordar ∼ *à la main* bordar a mano **2** *intr.* exagerar, inventar

**broderie** *f.* bordado *m.*

**brodeur, -euse** *s.* bordador, ora

**bronche** *f.* bronquio *m.*

**broncher** *intr.* **1** tropezar **2** moverse *(bouger)* **3** fallar *(rater)* **4** chistar *sans* ∼ sin chistar, sin rechistar

**bronchite** *f.* bronquitis

**bronzage** *m.* bronceado

**bronze** *m.* bronce

**bronzer** *tr.* **1** broncear **2** curtir, broncear, atezar *(le teint)* **3** *intr. -pr.* broncearse

**brossage** *m.* cepillado

**brosse** *f.* **1** cepillo *m.* **2** brocha *(pinceau)*

**brosser** *tr.* **1** cepillar **2** pintar con brocha *(peindre)* **3** *fig.* describir, pintar ∼ *un tableau de la situation* hacer una descripción de la situación

**brou** *m.* ∼ *de noix* nogalina *f.*

**brouette** *f.* carretilla

**brouhaha** *m.* batahola *f.*, ruido confuso y tumultuoso, algazara *f.*, bullicio

**brouillamini** *m.* confusión *f.*, baturrillo, batiburrillo

**brouillard** *m.* niebla *f.*

**brouille** *f.* desunión, desavenencia

**brouiller** *tr.* **1** revolver, mezclar *(mêler)* **2** perturbar *(une émission de radio)* **3** enturbiar *(rendre trouble)* **4** confundir **5** malquistar, enemistar *(désunir)* **6** *pr.* nublarse *(le ciel)* **7** enturbiarse *(un liquide)* **8** turbarse *(devenir trouble)* **9** enemistarse, desavenirse, reñir

**brouillon, -onne** *adj.* **1** embrollón, ona, chismoso, a **2** *m.* borrador

**broussaille** *f.* maleza, broza *en* ∼ enmarañado, a

**brousse** *f.* maleza, selva, matorral extenso *m.*

**brouter** *tr.* **1** ramonear, pacer **2** *intr.* vibrar *(mécanisme)*

**broutille** *f.* fruslería *ce sont des broutilles* son pamplinas

**broyer** tr. 1 moler, triturar 2 agramar *(chanvre, lin) loc. fig.* ∼ *du noir* tener morriña

**bru** f. nuera

**bruine** f. llovizna

**bruiner** *impers.* lloviznar

**bruit** m. 1 ruido 2 rumor, voz f.

**bruitage** m. efectos sonoros m. pl.

**brûlage** m. quema f.

**brûlant, -e** adj. ardiente, abrasador, ora

**brûle-pourpoint (à)** *loc. adv.* a quemarropa

**brûler** tr. 1 quemar 2 tostar *(café)* 3 pasar de largo, quemar ∼ *les étapes* quemar etapas 4 *intr.* arder, quemarse *le bois brûle* la leña arde 5 quemar, estar muy caliente 6 arder en deseos, desear vivamente ∼ *le pavé loc. fig.* ir a escape ∼ *la politesse à quelqu'un* dejar plantado a alguien *tu brûles !* ¡que te quemas!

**brûlerie** f. 1 destilería *(eau-de-vie)* 2 tostadero m. *(café)*

**brûleur** m. mechero, quemador *(à gaz, mazout)*

**brûloir** m. tostador de café

**brume** f. bruma

**brumeux, -euse** adj. brumoso, a

**brun, -e** adj. -m. 1 pardo, a *(couleur)* 2 adj. -s. moreno, a *cheveux bruns* pelo moreno *fille brune* chica morena

**brune** f. atardecer m. *à la* ∼ al atardecer, al anochecer

**brunir** tr. 1 tostar, atezar, broncear *(le teint)* 2 *MÉTAL.* bruñir

**brusque** adj. brusco, a

**brusquer** tr. 1 tratar con dureza, atropellar 2 precipitar, apresurar

**brusquerie** f. brusquedad

**brut, -e** adj. 1 en bruto 2 bruto, a 3 tosco, a *pétrole* ∼ el crudo

**brutal, -ale** adj. brutal

**brutalité** f. brutalidad

**brute** f. 1 bruto m. 2 bruto, bestia f. *(animal) quelle* ∼ *!* ¡qué bestia!

**bruyant, -e** adj. ruidoso, a

**bruyère** f. 1 brezo m. *(plante)* 2 brezal m. *(lieu)*

**buanderie** f. lavadero m., lavandería

**buccal, -ale** adj. bucal

**bûche** f. 1 leño m. 2 *pop.* caída *(chute)* ∼ *de Noël* pastel de Navidad m.

**bûcher** m. hoguera f.

**bûcher** tr. 1 desbastar *(dégrossir)* 2 *fam.* estudiar, empollar *(étudier) il ne fait que* ∼ no hace más que empollar 3 *intr. fam.* trabajar con ardor, afanosamente, empollar

**bûcheur, -euse** s. empollón, ona

**bûcheron** m. leñador

**bucolique** adj. bucólico, a

**budget** m. presupuesto

**budgétaire** adj. presupuestario

**buée** f. vaho m., vapor m.

**buffet** m. 1 aparador *(meuble)* 2 armario *(de cuisine)* 3 fonda f. ∼ *de la gare* fonda

**buis** m. boj

**buisson** m. matorral, zarzal

**buissonnier, -ière** adj. montaraz *faire l'école buissonnière* hacer novillos

**bulbe** m. *ANAT. BOT.* bulbo

**bulgare** adj. -s. búlgaro, a

**bulldozer** m. excavadora f.

**bulle** f. 1 burbuja *(d'air)* 2 pompa ∼ *de savon* pompa de jabón 3 *RELIG.* bula 4 globo m., bocadillo m. *(bande dessinée)* adj. *papier* ∼ papel de estraza

**bulletin** m. 1 boletín 2 parte ∼ *météorologique, de santé* parte meteorológico, facultativo 3 talón ∼ *de bagages* talón de equipajes 4 papeleta f. ∼ *de vote* papeleta de voto

**buraliste** m. -f. estanquero, a

**bure** f. 1 paño buriel m 2 sayal m. *(de religieux)*

**bureau** m. 1 escritorio, mesa de despacho f. *(table)* 2 despacho, oficina f. ∼ *ministériel* despacho ministerial *aller au* ∼ ir a la oficina 3 agencia f. ∼ *de poste* oficina de correos f. ∼ *de tabac* estanco ∼ *politique* buró político

**bureaucrate** m. burócrata

**bureaucratie** f. burocracia

**bureautique** f. ofimática

**burin** m. buril

**buriner** tr. burilar, grabar

**burlesque** adj. burlesco, a

**burnous** m. albornoz

**bus** m. autobús m.

**buse** f. 1 cernícalo m. *(oiseau)* 2 *fig.* estúpido, a

**busqué, -ée** adj. arqueado, a, corvo, a *nez* ∼ nariz corva

**buste** m. busto

**but** *m.* **1** blanco, hito *frapper au* ∼ dar en el blanco **2** objeto, fin, mira *f.* **3** *SPORT* meta *f.*, portería *f. (football)* **4** tanto, gol *gagner par quatre buts à zéro* ganar por cuatro a cero *de* ∼ *en blanc loc. adv.* de golpe y porrazo *aller droit au* ∼ *fig.* ir al grano

**butane** *m.* butano *bouteille de* ∼ bombona de butano

**buté, -ée** *adj.* obstinado, a, terco, a

**buter** *intr.* **1** tropezar **2** *tr.* apuntar *(étayer)* **3** *pop.* matar **4** *pr.* topar, chocar con *se* ∼ *à des difficultés* topar con dificultades **5** obstinarse

**buteur** *m.* goleador

**butin** *m.* botín

**butiner** *tr. -intr.* libar

**butoir** *m.* tope

**butte** *f.* loma, cerro *m.*

**buvable** *adj.* bebible

**buvard** *adj.* carpeta *f. (sous-main) papier* ∼ papel secante

**buvette** *f.* cantina, quiosco de bebidas *m.*, chiringuito *m.*

**buveur, -euse** *s.* bebedor, ora

**byzantin, -e** *adj. -s.* bizantino, a

# C

**c** *m.* c *f.*

**ça** *pron. dém. (contraction de cela)* esto, eso, aquello *c'est* ~ esto es *comme ci, comme* ~ así, así *il ne manquait plus que* ~ sólo faltaba eso *comment* ~ *va* ¿qué tal? ~ *y est !* ¡ ya está !

**çà** *adv.* acá ~ *et là* acá y allá

**cabale** *f.* cábala

**cabalistique** *adj.* cabalístico, a

**caban** *m.* chaquetón

**cabane** *f.* choza, cabaña

**cabanon** *m.* 1 cabaña *f.*, cabañuela *f.* 2 calabozo *(prison)*

**cabaret** *m.* 1 cabaret, cabaré 2 taberna *f.*

**cabaretier** *m. -f.* tabernero, a

**cabas** *m.* capazo, capacho

**cabillaud** *m.* bacalao fresco

**cabine** *f.* 1 cabina ~ *téléphonique* cabina telefónica 2 camarote *m.* *(bateau)* ~ *de plage* caseta

**cabinet** *m.* 1 cuarto ~ *de toilette* cuarto de aseo 2 gestoría *f.* *(d'affaires)* 3 consulta *f.*, consultorio ~ *du médecin* consultorio del médico 4 bufete ~ *d'avocats* bufete de abogados 5 notaría *f.* ~ *de notaire* notaría 6 barguéño *(meuble)* 7 secretaría *f.* *(d'un ministre)* 8 *pl.* retrete *sing.* *aller aux cabinets* ir al retrete

**câble** *m.* cable

**câbler** *tr.* cablear

**cabochard, -e** *adj. -s.* cabezón, ona

**cabochon** *m.* cabujón, cabuchón

**cabosser** 1 *tr.* abollar 2 *pr.* abollarse

**cabotage** *m.* cabotaje

**caboter** *intr.* costear, hacer cabotaje

**cabotin, -e** *m. -f.* comediante

**caboulot** *m.* chiringuito

**cabrer (se)** *pr.* encabritarse, *fig.* irritarse

**cabri** *m.* cabrito

**cabriole** *f.* voltereta

**cabrioler** *intr.* hacer volteretas

**cacao** *m.* cacao

**cacatoès** *m.* cacatúa *f.*

**cachalot** *m.* cachalote

**cache** *f.* 1 escondite *m.*, escondrijo *m.* 2 tapadera *f.* 3 *fam.* zulo *m.*

**cache-cache** *m.* escondite *jouer à* ~ jugar al escondite

**cachemire** *m.* cachemira *f.*, casimir *m.*

**cache-nez** *m.* bufanda *f.*

**cache-pot** *m.* cubretiestos

**cache-poussière** *m.* guardapolvo

**cacher** *tr.* 1 esconder *il a caché mon crayon* me ha escondido el lápiz 2 disimular ~ *ses sentiments* disimular los sentimientos 3 ocultar

**cache-sexe** *m.* taparrabo

**cachet** *m.* 1 matasellos *(de la poste)* 2 pastilla *f.*, tableta *f.* *(médicament)* 3 caché, cachet *(d'un acteur)* 4 carácter *avoir du* ~ tener carácter

**cacheter** *tr.* sellar

**cachette** *f.* escondite *m.* *en* ~ a escondidas

**cachot** *m.* calabozo

**cachotterie** *f.* tapujo *m.*

**cachottier, ière** *adj. -s.* callado, a, amigo, a de los tapujos

**cacophonie** *f.* cacofonía

**cactus** *m.* cacto

**cadastre** *m.* catastro

**cadavre** *m.* cadáver

**caddie** *m.* carrito, carretilla *f.*

**cadeau** *m.* regalo, obsequio

**cadenas** *m.* candado

**cadenasser** *tr.* cerrar con candado

**cadence** *f.* 1 compás *m.* 2 cadencia *en* ~ a compás

**cadencer** *tr.* dar ritmo a, llevar el compás

**cadet, -ette** *adj.* menor *le fils* ~ el hijo menor *la fille cadette* la hija menor *il est mon* ~ *d'un an* es un año menor que yo

**cadrage** *m.* enfoque, encuadre

**cadran** *m.* esfera *f.* *(d'une montre)* ~ *solaire* reloj de sol

**cadre** *m.* 1 cuadro, marco *(peinture)* 2 ejecutivo *(entreprise)* 3 mando *(armée)* ~ *de travail* ambiente de trabajo *un* ~ *de montagne* un marco de montaña *s'inscrire dans le* ~ *de* enmarcarse en

**cadrer** *intr.* encajar, cuadrar ~ *avec* enmarcarse con

**caduc** ou **caduque** *adj.* caduco, a

**caducité** *f.* caducidad

**cafard** *m.* cucaracha *f.* *avoir le* ~ tener morriña

**cafarder** *intr.* chivar

**café** *m.* café ~ *au lait* café con leche ~ *noir* café solo ~ *avec un nuage de lait* café cortado, un cortado *garçon de* ~ camarero *m.* *plantation de* ~ cafetal *m.*

**caféine** *f.* cafeína

**cafétéria** *f.* cafetería

**cafetière** *f.* cafetera

**cage** *f.* **1** jaula **2** hueco *m.* *(d'escalier)*

**cageot** *m.* caja *f.* *un* ~ *d'oranges* una caja de naranjas

**cagneux, -euse** *adj.* patizambo, a, zambo, a

**cagnotte** *f.* **1** hucha *(tirelire)* **2** *fig.* ahorrillos *avoir une* ~ tener unos ahorrillos **3** banca *(aux cartes)*

**cagoule** *f.* **1** cogulla **2** capirote *m.* *(des pénitents)*

**cahier** *m.* cuaderno ~ *des charges* pliego de condiciones

**cahin-caha** *adv.* así así

**cahot** *m.* tumbo, traqueteo

**cahoter** *intr.* traquetear, dar tumbos

**cahute** *f.* choza, chabola

**caille** *f.* codorniz

**caillé** *m.* cuajada *f.*, requesón *m.*

**cailler** **1** *tr.* cuajar **2** *intr.* cuajar **3** *pr.* cuajarse **4** *fig. fam.* helarse *je me caille* me estoy helando *ça caille* hace un frío que pela

**caillot** *m.* coágulo

**caillou** *m.* **1** guijarro **2** china *f.* **3** piedra *f.*

**caisse** *f.* **1** caja *(emballage)* **2** caja ~ *enregistreuse* caja registradora ~ *d'Epargne* Caja de Ahorros *grosse* ~ bombo *m.*

**caissier, ière** *m.* *-f.* cajero, a *caissière de cinéma* taquillera

**cajoler** *tr.* mimar, zalamear

**cajolerie** *f.* mimo *m.*, zalamería

**cal** *m.* callo *(des mains)*

**calamité** *f.* calamidad

**calandre** *f.* **1** calandra **2** calandria *(oiseau)*

**calanque** *f.* cala

**calcaire** **1** *m.* caliza *f.* **2** *adj.* calcáreo, a

**calciner** **1** *tr.* calcinar **2** *pr.* calcinarse

**calcium** *m.* calcio

**calcul** *m.* cálculo

**calculateur, -trice** *adj.* *-s.* calculador, ora

**calculatrice** *f.* calculadora

**calculer** **1** *tr.* *-intr.* calcular **2** *pr.* calcularse *machine à* ~ calculadora *f.*

**calculette** *f.* calculadora

**cale** *f.* **1** calce *m.* *(pour meuble)* **2** cala, bodega *(de bateau)* **3** varadero *m.* *(pour les bateaux)* *être à fond de* ~ estar sin blanca

**calé, ée** *adj.* empollado, a instruido, a *c'est un enfant* ~ es un niño empollado

**calebasse** *f.* calabaza

**calèche** *f.* calesa

**caleçon** *m.* calzoncillos *pl.*

**calembour** *m.* juego de palabras, retruécano

**calendrier** *m.* calendario

**calepin** *m.* carné, cuadernillo

**caler** *tr.* **1** calar **2** calzar *(un meuble)* **3** *intr.* pararse *pr.* *(véhicule)* **4** *pr.* arrellanarse *se* ~ *dans un canapé* arrellanarse en un sofá

**calfeutrer** **1** *tr.* calafatear **2** *pr. fig.* encerrarse

**calibrage** *m.* calibrado

**calibre** *m.* calibre

**calibrer** **1** *tr.* calibrar **2** *pr.* calibrarse

**calice** *m.* cáliz *boire le* ~ *jusqu'à la lie* apurar el cáliz hasta las heces

**califourchon (à)** *loc. adv.* a horcajadas

**câlin, -e** *adj.* *-s.* mimoso, a

**câliner** *tr.* mimar

**câlinerie** *f.* mimo *m.*

**calligraphie** *f.* caligrafía

**callosité** *f.* callo *m.*

**calmant** *m.* sedante, calmante

**calmant, -e** *adj.* calmante, sedante

**calmar** *m.* calamar

**calme** *m.* calma *f.*, sosiego, tranquilidad *f.* *j'aime le* ~ me gusta la tranquilidad *le* ~ *plat* la calma chicha

**calme** *adj.* tranquilo, a

**calmement** *adv.* tranquilamente

**calmer** **1** *tr.* tranquilizar **2** *pr.* amainar *(vent)*, tranquilizarse *(personnes)*

**calomnie** *f.* calumnia

**calomnier** *tr.* calumniar

**calomnieux, -euse** *adj.* calumnioso, a

**calorie** *f.* caloría

**calorique a** *adj.* calórico, a

**calot** *m.* **1** gorro **2** canica *f.* gruesa *(bille)*

**calotin, -e** *adj. -s.* beato, a

**calotte** *f.* **1** gorro *m.* **2** solideo *m.* *(ecclésiastique)* **3** capelo *m. (cardinal)*

**calque** *m.* papel de calcar

**calquer 1** *tr.* calcar **2** *pr.* calcarse

**calumet** *m.* pipa de los indios norteamericanos *f.*

**calvaire** *m.* vía crucis

**calvitie** *f.* calvicie

**camaïeu** *m.* camafeo

**camarade** *m. -f.* compañero, a, camarada

**camaraderie** *m.* compañerismo

**cambouis** *m.* grasa, grasa sucia *f.*

**cambrer 1** *tr.* arquear, encorvar **2** *pr.* echar el busto hacia atrás

**cambrioler** *tr.* robar, abrir un piso *on a cambriolé son appartement* le han abierto el piso

**cambrioleur** *m.* ladrón, caco

**cambrure** *f.* combadura, arqueo *m.*

**camé, -ée** *m. -f.* drogata

**camée** *m.* camafeo

**caméléon** *m.* camaleón

**camelot** *m.* vendedor ambulante

**camelote** *f.* baratija, mercancía de mala calidad, chapuza *(travail mal fait)* *quelle* ～ *!* ¡ qué chapuza !

**caméra** *f.* cámara

**caméraman** *m.* cámara, operador cameraman

**caméscope** *m.* videocámara

**camion** *m.* camión

**camionnette** *f.* furgoneta

**camionneur** *m.* camionero

**camisole** *f.* camisa ～ *de force* camisa de fuerza

**camomille** *f.* manzanilla

**camouflage** *m.* camuflaje

**camoufler** *tr.* **1** *MIL.* camuflar **2** disimular

**camouflet** *m.* afrenta *f.*, desaire

**camp** *m.* campamento, campo *aide de* ～ edecán *m.* ～ *de vacances* campamento *lever le* ～ levantar el campo *ficher le* ～ *fam.* largarse *pr.* ～ *de concentration* campo de concentración

**campagnard, -e** *adj. -s.* campesino, a

**campagne** *f.* **1** campo *m. maison de* ～ casa de campo *aller à la* ～ ir al campo **2** campaña ～ *électorale* cam-

paña electoral *pain de* ～ pan de pueblo

**campé, -ée** *adj.* plantado, a *gaillard bien* ～ mozo bien plantado

**campement** *m.* **1** campamento *(militaire)* **2** acampada *f.*

**camper** *intr.* **1** acampar ～ *dans la montagne* acampar en el monte *interdiction de* ～ prohibido acampar **2** hacer camping *pr. se* ～ *devant quelqu'un* plantarse ante uno

**campeur, -euse** *m. -f.* campista

**camphre** *m.* alcanfor

**camping** *m.* camping *faire du* ～ acampar, hacer camping *tente de* ～ tienda de campaña

**campus** *m.* campus ～ *universitaire* campus universitario

**camus, -e** *adj.* chato, a

**canadien, -enne** *m. -f.* Canadiense

**canadien, -enne** *adj.* canadiense

**canadienne** *f.* cazadora

**canaille** *f.* canalla *m. cet homme est une* ～ este hombre es un canalla

**canal** *m.* canal

**canalisation** *f.* **1** canalización **2** cañería *(d'eau)* **3** tubería *(de gas)*

**canaliser 1** *tr.* canalizar **2** *pr.* canalizarse

**canapé** *m.* **1** sofá ～*-lit* sofá-cama **2** canapé *(préparation culinaire)*

**canard** *m.* **1** pato **2** gallo *(fausse note)* **3** periodicucho *(journal)*

**canarder** *tr. -intr.* disparar, tirotear

**canari** *m.* canario

**cancan** *m.* cotilleo, chismorreo, chisme *french* ～ cancán

**cancaner** *intr.* cotillear, chismorrear, andarse con chismes

**cancanier, ière** *adj. -s.* chismoso, a, cotilla

**cancer** *m.* cáncer ～ *du sein* cáncer de mama

**cancéreux, -euse** *adj.* canceroso, a

**cancre** *m. fig. fam.* mal estudiante, mala estudiante

**cancrelat** *m.* cucaracha

**candélabre** *m.* candelabro

**candeur** *f.* candor *m.*

**candi** *adj.* **1** candi *sucre* ～ azúcar candi **2** escarchado, a *des fruits candis* fruta escarchada

**candidat, -e** *m. -f.* **1** candidato **2** concursante *(à un jeu)* **3** opositor, ora *(à un concours, à un emploi)*

**candidature** *f.* candidatura

**candide** *adj.* cándido, a

**cane** *f.* pata

**caneton** *m.* patito

**canette** *f.* **1** pata **2** canilla *(de fil)* **3** lata ~ *de bière* lata de cerveza

**canevas** *m.* cañamazo

**canicule** *f.* canícula

**caniculaire** *adj.* canicular

**canif** *m.* cortaplumas, navaja *f.*

**canin, -e** *adj.* canino, a

**canine** *f.* colmillo *m.*

**caniveau** *m.* arroyo, cuneta *f. (route)*

**cannage** *m.* rejilla *f. un siège à* ~ un asiento de rejilla

**canne** *f.* **1** bastón *m.* **2** caña ~ *à pêche* caña de pescar ~ *à sucre* caña de azúcar

**canné, -ée** *adj.* de rejilla *chaise cannée* silla de rejilla

**cannelle** *f.* canela

**cannibale** *adj. -s.* caníbal

**cannibalisme** *m.* canibalismo

**canoë** *m.* canoa *f. faire du* ~*kayak* practicar piragüismo

**canon** *m.* **1** cañón *(arme)* **2** canon *(règle) les canons de la beauté* los canones de la belleza

**canonique** *adj.* canónico, a

**canoniser** *tr.* canonizar

**canot** *m.* bote, lancha *f.*

**canotage** *m.* canotaje, remo *(sport)*

**canotier** *m.* canotié, canotier

**cantabrique** *adj.* cantábrico *la mer Cantabrique* el Mar Cantábrico

**cantate** *f.* cantata

**cantatrice** *f.* cantatriz

**cantine** *f.* **1** cantina **2** baúl *m. (malle)*

**cantique** *m.* cántico *le Cantique des Cantiques* el Cantar de los Cantares

**canton** *m.* cantón

**cantonner** **1** *intr.* acantonarse *pr.* **2** *pr.* limitarse *se* ~ *à* limitarse a

**cantonnier** *m.* peón caminero

**canyon** *m.* cañón

**caoutchouc** *m.* **1** caucho **2** goma *f. une balle en* ~ una pelota de goma

**cap** *m.* **1** cabo *le cap Horn* el cabo de Hornos **2** rumbo *(direction) mettre le* ~ *sur* hacer rumbo a *de pied en* ~ de pies a cabeza

**capable** *adj.* capaz

**capacité** *f.* **1** capacidad **2** aptitud *des capacités pour ce métier* aptitudes para este oficio ~ *de contact* don de gentes *m.*

**caparaçonner (se)** *pr.* endurecerse

**cape** *f.* **1** capa **2** *TAUROM.* capote *m. sous* ~ solapadamente

**capeline** *f.* capellina, pamela *(chapeau)*

**capillaire** *adj.* capilar

**capitaine** *m.* capitán

**capital, -ale** *adj.* capital

**capital** *m.* capital *investir des capitaux* invertir capitales ~ *d'exploitation* capital circulante

**capitale** *f.* **1** capital *Madrid est une* ~ Madrid es una capital **2** mayúscula *écrire en lettres capitales* escribir en mayúsculas

**capitalisme** *m.* capitalismo

**capitalisable** *adj.* capitalizable

**capitaliser** **1** *tr.* capitalizar **2** *pr.* capitalizarse

**capitaliste** *adj. -s.* capitalista

**capiteux, -euse** *adj.* embriagador, ora

**capitonnage** *m.* acolchado

**capitonner** *tr.* acolchar

**capitulation** *f.* capitulación

**capituler** *intr.* capitular

**caporal** *m.* cabo

**capot** *m.* capot, capó

**capote** *f.* **1** capota *(de voiture)* **2** capote *m. (manteau) fam.* ~ *anglaise* condón *m.*

**capoter** *intr.* **1** volcar, dar la vuelta de campana *(voiture)* **2** *fam.* fracasar *cette affaire a capoté* este negocio fracasó

**caprice** *m.* capricho

**câpre** *f.* alcaparra

**capricieux, -euse** *adj. -s.* caprichoso, a

**capsule** *f.* **1** chapa *(de bouteille)* **2** cápsula

**captage** *m.* captación

**captation** *f.* captación

**capter** *tr.* captar

**captieux, -euse** *adj.* capcioso, a

**captif, -ive** *adj. -s.* cautivo, a

**captivant, -e** *adj.* cautivador, ora

**captivité** *f.* cautiverio *m.*

**capture** *f.* captura

**capturer** *tr.* capturar

**capuche** *f.* capucha

**capuchon** *m.* 1 capucha *f.* 2 capuchón *(de stylo)*

**capucine** *f.* capuchina

**caquet** *m. fig.* pico *rabattre le ~* cerrar el pico

**caqueter** *intr.* 1 cacarear *(poule)* 2 *fig.* chismorrear

**car** *conj.* pues, porque

**car** *m.* 1 autocar *~ de tourisme* autocar 2 coche de línea

**carabine** *f.* carabina

**carabiné, -ée** *adj.* de aúpa *c'est un film ~* es una película de aúpa

**carabinier** *m.* carabinero

**caractère** *m.* 1 carácter 2 genio *avoir mauvais ~* tener mal genio 3 letra *f. caractères d'imprimerie* letras de molde *en petits caractères* en letra pequeña

**caractériser** 1 *tr.* caracterizar 2 *pr.* caracterizarse

**caractéristique** 1 *f.* característica 2 *adj.* característico, a

**carafe** *f.* jarra *une ~ de vin* una jarra de vino

**Caraïbes (les)** *n. pr. f. pl.* el Caribe *m. sing.*

**carambolage** *m.* colisión en serie *f.*

**caramel** *m.* 1 pastilla de café con leche *f.* 2 caramelo blando *faire du ~* hacer caramelo

**carapace** *f.* caparazón *m.*, concha

**carat** *m.* quilate

**caravane** *f.* caravana

**caravelle** *f.* carabela

**carbone** *m.* carbono *papier ~* papel carbón

**carbonique** *adj.* carbónico, a

**carboniser** 1 *tr.* carbonizar 2 *pr.* carbonizarse

**carburant** *m.* carburante

**carburateur** *m.* carburador

**carcan** *m.* argolla *f. fig.* sujeción *f.*

**carcasse** *f.* 1 esqueleto *m.*, osamenta 2 armazón *m. ~ d'abat-jour* armazón de pantalla 3 armadura *(de pneu, de voiture)*

**cardage** *m.* cardado

**carde** *m.* cardo *(cardon comestible)*

**carder** *tr.* cardar

**cardiaque** *adj. -s.* cardíaco, a

**cardigan** *m.* rebeca *f.*, cárdigan

**cardinal** *m.* cardenal

**cardinal, -ale** *adj.* cardinal

**cardiogramme** *m.* cardiograma

**cardiologue** *m.* cardiólogo

**cardon** *m.* cardo *(plante)*

**carême** *m.* cuaresma

**carénage** *m.* carenado

**carence** *f.* carencia

**caresse** *f.* caricia

**caresser** 1 *tr.* acariciar 2 *pr.* acariciarse

**cargaison** *f.* carga

**cargo** *m.* buque de carga

**caricatural, -ale** *adj.* caricaturesco, a

**caricature** *f.* caricatura

**caricaturer** *tr. -intr.* caricaturizar

**carie** *f.* caries *f. invar. lutte contre les caries* lucha contra la caries

**carier** 1 *tr.* cariar 2 *pr.* cariarse

**carillon** *m.* 1 repique de campanas 2 reloj de pared

**carillonner** *intr.* repicar

**carillonneur** *m.* campanero

**carmélite** *f.* carmelita

**carmin** 1 *m.* carmín 2 *adj.* carmín

**carnage** *m.* matanza *f.*

**carnaval** *m.* carnaval

**carnavalesque** *adj.* carnavalesco, a

**carne** *f.* 1 carne mala 2 penco *m. (cheval)*

**carnet** *m.* cuadernillo, libreta *f. ~ d'adresses* libreta de direcciones *~ de chèques* talonario *~ de Caisse d'Epargne* libreta de ahorros

**carnivore** *adj. -s.* carnívoro, a

**carotte** *f.* zanahoria

**carotter** *tr. fam.* engañar, estafar

**caroubier** *m.* algarrobo

**carpe** *f.* carpa

**carpette** *f.* alfombrilla

**carre** *f.* canto *m. (de ski)*

**carré** *m.* cuadrado *~ de soie* cuadrado de seda

**carré, -ée** *adj.* cuadrado, a *racine carrée* raíz cuadrada *mètre ~* metro cuadrado

**carreau** *m.* 1 cristal *(de fenêtre)* 2 cuadro *jupe à carreaux* falda de cuadros 3 losa *f. (sol) ~ de faïence* azulejo

**carrefour** *m.* cruce, encrucijada *f.*

**carrelage** *m.* enlosado, baldosas *f. pl.* *laver le* ~ limpiar las baldosas

**carreler** *tr.* enlosar, embaldosar

**carrément** *adj.* rotundamente, francamente

**carrière** *f.* **1** carrera **2** cantera *(de pierre...)*

**carriole** *f.* carricoche *m.*

**carrossable** *adj.* transitable

**carrosse** *m.* carroza

**carrosserie** *f.* carrocería *atelier de* ~ chapistería *f.*

**carrossier** *m.* chapista

**carrure** *f.* anchura de espaldas

**cartable** *m.* cartera *f.*, cartapacio

**carte** *f.* **1** tarjeta ~ *de visite* tarjeta de visita ~ *de crédit* tarjeta de crédito **2** mapa *m.* ~ *routière* mapa de carreteras **3** carnet *m.* ~ *d'identité* carnet de identidad ~ *de séjour* carnet de residente **4** naipe *m.*, carta *(à jouer)* *jouer aux cartes* jugar a los naipes **5** carta *(restaurant)* *à la* ~ a la carta **6** cupón *m.* ~ *réponse* cupón de respuesta **7** crismas *m.* ~ *de Noël* crismas *jouer la* ~ *de* jugar la baza de *tirer les cartes* leer las cartas

**cartel** *m.* cártel

**carter** *m.* carter

**cartilage** *m.* cartílago

**cartographe** *m. -f.* cartógrafo, a

**cartographie** *f.* cartografía

**cartomancie** *f.* cartomancia

**cartomancien, ienne** *m. -f.* cartomántico, a

**carton** *m.* **1** cartón ~-*pâte* cartón piedra **2** caja *f. (boîte)* **3** carpeta *f.* ~ *à dessin* carpeta ~ *à chapeaux* sombrerera *f.* ~ *jaune (football)* tarjeta amarilla

**cartonnier** *m.* archivador, clasificador

**cartouche** *f.* **1** cartucho *m.* **2** recambio *m.*, carga *(de stylo...)* **3** cartón *m. (de cigarettes)*

**cartouchière** *f.* cartuchera

**cas** *m.* caso ~ *de conscience* caso de conciencia *au* ~ *où* en caso de que *en* ~ *de* en caso de *en tous* ~ de todos modos *le* ~ *échéant* llegado el caso

**casanier, ère** *adj.* casero, a *une femme très casanière* una mujer muy de su casa

**casaque** *f.* casaca

**cascade** *f.* **1** cascada **2** efectos especiales *m. pl. (au cinéma)*

**cascadeur** *m.* **1** especialista, doble *(au cinéma)* **2** acróbata

**case** *f.* **1** choza, cabaña *(habitat)* **2** casilla

**caser 1** *tr.* colocar **2** *pr.* colocarse

**caserne** *f.* cuartel

**casier** *m.* casillero, archivero *(meuble)* ~ *judiciaire* registro de antecedentes penales

**casino** *m.* casino

**casque** *m.* **1** casco **2** auriculares *m. pl. écouter de la musique avec un* ~ escuchar música con auriculares

**casquette** *f.* gorra

**cassant, -e** *adj.* **1** quebradizo, a **2** *fig.* tajante *d'un ton* ~ con tono tajante

**cassation** *f.* casación *Cour de* ~ Tribunal Supremo

**casse** *m.* atraco *(hold-up)*

**casse** *f.* rotura *(action de casser) il y a eu de la* ~ se han roto muchas cosas ~ *auto* desguace *m. envoyer à la* ~ desguazar

**cassé, -ée** *adj.* roto, a, quebrado, a

**casse-cou** *m. -f.* suicida

**casse-croûte** *m.* tentempié

**casse-noix** *m.* cascanueces

**casse-pieds** *adj. -s.* pelma, pelmazo, pesado, a

**casser** *tr.* romper, quebrar ~ *les pieds* dar la lata, dar el tostón *ça ne casse rien* no es ninguna cosa del otro jueves *se* ~ *la tête* romperse los cascos

**casserole** *f.* cazo *m.*, cacerola *série de casseroles* batería de cocina

**casse-tête** *m.* quebradero de cabeza ~ *chinois* rompecabezas

**cassette** *f.* casete *m.* ~ *vidéo* vídeo *m.*

**cassoulet** *m.* especie de fabada

**cassure** *f.* fractura

**castagnettes** *f. pl.* castañuelas

**caste** *f.* casta

**Castillan** *m.* castellano

**castillan, -e** *adj.* castellano, a

**castration** *f.* castración

**castrer** *tr.* castrar, capar

**casuel, -elle** *adj.* casual

**cataclysme** *m.* cataclismo

**catacombes** *f. pl.* catacumbas

**catalan** *m.* catalán

**Catalan, -e** *m. -f.* Catalán, ana

**catalan, -e** *adj.* catalán, ana

**Catalogne** *n. pr. f.* Cataluña

**catalyse** *f.* catálisis

**catalytique** *adj.* catalítico, a

**catalogue** *m.* catálogo

**catamaran** *m.* catamarán

**cataplasme** *m.* cataplasma

**cataracte** *f.* cataratas *f. pl. opération de la* ∼ operación de cataratas

**catastrophe** *f.* catástrofe

**catastrophique** *adj.* catastrófico, a

**catch** *m.* lucha libre *f.*

**catcheur, -euse** *m. -f.* luchador, ora

**catéchisme** *m.* catecismo

**catéchiste** *m. -f.* catequista

**catégorie** *f.* categoría

**catégorique** *adj.* categórico, a *ton* ∼ tono tajante *un non* ∼ un no rotundo

**catégoriquement** *adv.* categóricamente, rotundamente *refuser* ∼ negarse rotundamente, negarse en redondo

**cathédrale** *f.* catedral

**catholicisme** *m.* catolicismo

**catholique** *adj. -s.* católico, a

**catimini (en)** *loc. adv.* a la chita callando

**catin** *f.* ramera

**cauchemar** *m.* pesadilla *f.*

**causal, -ale** *adj.* causal

**causalité** *f.* causalidad

**cause** *f.* causa, motivo *m.*, razón *à* ∼ *de* a causa de *épouser une* ∼ abrazar una causa

**causer 1** *tr.* provocar, producir **2** *intr.* conversar, charlar, *amér.* platicar

**causerie** *f.* charla, *amér.* plática

**caustique** *adj.* cáustico, a

**cautériser** *tr.* cauterizar

**caution** *f.* fianza, aval *m. sous* ∼ bajo fianza

**cautionnement** *m.* contrato de fianza

**cautionner** *tr.* avalar, salir fiador

**cavalcade** *f.* cabalgata

**cavaler** *intr.* correr, *pop.* pirárselas

**cavalerie** *f.* caballería

**cavalier, ière** *m. -f.* **1** jinete **2** pareja *f. (pour la danse)*

**cavalier, ière** *adj.* impertinente, insolente

**cave** *f.* **1** bodega *(à vin)* **2** sótano *m.*

**caveau** *m.* panteón

**caverne** *f.* cueva, caverna

**caverneux, -euse** *adj.* cavernoso, a

**caviar** *m.* caviar

**caviste** *m.* bodeguero

**cavité** *f.* cavidad, hueco *m.*

**ce, c'** *pron. dém.* **1** este ∼ *livre* este libro **2** ese ∼ *livre-ci* ese libro **3** aquel ∼ *livre-là* aquel libro **4** *(ne se traduit pas)* ∼ *n'est pas important* no es importante *ce sont mes lettres* son mis cartas *c'est lui* es él ∼ *qui,* ∼ *que* lo que ∼ *qui me plaît* lo que me gusta ∼ *que je dis* lo que digo

**ceci** *pron. dém.* esto ∼ *me paraît joli* esto me parece bonito

**cécité** *f.* ceguera

**céder** *tr.* **1** ceder **2** traspasar **3** *intr.* ceder, someterse *pr.*, rendirse *pr. bail à* ∼ se traspasa

**cèdre** *m.* cedro

**ceindre** *tr.* ceñir

**ceinture** *f.* cinturón *m.* ∼ *en cuir* cinturón de cuero ∼ *de sécurité* cinturón de seguridad

**ceinturer** *tr.* ceñir, rodear, cercar, agarrar por la cintura *(lutte)*

**cela** *pron. dém.* eso *prends* ∼ toma eso *c'est* ∼ eso es

**célébration** *f.* celebración

**célèbre** *adj.* célebre, famoso, a, afamado, a

**célébrer 1** *tr.* celebrar **2** *pr.* celebrarse

**célébrité** *f.* celebridad, fama *cet artiste est une* ∼ este artista es un famoso *les célébrités* los famosos

**céleri** *m.* apio

**célérité** *f.* celeridad

**céleste** *adj.* **1** celeste *voûte* ∼ bóveda celeste **2** celestial *musique* ∼ música celestial

**célibat** *m.* soltería *f.*

**célibataire** *adj. -s.* soltero, a, célibe

**celle-ci** *pron. dém.* ésta *chante* ∼ canta ésta

**celle-là** *pron. dém.* aquélla

**celle qui, celles qui** *pron. dém.* la que, las que, quienes

**cellier** *m.* bodega *f.*

**cellulaire** *adj.* celular

**cellule** *f.* **1** BIOL. célula **2** celda *(de prison)*

**cellulite** *f.* celulitis

**celluloïd** *m.* celuloide

**cellulose** *f.* celulosa

**celui-ci** *pron. dém.* éste *donne-moi* ~ dame éste

**celui-là** *pron. dém.* aquél

**celui qui** *pron. dém.* él que ~ *sait* él que sabe

**cénacle** *m.* cenáculo

**cendre** *f.* ceniza

**cendrier** *m.* cenicero

**censé, -e** *adj.* considerado, a como

**censeur** *m.* censor

**censure** *f.* censura

**censurer** *tr.* censurar

**cent** *adj.* ciento, cien ~ *cinquante* ciento cincuenta ~ *mille* cien mil ~ *pour* ~ cien por cien *trois pour* ~ un tres por ciento *des cents et des cents* centenares de

**centaine** *f.* 1 centenar *m. il y a une* ~ *de personnes* hay un centenar de personas 2 centena

**centenaire** 1 *m.* centenario 2 *adj.* centenario, a

**centième** *adj.* centésimo, a *m. c'est le* ~ es la centésima parte *f.*

**centigrade** *m.* centigrado

**centigramme** *m.* centigramo

**centilitre** *m.* centilitro

**centime** *m.* céntimo *ne pas avoir un* ~ estar sin blanca

**centimètre** *m.* centímetro

**central, ale** *adj.* 1 central 2 céntrico, a *(dans une ville)*

**centrale** *f.* central ~ *thermique* central térmica ~ *nucléaire* central nuclear

**centraliser** 1 *tr.* centralizar 2 *pr.* centralizarse

**centre** *m.* 1 centro 2 casco *(dans une ville)* ~ *ville* casco urbano ~ *historique* casco histórico

**centrer** 1 *tr.* centrar 2 *pr.* centrarse

**centrifuge** *adj.* centrífugo, a

**cep** *m.* cepa *f.*

**cèpe** *m.* seta *f.*

**cependant** *conj.* sin embargo

**céramique** *f.* cerámica

**céramiste** *m.* ceramista

**cerbère** *m.* cancerbero

**cerceau** *m.* 1 cerco 2 aro *(jouet)*

**cercle** *m.* círculo *c'est un* ~ *vicieux* es un círculo vicioso

**cercueil** *m.* ataúd, féretro

**céréale** *f.* cereal

**cérébral, -ale** *adj.* cerebral

**cérémonie** *f.* ceremonia

**cérémonieux, -euse** *adj.* ceremonioso, a

**cerf** *m.* ciervo

**cerf-volant** *m.* cometa *f., amér.* volatín

**cerisaie** *f.* cerezal *m.*

**cerise** *f.* cereza ~ *confite* guinda

**cerisier** *m.* cerezo

**cernes** *f. pl.* ojeras *avoir des* ~ tener ojeras

**cerné, -ée** *adj.* rodeado, a, cercado, a *avoir les yeux cernés* tener ojeras

**cerner** *tr.* 1 rodear, cercar 2 delimitar *(un problème)*

**certain, -e** *adj.* cierto, a, seguro, a *un* ~ *homme* cierto hombre *une* ~ *femme* cierta mujer *j'en suis* ~ estoy seguro de ello *il est* ~ *que* cierto es que

**certainement** *adv.* por supuesto, sin ninguna duda

**certes** *adv.* desde luego, por supuesto, por cierto, claro es que

**certificat** *m.* certificado

**certifier** *tr.* certificar ~ *conforme* legalizar

**certitude** *f.* certidumbre, certeza *j'ai la* ~ *que* tengo la certidumbre de que *je te le dis avec* ~ te lo digo con certeza

**cerveau** *m.* cerebro

**cervelle** *f.* sesos *m. pl. fig. ne pas avoir de* ~ ser ligero, a de cascos

**césarienne** *f.* cesárea

**cessation** *f.* 1 cese *m.* 2 suspensión ~ *de paiements* suspensión de pagos

**cesse** *f.* tregua *sans* ~ sin cesar

**cesser** 1 *intr.* cesar 2 *tr.* interrumpir, suspender ~ *les paiements* suspender los pagos ~ *de + inf.* dejar de + inf. *il a cessé de pleuvoir* ha dejado de llover

**cessez-le-feu** *m.* alto el fuego

**cession** *f.* 1 cesión 2 traspaso *(d'un bail)*

**c'est-à-dire** *conj.* es decir, o sea

**chacun, -e** *pron. indéf.* 1 cada uno, cada una 2 cada cual *tout un* ~ cada hijo de vecino

**chagrin** *m.* pena *f.,* pesar, disgusto

**chahut** *m.* alboroto, escándalo, jaleo *faire du* ~ armar jaleo

**chahuter 1** *intr.* armar jaleo, armar alboroto, armar escándalo **2** *tr.* abuchear *il s'est fait chahuter* le abuchearon

**chahuteur, -euse** *adj. -s.* alborotador, ora

**chais** *m.* bodega *f.*

**chaîne** *f.* **1** cadena ~ *en or* cadena de oro ~ *de magasins* cadena de tiendas **2** cordillera *(de montagnes)* **3** canal *m. (de télévision)* **4** equipo *m. (hi-fi)* ~ *stéréo* equipo estereofónico *travail à la* ~ trabajo en cadena

**chaînon** *m.* eslabón

**chair** *f.* carne ~ *à saucisses* carne picada

**chaire** *f.* **1** cátedra *(d'université)* **2** púlpito *m. (d'église)*

**chaise** *f.* silla ~ *longue* tumbona ~ *pliante* silla de tijera

**châle** *m.* mantón, chal

**chalet** *m.* chalet, chalé

**chaleur** *f.* calor *m. animal en* ~ animal en celo

**chaleureux, -euse** *adj.* caluroso, a

**chaloupe** *f.* lancha

**chalumeau** *m.* soplete

**chalutier** *m.* barco arrastrero, bou

**chamailler (se)** *pr.* reñir, pelearse

**chambardement** *m.* desbarajuste

**chambarder** *tr.* alborotar, trastornar, cambiar, revolucionarse

**chambouler** *tr.* poner patas arriba, trastornar *ils ont tout chamboulé* lo pusieron todo patas arriba

**chambre** *f.* **1** habitación, cuarto *m.* **2** dormitorio *m. (à coucher)* **3** cámara ~ *à air* cámara de aire ~ *de Commerce et d'Industrie* Cámara de Comercio y de la Industria ~ *froide* cámara frigorífica *musique de* ~ música de cámara **4** congreso *m. Chambre des Députés* el Congreso

**chameau** *m.* camello

**chamois** *m.* gamuza *f. peau de* ~ gamuza

**champ** *m.* campo *à travers champs* a campo traviesa *prendre la clef des champs* tomar las de Villadiego *sur-le-champ* en el acto

**champagne** *m.* champán, champaña

**champêtre** *adj.* campestre

**champignon** *m.* **1** hongo, seta *f.* **2** champiñón *(de Paris)* **3** hongo *(sur*

*la peau) fig. fam. appuyer sur le* ~ ir a toda pastilla

**champion, ionne** *m. -f.* **1** campeón, ona **2** adalid *le* ~ *du catholicisme* el adalid del catolicismo

**championnat** *m.* campeonato

**chance** *f.* **1** suerte *avoir de la* ~ tener suerte **2** oportunidad *c'est sa dernière* ~ es su última oportunidad *égalité des chances* igualdad de oportunidades **3** fortuna *tenter sa* ~ probar fortuna *bonne* ~ *!* ¡ suerte !

**chancelant, -e** *adj.* vacilante, tambaleante

**chanceler** *intr.* bambolearse, tambalearse, vacilar

**chancelier** *m.* canciller

**chancellerie** *f.* cancillería

**chanceux, -euse** *adj.* afortunado, a

**chandail** *m.* jersey

**chandeleur** *f.* candelaria

**chandelier** *m.* candelabro

**chandelle** *f.* vela, candela *voir trente-six chandelles* ver las estrellas *le jeu n'en vaut pas la* ~ esto no vale la pena

**change** *m.* cambio *cours du* ~ cotización *f. donner le* ~ engañar

**changement** *m.* cambio ~ *de vitesse* cambio de velocidades

**changer 1** *tr.* cambiar ~ *de l'argent* cambiar dinero **2** *intr.* cambiar *il a changé* ha cambiado **3** *pr.* cambiarse *je me change rapidement* me cambio rápido *se* ~ *en* convertirse en, transformarse en

**changeur, -euse** *m. -f.* cambista

**chanoine** *m.* canónigo

**chanson** *f.* **1** canción, copla **2** cantar *m. c'est une autre* ~ es otro cantar

**chant** *m.* **1** canto ~ *de Noël* villancico

**chantage** *m.* chantaje

**chanter** *tr. -intr.* cantar *fig. faire* ~ *quelqu'un* hacer chantaje ~ *faux* desentonar

**chanteur, -euse** *m. -f.* cantor, ora ~ *d'opéra* cantante de ópera ~ *de flamenco* cantaor, ora *auteur-*~*-compositeur* cantautor *maître* ~ chantajista

**chantier** *m.* obra *f.* ~ *naval* astillero *quel* ~ *! fig. fam.* ¡ qué cacao !

**chantonner** *intr.* canturrear

**chanvre** *m.* cáñamo

**chaos** *m.* caos

**chaotique** *adj.* caótico, a

**chaparder** *tr. fam.* birlar, hurtar

**chape** *f.* capa

**chapeau** *m.* sombrero *il met son* ~ se pone el sombrero ~ *haut-de-forme* sombrero de copa alta, chistera *f. boîte à chapeaux* sombrerera *f.*

**chapelet** *m.* **1** rosario **2** ristra *f.* *(d'oignons)* **3** *fig.* sarta *un* ~ *d'insultes* una sarta de insultos

**chapelier, ière** *m. -f.* sombrerero, a

**chapelle** *f.* **1** capilla **2** *fig.* camarilla

**chapellerie** *f.* sombrerería

**chapelure** *f.* pan rallado *f.*

**chaperon** *m.* capirote, caperuza *f. le Petit* ~ *rouge* la Caperucita roja

**chapiteau** *m.* **1** *ARCHIT.* capitel **2** toldo, lona *f.* **3** carpa *f. (de cirque)*

**chapitre** *m.* capítulo *ne pas avoir voix au* ~ no tener vela en el entierro

**chapon** *m.* capón

**chaque** *adj. indéf.* cada ~ *fille* cada chica ~ *garçon* cada chico

**char** *m.* **1** carro **2** carroza *f. (de carnaval)*

**charabia** *m.* jerigonza *f.,* galimatías

**charade** *f.* charada

**charançon** *m.* gorgojo

**charbon** *m.* **1** carbón **2** *MÉD.* carbunco ~ *ardent* ascua *f. être sur des charbons ardents* estar en ascuas

**charbonnier** *m.* carbonero *la foi du* ~ la fe del carbonero

**charcuterie** *f.* **1** tocinería, charcutería **2** embutidos *m. pl. (produits)*

**charcutier, ière** *m. -f.* charcutero, a

**chardon** *m.* cardo

**chardonneret** *m.* jilguero

**charge** *f.* **1** carga *(poids)* **2** cargo *m.,* empleo *m.,* puesto *m. (emploi)* **3** cargo *témoin à* ~ testigo de cargo **4** cuota *(copropriété) être à la* ~ *de* correr a cargo de *prise en* ~ *(taxi)* bajada de bandera

**chargé, -ée 1** *adj.* cargado, a *la voiture est chargée* el coche está cargado **2** *m. -f.* encargado, a ~ *d'affaires* encargado de negocios

**chargement** *m.* carga *f.*

**charger** *tr.* **1** cargar ~ *les valises* cargar las maletas **2** encargar *je te charge de cette affaire* te encargo este asunto **3** *pr.* cargarse *se* ~ *de* encargarse de

**chariot** *m.* carro, carrito, carretilla *f. (supermarché)*

**charismatique** *adj.* carismático, a

**charisme** *m.* carisma

**charitable** *adj.* caritativo, a

**charité** *f.* caridad *demander la* ~ pedir limosna

**charivari** *m.* jaleo, alboroto

**charlatan** *m.* charlatán

**charmant, -e** *adj.* encantador, ora *le prince* ~ el príncipe azul

**charme** *m.* encanto, hechizo *faire du* ~ coquetear

**charmer** *tr.* encantar

**charmeur, -euse** *adj. -s.* encantador, ora

**charnel, -elle** *adj.* carnal

**charnier** *m.* osario

**charnière** *f.* bisagra, *fig.* eje *m.,* unión

**charogne** *f.* carroña

**charpente** *f.* armazón

**charpenterie** *f.* carpintería

**charpentier** *m.* carpintero

**charpie** *f.* hilas *pl. mettre en* ~ hacer añicos

**charrette** *f.* carreta

**charrier** *tr.* **1** acarrear **2** *fig. fam.* pasarse de la raya

**charrue** *f.* arado *m.*

**charte** *f.* carta

**charter** *m.* charter *vols charters* vuelos chárters

**chartreuse** *f.* cartuja

**chas** *m.* ojo *(d'une aiguille)*

**chasse** *f.* **1** caza **2** cacería *partie de* ~ cacería ~ *à courre* montería ~ *réservée* coto de caza *m.* ~ *d'eau* cadena *qui va à la* ~ *perd sa place* quien va a Sevilla pierde su silla

**chassé-croisé** *m.* idas y venidas *f. pl.*

**chasse-neige** *m.* quitanieves *invar.*

**chasser 1** *intr.* cazar **2** *tr.* cazar **3** expulsar, echar

**chasseur, -euse** *m. -f.* cazador, ora ~ *de têtes* cazatalentos *invar.* ~ *de primes* cazarrecompensas *invar. lapin* ~ conejo a la cazadora

**chassieux, -euse** *adj.* legañoso, a

**châssis** *m.* **1** chasis *(voiture)* **2** bastidor

**chaste** *adj.* casto, a

**chasteté** *f.* castidad

**chasuble** *f.* casulla

**chat, chatte** *m. -f.* gato, a ~ *sauvage* gato montés ~ *de gouttière* gato callejero *appeler un ~ un ~* llamar al pan pan y al vino vino *donner sa langue au ~* darse por vencido

**châtaigne** *f.* castaña

**châtaignier** *m.* castaño

**châtain** *adj.* castaño

**château** *m.* castillo *~ fort* alcázar *bâtir, faire des ~ en Espagne* hacer castillos en el aire

**châtier** *tr.* 1 castigar 2 pulir *(style)*

**châtiment** *m.* castigo

**chatoiement** *m.* tornasol, viso

**chaton** *m.* gatito

**chatouille** *f.* 1 cosquilla *faire des chatouilles* hacer cosquillas 2 cosquilleo *m.* *(sensation)*

**chatouiller** *tr.* hacer cosquillas

**chatouilleux, -euse** *adj.* cosquilloso, a, *fig.* quisquilloso, a

**chatoyant, -e** *adj.* tornasolado, a

**chatoyer** *intr.* tornasolar

**châtrer** *tr.* castrar, capar

**chaud, -e** *adj.* 1 caliente *eau chaude* agua caliente 2 cálido, a *un climat ~* un clima cálido 3 caluroso, a *une ambiance chaude* un ambiente caluroso 4 de abrigo *un vêtement ~* una prenda de abrigo *il fait ~* hace calor *il fait très ~* hace mucho calor *boire ~* beber caliente

**chaudement** *adv.* calurosamente *s'habiller ~* abrigarse *pr.*

**chaudière** *f.* caldera

**chaudron** *m.* caldero

**chauffage** *m.* calefacción *f.*

**chauffard** *m.* conductor malo, dominguero *~ !* i dominguero !

**chauffe-eau** *m. invar.* calentador

**chauffe-plats** *m. invar.* calientaplatos

**chauffer** *tr.* *-intr.* 1 calentar, calentarse *pr.* 2 caldear *(l'ambiance) ça chauffe !* i el ambiente se caldea !

**chauffeur** *m.* 1 chófer *ils ont un ~* tienen chófer 2 conductor *~ de taxi* taxista *~ du dimanche* dominguero

**chauler** *tr.* encalar, enjalbegar

**chaume** *m.* rastrojo

**chaumière** *f.* choza

**chaussée** *f.* 1 calzada 2 firme *m.* *(route)*

**chausse-pied** *m.* calzador

**chausser** 1 *tr.* calzar 2 *pr.* calzarse 3 *intr.* calzar *~ du 36* calzar un 36

**chausse-trape** *f.* trampa

**chaussette** *f.* calcetín *m.*

**chausson** *m.* zapatilla *f.*

**chaussure** *f.* 1 zapato *m.* *une paire de ~* un par de zapatos 2 calzado *m.* *magasin de ~ pour enfants* tienda de calzado para niños 3 bota *~ de ski* bota para esquiar *magasin de ~* zapatería, tienda de calzados

**chauve** *adj.* calvo, a

**chauvin, -e** *adj.* chauvinista, chovinista

**chauvinisme** *m.* chauvinismo, chovinismo

**chaux** *f.* cal

**chavirer** *intr.* volcar, *fig.* trastornar

**chef** *m.* 1 jefe *~ de chantier* jefe de obra *~ de rayon* jefe de sección 2 director *~ d'orchestre* director de orquesta 3 cargo *~ d'accusation* cargo de acusación

**chef-d'œuvre** *m.* obra maestra *f.*

**chef-lieu** *m.* 1 capital de provincia *f.* 2 cabeza *f.* *~ d'arrondissement* cabeza de distrito *~ de canton* cabeza de partido

**cheik** *m.* jeque

**chelem** *m.* slam *le Grand ~* el Gran Slam

**chemin** *m.* camino *~ de fer* ferrocarril *~ de croix* vía crucis *à mi-~* a medio camino *~ faisant* de paso *faire son ~* salir adelante *ne pas y aller par quatre chemins* no andarse con rodeos *se frayer un ~* abrirse camino

**cheminée** *f.* chimenea

**cheminer** *intr.* caminar

**cheminot** *m.* ferroviario

**chemise** *f.* 1 camisa *(vêtement)* 2 carpeta

**chemiserie** *f.* camisería

**chemisier** *m.* blusa *f.*

**chenapan** *m.* pillo, tuno

**chêne** *m.* roble *~ liège* alcornoque *~ vert* encina *f.*

**chenil** *m.* perrera *f.*

**chenille** *f.* oruga

**cheptel** *m.* cabaña ganadera *f.* ganado *m.*

**chèque** *m.* cheque, talón *~ barré* cheque cruzado *~ sans provisions* cheque sin fondos

**chéquier** *m.* talonario

**cher, chère** *adj.* 1 caro, a *c'est ~* es caro 2 querido, a *chère amie* querida amiga **3** estimado, a, apreciado, a *(lettre)* ∼ *Monsieur* Apreciado Señor

**cher** *adv.* caro *coûter* ∼ salir caro

**chercher** *tr.* buscar ∼ *un objet* buscar un objeto ∼ *à* intentar, procurar *envoyer* ∼ mandar por *envoyer* ∼ *du pain* mandar por pan *aller* ∼ ir por ∼ *midi à quatorze heures* buscar tres pies al gato

**chercheur, -euse** *m.* investigador, ora

**chère** *f.* comida

**chéri, -ie 1** *adj.* querido, a **2** *m. -f.* cariño *ma chérie !* ¡ cariño !

**chérir** *tr.* amar tiernamente

**cherté** *f.* carestía

**chérubin** *m.* querubín

**chétif, -ive** *adj.* enclenque

**cheval** *m.* caballo ∼ *de selle* caballo de silla *chevaux de bois* tiovivo *m. sing. fer à* ∼ herradura *f.*

**chevaleresque** *adj.* caballeresco, a

**chevalet** *m.* caballete

**chevalier** *m.* caballero ∼ *servant* galán

**chevalière** *f.* sello *m.*

**chevauchée** *f.* cabalgata

**chevaucher 1** *intr.* cabalgar, jinetear **2** *pr. fig.* imbricarse

**chevelu, -ue** *adj.* cabelludo, a

**chevelure** *f.* cabellera, melena

**chevet** *m.* **1** mesita de noche *f.* **2** cabecera *f. (du lit)*

**cheveu** *m.* pelo ∼ *blanc* cana *f.*

**cheville** *f.* **1** tobillo *m.* **2** taco *m. (pour le mur)* **3** clavija *(en bois) il ne lui arrive pas à la* ∼ no le llega a la suela del zapato

**chèvre** *f.* cabra

**chevreau** *m.* **1** cabrito **2** cabritilla *f. (cuir)*

**chèvrefeuille** *m.* madreselva *f.*

**chevreuil** *m.* corzo

**chevrier** *m.* cabrero

**chevron** *m.* espiga *f.*, espiguilla *f.*

**chevrotine** *f.* perdigón *m.*

**chewing-gum** *m.* chicle

**chez** *prép.* **1** en casa *je suis* ∼ *moi* estoy en casa *je suis* ∼ *mon frère* estoy en casa de mi hermano *je vais* ∼ *mes parents* voy a casa de mis padres **2** entre ∼ *les Espagnols* entre los españoles *aller* ∼ *le médecin*, ∼ *le dentiste* ir al médico, al dentista

**chic** *m.* elegancia *f.*

**chic** *adj.* **1** fino, a *ça fait plus* ∼ queda más fino **2** estupendo, a *une* ∼ *fille* una chica estupenda

**chicane** *f.* través *m.*

**chicaner** *intr.* enredar

**chiche** *adj.* tacaño, a *pois* ∼ garbanzo

**chiche !** *interj.* ¿ a qué no ?

**chichi** *m. fam.* cursilerías *f. pl.*, melindres *pl.*

**chichiteux, -euse** *adj. -s.* melindroso, a

**chicorée** *f.* achicoria

**chien** *m.* **1** perro ∼ *d'aveugle* perro guía ∼ *de garde* perro de guarda **2** *fig.* gancho *avoir du* ∼ tener gancho *entre* ∼ *et loup* entre dos luces

**chienne** *f.* perra ∼ *de vie !* ¡ qué vida más perra !

**chiffon** *m.* trapo

**chiffonné, -ée** *adj.* arrugado, a

**chiffonner** *tr.* arrugar, *fam.* fastidiar

**chiffre** *m.* cifra *f.* ∼ *d'affaires* volumen de negocios

**chiffrer 1** *tr.* numerar **2** *intr.* calcular, cifrar

**chignole** *f.* taladradora

**chignon** *m.* moño

**Chilien, -enne** *m. -f.* chileno, a

**chilien, -enne** *adj.* chileno, a

**chimère** *f.* quimera

**chimérique** *adj.* quimérico, a

**chimie** *f.* química

**chimique** *adj.* químico, a

**chimiste** *m.* químico

**chiner** *intr.* ir al Rastro *(faire les Puces)*

**chinois** *m.* chino

**Chinois, -e** *m. -f.* chino, a

**chinois, -e** *adj.* chinesco, a *ombres chinoises* sombras chinescas

**chiot** *m.* cachorro

**chiourme** *f.* chusma

**chiper** *tr.* birlar, hurtar, mangar

**chips** *f. pl.* patatas fritas

**chiromancie** *f.* quiromancia

**chiromancien, -enne** *m. -f.* quiromántico, a

**chirurgie** *f.* cirugía

**chirurgien** *m.* cirujano

**chlore** *m.* cloro

**chloroforme** *m.* cloroformo

**chlorophylle** *f.* clorofila

**chlorure** *m.* cloruro

**choc** *m.* choque

**chocolat** *m.* **1** chocolate *tablette de ~* pastilla de chocolate **2** bombón *une boîte de chocolats* una caja de bombones

**chœur** *m.* coro *enfant de ~* monaguillo

**choisir** *tr.* escoger, elegir, optar por

**choix** *m.* **1** elección *f. le ~ du prénom* la elección del nombre **2** alternativa *f. laisser le ~* dejar la alternativa **3** surtido *ce magasin a un grand ~* esta tienda tiene un gran surtido

**choléra** *m.* cólera

**cholestérol** *m.* colesterol

**chômage** *m.* paro, desempleo

**chômeur, -euse** *m. -f.* parado, a, cesante, en paro

**chope** *f.* jarra

**choquant, -e** *adj.* chocante

**choquer** *tr.* chocar

**chorégraphe** *m.* coreógrafo

**chorégraphie** *f.* coreografía

**choriste** *m. -f.* corista

**chose** *f.* cosa *quelque ~* algo *à peu de ~ près*, poco más o menos *à quelque ~ malheur est bon* no hay mal que por bien no venga

**chou** *m.* col *f. ~ à la crème* lionesa *f. faire ~ blanc* errar el tiro

**chouette** **1** *f.* lechuza **2** *adj.* estupendo, a, de primera

**chou-fleur** *m.* coliflor *f.*

**choyer** *tr.* mimar

**chrétien, -enne** *adj. -s.* cristiano, a

**chrétienté** *f.* cristiandad

**christianisme** *m.* cristianismo

**chromatisme** *m.* cromatismo

**chromer** *tr.* cromar

**chronique** **1** *f.* crónica **2** *adj.* crónico, a

**chroniqueur** *m.* cronista

**chronologie** *f.* cronología

**chronologique** *adj.* cronológico, a

**chronomètre** *m.* cronómetro

**chronométrer** *tr.* cronometrar

**chrysanthème** *m.* crisantemo

**chuchotement** *m.* cuchicheo

**chuchoter** *intr. -tr.* **1** cuchichear **2** musitar *~ des mots* musitar palabras

**chut** *interj.* ¡ chitón !

**chute** *f.* **1** caída **2** recorte *m. (de tissu)* **3** desplome *m. la ~ du dollar* el desplome del dólar *~ libre* caída libre *faire une ~* caerse *tomber en ~ libre* caerse en picado

**chuter** *intr.* **1** caer, caerse *pr.* **2** desplomarse *(dollar)*

**ci** *adv.* aquí *~-contre* al lado *~-dessous* a continuación, bajo estas líneas *~-dessus* arriba indicado, sobre estas líneas *~-gît* aquí yace *~-joint* adjunto

**cible** *f.* blanco *m. atteindre la ~* dar en el blanco

**cibler** *tr.* determinar el blanco

**ciboulette** *f.* cebolleta

**cicatrice** *f.* cicatriz

**cicatrisation** *f.* cicatrización

**cicatriser** **1** *tr.* cicatrizar **2** *pr.* cicatrizarse

**cidre** *m.* sidra *f.*

**ciel** *m.* cielo *aide-toi et le ~ t'aidera* a Dios rogando y con el mazo dando *remuer ~ et terre* mover Roma con Santiago

**cierge** *m.* cirio

**cigale** *f.* chicharra

**cigare** *m.* puro

**cigarette** *f.* pitillo *m.*, cigarrillo *m. rouler une ~* liar un pitillo

**cigogne** *f.* cigüeña

**cigüe** *f.* cicuta

**cil** *m.* pestaña *f.*

**ciller** *intr.* pestañear, parpadear

**cime** *f.* cima, cumbre, cúspide

**ciment** *m.* cemento

**cimenter** *tr.* **1** cementar **2** *fig.* consolidar, afirmar

**cimetière** *m.* cementerio, camposanto

**ciné-club** *m.* cine-club

**cinéma** *m.* cine *salle de ~* cine *m.*

**cinémathèque** *f.* cinemateca

**cinématographique** *adj.* cinematográfico, a

**cinglant, -e** *adj.* acerbo, a, mordaz *ironie cinglante* ironía mordaz

**cinq** *adj. -s.* cinco *~ cents* quinientos, as

**cinquantaine** *f.* cincuentena

**cinquantenaire** *m.* **1** cincuentenario **2** cincuentón, ona *(personne)*

**cinquantième** *adj.* quincuagésimo, a

**cinquième** *adj.* quinto, a *le ~ de la* quinta parte de

**cintre** m. percha f.

**cirage** m. **1** betún **2** encerado *(action)*

**circoncision** f. circuncisión

**circonférence** f. circunferencia

**circonflexe** adj. circunflejo

**circonscription** f. circunscripción

**circonscrire** tr. circunscribir, delimitar

**circonspection** f. circunspección

**circonstance** f. circunstancia ∼ *atténuante* atenuante f. ∼ *aggravante* agravante f.

**circonstancié, -ée** adj. circunstanciado, a

**circonstanciel, -elle** adj. circunstancial

**circonvallation** f. circunvalación

**circuit** m. circuito *court-*∼ corto circuito ∼ *intégré* circuito impreso

**circulaire** **1** adj. circular **2** f. circular

**circulation** f. **1** circulación *(du sang)* **2** tráfico m. *(des voitures)*

**circuler** intr. circular

**cire** f. ∼ *à épiler* cera depilatoria

**cirer** tr. **1** encerar, dar cera *(les meubles)* **2** dar betún, dar crema *(les souliers)*

**cireuse** f. enceradora

**cireur** m. ∼ *de chaussures* limpiabotas

**cirque** m. circo *du* ∼ circense adj.

**cirrhose** f. cirrosis

**ciseau** m. cincel *(de sculpteur)* *paire de ciseaux* tijeras f. pl.

**ciseler** **1** tr. cincelar **2** pr. cincelarse

**citadelle** f. ciudadela

**citadin, -e** adj. -s. ciudadano, a

**citation** f. **1** cita *(un auteur)* **2** citación

**cité** f. ciudad *droit de* ∼ derecho de ciudadanía

**citer** tr. **1** citar *(un auteur)* **2** nombrar, mencionar **3** *DR.* citar

**citerne** f. cisterna

**citoyen, -enne** m. -f. ciudadano, a ∼ *d'honneur* hijo predilecto

**citoyenneté** f. ciudadanía

**citrique** adj. cítrico, a

**citron** m. limón ∼ *pressé* limón natural

**citronnier** m. limonero

**citrouille** f. calabaza

**civière** f. camilla

**civil, -e 1** adj. civil *mariage* ∼ boda por lo civil **2** m. paisano *en* ∼ de paisano

**civilisation** f. civilización

**civiliser** **1** tr. civilizar **2** pr. civilizarse

**civique** adj. cívico, a

**civisme** m. civismo

**clair** m. claro ∼ *de lune* claro de luna

**clair, -e** adj. claro, a *mettre au* ∼ poner en limpio *que ce soit* ∼ *et net* que quede bien claro

**clairet** m. clarete

**claire-voie** f. claraboya

**clairière** f. claro m.

**clair-obscur** m. claroscuro

**clairon** m. clarín

**clairsemé, -ée** adj. ralo, a

**clairsemer** **1** tr. desparramar **2** pr. desparramarse

**clairvoyance** f. clarividencia

**clairvoyant, -e** adj. clarividente

**clamer** tr. clamar, proclamar

**clameur** f. clamor m.

**clandestin, -e** adj. -s. clandestino, a

**clandestinité** f. clandestinidad

**clapoter** intr. chapotear

**claque** f. bofetada, torta *donner des claques* pegar bofetadas

**claquer** intr. **1** castañetear *(des doigts)* **2** chasquear *(la langue)* **3** tr. abofetear, dar una bofetada, dar una torta ∼ *la porte* dar un portazo ∼ *son argent* despilfarrar el dinero *être claqué, ée* fig. estar agotado, a

**clarification** f. clarificación

**clarifier** **1** tr. aclarar **2** pr. aclararse

**clarinette** f. clarinete m.

**clarté** f. claridad

**classe** f. **1** clase *la* ∼ *ouvrière* la clase obrera **2** curso m. *en quelle* ∼ *es-tu?* ¿en qué curso estás? **3** aula *(salle de cours)* *en* ∼ **5** en el aula cinco *rentrée des classes* apertura de curso

**classement** m. clasificación f.

**classer** tr. clasificar *monument classé* monumento de interés artístico

**classeur** m. **1** carpeta f. **2** archivador *(meuble)*

**classique** adj. clásico, a

**claudication** f. cojera

**claudiquer** intr. cojear

**clause** f. cláusula

**claustrophobie** f. claustrofobia

**clavicule** *f.* clavícula

**clavier** *m.* teclado

**clef, clé** *f.* **1** llave *fermer à ~* cerrar con llave *~ en main* llave en mano **2** clave *la ~ de sol* la clave de sol *prendre la ~ des champs* tomar las de Villadiego

**clémence** *f.* clemencia

**clément, -e** *adj.* clemente

**cleptomanie** *f.* cleptomanía

**clerc** *m.* pasante *(de notaire)*

**clergé** *m.* clero

**cliché** *m.* cliché, clisé

**client, -e** *m. -f.* cliente

**clientèle** *f.* clientela

**cligner** *intr.* guiñar, parpadear *~ de l'œil* guiñar el ojo

**clignotant** *m.* **1** intermitente *(de voiture)* **2** *fig.* la luz de alarma

**climatisation** *f.* aire acondicionado *m.*, climatización

**climatiser 1** *tr.* climatizar **2** *pr.* climatizarse

**clin d'œil** *m.* guiño *en un ~* en un abrir y cerrar de ojos, en un santiamén

**clip** *m.* videoclip

**clique** *f.* pandilla

**cliquetis** *m.* tintineo

**clitoris** *m.* clítoris

**clivage** *m. fig.* desacuerdo, discrepancia *f., fig.* separación *f.*

**cloaque** *m.* cloaca *f.*

**clochard** *m.* vagabundo

**cloche** *f.* campana *~ à fromage* quesera

**cloche-pied (à)** *loc. adv.* a la coxcojita

**clocher** *m.* campanario

**clochette** *f.* **1** campanilla **2** esquilón *m. (bétail)*

**cloison** *f.* tabique *m.* *~ amovible* mampara *f.*

**cloisonner** *tr.* dividir, compartimentar

**cloître** *m.* claustro

**clopiner** *intr.* renquear, cojear

**cloque** *f.* ampolla

**clore** *tr.* cerrar *~ un exercice* cerrar un ejercicio

**clos, -e** *adj.* cerrado, a ; *à huis ~* a puerta cerrada

**clôture** *f.* **1** cerca, valla **2** clausura *la ~ du concours* la clausura del certamen **3** clausura *(couvent)*

**clôturer** *tr.* **1** cerrar, cercar **2** clausurar

**clou** *m.* clavo *~ de girofle* clavo *mettre au ~* empeñar

**clouer** *tr.* clavar

**clovisse** *f.* almeja

**clown** *m.* payaso

**clownerie** *f.* payasada

**club** *m.* club

**coaguler 1** *tr.* coagular **2** *pr.* coagularse

**coalition** *f.* coalición

**coasser** *intr.* croar

**cobalt** *m.* cobalto

**cobaye** *m.* conejillo de Indias

**cobra** *m.* cobra

**cocagne** *f.* cucaña *mât de ~* cucaña *pays de ~* jauja

**cocaïne** *f.* cocaína

**cocasse** *adj.* chusco, a

**coccinelle** *f.* mariquita

**coccyx** *m.* cóccix

**cocher** *m.* cochero

**cocher** *tr.* puntear, tachar

**cochon** *m.* cerdo, tocino *~ de lait* lechón, cochinillo *~ d'Inde* conejillo de Indias

**cochon, -onne** *adj.* cochino, a, marrano, a

**cochonnaille** *f.* embutidos *m. pl.*

**cochonnerie** *f.* porquería

**cockpit** *m.* carlinga *f.* cabina *f.*

**cocktail** *m.* **1** cóctel, combinado *(boisson)* **2** cóctel

**coco** *m.* **1** coco *(fruit)* **2** *fam.* granuja *c'est un drôle de ~* es un granuja

**cocon** *m.* capullo *(de ver à soie)*

**cocorico** *m.* quiquiriquí

**cocotier** *m.* coco, cocotero

**cocotte** *f.* olla *~-minute* olla a presión

**cocu, -ue** *adj. -s. fam.* cornudo, a

**cocufier** *tr. fam.* poner cuernos

**codage** *m.* codificación

**code** *m.* código *~-barres* código de barras *~ de la route* código de circulación *~ postal* código postal

**codification** *f.* codificación

**codifier** *tr.* codificar

**codex** *m.* códice

**coefficient** *m.* coeficiente

**coercitif, -ive** *adj.* coercitivo, a

*collectiviste*

**cœur** *m.* **1** corazón **2** pecho *serrer contre son* ~ estrechar contra el pecho *à contre*~ de mala gana *avoir du* ~ *à l'ouvrage* tener ánimos, tener valor *avoir mal au* ~ estar mareado, a *en avoir le* ~ *net* salir de dudas *un* ~ *d'or* un corazón de oro *de bon* ~ de buena gana *loin des yeux, loin du* ~ ojos que no ven, corazón que no siente *si le* ~ *vous en dit* si le apetece *savoir par* ~ saber de memoria

**coexistence** *f.* coexistencia

**coexister** *intr.* coexistir

**coffrage** *m.* encofrado

**coffre** *m.* **1** baúl *(meuble)* **2** arca *f.* *(pour argent)* **3** maletero *(de voiture)*

**coffre-fort** *m.* caja fuerte *f.,* caja de caudales

**coffrer** *tr.* **1** *fam.* enchironar, encarcelar **2** encofrar

**coffret** *m.* arquilla *f.* ~ *à bijoux* joyero

**cogestion** *f.* cogestión

**cognac** *m.* coñac

**cognassier** *m.* membrillo

**cogner** **1** *tr.* golpear, pegar **2** *pr.* darse un golpe, chocar

**cohérence** *f.* coherencia

**cohérent, -e** *adj.* coherente

**cohésion** *f.* cohesión

**cohue** *f.* **1** muchedumbre, gentío *m.* **2** barullo *m. (confusion)*

**cohorte** *f.* cohorte

**coi, coite** *adj.* callado, a

**coiffe** *f.* cofia

**coiffer** **1** *tr.* peinar **2** *intr.* peinar **3** *pr.* peinarse *se* ~ *d'un chapeau* ponerse un sombrero

**coiffeur, -euse** *m. -f.* peluquero, a *aller chez le* ~ ir a la peluquería

**coiffeuse** *f.* tocador *m. (meuble)*

**coiffure** *f.* **1** peinado *m. (action)* **2** tocado *m.* ~ *pour dames* peluquería para señoras ~ *pour hommes* peluquería para caballeros

**coin** *m.* **1** esquina *f. (de la rue)* **2** rincón *la pièce a quatre coins* la sala tiene cuatro rincones **3** pico *(d'un meuble)* **4** comisura *f. (de la bouche) regarder du* ~ *de l'œil* mirar con el rabillo del ojo

**coincer** **1** *fam.* pillar, pescar *il s'est fait* ~ lo pillaron **2** atascar, atrancar *(mécanisme)* **3** arrinconar **4** *pr.* atascarse, atrancarse *(mécanisme)*

**coïncidence** *f.* coincidencia

**coïncider** *intr.* coincidir

**coing** *m.* membrillo *pâte de* ~ carne de membrillo

**coït** *m.* coito

**coke** *f.* coca *f.,* coque *(charbon)*

**col** *m.* **1** cuello ~ *cheminée* cuello cisne ~ *roulé* cuello alto **2** puerto *(de montagne)*

**colère** *f.* cólera *être en* ~ estar enfadado, a, estar enojado, a

**coléreux, -euse** *ou* **colérique** *adj.* colérico, a

**colibri** *m.* colibrí

**colifichet** *m.* baratija *f.*

**colimaçon** *m.* caracol *escalier en* ~ escalera de caracol *f.*

**colin** *m.* merluza *f.*

**colin-maillard** *m.* gallina ciega *f.*

**colique** *f.* cólico

**colis** *m.* paquete ~ *piégé* paquete bomba

**collaborateur, -trice** *m. -f.* colaborador, ora

**collaboration** *f.* colaboración

**collaborer** *intr.* colaborar

**collage** *m.* **1** encolado *(action)* **2** colaje

**collant** *m.* panty

**collant, -e** *adj.* **1** pegajoso, a **2** ceñido, a *(vêtement) robe collante* vestido ceñido **3** *fam.* pesado, a, pelma *papier* ~ papel adhesivo

**collapsus** *m.* colapso

**collation** *f.* tentempié *m.*

**colle** *f.* **1** cola, pegamento *m.* **2** *fig. fam.* pega *cette question est une* ~ esta pregunta es una pega

**collectage** *m.* recolección *f.*

**collecte** *f.* recolección

**collecter** *tr.* recaudar ~ *des fonds* recaudar fondos

**collectif, -ive** *adj.* colectivo, a

**collectif** *m.* colectivo

**collection** *f.* colección

**collectionner** *tr.* coleccionar

**collectionneur, -euse** *m. -f.* coleccionista

**collectivement** *adv.* colectivamente

**collectivisation** *f.* colectivización

**collectiviser** *tr.* colectivizar

**collectivisme** *m.* colectivismo

**collectiviste** *adj.* colectivista

**collectivité** *f.* colectividad, corporación *collectivités locales* corporaciones locales

**collège** *m.* colegio

**collégien** *m.* colegial

**collégienne** *f.* colegiala

**collègue** *m. -f.* colega

**coller** *tr.* **1** pegar **2** encolar *(des papiers peints)* **3** suspender *(à un examen) il a été collé* le han suspendido **4** *fam.* pegar ∼ *une claque* pegar una torta **5** *intr.* pegar, ceñir *(vêtement)* **6** *pr.* pegarse, adherir, ceñirse *(vêtement)*

**collet** *m.* cuello *être* ∼ *monté* ser un pedante *prendre au* ∼ coger por el cuello

**colleter 1** *tr.* coger por el cuello **2** *pr.* pelearse, agarrarse, cargar con *se* ∼ *avec les difficultés* cargar con las dificultades

**colleur** *m.* ∼ *d'affiches* cartelero

**collier** *m.* collar

**colline** *f.* colina, cerro *m.*

**collision** *f.* colisión, choque *m. entrer en* ∼ chocar (con), colisionar (con)

**colloque** *m.* coloquio

**collusion** *f.* colusión

**collyre** *m.* colirio

**colmatage** *m.* taponamiento

**colmater** *tr.* taponar, rellenar

**colombage** *m.* entramado

**colombe** *f.* paloma

**colombier** *m.* palomar

**colon** *m.* colono

**côlon** *m.* colono

**colonel** *m.* coronel

**colonelle** *f.* coronela

**colonial, -ale** *adj.* colonial

**colonialisme** *m.* colonialismo

**colonialiste** *adj.* colonialista

**colonie** *f.* colonia

**colonisateur, -trice** *m. -f.* colonizador, ora

**colonisation** *f.* colonización

**coloniser** *tr.* colonizar

**colonnade** *f.* columnata

**colonne** *f.* columna

**colorant** *m.* colorante

**coloration** *f.* coloración

**colorer 1** *tr.* colorear **2** *pr.* colorearse

**colorier** *tr.* colorear, dar color

**coloris** *m.* colorido, color

**coloriste** *adj.* colorista

**colossal, ale** *adj.* colosal

**colosse** *m.* coloso

**colportage** *m.* **1** venta ambulante *f.* **2** propalación *f. (de nouvelles)*

**colporter** *tr.* **1** hacer de vendedor ambulante **2** propalar *(des nouvelles)*

**colporteur, -euse** *m. -f.* vendedor, ora ambulante

**colza** *m.* colza *f. huile de* ∼ aceite de colza

**coma** *m.* coma *être dans le* ∼ estar en coma, estar en estado de coma

**comateux, -euse** *adj.* comatoso, a

**combat** *m.* combate, lucha *f.*

**combatif, -ive** *adj.* luchador, ora

**combativité** *f.* combatividad, bravura *(d'un taureau)*

**combattant, -e** *adj. -s.* combatiente *ancien* ∼ ex combatiente

**combattre 1** *intr.* luchar **2** *tr.* combatir, luchar contra

**combien** *adv.* **1** cuánto ∼ *de temps restes-tu ?* ¿ cuánto tiempo te quedas ? **2** lo... que *tu sais* ∼ *il est sérieux* sabes lo serio que es *c'est* ∼ *?* ¿ cuánto es ? ∼ *de cuántos,* cuántas ∼ *de livres as-tu ?* ¿ cuántos libros tienes ? ∼ *de maisons as-tu ?* ¿ cuántas casas tienes ? *le* ∼ *sommes-nous ?* ¿ a cuántos estamos ?

**combinaison** *f.* **1** combinación **2** combinación *f. (lingerie)* **3** mono *m. (de travail)*

**combine** *f.* chanchullo *m.,* enredo *m.*

**combiné** *m.* combinado

**comble** *m.* colmo *c'est le* ∼ es el colmo

**comble** *m.* desván *m.*

**comble** *adj.* atestado, a *être* ∼ estar a tope

**combler** *tr.* colmar

**combustible 1** *adj.* combustible **2** *m.* combustible

**combustion** *f.* combustión

**comédie** *f.* comedia

**comédien, -enne** *m. -f.* **1** comediante, a, actor, actriz **2** *fig.* farsante

**comestible** *adj.* comestible

**comète** *f.* cometa *m.*

**comique** *adj.* cómico, a

**comité** *m.* comité ∼ *d'entreprise* comité de empresa

**commandant** *m.* comandante

**commande** *f.* 1 pedido *m.*, encargo *m. c'est une ~* es un encargo *passer une ~* hacer un pedido 2 *TECHN.* mando *m.*

**commandement** *m.* mando

**commander** *tr.* 1 mandar, ordenar *je te commande de faire cela* te ordeno que hagas esto 2 pedir *~ un café* pedir un café 3 encargar *~ une robe* encargar un vestido 4 *TECHN.* accionar, hacer funcionar 5 dominar *~ à ses passions* dominar sus pasiones 6 *intr.* mandar 7 *pr.* dominarse

**commanditaire** *adj. -s.* comanditario

**commandite** *f.* comandita

**comme** *adv. -conj.* 1 qué *~ elle est belle!* ¡ qué hermosa es! *~ il fait froid!* ¡ qué frío hace! 2 como *il travaille ~ personne* trabaja como nadie 3 cuando *j'allais sortir ~ il arriva* iba a salir cuando llegó

**commémorer** *tr.* conmemorar

**commençant, -e** *m. -f.* principiante

**commencement** *m.* principio, comienzo

**commencer** *tr.* empezar, comenzar

**commensurable** *adj.* conmensurable

**comment** 1 *adv.* cómo 2 *interj.* ¡cómo! *et ~!* ¡ ya lo creo!

**commentaire** *m.* comentario

**commentateur, -trice** *m. -f.* comentarista

**commenter** *tr.* comentar

**commérage** *m.* cotilleo

**commerçant, -e** 1 *adj.* comerciante 2 *m. -f.* comerciante, tendero, a

**commerce** *m.* 1 comercio 2 trato *(fréquentation)*

**commère** *f.* cotilla

**commercial, -ale** *adj.* comercial

**commercialisation** *f.* comercialización

**commercialiser** *tr.* comercializar

**commettre** *tr.* 1 cometer *~ une erreur* cometer un error 2 nombrar *~ à un emploi* nombrar para un empleo

**comminatoire** *adj.* conminatorio, a

**commis** *m.* dependiente *Grands Commis de l'État* los altos cargos del Estado

**commisération** *f.* conmiseración

**commissaire** *m.* comisario *~ aux comptes* censor jurado de cuentas

**commissaire-priseur** *m.* perito tasador, tasador

**commissariat** *m.* comisaría *f.*

**commission** *f.* 1 recado *m. je fais cette ~ pour lui* hago este recado para él 2 comisión *toucher une ~* cobrar una comisión

**commissionnaire** *m.* comisionista

**commissionner** *tr.* comisionar

**commissure** *f.* comisura

**commode** 1 *f.* cómoda 2 *adj.* cómodo, a, fácil

**commodité** *f.* comodidad

**commotion** *f.* conmoción

**commuable** *adj.* conmutable

**commuer** *tr.* conmutar *~ en* conmutar por

**commun, -e** 1 *adj.* común *des intérêts communs* intereses comunes 2 *m.* común *le ~ des mortels* el común de los mortales

**communal, -ale** *adj.* comunal, municipal *terrain ~* ejido

**communauté** *f.* 1 comunidad 2 identidad *(de goûts...) régime de la ~ des biens (mariage)* régimen de bienes gananciales

**commune** *f.* municipio *m.*, término municipal *m.*

**communicatif, -ive** *adj.* comunicativo, a

**communication** *f.* 1 comunicación 2 conferencia *~ téléphonique* conferencia 3 ponencia *~ scientifique* ponencia científica *entrer en ~* comunicarse

**communier** *intr.* comulgar

**communion** *f.* comunión

**communiqué** *m.* parte *~ officiel* parte oficial

**communiquer** *tr.* 1 comunicar 2 facilitar *~ des informations* facilitar informes 3 *intr.* comunicar, comunicarse

**communisme** *m.* comunismo

**communiste a** *adj. -s.* comunista

**commutateur** *m.* conmutador

**compact, -e** *adj.* compacto, a

**compact** *m.* disco compacto

**compagne** *f.* compañera

**compagnie** *f.* compañía *être en bonne ~* estar bien acompañado, a

**compagnon** *m.* compañero

**comparable** *adj.* comparable

**comparaison** *f.* comparación

**comparaître** *intr.* comparecer

**comparatif, -ive** *adj.* comparativo, a

**comparer 1** *tr.* comparar ~ *à* comparar con **2** *pr.* compararse

**comparse** *m.* comparsa

**compartiment** *m.* **1** compartimiento **2** departamento *(d'un train)*

**compartimenter** *tr.* clasificar, dividir

**comparution** *f.* comparecencia

**compas** *m.* compás

**compassé, -ée** *adj.* tieso, a

**compassion** *f.* compasión

**compatible 1** *adj.* compatible **2** *m.* compatible *rendre* ~ compaginar

**compatir** *intr.* compadecerse ~ *à la douleur d'un ami* compadecerse del dolor de un amigo

**compatriote** *m. -f.* compatriota

**compendium** *m.* compendio

**compensation** *f.* compensación

**compensatoire** *adj.* compensatorio, a *montants compensatoires* montos compensatorios

**compenser 1** *tr.* compensar **2** *pr.* compensarse

**compère** *m.* compadre, compinche

**compétence** *f.* **1** capacidad *il a la* ~ *nécessaire* tiene la necesaria capacidad **2** competencia *ce n'est pas de ma* ~ no es de mi competencia

**compétent, -e** *adj.* capacitado, a, competente

**compétitif, -ive** *adj.* competitivo, a

**compétition** *f.* competición *être en* ~ *avec* competir con

**compilation** *f.* recopilación

**compiler** *tr.* recopilar

**complainte** *f.* endecha

**complaisance** *f.* complacencia, amabilidad *pavillon de* ~ bandera de conveniencia *f.*

**complaisant, -e** *adj.* complaciente

**complément** *m.* complemento

**complémentaire** *adj.* complementario, a

**complet, -ète** *adj.* completo, a *pain* ~ pan integral *au grand* ~ en pleno

**complet** *m.* traje, *amér.* terno

**complètement** *adv.* completamente

**compléter 1** *tr.* completar **2** *pr.* completarse

**complexe 1** *adj.* complejo, a **2** *m.* complejo ~ *industriel* polígono industrial ~ *sportif* polideportivo

**complexer 1** *tr.* acomplejar **2** *pr.* acomplejarse

**complexion** *f.* complexión

**complexité** *f.* complejidad

**complication** *f.* complicación

**complice** *m. -f.* cómplice

**complicité** *f.* complicidad

**compliment** *m.* **1** enhorabuena *f. mes compliments !* ¡ enhorabuena ! **2** elogio *m.*

**complimenter** *tr.* felicitar

**compliquer 1** *tr.* complicar **2** *pr.* complicarse

**complot** *m.* complot, compló

**comploter 1** *tr.* conspirar **2** *pr.* conspirarse

**comportement** *m.* comportamiento

**comporter** *tr.* **1** conllevar *cette situation comporte des risques* esta situación conlleva riesgos **2** constar de *ce texte comporte deux parties* este texto consta de dos partes **3** *pr.* comportarse

**composant** *m.* componente

**composant, -e** *adj.* componente

**composante** *f.* componente

**composé, -ée** *adj.* compuesto, a

**composer 1** *tr.* componer **2** *intr.* transigir **3** *pr.* componerse

**compositeur, -trice** *m. -f.* compositor, ora *auteur-compositeur-interprète* cantautor

**composition** *f.* composición

**compost** *m.* abono

**compostage** *m.* picado, cancelación *f.*

**composter** *tr.* picar, cancelar ~ *un ticket de métro* picar un ticket de metro

**composteur** *m.* fechador

**compote** *f.* compota

**compotier** *m.* compotera *f.*

**compréhensible** *adj.* comprensible

**compréhensif, -ive** *adj.* comprensivo, a

**compréhension** *f.* comprensión

**comprendre** *tr.* **1** comprender, entender *tu comprends tout ?* ¿ lo entiendes todo ?, ¿ lo comprendes todo ? **2** constar de *ce livre comprend trois chapitres* este libro consta de tres capítulos **3** *intr.* comprender, entender *faire* ~ dar a entender

**compresse** *f.* compresa

**compresseur** 1 *m.* compresor 2 *adj.* compresor

**compression** *f.* 1 compresión 2 reducción ~ *du personnel* reducción de plantilla

**comprimé, -e** *adj.* 1 comprimido, a 2 *m.* tableta *f.*

**comprimer** *tr.* 1 comprimir 2 reducir ~ *le personnel* reducir la plantilla

**compris, -e** *adj.* 1 comprendido, a, entendido, a 2 incluido, a *T.V.A. comprise* I.V.A. incluido 3 *loc. adv.* incluso, a, inclusive *y* ~ *les enfants* incluso los niños *y* ~ *jusqu'à la page 5* hasta la página 5 inclusive

**compromettant, -e** *adj.* comprometedor, ora

**compromettre** 1 *tr.* comprometer 2 *pr.* comprometerse

**compromis** *m.* compromiso

**comptabiliser** 1 *tr.* contabilizar 2 *pr.* contabilizarse

**comptabilité** *f.* contabilidad

**comptable** *m.* contable *expert-*~ perito mercantil

**comptage** *m.* cuenta *f.,* cómputo

**comptant** 1 *adj.* contante *argent* ~ dinero contante 2 *loc. adv.* al contado *payer* ~ pagar al contado

**compte** *m.* cuenta *f.* ~ *bloqué* cuenta bloqueada ~ *courant* cuenta corriente ~ *créditeur* cuenta acreedora ~ *à découvert* cuenta en descubierto ~ *de dépôt* cuenta de depósito ~ *d'apothicaire* las cuentas del Gran Capitán ~ *à rebours* cuenta atrás *en fin de* ~ en resumidas cuentas *les bons comptes font les bons amis* las cuentas claras y el chocolate espeso *prendre à son* ~ hacerse cargo de ~ *règlement de* ~ ajuste de cuentas *régler ses comptes* ajustar cuentas *se rendre* ~ darse cuenta *titulaire d'un* ~ *courant* cuentacorrentista

**compte-gouttes** *m. invar.* cuentagotas *au* ~ con cuentagotas

**compter** 1 *tr.* contar 2 *intr.* contar ~ *sur* contar con *à* ~ *de* a partir de

**compte rendu** *m. invar.* informe

**compte-tours** *m. invar.* cuentarrevoluciones

**compteur** *m.* contador *(gaz...)* ~ *téléphonique* tarificador de pasos ~ *kilométrique* cuentakilómetros

**comptoir** *m.* 1 barra *f. (de bar)* 2 mostrador

**compulser** *tr.* compulsar

**comput** *m.* cómputo

**comte** *m.* conde

**comté** *m.* condado

**comtesse** *f.* condesa

**concasser** *tr.* machacar

**concave** *adj.* cóncavo, a

**concavité** *f.* concavidad

**concéder** *tr.* conceder

**concentration** *f.* concentración

**concentré, -ée** *adj.* concentrado, a, *fig.* ensimismado, a *lait* ~ leche condensada

**concentrer** 1 *tr.* concentrar 2 *pr.* concentrarse, *fig.* ensimismarse

**concentrique** *adj.* concéntrico, a

**concept** *m.* concepto

**conception** *f.* concepción

**concernant** *prép.* relativo, a, que se refiere a

**concerner** *tr.* atañer a, concernir a *pour ce qui concerne* por lo que se refiere a

**concert** *m.* concierto

**concerter** 1 *tr.* concertar, armonizar 2 *pr.* concertarse, armonizarse

**concertiste** *m. -f.* concertista

**concession** *f.* concesión

**concessionnaire** 1 *m.* concesionario 2 *adj.* concesionario, a

**concevable** *adj.* concebible

**concevoir** 1 *tr.* concebir 2 *pr.* concebirse

**concierge** *m. -f.* portero, a, conserje

**conciergerie** *f.* portería, conserjería

**concile** *m.* concilio

**conciliabule** *m.* conciliábulo

**conciliant, -e** *adj.* conciliador, ora

**conciliateur, -trice** *adj. -s.* conciliador, ora

**conciliation** *f.* conciliación, compaginación

**concilier** 1 *tr.* conciliar, compaginar ~ *les contraires* compaginar los contrarios *savoir* ~ *ses activités* saber compaginar sus actividades 2 *pr.* conciliarse, compaginarse

**concis, -e** *adj.* conciso, a

**concision** *f.* concisión

**concluant, -e** *adj.* concluyente

**conclure** *tr.* 1 concluir 2 concertar *(un accord)* 3 cerrar *(un marché)* 4 *intr.* concluir

**conclusion** f. conclusión

**concocter** tr. preparar, elaborar, fig. cocer

**concombre** m. pepino

**concomitance** f. concomitancia

**concomitant, -e** adj. concomitante

**concordance** f. concordancia

**concordant, -e** adj. concordante

**concorde** f. concordia

**concorder** intr. concordar

**concourir** 1 tr. concurrir a 2 intr. competir, presentarse a oposiciones, hacer oposiciones (pour un poste)

**concours** m. 1 concurso 2 oposición f. 3 certamen (de poésie) ~ de circonstances cúmulo de circunstancias *prêter son* ~ prestar su ayuda

**concret, ète** adj. concreto, a

**concrétion** f. concreción

**concrétiser** 1 tr. concretar 2 pr. concretarse

**concubinage** m. concubinato

**concupiscence** f. concupiscencia

**concurrence** f. competencia *faire la* ~ *a* hacerle la competencia a *jusqu'à* ~ *de* hasta la cantidad de

**concurrencer** tr. hacerle la competencia a

**concurrent, -e** m. -f. 1 rival, competidor, ora 2 concursante (à un jeu, un concours) 3 opositor, ora (à un concours pour un poste)

**concurrentiel, -elle** adj. competitivo, a

**concussion** f. concusión

**condamnable** adj. condenable

**condamnation** f. condena

**condamné, -ée** adj. -s. condenado, a

**condamner** 1 tr. condenar 2 pr. condenarse

**condensable** adj. condensable

**condensateur** m. condensador

**condensation** f. condensación

**condensé** m. compendio

**condensé, -ée** adj. condensado, a

**condenser** 1 tr. condensar 2 pr. condensarse

**condescendance** f. condescendencia

**condescendant, -e** adj. condescendiente

**condescendre** intr. condescender

**condiment** m. condimento

**condimenter** tr. condimentar, sazonar, aliñar

**condisciple** m. condiscípulo

**condition** f. condición *à* ~ *que* siempre que, con tal que ~ *préalable* condición previa ~ *requise* requisito m. *remplir les conditions* cumplir con los requisitos *réunir les conditions* reunir los requisitos

**conditionné, -ée** adj. 1 condicionado, a 2 acondicionado, a *air* ~ aire acondicionado

**conditionnement** m. 1 envase (de produits alimentaires), envasado (action) 2 acondicionamiento

**conditionner** tr. 1 condicionar 2 acondicionar (de l'air...) 3 envasar (des produits alimentaires)

**condoléances** f. pl. pésame m. *présenter ses* ~ dar el pésame

**condor** m. cóndor

**conducteur, -trice** m. -f. conductor, ora ~ *de travaux* jefe de obras

**conduire** tr. 1 conducir ~ *une voiture* conducir un coche, (amér.) manejar un auto 2 encabezar ~ *une manifestation* encabezar una manifestación 3 intr. llevar *rue qui conduit à la place* calle que lleva a la plaza 4 pr. conducirse, portarse *bien se* ~ portarse bien *mal se* ~ portarse mal

**conduit** m. conducto

**conduite** f. 1 comportamiento m., conducta (d'une personne) 2 conducción (d'un véhicule) 3 dirección, mando m. ~ *d'eau* cañería, tubería

**cône** m. cono

**confection** f. confección

**confectionner** tr. confeccionar

**confédéral, -ale** adj. confederal

**confédération** f. confederación

**confédérer** 1 tr. confederar 2 pr. confederarse

**conférence** f. conferencia ~ *au sommet* conferencia en la cumbre ~ *de presse* rueda de prensa

**conférencier, ère** m. -f. conferenciante

**conférer** tr. conferir, otorgar

**confesser** 1 tr. confesar 2 pr. confesarse

**confesseur** m. confesor

**confession** f. confesión

**confessionnal** m. confesionario

**confessionnel, -elle** *adj.* confesional

**confetti** *m.* confeti

**confiance** *f.* confianza *en toute* ~ con toda confianza

**confiant, -e** *adj.* confiado, a

**confidence** *f.* confidencia

**confident, -e** *m. -f.* confidente

**confidentiel, -elle** *adj.* confidencial

**confier 1** *tr.* confiar **2** *pr.* confiarse

**configuration** *f.* configuración

**configurer** *tr.* configurar

**confinement** *m.* confinamiento

**confiné, -ée** *adj.* **1** encerrado, a **2** viciado *air* ~ aire viciado

**confiner** *tr.* **1** confinar, encerrar **2** lindar con *sa maison confine à la mienne* su casa linda con la mía **3** *fig.* rayar en *cela confine au ridicule* eso raya en lo ridículo

**confins** *m. pl.* confines *aux* ~ *de* en los confines de

**confire** *tr.* confitar

**confirmation** *f.* confirmación

**confirmer** *tr.* confirmar

**confiscable** *adj.* confiscable

**confiscation** *f.* confiscación

**confiserie** *f.* **1** confitería *(boutique)* **2** dulce *m.*

**confisquer** *tr.* confiscar, decomisar, incautarse de *(douane)*

**confiture** *f.* mermelada

**conflagration** *f.* **1** conflagración **2** estallido *m. (guerre)*

**conflit** *m.* conflicto

**confluence** *f.* confluencia

**confluent 1** *m.* confluencia *f.* **2** *adj.* confluente

**confluer** *intr.* confluir

**confondre 1** *tr.* confundir **2** *pr.* confundirse

**conformation** *f.* conformación

**conforme** *adj.* conforme *copie certifiée* ~ copia legalizada, certificación

**conformément** *adv.* con arreglo a, de conformidad con

**conformer 1** *tr.* conformar **2** *pr.* conformarse

**conformisme** *m.* conformismo

**conformiste** *adj.* conformista

**conformité** *f.* conformidad

**confort** *m.* comodidad *f.*, confort

**confortable** *adj.* cómodo, a, confortable

**confortablement** *adv.* cómodamente

**confrère** *m.* colega

**confrérie** *f.* cofradía, gremio *m.*

**confrontation** *f.* **1** confrontación **2** careo *m. (de témoins)* **3** cotejo *m. (de papiers)*

**confronter** *tr.* **1** carear *(des témoins)* **2** confrontar **3** cotejar

**confus, -e** *adj.* confuso, a

**confusion** *f.* confusión

**congé** *m.* asueto *jour de* ~ día de asueto *être en* ~ *maladie* estar de baja ~ *de maternité* descanso prenatal, descanso postnatal ~ *pour convenance personnelle* excedencia *donner* ~ despedir a *prendre* ~ *de* despedirse de

**congédier** *tr.* despedir

**congélateur** *m.* congelador

**congélation** *f.* congelación

**congeler** *tr.* congelar

**congénital, -ale** *adj.* congenital

**congestion** *f.* congestión

**congestionner 1** *tr.* congestionar **2** *pr.* congestionarse

**conglomérat** *m.* conglomerado

**congratuler 1** *tr.* congratular **2** *pr.* congratularse

**congrégation** *f.* congregación

**congrès** *m.* congreso

**congressiste** *m. -f.* congresista

**congru, -ue** *adj.* congruo, a *portion* ~ porción congrua

**conifère** *m.* conífero, coníferas *m. pl.*

**conique** *adj.* cónico, a

**conjecture** *f.* conjetura

**conjecturer** *tr.* conjeturar

**conjoint** *m.* cónyuge

**conjoint, -e** *adj.* conjunto, a *des problèmes conjoints* problemas conjuntos

**conjonctif, -ive** *adj.* conjuntivo, a

**conjonction** *f.* conjunción

**conjonctivite** *f.* conjuntivitis

**conjoncture** *f.* coyuntura

**conjugaison** *adj.* conjugación

**conjugal, -ale** *adj.* conyugal

**conjuguer 1** *tr.* conjugar **2** *pr.* conjugarse

**conjuration** *f.* conjura

**conjurer** *tr.* **1** conjurar **2** rogar, suplicar *je t'en conjure* te lo ruego

**connaissance** *f.* **1** conocimiento *m.*
**2** conocido, a *c'est une de mes connaissances* es un conocido mío **3** dominio *m.* ~ *de l'anglais* dominio del inglés *en pleine* ~ *de cause* con pleno conocimiento

**connaisseur, -euse** *m. -f.* entendido, a

**connaître 1** *tr.* conocer, saber, dominar *il connaît très bien l'espagnol* domina el castellano **2** *intr.* conocer **3** *pr.* conocerse

**connecter 1** *tr.* conectar **2** *pr.* conectarse

**connecteur** *m.* conectador

**connexion** *f.* conexión

**connivence** *f.* connivencia

**connotation** *f.* connotación

**connoter** *tr.* connotar

**connu, -ue** *adj.* conocido, a *ni vu ni* ~ ni visto ni oído

**conquérant, -e** *adj. -s.* conquistador, ora

**conquérir 1** *tr.* conquistar **2** *pr.* conquistarse

**conquête** *f.* conquista

**conquis, e** *adj.* conquistado, a

**conquistador** *m.* conquistador

**consacrer** *tr.* **1** consagrar **2** dedicar ~ *du temps* dedicar tiempo **3** *pr.* dedicarse *se* ~ *à la moto* dedicarse a la moto

**consanguin, -e** *adj.* consanguíneo, a

**consciemment** *adv.* conscientemente

**conscience** *f.* conciencia *prendre* ~ *de* concienciarse *de faire prendre* ~ concienciar *prise de* ~ toma de conciencia, concienciación

**consciencieux, -euse** *adj.* concienzudo, a

**conscient, -e** *adj.* consciente

**conscription** *f.* quinta *f.*

**conscrit** *m.* recluta

**consécration** *f.* consagración

**consécutif, -ive** *adj.* consecutivo, a

**conseil** *m.* **1** consejo *donner un* ~ dar un consejo **2** asesor *(personne)* ~ *fiscal* asesor fiscal **3** asesoramiento *(action)* ~ *technique* asesoramiento técnico **4** colegio *(avocats, médecins)* ~ *de l'Ordre des avocats* Colegio de Abogados ~ *de l'Ordre des médecins* Colegio de Médicos **5** claustro *(professeurs)* ~ *de classe, de professeurs* claustro

de profesores ~ *de Faculté* Junta de Facultad

**conseiller** *tr.* **1** aconsejar **2** asesorar ~ *techniquement* asesorar técnicamente

**conseiller, -ère** *m. -f.* **1** consejero, a *la faim est mauvaise conseillère* el hambre es mala consejera **2** asesor, ora ~ *technique* asesor técnico ~ *fiscal* asesor fiscal **3** consultante ~ *municipal* concejal

**conseilleur, -euse** *m. -f.* consejero, a

**consensus** *m.* consenso

**consentement** *m.* consentimiento *par* ~ *mutuel* por mutuo acuerdo

**consentir** *tr.* **1** consentir **2** otorgar ~ *un rabais* otorgar un descuento

**conséquence** *f.* consecuencia *en* ~ *de quoi* por consiguiente

**conséquent, -e** *adj.* consecuente *par conséquent* por lo tanto, por consiguiente

**conservateur** *m.* conservante ~ *chimique* conservante químico

**conservateur, -trice 1** *adj.* conservador, ora **2** *m. -f.* conservador, ora ~ *de musée* curador, conservador de museo

**conservation** *f.* **1** conservación ~ *des aliments* conservación de alimentos **2** conservaduría *(dans un musée)*

**conservatisme** *m.* conservadurismo, conservativismo

**conservatoire** *m.* conservatorio ~ *de musique* conservatorio de música

**conserve** *f.* conserva *faire des conserves* hacer conservas *boîte de* ~ lata

**conservé, -ée** *adj.* conservado, a *être bien* ~ conservarse bien

**conserver 1** *tr.* conservar **2** *pr.* conservarse

**conserverie** *f.* conservería

**considérable** *adj.* considerable

**considération** *f.* consideración

**considérer** *tr.* considerar, tener en cuenta *tout bien considéré* bien mirado

**consignation** *f.* consignación

**consigne** *f.* **1** consigna **2** consigna, depósito de equipajes *m.*

**consigner** *tr.* **1** consignar **2** depositar *(les bagages)* **3** facturar *(un emballage)*

**consistance** *f.* consistencia

**consistant, -e** *adj.* consistente

**consister** *intr.* consistir ∼ *à* consistir en

**consœur** *f.* colega

**consolateur, -trice** *adj.* -*s.* consolador, ora

**consolation** *f.* consuelo *m.*

**console** *f.* consola

**consoler** 1 *tr.* consolar 2 *pr.* consolarse

**consolidation** *f.* consolidación

**consolider** 1 *tr.* consolidar 2 *pr.* consolidarse

**consommateur, -trice** *m.* -*f.* consumidor, ora

**consommation** *f.* 1 consumo *société de* ∼ sociedad de consumo 2 consumición *(boisson) propre à la* ∼ comestible *impropre à la* ∼ incomestible

**consommé** *m.* consomé, caldo

**consommé, -ée** *adj.* consumado, a *auteur* ∼ autor consumado

**consommer** *tr.* 1 consumir 2 gastar *cette voiture consomme beaucoup* este coche gasta mucha gasolina

**consomption** *f.* consunción

**consonance** *f.* consonancia

**consonne** *f.* consonante

**consort** *adj.* consorte *prince* ∼ príncipe consorte

**consortium** *m.* consorcio

**conspiration** *f.* conspiración

**conspirer** *intr.* conspirar

**conspuer** *tr.* abuchear

**constamment** *adv.* constantemente

**constance** *f.* constancia

**constant, -e** *adj.* constante

**constante** *f.* constante

**constat** *m.* 1 acta *f.* 2 atestado ∼ *amiable* atestado amigable ∼ *de police* atestado policial *faire un* ∼ levantar acta

**constatation** *f.* comprobación, constatación

**constater** *tr.* comprobar, constatar *faire* ∼ hacer constar

**constellation** *f.* constelación

**consternation** *f.* consternación

**constipation** *f.* estreñimiento *m.*

**constiper** *tr.* estreñir

**constituant, -e** *adj.* -*s.* constituyente

**constituer** 1 *tr.* constituir 2 *pr.* constituirse

**constitutif, -ive** *adj.* constitutivo, a

**constitution** *f.* constitución

**constitutionnel, -elle** *adj.* constitucional

**constructeur, -trice** *adj.* -*s.* constructor, ora

**constructible** *adj.* edificable *terrain* ∼ terreno edificable

**constructif, -ive** *adj.* constructivo, a

**construction** *f.* construcción, edificación

**construire** 1 *tr.* construir, edificar 2 *pr.* construirse, edificarse *faire* ∼ mandar construir

**consul** *m.* cónsul

**consulaire** *adj.* consular

**consulat** *m.* consulado

**consultant, -e** *m.* -*f.* 1 consultante *avocat* ∼ abogado consultante 2 consultor, ora *médecin* ∼ médico consultor

**consultatif, -ive** *adj.* consultativo, a

**consultation** *f.* 1 consulta ∼ *d'un médecin* consulta de un médico 2 consultación *cabinet de* ∼ consultorio *m.* ∼ *électorale* comicios *m. pl.*

**consulter** 1 *tr.* consultar 2 *intr.* consultar

**consumer** *tr.* consumir

**contact** *m.* contacto *prendre* ∼ ponerse en contacto

**contacter** *tr.* contactar

**contacteur** *m.* contactor

**contagieux, -euse** *adj.* contagioso, a

**contagion** *f.* contagio

**container** *m.* contenedor

**contamination** *f.* contaminación

**contaminer** 1 *tr.* contaminar 2 *pr.* contaminarse

**conte** *m.* cuento ∼ *de fées* cuento de hadas

**contemplation** *f.* contemplación

**contempler** *tr.* contemplar

**contemporain, -e** *adj.* -*s.* contemporáneo, a, coetáneo, a

**contenance** *f.* 1 capacidad, cabida 2 actitud, continente *m.*, talante *m.*, compostura *perdre* ∼ perder la compostura

**contenant** *m.* continente

**conteneur** *m.* contenedor

**contenir** *tr.* 1 contener *cette bouteille contient de l'eau* esta botella contiene agua 2 caber *cette voiture contient* *quatre personnes* en este coche caben cuatro personas

**content, -e** *adj.* contento, a *être très ~ de soi* ser muy creído, a

**contentement** *m.* contento

**contenter** 1 *tr.* contentar 2 *pr.* contentarse, conformarse *se ~ de* conformarse con

**contentieux** *m.* contencioso

**contenu** *m.* contenido

**conter** *tr.* contar

**contestable** *adj.* discutible, controvertible

**contestataire** *adj.* -*s.* contestatario, a

**contestation** *f.* constestación, controversia

**conteste (sans)** *loc. adv.* sin lugar a duda, sin duda alguna

**contester** *tr.* poner en tela de juicio, poner en duda, impugnar, discutir

**conteur, -euse** *m.* -*f.* contador, ora, cuentista *(écrivain)*

**contexte** *m.* contexto

**contexture** *f.* contextura

**contigu, uë** *adj.* contiguo, a

**contiguïté** *f.* contigüidad

**continence** *f.* continencia

**continent** *m.* continente

**continental, -ale** *adj.* continental

**contingence** *f.* contingencia

**contingentement** *m.* cupo

**contingenter** *tr.* poner cupos, fijar cupos

**continu, -ue** *adj.* continuo, a

**continuation** *f.* continuación

**continuel, -elle** *adj.* continuo, a

**continuellement** *adv.* continuamente, sin cesar

**continuer** *tr.* continuar, seguir *~ à + inf.* = seguir + gér. *il continue à chanter* sigue cantando

**continuité** *f.* continuidad

**contondant, -e** *adj.* contundente

**contorsion** *f.* contorsión, mueca *(du visage)*

**contour** *m.* contorno

**contourner** *tr.* rodear, dar la vuelta a *~ la maison* dar la vuelta a la casa

**contraceptif, -ive** *adj.* anticonceptivo, a

**contraceptif** *m.* anticonceptivo

**contraception** *f.* contracepción, anticoncepción

**contracter** 1 *tr.* contraer *~ mariage* contraer matrimonio *~ une maladie* contraer una enfermedad 2 *pr.* contraerse

**contraction** *f.* contracción

**contractuel, -elle** 1 *adj.* contractual 2 *m. -f.* guardia municipal, policía municipal

**contradiction** *f.* contradicción *avoir l'esprit de ~* llevar la contraria

**contradictoire** *adj.* contradictorio, a

**contraignant, -e** *adj.* apremiante

**contraindre** 1 *tr.* forzar, apremiar 2 *pr.* forzarse, obligarse

**contrainte** *f.* 1 coacción, apremio *m.* 2 *fig.* fastidio *m.*, molestia

**contraire** *adj.* 1 contrario, a *au ~* por lo contrario *c'est le ~* es lo contrario 2 contraproducente *décision qui a un effet ~* decisión contraproducente

**contrairement** *adv.* al contrario *~ à* a la inversa de

**contralto** *m.* contralto

**contrariant, -e** *adj.* que lleva siempre la contraria *elle est très contrariante* siempre lleva la contraria

**contrarié, -ée** *adj.* enojado, a

**contrarier** *tr.* contrariar, contraponer *(couleurs)*

**contrariété** *f.* disgusto *éprouver une ~* llevarse un disgusto

**contraste** *m.* contraste

**contraster** 1 *tr.* contrastar 2 *intr.* contrastar

**contrat** *m.* contrato *~ de location* contrato de arrendamiento *~ de mariage* capitulaciones *f. pl.*

**contravention** *f.* multa

**contre** *prép.* 1 contra *voter ~ un candidat* votar contra un candidato 2 junto a *son magasin est ~ le mien* su tienda está junto a la mía 3 por *échanger ~* cambiar por 4 *adv.* contra *loc. adv. par ~* en cambio *tout ~* muy junto a

**contre** *m.* contra *le pour et le ~* el pro y el contra

**contre-allée** *f.* lateral *m.*

**contre-amiral** *m.* contralmirante

**contre-attaque** *f.* contraataque *m.*

**contrebalancer** *tr.* contrabalancear, contrapesar

**contrebande** *f.* contrabando *m.*

**contrebandier** *m.* contrabandista

**contrebas (en)** *loc. adv.* más abajo
**contrebasse** *f.* contrabajo *m.*
**contrebassiste** *m.* contrabajo
**contrecarrer** *tr.* contrarrestar
**contrechamp** *m.* contracampo
**contrecœur (à)** *loc. adv.* a regañadientes
**contrecoup** *m.* rebote, repercusión *f.*
*par* ~ de rebote
**contre-courant** *m.* contracorriente
**contredire** *tr.* contradecir
**contrée** *f.* comarca
**contre-espionnage** *m.* contraespionaje
**contrefaçon** *f.* imitación
**contrefaire** *tr.* contrahacer, *fig.* imitar, remedar
**contrefait, -e** *adj.* contrahecho, a
**contre-fenêtre** *f.* contraventana
**contrefort** *m.* 1 *ARCHIT.* contrafuerte 2 estribación *f. (montagne)*
**contre-indication** *f.* contraindicación
**contre-indiquer** *tr.* contraindicar
**contre-jour** *m.* contraluz *à* ~ a
contraluz
**contre la montre** *m. invar.* contra-
rreloj
**contremaître** *m.* capataz
**contremarque** *f.* contraseña, contra-
marca *(seconde marque)*
**contrepartie** *f.* contrapartida *en* ~
como contrapartida
**contre-pied** *m.* lo contrario *prendre le*
~ defender la opinión contraria
**contre-placage** *m.* contrachapeado,
contrachapeado
**contre-plaqué** *m.* contrachapado,
contrachapeado
**contre-plaquer** *tr.* contrachapear
**contre-plongée** *f.* contrapicado *m.*
**contrepoids** *m.* contrapeso *faire le* ~
contrapesar, servir de contrapeso
**contre-poil (à)** *loc. adv.* a contrapelo
**contrepoint** *m.* contrapunto
**contre-porte** *f.* contrapuerta
**contre-proposition** *f.* contraoferta
**contrer** *tr.* obstaculizar
**contresens** *m.* contrasentido *à* ~ en
sentido contrario
**contretemps** *m.* contratiempo *à* ~ a
destiempo
**contrevent** *m.* postigo, contraventana *f.*

**contribuable** *m. -f.* contribuyente
**contribuer** *tr.* contribuir ~ *à* contribuir a
**contribution** *f.* 1 contribución 2 tributo *m.*, impuesto *m.*
**contrition** *f.* contrición
**contrôlable** *adj.* controlable, compro-
bable
**contrôle** *m.* control ~ *antidopage*
control antidopaje ~ *des naissances*
control de natalidad *tour de* ~ torre de
control, torre de mandos
**contrôler** 1 *tr.* controlar, comprobar
2 *pr.* controlarse
**contrôleur, -euse** *m. -f.* 1 inspector,
ora ~ *des contributions* inspector de
Hacienda 2 revisor *(des trains...)*
**contrordre** *m.* contraorden *f.*
**controverse** *f.* controversia
**contumace** *f.* rebeldía, contumacia
*condamné par* ~ condenado en rebeldía
**contusion** *f.* contusión
**convaincant, -e** *adj.* convincente
**convaincre** 1 *tr.* convencer 2 *pr.*
convencerse
**convaincu, -ue** *adj.* convencido, a
*être* ~ *que* estar convencido de que
**convalescence** *f.* convalecencia
**convalescent, -e** *adj. -s.* convale-
ciente
**convecteur** *m.* convector
**convection** *f.* convección
**convenable** *adj.* 1 conveniente
2 decente *une femme* ~ una mujer
decente
**convenablement** *adv.* conveniente-
mente, decentemente
**convenance** *f.* convenencia
**convenant, -e** *adj.* conveniente, adecuado, a
**convenir** *intr.* 1 convenir *cela convient*
eso conviene 2 acordar ~ *d'un prix*
acordar un precio 3 reconocer *il fait*
*une erreur et il en convient* se equivoca
y lo reconoce
**convention** *f.* 1 convención ~ *sociale*
convención social 2 convenio *m.* ~
*collective* convenio colectivo
**conventionnel, -elle** *adj.* convencional
**convenu, -ue** *adj.* convenido, a
**convergence** *f.* convergencia
**convergent, -e** *adj.* convergente

**converger** *intr.* convergir

**conversation** *f.* conversación, charla, plática

**converser** *intr.* conversar, charlar, platicar

**conversion** *f.* conversión

**convertible** *adj.* convertible *devise ~* divisa convertible

**convertir** 1 *tr.* convertir 2 *pr.* convertirse

**convexe** *adj.* convexo, a

**conviction** *f.* convicción

**convier** *tr.* convidar

**convive** *m. -f.* comensal, convidado, a

**convocation** *f.* convocatoria *~ à une réunion* convocatoria a una reunión

**convoi** *m.* 1 séquito *~ funèbre* séquito fúnebre 2 convoy

**convoiement** *m.* convoy

**convoiter** *tr.* codiciar

**convoitise** *f.* codicia

**convoquer** *tr.* convocar *~ à des élections* convocar elecciones

**convoyer** *tr.* convoyar, escoltar

**convoyeur** *m.* convoyante

**convulsé, -ée** *adj.* convulso, a

**convulsif, -ive** *adj.* convulsivo, a

**convulsion** *f.* convulsión

**coopératif, -ive** *adj.* cooperativo, a

**coopérative** *f.* cooperativa

**coopérer** *intr.* cooperar

**coopter** *tr.* cooptar

**coordination** *f.* coordinación

**coordonné, -ée** *adj.* coordinado, a

**coordonnée** *f.* dato *m. donner ses coordonnées* dar sus datos

**coordonner** *tr.* coordinar

**copain** *m.* amiguete, amigote

**copeau** *m.* viruta *f.*

**copie** *f.* 1 copia *~ certifiée conforme* copia legalizada 2 hoja, cuartilla

**copier** *tr.* copiar

**copieux, -euse** *adj.* abundante *repas ~* comida abundante

**copilote** *m.* copiloto

**copinage** *m.* compañerismo, amiguismo

**copine** *f.* amiguita

**copropriétaire** *m. -f.* copropietario, a *réunion de copropriétaires* junta de vecinos

**copropriété** *f.* 1 copropiedad 2 comunidad *appartements en ~* pisos en régimen de comunidad

**coq** *m.* gallo *être comme un ~ en pâte* estar a cuerpo de rey *passer du ~ à l'âne* saltar de un tema a otro

**coque** *f.* 1 cáscara 2 casco *m. (de bateau) œuf à la ~* huevo pasado por agua

**coquelicot** *m.* amapola *f.*

**coqueluche** *f.* tos ferina *fig. être la ~* ser el predilecto, la predilecta

**coquet, -ette** *adj. -s.* coquetón, ona, presumido, a

**coquette** *f.* coqueta

**coquetier** *m.* huevera *f.*

**coquetterie** *f.* coquetería

**coquillage** *m.* 1 concha *f. collier de coquillages* collar de conchas 2 marisco *manger des coquillages* comer mariscos

**coquille** *f.* 1 concha *(de mollusque)* 2 cáscara *(d'œuf) ~ Saint-Jacques* vieira

**coquin, -e** *m. -f.* pillo, a, pícaro, a

**cor** *m.* 1 trompa *~ de chasse* trompa de caza 2 cuerna *f. (de cerf)* 3 corno *~ anglais* corno inglés 4 callo *(au pied)*

**corail** *m.* coral

**coralien, -enne** *adj.* coralino, a

**corbeau** *m.* cuervo

**corbeille** *f.* 1 cesto *m.* 2 corro *m. (de la Bourse)*

**corbillard** *m.* coche fúnebre

**cordage** *m.* cordaje, *MAR.* jarcias *f. pl.*

**corde** *f.* 1 cuerda, soga 2 comba *(pour sauter) avoir la ~ au cou* estar con la soga al cuello *usé, ée jusqu'à la ~* raído, a

**cordée** *f.* cordada

**cordeau** *m.* cordel

**cordelière** *f.* cordón *m.*

**corderie** *f.* cordelería

**cordial, -ale** *adj.* cordial

**cordialement** *adv.* cordialmente

**cordialité** *f.* cordialidad

**cordillère** *f.* cordillera

**cordon** *m.* 1 cordón 2 cerco *~ de police* cerco policial *dénouer les cordons de la bourse* aflojar la bolsa

**cordonnier** *m.* zapatero

**cordouan, -e** *m. -f.* Cordobés, esa

**cordouan, -e** *adj.* cordobés, esa

**coréen, -enne** *m.* coreano

**Coréen, -enne** *m. -f.* Coreano, a

**coréen, -enne** *adj.* coreano, a

**coriace** *f.* correoso, a, *fig.* terco, a

**coriandre** *m.* cilantro

**corinthien, -enne** *adj.* corintio, a

**corne** *f.* cuerno *m.,* asta ~ *d'abondance* cornucopia *faire porter les cornes* *fig. fam.* ponerle los cuernos

**cornée** *f.* córnea

**corneille** *f.* corneja

**cornemuse** *f.* gaita

**cornemuseur** *m.* gaitero

**corner** *intr.* 1 tocar la bocina *(voiture)* 2 doblar el pico *(une carte...)*

**cornet** *m.* cucurucho *glace en* ~ helado de cucurucho ~ *en papier* cucurucho de papel

**corn flakes** *m. pl.* cereales *f. pl.*

**corniche** *f.* cornisa

**cornichon** *m.* pepinillo, *fig. fam.* tonto, a

**cornu, -ue** *adj.* cornudo, a

**cornue** *f.* retorta

**corollaire** *m.* corolario

**corolle** *f.* corola

**coronaire** *adj.* coronario, a

**corporatif, -ive** *adj.* 1 corporativo, a 2 gremial *association corporative* asociación gremial

**corporation** *f.* 1 corporación 2 gremio *m.* ~ *des menuisiers* gremio de los carpinteros

**corporel, -elle** *adj.* corporal

**corps** *m.* cuerpo ~ *électoral* censo ~ *de métier* gremio *à son* ~ *défendant* a pesar suyo *prendre* ~ cobrar cuerpo

**corpulence** *f.* corpulencia

**corpulent, -e** *adj.* corpulento, a

**correct, -e** *adj.* 1 correcto, a 2 decente *tenue correcte* indumentaria decente

**correction** *f.* 1 corrección ~ *d'un exercice* corrección de un ejercicio 2 paliza *f. infliger une* ~ propinar una paliza *maison de* ~ reformatorio *m.*

**correctionnel, -elle** *adj.* correccional

**corrélation** *f.* correlación

**correspondance** *f.* 1 correspondencia 2 correo *m. vente par* ~ venta por correo 3 empalme *m. (transports) prendre la* ~ hacer trasbordo *échanger de la* ~ *avec un ami* cartearse con un amigo

**correspondant** *m.* corresponsal *(de presse)*

**correspondant, -e** *adj.* correspondiente

**correspondre** *tr. -intr.* 1 corresponder 2 cartearse *ils correspondent souvent* se cartean a menudo

**corrida** *f.* corrida de toros *aller à la* ~ ir a los toros

**corridor** *m.* pasillo

**corrigé** *m.* corrección *f.,* modelo

**corriger** *tr.* 1 corregir 2 castigar, dar una paliza *(un enfant)*

**corrigible** *adj.* corregible

**corroborer** *tr.* corroborar

**corroder** 1 *tr.* corroer 2 *pr.* corroerse

**corrompre** *tr.* 1 corromper 2 cohechar *(un fonctionnaire)*

**corrompu, -ue** *adj.* 1 corrupto, a *un homme politique* ~ un político corrupto 2 corrompido, a

**corruption** *f.* 1 corrupción 2 cohecho *m. (de foncionnaire)*

**corsage** *m.* corpiño, blusa *f.*

**corsaire** *m.* corsario *pantalon* ~ pantalón pirata

**corsé, -ée** *adj.* fuerte, recio, a *vin* ~ vino de cuerpo

**corser** 1 *tr.* dar fuerza, dar cuerpo 2 *pr.* complicarse

**corset** *m.* corsé

**cortège** *m.* comitiva *f.,* séquito *m.*

**cortisone** *f.* cortisona

**corvée** *f.* faena, incordio *m.,* lata *quelle* ~ *!* ¡ qué lata !

**cosaque** *m.* cosaco

**cosinus** *m.* coseno

**cosmétique** 1 *m.* cosmético 2 *adj.* cosmético, a

**cosmétique** *f.* cosmética

**cosmique** *adj.* cósmico, a

**cosmogonie** *f.* cosmogonía

**cosmonaute** *m. -f.* cosmonauta

**cosmopolite** *adj.* cosmopolita

**cosmopolitisme** *m.* cosmopolitismo

**cosmos** *m.* cosmos

**cossard, -e** *adj. fam.* gandul, a, holgazán, ana

**cosse** *f.* vaina

**cossu, -ue** *adj.* 1 acomodado, a *homme* ~ hombre acomodado 2 señorial *(maison)*

**costume** *m.* traje ~ *de ville* traje de calle

**costumé, -ée** *adj.* disfrazado, a *bal* ~ baile de disfraces

**cote** *f.* 1 cotización *la ~ de la Bourse* la cotización de la Bolsa *la ~ de cet artiste* la cotización de este artista 2 signatura *(des livres)* 3 acotación *(plan)* 4 cota ~ *de popularité* cota de popularidad

**côte** *f.* 1 cuesta *monter la ~* ir cuesta arriba *descendre la ~* ir cuesta abajo 2 costa *la ~ d'Azur* la Costa Azul 3 chuletón *m. (de bœuf)* 4 chuleta *(de mouton)* 5 costilla *(de l'homme)* 6 punto canalé *pull à côtes* jersey de punto canalé

**côté** *m.* 1 costado *blessure au ~* herida en el costado 2 lado *le ~ gauche de la rue* el lado izquierdo de la calle 3 canto *le ~ d'un meuble* el canto de un mueble 4 parte *f. de mon ~* por mi parte *du ~ maternel* por parte materna *à ~ de* al lado de *d'un autre ~* por otra parte *mettre de ~ de l'argent* ahorrar dinero *regarder de ~* mirar de soslayo

**coté, -ée** *adj.* cotizado, a

**coteau** *m.* loma *f.,* cerro

**côtelé (velours)** *m.* pana *f. pantalon de velours ~* pantalones de pana

**côtelette** *f.* chuleta

**coter** *tr.* 1 cotizar *(en Bourse...)* 2 acotar *(un document)*

**coterie** *f.* camarilla

**côtier** *adj.* costero, a

**cotisation** *f.* 1 cotización ~ *de la Sécurité Sociale* cotización del Seguro Social 2 cuota *(quote-part)*

**cotiser** 1 *tr.* cotizar, pagar su cuota 2 *pr.* pagar a escote

**coton** *m.* algodón *filer un mauvais ~* estar de capa caída

**coton-tige** *m.* bastoncillo de algodón

**côtoyer** *tr.* 1 codearse con *pr. il veut ~ les gens célèbres* quiere codearse con los famosos 2 bordear *la route côtoie la rivière* la carretera bordea el río 3 *fig.* rayar en *cela côtoie le ridicule* esto raya en lo ridículo

**cou** *m.* cuello *se casser le ~* romperse la crisma

**couac** *m.* gallo *faire un ~* soltar un gallo

**couard, -e** *adj.* cobarde

**couardise** *f.* cobardía

**couchant** 1 *adj.* poniente *soleil ~* sol poniente 2 *m.* poniente, ocaso

**couche** *f.* 1 cama, lecho *m.* 2 parto *m. mourir en couches* morir de parto 3 capa, mano *une ~ de peinture* una mano de pintura 4 pañal *m. (de bébé)* 5 estrato *m. (géologie) femme en couches* parturienta *fausse ~* aborto *m. faire une fausse ~* abortar

**coucher** *tr. -intr.* 1 acostar 2 sentar ~ *par écrit* sentar por escrito 3 *pr.* acostarse *se ~ tôt* acostarse temprano *chambre à ~* dormitorio *m. ~ à la belle étoile* dormir al raso *se ~ dans l'herbe* tumbarse en la hierba

**coucher** *m.* ocaso *m.,* puesta *f. le ~ du soleil* la puesta de sol

**couchette** *f.* litera

**couci-couça** *loc. adv.* así así

**coucou** *m.* cuco, reloj de cuco *(pendule)*

**coude** *m.* 1 codo ~ *à ~* codo con codo 2 recodo *le fleuve fait un ~* el río hace un recodo *coup de ~* codazo

**coudée** *f.* codo *m.*

**cou-de-pied** *m.* empeine

**coudoyer** *tr.* codearse con *pr.*

**coudre** *tr.* coser *machine à ~* máquina de coser

**couenne** *f.* tocino *m.*

**couette** *f.* 1 edredón *m. (lit)* 2 coleta *(cheveux)*

**couffin** *m.* moisés, serón

**couille** *f.* cojón *m.*

**coulage** *m.* vaciado ~ *du bronze* vaciado del bronce

**coulant, -e** *adj.* 1 corredizo, a *nœud ~* nudo corredizo 2 suelto *(style)* 3 fluyente, fluente *(liquide) fig. être ~* ser acomodadizo, a

**coulant** *m.* anillo, pasador

**coulée** *f.* 1 vaciado *m. (des métaux)* 2 corriente ~ *de lave* corriente de lava

**couler** *tr.* 1 fluir *le fleuve coule* el río fluye 2 correr *le sang coule* la sangre corre 3 hundirse *pr. le bateau coule* se hunde el barco 4 *fig.* irse a pique *pr. cette affaire coule* este negocio se va a pique 5 fundir *(bielle)* ~ *une bielle* fundir una biela 6 transcurrir *(le temps) les jours coulent tranquillement* los días transcurren tranquilamente 7 vaciar *(métal, béton)* ~ *du bronze* vaciar bronce 8 *fig.* arruinar ~ *un commerce* arruinar un negocio *se la ~ douce* no dar golpe

**couleur** *f.* color *haut en* ∼ de color subido *en voir de toutes les couleurs* pasar las de Caín

**couleuvre** *f.* culebra

**coulissant, -e** *adj.* corredizo, a *porte coulissante* puerta corrediza

**coulisse** *f.* 1 *THÉÂT.* bastidor *m.* *dans les coulisses* entre bastidores 2 corredera *porte à* ∼ puerta de corredera 3 ranura

**couloir** *m.* 1 pasillo, corredor 2 carril ∼ *d'autobus* carril-bus

**coup** *m.* golpe ∼ *de balai* escobazo ∼ *d'épée* estocada *f.* ∼ *d'Etat* golpe de Estado ∼ *de feu* disparo ∼ *de fouet* latigazo ∼ *de foudre fig.* flechazo ∼ *de griffe* arañazo ∼ *d'œil* vistazo ∼ *de pied* patada *f.,* puntapié ∼ *de poing* puñetazo ∼ *de vent* ráfaga *f.* *boire un* ∼ echar un trago *donner un* ∼ *de main* echar una mano *être dans le* ∼ estar en la onda *faire d'une pierre deux coups* matar dos pájaros de un tiro *manquer son* ∼ errar el tiro *porter un* ∼ *dur* atestar un duro golpe *tout d'un* ∼ de repente, repentinamente

**coupable** *adj. -s.* culpable

**coupage** *m.* 1 corte *(action)* 2 mezcla de vinos *f.*

**coupant, -e** *adj.* cortante, tajante

**coupe** *f.* 1 copa ∼ *de champagne* copa de champán 2 corte *m. (action)* 3 corte *m. (d'un vêtement)*

**coupé** *m.* cupé

**coupé, -ée** *adj.* cortado, a, aguado, a *vin* ∼ *d'eau* vino aguado

**coupe-cigares** *m. invar.* cortapuros

**coupe-circuit** *m.* cortacircuitos

**coupe-coupe** *m.* machete

**coupe-feu** *m.* cortafuego

**coupe-file** *m.* pase

**coupe-gorge** *m.* sitio poco seguro, ladronera *f.*

**coupe-ongles** *m. invar.* cortaúñas

**coupe-papier** *m.* cortapapel

**couper** *tr.* 1 cortar 2 aguar *(un liquide)* 3 *intr.* cortar 4 *pr.* cortarse, *fig.* desconectarse *se* ∼ *du reste du monde* desconectarse del mundo ∼ *court* atajar

**couperet** *m.* cuchilla *f.*

**coupe-vent** *m. invar.* chubasquero

**couple** *m.* 1 pareja *f.* *un* ∼ *très uni* una pareja muy compenetrada *un* ∼ *qui danse* una pareja que baila 2 yunta *f. (de bœufs)* 3 reata *f. (de chevaux)*

**coupler** *tr.* acoplar, unir

**couplet** *m.* 1 copla *f.* 2 cuplé *(chanson)*

**coupole** *f.* cúpula

**coupon** *m.* 1 retal *(de tissu)* 2 cupón *remplir le* ∼ *réponse* rellenar el cupón

**coupure** *f.* 1 corte *m.* 2 billete *m.* *payer en petites coupures* pagar en moneda menor 3 recorte *(journal)*

**cour** *f.* 1 patio *m.* ∼ *de récréation* patio de recreo 2 corte *(d'un roi)* 3 corral *m. (d'une ferme)* 4 corte *faire la* ∼ hacer la corte *la Cour* el Tribunal *la* ∼ *d'assises* audiencia provincial ∼ *martiale* tribunal militar

**courage** *m.* valor, ánimo *donner du* ∼ dar ánimos, animar *perdre* ∼ desanimarse, desalentarse

**courageux, -euse** *adj.* valiente

**couramment** *adv.* 1 con soltura *parler* ∼ hablar con soltura 2 corrientemente

**courant** *m.* 1 corriente *f.* ∼ *d'air* corriente de aire *être au* ∼ estar al corriente *(temps) dans le* ∼ *du mois* en el transcurso del mes

**courant, -e** *adj.* 1 corriente *compte* ∼ cuenta corriente 2 pendiente *une affaire* ∼ un asunto pendiente 3 corredor *chien* ∼ perro corredor

**courbature** *f.* agujeta *avoir des courbatures* tener agujetas

**courbe** 1 *f.* curva 2 *adj.* curvo, a

**courber** *tr.* 1 combar ∼ *une branche* combar una rama 2 encorvar 3 doblar ∼ *le genou* doblar la rodilla 4 doblar, inclinar ∼ *la tête* inclinar la cabeza 5 *pr.* combarse, encorvarse, doblarse, inclinarse

**coureur, -euse** *m. -f.* corredor, ora ∼ *automobile* corredor de coches ∼ *de fond* corredor de fondo ∼ *de filles* hombre mujeriego

**courge** *f.* calabaza

**courgette** *f.* calabacín *m.*

**courir** *intr.* 1 correr 2 transcurrir *(temps)* ∼ *comme un dératé* correr como un descosido *le bruit court* la voz corre

**couronne** *f.* corona

**couronnement** *m.* coronación *f., fig.* colofón *le* ∼ *de sa carrière* el colofón de su carrera

**couronner** *tr.* **1** coronar *(roi)* **2** galardonar

**courrier** *m.* correo *dépouiller le* ~ despachar la correspondencia

**courroie** *f.* correa

**courroucer 1** *tr.* enfadar, enojar **2** *tr.* enfadarse, enojarse

**courroux** *m.* enfado, enojo, cólera *f.*

**cours** *m.* **1** clase *f. le* ~ *d'histoire* la clase de historia ~ *du soir* clase nocturna ~ *particulier* clase particular **2** curso *(astre...)* **3** cauce *le* ~ *du fleuve* el cauce del río **4** cotización *f. (Bourse) un* ~ *d'eau* un río *au* ~ *de* durante, en el transcurso de, a lo largo de *au* ~ *de la conférence* durante la conferencia *au* ~ *du siècle* en el transcurso del siglo *donner libre* ~ *à* dar rienda suelta a *être en* ~ *de* estar en proceso de

**course** *f.* **1** carrera ~ *automobile* carrera de coches **2** compra ~ *à l'armement* armamentismo *champ de courses* hipódromo *faire des courses* ir de compras *faire une course* hacer un recado

**coursier** *m.* recadero

**court, -e** *adj.* corto, a *avoir la vue courte* ser corto de vista *être à* ~ *d'argent* estar en un apuro *prendre de* ~ pillar de sorpresa

**court** *m.* cancha *f.* ~ *de tennis* cancha de tenis

**courtage** *m.* corretaje

**court-circuit** *m.* cortocircuito

**courtier, -ière** *m. -f.* corredor, ora ~ *d'assurances* corredor de seguros

**courtisan** *m.* cortesano

**courtisane** *f.* cortesana, *fig.* ramera

**courtiser** *tr.* cortejar, hacer la corte

**court-métrage** *m.* cortometraje, corto

**courtois, -e** *adj.* cortés

**courtoisie** *f.* cortesía

**couscous** *m.* cuscús

**cousin, -e** *m. -f.* primo, a ~ *germain* primo carnal

**coussin** *m.* cojín, almohadón ~ *d'air* colchón de aire

**cousu, -ue** *adj.* cosido, a *fig.* ~ *d'or* dorado, a *il est cousu d'or* está forrado

**coût** *m.* **1** coste *le* ~ *d'un objet* el coste de un objeto **2** costo *le* ~ *de la vie* el costo de la vida

**coûtant** *adj.* de coste *à prix* ~ a precio de coste

**couteau** *m.* **1** cuchillo **2** navaja *f.* ~ *à cran d'arrêt* navaja de muelle *coup de* ~ navajazo

**coutelas** *m.* cuchilla *f.*

**coutelier** *m.* cuchillero

**coutellerie** *f.* cuchillería

**coûter** *intr.* costar *coûte que coûte* a toda costa ~ *les yeux de la tête* costar un riñón, un ojo de la cara

**coûteux, -euse** *adj.* costoso, a

**coutume** *f.* costumbre, hábito *m. avoir* ~ *de* + *inf.* = soler + inf. *il a* ~ *de lire beaucoup* suele leer mucho

**coutumier, -ière** *adj.* acostumbrado, a *être* ~ *de quelque chose* soler hacer algo, estar acostumbrado a hacer algo

**couture** *f.* costura *la haute* ~ la alta costura

**couturier** *m.* modisto

**couturière** *f.* modista

**couvaison** *f.* ou **couvage** *m.* incubación

**couvée** *f.* **1** pollada, nidada *(d'oiseaux)* **2** *fig. fam.* prole

**couvent** *m.* convento

**couver** *tr.* **1** empollar, incubar **2** *fig.* alimentar ~ *un projet* alimentar un proyecto **3** incubar *(une maladie)* **4** *intr.* incubarse, prepararse *fig.* ~ *un enfant* mimar a un niño

**couvercle** *m.* tapadera *f. (d'un récipient),* tapa *f. (d'une boîte)*

**couvert, -e** *adj.* **1** cubierto, a **2** abrigado, a *il fait froid et je suis bien* ~ hace frío y estoy bien abrigado **3** encubierto, a *mots couverts* palabras encubiertas **4** encapotado, nublado, nuboso *(le ciel)* **5** *fig.* cargado, a *être* ~ *de dettes* estar cargado de deudas

**couvert** *m.* cubierto *couverts en argent m. pl.* cubertería de plata *f. à* ~ a cubierto *le vivre et le* ~ casa y cubierto *sous* ~ *de* so capa de *mettre le* ~ poner la mesa

**couverture** *f.* **1** portada *(d'un magazine)* **2** manta *(d'un lit)* **3** cobertura ~ *bancaire* cobertura bancaria *sous* ~ *de* so pretexto de

**couveuse** *f.* **1** incubadora *(appareil)* **2** clueca *(poule)*

**couvre-feu** *m.* toque de queda

**couvre-lit** *m.* colcha *f.,* cubrecama

**couvrir** tr. 1 cubrir 2 tapar *(avec un couvercle)* 3 abrigar *(avec un vêtement)* 4 forrar *(un livre)* 5 cubrir *(une distance)* 6 cubrir, amparar *(par assurance)* 7 pr. cubrirse 8 abrigarse *(d'un vêtement)* 9 encapotarse, nublarse *(le ciel)*

**cover-girl** f. modelo m.

**cow-boy** m. vaquero, *amér.* gaucho

**coyote** m. coyote

**crabe** m. cangrejo

**crachat** m. 1 escupitajo 2 esputo *(de sang)*

**craché, -ée** adj. fig. clavado, a *c'est son père tout* ∼ es su padre clavado

**cracher** tr. 1 escupir 2 esputar *(le sang)* 3 intr. escupir, esputar

**crasher (se)** pr. estrellarse

**crachin** m. llovizna f.

**craie** f. 1 tiza *(d'écolier)* 2 carboncillo m. *(de couturière)* 3 creta

**craindre** tr. temer

**crainte** f. temor m.

**craintif, -ive** adj. temeroso, a

**cramoisi, -ie** adj. carmesí

**crampe** f. calambre m. *j'ai une* ∼ me da un calambre

**crampon** m. crampón

**cramponner** tr. 1 enganchar 2 fig. fam. fastidiar 3 pr. engancharse, fastidiar

**cran** m. 1 seguro *(d'arrêt)* 2 muelle *couteau à* ∼ *d'arrêt* cuchillo de muelle 3 fig. arrojo *avoir du* ∼ tener arrojo 4 rizo *(cheveux)* onda f.

**crâne** m. cráneo

**crâner** intr. fanfarronear, presumir

**crâneur, -euse** adj. -s. fanfarrón, ona, presumido, a

**crânien, -enne** adj. craneano, a

**crapaud** m. sapo *fauteuil* ∼ poltrona f.

**crapule** f. granuja m. -f.

**crapulerie** f. granujada

**crapuleux, -euse** adj. crapuloso, a

**craquelé, -ée** adj. grietado, a, agrietado, a

**craqueler** 1 tr. agrietar 2 pr. agrietarse

**craquement** m. crujido

**craquer** intr. 1 crujir *on entend le parquet* ∼ se oye crujir el parqué 2 romperse *(se briser)* *être plein à* ∼ estar hasta los topes

**crasse** f. 1 mugre, roña 2 fig. mala jugada *faire une* ∼ hacer una mala jugada 3 adj. craso, a *ignorance crasse* ignorancia crasa

**crasseux, -euse** adj. mugriento, a, roñoso, a

**cratère** m. cráter

**cravache** f. fusta

**cravate** f. corbata *épingle à* ∼, pisacorbata m.

**crayon** m. lápiz *écrire au* ∼ escribir con lápiz

**crayon-feutre** m. rotulador

**créance** f. crédito m. *lettres de* ∼ f. pl. credenciales

**créancier, -ière** m. -f. acreedor, ora

**créateur, -trice** adj. -s. creador, ora, creativo, a

**création** f. creación

**créature** f. criatura

**crécelle** f. carraca

**crèche** f. 1 guardería infantil *(pour enfants)* 2 belén m. *(de Noël)*

**crédit** m. crédito *carte de* ∼ tarjeta de crédito ∼ *à court terme* crédito a corto plazo ∼ *à long terme* crédito a largo plazo ∼ *à la consommation* crédito al consumidor ∼ *à l'exportation* crédito a la exportación ∼ *relais* crédito puente *acheter à* ∼ comprar a plazos

**créditer** tr. acreditar

**créditeur, -trice** adj. -s. acreedor, ora

**crédule** adj. crédulo, a

**crédulité** f. credulidad

**créer** tr. 1 crear ∼ *une œuvre* crear una obra 2 generar

**crémaillère** f. cremallera *pendre la* ∼ estrenar casa, estrenar piso

**crématoire** adj. crematorio, a

**crématorium** m. crematorio

**crème** f. 1 nata *(du lait)* 2 crema ∼ *à raser* espuma de afeitar ∼ *fraîche* nata *c'est la* ∼ fig. es la flor y nata

**crémerie** f. lechería

**crémier, -ière** m. -f. lechero, a

**créneau** m. almena f. *(de château)* *faire un* ∼ aparcar el coche

**créole** adj. -s. criollo, a

**crêpe** m. 1 crespón 2 crepé *(semelle)* 3 crepe ∼ *au sucre* crepe con azúcar

**crêper** tr. 1 cardar *(les cheveux)* 2 encrespar 3 pr. cardarse *se* ∼ *les* *cheveux* cardarse el pelo **4** encresparse *se ~ le chignon* agarrarse del moño

**crépi** *m.* enlucido

**crépir** *tr.* enlucir

**crépitement** *m.* chisporroteo

**crépiter** *intr.* chisporrotear

**crépon** *m.* crespón *papier ~* papel crespón

**crépu, -ue** *adj.* crespo, a

**crépusculaire** *adj.* crepuscular

**crépuscule** *m.* crepúsculo

**crescendo** *m.* crescendo

**cresson** *m.* berro

**crête** *f.* cresta

**crétin, -e** *adj. -s.* cretino, a

**cretonne** *f.* cretona

**creusage** ou **creusement** *m.* excavación *f.*

**creuser 1** *tr.* cavar, excavar **2** *pr.* cavarse, excavarse *fig. se ~ la cervelle* devanarse los sesos

**creuset** *m.* crisol

**creux, -euse** *adj.* **1** hueco, a **2** hundido, a *(joue)* **3** bajo, a *heures creuses* horas bajas

**creux** *m.* hueco, cavidad *f.*

**crevaison** *f.* reventón *m.,* pinchazo *m.*

**crevasse** *f.* grieta

**crevé, -ée** *adj.* **1** pinchado, a *un pneu ~* un neumático pinchado **2** reventado, a **3** *fig. fam.* agotado, a *je suis ~* estoy agotado

**crève-cœur** *m.* disgusto

**crève-la-faim** *m.* muerto de hambre

**crever** *tr.* **1** reventar **2** pinchar *(un pneu)* **3** *intr.* reventar, pinchar *(un pneu),* morirse *~ de rage* morirse de rabia **4** *pr.* reventarse **5** *fig. fam.* matarse *~ à travailler* matarse trabajando *~ les yeux* saltar a los ojos, a la vista *~ de soif fam.* morirse de sed *~ de rire* desternillarse de risa

**crevette** *f.* quisquilla *(grise),* camarón *m.*

**cri** *m.* grito *au ~ de* con grito de *pousser un ~* dar un grito *à cor et à ~* a grito pelado *pousser les hauts cris* poner el grito en el cielo

**criant, -e** *adj.* escandaloso, a

**criard, -e** *adj.* chillón, ona, llamativo, a

**crible** *m.* tamiz *passer au ~* pasar por el tamiz

**cribler** *tr.* **1** cribar **2** *fig.* acribillar *~ de balles* acribillar a balazos

**cric** *m.* gato

**criée** *f.* subasta

**crier 1** *intr.* gritar, chillar **2** *tr.* gritar, chillar

**crime** *m.* crimen

**criminalité** *f.* criminalidad

**criminel, -elle** *adj. -s.* criminal

**crin** *m.* crin, cerda *f. ~ végétal* fibra vegetal, *à tous crins* de tomo y lomo

**crinière** *f.* **1** crines *pl. (du cheval)* **2** melena *(cheveux longs)*

**crique** *f.* cala, caleta

**criquet** *ml.* langosta *f.,* saltamontes

**crise** *f.* **1** crisis *~ économique* crisis económica **2** ataque *~ de nerfs* ataque de nervios

**crisper 1** *tr.* crispar, irritar **2** *pr.* crisparse, irritarse

**crissement** *m.* crujido

**crisser** *intr.* crujir

**cristal** *m.* **1** cristal *cristaux liquides* cristales líquidos **2** cristal de roca *vase en ~* jarrón de cristal de roca *~ de roche* cristal de roca *service de verres en ~* cristalería *f.*

**cristallerie** *f.* cristalería

**cristalliser 1** *tr.* cristalizar **2** *pr.* cristalizarse

**critère** *m.* criterio

**critérium** *m.* criterio

**critique** *f.* crítica

**critiquer** *tr.* criticar

**croassement** *m.* graznido

**croasser** *intr.* graznar

**croc** *m.* **1** garfio **2** colmillo *(dent)*

**croc-en-jambe** *m.* zancadilla *f.*

**croche** *f.* corchea

**croche-pied** *m.* zancadilla *f.*

**crochet** *m.* **1** gancho, garfio **2** gancho, croché *(boxe)* **3** ganchillo *nappe au ~* mantel de ganchillo **4** rodeo *(détour) faire un ~* dar un rodeo

**crocheter** *tr.* **1** forzar *(serrure)* **2** hacer ganchillo

**crochu, -ue** *adj.* ganchudo, a, curvado, a

**crocodile** *m.* cocodrilo

**croire** *tr. -intr.* creer *~ à* creer en *~ dur comme fer* creer a pies juntillas *je n'en crois pas mes yeux* hay que verlo para creerlo *on a du mal à le ~* parece mentira

**croisade** *f.* cruzada

**croisé** *m.* cruzado

**croisée** *f.* cruce *m.*, encrucijada *(de chemins)*

**croisement** *m.* cruce, encrucijada *f.*

**croiser** **1** *tr.* cruzar **2** *intr.* cruzar **3** *pr.* cruzarse

**croiseur** *m.* crucero

**croisière** *f.* crucero

**croissance** *f.* **1** crecimiento **2** incremento, desarrollo ～ *des investissements* incremento de las inversiones

**croissant** *m.* **1** croissant *du café et des croissants* café con croissants **2** media luna *f. (de lune)*

**croissant, -e** *adj.* creciente, en aumento

**croître** *intr.* crecer, *fig.* desarrollarse

**croix** *f.* cruz *chemin de* ～ vía crucis *faire le signe de* ～ persignarse, santiguarse *pr. point de* ～ punto de cruz

**croquant, -e** *adj.* crujiente

**croque-mitaine** *m.* coco

**croque-mort** *m.* enterrador

**croquer** *tr.* **1** comer, mascar **2** bocetar *(dessin) être belle à croquer* estar como un bombón

**croquette** *f.* croqueta ～ *de viande* albóndiga

**croquis** *m.* bosquejo, croquis

**crosse** *f.* culata *(de fusil)*

**crotale** *m.* crótalo

**crotte** *f. fam.* cagarruta, *fig.* porquería

**crottin** *m.* cagajón, estiércol

**croulant, -e** *m. -f. fig. fam.* carroza *m.*, vejestorio *m. c'est un* ～ es un carroza

**crouler** *intr.* hundirse *pr.*, desplomarse *pr.*, venirse abajo *une affaire qui s'écroule* un negocio que se viene abajo

**croupe** *f.* grupa

**croupi, -e** *adj.* estancado, a *eau croupie* agua estancada

**croupier** *m.* crupier

**croupion** *m.* rabadilla *f.*

**croupir** *intr.* estancarse, encenagarse, *fig.* sumirse

**croustade** *f.* empanada

**croustillant, -e** *adj.* **1** crujiente **2** *fig.* verde *une histoire croustillante* un chiste verde

**croûte** *f.* **1** corteza **2** costra *(sur la peau) fig. fam. gagner sa* ～ ganarse el alpiste

**croûton** *m.* **1** mendrugo **2** cuscurro *(de la baguette)* **3** cortecita de pan *f. (pain frit)*

**croyable** *adj.* creíble

**croyance** *f.* creencia ～ *au* creencia en

**croyant, -e** *m. -f.* creyente

**cru** *m.* caldo *les crus de Rioja* los caldos de Rioja

**cru, -ue** *adj.* crudo, a

**cruauté** *f.* crueldad

**cruche** **1** *f.* cántaro **2** *adj. fam.* mentecato, a

**crucial, -ale** *adj.* crucial

**crucifier** *tr.* crucificar

**crucifix** *m.* crucifijo

**crudités** *f. pl.* vegetales *sandwich aux crudités* sandwich de vegetales

**crue** *f.* crecida

**cruel, -elle** *adj.* cruel

**crustacé** *m.* crustáceo

**crypte** *f.* cripta

**cube** **1** *m.* cubo **2** *adj.* cúbico, a *mètre* ～ metro cúbico

**cubique** *adj.* cúbico, a *racine* ～ raíz cúbica

**cubisme** *m.* cubismo

**cueillette** *f.* recolección, cosecha

**cueillir** *tr.* **1** coger **2** recoger ～ *des fruits* recoger la fruta

**cuiller** ou **cuillère** *f.* cuchara ～ *à café* cucharilla

**cuillerée** *f.* cucharada

**cuir** *m.* **1** cuero **2** piel *manteau en* ～ abrigo de piel

**cuirasse** *f.* coraza

**cuirassé** *m.* acorazado

**cuire** **1** *tr.* cocer, asar *(au four)* ～ *à petit feu* cocer a fuego lento **2** *intr.* cocer, cocerse

**cuisant, -e** *adj.* punzante, mordaz *ironie cuisante* ironía mordaz

**cuisine** *f.* cocina ～ *aménagée* cocina amueblada *faire la* ～ guisar, preparar la cocina

**cuisiner** *tr. -intr.* guisar, cocinar

**cuisinier, -ière** *m. -f.* **1** cocinero, a **2** cocina, cocinilla *(appareil)*

**cuissage** *m.* pernada *f.*

**cuisse** *f.* muslo *m.*

**cuisson** *f.* cocción

**cuistot** *m.* cocinero, ranchero *(armée)*

**cuit, -e** *adj.* cocido, a

**cuite** *f. fam.* borrachera, melopea *prendre une* ∼ agarrarse una melopea, una borrachera

**cuivre** *m.* cobre

**cul** *m.* culo

**culasse** *f.* culata *joint de* ∼ junta de culata

**culbute** *f.* voltereta

**cul-de-sac** *m.* callejón sin salida

**culinaire** *adj.* culinario, a

**culminant, -e** *adj.* culminante

**culminer** *intr.* culminar

**culot** *m. fam.* frescura *f.*, cara dura *f. avoir du* ∼ tener cara dura

**culotté, -ée** *adj. fam.* caradura *être* ∼ ser un caradura

**culotte** *f.* **1** bragas *pl. (de femmes)* **2** pantalón *m.*, pantalones *m. pl.*

**culpabiliser 1** *tr.* culpabilizar **2** *pr.* culpabilizarse

**culpabilité** *f.* culpabilidad

**culte** *m.* culto

**cultivateur, -trice** *m. -f.* cultivador, ora

**cultivé, -ée** *adj.* **1** cultivado *(la terre)* **2** culto, a *(personne)*

**cultiver** *tr.* cultivar

**culture** *f.* **1** cultivo *m. (de la terre)* **2** cultura *(de l'esprit)*

**culturel, -elle** *adj.* cultural

**cumin** *m.* comino

**cumul** *m.* **1** cúmulo **2** pluriempleo *(d'emplois)*

**cumuler** *tr.* acumular

**cupide** *adj.* codicioso, a

**cupidité** *f.* codicia

**curatif, -ive** *adj.* curativo, a

**cure** *f.* **1** cura **2** dieta ∼ *d'amaigrissement* dieta de adelgazamiento

**curé** *m.* cura

**cure-dent** *m.* palillo

**curer** *tr.* limpiar, mondar *se* ∼ *le nez* hurgarse la nariz

**curieux, -euse** *adj.* **1** curioso, a **2** extraño, a *(étrange)*

**curiosité** *f.* curiosidad

**curiste** *m. et f.* agüista

**curseur** *m.* cursor

**curriculum vitae** *m.* currículum vitae, historial personal

**cutané, -ée** *adj.* cutáneo, a

**cutter** *m.* cutter

**cuve** *f.* tinaja, cuba

**cuvée** *f.* cosecha *c'est une bonne* ∼ es buena cosecha

**cuver** *intr.* fermentar *tr. fig. fam.* ∼ *son vin* dormir la mona

**cuvette** *f.* **1** palangana **2** taza *(des W.-C.)*

**cycle** *m.* **1** ciclo **2** bicicleta *f.*

**cyclisme** *m.* ciclismo

**cycliste** *adj. -s.* ciclista

**cyclone** *m.* ciclón

**cygne** *m.* cisne

**cylindre** *m.* cilindro

**cymbale** *f.* platillo *m.*

**cynique** *adj.* cínico, a

**cynisme** *m.* cinismo

**cyprès** *m.* ciprés

**cystite** *f. MÉD.* cistitis

**czar** *m.* zar

# D

**d** *m.* d *f.*

**dactylo** *f.* mecanógrafa

**dactylographe** *f.* mecanógrafa

**dactylographie** *f.* mecanografía

**dactylographier** *tr. -intr.* escribir a máquina

**dada** *m. fam.* caballito, *fig. fam.* manía

**dadais** *m.* bobo, lelo, necio

**dague** *f.* daga

**daguerréotype** *m.* daguerrotipo

**dahlia** *m.* dalia *f.*

**daigner** *intr.* **1** dignarse **2** servirse *daignez accepter...* sírvase aceptar...

**daim** *m.* **1** gamo *(animal)* **2** ante *(peau)*

**dais** *m.* palio

**dallage** *m.* enlosado, embaldosado

**dalle** *f.* enlosa, baldosa

**daller** *tr.* enlosar, embaldosar

**daltonisme** *m. MÉD.* daltonismo

**damas** *m.* damasco *(tissu)*

**damasquiner** *tr.* damasquinar

**dame** *f.* **1** dama *la première* ∼ la primera dama *jeu de dames* juego de damas *la finale dames* la final damas **2** señora *coiffeur pour dames* peluquería para señoras *c'est une grande* ∼ es una gran señora

**dame-jeanne** *f.* damajuana

**damer** *tr.* hacer dama *(jeu) fig.* ∼ *le pion à quelqu'un* ganarle a uno por la mano

**damier** *m.* tablero

**damnable** *adj.* condenable

**damné, -ée** *adj.* **1** condenado, a **2** *fig.* maldito, a dichoso, a

**damner** *tr.* condenar

**dandiner (se)** *pr.* contonearse

**danger** *m.* peligro *être en* ∼ *de* correr peligro de *mettre en* ∼ poner en peligro *en* ∼ *de mort* con peligro de muerte *être en* ∼ peligrar

**dangereusement** *adv.* peligrosamente

**dangereux, -euse** *adj.* peligroso, a

**danois, -e** *adj. -s.* danés, esa

**dans** *prép.* **1** en *(lieu sans mouvement)* *les enfants jouent* ∼ *la rue* los niños juegan en la calle **2** a *(lieu où l'on va)* *les enfants vont* ∼ *la rue* los niños van a la calle **3** por *(lieu où l'on passe) ils se promènent* ∼ *la rue* se pasean por

la calle **4** dentro de *(délai)* ∼ *une semaine* dentro de una semana

**danse** *f.* baile *m.* *mener la* ∼ llevar la batuta, llevar la voz cantante *la* ∼ *de Saint-Guy* el baile de San Vito

**danser** *intr.* bailar *faire* ∼ sacar a bailar *ne pas savoir sur quel pied* ∼ *fig.* no saber a qué atenerse *faire* ∼ *l'anse du panier* sisar, hacer la sisa

**danseur, -euse** *m. -f.* bailador, ora, bailaor, ora *(flamenco)*, bailarín, ina *(classique)*

**dantesque** *adj.* dantesco, a

**dard** *m.* **1** aguijón *(insectes)*, **2** *fig.* dardo, flecha *f.*

**darder** *tr.* lanzar, arrojar, disparar, *fig.* irradiar *(soleil)*

**dare-dare** *loc. adv.* de prisa, volando

**darne** *f.* rodaja

**datation** *f.* fechado *m.*, fecha, acción de fechar

**date** *f.* fecha ∼ *d'échéance* fecha de vencimiento ∼ *de péremption* fecha de caducidad *de longue* ∼ de antiguo *faire* ∼ hacer *ou* marcar época *en* ∼ *du* con fecha de ∼ *limite* fecha tope

**dater** *tr.* **1** fechar **2** datar *palais qui date de la Renaissance* palacio que data del Renacimiento

**dation** *f.* dación

**datte** *f.* dátil *m.*

**daube** *f.* estofado *m.*, adobado *m.*

**dauphin** *m.* delfín

**daurade** *f.* besugo *m.*, dorada

**davantage** *adv.* más *bien* ∼ mucho más *pas* ∼ no más, tampoco

**de** *prép.* **1** de *(lieu d'où l'on vient, origine, matière) il vient* ∼ *Madrid* viene de Madrid *il est* ∼ *Madrid* es de Madrid *une table* ∼ *bois* una mesa de madera **2** *(appartenance) le livre* ∼ *Pierre* el libro de Pedro *la peur* ∼ *Pierre (qu'il éprouve)* el miedo de Pedro **3** a *(indique un mouvement) s'approcher* ∼ acercarse a *la haine* ∼ el odio a *la peur* ∼ el miedo a *la crainte* ∼ el temor a *l'amour* ∼ el amor a *la critique* ∼ la crítica a *l'attaque* ∼ el ataque a *l'assaut* ∼ el asalto a *le refus* ∼ la negativa a *refuser* ∼ negarse a **4** para *le temps* ∼ *faire* el tiempo para hacer **5** con *(manière) d'un air nerveux* con aire nervioso *rêver* ∼ soñar con **6** por *(cause, agent de* *l'action) être aimé ~ ses parents* ser querido por sus padres **7** *omission de la prép. lorsque l'infinitif est sujet du verbe il est facile ~ dire* es fácil decir **8** *omission du partitif j'ai ~ la patience* tengo paciencia *il y a ~ la joie* hay alegría

**dé** *m.* **1** dado *(jeu)* **2** dedal *(couture)*

**déambuler** *intr.* deambular

**débâcle** *f.* **1** derrota, ruina, hundimiento *m.* **2** deshielo *(dégel)*

**déballage** *m.* **1** desembalaje *(action)* **2** tenderete *(étalage)* **3** liquidación *f. (vente)*

**déballer** *tr.* desembalar, desempacar, *fig.* soltar

**débandade** *f.* desbandada

**débander** *tr.* desvendar, quitar la venda, aflojar *(arc)*

**débarbouiller** **1** *tr.* lavar la cara **2** *pr.* lavarse la cara, lavarse

**débarcadère** *m.* desembarcadero, muelle, descargadero *(gare)*

**débardeur** *m.* **1** descargador **2** camiseta *f. (pull)*

**débarquement** *m.* desembarco

**débarquer** **1** *tr.* desembarcar **2** *intr.* desembarcar, *fig.* plantarse

**débarras** *m.* **1** alivio, liberación *f.* **2** cuarto trastero *(maison)*

**débarrasser** **1** *tr.* quitar, vaciar *(pièce) ~ la table* quitar la mesa **2** *pr.* deshacerse, quitarse de encima, librarse

**débat** *m.* debate

**débâtir** *tr.* deshilvanar *(couture)*

**débattre** *tr.* debatir, discutir *prix à ~* precio por convenir

**débauchage** *m.* despido

**débauche** *f.* desenfreno *m.*, exceso *m.*, libertinaje *m.*, *fig.* derroche

**débaucher** *tr.* **1** despedir *~ un ouvrier* despedir a un obrero **2** corromper, pervertir

**débil, e** *adj.* endeble, débil *~ mental* subnormal, deficiente *~ profond* deficiente profundo

**débilitant, -e** *adj.* debilitador, ora

**débilité** *f.* subnormalidad, deficiencia, debilidad

**débiliter** *tr.* debilitar

**débiner** **1** *tr. fam.* denigrar, criticar **2** *pr. fam.* largarse

**débit** *m.* **1** despacho, venta *f. (vente)* **2** caudal *(fleuve)* **3** producción *f.* **4** corte *(bois)* **5** debe, haber *(compte)*

*~ de tabac* estanco, expendeduría de tabacos *f.* *~ de boissons* chiringuito, quiosco *porter au ~ d'un compte* cargar en cuenta, adeudar, cargar al debe

**débiter** *tr.* **1** vender, despachar **2** *fig.* soltar, decir **3** suministrar **4** cortar *(bois)* **5** producir **6** cargar en cuenta, adeudar en una cuenta, cargar al debe

**débiteur, -trice** *adj. -s.* deudor, ora

**déblai** *m.* **1** desmonte **2** *pl.* escombros

**déblaiement** *m.* desmonte *(terrain)*, limpieza *f.*

**déblatérer** **1** *intr. fam.* despotricar **2** *tr.* soltar

**déblayer** *tr.* **1** escombrar, allanar *(terrain)*, **2** *fig.* despejar, limpiar

**déblocage** *m.* desbloqueo, liberación *f.*

**débloquer** *tr.* desblocar, liberar

**déboire** *m.* desengaño, disgusto

**déboisement** *m.* despoblación forestal *f.*, desforestación *f.*, desmonte

**déboiser** *tr.* talar, despoblar el bosque

**déboîter** *tr.* **1** dislocar, desencajar **2** salirse de la fila *(voiture)* **3** *pr.* desencajarse, dislocarse

**débonnaire** *adj.* buenazo, a

**débordé, ée** *adj.* agobiado, a *(de travail)*

**débordement** *m.* **1** desbordamiento *(fleuve)* **2** *fig.* profusión *f.*, exceso, desmadre

**déborder** *intr.* desbordarse, salirse de madre, salirse *(fleuve) ~ de joie* rebosar alegría *faire ~ le vase fig.* colmar el vaso

**débouché** *m.* **1** salida *f.*, mercado *il ne trouve pas de débouchés* no encuentra salidas **2** desembocadura *f.*

**déboucher** *tr.* **1** desatascar *(plomberie)* **2** descorchar *(bouteille)* **3** desembocar *(fleuve...) ~ sur* desembocar en

**débouler** *intr. -tr.* rodar abajo

**déboulonner** *tr.* desmontar, *fig.* deshacer, derribar

**débours** *m. pl.* desembolsos, gastos

**débourser** *tr.* desembolsar

**debout** *adv.* en pie, de pie

**débouté** *m.* denegación *f.*, desestimación *f.*

**débouter** *tr.* denegar, desestimar la demanda

**déboutonner 1** *tr.* desabrochar **2** *pr.* desabrocharse

**débraillé, -ée** *adj.* desaliñado, a

**débrancher** *tr.* desenchufar, desconectar

**débrayage** *m.* **1** desembrague *(voiture)* **2** paro, cese del trabajo, plante *(travail)*

**débrider** *tr.* desenfrenar

**débris** *m.* pedazo, *m. pl.* restos

**débrouillard, -e** *adj. -s.* espabilado, a

**débrouillardise** *f.* maña

**débrouiller 1** *tr.* desenredar, desenmarañar **2** *pr.* arreglárselas, desenvolverse

**débroussailler** *tr.* desbrozar

**débusquer** *tr.* desalojar

**début** *m.* **1** principio, comienzo *au ~ de* al principio de **2** debut, debú *(acteur) au ~ du mois* a principios de mes *au ~ de l'après-midi* a primeras horas de la tarde

**débutant, -e** *adj. -s.* **1** principiante **2** debutante *(acteur)*

**débuter** *tr.* **1** comenzar, empezar, principiar **2** debutar *(acteur)*

**décacheter** *tr.* desellar, abrir

**décade** *f.* década

**décadence** *f.* decadencia

**décadent, -e** *adj.* decadente

**décaféiné 1** *adj.* descafeinado **2** *m.* descafeinado

**décalage** *m.* diferencia *f.,* desfase *~ horaire* diferencia horaria

**décalcifier 1** *tr.* descalcificar **2** *pr.* descalcificarse

**décalcomanie** *f.* calcomanía

**décaler** *tr.* desplazar, retrasar *(retarder),* adelantar *(avancer),* desfasar

**décalquer** *tr.* calcar

**décamper** *intr. fam.* largarse

**décanter** *tr.* decantar

**décaper** *tr.* limpiar, desoxidar *(métal),* decapar

**décapiter** *tr.* decapitar

**décapotable** *adj.* descapotable *une voiture ~* un descapotable *m.*

**décapsuleur** *m.* abridor de botellas

**décarcasser (se)** *pr. fam.* deshacerse por, en

**décartellisation** *f.* disolución de cártel

**décathlon** *m.* decatlón

**décati, -ie** *adj.* deslucido, a

**décéder** *intr.* fallecer

**déceler** *tr.* descubrir, revelar

**décélération** *f.* desaceleración

**déceleur** *m.* detector

**décembre** *m.* diciembre

**décemment** *adv.* decentemente

**décence** *f.* decencia, decoro *m.*

**décennal, -ale** *adj.* decenal

**décennie** *f.* década

**décent, -e** *adj.* decente, decoroso, a

**décentralisation** *f.* descentralización

**décentraliser** *tr.* descentralizar

**déception** *f.* desengaño *m.,* decepción

**décerner** *tr.* otorgar, conceder

**décès** *m.* fallecimiento, defunción *f. acte de ~* partida de defunción *faire-part de ~* esquela mortuoria *f.*

**décevoir** *tr.* decepcionar, desilusionar, defraudar, frustrar *(espérances)*

**déchaînement** *m.* desencadenamiento, *fig.* desenfreno

**déchaîner 1** *tr.* desencadenar, *fig.* desenfrenar **2** *pr.* desencadenarse, *fig.* desenfrenarse

**décharge** *f.* **1** descarga *(action, électricité)* **2** descargo *m. témoin à ~* testigo a descargo **3** vertedero *m. (ordures)*

**décharger 1** *tr.* descargar **2** *pr.* descargarse

**déchargeur** *m.* descargador

**décharné, -ée** *adj.* demacrado, a

**déchaussé, -ée** *adj.* descalzo, a

**déchausser** *tr.* **1** descalzar **2** descarnar *(dent)* **3** *pr.* descalzarse, descarnarse *(dent)*

**déchéance** *f.* decadencia *(morale),* decaimiento *m. (physique) tomber en ~* venir a menos

**déchet** *m.* residuo, desperdicio *~ toxique* residuo tóxico

**déchiffrer** *tr.* descifrar

**déchiqueter** *tr.* despedazar, hacer trizas

**déchirant, -e** *adj.* desgarrador, ora

**déchirement** *m.* desgarro

**déchirer** *tr.* desgarrar, rasgar, romper, destrozar

**déchirure** *f.* desgarrón *m.,* rasgón *m.,* desgarro *m.*

**déchoir** *intr.* decaer, venir a menos

**déchu, -ue** *adj.* decaído, a, venido, a a menos *une famille déchue* una familia venida a menos ∼ *de son poste* depuesto de su cargo

**décibel** *m.* decibel, decibelio

**décidément** *adv.* desde luego

**décider 1** *tr.* decidir, acordar, determinar **2** *intr.* decidir ∼ *de* decidir **3** *pr.* decidirse, determinarse

**décimal, -ale** *adj.* decimal

**décimer** *tr.* diezmar

**décisif, -ive** *adj.* decisivo, a

**décision** *f.* decisión *pouvoir de* ∼ poder decisorio

**déclamer** *tr.* declamar

**déclaration** *f.* declaración ∼ *de revenus* declaración de la renta *fausse* ∼ declaración falsa ∼ *sous la foi du serment* declaración jurada

**déclarer 1** *tr.* declarar **2** *pr.* declararse *travailleur déclaré* trabajador en nómina

**déclasser** *tr.* desclasificar

**déclenchement** *m.* disparo, *fig.* desencadenamiento

**déclencher** *tr.* disparar, poner en marcha, *fig.* desencadenar

**déclencheur** *m.* disparador

**déclic** *m.* disparador

**déclin** *m.* decadencia *f.*, ocaso, retroceso *en* ∼ en declive

**déclinaison** *f.* declinación

**décliner** *tr.* **1** decaer, debilitarse **2** rechazar, rehusar *(invitation)* **3** declinar

**déclouer** *tr.* desclavar

**décocher** *tr.* **1** disparar *(flèche)* **2** soltar *(coup de poing)* **3** *fig.* soltar, espetar *(remarque)*

**décoder** *tr.* INFORM. decodificar, descifrar

**décodeur** *m.* decodificador

**décoiffer** *tr.* despeinar

**décollage** *m.* despegue

**décollement** *m.* desprendimiento *(rétine)*

**décoller** *intr.* despegar

**décolleté** *m.* escote

**décolleter** *tr.* escotar

**décoloniser** *tr.* descolonizar

**décolorer** *tr.* decolorar *(cheveux)*, descolorar

**décombres** *m. pl.* escombros, *fig.* ruinas *pl.*

**décommander** *tr.* anular, cancelar

**décomposé, -ée** *adj.* descompuesto, a

**décomposer 1** *tr.* descomponer, *fig.* disgregar **2** *pr.* descomponerse

**décomposition** *f.* descomposición

**décompte** *m.* recibo, descuento, cálculo

**déconcertant, -e** *adj.* desconcertante

**déconcerter** *tr.* desconcertar

**décongeler** *tr.* descongelar, deshelar

**déconseiller** *tr.* desaconsejar

**déconsidérer** *tr.* desacreditar

**décontenancer** *tr.* turbar, desconcertar

**décontracté, -ée** *adj.* relajado, a, desenfadado, a *style* ∼ estilo desenfadado

**décontracter 1** *tr.* relajar **2** *pr.* relajarse

**décontraction** *f.* relajación, desenfado *m.*

**déconvenue** *f.* desengaño *m.*, chasco *m.*

**décor** *m.* decorado

**décorateur, -trice** *adj.* -s. decorador, ora

**décoratif, -ive** *adj.* decorativo, a

**décoration** *f.* **1** decoración **2** condecoración *(insigne)* ∼ *d'intérieurs, d'appartements* interiorismo *m.*

**décorer** *tr.* **1** decorar **2** condecorar

**décortiquer** *tr.* descortezar, *fig.* desmenuzar

**décote** *f.* exoneración

**découcher** *intr.* dormir fuera de casa

**découdre** *tr.* descoser

**découler** *intr.* **1** *fig.* resultar, desprenderse, derivarse **2** chorrear, manar, fluir

**découpage** *m.* recorte, trinchado *(viande)*, desglose *(image)*

**découper** *tr.* **1** recortar *(images)* **2** trinchar *(viande)* **3** *pr.* recortarse, destacarse

**décourageant, -e** *adj.* desalentador, ora

**découragement** *m.* desánimo, desaliento

**décourager 1** *tr.* desalentar, desanimar **2** *pr.* desalentarse, desanimarse

**découvert, -e** *adj.* descubierto, a *être à* ∼ estar en descubierto *ciel* ∼ cielo despejado

**découverte** f. descubrimiento m., hallazgo m.

**découvrir** tr. **1** descubrir, fig. revelar **2** destapar (ôter un couvercle) **3** pr. despejarse (ciel), descubrirse ~ le pot aux roses descubrir el pastel

**décrasser** tr. desengrasar, limpiar a fondo

**décrépitude** f. decrepitud

**décret** m. decreto ~ de grâce indulto ~-loi decreto ley

**décréter** tr. decretar, ordenar

**décrier** tr. desacreditar, criticar

**décrire** tr. describir

**décrochement** m. desenganche, desencajamiento (mâchoire)

**décrocher** tr. **1** descolgar **2** desencajar **3** fig. conseguir, ganar

**décroissant, -e** adj. decreciente, menguante (lune)

**décroître** intr. **1** decrecer, disminuir **2** menguar (lune) **3** mermar

**décrotter** tr. **1** desenlodar, limpiar (chaussures) **2** fig. pulir

**décrue** f. descenso m.

**déçu, -ue** adj. defraudado, a, decepcionado, a espoir ~ esperanza frustrada

**décupler** tr. decuplicar

**dédaignable** adj. desdeñable, despreciable

**dédaigner** tr. desdeñar, despreciar, desairar

**dédaigneux, -euse** adj. desdeñoso, a

**dédain** m. desdén, desprecio

**dedans** adv. **1** dentro (sans mouvement) **2** adentro (avec mouvement) au-~ dentro

**dédicace** f. dedicatoria

**dédicacer** tr. dedicar

**dédier** tr. dedicar

**dédire** **1** tr. desmentir **2** pr. retractarse, arrepentirse

**dédit** m. **1** retractación f. **2** arras f. pl.

**dédommagement** m. desagravio, indemnización f.

**dédommager** tr. indemnizar

**dédouanement** m. despacho de aduana

**dédouaner** tr. despachar en aduana, pagar los derechos de aduana, fig. disculpar

**dédoublement** m. desdoblamiento

**dédoubler** tr. desdoblar

**déduction** f. deducción, descuento

**déduire** tr. deducir, descontar, desgravar

**déesse** f. diosa

**défaillance** f. **1** desmayo m. **2** fallo m. ~ humaine fallo humano **3** debilidad, flaqueza

**défaillir** intr. **1** desfallecer, desmayarse **2** fallar (mémoire...)

**défaire** **1** tr. deshacer **2** pr. deshacerse

**défaite** f. derrota, fracaso m.

**défalquer** tr. deducir, rebajar, descontar

**défaut** m. **1** defecto **2** falta à ~ de a falta de ~ de mémoire fallo de memoria faire ~ faltar par ~ en rebeldía (jugement) prendre en ~ coger en falta

**défaveur** f. disfavor m. tomber en ~ caer en desgracia

**défavorable** adj. desfavorable

**défection** f. defección

**défendre** tr. **1** defender **2** prohibir **3** proteger **4** pr. defenderse

**défense** f. **1** defensa **2** prohibición ~ d'afficher prohibido fijar carteles

**défenseur** m. defensor se faire le ~ de abogar por

**défensif, -ive** **1** adj. defensivo, a **2** f. defensiva être sur la défensive estar en la defensiva

**déférence** f. deferencia, consideración

**déférent, -e** adj. deferente

**déférer** tr. deferir ~ en justice llevar ante los tribunales

**défeuiller** tr. deshojar

**défi** m. reto, desafío mettre au ~ desafiar

**défiance** f. desconfianza

**défiant, -e** adj. desconfiado, a

**déficit** m. déficit

**défier** tr. desafiar ~ toute concurrence resistir a toda competencia

**défigurer** tr. desfigurar

**défilé** m. **1** desfile **2** desfiladero (passage) ~ de mode pasarela f.

**défiler** **1** intr. desfilar **2** pr. fam. escurrir el bulto, largarse (partir)

**définir** tr. definir, precisar

**définitif, -ive** adj. definitivo, a

**déflagration** f. estallido m., deflagración

**déflation** f. deflación

**déflationniste** adj. deflacionista

**déflorer** tr. desflorar

**défoncer** tr. hundir (toit...), aplastar

**déformation** f. deformación

**déformer** tr. deformar

**défoulement** m. 1 liberación f. 2 desahogo

**défouler** 1 tr. liberar 2 pr. liberarse, desahogarse

**défraîchir** tr. ajar, deslucir

**défrayer** tr. pagar los gastos, costear fig. ~ la chronique acaparar la actualidad

**défricher** tr. desbrozar

**défriser** tr. desrizar, estirar el pelo

**défroisser** tr. desarrugar

**défroquer (se)** pr. colgar los hábitos

**défunt, -e** adj. -s. difunto, a

**dégagé, -ée** adj. 1 libre 2 despejado (ciel) 3 desenvuelto, a (allure, air) ~ de toute obligation exento, a de toda obligación

**dégager** tr. 1 desempeñar (gage) 2 soltar, sacar 3 despejar (ciel, vue) 4 dejar libre (voie...) 5 retirar (sa parole) 6 poner de relieve, de manifiesto 7 pr. librarse de 8 desprenderse (émaner) 9 despejarse (ciel)

**dégaine** f. facha

**dégarnir** tr. 1 desguarnecer 2 vaciar 3 pr. despoblarse, quedarse calvo (cheveux), tener entradas (front)

**dégât** m. estrago, daño, desperfecto, estropicio

**dégel** m. deshielo, descongelación f.

**dégeler** tr. deshelar, descongelar, fig. animar

**dégénérer** intr. degenerar

**dégivrer** tr. descongelar

**dégivrage** m. descongelación f.

**déglacer** tr. deshelar

**déglutir** tr. -intr. deglutir

**déglutition** f. deglutición

**dégonfler** 1 tr. deshinchar 2 pr. deshincharse

**dégouliner** intr. fam. chorrear

**dégoupiller** tr. quitar la clavija

**dégourdi, -ie** adj. espabilado, a

**dégourdir** 1 tr. desentumecer, fig. espabilar, despabilar 2 pr. desentumecerse, fig. espabilarse, despabilarse se ~ les jambes desentumecer las piernas

**dégoût** m. 1 asco causer du ~ dar asco 2 desgana f. (peu d'appétit) 3 hastío (moral), repugnancia f.

**dégoûter** tr. 1 dar asco, asquear 2 desganar, quitar el apetito 3 hastiar, quitar las ganas de

**dégradant, -e** adj. degradante

**dégradation** f. degradación, empeoramiento m., deterioro m.

**dégrader** 1 tr. degradar, fig. estropear, deteriorar 2 pr. estropearse, deteriorarse

**dégrafer** tr. desabrochar

**dégraisser** tr. desengrasar, quitar las manchas (vêtement), limpiar

**degré** m. 1 grado 2 peldaño (escalier)

**dégressif, -ive** adj. decreciente

**dégrèvement** m. desgravación f.

**dégrever** tr. desgravar

**dégriffé, -ée** adj. desetiquetado, a, sin etiqueta

**dégriffer** tr. quitar la etiqueta

**dégringoler** intr. fam. caer rodando, fig. venirse abajo

**dégriser** tr. desembriagar, fig. desengañar

**dégrossir** tr. desbastar, fig. afinar, pulir

**déguenillé, -ée** adj. haraposo, a, andrajoso, a, harapiento, a

**déguerpir** intr. largarse, salir pitando

**déguiser** 1 tr. disfrazar 2 pr. disfrazarse, fig. encubrir se ~ en disfrazarse de

**dégustateur, -trice** m. -f. catador, ora

**dégustation** f. degustación

**déguster** tr. catar (vin), probar, saborear

**déhanchement** m. contoneo

**déhancher (se)** pr. contonearse

**dehors** adv. 1 fuera je suis ~ estoy fuera 2 afuera je vais ~ voy afuera au-~ fuera en ~ de fuera de

**déifier** tr. deificar

**déjà** adv. ya

**déjection** f. deyección

**déjeuner** m. almuerzo, comida f. petit ~ desayuno

**déjeuner** intr. almorzar, comer (à midi) prendre le petit déjeuner desayunar

**déjouer** tr. desbaratar, hacer fracasar, frustrar

**delà** *prép.* allende *loc. adv.* **au-∼** *de* más allá de *l'au-∼* el más allá

**délabrement** *m.* deterioro, ruina

**délabrer 1** *tr.* echar a perder, estropear, deteriorar **2** *pr.* deteriorarse, venirse abajo, estragarse, arruinarse

**délacer** *tr.* desatar

**délai** *m.* **1** demora *f.*, dilación *f.* *(retard)* **2** plazo, término *∼ de livraison* plazo de entrega *∼ de paiement* moratoria *f.* **dans les meilleurs délais** en los más breves plazos *dans un ∼ de* en el plazo de

**délaissement** *m.* abandono

**délaisser** *tr.* abandonar

**délassant, -e** *adj.* entretenido, a

**délasser 1** *tr.* descansar, solazar **2** *pr.* descansar, solazarse

**délation** *f.* delación

**délaver** *tr.* deslavar

**délayer** *tr.* diluir

**délébile** *adj.* deleble

**délectable** *adj.* deleitable

**délecter (se)** *pr.* deleitarse

**délégation** *f.* delegación

**délégué, -ée** *adj.* -s. delegado, a, apoderado, a *∼ syndical* enlace *ou* delegado sindical

**déléguer** *tr.* delegar *∼ ses pouvoirs à quelqu'un* apoderarle a uno

**délester** *tr.* deslastrar, *fig.* aligerar

**délibération** *f.* deliberación

**délibéré, -ée** *adj.* **1** deliberado, a **2** *fig.* resuelto, a, decidido, a *(air)* **3** *m.* fallo judicial *mis en ∼* visto para sentencia

**délibérer** *intr.* deliberar

**délicat, -e** *adj.* delicado, a, sensible

**délicatesse** *f.* delicadeza

**délicieux, -euse** *adj.* delicioso, a, encantador, ora *(personne)*, rico, a *(mets)*

**délictueux, -euse** *adj.* delictivo, a

**délié, -ée** *adj.* fino, a, delgado, a, suelto *(style)* **avoir la langue bien déliée** no tener pelillos en la lengua

**délier** *tr.* desatar, *fig.* separar, desunir *∼ de* desligar de *sans bourse ∼* sin soltar un cuarto

**délimitation** *f.* delimitación, deslinde *m.* *(terrain)*

**délimiter** *tr.* delimitar, deslindar *(terrain)*

**délinquance** *f.* delincuencia, gamberrismo *m.*

**délinquant, -e** *m.* -*f.* delincuente

**déliquescent, -e** *adj.* delicuescente

**délirant, -e** *adj.* delirante, desbordante *(joie)*

**délire** *m.* delirio

**délirer** *intr.* delirar, desvariar

**délit** *m.* delito *en flagrant ∼* in fraganti

**délivrance** *f.* **1** liberación **2** *fig.* alivio *m.* **3** expedición *(document)* **4** entrega, concesión *(permis)* **5** parto *m.*, alumbramiento *m.* *(accouchement)*

**délivrer** *tr.* **1** liberar, libertar *(prisonnier)* **2** expedir *(certificat...)* **3** dar *(reçu)* **4** conceder *(permis)* **5** *pr.* librarse *∼ un titre* titular

**déloger 1** *tr.* desalojar, desahuciar **2** *intr.* marcharse

**déloyal, -e** *adj.* desleal

**déluge** *m.* diluvio

**déluré, -ée** *adj.* despabilado, a, espabilado, a, avispado, a

**démagnétiser** *tr.* desmagnetizar

**démagogie** *f.* demagogia

**démagogique** *adj.* demagógico, a

**démagogue** *m.* demagogo

**demain** *adv.* -*s.* -*m.* mañana *∼ matin* mañana por la mañana *après-∼* pasado mañana *à ∼* hasta mañana *∼ il fera jour* mañana será otro día

**demande** *f.* **1** petición, ruego *m.* *à la ∼ de* a petición de **2** demanda *l'offre et la ∼* la oferta y la demanda **3** pregunta *(question)* **4** solicitud *(emploi)* **5** encargo *m.*, pedido *m.* *(commande)* *sur ∼* por encargo *∼ en mariage* petición de mano

**demander** *tr.* **1** preguntar *(poser une question)* *∼ des nouvelles de quelqu'un* preguntar por alguien *on te demande* preguntan por ti **2** pedir **3** desear *(désirer)* **4** requerir, exigir *ce travail demande de la patience* este trabajo requiere paciencia **5** *DR.* demandar

**demandeur, -euse** *m.* -*f.* **1** preguntador, ora **2** solicitante *∼ d'emploi* demandante de empleo

**démangeaison** *f.* comezón, picazón

**démantèlement** *m.* desmantelamiento

**démanteler** *tr.* **1** desmantelar **2** desarticular *∼ un réseau* desarticular una red

**démantibuler** *tr. fam.* desencajar, dislocar

**démaquillant** *m.* desmaquillador ～ *pour les yeux* desmaquillador de ojos

**démaquiller 1** *tr.* desmaquillar **2** *pr.* desmaquillarse

**démarcation** *f.* **1** demarcación **2** *fig.* límite *m.* separación

**démarchage** *m.* venta a domicilio *f.*, venta de puerta a puerta *f.*

**démarche** *f.* **1** andares *m. pl. (façon de marcher)* **2** gestión, trámite *m. faire des démarches* hacer gestiones ～ *administrative* trámite administrativo

**démarcheur** *m.* **1** vendedor ambulante **2** agente, gestor *(assurances...)*

**démarque** *f.* descuento *m.*, saldo *m.*

**démarquer 1** *tr.* quitar la marca, desmarcar **2** *pr.* desmarcarse

**démarrage** *m.* **1** arranque *(voiture)*, puesta en marcha *f.* **2** *fig.* comienzo

**démarrer 1** *intr.* arrancar *(véhicule)*, poner en marcha **2** *tr. fig.* comenzar, iniciar, ponerse en marcha

**démarreur** *m.* arranque

**démasquer** *tr.* desenmascarar

**démêlé** *m.* enredo, complicación *f.*

**démêler** *tr.* **1** desenredar, desenmarañar **2** distinguir **3** *fig.* desenredar, desenmarañar, aclarar

**démembrement** *m.* desmembramiento, desarticulación *f. (syndicat...)*

**démembrer** *tr.* desmembrar, desarticular *(syndicat...)*

**déménagement** *m.* mudanza *f.*

**déménager 1** *intr.* mudarse, *fig. fam.* perder la chaveta **2** *tr.* mudar, trasladar

**déménageur** *m.* **1** empresario de mudanzas **2** mozo de mudanzas *(employé)*

**démence** *f.* demencia

**démener (se)** *pr.* agitarse, forcejear, *fig.* menearse, ajetrearse

**dément, -e** *adj. -s.* demente

**démenti** *m.* mentís

**démentir** *tr. -intr.* desmentir

**démériter** *intr.* desmerecer

**démesuré, -ée** *adj.* desmedido, a, desaforado, a

**démettre** *tr.* **1** destituir *(de ses fonctions)* **2** dislocar, desencajar *(os)* **3** *pr.* dimitir *(de ses fonctions)*, dislocarse *(os)*

**demeure** *f.* **1** morada, residencia *(domicile)* **2** vivienda, alojamiento *m.*

*(logement)* **3** mansión *(grande maison)* *à* ～ estable *mettre en* ～ intimar a que *mise en* ～ intimación, requerimiento *m.*

**demeurer** *intr.* **1** residir, morar, vivir *(habiter)* **2** permanecer, quedar

**demi, -ie 1** *adj.* medio, a *une* ～*-heure* media hora **2** *adv.* medio **3** *m.* medio, mitad *f. un* ～ una caña *f. (bière)*

**demi-cercle** *m.* semicírculo

**demi-dieu** *m.* semidiós

**demi-finale** *f.* semifinal

**demi-frère** *m.* hermanastro

**demi-journée** *f.* media jornada

**demi-mal** *m.* mal menor

**demi-mesure** *f.* **1** media medida **2** *fig.* término medio *m.*

**demi-mot (à)** *loc. adv.* a medias palabras

**demi-pension** *f.* media pensión

**demi-pensionnaire** *m. -f.* medio pensionista

**démis, -e** *adj.* destituido, a, dislocado, a *(os)*

**demi-saison** *f.* entretiempo *m.*

**démission** *f.* dimisión

**démissionner** *intr.* dimitir

**demi-tarif** *m.* media tarifa *f.*

**demi-teinte** *f.* mediatinta

**demi-ton** *m.* MUS. semitono

**demi-tour** *m.* media vuelta *f. faire* ～ dar media vuelta

**démobiliser** *tr.* desmovilizar

**démocrate** *adj. -s.* demócrata ～*-chrétien* democristiano

**démocratie** *f.* democracia

**démocratiser** *tr.* democratizar

**démodé, -ée** *adj.* pasado, a de moda, anticuado, a

**démoder (se)** *pr.* pasar de moda

**démographie** *f.* demografía

**démographique** *adj.* demográfico, a

**demoiselle** *f.* soltera *(célibataire)* ～ *d'honneur* dama de honor

**démolir** *tr.* **1** derribar, echar abajo *(abattre)* **2** destrozar **3** *fig.* arruinar, echar por tierra

**démolition** *f.* derribo *m.*

**démon** *m.* demonio

**démonétisation** *f.* desmonetización

**démonstratif, -ive** *adj.* demostrativo, a

**démonstration** *f.* demostración

**démontable** *adj.* desmontable

**démonter** *tr.* **1** desmontar **2** *fig.* desconcertar, turbar, desorientar **3** *pr.* desconcertarse, turbarse

**démontrer** *tr.* demostrar

**démoraliser** **1** *tr.* desmoralizar, desalentar **2** *pr.* desalentarse, desmoralizarse

**démordre** *intr. fig.* desistir, desdecirse *ne pas en* ～ mantenerse en sus trece

**démunir** **1** *tr.* desproveer, despojar **2** *pr.* despojarse

**démythifier** *tr.* desmitificar

**dénatalité** *f.* baja de la natalidad

**dénationaliser** *tr.* desnacionalizar

**dénaturer** *tr.* desnaturalizar, adulterar

**dénégation** *f.* denegación

**dénicher** *tr.* **1** sacar del nido **2** *fig. fam.* desalojar **3** dar con *(trouver)*

**deniers** *m. pl.* dinero *m. sing.,* fondos *les* ～ *de l'État* los fondos públicos

**dénier** *tr.* denegar, negar

**dénigrer** *tr.* denigrar

**déniveler** *tr.* desnivelar

**dénivellation** *f.* desnivel *m.*

**dénombrement** *m.* censo, recuento

**dénombrer** *tr.* contar, hacer el censo

**dénominateur** *m.* denominador

**dénomination** *f.* denominación

**dénoncer** *tr.* **1** denunciar, delatar **2** *fig.* revelar, indicar, denotar

**dénonciation** *f.* **1** denuncia, delación **2** anulación, ruptura *(contrat)*

**dénouement** *m. fig.* desenlace

**dénouer** *tr.* **1** desatar **2** desenlazar *(drame),* desenredar *(intrigue)* **3** *fig.* resolver

**denrée** *f.* género *m.,* artículo *m.,* producto *m.*

**dense** *adj.* denso, a

**densité** *f.* densidad

**dent** *f.* **1** diente *m.* **2** muela ～ *de sagesse* muela del juicio *j'ai mal aux dents* me duelen las muelas *arracheur de dents* sacamuelas *avoir une* ～ *contre quelqu'un* tener ojeriza

**dental, -e** *adj.* dental

**dentelle** *f.* encaje *m.* puntilla ～ *aux fuseaux* encaje de bolillos

**dentier** *m.* dentadura postiza *f.*

**dentifrice** **1** *adj.* dentífrico, a **2** *m.* crema dental *f.*

**dentiste** *m.* dentista

**dénuder** *tr.* **1** desnudar **2** descarnar *(os)* **3** desnudarse

**dénué, -ée** *adj.* deprovisto, a, falto, a

**dénuement** *m.* indigencia *f.*

**dénutrition** *f.* desnutrición

**déodorant** *m.* desodorizante

**déontologie** *f.* deontología

**dépannage** *m.* reparación *f. atelier de* ～ taller de reparaciones

**dépanner** *tr.* **1** arreglar, reparar **2** *fig.* sacar de apuros

**dépanneuse** *f.* grúa, remolque *m.*

**dépaqueter** *tr.* desempaquetar

**dépareiller** *tr.* desparejar, descabalar

**départ** *m.* **1** salida *f. heure de* ～ hora de salida **2** partida *f. le point de* ～ el punto de partida

**départager** *tr.* desempatar *(vote),* clasificar

**département** *m.* **1** departamento *(France),* provincia *(Espagne)* **2** servicio, sección *f.*

**départemental, -e** *adj.* provincial *route départementale* carretera provincial *ou* comarcal

**départir** **1** *tr.* conceder **2** *pr.* desistir, abandonar, renunciar a

**dépassement** *m.* **1** adelantamiento *(voiture)* **2** exceso, superación *f.,* rebasamiento

**dépasser** *tr.* **1** adelantar, pasar *(voiture)* **2** superar, rebasar

**dépaysement** *m* extrañamiento

**dépayser** *tr.* extrañar, *fig.* desorientar, despistar

**dépecer** *tr.* despedazar, descuartizar

**dépêche** *f.* despacho *m.,* parte *m.,* telegrama *m.*

**dépêcher** **1** *tr.* despachar **2** *pr.* darse prisa, apresurarse

**dépeigner** *tr.* despeinar

**dépeindre** *tr.* pintar, describir

**dépendance** *f.* dependencia

**dépendant, -e** *adj.* dependiente

**dépendre** *tr.* **1** depender **2** descolgar *(un vêtement...)*

**dépens** *m. pl.* costas *f. pl. condamnation aux* ～ condena en costas *aux* ～ *de* a costa de, a expensas de

**dépense** *f.* gasto *m. dépenses et recettes* gastos e ingresos *couvrir les dépenses* hacer los gastos

**dépenser** 1 *tr.* gastar, derrochar, desperdiciar 2 *pr.* desvivirse, deshacerse

**dépensier, -ière** *adj. -s.* derrochador, ora, gastador, ora

**dépérir** *intr.* 1 debilitarse, desmejorarse *(malade)* 2 decaer *(commerce)*

**dépersonnaliser** *tr.* despersonalizar

**dépêtrer** *tr.* 1 destrabar *(pieds)* 2 *fig.* librar, desembarazar 3 *pr.* librarse, *fig.* salir del atolladero

**dépeuplement** *m.* despoblación *f.*, disminución de la población

**dépeupler** 1 *tr.* despoblar 2 *pr.* despoblarse

**dépilation** *f.* depilación

**dépiler** *tr.* depilar *crème à* ~ crema depilatoria

**dépistage** *m.* detección *f.*, diagnóstico precoz *centre de* ~ centro de medicina preventiva

**dépister** *tr.* diagnosticar (maladie), detectar

**dépit** *m* despecho *en* ~ *de* a pesar de, pese a

**déplacement** *m.* 1 desplazamiento, cambio de sitio 2 traslado *(d'un fonctionnaire) être en* ~ estar de viaje *frais de* ~ dietas *f. pl.*

**déplacer** *tr.* 1 desplazar, cambiar de sitio 2 trasladar 3 *pr.* trasladarse, cambiarse de sitio

**déplaire** 1 *intr.* desagradar 2 *pr.* no estar a gusto, hallarse a disgusto

**déplaisant, -e** *adj.* desagradable

**déplaisir** *m.* disgusto, descontento

**dépliage** *m.* despliegue

**déplier** *tr.* desplegar, desdoblar

**déploiement** *m.* despliegue

**déplorer** *tr.* lamentar

**déployer** *tr.* desplegar, *fig.* mostrar *rire à gorge déployée* reir a carcajadas

**déporter** *tr.* deportar

**déposant, -e** *adj. -s.* 1 depositante *(argent)* 2 declarante *(justice)*

**dépose** *f.* desmontaje *m.*

**déposé, -ée** *adj.* registrado, a, depositado, a *marque déposée* marca registrada

**déposer** *tr.* 1 depositar 2 deponer, destituir *(d'une fonction)* 3 registrar *(brevet)* ~ *une plainte* presentar una denuncia ~ *son bilan* solicitar suspensión de pagos, declararse en quiebra

**dépositaire** *m. -f.* depositario, a

**déposition** *f.* deposición, declaración

**déposséder** *tr.* desposeer

**dépôt** *m* 1 consignación *f.* 2 ingreso *(banque)* 3 almacén *(magasin)* 4 poso, sedimento ~ *à vue* supercuenta *f.* ~ *de garantie* fianza *f.* ~ *de bilan* suspensión de pagos *f.*, declaración de quiebra *f.*

**dépotoir** *m* vertido

**dépouille** *f.* 1 restos mortales *m. pl.* 2 despojos

**dépouillement** *m.* 1 escrutinio, recuento de votos 2 clasificación, lectura *f. (du courrier)* 3 *fig.* renunciación *f.*

**dépouiller** *tr.* 1 despojar 2 examinar *(document)* ~ *le scrutin* hacer el escrutinio, hacer el recuento de los votos

**dépourvu, -ue** *adj.* desprovisto, a, privado, a *au* ~ de improvisto

**dépoussiérer** *tr.* desempolvar, quitar el polvo

**dépravation** *f.* depravación

**déprécier** *tr.* desvalorizar, infravalorar

**déprédation** *f.* depredación

**dépressif, -ive** *adj. -s.* depresivo, a

**dépression** *f.* depresión

**déprimer** *intr.* deprimir

**depuis** *prép.* 1 desde *(lieu)* 2 desde hace *(temps)* 3 *adv.* después, desde entonces ~ *le début de l'année* en lo que va de año ~ *lors* desde entonces

**dépuration** *f.* depuración

**député** *m.* diputado ~ *de Madrid* diputado por Madrid

**déraciner** *tr.* desarraigar

**déraillement** *m* descarrilamiento *fig.* desvío, descarrío

**dérailler** *intr.* descarrilar, desvariar

**déraison** *f.* desatino *m.*, sinrazón

**déraisonnable** *adj.* poco razonable

**dérangement** *m.* 1 molestia *f.* 2 desorden, trastorno *en* ~ no funciona

**déranger** *tr.* 1 molestar *ne pas* ~ no molestar 2 desordenar, desarreglar, desajustar *(plans)* 3 *pr.* molestarse

**dérapage** *m* 1 resbalón 2 disparo *(des prix)*

**déraper** *intr.* 1 resbalar, dar un resbalón 2 dispararse *(prix)*

**dératiser** *tr.* desratizar

**dérèglement** *m.* 1 desorden, alteración *f. (pouls)* 2 *fig.* desenfreno

**dérégler** *tr.* **1** desarreglar, descomponer *(mécanisme)* **2** alterar *(pouls)* **3** *pr.* desarreglarse, descomponerse

**dérider** *tr.* **1** desarrugar **2** *fig.* alegrar **3** *pr.* alegrarse

**dérision** *f.* irrisión, burla

**dérisoire** *adj.* irrisorio, a

**dérivation** *f.* derivación

**dérive** *f.* deriva

**dériver 1** *intr.* derivar *(bateau)* **2** *tr.* desviar **3** *fig.* derivarse, provenir, dimanar

**dermatologie** *f.* dermatología

**dermatologue** *m. -f.* dermatólogo

**dernier, -ière** *adj.* **1** último, a **2** pasado, a *la semaine dernière* la semana pasada *mercredi* ~ el pasado miércoles

**dérobé, -ée** *adj.* **1** hurtado, a, robado, a **2** secreto, a, excusado, a *porte* ~ puerta falsa *à la dérobée* a hurtadillas, a escondidas

**dérober** *tr.* **1** robar, hurtar **2** *fig.* usurpar, arrebatar, ocultar *(cacher)* **3** *pr.* ocultarse, sustraerse a, hundirse *(la terre) fig. se* ~ escurrir el bulto

**dérogation** *f.* derogación, exención

**déroger** *intr.* derogar, incumplir, ir contra

**déroulement** *m.* desarrollo, evolución *f.*

**dérouler** *tr.* **1** desenrollar *(bobine...)* **2** *pr.* celebrarse, tener lugar *(manifestation...)*

**déroute** *f.* derrota, fracaso *m.*

**dérouter** *tr.* **1** desviar, despistar **2** *fig.* desconcertar

**derrière 1** *prép.* detrás, tras **2** *adv.* detrás **3** *m.* trasero *porte de* ~ puerta trasera

**dès 1** *prép.* desde **2** *loc. adv.* a partir de ~ *lors* desde entonces ~ *lors que* en cuanto, ya que *(cause)* ~ *que* en cuanto ~ *que possible* cuanto antes

**désabuser** *tr.* desengañar

**désaccord** *m.* desacuerdo, desavenencia *f. être en* ~ discrepar

**désaccorder** *tr.* **1** *MUS.* desafinar **2** *fig.* desunir, desavenir

**désagréable** *adj.* desagradable

**désagréger** *tr.* disgregar, desagregar

**désagrément** *m.* disgusto, sinsabor, molestia *f.*

**désaltérer 1** *tr.* refrescar, quitar la sed **2** *pr.* beber

**désamorçage** *m.* desarme de una bomba

**désamorcer** *tr.* desactivar *(bombe)*

**désamortissement** *m.* desamortización *f.*

**désappointé, -ée** *adj.* desengañado, a, decepcionado, a

**désappointement** *m.* desengaño, decepción *f.*

**désapprobation** *f.* desaprobación

**désapprouver** *tr.* desaprobar

**désarmement** *m.* desarme

**désarmer** *tr.* desarmar

**désarroi** *m.* desasosiego, desconcierto, ansiedad *f.*, turbación *f.*

**désarticuler** *tr.* desarticular

**désassortir** *tr.* **1** desparejar **2** dejar sin surtido *(magasin)*

**désastre** *m.* desastre

**désastreux, -euse** *adj.* desastroso, a

**désavantage** *m.* desventaja *f. à son* ~ en perjuicio suyo

**désavantager** *tr.* perjudicar, desfavorecer

**désaveu** *m.* desaprobación *f.*, denegación *f.*

**désavouer** *tr.* desaprobar, condenar, negar, denegar

**descendance** *f.* descendencia

**descendant, -e** *adj. -s.* descendiente

**descendre** *intr.* **1** bajar **2** bajarse, apearse *(d'un train...)* **3** alojarse, hospedarse *(hôtel...)* **4** descender *(lignée)* **5** *tr.* bajar, descender

**descente** *f.* **1** bajada **2** descenso *m. (ski)* ~ *femme* descenso femenino ~ *de police* operación policíaca, batida ~ *de lit* alfombrilla

**descriptif, ive 1** *adj.* descriptivo, a **2** *m.* descriptivo

**description** *f.* descripción

**désembourber** *tr.* desatascar

**désemparé, -ée** *adj.* desamparado, a

**désemparer** *tr.* desamparar *sans* ~ sin parar

**désenchantement** *m.* desencanto, desengaño

**désenfler** *intr.* deshinchar, desinflar

**désensibiliser** *tr.* desensibilizar

**déséquilibre** *m.* desequilibrio

**déséquilibrer** *tr.* desequilibrar

**désert, -e 1** *adj.* desierto, a **2** *m.* desierto, yermo

**déserter** *tr.* **1** dejar, abandonar **2** desertar *(armée)*

**déserteur** *m.* desertor

**désertion** *f.* deserción

**désertique** *adj.* desértico, a

**désespérant, -e** *adj.* desesperante

**désespérer 1** *tr. -intr.* desesperar **2** *pr.* desesperarse

**désespoir** *m.* desesperanza *f.,* desesperación *f.*

**déshabiller 1** *tr.* desvestir, desnudar **2** *pr.* desnudarse, desvestirse

**déshabituer 1** *tr.* desacostumbrar **2** *pr.* desacostumbrarse

**désherbant** *m.* herbicida

**déshériter** *tr.* desheredar

**déshonnête** *adj.* deshonesto, a

**déshonneur** *m.* deshonra *f.,* deshonor

**déshydrater** *tr.* deshidratar

**design** *m.* diseño

**designer** *m* diseñador

**désignation** *f.* nombramiento *m.,* designación

**désigner** *tr.* nombrar, designar

**désillusion** *f.* desengaño *m.,* desilusión

**désinfectant 1** *m.* desinfectante **2** *adj.* desinfectante

**désinfecter** *tr.* desinfectar

**désintégrer 1** *tr.* desintegrar **2** *pr.* desintegrarse

**désintéresser (se)** *pr.* desinteresarse, no ocuparse de

**désintérêt** *m.* desinterés

**désintoxiquer 1** *tr.* desintoxicar **2** *pr.* desintoxicarse, desengancharse *(drogue)*

**désinvolte** *adj.* descarado, a, desenvuelto, a

**désinvolture** *f.* desenvoltura, descaro *m.* desenfado *m.*

**désir** *m.* **1** deseo **2** anhelo *(désir fort)*

**désirable** *adj.* deseable

**désirer** *tr.* **1** desear **2** anhelar

**désistement** *m* desistimiento, abandono

**désister (se)** *pr.* desistir

**désobéir** *intr.* desobedecer

**désobéissant, -e** *adj. -s.* desobediente

**désobligeant, -e** *adj.* descortés, desatento, a

**désodorisant, -e** *adj. -s. -m.* desodorante

**désœuvré, -ée** *adj. -s.* ocioso, a, desocupado, a

**désolant, -e** *adj.* desolador, ora, desconsolador, ora

**désolation** *f.* desolación

**désolé, -ée** *adj.* desconsolado, a être ∼ *de* sentir, lamentar *je suis* ∼ lo siento, lo lamento

**désoler** *tr.* **1** afligir, disgustar **2** asolar **3** *pr.* afligirse

**désordonné, -ée** *adj.* desordenado, a

**désordonner** *tr.* desordenar

**désordre** *m.* **1** desorden **2** disturbio *(public)*

**désorganiser** *tr.* desorganizar

**désorienter** *tr.* **1** desorientar **2** *fig.* despistar

**désormais** *adv.* desde ahora, en adelante

**despote** *adj. -s. -m.* déspota

**despotique** *adj.* despótico, a

**despotisme** *m.* despotismo

**dessaisir 1** *tr.* despojar **2** *pr.* desprenderse de *DR. se* ∼ *de* declararse incompetente

**dessécher** *tr.* secar, resecar

**dessein** *m.* propósito *à* ∼ a propósito, adrede

**desseller** *tr.* desensillar

**desserrer** *tr.* aflojar, desapretar, soltar

**dessert** *m* postre

**dessertir** *tr.* desengastar

**desservir** *tr.* **1** quitar la mesa **2** comunicar *(transports)* **3** *fig.* perjudicar

**dessin** *m.* **1** dibujo **2** diseño *(mode)* ∼ *animé* dibujo animado

**dessinateur, -trice** *m. -f.* **1** dibujante **2** diseñador, ora; ∼ *industriel* delineante

**dessiner** *tr.* dibujar, diseñar, *fig.* destacar, resaltar

**dessous 1** *adv.* abajo, debajo **2** *m.* el fondo *au-*∼ *de* debajo de *ci-*∼ a continuación *en* ∼ por debajo *le* ∼ *des cartes fig.* el intríngulis

**dessous-de-plat** *m.* salvamantel

**dessous-de-table** *m.* guante, cohecho, comisión oculta *f.*

**dessous-de-verre** *m.* salvamantel

**dessus 1** *adv.* encima, arriba **2** *m.* la parte superior *f., fig.* ventaja *f. au-*∼ *de* por encima de *par-*∼ *tout* ante todo *sens* ∼ *dessous* patas arriba *en avoir* *par-~ la tête fam.* estar hasta la coronilla *avoir le ~* llevar la ventaja *prendre le ~ sur* poder más que

**dessus-de-lit** *m.* colcha *f.*

**dessus-de-table** *m.* centro de mesa

**déstabiliser** *tr.* desestabilizar

**destin** *m.* destino

**destinataire** *m. -f.* destinatario, a ~ *d'une lettre* receptor, ora de una carta

**destination** *f.* destino *m. à ~ de* con destino a

**destinée** *f.* destino *m.*

**destiner** 1 *tr.* destinar 2 *pr.* destinarse, pensar dedicarse

**destituer** *tr.* destituir

**destitution** *f.* destitución

**destructeur, -trice** *adj. -s.* destructor, ora

**destruction** *f.* destrucción

**désuet, -ète** *adj.* anticuado, a

**désuétude** *f.* desuso *m. tomber en ~* caer en desuso

**désunir** *tr.* separar, desunir

**détachant** *m.* quitamanchas

**détaché, -ée** *adj.* 1 desatado, a, suelto, a 2 destinado, a *(fonctionnaire)* 3 *fig.* indiferente

**détachement** *m.* 1 comisión de servicios *f. (fonctionnaire)* 2 *fig.* indiferencia *f.*

**détacher** *tr.* 1 desatar, soltar 2 separar 3 apartar *(yeux)* 4 limpiar, quitar las manchas 5 destinar *(fonctionnaire)* 6 *pr.* perder el apego, perder la afición, destacarse *(couleurs)*

**détail** *m.* detalle, pormenor *en ~* detalladamente *vente au ~* venta al por menor

**détaillant, -e** *m. -f.* detallista, minorista

**détailler** *tr.* vender al por menor, pormenorizar

**détaler** *intr. fig. fam.* salir pitando, salir volando

**détartrer** *tr.* quitar el sarro *(dents)*, desincrustar

**détaxe** *f.* desgravación

**détaxer** *tr.* desgravar

**détecter** *tr.* detectar

**détective** *m.* detective ~ *privé* detective privado

**déteindre** 1 *tr.* desteñir 2 *intr. -pr.* desteñirse, *fig.* influir en, contagiar a

**détendre** *tr.* 1 aflojar 2 calmar, sosegar, relajar 3 *pr.* distraerse, divertirse, relajarse

**détendu, -ue** *adj.* relajado, a, tranquilo, a

**détenir** *tr.* guardar, tener, estar en posesión de

**détente** *f.* 1 gatillo *(arme)* 2 SPORT resorte 3 ocio *m.*, esparcimiento *m. aire de ~* área de esparcimiento 4 *fig.* deshielo *(relations)*

**détenteur, -trice** *adj. -s.* poseedor, ora

**détention** *f.* detención ~ *préventive* prisión preventiva ~ *d'armes* tenencia de armas

**détenu, -ue** *adj. -s.* preso, a

**détergent** *m.* detergente

**détérioration** *f.* deterioro *m.*

**détériorer** 1 *tr.* estropear 2 *pr.* estropearse, empeorar

**détermination** *f.* determinación

**déterminer** *tr.* determinar, causar

**déterminisme** *m.* determinismo

**déterrer** *tr.* desenterrar

**détester** *tr.* odiar, aborrecer

**détonant, -e** *adj.* detonante

**détonation** *f.* estampida, estampido *m.*, detonación

**détoner** *intr.* detonar

**détonner** *intr.* desentonar

**détour** *m.* 1 rodeo *sans ~* sin rodeos 2 recodo, vuelta *f. (chemin...)* 3 *fig.* recoveco

**détournement** *m.* desvío ~ *de mineurs* corrupción de menores *f.* ~ *d'avions* secuestro de aviones ~ *de fonds* desvío de fondos

**détourner** *tr.* 1 desviar *(fleuve, conversation)* 2 apartar ~ *un avion* desviar un avión ~ *la tête* volver la cabeza ~ *les yeux* apartar la mirada

**détracteur, -trice** *adj. -s.* detractor, ora

**détraqué, -ée** *adj. -s.* 1 descompuesto, a 2 trastornado *(estomac)* 3 chiflado, a, trastornado, a *(personnes)*

**détraquer** *tr.* descomponer, estropear, *fig.* trastornar

**détremper** *tr.* empapar, remojar

**détresse** *f.* angustia, apuro *m.*, desamparo

**détriment** *m* perjuicio *au ~ de* en perjuicio de

**détritus** *m.* desperdicios *m. pl.*, basura *f.*

**détroit** *m.* estrecho

**détromper** *tr.* desengañar

**détrôner** *tr.* destronar

**détruire** *tr.* destruir, destrozar

**dette** *f.* deuda ~ *extérieure* deuda externa

**deuil** *m.* 1 duelo 2 luto *porter le* ~ llevar el luto *être en* ~ estar de luto

**deux** *adj. -s. -m.* dos *tous les* ~ los dos, ambos ~ *fois* ~ dos por dos ~ *par* ~ de dos en dos *de* ~ *choses l'une* una de dos

**deuxième** *adj. -s.* segundo, a

**deuxièmement** *adv.* en segundo lugar

**dévaler** 1 *tr.* bajar 2 *intr.* ir cuesta abajo

**dévaliser** *tr.* desvalijar

**dévaloriser** *tr.* desvalorizar

**dévaluation** *f.* devaluación

**dévaluer** *tr.* devaluar

**devancer** *tr.* adelantar, preceder, tomar la delantera ~ *l'appel* sentar plaza

**devant** 1 *prép.* delante de, ante *(en présence de)* 2 *adv.* delante 3 *m.* delantera *f.*

**devanture** *f.* escaparate *m.*

**dévaster** *tr.* asolar

**développement** *m.* 1 desarrollo 2 fomento *(industrie, économie)* 3 incremento *(augmentation)* 4 revelado *(photographie)*

**développer** *tr.* 1 desarrollar 2 fomentar 3 incrementar 4 revelar *(photographie)* 5 *pr.* desarrollarse, incrementarse

**devenir** *intr.* volverse ~ *fou* volverse loco ~ *maigre* ponerse flaco ~ *médecin* llegar a ser médico ~ *aveugle* quedarse ciego ~ *un désert* convertirse en un desierto *que deviens-tu?* ¿ qué es de tu vida ?

**dévergondé, -ée** *adj. -s.* sin vergüenza

**déverser** 1 *tr.* verter, derramar 2 *pr.* verterse, derramarse

**déversoir** *m.* vertedero

**dévêtir** 1 *tr.* desvestir, desnudar 2 *pr.* desnudarse

**déviation** *f.* desviación, desvio *m.* *(route)*

**dévier** 1 *tr.* desviar 2 *intr. -pr.* desviarse, apartarse

**deviner** *tr.* adivinar

**devinette** *f.* adivinanza

**devis** *m.* presupuesto

**dévisager** *tr.* mirar de hito en hito

**devise** *m.* 1 divisa *(monnaie)* 2 lema *m.*

**deviser** *intr.* platicar

**dévisser** 1 *tr.* destornillar 2 *intr.* despeñarse

**dévoiler** *tr.* quitar el velo, descubrir, revelar *(secret)*

**devoir** *tr.* 1 deber *(de l'argent)* 2 tener que + inf., haber de + inf. *(obligation)* 3 deber de + inf. *(probabilité)* 4 *pr.* deberse

**devoir** *m* 1 deber 2 tarea *f. (école)* 3 obligación *f.*

**dévorant, -e** *adj.* devorador, ora

**dévorer** *tr.* devorar ~ *des yeux* comerse con los ojos

**dévotion** *f.* devoción

**dévoué, -ée** *adj* servicial, sacrificado, a, adicto, a

**dévouement** *m.* abnegación *f.*, adhesión *f.*, dedicación

**dévouer (se)** *pr.* dedicarse, sacrificarse

**dévoyé, -ée** *adj.* pervertido, a, descarriado, a

**dextérité** *f.* destreza

**diabète** *m.* diabetes *f.*

**diabétique** *adj. -s.* diabético, a

**diable** *m.* 1 diablo, demonio 2 carretilla *f. (chariot) envoyer au* ~ mandar a paseo

**diabolique** *adj.* diabólico, a

**diadème** *m.* diadema *f.*

**diagnostic** *m.* diagnóstico

**diagnostiquer** *tr.* diagnosticar

**diagonal, -ale** *adj. -s. -f.* diagonal

**diagramme** *m.* diagrama

**dialecte** *m.* dialecto

**dialectique** *f.* dialéctica

**dialogue** *m.* diálogo

**dialoguer** *intr. -tr.* dialogar

**dialyse** *f.* diálisis

**diamant** *m.* diamante

**diamantaire** *m.* diamantista

**diamètre** *m.* diámetro

**diapason** *m. MUS.* diapasón *fig. se mettre au* ~ ponerse a tono

**diaphragme** *m.* diafragma
**diapositive** *f.* diapositiva
**diarrhée** *f.* diarrea
**diatribe** *f.* diatriba
**dichotomie** *f.* dicotomía
**dictaphone** *m.* dictáfono
**dictateur** *m.* dictador
**dictatorial, -ale** *adj.* dictatorial
**dictature** *f.* dictadura
**dictée** *f.* dictado *m.*
**dicter** *tr.* dictar
**diction** *f.* dicción
**dictionnaire** *m.* diccionario
**dicton** *m.* refrán, dicho
**didactique** *adj.* didáctico, a
**diesel** *m.* diesel
**diète** *f.* dieta
**diététique** **1** *adj.* dietético, a **2** *f.* dietética
**dieu** *m.* dios
**diffamation** *f.* difamación
**diffamer** *tr.* difamar
**différence** *f.* diferencia *à la ~ de* a diferencia de
**différencier** *tr.* diferenciar
**différend** *m* desacuerdo, discrepancia *f.*, litigio
**différent, -e** *adj.* diferente
**différer** *tr. -intr.* diferir, aplazar
**difficile** *adj.* difícil
**difficulté** *f.* dificultad *avoir des difficultés d'argent* estar en un apuro
**difforme** *adj* deforme, disforme
**diffus, -e** *adj.* difuso, a
**diffuser** *tr.* difundir
**diffuseur** *m.* difusor
**diffusion** *f.* difusión
**digérer** *tr.* digerir
**digestif, -ive** **1** *adj.* digestivo, a **2** *m.* licor
**digestion** *f.* disgestión
**digital, -ale** *adj.* digital, dactilar *empreintes digitales* huellas dactilares
**digne** *adj* digno, a *~ de foi* fidedigno, a
**dignitaire** *m.* dignatario
**dignité** *f.* dignidad
**digression** *f.* digresión
**digue** *f.* malecón *m.*, dique *m.*
**dilapider** *tr.* dilapidar
**dilatation** *f.* dilatación

**dilater** **1** *tr.* dilatar **2** *pr.* dilatarse
**dilemme** *m.* dilema
**dilettante** *adj.* diletante
**diligence** *f.* diligencia
**diligent, -e** *adj.* diligente
**diluant** *m.* diluyente
**diluer** *tr.* diluir
**diluvien, -enne** *adj.* diluviano, a
**dimanche** *m* domingo *conducteur du ~* dominguero
**dimension** *f.* dimensión
**diminuer** **1** *tr.* disminuir **2** *intr.* menguar, disminuir *~ de* disminuir en *aller en diminuant* ir en disminución
**diminutif, -ive** *adj.* -*s.* -*m.* diminutivo, a
**diminution** *f.* **1** disminución **2** descenso *m.* *~ des taux d'intérêt* descenso de los tipos de interés
**dinde** *f.* pava
**dindon** *m.* pavo *être le ~ de la farce* pagar el pato
**dîner** *intr.* cenar
**dîner** *m.* cena *f.*
**dingue** *adj.* -*s. fam.* chalado, a
**diocèse** *m.* diócesis *f.*
**diphtérie** *f.* difteria
**diplomate** *adj.* -*s.* diplomático, a
**diplomatie** *f.* diplomacia
**diplomatique** *adj.* diplomático, a
**diplôme** *m.* diploma, título
**diplômé, -ée** *adj.* titulado, a
**diplômer** *tr.* dar un título
**dire** *tr.* decir *cela va sans ~* ni que decir tiene *c'est tout ~* con lo dicho basta *~ du bien* hablar bien *~ du mal* hablar mal *ça ne me dit rien* esto no me apetece *aussitôt dit, aussitôt fait* dicho y hecho *ce qui est dit est dit* lo dicho, dicho
**dire** *m* decir, parecer
**direct, -e** *adj.* -*s.* -*m.* directo, a
**directeur, -trice** *adj.* -*s.* director, ora *comité ~* junta directiva *f.*
**direction** *f.* **1** dirección *~ assistée* dirección asistida **2** rumbo *m.* (*orientation*)
**dirigeant, -e** *adj.* -*s.* dirigente, directivo (*cadre*)
**diriger** *tr.* dirigir
**dirigisme** *m.* dirigismo
**discernement** *m.* discernimiento
**disc-jockey** *m.* pinchadiscos

**disciple** *m* discípulo

**discipline** *f.* disciplina

**discount** *m.* descuento *magasin* ~ tienda de descuento

**discontinuer** *tr. -intr.* discontinuar

**discordance** *f.* disconformidad, discordancia

**discorde** *f.* discordia

**discothèque** *f.* discoteca

**discourir** *intr.* hablar

**discours** *m.* discurso

**discourtois, -e** *adj.* descortés

**discrédit** *m.* descrédito

**discréditer** *tr.* desacreditar, desprestigiar

**discret, -ète** *adj.* discreto, a

**discrétion** *f.* discreción

**discrimination** *f.* discriminación

**disculper** *tr.* disculpar

**discussion** *f.* discusión

**discuter** *tr. -intr.* discutir

**disette** *f.* 1 escasez 2 hambre

**disgrâce** *f.* desgracia, disfavor *m.*

**disjoncteur** *m* disyuntor

**dislocation** *f.* 1 dislocación 2 *fig.* desmembramiento *m.*

**disloquer** *tr.* 1 dislocar 2 *fig.* desmembrar 3 *pr.* dislocarse

**disparaître** *intr.* desaparecer

**disparité** *f.* disparidad, desigualdad

**disparition** *f.* desaparición

**dispensaire** *m.* ambulatorio

**dispense** *f.* dispensa

**dispenser** *tr.* dispensar

**disperser** 1 *tr.* dispersar 2 *pr.* disolverse *(manifestation)*

**disponibilité** *f.* disponibilidad *mise en* ~ excedencia *(fonction publique) en* ~ excedente

**disposé, -ée** *adj.* dispuesto, a

**disposer** *tr. -intr.* disponer

**dispositif** *m.* dispositivo

**disposition** *f.* disposición

**disproportion** *f.* desproporción

**disproportionné, -ée** *adj.* desproporcionado, a

**dispute** *f.* disputa, contienda, riña

**disputer** 1 *tr.* disputar 2 *intr.* reñir 3 *pr.* discutir, reñir

**disqualifier** *tr.* descalificar

**disque** *m.* disco ~ *souple* disco blando ~ *dur* disco duro ~ *33 tours* elepé

**disquette** *f.* diskette *m.*

**dissection** *f.* disección

**dissemblable** *adj.* diferente, desemejante, dispar

**disséminer** 1 *tr.* diseminar 2 *pr.* diseminarse

**disséquer** *tr.* disecar

**dissertation** *f.* disertación

**disserter** *intr.* disertar

**dissidence** *f.* disidencia

**dissident, -e** *adj. -s.* disidente

**dissimulation** *f.* disimulo *m.*, ocultación *(bénéfices)*

**dissimuler** *tr.* disimular, ocultar

**dissipation** *f.* falta de atención

**dissiper** *tr.* 1 distraer 2 disipar 3 *pr.* distraerse

**dissocier** *tr.* disociar

**dissolution** *f.* disolución

**dissolvant** *m.* 1 disolvente 2 quitaesmalte *(vernis à ongles)*

**dissoudre** *tr.* disolver

**dissuader** *tr.* disuadir

**dissuasif, -ive** *adj.* disuasorio, a

**dissuasion** *f.* disuasión *force de* ~ fuerza disuasiva

**distance** *f.* distancia

**distancer** *tr.* adelantar, dejar atrás

**distant, -e** *adj.* distante

**distendre** *tr.* distender, aflojar

**distillerie** *f.* destilería

**distinct, -e** *adj.* distinto, a, claro, a

**distinction** *f.* distinción, galardón *m.* *(récompense)*

**distinguer** 1 *tr.* distinguir 2 *pr.* distinguirse, *fig.* lucirse

**distraction** *f.* distracción, entretenimiento *m.*

**distraire** 1 *tr.* distraer, entretener 2 *pr.* distraerse, entretenerse

**distrayant, -e** *adj.* entretenido, a

**distribuer** *tr.* repartir

**distributeur, -trice** *adj.* distribuidor, ora ~ *automatique* expendedora automática *f.* ~ *de billets* cajero automático, cajero permanente

**distribution** *f.* reparto *m.*, distribución, *THÉÂT. CINÉ.* elenco *m.*, suministro *(eau...)*

**district** *m.* distrito

**dit, -e** *adj.* dicho, a *autrement* ~ dicho de otro modo
**diurétique** *adj.* diurético, a
**diurne** *adj.* diurno, a
**diva** *f.* diva
**divagation** *f.* divagación
**divaguer** *intr.* divagar, *fig.* desatinar
**divan** *m.* diván, sofá
**divergence** *f.* divergencia, *fig.* discrepancia *(idées)*, disconformidad
**divers, -e** *adj.* diverso, a, vario, a
**diversifier** *tr.* diversificar
**diversité** *f.* diversidad, variedad
**divertir 1** *tr.* divertir, distraer **2** *pr.* divertirse, distraerse
**divertissement** *m.* diversión *f.*
**dividende** *m.* dividendo
**divin, -e** *adj.* divino, a
**divinité** *f.* divinidad
**diviser** *tr.* dividir
**division** *f.* división
**divorce** *m.* divorcio *demande de* ~ demanda de divorcio ~ *par consentement mutuel* divorcio consensual *demander le* ~ presentar una demanda de divorcio
**divorcer** *intr.* divorciarse
**divulguer** *tr.* divulgar
**dix** *adj.* -*s.* diez
**dix-huit** *adj* -*s.* diez y ocho, dieciocho
**dix-huitième** *adj.* -*s.* decimoctavo, a
**dixième 1** *adj.* -*s.* décimo, a **2** *m.* décima parte *f.*, décimo *(loterie)*
**dix-neuf** *adj* -*s.* diecinueve, diez y nueve
**dix-sept** *adj* -*s.* diecisiete, diez y siete
**dizaine** *f.* decena
**djellaba** *f.* chilaba
**docile** *adj.* dócil
**docilité** *f.* docilidad
**dock** *m.* dock, dique, almacén
**docker** *m.* descargador de puerto, docker
**docteur** *m.* **1** doctor ~ *de l'Université de Madrid* doctor por la Universidad de Madrid **2** médico
**doctorat** *m.* doctorado
**doctrine** *f.* doctrina
**document** *m.* documento
**documentaire** *adj.* -*s.* -*m.* documental
**documenter** *tr.* documentar

**dodu, -ue** *adj.* regordete, a, rollizo, a
**dogmatique** *adj.* dogmático, a
**dogme** *m.* dogma
**doigt** *m.* dedo *montrer du* ~ señalar con el dedo *être comme les deux doigts de la main* ser uña y carne *mettre le* ~ *sur* dar en el clavo *savoir sur le bout du* ~ saber al dedillo *se mettre le* ~ *dans l'œil* equivocarse
**doigté** *m.* MUS. digitación *f.*, *fig.* tino
**doit** *m.* debe
**doléances** *f. pl.* quejas *cahier de doléances* pliego de quejas
**dollar** *m.* dólar
**domaine** *m.* **1** hacienda *f.*, finca *f.* **2** campo, ámbito, esfera *f. (art, sciences...)* **3** dominio ~ *public* dominio público **4** competencia *f.*
**dôme** *m.* cúpula *f.*
**domestique 1** *adj.* doméstico, a **2** *m.* -*f.* criado, a, *m. pl.* servidumbre *f. sing.*
**domicile** *m.* domicilio *violation de* ~ allanamiento de morada
**domicilié, -ée** *adj.* afincado, a
**dominant, -e** *adj.* dominante
**dominateur, -trice** *adj.* dominador, ora
**domination** *f.* dominación, *fig.* dominio, imperio
**dominer 1** *tr.* -*intr.* dominar **2** *pr.* dominarse
**domotique** *f.* domótica
**dommage** *m.* **1** daño, perjuicio *dommages et intérêts* daños y perjuicios **2** *fig.* lástima *quel* ~*!* ¡qué lástima! *c'est* ~ *que* es una pena que
**domptage** *m.* doma *f.*
**dompter** *tr.* domar
**dompteur, -euse** *m.* -*f.* domador, a
**don** *m.* **1** don, dádiva *f.*, donativo **2** donación *f.* ~ *du sang* donación de sangre **3** dote *f. (aptitude) faire* ~ *de* donar, regalar
**donateur, -trice** *m.* -*f.* donante
**donation** *f.* donación
**donc** *conj.* pues
**donnée** *f.* dato *m. banque de données* banco de datos *traitement de données* proceso de datos *étant donné que* dado que
**donner 1** *tr.* dar ~ *à boire* dar de beber ~ *sur la rue* dar a la calle **2** *pr.* darse ~ *un coup de fil* llamar por teléfono ~ *l'exemple* predicar con el ejemplo ~ *dans le panneau* caer en la

trampa *se ~ des airs de* presumir de *c'est donné (prix) fig.* está tirado

**donneur, -euse** *adj. -s.* donante ~ *de sang* donante de sangre

**dont** *pron. rel.* **1** cuyo, os, cuya, as *l'enfant ~ les yeux sont clairs* el niño cuyos ojos son claros **2** de quien, de quienes *l'auteur ~ je parle* el autor de quien hablo **3** del que, de los que, de la que, de las que *le roman ~ je parle* la novela de la que hablo

**dopage** *m.* dopaje

**doper 1** *tr.* dopar **2** *pr.* doparse

**doping** *m.* doping, dopaje

**dorade** *f.* besugo *m.,* dorada

**dorénavant** *adv.* desde ahora, en adelante, desde ahora en adelante

**dorer** *tr.* dorar, tostar **2** *pr.* tostarse *(au soleil)*

**dorique** *adj.* dórico, a

**dorloter** *tr.* mimar

**dormant, -e** *adj.* **1** estancado, a *(eau)* **2** durmiente *la Belle au Bois Dormant* la Bella durmiente

**dormeur, -euse** *adj. -s.* dormilón, ona

**dormir** *intr.* dormir ~ *à poings fermés* dormir a pierna suelta

**dortoir** *m.* dormitorio común *cité-~* ciudad dormitorio

**dos** *m.* espalda *f.,* espaldas *f. pl.,* lomo *(animal),* dorso *(main)* respaldo *(chaise) ~-d'âne* badén *avoir bon ~ fam.* tener aguante *porter sur le ~* llevar a cuestas *être sur le ~* estar boca arriba

**dose** *f.* dosis *avoir sa ~* estar colocado, a *(drogue)*

**doser** *tr.* dosificar

**dossier** *m.* **1** expediente, sumario *instruire un ~* instruir un sumario **2** respaldo *(chaise)*

**doter** *tr.* dotar

**douane** *f.* aduana *droits de ~* derechos arancelarios, aranceles

**douanier, ère 1** *adj.* arancelario, a, aduanero, a **2** *m.* aduanero

**doublage** *m.* doblaje *(film)*

**double 1** *adj.* doble **2** *m.* doble, duplicado, copia *f.* **3** *adv.* doble *voir ~* ver doble *en ~* por duplicado *à ~ sens* con doble sentido *~ messieurs (tennis)* doble masculino

**doubler** *tr.* **1** duplicar, duplicarse *intr.* **2** doblar *(film)* **3** repetir ~ *une classe*

repetir curso **4** adelantar *(véhicule)* **5** forrar *(vêtement)*

**doublure** *f.* **1** forro *(vêtement)* **2** *CINÉ.* doble *m.*

**douceâtre** *adj.* dulzón, ona

**doucement** *adv.* **1** suavemente **2** lentamente, despacio **3** bajo, bajito *parler ~* hablar bajito

**douceur** *f.* **1** dulzura, dulzor *m.* **2** suavidad **3** *f. pl.* golosinas

**douche** *f.* ducha

**doucher 1** *tr.* duchar, dar una ducha **2** ducharse, darse una ducha

**doué, -ée** *adj.* capacitado, a, capaz

**douillet, -ette** *adj.* delicado, a *(personne),* confortable, cómodo, a, mullido, a

**douleur** *f.* dolor *m.*

**douloureux, -euse** *adj.* doloroso, a

**doute** *m.* duda *f. il n'y a aucun ~* no cabe duda *mettre en ~* poner en tela de juicio *sans ~* sin duda *sans aucun ~* sin duda alguna

**douter** *intr.* **1** dudar **2** no fiarse de **3** *pr.* figurarse, sospechar

**douteux, -euse** *adj.* dudoso, a, ambiguo, a, incierto, a

**doux, douce** *adj.* **1** dulce *(goût)* **2** suave *(contact)* **3** *fig.* grato, a *en douce* a la chita callando *à feu ~* a fuego lento

**douzaine** *f.* docena

**douze** *adj. -s.* doce

**douzième** *adj.* duodécimo, a

**doyen, -enne** *m. -f.* decano, a

**draconien, -enne** *adj.* drástico, a *mesures draconiennes* medidas drásticas

**dragage** *m.* dragado

**dragée** *f.* peladilla

**dragon** *m.* dragón

**draguer** *tr.* **1** dragar **2** *fig. fam.* ligar

**dragueur, -euse** *adj. -s.* ligón, ona

**dramatique 1** *adj.* dramático, a **2** *f.* telenovela

**dramatiser** *tr.* dramatizar

**drame** *m.* drama

**drap** *m.* **1** sábana *f. (lit)* **2** paño *(tissu)*

**drapé** *m.* drapeado

**drapeau** *m.* bandera *f. appeler sous les drapeaux* llamar a filas *être sous les drapeaux* hacer el servicio militar, *fam.* hacer la mili

**dressage** *m.* doma *f.,* amaestramiento

**dresser** tr. 1 enderezar, alzar, levantar 2 disponer, poner ~ la table poner la mesa 3 levantar ~ un constat levantar un atestado ~ un procès-verbal levantar acta 4 formar, redactar (liste, rapport) 5 eregir (statue) 6 amaestrar (animal) 7 pr. levantarse, elevarse, erizarse (cheveux)

**dribbler** intr. driblar

**drogue** f. droga trafic de ~ tráfico de drogas ~ dure droga dura ~ douce droga blanda dépendance à la ~ drogadicción

**drogué, -ée** 1 adj. drogado, a 2 m. -f. drogadicto, a, fam. drogata

**droguer** 1 tr. drogar 2 pr. drogarse le fait de se ~ drogadicción f.

**droit** m. derecho les Droits de l'Homme los Derechos Humanos le ~ de grève el derecho a la huelga avoir le ~ de tener derecho a ~ du travail derecho laboral ~ de douane arancel faire du Droit estudiar Derecho

**droit** adv. derecho, recto

**droite** f. derecha tourner à ~ torcer a la derecha ou a mano derecha parti de ~ partido de derechas être de ~ ser derechista, de derechas à ~ a la derecha l'extrême ~ la ultraderecha un parti d'extrême ~ un partido ultraderechista la dernière ~ la recta final

**droit, -e** adj. derecho, a, recto, a ligne droite línea recta

**droiture** f. rectitud

**drôle** adj. 1 gracioso, a, divertido, a (amusant) 2 extraño, a, raro, a

**dromadaire** m. dromedario

**dru, -ue** adj. 1 tupido, a, espeso, a 2 recio, a (pluie) 3 adv. copiosamente, abundantemente tomber ~ arreciar (pluie)

**dû, -ue** 1 adj. debido, a 2 m. lo debido, lo que se debe

**dualisme** m. dualismo

**dualité** f. dualidad

**dubitatif, ive** adj. dubitativo, a

**duc** m. duque

**duchesse** f. duquesa

**duel** m. duelo

**duffle-coat** m. trenca f.

**dûment** adv. debidamente

**dune** f. duna

**duo** m. dúo en ~ a dúo

**dupe** adj. -s. -f. engañado, a

**duper** tr. engañar, embaucar

**duperie** f. engaño m., engañifa, timo m.

**duplex** m. dúplex

**duplicata** m. duplicado, copia f.

**duplicité** f. duplicidad, doblez

**duquel** pron. rel. del cual

**dur, -e** adj. 1 duro, a être ~ d'oreille ser duro de oído ~ à avaler duro de tragar 2 adv. duro, duramente fam. ~ à cuire duro de pelar

**durable** adj. duradero, a

**durant** prép. durante

**durcir** 1 tr. endurecer 2 pr. endurecerse

**durcissement** m. endurecimiento

**durée** f. duración

**durement** adv. duramente, duro travailler ~ trabajar duro, trabajar duramente

**durer** intr. durar faire ~ prolongar

**dureté** f. dureza

**durillon** m. callo, callosidad f.

**duvet** m. 1 plumón (des oiseaux) 2 vello, bozo (poils) 3 saco de dormir

**dynamique** adj. dinámico, a

**dynamisme** m. dinamismo

**dynamite** f. dinamita

**dynamiter** tr. dinamitar, volar con dinamita

**dynastie** f. dinastía

**dysenterie** f. disentería

**dyslexie** f. dislexia

# E

**e** *m.* e *f.*

**eau** *f.* agua ~ *dormante* agua estancada ~ *plate* agua sin gaz ~ *gazeuse* agua con gas ~ *de Javel* lejía *faire* ~ hacer aguas

**eau-de-vie** *f.* aguardiente

**eau-forte** *f.* aguafuerte

**ébahir** **1** *tr.* asombrar, dejar pasmado **2** *pr.* pasmarse

**ébahissement** *m.* asombro, embeleso

**ébattre (s')** *pr.* retozar, juguetear

**ébauche** *f.* boceto *m.*, bosquejo *m.*, esbozo *m.*

**ébaucher** *tr.* esbozar, bosquejar

**ébène** *f.* ébano *m.*

**ébéniste** *m.* ebanista

**éblouir** *tr.* deslumbrar, cegar

**éblouissant, -e** *adj.* deslumbrador, ora, cegador, ora, *fig.* resplandeciente

**éblouissement** *m.* deslumbramiento

**ébouillanter** *tr.* escaldar

**éboulement** *m.* derrumbamiento, desprendimiento

**ébouriffer** *tr.* desgreñar, erizar, encrespar

**ébranler** *tr.* **1** sacudir, estremecer **2** *fig.* quebrantar, socavar, debilitar *(convictions)* **3** *pr.* quebrantarse **4** ponerse en movimiento

**ébrécher** *tr.* mellar, desportillar

**ébriété** *f.* embriaguez

**ébruiter** *tr.* divulgar, propalar

**ébullition** *f.* ebullición

**écaille** *f.* **1** escama *(poissons)* **2** concha, carey *m.* *(tortue)*

**écailler** *tr.* **1** escamar *(poissons)* **2** abrir *(huîtres)*

**écart** *m.* distancia *f.*, separación *f.*, diferencia ~ *entre les prix* diferencia entre los precios ~ *de conduite* descarrío *réduire l'*~ reducir distancias *à l'*~ *de* apartado de

**écartement** *m.* **1** separación *f.* **2** ancho ~ *des voies (train)* ancho de vías

**écarter** *tr.* **1** apartar, separar, abrir **2** descartar, desechar ~ *une possibilité* descartar una posibilidad

**ecclésiastique** *adj.* *-s.* *-m.* eclesiástico, a

**ecervelé, -ée** *adj.* *-s.* atolondrado, a, ligero, a de cascos

**échafaud** *m.* cadalso, patíbulo

**échafaudage** *m.* andamio

**échafauder** *tr.* **1** levantar un andamio **2** *fig.* trazar, echar las bases de

**échancrure** *f.* escote *m.*

**échange** *m.* **1** cambio **2** intercambio ~ *culturel* intercambio cultural **3** canje ~ *de prisonniers* canje de prisioneros *en* ~ *de* a cambio de

**échanger** *tr.* **1** cambiar, intercambiar, permutar ~ *contre* cambiar por **2** canjear *(prisonniers)*

**échangeur** *m.* enlace *(autoroute)*

**échantillon** *m.* muestra *f.* *collection d'échantillons* muestrario

**échantillonnage** *m.* muestrario

**échappatoire** *f.* escapatoria

**échappée** *f.* escapada, fugado *m.* *(vélo)*

**échapper** **1** *intr.* escapar, escaparse **2** *pr.* escaparse ~ *à* librarse de *l'*~ *belle* librarse de una buena

**écharde** *f.* astilla

**écharpe** *f.* **1** bufanda **2** fajin *m.* **3** cabestrillo *m.* *bras en* ~ brazo en cabestrillo

**échauder** *tr.* escaldar, *fig.* escarmentar

**échauffer** *tr.* **1** calentar **2** caldear *(ambiance)* **3** irritar **4** *pr.* acalorarse

**échauffourée** *f.* refriega

**échéance** *f.* **1** vencimiento *m.* *date d'*~ fecha de vencimiento **2** plazo *m.* *à longue* ~ a largo plazo *à brève* ~ a corto plazo

**échéancier** *m.* registro de vencimientos

**échéant, -e** *adj.* que vence *le cas* ~ si llega el caso, si se presenta el caso

**échec** *m.* **1** fracaso **2** jaque ~ *et mat* jaque mate

**échelle** *f.* **1** escalera de mano ~ *métallique* escalera metálica **2** escala *à grande* ~ a gran escala *faire la courte* ~ aupar

**échelon** *m.* **1** escalafón *grimper d'*~ subir en el escalafón **2** escalón, peldaño

**échelonner** **1** *tr.* escalonar, espaciar **2** *pr.* escalonarse

**écheveau** *m.* madeja *f.*

**écheveler** *tr.* desgreñar

**échine** *f.* espinazo *m.*

**échiner (s')** *pr. fig.* matarse, deslomarse

**échiquier** *m.* tablero, damero

**écho** *m.* eco

**échoir** *intr.* **1** tocar, caer, corresponder **2** vencer *(délai)*

**échoppe** *f.* tenderete *m.*

**échouer** *intr.* **1** MAR. encallar **2** fracasar, salir mal, irse a pique *son plan a échoué* su plan fracasó **3** ser suspendido *(à un examen)*

**éclabousser** *tr.* salpicar, *fig.* mancillar

**éclaboussure** *f.* salpicadura

**éclair** *m.* **1** relámpago **2** destello *(de génie...)* *fermeture* ~ cremallera *f.* *guerre* ~ guerra relámpago

**éclairage** *m.* **1** alumbrado, iluminación *f.* ~ *public* alumbrado público **2** *fig.* enfoque

**éclairer** *tr.* **1** iluminar **2** alumbrar **3** *fig.* aclarar **4** *pr.* iluminarse, *fig.* aclararse

**éclat** *m.* **1** astilla *f.* *(bois)* **2** estallido *(bruit)* **3** esquirla *f.* *(d'os)* **4** resplandor, brillo ~ *de rire* carcajada *f.* *rire aux éclats* reir a carcajadas *coup d'*~ hazaña *f.*

**éclatant, -e** *adj.* **1** brillante **2** estrepitoso, a *(bruit)* **3** rebosante ~ *de santé* rebosante de salud **4** palmario, a *démonstration* ~ demostración palmaria **5** clamoroso, a *succès* ~ clamoroso éxito

**éclater** *intr.* **1** estallar *la guerre éclate* estalla la guerra **2** reventar *le pneu a éclaté* el neumático reventó **3** prorrumpir ~ *en sanglots* prorrumpir en llanto, romper a llorar

**éclectique** *adj.* ecléctico, a

**éclipser** **1** *tr.* eclipsar **2** *pr. fig.* escabullirse

**éclosion** *f.* **1** brote *m.* *(fleur)* **2** nacimiento *m.*, salida del huevo **3** *fig.* aparición, manifestación

**écluse** *f.* esclusa

**écœurant, -e** *adj.* repugnante, asqueroso, a

**école** *f.* **1** escuela **2** academia ~ *de dessin* academia de dibujo ~ *maternelle* parvulario *m.* *faire l'*~ *buissonnière* hacer novillos

**écolier, ère** *m. -f.* colegial, a, alumno, a

**écologie** *f.* ecología

**écologique** *adj.* ecológico, a

**écologiste** *m. -f.* ecologista

**éconduire** *tr.* rechazar, despedir

**économat** *m.* economato

**économie** *f.* **1** economía ~ *souterraine* economía sumergida **2** ahorro *m.* *faire des économies* ahorrar

**économique** *adj.* económico, a

**économiste** *m. -f.* economista

**écorce** *f.* corteza ~ *terrestre* corteza terrestre

**écorcher** *tr.* desollar, *fig.* lastimar *(les oreilles)*, estropear

**écossais, -e** *adj. -s.* escocés, esa

**écot** *m.* escote, cuota *f.*, parte *f.* *payer son* ~ pagar su parte

**écoulement** *m.* **1** derrame *(liquide)* **2** desagüe *(eaux)* **3** transcurso *(temps)*

**écouler** **1** *tr.* despachar, vender *(marchandises)* **2** *pr.* derramarse *(liquide)* **3** transcurrir *(temps)*

**écourter** *tr.* acortar

**écoute** *f.* escucha ~ *téléphonique* escucha telefónica *mettre sur* ~ pinchar el teléfono *indice d'*~ audiencia *être à l'*~ *de (radio)* sintonizar con

**écouteur** *m.* auricular *(téléphone)*

**écrabouiller** *tr.* aplastar

**écran** *m.* pantalla *f.* *le petit* ~ la pequeña pantalla

**écrasant, -e** *adj.* **1** aplastante **2** abrumador, ora *écrasante majorité* abrumadora mayoría

**écraser** *tr.* **1** aplastar **2** atropellar *il s'est fait* ~ *par une voiture* le atropelló un coche **3** *pr.* estrellarse *s'*~ *contre un arbre* estrellarse contra un árbol **4** *fig.* agobiar *être écrasé de fatigue* estar agobiado

**écrémage** *m.* desnatado

**écrémer** *tr.* desnatar, descremar *lait écrémé* leche desnatada, leche descremada

**écrevisse** *f.* cangrejo de río *m.*

**écrier (s')** *pr.* exclamar

**écrire** *tr.* escribir ~ *de sa main* escribir con su puño y letra

**écrit** *m.* escrito

**écriteau** *m.* letrero

**écritoire** *f.* escribanía

**écriture** *f.* **1** letra *avoir une jolie* ~ tener buena letra **2** escritura

**écrivain** *m.* escritor, ora

**écrou** *m.* tuerca

**écrouer** *tr.* encarcelar

**écroulement** *m.* derrumbamiento

**écrouler (s')** *pr.* hundirse, derrumbarse, desplomarse

**écru, -ue** *adj.* crudo, a *(soie)*

**écu** *m.* escudo

**écueil** *m.* escollo

**écuelle** *f.* escudilla

**écume** *f.* espuma

**écumoire** *f.* espumadera

**écureuil** *m.* ardilla *f.*

**écurie** *f.* cuadra, caballeriza

**écusson** *m.* emblema, escudo

**écuyer** *m.* **1** escudero *(servant)* **2** jinete *(cavalier)* **3** caballista *(cirque)*

**écuyère** *f.* amazona

**édenté, -ée** *adj.* desdentado, a

**édifiant, -e** *adj.* edificante

**édifice** *m.* edificio

**édifier** *tr.* edificar

**édit** *m.* edicto ∼ *municipal* bando municipal

**éditeur, -trice** *m. -f.* editor, ora

**édition** *f.* edición *maison d'*∼ editorial *f.*

**éditorialiste** *s.* columnista

**éducateur, -trice** *m. -f.* educador, ora

**éducatif, -ive** *adj.* educativo, a

**éducation** *f.* educación

**édulcorant** *m.* edulcorante

**édulcorer** *tr.* edulcorar

**éduquer** *tr.* educar

**effaçable** *adj.* borrable

**effacé, -ée** *adj.* **1** borrado, a **2** *fig.* sin relieve, apagado, a

**effacement** *m.* borrado, eliminación *f.*

**effacer 1** *tr.* borrar *gomme à* ∼ goma de borrar **2** *pr. fig.* apartarse

**effarer** *tr.* asustar

**effaroucher** *tr.* **1** espantar, asustar **2** ahuyentar *(mettre en fuite)* **3** *pr.* asustarse

**effectif** *m.* **1** plantilla *f. (entreprise)* **2** efectivo

**effectif, -ive** *adj.* efectivo, a

**effectuer** *tr.* llevar a cabo, efectuar

**efféminé, -ée** *adj.* mujeril, afeminado, a

**effervescent, -e** *adj.* efervescente

**effet** *m.* efecto ∼ *de serre* efecto invernadero *faire de l'*∼ surtir efecto

**effeuiller** *tr.* deshojar

**efficace** *adj.* eficaz, eficiente

**efficacité** *f.* eficacia

**efficient, -e** *adj.* eficiente

**effilé, -ée** *adj.* **1** afilado, a **2** fino, a *(doigt...)*

**effilocher** *tr.* deshilachar

**efflanqué, -ée** *adj.* flaco, a, enjuto, a

**effleurer** *tr.* rozar

**effluve** *m.* efluvio

**effondrer 1** *tr.* hundir, derrumbar **2** *pr.* hundirse, derrumbarse

**efforcer (s')** *pr.* esforzarse *s'*∼ *de* esforzarse por

**effort** *m.* esfuerzo

**effraction** *f.* fractura, efracción *vol avec* ∼ robo con fractura

**effrayant, -e** *adj.* espantoso, a, horroroso, a

**effrayer 1** *tr.* espantar, asustar **2** *pr.* espantarse, asustarse

**effréné, -ée** *adj.* desenfrenado, a

**effriter 1** *tr.* desmoronar, pulverizar **2** *pr.* desmoronarse, pulverizarse

**effroi** *m.* espanto

**effronté, -ée** *adj. -s.* descarado, a, desvergonzado, a

**effroyable** *adj.* espantoso, a, pavoroso, a, horroroso, a

**effusion** *f.* **1** efusión **2** derramamiento *m.* ∼ *de sang* derramamiento de sangre

**égal, -e** *adj.* **1** igual, idéntico, a **2** uniforme, regular **3** *m. -f.* igual *être sans* ∼ no tener igual *ça m'est* ∼ me da lo mismo, me da igual

**égaler** *tr.* igualar

**égaliser 1** *tr.* igualar **2** *intr.* empatar *(football)*

**égalité** *f.* igualdad ∼ *des chances* igualdad de oportunidades *être à* ∼ estar empatados, as

**égard** *m.* consideración *f.*, respeto *à l'*∼ *de* con respecto a *sans* ∼ *pour* sin consideración por

**égarer** *tr.* **1** extraviar, perder **2** *fig.* desorientar, perturbar **3** *pr.* perderse, extraviarse, desorientarse

**égayer** *tr.* **1** alegrar **2** *fig.* amenizar *ses plaisanteries égayent les réunions* sus chistes amenizan las reuniones **3** *pr.* alegrarse

**égide** *f.* égida *sous l'*∼ *de* bajo la égida de

**église** *f.* iglesia

**égoïsme** *m.* egoísmo

**égoïste** *adj. -s.* egoísta

**égorger** *tr.* degollar

**égosiller (s')** *pr.* desgañitarse

**égout** *m.* alcantarilla *f.,* cloaca *f.*

**égoutter** 1 *tr.* escurrir, secar 2 *pr.* gotear, escurrirse

**égouttoir** *m.* escurridera *f.,* escurre-platos *m.*

**égratigner** 1 *tr.* arañar, rasguñar 2 *pr.* arañarse, rasguñarse

**égrener** *tr.* desgranar

**égyptien, -enne** *adj. -s.* egipcio, a

**éhonté, -ée** *adj.* desvergonzado, a

**éjaculer** *tr.* eyacular

**éjectable** *adj.* eyectable

**éjecter** *tr.* 1 eyectar 2 *fig.* echar a la calle

**élaboration** *f.* elaboración

**élaborer** *tr.* elaborar

**élagage** *m.* poda *f.*

**élaguer** *tr.* podar

**élan** *m.* 1 impulso, arranque 2 *fig.* impulso, arrebato, ímpetu

**élancé, -ée** *adj.* esbelto, a, espiga-do, a

**élancement** *m.* punzada *f.*

**élancer** *intr.* punzar, dar punzadas

**élancer (s')** *pr.* lanzarse, arrojarse

**élargir** *tr.* ensanchar, ampliar, exten-der ~ *la rue* ensanchar la calle

**élargissement** *m.* 1 ampliación *f.* 2 ensanche

**élasticité** *f.* elasticidad, flexibilidad *(souplesse)*

**élastique** 1 *adj.* elástico, a 2 *m.* goma *f.*

**électeur, -trice** *m. -f.* elector, ora

**électif, -ive** *adj.* electivo, a

**élection** *f.* elección, votación ~ *au suffrage universel* elección por sufragio universal

**électorat** *m.* electorado

**électricien** *m.* electricista

**électricité** *f.* electricidad

**électrifier** *tr.* electrificar

**électrique** *adj.* eléctrico, a *vitre* ~ elevalunas *m. invar. (voiture)*

**électriser** *tr.* electrizar

**électrochoc** *m.* electrochoque

**électrocuter** *tr.* electrocutar

**électrode** *f.* electrodo *m.*

**électrolyse** *f.* electrólisis

**électronique** 1 *f.* electrónica 2 *adj.* electrónico, a

**élégance** *f.* elegancia

**élégant, -e** *adj. -s.* elegante

**élément** *m.* elemento

**élémentaire** *adj.* elemental

**éléphant** *m.* elefante

**élevage** *m.* 1 ganadería *f.* un ~ *de taureaux* una ganadería de toros 2 cría *l'*~ *du bétail* la cría del ganado

**élévation** *f.* 1 elevación 2 *fig.* gran-deza

**élève** *m. -f.* 1 alumno, a *(école)* 2 dis-cípulo, a

**élevé, -ée** *adj.* 1 alto, a, elevado, a *(lieu)* 2 educado, a *(personne)* **bien** ~ bien educado **mal** ~ mal educado

**élever** *tr.* 1 elevar 2 levantar, erigir *(monument)* 3 alzar ~ *la voix* alzar la voz 4 educar, criar *(un enfant)* 5 subir, ascender *la facture s'élève à...* la factura asciende a...

**éleveur, -euse** *m. -f.* ganadero, a

**éligible** *adj.* elegible

**élimination** *f.* eliminación

**éliminatoire** 1 *adj.* eliminatorio, a 2 *f. pl.* eliminatoria

**éliminer** *tr.* eliminar

**élire** *tr.* elegir ~ *domicile* fijar domi-cilio

**élite** *f.* élite

**elle** *pron. pers. f.* 3ᵉ *personne du sing.* ella

**ellipse** *f.* 1 *GÉOM.* elipse 2 *GRAM.* elipsis

**elliptique** *adj.* elíptico, a

**élocution** *f.* elocución

**éloge** *m.* 1 elogio 2 encomio *digne d'*~ encomiable ~ *funèbre* oración fúnebre *f.*

**élogieux, -euse** *adj.* elogioso, a

**éloigné, -ée** *adj.* 1 alejado, a 2 lejano, a *endroit* ~ lugar lejano 3 remoto, a *(dans le temps)*

**éloignement** *m.* alejamiento

**éloigner** *tr.* 1 alejar, apartar 2 diferir, aplazar *(dans le temps)* 3 *pr.* alejarse, apartarse

**éloquence** *f.* elocuencia

**éloquent, -e** *adj.* elocuente

**élu, -ue 1** *adj.* elegido, a, electo, a *le Président* ~ el Presidente electo **2** *m. -f.* edil *m. les élus municipaux* los ediles
**élucider** *tr.* elucidar
**éluder** *tr.* eludir
**émacié, -ée** *adj.* demacrado, a
**émail** *m.* esmalte
**émailler** *tr.* **1** esmaltar **2** *fig.* salpicar ~ *un récit* salpicar un relato
**émanation** *f.* emanación
**émancipation** *f.* emancipación
**émanciper 1** *tr.* emancipar **2** *pr.* emanciparse
**émaner** *intr.* emanar, *fig.* dimanar
**émargement** *m.* anotación *f.*
**émarger 1** *tr.* anotar al margen **2** *intr.* cobrar
**emballage** *m.* **1** embalaje *papier d'*~ papel de embalaje **2** envase *(liquides)*
**emballer** *tr.* **1** envolver ~ *un paquet* envolver un paquete **2** embalar *(dans une caisse)* **3** embalarse *(moteur)* **4** *fig.* entusiasmarse *action d'*~ empaquetado *m.*
**embarcation** *f.* embarcación
**embardée** *f.* bandazo *m.*, despiste *m.*
**embargo** *m.* embargo, decomiso, secuestro *mettre l'*~ *sur* embargar *lever l'*~ desembargar
**embarquer** *tr.* **1** embarcar **2** *fig.* enredar *il s'est embarqué dans cette affaire* se enredó en este asunto **3** *pr.* embarcarse, enredarse, meterse en un lío *dans quoi s'est-il embarqué?* ¿en qué lío se ha metido?
**embarras** *m.* **1** obstáculo, estorbo **2** apuro *être dans l'*~ estar en un apuro *tirer d'*~ sacar de apuro
**embarrassant, -e** *adj.* molesto, a, embarazoso, a
**embarrasser** *tr.* **1** estorbar, embarazar **2** obstruir **3** atestar *(encombrer)* **4** *fig.* turbar, poner en un apuro **5** *pr.* embarazarse, cargarse *s'*~ *de paquets* cargarse de paquetes
**embauche** *f.* contratación
**embaucher** *tr.* contratar ~ *du personnel* contratar personal
**embaumer** *tr. -intr.* embalsamar
**embellir 1** *tr.* embellecer **2** *intr.* ponerse hermoso, a
**embêtant, -e** *adj.* fastidioso, a, cargante
**embêter 1** *tr. fam.* fastidiar **2** *pr.* aburrirse

**emblée (d')** *loc. adv.* de golpe, de entrada
**emblème** *m.* emblema
**embobiner** *tr. fam.* embaucar, engatusar
**emboîter** *tr.* encajar, ajustar ~ *le pas à quelqu'un* ir pisando los talones de alguien
**embolie** *f.* embolia
**embonpoint** *m.* gordura *f. prendre de l'*~ engordar *perdre de l'*~ adelgazar
**embouchure** *f.* desembocadura *(fleuve)*
**embourber 1** *tr.* encenagar, empantanar, atascar, *fig.* meter en un atolladero **2** *pr.* empantanarse, encenagarse
**embouteillage** *m.* embotellamiento, atasco
**embouteiller** *tr.* **1** atascar, embotellar **2** embotellar *(mettre en bouteille)*
**emboutir** *tr.* chocar contra ~ *une voiture* chocar contra un coche
**embranchement** *m.* **1** empalme *(autoroute)* **2** bifurcación *f.,* cruce, encrucijada *f. (routes)* **3** ramificación *(arbre)*
**embraser** *tr.* **1** abrasar **2** *fig.* iluminar
**embrassade** *f.* abrazo *m.*
**embrasser** *tr.* **1** besar, dar un beso *(donner un baiser)* **2** abrazar *(prendre dans les bras)* **3** *fig.* abarcar *ses responsabilités embrassent tout* sus responsabilidades lo abarcan todo *qui trop embrasse mal étreint* quien mucho abarca poco aprieta
**embrasure** *f.* vano *m. (fenêtre)*
**embrayage** *m.* embrague
**embrayer** *tr. -intr.* embragar
**embrigader** *tr.* enrolar, alistar
**embrouiller 1** *tr.* enredar **2** *pr.* embrollarse, enredarse
**embryon** *m.* embrión
**embryonnaire** *adj.* embrionario, a
**embûche** *f.* **1** trampa **2** emboscada
**embuscade** *f.* emboscada
**embusquer** *tr.* emboscar, *fig. -fam.* enchufar *c'est un embusqué* es un enchufado
**émeraude** *f.* esmeralda
**émergence** *f.* emergencia
**émerger** *intr.* emerger, surgir
**émeri** *m.* esmeril *papier d'*~ papel de lija

**émérite** adj. 1 emérito, a 2 fig. consumado, a

**émersion** f. emersión

**émerveillement** m. 1 maravilla f. c'est un ～ es una maravilla 2 admiración f. (action de s'émerveiller)

**émerveiller** 1 tr. maravillar 2 pr. maravillarse

**émetteur** m. emisor, emisora f. (radio)

**émettre** tr. emitir ～ un chèque expedir un cheque

**émeute** f. 1 disturbio m. émeutes dans les rues disturbios callejeros 2 motín

**émigrant, -e** adj. -s. emigrante ～ clandestin emigrante clandestino ～ sans papiers emigrante indocumentado

**émigration** f. emigración

**émigré, -ée** adj. -s. emigrado, a

**émigrer** intr. emigrar

**éminence** f. eminencia

**éminent, -e** adj. eminente, destacado, a, relevante d'éminentes personnalités relevantes personalidades

**émir** m. emir

**émirat** m. emirato

**émissaire** adj. -s. emisario, a bouc ～ chivo expiatorio

**émission** f. 1 programa m. (télévision) 2 emisión

**emmagasiner** tr. almacenar

**emmêler** tr. enmarañar

**emménager** intr. instalarse

**emmener** tr. llevar, llevarse

**emmerdement** m. fam. lío, follón

**emmerder** 1 tr. fam. jorobar 2 pr. jorobarse

**emmitoufler** 1 tr. abrigar, arropar 2 pr. abrigarse

**emmurer** tr. emparedar

**émoi** m. emoción f.

**émoluments** m. pl. sueldo m. sing.

**émotif, -ive** adj. -s. emotivo, a

**émotion** f. emoción

**émotivité** f. emotividad

**émoulu, -ue** adj. fig. recién salido, a frais ～ de la Faculté recién salido de la Facultad

**émousser** tr. 1 desafilar 2 fig. debilitar 3 pr. debilitarse

**émoustiller** tr. alegrar, animar, excitar

**émouvant, -e** adj. conmovedor, ora, emocionante

**émouvoir** 1 tr. conmover 2 pr. conmoverse

**empaquetage** m. empaquetado

**empaqueter** tr. empaquetar

**emparer (s')** pr. apoderarse, hacerse con il s'empare du pouvoir se hace con el poder

**empâter (s')** pr. engordar

**empêchement** m. impedimento, obstáculo en cas d'～ en caso de impedimento

**empêcher** 1 tr. impedir il n'empêche que esto no impide que 2 pr. pasar sin il ne peut s'～ de travailler no puede pasar sin trabajar

**empereur** m. emperador

**empeser** tr. almidonar

**empester** intr. apestar ça empeste la fumée apesta a humo

**empêtrer** 1 tr. trabar, fam. enredar 2 pr. fam. enredarse, liarse

**emphase** f. énfasis m.

**emphatique** adj. enfático, a

**empierrer** tr. empedrar

**empiéter** intr. 1 invadir, ganar terreno 2 transgredir (l'autorité) 3 tr. usurpar

**empiffrer (s')** pr. fam. atracarse, ponerse morado, a, atiborrarse

**empiler** tr. amontonar

**empire** m. imperio

**empirer** tr. -intr. empeorar

**empirisme** m. empirismo

**emplacement** m. ubicación f., emplazamiento, sitio

**emplâtre** m. emplasto

**emplir** tr. llenar

**emploi** m. 1 empleo, trabajo, colocación f. 2 puesto de trabajo création de dix emplois creación de diez puestos de trabajo ～ à mi-temps trabajo a media jornada mode d'～ instrucciones para el uso f. pl., libro de instrucciones

**employer** tr. 1 emplear ～ à emplear en 2 dar trabajo elle emploie un jardinier da trabajo a un jardinero 3 utilizar, hacer uso de 4 pr. emplearse, usarse s'～ à esforzarse por

**employeur, -euse** m. -f. empresario, a, patrono, a

**empocher** tr. cobrar

**empoigner** tr. empuñar, agarrar

**empoisonnement** m. envenenamiento

**empoisonner** *tr.* **1** envenenar, intoxicar **2** *fig.* amargar ∼ *la vie* amargar la vida **3** *fam.* fastidiar

**emportement** *m.* arrebato

**emporter** *tr.* **1** llevarse, llevar **2** *pr.* enfurecerse, encolerizarse ∼ *l'avantage* lograr ventaja *l'*∼ *sur* poder más que

**empoté, -ée** *adj.* torpe

**empourprer 1** *tr.* enrojecer **2** *pr.* enrojecerse, ruborizarse

**empreinte** *f.* **1** huella *empreintes digitales* huellas dactilares **2** impronta, sello *m.*

**empressé, -ée** *adj.* diligente, solícito, a

**empressement** *m.* celo, diligencia *f.*

**empresser (s')** *pr.* **1** apresurarse *s'*∼ *de* apresurarse a **2** afanarse **3** mostrarse solícito, a

**emprise** *f.* influencia, dominio *m.* *être sous l'*∼ *de la boisson* estar bajo el dominio de la bebida

**emprisonnement** *m.* encarcelamiento

**emprunt** *m.* préstamo, empréstito

**emprunter** *tr.* **1** pedir *ou* tomar prestado **2** tomar *(un chemin) nous allons* ∼ *la route nationale* vamos a tomar la carretera nacional

**ému, -ue** *adj.* conmovido, a

**émulation** *f.* emulación

**émulsion** *f.* emulsión

**en** *prép.* **1** en *(lieu où l'on se trouve, époque) je suis* ∼ *Espagne* estoy en España ∼ *été* en verano **2** a *(lieu où l'on va) je vais* ∼ *Espagne* voy a España **3** de *(matière, couleur vestimentaire) la table* ∼ *bois* la mesa de madera *la femme* ∼ *noir* la mujer de negro **4** al *(avec un participe présent)* ∼ *entrant il vit la maison* al entrar vio la casa **5** *suppression dans le cas d'un gérondif* ∼ *travaillant* trabajando

**en** *adv.* de allí, de ahí, de allá *j'*∼ *viens* de allí vengo

**en** *pron. pers.* **1** *remplacé par le pronom équivalent ils* ∼ *parlent* hablan de ella, de él, de ellos, de ellas, de ello **2** *comme partitif, ne se traduit pas ou se traduit par lo, los, la, las j'*∼ *ai (des amis)* los tengo *j'*∼ *ai (des photos)* las tengo *j'*∼ *ai (de la patience)* la tengo *s'*∼ *aller* irse, marcharse *c'*∼ *est assez !* ¡ basta ya ! ∼ *attendant* mientras tanto *tout* ∼ *(suivi d'un participe présent)* sin

dejar de *tout* ∼ *chantant* sin dejar de cantar

**encadré** *m.* recuadro

**encadrement** *m.* **1** marco ∼ *doré* marco dorado **2** cerco, recuadro **3** regulación *f.* ∼ *des prix* regulación de los precios

**encadrer** *tr.* **1** enmarcar, poner marco a *(tableau)* **2** regular *(prix)* **3** poner en un recuadro *(article de presse)*

**encaissement** *m.* cobro

**encaisser** *tr.* **1** cobrar, ingresar en caja *(argent)* **2** *fig. fam.* tragar *il ne peut pas l'*∼ no puede tragarlo

**encaisseur** *m.* cobrador

**encan** *m.* **1** almoneda *f.* **2** subasta *f.* *mettre à l'*∼ subastar

**encart** *m.* encarte

**en-cas** *m.* tentempié

**encastrer** *tr.* **1** empotrar *placard encastré* armario empotrado **2** encajar, encastrar

**encaustiquage** *m.* encerado

**encaustique** *f.* cera

**encaustiquer** *tr.* encerar

**enceinte 1** *f.* recinto *m.* *l'*∼ *de l'Exposition Universelle* el recinto de la Exposición Universal **2** *adj.* embarazada *femme* ∼ mujer embarazada

**encens** *m.* incienso

**encenser** *tr.* **1** adular, lisonjear *(une personne)* **2** incensar

**encercler** *tr.* cercar

**enchaînement** *m.* encadenamiento, enlace

**enchaîner** *tr.* encadenar, enlazar

**enchanté, -ée** *adj.* encantado, a

**enchantement** *m.* encanto *comme par* ∼ como por arte de magia

**enchanter** *tr.* encantar, hechizar

**enchère** *f.* **1** puja **2** subasta *vente aux enchères* subasta *mettre aux enchères* subastar, sacar a subasta

**enchérir** *intr.* pujar ∼ *sur* sobrepujar, *fig.* ir más allá

**enchérissement** *m.* encarecimiento

**enchérisseur** *m.* postor

**enchevêtrer 1** *tr.* enmarañar **2** *pr.* enmarañarse

**enclave** *f.* enclave *m.*

**enclaver** *tr.* enclavar, insertar

**enclin, -e** *adj.* proclive ∼ *à* proclive a

**enclos** *m.* cercado

**enclume** f. yunque m. *entre l'~ et le marteau* entre la espada y la pared

**encoche** f. entalladura

**encoignure** f. rinconera

**encollage** m. encolado

**encoller** tr. encolar

**encolure** f. 1 cuello 2 medida del cuello *(mesure)*

**encombrant, -e** adj. molesto, a, de mucho bulto, embarazoso, a, voluminoso, a

**encombrer** tr. 1 estorbar 2 ocupar mucho sitio, abultar *cette valise encombre* esta maleta abulta mucho 3 pr. cargar *s'~ de* cargar con

**encontre de (à l')** loc. adv. en contra

**encore** adv. 1 aún, todavía *pas ~* todavía no 2 más *tu en veux encore?* ¿quieres más? *non seulement..., mais ~* no sólo..., sino también *~ que* aunque, aun cuando *encore!* interj. ¡otra vez!

**encorner** tr. dar cornadas *il s'est fait encorner* lo ha cogido el toro

**encornet** m. calamar

**encourageant, -e** adj. alentador, ora, esperanzador, ora

**encouragement** m. 1 ánimo, estímulo 2 fomento *~ au développement* fomento al desarrollo

**encourager** tr. 1 animar, alentar 2 fomentar *~ l'industrie* fomentar la industria

**encourir** intr. exponerse a

**encrasser** 1 tr. enmugrecer, ensuciar 2 pr. enmugrecerse, ensuciarse, engrasarse *(moteur)*

**encre** f. tinta *faire couler beaucoup d'~* dar mucho que hablar

**encrier** m. tintero

**encroûter** 1 tr. encostrar, fig. embrutecer 2 pr. fig. embrutecerse

**encyclopédie** f. enciclopedia

**endémique** adj. endémico, a

**endettement** m. endeudamiento

**endetter** 1 tr. endeudar, cargar de deudas 2 pr. endeudarse

**endeuiller** tr. enlutar

**endiablé, -ée** adj. endemoniado, a

**endiguer** tr. encauzar

**endimancher** 1 tr. endomingar 2 pr. endomingarse

**endive** f. endibia

**endoctrinement** m. adoctrinamiento

**endoctriner** tr. adoctrinar

**endolorir** tr. lastimar, causar dolor, hacer daño

**endommager** tr. estropear, deteriorar, dañar

**endormir** tr. 1 dormir, adormecer *~ un enfant* dormir a un niño 2 fig. aplacar, calmar *(douleur)* 3 dar sueño *ce film endort* esta película da sueño 4 pr. dormirse, entrarle a uno el sueño *je m'endors* me duermo *ou* me entra el sueño *ne pas arriver à s'~* no conciliar el sueño

**endos** m. endoso

**endosser** tr. endosar

**endroit** m. 1 sitio, lugar 2 cara f. *(page)* 3 derecho *(tissu) par endroits* en algunas partes

**enduire** tr. 1 untar *~ de beurre* untar con mantequilla 2 embadurnar 3 enlucir *(un mur)*

**enduit** m. enlucido *(mur)*

**endurance** f. resistencia

**endurant, -e** adj. paciente, resistente, sufrido, a

**endurci, -ie** adj. endurecido, a, fig. empedernido, a, insensible *célibataire ~* solterón, ona

**endurcir** tr. 1 endurecer 2 fig. empedernir 3 pr. endurecerse, empedernirse

**endurcissement** m. endurecimiento

**endurer** tr. aguantar, soportar

**énergétique** adj. energético, a

**énergie** f. energía

**énergique** adj. enérgico, a

**énervant, -e** adj. irritante

**énervé, -ée** adj. nervioso, a

**énerver** 1 tr. poner nervioso, a 2 pr. ponerse nervioso, a

**enfance** f. niñez, infancia

**enfant** m. -f. 1 niño, a *un ~ gâté* un niño mimado 2 hijo, a *il a deux enfants* tiene dos hijos *les petits-enfants* los nietos *pour enfants* infantil adj. *émission pour enfants* programa infantil *faire l'~* niñear *bon ~* adj. campechano, a

**enfanter** tr. dar a luz, parir

**enfantillage** m. chiquillada f.

**enfantin, -e** adj. infantil

**enfer** m. infierno

**enfermer** tr. encerrar *~ à double tour* guardar con siete llaves

**enfilade** f. hilera *en ~* en fila

**enfiler** *tr.* **1** enhebrar *(aiguille)*, ensartar *(perles)* **2** *fig.* tomar *(rue)*

**enfin** *adv.* por fin ∼ *j'ai fini* por fin he terminado

**enflammer** *tr.* **1** incendiar, prender fuego a **2** inflamar **3** *pr. fig.* entusiasmarse

**enfler 1** *tr.* hinchar, inflar **2** *intr.* -*pr.* hincharse, *fig.* engreírse

**enflure** *f.* hinchazón, inflamación

**enfoncer** *tr.* **1** hundir **2** clavar *(clou)* **3** derribar *(porte)* **4** fracturar **5** encasquetarse *(chapeau)* **6** *intr.* -*pr.* hundirse, *fig.* venirse a pique

**enfouir** *tr.* enterrar, *fig.* ocultar

**enfourcher** *tr.* montar ∼ *la bicyclette* montar en la bici

**enfourner** *tr.* meter en el horno

**enfreindre** *tr.* transgredir

**enfuir (s')** *pr.* huir, escapar *s'*∼ *de prison* fugarse

**enfumer** *tr.* ahumar

**engagé, -ée** *adj.* **1** contratado, a ∼ *pour un mois* contratado para un mes **2** comprometido, a *écrivain* ∼ escritor comprometido *littérature engagée* literatura comprometida *ou* literatura de compromiso

**engagement** *m.* **1** compromiso *sans* ∼ sin compromiso **2** alistamiento *(armée)*

**engager** *tr.* **1** contratar ∼ *un jardinier* contratar a un jardinero **2** comprometer *cela ne vous engage pas* esto no le compromete **3** aconsejar *je t'engage à écouter* te aconsejo que escuches **4** introducir *(la clef)* **5** *fig.* entablar *(une conversation)* **6** *pr.* comprometerse, alistarse *(armée)*

**engeance** *f.* ralea, calaña

**engelure** *f.* sabañón *m.*

**engendrer** *tr.* **1** engendrar **2** *fig.* generar *cette situation engendre la violence* esta situación genera violencia

**engin** *m.* **1** artefacto **2** vehículo **3** máquina *f.* **4** proyectil, arma *f.*

**englober** *tr.* abarcar

**engloutir** *tr.* **1** engullir **2** tragar, tragarse

**engoncer 1** *tr.* envarar **2** *pr.* hundir la cabeza en el abrigo o la chaqueta

**engorgement** *m.* atasco, atranco *(conduit)*, atoramiento

**engouement** *m.* admiración *f.*, entusiasmo

**engouffrer** *tr.* **1** tragarse, engullir, zamparse **2** *pr.* precipitarse

**engourdir** *tr.* entumecer, adormecer

**engourdissement** *m.* entumecimiento, adormecimiento

**engrais** *m.* abono, fertilizante

**engraisser 1** *tr.* engordar, cebar *(animaux)* **2** *intr.* engordar **3** *pr.* engordar

**engrenage** *m.* engranaje

**engueulade** *f. fam.* bronca

**engueuler 1** *tr.* echar una bronca **2** *pr.* reñir, discutir

**enhardir (s')** *pr.* atreverse, envalentonarse

**énième** *adj.* enésimo, a *pour la* ∼ *fois* por enésima vez

**énigmatique** *adj.* enigmático, a

**énigme** *f.* enigma *m.*

**enivrant, -e** *adj.* embriagador, ora

**enivrer 1** *tr.* embriagar, emborrachar **2** *pr.* emborracharse, embriagarse

**enjambée** *f.* zancada

**enjamber** *tr.* **1** salvar ∼ *une flaque* salvar un charco **2** pasar por encima

**enjeu** *m.* puesta *f. fig.* lo que está en juego

**enjôler** *tr.* engatusar, embaucar

**enjoliver** *tr.* adornar, engalanar

**enjoliveur** *m.* tapacubos *invar.*

**enkyster (s')** *pr.* enquistarse

**enlacer** *tr.* **1** abrazar **2** atar **3** *pr.* abrazarse

**enlaidir 1** *tr.* afear **2** *pr.* afearse, ponerse, volverse feo, a

**enlèvement** *m.* **1** rapto, secuestro *(d'une personne)* **2** recogida *f.* ∼ *des ordures ménagères* recogida de la basura

**enlever** *tr.* **1** quitar ∼ *une tache* quitar una mancha **2** quitarse ∼ *son manteau* quitarse el abrigo **3** raptar, secuestrar ∼ *une personne* raptar a una persona

**enlisement** *m.* atasco, estancamiento

**enneigé, -ée** *adj.* nevado, a

**ennemi, -ie** *adj.* -*s.* enemigo, a

**ennoblir** *tr.* ennoblecer

**ennui** *m.* **1** aburrimiento, fastidio, tedio **2** disgusto *avoir des ennuis* tener disgustos, tener problemas

**ennuyer** *tr.* **1** molestar, fastidiar **2** aburrir **3** *pr.* aburrirse

**ennuyeux, -euse** *adj.* **1** molesto, a **2** aburrido, a *ce film est* ~ esta película es aburrida

**énoncé** *m.* planteamiento *l'*~ *du problème* el planteamiento del problema

**énoncer** *tr.* enunciar

**enorgueillir (s')** *pr.* enorgullecerse, vanagloriarse

**énorme** *adj.* enorme

**énormité** *f.* **1** enormidad **2** *fig.* disparate *m.*, barbaridad *quelle* ~ *!* ¡qué disparate! *ou* ¡qué barbaridad!

**équaliseur** *m.* ecualizador

**enquérir (s')** *pr.* enterarse *s'*~ *de* preguntar por

**enquête** *f.* **1** investigación *(police)* **2** encuesta *(recherche)* **3** encuesta *(sondage)*

**enquêter** *intr.* investigar

**enquêteur, -euse** *adj.* -s. investigador, ora *(police)*, encuestador, ora *(sondage)*

**enraciner 1** *tr.* arraigar **2** *pr.* arraigarse, echar raíces

**enragé, -ée 1** *adj.* rabioso, a *chien* ~ perro rabioso **2** *adj.* -s. *fig.* entusiasta, fanático, a

**enrager** *intr.* rabiar, dar rabia *j'enrage d'attendre* me da rabia esperar

**enrayer 1** *tr.* atajar, detener **2** *pr.* encasquillarse *(arme)*

**enregistrement** *m.* **1** grabación *f.* *(disque)* **2** facturación *f.* *(bagages)*

**enregistrer** *tr.* **1** grabar ~ *un disque* grabar un disco **2** registrar ~ *un document* registrar un documento **3** facturar ~ *les bagages* facturar el equipaje

**enregistreur, -euse** *tr.* registrador, ora *caisse enregistreuse* caja registradora

**enrhumer 1** *tr.* resfriar, constipar *être enrhumé* estar resfriado **2** *pr.* resfriarse, constiparse

**enrichissement** *m.* enriquecimiento

**enrichir 1** *tr.* enriquecer **2** *pr.* enriquecerse

**enrober** *tr.* envolver

**enrôler 1** alistar, reclutar **2** *pr.* alistarse

**enrouer (s')** *pr.* ponerse ronco, a

**enrouler** *tr.* **1** enrollar ~ *une pelote de laine* enrollar una madeja de lana **2** envolver **3** *pr.* enroscarse

**ensanglanter** *tr.* ensangrentar

**enseignant, -e** *adj.* -s. docente *le corps* ~ el cuerpo docente *m.* -f. profesor, ora

**enseigne** *f.* rótulo *m.*, letrero *m.*

**enseignement** *m.* enzeñanza *f.* ~ *assisté par ordinateur* enseñanza con la ayuda de ordenador

**enseigner** *tr.* enseñar, dar clases de

**ensemble 1** *m.* conjunto **2** *adv.* juntos, as *les garçons* ~ los chicos juntos *les filles* ~ las chicas juntas **3** conjuntamente, a la vez *grand* ~ *(banlieue)* barriada *f.*

**ensemencer** *tr.* sembrar

**enserrer** *tr.* **1** apretar **2** contener

**ensevelir** *tr.* sepultar

**ensoleiller** *tr.* **1** solear **2** *fig.* iluminar, alegrar

**ensorceler** *tr.* hechizar

**ensorcellement** *m.* hechizo

**ensuite** *adv.* después, luego, a continuación

**ensuivre (s')** *pr.* resultar *il s'ensuit que* resulta que

**entacher** *tr.* mancillar

**entailler** *tr.* cortar, entallar

**entamer** *tr.* **1** empezar, comenzar **2** entablar ~ *un dialogue* entablar un diálogo

**entasser** *tr.* amontonar

**entendement** *m.* juicio, entendimiento

**entendre** *tr.* **1** oír **2** entender *(comprendre)* **3** *intr.* oír, entender

**entendre (s')** *pr.* entenderse *s'*~ *bien avec quelqu'un* llevarse bien con alguien *s'*~ *mal* llevarse mal

**entendu, -e** *adj.* **1** oído, a **2** entendido, a *bien* ~ desde luego, por supuesto *entendu! interj.* ¡conforme!

**entente** *f.* **1** armonía, comprensión **2** compenetrado, a *adj. il y a une grande* ~ *entre eux* están muy compenetrados **3** compenetración *leur* ~ *est importante* su compenetración es importante **4** acuerdo *m.*

**enterrement** *m.* entierro, funeral *fig. faire une tête d'*~ tener cara de pocos amigos

**enterrer** *tr.* **1** enterrar, sepultar **2** *fig.* echar tierra sobre ~ *une affaire* echarle tierra al asunto

**en-tête** *m.* membrete

**entêté, -ée** *adj.* -s. tozudo, a, testarudo, a, terco, a

**entêter (s')** *pr.* empeñarse *s'~ à* empeñarse en

**enthousiasme** *m.* entusiasmo

**enthousiaste** *adj.* entusiasta

**enticher (s')** *pr.* encapricharse, chiflarse *s'~ de* encapricharse por

**entier, -ère** *adj.* entero, a

**entièrement** *adv.* enteramente, completamente

**entité** *f.* entidad

**entonner** *tr.* entonar

**entonnoir** *m.* embudo

**entorse** *f.* 1 esguince *m.*, torcedura 2 *fig.* infracción *faire une ~ à* infringir

**entortiller** *tr.* enredar, *fig.* enredar, liar

**entourage** *m.* 1 cerco, lo que rodea 2 entorno *~ familial* entorno familiar 3 allegados *m. pl.*, familiares *m. pl.*

**entourer** 1 *tr.* rodear, cercar 2 *pr.* rodearse

**entracte** *m.* 1 CINÉ. descanso 2 entreacto

**entraider (s')** *pr.* ayudarse mutuamente

**entrailles** *f. pl.* entrañas

**entrain** *m.* ánimo, ardor

**entraînant, -e** *adj.* animado, a

**entraînement** *m.* 1 SPORT entrenamiento 2 ejercitación *f.*

**entraîner** *tr.* 1 SPORT entrenar 2 ejercitar 3 originar, acarrear *ce qui entraîne des conséquences* lo que acarrea consecuencias 4 arrastrar *se laisser ~* dejarse llevar

**entraîneur, -euse** *m. -f.* entrenador, ora

**entrave** *f.* traba

**entraver** *tr.* 1 trabar 2 *fig.* poner trabas a, dificultar, entorpecer

**entre** *prép.* entre

**entrebâiller** *tr.* entornar, entreabrir

**entrecôte** *f.* entrecote

**entrecouper** *tr.* entrecortar

**entrée** *f.* 1 entrada 2 recibidor *m.* *(appartement)* 3 ingreso *m. (à l'hôpital)* 4 primer plato *m. (menu)*

**entrefaites (sur ces)** *loc. adv.* en éstas

**entrefilet** *m.* suelto

**entrelacer** *tr.* entrelazar, enlazar

**entremêler** *tr.* entremezclar, *fig.* entrecortar

**entremets** *m.* postre, dulce

**entremetteur, -euse** *m. -f.* alcahuete, a

**entremise** *f.* mediación

**entreposer** *tr.* 1 almacenar *(dans un entrepôt)* 2 depositar

**entrepôt** *m.* almacén

**entreprenant, -e** *m.* emprendedor, ora

**entreprendre** *tr.* emprender

**entrepreneur** *m.* empresario *~ de travaux* contratista

**entreprise** *f.* empresa *chef d'~* empresario *avoir l'esprit d'~* ser emprendedor, ora *cadre d'~* ejecutivo

**entrer** *intr.* 1 entrar *~ dans la maison* entrar en la casa 2 ingresar *~ à l'hôpital* ingresar en el hospital *~ sur scène* THÉAT. salir al escenario *entrez !* *interj.* ¡adelante !

**entresol** *m.* entresuelo

**entre-temps** *adv.* mientras tanto

**entretenir** *tr.* 1 mantener 2 hablar *nous allons l'~ de cette affaire* vamos a hablarle de este asunto 3 *pr.* mantenerse, hablar, entrevistarse

**entretien** *m.* 1 mantenimiento 2 entrevista *f.* 3 limpieza *f.* *produits d'~* productos para la limpieza *avoir un ~* entrevistarse

**entrevoir** *tr.* entrever

**entrevue** *f.* entrevista *avoir ou donner une ~* entrevistar, entrevistarse

**entrouvrir** *tr.* 1 entreabrir 2 entornar *yeux entrouverts* ojos entornados

**énumérer** *tr.* enumerar

**envahir** *tr.* invadir

**envahissement** *m.* invasión *f.*

**envahisseur** *m.* invasor

**enveloppant, -e** *adj.* envolvente

**enveloppe** *f.* sobre *m.* *~ autocollante* sobre adhesivo

**envelopper** 1 *tr.* envolver, *fig.* incluir, abarcar 2 *pr.* envolverse

**envenimer** 1 *tr.* envenenar, *fig.* enconar *(discussion)* 2 *pr.* envenenarse, enconarse

**envergure** *f.* 1 envergadura 2 *fig.* amplitud *de peu d'~* de poco fuste

**envers** 1 *m.* envés, revés 2 *prép.* con, para con *loc. adv. à l'~* al revés

**enviable** *adj.* envidiable

**envie** *f.* envidia *avoir ~ de* tener ganas de, apetecerle a uno *j'ai ~ de danser* tengo ganas de bailar *ou* me apetece bailar *ne pas avoir ~ de* no apetecerle a uno *je n'ai pas ~ de sortir* no me apetece salir *parce que je n'en ai pas envie* porque no me da la gana

**envier** *tr.* envidiar, tenerle envidia a *je t'envie* te tengo envidia

**environ** *adv.* **1** aproximadamente **2** unos, unas *il a ~ 20 ans* tiene unos 20 años

**environnement** *m.* **1** medio ambiente **2** entorno ~ *familial* entorno familiar *de l'~* medioambiental *adj.* *problèmes de l'~* problemas medioambientales

**environnant, -e** *adj.* circundante

**environner** *tr.* circundar, rodear

**envisager** *tr.* **1** enfocar ~ *le problème avec calme* enfocar el problema con calma **2** pensar en *il envisage de partir* piensa en irse **3** plantearse ~ *la possibilité de* plantearse la posibilidad de

**envoi** *m.* envio ~ *recommandé* certificado *m.* ~ *contre remboursement* envío contra reembolso *coup d'~* saque

**envol** *m.* vuelo, despegue *(avion)*

**envoler (s')** *pr.* **1** emprender el vuelo, alzar el vuelo **2** volar, volarse *les feuilles s'envolent* las hojas vuelan

**envoûter** *tr.* hechizar

**envoyer** *tr.* **1** enviar, mandar ~ *un colis* mandar un paquete **2** tirar, lanzar, arrojar ~ *du sable* tirar arena ~ *promener* mandar a paseo

**envoyeur, -euse** *m. -f.* remitente

**épais, aisse** *adj.* espeso, a, grueso, a, denso, a

**épaisseur** *f.* **1** espesor *m.*, grueso *m.* **2** espesura *(d'un feuillage)*

**épaissir** *tr.* **1** espesar **2** *fig.* engordar **3** *pr.* espesarse, engordar

**épanchement** *m.* **1** *MÉD.* derrame **2** derramamiento

**épancher** *tr.* **1** derramar **2** *fig.* desahogar **3** *pr.* desahogarse, explayarse

**épanoui, -e** *adj.* abierto, a

**épanouir** *tr.* **1** abrir *(fleurs)* **2** dilatar *(l'esprit)* **3** alegrar *(la mine)* **4** *pr.* abrirse, dilatarse, alegrarse

**épargnant, -e** *m. -f.* ahorrador, ora

**épargne** *f.* ahorro *m.* *Caisse d'~* Caja de Ahorros

**épargner** *tr.* **1** ahorrar **2** ahorrarse *(temps, peine)*

**éparpiller** *tr.* **1** esparcir, desparramar **2** *pr.* esparcirse, desparramarse, *fig.* dispersarse

**épatant, -e** *adj.* estupendo, a

**épaté, -ée** *adj.* *fam.* patidifuso, a, chato, a *nez ~* nariz chata

**épater** *tr.* asombrar, dejar pasmado, a

**épaule** *f.* hombro *m.* *hausser les épaules* encogerse de hombros

**épauler** *tr.* respaldar

**épaulette** *f.* hombrera

**épée** *f.* espada

**épeler** *tr.* deletrear

**éperdu, -e** *adj.* loco, a, delirante ~ *de joie* loco de alegría

**éperon** *m.* espuela *f.*

**éperonner** *tr.* espolear

**épervier** *m.* gavilán

**épeuré, -ée** *adj.* asustado, a

**éphémère** *adj.* efímero, a

**épi** *m.* **1** espiga *f.* *(blé)* **2** mazorca *f.* *(maïs)*

**épice** *f.* especia

**épicé, -ée** *adj.* picante

**épicer** *tr.* condimentar

**épicerie** *f.* tienda de comestibles, tienda de ultramarinos, colmado *m.*

**épicier, ère** *m. -f.* tendero, a de ultramarinos

**épidémie** *f.* epidemia

**épiderme** *m.* epidermis *f.*

**épier** *tr.* espiar, acechar, fisgar

**épilation** *f.* depilación

**épiler** **1** *tr.* depilar **2** *pr.* depilarse *crème à ~* crema depilatoria

**épilogue** *m.* epílogo

**épinard** *m.* espinaca *f.*

**épine** *f.* espina

**épingle** *f.* **1** alfiler *m.* **2** imperdible *m.* *(de sûreté)* **3** horquilla *(à cheveux)*

**épinière** *adj.* espinal *moelle ~* médula espinal

**Épiphanie** *f.* día de los Reyes *m.*

**épiscopal, -e** *adj.* episcopal

**épiscopat** *m.* episcopado

**épisode** *m.* episodio

**épisodique** *adj.* episódico, a

**épistolaire** *adj.* epistolar

**épithète** *f.* epíteto

**éploré, -ée** *adj.* desconsolado, a

**éplucher** *tr.* pelar

**épluchure** *f.* mondadura

**éponge** *f.* esponja *serviette-~* toalla *f.* *tissu-~* felpa *f.*

**éponger** 1 *tr.* enjugar, esponjar, secar con una esponja 2 *pr.* enjugarse *s'~ le front* enjugarse la frente *fig. jeter l'~* tirar la toalla

**épopée** *f.* epopeya

**époque** *f.* época

**époumoner (s')** *pr.* desgañitarse

**épouse** *f.* esposa

**épouser** *tr.* casarse con, contraer matrimonio con, *fig.* adaptarse a, amoldarse a

**épousseter** *tr.* desempolvar, quitar el polvo

**époustouflant, -e** *adj.* asombroso, a, pasmoso, a

**épouvantable** *adj.* espantoso, a

**épouvantail** *m.* 1 espantapájaros 2 esperpento *(personne)*

**épouvante** *f.* espanto *m. cinéma d'~* cine de terror

**époux** *m.* esposo

**éprendre (s')** *tr.* enamorarse

**épreuve** *f.* prueba *à toute ~* a toda prueba

**épris, -e** *adj.* enamorado, a

**éprouver** *tr.* 1 probar, poner a prueba 2 experimentar *~ un sentiment* experimentar un sentimiento

**éprouvette** *f.* probeta

**épuisant, -e** *adj.* agotador, ora

**épuisement** *m.* agotamiento

**épuiser** 1 *tr.* agotar 2 *pr.* agotarse

**épurateur** *m.* depurador

**épuration** *f.* depuración

**épurer** *tr.* depurar

**équaliseur** *m.* ecualizador

**équation** *f.* ecuación

**équatorial, -e** *adj.* ecuatorial

**équerre** *f.* escuadra

**équestre** *adj.* ecuestre

**équidistant, -e** *adj.* equidistante

**équilatéral, -e** *adj.* equilátero, a

**équilibrage** *m.* equilibrado

**équilibre** *m.* equilibrio

**équilibrer** 1 *tr.* equilibrar 2 *pr.* equilibrarse

**équilibriste** *m. -f.* volatinero, a

**équin, -e** *adj.* equino, a

**équinoxe** *m.* equinoccio

**équipage** *m.* tripulación *membre de l'~* tripulante

**équipe** *f.* 1 equipo *m. (sport)* 2 cuadrilla *(ouvriers)*

**équipement** *m.* 1 equipo *biens d'~* bienes de equipo 2 equipamiento *(voiture)*

**équiper** *tr.* equipar *cuisine équipée* cocina amueblada

**équitation** *f.* equitación

**équité** *f.* equidad

**équivalence** *f.* 1 equivalencia 2 convalidación *(diplôme)*

**équivalent, -e** *adj.* equivalente

**équivoque** 1 *adj.* equivoco, a 2 *f.* equivoco *m.*

**éradication** *f.* erradicación

**érafler** *tr.* rasguñar

**éraillé, -ée** *adj.* cascado, a *voix éraillée* voz cascada

**ère** *f.* era

**érection** *f.* erección

**éreintant, -e** *adj.* agotador, ora

**ériger** *tr.* erigir

**ermitage** *m.* ermita *f.*

**ermite** *m.* ermitaño

**érosion** *f.* erosión

**érotique** *adj.* erótico, a

**érotisme** *m.* erotismo

**errant, -e** *adj.* errante

**errata** *m. invar.* fe de erratas *f.*

**errer** *intr.* errar, vagar, vagabundear

**erreur** *f.* error *m. ~ de taille* error garrafal

**erroné, -ée** *adj.* erróneo, a

**éructer** *intr.* eructar

**érudition** *f.* erudición

**éruption** *f.* erupción

**esbroufe** *f. fam.* chulería, faroleo *m. faire de l'~* echarse un farol, ser un farolero

**escadron** *m.* escuadrón

**escalade** *f.* escalada

**escalader** *tr.* escalar

**escale** *f.* escala

**escalier** *m.* escalera *f. ~ en colimaçon* escalera de caracol *~ roulant* escalera mecánica

**escalope** *f.* filete *m. ~ de veau* filete de ternera

**escamotable** *adj.* escamotable

**escamoter** *tr.* escamotear

**escampette** *f. fam. prendre la poudre d'~* tomar las de Villadiego

**escapade** *f.* escapada, *fig.* calaverada

**escargot** *m.* caracol

**escaramouche** *f.* escaramuza

**escarpé, -ée** *adj.* empinado, a

**escient** *m.* *à bon* ∼ a sabiendas

**esclaffer (s')** *pr.* soltar la carcajada

**esclandre** *m.* escándalo, alboroto

**esclavage** *m.* esclavitud *f.*

**esclave** *m.* *-f.* esclavo, a

**escompte** *m.* descuento

**escorte** *f.* escolta, séquito *m.*

**escorter** *tr.* escoltar

**escrime** *f.* esgrima

**escrimer (s')** *pr.* esforzarse en, afanarse en, bregar

**escrimeur, -euse** *m.* *-f.* esgrimidor, ora

**escroc** *m.* estafador, timador

**escroquer** *tr.* estafar, timar

**escroquerie** *f.* estafa, timo *m.*

**espace** *m.* espacio ∼ *vert* zona verde

**espacer** *tr.* separar, apartar, espaciar

**espadon** *m.* pez espada

**espadrille** *f.* alpargata

**espagnol, -e** *adj.* *-s.* español, a

**espèce** *f.* 1 especie, clase 2 *pl.* metálico *m. sing.*, efectivo *m. sing.* *payer en espèces* pagar en efectivo, pagar en metálico

**espérance** *f.* esperanza

**espérer** 1 *tr.* esperar 2 *intr.* confiar en

**espiègle** *adj.* travieso, a

**espièglerie** *f.* travesura

**espion, -onne** *m.* *-f.* espía

**espionnage** *m.* espionaje

**espionner** *tr.* espiar

**espoir** *m.* esperanza *f.*

**esprit** *m.* 1 espíritu ∼ *d'équipe* espíritu de equipo 2 mente *f.* 3 ingenio *venir à l'*∼ *de quelqu'un* ocurrírsele a uno *il me vint à l'*∼ se me ocurrió *homme d'*∼ hombre ingenioso, hombre de ingenio *avoir mauvais* ∼ ser mal pensado, a

**esquimau** *adj.* *-s.* esquimal, polo (glace)

**esquinter** 1 *tr.* estropear, hacer polvo 2 *pr.* estropearse *fig.* *s'*∼ *à* reventarse + *gérondif*

**esquisse** *f.* esbozo *m.*, boceto *m.*

**esquisser** *tr.* esbozar, bosquejar

**essai** *m.* 1 ensayo *(littérature)* 2 prueba *f.* *période d'*∼ periodo de prueba

**essaim** *m.* enjambre

**essayage** *m.* prueba *f.* *salon d'*∼ probador

**essayer** 1 *tr.* probar ∼ *une robe* probar un vestido 2 *intr.* intentar, tratar de ∼ *de travailler* intentar trabajar *ou* tratar de trabajar

**essence** *f.* 1 gasolina ∼ *sans plomb* gasolina sin plomo 2 esencia ∼ *de lavande* esencia de espliego 3 especie

**essentiel, elle** *adj.* esencial

**essieu** *m.* eje

**essor** *m.* 1 auge *m.* *le plein* ∼ el auge 2 vuelo *(vol)* 3 expansión *f.*, desarrollo

**essorage** *m.* secado

**essorer** *tr.* secar, escurrir

**essoreuse** *f.* secadora

**essouffler (s')** *pr.* ahogarse, perder el aliento

**essuie-glace** *m.* limpiaparabrisas

**essuyer** *tr.* 1 secar ∼ *une assiette* secar un plato 2 enjugar 3 *pr.* secarse *s'*∼ *les mains* secarse las manos

**est** *m.* este

**estafilade** *f.* cuchillada

**estaminet** *m.* chiringuito, cafetín

**estampe** *f.* lámina, estampa

**estampille** *f.* estampilla

**esthète** *m.* *-f.* esteta

**esthéticienne** *f.* esteticista

**esthétique** *adj.* estético, a

**estimation** *f.* valoración

**estime** *f.* aprecio *m.*, estima *tenir en grande* ∼ tener en mucho

**estimer** *tr.* 1 valorar ∼ *les prix* valorar los precios 2 estimar, apreciar *je l'estime beaucoup* la aprecio mucho *j'estime que* pienso que, opino que

**estival, -e** *adj.* veraniego, a

**estivant, -e** *m.* *-f.* veraneante

**estocade** *f.* estocada

**estomac** *m.* estómago *j'ai mal à l'*∼ me duele el estómago *fig.* *avoir de l'*∼ tener agallas

**estomaquer** *tr.* *fam.* dejar pasmado, a

**estomper** 1 *tr.* esfumar, difuminar 2 *pr.* esfumarse, difuminarse

**estrade** *f.* tarima *f.*

**estropié, -ée** *adj.* lisiado, a

**estuaire** *m.* estuario

**estudiantin, -e** *adj.* estudiantil

**et** *conj.* 1 y *fils* ~ *père* hijo y padre 2 e *(devant les mots commençant par i ou hi) père* ~ *fils* padre e hijo

**étable** *f.* establo *m.*

**établi** *m.* banco ~ *de menuisier* banco de carpintero

**établir** 1 *tr.* establecer 2 *pr.* afincarse, instalarse *s'*~ *à Madrid* afincarse en Madrid *il est installé à Madrid* está afincado en Madrid

**établissement** *m.* 1 establecimiento 2 elaboración ~ *d'un plan* elaboración de un plan

**étage** *m.* piso, planta *f.*

**étagère** 1 *f.* estante *m.* 2 *f. pl.* estantería

**étain** *m.* estaño

**étalage** *m.* 1 escaparate 2 *fig.* gala *f.*, ostentación *f.*

**étalagiste** *m.* -*f.* decorador, ora de escaparate

**étalement** *m.* escalonamiento *(vacances),* despliegue, ostentación *f.*

**étaler** *tr.* 1 exponer 2 desplegar, extender *(déplier)* 3 escalonar ~ *les vacances* escalonar las vacaciones 4 ostentar, hacer alarde de *(luxe, etc.)* 5 *pr. fam.* caerse

**étalon** *m.* 1 semental *(cheval)* 2 patrón monetario, patrón ~ *or* patrón oro

**étamine** *f.* estameña

**étanche** *adj.* impermeable, estanco, a

**étanchéité** *f.* estanqueidad

**étancher** *tr.* estancar *fig.* ~ *la soif* apagar *ou* aplacar la sed

**étang** *m.* estanque

**étape** *f.* etapa

**état** *m.* 1 estado 2 estado ~ *de santé* estado de salud *homme d'*~ *ou chef d'*~ estadista ~ *civil* registro civil *coup d'*~ golpe de estado *d'*~, *de l'*~ estatal *adj. lycée d'*~ instituto estatal *mettre hors d'*~ imposibilitar *être hors d'*~ estar imposibilitado, a

**état-major** *m.* estado mayor

**étayer** *tr.* 1 apuntalar 2 *fig.* apoyar

**et cetera** *ou* **et cætera** *loc. adv.* etcétera

**été** *m.* verano, estío

**éteindre** 1 *tr.* apagar 2 *pr.* apagarse

**étendard** *m.* estandarte

**étendre** *tr.* 1 extender 2 esparcir ~ *les cartes sur la table* esparcir los naipes en la mesa 3 tender ~ *le linge* tender la ropa 4 alargar ~ *les jambes* alargar las piernas 5 *pr.* tenderse, tumbarse *s'*~ *dans l'herbe* tumbarse en la hierba

**étendue** *f.* extensión

**éternel, -elle** *adj.* eterno, a

**éternité** *f.* eternidad

**éternuement** *m.* estornudo

**éternuer** *intr.* estornudar

**éther** *m.* éter

**éthique** 1 *adj.* ético, a 2 *f.* ética

**ethnie** *f.* etnia

**ethnique** *adj.* étnico, a

**étincelant, -e** *adj.* relumbrante, deslumbrante

**étinceler** *intr.* relumbrar, relucir

**étincelle** *f.* chispa, *fig.* destello *m.*, chispa

**étiqueter** *tr.* etiquetar

**étiquette** *f.* etiqueta

**étirer** 1 *tr.* estirar 2 *pr.* estirarse, desperezarse

**étoffe** *f.* tela *f.*, tejido, *fig.* madera *f.* *avoir l'*~ *d'un chef* tener madera de jefe

**étoile** *f.* estrella ~ *filante* estrella fugaz *dormir à la belle* ~ dormir al raso

**étonnant, -e** *adj.* sorprendente, asombroso, a

**étonner** 1 *tr.* sorprender, asombrar 2 *pr.* sorprenderse, asombrarse, extrañarse *s'*~ *de* asombrarse por

**étouffer** *tr.* 1 ahogar 2 amortiguar *(son)* 3 *pr.* ahogarse *(de chaleur) fig.* ~ *une affaire* echar tierra a un asunto

**étourdi, -e** *adj.* -*s.* atolondrado, a, distraído, a

**étourdir** 1 *tr.* aturdir, dejar sin sentido 2 *pr.* aturdirse

**étrange** *adj.* extraño, a, raro, a

**étranger, -ère** *adj.* -*s.* 1 extranjero, a *aller à l'*~ ir al extranjero 2 forastero, a *(qui est d'une autre ville),* foráneo, a 3 ajeno, a *(à quelque chose)* ~ *à cette affaire* ajeno a este asunto

**étranglement** *m.* 1 estrangulación *f.* 2 estrechamiento, estrangulamiento

**étrangler** *tr.* estrangular

**être** *tr.* 1 ser *caractéristique essentielle Carmen est brune* Carmen es morena 2 *la couleur la mer est bleue* el mar es azul 3 *la matière la table est en* *bois* la mesa es de madera **4** *la nationalité il est espagnol* es español **5** *la religion, l'appartenance politique il est protestant* es protestante *ils sont socialistes* son socialistas **6** *le métier elle est dentiste* es dentista **7** *la phrase passive la maison est peinte par Pedro* la casa es pintada por Pedro **8** *la tournure emphatique c'est... qui, c'est... que c'est lui qui dit* es él quien dice **9** *avec les adj.* feliz, infeliz, cierto, probable... *je suis heureux* soy feliz *il est certain que* es cierto que **10** *le fait d'énoncer c'est une obligation* es una obligación *aujourd'hui c'est lundi* hoy es lunes **11** *l'heure il est une heure* es la una *il est midi* son las doce **12** *l'origine elle est de Barcelone* es de Barcelona **13** estar *localisation dans le temps et dans l'espace nous sommes en été* estamos en verano *je suis à Salamanque* estoy en Salamanca **14** *exprime un état accidentel la maison est sale* la casa está sucia **15** *un sentiment passager je suis contente* estoy contenta **16** *devant un p. passé, traduit le résultat d'une action la porte est fermée* la puerta está cerrada *je suis malade* estoy malo, enfermo *je suis guéri* estoy bueno *je suis prête* estoy lista *être comme chien et chat* estar para matarse *être en train de + inf.* estar + gérondif *elle est en train de parler* está hablando *ne pas être encore* estar por + inf., estar sin + inf. *le concert n'est pas encore fini* el concierto está por terminar *le lit n'est pas encore fait* la cama está sin hacer

**étreindre** *tr.* apretar, abrazar, estrechar

**étrennes** *f. pl.* aguinaldo *m. sing.*

**étrenner** *tr.* estrenar

**étrier** *m.* estribo

**étriqué, -ée** *adj.* estrecho, a, apretado, a, *fig.* mezquino, a

**étroit, -e** *adj.* estrecho, a

**étroitesse** *f.* estrechez

**étude** *f.* **1** estudio *m.* **2** bufete *(avocat, notaire)* **3** *m. pl.* carrera *f. faire des études d'ingénieur* estudiar la carrera de ingeniero *études supérieures m. pl.* carrera *f. sing. ∼ de marché* mercadeo *m. être à l'∼* estar en estudio

**étudiant, -e** *m. -f.* estudiante, universitario, a *d'∼* estudiantil *adj. la vie d'∼* la vida estudiantil

**étudier** *tr.* estudiar

**étui** *m.* **1** estuche **2** funda *f. (violon) ∼ à cigarettes* pitillera *f.*

**étuver** *tr.* estofar

**étymologie** *f.* etimología

**eucalyptus** *m.* eucalipto

**euphémisme** *m.* eufemismo

**euphorie** *f.* euforia

**euphorique** *adj.* eufórico, a

**Europe** *f.* Europa

**européaniser** *tr.* europeizar

**européen, -enne** *adj. -s.* europeo, a

**euthanasie** *f.* eutanasia

**eux** *pron. pers.* ellos

**évacuation** *f.* evacuación

**évacuer** *tr.* evacuar, desalojar *(d'un lieu)*

**évader(s')** *pr.* fugarse, evadirse

**évaluation** *f.* valoración, estimación

**évaluer** *tr.* valorar, evaluar *∼ à* valorar en

**évangile** *m.* evangelio

**évanouir (s')** *pr.* desmayarse, *fig.* desvanecerse

**évanouissement** *m.* desmayo

**évaporation** *f.* evaporación

**évaporer** **1** *tr.* evaporar **2** *pr.* evaporarse

**évaser** *tr.* ensanchar *jupe évasée* falda acampanada

**évasif, -ive** *adj.* evasivo, a

**évasion** *f.* evasión, fuga *∼ de capitaux* fuga de capitales

**évasivement** *adv.* con evasivas

**évêché** *m.* obispado

**éveil** *m.* despertar *être en ∼* estar en vilo *tenir en ∼* mantener en vilo

**éveillé, -ée** *adj.* despierto, a

**éveiller** **1** *tr.* despertar **2** *pr.* despertarse

**événement** *m.* acontecimiento

**éventail** *m.* abanico *∼ de possibilités* abanico de posibilidades

**éventualité** *f.* eventualidad

**éventuel, -elle** *adj.* eventual

**évêque** *m.* obispo

**évertuer (s')** *pr.* desvivirse por, afanarse por

**éviction** *f.* evicción

**évidemment** *adv.* desde luego, por supuesto

**évidence** *f.* evidencia *mettre en ∼* evidenciar

**évident, -e** *adj.* evidente, obvio, a, patente

**évier** *m.* fregadero, pila *f.*

**évincer** *tr.* eliminar, suplantar

**éviter** *tr.* evitar

**évocateur, -trice** *adj.* evocador, ora

**évocation** *f.* evocación

**évoluer** *intr.* evolucionar

**évolution** *f.* evolución

**évoquer** *tr.* evocar

**exacerber** *tr.* exacerbar

**exact, -e** *adj.* **1** exacto, a **2** puntual *être ~ au rendez-vous* ser puntual a la cita

**exaction** *f.* exacción

**exactitude** *f.* **1** puntualidad *son ~ est parfaite* su puntualidad es perfecta **2** exactitud

**exagération** *f.* exageración

**exagérer 1** *tr.* exagerar **2** *intr.* exagerar

**exalter** *tr.* exaltar

**examen** *m.* examen *~ de rattrapage* repesca *f. passer un ~* examinarse *pr. ~ médical* reconocimiento médico

**examiner** *tr.* examinar

**exaspération** *f.* exasperación

**exaspérer 1** *tr.* exasperar **2** *pr.* exasperarse

**excédant, -e** *adj.* excedente

**excédent** *m.* **1** superávit *(économie)* **2** excedente **3** exceso *~ de bagages* exceso de equipaje

**excédentaire** *adj.* excedentario, a

**excéder** *tr.* superar, sobrepasar

**excellence** *f.* excelencia

**excellent, -e** *adj.* **1** excelente **2** rico, a *(mets) ce riz est ~* este arroz está muy rico

**exceller** *intr.* sobresalir, descollar, distinguirse

**excentricité** *f.* excentricidad

**excentrique** *adj.* excéntrico, a, estrafalario, a

**excepté** *prép.* excepto, exceptuando a

**excepter** *tr.* exceptuar

**exception** excepción *à l'~ de* con excepción de

**exceptionnel, -elle** *adj.* excepcional

**excès** *m.* exceso *à l'~* con exceso

**excitant, -e 1** *adj.* excitante **2** *m.* excitante

**exciter 1** *tr.* excitar, estimular **2** *pr.* excitarse

**exclamation** *f.* exclamación, admiración *point d'~* punto de admiración

**exclamer (s')** *pr.* admirarse, exclamarse

**exclure** *tr.* excluir

**exclusif, -ive** *adj.* exclusivo, a

**exclusivité** *f.* **1** exclusiva *en ~* en exclusiva **2** estreno *m. film en première ~* película de estreno

**excrément** *m.* excremento

**excursion** *f.* excursión *faire une ~* ir de excursión

**excuse** *f.* disculpa, excusa *faire des excuses* disculparse

**excuser** *tr.* disculpar, perdonar, dispensar *excusez-moi* dispénseme

**exécutant, -e** *m. -f.* ejecutante

**exécuter** *tr.* **1** ejecutar **2** ajusticiar *(un condamné)*

**exécution** *f.* **1** ejecución, cumplimiento **2** ajusticiamiento

**exemplaire 1** *adj.* ejemplar **2** *m.* ejemplar

**exemple** *m.* ejemplo *par ~* por ejemplo *interj. par ~!* ¡anda!, ¡vaya!

**exempt, -e** *adj.* libre de, exento, a

**exempter** *tr.* eximir, exentar

**exemption** *f.* exención

**exercer** *tr.* **1** ejercitar **2** desempeñar *(fonction)* **3** ejercer *(métier)* **4** *pr.* ejercitarse, entrenarse

**exercice** *m.* ejercicio

**exhaler 1** *tr.* exhalar, *fig.* desatar **2** *pr.* desprenderse *(odeur)*

**exhiber** *tr.* exhibir

**exhibition** *f.* exhibición

**exhorter** *tr.* exhortar

**exhumer** *tr.* exhumar

**exigeant, -e** *adj.* exigente

**exigence** *f.* exigencia

**exiger** *tr.* **1** exigir *le directeur exige du travail* el director exige trabajo **2** requerir *ce travail exige de la patience* este trabajo requiere paciencia

**exigu, -uë** *adj.* exiguo, a

**exil** *m.* exilio, destierro

**exiler 1** *tr.* exilar, desterrar **2** *pr.* exilarse, desterrarse

**existant, -e** *adj.* existente

**existence** *f.* existencia

**exister** *intr.* existir

**exode** *m.* **1** éxodo ~ *rural* éxodo rural **2** despoblación *f.*

**exonération** *f.* exoneración, exención

**exonérer** *tr.* exonerar, eximir ~ *d'impôts* eximir de impuestos

**exorbitant, -e** *adj.* exorbitante

**exorcisme** *m.* exorcismo

**exotique** *adj.* exótico, a

**exotisme** *m.* exotismo

**expansif, -ive** *adj.* expansivo, a

**expansion** *f.* expansión

**expansionnisme** *m.* expansionismo

**expatrier (s')** *pr.* expatriarse

**expectative** *f.* expectativa *être dans l'~ de* estar a la expectativa de

**expédier** *tr.* **1** enviar, mandar **2** expedir *(contrat)* **3** *fig. fam.* despachar ~ *un travail* despachar un trabajo

**expéditif, -ive** *adj.* expeditivo, a

**expédition** *f.* **1** envío *(envoi)* **2** expedición *une* ~ *en montagne* una expedición en montaña

**expérience** *f.* **1** experiencia **2** experimento *m.* *une* ~ *scientifique* un experimento científico

**expérimental, -e** *adj.* experimental

**expérimenter** *tr.* experimentar *un homme expérimenté* un hombre con experiencia

**expert, -e 1** *adj.* experto, a **2** *m.* perito ~ *industriel* perito industrial

**expertise** *f.* examen pericial *m.*, informe pericial *m.*

**expertiser** *tr.* examinar pericialmente, hacer la peritación de

**expirer** *intr.* **1** vencer *cette traite expire à la fin du mois* esta letra vence a fines de mes **2** espirar *(air)* **3** expirar, fallecer

**explétif, -ive** *adj.* expletivo, a

**explication** *f.* explicación

**explicite** *adj.* explícito, a

**expliquer** *tr.* explicar

**exploit** *m.* hazaña *f.*

**exploitation** *f.* explotación *coût d'~* coste de explotación

**exploiter** *tr.* explotar

**explorateur, -trice** *m. -f.* explorador, ora

**explorer** *tr.* explorar

**exploser** *intr.* estallar *faire* ~ explosionar

**explosif, -ive 1** *adj.* explosivo, a **2** *m.* explosivo

**explosion** *f.* explosión, estallido *m.*

**exportateur, -trice** *m. -f.* exportador, ora

**exportation** *f.* exportación

**exporter** *tr.* exportar

**exposant, -e** *m. -f.* expositor, ora

**exposé** *m.* **1** ponencia *f.*, conferencia *f.* **2** planteamiento ~ *d'un problème* planteamiento de un problema

**exposer** *tr.* **1** exponer **2** plantear *(un problème)*

**exposition** *f.* **1** exposición **2** exhibición ~ *de peinture moderne* exhibición de pintura moderna **3** orientación

**exprès, -esse** *adj.* **1** expreso, a **2** urgente *lettre* ~ carta urgente

**exprès** *adv.* adrede, sin querer *je l'ai fait* ~ lo he hecho adrede *je ne l'ai pas fait* ~ ha sido sin querer

**express** *adj. -s.* exprés

**expressif, -ive** *adj.* expresivo, a

**expression** *f.* expresión

**exprimer 1** *tr.* expresar **2** *pr.* expresarse

**exproprier** *tr.* expropiar

**expulser** *tr.* **1** expulsar **2** desahuciar *(d'un logement)*

**expulsion** *f.* **1** expulsión **2** desahucio *m.* *(d'un logement)*

**exquis, -e** *adj.* exquisito, a

**exsangue** *adj.* exsangüe

**extase** *f.* éxtasis

**extensif, -ive** *adj.* extensivo, a

**extension** *f.* extensión

**exténuant, -e** *adj.* agotador, ora

**exténuer 1** *tr.* agotar **2** *pr.* agotarse

**extérieur, -e 1** *adj.* externo, a, exterior *dette extérieure* deuda externa **2** *m.* exterior *à l'~* fuera

**extérioriser** *tr.* exteriorizar

**exterminer** *tr.* exterminar

**externe** *adj. -s.* externo, a

**extincteur** *m.* extintor

**extinction** *f.* extinción ~ *de voix* afonía

**extirper** *tr.* extirpar

**extorquer** *tr.* extorsionar

**extorsion** *f.* extorsión

**extra 1** *adj.* estupendo, a, de primera *ce garçon est* ~ este chico es estupendo *c'est un film* ~ es una película de primera **2** *m. invar.* extra

**extraction** *f.* extracción

**extrader** *tr.* extraditar

**extradition** *f.* extradición

**extraire** *tr.* extraer

**extrait** *m.* extracto ～ *de naissance* partida de nacimiento *f.*

**extraordinaire** *adj.* extraordinario, a

**extravagant, -e** *adj.* estrafalario, a

**extrême** *adj.* **1** extremo, a **2** ultra ～ *droite* ultra derecha *d'*～ *droite* ultraderechista *adj.* *pousser à l'*～ extremar

**extrêmement** *adv.* sumamente *c'est* ～ *important* es sumamente importante

**extrémiste** *adj.* -s. extremista

**extrémité** *f.* extremidad, extremo *m.* *en dernière* ～ en último extremo

**exubérance** *f.* exuberancia

**exulter** *intr.* exultar, regocijarse

# F

**f** *m.* f *f.*
**fa** *m.* MUS. fa
**fable** *f.* fábula
**fabricant** *m.* fabricante
**fabrication** *f.* fabricación ~ *à la chaîne* fabricación en cadena ~ *assistée par ordinateur* fabricación con la ayuda de ordenador *défaut de* ~ defecto de fábrica
**fabrique** *f.* fábrica, factoría
**fabriquer** *tr.* fabricar
**fabulation** *f.* invención, inventiva, fantasía
**fabuler** *intr.* fantasear
**fabuleux, -euse** *adj.* fabuloso, a
**façade** *f.* fachada *ravalement de* ~ renovación de fachada
**face** *f.* **1** cara, rostro *m.,* faz **2** *fig.* faceta, aspecto *m.,* cariz *m.* **3** anverso *m. (monnaie) face-à-face* careo *pile ou* ~ cara o cruz *faire* ~ *à* hacer frente a, encarar, encararse
**facétie** *f.* broma
**facette** *f.* faceta
**fâcher 1** *tr.* disgustar, enfadar, enojar **2** *pr.* disgustarse, enfadarse, enojarse
**fâcheux, -euse 1** *adj.* enojoso, a, fastidioso, a **2** *adj. -s.* pesado, a, latoso, a
**facho** *adj. -s. fam.* facha
**facial, -ale** *adj.* facial
**facile** *adj.* fácil ~ *à* fácil de
**facilité** *f.* facilidad ~ *à* facilidad para *facilités de paiement* facilidades de pago
**faciliter** *tr.* facilitar
**façon** *f.* **1** manera, modo *m.* **2** hechura *(vêtement)* **3** modales *(manières) travailler à* ~ trabajar a destajo *d'une* ~ *ou d'une autre* de una u otra forma *en aucune* ~ de ningún modo *faire des façons* andarse con melindres *sans* ~ sin cumplidos
**faconde** *f.* facundia
**façonner** *tr.* dar forma, formar
**façonnier, -ière** *m. -f.* destajista, trabajador a destajo
**fac-similé** *m.* facsímil
**facteur** *m.* **1** cartero *(poste)* **2** MUS. constructor, fabricante **3** factor *(chemin de fer)* **4** factor ~ *humain* factor humano *le* ~ *temps* el factor tiempo

**factice** *adj.* facticio, a
**factieux, -euse** *adj. -s.* faccioso, a
**faction** *f.* facción
**factorielle** *f.* factorial
**factotum** *m.* factótum
**facturation** *f.* facturación
**facture** *f.* **1** factura ~ *en double* factura por duplicado ~ *impayée* factura sin pagar *établir une* ~ extender una factura **2** factura, ejecución
**facturer** *tr.* facturar, extender una factura
**facturier, -ière 1** *m. -f.* encargado, a de las facturas **2** *m.* libro de facturas
**facultatif, -ive** *adj.* facultativo, a
**faculté** *f.* facultad
**fada** *adj. fam.* chiflado, a
**fadaise** *f.* tontería, sandez
**fadasse** *adj.* muy soso, a, la mar de soso, a
**fade** *adj.* soso, a, *fig.* soso, a, insulso, a
**fadeur** *f.* sosería
**fagot** *m.* haz de leña, gavilla *f.*
**faiblard, -e** *adj.* debilucho, a
**faible** *adj.* débil, endeble, flojo, a, bajo, a *un* ~ *tirage* una tirada baja *il est* ~ *en latin* va flojo en latín *le point* ~ el punto flaco, la debilidad *revenus faibles* escasos recursos
**faiblesse** *f.* **1** debilidad, endeblez, escasez *(revenus)* **2** desliz *(faute)*
**faiblir** *intr.* debilitarse, decaer, flaquear
**faïence** *f.* loza *carreau de* ~ azulejo
**faillir** *intr.* **1** fallar *(mémoire...)* **2** faltar ~ *à sa promesse* faltar a su promesa **3** por poco *j'ai failli acheter cette maison* por poco compro esta casa
**faillite** *f.* quiebra ~ *frauduleuse* quiebra fraudulenta *faire* ~ quebrar
**faim** *f.* hambre ~ *de loup* hambre canina *avoir* ~ tener hambre *avoir très* ~ tener mucha hambre
**fainéant, -e** *adj. -s.* holgazán, ana, gandul, a
**fainéantise** *f.* holgazanería
**faire 1** *tr.* **1** hacer ~ *la paix* hacer las paces **2** *impers.* hacer *il fait froid* hace frío *il fait chaud* hace calor *il fait très chaud* hace mucho calor *il fait beau* hace buen tiempo *il fait mauvais* hace mal tiempo **3** estudiar *il fait sa médecine* estudia medicina **4** *pr.* hacerse *se*

~ *vieux* hacerse viejo *il fait du vent* sopla el viento *il fait jour* es de día *faire* ~ mandar hacer ~ *le* dárselas de *il fait le malin* se las da de listo ~ *de l'œil* guiñar el ojo ~ *peur* dar miedo ~ *pitié* dar lástima ~ *un tour* dar una vuelta ~ *le tour de* dar la vuelta a ~ *une promenade* dar un paseo ~ *des études* estudiar ~ *fonction de, jouer le rôle de* hacer de ~ *son devoir* cumplir con su deber ~ *bouillir* hervir ~ *grossir* engordar ~ *une gaffe* meter la pata ~ *les carreaux* limpiar los cristales *qu'est-ce que cela peut* ~? ¿ qué más da ? *que* ~? ¡ qué remedio ! *il n'y a rien d'autre à* ~ no hay más remedio *que* ~ *de?* ¿ qué hacer con ? *s'en* preocuparse por *ne t'en fais pas* no te preocupes *se* ~ *à* acostumbrarse a

**faire-part** *m. invar.* **1** parte de boda, participación de boda *f. (mariage)* **2** esquela *f. (décès)*

**faire-valoir** *m. invar.* aprovechamiento *être le* ~ *de* ser el valedor de

**fair-play** *m. invar.* juego limpio *être* ~ ser un buen perdedor

**faisable** *adj.* factible

**faisan** *m.* faisán

**faisceau** *m.* haz, manojo

**fait** *m.* hecho *le* ~ *accompli* el hecho consumado ~ *divers* suceso *de* ~ de hecho *au* ~ a propósito *être au* ~ *de* estar al tanto, estar enterado de *du* ~ *de* debido a *le* ~ *de* el hecho de *le* ~ *est que* el hecho es que *en* ~ *de* en materia de *prendre sur le* ~ coger con las manos en la masa *sur le* ~ in fraganti *aller au* ~ ir al grano

**fait, -e** *adj.* hecho, a ~ *sur mesure* hecho a la medida *tout* ~ confeccionado *c'est bien* ~ *pour toi !* ¡ peor para ti ! *ce qui est* ~ *est* ~ a lo hecho, pecho

**falaise** *f.* acantilado *m.*

**fallacieux, -euse** *adj.* falaz

**falloir** *impers.* **1** ser necesario, preciso, menester, haber que *suivis de l'infinitif il faut le faire* es necesario hacerlo, hay que hacerlo *il le faut* es necesario **2** necesitar *il lui faut du repos* necesita descanso **3** tener que *suivi de l'infinitif (obligation personnelle) il faut que tu viennes* tienes que venir

**falsificateur, -trice** *adj. -s.* falsificador, ora

**falsification** *f.* falsificación, adulteración *(denrées alimentaires)*

**falsifier** *tr.* falsificar

**famé, -ée** *adj.* afamado, a, reputado, a *mal* ~ de mala fama

**famélique** *adj.* famélico, a

**fameux, euse** *adj.* **1** famoso, a, afamado, a *le* ~ *acteur* el afamado actor **2** estupendo, excelente *c'est* ~*!* *(plat, mets)* ¡ qué rico !

**familial, -ale** *adj.* familiar *planning* ~ planificación familiar *allocation familiale* subsidio familiar

**familiariser 1** *tr.* familiarizar **2** *pr.* familiarizarse

**familiarité** *f.* familiaridad, confianza

**familier, -ière** *adj. -s.* familiar

**famille** *f.* familia ~ *nombreuse* familia numerosa *pension de* ~ casa de huéspedes

**famine** *f.* hambre

**fanatique** *adj. -s.* fanático, a

**fanatiser** *tr.* fanatizar

**fanatisme** *m.* fanatismo

**fané, -ée** *adj.* marchito, a

**faner** *tr.* marchitar, ajar *(tissus)*

**fanfare** *f.* banda, charanga

**fanfaron, -onne** *adj.* fanfarrón, ona

**fanfaronnade** *f.* fanfarronada, fanfarria

**fanfaronner** *intr.* fanfarronear

**fanfreluche** *f.* perendengue *m.*, perifollo *m.*

**fange** *f.* fango *m.*

**fangeux, -euse** *adj.* fangoso, a

**fanion** *m.* banderín

**fantaisie** *f.* fantasía, antojo *m.*, capricho *m.* *c'est une* ~ es un capricho *bijouterie* ~ bisutería

**fantaisiste 1** *adj.* caprichoso, a **2** *m. -f.* fantasista *(artiste)*

**fantasme** *m.* fantasía *f.*, fantasma

**fantasque** *adj.* caprichoso, a, antojadizo, a

**fantastique** *adj.* fantástico, a

**fantoche** *m.* fantoche, títere

**fantôme** *m.* fantasma

**fantomatique** *adj.* fantasmal

**faon** *m.* cervato *(cerf)*, gamezno *(daim)*

**farandole** *f.* farándula

**faraud, -e** *adj.* presumido, a

**farce** *f.* **1** CUIS. relleno **2** broma **3** THÉAT. farsa

**farceur, -euse** *adj.* bromista, farsante

**farci, -ie** *adj.* relleno, a *aubergine* ∼ berenjena rellena

**farcir** *tr.* **1** *CUIS.* rellenar **2** *fig.* atiborrar, atestar

**fard** *m.* pintura *f.* ∼ *à joues* colorete ∼ *à paupières* sombreador *piquer un* ∼ *fig. fam.* ponerse como un tomate

**fardeau** *m.* peso, carga *f.*

**farder** *tr.* **1** maquillar, pintar **2** encubrir, disfrazar **3** *pr.* maquillarse, pintarse

**farfadet** *m.* duende

**farfouiller** *intr. fam.* revolver, farfullar, enredar

**faribole** *f.* pamplina

**farine** *f.* harina

**farouche** *adj.* **1** salvage, feroz, bravo, a **2** *fig.* arisco, a, huraño, a

**fascicule** *m.* fascículo

**fascinant, -e** *adj.* fascinante

**fascination** *f.* fascinación

**fasciner** *tr.* fascinar

**fascisme** *m.* fascismo

**fasciste** *adj. -s.* fascista

**fast-food** *m.* hamburguesería *f.*, comida rápida *f.*

**faste 1** *m.* fausto, fasto **2** *adj.* fasto, a

**fastidieux, -euse** *adj.* aburrido, a, fastidioso, a

**fastueux, -euse** *adj.* fastuoso, a

**fat, -e** *adj.* fatuo, a

**fatal, -ale** *adj.* fatal

**fatalisme** *m.* fatalismo

**fataliste** *adj. -s.* fatalista

**fatalité** *f.* fatalidad

**fatidique** *adj.* fatídico, a

**fatigant, -e** *adj.* cansado, a, fastidioso, a, cansino, a *un voyage* ∼ un viaje cansado

**fatigue** *f.* cansancio *m.*, fatiga

**fatiguer 1** cansar, fatigar **2** *pr.* cansarse, fatigarse

**fatras** *m.* fárrago

**faubourg** *m.* arrabal, suburbio

**fauchage** *m.* *AGRIC.* siega *f.*

**fauche** *f.* **1** *fam.* hurto *m.*, sisa **2** *AGRIC.* siega

**fauché, -ée** *adj. fam.* pelado, a *je suis complètement* ∼ estoy pelado, a, estoy sin blanca, sin una perra

**faucher** *tr. fam.* hurtar, birlar, sisar *il a été fauché par une voiture* le pilló un coche

**faucille** *f.* hoz

**faucon** *m.* halcón

**faufiler 1** *tr.* hilvanar **2** *pr. fig.* colarse

**faune** *f.* fauna

**faussaire** *m. -f.* falsario, a

**fausser** *tr.* falsear, adulterar, falsificar

**fausset** *m.* falsete *voix de* ∼ voz de falsete

**fausseté** *f.* falsedad

**faute** *f.* **1** error *m.* *c'est une* ∼ *énorme* es un error garrafal ∼ *de frappe* error de máquina **2** falta ∼ *professionnelle* falta profesional ∼ *de* por falta de *sans* ∼ sin falta **3** culpa *c'est ma* ∼ es culpa mía, tengo la culpa *c'est entièrement ma* ∼ tengo toda la culpa *d'impresssion* errata

**fauteuil** *m.* sillón ∼ *à roulettes* sillón de ruedas ∼ *d'orchestre* butaca *f.* ∼ *à bascule* mecedora *f.* ∼ *roulant* cochecito, silla de ruedas *f.* *grand* ∼ poltrona *f.* ∼ *ministériel* poltrona ministerial *f.*

**fautif, -ive 1** *adj.* equivocado, a, erróneo, a **2** *m. -f.* culpable

**fauve 1** fiera *f.* **2** leonado, a *(couleur)*

**fauvisme** *m.* fauvismo

**faux** *f.* guadaña

**faux, fausse** *adj.* **1** falso, a *fausse monnaie* moneda falsa ∼ *témoignage* falso testimonio **2** *MUS.* desafinado, a, desentonado, a **3** *m.* falsificación *f.* ∼ *en écritures* falsificación de documentos, de escrituras ∼ *col* cuello postizo *jouer, chanter* ∼ desafinar, desentonar *faire un* ∼ falsificar *s'inscrire en* ∼ declarar en falso, negarse

**fausse-couche** *f.* aborto *m.*

**faux-filet** *m.* solomillo, filete

**faux frais** *m. pl.* gastos menudos, gastos accesorios

**faux-fuyant** *m.* evasiva *f.*, escapatoria *f.*

**faux-monnayeur** *m.* monedero falso, falsificador de moneda

**faveur** *f.* favor *m.* *à la* ∼ *de* gracias a *en* ∼ *de* en favor de, en beneficio de *traitement de* ∼ tratamiento preferencial

**favorable** *adj.* favorable ∼ *à* partidario, a de

**favori, -ite 1** *adj.* favorito, a, predilecto, a *c'est son fils* ∼ es su hijo predilecto **2** *m.* valido, privado **3** *m. pl.* patillas *f. pl.*

**favoriser** *tr.* favorecer

**favoritisme** *m.* favoritismo

**fébrile** *adj.* febril

**fébrilité** *f.* febrilidad

**fécal, -ale** *adj.* fecal

**fécond, -e** *adj.* fecundo, a

**fécondation** *f.* fecundación ~ *in vitro* fecundación in vitro

**féconder** *tr.* fecundar

**fécule** *f.* fécula

**féculent, -e 1** *adj.* feculento, a **2** *m. pl.* féculas *f. pl.*

**fédéral** *adj.* federal

**fédération** *f.* federación

**feed-back** *m. invar.* retroacción *f.*

**fée** *f.* hada *conte de fées* cuento de hadas

**féerie** *f.* magia, hechicería

**féerique** *adj.* mágico, a

**feindre** *intr. -tr.* fingir, hacer como si, aparentar

**feint, -e** *adj.* fingido, a

**feinte** *f.* fingimiento *m.*, SPORT finta

**fêler** *tr.* cascar

**félicitation** *f.* **1** felicitación **2** enhorabuena *présenter ses félicitations* dar la enhorabuena *félicitations!* ¡ enhorabuena!

**féliciter** *tr.* dar la enhorabuena, felicitar *pr. se* ~ *de* felicitarse por, congratularse de

**félin, -e** *adj. -s.* felino, a

**fêlure** *f.* cascadura

**femelle** *f.* hembra

**féminin, -e** *adj.* femenino, a, femenil

**féminisme** *m.* feminismo

**féministe** *adj. -s.* feminista

**femme** *f.* mujer ~ *au foyer* ama de casa ~ *de ménage* asistenta, *amér.* mucama

**fémoral, -ale** *adj.* femoral

**fendiller** *tr.* resquebrajar, agrietar

**fendre 1** *tr.* partir, rajar, hender, resquebrajar, agrietar ~ *le cœur* partir el corazón **2** *pr.* partirse, rajarse, resquebrajarse, agrietarse

**fendu, -ue** *adj.* partido, a, rajado, a, hendido, a, resquebrajado, a, agrietado, a *yeux fendus* ojos rasgados

**fenêtre** *f.* ventana *se mettre à la* ~ asomarse a la ventana *jeter son argent par les fenêtres* tirar la casa por la ventana

**fenouil** *m.* hinojo

**fente** *f.* hendidura, raja, grieta, ranura *introduire les pièces dans la* ~ introducir las monedas en la ranura

**féodal, -ale** *adj.* feudal

**féodalisme** *m.* feudalismo

**féodalité** *f.* feudalidad

**fer** *m.* hierro ~ *forgé* hierro forjado ~ *à repasser* plancha *f.*, ~ *à souder* soldador *fil de* ~ alambre ~ *à cheval* herradura *f.* ~ *de lance* punta de lanza *f.*

**fer-blanc** *m.* hojalata *f.*

**férié, -ée** *adj.* festivo, a *jour* ~ día festivo

**fermage** *m.* arrendamiento, arriendo

**ferme** *adj.* firme *vente* ~ venta en firme

**ferme** *f.* finca, casa de campo, granja, *amér.* hacienda ~ *modèle* granja modelo

**fermement** *adv.* firme, firmemente

**ferment** *m.* fermento

**fermentation** *f.* fermentación

**fermenter** *intr.* fermentar

**fermer 1** *tr.* cerrar ~ *à clef* cerrar con llave **2** *pr.* cerrarse ~ *l'eau* cortar el agua ~ *les rideaux* correr las cortinas

**fermeté** *f.* firmeza

**fermeture** *f.* cierre *m.*, veda *(chasse, pêche)* ~ *Éclair* cremallera ~ *hebdomadaire* descanso semanal ~ *de la Bourse* clausura de la Bolsa

**fermier, -ière 1** *m. -f.* granjero, a, cortijero, a, colono, a, arrendatario, a **2** *adj.* de granja

**fermoir** *m.* cierre

**féroce** *adj.* feroz

**ferraille** *f.* **1** chatarra **2** calderilla *(monnaie)*

**ferrailleur** *m.* chatarrero

**ferré, -ée** *adj.* férreo, a, herrado, a *(cheval) voie ferrée* vía férrea

**ferrer** *tr.* herrar

**ferreux, -euse** *adj.* ferroso, a

**ferronnerie** *f.* ferretería ~ *d'art* artesanía de hierro forjado

**ferroviaire** *adj.* ferroviario, a

**ferry-boat** *m.* transbordador, ferry

**fertile** *adj.* fértil, feraz

**fertilisant, -e** *adj.* fertilizante

**fertiliser** *tr.* fertilizar

**fertilité** *f.* feracidad, fertilidad

**féru, -ue** *adj.* apasionado, a

**fervent, -e** *adj.* fervoroso, a, ferviente

**ferveur** *f.* fervor *m.*

**fesse** *f.* nalga

**fesser** *tr.* azotar, zurrar

**fessu, -ue** *adj. fam.* nalgudo, a, culón, ona

**festin** *m.* festín, comilona *f.*

**festival** *m.* festival

**festivité** *f.* festividad

**feston** *m.* festón

**festoyer** *intr.* festejar, estar de juerga

**fêtard** *m.* juerguista, jaranero, amigo de la farándula

**fête** *f.* fiesta ~ *des mères* dia de la madre *m.* ~ *des morts* dia de los difuntos *m.* ~ *foraine* verbena *le jour de ta* ~ el dia de tu santo, de tu onomástica *ça va être ta* ~ *! fig. fam.* i vas a cobrar !

**fêter** *tr.* festejar *(personne),* celebrar *(événement)*

**fétiche** *m.* fetiche

**fétichisme** *m.* fetichismo

**fétide** *adj.* fétido, a

**feu** *m.* fuego ~ *follet* fuego fatuo ~ *d'artifice* fuegos artificiales *mettre le* ~ prender fuego *à petit* ~ a fuego lento *feux de la Saint-Jean* hogueras de San Juan *au coin du* ~ al amor de la lumbre *échange de coups de* ~ tiroteo *cessez-le-feu* alto el fuego *couvre-feu* toque de queda *donner le* ~ *vert* dar la luz verde *faire* ~ *de tout bois* no escatimar medios *jeter de l'huile sur le* ~ echar leña al fuego *les feux de la rampe* THÉÂT. las candilejas ~ *de signalisation* semáforo *le* ~ *est au rouge* el semáforo está en rojo *griller un* ~ saltarse un semáforo ~ *de position* luz de posición *f.* ~ *arrière* piloto ~ *antibrouillard* faro antiniebla

**feuillage** *m.* follaje

**feuille** *f.* hoja ~ *de route* hoja de ruta ~ *de paie* hoja de paga ~ *volante* hoja suelta *les feuilles mortes* la hojarasca *f. sing. trembler comme une* ~ temblar como un azogado

**feuillet** *m.* hoja *f.,* folio, pliego, cuartilla *f.*

**feuilleter** *tr.* **1** hojear **2** hojaldrar *(pâte)*

**feuilleté, -ée** *adj.* hojeado, a *pâte feuilletée* hojaldre *m. verre* ~ laminado

**feuilleton** *m.* folletín, serial *(télévision),* telenovela *f.,* culebrón

**feuillu, -ue** *adj.* frondoso, a

**feutre** *m.* fieltro, rotulador *(stylo),* flexible *(chapeau)*

**fève** *f.* haba

**février** *m.* febrero

**fi** *interj.* i quita ! *faire* ~ *de* hacer poco caso de, despreciar, desdeñar

**fiabilité** *f.* fiabilidad

**fiacre** *m.* simón

**fiançailles** *f. pl.* **1** promesa de matrimonio *f.,* petición de mano *f.* **2** noviazgo *(durée) bague de* ~ sortija de pedida

**fiancé, -ée** *m. -f.* novio, a, prometido, a

**fiancer (se)** *pr.* prometerse

**fiasco** *m.* fiasco, fracaso

**fibranne** *f.* fibrana

**fibre** *f.* fibra

**fibreux, -euse** *adj.* fibroso, a

**fibrociment** *m.* fibrocemento, uralita *f.*

**fibrome** *m. MÉD.* fibroma

**ficeler** *tr.* atar, *fig. mal ficelé* mal pergeñado, mal arreglado

**ficelle** *f.* hilo *m.,* cordón *m.,* bramante *m.,* guita, *f. pl.* trapacerías, tretas *les ficelles du métier* las triquiñuelas del oficio *tirer les ficelles* manejar los hilos

**fiche** *f.* **1** ficha, nota **2** *ÉLECTR.* enchufe *m.* ~ *d'état civil* fe de vida y estado ~ *comptable* comprobante contable

**ficher** *tr.* **1** hincar, clavar **2** fichar *(mettre sur fiche)* **3** *fig. fam.* largar, soltar ~ *une gifle* largar una bofetada ~ *quelqu'un à la porte* echar a alguien *ne rien* ~ no pegar golpe ~ *le camp* largarse *se* ~ *de* reírse de, burlarse de *fiche-moi la paix ! i* déjame en paz ! *il s'en fiche* le importa un comino, un bledo

**fichier** *m.* fichero ~ *informatisé* fichero computado ~ *central* fichero central ~ *principal* fichero maestro

**fichu** *m.* pañuelo, pañoleta *f.*

**fichu, -ue** *adj. fam.* dichoso, a *quel* ~ *caractère !* i dichoso carácter !, i qué mal genio ! *il est* ~ está perdido *je suis mal* ~ estoy malucho, estoy fatal *ne pas être* ~ *de* no ser capaz de

**fictif, -ive** *adj.* ficticio, a

**fiction** *f.* ficción

**fidéicommis** *m.* fideicomiso

**fidèle** *adj. -s.* fiel

**fidélité** *f.* fidelidad

**fiduciaire** *adj.* fiduciario, a

**fief** *m.* feudo

**fieffé, -ée** *adj.* empedernido,a ~ *menteur* embustero redomado

**fiel** *m.* hiel *f.*

**fielleux, -euse** *adj.* amargo, a, bilioso, a, *fig.* atrabiliario, a

**fiente** *f.* excremento *m.*

**fier** *pr. se* ~ *à* fiarse de, contar con, confiar en

**fier, fière** *adj.* altivo, a, orgulloso, a *il est* ~ *de son fils* está orgulloso de su hijo

**fierté** *f.* orgullo *m.*, altivez, soberbia

**fièvre** *f.* fiebre, calentura

**fifty-fifty** *loc. adv. pop.* a medias

**figer 1** *pr.* cuajar, coagular, *fig.* paralizar **2** *pr.* cuajarse, coagularse

**fignolage** *m.* esmero, acabado, retoque, último toque

**fignoler** *tr. -intr.* poner esmero, dar el último toque

**figue** *f.* higo *m.* ~ *de Barbarie* higo chumbo *mi-*~, *mi-raisin* entre veras y chanzas

**figuier** *m.* higuera *f.* ~ *de Barbarie* chumbera *f.*

**figurant, -e** *m. -f.* THÉÂT., CINÉ. extra

**figuratif, -ive** *adj.* figurativo, a

**figuration** *f.* figuración *faire de la* ~ ser extra

**figure** *f.* **1** figura **2** cara, rostro *m.*

**figuré, -ée** *adj.* figurado, a

**figurer 1** *tr.* figurar **2** *intr.* figurar, constar *cela ne figure pas dans le chapitre* esto no consta en el capítulo **3** *pr.* figurarse, imaginarse

**figurine** *f.* figurilla, figurín *m. c'est une* ~ *de mode* es un figurín

**fil** *m.* **1** hilo **2** filo *(tranchant)* **3** curso, hilo *(discours...)* ~ *de fer* alambre ~ *à plomb* plomada *f.* ~ *de fer barbelé* alambrada de púa *f.* ~ *à retordre* dar guerra, dar que hacer *un coup de* ~ llamada telefónica *f. donner un coup de* ~ telefonear, llamar por teléfono, dar un telefonazo

**filament** *m.* filamento

**filant, -e** *adj.* **1** fluente **2** fugaz *étoile filante* estrella fugaz

**filasse** *f.* estopa, hilaza

**filature** *f.* **1** fábrica de hilados, hilandería **2** hilado *(action)* **3** vigilancia *(police)*, pista *prendre quelqu'un en* ~ seguirle a uno la pista

**file** *f.* fila, cola *prendre la* ~ ponerse en la cola *à la* ~ en fila *chef de* ~ líder, jefe de fila ~ *de voitures* caravana de coches *garé en double* ~ estacionado en doble fila

**filer** *tr.* **1** hilar **2** seguir la pista de **3** *pop.* pasar volando *le temps file* el tiempo pasa volando **4** *pop.* largarse, irse de las manos *je file* me largo *file !* ¡ lárgate ! *l'argent lui file entre les mains* el dinero se le va de las manos

**filet** *m.* **1** red *f. (pêche)* **2** redecilla *f. (provisions, à cheveux)* **3** red *f.*, rejilla *f. (dans le train)* ~ *de bœuf* solomillo, filete ~ *de porc* lomo de cerdo, solomillo *faux* ~ solomillo bajo ~ *de poisson* filete *un* ~ *d'eau* un chorrillo de agua *un* ~ *de voix* un hilo de voz *un coup de* ~ *(police)* una redada *f.*

**fileur, -euse** *m. -f.* hilandero, a

**filial, -ale 1** *adj.* filial **2** *f.* filial, sucursal

**filiation** *f.* filiación

**filière** *f.* **1** hilera, ramificación **2** *fig.* tramitación *passer par la* ~ seguir el escalafón

**filiforme** *adj.* filiforme

**filigrane** *m.* filigrana *f.*

**fille** *f.* **1** hija **2** muchacha, chica *petite* ~ niña *petite-*~ nieta ~ *mère* madre soltera *vieille* ~ solterona *nom de jeune* ~ apellido de soltera *une jeune* ~ una joven *belle-*~ nuera, hija política, hijastra *(fille de l'un des époux)*

**fillette** *f.* niña, chiquita, chiquilla

**filleul, -e** *m. -f.* ahijado, a

**film** *m.* película *f.*, film ~ *muet* película muda ~ *parlant* película sonora ~ *d'épouvante* película de terror ~ *policier* película policíaca *ou* policíaca *tourner un* ~ rodar una película ~ *pornographique* pornofilm ~ *publicitaire* filmete

**filmage** *m.* rodaje, filmación *f.*

**filmer** *tr.* filmar, rodar

**filon** *m.* filón

**filou** *m. fam.* ratero

**fils** *m.* hijo *beau-*~ yerno, hijo político, hijastro *(fils de l'un des époux)* ~ *aîné* hijo mayor ~ *cadet* hijo menor *petit-*~ nieto

**filtrage** *m.* filtrado, filtración *f.*

**filtre** *m.* filtro

**filtrer** *tr.* filtrar

**fin** *f.* fin *m.*, final *m.* *la ~ du film* el fin de la película *à la ~ du chapitre* al final del capítulo *à la ~ du mois* a fines de mes *jusqu'à la ~* hasta el final *à la ~* al fin y al cabo *la ~ justifie les moyens* el fin justifica los medios *c'est une histoire sans ~* es el cuento de nunca acabar *~ de non-recevoir DR.* denegación de la demanda, *fig.* negativa rotunda *à toutes fins utiles* a todos sus efectos *en ~ de matinée* a últimas horas de la mañana *mettre ~ à* terminar con *prendre ~* finalizar

**fin, -e** *adj.* fino, a *la fine fleur* la flor y nata *le ~ du ~* de lo bueno lo mejor *jouer au plus ~* dárselas de listo *avoir le nez ~* tener olfato

**final, -ale** 1 *adj.* final 2 *f.* final *demi-finale* semifinal *quart de finale* cuarto de final

**finalité** *f.* finalidad

**finance** *f.* finanza, banca, *f. pl.* Hacienda *le Ministère des Finances* el Ministerio de Hacienda

**financement** *m.* financiación *f.*

**financer** *tr. -intr.* financiar, costear

**financier, -ière** 1 *adj.* financiero, a 2 *m. -f.* financiero, a, hacendista

**finaud, -e** *adj. -s.* astuto, a

**fine** *f.* aguardiente, fino *m.*

**finesse** *f.* 1 finura, delgadez 2 *fig.* sutileza, agudeza

**finir** *tr.* acabar, terminar *en ~* acabar de una vez *c'est une histoire à n'en plus ~* es el cuento de nunca acabar *finir par + inf.* acabar + *le gérondif c'est un idiot fini* es un tonto de remate

**finissage** *m.* acabado, última mano *f.*

**finition** *f.* acabado *m.*, remate *m.*

**finlandais, -e** *adj. -s.* finlandés, esa

**fiole** *f.* frasco *m.*

**firmament** *m.* firmamento

**firme** *f.* firma

**fisc** *m.* fisco, erario público, Hacienda *f.*

**fiscal, -ale** *adj.* fiscal, tributario, a

**fiscalisation** *f.* gravación

**fiscaliser** *tr.* gravar, imponer un gravamen

**fiscalité** *f.* fiscalidad, tributación, régimen tributario

**fission** *f.* fisión, ruptura, escisión

**fissure** *f.* grieta, *fig.* fisura

**fistule** *f.* fístula

**fixateur** *m.* fijador

**fixation** *f.* fijación

**fixe** 1 *adj.* fijo, a 2 *interj. MIL.* ¡firmes!

**fixer** *tr.* 1 fijar 2 fijar, establecer *(prix)* 3 *pr.* fijarse, establecerse *~ quelqu'un* mirar fijamente a alguien *~ un rendez-vous* dar cita *~ du regard* mirar de hito en hito

**fjord** *m.* fiordo, fiord

**flacon** *m.* frasco

**flagellation** *f.* flagelación

**flageller** *tr.* flagelar

**flageolet** *m.* 1 frijol 2 *MUS.* flautín

**flagrant, -e** *adj.* flagrante *en ~ délit* in fraganti

**flair** *m.* olfato

**flairer** *tr.* 1 olfatear, husmear 2 *fig.* presentir *~ un piège* presentir una trampa

**flamand, -e** *adj. -s.* flamenco, a

**flamant** *m.* flamenco

**flambant, -e** *adj.* flamante *~ neuf* flamante

**flambeau** *m.* 1 antorcha *f.* 2 candelabro *reprendre le ~* recoger la antorcha

**flambée** *f.* fogata, llamarada *la ~ des prix* el disparo de los precios

**flamber** 1 *tr.* chamuscar, *CUIS.* flamear 2 *intr.* arder *la maison flambe* la casa arde 3 *fig.* dispararse *les prix flambent* los precios se disparan

**flamboyant, -e** 1 *adj.* resplandeciente, llameante 2 *m. BOT.* ceibo, seibo, framboyán *gothique ~* gótico flamígero

**flamboyer** *intr.* llamear

**flamme** *f.* llama

**flan** *m.* flan

**flanc** *m.* 1 costado 2 ladera *(montagne...)* *fig. fam.* être sur le ~ estar agotado, a, rendido, a *prêter le ~ à* dar pábulo a

**flanelle** *f.* franela

**flâner** *intr.* 1 callejear *(dans la rue)* 2 matar el tiempo, gandulear

**flanquer** *tr.* 1 flanquear 2 *fig. fam.* asestar, dar, soltar, propinar *fam. ~ à la porte* echar a la calle

**flaque** *f.* charco *m.*

**flash** *m.* flash, *pl.* flashes

**flasque** *adj.* fofo, a

**flatter** tr. **1** halagar, lisonjear, adular **2** favorecer *cette coiffure te flatte* este peinado te favorece **3** pr. alardear, hacer alarde de, jactarse, preciarse

**flatterie** f. lisonja

**flatteur, -euse 1** adj. favorecedor, ora *(robe, etc.)* **2** m. -f. lisonjero, a

**fléau** m. **1** astil *(balance)*, **2** fig. plaga f., lacra f., azote, calamidad f.

**flèche** f. flecha, saeta, aguja *(clocher) monter en ∼* dispararse *(prix) filer comme une ∼* salir disparado

**fléchir** tr. **1** doblar, doblegar *∼ le genou* doblar la rodilla **2** flojear *(Bourse)* **3** fig. ablandar

**fléchissement** m. baja f. *(prix)*, disminución f., sumisión f.

**flegmatique** adj. flemático, a

**flegme** m. flema f.

**flemme** f. pereza *j'ai une de ces flemmes !* ¡ me da una pereza !

**flétrir** tr. **1** marchitar *(fleur)* **2** ajar *(tissu, etc.)* **3** mancillar, manchar *(réputation)*

**fleur** f. flor *la fine ∼* la flor y nata *ni fleurs ni couronnes* no se admiten flores ni coronas *à ∼ de* a flor de

**fleuret** m. florete

**fleurir** intr. **1** florecer **2** adornar con flores

**fleurissante** adj. floreciente

**fleuriste** m. -f. florista *boutique du ∼* floristería

**fleuron** m. florón

**fleuve** m. río *roman ∼* novelón, culebrón *(télévision)*

**flexible** adj. flexible

**flexion** f. flexión

**flibustier** m. filibustero

**flic** m. fam. pop. poli *les flics* la poli

**flipper** m. flipper f.

**flirt** m. flirteo

**flirter** intr. flirtear

**flocon** m. copo

**floraison** f. floración

**floriculture** f. floricultura

**florissant, -e** adj. floreciente, fig. boyante *une affaire florissante* un negocio boyante

**flot** m. ola f., oleada f. *un ∼ d'idées* un raudal de ideas *à grands flots* a raudales *un ∼ de larmes* un mar de lágrimas

**flottaison** f. flotación

**flottant, -e** adj. flotante

**flotte** f. flota *∼ marchande* flota mercante

**flottement** m. flotación f.

**flotter** intr. **1** flotar **2** ondear *(drapeau)* **3** fig. fluctuar, vacilar **4** flotar *(monnaie)* tr. *∼ du bois* transportar madera flotante

**flotteur** m. flotador

**flottille** f. flotilla

**flou, -e** adj. **1** borroso, a **2** movido, a *une photo floue* una foto movida

**flouer** tr. fam. timar, estafar, engañar

**fluctuation** f. fluctuación

**fluctuer** intr. fluctuar

**fluet, -ette** adj. endeble, delgaducho, a

**fluide 1** adj. fluido, a **2** m. fluido

**fluidifier** tr. fluidificar

**fluidité** f. fluidez

**fluor** m. flúor

**flûte 1** f. flauta *∼ à bec* flauta dulce *∼ traversière* flauta travesera **2** barra *(pain)* **3** interj. ¡ caracoles ! *∼ de Pan* zampoña, siringa

**flûtiste** m. -f. flautista

**fluvial** adj. fluvial

**flux** m. flujo

**foc** m. MAR. foque

**fœtal, -e** adj. fetal

**fœtus** m. feto

**foi** f. fe *ajouter ∼ à* dar crédito a *digne de ∼* solvente, fehaciente, fidedigno, a *n'avoir ni ∼ ni loi* no tener ni rey ni roque

**foie** m. hígado

**foin** m. heno *rhume des foins* fiebre del heno *être bête à manger du ∼* fig. ser más tonto que una mata de habas *faire du ∼* fig. fam. armar la de Dios, armar escándalo

**foire** f. **1** feria *∼-exposition* feria de muestras **2** fig. fam. juerga *faire la ∼* ir de juerga *champ de ∼* ferial, real de la feria

**fois** f. vez *il était une ∼* érase una vez... *des ∼* a veces *∼ d'autres ∼* otras veces *encore une ∼* otra vez *plusieurs ∼* varias veces *une ∼ pour toutes* de una vez *para siempre*

**foison (à)** loc. adv. en abundancia, con profusión

**foisonnant, -e** adj. abundante

**foisonnement** m. abundancia f.

**foisonner** *intr.* abundar

**folichon, -onne** *adj. -s.* locuelo, a *fam. ce n'est pas* ～ no es algo del otro jueves

**folie** *f.* locura ～ *des grandeurs* manía de grandezas *à la* ～ con locura

**folio** *m.* folio

**folklore** *m.* folklore

**folklorique** *adj.* folklórico, a

**follet, -ette** *adj.* locuelo, a *feu* ～ fuego fatuo

**fomenter** *tr.* fomentar

**foncé, -ée** *adj.* oscuro, a

**foncer 1** *tr.* oscurecer **2** *intr.* correr *(voiture)* **3** volar *fonce !* ¡ véte volando ! *intr.* ～ *sur* abalanzarse sobre, arremeter contra

**foncier, -ière** *adj.* territorial, hipotecario, a *crédit* ～ banco hipotecario *impôt* ～ contribución territorial *f. propriété foncière* bienes raíces *m. pl. propriétaire foncier* propietario de bienes raíces, hacendado

**foncièrement** *adv.* fundamentalmente, profundamente

**fonction** *f.* función, empleo *m.,* cargo *m. en* ～ *de* en función de, con arreglo a *être* ～ *de* depender de *faire* ～ *de* hacer de

**fonctionnaire** *m. -f.* funcionario, a *haut* ～ alto cargo

**fonctionnel, -elle** *adj.* funcional

**fonctionnement** *m.* funcionamiento

**fonctionner** *intr.* funcionar

**fond** *m.* fondo, *fig.* trasfondo *toile de* ～ *THÉAT.* foro ～ *de teint* maquillaje *à* ～ *de train* a todo correr *être à* ～ *de cale fig. fam.* estar sin blanca *aller au* ～ *MAR.* irse a pique

**fondamental, -e** *adj.* fundamental

**fondateur, -trice** *adj. -s.* fundador, ora

**fondation** *f.* **1** fundación **2** *pl.* cimientos *m. pl.*

**fondé, -ée** *adj.* fundado, a ～ *de pouvoir* apoderado

**fondement** *m.* **1** fundamento *dénué de tout* ～ sin ningún fundamento **2** *pl. ARCHIT.* cimientos *m. pl.*

**fonder** *tr.* fundar, echar cimientos *(construction)*

**fonderie** *f.* fundición

**fondeur** *m.* fundidor

**fondre** *tr.* **1** fundir *(métal)* **2** derretirse *(neige, etc.),* deshacerse *(sucre, etc.)* ～ *en larmes* deshacerse en lágrimas

**fondrière** *f.* bache *m.*

**fonds** *m.* **1** heredad *f.,* finca *f. (terrain)* **2** fondos *m. pl.,* caudal *(argent) à* ～ *perdus* a fondo perdido *le Fonds monétaire international (F.M.I.)* el Fondo monetario internacional ～ *de commerce* establecimiento

**fondu, -ue** *adj.* derretido, a, deshecho, a *neige fondue* aguanieve *CINÉ.* ～ *enchaîné* fundido encadenado

**fontaine** *f.* fuente

**fontanelle** *f.* fontanela

**fonte** *f.* **1** fundición *(action du fondeur)* **2** deshielo *m. (neige)* **3** hierro fundido ～ *émaillée* hierro esmaltado

**fonts** *m. pl.* ～ *baptismaux* pila *f. sing.,* fuente bautismal *f.*

**foot** *m.* fútbol *baby-*～ futbolín

**football** *m.* fútbol

**footballeur** *m.* futbolista

**footing** *m.* footing

**for** *m.* fuero *dans mon* ～ *intérieur* en mi fuero interno

**forage** *m.* perforación *f.*

**forain, -e** *adj.* de la feria *fête foraine* verbena *marchand* ～ feriante

**forban** *m.* forajido

**forçat** *m.* galeote *(galères),* presidiario *(travaux forcés)*

**force** *f.* fuerza ～ *d'âme* entereza *tour de* ～ hazaña *f.* ～ *de frappe* fuerza de disuasión *ou* fuerza disuasoria *les forces de l'ordre* policía antidisturbios *reprendre des forces* reponer fuerzas *à* ～ *de lire* de tanto leer *par* ～ por fuerza *être à bout de forces* estar agotado, a *de gré ou de* ～ de grado o por fuerza, por las buenas o por las malas

**forcé, -ée** *adj.* **1** forzado, a **2** forzoso, a *(atterrissage)*

**forcément** *adv.* forzosamente

**forcené, -ée** *adj. -s.* loco, a, furioso, a

**forcer** *tr.* **1** forzar **2** obligar, forzar **3** aumentar **4** *pr.* esforzarse *se* ～ *à* esforzarse en *forcé de* obligado, a

**forer** *tr.* taladrar, horadar

**forestier, -ière** *adj.* forestal *garde* ～ guardabosque

**foret** *m.* taladro

**forêt** *f.* **1** bosque *m.* **2** selva *la* ～ *vierge* la selva virgen

**forfait** *m.* **1** estimación objetiva singular *f. (impôts)* **2** forfait *(ski...)* **3** delito, crimen, fechoría *f. travailler à* ~ trabajar a destajo *déclarer* ~ renunciar

**forge** *f.* fragua

**forger** *tr.* forjar, fraguar *fer forgé* hierro forjado *en forgeant on devient forgeron* machacando se aprende el oficio

**forgeron** *m.* herrero

**formaliser (se)** *pr.* escandalizarse *se* ~ *de* molestarse por

**formalisme** *m.* formalismo

**formaliste** *adj. -s.* formalista

**formalité** *f.* requisito *m.,* trámite *m. remplir une* ~ cumplir un requisito

**format** *m.* formato, tamaño

**formateur, -trice** *adj. -s.* formador, ora

**formation** *f.* formación, *SPORT* alineación ~ *professionnelle* capacitación profesional ~ *continue* formación continuada

**forme** *f.* **1** forma **2** horma *(chaussures) en bonne et due* ~ como es debido, como Dios manda *pour la* ~ para cumplir *sous* ~ *de* en forma de

**formel, -elle** *adj.* formal, *fig.* tajante *de manière formelle* de modo tajante

**former 1** *tr.* formar **2** *pr.* formarse ~ *un projet* concebir un proyecto

**formidable** *adj.* estupendo, a, formidable *c'est un garçon* ~ es un chico estupendo

**formulaire** *m.* formulario

**formulation** *f.* formulación

**formule** *f.* fórmula

**formuler** *tr.* formular

**forniquer** *intr.* fornicar

**fort** *adv.* **1** muy, mucho ~ *joli* muy bonito *j'ai* ~ *à faire* tengo mucho que hacer **2** fuerte *parler* ~ hablar fuerte **3** *m.* MIL. fuerte

**fort, -e** *adj.* **1** fuerte **2** gordo, a, corpulento, a *une femme forte* una mujer gorda **3** grande, exagerado, a, importante *une somme forte* una importante cantidad *être* ~ *en* saber mucho de *une place forte* una plaza fuerte

**forteresse** *f.* fortaleza

**fortifiant, -e** *adj. -s.* fortificante

**fortifier** *tr.* fortalecer, MIL. fortificar

**fortuit, -e** *adj.* fortuito, a

**fortune** *f.* **1** fortuna, caudal *m.* **2** fortuna *la roue de la* ~ la rueda de la fortuna **3** dineral *coûter une* ~ costar un dineral *tenter* ~ probar fortuna

**fortuné, -ée** *adj.* acaudalado, a

**forum** *m.* foro

**fosse** *f.* hoyo *m.,* fosa, foso *m. (garage)* ~ *commune* fosa común

**fossé** *m.* cuneta *f. (route),* foso

**fossette** *f.* hoyuelo *m.*

**fossile** *m.* fósil

**fossoyeur** *m.* enterrador, sepulturero

**fou, folle 1** *adj. -s.* loco, a, *être* ~ *de* estar loco por, estar chiflado, a **2** *m.* bufón *(d'un roi),* alfil *(échecs)*

**foudre** *f.* rayo *m. coup de* ~ rayo *coup de* ~ *fig.* flechazo

**foudroyant, -e** *adj.* fulminante

**foudroyer** *tr.* fulminar

**fouet** *m.* **1** látigo **2** CUIS. batidor, batidora *f. coup de* ~ latigazo *donner le* ~ azotar *de plein* ~ de frente

**fouetter** *tr.* **1** azotar, dar azotes **2** CUIS. batir **3** *fig.* fustigar, excitar *il n'y a pas de quoi* ~ *un chat* no es para tanto

**fougère** *f.* helecho

**fougue** *f.* fogosidad, ardor *m.,* fuga

**fougueux, -euse** *adj.* fogoso, a

**fouille** *f.* **1** registro *m.,* cacheo *m. (police)* **2** ARCHÉO. excavación

**fouiller** *tr.* **1** registrar **2** ARCHÉO. excavar

**fouillis** *m.* desbarajuste, batiburrillo

**fouine** *f.* garduña

**fouiner** *intr. fam.* curiosear, husmear

**foulard** *m.* pañuelo para la cabeza, fular *(étoffe)*

**foule** *f.* muchedumbre *une* ~ *de* la mar de

**foulée** *f.* pisada

**fouler** *tr.* pisar, pisotear *se* ~ *la cheville* torcerse el tobillo, hacerse un esguince

**foulure** *f.* esguince *m.*

**four** *m.* **1** horno ~ *à micro-ondes* microondas **2** *fig.* fracaso *petits fours* pastas *f. pl.* para té

**fourbe** *adj. -s.* pícaro, a, bribón, ona, taimado, a

**fourberie** *f.* picardía, trapacería

**fourbi** *m. fam.* trastos *m. pl.*

**fourbu, -ue** *adj.* rendido, a

**fourche** *f.* horca, horquilla *(vélo),* bifurcación *(route)*

**fourcher** *intr.* bifurcarse *fig.* **la langue lui a fourché** se le ha trabado la lengua

**fourchette** *f.* **1** tenedor *m. (couvert)* **2** horquilla *(estimation)* **3** banda ~ **des salaires** banda salarial

**fourgon** *m.* furgón

**fourgonnette** *f.* furgoneta

**fourmi** *f.* hormiga *fig.* **avoir des fourmis** tener hormigueo

**fourmilière** *f.* hormiguero *m.*

**fourmillement** *m.* hormigueo

**fourmiller** *intr.* hormiguear

**fournaise** *f.* horno *m.*

**fourneau** *m.* **1** horno **haut** ~ alto horno **2** fogón *(cuisine)*

**fourni, -ie** *adj.* provisto, a, surtido, a **un magasin bien** ~ una tienda bien surtida

**fournir** *tr.* **1** proveer, suministrar, abastecer **2** proporcionar, facilitar, dar ~ **des renseignements** facilitar informes ~ **un effort** hacer un esfuerzo

**fournisseur, -euse** *m. -f.* proveedor, ora, suministrador, ora, abastecedor, ora

**fourniture** *f.* suministro *m.* abastecimiento *f. pl.* ~ **scolaires** artículos escolares *m. pl.*

**fourrage** *m.* forraje

**fourré, -ée 1** *adj.* CUIS. relleno, a, **2** *m.* maleza *f.*

**fourreau** *m.* vaina *f. (épée)*, funda *f. (parapluie)*

**fourrer** *tr.* **1** forrar *(de fourrure)* **2** *fam.* meter **3** *pr.* meterse

**fourreur** *m.* peletero

**fourrière** *f.* **1** perrera *(chiens)* **2** depósito *(voitures)* **voiture de la** ~ grúa

**fourrure** *f.* piel **manteau de** ~ abrigo de pieles **magasin de fourrures** peletería *f.*

**foyer** *m.* **1** hogar **2** foco *(optique)* **3** *fig.* foco **un** ~ **de civilisation** un foco de civilización

**frac** *m.* frac

**fracas** *m.* estrépito, estruendo

**fracassant, -e** *adj.* estrepitoso, a, sonado, a **un succès** ~ un éxito muy sonado

**fracasser 1** *tr.* romper, estrellar **2** *pr.* estrellarse

**fraction** *f.* fracción

**fractionner** *tr.* fraccionar

**fracture** *f.* fractura

**fracturer** *tr.* fracturar, romper, forzar *pr. se* ~ **la jambe** fracturarse la pierna

**fragile** *adj.* frágil, débil, endeble, delicado, a *(personne)*

**fragilité** *f.* fragilidad, *fig.* debilidad

**fragment** *m.* fragmento

**fraîchement** *adv.* friamente, frescamente ~ **arrivé** recién llegado

**fraîcheur** *f.* frescura, frescor *m.*

**fraîchir** *intr. -impers.* refrescar

**frais, fraîche** *adj.* fresco, a **peinture fraîche** recién pintado **nous voilà** ~ **!** ¡ estamos frescos ! **prendre le** ~ tomar el fresco **il fait** ~ hace fresco

**frais** *m. pl.* gastos ~ **de justice** gastos judiciales ~ **généraux** gastos generales ~ **de déplacement** gastos de locomoción *(o de viaje)* ~ **de séjour** dietas *f. pl.* **à grands** ~ costosamente **aux** ~ **de** a costa de, a expensas de

**fraise** *f.* fresa ~ **des bois** fresa silvestre **grosse** ~ fresón *m.*

**fraisier** *m.* fresa *f.,* fresera *f.*

**framboise** *f.* frambuesa

**framboisier** *m.* frambueso

**franc** *m.* franco *(monnaie)*

**franc, franche 1** *adj.* franco, a **port** ~ puerto franco ~ **de port** franco de porte **2** *adv.* francamente

**français, -e** *adj. -s.* francés, esa, galo, a

**franchement** *adv.* francamente

**franchir** *tr.* franquear, salvar

**franchise** *f.* **1** franqueza **2** franquicia ~ **d'assurance** franquicia de seguro ~ **postale** franquicia postal

**franchisé, -ée** *adj.* franquiciado, a, en régimen de franquicia

**franchiseur** *m.* franquiciador

**franchissable** *adj.* salvable

**franc-maçon, -onne** *m. -f.* masón, ona, francmasón, ona

**franc-maçonnerie** *f.* masonería, francmasonería

**franco 1** *préf.* franco ~**-espagnol** francoespañol **2** *adv.* franco ~ **de port** franco de porte

**franc-tireur** *m.* francotirador

**frange** *f.* fleco *m.,* franja

**frangipane** *f.* franchipán *m.*

**frappant, -e** *adj.* sorprendente, patente, llamativo, a

**frappe** f. 1 acuñación (monnaie) 2 tecleo m. (machine à écrire) erreur de ∼ error de máquina force de ∼ m. fuerza disuasoria, poder disuasivo

**frapper** tr. 1 golpear, pegar (battre) 2 acuñar (monnaie) 3 fig. llamar la atención, impresionar, asombrar cela me frappe esto me llama la atención ∼ à la porte llamar a la puerta

**frasque** f. travesura, calaverada

**fraternel, -elle** adj. fraternal, fraterno, a

**fraternité** f. fraternidad

**fratricide** 1 adj. fratricida 2 m. fratricidio (meurtre)

**fraude** f. fraude m. en ∼ fraudulentamente

**frauder** 1 tr. defraudar 2 intr. cometer fraude

**frauduleux, -euse** adj. fraudulento, a

**frayer** 1 tr. abrir 2 pr. abrirse se ∼ un chemin abrirse camino

**frayeur** f. pavor m., espanto m.

**fredonner** tr. canturrear, tararear

**freezer** m. congelador

**frégate** f. fragata

**frein** m. freno mettre un ∼ à poner freno a ∼ à main freno de mano coup de ∼ frenazo

**freinage** m. frenado, frenada f.

**freiner** tr. -intr. frenar

**frelater** tr. adulterar huile frelatée aceite adulterado

**frêle** adj. endeble, delicado, a

**frelon** m. avispón, abejón

**frémir** intr. estremecerse l'eau frémit el agua empieza a hervir

**frémissant, -e** adj. trémulo, a, tembloroso, a, hirviente (liquide)

**frêne** m. fresno

**frénésie** f. frenesí m.

**frénétique** adj. frenético, a

**fréquemment** adv. a menudo, frecuentemente

**fréquence** f. frecuencia

**fréquent, -e** adj. frecuente

**fréquentation** f. relación

**fréquenter** tr. frecuentar (lieu), tratarse con (personne)

**frère** m. hermano ∼ aîné hermano mayor beau-∼ cuñado les frères et sœurs los hermanos

**fresque** f. fresco m.

**fret** m. flete

**fréter** tr. fletar

**frétillant, -e** adj. bullicioso, a, vivaracho, a

**frétillement** m. bullicio, agitación f.

**frétiller** intr. agitarse, colear (poisson)

**friable** adj. friable, desmenuzable

**friand, -e** 1 adj. apetitoso, a 2 m. empanada f. être ∼ de ser aficionado a

**friandise** f. golosina

**fric** m. fam. pasta f., tela f., guita f., parné

**fricassée** f. pepitoria, fricasé m.

**friche** f. erial m., baldío m. en ∼ yermo, a, sin cultivar

**fricoter** intr. fam. trapichear, andar en trapicheos, en tejemanejes

**friction** f. 1 fricción, friega 2 roce m. ∼ entre père et fils roce entre padre e hijo

**frictionner** tr. friccionar, dar friegas, dar fricciones

**frigidaire** m. nevera f., frigorífico, amér. heladera f.

**frigorifier** tr. congelar, helar, fig. helar

**frigorifique** adj. frigorífico, a

**frigoriste** m. frigorista

**frileux, -euse** adj. friolero, a, friolento, a

**frime** f. fam. pop. pamema, paripé m.

**frimousse** f. fam. carita, cara

**fringant, -e** adj. apuesto, a, vivo, a, fogoso, a

**fringues** f. pl. ropa f. sing., trapos m. pl.

**friper** tr. arrugar

**fripier, -ère** m. -f. ropavejero, a

**fripon, -onne** adj. -s. pillo, a, bribón, ona, bellaco, a, pícaro, a

**friponnerie** f. bellaquería, bribonería, picardía

**fripouille** f. fam. pop. granuja m.

**frire** tr. freír intr. faire ∼ freír le poisson était en train de ∼ el pescado se freía

**frise** f. 1 ARCHIT. friso 2 greca (papier peint, tissu)

**friser** tr. 1 rizar, fig. lindar, frisar en, rayar en il frise la quarantaine raya en la cuarentena cela frise l'incroyable esto raya en lo increíble 2 rondar la dette frise les 20 millions la deuda ronda los 20 millones

**frisure** f. rizo m.

**frisson** *m.* escalofrío, estremecimiento, espeluzno

**frissonner** *intr.* estremecerse, temblar ~ *de froid* tiritar de frío

**frit, -e 1** *adj.* frito, a **2** *f.* patata frita

**friteuse** *f.* freidora

**frivole** *adj.* frívolo, a

**frivolité** *f.* frivolidad

**froc** *m. fam. pop.* pantalón

**froid, -e 1** *adj.* frío, a **2** *m.* frío *il fait* ~ hace frío *il fait un* ~ *de canard* hace un frío que pela *cela ne me fait ni chaud ni* ~ esto no me va ni me viene *à* ~ en frío

**froideur** *f.* frialdad

**froisser** *tr.* **1** arrugar, chafar **2** *fig.* ofender, herir **3** *pr.* arrugarse, *fig.* ofenderse

**frôler** *tr.* rozar, *fig.* rondar *il frôle les 40 ans* ronda los cuarenta

**fromage** *m.* queso ~ *blanc* requesón *cloche à* ~ quesera

**fromager, -ère** *adj.* quesero, a

**fromagerie** *f.* quesería

**froment** *m.* trigo candeal

**fronce** *f.* frunce m.

**froncer** *tr.* fruncir ~ *les sourcils* fruncir el ceño

**frondaison** *f.* frondosidad, fronda

**fronde** *f.* honda

**frondeur, -euse** *adj. -s. fig.* revoltoso, a

**front** *m.* frente, *fig.* descaro, atrevimiento, desfachatez *f. avoir le* ~ *de* tener la cara de *de* ~ de frente *faire* ~ hacer frente

**frontière** *f.* frontera *poste* ~ paso *ou* puesto fronterizo *violation de* ~ violación fronteriza

**frontispice** *m.* frontispicio

**fronton** *m.* frontón

**frottement** *m.* roce, fricción *f.*

**frotter** *tr.* **1** frotar, restregar *se* ~ *les yeux* restregarse los ojos **2** *intr.* rozar **3** *pr. fig.* rozarse, tratarse con

**frousse** *f. fam.* canguelo m.

**fructifier** *intr.* fructificar

**fructueux, -euse** *adj.* fructífero, a, fructuoso, a

**frugal, -e** *adj.* frugal

**frugalité** *f.* frugalidad

**fruit** *m.* **1** fruto *le* ~ *de la terre* el fruto de la tierra *porter ses fruits* dar sus frutos **2** fruta *f. la prune est un* ~ la ciruela es una fruta *fruits de mer* mariscos *magasin de fruits* frutería f.

**fruité, -ée** *adj.* afrutado, a, con sabor a fruta

**fruitier, -ère** *adj.* frutal *arbre* ~ árbol frutal

**frusques** *f. pl. fam.* pingos *m. pl.,* trapos viejos *m. pl.*

**fruste** *adj.* tosco, a

**frustration** *f.* frustración

**frustré, -ée** *adj.* frustrado, a, defraudado, a

**frustrer** *tr.* frustrar, defraudar

**fuchsia** *m.* fucsia *f.*

**fugace** *adj.* fugaz

**fugacité** *f.* fugacidad

**fugitif, -ive** *adj. -s.* fugitivo, a

**fugue** *f.* **1** fuga, escapatoria **2** *MUS.* fuga

**fuir 1** *intr.* huir, salirse *pr. ce récipient fuit* este recipiente se sale *l'eau fuit* el agua se sale **2** *tr.* huir de, evitar *faire* ~ ahuyentar

**fuite** *f.* **1** huida, fuga **2** escape *m. (gaz),* derrame *(liquide)* **3** *fig.* filtración ~ *d'eau* gotera *(plafond)* ~ *des capitaux* fuga de capitales ~ *en avant* la huida hacia adelante *être en* ~ ser prófugo, estar huido *prendre la* ~ emprender la fuga

**fulgurant, -e** *adj.* fulgurante

**fulminer** *tr.* fulminar *intr.* ~ *contre* estallar contra, prorrumpir en amenazas

**fumant, -e** *adj.* humeante

**fume-cigarette** *m.* boquilla *f.*

**fumée** *f.* humo m. *il n'y a pas de* ~ *sans feu* cuando el río suena agua lleva

**fumer 1** *intr.* fumar *défense de* ~ prohibido fumar **2** *tr.* fumarse ~ *une cigarette* fumarse un pitillo **3** ahumar *saumon fumé* salmón ahumado **4** *AGR.* abonar

**fumet** *m.* aroma, olor

**fumeur, -euse** *m. -f.* fumador, ora

**fumeux, -euse** *adj.* confuso, a

**fumier** *m.* estiércol, abono

**fumigation** *f.* fumigación

**fumigène** *adj.* fumígeno, a

**fumiste 1** *m.* deshollinador **2** *adj.* cuentista

**funambule** *m.* volatinero

**funèbre** *adj.* fúnebre *Pompes funèbres* *f. pl.* Funeraria *f. sing. messe ∼* misa funeral

**funérailles** *f. pl.* funeral *m. sing.*

**funéraire** *adj.* funerario, a, mortuario, a

**funeste** *adj.* funesto, a

**funiculaire** *m.* funicular

**fur** *au ∼ et à mesure que* conforme *au ∼ et à mesure* poco a poco

**furet** *m.* hurón

**fureter** *intr.* huronear, *fig.* fisgonear

**fureur** *f.* furor *m. faire ∼* causar furor

**furibond, -e** *adj.* furibundo, a

**furie** *f.* furia *être une vraie ∼* estar hecho una bestia

**furieux, -euse** *adj.* furioso, a, violento, a, terrible

**furoncle** *m.* furúnculo

**furtif, -ive** *adj.* furtivo, a

**fusain** *m.* carboncillo *(crayon),* dibujo al carbón

**fuseau** *m.* **1** huso *∼ horaire* huso horario **2** bolillo *(dentelle)*

**fusée** *f.* cohete *m. ∼ spatiale* cohete espacial *∼ sol-sol* cohete tierra-tierra

**fuselage** *m.* fuselaje

**fuselé, -ée** *adj.* ahusado, a, fino, a *(doigts)*

**fuser** *intr. fig.* brotar, estallar, surgir

**fusible 1** *m.* fusible **2** *adj.* fusible

**fusil** *m.* **1** fusil **2** escopeta *f. (chasse) ∼ à deux coups* fusil de dos cañones *∼-mitrailleur* ametralladora *coup de ∼* disparo, *fig.* clavo *(restaurant)*

**fusillade** *f.* tiroteo *m.,* fusilamiento *(exécution)*

**fusiller** *tr.* fusilar

**fusion** *f.* fusión

**fusionnement** *m.* fusión *f.*

**fusionner** *tr.* fusionar, fusionarse

**fustiger** *tr.* fustigar

**fût** *m.* tonel

**futaie** *f.* oquedal *m.,* monte alto *m.*

**futé, -ée** *adj.* listo, a, astuto, a, taimado, a

**futile** *adj.* fútil

**futilité** *f.* futilidad

**futur, -e 1** *adj.* futuro, a **2** *m.* futuro

**futurisme** *m.* futurismo

**futuriste** *adj. -s.* futurista

**futurologie** *f.* futurología

**fuyant, -e** *adj.* huidizo, a *faux-∼ m.* escapatoria *f.*

**fuyard, -e 1** *adj. -s.* fugitivo, a, fugado, a, prófugo, a **2** *m. -f.* fugitivo, a, prófugo, a

# G

**g** *m.* g *f.*

**gabardine** *f.* gabardina

**gabare** *f.* gabarra

**gabarit** *m.* dimensión *f.*, tamaño ∼ *de chargement* gálibo de carga

**gabegie** *f.* desbarajuste *m.*

**gâche** *f.* cerradero *m.*

**gâcher** *tr.* **1** amasar *(plâtre)* **2** malgastar, arruinar, estropear, echar a perder **3** aguar *(fête, plaisir)*

**gâchette** *f.* **1** gatillo *m. appuyer sur la* ∼ oprimir el gatillo **2** gaceta

**gâchis** *m.* **1** desperdicio, despilfarro **2** estropicio

**gadoue** *f. fam.* barro *m.*, lodo *m.*

**gadget** *m.* chisme, gadget

**gaffe** *f. fam.* metedura de pata, plancha *faire une* ∼ meter la pata

**gaffer** *intr. fam.* meter la pata

**gag** *m.* gag, efecto cómico

**gaga** *adj. -s. fam.* chocho, a *être* ∼ chochear

**gage** *m.* **1** prenda *f. donner un* ∼ dar una prenda **2** prueba *f.*, garantía *f.* **3** sueldo, salario *mettre en* ∼ empeñar *donner en* ∼ pignorar *à gages* a sueldo *tueur à* ∼ asesino a sueldo *prêter sur gages* prestar con fianza

**gager** *tr.* **1** empeñar **2** apostar *je gage que* apuesto que

**gageure** *f.* apuesta *c'est une* ∼ parece increíble

**gagiste** *adj. -s. -m.* con garantía de prenda *créancier* ∼ acreedor prendario

**gagnable** *adj.* ganable

**gagnant, -e** *adj. -s.* ganador, ora, vencedor, ora *numéro* ∼ número premiado *être* ∼ salir ganancioso, salir ganando *jouer* ∼ jugar a ganador

**gagne-pain** *m. invar.* sustento

**gagner** *tr.* **1** ganar **2** ganarse ∼ *sa vie* ganarse la vida ∼ *sa croûte* ganarse el alpiste **3** granjearse, captarse *(amitié, affection)* **4** alcanzar ∼ *la côte à la nage* alcanzar la costa nadando **5** extenderse, propalarse *le feu gagne* el fuego se extiende

**gai, -e** *adj.* alegre

**gaieté** ou **gaîté** *f.* alegría *de* ∼ *de cœur* con agrado

**gaillard, -e 1** *adj.* gallardo, a, atrevido, a **2** *m.* buen mozo **3** *m. -f. fam.* pillo, a, pícaro, a

**gaillardise** *f.* gallardía, desvergüenza

**gain** *m.* **1** ganancia *f.* **2** salario, sueldo *avoir* ∼ *de cause fig.* salirse con la suya *appât du* ∼ incentivo del lucro *donner* ∼ *de cause* dar la razón

**gaine** *f.* **1** faja *(corset)* **2** vaina *(épée)* **3** manga *(aération)*

**gainer** *tr.* envainar *(épée)*, forrar *(câble)*, enfundar

**gala** *m.* gala, función de gala *habit de* ∼ traje de gala *soirée de* ∼ fiesta de etiqueta

**galamment** *adv.* galantemente

**galant, -e** *adj.* galante *un* ∼ *homme* un caballero *un vert* ∼ *fam.* un viejo verde *propos* ∼ piropo, requiebro

**galanterie** *f.* galantería *dire des galanteries* decir piropos, decir requiebros, piropear

**galapiat** *m. fam.* tuno, pillo, tunante

**galaxie** *f.* galaxia

**galbe** *m.* curva *f.*

**galbé, -ée** *adj.* torneado, a

**galber** *tr.* dar forma, perfil

**gale** *f.* sarna *méchant comme la* ∼ más malo que la quina

**galéjade** *f.* burla

**galère** *f.* **1** galera **2** *fig.* infierno *m.*

**galerie** *f.* **1** galería **2** portaequipajes *m. (voiture) directeur, trice d'une* ∼ *d'art* galerista

**galet** *m.* guijarro

**galetas** *m.* **1** tugurio **2** desván, buhardilla *f.*

**galette** *f.* **1** torta **2** *fam.* guita, pasta, tela, guita, parné *m.* ∼ *des Rois* roscón de Reyes *m.*

**galeux, -euse** *adj.* sarnoso, a

**galicien, -enne** *adj. -s.* gallego, a

**galimatias** *m.* galimatías

**galion** *m.* galeón

**galipette** *f.* voltereta, brinco *m.*

**gallican, -e** *adj. -s.* galicano, a

**gallicisme** *m.* galicismo

**gallois, -e** *adj. -s.* galés, esa

**gallo-romain** *adj. -s.* galorromano, a

**galoche** *f.* zueco *m.*

**galon** *m.* galón, ribete

**galonner** *tr.* ribetear, galonear

**galop** *m.* galope *au* ~ a galope *au grand* ~ *ou au triple* ~ a galope tendido

**galopant, -e** *adj.* galopante

**galoper** *intr.* galopar

**galopin** *m. fam.* pillo, pilluelo

**galuchat** *m.* piel de pescado curtida *f.*

**galvaniser** *tr.* galvanizar

**galvauder** *tr.* deshonrar, estropear, echar a perder

**gambade** *f.* brinco *m.*

**gambader** *intr.* brincar, dar brincos

**gamelle** *f.* fiambrera, escudilla, rancho *(contenu)* fig. fam. se ramasser une ~ darse un porrazo

**gamin, -e 1** *m.* -f. muchacho, a, chiquillo, a, rapaz, a **2** *adj.* travieso, a

**gaminerie** *f.* chiquillada

**gamma** *m.* gama

**gamme** *f.* **1** MUS. escala **2** gama

**gammé, -ée** *adj.* gamado, a *croix gammée* cruz gamada

**gandoura** *f.* gandura

**ganglion** *m.* ganglio

**gang** *m.* partida *ou* banda de malhechores *f.*, gang

**gangrène** *f.* gangrena

**gangrener 1** *tr.* gangrenar **2** *pr.* gangrenarse

**gangster** *m.* gángster, gangster

**gangstérisme** *m.* gangsterismo

**gangue** *f.* ganga

**ganse** *f.* trencilla, cordón *m.*

**gant** *m.* guante ~ *de caoutchouc* guante de goma ~ *de toilette* manopla *boîte à gants (voiture)* guantera *aller comme un* ~ sentar como anillo al dedo

**ganter** *tr.* poner guantes, enguantar

**garage** *m.* garaje, *amér.* cochera *voie de* ~ apartadero *m.*, vía muerta

**garance 1** *f.* granza **2** *adj.* rojo vivo

**garant, -e** *adj.* -s. fiador, ora, garante *se porter* ~ salir fiador

**garantie** *f.* garantía, fianza *sous* ~ con garantía *laisser en* ~ dejar en fianza

**garantir** *tr.* **1** garantizar **2** proteger **3** *pr.* precaverse

**garce** *f. fam.* zorra, perra

**garçon** *m.* chico, muchacho, mozo *petit* ~ niño *vieux* ~ solterón ~ *de courses* recadero ~ *de café* camarero

**enterrer sa vie de** ~ despedirse de la vida de soltero

**garçonne** *f.* marimacho

**garçonnet** *m.* niño, chiquito

**garçonnière** *f.* piso de soltero *m.*

**garde 1** *f.* guardia, custodia, protección ~ *des enfants* custodia de los hijos *être de* ~ estar de guardia *frais de* ~ gastos de custodia *monter la* ~ hacer guardia **2** *m.* guardia, guarda *pharmacie de* ~ farmacia de turno *mettre en* ~ advertir, poner sobre aviso

**garde-à-vous** *interj.* ¡ firmes ! *se mettre au* ~ cuadrarse

**garde à vue** *f.* incomunicación, detención previa

**garde-barrière** *m.* -f. guardabarrera

**garde-boue** *m.* guardabarros

**garde champêtre** *m.* guarda rural

**garde-chasse** *m.* guardamonte

**garde-côte** *m.* guardacostas

**garde du corps** *m.* guardaespaldas

**garde-feu** *m.* pantalla *f.*

**garde-fou** *m.* pretil, antepecho, barandilla *f.*

**garde forestier** *m.* guardabosque

**garde-malade** *m.* -f. enfermero, a

**garde-manger** *m.* fresquera *f.*

**garde-meubles** *m.* guardamuebles

**garde-nappe** *m.* salvamanteles

**garde-robe** *f.* vestuario *m.*, guardarropa

**gardénia** *m.* gardenia *f.*

**garder** *tr.* **1** guardar, conservar ~ *le lit* guardar cama **2** quedarse con *il a gardé mon livre* se ha quedado con mi libro **3** cuidar *(malade)* **4** vigilar *(enfants) se* ~ *de* abstenerse de, evitar

**garderie** *f.* guardería *halte-*~ guardería infantil

**gardien, -ienne** *m.* -f. **1** conserje, portero, a **2** guarda *(musée...)* **3** guardián, ana ~ *de la paix* guardia urbano ~ *de but* guardameta, portero *ange* ~ ángel de la Guarda

**gare** *f.* **1** estación ~ *routière* estación de autobuses ~ *de banlieue* estación de cercanías **2** *interj.* ¡ ojo !, ¡ cuidado ! *sans crier* ~ de golpe y porrazo

**garer 1** *tr.* aparcar **2** *pr.* aparcar *se* ~ *en double file* aparcar en doble fila **3** *fig.* apartarse, ponerse a cubierto

**gargariser (se)** *pr.* hacer gárgaras

**gargarisme** *m.* gargarismo *faire des gargarismes* hacer gárgaras

**gargote** *f.* tasca, figón *m.*, bodegón *m.*

**gargouille** *f.* gárgola

**gargouiller** *tr.* hacer gorgoteos, gorgotear

**gargouillis** *m.* gorgoteo

**garnement** *m.* granuja

**garni, -ie** 1 *adj.* adornado 2 *m.* piso amueblado *plat* ~ plato con guarnición

**garnir** *tr.* adornar *(orner)*, proveer, CUIS. guarnecer

**garnison** *f.* guarnición

**garniture** *f.* 1 adorno, aderezo *m.* 2 guarnición *(légumes)*

**garrot** *m.* garrote, MÉD. torniquete

**garroter** *tr.* agarrotar

**gars** *m.* chaval, mozo, chico, muchacho, zagal

**gas-oil** *m.* gasóleo

**gaspillage** *m.* despilfarro, derroche

**gaspiller** *tr.* despilfarrar, derrochar, desperdiciar *(gâcher)*

**gaspilleur, -euse** *adj. -s.* despilfarrador, ora, derrochador, ora

**gastrique** *adj.* gástrico, a

**gastrite** *f.* MÉD. gastritis

**gastronome** *m.* gastrónomo

**gastronomie** *f.* gastronomía

**gâté, -ée** *adj.* 1 podrido, a, echado, a a perder, picado *(dent)* 2 *fig.* mimado, a, consentido, a *(enfant)*

**gâteau** *m.* pastel ~ *d'anniversaire* tarta de cumpleaños *f. papa* ~ padrazo *maman* ~ madraza *avoir sa part du* ~ sacar tajada

**gâter** *tr.* 1 estropear, echar a perder, dañar, picar *(dent)* 2 mimar, consentir *(enfant)*

**gâterie** *f.* 1 mimo *m.* 2 golosina *(friandise)*

**gâte-sauce** *m.* pinche

**gâteux, -euse** *adj.* chocho, a *être* ~ chochear *intr.*

**gâtisme** *m.* chochez *f.*

**gauche** *adj.* izquierdo, a, *fig.* torpe *à* ~ a la izquierda *passer l'arme à* ~ *fam.* irse al otro barrio *parti de* ~ partido de izquierdas *être de* ~ ser de izquierdas

**gaucher, -ère** *adj. -s.* zurdo, a

**gaucherie** *f.* torpeza

**gauchisant, -e** *adj. -s.* izquierdista, izquierdoso, a

**gauchisme** *m.* izquierdismo

**gauchiste** *adj. -s.* izquierdista, de izquierdas

**gaucho** *m.* gaucho

**gaufre** *f.* barquillo *m.*

**gaule** *f.* vara

**Gaule** *n. pr.* Galia

**gaulois, -e** *adj. -s.* galo, a

**gauloiserie** *f.* dicho verde *m.*

**gausser** *pr.* burlarse de, reírse de

**gaver** 1 *tr.* cebar, *fam.* atracar 2 *pr.* hartarse

**gaz** *m.* gas ~ *de ville* gas ciudad ~ *lacrymogène* gas lacrimógeno *bouteille de* ~ *butane* bombona de butano *quittance de* ~ recibo de gas *m.*

**gaze** *f.* gasa

**gazéifiable** *adj.* gasificable

**gazéifier** *tr.* gasificar

**gazelle** *f.* gacela

**gazer** 1 *tr.* flamear, someter a la acción de los gases asfixiantes 2 *intr. fam.* ir de prisa, ir volando *ça gaze!* ¡esto pita! *ou* ¡esto va que chuta!

**gazette** *f.* gaceta

**gazeux, -euse** *adj.* gaseoso, a *eau gazeuse* agua con gas

**gazier** *m.* gasista

**gazoduc** *m.* gasoducto

**gazon** *m.* césped *tondeuse à* ~ *f.* cortacésped *m. hockey sur* ~ hockey sobre hierba

**gazouillement** *m.* gorjeo *(oiseaux)*, balbuceo *(enfants)*, murmullo

**gazouiller** *intr.* gorjear *(oiseaux)*, balbucear *(enfants)*, murmurar

**géant, -e** 1 *adj.* gigante 2 *m. -f.* gigante, a *à pas de* ~ a pasos agigantados

**geindre** *intr.* gimotear, gemir, quejarse

**gel** *m.* 1 helada *f.* 2 gel

**gélatine** *f.* gelatina

**gelée** *f.* 1 helada 2 jalea *(fruits)* 3 gelatina ~ *blanche* escarcha

**geler** 1 *tr.* helar, congelar 2 *impers.* helar *il gèle* hiela 3 *pr.* helarse ~ *les prix* congelar los precios

**gélifier** *tr.* gelificar

**gélule** *f.* cápsula

**Gémeaux** *n. pr. m. pl.* Géminis

**gémir** *intr.* gemir, quejarse

**gémissement** *m.* gemido, quejido

**gênant, -e** *adj.* molesto, a

**gencive** *f.* encia

**gendarme** *m.* **1** gendarme *(France)*, guardia civil *(Espagne)* **2** *fig.* sargento

**gendre** *m.* yerno, hijo político

**gène** *m.* gene

**gêne** *f.* **1** molestia, malestar *m.* **2** *fig.* apuro *m. être dans la* ~ estar en un apuro

**généalogie** *f.* genealogia

**généalogique** *adj.* genealógico, a

**gêner** *tr.* **1** molestar, estorbar **2** *fig.* poner en un apuro *ne pas se* ~ *pour* no tener reparo en, no tener recato en

**général, -ale** *adj. -s.* general

**générale** *f.* **1** generala **2** *THÉÂT.* ensayo general *m.*

**généralisation** *f.* generalización

**généraliser** **1** *tr.* generalizar **2** *pr.* generalizarse

**généraliste** *adj. -s.* médico general

**généralité** *f.* generalidad

**générateur, -trice** *adj. -s.* generador, ora

**génération** *f.* generación

**généreux, -euse** *adj.* generoso, a

**générique** **1** *adj.* genérico, a **2** *m.* ficha técnica *f.*

**générosité** *f.* generosidad

**Gênes** *n. pr.* Génova

**genèse** *f.* génesis

**genêt** *m.* retama *f.*

**généticien, -enne** *m. -f.* genetista

**génétique** **1** *adj.* genético, a **2** *f.* genética

**Genève** *n. pr.* Ginebra

**genévrier** *m.* enebro

**génial, -ale** *adj.* genial

**génie** *m.* genio ~ *civil* ingenieria *f.* *le* ~ cuerpo de ingenieros *de* ~ genial

**genièvre** *f.* enebro *m.*

**génisse** *f.* becerra

**génital, -ale** *adj.* genital

**génitif** *m.* genitivo

**génocide** *m.* genocidio

**genou** *m.* rodilla *à genoux* de rodillas, de hinojos *se mettre à genoux* ponerse de rodillas, arrodillarse

**genouillère** *f.* rodillera

**genre** *m.* **1** género *le* ~ *humain* el género humano **2** clase *f.,* tipo, especie *f. tableau de* ~ cuadro costumbrista

**gens** *m. pl.* gente *f. sing. beaucoup de* ~ *pensent que* mucha gente piensa que *les jeunes* ~ los jóvenes ~ *de lettres* literatos ~ *de robe* togados

**gentiane** *f.* genciana

**gentil, -ille** *adj.* gentil, amable *vous êtes très* ~ es usted muy amable

**gentilhomme** *m.* hidalgo, gentilhombre

**gentillesse** *f.* amabilidad, atención

**gentiment** *adv.* amablemente, agradablemente

**gentleman** *m.* caballero

**géographe** *m. -f.* geógrafo, a

**géographie** *f.* geografía

**géographique** *adj.* geográfico, a

**geôle** *f.* cárcel, prisión

**geôlier** *m.* carcelero

**géologie** *f.* geología

**géologique** *adj.* geológico, a

**géomètre** *m. -f.* geómetra

**géometrie** *f.* geometría

**géométrique** *adj.* geométrico, a

**géopolitique** *f.* geopolítica

**gérance** *f.* administración, gestión, gerencia *(commerce)* ~ *d'immeubles* administración de fincas

**géranium** *m.* geranio

**gérant, -e** *m. -f.* gerente *(société)*, gestor *(commerce)* ~ *d'immeubles* administrador, ora de fincas

**gerbe** *f.* gavilla, haz *m.,* ramo *m.* *(fleurs)*

**gercer** **1** *tr.* agrietar *(peau)* **2** *intr. -pr.* agrietarse

**gerçure** *f.* grieta

**gérer** *tr.* administrar, llevar ~ *une affaire* llevar un negocio

**germain, -e** *adj.* germano, a *cousin* ~ primo hermano *cousins issus de germains* primos segundos

**germanique** *adj.* germánico, a

**germanisant, -e** *adj. -s.* germanista

**germaniste** *adj. -s.* germanista

**germe** *m.* **1** germen **2** galladura *(œuf)* *fig. en* ~ en cierne, en ciernes

**germer** *intr.* germinar, brotar

**germination** *f.* germinación

**gérondif** *m.* gerundio

**gésier** *m.* molleja *f.*

**gésir** *intr.* yacer *ci-gît* aquí yace
**gestation** *f.* gestación
**geste** *m.* ademán, movimiento *chanson de* ~ canción de gesta
**gesticuler** *intr.* gesticular, hacer ademanes
**gestion** *f.* gestión, administración
**gestionnaire** 1 *adj.* gestor, ora 2 *m. -f.* gestor, ora, gerente, administrador, ora
**geyser** *m.* géiser
**ghetto** *m.* judería *f.*, gueto, ghetto
**gibecière** *f.* zurrón *m.*, morral *m.*, cartera *f. (écolier)*
**gibet** *m.* horca *f.*
**gibier** *m.* caza *f. gros* ~ caza mayor *menu* ~ caza menor *fig. gros* ~ pez gordo
**giboulée** *f.* chaparrón *m.*, chubasco *m.*, aguacero *m.*
**giclée** chorro *m.*
**gicler** *intr.* salpicar, rociar
**gicleur** *m.* chicler *(voiture)*
**gifle** *f.* bofetada
**gifler** *tr.* abofetear, dar una bofetada, *fam.* pegar una bofetada
**gigantesque** *adj.* gigantesco, a
**gigantisme** *m.* gigantismo
**gigogne** *adj.* encajado, a *lits* ~ camas nido
**gigolo** *m.* chulo, gigolo
**gigot** *m.* pierna de cordero *f.*
**gigoter** *intr.* patalear
**gilet** *m.* chaleco ~ *pare-balles* chaleco antibalas ~ *de sauvetage* chaleco salvavidas
**gin** *m.* ginebra *f.*
**gingembre** *m.* jengibre
**gingival, -ale** *adj.* gingival
**gingivite** *f.* gingivitis
**girafe** *f.* jirafa
**giratoire** *adj.* giratorio, a
**girofle** *f.* clavo *m. clou de* ~ clavo
**giroflée** *f.* alhelí *m.*
**giron** *m.* regazo
**girouette** *f.* veleta
**gisant, -e** *adj.* yacente
**gisement** *m.* yacimiento
**gitan, -e** *m. -f.* gitano, a
**gîte** *m.* morada *f.*, alojamiento
**givre** *m.* escarcha *f.*
**givrer** *tr.* escarchar

**glabre** *adj.* barbilampiño
**glace** *f.* 1 hielo *m.* 2 helado *m.* ~ *à la fraise* helado de fresa 3 espejo *m. (miroir)* 4 cristal *m. (fenêtre) armoire à* ~ armario de luna
**glacer** *tr.* 1 helar, congelar 2 escarchar *(sucre)* 3 glasear, lustrar 4 *fig.* dejar helado, paralizar
**glaciaire** *adj.* glaciar
**glacial, -ale** *adj.* glacial
**glacier** *m.* 1 glaciar 2 heladero 3 heladería *f. (boutique)*
**glacière** *f.* 1 nevera 2 *amér.* heladera
**glaçon** *m.* cubito de hielo, cubito
**glaïeul** *m.* gladiolo *ou* gladíolo
**glaise** *f.* arcilla
**glaive** *m.* espada *f.*
**gland** *m.* 1 bellota *f.* 2 borla *f. (pompon)*
**glande** *f.* glándula
**glaner** *tr.* 1 espigar 2 *fig.* rebuscar
**glapir** *intr.* chillar
**glas** *m.* doble *sonner le* ~ doblar, tocar a muerto *pour qui sonne le* ~? ¿por quién doblan las campanas?
**glauque** *adj.* glauco, a
**glèbe** *f.* gleba
**glissade** *f.* resbalón *m. faire une* ~ dar un resbalón
**glissant, -e** *adj.* resbaladizo, a
**glissement** *m.* deslizamiento ~ *de terrain* derrumbe
**glisser** *intr.* 1 resbalar, deslizarse 2 dar un resbalón 3 *fig.* pasar por alto *(sur un sujet)* 4 *tr.* deslizar, decir, insinuar 5 *pr.* deslizarse, escurrirse, colarse, meterse
**glissière** *f.* corredera *à* ~ de corredera
**global, -ale** *adj.* global
**globe** *m.* 1 globo ~ *terrestre* globo terráqueo 2 fanal *(pour objet)*
**globe-trotter** *m.* trotamundos
**globule** *m.* glóbulo
**gloire** *f.* gloria *se faire* ~ *de* vanagloriarse de
**gloriette** *f.* glorieta, cenador *m.*
**glorieux, -euse** *adj.* glorioso, a
**glorifier** 1 *tr.* glorificar 2 *pr.* vanagloriarse
**glose** *f.* glosa
**gloser** *tr. -intr.* glosar
**glossaire** *m.* glosario

**glotte** *f.* glotis

**gloussement** *m.* **1** cloqueo **2** *fig.* risa contenida *f.*

**glousser** *intr.* **1** cloquear **2** *fig.* reir ahogadamente

**glouton, -onne** *adj. -s.* glotón, ona, tragón, ona

**gloutonnerie** *f.* glotonería

**glu** *f.* liga

**gluant, -e** *adj.* pegajoso, a

**glucide** *m.* glúcido

**glucose** *m.* glucosa *f.*

**glycémie** *f.* glicemia

**glycérine** *f.* glicerina

**glycine** *f.* glicina

**gnangnan** *adj. -s. invar. fam.* fofo, a

**go (tout de)** *loc. adv.* de sopetón, de buenas a primeras

**goal** *m.* **1** guardameta, portero **2** gol

**gobelet** *m.* cubilete

**gober** *tr.* **1** sorber **2** *fig. fam.* tragarse *il gobe tout ce que je lui dis* se traga todo lo que le digo **3** *fig.* tragar *ne pas ∼ quelqu'un* no tragar a alguien

**godasse** *f. fam. pop.* zapato *m.*

**godelureau** *m.* pisaverde

**godet** *m.* cubilete, vaso, pliegue *(pli)*

**godiche** *adj. fam.* torpe

**godille** *f. MAR.* espadilla, pagaya

**godiller** *intr.* cinglar

**godillot** *m. fam.* zapato, zapatón

**goéland** *m.* gaviota *f.*

**goélette** *f. MAR.* goleta

**gogo** *m. fam.* primo *à ∼* a pedir de boca, a porrillo, a tutiplén

**goguenard, -e** *adj.* guasón, ona

**goguette** *f.* broma *être en ∼* estar de juerga, estar achispado

**goinfre** *adj. -s.* tragón, ona

**goinfrer (se)** *pr.* atiborrarse, atracarse, ponerse morado, a

**goitre** *m. MÉD.* bocio, papera *f.*

**golf** *m.* golf

**golfe** *m.* golfo

**gomme** *f.* goma, goma de borrar *(pour effacer) fam. à toute ∼* a toda pastilla, a toda leche

**gommer** *tr.* **1** engomar *(enduire)* **2** borrar *(effacer)*

**gond** *m.* gozne *sortir de ses gonds* salir de quicio

**gondole** *f.* góndola, mostrador *m.* *(magasin)*

**gondoler** **1** *tr.* combar **2** *pr.* combarse *fam. se ∼ de rire* desternillarse de risa

**gondolier** *m.* gondolero

**gonflage** *m.* hinchado, inflado

**gonflement** *m.* **1** inflado, inflamiento *(action)* **2** hinchazón *f.*

**gonfler** **1** *tr.* hinchar, inflar **2** *intr. -pr.* hincharse, *fig.* engreírse *fig. fam. être gonflé* tener mucha cara

**gong** *m.* gong

**goret** *m.* **1** gorrino, cerdito **2** *fig.* guarro, a

**gorge** *f.* **1** garganta *j'ai mal à la ∼* me duele la garganta **2** cuello *(cou)* **3** *GÉOG.* desfiladero *rire à ∼ déployée* reírse a carcajada limpia

**gorgé, -ée** *adj.* **1** empapado, a *(d'eau)* **2** ahito, a, saciado, a

**gorgée** *f.* trago *m.*, sorbo *m.*

**gorger** **1** *tr.* cebar **2** *pr.* hartarse, atracarse, atiborrarse

**gorille** *m.* **1** gorila **2** *fig.* guardaespaldas

**gosier** *m.* gaznate

**gosse** *m. -f. fam.* crio, a, chaval, a

**gothique** **1** *adj.* gótico, a **2** *m.* gótico *∼ flamboyant* gótico flamígero

**gouache** *f.* aguada, guache *m.*

**gouaille** *f.* guasa, burla

**gouailleur, -euse** *adj. -s.* guasón, ona

**goudron** *m.* alquitrán

**goudronner** *tr.* alquitranar, asfaltar

**gouffre** *m.* abismo, sima *f.*

**gouine** *f. fam.* tortillera

**goujat** *m.* patán, grosero

**goujon** *m.* gobio

**goulot** *m.* gollete *boire au ∼* beber de la botella *∼ d'étranglement* estrangulamiento, paso estrecho

**goulu, -ue** *adj.* tragón, ona, goloso, a

**goulûment** *adv.* vorazmente

**goupille** *f.* clavija

**goupiller** **1** *tr.* enclavijar, *fig. fam.* arreglar **2** *pr.* arreglarse

**goupillon** *m.* **1** hisopo **2** escobilla *f. le sabre et le ∼* el báculo y la espada

**gourde** *f.* cantimplora

**gourdin** *m.* porra *f.*

**gourmand, -e** *adj. -s.* goloso, a

**gourmandise** *f.* golosina

**gourmet** *m.* gastrónomo, gourmet

**gourmette** *f.* pulsera

**gourou** *m.* gurú

**gousse** *f.* vaina ~ *d'ail* diente de ajo

**goût** *m.* **1** gusto *des goûts et des couleurs on ne discute point* de gustos y de colores no hay nada escrito **2** sabor *m. un ~ de fraise* un sabor a fresa *avoir un ~ de* saber a *prendre ~ à* aficionarse a

**goûter 1** *tr.* probar, catar *(vins)* **2** *intr.* merendar

**goûter** *m.* merienda *f.*

**goutte** *f.* **1** gota *la ~ d'eau qui fait déborder le vase* la gota que colma el vaso **2** *MÉD.* gota **3** *adv.* nada, ni jota *suer à grosses gouttes* sudar la gota gorda *compte-gouttes* cuentagotas

**goutte-à-goutte** *m. invar.* gota a gota

**goutter** *intr.* gotear

**gouttière** *f.* canalón *m.*

**gouvernable** *adj.* gobernable

**gouvernail** *m.* timón

**gouvernant, -e 1** *adj.* gobernante **2** *f.* niñera, aya, ama de llaves

**gouverne** *f.* gobierno *m. pour votre ~* para su gobierno

**gouvernement** *m.* gobierno

**gouvernemental, -ale** *adj.* gubernamental

**gouverner 1** *tr.* gobernar **2** *pr.* gobernarse

**gouverneur** *m.* gobernador

**goyave** *f.* guayaba

**graal** *m.* grial

**grabat** *m.* camastro, jergón

**grabuge** *m. fam.* gresca *f.,* cisco, *fam. pop.* follón *faire du ~* armar follón

**grâce** *f.* **1** gracia **2** indulto *(prisonnier)* **3** donaire *m.,* garbo *m. (femme) donner le coup de ~* dar la puntilla *à la ~ de Dieu* a la buena de Dios *~ à* gracias a *de ~! interj.* ¡ por favor !

**gracier** *tr.* indultar

**gracieux, -euse** *adj.* airoso, a, garboso, a

**gracile** *adj.* grácil

**gradation** *f.* gradación

**grade** *m.* grado *monter en ~* ascender *a en prendre pour son ~* recibir lo suyo *j'en ai pris pour mon ~ fam.* me pusieron verde

**gradin** *m.* **1** grada *f.* **2** *pl.* gradería, tendido *(arènes)*

**graduation** *f.* graduación

**gradué, -ée** *adj.* graduado, a

**graduer** *tr.* graduar

**graffiti** *m.* pintada *f.*

**grain** *m.* **1** grano **2** *MAR.* vendaval, chaparrón *(pluie)* **3** cuenta *f. (chapelet) ~ de beauté* lunar *pas un ~ de fig.* ni pizca de ~ *de raisin* uva *f.,* pasa *f. (sec) ~ de folie* ramalazo de locura *avoir un ~ fig.* estar chiflado, a, estar chalado, *a veiller au ~* estar sobre aviso

**graine** *f.* semilla *f. fig. mauvaise ~* mala hierba *monter en ~* crecer, espigarse

**graissage** *m.* engrase, engrasado

**graisse** *f.* grasa ~ *de porc* manteca de cerdo, sebo *m.*

**graisser** *tr.* **1** engrasar **2** manchar de grasa *fig. ~ la patte* untar

**graisseux, -euse** *adj.* grasiento, a

**grammaire** *f.* gramática

**grammairien, -enne** *adj. -s.* gramático, a

**grammatical, -ale** *adj.* gramatical

**gramme** *m.* gramo

**grand, -e** *adj.* **1** grande, gran *(devant un substantif singulier) un ~ peintre* un gran pintor **2** alto, a *(personne),* crecido, a *(enfant)* **3** *m.* adulto, mayor **4** *adv.* en grande *plus ~* mayor *moins ~* menor *sa grande sœur* su hermana mayor *les grandes personnes* las personas mayores *grande propriété* latifundio *m.,* amér. hacienda *grande surface* gran superficie, hipermercado *m. au ~ jour* a plena luz del día *au ~ air* al aire libre *une grande heure* una hora larga *un ~ d'Espagne* un Grande de España ~ *ouvert* abierto de par en par *faire les choses en ~* hacer las cosas por todo lo alto

**grand-chose** *m.* **1** *invar.* poca cosa *ce n'est pas ~* es poca cosa **2** *m. -f.* un, una cualquiera

**grandement** *adv.* grandemente, ampliamente, por lo alto

**grand ensemble** *m.* bloque de viviendas *m.,* barriada *f.*

**grandeur** *f.* **1** grandeza **2** tamaño *m. (format)* **3** magnitud

**grandiloquence** *f.* grandilocuencia

**grandiloquent, -e** *adj.* grandilocuente

**grandiose** *adj.* grandioso, a

**grandir 1** *intr.* crecer **2** *tr.* aumentar, amplificar **3** *pr.* parecer más alto

**grandissant, -e** *adj.* creciente
**grand-mère** *f.* abuela
**grand-messe** *f.* misa mayor
**grand-oncle** *m.* tío abuelo
**grand-peine (à)** *loc. adv.* a duras penas
**grand-père** *m.* abuelo
**grands-parents** *m. pl.* abuelos
**grange** *f.* granero *m.*
**granit** *m.* granito
**granitique** *adj.* granítico, a
**granule** *m.* gránulo
**granulé, -ée 1** *adj.* granulado, a **2** *m.* granulado
**graphie** *f.* grafía
**graphique 1** *adj.* gráfico, a **2** *m.* gráfico
**graphisme** *m.* grafismo
**graphologie** *f.* grafología
**grappe** *f.* racimo *m.*
**grappin** *m.* gancho *fig. fam.* **mettre le ~ sur** echar el guante a
**gras, grasse** *adj.* **1** gordo, a **2** grasiento, a, pringoso, a *(graisseux)* **en caractère ~** en negrilla **faire la grasse matinée** pegársele a uno las sábanas
**gras-double** *m.* callos *m. pl.*
**grassement** *adv.* con comodidad, generosamente
**grassouillet, -ette** *adj.* regordete, a
**graticuler** *tr.* cuadricular
**gratification** *f.* gratificación
**gratifier** *tr.* gratificar
**gratin** *m.* gratén, *fig.* la flor y nata
**gratiné, -ée** *adj.* fenomenal, bárbaro, a, *CUIS.* gratinado, a
**gratiner** *tr.* gratinar
**gratis** *adv.* gratis, de balde
**gratitude** *f.* gratitud
**gratte-ciel** *m.* rascacielos
**gratte-papier** *m.* chupatintas
**gratter 1** *tr.* raspar, rascar, escarbar *(le sol)* **2** *pr.* rascarse
**gratuit, -e** *adj.* gratuito, a
**gratuité** *f.* gratuidad
**gravats** *m. pl.* escombros, cascotes
**grave** *adj.* grave **un blessé ~** un herido de gravedad
**gravement** *adv.* gravemente, seriamente **~ malade** enfermo de gravedad
**graver** *tr.* grabar
**graveur** *m.* grabador

**gravier** *m.* grava *f.*
**gravillon** *m.* gravilla *f.*
**gravir** *tr.* subir, trepar
**gravitation** *f.* gravitación
**gravité** *f.* gravedad
**graviter** *intr.* gravitar
**gravure** *f.* grabado *m.*
**gré** *m.* grado **bon ~ mal ~** por las buenas o por las malas **contre mon ~** a pesar mío **savoir ~ de** agradecer, estar agradecido
**grec, grecque** *adj. -s.* griego, a
**gredin, -e** *m. -f.* granuja
**gréer** *intr. MAR.* aparejar
**greffe** *f.* **1** injerto *m. (plantes)* **2** *MÉD.* trasplante *m.* **3** *m.* escribanía *f. (tribunal)*
**greffer** *tr.* **1** injertar *(plantes)* **2** *MÉD.* hacer un trasplante, trasplantar
**greffier** *m.* escribano, secretario, a judicial
**greffon** *m.* injerto
**grégaire** *adj.* gregario, a
**grège** *adj.* cruda *(soie)*
**grêle** *f.* granizo *m.*, pedrisco *m.* **chute de ~** granizada, *fig.* lluvia
**grêle** *adj.* delgaducho, a **intestin ~** intestino delgado
**grelot** *m.* cascabel
**grelotter** *intr.* tiritar
**grenade** *f.* granada
**grenadier** *m.* **1** granado **2** *MIL.* granadero
**grenat** *m.* granate
**grener 1** *tr.* granar **2** *intr.* granear
**grenier** *m.* **1** desván *(maison)* **2** granero *(à grains)*
**grenouille** *f.* rana **cuisses de ~** ancas de rana *fig.* **~ de bénitier** tragasantos, beato, a
**grès** *m.* gres
**grésiller** *intr.* chisporrotear
**grève** *f.* huelga **~ de la faim** huelga de hambre **ordre de ~** convocatoria de huelga **~ du zèle** huelga de celo **~ perlée** huelga intermitente **~ tournante** huelga por turnos *ou* rotatoria **~ sur le tas** huelga de brazos caídos **allocation de ~** subsidio de huelga **appel à la ~** convocatoria a la huelga **piquet de ~** piquete de huelga **se mettre en ~** declararse en huelga **appeler à la ~** convocar la huelga **annuler la ~** desconvocar, cancelar la huelga

**grever** *tr.* gravar

**gréviste** *m. -f.* huelguista

**gribouillage** *m.* garabato

**gribouiller** *intr.* garabatear, pintorrear

**gribouillis** *m.* garrapatos *m. pl.*

**grief** *m.* queja *f.,* agravio *m.,* reproche *m. faire* ~ reprochar

**grièvement** *adv.* gravemente, de gravedad ~ *blessé* herido de gravedad

**griffe** *f.* **1** garra, zarpa, uña *(animal)* **2** *fig. fam.* garra **3** firma, rúbrica estampilla **4** etiqueta *(vêtement) coup de* ~ zarpazo

**griffer** *tr.* arañar

**griffonner** *tr.* garabatear

**grignoter** *tr.* roer, *fig.* erosionar

**grigou** *m. fam.* tacaño, roñoso

**gril** *m.* parrilla *f. fig. être sur le* ~ estar en ascuas

**grillade** *f.* carne a la parrilla, carne a la plancha

**grillage** *m.* enrejado, alambrera *f.*

**grille** *f.* **1** verja *(clôture)* **2** cancela *(porte)* **3** reja *(fenêtre)* ~ *des salaires* escala de salarios ~ *de statistiques* red de estadísticas

**grille-pain** *m.* tostador, tostapán

**griller** *tr.* **1** tostar, asar *(viande)* **2** quemar, abrasar, achicharrar *(soleil)* **3** *pr.* tostarse, asarse, achicharrarse ~ *une ampoule* fundir una bombilla ~ *une cigarette* echarse un pitillo ~ *un feu rouge* saltarse el semáforo

**grillon** *m.* grillo

**grill-room** *m.* parrilla *f.*

**grimace** *f.* mueca, mohín *m. faire la* ~ poner mala cara

**grimer** *tr.* maquillar

**grimpant, -e** *adj.* trepador, ora

**grimper** *intr.* **1** trepar **2** subirse a **3** subir *(prix)*

**grimpeur, -euse** *m. -f.* alpinista, escalador, ora, *m.* escalador *(cyclisme)*

**grincement** *m.* chirrido

**grincer** *intr.* **1** rechinar ~ *des dents* rechinar los dientes **2** chirriar

**grincheux, -euse** *adj. -s.* cascarrabias

**griotte** *f.* guinda

**grippal, -ale** *adj.* gripal

**grippe** *f.* **1** gripe *avoir la* ~ estar con gripe **2** *fig.* tirria, manía *prendre en* ~ *quelqu'un* cogerle manía a uno

**gripper 1** *intr.* agarrotar **2** *pr.* agarrotarse *(moteur)*

**grippe-sou** *m. -f.* agarrado, a

**gris, -e** *adj.* **1** gris **2** nuboso *(temps)* **3** *fig.* achispado, a, borracho, a *cheveu* ~ cana *f. faire grise mine* poner mala cara

**grisaille** *f.* grisura, grisalla

**grisant, -e** *adj.* embriagador, ora

**grisâtre** *adj.* grisáceo, a, pardusco, a

**griser 1** *tr.* embriagar **2** *pr.* embriagarse

**grisette** *f.* modistilla

**grisonnant, -e** *adj.* entrecano, a

**grisou** *m.* grisú *coup de* ~ explosión de grisú *f.*

**grive** *f.* tordo *m.*

**grivois, -e** *adj.* picaresco, a, verde

**grog** *m.* ponche, grog

**grognement** *m.* **1** gruñido **2** refunfuño

**grogner** *intr.* **1** gruñir **2** refunfuñar *(mécontentement)* **3** *tr.* mascullar

**grognon, -onne** *adj. -s.* refunfuñador, ora

**groin** *m.* hocico

**grommeler 1** *intr.* refunfuñar **2** *tr.* mascullar

**grondement** *m.* **1** gruñido *(animaux)* **2** *fig.* estruendo, fragor, tronido *(orage...)*

**gronder 1** *tr.* regañar, reñir **2** *intr.* gruñir *(animaux)*, refunfuñar *(personnes)*

**groom** *m.* botones

**gros, grosse** *adj.* **1** gordo, a, grueso, a **2** grande, importante, fuerte **3** *m.* grueso ~ *gibier* caza mayor *f.,* ~ *bonnet fig.* pez gordo *le* ~ *lot* el premio gordo *j'ai touché le* ~ *lot* me ha tocado el gordo *le* ~ *de* el grueso de, lo esencial de *acheter en* ~ comprar al por mayor *prix de* ~ precio mayorista, precio al por mayor *marchand en* ~ mayorista *vente en* ~ venta al por mayor

**gros** *adv.* mucho, fuerte *gagner* ~ ganar mucho *jouer* ~ jugar fuerte *loc. adv. en* ~ en líneas generales

**groseille** *f.* grosella

**groseillier** *m.* grosellero

**grosse** *f.* **1** gruesa **2** copia, traslado *m.,* ejecutoria *(jugement)*

**grossesse** *f.* embarazo *m.,* gestación ~ *nerveuse* embarazo fantasma *Inter-*

*ruption volontaire de* ∼ *(IVG)* interrupción voluntaria de embarazo

**grosseur** *f.* gordura, grosor *m.*, tumor *m.*, bulto *m.*

**grossier, -ère** *adj.* **1** grosero, a *(personne)* **2** tosco, a *(travail...)*

**grossièreté** *f.* **1** grosería **2** tosquedad

**grossir 1** *intr.* engordar *il a beaucoup grossi* ha engordado mucho *j'ai grossi de trois kilos* he engordado tres kilos **2** *tr.* aumentar *faire* ∼ engordar *le pain fait* ∼ el pan engorda

**grossissant, -e** *adj.* creciente, de aumento *(verres)*

**grossiste** *m. -f.* mayorista

**grotesque** *adj.* grotesco, a

**grotte** *f.* cueva, gruta

**grouillant, -e** *adj.* hormigueante

**grouiller 1** *intr.* hormiguear **2** *pr. fig. fam.* menearse, darse prisa

**groupage** *m.* agrupamiento, agrupación *ou* grupaje *(marchandises)*

**groupe** *m.* **1** grupo **2** conjunto *(musiciens, chanteurs)* ∼ *de pression* camarilla *f.*

**groupement** *m.* agrupamiento, agrupación *f.*, asociación *f.*

**grouper 1** *tr.* agrupar **2** *pr.* agruparse

**groupeur** *m.* transportista, agrupador

**groupuscule** *m.* grupúsculo

**gruau** *m.* harina de flor *f. pain de* ∼ pan de flor

**grue** *f.* **1** *TECHN.* grúa **2** grulla **3** *fam. péj.* buscona *faire le pied de* ∼ estar de plantón

**gruger** *tr. fam.* timar, embaucar

**grumeau** *m.* grumo

**guano** *m.* guano

**gué** *m.* vado *passer à* ∼ vadear

**guenille** *f.* harapo *m.*, andrajo *m. en guenilles* harapiento, a

**guenon** *f.* mona

**guêpe** *f.* avispa

**guêpier** *m.* avispero

**guère** *adv.* poco, casi, apenas

**guéridon** *m.* velador

**guérilla** *f.* guerrilla

**guérillero** *m.* guerrillero

**guérir 1** *tr.* curar **2** *intr.* curarse, sanar

**guérison** *f.* curación

**guérisseur, -euse** *m. -f.* curandero, a

**guérite** *f.* garita

**guerre** *f.* guerra ∼ *froide* guerra fría ∼ *d'usure* guerra de desgaste ∼ *des étoiles* guerra de las galaxias *dommages de* ∼ daños de guerra *industrie de* ∼ industria bélica *c'est de bonne* ∼ es natural, es lógico *de* ∼ *lasse* cansado de luchar *l'après-*∼ la posguerra

**guerrier, -ère** *adj. -s.* guerrero, a *le repos du* ∼ el reposo guerrero

**guerroyer** *intr.* guerrear

**guet** *m.* acecho *faire le* ∼ estar al acecho

**guet-apens** *m.* encerrona *f.*, emboscada *f.*

**guetter** *tr.* acechar

**gueulard, -e** *adj. -s.* vocinglero, a, chillón, ona

**gueule** *f.* **1** hocico *(animaux)* **2** *fam.* cara, jeta, pinta *avoir de la* ∼ tener buena pinta **3** resaca *avoir la* ∼ *de bois* tener resaca

**gueuler** *intr. fam.* gritar, vocear, dar voces

**gueux, -euse** *m. -f.* pordiosero, a, mendigo, a, mangante

**gui** *m.* muérdago

**guichet** *m.* taquilla *f.*, ventanilla *f.* ∼ *automatique* cajero automático

**guichetier, -ère** *m. -f.* taquillero, a

**guide** *m. -f.* **1** guía *(personne)* **2** guía *f. (livre)*

**guider 1** *tr.* guiar **2** *pr.* guiarse

**guidon** *m.* manillar

**guigne** *f.* guinda *fig. fam. porter la* ∼ ser gafe

**guigner** *intr.* mirar de soslayo, de reojo

**guignol** *m.* guiñol *fig. faire le* ∼ hacer el indio, hacer el tonto, hacer el payaso

**guillemet** *m.* comilla *f. entre guillemets* entre comillas

**guilleret, -ette** *adj.* vivaracho, a, alegre

**guillotine** *f.* guillotina

**guindé, -ée** *adj.* tieso, a, afectado, a

**guingois** *loc. adv.* de través, al sesgo

**guinguette** *f.* merendero *m.*, chiringuito *m.*

**guipure** *f.* guipur, guipure

**guirlande** *f.* guirnalda

**guise** *f.* guisa, manera, antojo *m. à ta* ∼ a tu antojo, como quieras *en* ∼ *de* a manera de

**guitare** *f.* guitarra

**guitariste** *m. -f.* guitarrista
**gustatif, -ive** *adj.* gustativo, a
**guttural, -ale** *adj.* gutural
**gymkhana** *m.* gimkana, gimcana
**gymnase** *m.* gimnasio
**gymnaste** *m. -f.* gimnasta

**gymnastique** 1 *f.* gimnasia 2 *adj.* gimnástico, a
**gynécologie** *f.* ginecología
**gynécologue** *m. -f.* ginecólogo, a
**gypse** *m.* yeso
**gyrophare** *m.* luz giratoria *f.*

# H

**h** *m.* *-f.* h *f.*

**ha** *interj.* ¡ ah ! *ha, ha !* ¡ ja, ja !

**habanera** *f.* habanera *(danse)*

**habile** *adj.* hábil

**habilement** *adv.* hábilmente

**habileté** *f.* habilidad, destreza

**habilitation** *f.* DR. habilitación

**habilité** *f.* 1 habilidad 2 DR. capacidad

**habiliter** *tr.* DR. capacitar, habilitar

**habillable** *adj.* vestible

**habillé, -ée** *adj.* vestido, a *il est bien* ~ *va* bien vestido *il est* ~ *de noir* va de negro

**habillement** *m.* ropa *f.*, indumentaria *f.*

**habiller** 1 *tr.* vestir 2 *pr.* vestirse *cette robe t'habille bien* este vestido te sienta bien

**habit** *m.* 1 traje ~ *de ville* traje de calle ~ *de cérémonie* traje de gala 2 hábito *m. (religieux)* l'~ *ne fait pas le moine* el hábito no hace al monje ~ *de lumière* TAUROM. traje de luces

**habitabilité** *f.* habitabilidad

**habitable** *adj.* habitable

**habitacle** *m.* habitáculo

**habitant, -e** *adj.* *-s.* habitante, vecino, a

**habitat** *m.* hábitat

**habitation** *f.* vivienda ~ *à loyer modéré (HLM)* vivienda de protección oficial, vivienda de renta limitada

**habiter** *intr.* vivir ~ *à Madrid* vivir en Madrid

**habitude** *f.* costumbre, hábito *m.* *d'*~ habitualmente *il a l'*~ *de voyager* suele viajar (soler + *infinitif*)

**habitué, -ée** 1 *adj.* acostumbrado, a 2 *m.* *-f.* asiduo, a, concurrente habitual, parroquiano, a *c'est un* ~ *de ce bar* es un parroquiano de este bar

**habituel, -elle** *adj.* habitual

**habituellement** *adv.* habitualmente, de costumbre

**habituer** 1 *tr.* acostumbrar, habituar 2 *pr.* acostumbrarse, habituarse

**hâbleur, -euse** *adj.* *-s.* fanfarrón, ona

**hachage** *m.* picadura *f.*, picado

**hache** *f.* hacha *coup de* ~ hachazo

**hacher** *tr.* picar ~ *menu* hacer picadillo

**haché, -ée** *adj.* picado, a *viande hachée* carne picada *steak haché* hamburguesa

**hachis** *m.* picadillo de carne

**hachisch, haschisch** *m.* hachís

**hachoir** *m.* tajadera *f. (couteau)*, tajo *(planche)*, máquina de picar *f.*

**hachures** *f. pl.* plumeado *m.*

**hachurer** *tr.* plumear

**hacienda** *f.* hacienda

**hagard, e** *adj.* azorado, a, despavorido, a

**hagiographie** *f.* hagiografía

**haie** *f.* seto *m.* *course de haies* carrera de obstáculos *110 mètres haies* 110 metros vallas

**haillon** *m.* andrajo, harapo *en haillons* andrajoso, a, harapiento, a

**haine** *f.* odio *m.*

**haineusement** *adv.* con odio

**haineux, -euse** *adj.* rencoroso, a

**haïr** *tr.* odiar, aborrecer

**haïssable** *adj.* aborrecible, odioso, a

**halage** *m.* sirga *f.* *chemin de* ~ camino de sirga *frais de* ~ gastos de remolque

**hâle** *m.* bronceado

**hâlé, -ée** *adj.* bronceado, a, tostado, a

**haleine** *f.* aliento *m.* *mauvaise* ~ mal aliento *tenir en* ~ mantener en vilo *hors d'*~ jadeando *d'une seule* ~ de un tirón

**haler** *tr.* sirgar, MAR. halar

**hâler** *tr.* broncear, tostar

**haletant** *adj.* jadeante, *fig.* anhelante

**haleter** *m.* jadeo

**haleter** *intr.* jadear

**hall** *m.* 1 hall, entrada *f.*, vestíbulo 2 nave *f. (usine)*

**halle** *f.* mercado *m.* ~ *au blé, aux grains* alhóndiga

**hallebarde** *f.* alabarda *il pleut des hallebardes* llueve a cántaros

**hallucinant, -e** *adj.* alucinante

**hallucination** *f.* alucinación

**hallucinatoire** *adj.* alucinador, ora

**halluciner** *tr.* alucinar

**hallucinogène** *adj.* *-s.* alucinógeno, a

**halo** *m.* halo

**halogène** adj. -s. halógeno, a
**halte** f. 1 alto m. *faire une* ~ hacer un alto 2 parada f. *(arrêt)* 3 interj. i alto ! *faire* ~ pararse
**haltère** m. haltera f., pesa f.
**haltérophilie** f. halterofilia
**hamac** m. hamaca f.
**hamburger** m. hamburguesa f.
**hameau** m. aldea f.
**hameçon** m. anzuelo *mordre à l'*~ tragarse el anzuelo
**hampe** f. asta
**hamster** m. hámster
**hanche** f. cadera *les mains sur les hanches* en jarras
**handball** m. balonmano
**handicap** m. 1 handicap *(sport)* 2 fig. desventaja f., obstáculo, rémora f.
**handicapé, -ée** adj. -s. minusválido, a
**handicaper** tr. dificultar, desfavorecer
**hangar** m. cobertizo
**hanneton** m. abejorro
**hanté, -ée** adj. encantado, a, embrujado, a
**hanter** tr. 1 frecuentar 2 obsesionar, atormentar *dis-moi qui tu hantes et je te dirai qui tu es* dime con quien andas y te diré quien eres
**hantise** f. obsesión
**happer** tr. atrapar
**hara-kiri** m. harakiri, haraquiri
**harangue** f. arenga
**haranguer** tr. arengar
**haras** m. 1 acaballadero 2 MIL. remonta f.
**harassant, -e** adj. agotador, ora, agobiador, ora
**harassé, -ée** adj. agotado, a, agobiado, a
**harassement** m. agotamiento
**harasser** tr. agotar, agobiar
**harcelant, -e** adj. hostigador, ora
**harcèlement** m. 1 hostigamiento *tir de* ~ tiro de hostigamiento 2 acoso ~ *sexuel* acoso sexual
**harceler** tr. hostigar, acosar
**harceleur, -euse** adj. -s. hostigador, ora
**harde** f. trailla *(chiens),* manada
**hardes** f. pl. pingajos m. pl.
**hardi, e** adj. atrevido, a, osado, a, audaz

**hardiesse** f. atrevimiento m., descaro m., osadía
**hardware** m. hardware
**harem** m. harén
**hareng** m. arenque
**hargne** f. rabia, coraje m.
**hargneux, -euse** adj. huraño, a, arisco, a, malhumorado, a, corajudo, a
**haricot** m. judia f., alubia f., habichuela f., amér. frijol ~ *vert* judia verde
**harmonica** m. armónica f.
**harmonie** f. armonía
**harmonieux, -euse** adj. armonioso, a
**harmonique** adj. -s. armónico, a
**harmonisation** f. armonización
**harmoniser** tr. armonizar
**harmonium** m. MUS. armonio
**harnachement** m. enjaezamiento, fig. atavío
**harnacher** tr. 1 enjaezar *(cheval)* 2 fig. ataviar
**harnais** m. arneses pl., arreos pl.
**harpe** f. arpa
**harpie** f. arpía
**harpiste** m. -f. arpista
**harpon** m. arpón
**harponner** tr. arponear, fig. fam. echar el guante
**hasard** m. azar, casualidad f. *par* ~ por casualidad *au* ~ al azar *à tout* ~ por si acaso
**hasarder** 1 tr. arriesgar, aventurar 2 pr. arriesgarse, aventurarse
**hasardeux, -euse** adj. arriesgado, a, aventurado, a
**hâte** f. prisa *sans* ~ sin prisa *à toute* ~ a toda prisa
**hâter** tr. 1 apresurar ~ *le pas* apresurar el paso 2 dar prisa, adelantar
**hâtif, ive** adj. apresurado, a *voyage* ~ viaje apresurado, hecho de prisa
**hâtivement** adv. apresuradamente
**hausse** f. alza *la* ~ *des prix* el alza de los precios *tendance à la* ~ tendencia alcista
**haussement** m. elevación ~ *d'épaules* encogimiento de hombros
**hausser** 1 tr. alzar, levantar ~ *la tête* alzar, levantar la cabeza ~ *la voix* alzar la voz 2 pr. alzarse ~ *les épaules* encogerse de hombros
**haussier** m. alcista

**haut, -e 1** *adj.* alto, a *à voix haute* en voz alta ∼ *fourneau* alto horno **2** *m.* alto, altura *f.,* cima *f.,* cumbre *f. (montagne)* **3** *adv.* alto *parler* ∼ hablar alto *en* ∼ *de la montagne* en lo alto de la montaña *la haute antiquité* la remota antigüedad *les hauts plateaux (Andes)* el altiplano *en haut lieu* en las altas esferas *les hauts et les bas* los altibajos *en* ∼ arriba, en lo alto de *va en haut* vete arriba

**hautain, e** *adj.* altivo, a

**hautbois** *m. MUS.* oboe

**haut-commissaire** *m.* alto comisario

**haut-commissariat** *m.* alta comisaría *f.*

**haut-de-forme** *m.* chistera *f.,* sombrero de copa alta

**haute-contre** *m. MUS.* contralto

**hautement** *adv.* altamente, sumamente

**hauteur** *f.* **1** altura *être à la* ∼ *de* estar a la altura de ∼ *de vues* altura de miras **2** colina, cerro *m.*

**haut-fond** *m. MAR.* bajo, bajío

**haut-le-cœur** *m. invar.* náusea *f.,* mareo

**haut-le-corps** *m. invar.* sobresalto

**haut-parleur** *m.* altavoz, *amér.* altoparlante

**haut-relief** *m.* alto relieve

**havanais, e** *adj.* -s. habanero, a

**havane** *m.* **1** habano *(cigare)* **2** habano, a *(couleur)*

**hâve** *adj.* macilento, a

**havre** *m. MAR.* abra *f.*

**havresac** *m.* mochila *f.,* macuto, talego, morral

**heaume** *m.* yelmo

**hebdomadaire 1** *adj.* semanal **2** *m.* semanario

**hébergement** *m.* alojamiento, hospedaje

**héberger** *tr.* hospedar, alojar

**hébétant, -e** *adj.* embrutecedor, ora

**hébété, -ée** *adj.* embrutecido, a, alelado, a

**hébétement** *m.* embrutecimiento

**hébéter** *tr.* embrutecer, atontar

**hébétude** *f.* entorpecimiento *m.,* embotamiento

**hébraïque** *adj.* hebraico, a

**hébreu** *adj.* hebreo

**hécatombe** *f.* hecatombe

**hectare** *m.* hectárea *f.*

**hectolitre** *m.* hectolitro

**hédonisme** *m.* hedonismo

**hégémonie** *f.* hegemonía

**hein !** *interj.* ¿ eh ?, ¿ cómo ?

**hélas !** *interj.* ¡ ay ! ∼ *non* desgraciadamente, por desgracia

**héler** *tr.* llamar, dar una voz

**hélice** *f.* hélice

**hélicoptère** *m.* helicóptero

**héligare** *f.* terminal de helicópteros *m.*

**héliotrope** *m.* heliotropo

**héliport** *m.* helipuerto

**héliporté, ée** *adj.* transportado, a por helicóptero

**hélium** *m.* helio

**hellène** *adj.* -s. heleno, a

**hellénique** *adj.* helénico, a

**hellénistique** *adj.* helenístico, a

**helvétique** *adj.* helvético, a

**hem !** *interj.* ¡ eh !, ¡ ejem !

**hématie** *f. ANAT.* hematie

**hématome** *m.* hematoma

**hémicycle** *m.* hemiciclo

**hémiplégie** *f.* hemiplejía

**hémisphère** *m.* hemisferio

**hémophilie** *adj.* -s. hemofilia

**hémorragie** *f.* hemorragia

**hémorroïdes** *f. pl.* hemorroides, almorranas

**henné** *m.* alheña *f.*

**hennir** *intr.* relinchar

**hépatite** *f.* hepatitis

**hépatique** *adj.* hepático, a

**héraldique** *adj.* heráldico, a

**héraldiste** *m.* -f. heraldista

**héraut** *m.* heraldo

**herbacé, -ée** *adj.* herbáceo, a

**herbage** *m.* pasto

**herbe** *f.* hierba *en* ∼ en ciernes *poète en* ∼ poeta en ciernes *couper l'*∼ *sous les pieds* tomar la delantera

**herbeux, -euse** *adj.* herboso, a

**herbier** *m.* herbario

**herbivore** *adj.* -s. herbívoro, a

**herboriste** *m.* -f. herbolario, a

**herboristerie** *f.* tienda del herbolario, herboristería

**Hercule** *n. pr. m.* Hércules

**hère** *m.* cervato *pauvre* ∼ *fig.* pobre diablo

**héréditaire** *adj.* hereditario, a
**hérédité** *f.* herencia
**hérésie** *f.* herejía
**hérétique 1** *adj.* herético, a **2** *m. -f.* hereje
**hérissé, -ée** *adj.* erizado, a, de punta
**hérisser 1** *tr.* erizar **2** *pr.* erizarse, ponerse de punta, *fig.* enfadarse *mes cheveux se hérissent* el pelo se me pone de punta
**hérisson** *m.* erizo
**héritage** *m.* herencia *f.*
**hériter 1** *intr.* heredar ∼ *de ses parents* heredar de sus padres **2** *tr.* heredar ∼ *une culture* heredar una cultura
**héritier, -ière** *m. -f.* heredero, a
**hermaphrodite** *adj. -s.* hermafrodita
**hermétique** *adj.* hermético, a
**hermétisme** *m.* hermetismo
**hermine** *f.* armiño *m.*
**hernie** *f. MÉD.* hernia
**Hérode** *n. pr. m.* Herodes *c'est vieux comme* ∼ esto es más viejo que Matusalén, más viejo que la Nana
**héroïne** *f.* heroína
**héroïque** *adj.* heroico, a
**héroïsme** *m.* heroísmo
**héron** *m.* garza *f.*
**héros** *m.* héroe
**herpès** *m. MÉD.* herpe
**herse** *f.* **1** *AGR.* grada, rastra **2** rastrillo *m.*
**hésitant, -e** *adj.* vacilante, indeciso, a
**hésitation** *f.* vacilación, titubeo *m.*
**hésiter** *intr.* vacilar, titubear, dudar *il hésita un moment* dudó un momento *ne pas* ∼ *à* no dudar en
**hétéroclite** *adj.* heteróclito, a
**hétérodoxe** *adj.* heterodoxo, a
**hétérogène** *adj.* heterogéneo, a
**hêtre** *m.* haya *f.*
**heu !** *interj.* pues *(hésitation)*
**heur** *m.* suerte *f.*
**heure** *f.* hora *quelle* ∼ *est-il ?* ¿ qué hora es ? ∼ *de pointe* hora punta ∼ *creuse* hora baja *une petite* ∼ una hora escasa ∼ *supplémentaire* hora extraordinaria *un quart d'*∼ un cuarto de hora *une demi-heure* media hora *il est six heures* son las seis *il est une* ∼ es la una *être à l'*∼ ser puntual *de bonne* ∼ temprano *de très bonne* ∼ muy temprano, tempranito *à la bonne* ∼ *!* ¡ gra-

cias a Dios ! *tout à l'*∼ pronto *à tout à l'*∼ ¡ hasta pronto !, ¡ hasta luego !
**heureusement** *adv.* afortunadamente
**heureux, -euse** *adj.* **1** feliz, dichoso, a, afortunado, a **2** acertado, a *une idée heureuse* una idea acertada *être* ∼ *de s'estimer* ∼ darse por contento
**heurt** *m.* golpe, *fig.* tropiezo
**heurté, -ée** *adj.* contrariado, a, contrastado, a *(couleur)*
**heurter** *tr.* **1** chocar, tropezar con **2** *fig.* contrariar, herir **3** *intr.* chocar, tropezar **4** *pr. fig.* oponerse a, toparse con, chocar con
**heurtoir** *m.* aldaba *f.,* aldabón, picaporte
**hévéa** *m.* hevea
**hexagonal** *adj.* hexagonal
**hexagone** *m.* hexágono
**hiatus** *m.* hiato
**hibernal, -ale** *adj.* invernal, hibernal
**hibernation** *f.* hibernación
**hiberner** *intr.* hibernar
**hibou** *m.* búho, mochuelo
**hic** *m.* quid, intríngulis, busilis *voilà le* ∼ ¡ ahí está el busilis !, ¡ aquí está el punto !
**hideux, -euse** *adj.* horroroso, a, horrendo, a, horrible
**hier** *adv.* ayer ∼ *matin* ayer por la mañana ∼ *soir* anoche *avant-*∼ anteayer
**hiérarchie** *f.* jerarquía
**hiérarchique** *adj.* jerárquico, a
**hiérarchisation** *f.* jerarquización
**hiérarchiser** *tr.* jerarquizar
**hiératique** *adj.* hierático, a
**hiéroglyphe** *m.* jeroglífico
**hilarant, -e** *adj.* hilarante
**hilare** *adj.* risueño, a
**hilarité** *f.* hilaridad
**hindou, e** *adj. -s.* hindú
**hippique** *adj.* hípico, a
**hippisme** *m.* hipismo
**hippocampe** *m.* hipocampo
**hippopotame** *m.* hipopótamo
**hirondelle** *f.* golondrina *l'*∼ *ne fait pas le printemps* la golondrina no hace el verano
**hirsute** *adj.* hirsuto, a
**hispanique** *adj.* hispánico, a

**hispanisant, -e** ou **hispaniste** *adj.*
*-s.* hispanista

**hispanisme** *s.* hispanismo

**hispano-américain** *adj. -s.* hispanoamericano

**hisser 1** *tr.* izar **2** *pr.* izarse, subirse

**hisse (oh!)** *interj.* ¡ aupa! *ou* ¡ aúpa!

**histoire** *f.* **1** historia **2** cuento *m.*, historia *une* ~ *pour enfants* un cuento para niños **3** lío *m. se fourrer dans une sale* ~ meterse en un lío *quelle* ~! ¡ qué lío! *c'est une* ~ *sans fin* es el cuento de nunca acabar *arrête tes histoires!* ¡ déjate de historias! *une* ~ *drôle* un chiste

**historien, -enne** *m. -f.* historiador, ora

**histrion** *m.* histrión

**hiver** *m.* invierno

**hivernal** *adj.* invernal

**hiverner** *intr.* invernar

**ho!** *interj.* ¡ oh!

**hobby** *m.* entretenimiento, pasatiempo

**hobereau** *m.* hidalgüelo

**hochement** *m.* meneo ~ *de tête* cabeceo

**hocher** *tr.* menear ~ *la tête* cabecear

**hochet** *m.* sonajero

**hockey** *m.* hockey ~ *sur gazon* hockey sobre hierba

**holà!** *interj.* ¡ hola! *mettre le* ~ *à* poner coto a

**holding** *m.* holding

**hold-up** *m.* atraco

**hollandais, -e** *adj. -s.* holandés, esa

**holocauste** *m.* holocausto

**homard** *m.* langosta *f.* ~ *à l'américaine* langosta a la americana *rouge comme un* ~ colorado, a como un cangrejo

**homélie** *f.* homilía

**homéopathe** *adj. -s. MÉD.* homeópata

**homéopathie** *f. MÉD.* homeopatía

**homéopathique** *adj. MÉD.* homeopático, a

**homicide 1** *adj. -s.* homicida **2** *m.* homicidio *(crime)*

**hommage** *m.* **1** homenaje **2** ofrenda *f.*, regalo, obsequio **3** *m. pl.* respetos *présenter ses hommages* ofrecer sus respetos ~ *de l'éditeur* cortesía del editor *f. rendre* ~ *à* homenajear *tr.*

**hommasse** *adj.* hombruno, a

**homme** *m.* hombre *jeune* ~ joven ~ *d'affaires* hombre de negocios ~ *sandwich* hombre anuncio *grand* ~ prohombre ~ *d'Etat* estadista ~ *de paille* testaferro *galant* ~ caballero *un* ~ *averti en vaut deux* hombre prevenido vale por dos

**homogène** *adj.* homogéneo, a

**homogénéisation** *f.* homogeneización

**homogénéiser** *tr.* homogeneizar

**homologation** *f.* homologación

**homologue** *adj.* homólogo, a

**homologuer** *tr.* homologar

**homonyme** *adj. -s.* homónimo, a

**homonymie** *f.* homonimia

**homosexualité** *f.* homosexualidad

**homosexuel, -elle** *adj. -s.* homosexual

**hondurien, -enne** *adj. -s.* hondureño, a

**hongrois, e** *adj. -s.* húngaro, a

**honnête** *adj.* **1** honrado, a *un homme* ~ un hombre honrado **2** honesto, a, decente *une femme* ~ una mujer decente **3** razonable *un prix* ~ un precio razonable

**honnêtement** *adv.* **1** honradamente **2** honestamente, decentemente **3** sinceramente *parler* ~ hablar sinceramente

**honnêteté** *f.* **1** honradez **2** honestidad, decencia, decoro *m.*

**honneur** *m.* honor, honra *f. affaire d'*~ lance de honor *m. parole d'*~ palabra de honor *point d'*~ pundonor *faire* ~ *à* hacer honor a *faire* ~ *à ses obligations* cumplir con sus compromisos

**honorabilité** *f.* honorabilidad

**honorable** *adj.* honorable

**honoraire 1** *adj.* honorario, a *professeur* ~ profesor honorario **2** *m. pl.* honorarios *(médecin, etc.)*

**honorer** *tr.* **1** honrar ~ *père et mère* honrar padre y madre ~ *de* honrar con **2** pagar, satisfacer *(dette)* **3** *pr.* honrarse de *votre honorée du 15 juillet* su atenta del 15 de julio *(lettre)*

**honorifique** *adj.* honorífico, a

**honte** *f.* vergüenza *avoir* ~ *(de)* tener vergüenza, avergonzarse (de) *faire* ~ dar vergüenza, avergonzar *tu n'as pas* ~! ¡ no te da vergüenza!

**honteux, -euse** *adj.* **1** avergonzado, a *il est tout* ~ está avergonzado **2** vergonzoso, a *action honteuse* acción vergonzosa *c'est honteux !* ¡ es una vergüenza !, ¡ qué vergüenza !

**hop !** *interj.* ¡ aúpa !

**hôpital** *m.* hospital

**hoquet** *m.* hipo *avoir le* ~ tener hipo

**hoqueter** *intr.* tener hipo

**horaire 1** *adj.* horario, a **2** *m.* horario ~ *continu* horario continuado

**horde** *f.* horda

**horizon** *m.* horizonte *à l'*~ en el horizonte

**horizontal, -ale** *adj.* horizontal

**horloge** *f.* reloj *m.*

**horloger, -ère** *adj. -s.* relojero, a

**horlogerie** *f.* relojería

**hormis** *adv.* excepto, menos

**hormonal, -ale** *adj.* hormonal

**hormone** *f.* hormona

**horodateur** *m.* fechador

**horoscope** *m.* horóscopo

**horreur** *f.* horror *dire des horreurs* decir barbaridades *faire* ~ horrorizar

**horrible** *adj.* horrendo, a, horrible, horroroso, a

**horripilant, -e** *adj.* horripilante

**horripiler** *tr.* horripilar, exasperar

**hors** *prép.* fuera de ~ *sujet* fuera de tema ~ *saison* fuera de temporada ~ *taxes* libre de impuestos ~ *de prix* carísimo, a ~ *d'ici !* *interj.* ¡ fuera de aquí ! ~ *de portée* fuera de alcance

**hors-bord** *m.* fuera borda

**hors-concours** *m.* fuera de concurso

**hors-d'œuvre** *m.* entremés

**hors-jeu** *m.* fuera de juego

**hors-la-loi** *m.* fuera de la ley

**hors-piste** *m.* fuera de pista

**hortensia** *m.* hortensia *f.*

**horticole** *adj.* hortícola

**horticulteur** *m.* horticultor

**horticulture** *f.* horticultura

**hospice** *m.* hospicio

**hospitalier, -ière** *adj. -s.* hospitalario, a

**hospitalisation** *f.* hospitalización, ingreso en el hospital *m.*

**hospitaliser** *tr.* hospitalizar, ingresar en el hospital

**hospitalité** *f.* hospitalidad

**hostie** *f.* hostia

**hostile** *adj.* hostil

**hostilité** *f.* hostilidad

**hot-dog** *m.* perrito caliente

**hôte, esse** *m. -f.* huésped, a, anfitrión, ona *hôtesse d'accueil* recepcionista *hôtesse de l'air* azafata

**hôtel** *m.* hotel ~ *trois étoiles* hotel de tres estrellas *descendre dans un* ~ alojarse en un hotel ~ *particulier* palacete ~ *de ville* ayuntamiento *maître d'*~ jefe de comedor, " maître "

**hôtelier, -ière** *adj. -s.* hotelero, a

**hôtellerie** *f.* **1** hostelería, industria hotelera **2** parador *m.*, hostal *m.*

**hotte** *f.* **1** campana (*cheminée*) ~ *aspirante* campana eléctrica *ou* campana extractora **2** cuévano *m.* (*osier*)

**houblon** *m.* lúpulo

**houe** *f.* azada, azadón *m.*

**houille** *f.* hulla ~ *blanche* hulla blanca

**houiller, -ère** *adj.* hullero, a *bassin* ~ cuenca minera *f.*

**houle** *f.* MAR. marejada, oleaje *m.*

**houlette** *f.* cayado (*berger*), báculo (*évêque*)

**houleux, -euse** *adj.* agitado, movido, a

**houppe** *f.* borla, copete (*cheveux*)

**houppelande** *f.* hopalanda

**hourra !** *interj.* ¡ hurra !

**houspiller** *tr.* **1** *fam.* sacudir, zarandear **2** *fig.* regañar

**housse** *f.* funda

**houx** *m.* acebo

**hovercraft** *m.* aerodeslizador

**hublot** *m.* ventanilla *f.*

**huche** *f.* artesa (*pétrin*), arca (*coffre*)

**hue !** *interj.* ¡ arre !

**huée 1** *f.* grita (*chasse*) **2** *f. pl.* abucheo *m. sing.*, bronca *f.*

**huer** *tr.* abuchear

**huilage** *m.* engrase

**huile** *f.* aceite *m.* ~ *d'olive* aceite de oliva ~ *frelatée* aceite adulterado ~ *de lin* aceite de linaza *une mer d'*~ una balsa de aceite *peinture à l'*~ pintura al óleo *jeter de l'*~ *sur le feu* echarle leña al fuego

**huiler** *tr.* aceitar, engrasar

**huilier** *m.* vinagreras *f. pl.*

**huis** *m.* puerta *f.* *à* ~ *clos* a puerta cerrada

**huissier** *m.* **1** ujier **2** ordenanza *(ministère)*

**huit** *adj. -s.* ocho

**huitaine** *f.* unos ocho, unas ocho *une ~ d'hommes* unos ocho hombres *sous ~* dentro de ocho días

**huitième** *adj. -s.* octavo, a

**huître** *f.* ostra

**hulotte** *f.* autillo *m.*, zumaya

**hululer** *intr.* ulular

**humain, e** *adj.* humano, a *un être ~* un ser humano

**humanisation** *f.* humanización

**humaniser** *tr.* humanizar

**humanisme** *m.* humanismo

**humaniste** *adj. -s.* humanista

**humanitaire** *adj.* humanitario, a

**humanité** *f.* humanidad

**humaniser** *tr.* humanizar

**humble** *adj. -s.* humilde

**humecter** *tr.* humedecer

**humecteur** *m.* humectador

**humer** *tr.* aspirar, inhalar

**humérus** *m. ANAT.* húmero

**humeur** *f.* humor *bonne, mauvaise ~* buen, mal humor *ne pas être d'~ à* no estar para

**humide** *adj.* húmedo, a

**humidificateur** *m.* humectador

**humidification** *f.* humidificación

**humidifier** *tr.* humedecer

**humidité** *f.* humedad

**humiliant, -e** *adj.* humillante

**humiliation** *f.* humillación

**humilier 1** *tr.* humillar **2** *pr.* humillarse

**humilité** *f.* humildad

**humoriste** *adj. -s.* humorista

**humoristique** *adj.* humorístico, a

**humour** *m.* humor, humorismo *sens de l'~* sentido del humor

**hune** *f. MAR.* cofa

**huppé, -ée** *adj. fig.* de alto copete

**hurlant, -e** *adj.* aullador, ora

**hurlement** *m.* berrido, alarido, aullido

**hurler** *intr.* aullar *(animaux)*, dar alaridos, dar berridos, dar gritos

**hurluberlu** *m. fam.* estrafalario, estrambótico

**hussard** *m.* húsar

**hutte** *f.* choza

**hyacinthe** *f.* jacinto *m.*

**hybride** *adj.* híbrido, a

**hydratant, -e** *adj.* hidratante

**hydratation** *f.* hidratación

**hydrate** *m.* hidrato *~ de carbone* hidrato de carbono

**hydrater** *tr.* hidratar

**hydraulique** *adj. -s.* hidráulico, a *capacité ~* hidraulicidad

**hydravion** *m.* hidroavión

**hydrocarbure** *m.* hidrocarburo

**hydrocéphale** *adj. -s. MÉD.* hidrocéfalo, a

**hydro-électrique** *adj.* hidroeléctrico, a

**hydrogène** *m.* hidrógeno

**hydroglisseur** *m.* hidroplano

**hydrographie** *f.* hidrografía

**hydrolise** *f.* hidrólisis

**hydrométrie** *f.* hidrometría

**hydropisie** *f.* hidropesía

**hyène** *f.* hiena

**hygiène** *f.* higiene

**hygiénique** *adj.* higiénico, a

**hygrométrie** *f.* higrometría

**hymen** *m.* himen, *fig.* himeneo, casamiento

**hymne** *m.* himno

**hyperbole** *f. GÉOM.* hipérbola, hipérbole *(style)*

**hypermarché** *m.* hipermercado

**hypertension** *f.* hipertensión

**hypertrophie** *f.* hipertrofia

**hypnose** *f.* hipnosis

**hypnotiser** *tr.* hipnotizar

**hypnotisme** *m.* hipnotismo

**hypocondriaque** *adj. -s. MÉD.* hipocondriaco, a

**hypocrisie** *f.* hipocresía

**hypocrite** *adj. -s.* hipócrita

**hypodermique** *adj.* hipodérmico, a

**hypotension** *f.* hipotensión

**hypoténuse** *f. GÉOM.* hipotenusa

**hypothécaire** *adj.* hipotecario, a

**hypothèque** *f.* hipoteca *lever une ~* levantar una hipoteca

**hypothéquer** *tr.* hipotecar

**hypothèse** *f.* hipótesis

**hypothétique** *adj.* hipotético, a

**hystérie** *f. MÉD.* histerismo *m.*, histeria

**hystérique** *adj.* histérico, a

# I

**i** *m.* i *f.*

**iambe** *m. LITT.* yambo

**ibérique** *adj. s.* ibérico, a

**ibis** *m.* ibis

**iceberg** *m.* iceberg

**ichtyologie** *f.* ictiología

**ici** *adv.* **1** aquí, acá **2** aquí *par* ~ por aquí ~-*bas* en este bajo mundo ~ *et là* aquí y allá *d'*~ *demain* de aquí a mañana

**icône** *f.* icono *m.*

**iconoclaste** *adj. -s.* iconoclasta

**idéal, -ale** *adj. -m.* ideal *idéaux politiques* ideales políticos

**idéalisme** *m.* idealismo

**idéaliste** *adj. -s.* idealista

**idée** *f.* **1** idea **2** opinión *loc. adv. à son* ~ a su antojo *(à sa guise)*

**identifier** *tr.* **1** identificar **2** *pr.* identificarse

**identique** *adj.* idéntico, a

**identité** *f.* identidad *décliner son* ~ identificarse

**idéologie** *f.* ideología

**idéologique** *adj.* ideológico, a

**ides** *f. pl.* idus *m.*

**idiome** *m.* idioma

**idiosyncrasie** *f.* idiosincrasia

**idiot, -ote** *adj.* **1** idiota **2** tonto, a *faire l'*~ hacer el tonto

**idiotie** *f.* idiotez

**idiotisme** *m. GRAM.* idiotismo

**idoine** *adj.* idóneo, ea

**idolâtrer** *tr.* idolatrar

**idole** *f.* idolo *m.*

**idylle** *f.* idilio *m.*

**igné, -ée** *adj.* igneo, ea

**ignition** *f.* ignición

**ignoble** *adj.* innoble

**ignominie** *f.* ignominia

**ignorance** *f.* ignorancia

**ignorant, -e** *adj.* ignorante

**ignorer** *tr.* ignorar

**iguane** *m.* iguana *f.*

**il, ils** *pron. pers. m.* **1** él, ellos *(généralement omis, servent à insister)* ~ *est malade* está enfermo **2** *pron. impers. (ne se traduit pas) il pleut* llueve

**île** *f.* isla

**illégal, -ale** *adj.* ilegal

**illégitime** *adj.* ilegítimo, a

**illettré, -ée** *adj.* iletrado, a, analfabeto, a

**illicite** *adj.* ilícito, a

**illico** *adv. fam.* en el acto, al punto, inmediatamente

**illimité, -ée** *adj.* ilimitado, a

**illisible** *adj.* ilegible

**illogique** *adj.* ilógico, a

**illumination** *f.* iluminación

**illuminer** *tr.* iluminar

**illusion** *f.* ilusión

**illusionner** *tr.* **1** ilusionar, engañar **2** *pr.* hacerse, forjarse ilusiones, ilusionarse

**illusionniste** *m.* ilusionista, prestidigitador

**illusoire** *adj.* ilusorio, a

**illustration** *f.* ilustración

**illustre** *adj.* ilustre

**illustrer** **1** *tr.* ilustrar **2** *pr.* ilustrarse

**ilustrissime** *adj.* ilustrísimo, a

**îlot** *m.* **1** islote **2** manzana *f. (de maisons)*

**image** *f.* **1** imagen **2** estampa, estampita *(petite estampe)*

**imager** *tr.* enriquecer de imágenes

**imagerie** *f.* estampería

**imaginaire** *adj.* imaginario, a

**imagination** *f.* imaginación

**imaginer** *tr.* **1** imaginar **2** *pr.* imaginarse, figurarse

**imbattable** *adj.* invencible

**imbécile** *adj. -s.* imbécil

**imberbe** *adj.* imberbe, barbilampiño

**imbiber** *tr.* **1** embeber, empapar **2** *pr.* embeberse, empaparse

**imbrication** *f.* imbricación

**imbroglio** *m.* embrollo, enredo, lío

**imbu, -e** *adj.* imbuido, a

**imitation** *f.* imitación *loc. prép. à l'*~ *de* a imitación de

**imiter** *tr.* imitar

**immaculé, -ée** *adj.* inmaculado, a *l'Immaculée Conception* la Inmaculada, la Inmaculada Concepción

**immanent, -e** *adj.* inmanente

**immangeable** *adj.* incomible, incomestible

**immanquable** *adj.* infalible, indefectible

**immatériel, -elle** *adj.* inmaterial
**immatriculation** *f.* matrícula, *plaque d'~* matrícula
**immatriculer** *tr.* matricular
**immédiat, -e** *adj.* inmediato, a
**immense** *adj.* inmenso, a
**immensité** *f.* inmensidad
**immérité, -ée** *adj.* inmerecido, a
**immersion** *f.* inmersión
**immeuble** *adj. m.***1** *DR.* inmueble **2** *m.* casa *f. (maison)* , edificio
**immigrant, -e** *adj. -s.* inmigrante
**immigrer** *intr.* inmigrar
**imminent, -e** *adj.* inminente
**immixtion** *f.* intromisión
**immobile** *adj.* inmóvil
**immobilier, -ière** *adj.* inmobiliario, a
**immobiliser** *tr.* inmovilizar
**immodéré, -ée** *adj.* inmoderado, a
**immodeste** *adj.* inmodesto, a
**immoler** *tr.* **1** inmolar **2** *pr.* inmolarse
**immortel, -elle** *adj.* **1** inmortal **2** *pr. fam.* miembro de la Academia francesa **3** *f.* siempreviva *(plante)*
**immuable** *adj.* inmutable
**immuniser** *tr.* inmunizar
**immunité** *f.* inmunidad
**impact** *m.* impacto
**impair, -e** *adj.* **1** impar **2** *m. fig.* plancha *f.,* desacierto *commettre un ~* hacer una plancha, meter la pata
**impalpable** *adj.* impalpable
**impardonnable** *adj.* imperdonable
**imparfait, -e** *adj.* **1** imperfecto, a **2** *m. GRAM.* pretérito imperfecto
**impartial, -ale** *adj.* imparcial
**impasse** *f.* **1** callejón sin salida *m.* **2** *fig.* atolladero *m.,* punto muerto *m. être dans une ~* estar en un atolladero
**impassible** *adj.* impasible
**impatience** *f.* impaciencia
**impatient, -e** *adj.* **1** impaciente **2** *f.* balsamina, hierba de Santa Catalina *(plante)*
**impayable** *adj.* **1** impagable **2** *fig.* muy divertido, a, gracioso, a, la monda
**impayé, -ée** *adj.* no pagado, a, impagado, a
**impeccable** *adj.* impecable
**impénétrable** *adj.* impenetrable
**impératif, -ive** *adj. -m.* imperativo, a

**impératrice** *f.* imperatriz
**imperceptible** *adj.* imperceptible
**imperfection** *f.* imperfección
**impérial, -ale** *adj.* **1** imperial **2** *f.* imperial *(d'un véhicule)* **3** perilla *(barbe)*
**impérialisme** *m.* imperialismo
**impérieux, -euse** *adj.* imperioso, a
**impérissable** *adj.* imperecedero, a
**impéritie** *f.* impericia
**imperméable** *adj. -m.* impermeable
**impersonnel, -elle** *adj.* impersonal
**impertinent, -e** *adj. -s.* impertinente
**imperturbable** *adj.* imperturbable
**impétueux, -euse** *adj.* impetuoso, a
**impie** *adj.* impiedoso, a
**impiété** *f.* impiedad
**impitoyable** *adj.* despiadado, a
**implacable** *adj.* implacable
**implanter** *tr.* **1** implantar **2** *pr.* implantarse
**implicite** *adj.* implícito, a
**impliquer** *tr.* implicar
**implorer** *tr.* implorar
**impolitesse** *f.* descortesía, falta de educación
**impondérable** *adj.* **1** imponderable **2** *m. pl.* imponderables
**impopulaire** *adj.* impopular
**importance** *f.* importancia
**important, -e** *adj.* importante
**importateur, -trice** *adj. -s.* importador, ora
**importer** *tr.* **1** importar *~ des matières premières* importar materias primas **2** *intr.* importar, tener importancia *la seule chose qui m'importe* la única cosa que importa, lo único que importa *n'importe qui* cualquiera *n'importe quoi* cualquier cosa
**importun, -une** *adj. -s.* importuno, a
**importuner** *tr.* importunar
**imposable** *adj.* imponible
**imposant, -e** *adj.* imponente
**imposé, -ée** *adj.* **1** impuesto, a **2** *s.* contribuyente
**imposer** *tr.* **1** gravar con un impuesto *(taxer)* **2** imponer *~ un travail à quelqu'un* imponer un trabajo a alguien **3** *pr.* imponerse *en ~* impresionar
**imposition** *f.* imposición
**impossibilité** *f.* imposibilidad
**imposteur** *m.* impostor, ora

**impôt** *m.* **1** impuesto **2** contribución *f.*

**impotent, -e** *adj.* *-s.* tullido, a, baldado, a, impotente

**impraticable** *adj.* impracticable

**imprécation** *f.* imprecación

**imprécis, -e** *adj.* impreciso, a

**imprégner** *tr.* **1** impregnar **2** *fig.* imbuir

**imprenable** *adj.* inexpugnable, inconquistable

**imprésario** *m.* empresario *(d'un artiste)*, apoderado *(d'un torero)*

**impression** *f.* **1** impresión **2** *PEINT.* imprimación

**impressionner** *tr.* **1** impresionar **2** *pr.* impresionarse

**imprévoyant, -e** *adj.* *-s.* imprevisor, ora

**imprévu, -ue** *adj.* imprevisto, a

**imprimante** *f.* impresora

**imprimé** *m.* **1** impreso *(journal)* **2** estampado *(tissu)*

**imprimer** *tr.* **1** imprimir **2** estampar *(tissu)* **3** *PEINT.* imprimar **4** *fig.* infundir ~ *la crainte* infundir el temor *se faire* ~ hacerse editar

**imprimerie** *f.* imprenta

**improbable** *adj.* improbable

**improductif, -ive** *adj.* improductivo, a

**impromptu, -e** *adj.* **1** improvisado, a **2** *adv.* improvisadamente, sin preparación **3** *m.* *LITT.* improvisación *f.*

**impropre** *adj.* impropio, a

**impropriété** *f.* impropiedad

**improviser** *tr.* *-intr.* improvisar

**improviste (à l')** *loc. adv.* de improviso, al improviso

**imprudence** *f.* imprudencia

**imprudent, -e** *adj.* *-s.* imprudente

**impudent, -e** *adj.* *-s.* impudente

**impudique** *adj.* *-s.* impúdico, a

**impuissant, -e** *adj.* **1** impotente **2** *adj.* *-s.* impotente

**impulsif, -ive** *adj.* *-s.* impulsivo, a

**impunité** *f.* impunidad

**impur, -e** *adj.* impuro, a

**impureté** *f.* impureza

**imputation** *f.* imputación

**inacceptable** *adj.* inaceptable

**inaccessible** *adj.* **1** inaccesible **2** inasequible

**inaccoutumé, -ée** *adj.* desacostumbrado, a, insólito, a, inacostumbrado, a

**inachevé, -ée** *adj.* no acabado, a, incompleto, a, sin acabar, inconcluso, a

**inactif, -ive** *adj.* inactivo, a

**inaction** *f.* inacción

**inadmissible** *adj.* inadmisible

**inadvertance** *f.* inadvertencia *par* ~ por inadvertencia

**inaliénable** *adj.* inalienable

**inaltérable** *adj.* inalterable

**inamical, -ale** *adj.* hostil, poco amistoso, a

**inamovible** *adj.* inamovible

**inanimé, -ée** *adj.* inanimado, a, inánime

**inanition** *f.* inanición

**inaperçu, -ue** *adj.* inadvertido, a, desapercibido, a *passer* ~ pasar inadvertido, a

**inappliqué, -ée** *adj.* **1** desaplicado, a *(élève)* **2** inaplicado, a *(pas mis en pratique)*

**inappréciable** *adj.* inapreciable

**inapte** *adj.* no apto, a, incapaz, inepto, a (para)

**inarticulé, -ée** *adj.* inarticulado, a

**inassouvi, -ie** *adj.* no saciado, a, insatisfecho, a

**inattendu, -ue** *adj.* inesperado, a

**inattentif, -ive** *adj.* desatento, a, distraido, a

**inauguration** *f.* inauguración

**inaugurer** *tr.* inaugurar

**inavouable** *adj.* inconfesable

**incandescence** *f.* incandescencia

**incantation** *f.* encantación, encantamiento *m.*

**incapable** *adj.* *-s.* incapaz

**incapacité** *f.* incapacidad

**incarcérer** *tr.* encarcelar

**incarner** *tr.* **1** encarnar *il est le diable incarné* es el demonio encarnado **2** *pr.* encarnarse

**incassable** *adj.* irrompible

**incendie** *m.* incendio

**incendier** *tr.* incendiar

**incertain, -aine** *adj.* **1** incierto, a, dudoso, a, inseguro, a **2** indeciso, a **3** variable *(temps)*

**incertitude** *f.* **1** incertidumbre **2** inseguridad **3** indecisión

**incessant, -e** *adj.* incesante

**incestueux, -euse** *adj. -s.* incestuoso, a

**incidence** *f.* **1** *GÉOM.* incidencia **2** *fig.* repercusión

**incident, -e** *adj.* **1** incidente *(rayon)* **2** incidental *(remarque, proposition)* **3** *m.* incidente

**incinérer** *tr.* incinerar

**incise** *f.* inciso *m.*

**incisif, -ive** *adj.* **1** incisivo, a **2** *f.* incisivo *m.*

**incision** *f.* incisión

**inciter** *tr.* incitar, instigar

**incivil, -ile** *adj.* incivil

**inclassable** *adj.* inclasificable

**inclémence** *f.* inclemencia

**inclinaison** *f.* **1** inclinación **2** *ASTROL., PHYS., GÉOM.* inclinación

**inclination** *f.* inclinación

**incliner** *tr.* **1** inclinar **2** *pr.* inclinarse *intr.* ∼ *à* inclinarse a, por

**inclure** *tr.* incluir

**inclus, -e** *adj.* incluso, a *ci-inclus, e* adjunto, a *jusqu'en mai inclus* hasta mayo inclusive

**incoercible** *adj.* incoercible

**incohérent, -e** *adj.* incoherente

**incolore** *adj.* incoloro, a

**incombustible** *adj.* incombustible

**incomestible** *adj.* no comestible, incomible

**incommensurable** *adj.* inconmensurable

**incommoder** *tr.* **1** incomodar, molestar **2** indisponer *être incommodé* estar indispuesto

**incommodité** *f.* incomodidad

**incomparable** *adj.* incomparable

**incomplet, -ète** *adj.* incompleto, a

**incompréhensible** *adj.* incomprensible

**incompréhensif, -ive** *adj.* que no es comprensivo, a, incomprensivo, a

**incompris, -e** *adj. -s.* incomprendido, a

**inconcevable** *adj.* inconcebible

**incongru, -ue** *adj.* incongruente

**inconnu, -ue** *adj. -s.* **1** desconocido, a **2** *f. MATH.* incógnita

**inconscience** *f.* inconsciencia

**inconscient, -e** *adj. -s.* inconsciente

**inconséquent, -e** *adj.* inconsecuente

**inconsistant, -e** *adj.* inconsistente

**inconsolable** *adj.* inconsolable

**inconstance** *f.* inconstancia

**incontestable** *adj.* incontestable

**incontinence** *f.* incontinencia

**inconvenant, -e** *adj.* inconveniente, descortés, esa

**inconvénient** *m.* inconveniente

**incorporel, -elle** *adj.* incorpóreo, a, incorporal

**incorporer** *tr.* **1** incorporar **2** *pr.* incorporarse

**incorrect, -e** *adj.* incorrecto, a

**incorrigible** *adj.* incorregible

**incorruptible** *adj.* incorruptible

**incrédulité** *f.* incredulidad

**incriminer** *tr.* incriminar

**incroyable** *adj.* increíble

**incroyant, -e** *adj. -s.* incrédulo, a, descreido, a

**incrustation** *f.* incrustación

**incruster** *tr.* **1** incrustar **2** *pr.* incrustarse

**inculper** *pr.* inculpar

**inculquer** *tr.* inculcar

**inculte** *adj.* inculto, a

**incunable** *adj. -m.* incunable

**incurable** *adj. -s.* incurable

**incurie** *f.* incuria

**incursion** *f.* incursión, raid *m.*, correría

**indécent, -e** *adj.* indecente

**indéchiffrable** *adj.* indescifrable

**indéchirable** *adj.* que no se puede rasgar, irrompible

**indécision** *f.* indecisión

**indéclinable** *adj.* indeclinable

**indéfectible** *adj.* indefectible

**indéfini, -ie** *adj.* indefinido, a, indeciso, a *GRAM. passé* ∼ préterito perfecto *adjectif* ∼ adjetivo indefinido

**indéfinissable** *adj.* indefinible

**indéfrisable** *f.* permanente

**indélébile** *adj.* indeleble

**indélicatesse** *f.* falta de corrección, de delicadeza, indelicadeza

**indemne** *adj.* indemne

**indemniser** *tr.* indemnizar

**indemnité** *f.* **1** indemnidad, indemnización **2** dieta, subsidio *m.*, dietas *pl.*

**indéniable** *adj.* innegable

**indépendance** *f.* independencia
**indépendant, -e** *adj.* independiente
**indescriptible** *adj.* indescriptible
**indésirable** *adj. -s.* indeseable
**indestructible** *adj.* indestructible
**indéterminé, -ée** *adj.* indeterminado, a
**index** *m.* **1** indice *(doigt)* **2** indice *(liste, catalogue)* **3** *RELIG.* indice **4** aguja *f.,* indicadora *(aiguille)*
**indicateur, -trice** *adj.* **1** indicador, ora **2** *m.* guia *f. (de chemin de fer)* **3** confidente, soplón *(de la police)*
**indicatif, -ive** *adj. -m.* indicativo, a
**indication** *f.* **1** indicación **2** indicio *m.*
**indice** *m.* **1** indicio **2** *MATH., PHYS.* índice
**indicible** *adj.* indecible
**indifférence** *f.* indiferencia
**indifférent, -e** *adj. -s.* indiferente
**indigence** *f.* indigencia
**indigène** *adj. -s.* indigena
**indigent, -e** *adj. -s.* indigente
**indigestion** *f.* indigestión
**indignation** *f.* indignación
**indigne** *adj.* indigno, a
**indigner** *tr.* **1** indignar **2** *pr.* indignarse
**indigo** *m.* índigo, añil
**indiquer** *tr.* indicar
**indirect, -ecte** *adj.* indirecto, a
**indiscipliné, -ée** *adj.* indisciplinado, a
**indiscret, -ète** *adj. -s.* indiscreto, a
**indiscrétion** *f.* indiscreción
**indiscutable** *adj.* insdiscutible
**indispensable** *adj.* indispensable, imprescindible
**indisposer** *tr.* **1** indisponer *la chaleur l'a indisposé* el calor le ha indispuesto **2** enojar, enemistarse con, indisponer *(mécontenter)*
**indissoluble** *adj.* indisoluble
**indistinct, -e** *adj.* indistinto, a
**individu** *m.* individuo
**individuel, -elle** *adj.* individual
**indivis, -e** *adj.* indiviso, a
**indivisible** *adj.* indivisible
**indocile** *adj.* indócil
**indo-européen, -enne** *adj. -s.* indoeuropeo, ea

**indolence** *f.* indolencia
**indolore** *adj.* indoloro, ora
**indomptable** *adj.* indomable
**indu, -ue** *adj.* indebido, a
**indubitable** *adj.* indudable
**inducteur, -trice** *adj. -m.* inductor, ora
**induction** *f.* inducción
**induire** *tr.* **1** inducir **2** inducir, deducir, inferir *(déduire)* ~ **en erreur** inducir en error
**indulgence** *f.* indulgencia
**indulgent, -e** *adj.* indulgente
**indult** *m.* indulto *(du pape)*
**industrialiser** *tr.* industrializar
**industrie** *f.* industria
**industriel, -elle** *adj. -m.* industrial
**inébranlable** *adj.* inconmovible, inquebrantable
**inédit, -e** *adj.* inédito, a
**ineffable** *adj.* inefable
**ineffaçable** *adj.* imborrable, indeleble
**inégal, -e** *adj.* desigual
**inégalité** *f.* desigualdad
**inéluctable** *adj.* ineluctable
**inénarrable** *adj.* inenarrable
**inepte** *adj.* inepto, a, necio, a
**inépuisable** *adj.* inagotable, ilimitado, a
**inerte** *adj.* inerte
**inespéré, -ée** *adj.* inesperado, a
**inestimable** *adj.* inestimable
**inévitable** *adj.* inevitable
**inexactitude** *f.* inexactitud
**inexécution** *f.* **1** no ejecución **2** incumplimiento *m. (d'un ordre)*
**inexistant, -e** *adj.* inexistente
**inexpérimenté, -ée** *adj.* **1** inexperto, a *(personne)* **2** no experimentado, a *(chose)*
**inexpert, -erte** *adj.* inexperto, a
**inexpiable** *adj.* inexpiable
**inexplicable** *adj.* inexplicable
**inexploré, -ée** *adj.* inexplorado, a
**inexpressif, -ive** *adj.* inexpresivo, a
**inexprimable** *adj.* indecible, indescriptible
**inexpugnable** *adj.* inexpugnable
**inextricable** *adj.* inextricable
**infaillible** *adj.* infalible
**infamant, -e** *adj.* infamante

**infâme** *adj. -s.* infame

**infamie** *f.* infamia

**infanterie** *f.* infantería

**infanticide** *m.* **1** infanticidio **2** *adj. -s.* infanticida *(meurtrier)*

**infantile** *adj.* infantil

**infarctus** *m.* infarto

**infatigable** *adj.* infatigable, incansable

**infatuer** *tr.* **1** infatuar **2** *pr.* infatuarse, engreírse

**infécond, -e** *adj.* infecundo, a

**infecter** *tr.* **1** infectar, inficionar **2** *pr.* infectarse, inficionarse

**infection** *f.* **1** infección **2** hedor *m.* *(puanteur)*

**inférence** *f.* inferencia

**inférer** *tr.* inferir, inducir

**inférieur, -e** *adj. -s.* inferior

**infériorité** *f.* inferioridad

**infernal, -ale** *adj.* infernal

**infester** *tr.* infestar

**infidélité** *f.* infidelidad

**infiltrer (s')** *pr.* infiltrarse

**infime** *adj.* ínfimo, a

**infini, -ie** *adj. -m.* infinito, a *loc. adv.* **à l'∼** indefinidamente *(indéfiniment)*, hasta lo infinito *(dans l'espace)*

**infinité** *f.* infinidad

**infinitif, -ive** *adj. -m.* infinitivo, a *m.* infinitivo

**infirme** *adj. -s.* **1** impedido, a, baldado, a, lisiado, a **2** *adj.* achacoso, a, imposibilitado, a

**infirmer** *tr. JUR.* infirmar, invalidar

**infirmerie** *f.* enfermería

**infirmier, -ière** *s.* enfermero, a

**infirmité** *f.* dolencia habitual, achaque *m.,* defecto físico *m.*

**inflammation** *f.* inflamación

**inflation** *f.* inflación

**infléchir** *tr.* **1** doblar, encorvar **2** *fig.* orientar **3** *pr.* doblarse, encorvarse **∼ une politique** darle otro rumbo a una política

**inflexible** *adj.* inflexible

**infliger** *tr.* infligir

**inflorescence** *f.* inflorescencia

**influencer** *tr.* influir (en)

**influent, -e** *adj.* influyente

**influer** *intr.* influir (en)

**information** *f.* **1** información, noticia **2** *pl.* informes *m. pl.*

**informatique** *adj. -s* informática

**informe** *adj.* informe

**informer** *tr.* **1** informar **2** *pr.* informarse

**infortuné, -ée** *adj. -s.* infortunado, a

**infraction** *f.* infracción

**infranchissable** *adj.* infranqueable

**infrarouge** *adj. -s. m.* infrarrojo

**infroissable** *adj.* inarrugable

**infructueux, -euse** *adj.* infructuoso, a

**infusion** *f.* infusión

**ingambe** *adj. fam.* ágil, vivo, a

**ingénier (s')** *pr.* + *à* ingeniarse (para, en)

**ingénieur** *m.* ingeniero **∼ des ponts et chaussées** ingeniero de caminos, canales y puertos

**ingénieux, -euse** *adj.* ingenioso, a

**ingénuité** *f.* ingenuidad

**ingérence** *f.* ingerencia

**ingérer** *tr.* **1** ingerir **2** *pr.* ingerirse

**ingestion** *f.* ingestión

**ingrat, -e** *adj. -s.* ingrato, a

**ingratitude** *f.* ingratitud

**ingrédient** *m.* ingrediente

**inhabile** *adj.* **1** inhábil **2** *DR.* incapaz

**inhabité, -ée** *adj.* deshabitado, a, inhabitado, a

**inhalation** *f.* inhalación

**inhaler** *tr.* inhalar

**inhérent, -e** *adj.* inherente

**inhibition** *f.* inhibición

**inhospitalier, -ière** *adj.* inhospitalario, a, inhóspito, a

**inhumain, -aine** *adj.* inhumano, a

**inhumation** *f.* inhumación

**inhumer** *tr.* inhumar

**inimitable** *adj.* inimitable

**inimitié** *f.* enemistad

**inintelligible** *adj.* ininteligible

**ininterrompu, -ue** *adj.* ininterrumpido, a

**iniquité** *f.* iniquidad

**initial, -ale** *adj. -f.* inicial

**initiative** *f.* iniciativa

**initier** *tr.* iniciar

**injecter** *tr.* **1** inyectar **2** *pr.* inyectarse

**injonction** *f.* orden, mandato *m.*

**injurier** *tr.* injuriar
**injustice** *f.* injusticia
**injustifié, -ée** *adj.* injustificado, a
**inlassable** *adj.* incansable
**inné, -ée** *adj.* innato, a
**innocence** *f.* inocencia
**innocent, -e** *adj. -s.* inocente
**innocuité** *f.* inocuidad
**innombrable** *adj.* innumerable
**innovation** *f.* innovación
**inoccupé, -ée** *adj.* desocupado, a
**inoculation** *f.* inoculación
**inoculer** *tr.* inocular
**inodore** *adj.* inodoro, a
**inoffensif, -ive** *adj.* inofensivo, a
**inondation** *f.* inundación
**inopérant, -e** *adj.* inoperante
**inopiné, -ée** *adj.* inopinado, a
**inopportun, -une** *adj.* inoportuno, a
**inorganique** *adj.* inorgánico, a
**inoubliable** *adj.* inolvidable
**inouï, -ïe** *adj.* inaudito, a
**inqualifiable** *adj.* incalificable
**inquiet, -iète** *adj.* inquieto, a
**inquiéter** *tr.* **1** inquietar, desasosegar, intranquilizar **2** *pr.* inquietarse **3** preocuparse *ne vous inquiétez pas* no se preocupe
**inquisiteur, -trice** *adj. -s.* **1** inquiridor, ora **2** *m.* inquisidor *(juge)*
**insaisissable** *adj.* **1** que no se puede coger, inasible **2** imperceptible **3** *DR.* inembargable
**insalubre** *adj.* insalubre
**insanité** *f.* **1** insania, locura **2** insensatez, necedad *(ineptie)*
**insatiable** *adj.* insaciable
**inscription** *f.* **1** inscripción **2** matrícula *(à l'université, maritime)* **3** *DR.* registro *m.* *(d'une hypothèque)*
**inscrire** *tr.* **1** inscribir **2** *pr.* inscribirse **3** matricularse *(à l'université)* *s'inscrire en faux DR.* negar, impugnar como falso
**insecte** *m.* insecto
**insecticide** *adj. -m.* insecticida
**insécurité** *f.* inseguridad
**insensé, -ée** *adj. -s.* insensato, a
**insensible** *adj.* insensible
**inséparable** *adj.* inseparable
**insertion** *f.* inserción
**insidieux, -euse** *adj.* insidioso, a

**insigne** *adj.* **1** insigne **2** *m.* insignia *f.*
**insinuer** *pr.* **1** insinuar **2** *pr.* insinuarse
**insipide** *adj.* insípido, a
**insistance** *f.* insistencia
**insister** *intr.* insistir *~ sur* insistir en
**insociable** *adj.* insociable
**insolation** *f.* insolación
**insolent, -e** *adj. -s.* insolente
**insolite** *adj.* insólito, a
**insoluble** *adj.* insoluble
**insolvable** *adj.* insolvente
**insomnie** *f.* insomnio *m.*
**insouciance** *f.* despreocupación, descuido *m.*
**insoumis, -e** *adj.* **1** insumiso, a **2** *adj. -m. MIL.* prófugo
**inspecteur, -trice** *s.* inspector, ora
**inspection** *f.* inspección
**inspiration** *f.* inspiración
**inspirer** *tr.* **1** inspirar **2** inspirar, infundir *~ le respect* infundir respeto **3** *pr.* inspirarse *s'~ d'un poème* inspirarse de un poema
**instable** *adj.* inestable
**installation** *f.* instalación
**installer** *tr.* **1** instalar **2** *pr.* instalarse
**instance** *f.* **1** instancia **2** ahínco *m.,* insistencia *(insistance)* **3** *DR.* instancia **4** autoridad *en ~* pendiente
**instant, -e** *adj.* **1** urgente, insistente **2** *m.* instante
**instantané, -ée** *adj.* **1** instantáneo, a **2** *m.* instantánea *f.* *(photo)*
**instaurer** *tr.* instaurar
**instigateur, -trice** *s. -adj.* instigador, ora
**instinct** *m.* instinto
**instinctif, -ive** *adj.* instintivo, a
**instituer** *tr.* instituir
**instituteur, -trice** *s.* **1** maestro, a **2** *f.* institutriz *f.* *(à domicile)*
**institution** *f.* institución
**instructeur** *adj. -m.* instructor
**instruire** *tr.* **1** instruir **2** *pr.* instruirse
**instrument** *m.* instrumento
**instrumentiste** *s.* instrumentista
**insu de (à l')** *loc. prép.* sin que se sepa, sin saberlo *à l'~ de sa famille* a espaldas de la familia
**insubordination** *f.* insubordinación
**insuffisant, -e** *adj.* insuficiente

**insuffler** *tr.* insuflar

**insulaire** *adj. -s.* insular, isleño, a

**insulter** *tr.* insultar

**insupportable** *adj.* insoportable

**insurger (s')** *pr.* insurreccionarse, sublevarse

**insurmontable** *adj.* insuperable, invencible

**insurrection** *f.* insurrección

**intact, -e** *adj.* intacto, a

**intangible** *adj.* intangible

**intarissable** *adj.* inagotable

**intégral, -ale** *adj.* **1** integral **2** íntegro, a *(entier)* **3** *f. MATH.* integral

**intègre** *adj.* íntegro, a

**intégrer** *tr.* **1** *MATH.* integrar **2** incluir

**intégrité** *f.* integridad

**intellectuel, -elle** *adj. -s.* intelectual

**intelligence** *f.* inteligencia

**intelligent, -e** *adj.* inteligente

**intelligible** *adj.* inteligible

**intempérance** *f.* intemperancia

**intempérie** *f.* intemperie

**intempestif, -ive** *adj.* intempestivo, a

**intenable** *adj.* insostenible

**intendance** *f.* intendencia

**intense** *adj.* intenso, a

**intensifier** *tr.* intensificar

**intention** *f.* intención

**intercaler** *tr.* intercalar

**intercéder** *intr.* interceder

**intercepter** *tr.* interceptar

**intercession** *f.* intercesión

**interchangeable** *adj.* intercambiable

**interclasse** *m.* intervalo entre dos clases

**interdiction** *f.* **1** interdicción, prohibición **2** *DR.* incapacitación **3** suspensión *(ecclésiastique ou fonctionnaire)*

**interdire** *tr.* **1** prohibir **2** impedir *(empêcher)* **3** suspender *(ecclésiastique ou fonctionnaire)* **4** *DR.* incapacitar **5** desconcertar, turbar *(troubler)*

**interdit, -ite** *adj.* **1** prohibido, a **2** *DR.* incapacitado, a **3** *fig.* desconcertado, a, cortado, a **4** *RELIG.* entredicho

**intéressant, -e** *adj.* interesante

**intéresser** *tr.* interesar *pr. s'~ à* interesarse por

**intérêt** *m.* interés

**interférence** *f. PHYS.* interferencia

**intérieur, -e** *adj. -m.* interior

**intérim** *m.* interinidad *f.,* interin *par ~ loc. adv.* interinamente *président par ~* presidente interino, accidental

**interjection** *f.* interjección

**interligne** *m.* **1** interlinea *f.,* entrerrenglonadura *f.* **2** *MUS.* espacio **3** *f. IMPR.* regleta

**interlocuteur, -trice** *s.* interlocutor, ora

**intermède** *m.* **1** intermedio **2** *THÉAT.* entreacto, entremés

**intermédiaire** *adj.* **1** intermediario, a, intermedio, a **2** *s.* intermediario, a *par l'~ de* por medio, por conducto de, por mediación de, mediante

**interminable** *adj.* interminable, inacabable

**intermittent, -e** *adj.* intermitente

**internat** *m.* internado

**international, -ale** *adj.* internacional

**interne** *adj. -s.* interno, a

**interner** *tr.* internar, recluir

**interpellation** *f.* interpelación

**interpolation** *f.* interpolación

**interphone** *m.* interfono, portero automático

**interposer** *tr.* **1** interponer **2** *pr.* interponerse

**interposition** *f.* interposición

**interprétation** *f.* interpretación

**interprète** *s.* intérprete

**interrègne** *m.* interregno

**interrogation** *f.* interrogación *point d'~* signo de interrogación, punto interrogante

**interrogatoire** *m.* interrogatorio

**interroger** *tr.* interrogar, preguntar *~ quelqu'un sur* interrogar a alguien sobre

**interrompre** *tr.* **1** interrumpir **2** *pr.* interrumpirse

**interrupteur** *m.* interruptor

**intersection** *f.* intersección

**interstice** *m.* intersticio

**intervalle** *m.* intervalo *loc. adv. par intervalles* de vez en cuando

**intervenir** *intr.* intervenir

**intervention** *f.* intervención

**intervertir** *tr.* invertir

**interviewer** *tr.* entrevistarse con, hacer una interviú a

**intestin, -ine** *adj.* **1** intestino, a **2** *m. ANAT.* intestino

**intestinal, -e** *adj.* intestinal
**intimation** *f.* **1** intimación **2** *DR.* notificación, citación en justicia
**intime** *adj.* íntimo, a
**intimer** *tr.* **1** intimar **2** *DR.* notificar, citar en apelación
**intimider** *tr.* intimidar
**intimité** *f.* intimidad
**intituler** *tr.* **1** titular, intitular **2** *pr.* intitularse, titularse, titular
**intolérable** *adj.* intolerable
**intolérance** *f.* intolerancia
**intonation** *f.* intonación
**intoxiquer** *tr.* **1** intoxicar **2** *pr.* intoxicarse
**intraitable** *adj.* intratable
**intransigeance** *f.* intransigencia
**intransitif, -ive** *adj.* *-m.* intransitivo, a
**intrépide** *adj.* intrépido, a
**intrigant, -e** *adj.* *-s.* intrigante
**intrigue** *f.* **1** intriga **2** aventura galante *(amoureuse)*
**intrinsèque** *adj.* intrínseco, a
**introduction** *f.* introducción
**introduire** *tr.* **1** introducir **2** *pr.* introducirse
**introniser** *tr.* intronizar
**intrus, -e** *adj.* *-s.* intruso, a
**intrusion** *f.* intrusión
**intuitif, -ive** *adj.* intuitivo, a
**intuition** *f.* intuición
**inusité, -ée** *adj.* inusitado, a
**inutile** *adj.* *-s.* inútil
**inutiliser** *tr.* inutilizar
**inutilité** *f.* inutilidad
**invaincu, -ue** *adj.* invicto, a
**invalide** *adj.* *-s.* inválido, a
**invalider** *tr.* invalidar
**invariable** *adj.* invariable
**invasion** *f.* invasión
**invective** *f.* invectiva
**invendable** *adj.* invendible
**invendu, -ue** *adj.* **1** sin vender **2** *m.* artículo sin vender
**inventaire** *m.* inventario
**inventer** *tr.* inventar
**inventeur, -trice** *s.* **1** inventor, ora **2** descubridor, ora
**invention** *f.* invención, invento *m.*
**inventorier** *tr.* hacer el inventario de

**inverse** *adj.* **1** inverso, a **2** *m.* l'∼ lo contrario
**inversion** *f.* inversión
**invertébré, -ée** *adj.* invertebrado, a
**invertir** *tr.* invertir
**investigation** *f.* investigación
**investir** *tr.* **1** investir **2** *MIL.* cercar, asediar **3** invertir, colocar *(de l'argent)*
**investissement** *m.* inversión
**investisseur** *m.* inversionista, inversor
**invétéré, -ée** *adj.* inveterado, a, empedernido, a
**invincible** *adj.* invencible
**inviolable** *adj.* inviolable
**invisible** *adj.* invisible
**invitation** *f.* invitación
**inviter** *tr.* **1** invitar, convidar **2** *pr.* invitarse **3** *fig.* incitar, invitar
**invivable** *adj.* insoportable
**invocation** *f.* invocación
**involontaire** *adj.* involuntario, a
**invoquer** *tr.* invocar
**invraisemblable** *adj.* inverosímil c'est ∼ que parece mentira que
**invulnérable** *adj.* invulnerable
**iota** *m.* iota *f.* *(lettre grecque) loc. fig.* il n'y manque pas un ∼ no falta un ápice
**iranien, -ienne** *adj.* *-s* iraní
**iraquien, -ienne** *adj.* *-s* iraquí
**irascible** *adj.* irascible
**ire** *f. poét.* ira
**iris** *m.* **1** *ANAT.* iris **2** lirio *(plante)*
**iriser** *tr.* **1** producir irisación, irisar **2** *pr.* irisar
**irlandais, -e** *adj.* *-s.* irlandés, esa
**ironie** *f.* ironía
**ironique** *adj.* irónico, a
**irradier** *intr.* *-tr.* irradiar
**irraisonné, -ée** *adj.* **1** no razonado, a descabellado, a, irrazonable **2** inmotivado, a, infundado, a
**irrationnel, -elle** *adj.* **1** irracional **2** *MATH.* irracional
**irréalisable** *adj.* irrealizable
**irréalité** *f.* irrealidad
**irréconciliable** *adj.* irreconciliable
**irrécouvrable** *adj.* incobrable
**irrécusable** *adj.* irrecusable
**irréductible** *adj.* irreductible, irreducible

**irréel,-elle** *adj.* irreal
**irréfléchi,-ie** *adj.* irreflexivo, a
**irréflexion** *f.* irreflexión
**irréfutable** *adj.* irrefutable, irrebatible
**irrégularité** *f.* irregularidad
**irrégulier, -ière** *adj.* irregular
**irreligieux, -euse** *adj.* irreligioso, a
**irrémédiable** *adj.* irremediable
**irrémissible** *adj.* irremisible
**irréparable** *adj.* irreparable
**irrépréhensible** *adj.* irreprensible
**irréprochable** *adj.* irreprochable
**irrésistible** *adj.* irresistible
**irrésolu, -ue** *adj.* irresoluto, a
**irrespectueux, -euse** *adj.* irrespetuoso, a
**irrespirable** *adj.* irrespirable
**irresponsable** *adj. -s.* irresponsable
**irrévérence** *f.* irreverencia
**irrévocable** *adj.* irrevocable
**irrigation** *f.* irrigación
**irritant, -e** *adj. -m.* irritante
**irriter** *tr.* **1** irritar **2** *pr.* irritarse
**irruption** *f.* irrupción
**isard** *m.* gamuza *f.,* rebeco
**isba** *f.* isba
**islam** *m.* islam

**islamisme** *m.* islamismo
**isocèle** *adj. GÉOM. triangle* ∼ triángulo isósceles
**isolant, -e** *adj. -m.* aislante
**isolation** *f.* aislamiento *m.*
**isoler** *tr.* **1** aislar **2** *pr.* aislarse
**isoloir** *m.* aislador, cabina electoral *f.*
**israélite** *adj. -s.* israelita
**issu, -ue** *adj.* **1** descendiente, salido, a, nacido, a de **2** *f.* salida *(sortie)* **3** resultado *m.,* desenlace *m.,* fin *m.* **4** *pl.* afrecho *m. sing.,* salvado *m. sing. (son)* **5** despojos *m. (boucherie) se ménager une issue loc. fig.* buscar una salida, una solución *à l'*∼ *de loc. prép.* al final de
**isthme** *m.* istmo
**italien, -ienne** *adj. -s.* italiano, a
**italique** *adj. -s.* **1** itálico, a **2** *adj. -f.* cursiva, itálica, bastardilla *(lettre)*
**itinéraire** *adj. -m.* itinerario, a
**ivoire** *m.* marfil
**ivoirien, -ienne** *adj. -s.* de la Costa de Marfil
**ivraie** *f.* cizaña
**ivre** *adj.* ebrio, a, borracho, a
**ivresse** *f.* embriaguez, borrachera
**ivrogne** *adj. -s.* borracho, a
**ivrognerie** *f.* embriaguez, borrachera

# J

**j** *m.* j *f.*

**jabot** *m.* **1** buche, papo *(des oiseaux)* **2** chorrera *f. (de chemise)*

**jaboter** *intr.* **1** *fam.* charlar, charlatanear **2** piar *(les oiseaux)*

**jacasser** *intr.* **1** chillar *(la pie)* **2** charlar, cotorrear

**jachère** *f.* barbecho *m.*

**jacinthe** *f.* jacinto *m.*

**jacquerie** *f.* motín *m.*

**jacquet** *m.* chaquete *(jeu)*

**jactance** *f.* jactancia

**jade** *m.* MINÉR. jade

**jadis** *adv.* antiguamente, antaño *adj.* **au temps ~** en otro tiempo, en tiempos lejanos

**jaguar** *m.* jaguar

**jaillir** *intr.* **1** brotar, surgir, salir *(fluide)* **2** surgir *(apparaître brusquement)*

**jais** *m.* MINÉR. azabache

**jalon** *m.* **1** jalón *(topographique)* **2** señal *f.,* marca *f.,* fig. hito *m.*

**jalonner** *intr.* -*tr.* jalonar, marcar un hito *fig.*

**jalousie** *f.* **1** envidia **2** celos *m. pl. (en amour)* **3** celosía, persiana *(persienne)*

**jaloux, -ouse** *adj.* -*s.* **1** envidioso, a *(envieux)* **2** celoso, a *(en amour)*

**jamais** *adv.* nunca, jamás *je ne l'ai ~ vu* nunca lo he visto *si ~* si alguna vez, si por casualidad *à ~ loc. adv.* para siempre, eternamente

**jambe** *f.* **1** pierna **2** pata *(d'un animal)* **3** pernil *m. (de pantalon)* *tenir la ~ à quelqu'un fig., fam.* dar la lata a alguien *traiter quelqu'un par-dessous la ~ fig., fam.* mirar a alguien por encima del hombro *à toutes jambes loc. adv.* a todo correr

**jambon** *m.* jamón *~ de pays* jamón serrano

**jambonneau** *m.* lacón, codillo de jamón

**jansénisme** *m.* jansenismo

**jante** *f.* llanta

**janvier** *m.* enero *le 1er janvier* el día primero de enero

**japonais, -e** *adj.* -*s.* japonés, esa

**japper** *intr.* ladrar

**jaquette** *f.* **1** chaqué *m. (d'homme)* **2** chaqueta *(de femme)* **3** sobrecubierta *(de livre)*

**jardin** *m.* **1** jardín *(de fleurs)* **2** huerto *(potager)* *~ d'agrément* jardín *~ des plantes* jardín botánico *~ d'enfants* colegio de párvulos, parvulario

**jardinage** *m.* jardinería *f.*

**jardinier, -ière** *s.* **1** jardinero, a *(fleuriste)* **2** hortelano, a *(maraîcher)*

**jargon** *m.* **1** jerga *f.,* jerigonza *f.* **2** argot

**jarre** *f.* jarra, tinaja

**jarret** *m.* **1** corva *f.,* jarrete *(de l'homme)* **2** corvejón, jarrete *(de l'animal)*

**jarretelle** *f.* liga

**jarretière** *f.* jarretera, liga

**jars** *m.* ganso macho

**jaser** *intr.* **1** charlar, parlotear **2** cotillear *(médire)*

**jasmin** *m.* jazmín

**jaspe** *m.* jaspe

**jasper** *tr.* jaspear

**jatte** *f.* cuenco *m.*

**jauge** *f.* **1** cabida *(capacité)* **2** MAR. arqueo *m.* **3** medida *(mesure)* **4** varilla graduada *(baguette graduée)* **5** indicador de nivel *m.*

**jauger** *tr.* **1** aforar **2** MAR. arquear **3** *fig.* calibrar, juzgar

**jaunâtre** *adj.* amarillento, a

**jaune** *adj.* **1** amarillo, a **2** MAR. amarillo *(couleur)* **3** *fig.* obrero que no quiere participar en una huelga, esquirol *(ouvrier)* *~ d'œuf* yema *f.* *rire ~ adv.* reir de dientes para afuera

**jaunir** *tr.* **1** teñir de amarillo, poner amarillo, a **2** *intr.* amarillear, ponerse amarillo, a

**jaunisse** *f.* icterica

**Javel (eau de)** *f.* lejía

**javelle** *f.* **1** manojo de hierba *m.,* mies segada y sin atar **2** hacecillo de sarmientos *m. (de sarments)* **3** montoncito de sal *m.*

**javelot** *m.* **1** venablo *(arme)* **2** SPORT jabalina *f.*

**je** *pron. pers.* yo *(souvent omis, sert à insister)* *~ suis malade* estoy enfermo

**jean** *m.* vaquero *(pantalon)*

**jeep** *f.* jeep *m.,* todoterreno *m.*

**je-m'en-foutisme** *m. fam.* pasotismo

**je-m'en-foutiste** *s. fam.* pasota

**jersey** *m.* **1** género de punto *(tissu)* **2** jersey, jersei, suéter *(vêtement)*

**jésuite** *m.* jesuita

**Jésus** *m.* Jesús *l'enfant* ~ el niño Jesús

**jet** *m.* **1** tiro, lanzamiento *(action)* **2** chorro *(d'un fluide)* *armes de* ~ armas arrojadizas *du premier* ~ del primer golpe *PEINT.* *premier* ~ bosquejo ~ *d'eau* surtidor

**jetée** *f.* escollera, malecón *m.*

**jeter** *tr.* **1** echar ~ *l'ancre* echar el ancla ~ *les fondements* echar los cimientos **2** tirar, lanzar ~ *une pierre* tirar una piedra **3** echar, poner ~ *une lettre à la boîte* echar una carta en el buzón **4** construir, tender *(un pont)* **5** emitir, lanzar *(une lumière, un son)* **6** tirar *(se débarrasser)* **7** meter ~ *en prison* meter en la cárcel **8** *pr.* tirarse, arrojarse, echarse, abalanzarse **9** desembocar *(un fleuve)* ~ *un cri* dar un grito ~ *un regard* echar una mirada

**jeton** *m.* **1** ficha *f.* *(jeux)* **2** ficha *f.* *(du téléphone)* ~ *de présence* ficha de asistencia *f.* *avoir les jetons* *pop.* tener canguelo

**jeu** *m.* **1** juego *(divertissement)* **2** juego *le* ~ *d'échecs* el juego de ajedrez **3** apuesta *f.* *faites vos jeux* hagan sus apuestas **4** juego, surtido completo *un* ~ *de clefs* un juego de llaves **5** *MUS.* manera de tocar *f.*, ejecución *f.* **6** *THÉÂT.* interpretación *f.*, actuación *f.*, modo de representar **7** juego *(de lumière)* **8** funcionamiento *(fonctionnement)* **9** *MÉD.* juego, huelgo, holgura *f.* *un* ~ *de cartes* una baraja *f.*, un juego de naipes ~ *de mots* juego de palabras *c'est un* ~ *d'enfant* es un juego de niños, es muy fácil *ce n'est pas du* ~ esto no está permitido *par* ~ *loc. adv.* por juego, para divertirse *d'entrée de* ~ *loc. adv.* desde el principio ~ *vidéo* videojuego

**jeudi** *m.* jueves

**jeun (à)** *loc. adv.* en ayunas

**jeune** *adj.* **1** joven *être* ~ ser joven **2** pequeño, a *son* ~ *frère* su hermano pequeño **3** juvenil *(qui convient à la jeunesse)* *les jeunes* los jóvenes ~ *fille* chica, muchacha ~ *homme* chico, muchacho *jeunes mariés* recién casados *c'est un peu* ~ *! fam.* ¡es poco! ¡es insuficiente!

**jeûner** *intr.* ayunar

**jeunesse** *f.* juventud

**joaillerie** *f.* joyería

**jobard, -e** *adj. -s.* bobo, a, pánfilo, a

**jocrisse** *m.* bragazas, simplón

**joie** *f.* **1** gozo *m.*, alegría *être fou de* ~ estar loco de alegría **2** júbilo *m.* *(très vive)* **3** *pl.* placeres *m.*, deleites *m.*, alegrías *se faire une* ~ *de* alegrarse de *feu de* ~ fogata *f.* *s'en donner à cœur* ~ pasárselo en grande

**joindre** *tr.* **1** juntar, unir *il joignit les mains* juntó las manos **2** unir, poner en comunicación **3** dar con, entrar en contacto con *je n'arrive pas à le* ~ no consigo dar con él **4** *intr.* ajustar, encajar **5** *pr.* unirse, reunirse *se* ~ *à un groupe* unirse a un grupo **6** añadirse ~ *à* añadir

**joint, jointe** *adj.* junto, a *ci-joint* adjunto, a

**jointure** *f.* **1** juntura **2** *ANAT.* coyuntura *(des os)*

**joli, -ie** *adj.* bonito, a, lindo, a

**jonc** *m.* **1** junco **2** anillo *(bague)*

**jonchée** *f.* capa, alfombra de ramos o flores

**joncher** *tr.* sembrar, cubrir, tapizar

**jonction** *f.* unión, reunión

**jongler** *intr.* hacer juegos malabares, de manos

**jongleur, -euse** *s.* **1** *ancienn.* juglar *(ménestrel)* **2** malabarista *(au cirque, etc.)*

**jonque** *f.* junco *m.*

**jonquille** *f.* junquillo *m.*

**jouable** *adj.* **1** representable **2** *THÉÂT.* ejecutable

**joue** *f.* mejilla, carrillo *m.* *mettre en* ~ apuntar con el fusil *en* ~ *!* ¡apunten!, ¡armas!

**jouer** *intr.* **1** jugar **2** intervenir, entrar en juego *(intervenir)* **3** *THÉÂT.* actuar, trabajar **4** *MUS.* tocar ~ *du piano* tocar el piano **5** *MÉD.* funcionar **6** tener huelgo *(avoir du jeu)* **7** *tr.* jugar *(miser au jeu)* **8** jugarse *(risquer au jeu)* **9** burlar, engañar *(duper)* **10** *MUS.* tocar, interpretar **11** *THÉÂT.* representar, interpretar **12** *pr.* jugarse **13** burlarse, reírse *(se moquer)* ~ *des difficultés* reírse de las dificultades ~ *des coudes* abrirse paso a codazos ~ *de malchance* tener mala suerte ~ *un rôle* desempeñar un papel ~ *un double jeu* jugar con dos barajas

**jouet** m. juguete

**joueur, -euse** s. 1 jugador, ora *(jeux)* 2 tocador, ora *(d'un instrument)* 3 adj. juguetón, ona

**joufflu, -ue** adj. mofletudo, a

**joug** m. yugo

**jouir** intr. gozar

**jouissance** f. goce m., disfrute m., gozo m.

**joujou** f. fam. juguete *faire* ∼ jugar, juguetear

**jour** m. 1 día ∼ *férié* día feriado, festivo ∼ *ouvrable* día laborable 2 luz f. 3 aspecto *présenter sous un* ∼ *favorable* presentar bajo un aspecto favorable 4 hueco *(ouverture)* 5 calado *(broderie)* 6 pl. días *(vie) se mettre à* ∼ ponerse al día *au petit* ∼ al amanecer *un beau* ∼ un buen día, cierto día *de nos jours* hoy en día, hoy día *de* ∼ *en* ∼ de día en día *faux* ∼ mala iluminación, luz engañosa *faire* ∼ ser de día *le* ∼ *se lève* sale el sol *donner le* ∼ fig. dar a luz *au grand* ∼ *loc. adv.* en plena luz *le* ∼ *J MIL.* el día D *un grand* ∼ un día señalado

**journal** m. 1 diario 2 periódico

**journalier, -ère** adj. 1 diario, a 2 m. jornalero *(ouvrier)*

**journaliste** s. periodista

**journée** f. día m. *toute la* ∼ todo el día ∼ *de travail* jornada de trabajo ∼ *continue* jornada intensiva *à la* ∼ a jornal *(salaire)*

**joute** f. 1 justa 2 lidia, lucha

**jovial, -ale** adj. jovial

**jovialité** f. jovialidad

**joyau** m. joya f., alhaja f.

**joyeux, -euse** 1 alegre 2 feliz *(heureux)* ∼ *Noël!* ¡Felices Pascuas! ¡Feliz Navidad!

**jubé** m. ARCHIT. galería elevada entre la nave y el presbiterio de una iglesia f.

**jubilation** f. fam. júbilo m., alborozo m.

**jubiler** intr. fam. regocijarse

**jucher** tr. 1 encaramar 2 pr. encaramarse

**judaïsme** m. judaísmo

**judas** m. 1 judas, traidor *(traître)* 2 mirilla f. *(de porte)*

**judiciaire** adj. judicial

**juge** m. juez ∼ *de ligne* juez de silla *(tennis)* ∼ *de touche* juez de línea *(football)*

**jugé, -e** adj. juzgado, a *au* ∼ a bulto

**jugement** m. 1 DR. juicio 2 sentencia f., decisión *(sentence)* 3 juicio, opinión f. 4 juicio, cordura f. *(raison, bon sens) le* ∼ *dernier* el juicio final

**jugeote** f. fam. juicio m., caletre m., sentido común

**juger** tr. 1 juzgar ∼ *un accusé* juzgar a un reo 2 juzgar, enjuiciar 3 decidir *(prendre position sur)* 4 considerar, encontrar *(considérer comme)* 5 imaginarse, figurarse *(imaginer) jugez de ma déception* imagínese mi desengaño 6 pr. considerarse, verse *à en* ∼ *d'après* a juzgar por

**jugulaire** adj. 1 yugular *veines jugulaires* venas yugulares 2 f. carrillera *(du casque)*, barboquejo m. *(d'une casquette, etc.)*

**juif, -ive** adj. -s. judío, a

**juillet** m. julio

**juin** m. junio

**juiverie** f. judería *(quartier)*

**jumeau, -melle** adj. -s. gemelo, a, mellizo, a

**jumelage** m. emparejamiento, convenio de hermandad, hermanamiento *(de villes)*

**jumelles** f. pl. prismáticos m. gemelos m.

**jument** f. yegua

**jungle** f. selva virgen de la India, jungla

**junte** f. junta

**jupe** f. falda

**jupon** m. enaguas f. pl., refajo *coureur de* ∼*s* fam. mujeriego

**juré** m. jurado *(membre d'un jury)*

**jurer** tr. 1 jurar ∼ *fidélité* jurar fidelidad 2 jurar, asegurar *(assurer)* 3 intr. jurar *(faire un serment)* 4 jurar, blasfemar *(dire des jurons)* 5 no ir, chocar *(aller mal ensemble)*

**juridiction** f. jurisdicción

**juridique** adj. jurídico, a

**jurisprudence** f. jurisprudencia *faire* ∼ sentar jurisprudencia

**juriste** s. jurista

**juron** m. juramento, taco

**jury** m. 1 jurado *(justice)* 2 tribunal *(examens)*

**jus** m. 1 jugo 2 zumo

**jusque** prép. hasta *jusqu'à présent* hasta ahora

**jusquiame** f. beleño m.

**juste** *adj.* **1** justo, a *(équitable, légitime)* **2** certero, a, acertado, a *(exact)* **3** justo, estrecho, a *(étroit, petit)* **4** justo, a *(qui suffit à peine)* **5** MUS. afinado, a **6** *m.* justo **7** *adv.* justamente, justo **8** exactamente, precisamente *frapper* ~ dar en el blanco *au* ~ *loc. adv.* exactamente

**justesse** *f.* exactitud, precisión *de* ~ *fam.* por los pelos

**justice** *f.* justicia

**justicier, -ière** *adj. -s.* justiciero, a

**justification** *f.* justificación

**justifier** *tr.* **1** justificar **2** *pr.* justificarse

**jute** *m.* yute *(plante et fibre)*

**juteux, -euse** *adj.* jugoso, a

**juvénile** *adj.* juvenil

**juxtaposition** *f.* yuxtaposición

# K

**k** *m.* k *f.*

**kabyle** *adj. -s.* cabila

**kaki 1** *adj. invar.* caqui *(couleur)* **2** *m.* caqui *(fruit)*

**kaléidoscope** *m.* calidoscopio

**kangourou** *m.* canguro

**kapok** *m.* miraguano

**képi** *m.* quepis

**kermesse** *f.* verbena, kermese

**kérosène** *m.* queroseno

**khalife** *m.* califa

**khan** *m.* kan *(prince)*

**khôl, kohol** *m.* alcohol

**kibboutz** *m.* kibutz

**kidnapper** *v. tr.* secuestrar, raptar

**kidnapping** *m.* secuestro, rapto

**kilogramme** *m.* kilogramo, quilogramo

**kilomètre** *m.* kilómetro, quilómetro

**kilowatt** *m.* kilovatio

**kimono** *m.* kimono, quimono

**kinésithérapeute** *m.* kinesiterapeuta, masagista

**kiosque** *m.* quiosco

**kola** *m.* cola

**krach** *m.* quiebra *f.,* crac

**krypton** *m.* kriptón, criptón *(gaz)*

**kurde** *m.* curdo

**kyrielle** *f.* letanía, sarta, retahíla

**kyste** *m. MÉD.* quiste

# L

**l** m. l f.

**la** art. -pron. pers. la

**là** adv. **1** allá (loin, indéterminé), allí (loin), ahí (près) **restez** ~ quédese ahí **c'est** ~ **qu'il s'est marié** allí se casó **2** esto, ello **en venir** ~ venir a parar en esto, llegar a **restons-en** ~ quedemos en esto, no hablemos más **il faut en passer par** ~ hay que pasar por ello **3** aquél, -ella **celui-là** aquél **cet homme-là** aquel hombre **celle-là** aquella loc. adv. **là-bas** allá, allá lejos **là-haut** allá arriba **là-dedans** ahí dentro **là-dessus** encima de aquello, de esto; sobre esto, dicho esto (sur ce) **hé** ~ ! interj. ¡anda!, ¡ea!, ¡vamos! **oh** ~ ! interj. ¡oh!

**label** m. etiqueta f., marca f.

**labeur** m. trabajo

**labial, -ale** adj. labial

**laboratoire** m. laboratorio

**laborieux, -euse** adj. laborioso, a, trabajador, ora

**labour** m. labranza f.

**labour-party** m. partido laborista

**labourage** m. labranza f.

**labourer** tr. **1** labrar, arar **2** fig. surcar

**labyrinthe** m. laberinto

**lac** m. lago

**lacer** tr. atar, lazar

**lacérer** tr. lacerar, desgarrar, lastimar

**lacet** m. **1** cordón (de chaussures) **2** zigzag **route en lacet** carretera en zigzag **3** CHASS. lazo, percha f.

**lâche** adj. **1** flojo, a, suelto, a (pas serré) **2** vil (action) **3** adj. -s. cobarde

**lâcher** tr. **1** aflojar ~ **la bride** aflojar las riendas **2** soltar ~ **prise** soltar la presa ~ **un juron** soltar un taco **3** fam. plantar (un ami) **4** intr. soltarse **une poutre qui a lâché** una viga que se ha soltado ~ **pied** loc. fig. ceder terreno, retroceder

**lâcher** m. suelta f. (ballons, pigeons)

**lâcheté** f. **1** cobardía **2** villanía, bajeza (action)

**lacis** m. entrelazamiento, red f.

**laconique** adj. lacónico, a

**lacrymal, -ale** adj. lagrimal

**lacs** m. **1** lazada f., lazo **2** CHASS. lazo **tomber dans le** ~ caer en la trampa

**lacté, -ée** adj. **1** lácteo, a **2** lacteado, a **farine lactée** harina lacteada

**lacune** f. laguna, omisión

**lacustre** adj. lacustre

**ladre** adj. avaro, a, roñoso, a tacaño, a

**ladrerie** f. avaricia sórdida

**lagune** f. albufera, laguna

**lai, laie** adj. -s. **1** lego, a **2** m. endecha f. (poème)

**laïc** adj. -m. laico

**laïcité** f. laicidad

**laïcisme** m. laicismo

**laid, laide** adj. feo, a

**laideron** m. mujer fea f.

**laideur** f. fealdad

**laie** f. **1** jabalina (femelle du sanglier) **2** sendero m., senda (sentier)

**lainage** m. **1** tejido de lana **2** prenda de lana f. (vêtement)

**laine** f. lana

**lainier, -ière** adj. -s. lanero, a

**laïque** adj. laico

**laisse** f. trailla, correa **chien en** ~ perro atado **mener quelqu'un en** ~ dominar a uno, manejar a alguien

**laisser** tr. **1** dejar ~ **faire** dejar hacer **2** dar ~ **à penser** dar que pensar **3** pr. dejarse **se** ~ **voler** dejarse robar **laissez-moi tranquille**, déjeme en paz **se** ~ **aller** abandonarse **se** ~ **faire** no oponer resistencia, dejarse llevar

**laissez-passer** m. invar. pase, permiso de circulación, salvoconducto

**lait** m. leche f. ~ **caillé** leche cuajada ~ **de chaux** lechada de cal f.

**laitage** m. producto lácteo

**laitance, laite** f. lecha

**laiterie** f. lechería

**laiteux, -euse** adj. lechoso, a

**laitier, -ière** adj. -s. **1** lechero, a **2** m. MÉTAL. escoria f.

**laiton** m. latón

**laitue** f. lechuga

**lama** m. **1** RELIG. lama **2** llama f. (animal)

**lambeau** m. **1** jirón **2** fragmento **des lambeaux de conversation** fragmentos de conversación **en lambeaux** hecho jirones

**lambiner** intr. remolonear, entretenerse

**lambris** m. 1 revestimiento decorativo *(d'un mur)* 2 artesonado *(de plafond)*

**lame** f. 1 lámina *(métal)* 2 hoja *(instrument coupant)* 3 tabla *(de parquet)* 4 ola *(vague)* ~ *de rasoir*, hoja de afeitar *fine* ~ *loc. fig.* buen espadachín m.

**lamé, -ée** adj. 1 laminado, a 2 m. lamé *robe de* ~ vestido de lamé

**lamentable** adj. lamentable

**lamenter (se)** pr. lamentarse

**laminage** m. laminado

**laminer** tr. *MÉTAL.* laminar

**lampadaire** m. 1 farol, farola f. *(de rue)* 2 lámpara f., de pie *(d'intérieur)*

**lampée** f. fam. buen trago m.

**lamper** tr. beber a grandes tragos, beber ávidamente

**lampion** m. 1 candelilla f., mariposa f. 2 farolillo *(en papier)*

**lampiste** m. lamparero, lamparista, lampista *être un* ~ ser el último mico, el último mono

**lamproie** f. lamprea

**lance** f. lanza, pica

**lancement** m. 1 lanzamiento 2 *MAR.* botadura f.

**lancer** tr. 1 lanzar, arrojar 2 emitir, publicar, poner en circulación 3 lanzar, dar a conocer, poner de moda 4 soltar *(un coup, etc.)* ~ *des injures* soltar injurias 5 lanzar, echar *(regard)* 6 *MAR.* botar *(un navire)* 7 pr. lanzarse

**lance-torpilles** m. invar. lanzatorpedos

**lancette** f. lanceta

**lancier** m. 1 *MIL.* lancero 2 pl. lanceros *(danse)*

**landau** m. landó, coche de niños

**lande** f. landa, páramo m., erial m.

**langage** m. lenguaje

**lange** m. pañal, mantilla f.

**langoureux, -euse** adj. lánguido, a

**langouste** f. langosta

**langoustine** f. cigala

**langue** f. 1 lengua 2 lengua, idioma m., lenguaje m. ~ *vivante, morte* lengua viva, muerta *avaler sa* ~, fig. tragarse la lengua, callarse *avoir la* ~ *bien pendue*, fig. hablar por los codos ~ *de feu*, lengua de fuego

**languette** f. lengüeta

**langueur** f. languidez

**languir** intr. 1 languidecer 2 consumirse *(une personne)* 3 alargarse, durar *(une affaire)*

**lanterne** f. linterna, farol m.

**lanterner** intr. bobear, perder el tiempo en tonterías *faire* ~ tr. entretener, dar largas

**lapalissade** f. perogrullada

**laper** tr. -intr. beber a lengüetadas

**lapereau** m. gazapo, conejito

**lapidaire** adj. -s. lapidario, a

**lapider** tr. lapidar

**lapin, -ine** s. conejo, a *un chaud* ~ fig., fam. un tío cachondo *poser un* ~ fam. dar un plantón

**lapinière** f. conejar m., conejera

**laps** m. ~ *de temps* lapso de tiempo

**lapsus** m. lapsus, lapso

**laquais** m. lacayo

**laquer** tr. barnizar con laca

**larbin** m. fam. criado, a, sirviente

**larcin** m. hurto

**lard** m. 1 tocino, lardo 2 fam. grasa f. *(d'une personne)*

**larder** tr. 1 *CUIS.* mechar 2 fig. acribillar ~ *de coups de poignard* acribillar a puñaladas 3 fig. recargar, rellenar *(un texte de citations, etc.)*

**lardon** m. 1 *CUIS.* mecha f., trocito de tocino 2 fig. crio *(enfant)*

**lare** m. 1 *MYTH.* lar 2 pl. fig. lares

**large** adj. 1 ancho, a, amplio, a *un* ~ *trottoir* una acera ancha 2 holgado, a *(vêtements) un manteau de voyage très* ~ un abrigo de viaje muy holgado 3 extenso, a, dilatado, a, vasto, a 4 amplio, a *une* ~ *diffusion* una amplia difusión 5 considerable, importante, grande 6 liberal, generoso, a *(généreux)* 7 tolerante 8 m. anchura f., ancho *un mètre de* ~ un metro de ancho 9 alta mar f. 10 adv. con holgura ~ *d'esprit* de manga ancha *au* ~ *loc. adv.* a sus anchas, con comodidad *(à l'aise) de long en* ~ *loc. adv.* de un lado para otro *en long et en* ~ *loc. adv.* en todos sentidos *prendre le* ~ hacerse a la mar, largarse fig. fam. *vie* ~ vida desahogada, fácil

**largesse** f. largueza, liberalidad

**largeur** f. 1 anchura 2 fig. amplitud *(d'esprit, etc.)*

**larme** f. lágrima *pleurer à chaudes larmes* llorar a lágrima viva

**larmoyant, -ante** adj. **1** lacrimoso, a, lloroso, a **2** fig. sensiblero, a (personnes)

**larmoyer** intr. lagrimear

**larron** m. vieil. ladrón prov. l'occasion fait le ~ la ocasión hace al ladrón

**larve** f. **1** larva **2** péj. baldrazas m.

**larynx** m. laringe f.

**las, lasse** adj. cansado, a ~ de fig. cansado, harto de

**lascif, -ive** adj. lascivo, a

**lascivité** f. lascivia

**laser** m. laser (source lumineuse)

**lassitude** f. **1** cansancio m., hastío m. **2** aburrimiento m. (ennui)

**lasso** m. lazo

**latent, -ente** adj. latente

**latéral, -ale** adj. lateral

**latifundium, latifondo** m. latifundio

**latin, -ine** adj. -s. **1** latino, a **2** m. latín bas ~ latín vulgar

**latinisme** m. latinismo

**latitude** f. latitud

**latrines** f. pl. letrina sing.

**latter** tr. enlistonar

**laudanum** m. laúdano

**laudatif, -ive** adj. laudatorio, a

**lauréat, -ate** adj. -s. laureado, a, galardonado, a

**laurier** m. laurel ~-sauce laurel común ~-cerise laurel real ~-rose adelfa f. ~ tulipier magnolia f.

**lavable** adj. lavable

**lavabo** m. **1** lavabo **2** LITURG. lavatorio

**lavage** m. lavado, lavadura f.

**lavallière** f. chalina

**lavande** f. espliego m.

**lavandière** f. **1** lavandera **2** aguzanieves (oiseau)

**lave** f. lava

**lave-vaisselle** m. invar. lavaplatos, lavavajillas

**lavement** m. MÉD. lavativa f.

**laver** tr. **1** lavar **2** fregar ~ la vaisselle fregar los platos **3** pr. lavarse se ~ les mains lavarse las manos

**laverie** f. lavadero m. ~ automatique lavandería

**lavette** f. **1** estropajo m. **2** fam. bragazas m. **3** calzonazos m.

**lavis** m. PEINT. aguada f.

**lavoir** m. lavadero

**laxatif, -ive** adj. -m. laxante

**layette** f. canastilla de recién nacido

**lazaret** m. lazareto

**lazzi** m. broma f., burla f., chufla f.

**le, la, l'** art. **1** el, la (l' devant une voyelle ou un h muet) l'oiseau el pájaro **2** pron. pers. lo, le, la je le sais ya lo sé je l'ai vu lo, le he visto je l'ai vue la he visto **3** pl. los, las

**leader** m. líder, jefe

**leadership** m. liderazgo

**lèchefrite** f. grasera

**lécher** tr. **1** lamer **2** pr. chuparse, relamerse loc. fig., fam. ~ les bottes de hacer la pelotilla a

**lécheur, -euse** s. **1** fam. pelotillero, a, cobista m., pelotilla m. (flatteur) **2** fam. besucón, ona (qui embrasse) **3** fam. lamerón, ona, laminero, a, goloso, a (gourmand)

**leçon** f. **1** lección **2** fig. lección, advertencia faire la ~ à quelqu'un aleccionar a alguien

**lecteur, -trice** s. lector, ora

**lecture** f. lectura

**légal, -ale** adj. légal

**légaliser** tr. legalizar

**légalité** f. legalidad

**légat** m. legado

**légation** f. **1** legacía (charge, territoire) **2** legación (bureaux, résidence)

**légendaire** adj. legendario, a

**légende** f. **1** leyenda **2** pie m. (d'une illustration, photo) **3** inscripción (monnaie, médaille)

**léger, -ère** adj. **1** ligero, a **2** ligero, a, leve (peu grave, peu important) à la légère loc. adv. a la ligera, brevemente

**légèreté** f. ligereza

**légiférer** intr. legislar

**légion** f. legión ~ d'Honneur legión de Honor

**légionnaire** m. **1** legionario **2** miembro de la Legión de Honor

**législateur, -trice** adj. -s legislador, ora

**législation** f. legislación

**légiste** m. legista médecin ~ médico forense

**légitime** adj. legítimo, a

**légitimer** tr. **1** legitimar **2** justificar (justifier)

**legs** m. legado, manda f.

**léguer** tr. legar

**légume** *m.* verdura *f.* *bouillon de légumes* caldo de verduras *légumes secs* legumbres *f.*

**légumineux, -euse** *adj.* 1 leguminoso, a 2 *f. pl. BOT.* leguminosas

**lendemain** *m.* el día siguiente *il arriva le ~* llegó al día siguiente *du jour au ~* de la noche à la mañana

**lénitif, -ive** *adj.* *-s* lenitivo, a

**lent, lente** *adj.* lento, a

**lentement** *adv.* lentamente, despacio

**lenteur** *f.* lentitud

**lentille** *f.* 1 lenteja 2 *OPT.* lente *~ de contact* lente, lentilla de contacto

**lentisque** *m.* lentisco

**léonin, -ine** *adj.* leonino, a

**léopard** *m.* leopardo

**lépreux, -euse** *adj.* *-s* leproso, a

**lequel, laquelle** *pron. rel.* 1 el cual, la cual *pl.* **lesquels, lesquelles** los cuales, las cuales 2 *pron. inter.* cuál *~ prenez-vous?* ¿cuál toma usted? *lesquels voulez-vous?* ¿cuáles quiere usted? *avec les prépositions à et de, forme les composés* auquel, auxquels, auxquelles, duquel, desquels, desquelles

**les** *art. -pron. pers. pl.* los *m.*, las *f.*

**lesbienne** *adj. f. -f.* lesbiana

**léser** *tr.* perjudicar, dañar, damnificar

**lésinerie** *f.* tacañería, cicatería, roñería

**lésion** *f.* lesión

**lessive** *f.* 1 lejía 2 detergente en polvo *m.* *(poudre)* 3 colada, lavado *m.* 4 ropa *(linge)* *rincer la ~* aclarar la ropa

**lessiveuse** *f.* cubo para la colada *m.*

**lest** *m.* lastre

**leste** *adj.* 1 ligero, a, vivo, a, pronto, a 2 *fig.* libre, atrevido, a, licencioso, a

**lester** *tr.* 1 lastrar 2 *pr. fam.* alimentarse

**léthargique** *adj.* letárgico, a

**lettre** *f.* 1 letra 2 carta 3 *COMM.* letra, carta 4 *pl.* letras *~ moulée* letra de molde *lettres majuscules, minuscules* letras mayúsculas, minúsculas *~ de condoléances* carta de pésame *~ chargée* carta con valores declarados *~ de change* letra de cambio *les belles-lettres* las bellas letras

**lettré, -ée** *adj.* 1 culto, a 2 *s.* erudito, a

**leucémie** *f.* leucemia

**leur, leurs** *adj. poss.* 1 su, sus *ils viendront dans leur voiture* ellos vendrán en su coche 2 *pron. poss.* suyo, a

*nous prenons nos billets et ils prennent les leurs* tomamos nuestros billetes y ellos toman los suyos 3 *pron. pers.* les, se *(quand il y a un autre pron. à la 3ᵉ personne) je ~ raconte cette histoire* les cuento esta historia *je la ~ raconte* se la cuento *raconte-la ~* cuéntasela

**leurre** *m.* señuelo

**leurrer** *tr.* 1 embaucar, engañar *(abuser)* 2 *pr.* hacerse ilusiones

**levain** *m.* levadura *f.*

**levant** *adj.* levante *soleil ~* sol naciente

**levantin, -ine** *adj.* *-s* levantino, a

**levé, -ée** 1 levantado, a, alzado, a, erguido, a, alto, a 2 *m.* levantamiento *(d'un plan)*

**levée** *f.* 1 levantamiento *m.* 2 recogida *(du courrier)* 3 recaudación, percepción *(des impôts)* 4 baza *(au jeu de cartes)* 5 terraplén *m.*, dique *m.*, malecón *m.* *(digue)* 6 *AGR.* recolección 7 *MIL.* leva *(de troupes)* *~ de boucliers* protesta general

**lever** *tr.* 1 levantar *~ le bras* levantar el brazo 2 levantar, alzar 3 levantar, quitar *(enlever)* 4 levantar *~ la séance, le siège, une excommunication* levantar la sesión, el sitio, una excomunicación 5 levantar, trazar *~ un plan* levantar un plano 6 levar, reclutar *(des soldats)* 7 recoger *(le courrier)* 8 percibir *(des impôts)* 9 *CHASS.* levantar *(le gibier)* 10 *tr.* nacer *(les plantes)* 11 leudarse *(la pâte)* 12 *pr.* levantarse 13 salir, nacer *(le jour)* 14 despejarse *(le temps)* *~ les yeux au ciel* alzar los ojos al cielo *~ les épaules* encogerse de hombros

**lever** *m.* 1 momento de levantarse de la cama 2 orto, salida *f.* *(d'un astre)* 3 nacimiento *(du jour)* *à son ~* al levantarse de la cama *le ~ du rideau THÉÂT.* la subida del telón

**levier** *m.* palanca *f.*

**levis** *adj.* *pont-~* puente levadizo

**lévite** *m.* *RELIG.* levita

**levraut** *m.* lebrato

**lèvre** *f.* labio *m.*

**lévrier** *m.* galgo, lebrel

**levure** *f.* levadura

**lexique** *m.* léxico

**lézard** *m.* lagarto

**lézarde** *f.* grieta

**lézarder** tr. 1 agrietar 2 intr. fam. gandulear, holgazanear 3 pr. agrietarse, rajarse

**liaison** f. 1 enlace m., unión 2 enlace m. (dans la prononciation) 3 unión, relación ~ d'affaires relación de negocios 4 conexión (téléphonique) 5 romance m., unión ilícita, aventura avoir une ~ mantener relaciones ilícitas 6 MUS. ligado m. agent de ~ agente de enlace

**liane** f. bejuco m.

**liant, -e** adj. 1 flexible, maleable 2 fig. afable, sociable caractère ~ carácter sociable 3 m. flexibilidad f. 4 fig. afabilidad f.

**liard** m. cuarto, ochavo

**liasse** f. 1 legajo m. (papiers) 2 fajo m. (billets)

**libelle** m. libelo

**libeller** tr. redactar, extender (chèque)

**libellule** f. libélula

**libéral, -ale** adj. -s liberal

**libéralisme** m. liberalismo

**libération** f. 1 liberación 2 DR. libertad ~ conditionnelle libertad condicional 3 MIL. licenciamiento m.

**libérer** tr. 1 libertar, poner en libertad (un prisonnier) 2 eximir, liberar, exonerar (d'une charge, d'un service) 3 descargar (la conscience) 4 MIL. licenciar (un soldat) 5 PHYS. liberar (de l'énergie, etc.)

**liberté** f. libertad

**libertinage** m. libertinaje

**libidineux, -euse** adj. libidinoso, a

**librairie** f. librería

**libre** adj. 1 libre un homme ~ un hombre libre 2 libre, licencioso, a, atrevido, a 3 suelto, a une longue chevelure ~ una larga cabellera suelta 4 libre, desocupado, a êtes-vous ~ ce soir? ¿está usted libre esta noche? 5 libre, dueño, a il est ~ d'agir à son gré él es el dueño de elegir a su gusto

**libre-échange** m. librecambio

**librettiste** m. libretista

**lice** f. liza, palestra

**licence** f. 1 licencia 2 licenciatura (grade universitaire)

**licenciement** m. despido

**licencié, -ée** s. 1 licenciado, a (université) 2 despedido, a (emploi)

**licencier** tr. licenciar, despedir

**licencieux, -euse** adj. licencioso, a

**lichen** m. liquen

**licite** adj. lícito, a

**licol, licou** m. cabestro, ronzal

**licorne** f. MYTH. unicornio m.

**lie** f. hez boire le calice jusqu'à la ~ apurar el cáliz hasta las heces la ~ du peuple la hez del pueblo

**liège** m. corcho

**lien** m. 1 ligadura f., atadura (attache) 2 fig. lazo, vínculo

**lier** tr. 1 atar, ligar ~ des gerbes atar gavillas 2 unir, enlazar ~ les mots, les idées enlazar las palabras, las ideas 3 trabar, espesar ~ une sauce espesar una salsa 4 trabar, entablar (amitié, conversation) 5 pr. ligarse, obligarse

**lierre** m. hiedra f., yedra f.

**liesse** f. alborozo m., regocijo m.

**lieu** m. 1 lugar un ~ sûr un lugar seguro 2 pl. lugares les Lieux saints los Santos Lugares ~ commun lugar común, tópico sans feu ni ~ sin casa ni hogar il y a ~ de conviene tenir ~ de servir de, hacer las veces de vider les lieux desocupar el local en haut ~ loc. adv. en las altas esferas au ~ de loc. prép. en lugar de au ~ que loc. adv. mientras que lieux d'aisance retrete sing.

**lieu-dit** m. lugar

**lieue** f. legua

**lieutenant** m. teniente

**lièvre** m. liebre f.

**ligament** m. ANAT. ligamento

**lige** adj. homme ~ afecto, adicto

**lignage** m. linaje, alcurnia f.

**ligne** f. 1 línea ~ droite línea recta 2 línea, renglón m. (d'écriture) 3 raya (de la main) 4 línea (silhouette) 5 sedal m. (pour la pêche) 6 cordel m., tendel m. (de maçon) 7 línea (aérienne, téléphonique, etc.) 8 fila en ~ pour le départ! ¡en fila para la salida! ~ de partage des eaux línea divisoria passage de la ~ paso del Ecuador garder la ~ guardar la línea hors ~ fuera de serie entrer en ~ de compte entrar en cuenta

**lignée** f. descendencia, prole, familia

**ligoter** tr. atar de pies y manos

**ligue** f. liga

**lilas** m. 1 lila f. 2 adj. inv lila (couleur)

**lilliputien, -ienne** adj. -s liliputiense

**limace** f. babosa, limaza

**limaçon** m. ANAT., ZOOL. caracol

**limage** *m.* limadura *f.*, acción de limar *f.*

**limaille** *f.* limaduras *pl.*

**limande** *f.* platija

**limbes** *m. pl.* limbo *sing.*

**lime** *f.* lima

**limer** *tr.* limar, pulir

**limier** *m.* **1** sabueso *(chien)* **2** *fig.* policía, sabueso

**limitation** *f.* limitación

**limite** *f.* **1** límite *m.* **2** *adj.* extremo, a

**limiter** *tr.* limitar

**limitrophe** *adj.* limítrofe

**limoger** *tr. fam.* destituir, separar de un cargo

**limon** *m.* **1** limo, légamo, lodo, cieno *(alluvion)* **2** limonera *f. (de charrette)* **3** ARCHIT. zanca *f.* **4** limón *(citron)*

**limonade** *f.* gaseosa

**limonier** *adj. -s* limonero, a *(cheval)*

**limpidité** *f.* limpidez

**lin** *m.* lino *huile de ~* aceite de linaza

**linceul** *m.* **1** sudario, mortaja *f.* **2** *fig.* capa *f.*, manto *(de neige, etc.)*

**linéaire** *adj.* lineal *dessin ~* dibujo lineal

**linéal, -ale** *adj.* lineal

**linge** *m.* **1** ropa *f.* **2** mantelería *f. (linge de table) ~ de maison* ropa blanca *~ de corps* ropa interior

**lingerie** *f.* lencería

**lingot** *m.* lingote

**linguiste** *s.* lingüista

**liniment** *m.* linimento

**linoleum** *ou* **linoléum** *m.* linóleo

**linon** *m.* linón

**linotte** *f.* pardillo *m. loc. fig. tête de ~* cabeza de chorlito

**linotype** *f.* linotipia *(machine)*

**linteau** *m.* dintel

**lion, lionne** *s.* **1** león, leona **2** *fig.* león, hombre valiente **3** leo *(zodiaque)*

**lippe** *f.* bezo, belfo, morro

**lippu, -ue** *adj.* bezudo, a, hocicudo, a, morrudo, a

**liquéfier** *tr.* licuar, liquidar, licuefacer

**liqueur** *f.* licor *m.*

**liquidation** *f.* liquidación

**liquide** *adj.* **1** líquido, a *une sauce trop ~* una salsa demasiado líquida **2** contante, en metálico, en efectivo **3** *m.* líquido *argent ~* dinero contante, en efectivo *consonne ~ adj. f.* consonante líquida

**liquider** *tr. COMM.* liquidar

**lire** *tr.* leer *~ à haute voix* leer en voz alta

**lire** *f.* lira *(monnaie)*

**lis, lys** *m.* lis, azucena *f. fleur de ~* BLAS. flor de lis

**lisérer** *tr.* ribetear

**liseron** *m.* enredadera *f. (fleur)*

**liseur, -euse** *s.* aficionado, a a la lectura, lector, ora

**lisible** *adj.* legible

**lisière** *f.* **1** orilla *(d'un tissu)* **2** orillo *m. (du drap)* **3** lindero *m.*, linde *(du bois)* **4** *pl.* andadores *m. pl.*

**lissage** *m.* alisadura *f.*

**lisse** *adj.* liso, a

**lisser** *tr.* **1** alisar *~ sa moustache* alisarse el bigote **2** lustrar, bruñir

**liste** *f.* lista *~ alphabétique* lista por orden alfabético *~ civile* lista civil

**listing** *m.* listado

**lit** *m.* **1** cama *f.*, lecho **2** *fig.* matrimonio **3** lecho, madre *f. (d'un fleuve)* **4** estrato, capa *f.*, lecho *(couche) ~ à deux places* cama de matrimonio *enfants du premier ~* hijos del primer matrimonio

**litanie** *f.* **1** letanía, retahíla **2** *pl.* letanía *sing. (prière)*

**lithographie** *f.* litografía

**litière** *f.* **1** cama de establo, de cuadra **2** litera *(véhicule)*

**litige** *m.* litigio

**litre** *m.* litro

**littéraire** *adj.* **1** literario, a **2** *s.* literato, a

**littéral, -ale** *adj.* literal

**littérature** *f.* literatura

**littoral, -ale** *adj. -m* litoral

**liturgique** *adj.* litúrgico, a

**livide** *adj.* lívido, a

**livraison** *f.* entrega, remesa

**livre** *m.* **1** libro *grand ~* libro mayor **2** *f.* libra *(monnaie, poids) à ~ ouvert loc. adv.* a libro abierto, sin preparación

**livrée** *f.* librea

**livrer** *tr.* **1** entregar *~ une marchandise* entregar una mercancía *~ à la police* entregar à la policía **2** dar, librar, entablar *(une bataille)* **3** abandonar *(abandonner)* **4** revelar *(un secret)* **5** *pr.* entregarse, abandonarse

**6** entregarse, consagrarse, dedicarse *(s'adonner)* ~ *bataille* batallar

**livret** *m.* **1** libro *(petit livre)* **2** cartilla ~ *militaire, de caisse d'épargne* cartilla militar, de caja de ahorros **3** libro ~ *de famille* libro de familia **4** libreto *(opéra, etc.)*

**livreur, -euse** *adj.* *-s* repartidor, ora, mozo

**lobby** *m.* lobby, camarilla *f.*

**lobe** *m.* lóbulo

**lober** *intr.* volear, pasar la pelota por encima del portero o de un adversario, dar una volea

**lobule** *m.* lobulillo

**local, -ale** *adj.* **1** local *la couleur locale* el color local **2** *m.* local

**localiser** *tr.* localizar

**localité** *f.* localidad

**locataire** *s.* inquilino, a, arrendatario, a

**locatif, -ive** *adj. m.* locativo, a *prix* ~ precio del alquiler *valeur locative* renta de una finca urbana

**location** *f.* **1** alquiler *m. (maison, automobile, etc.)* **2** arrendamiento *(terres)* *bureau de* ~ *THÉÁT.* contaduría ~ *d'une place THÉÁT.* reserva de una localidad

**locomotion** *f.* locomoción

**locomotive** *f.* locomotora

**locution** *f.* locución

**logarithme** *m.* logaritmo

**loge** *f.* **1** portería *(de concierge)* **2** celda *(pour les fous, les candidats d'un concours)* **3** *THÉÁT.* palco *m.* *(pour les spectateurs)* **4** camarín *m.*, cuarto *m. (pour les acteurs)* **5** compartimiento *(compartiment)* **6** logia *(francs-maçons)*

**logement** *m.* **1** alojamiento *donner le* ~ *à* dar el alojamiento a **2** vivienda *f.*, piso

**loger** *intr.* **1** vivir, habitar **2** hospedarse, aposentarse *il va* ~ *au meilleur hôtel* va a hospedarse en el mejor hotel **3** *tr.* albergar, alojar, hospedar **4** alojar, meter, colocar ~ *une balle dans le cœur de l'ennemi* meter una bala en el corazón del enemigo **5** *pr.* alojarse ~ *en garni* vivir en un piso amueblado

**logeur, -euse** *s.* alquilador, ora, hospedero, a

**logiciel** *m.* logicial *(d'ordinateur)*

**logicien, -ienne** *s.* lógico, a, programador, ora de computadoras

**logique** *adj.* **1** lógico, a **2** *f.* lógica *(science)*

**logis** *m.* morada *f.*, vivienda *f.*, alojamiento, casa *f.*

**logistique** *f.* logística

**loi** *f.* ley *faire la* ~ dictar, imponer la ley *loi-cadre* ley de bases ~ *de l'offre et de la demande* ley de la oferta y la demanda

**loin** *adv.* lejos *aller* ~ *loc. fig.* prosperar, progresar, llegar lejos *au* ~ *loc. adv.* a lo lejos *de* ~ *loc. adv.* desde lejos *de* ~ *en* ~ *loc. adv.* de cuando en cuando, de tarde en tarde, a intervalos

**lointain, -aine** *adj.* **1** lejano, a **2** *m.* lontananza *f.*

**loir** *m.* lirón

**loisible** *adj.* lícito, a, permitido, a

**loisir** *m.* tiempo libre, disponible, ocio *loc. adv. à* ~ sin prisas, holgadamente, a su comodidad

**lombaire** *adj.* ANAT. lumbar

**lombric** *m.* lombriz *f.*

**long, longue** *adj.* **1** largo, a *un* ~ *voyage* un largo viaje **2** lejano, a *(temps)* **3** lento, a, tardo, a ~ *à venir* tardo en llegar **4** *m.* largo, longitud *f.* *d'un kilomètre de* ~, ~ *d'un kilomètre* de un kilómetro de largo *de longue date* de fecha lejana *tomber de tout son* ~ caer de plano, cuan largo se es *à la longue loc. adv.* a la larga *de* ~ *en large* de un lado a otro *le* ~ *de*, *au* ~ *de loc. prép.* a lo largo de

**longe** *f.* **1** ronzal *m. (courroie)* **2** mitad de un lomo de ternera *(boucherie)*

**longer** *tr.* **1** bordear **2** MAR. costear

**longévité** *f.* longevidad

**longitude** *f.* longitud

**longtemps** *adv.* mucho tiempo *depuis* ~ desde hace mucho tiempo

**longueur** *f.* **1** longitud, largo *m.* *la largeur et la longueur d'un terrain* el ancho y el largo de un terreno **2** duración, lentitud *(durée)* ~ *d'onde* longitud de onda *tirer en* ~ hacer durar, dar largas a *à* ~ *de loc. prép.* durante *à* ~ *d'année* a lo largo del año

**longue-vue** *f.* anteojo de larga vista *m.*, catalejo *m.*

**lopin** *m.* parcela *f.*

**loquace** *adj.* locuaz

**loque** *f.* pingajo *m.*, andrajo *m.*, jirón *m.*

**loquet** *m.* pestillo, picaporte

**loqueteau** *m.* pestillo de golpe

**loqueteux, -euse** *adj. -s* harapiento, a, andrajoso, a

**lorgner** *tr.* **1** mirar de soslayo **2** desear, codiciar, echar el ojo a *(convoiter)*

**lorgnette** *f.* **1** anteojo *m.* **2** gemelos *m. pl. (jumelles)*

**lorgnon** *m.* lentes *f. pl.,* anteojos *m. pl.,* quevedos *m. pl.*

**lors** *adv.* entonces *dès ~, depuis ~ loc. adv.* desde entonces *~ de loc. prép.* cuando *~ de son dernier voyage* cuando su último viaje *~ même que loc. conj.* aun cuando

**lorsque** *conj.* cuando

**losange** *m.* **1** rombo **2** *BLAS.* losanje

**lot** *m.* **1** lote **2** premio *le gros ~* el premio gordo

**loterie** *f.* lotería

**loti, -ie** *adj. bien ~* favorecido, a en un reparto, favorecido, a por la suerte

**lotion** *f.* loción

**lotir** *tr.* **1** dividir en lotes, parcelar *(un terrain)* **2** adjudicar por lotes *(adjuger)*

**lotissement** *m.* urbanización *f.*

**loto** *m.* loto *f.,* bono loto *m.*

**lotus** *m.* loto

**louable** *adj.* **1** loable, laudable **2** susceptible de alquilarse *(qu'on peut prendre en location)*

**louage** *m.* alquiler

**louange** *f.* alabanza

**louche** *m.* **1** bizco, a *(qui louche)* **2** *fig.* turbio, a, sospechoso, a *affaire ~* asunto turbio **3** *f.* cucharón *m.,* cazo *m.*

**louer** *tr.* **1** alquilar *(maison, automobile, etc.)* **2** reservar *(place de train, etc.)* **3** alabar *(complimenter, glorifier) à ~ se* alquila *Dieu soit loué !* ¡ Alabado sea Dios ! *se ~ de pr.* mostrarse satisfecho, a de

**loup** *m.* **1** lobo **2** antifaz *(masque) froid de ~* frío que pela *quand on parle du ~, on en voit la queue* PROV. en nombrando al ruin de Roma, por la puerta asoma *~ de mer* lubina *f. (poisson),* lobo marino *(phoque),* lobo de mar *(vieux marin) entre chien et ~* a boca de noche, a la caída de la tarde

**loupe** *f.* **1** *OPT.* lupa, lente *f.* **2** *MÉD.* lupia, lobanillo *m.* **3** *BOT.* nudo *m. (des arbres)*

**loup-garou** *m.* duende, coco

**lourd, lourde** *adj.* **1** pesado, a *une valise lourde* una maleta pesada **2** pesado, a, bochornoso, a *(temps)* **3** pleno, a, lleno, a, repleto, a, cuajado, a *un regard ~ de rancune* una mirada llena de rencor **4** tardo, a, torpe, lento, a *(de compréhension)* **5** macizo, a, amazacotado, a *(à la vue)* **6** garrafal *une lourde faute* una falta garrafal **7** *adv.* mucho *peser ~* pesar mucho *il n'en sait pas ~ fam.* no sabe mucho

**lourdaud, -e** *adj. -s.* torpe, zopenco, a

**lourdeur** *f.* **1** pesadez **2** torpeza *(gaucherie)* **3** lentitud *(lenteur)*

**loustic** *m. fam.* bromista, chocarrero

**loutre** *f.* nutria

**loyal, -ale** *adj.* leal

**loyauté** *f.* lealtad

**loyer** *m.* **1** alquiler **2** interés *le ~ de l'argent* el tanto por ciento de interés

**lubie** *f.* capricho *m.,* antojo *m.*

**lubrifier** *tr.* lubricar

**lubrique** *adj.* lúbrico, a

**lucarne** *f.* **1** tragaluz *m.* **2** buharda, buhardilla *(dans le toit)*

**lucidité** *f.* lucidez

**lucratif, -ive** *adj.* lucrativo, a

**lucre** *m.* lucro

**lueur** *f.* **1** luz tenue **2** fulgor *m.,* resplandor *m. la ~ d'un éclair* el fulgor de un relámpago **3** brillo *m.,* destello *(du regard)* **4** *fig.* vislumbre *(d'espoir, etc.)*

**lugubre** *adj.* lúgubre

**lui** *pron. pers.* **1** él *c'est ~ qui le dit* es él quien lo dice **2** sí *(réfléchi) il parle toujours de ~* siempre habla de sí mismo **3** le *elle ~ parle* ella le habla **4** se *(avec un autre pron.) je le ~ dirai* yo se lo diré *à ~* suyo, a, de él *à ~ seul, à ~ tout seul* por sí solo

**luire** *intr.* lucir, brillar, resplandecer

**luisant, -ante** *adj.* **1** brillante **2** *m.* lustre, brillo *(d'une étoffe) ver ~* gusano de luz

**lumbago** *m.* lumbago

**lumière** *f.* **1** luz **2** lumbrera, luminar *m. (personne de grande intelligence) faire la ~ sur loc. fig.* aclarar *mettre en ~ loc. fig.* sacar a la luz, poner de relieve, en evidencia *ce n'est pas une ~ fam.* tiene pocas luces

**lumignon** *m.* **1** cabo de vela encendida *(bout d'une bougie)* **2** pábilo *(mèche)* **3** lamparilla *f. (lampe)*

**luminaire** *m.* **1** luminaria *f. (cierges)* **2** alumbrado *(éclairage)*

**lumineux, -euse** *adj.* luminoso, a

**lunaire** *adj.* lunar

**lunatique** *adj. -s.* lunático, a

**lundi** *m.* lunes

**lune** *f.* luna *pleine* ~ luna llena *être dans la* ~ estar en la luna *vouloir prendre la* ~ *avec ses dents* intentar lo imposible

**lunette** *f.* **1** anteojo *m.* **2** agujero *m.,* abertura circular **3** *pl.* gafas, lentes *m. pl.* ~ *d'approche* anteojo de larga vista ~ *des cabinets* apertura de water closet ~ *arrière* ventanilla posterior *(d'une voiture)*

**lupin** *m.* altramuz

**lurette** *f. il y a belle* ~ hace mucho tiempo, mucho tiempo ha

**luron, -onne** *s. c'est un joyeux* ~ es un viva la virgen

**lustre** *m.* **1** lustre, brillo **2** araña *f. (lampe)* **3** lustro *(cinq ans)*

**lustrer** *tr.* lustrar, enlustrecer

**lustrine** *f.* lustrina

**luth** *m.* laúd

**luthier** *m.* fabricante de instrumentos de cuerda

**lutin** *m.* **1** duendecillo **2** diablillo *(enfant)*

**lutte** *f.* lucha

**lutter** *intr.* luchar

**luxation** *f.* luxación

**luxe** *m.* lujo

**luxueux, -euse** *adj.* lujoso, a

**luxuriant, -ante** *adj.* lujuriante

**luzerne** *f.* alfalfa

**lycée** *m.* instituto de enseñanza media

**lycéen, -enne** *s.* alumno, a de instituto

**lymphatique** *adj.* linfático, a

**lyncher** *tr.* linchar

**lynx** *m.* lince

**lyre** *f.* MUS. lira

**lyrique** *adj.* **1** lírico, a **2** *m.* lírico, poeta **3** *f.* lírica

**lyrisme** *m.* lirismo

# M

**m** *m.* **1** m *f.* **2** M. Sr. *M. Dupuis* Sr. Dupuis *M.M.* Señores

**ma** *adj.* mi

**maboul, -oule** *adj. -s. pop.* chiflado, a

**macabre** *adj.* macabro, a

**macaque** *m.* macaco

**macaron** *m.* macarrón, mostachón *(gâteau)*

**macaroni** *m. pl.* macarrones

**macaronique** *adj.* macarrónico, a

**macédoine** *f.* ensaladilla de verduras o de frutas

**macération** *f.* **1** maceración **2** mortificación física

**macérer** *tr.* **1** macerar **2** *pr.* macerarse

**mâche** *f.* hierba de los canónigos

**mâchefer** *m.* cagafierro

**mâcher** *tr.* masticar *ne pas ~ ses mots* no morderse la lengua, no tener pelos en la lengua

**machiavélisme** *m.* maquiavelismo

**machin** *m.* **1** *fam.* fulano *(personne)* **2** chisme *(objet)*

**machination** *f.* maquinación

**machine** *f.* **1** máquina *~ à vapeur, à coudre* máquina de vapor, de coser **2** locomotora *(locomotive)* **3** *THÉÂT.* tramoya *~ à laver* lavadora *~ à sous* tragaperras

**machine-outil** *f.* máquina herramienta

**machiner** *tr.* maquinar

**machinerie** *f.* maquinaria

**machiniste** *m.* **1** maquinista **2** *THÉÂT.* tramoyista

**mâchoire** *f.* **1** mandíbula, quijada **2** *TECHN.* mordaza

**mâchonner** *tr.* **1** mascujar, mordisquear **2** *fig.* mascullar *(marmonner)*

**maçon** *m.* **1** albañil **2** masón *(franc-maçon)*

**maçonnerie** *f.* albañilería

**maçonnique** *adj.* masónico, a

**macreuse** *f.* **1** espaldilla *(viande)* **2** negreta *(oiseau)*

**macule** *f.* **1** mácula *(tache)* **2** *IMPR.* costera

**madame** *f.* **1** señora, la señora *bonjour, ~* buenos días, señora *~ Durand* la señora Durand *~ n'est pas là* la señora no está **2** doña *(devant un prénom)* doña *chère ~* muy señora mía *(en tête d'une lettre)*

**madeleine** *f.* magdalena *(gâteau)*

**mademoiselle** *f.* señorita

**madrague** *f.* almadraba

**madré, -ée** *adj. -s.* astuto, a, ladino, a, taimado, a

**madrépore** *m.* madrépora *f.*

**madrier** *m.* madero

**madrigal** *m.* madrigal

**maestria** *f.* maestría

**maestro** *m.* *MUS.* maestro

**magasin** *m.* **1** almacén, tienda *f.* **2** almacén, depósito *(entrepôt)* **3** recámara *f. (d'une arme à feu)* *courir les ~s* ir de tiendas

**magazine** *m.* revista ilustrada *f.,* revista

**mage** *m.* mago *les Rois Mages* los Reyes Magos

**magicien, -ienne** *s.* mago, a, hechicero, a

**magie** *f.* magia

**magique** *adj.* mágico, a

**magistère** *m.* **1** magisterio **2** maestrazgo *(d'un ordre militaire)*

**magistrature** *f.* magistratura *~ assise* los jueces *~ debout* los fiscales

**magnanimité** *f.* magnanimidad

**magnat** *m.* magnate

**magnétique** *adj.* magnético, a

**magnétiser** *tr.* magnetizar

**magnétisme** *m.* magnetismo

**magnéto** *f.* magneto

**magnétophone** *m.* magnetófono

**magnétoscope** *m.* videocasete, vídeo

**magnifier** *tr.* magnificar

**magnifique** *adj.* magnífico, a

**magnolia** *m.* magnolia *f.*

**magnolier** *m.* magnolio, magnolia *f.*

**magot** *m.* **1** hucha *f.,* ahorros *pl.* *(argent caché)* **2** monigote, figura grotesca *f.* **3** *fig., fam.* hombre feo, mamarracho, macaco *(homme laid)* **4** mona de Gibraltar *f.,* magote, mona de Berbería *(singe)*

**magouille** *f.* chanchullos *m. pl.*

**magyar** *adj. -s.* magiar

**mahométan, -ane** *adj. -s.* mahometano, a

**mai** *m.* mayo *le 2 ~* el 2 de mayo

**maigre** *adj.* **1** delgado, a, flaco, a **2** magro *(sans graisse)* *viande* ~ carne magra **3** *fig.* escaso, a, insuficiente, pobre ~ *salaire* escaso sueldo **4** *AGR.* árido, a, seco, a *(terrain)* **5** *m.* carne magra *f.*, lo magro *être* ~ *comme un clou* estar hecho un fideo, un espárrago *jours maigres* días de abstinencia

**maigreur** *f.* **1** delgadez, flacura **2** *fig.* pobreza, escasez **3** *AGR.* aridez, sequedad

**maigrir** *intr.* **1** adelgazar, enflaquecer **2** *tr.* adelgazar

**mail** *m.* **1** mallo *(jeu)* **2** mazo *(maillet)* **3** paseo público *(promenade)*

**maille** *f.* **1** malla *(d'un gilet)* **2** punto *m.* *(tricot, crochet)* **3** *NUMIS.* blanca, cuarto *m.* *n'avoir ni sou ni* ~ no tener ni un real, ni una blanca *avoir* ~ *à partir avec quelqu'un* disputarse con alguien

**maillet** *m.* mazo

**mailloche** *f.* **1** mazo *m.*, machote *m.* **2** *MUS.* maza de bombo

**maillot** *m.* **1** pañales *m. pl.*, mantillas *f. pl.* *(d'enfant)* **2** traje de malla *(de danseuse)* **3** *SPORT* camiseta *f.* ~, ~ *de bain* bañador, traje de baño ~ *de corps* camiseta *f.*

**main** *f.* **1** mano ~ *droite, gauche* mano derecha, izquierda **2** mano *(au jeu de cartes)* *avoir la* ~ ser mano *homme de* ~ pistolero *avoir la* ~ *leste* tener la mano larga *avoir des mains de beurre* ser un manazas *donner un coup de* ~ echar una mano *faire* ~ *basse sur* apoderarse de *forcer la* ~ obligar a, forzar a *mettre la dernière* ~ dar el último toque *ne pas y aller de* ~ *morte* no andarse con chiquitas *passer la* ~ *dans le dos* dar coba, halagar *prendre la* ~ *dans le sac* coger con las manos en la masa *prendre en* ~ encargarse de *savoir de bonne* ~ saber de buena tinta ~ *courante* pasamano *m.* *(escalier)* *petite* ~ aprendiza de costura *première* ~ primera oficiala de costura *à la* ~ *loc. adv.* a mano *à deux mains* con ambas manos *à pleines mains* a manos llenas *de longue* ~ desde hace mucho *de* ~ *de maître* con mano maestra *en sous-*~ bajo mano, encubiertamente *en un tour de* ~ en un periquete, en un santiamén *haut les mains !* *interj.* ¡ manos arriba !

**main-d'œuvre** *f.* mano de obra

**mainmise** *f.* **1** embargo *m.*, confiscación **2** dominio *m.* *(domination)*

**maint, mainte** *adj.* más de uno, una

**maintenance** *f.* mantenencia, mantenimiento *m.*

**maintenant** *adv.* ahora

**maintenir** *tr.* **1** mantener, aguantar *(soutenir)* **2** mantener, afirmar *(assurer)* **3** mantener, conservar *(garder)* **4** *pr.* mantenerse

**maintien** *m.* compostura *f.*, actitud *f.*, porte *m.*

**maire** *m.* alcalde *adjoint au* ~ teniente de alcalde

**mairie** *f.* alcaldía, ayuntamiento *m.*

**mais** *conj.* **1** pero, mas **2** sino *(après une négation)* *ce n'est pas de la neige* ~ *de la grêle* no es nieve sino granizo **3** *m.* pero, objeción ~ *non* claro que no ~ *oui* claro que sí *non* ~ pero bueno ~ *bien sûr* pero seguro *non seulement...* ~ *encore* no sólo... sino también *n'en pouvoir* ~ *adv.* no poder más

**maïs** *m.* maíz

**maison** *f.* **1** casa **2** casa, hogar *m.* *(foyer)* *être à la* ~ estar en casa **3** casa, firma *(entreprise)* ~ *mère* casa madre **4** casa, familia *un ami de la* ~ un amigo de la familia **5** casa *la* ~ *d'Autriche* la casa de Austria **6** *adj. invar.* casero *un gâteau* ~ un pastel casero

**maître, maîtresse** *s.* **1** amo, a, señor, ora, patrón, ona, dueño, a, propietario, a **2** maestro, a *(instituteur)* ~ *d'école* maestro de escuela **3** profesor, ora *(musique, danse, etc.)* **4** *m.* título que se da en Francia a los abogados, procuradores y notarios **5** maestre, maestro *(titre d'un ordre militaire)* **6** *adj.* cabal, capaz **7** principal, mayor **8** grande, consumado, a, redomado, a **9** *f.* querida, amante *(concubine)* *tel* ~ *tel valet* *prov.* cual el dueño, tal el perro ~ *d'hôtel* jefe de comedor ~ *d'équipage* MAR. contramaestre *une maîtresse femme* toda una mujer *une poutre maîtresse* viga maestra *un* ~ *fripon* un pillo redomado

**maître-autel** *m.* altar mayor

**maîtrise** *f.* **1** dominio *m.* *(contrôle)* **2** maestría *(habileté)* **3** magisterio *m.* *(dignité de maître)* **4** escolanía *(dans une église)* *agents de maîtrise* encargados *m. pl.*, capataces *m. pl.*, contramaestres *m. pl.* *(dans une entreprise)*

**majesté** *f.* majestad

**majestueux, -euse** *adj.* majestuoso, a

***malveillance***

**majeur, -e** *adj.* **1** mayor *la majeure partie* la mayor parte **2** primordial, capital **3** mayor de edad *une fille majeure* una chica mayor de edad **4** *m.* dedo medio, del corazón *(doigt)*

**majolique** *f.* mayólica *(faïence)*

**major** *adj.* **1** MIL. mayor **2** *m.* sargento mayor

**majordome** *m.* mayordomo

**majorité 1** mayoría ~ *absolue* mayoría absoluta *élu à la* ~ elegido por mayoría de votos **2** mayoría de edad *(âge)*

**majuscule** *adj. -f.* mayúsculo, a

**mal** *m.* **1** daño **2** dolor *avoir* ~ *à la tête* tener dolor de cabeza **3** enfermedad *f. (maladie)* **4** mal *dire du* ~ *de* hablar mal de **5** dificultad *f.,* trabajo **6** RELIG. mal **7** *adv.* mal, malamente *se faire* ~ hacerse daño ~ *de mer* mareo ~ *du pays* morriña *f.* ~ *blanc* panadizo *haut* ~ epilepsia *f. avoir* ~ *aux cheveux fam.* tener resaca *penser à* ~ tener mala intención *j'ai eu du* ~ *à obtenir ceci* me ha costado trabajo obtener esto *ça tombe* ~ la cosa se pone fea, cae en mal momento *de* ~ *en pis* de mal en peor *tant bien que* ~ mal que bien *pas* ~ *de* mucho, a *pas* ~ *de choses* muchas cosas, un montón de *fam. pas* ~ *de monde* un montón de gente

**mal** *adj. invar.* malo *bon an* ~ *an* un año con otro *bon gré,* ~ *gré* de grado o por fuerza *pas* ~ bastante bien

**malade** *adj. -s.* enfermo, a *tomber* ~ ponerse enfermo, a, enfermar

**maladie** *f.* enfermedad

**maladresse** *f.* torpeza, desmaña

**maladroit, e** *adj. -s.* torpe, desmañado, a, inhábil

**malaise** *m.* malestar

**malaisé, -ée** *adj.* dificultoso, a, penoso, a

**malandrin** *m.* malandrín, salteador, maleante

**malappris, -e** *adj. -s.* grosero, a, malcriado, a

**malaria** *f.* malaria

**malavisé, -ée** *adj. -s.* imprudente, indiscreto, a

**malbâti, -ie** *adj.* malhecho, a, desgarbado, a

**malchance** *f.* desgracia, mala suerte

**mâle** *m.* **1** macho *(animaux)* **2** varón *(homme)* **3** *adj.* varonil, viril, masculino, a ~ *courage* valor viril

**malédiction** *f.* maldición

**maléfice** *m.* maleficio

**malentendu** *m.* equívoco, malentendido, quid pro quo

**malfaçon** *f.* defecto de fabricación *m.* chapucería *(travail mal fait)*

**malfaiteur, -trice** *s.* malhechor, ora *association de malfaiteurs* asociación delictiva

**malfamé, -ée** *adj.* de mala fama

**malgré** *prép.* a pesar de, pese a ~ *lui* a pesar suyo

**malhabile** *adj.* inhábil, torpe

**malheur** *m.* desgracia *f.,* desdicha *f.* ~ *! interj.* ¡maldición! ~ *à, sur!* ¡ay de !

**malheureusement** *adv.* desgraciadamente

**malheureux, -euse** *adj. -s.* **1** desgraciado, a, infeliz, desdichado, a **2** *adj.* aciago, a, infausto, a *(funeste)* **3** pobre, triste, miserable *(insignifiant)*

**malhonnête** *adj.* **1** improbo, a, falto, a de honradez, indelicado, a **2** incivil, descortés **3** deshonesto, a *(indécent)*

**malice** *f.* **1** malicia **2** travesura, picardía *(espièglerie)*

**malicieux, -euse** *adj. -s.* malicioso, a, travieso, a

**malin, -ine** *adj.* **1** maligno, a **2** astuto, a, ladino, a *(rusé)* **3** listo, a, avispado, a **4** difícil *ce n'est pas* ~ no es muy difícil *être* ~ *comme un singe* ser más listo que Cardona

**malingre** *adj.* enclenque

**malintentionné, -ée** *adj. -s.* mal-intencionado, a

**malle** *f.* baúl *m.*

**malléable** *adj.* maleable

**malmener** *tr.* maltratar, dejar maltrecho, a

**malotru, -ue** *adj. -s.* grosero, a, patán

**malpropre** *adj. -s.* **1** sucio, a, desaseado, a **2** *fig.* indecente

**malsain, -aine** *adj.* malsano, a

**malséant, -e** *adj.* inconveniente, impropio, a, indecoroso, a

**malsonnant, -e** *adj.* malsonante

**malt** *m.* malta *f.*

**maltraiter** *tr.* maltratar

**malveillance** *f.* malevolencia

**malveillant, e** adj. -s. malévolo, a

**malversation** f. malversación

**malvoisie** f. malvasía (vin)

**maman** f. mamá

**mamelle** f. 1 mama, teta 2 ubre (de la vache) 3 seno (sein)

**mamelon** m. 1 pezón (bout de sein) 2 GÉOG. mamelón

**mameluk** ou **mamelouk** m. mameluco

**mammifère** adj. -m. mamífero

**mammouth** m. mamut

**m'amours, mamours** m. pl. arrumacos, carantoñas f. **faire des ~ à quelqu'un** hacer carantoñas a

**manche** f. 1 manga **robe sans manches** vestido sin mangas 2 mano, partida (au jeu) 3 GÉOG. canal m., brazo de mar m. 4 TECHN. manga, manguera **~ à air** manga de aire 5 m. mango (d'un couteau, etc.) 6 fam. zopenco (maladroit) 7 MUS. mango, mástil **faire la ~** pasar la gorra

**manchette** f. 1 puño m. (d'une chemise) 2 manguito m. (fausse manche) 3 titular m. (d'un journal)

**manchon** m. manguito (pour les mains)

**manchot, -ote** adj. -s. 1 manco, a 2 pájaro bobo (oiseau)

**mandarin** m. mandarín

**mandarine** f. mandarina

**mandat** m. 1 mandato, procuración f. (pouvoir) 2 giro **~ postal, télégraphique** giro postal, telegráfico 3 DR. auto, orden f. **~ de comparution** auto de comparecencia

**mandataire** s. mandatario, a, apoderado, a

**mander** tr. 1 ordenar, mandar 2 llamar (appeler) 3 hacer saber (par lettre)

**mandibule** f. mandíbula

**mandoline** f. mandolina

**mandrin** m. 1 fam. malandrín 2 TECHN. mandril 3 TECHN. broca f., taladro (foret)

**manège** m. 1 picadero (lieu où l'on monte les chevaux) 2 ejercicios de equitación pl. 3 fig. manejo, tejemaneje (intrigue) **~ de chevaux de bois** caballitos pl., tiovivo

**mangeable** adj. comible, comestible

**mangeaille** f. fam. manduca, pitanza

**mangeoire** f. pesebre m., comedero m.

**manger** tr. 1 comer 2 carcomer, roer (ronger) 3 consumir, gastar (dépenser) **~ à sa faim** comer hasta hartarse **~ du bout des dents** comer con desgana, desganadamente

**manger** m. comida f.

**mange-tout** s. invar. 1 derrochador, ora 2 m. invar. tirabeque, guisante mollar (pois)

**mangouste** f. mangosta

**mangue** f. mango m. (fruit)

**manguier** m. mango (arbre)

**maniable** adj. 1 manejable 2 fig. flexible, dúctil

**maniaque** adj. -s. maniaco, a, maniático, a

**manichéen, -enne** adj. -s. maniqueo, a

**manie** f. manía

**manier** tr. 1 manejar 2 palpar, manosear 3 pr. pop. se **~** apurarse, aligerar, menearse

**manière** f. 1 manera, forma, modo m. 2 especie de **son respect est une ~ d'admiration** su respeto es una especie de admiración 3 pl. modales m., maneras, modos m. 4 fam. melindres m., remilgos m., cumplidos m. **de cette ~** loc. adv. así, de este modo **à la ~ de** loc. prép. como, igual que, al estilo de **de ~ que, de ~ à ce que** loc. conj. de manera que

**maniéré, -ée** adj. amanerado, a

**manifestation** f. manifestación

**manifeste** m. manifiesto

**manifester** tr. 1 manifestar, declarar 2 intr. tomar parte en una manifestación 3 pr. manifestarse, mostrarse

**manille** f. argolla, anilla, malilla (jeu de cartes)

**manioc** m. mandioca f.

**manipulation** f. manipulación

**manipuler** tr. manipular

**manivelle** f. TECHN. manivela, manubrio m.

**manne** f. maná m.

**mannequin** m. 1 maniquí **des mannequins d'osier** maniquíes de mimbre 2 modelo, maniquí

**manœuvrer** tr. -intr. 1 maniobrar 2 tr. manejar, manipular (manier) 3 fig. manejar, dominar

**manoir** m. casa solariega, casa de campo f.

**manomètre** m. TECHN. manómetro

**manque** m. falta f., carencia f. ~ *de* por falta de ~ *de chance* mala suerte f. ~ *de pot fam.* mala pata f. ~ *à gagner* beneficio no obtenido *à la* ~ *loc. adj. fam.* de tres al cuarto *être en manque (drogué, ée)* entrarle a uno, a el mono

**manqué, -ée** adj. fracasado, a, malogrado, a

**manquer** intr. **1** faltar *(faire défaut)* **2** faltar, estar ausente *(être absent)* **3** fallar, fracasar *(rater)* **4** impers. faltar *il manque deux pages* faltan dos páginas **5** tr. ind. faltar ~ *à son devoir* faltar a su deber **6** fallar *le pied lui a manqué* le ha fallado, se le ha ido el pie **7** carecer ~ *d'argent* carecer de dinero **8** faltar poco, estar a punto de *il a manqué de se tuer* estuvo a punto de matarse **9** tr. dir. errar, marrar ~ *la cible, son coup* errar el blanco, el golpe **10** fallar *(ne pas réussir)* **11** no ver, no encontrar *(ne pas rencontrer)* **12** perder, dejar escapar *(une occasion)* **13** no acudir, faltar a ~ *un rendez-vous* faltar a una cita *vous me manquez beaucoup* le echo mucho de menos *ne pas* ~ *de* no dejar de ~ *le train* perder el tren

**mansarde** f. buhardilla

**mansuétude** f. mansedumbre

**mante** f. manto m., capa *(de femme)* ~ *religieuse* santateresa

**manteau** m. abrigo *(pour femmes, pour hommes)*, gabán *(pour hommes) sous le* ~ *loc. fig.* solapadamente, clandestinamente ~ *de cheminée* campana de chimenea f.

**mantille** f. mantilla

**manucure** s. manicuro, a

**manuel, -elle** adj. -m. manual

**manufacture** f. **1** manufactura **2** fábrica, manufactura *(usine)*

**manuscrit, -e** adj. **1** manuscrito, a **2** m. manuscrito

**manutention** adj. manutención, conservación de mercancías

**mappemonde** f. mapamundi m.

**maquereau** m. **1** caballa f., sarda f. **2** pop. chulo

**maquette** f. maqueta

**maquignon** m. chalán, tratante de caballos

**maquillage** m. maquillaje

**maquiller** tr. **1** maquillar **2** fig. maquillar, falsificar *(truquer)* **3** pr. maquillarse

**maquilleur, -euse** s. maquillador, ora

**maquis** m. **1** GÉOG. maquis **2** resistencia francesa contra los alemanes f., guerrilla f. **3** fig. embrollo, enredo *prendre le* ~ echarse al monte

**marabout** m. **1** *(saint)* morabito *(saint)* **2** pequeña mezquita que contiene la tumba del santón **3** marabú *(oiseau)*

**marais** m. **1** marisma f. *(en bordure de mer)* **2** zona pantanosa f. **3** huerta f. *(jardin)* **4** n. pr. m. *(quartier ancien de Paris) Le Marais* El Marais ~ *salant* salina f. *gaz des* ~ metano, gas de los pantanos

**marasme** m. marasmo

**marâtre** f. madrastra

**maraudage, maraude** f. merodeo m.

**marauder** intr. merodear

**marbre** m. mármol

**marbrer** tr. **1** jaspear **2** poner amoratado, a *(la peau)*

**marbrure** f. **1** jaspeado **2** mancha de la piel amoratada *(sur la peau)*

**marc** m. **1** orujo, bagazo **2** aguardiente *(eau-de-vie)* **3** NUMIS. marco ~ *de raisin* brisa f., orujo ~ *d'olive* borujo ~ *de café* poso, zurrapa f. *au* ~ *le franc* a prorrata

**marchand, -e** s. **1** vendedor, ora, comerciante **2** adj. comercial *valeur marchande* valor comercial **3** mercantil, mercante ~ *ambulant* vendedor ambulante, buhonero *marchande des quatre-saisons* verdulera

**marchander** tr. regatear

**marchandise** f. mercancía, mercadería

**marche** f. **1** marcha, andar m. **2** paso m., transcurso m. *la* ~ *du temps* el transcurso del tiempo **3** funcionamiento m. **4** movimiento m. **5** escalón, peldaño m. *(d'un escalier)* **6** MIL., MUS. marcha **7** marca *(région d'un État) hâter la* ~ apretar el paso *la* ~ *à suivre* proceder m. manera de actuar *en* ~ *loc. adv.* en marcha, en funcionamiento

**marché** m. **1** mercado, plaza f. **2** trato, ajuste, operación f. ~ *à terme* operación a plazo ~ *noir* mercado negro, estraperlo *bon* ~ barato, a *par-dessus le* ~ además, por añadidura ~ *aux puces* Rastro *(à Madrid)*, Encantes *(à Barcelone)*

**marchepied** m. 1 estribo (d'une voiture) 2 grada f., peldaño 3 escabel, taburete (escabeau)

**marcher** intr. 1 andar, marchar, caminar, ir 2 funcionar, marchar, andar (fonctionner) 3 aceptar (accepter) 4 fig. marchar, desarrollarse *affaire qui marche bien* asunto que marcha bien ~ *à quatre pattes* andar a gatas ~ *sans but* callejear, deambular ~ *sur* pisar *ne pas se laisser ~ sur les pieds* loc. fig. no dejarse pisar *ça marche ?* ¿cómo va eso ?, ¿todo va bien ?

**marcheur, -euse** adj. -s. andador, ora

**mardi** m. martes ~ *gras* martes de carnaval

**mare** f. 1 charca (d'eau) 2 charco m. (de sang)

**marécage** m. ciénaga f., marjal

**maréchal** m. 1 MIL. mariscal 2 herrador, herrero (maréchal-ferrant) ~ *des logis* sargento de caballería

**maréchaussée** f. gendarmería

**marée** f. 1 marea 2 pescado fresco m. (poisson) 3 fig. oleada ~ *montante* flujo m. ~ *descendante* reflujo m. ~ *haute* pleamar ~ *basse* bajamar

**marelle** f. rayuela (jeu)

**mareyeur, -euse** s. pescadero, a al por mayor, marisquero, a

**margarine** f. margarina

**marge** f. 1 margen m. *la ~ d'une lettre* el margen de una carta 2 margen (rive) 3 tiempo m. *en ~ de* loc. prép al margen de

**margelle** f. brocal m. (d'un puits)

**marginal, -ale** adj. marginal s. marginado, a

**marginer** tr. marginar, apostillar

**mari** m. marido

**mariage** m. 1 matrimonio (sacrement) 2 casamiento, boda f. (noce) 3 tute (jeu de cartes) 4 fig. unión f., maridaje *demande en ~* petición de mano *bans de ~* amonestaciones f.

**marié, -ée** adj.-s. 1 casado, a 2 novio, a *la mariée* la novia

**marier** tr. 1 casar 2 pr. casarse

**marin, -ine** adj. 1 marino, a 2 m. marino, marinero 3 f. marina ~ *marchande* marina mercante

**marinade** f. 1 CUIS. escabeche m. ~ *de thon* atún en escabeche 2 CUIS. adobo (viande)

**marinier** m. barquero, lanchero

**marinière** f. marinera (corsage) *à la ~ CUIS.* a la marinera

**marionnette** f. marioneta, títere m.

**maritime** adj. marítimo, a

**marivauder** intr. discretear, galantear

**marjolaine** f. mejorana

**marketing** m. marketing, investigación de mercados f. mercadotecnia f.

**marmaille** f. chiquillería

**marmelade** f. mermelada

**marmite** f. olla, marmita

**marmiton** m. marmitón, pinche, galopillo

**marmoréen, -enne** adj. marmóreo, a

**marmot** m. fam. crío, chaval

**marmotte** f. marmota

**marmotter** tr. barbotar, bisbisar, bisbisear, mascullar, refunfuñar

**marne** f. marga

**marocain, -aine** adj. -s. marroquí

**maroquinerie** f. tafiletería, marroquinería

**marotte** f. 1 cetro de bufón m. 2 manía, monomanía, tema m.

**maroufle** f. cola para pegar (colle)

**marquant, e** adj. notable, destacado, a

**marque** f. 1 marca ~ *de fabrication, déposée* marca de fábrica, registrada 2 señal (signe) 3 sello (timbre) 4 señal, huella (trace) 5 fig. prueba, demostración, testimonio m. (preuve) *de ~* notable, relevante

**marquer** tr. 1 marcar, señalar (distinguer au moyen d'une marque) 2 indicar, señalar *la pendule marque midi* el reloj señala las doce 3 acentuar, subrayar 4 fig. indicar, revelar (dénoter) 5 mostrar (manifester) 6 SPORT marcar ~ *un point* marcar un tanto 7 intr. señalarse, distinguirse 8 dejar huella (laisser une trace) ~ *le coup* acusar el golpe ~ *mal* fam. dar una mala impresión, tener mala pinta

**marqueterie** f. marquetería, taracea

**marquis** m. marqués

**marquise** f. 1 marquesa 2 ARCHIT. marquesina

**marraine** f. madrina

**marrant , -e** adj. gracioso, a

**marre (en avoir)** loc. pop. estar harto, a, estar hasta la coronilla

**marri, -ie** adj. pesaroso, a, mohíno, a (triste)

**marron** m. **1** castaña f. **2** adj. invar. -m. marrón (couleur) ~ glacé castaña confitada

**marronnier** m. castaño ~ d'Inde castaño de Indias

**mars** m. **1** marzo **2** ASTR. Marte

**marsouin** m. marsopa f., marsopla f., cerdo marino

**marsupial, -ale** adj. -s. ZOOL. marsupial

**marteau** m. **1** martillo **2** aldaba f. (heurtoir) **3** ANAT., SPORT martillo

**marteler** tr. **1** martillar, martillear **2** articular, recalcar (syllabes, etc.)

**martial, -ale** adj. marcial

**martien, -ienne** adj. -s. marciano, a

**martinet** m. **1** TECHN. martinete **2** vencejo (oiseau) **3** disciplinas f. pl. (pour fouetter)

**martingale** f. **1** gamarra (courroie du cheval) **2** martingala (au jeu) **3** martingala, trabilla (d'étoffe)

**martre** f. marta ~ zibeline marta cebellina

**martyr, -e** s. mártir

**martyriser** tr. martirizar

**mascarade** f. mascarada

**mascaron** m. ARCHIT. mascarón

**mascotte** f. mascota

**masculin, -e** adj. -m. masculino, a

**masochisme** m. masoquismo

**masochiste** adj. -s. masoquista

**masque** m. **1** máscara f., careta f. **2** antifaz (loup) **3** máscara f. (personne masquée) **4** mascarilla f. ~ mortuaire mascarilla funeraria **5** fisonomía f., rostro **6** máscara f., capa f. (apparence) ~ à gaz máscara antigás

**masquer** tr. **1** enmascarar, poner una careta **2** disimular

**massacre** m. **1** matanza f., carnicería f., degüello (tuerie) **2** chapucería f., mala ejecución (gâchis)

**massacrer** tr. **1** hacer una matanza de, matar **2** degollar (égorger) **3** fig. destrozar

**massage** m. masaje

**masse** f. **1** masa, montón m. (amas) **2** masa, bulto m., mole (volume) **3** masa, multitude (foule) **4** PHYS. masa **5** maza (d'armes, de cérémonie) **6** almádena (de casseur de pierres) en ~ en masa

**massepain** m. mazapán

**masser** tr. **1** dar masaje **2** agrupar, concentrar (réunir) **3** amontonar (assembler) **4** pr. congregarse

**masseur, -euse** s. masajista

**massif, -ive** adj. **1** macizo, a (plein) or ~ oro macizo **2** masivo, a a dose massive dosis masiva **3** macizo, a, sólido, a (lourd) **4** m. macizo

**mass media** m. pl. mass media, medio de comunicación m.

**massue** f. porra, cachiporra, maza coup de ~ mazazo

**mastic** m. **1** almáciga f. (résine) **2** masilla f. (pour boucher les trous, etc.) **3** IMPR. empastelamiento

**mastiquer** tr. **1** masticar **2** enmastillar (avec du mastic)

**mastoc** adj. invar. pop. pesado, a, tosco, a

**mastodonte** m. mastodonte

**mastroquet** m. **1** fam. tabernero **2** fam. taberna f. (café)

**masturber** tr. masturbar, pr. masturbarse

**masure** f. **1** casucha, chabola (cabane) **2** casa en ruinas

**mat** m. mate faire échec et ~ dar jaque mate

**mat, -e** adj. **1** mate (sans éclat) **2** sordo, a, apagado, a (son, bruit)

**mât** m. mástil, palo grand ~ palo mayor ~ d'artimon mesana f. ~ de misaine trinquete

**matamore** m. matamoros, matasiete

**match** m. partido, encuentro ~ nul empate

**maté** m. mate

**matelas** m. colchón

**matelasser** tr. acolchar

**matelot** m. marinero

**matelote** f. CUIS. caldereta

**mater** tr. **1** dar mate (au jeu d'échecs) **2** fig. domar, domeñar

**matérialisme** m. materialismo

**matériau** m. **1** material (de construction) **2** pl. materiales

**matériel, -ielle** adj. **1** material **2** m. material le temps ~ el tiempo material, necesario

**maternel, -elle** adj. **1** maternal, materno, a **2** f. escuela de párvulos

**maternité** f. maternidad

**mathématique** *adj.* **1** matemático, a **2** *f. pl.* matemáticas

**matière** *f.* **1** materia ~ *première* materia prima **2** tema *m.*, asunto *m.* *(sujet)* **3** asignatura *(d'enseignement)* **4** causa, motivo *m. il n'y a pas ~ à rire* no hay motivo para reírse

**matin** *m.* **1** mañana *f.* **2** *adv.* temprano *se lever* ~ levantarse temprano **3** *por la mañana demain* ~ mañana por la mañana *de bon, de grand* ~ muy de mañana, de madrugada

**mâtin, -ine** *adj. -s.* **1** *fam.* tunante, a, bribón, ona **2** *m.* mastín *(chien)*

**mâtiné, -ée** *adj.* cruzado, a *(chien)*, mestizo, a

**matinal, -e 1** *adj.* matutino, a **2** *m. -f.* madrugador, ora

**matinée** *f.* **1** mañana **2** función de tarde *(spectacle)*

**matines** *f. pl.* maitines

**matraque** *f.* porra, cachiporra

**matrice** *f.* **1** matriz, molde *m. (moule)* **2** matriz, registro *m.* **3** *ANAT.* matriz, útero *m.* **4** *MATH., IMPR.* matriz

**matricule** *f.* **1** matrícula, registro *m.* **2** matrícula, inscripción **3** *m.* número de registro

**matrimonial, -ale** *adj.* matrimonial

**maturation** *f.* maduración

**maturité** *f.* madurez

**maudire** *tr.* maldecir

**maudit, -ite** *adj. -s.* maldito, a, condenado, a

**maure, more** *adj. -m.* moro, a

**mauresque, moresque** *adj. -s.* morisco, a, moruno, a

**mausolée** *ml.* mausoleo

**maussade** *adj.* **1** huraño, a, hosco, a *(revêche)* **2** desapacible, desabrido, a, desagradable

**mauvais, -e** *adj.* **1** malo, a, mal *(devant m.) mauvaise mémoire* mala memoria ~ *caractère* mal carácter **2** *adv.* mal ~ *esprit* mal pensado ~ *sujet* individuo de cuidado *sentir* ~ oler mal

**mauve** *adj. -m.* malva *(couleur)*

**mauviette** *f.* **1** alondra **2** *fig.* persona enclenque, alfeñique *m.*

**maxillaire** *adj. -s. ANAT.* maxilar

**maximum** *m.* **1** máximo, máxima **2** *adj.* máximo, a *au* ~ *loc. adv.* como máximo

**mayonnaise** *f.* mayonesa

**mazout** *m.* fuel-oil, mazut

**me** *pron. pers.* me ~ *voici* heme aquí, aquí estoy yo

**mec** *m. pop.* gachó

**mécanicien, -ienne** *s.* **1** mecánico, a **2** *m.* maquinista *(d'une locomotive)*

**mécanique** *adj.* **1** mecánico, a **2** *f.* mecánica

**mécanographie** *f.* mecanografía

**mécénat** *m.* mecenazgo

**mécène** *m.* mecenas

**méchanceté** *f.* **1** maldad **2** mala intención

**méchant, -e** *adj.* **1** malo, a, malvado, a *être* ~ ser malo **2** peligroso, a *(dangereux)* **3** revoltoso, a, travieso, a *(enfant)* **4** malintencionado, a *(malveillant)* **5** avieso, a *(intention, etc.)* **6** *s.* malo, a, malvado, a *être de méchante humeur* estar de mal humor

**mèche** *f.* **1** mecha **2** mechón *m.* *(cheveux)* **3** *TECHN.* taladro *m.*, broca *(de vilebrequin)* **4** tralla *(de fouet)* *éventer, découvrir la* ~ descubrir el pastel *vendre la* ~ irse de la lengua *il n'y a pas ~ pop.* no hay tu tía ~ *de bougie* pabilo *m.*, torcida

**mécompte** *m.* **1** trabacuenta *f.*, error de cálculo **2** *fig.* chasco, desengaño, equivocación *f.*

**méconnaître** *tr.* **1** desconocer **2** no apreciar en su justo valor *(mésestimer)*

**mécontent, -e** *adj. -s.* descontento, a, malcontento, a, disgustado, a

**mécontenter** *tr.* descontentar, disgustar

**mécréant, -e** *adj. -s.* **1** incrédulo, a, descreído, a **2** infiel

**médaille** *f.* medalla

**médaillon** *m.* medallón

**médecin** *m.* médico

**médecine** *f.* medicina

**média** *m..* media, medio de comunicación

**médian, -ane** *adj.* **1** que está en el medio **2** *f. GÉOM.* mediana

**médiateur, -trice** *adj. -s.* mediador, ora *le Médiateur n. pr.* el Defensor del Pueblo

**médicament** *m.* medicamento, fármaco, medicina *f.*

**médicinal, -ale** *adj.* medicinal

**médiéval, -ale** *adj.* medieval

**médiocre** *adj.* mediocre

**médire** *intr.* maldecir, murmurar, hablar mal (de)

**médisance** *f.* maledicencia, murmuración

**méditation** *f.* meditación

**méditer** *tr. -intr.* meditar

**méditerrané, -ée** *adj.* mediterráneo, a

**Méditerranée** *n. pr. f.* el Mediterráneo *m.*

**méditerranéen, -éenne** *adj.* mediterráneo, a

**médium** *m.* 1 médium 2 *MUS.* registro intermedio de la voz

**médius** *m.* dedo medio

**médulaire** *adj.* medular

**méduser** *tr. fam.* dejar patidifuso, a, petrificado, a

**meeting** *m.* mitin

**méfait** *m.* fechoría *f.*, mala acción *f.*

**méfiance** *f.* desconfianza

**méfier (se)** *pr.* desconfiar, no fiarse *méfiez-vous des voleurs !* ¡cuidado con los ladrones !

**mégarde** *f.* inadvertencia, descuido *m.* *par* ~ por descuido

**mégère** *f. fam.* arpía, furia

**mégot** *m.* colilla *f.*

**méhari** *m.* mehari

**meilleur, -e** *adj.* 1 mejor *les meilleures poésies* las mejores poesías 2 *s.* mejor *bien* ~ mucho mejor *de meilleure heure* más temprano *devenir* ~ mejorar *il fait* ~ *adv.* hace mejor tiempo *pour le* ~ *et pour le pire* en el bien y en el mal, para bien y para mal

**mélancolie** *f.* melancolía

**mélange** *m.* mezcla

**mélanger** *tr.* mezclar

**mêlée** *f.* 1 refriega 2 pelea, disputa 3 *SPORT* mêlée *(rugby)*

**mêler** *tr.* 1 mezclar 2 barajar *(les cartes)* 3 implicar, meter *(faire participer quelqu'un à)* 4 *pr.* mezclarse *se* ~ *à une discussion* mezclarse en una discusión *se* ~ *de loc. fig.* meterse en

**méli-mélo** *m. fam.* baturrillo, batiburrillo, mezcolanza *f.*

**mélisse** *f.* melisa

**mélodie** *f.* melodía

**mélodieux, -euse** *adj.* melodioso, a

**mélodrame** *m.* melodrama

**melon** *m.* melón ~ *d'eau* sandía *f.* *chapeau* ~ sombrero hongo

**membrane** *f.* membrana

**membre** *m.* 1 miembro 2 socio *(d'une société, d'un club)* 3 vocal, componente *(d'une commission, etc.)*

**même** *adj.* 1 mismo, a 2 *pron. indéf.* mismo 3 *adv.* incluso, hasta, aún ~ *les enfants* hasta los niños *de lui-même, de soi-même* por sí mismo, por sí solo *en* ~ *temps* al mismo tiempo *la* ~ *chose* lo mismo *c'est du pareil au* ~ es exactamente igual *à* ~ directamente *boire à* ~ *la bouteille* beber directamente de la botella *tout de* ~, *quand* ~ sin embargo *à* ~ *de loc. prép.* en condiciones de *de* ~ *que loc. conj.* como, así como ~ *que* y además

**mémento** *m.* 1 agenda *f.* 2 compendio *(résumé)* 3 *LITURG.* memento

**mémoire** *f.* 1 memoria 2 recuerdo *m.* 3 *m.* memoria *f.*, informe *(rapport)* 4 *COMM.* estado de deudas *f. pl.*

**mémorable** *adj.* memorable

**mémorisation** *f.* 1 memorización 2 almacenamiento *m. (de données informatiques)*

**menace** *f.* amenaza

**menacer** *tr.* amenazar

**ménage** *m.* 1 menaje, ajuar *(ustensiles)* 2 gobierno y quehaceres de la casa 3 casa *f.*, familia *f. (famille)* 4 matrimonio *(couple)* *faire le* ~ hacer la limpieza *femme de* ~ asistenta

**ménagement** *m.* miramiento, consideración *f.*

**ménager** *tr.* 1 preparar, arreglar, facilitar *(arranger)* ~ *une surprise* preparar una sorpresa 2 instalar, disponer 3 reservar 4 ahorrar, economizar *(épargner)* 5 cuidar, velar por ~ *sa santé* cuidar de su salud 6 no abusar de *(ses forces)* 7 mesurar, medir *(ses paroles, etc.)* 8 tratar con consideración *(quelqu'un)* 9 *pr.* cuidarse

**ménagerie** *f.* casa de fieras

**mendiant, -e** *adj. -s.* mendigo, a, pordiosero, a *les quatre mendiants* fig. higos secos, pasas, almendras y nueces

**mendier** *tr.* mendigar *intr.* pedir limosna

**mendicité** *f.* mendicidad

**mener** *tr.* 1 llevar, conducir ~ *sa fille à l'école* llevar a su hija a la escuela 2 presidir *(le deuil)* 3 llevar, dirigir *(gérer)* 4 transportar 5 *fig.* llevar ~ *une vie austère* llevar una vida austera 6 *GÉOM.* trazar ~ *loin loc. fig.* llevar lejos ~ *à bien* llevar a cabo ~ *grand*

*train* vivir a todo tren ∼ *par 4 à 3*
SPORT ganar por 4 a 3
**ménestrel** *m.* trovador
**ménétrier** *m.* violinista rural
**meneur, -euse** *s.* cabecilla, jefe *(chef)*
**méninge** *f.* ANAT. meninge
**méningite** *f.* MÉD. meningitis
**ménisque** *m.* ANAT., OPT. menisco
**menotte** *f.* **1** *fam.* manecita *(petite main)* **2** *pl.* esposas
**mensonge** *m.* mentira *f.*
**mensualité** *f.* mensualidad
**mensuel, -elle** *adj.* mensual
**mental, -ale** *adj.* mental
**mentalité** *f.* mentalidad
**menteur, -euse** *adj.* -s. mentiroso, a, embustero, a
**menthe** *f.* menta, hierbabuena *(plante)*
**mention** *f.* mención ∼ *honorable* mención honorífica ∼ *passable* aprobado *m.*
**mentionner** *tr.* mencionar
**mentir** *intr.* mentir
**menton** *m.* barbilla *f.*, mentón
**menu, -ue 1** *adj.* menudo, a **2** *m.* minuta *f.*, menú **3** cubierto *(menu dont le prix est déterminé)* **4** menú *(informatique) menue monnaie f.* calderilla *par le* ∼ *loc. adv.* detalladamente *hacher* ∼ picar
**menuet** *m.* minué
**menuiserie** *f.* carpintería
**menuisier** *m.* carpintero
**méprendre (se)** *pr.* equivocarse, confundirse *loc. adv. à s'y* ∼ hasta el punto de confundirse
**mépris** *m.* desprecio, menosprecio
**méprisable** *adj.* despreciable
**méprise** *f.* error *m.*, confusión
**mépriser** *tr.* despreciar, menospreciar
**mer** *f.* mar *m.-f. (le plus souvent au masculin) la* ∼ *Noire* el Mar Negro *basse* ∼ bajamar *f.* *haute, pleine* ∼ pleamar *f.*
**mercantile** *adj.* mercantil
**mercenaire** *adj.* -m. mercenario, a
**mercerie** *f.* mercería
**merci** *m.* **1** gracias *f. pl.* **2** *f.* merced, gracia, favor *m.* *dire* ∼ dar las gracias ∼ *bien, beaucoup* muchas gracias *grand* ∼ mil gracias *à la* ∼ *de loc. prép.* a la merced de *Dieu* ∼ *loc. adv.* a Dios gracias

**mercier, -ière** *s.* mercero, a
**mercredi** *m.* miércoles
**mercure** *m.* azogue
**mère** *f.* **1** madre **2** madre, causa, origen *m.* **3** *fam.* tía, seña *(pour une femme d'un certain âge) la* ∼ *Jeanne* la tía Juana ∼ *patrie* madre patria ∼ *porteuse* madre alquilada
**méridien, -ienne** *adj.* **1** meridiano, a **2** *m.* ASTRON. meridiano **3** *f.* ASTRON., GÉOM. meridiana **4** siesta **5** tumbona *(canapé)*
**méridional, -ale** *adj.* meridional
**meringue** *f.* merengue *m.*
**mérinos** *m.* merino
**merise** *f.* cereza silvestre
**mérite** *m.* mérito
**mériter** *tr.* merecer
**merlan** *m.* pescadilla *f.*
**merle** *m.* mirlo
**merluche** *f.* merluza
**merveille** *f.* maravilla
**merveilleux, -euse** *adj.* maravilloso, a
**mes** *adj. poss. plur. de mon, ma* mis *(avant un substantif)*, mios, mías *(après un substantif)*
**mésalliance** *f.* casamiento desigual, mal casamiento *m.*
**mésange** *f.* paro *m.* ∼ *charbonnière* paro carbonero
**mésaventure** *f.* contratiempo *m.*
**mésestimer** *tr.* desestimar, menospreciar
**mésintelligence** *f.* desacuerdo *m.*, desavenencia
**mesquin, -ine** *adj.* mezquino, a
**message** *m.* mensaje
**messager, -ère** *s.* **1** mensajero, a **2** ordinario *m.*, cosario *m.*, recadero *m.* *(commissionnaire)*
**messe** *f.* misa
**messie** *m.* mesías
**messieurs** *m. pl.* **1** *pl. de monsieur* señores, caballeros **2** muy señores mios, señores *(en tête d'une lettre)*
**mesurable** *adj.* mensurable
**mesure** *f.* **1** medida **2** dosis, ración **3** moderación, mesura *(retenue)* **4** MUS. compás *m.* *battre la* ∼ llevar el compás *sur* ∼ a la medida *dans la* ∼ en la medida de *à* ∼ *que, au fur et à* ∼ *que* a medida que *donner sa* ∼ *fig.* mostrar de lo que uno es capaz

*dépasser la* ~ pasarse de la raya *être en* ~ *de* estar en condiciones de ~ *à quatre temps* compás menor, compasillo *m*.

**mesurer** *tr.* medir *pr. se* ~ *avec quelqu'un* medirse, luchar, rivalizar con uno

**métal** *m.* metal *métaux précieux* metales preciosos

**métallique** *adj.* metálico, a

**métalliser** *tr.* metalizar

**métallurgie** *f.* metalurgia

**métamorphose** *f.* metamorfosis, metamórfosis

**métaphore** *f.* metáfora

**métaphysique** *adj.* 1 metafísico, a 2 *f.* metafísica

**métayage** *m.* aparcería *f.*

**métayer, -ère** *s.* aparcero, a, colono, a

**météore** *m.* meteoro

**météorologie** *f.* meteorología

**métèque** *m.* 1 meteco 2 *péj.* extranjero

**méthode** *f.* método *m*.

**méticuleux, -euse** *adj.* meticuloso, a

**métier** *m.* 1 oficio, profesión *f.* ~ *manuel* oficio manual 2 bastidor *(pour broder) chacun son* ~ zapatero a tus zapatos ~ *à tisser* telar

**métis, -isse** *adj. -s.* mestizo, a

**mètre** *m.* metro ~ *carré* metro cuadrado ~ *cube* metro cúbico

**métro** *m. fam.* metro

**métropolitain, -e** *adj. -m.* metropolitano, a

**mets** *m.* plato, manjar

**metteur** *m.* ~ *en œuvre* engastador de piedras preciosas ~ *en ondes* director de emisión ~ *en scène* escenógrafo *(théâtre)*, realizador *(cinéma)* ~ *en pages IMPR.* compaginador

**mettre** *tr.* 1 poner, colocar *(placer)* 2 meter *(introduire)* 3 echar ~ *une lettre à la poste* echar una carta al correo 4 poner, instalar *(installer)* 5 poner, ponerse *(vêtement)* 6 poner, tardar ~ *une heure à* tardar una hora en 7 gastar *(dépenser)* 8 poner, suponer *mettons que cela soit vrai* pongamos que esto sea verdad 9 *pr.* ponerse *se* ~ *au travail* ponerse a trabajar 10 vestirse, ponerse *être bien mis* ir bien vestido 11 vapulearse *(se donner des coups)* ~ *au point* poner a

punto ~ *bas* parir *se* ~ *à la fenêtre* asomarse a la ventana *se* ~ *en colère* encolerizarse

**meuble** *m.* mueble *biens meubles adj. DR.* bienes muebles *terre* ~ *adj. AGR.* tierra blanda

**meubler** *tr.* 1 amueblar 2 *fig.* llenar *(remplir)* 3 *pr.* comprarse muebles

**meugler** *intr.* mugir

**meule** *f.* 1 muela, rueda *(de moulin)* 2 muela *(pour aiguiser)* 3 almiar *m. (de foin, paille)*

**meunier, -ière** *s.* molinero, a

**meurtre** *m.* homicidio, asesinato

**meurtrier, -ière** *s.* 1 asesino, a, homicida 2 *adj.* mortal 3 *fig.* sangriento, a

**meurtrir** *tr.* 1 magullar 2 machucar *(les fruits)*

**meute** *f.* jauría

**mexicain, -e** *adj. -s.* mejicano, a, mexicano, a *(au Mexique, s'écrit toujours avec un x)*

**mi** *m. MUS.* mi

**mi** *adj. invar. -adv.* medio, mitad *la mi-août* la mitad de agosto *à* ~ *loc. adv (suivi d'un nom)* a media *à* ~*-hauteur* a media altura

**miasme** *m.* miasma

**miauler** *intr.* maullar

**miaulement** *m.* maullido

**mi-carême** *f.* jueves de la tercera semana de cuaresma, jueves lardero *m*.

**miche** *f.* pan *m.*, hogaza *f.*

**micheline** *f.* autovía *m*.

**micmac** *m. fam.* tejemaneje, chanchullo

**microbe** *m.* microbio

**micron** *m.* micrón, micra *f*.

**micro-onde** *m.* microonda *s. invar. (appareil)*

**microphone** *m.* micrófono

**microprocesseur** *m.* microprocesador

**microscope** *m.* microscopio

**midi** *m.* 1 mediodía 2 las doce *il est* ~ son las doce ~ *et demi* las doce y media *chercher* ~ *à quatorze heures* buscar tres pies al gato *le* ~ *de la France* el Sur de Francia

**midinette** *f.* modistilla

**mie** *f.* miga *(du pain)*

**miel** *m.* miel *f*.

**mielleux, -euse** *adj.* meloso, a

**mien, mienne** *adj. -pron.* **1** mío, mía **2** *m. pl.* los míos, mi familia *f.*

**miette** *f.* migaja

**mieux** *adv.* **1** mejor *un peu* ~ un poco mejor *beaucoup, bien* ~ mucho mejor **2** *m.* lo mejor **3** *adj.* mejor *aimer* ~ preferir *aller* ~ encontrarse, ir mejor *je ne demande pas* ~ no pido otra cosa *à qui* ~ *loc. adv.* a cual mejor *d'autant* ~ *loc. adv.* con mayor razón *tant* ~ *loc. adv.* tanto mejor *de* ~ *en* ~ cada vez mejor *faire de son* ~ hacer todo lo que se pueda *être* ~ estar mejor *rien de* ~ nada mejor

**mièvre** *adj.* **1** almibarado, a, empalagoso, a **2** endeble, enclenque *(chétif)*

**mignardise** *f.* melindres *m. pl.*, remilgos *m. pl.*

**mignon, -onne** *adj.* **1** mono, a, lindo, a **2** amable *(gentil) péché* ~ *fig.* punto flaco *m. mon* ~, *ma mignonne s.* rico, rica, preciosidad *f.*

**migraine** *f.* jaqueca, dolor de cabeza *m.*

**mijoter** *tr. -intr.* **1** CUIS. cocer a fuego lento **2** *tr. fam.* tramar, maquinar

**mil** *adj. num.* **1** mil **2** *m.* mijo *(millet)*

**milicien** *m.* miliciano

**milieu** *m.* **1** medio, centro **2** mitad *f. (moitié)* **3** término medio **4** medio *adaptation au* ~ adaptación al medio *au* ~ *de* en medio de *au beau* ~ *de*, *en plein* ~ *de* justo en medio de, en pleno centro de *le* ~ el hampa *(la pègre)*

**militaire** *adj. -m.* militar

**militant, -e** *adj. -s.* militante

**militarisme** *m.* militarismo

**militer** *intr.* militar

**mille** *adj. num. invar.* **1** mil **2** *m.* milenario, milenio

**mille-pattes** *m. invar.* ciempiés

**millet** *m.* mijo

**milliard** *m.* mil millones

**milliardaire** *adj. -s.* multimillonario, a

**millième** *adj. -s.* milésimo, a

**millier** *m.* millar

**million** *m.* millón

**millionnaire** *adj. -s.* millonario, a

**mime** *m.* mimo *(acteur et pièce)*

**mimosa** *m.* mimosa *f.*

**minable** *adj.* lamentable, calamitoso, a

**minaret** *m.* alminar

**minauderie** *f.* monería, melindre *m.*

**mince** *adj.* **1** delgado, a, fino, a **2** *fig.* pobre, escaso, a, insignificante

**mine** *m.* **1** aspecto *m.*, apariencia *(aspect extérieur)* **2** cara, rostro *m. (aspect du visage)* **3** mina *(de crayon)* **4** mina *(gisement, engin explosif)*

**minerai** *m.* mineral

**minéral, -ale** *adj. -m.* mineral

**minéralogie** *f.* mineralogía

**minet, -ette** *s.* **1** *fam.* minino, a *(petit chat)* **2** *fig.* un, a joven, pijo, a

**mineur** *adj. -m.* **1** minero *(ouvrier)* **2** MIL. zapador **3** *s.* menor de edad

**miniature** *f.* miniatura

**minime** *adj.* **1** mínimo, a **2** *adj. -s.* SPORT infantil **3** *m.* mínimo *(religieux)*

**ministère** *m.* ministerio ~ *de l'Intérieur, des Finances* ministerio de la Gobernación, de Hacienda

**ministre** *m.* ministro

**minitel** *m.* guía telefónica electrónica *f.*

**minorité** *f.* **1** minoría **2** minoría de edad *(âge)*

**minoterie** *f.* fábrica, comercio de harinas *m.*

**minuit** *m.* medianoche *f. il est* ~ son las doce de la noche

**minuscule** *adj.* **1** minúsculo, a **2** *f.* minúscula *(lettre)*

**minute** *f.* **1** minuto *m. (temps, angle)* **2** *interj.* ¡espere!, ¡un momento! **3** minuta *(d'un acte)*

**minutie** *f.* **1** minucia *(bagatelle)* **2** minuciosidad *(soin)*

**mirabelle** *f.* ciruela mirabel

**miracle** *m.* milagro

**mirage** *m.* espejismo

**mire** *f.* mira *ligne de* ~ línea de mira *point de* ~ punto de mira, blanco

**mirer** *tr.* **1** mirar al trasluz *(un œuf)* **2** reflejar **3** *pr.* mirarse, contemplarse

**miroir** *m.* espejo

**miroiter** *intr.* espejear, reverberar

**mis, mise** *adj.* puesto, a *p.p. de* mettre

**misanthrope** *adj. -s.* misántropo *m.*

**mise** *f.* **1** puesta, colocación **2** apuesta, puesta *(action de miser)* **3** vestimenta, arreglo personal *m. (habillement, tenue)* ~ *en place* colocación, enfoque *m. (en photographie)* ~ *à la retraite* jubilación ~ *en état* arreglo *m.* ~ *en liberté* liberación ~ *en scène* escenificación, escenografía ～ *de fonds* COMM. inversión de fondos

**miser** *tr.* hacer una puesta, apostar ～ *sur* contar con

**misérable** *adj. -s.* miserable

**misère** *f.* **1** miseria **2** desgracia, calamidad *(malheur) faire des misères à quelqu'un fam.* hacer rabiar, fastidiar a alguien

**miséricorde** *f.* misericordia

**missel** *m.* misal

**mission** *f.* misión

**missive** *f.* misiva

**mistral** *m.* mistral *(vent)*

**mitaine** *f.* mitón *m.*

**mite** *f.* polilla

**mi-temps** *f.* tiempo *m.*, descanso *m.* *(temps d'arrêt) première ～, deuxième ～* primer tiempo, segundo tiempo

**mitiger** *tr.* mitigar

**mitonner** *tr. -intr.* **1** CUIS. cocer a fuego lento **2** *tr.* preparar

**mitoyen, -enne** *adj.* medianero, a *mur* ～ pared medianera

**mitrailler** *tr.* ametrallar

**mitrailleuse** *f.* ametralladora

**mixage** *m.* mezcla *f.*

**mixer** *tr.* mezclar

**mixte** *adj.* mixto, a

**mixture** *f.* mixtura

**mobile** *adj.* **1** móvil, movible **2** *m.* móvil

**mobilier, -ière** *adj.* **1** mobiliario, a **2** *m.* mobiliario

**mobiliser** *tr.* movilizar

**moche** *adj.* **1** *fam.* feo, fea, feúcho, a *(laid)* **2** *fam.* desagradable

**modalité** *f.* modalidad

**mode** *m.* **1** GRAM., MUS. modo **2** modo *(manière)* **3** *f.* moda *à la ～ de* moda, a la moda

**modèle** *adj. -s.* modelo

**modeler** *tr.* **1** modelar **2** *pr.* amoldarse, ajustarse

**modérateur, -trice** *adj. -s.* **1** moderador, ora **2** *m.* TECHN. regulador

**modération** *f.* moderación

**modérer** *tr.* **1** moderar **2** *pr.* moderarse

**moderne** *adj.* moderno, a

**moderniser** **1** modernizar **2** *pr.* modernizarse

**modeste** *adj.* modesto, a

**modestie** *f.* modestia

**modifier** **1** modificar **2** *pr.* modificarse

**modique** *adj.* módico, a

**modiste** *f.* sombrerera

**modulation** *f.* modulación ～ *de fréquence* frecuencia modulada

**moelle** *f.* **1** ANAT., BOT. médula ～ *épinière* médula espinal **2** tuétano *m.* *(substance comestible)* **3** *fig.* meollo *m.*

**mœurs** *f. pl.* costumbres, hábitos *m.*

**moi** *pron. pers.* **1** yo **2** mí *(complément) pour ～* para mí *avec ～* conmigo **3** me *(avec l'impératif) dis-～* dime *dites-le-～* dígamelo **4** *m. invar.* le ～ el yo *moi-même* yo mismo ～ *seul* yo solo ～ *non plus* yo tampoco

**moignon** *m.* **1** muñón **2** garrón *(d'un arbre)*

**moindre** *adj.* menor *le ～ doute* la menor duda *le ～ effort* el mínimo esfuerzo

**moine** *m.* monje, fraile

**moineau** *m.* gorrión

**moins** **1** *adv.* menos *dix francs de ～* diez francos menos **2** *prép.* menos *dix heures ～ cinq* las diez menos cinco **3** *m. invar* lo menos **4** MATH. menos, signo menos *à ～* por menos *au ～, pour le ～* al menos *(au minimum) de ～ en ～* cada vez menos *plus ou ～* más o menos *à ～ de loc. prép.* a menos de *en ～ de rien, en ～ de deux loc. prép.* en un santiamén, en menos que canta un gallo *à ～ que loc. conj.* a menos que, a no ser que

**moire** *f.* **1** muaré *m. (tissu)* **2** aguas *pl.*, visos *m. pl. (reflets)*

**moiré, e** *adj.* tornasolado, a

**mois** *m.* mes *2 ～* 2 meses

**moisir** *intr.* **1** enmohecerse **2** *fam.* criar moho *(languir)* **3** *tr.* enmohecer

**moisissure** *f.* moho *m.*

**moisson** *f.* **1** siega **2** *fig.* cosecha *faire la ～* cosechar *(récolter)*

**moissonner** *tr.* **1** segar *(faucher)*, cosechar *(récolter)* **2** *fig.* cosechar

**moite** *adj.* húmedo, a

**moitié** *f.* **1** mitad **2** *fam.* costilla, cara, mitad, media naranja *(épouse) à ～ a la* mitad, medio *(avec un adj.) ～ mort* medio muerto *à ～ prix* a mitad de precio *à ～ chemin* a la mitad del camino *être, se mettre de ～ avec quelqu'un* ir a medias

**molaire** *f.* molar *m.*, muela *(dent)*

**môle** m. 1 MAR. rompeolas 2 MAR. malecón (digue)

**molécule** f. molécula

**molester** tr. atropellar, maltratar, molestar

**mollasse** adj. 1 blanducho, a, fofo, a 2 flojo, a, apático, a (apathique)

**mollesse** f. 1 blandura 2 flojera, apatía (indolence)

**mollet, -ette** adj. 1 blando, a 2 m. pantorrilla f. œuf ∼ huevo pasado por agua

**molleton** m. muletón, guatinado

**molletonné, -e** guatinado, a

**mollusque** m. molusco

**moment** m. momento, rato au ∼ de loc. prép. en el momento de du ∼ que loc. conj. puesto que, ya que

**momifier** tr. momificar

**mon, ma, mes** adj. poss. mi, mis mon père, ma mère, mes enfants mi padre, mi madre, mis hijos ∼ Dieu ! ¡ Dios mío !

**monacal, -ale** adj. monacal

**monarchie** f. monarquía

**monarchiste** adj. -s. monarquista

**monarque** m. monarca

**monastère** m. monasterio

**monceau** m. montón

**mondain, -e** adj. -s. mundano, a

**monde** m. 1 mundo 2 mundo, sociedad 3 gente f., gentío (foule) il y a beaucoup de ∼ hay mucha gente le beau ∼ la buena sociedad

**mondial, -ale** adj. mundial

**monétaire** adj. monetario, a

**mongol, -ole** adj. -s. mongol, mongólico, a

**moniteur, -trice** s. monitor, ora

**monnaie** f. 1 moneda 2 dinero m., suelto m. (pièces) avez-vous de la ∼ ? ¿ tiene usted suelto ? 3 cambio m., vuelta la ∼ de cent francs el cambio de cien francos

**monocle** m. monóculo

**monogamie** f. monogamia

**monogramme** m. monograma

**monographie** m. monografía

**monologue** m. monólogo

**monopoliser** tr. monopolizar

**monosyllabe** adj. -s. monosílabo, a

**monothéisme** m. RELIG. monoteísmo

**monotonie** f. monotonía

**monseigneur** m. monseñor

**monsieur** m. 1 señor, el señor bonjour, ∼ buenos días, señor ∼ est sorti el señor ha salido 2 don (devant un prénom) 3 monseñor (titre donné aux princes de la famille royale) ∼, cher ∼ muy señor mío (en tête d'une lettre)

**monstre** m. monstruo

**mont** m. monte promettre monts et merveilles prometer el oro y el moro

**montage** m. montaje

**montagnard, -e** adj. -s. montañés, esa

**montagne** f. montaña

**montant, -e** adj. 1 ascendente 2 m. total, importe (somme) le ∼ des dépenses el importe de los gastos 3 CONSTR., TECHN. larguero, montante garde montante MIL. guardia entrante

**mont-de-piété** m. Monte de piedad

**monte** f. monta

**monte-charge** m. invar. montacargas

**monter** intr. 1 subir ∼ au grenier, en voiture subir al desván, al coche 2 montar ∼ à cheval, à bicyclette montar a caballo, en bicicleta 3 ascender, subir (s'élever) 4 crecer (un fleuve, la mer) 5 subir, aumentar (augmenter) 6 elevarse, ascender la facture monte à mille pesetas la factura asciende a mil pesetas 7 tr. subir (gravir) ∼ une côte subir una cuesta 8 montar ∼ un cheval montar un caballo 9 montar, instalar (aménager) 10 engastar (pierre précieuse) 11 urdir, tramar (combiner) 12 THÉÂT. montar 13 pr. abastecerse, proveerse se ∼ en draps proveerse en sábanas 14 fam. encolerizarse, irritarse ∼ en grade ascender ∼ à la tête emborrachar, marear

**monteur, -euse** s. IMPR., MÉD., CINÉ. montador, ora

**monticule** m. montículo

**montre** f. 1 reloj m. 2 muestra (action de montrer) 3 escaparate m. (étalage) montre-bracelet reloj de pulsera faire ∼ de hacer alarde de

**montrer** tr. 1 mostrar, enseñar (faire voir) 2 indicar, señalar ∼ du doigt señalar con el dedo 3 pr. mostrarse se ∼ prudent mostrarse prudente 4 exhibirse

**monture** f. 1 montura, cabalgadura (cheval, etc.) 2 TECHN. montura

**monument** *m.* monumento

**moquer (se)** *pr.* burlarse, reírse

**moquette** *f.* moqueta

**moqueur, -euse** *adj. -s.* **1** burlón, ona **2** *m.* sinsonte *(oiseau)*

**moral, -ale** *adj.* **1** moral **2** *m.* moral *f.*, ánimo *relever le ~* levantar el ánimo

**moraliser** *tr. -intr.* moralizar

**moralité** *f.* **1** moralidad **2** moraleja *(d'une fable)*

**morbide** *adj.* mórbido, a, morboso, a

**morbidité** *f.* morbosidad

**morceau** *m.* **1** pedazo, trozo **2** tajada *f. (tranche)* **3** trozo, fragmento *(littéraire, musical)*

**morceler** *tr.* **1** dividir **2** parcelar *(terrain)*

**mordant, -e** *adj.* **1** mordiente, que muerde **2** mordaz *(incisif)* **3** *m.* TECHN. mordiente **4** *MUS.* mordente **5** *fig.* mordacidad *f. (agressivité)*

**mordre** *tr.* **1** morder **2** picar *(poisson, insecte) ça mord ?* ¿ pican ? **3** *intr.* morder *chien qui mord* perro que muerde **4** morder *(eau-forte)* **5** *fam.* picar *(se laisser prendre)* **6** *pr.* morderse

**mordu, -e** *adj. -s. fam.* chiflado, a, apasionado, a

**morfondre (se)** *pr.* consumirse esperando

**morgue** *f.* **1** depósito *m.* de cadáveres **2** altivez

**moribond, -e** *adj. -s.* moribundo, a

**moricaud, -e** *adj. -s.* morenillo, a, mulato, a

**morion** *m.* morrión

**morne** *adj.* **1** taciturno, a, sombrío, a **2** apagado, a *(couleur)* **3** tétrico, a *(lugubre)* **4** *m.* morro *(petite montagne)*

**mors** *m.* bocado, freno *(du cheval)*

**morse** *m.* **1** morsa *f. (animal)* **2** morse *(alphabet)*

**mort** *f.* muerte

**mortaise** *f.* TECHN. mortaja, muesca

**mortalité** *f.* mortalidad, mortandad

**mortel, -elle** *adj. -s.* mortal

**mortier** *m.* **1** mortero, almirez *(récipient à broyer)* **2** *MIL.* mortero **3** *CONSTR.* mortero, argamasa *f.*

**mortifier** *tr.* **1** mortificar **2** *pr.* mortificarse

**morue** *f.* bacalao *m.*

**mosaïque** *adj.* **1** mosaico, a **2** *f.* mosaico *m.*

**mosquée** *f.* mezquita

**mot** *m.* **1** palabra *f.*, vocablo **2** frase *f.*, sentencia *f.*, máxima *f. (phrase)* **3** líneas *f. pl.*, letras *f. pl. écrire un ~ à quelqu'un* escribir unas líneas a alguien *bon ~, ~ d'esprit* chiste, agudeza *f. gros ~* palabrota *f.*, taco *~ d'ordre, de passe* consigna *f.* santo y seña, contraseña *(informatique) ~ savant* cultismo *à demi-~, à mots couverts loc. adv.* con palabras cubiertas, con medias palabras

**motard** *m. fam.* motorista

**moteur, -trice** *adj.* **1** motor, triz **2** *m.* motor

**motif** *m.* motivo

**motion** *f.* moción

**motocyclette** *f.* motocicleta

**motocycliste** *adj. -s.* motociclista

**motoriser** *tr.* motorizar

**motte** *f.* **1** terrón *m. (de terre)* **2** pella *(de beurre)*

**motus !** *interj. fam.* ¡ chitón ! ¡ silencio !

**mou, mol, molle** *adj.* **1** blando, a *(tendre)* **2** suave *(doux)* **3** fofo, a *(flasque)* **4** bochornoso, a *(temps)* **5** flojo, a *(sans vigueur)* **6** muelle *(vie)* **7** *adv. pop.* suavemente **8** *m. fam.* blandengue *(faible). Devant des substantifs commençant par une voyelle ou un h muet on emploie mol, molle, à la place de mou.*

**mouchard, -e** *m. f.* chivato, a, soplón, a, confidente *(police)*

**moucharder** *tr. fam.* chivar, dar el chivatazo

**mouche** *f.* **1** mosca **2** mosca, perilla *(barbe)* **3** lunar *m.*, postizo *m. (sur la peau)* **4** zapatilla *(à la pointe d'un fleuret)* **5** diana *(d'une cible) ~ à miel* abeja *fine ~ fig.* persona astuta, lince, *m. pattes de ~* escritura ilegible garabatos *m. pl. prendre la ~* picarse, amoscarse *faire la ~ du coche* meterse en camisa de once varas *faire ~* dar en el blanco

**moucher** *tr.* **1** limpiar las narices de **2** *fig.* dar una lección, corregir *(réprimander)* **3** *pr.* sonarse, limpiarse las narices

**moucheture** *f.* pinta, mota

**mouchoir** *m.* pañuelo

**moudre** *tr.* moler

**moue** *f.* mohín *m.*

**mouette** *f.* gaviota

**mouflon** *m.* carnero salvaje

**mouillage** *m.* 1 remojo *(action de tremper)* 2 MAR. fondeo *(action)* 3 MAR. fondeadero, ancladero *(lieu)*

**mouiller** *tr.* 1 mojar 2 aguar *(le vin, etc.)* 3 MAR. fondear 4 palatalizar *(une consonne)* 5 *pr.* mojarse 6 *fam.* comprometerse, complicarse

**moule** *m.* 1 molde 2 hormilla *f. (pour les boutons)* 3 *f.* mejillón *m. (mollusque)* 4 *fig., fam.* zoquete *m.*

**mouler** *tr.* 1 moldear 2 ajustar, ceñir

**moulin** *m.* 1 molino 2 molinillo ~ *à café* molinillo de café 3 AUTO., *fam.* motor ~ *à prières* molino de plegarias

**moulinet** *m.* 1 molinete 2 carrete *(de pêche)* 3 TECHN. torniquete

**moulu, -ue** *adj.* molido, a

**moulure** *f.* ARCHIT. moldura

**mourant, -e** *adj. -s.* 1 moribundo, a 2 *adj.* lánguido, a

**mourir** *intr.* 1 morir, morirse 2 *pr.* morirse

**mousse** *adj.* 1 romo, a, embotado, a *(émoussé)* 2 *f.* espuma *(écume)* 3 musgo *m. (plante)* 4 CUIS. crema batida 6 *m.* MAR. grumete ~ *au chocolat* crema de chocolate ~ *à raser* espuma de afeitar

**mousseline** *f.* muselina

**mousson** *f.* monzón 2 *ou m.*

**moussu, -ue** *adj.* musgoso, a

**moustache** *f.* bigote *m.*

**moustique** *m.* mosquito

**moût** *m.* mosto

**moutard** *m. pop.* chaval, chavea, crío

**moutarde** *f.* mostaza

**mouton** *m.* 1 carnero, borrego 2 cordero 3 TECHN. martinete 4 *pl.* MAR. cabrillas *f.*, borregos *(petites vagues)*

**moutonner** *intr.* 1 MAR. cabrillear *(les vagues)* 2 aborregarse *(le ciel)*

**mouture** *f.* 1 molienda, *fig.* refrito *m.*

**mouvant, -e** *adj.* 1 motor, a 2 movedizo, a

**mouvement** *m.* movimiento

**mouvoir** *tr.* 1 mover 2 *pr.* moverse

**moyen, -enne** *adj.* 1 medio, a ~ *terme* término medio 2 mediano, a, mediocre 3 común, ordinario, a 4 *m.* medio *il n'y a pas* ~ *de* no hay forma de, manera de *au* ~ *de loc. prép.* por medio de, con ayuda de *par le* ~ *de loc. prép.* mediante

**moyenâgeux, -euse** *adj.* medieval

**moyennant** *prép.* mediante ~ *quoi* gracias a lo cual

**moyeu** *m.* cubo *(de roue)*

**mozarabe** *adj.* mozárabe, muzárabe

**mucosité** *f.* mucosidad

**mue** *f.* 1 muda *(des animaux, de la voix)* 2 AGR. caponera *(cage)* 3 *fig.* transformación

**muer** *intr.* 1 mudar, cambiar 2 *pr.* cambiarse, transformarse

**muet, -ette** *adj. -s.* mudo, a

**mufle** *m.* 1 morro, hocico *(des animaux)* 2 *fam.* patán, grosero *(malotru)*

**mugir** *intr* mugir

**muguet** *m.* 1 muguete 2 *fam.* joven lechuguino

**mulâtre, -tresse** *adj. -s.* mulato, a

**mule** *f.* 1 mula 2 chinela *(pantoufle)* 3 mula *(du pape)*

**mulet** *m.* 1 mulo 2 mújol *(poisson)*

**mulot** *m.* ratón campesino

**multicolore** *adj.* multicolor

**multiple** *adj.* 1 múltiple 2 *adj. -m.* MATH. múltiplo, a

**multiplier** *tr.* 1 multiplicar 2 *pr.* multiplicarse

**multitude** *f.* multitud

**municipal, -ale** *adj.* municipal

**munir** *tr.* 1 proveer, abastecer *(de vivres)* 2 proveer, dotar *voiture munie de phares antibrouillard* coche provisto de faros antiniebla 3 *pr.* proveerse

**munition** *f.* munición

**mur** *m.* 1 muro, pared *f. (d'une maison, etc.)* 2 muro, muralla *f. (d'une ville, etc.)* 3 tapia *f. (de clôture)* 4 *fig.* barrera *f.*, obstáculo *gros* ~ pared maestra ~ *mitoyen* medianería *f.* pared medianera

**mûr, mûre** *adj.* maduro, a

**muraille** *f.* muralla

**mural, -ale** *adj.* mural

**mûre** *f.* mora *(fruit)* ~ *sauvage* zarzamora

**murer** *tr.* 1 murallar, amurallar 2 tapiar *(une porte, etc.)* 3 emparedar *(une personne)* 4 *pr.* aislarse

**mûrier** *m.* morera *f.*

**mûrir** *tr. -intr.* madurar

**murmure** *m.* murmullo, susurro

**murmurer** *tr. -intr.* murmurar, susurrar

**musc** *m.* 1 almizcle *(substance)* 2 almizclero *(animal)*

**muscade** *adj. -f.* moscada *noix ~* nuez moscada

**muscat** *adj. -m.* moscatel

**muscle** *m.* músculo

**musculaire** *adj.* muscular

**muse** *f.* musa

**museau** *m.* hocico

**musée** *m.* museo

**muselière** *f.* bozal *m.*

**muser** *intr.* vagar, callejear, vagabundear

**musette** *f.* 1 morral *m.* 2 *MUS.* gaita

**musicien, -ienne** *adj. -s.* músico, a

**musique** *f.* 1 música 2 banda *(fanfare) loc. fig.* **connaître la ~** conocer el paño

**musulman, -e** *adj. -s.* musulmán, ana

**mutation** *f.* mutación, mudanza *(changement),* traslado *m. (emploi)*

**mutiler** *tr.* mutilar

**mutin, -ine** *adj. -s.* rebelde, despierto, a, vivaracho, a, pícaro, a *(air)*

**mutiner (se)** *pr.* amotinarse, rebelarse

**mutinerie** *f.* motín *m.,* sublevación

**mutisme** *m.* mutismo

**mutuel, -elle** *adj.* 1 mutuo, a 2 *f.* mutualidad

**myopie** *f.* miopía

**myosotis** *m. (fleur)* miosota *f.,* raspilla *f.,* nomeolvides

**myriade** *f.* miríada

**myrrhe** *f.* mirra

**myrte** *m.* mirto, arrayán

**mystère** *m.* misterio

**mystérieux, -euse** *adj.* misterioso, a

**mysticisme** *m.* misticismo

**mystifier** *tr.* 1 mistificar 2 embaucar, engañar *(leurrer)*

**mystique** *adj. -s.* 1 místico, a 2 *f.* mística

**mythe** *m.* mito

**mythologie** *f.* mitología

**mythologique** *adj.* mitológico, a

**mytiliculteur** *m.* criador de mejillones

# N

**n** *m.* n *f.*

**nabot, -ote** *s.* enano, a retaco *m.* tapón *m.*

**nacarat** *adj. invar.* nacarado, a

**nacelle** *f.* navecilla, barquilla

**nacre** *f.* nácar *m.*

**nage** *f.* **1** natación **2** *MAR.* boga *(action)* **à la ~** *loc. adv.* a nado **être tout en ~** *loc. fig.* estar bañado en sudor

**nageoire** *f.* aleta

**nager** *intr.* **1** nadar **2** *fig., fam.* no comprender, no saber qué hacer **3** *MAR.* remar, bogar **4** *tr.* nadar

**nageur, -euse** *s.* nadador, ora

**naguère** *adv.* no hace mucho, hace poco

**naïf, -ive** *adj. -s.* inocente, ingenuo, a, cándido, a

**nain, naine** *adj. -s.* enano, a

**naissance** *f.* **1** nacimiento *m.* **2** linaje *m.*, cuna, origen *m. (extraction)* **3** origen *m.* **donner ~ à** dar origen a

**naître** *intr.* nacer *il est né* ha nacido

**naïveté** *f.* ingenuidad, inocencia, candidez

**naja** *m.* cobra *f.*

**nandou** *m.* ñandú

**nantir** *tr.* **1** proveer *(pourvoir)* **2** pignorar **3** *pr.* proveerse

**nantissement** *m.* fianza *f.*, prenda *f.*

**naphtaline** *f.* naftalina

**naphte** *m.* nafta *f.*

**nappe** *f.* **1** mantel *m.* **2** capa **~ d'eau** capa de agua **~ de pétrole** mancha de petróleo **~ d'autel** mantel *m.* sabanilla de altar

**napperon** *m.* tapete

**narcotique** *adj. -m.* narcótico, a

**nard** *m.* nardo

**narguer** *tr.* provocar con insolencia, mofarse de, hacer befa de

**narine** *f.* ventana de la nariz

**narquois, -e** *adj.* socarrón, ona, burlón, ona

**narrateur, -trice** *m. -f.* narrador, ora

**narration** *f.* narración

**narrer** *tr.* narrar

**nasal, -ale** *adj.* **1** nasal **2** *f.* nasal *(consonne)*

**naseau** *m.* ollar *(de chevaux, mulets, ânes)*

**nasillard, -e** *adj.* gangoso, a

**nasse** *f.* **1** nasa, garlito *m.* **2** *fig.* trampa

**natal, -ale** *adj.* natal

**natalité** *f.* natalidad

**natif, -ive** *adj. -s.* nativo, a

**nation** *f.* nación

**nationaliser** *tr.* nacionalizar

**nationalisme** *m.* nacionalismo

**nationalité** *f.* nacionalidad

**nativité** *f.* **1** natividad **2** Navidad *(Noël)*

**natte** *f.* **1** trenza *(de cheveux)* **2** estera *(tapis)* **3** pleita *(tresse de sparte)*

**naturaliser** *tr.* **1** naturalizar *se faire ~* naturalizarse **2** aclimatar **3** disecar *(empailler)*

**naturalisme** *m.* naturalismo

**naturaliste** *adj. -s.* naturalista

**nature** *f.* **1** naturaleza **2** natural *m.*, índole, carácter *m.* **3** *adj. invar.* natural *un homme très ~* un hombre muy natural *loc. adv.* **d'après ~** del natural

**naturel, -elle** *adj.* **1** natural **2** *m.* natural, índole *f.*, carácter **3** naturalidad *f. (simplicité) loc. adv.* **au ~** al natural

**naufrage** *m.* naufragio

**naufrager** *intr.* naufragar

**nauséabond, -e** *adj.* nauseabundo, a

**nausée** *f.* náusea

**nautique** *adj.* náutico, a

**naval, -ale** *adj.* naval *combats navals* combates navales *chantier ~* astillero

**navet** *m.* **1** nabo **2** *fam.* mamarracho, churro, rollo

**navette** *f.* **1** lanzadera *(de métier à tisser)* **2** canilla *(de machine à coudre)* **3** *LITURG.* naveta **4** tren *m.* autocar que viene de un punto a otro *m.* *faire la ~* ir y venir **~ aérienne** puente aéreo **~ spatiale** vehículo espacial

**navigation** *f.* navegación **~ au long cours** navegación de altura

**naviguer** *intr.* navegar

**navire** *m.* navío, buque, nave *f.*

**navrant, -e** *adj.* **1** aflictivo, a, desconsolador, ora, doloroso, a **2** lamentable

**navrer** *tr.* afligir, desconsolar *j'en suis navré* lo siento en el alma

**ne** *adv.* no *je ∼ sais pas* yo no sé *il ∼ rit jamais* no se ríe nunca *∼ que no...* sino *elle ∼ boit que de l'eau* no bebe sino agua ; no... más que *il ∼ dit que des bêtises* no dice más que tonterías

**né, née** *adj.* 1 *v.* **naître** 2 nacido, a 3 precede al apellido de soltera de la mujer casada *madame Leblanc, née Laroche* señora Laroche de Leblanc 4 nato, a, de nacimiento *criminel-∼* criminal nato

**néanmoins** *adv.* sin embargo, no obstante

**néant** *m.* nada *f.*

**nébuleux, -euse** *adj.* nebuloso, a

**nec plus ultra (le)** *m.* el no va más

**nécessaire** *adj.* 1 necesario, a 2 *m.* lo necesario *faire le ∼* hacer lo necesario 3 neceser *∼ de voyage* neceser

**nécessité** *f.* necesidad

**nécessiter** *tr.* 1 necesitar 2 requerir

**nécrologie** *f.* necrología

**nécromancie** *f.* nigromancia

**nectar** *m.* néctar

**nef** *f.* 1 *ARCHIT.* nave 2 nave, nao *(navire)*

**néfaste** *adj.* nefasto, a, funesto, a

**nèfle** *f.* níspero *m. (fruit)*

**néflier** *m.* níspero

**négatif, -ive** *adj.* 1 negativo, a 2 *m.* *PHOTO* negativo 3 *f.* negativa

**négation** *f.* negación

**négligé, -ée** *adj.* 1 descuidado, a, desaliñado, a 2 *m.* descuido 3 vestido casero, bata *f. être en ∼* estar de trapillo

**négligence** *f.* negligencia, descuido *m.*, desidia

**négligent, -e** *adj. -s.* negligente, descuidado, a, desidioso, a

**négliger** *tr. intr.* descuidar

**négoce** *m.* negocio, comercio

**négociant, -e** *s.* negociante

**négociation** *f.* negociación

**négocier** *intr. -tr.* negociar

**nègre, négresse** *adj. -s.* negro, a

**négrier** *adj. -m.* negrero

**neige** *f.* nieve *neige fondue* aguanieve

**neiger** *imper.* nevar

**nénuphar** *m.* nenúfar

**néologisme** *m.* neologismo

**néon** *m.* neón

**néophyte** *s.* neófito, a

**népotisme** *m.* nepotismo

**nerf** *m.* 1 *ANAT.* nervio 2 *fig.* nervio, fuerza *f.*, energía *f.* 3 *TECHN.* nervio *∼ de bœuf* vergajo *avoir les nerfs en pelote fig.* estar nervioso, a *porter, taper sur les nerfs* poner nervioso, a

**nerveux, -euse** *adj. -s.* nervioso, a *m. rendre ∼* poner nervioso, a

**nervosité** *f.* nerviosidad, nerviosismo *m.*

**nervure** *f.* 1 *BOT.* nervio *m.* 2 *ARCHIT.* nervadura 3 nervura *(reliure)*

**net, nette** *adj.* 1 nítido, a, limpio, a, puro, a *voix nette* voz pura 2 neto, a *poids ∼* peso neto 3 claro, a, categórico, a *idées nettes* ideas claras 4 *adv.* de repente, en seco *s'arrêter ∼* pararse en seco 5 categóricamente, rotundamente *refuser ∼, tout ∼* negarse rotundamente 6 en limpio *mille francs ∼* mil francos en limpio *mettre au ∼* poner en limpio *en avoir le cœur ∼ fig.* asegurarse de la verdad de una cosa

**netteté** *f.* limpieza, nitidez, claridad

**nettoyer** *tr.* limpiar

**neuf** *adj. -m.* nueve *il est ∼ heures* son las nueve *Charles IX* Carlos noveno

**neuf, neuve** *adj.* 1 nuevo, a 2 *m. invar.* nuevo *remettre à ∼* arreglar, poner como nuevo

**neurasthénie** *f. MÉD.* neurastenia

**neutralité** *f.* neutralidad

**neutre** *adj.* 1 neutro, a 2 neutral *(pays)*

**neuvaine** *f.* novena, novenario *m.*

**neuvième** *adj. -s.* noveno, a

**névé** *m.* nevero

**neveu** *m.* sobrino

**névralgie** *f. MÉD.* neuralgia

**névrose** *f.* neurosis

**nez** *m.* 1 nariz *f.* 2 olfato *avoir le ∼ fin* tener buen olfato 3 *MAR.* proa *f.* 4 morro *(d'un avion) faire un pied de ∼ à* hacer un palmo de narices a, burlarse de *parler du ∼* ganguear *rire au ∼ de* reírse en las barbas de

**ni** *conj.* ni

**niable** *adj.* negable

**niais, -aise** *adj. -s.* necio, a, bobo, a, tonto, a, simple

**niche** *f.* 1 nicho *m.* 2 casilla *(à chien)* 3 broma, travesura *(farce)*

**nicher** *intr.* **1** anidar **2** *fam.* vivir *(habiter)* **3** *pr.* anidar *(les oiseaux)* **4** meterse, esconderse *(se cacher)*

**nickel** *m.* niquel

**nicotine** *f.* nicotina

**nid** *m.* nido *nid-d'abeilles* frunce *(broderie)*

**nidifier** *intr.* nidificar

**nièce** *f.* sobrina

**nier** *tr.* negar *il nie la vérité* niega la verdad

**nigaud, -aude** *adj. -s.* bobo, a

**nihilisme** *m.* nihilismo

**nimbe** *m.* nimbo, aureola *f.*

**nipper** *tr.* **1** *fam.* vestir, ataviar **2** *pr. fam.* vestirse, ataviarse

**nippon, -one** *adj. -s.* nipón, ona

**nique** *f.* mueca *faire la ~ à* burlarse de

**nitouche (sainte)** *f.* mosquita muerta

**nitrate** *m.* nitrato

**niveau** *m.* nivel

**niveler** *tr.* nivelar

**noble** *adj. -s.* noble

**noblesse** *f.* nobleza

**noce** *f.* **1** boda **2** *pl.* bodas, nupcias *loc. fig. faire la ~* ir de juerga, ir de picos pardos

**noceur, -euse** *adj. -s.* juerguista

**nocif, -ive** *adj.* nocivo, a

**noctambule** *adj. -s.* noctámbulo, a, trasnochador, ora

**nocturne** *adj.* **1** nocturno, a **2** *m. MUS.* nocturno **3** *f.* partido nocturno *m.*

**nodule** *m.* nódulo

**Noël** *m.* Navidad *f. chant de ~* villancico *joyeux ~* felices pascuas, felices navidades

**nœud** *m.* **1** nudo *~ coulant* nudo corredizo *~ gordien* nudo gordiano **2** *MAR.* nudo *(unité de distance)* **3** *ASTRON.* nodo

**noir, noire** *adj.* **1** negro, a **2** oscuro *il fait ~* está oscuro **3** *pop.* borracho, a, trompa *(ivre)* **4** *fig.* triste, negro, a *des idées noires* ideas tristes *humeur noire* humor negro **5** *m.* negro *(couleur)* **6** *adj. -s.* negro, a

**noirâtre** *adj.* negruzco, a

**noiraud, -e** *adj. -s. fam.* moreno, a

**noirceur** *f.* negrura

**noircir** *tr.* **1** ennegrecer, ensombrecer **2** *fig.* calumniar, infamar, manchar **3** *intr. -pr.* ennegrecerse, ensombrecerse

**noise** *f. chercher ~ à quelqu'un* buscar camorra a alguien

**noisetier** *m.* avellano

**noisette** *f.* avellana

**noix** *f.* nuez *des ~* nueces *~ de coco* coco, nuez de coco *~ muscade* nuez moscada *~ de galle* agalla *à la ~ loc. fam.* de tres al cuarto

**nom** *m.* **1** nombre *~ de baptême, petit ~* nombre de pila **2** apellido *(de famille)* **3** *GRAM.* sustantivo, nombre *~ commun* nombre común *~ de famille* apellido *avoir ~* llamarse *au ~ de* en nombre de

**nomade** *adj. -s.* nómada

**nombre** *m.* número *~ abstrait, entier, premier* número abstracto, entero, primo *le plus grand ~* la mayoría, la mayor parte *au ~ de loc. prép.* entre, en el número de *faire ~* hacer bulto

**nombreux, -euse** *adj.* numeroso, a *de ~ cas* numerosos casos

**nombril** *m.* ombligo

**nominal, -ale** *adj.* nominal

**nominatif, -ive** *adj.* **1** nominal *état ~* relación nominal **2** *adj. -m.* nominativo, a

**nomination** *f.* nombramiento *m.*

**nommé, -ée** *adj.* nombrado, a, llamado, a, apodado, a *loc. adv. à point ~* a punto, en el momento preciso, a propósito

**nommer** *tr.* **1** llamar, poner de nombre *ses parents l'ont nommé Jean* sus padres le pusieron de nombre Juan **2** mencionar, nombrar *(citer)* **3** nombrar *on l'a nommé directeur* le nombraron director **4** *pr.* nombrarse, llamarse

**non** *adv.* **1** no *oui ou ~? ¿* si o no ? *~ certes* no por cierto **2** *m.* no *un ~ catégorique* un no rotundo *~ plus loc. adv.* tampoco *~ que, ~ pas que loc. conj.* no es que *~ plus que loc. conj.* no más que

**nonagénaire** *adj. -s.* nonagenario, a

**non-aligné, -ée** *adj. -s.* no alineado, a

**non-assistance** *f.* falta de asistencia

**nonchàlance** *f.* indolencia, flojedad, languidez, abandono *m.*

**nonciature** *f.* nunciatura

**none** *f.* **1** nona **2** *pl.* nonas

**non-intervention** *f.* no intervención

**non-lieu** *m. DR.* sobreseimiento

**nonne** *f.* monja

**nonobstant** *prép.* **1** a pesar de **2** *adv.* no obstante, sin embargo

**non-sens** *m. invar.* **1** falta de sentido **2** absurdo, disparate *(absurdité)*

**nord** *m.* norte *perdre le* ~ *loc. fam.* perder la chaveta *pôle* ~ *adj. invar.* polo norte

**nord-est** *adj. -m.* nordeste

**nord-ouest** *adj. -m.* noroeste

**noria** *f.* noria

**normal, -ale** *adj.* normal *école* ~ escuela normal *f. la* ~ lo normal, la normalidad

**normalité** *f.* normalidad

**norme** *f.* norma, pauta

**norvégien, -ienne** *adj. -s.* noruego, a

**nos** *adj. poss.* nuestros, nuestras

**nostalgie** *f.* nostalgia, añoranza

**nota** *m. invar.* nota *nota bene, nota* nota bene *f.*, nota *f.*

**notable** *adj. -s.* notable

**notaire** *m. invar. étude de* ~ notaría

**notarial, -ale** *adj.* notarial

**notarié, -ée** *adj.* **1** notarial *(fait devant notaire)* **2** notariado, a

**notation** *f.* notación

**note** *f.* **1** nota *prendre* ~ *de* tomar nota de **2** cuenta, factura *(addition)* **3** apunte *m. prendre des notes* tomar apuntes

**noter** *tr.* **1** notar *(remarquer)* **2** anotar, apuntar *(inscrire)*

**notice** *f.* nota, reseña, folleto *m.*

**notifier** *tr.* notificar

**notion** *f.* noción

**notoriété** *f.* notoriedad

**notre** *adj. poss.* nuestro, a

**nôtre** *pron. poss.* **1** nuestro, a **2** *m. pl. les nôtres* los nuestros

**noué, -ée** *adj.* anudado, a

**nouer** *tr.* **1** anudar, atar **2** *fig.* trabar ~ *une amitié* trabar una amistad **3** urdir ~ *une intrigue* urdir una intriga **4** *pr.* anudarse, atarse

**nougat** *m.* almendrado, turrón

**nouille** *f.* **1** tallarín *m. nouilles au gratin* tallarines al gratén **2** *fam.* ganso, a, bobalicón, ona

**nourri, -ie** *adj.* **1** nutrido, a **2** alimentado, a, cebado, a

**nourrice** *f.* nodriza

**nourrir** *tr.* **1** nutrir **2** alimentar, mantener **3** criar, amamantar *(allaiter)* **4** *fig.* abrigar *(espoir, etc.)* **5** *pr.* alimentarse, nutrirse

**nourrisson** *m.* niño de pecho

**nourriture** *f.* alimento *m.*, sustento *m.*, comida *f.*

**nous** *pron. pers. pl.* **1** nosotros *(sujet, se traduit rarement, sauf pour insister)* ~ *sommes* somos ~ *autres Français* nosotros los franceses *c'est* ~ *qui somos* nosotros, nosotras quienes **2** *nos (complément) il* ~ *parle* él nos habla **3** *nos (pluriel de majesté) à* ~ nuestro, a *cette maison est à* ~ esta casa es nuestra

**nouveau, nouvelle** *adj.* **1** nuevo, a ~ *riche* nuevo rico **2** nuevo, a, novato, a *(élève, recrue)* **3** *adv.* recién *nouveaux mariés* recién casados *à* ~ *loc. adv.* de nuevo *de* ~ de nuevo, una vez más *m. du nouveau* algo nuevo *delante de vocal o h muda nouvel*

**nouveau-né, -ée** *adj. -s.* recién nacido, a

**nouveauté** *f.* **1** novedad **2** *pl. COMM.* novedades

**nouvelle** *f.* **1** noticia, nueva *dernières nouvelles* últimas noticias **2** novela corta *(récit) romans et nouvelles* novelas y novelas cortas *fausse* ~ bulo *m. aller aux nouvelles* ir en busca de noticias

**nouvelliste** *m.* , periodista *(journaliste)* **2** autor de novelas cortas

**novembre** *m.* noviembre

**novice** *adj. -s.* **1** novicio, a *(religieux)* **2** novato, a *(débutant)*

**noviciat** *m.* noviciado

**noyau** *m.* **1** *BOT.* hueso **2** *BIOL., PHYS.* núcleo **3** *fig.* núcleo

**noyer** *tr.* **1** ahogar **2** anegar *(un terrain)* **3** anegar, inundar **4** diluir, desvanecer *(couleurs, etc.)* **5** *pr.* ahogarse *fig.* ~ *son chagrin* ahogar sus penas

**noyer** *m.* nogal

**nu, nue** *adj.* **1** desnudo. *Devant un nom, est invariable et s'unit à lui par un trait d'union; après le nom, il s'accorde avec lui et perd le trait d'union : nu-pieds, pieds nus* descalzo, a **2** *DR.* nudo, a *nu-propiétaire* nudo propietario **3** *m. PEINT., SCULPT.* desnudo

**nuage** *m.* nube *f. gros* ~ nubarrón

**nuageux, -euse** *adj.* **1** nublado, a **2** nebuloso, a

**nuance** *f.* matiz *m.*, gradación

**nubile** *adj.* núbil

**nucléaire** *adj.* nuclear

**nudité** *f.* desnudez

**nue** *f.* nube

**nuée** *f.* **1** nubarrón *m.*, nublado *m.* **2** nube, multitud

**nuire** *intr.* **1** dañar, perjudicar ∼ *à la réputation* dañar la reputación **2** *pr.* dañarse, perjudicarse

**nuisible** *adj.* dañoso, a, perjudicial

**nuit** *f.* noche *il fait* ∼ es de noche *loc. adv. la* ∼ por la noche, de noche *à la* ∼ *tombante* al anochecer

**nul** *pron. indéf.* nadie

**nul, nulle** *adj.* **1** nulo, a **2** *adj. indéf.* ningún, ninguno, a

**nullité** *f.* nulidad

**numéraire** *adj. -m.* numerario, a

**numéral, -ale** *adj.* numeral *adjectifs numéraux* adjetivos numerales

**numération** *f.* numeración

**numéro** *m.* **1** número *(chiffre de loterie, spectacle)* **2** matrícula *f. (de voiture) un drôle de* ∼ *fam.* un tipo raro

**numéroter** *tr.* numerar

**numismatique** *adj.* **1** numismático, a **2** *f.* numismática

**nuptial, -ale** *adj.* nupcial

**nuque** *f.* nuca, cogote *m. fam.*

**nutritif, -ive** *adj.* nutritivo, a

**nutrition** *f.* nutrición

**nymphe** *f.* ninfa

**nymphomane** *adj. -f.* ninfómana

# O

**o** *m.* o *f.*

**ô !** *interj.* ¡ oh !

**oasis** *f.* oasis *m.*

**obédience** *f.* obediencia

**obéir** *tr.* -*intr.* obedecer

**obéissance** *f.* obediencia

**obéissant, -ante** *adj.* obediente

**obélisque** *m.* obelisco

**obésité** *f.* obesidad

**objecter** *tr.* objetar

**objection** *f.* objeción

**objectivité** *f.* objetividad

**objet** *m.* objeto

**oblation** *f.* oblación

**obligation** *f.* obligación

**obligatoire** *adj.* obligatorio, a

**obligé, -ée** *adj.* 1 obligado, a 2 *adj.* -*s.* agradecido, a

**obligeant, -e** *adj.* complaciente, amable, servicial, cortés

**obliger** *tr.* 1 obligar 2 servir, complacer *vous m'obligeriez si...* le estaria muy agradecido si... 3 *pr.* obligarse, comprometerse

**oblique** *adj.* oblicuo, a

**oblitérer** *tr.* 1 borrar *(effacer)* 2 inutilizar, matar *(avec un cachet)* ∼ *un timbre* matar un sello 3 *MÉD.* obliterar

**oblong, -ongue** *adj.* oblongo, a

**obnubiler** *tr.* obnubilar, obsesionar

**obole** *f.* óbolo *m.*

**obscénité** *f.* obscenidad

**obscur, -ure** *adj.* oscuro, a

**obscurcir** *tr.* 1 oscurecer 2 *pr.* oscurecerse

**obscurité** *f.* oscuridad

**obséder** *tr.* obsesionar, atormentar

**obsèques** *f. pl.* exequias, funerales *m.*

**obséquieux, -euse** *adj.* obsequioso, a

**observance** *f.* observancia

**observateur, -trice** observador, ora

**observation** *f.* observación

**observer** *tr.* observar

**obsession** *f.* obsesión

**obsolète** *adj.* obsoleto, a, anticuado, a

**obstacle** *m.* obstáculo *faire* ∼ *à* poner obstáculos a

**obstination** *f.* obstinación

**obstiner (s')** *pr.* obstinarse (en)

**obstruction** *f.* obstrucción

**obstruer** *tr.* obstruir

**obtenir** *tr.* obtener, conseguir, lograr *il a obtenu le prix Nobel* obtuvo el premio Nobel

**obtention** *f.* obtención

**obturer** *tr.* obturar

**obtus, -e** *adj.* obtuso, a

**obus** *m.* obús

**ocarina** *m. MUS.* ocarina *f.*

**occasion** *f.* 1 ocasión, oportunidad *profiter d'une* ∼ aprovechar una oportunidad 2 ocasión 3 motivo *m.,* causa *d'*∼ de ocasión *livres d'*∼ libros de ocasión, de lance, de segunda mano

**occasionner** *tr.* ocasionar

**occident** *m.* occidente

**occidental, -ale** *adj.* -*s.* occidental

**occipital, -ale** *adj.* occipital

**occulte** *adj.* oculto, a

**occultisme** *m.* ocultismo

**occupation** *f.* ocupación

**occuper** *tr.* 1 ocupar 2 *pr.* ocuparse

**occurrence** *f.* ocurrencia

**océan** *m.* océano

**ocelot** *m.* ocelote

**ocre** *adj.* -*f.* ocre *m.*

**octaèdre** *m.* octᵉᵈro

**octave** *f.* octava

**octet** *m.* octeto

**octobre** *m.* octubre

**octogénaire** *adj.* -*s.* octogenario, a

**octogonal, -ale** *adj.* octogonal

**octroi** *m.* 1 otorgamiento, concesión *f. (d'un privilège, etc.)* 2 consumos *pl. (droits, impôts)* 3 fielato *(bureau)*

**oculaire** *adj.* -*m.* ocular

**oculiste** *adj.* -*s.* oculista

**odalisque** *f.* odalisca

**ode** *f.* oda

**odéon** *m.* odeón

**odeur** *f.* olor *m.*

**odieux, -euse** *adj.* odioso, a

**odontologie** *f.* odontologia

**odorant, -e** *adj.* oloroso, a, fragante

**odorat** *m.* olfato

**odyssée** *f.* odisea

**œcuménique** *adj.* ecuménico, a

**œdème** m. MÉD. edema

**œil, yeux** m. 1 ojo 2 ojo *(d'une aiguille, du pain, du fromage, du bouillon)* 3 BOT. yema f., botón *avoir l'~ à, sur* tener ojo a, vigilar *avoir l'~ à tout* estar en todo *être tout yeux* ser todo ojos *faire de l'~ à quelqu'un* guiñar el ojo a alguien *il n'est pour voir que l'~ du maître* el ojo del amo engorda el caballo *à l'~* loc. adv. de balde *(gratis)* *à l'~ nu* a simple vista *à vue d'~* a ojo de buen cubero, a ojos vistas *mon ~!* interj. fam. ¡ni hablar! *jeter un coup d'~* echar una mirada, un vistazo

**œil-de-bœuf** m. ojo de buey

**œil-de-perdrix** m. ojo de gallo

**œillade** f. guiño m., guiñada

**œillère** f. anteojera *(de cheval)*

**œillet** m. 1 clavel 2 ojete *(de chaussure)* *~ d'Inde* clavelón

**œillette** f. adormidera

**œnologie** f. enología

**œsophage** m. esófago

**œuf, œufs** m. huevo, hueva f. *(pl. œufs de poisson)*

**œuvre** f. 1 obra, labor, trabajo m. 2 obra *bonnes œuvres* buenas obras 3 obra *~ d'art* obra de arte 4 m. obra f. *(d'un artiste)* *mettre en ~* utilizar, poner en acción *le gros ~* CONSTR. los cimientos y las paredes

**offense** f. ofensa

**offenser** tr. 1 ofender 2 pr. ofenderse

**offensif, -ive** adj. 1 ofensivo, a 2 f. ofensiva

**office** m. 1 oficio, cargo, función f. 2 oficio *(faveur)* *bons offices* buenos oficios 3 LITURG. oficio *petit ~* oficio parvo 4 despacho, agencia f. *(bureau)* 5 m. ou f. antecocina f. *faire ~ de* hacer las veces de *d'~* loc. adv. de oficio

**officiel, -elle** adj. oficial

**officier** intr. LITURG. celebrar

**officier** m. oficial

**officieux, -euse** adj. oficioso, a

**officine** f. oficina, laboratorio m.

**offrande** f. ofrenda

**offre** f. oferta

**offrir** tr. 1 ofrecer 2 regalar, ofrecer *(un cadeau)*

**offusquer** tr. 1 chocar, ofender 2 ofuscar *(éblouir)* 3 pr. ofenderse

**ogival, -ale** adj. ARCHIT. ojival

**ogre, ogresse** s. ogro, ogresa

**oh!** interj. ¡oh!

**ohé!** interj. ¡eh!, ¡hola!

**oie** f. 1 oca, ganso m. 2 fig. tonto, a

**oignon** m. 1 cebolla f. 2 bulbo *(de tulipe, etc.)* 3 juanete *(aux pieds)*

**oindre** tr. 1 untar 2 RELIG. ungir

**oiseau** m. ave f. *(grand),* pájaro *(petit)* *~ de passage* ave de paso *vilain ~* fig. pajarraco *à vol d'~* loc. adv. en línea recta

**oiseux, -euse** adj. vano, a, inútil

**oisif, -ive** adj. -s. ocioso, a

**oisiveté** f. ociosidad, ocio m.

**oison** m. ansarón

**oléagineux, -euse** adj. -m. oleaginoso, a

**olfactif, -ive** adj. olfativo, a

**oligarchie** f. oligarquía

**olivaie** f. olivar m.

**olivâtre** adj. aceitunado, a

**olive** f. 1 aceituna, oliva *huile d'~* aceite de oliva m. 2 adj. de color verde oliva

**olivier** m. olivo, aceituno

**olympiade** f. olimpiada

**olympique** adj. olímpico, a

**ombelle** f. BOT. umbela

**ombilic** m. ombligo

**ombrage** m. 1 enramada f., follaje que da sombra 2 sombra f. *(ombre)* 3 fig. sospecha f., recelo *prendre ~ de quelque chose* disgustarse de algo

**ombrager** tr. sombrear, dar sombra

**ombrageux, -euse** adj. 1 desconfiado, a, receloso, a 2 asombradizo, a, espantadizo, a *(cheval)*

**ombre** f. sombra *faire de l'~* hacer, dar sombra *~ portée* esbatimento m. *sans l'~ d'un doute* sin sombra de duda, sin duda alguna *vivre dans l'~* vivir apartado, a *mettre à l'~* fam. poner a la sombra, meter en chirona *terre d'~* tierra de Siena

**ombrelle** f. sombrilla, quitasol m.

**ombreux, -euse** adj. umbroso, a

**omelette** f. tortilla, *~ au jambon, nature* tortilla de jamón, a la francesa

**omettre** tr. omitir

**omission** f. omisión

**omnibus** m. ómnibus

**omnipotence** f. omnipotencia

**omnipotent, -e** adj. omnipotente

**omniscience** f. omnisciencia

**omnivore** *adj.* omnívoro, a

**omoplate** *f. ANAT.* omóplato *m.*

**on** *pron. indéf.* **1** se *3ᵉ pers. du pl.* ∼ *dit qu'il est mort* se dice, dicen que ha muerto **2** uno, una ∼ *croirait* uno, una creería **3** *sens de nous fam.* ∼ *a bien mangé* hemos comido bien **4** *sens de je fam.* ∼ *vient !* ¡ya voy! *Par euphonie on emploie l'on* après *être, ou, où, que, si. Cette forme ne peut être utilisée devant un nom commençant par l* ; *le qu'en-dira-t-on* el qué dirán *les* ∼*-dit voir* on-dit

**once** *f.* **1** onza *(poids)* **2** onza *(panthère)*

**oncle** *m.* tío

**onction** *f.* unción

**onctueux, -euse** *adj.* **1** untuoso, a **2** *fig.* que tiene unción

**onde** *f.* onda

**ondée** *f.* aguacero *m.*

**on-dit** *m. invar.* rumores *pl.*, hablillas *f. pl.*

**ondoyer** *intr.* **1** ondear, ondular **2** *tr. ECCLÉS.* administrar el bautismo

**ondulation** *f.* ondulación

**onduler** *intr.* **1** ondear, ondular **2** *tr.* ondular *(les cheveux)*

**onduleux, -euse** *adj.* undoso, a sinuoso, a, onduloso, a

**onéreux, -euse** *adj.* oneroso, a

**ongle** *m.* **1** uña *f. se ronger les ongles* morderse las uñas **2** uña *f.*, garra *f. (des animaux) coup d'*∼ zarpazo, arañazo

**onglet** *m.* **1** uña *f. (d'un canif)* **2** cartivana *f. (reliure)* **3** inglete *(angle)*

**onguent** *m.* ungüento

**onirique** *adj.* onírico, a

**onomatopée** *f.* onomatopeya

**onyx** *m.* ónice

**onze** *adj. numér. -m.* once

**onzième** *adj.* onceno, a, undécimo, a

**opacité** *f.* opacidad

**opalin, -e** *adj. -f.* opalino, a

**opaque** *adj.* opaco, a

**opéra** *m.* ópera *f.*

**opérateur, -trice** *m.* operador, ora

**opération** *f.* operación *opérations militaires MIL.* operaciones militares *salle d'*∼ quirófano *m.*

**opercule** *m.* opérculo

**opérer** *tr.* **1** operar *se faire* ∼ *de l'appendicite* operarse de apendicitis **2** *intr.* obrar **3** *pr.* operarse, producirse

**opérette** *f.* opereta

**ophtalmie** *f.* oftalmía

**ophtalmologie** *f.* oftalmología

**ophtalmologiste** ou **ophtalmologue** *m.* oftalmólogo

**opiner** *intr.* opinar ∼ *du bonnet* estar de acuerdo, asentir

**opiniâtre** *adj.* terco, a, porfiado, a, pertinaz

**opinion** *f.* opinión

**opium** *m.* opio

**opossum** *m.* zarigüeya *f.*, oposum

**opportunisme** *m.* oportunismo

**opportunité** *f.* oportunidad

**opposant, -e** *adj. -s.* **1** opositor, ora **2** oposicionista *(membre de l'opposition)*

**opposé, -ée** *adj.* **1** opuesto, a **2** *m.* lo contrario *à l'*∼ *loc. adv.* en el lado opuesto *à l'*∼ *de loc. prép.* en oposición a, al contrario de

**opposer** *tr.* **1** oponer **2** *pr.* oponerse

**opposition** *f.* oposición

**oppresseur** *adj. -m.* opresor, ora

**oppression** *f.* opresión

**opprimer** *tr.* oprimir

**opprobre** *m.* oprobio

**opter** *intr.* optar

**opticien, -enne** *m. -f.* óptico, a

**optimisme** *m.* optimismo

**option** *f.* opción

**optique** *adj.* **1** óptico, a **2** *f.* óptica

**opulence** *f.* opulencia

**opulent, -e** *adj.* opulento, a

**opuscule** *m.* opúsculo

**or** *m.* oro

**or** *conj.* ahora bien, pues, por lo tanto

**oracle** *m.* oráculo

**orage** *m.* tempestad *f.*, tormenta *f.*, borrasca *f.*

**orageux, -euse** *adj.* tempestuoso, a, borrascoso, a

**oraison** *f.* oración

**oral, -ale** *adj.* **1** oral **2** *m.* examen oral

**orange** *f.* **1** naranja **2** *adj. -m.* color naranja, anaranjado, a

**orangé, -ée** *adj. -m.* anaranjado, a

**orangeade** *f.* naranjada

**oranger** *m.* naranjo *fleur d'~* azahar *m.*

**orang-outan** ou **orang-outang** *m.* orangután

**orateur, -trice** *m.* orador, ora

**oratoire** *adj.* **1** oratorio, a **2** *m.* oratorio *art ~* oratoria *f.*

**orbe** *m.* **1** orbe **2** ASTRON. orbe

**orbite** *f.* ANAT., ASTRON. órbita

**orchestre** *m.* orquesta *f.*

**orchidée** *f.* orquídea

**ordinaire** *adj.* **1** ordinario, a, corriente **2** ordinario, a *(médiocre)* **3** *m.* lo usual, lo ordinario, lo común

**ordinal, -ale** *adj.* ordinal

**ordinateur** *m.* ordenador, computador, computadora *f.*

**ordination** *f.* LITURG. ordenación

**ordonnance** *f.* **1** ordenación, orden *m.*, disposición *(arrangement)* **2** ordenanzas *pl. (règlement)* **3** DR. decreto, mandamiento **4** MÉD. receta, prescripción *(du médecin)* **5** MIL. ordenanza *m.*, asistente *m.*

**ordonnateur, -trice** *adj. -s.* ordenador, ora

**ordonner** *tr.* **1** ordenar *(mettre en ordre)* **2** ordenar, mandar *je vous ordonne de vous taire* le mando que se calle **3** MÉD. recetar, prescribir **4** ECCLÉS. ordenar *~ prêtre* ordenar de sacerdote

**ordre** *m.* **1** orden *~ chronologique* orden cronológico **2** orden *f.* **3** ARCHIT., ZOOL. orden *~ dorique* orden dórico **4** COMM. orden *f.*, pedido **5** colegio *(d'avocats, médecins) donner ~* dar orden *~ du jour* orden del día *jusqu'à nouvel ~* hasta nuevo aviso *payer à l'~ de* páguese a la orden de

**ordure** *f.* **1** suciedad **2** basura **3** *fig.* porquería, indecencia

**orée** *f.* orilla, linde, lindero *m. à l'~ du bois* en el lindero del bosque

**oreille** *f.* **1** oreja *(pavillon)*, oído *m. (ouïe, organe)* **2** orejera *(de fauteuil)* **3** oreja *(anse) avoir de l'~* tener oído *avoir l'~ dure* ser duro de oído *faire la sourde ~* hacer oídos de mercader *à l'~ loc. adv.* al oído

**oreiller** *m.* almohada *f.*

**oreillons** *m. pl.* MÉD. paperas *f.*

**ores** *loc. adv. d'ores et déjà* desde ahora

**orfèvre** *m.* orfebre

**orfèvrerie** *f.* orfebrería

**orfraie** *f.* pigargo *m.*, quebrantahuesos *m.*

**organe** *m.* **1** órgano **2** voz *f. (voix)*

**organique** *adj.* orgánico, a

**organisation** *f.* organización

**organiser** *tr.* **1** organizar **2** *pr.* organizarse

**organisme** *m.* organismo

**organiste** *s.* organista

**orge** *f.* cebada *~ mondé m.* cebada mondada *~ perlé m.* cebada perlada

**orgeat** *m.* horchata *f.*

**orgelet** *m.* orzuelo

**orgie** *f.* orgía

**orgue** *m. au sing., f. au pluriel* MUS. órgano *~ de Barbarie* organillo *point d'~* calderón

**orgueil** *m.* orgullo

**orgueilleux, -euse** *adj. -s.* orgulloso, a

**Orient** *m.* Oriente *Moyen-~* Oriente Medio

**oriental, -ale** *adj. -s.* oriental

**orientation** *f.* orientación

**orienter** *tr.* **1** orientar **2** *pr.* orientarse

**orifice** *m.* orificio

**origan** *m.* orégano

**originaire** *adj.* originario, a, oriundo, a

**originalité** *f.* originalidad

**origine** *f.* origen *m.*

**originel, -elle** *adj.* original

**oripeau** *m.* oropel

**orme** *m.* olmo

**ornement** *m.* ornamento

**ornemental, -ale** *adj.* ornamental

**ornementer** *tr.* ornamentar

**orner** *tr.* ornar, adornar

**ornière** *f.* **1** carril *m.*, rodada, rodera **2** *fig.* vieja costumbre, rutina

**ornithologie** *f.* ornitología

**orographie** *f.* orografía

**orphelin, -e** *adj. -s.* huérfano, a

**orphelinat** *m.* orfanato

**orphéon** *m.* orfeón

**orteil** *m.* dedo del pie, *gros ~* dedo gordo del pie

**orthodoxe** *adj. -s.* ortodoxo, a

**orthogonal, -ale** *adj.* ortogonal

**orthographe** *f.* GRAM. ortografía

**orthographique** *adj.* ortográfico, a

**orthopédique** *adj.* ortopédico, a

**ortie** *f.* ortiga

**ortolan** *m.* hortelano

**os** *m.* hueso

**oscillation** *f.* oscilación

**osciller** *intr.* oscilar

**osé, -ée** *adj.* osado, a, atrevido, a

**oseille** *f.* acedera

**oser** *intr.* osar, atreverse a

**osier** *m.* mimbre, mimbrera *f.*

**osmose** *f.* ósmosis

**ossature** *f.* **1** osamenta, esqueleto *m.*
**2** *TECHN.* armazón *m.*

**ossements** *pl. m.* osamenta *f. sing.*

**osseux, -euse** *adj.* **1** óseo, a *(tissu,
cellule)* **2** huesudo, a

**ossifier** *tr.* osificar

**ostensible** *adj.* ostensible

**ostensoir** *m.* custodia *f.*

**ostentation** *f.* ostentación

**ostracisme** *m.* ostracismo

**otage** *m.* rehén

**otarie** *f.* otaria, león marino *m.*

**ôter** *tr.* **1** quitar, sacar *(enlever)* **2** quitarse *(vêtement)* ~ **son chapeau** qui-
tarse el sombrero **3** quitar, restar *(soustraire)* **5** *ôté de 10 égale 5* 5 restado de
10 quedan 5 **4** suprimir **5** *pr.* quitarse,
retirarse

**ou** *conj.* o, u *(u devant un mot qui
commence par o ou ho)* **deux** ~ **huit**
dos u ocho

**où** *adv.* **1** donde, en donde *la ville* ~
*je suis né* la ciudad donde nací
**2** adonde *(avec mouvement)* *il ne sait
pas* ~ *aller* no sabe adonde ir
**3** dónde, adónde *(interrogatif)*, en que
*(temps)* ~ *vas-tu?* ¿ adónde vas?
*l'année* ~ *il s'est marié* el año en que
se casó **4** a que, en que *le danger* ~ *tu
nous exposes* el peligro a que nos
expones *d'*~ de donde *par* ~ por
donde ~ *que* dondequiera que

**ouais** *interj. fam.* sí

**ouate** *f.* guata, algodón en rama *m.*

**oubli** *m.* olvido

**oublie** *f.* barquillo *m.*

**oublier** *tr.* **1** olvidar, olvidarse **2** *pr.*
olvidarse de uno mismo

**oubliette** *f.* mazmorra

**ouest** *m.* oeste

**ouf!** *interj.* ¡ uf!

**oui** *adj.* sí ~ *ou non?* ¿ sí o no? *loc.
adv.* **mais** ~ claro que sí

**ouï-dire** *loc. adv. par* ~ de oídas

**ouïe** *f.* **1** oído *m.* **2** *pl.* agallas *(de
poisson)* **3** eses *m. (de violon)*

**ouïr** *tr.* oir *(usité spécialement dans son
sens juridique)* ~ *les témoins* oír a los
testigos

**ouragan** *m.* huracán

**ourdir** *tr.* urdir

**ourler** *tr.* dobladillar

**ourlet** *m.* dobladillo

**ours** *m.* oso

**ourse** *f.* osa

**oursin** *m.* erizo de mar

**ourson** *m.* osezno

**outil** *m.* herramienta *f.*

**outillage** *m.* **1** herramientas *f. pl.*
**2** maquinaria *f.* **3** utillaje *m.*

**outrage** *m.* **1** ultraje, injuria *f.*
**2** ofensa *f.*

**outrager** *tr.* ultrajar

**outrageux, -euse** *adj.* ultrajoso, a,
injurioso, a

**outrance** *f.* exageración, exceso *m. à*
~ *loc. adv.* a ultranza

**outre** *f.* odre *m.,* pellejo *m.*

**outre** *prép.* **1** además de **2** *adv.*
allende, más allá de *(au-delà de)*
~-*Rhin* allende el Rin *en* ~ *loc. adv.*
además ~ *que loc. prép.* además de
que *passer* ~ ir más allá *passer* ~ *à*
pasar por encima de, no hacer caso de
~ *mesure loc. ad*·· desmesuradamente

**outré, -ée** *adj.* **1** extremado, a, exagerado, a **2** irritado, a, indignado, a
*(indigné)*

**outrecuidant, -e** *adj.* presuntuoso, a,
petulante

**outremer** *m.* **1** lapislázuli **2** azul de
ultramar *(couleur)* **bleu** ~ *adj.* azul de
ultramar, *d'*~ ultramarino, a *adj.*

**outre-mer** *adv.* ultramar, en ultramar

**outrer** *tr.* **1** extremar, exagerar **2** indignar, escandalizar *(scandaliser)*

**outre-tombe** *adv.* ultratumba

**ouvert, -e** *adj.* abierto, a *à* *ville ouverte*
ciudad abierta *grand, large* ~ abierto
de par en par *v.* **ouvrir**

**ouverture** *f.* **1** abertura **2** apertura
*(d'une exposition, etc.)* **3** *MUS.* obertura **4** *pl.* proposiciones *(en vue de
pourparlers)* ~ *de la chasse, de la
pêche* levantamiento de la veda *m.* ~
*d'esprit* anchura de miras

**ouvrable** *adj.* laborable, hábil *jour* ~
día laborable

**ouvrage** *m.* obra *f.,* labor *f.,* trabajo

**ouvre-boîtes** *m. inv.* abrelatas

**ouvrier, -ière** *adj. -s.* obrero, a

**ouvrir** *tr.* **1** abrir *j'ai ouvert la porte* he abierto la puerta **2** *intr.* abrir, abrirse **3** *intr. -pr.* dar a *la porte ouvre, s'ouvre sur un jardin* la puerta da a un jardín **4** *pr. fig.* abrirse *s'~ à un ami* abrirse con un amigo *s'~ un passage* abrirse paso *~ la marche, le feu* romper la marcha, el fuego

**ovaire** *m.* ovario

**ovale** *adj.* **1** oval, ovalado, a **2** *m.* óvalo

**ovation** *f.* ovación

**ove** *m. ARCHIT.* óvolo

**overdose** *f.* sobredosis *(surdose)*

**ovin, -e** *adj.* ovino, a

**ovipare** *adj. -s.* ovíparo, a

**ovule** *m.* óvulo

**oxydation** *f.* oxidación

**oxyde** *m.* óxido

**oxygène** *m.* oxígeno

**ozone** *m.* ozono, *la couche d'~* la capa de ozono

# P

**p** *m.* p *f.*

**pacage** *m.* pasto *droit de* ~ derecho de pasto

**pachyderme** *m.* paquidermo

**pacificateur, -trice** *adj.* -s. pacificador, ora

**pacifier** *tr.* pacificar

**pacifique** *adj.* pacífico, a

**pacotille** *f.* pacotilla

**pacte** *m.* pacto

**pactiser** *intr.* **1** pactar **2** *fig.* transigir

**pagaie** *f.* pagaya, zagual *m.*

**pagaïe, pagaille** *f.* desorden *m.*, follón *tout est en* ~ todo está en desorden *quelle* ~ *!* ¡ qué jaleo !

**paganisme** *m.* paganismo

**page** *f.* **1** página **2** plana *(journal)* *mettre en* ~ *(s)* IMPR. compaginar *être à la* ~ *fam.* estar al día, al tanto, al corriente *tourner la* ~ *fig.* borrón y cuenta nueva

**page** *m.* paje

**pagel** *m.* pagel

**paginer** *tr.* paginar, numerar las páginas

**pagne** *m.* taparrabo

**pagode** *f.* pagoda

**paie** ou **paye** *f.* paga

**paiement** *m.* pago

**païen, -ïenne** *adj.* -s. pagano, a

**paillasse** *f.* **1** jergón *m.* **2** *m.* payaso

**paillasson** *m.* **1** felpudo, ruedo, esterilla *f.* **2** AGR. pajote

**paille** *f.* **1** paja **2** pelo *m.*, hoja *(dans un métal)* **3** pelo *m.* *(dans une pierre précieuse, dans le verre)* **4** *adj. invar.* pajizo, a *(couleur) tirer à la courte* ~ echar pajas ~ *de fer* estropajo de metal *être sur la* ~ *fig.* estar en la miseria *homme de* ~ *fig.* testaferro, hombre de paja

**pailleter** *tr.* adornar con lentejuelas

**pain** *m.* **1** pan ~ *bis* pan moreno ~ *complet* pan candeal ~ *de campagne* pan de pueblo ~ *de mie* pan inglés, pan de molde ~ *grillé* pan tostado ~ *d'épice* alajú, pan dulce hecho con harina de centeno, miel, etc. **2** pastilla *f.* ~ *de savon* pastilla de jabón *petit* ~ panecillo, bollo ~ *de sucre* pilón de azúcar

**pair, paire** *adj.* **1** par *nombre* ~ número par **2** *m.* igual *être jugé par ses*

*pairs* ser juzgado por sus iguales **3** par *(titre)* **4** COMM. par *f.* *change au* ~ cambio a la par *au* ~ *loc. adv.* con sola retribución de comida y alojamiento

**paisible** *adj.* **1** apacible **2** tranquilo, a, agradable

**paître** *tr.* -intr. pastar *envoyer* ~ *loc. fig. fam.* mandar a paseo

**paix** *f.* **1** paz *faire la* ~ hacer las paces **2** *interj.* ¡ chitón ! ¡ silencio ! *fichez-moi la* ~ déjeme en paz

**pal** *m.* **1** estaca *f.*, palo *(pour empaler)* **2** BLAS. palo

**palabre** *f.* discusión inútil *assez de palabres !* ¡ basta de discusiones !

**palais** *m.* **1** palacio **2** curia *f.* *(avocats, juges)* *gens du* ~ gente de curia **3** ANAT. paladar ~ *de justice* palacio de justicia, audiencia *f.*

**palan** *m.* polipasto, aparejo

**palanquin** *m.* palanquín

**palatal, -ale** *adj.* palatal

**pale** *f.* **1** pala *(de rame)* **2** paleta *(de roue, d'hélice)* **3** LITURG. palia, hijuela

**pâle** *adj.* pálido, a

**palefrenier** *m.* palafrenero

**paléographie** *f.* paleografía

**paléolithique** *m.* paleolítico

**paléontologie** *f.* paleontología

**paleron** *m.* espaldilla *f.* *(en boucherie)*

**palestre** *f.* palestra

**palet** *m.* tejo

**paletot** *m.* paletó, gabán

**palette** *f.* **1** paleta **2** PEINT. paleta **3** SPORT pala, raqueta

**palétuvier** *m.* mangle

**pâleur** *f.* palidez

**palier** *m.* **1** rellano, descansillo *(d'escalier)* **2** trecho llano de un camino **3** MÉC. soporte de un árbol de transmisión, palier

**pâlir** *intr.* **1** palidecer **2** *tr.* poner pálido, a, descolorar

**palissade** *f.* valla empalizada, vallado *m.*

**palissandre** *m.* palisandro

**palliatif, ive** *m.* paliativo, a

**pallier** *tr.* **1** paliar **2** MÉD. mitigar

**palmarès** *m.* lista de alumnos, deportistas, etc. premiados *f.*

**palme** f. 1 palma (feuille) 2 SPORT aleta (de nageur) **remporter la ~** llevarse la palma

**palmier** m. palmera f.

**palmipèdes** m. pl. ZOOL. palmípedos

**palombe** f. paloma torcaz

**pâlot, -otte** adj. paliducho, a

**palpable** adj. palpable

**palper** tr. 1 palpar 2 fig. fam. cobrar, recibir dinero

**palpiter** intr. palpitar

**paludisme** m. paludismo

**pâmer (se)** pr. 1 desfallecer, desvanecerse, desmayarse (s'évanouir) 2 quedar encandilado, a, encantado, a

**pâmoison** f. pasmo m.

**pamphlet** m. libelo

**pamplemousse** m. pomelo (fruit)

**pampre** m. pámpano

**pan** m. 1 lienzo **~ de mur** lienzo de pared 2 faldón **les pans d'un habit** los faldones de un frac 3 interj. i pum ! **~ coupé** ángulo cortado, chaflán

**panacée** f. panacea

**panache** m. 1 penacho 2 fig. pompa f., brillo, ostentación f. loc. fig. **faire ~** apearse del caballo por las orejas, volcar

**panacher** tr. 1 empenachar 2 matizar, entremezclar elementos diversos en una lista electoral

**panade** f. 1 sopa de pan y mantequilla 2 fam. miseria

**panaris** m. panadizo

**pancarte** f. cartelón m., pancarta

**pancréas** m. ANAT. páncreas

**pané, -ée** adj. empanado, a, rebozado, a

**panégyrique** m. panegírico

**panier** m. 1 cesto, cesta f., canasta f., canastilla f. 2 tontillo, faldellín (vêtement) 3 SPORT cesto (basket-ball) **le dessus du ~** fig. la flor y nata **le fond du ~** fig. el desecho, lo peor **~ à salade** lechera f. fig.

**panifier** tr. panificar

**panique** f. 1 pánico m. 2 adj. cerval **peur ~** miedo cerval

**panne** f. 1 avería, **être en ~**, tener una avería, estar averiado (de moteur) 2 pana (velours côtelé) 3 cola **la ~ du marteau** la cola del martillo 4 grasa de cerdo (graisse) MAR. **en ~** al pairo

**panneau** m. 1 panel 2 cuarterón (de porte) 3 tablero (pour annonces ou inscriptions) 4 pieza f. (d'une jupe) 5 CHASS. lazo, trampa f. 6 MAR. puerta de escotilla f. 7 PEINT. lienzo **tomber dans le ~** caer en la trampa

**panneton** m. paletón (d'une clef)

**panoplie** f. panoplia

**panorama** m. panorama

**panse** f. panza

**pansement** m. 1 cura f. 2 apósito

**panser** tr. 1 curar **~ un blessé** curar a un herido 2 almohazar (un cheval)

**pansu, -ue** adj. panzudo, a

**pantalon** m. pantalón

**pantalonnade** f. 1 payasada, bufonada 2 farsa, engaño m.

**pantelant, -e** adj. 1 jadeante (haletant) 2 palpitante

**panthéisme** m. panteismo

**panthéon** m. panteón

**panthère** f. pantera

**pantin** m. 1 titere, muñeco 2 fig. veleta f. (girouette)

**pantois, -e** adj. atónito, a, estupefacto, a

**pantomime** f. pantomima

**pantoufle** f. zapatilla

**paon** m. 1 pavo real 2 fig. hombre vano

**papa** m. papá **bon ~** abuelo **à la ~** loc. adv. tranquilamente, sin problemas

**papauté** f. papado m.

**pape** m. papa

**papelard, -e** adj. -s. 1 camandulero, a, hipócrita, mojigato, a 2 gazmoño, a, santurrón, ona (bigot) 3 m. fam. papel, papelucho

**paperassier, -ière** adj. -s. aficionado, a al papeleo

**papeterie** f. papelería

**papetier, -ière** adj. -s. papelero, a

**papier** 1 papel 2 escrito **mettre sur le ~** poner por escrito **~ à cigarettes** papel de fumar **~ à lettres** papel de cartas **~ buvard** papel secante **~ carbone** papel carbón **~ de verre** papel de lija **~ gris** papel de estraza **~ libre** papel común, sin sellar **~ peint** papel pintado **~ timbré** papel sellado **papier mâché** cartón piedra

**papillon** m. mariposa f.

**papillote** f. 1 papelillo, papillote m. (pour friser les cheveux) 2 papel engrasado para cocer ciertas carnes y pescados *m.* **côtelette en ~** chuleta envuelta y asada, chuleta a la papillote

**papyrus** *m.* papiro

**pâque** *f.* pascua judaica

**paquebot** *m.* paquebote, buque

**pâquerette** *f.* margarita silvestre

**pâques** *f. pl.* pascua

**paquet** *m.* paquete

**paqueter** *tr.* empaquetar

**par** *prép.* **1** por *(exprimant cause, agent, auteur, moyen, lieu, distribution)* *hâlé* **~** *le soleil* tostado por el sol **~** *écrit* por escrito **2** a *(distribution dans le temps)* **~** *an* al año **3** con *(temps atmosphérique)* **~** *temps de pluie* con un tiempo de lluvia **4** en *(pendant)* **~** *un beau jour de printemps* en un hermoso día de primavera **5** en *terminé* **~** *"ir"* terminado en "ir" *de* **~** por orden de **~***devant* ante **~** *suite de a* consecuencia de **~** *là loc. adv.* por allí *(direction)*, por esto, por este medio *(ainsi)* **~** *trop loc. adv.* demasiado **~** *contre loc. adv.* en cambio

**parabole** *f.* parábola

**parabolique** *adj. -f.* parabólico, a

**parachever** *tr.* rematar, concluir, perfeccionar

**parachute** *m.* paracaídas

**parachutiste** *s.* paracaidista

**parade** *f.* **1** alarde *m.* ostentación, boato *m.* **2** *ÉQUIT.* parada **3** *ESCR.* parada, quite *m.* **4** *MIL.* parada, desfile *m.*, revista *faire* **~** *de* hacer alarde de *habit de* **~** traje de gala

**paradis** *m.* paraíso

**paradisiaque** *adj.* paradisiaco, a, paradisíaco, a

**paradisier** *m.* ave del paraíso *f.*

**paradoxal, -ale** *adj.* paradójico, a

**paradoxe** *m.* paradoja *f.*

**paraffine** *f.* parafina

**parages** *m. pl.* parajes *(endroit)*

**paragraphe** *m.* párrafo

**paraître** *intr.* **1** aparecer, mostrarse *(apparaître)* **2** publicarse *(être mis en vente)* **3** aparecer, presentarse *(comparaître)* **4** parecer, aparentar *(sembler)* **5** lucir, hacerse ver *(briller)* **6** *impers.* parecer *il paraît que* parece que, parece ser que

**parallèle** *adj.* **1** paralelo, a **2** *m.* paralelo **3** *f.* paralela *(ligne)*

**parallélisme** *m.* paralelismo

**paralyser** *tr.* paralizar

**paralysie** *f.* parálisis

**paralytique** *adj. -s.* paralítico, a

**parangon** *m.* parangón

**parapet** *m.* parapeto

**paraphe** *m.* rúbrica *f.*

**paraphraser** *tr.* parafrasear

**parapluie** *m.* paraguas

**parasite** *adj. -s.* parásito, a

**parasol** *m.* quitasol

**paratonnerre** *m.* pararrayos *invar.*

**paravent** *m.* biombo, mampara *f.*

**parbleu !** *interj. vieil.* ¡ pardiez !

**parc** *m.* **1** parque **2** aprisco, apero, majada *f. (à moutons, etc.)* **3** aparcamiento, estacionamiento *(parking)* **4** vivero, criadero **~** *à huîtres* criadero de ostras

**parcelle** *f.* parcela

**parce que** *loc. conj.* porque

**parchemin** *m.* pergamino

**parcimonieux, -euse** *adj.* parsimonioso, a

**parcourir** *tr.* recorrer

**parcours** *m.* recorrido, trayecto

**pardessus** *m.* abrigo, gabán, sobretodo

**pardi !, pardieu !** *interj.* ¡ pues claro !, ¡ claro !, ¡ naturalmente !

**pardon** *m.* perdón **~** *!, je vous demande* **~** *interj.* ¡ dispense usted !, ¡ disculpe !, ¡ perdón !

**pardonner** *tr. -intr.* **1** perdonar **2** perdonar, dispensar *pardonnez-moi* dispénseme

**pare-boue** *m. invar.* guardabarros

**pare-brise** *m. invar.* parabrisas

**pare-chocs** *m. invar.* parachoques

**pare-feu** *m.* cortafuego

**pareil, -eille** *adj.* **1** igual, semejante **2** *s.* igual, semejante *c'est toujours* **~** es siempre igual *ce n'est pas* **~** no es lo mismo *sans* **~**, *sans pareille* sin igual *rendre la pareille* pagar con la misma moneda

**parement** *m.* **1** vuelta *f.*, vista *f.* *(revers sur le col, les manches)* **2** *ARCHIT.* paramento

**parent, -e** *s.* **1** pariente, a *(famille)* **2** *pl.* padres *(le père et la mère)* *nos premiers parents* nuestros primeros padres

**parenté** f. 1 parentesco m. 2 parentela, parientes m. pl. *(ensemble des parents)*

**parenthèse** f. paréntesis m.

**parer** tr. 1 engalanar, adornar *(orner)* 2 evitar, esquivar *(détourner)* 3 CUIS. preparar *(la viande)* 4 pr. engalanarse ~ **à** tr. ind. precaverse, prevenirse contra

**paresse** f. pereza, holgazanería

**paresseux, -euse** adj. -s. perezoso, a

**parfaire** tr. acabar, completar

**parfait, -e** adj. perfecto, a

**parfois** adv. a veces

**parfum** m. perfume, fragrancia f. *(odeur)*

**parfumer** tr. perfumar

**pari** m. apuesta f.

**paria** m. paria

**parier** tr. apostar *je parie que...* apuesto a que...

**pariétal, -ale** adj. 1 MÉD. parietal 2 rupestre

**parité** f. paridad

**parjure** m. 1 perjurio 2 adj. -s. perjuro, a

**parking** m. aparcamiento *(de véhicules)*

**parlant, -e** adj. 1 parlante 2 expresivo, a *(vivant)* **cinéma** ~ cine sonoro

**parlement** m. parlamento

**parlementaire** adj. -s. parlamentario, a

**parler** intr. 1 hablar 2 tr. dir. hablar ~ **l'espagnol** hablar el español 3 hablar de, tratar de ~ **d'affaires** hablar de negocios 4 tr. ind. hablar de 5 pr. hablarse ~ **à mots couverts** hablar a medias palabras ~ **à bâtons rompus** hablar sin orden ni concierto *tu parles!* fam. ¡ qué te crees tú eso !, ¡ qué va ! ~ **de la pluie et du beau temps** hablar de nimiedades

**parleur, -euse** adj. -s. parlanchín, -ina *être beau* ~ tener labia, facundia

**parloir** m. locutorio

**parmi** prép. entre, en medio de

**parodier** tr. parodiar

**paroi** f. 1 pared 2 tabique m. *(cloison)*

**paroisse** f. parroquia

**paroissien, -ienne** s. 1 feligrés, esa 2 m. devocionario *(livre)*

**parole** f. 1 palabra 2 frase, dicho m. *(sentence)* 3 palabra, habla *(langage)* 4 pl. letra sing. *(d'une chanson)* ~ **d'honneur** palabra de honor *peser ses* 

**paroles** sopesar las palabras *tenir sa* ~ cumplir con su palabra *avoir la* ~ *facile* tener la lengua suelta ~ *!, ma* ~ *! interj.* ¡ palabra !

**parolier** m. 1 libretista *(d'un opéra, etc.)* 2 autor de la letra *(d'une chanson)*

**parotide** adj. -f. parótida

**paroxysme** m. paroxismo *au* ~ *de* en el paroxismo de

**parpaillot, -e** m. f. fam. calvinista, protestante

**parquer** tr. 1 aparcar *(une voiture)* 2 acorralar, encerrar *(les animaux)*

**parquet** m. 1 entarimado, parqué 2 DR. fiscalía f.

**parrain** m. padrino

**parrainage** m. padrinazgo

**parrainer** tr. apadrinar

**parricide** m. 1 parricidio 2 adj. -s. parricida

**parsemer** tr. sembrar, esparcir

**part** f. 1 parte, porción 2 parte *(lieu)* *prendre* ~ *à* tomar parte en *faire* ~ *de quelque chose à quelqu'un* notificar algo a alguien *d'une* ~ *... d'autre* ~ *loc. adv.* por una parte... por otra *de* ~ *en* ~ *loc. adv.* de parte a parte *nulle* ~ *loc. adv.* en ninguna parte *quelque* ~ *loc. adv.* en alguna parte *à* ~ *loc. prép.* aparte, excepto *(excepté)*

**partage** m. partición f., reparto *sans* ~ exclusivamente *avoir en* ~ tocar en suerte en un reparto *ligne* ~ *des eaux* línea divisoria de las aguas f.

**partager** tr. 1 partir, repartir, dividir *(diviser)* 2 compartir ~ *l'opinion de quelqu'un* compartir la opinión de alguien 3 dividir *(couper)* 4 pr. partirse, repartirse

**partance** f. MAR. partida, leva *loc. adv. en* ~ a punto de partir

**partant** m. 1 el que parte 2 participante, competidor *(dans une course)*

**partant** conj. por lo tanto, por consiguiente

**partenaire** s. 1 compañero, a, pareja f. *(jeu)* 2 pareja f. *(danse)* 3 socio, a *(affaires, etc.)*

**parterre** m. 1 cuadro, arriate *(de jardin)* 2 THÉAT. patio de butacas

**parti** m. 1 partido, decisión f. 2 partido ~ *politique* partido político 3 MIL. destacamento de soldados *prendre le* ~ *de* decidirse por *prendre son* ~ *de* resignarse a *tirer* ~ *de* sacar

partido de ~ **pris** prejuicio *être de* ~
*pris* no ser objetivo

**partial, -ale** *adj.* parcial

**participant, -e** *adj. -s.* partícipe, participante

**participation** *f.* participación

**participe** *m.* GRAM. ~ *présent* participio de presente, activo ~ *passé* participio de pretérito, pasivo

**participer** *intr.* participar ~ *à* participar en ~ *de* participar de

**particularité** *f.* particularidad

**particulier, -ière** *adj.* 1 particular 2 *m.* particular 3 *fam.* individuo

**partie** *f.* 1 parte 2 partida *(jeux, chasse)* 3 rama, ramo *m. (domaine)* 4 DR. parte *la ~ adverse* la parte contraria 5 COMM. partida ~ *simple, double* partida simple, doble 6 MUS. parte ~ *de campagne* excursión *avoir affaire à forte ~* habérselas con un enemigo temible *prendre quelqu'un à ~* tomarla con uno

**partiel, -elle** *adj.* parcial

**partir** *intr.* 1 marcharse, partir *(s'en aller)* 2 salir *(prendre le départ)* 3 arrancar, ponerse en marcha *(démarrer)* 4 empezar *(commencer)* 5 dispararse *(projectile)* 6 ponerse, empezar *(se mettre)* 7 desaparecer *(s'effacer, s'enlever)* ~ *comme une flèche* salir disparado, a *à ~ de* loc. prép. a partir de

**partisan** *adj. -s.* 1 partidario, a *(adepte)* 2 *m.* guerrillero

**partitif, -ive** *adj. -m.* GRAM. partitivo, a

**partition** *f.* MUS. partitura

**partout** *adv.* en todas partes, por todas partes

**parure** *f.* 1 adorno *m.* 2 aderezo *m. (bijoux)*

**parvenir** *intr.* 1 llegar *(arriver)* 2 alcanzar, conseguir, lograr *(réussir à)*

**parvenu, -ue** *s.* advenedizo, a

**parvis** *m.* plaza delante de una iglesia *f.*, atrio

**pas** *m.* 1 paso *faire un ~ en avant* dar un paso adelante *faire un ~ en arrière* dar un paso atrás 2 GÉOG. paso 3 MUS. marcha *f. à ~ de loup* sigilosamente *d'un bon ~* a buen paso *mettre quelqu'un au ~ fig.* meter a uno por vereda *le ~ de la porte* el umbral ~ *de vis* paso de rosca ~*-de-porte* COMM. traspaso

**pas** *adv.* no *je ne crois* ~ no creo *je n'aime pas ça* no me gusta esto ~ *beaucoup* no mucho *presque* ~ casi nada ~ *du tout* en absoluto ~ *mal* regular ~ *vrai* no es cierto ~ *un*, ~ *une* ni uno, ni una *même* ~ ni siquiera

**pascal, -ale** *adj.* pascual

**passable** *adj.* pasadero, a, pasable, mediano, a

**passade** *f.* capricho pasajero *m.*, antojo *m.*, amorío *m.*

**passage** *m.* 1 paso *le ~ de la procession* el paso de la procesión 2 pasaje *(voie, rue)* 3 MAR. travesía *f.* 4 pasaje *(d'un livre, d'un discours) prendre au ~* coger al paso *de ~* de paso ~ *à niveau* paso a nivel ~ *clouté* paso de peatones ~ *interdit* prohibido el paso

**passager, -ère** *adj. -s.* pasajero, a ~ *clandestin* polizón

**passant, -e** *adj.* 1 concurrido, a *(fréquenté)* 2 *s.* transeúnte

**passe** *f.* 1 paso *m.*, pasa *(des oiseaux)* 2 pase *m. (de magnétiseur, de basketball, etc.)* 3 GÉOG. paso *m. mot de ~* contraseña *f. maison de ~* casa de citas

**passé, -ée** *adj.* 1 pasado, a, pretérito, a 2 descolorido, a *(décoloré)* 3 *m.* GRAM. pasado, pretérito 4 *prép.* después de *(après)*

**passe-lacet** *m.* pasador, pasacintas *(aiguille)*

**passementerie** *f.* pasamanería

**passe-partout** *m. invar.* 1 llave maestra *f. (clef)* 2 *adj. invar.* que sirve para todo, socorrido, a

**passe-passe** *m. invar. tour de ~* juego de manos, pasapasa

**passeport** *m.* pasaporte

**passer** *intr.* 1 pasar *l'autobus est passé* el autobús ha pasado 2 representarse *(une pièce)* 3 proyectarse, echarse *(un film)* 4 pasar, transcurrir *(s'écouler)* 5 aprobarse, adoptarse *(être accepté)* 6 ascender a, pasar 7 marchitarse *(se faner)* 8 pasar, desaparecer *(disparaître)* 9 comerse, irse *(pâlir, pour une couleur)* 10 pasar ~ *une rivière* pasar un río ~ *son temps à lire* pasar, pasarse el tiempo leyendo 11 pasar, extender *(étendre)* 12 pasar, colar *(filtrer)* 13 proyectar, echar *(un film)* 14 representar *(une pièce)* 15 ponerse *(un vêtement)* 16 *pr.* pasar, transcurrir *(s'écouler)* 17 pasar, acontecer, ocurrir *(se produire)* *que se passe-t-il ?* ¿ qué

pasa ? ~ *outre* hacer caso omiso de ~
*pour* pasar por ~ *sur* pasar por alto *en
passant* de paso ~ *un examen* examinarse, sufrir un examen *se* ~ *de* prescindir de

**passereau** *m.* pájaro, gorrión

**passerelle** *f.* pasarela

**passe-temps** *m. invar.* pasatiempo

**passeur, -euse** *m. f.* barquero, a, pasador, ora *(frontière)*

**passible** *adj.* ~ *de* merecedor, ora de, que incurre en

**passif, -ive** *adj. -m.* pasivo, a

**passion** *f.* pasión

**passionné, -ée** *adj. -s.* apasionado, a

**passionnel, -elle** *adj.* pasional

**passionner** *tr.* 1 apasionar 2 *pr.* apasionarse

**passivité** *f.* pasividad

**passoire** *f.* pasador *m.*, colador *m.*

**pastel** *m.* pastel *portrait au* ~ retrato al pastel

**pastèque** *f.* sandía

**pasteur** *m.* pastor

**pasteuriser** *tr.* pasterizar, pasteurizar

**pastiche** *m.* imitación *f.*, remedo *m.*

**pastille** *f.* pastilla

**pastoral, -ale** *adj. -f.* pastoral

**patache** *f.* carricoche *m. (voiture)*

**patate** *f.* 1 *fam.* patata *(pomme de terre)* 2 *pop.* mentecato, a, cernícalo, a *(personne stupide)* ~ *douce* batata, boniato *m.*

**pataud, -e** *adj. -s.* torpe

**patchouli** *m.* pachulí *(parfum, plante)*

**pâte** *f.* 1 masa, pasta 2 pasta ~ *dentifrice* pasta dentífrica ~ *à pain* masa *mettre la main à la* ~ *fig.* poner manos a la obra *une bonne* ~ *fig.* una buena persona, un buenazón, un bonachón *m. pâtes, pâtes alimentaires* pastas alimenticias

**pâté** *m.* 1 pasta de hígado *f.*, foie gras 2 CUIS. pastel *(de viande ou de poisson)* ~ *de maisons* manzana *f. Amér.* cuadra

**pâtée** *f.* 1 cebo *m. (pour engraisser la volaille, les porcs)* 2 comida para los animales

**patelin, -ine** *adj.* 1 zalamero, a 2 *m. fam.* pueblo *(village)*

**patenôtre** *f.* oración, padrenuestro *m.*

**patent, -e** *adj.* 1 patente, evidente 2 *f.* patente

**patenté, -ée** *adj.* patentado, a

**pater** *m. invar.* padrenuestro

**patère** *f.* percha, colgador *m.*

**paternel, -elle** *adj.* 1 paternal, paterno, a 2 *m. pop.* padre

**paternité** *f.* paternidad

**pâteux, -euse** *adj.* pastoso, a

**pathétique** *adj.* patético, a

**pathologie** *f.* patología

**patibulaire** *adj.* patibulario, a

**patience** *f.* 1 paciencia 2 solitario *m. (jeu de cartes)*

**patinage** *m.* patinaje

**patine** *f.* pátina

**patiner** *intr.* 1 patinar 2 *tr.* TECHN. dar pátina a

**patineur, -euse** *s.* patinador, ora

**patinoire** *f.* pista de hielo

**pâtir** *intr.* padecer, sufrir

**pâtisserie** *f.* 1 pastelería 2 pastel *m. (gâteau)*

**patois** *m.* habla regional y popular *f.*

**patraque** *adj. fam.* pachucho, a

**pâtre** *m.* pastor

**patriarcal, -ale** *adj.* patriarcal

**patriarche** *m.* patriarca

**patrie** *f.* patria

**patrimoine** *m.* patrimonio

**patriote** *adj. -s.* patriota

**patron, -onne** *s.* 1 patrono, a *(saint)* 2 patrón, ona, amo, ama, dueño, a *(maître)* 3 *m.* patrón *(modèle)*

**patronage** *m.* 1 patrocinio, protección *f.* 2 patronato *(société)*

**patronal, -ale** *adj.* patronal

**patronat** *m.* empresariado, patronal *f.*

**patrouille** *f.* patrulla

**patte** *f.* 1 pata *(animaux)* 2 *fam.* remo *m.*, pata, pierna *(jambe)* 3 *fam.* mano 4 cartera, pata *(de poche)* 5 lengüeta *(de portefeuille)* 6 patilla *(favori)* *avoir une* ~ *folle* tener una pata jalana *graisser la* ~ *à quelqu'un loc. fig.* untar la mano a alguien *faire* ~ *de velours loc. fig.* esconder las uñas

**patte-d'oie** *f.* 1 pata de gallo *(ride)* 2 encrucijada *(carrefour)*

**pâturage** *m.* pasto

**paume** *f.* 1 palma *(de la main)* 2 pelota *(jeu)* *jeu de* ~ cancha *f. (terrain)*

**paupière** *f.* párpado *m.*

**pause** *f.* **1** pausa **2** *MUS.* pausa, silencio *m. faire une* ~ hacer un alto

**pauvre** *adj.* **1** pobre **2** escaso, a *végétation* ~ vegetación escasa **3** *s.* pobre, mendigo, a ~ *d'esprit* pobre de espíritu, simple

**pauvreté** *f.* pobreza

**pavane** *f.* pavana *(danse)*

**pavaner (se)** *pr.* pavonearse

**pavé** *m.* **1** pavimento, adoquinado *(pavage)* **2** calle *f. (rue)* **3** adoquín *(bloc de pierre) brûler le* ~ *loc. fig.* ir a escape *tenir le haut du* ~ *loc. fig.* estar en primera fila, ocupar el mejor puesto *être sur le* ~ *loc. fig.* estar sin trabajo ~ *de bois* tarugo

**paver** *tr.* **1** adoquinar, pavimentar con adoquines *(de pavés)* **2** entarugar *(en bois)* **3** empedrar *(empierrer)*

**pavillon** *m.* **1** *ARCHIT.* pabellón **2** chalet *(villa)* **3** pabellón *(tube évasé)* **4** *ANAT.* pabellón *(de l'oreille)* **5** *MAR.* pabellón *(drapeau)* **6** ~ *de complaisance* bandera de conveniencia *amener, baisser le* ~ arriar bandera

**pavois** *m.* **1** pavés *(bouclier)* **2** *MAR.* empavesada *f.*

**pavoiser** *tr.* engalanar, poner colgaduras

**pavot** *m.* adormidera *f.*

**payant, -e** *adj.* **1** que paga **2** de pago *(spectacle)* **3** provechoso, a, rentable *(rentable)*

**paye** *f.* paga *bulletin de* ~ *m.* hoja de paga, nómina *f.*

**payement** *m.* pago

**payer** *tr.* **1** pagar **2** *fam.* ofrecer *(offrir)* **3** *pr.* pagarse, *fig. se payer la tête de* tomar el pelo a **4** ofrecerse, obsequiarse *(s'offrir)*

**pays** *m.* **1** país *des* ~ *lointains* países lejanos **2** región *f.*, comarca *f. le mal du* ~ la morriña, la nostalgia *voir du* ~ correr mundo ~ *de cocagne* jauja *f.*

**paysage** *m.* paisaje

**paysagiste** *adj. -m.* paisajista

**paysan, -anne** *s.* campesino, a

**péage** *m.* peaje

**peau** *f.* **1** piel *(de personne, de fruit)* **2** cutis *m. (du visage)* **3** *fam.* pellejo **4** nata *(du lait) jouer, risquer sa* ~ jugarse el pellejo ~ *de chagrin* piel de zapa

**pécari** *m.* pécari

**pêche** *f.* **1** melocotón *m. (fruit)* **2** pesca ~ *à la ligne* pesca con caña

**péché** *m.* pecado

**pécher** *intr.* pecar

**pêcher** *m.* melocotonero *(arbre)*

**pêcher** *tr.* pescar

**pêcheur, -eresse** *s.* pecador, ora

**pêcheur, -euse** *s.* **1** pescador, ora **2** pesquero, a *bateau* ~ barco pesquero

**pécore** *f.* estúpida, mema

**pectoral, -ale** *adj. -m.* pectoral

**pécuniaire** *adj.* pecuniario, a

**pédagogie** *f.* pedagogía

**pédale** *f.* pedal *m. perdre les pédales* perder los estribos

**pédaler** *intr.* pedalear

**pédalier** *m.* **1** pedal *(de l'orgue)* **2** plato *(bicyclette)*

**pédant, -e** *adj. -s.* pedante

**pédestre** *adj.* pedestre

**pédiatrie** *f.* pediatría

**pédicure** *s.* pedicuro, a, callista

**pédoncule** *m.* *ANAT., BOT.* pedúnculo

**pègre** *f.* hampa, *la* ~, *les pègres* el hampa, las hampas

**peigne** *m.* **1** peine *se donner un coup de* ~ pasarse el peine **2** carda *f. (pour la laine)* **3** peine, venera *f. (mollusque) passer au* ~ *fin fig.* peinar

**peigner** *tr.* **1** peinar **2** cardar, peinar **3** *pr.* peinarse

**peignoir** *m.* **1** albornoz *(sortie de bain)* **2** bata *f. (robe de chambre)*

**peindre** *tr.* **1** pintar **2** pintar, describir *(décrire)*

**peine** *f.* **1** pena, castigo *m.* **2** pena, pesar *m.*, pesadumbre **3** esfuerzo *m.*, trabajo *m.* **4** dificultad *faire de la* ~ *à quelqu'un* afligir a alguien *homme de* ~ mozo de cuerda *purger une* ~ cumplir condena *valoir la* ~ valer la pena *sans* ~ *loc. adv.* fácilmente

**peiner** *intr.* **1** penar, padecer **2** *tr.* afligir, apenar

**peintre** *m.* pintor ~ *en bâtiment* pintor de brocha gorda

**peinture** *f.* pintura

**peinturlurer** *tr. fam.* pintarrajear

**péjoratif, -ive** *adj.* peyorativo, a, despectivo, a

**pelage** *m.* pelaje

**pêle-mêle** *adv.* en desorden, en un revoltijo *m.*, batiborrillo

**peler** tr. 1 pelar (ôter le poil) 2 pelar, mondar (éplucher) 3 intr. caerse la piel, descamarse

**pèlerin, -e** m. f. peregrino, a

**pèlerinage** m. peregrinación

**pèlerine** f. esclavina (vêtement)

**pélican** m. pelícano

**pelle** f. pala loc. fam. à la ~ a patadas, a porrillo

**pelletée** f. palada

**pelleterie** f. peletería

**pellicule** f. 1 película (film) 2 caspa (du cuir chevelu) 3 hollejo m. (du raisin)

**pelote** f. 1 ovillo m. (de fil, de laine) 2 pelota, bola (boule) 3 acerico m., almohadilla (pour piquer les épingles) ~ basque pelota vasca faire sa ~ fig. fam. hacer su agosto

**peloter** tr. 1 ovillar (laine) 2 fam. sobar, manosear (caresser) 3 fam. dar coba, hacer la pelotilla a (aduler)

**peloton** m. pelotón

**pelotonner (se)** pr. arrebujarse

**pelouse** f. césped m.

**peluche** f. felpa (étoffe)

**pelure** f. monda, mondadura papier ~ papel cebolla

**pénal, -ale** adj. penal

**pénalité** f. penalidad, pena

**pénates** m. pl. penates

**penaud, -e** adj. corrido, a, avergonzado, a

**penchant** m. fig. inclinación f. propensión f.

**pencher** tr. 1 inclinar 2 intr. inclinarse, ladearse 3 pr. inclinarse se ~ sur estudiar, examinar

**pendable** adj. condenable

**pendaison** f. horca (supplice) ~ de crémaillère inauguración de una casa

**pendant** prép. durante ~ ce temps mientras tanto, entretanto ~ que loc. conj. mientras, mientras que

**pendard, -e** s. fam. bribón, ona, pillo, a

**pendeloque** f. 1 colgante m. (de boucle d'oreilles) 2 almendra (d'un lustre)

**pendentif** m. 1 ARCHIT. pechina f. 2 dije, colgante (bijou)

**pendiller** intr. balancearse, bambolearse colgando

**pendre** intr. 1 colgar, pender une lampe pend au plafond una lámpara cuelga del techo 2 tr. colgar, suspender (suspendre) 3 ahorcar, colgar (un condamné) 4 pr. colgarse (se suspendre) 5 ahorcarse (se suicider)

**pendu, -ue** s. ahorcado, a

**pendule** m. 1 péndulo, péndola f. 2 f. reloj de pared, de chimenea m.

**pêne** m. pestillo

**pénétrant, -e** adj. penetrante

**pénétrer** intr. -tr. 1 penetrar 2 tr. fig. calar, entrar (percevoir) pr. se ~ de convencerse de

**pénible** adj. 1 penoso, a 2 fam. pesado, a (ennuyeux)

**péniche** f. chalana, gabarra

**péninsule** f. península

**pénitence** f. penitencia

**pénitencier** m. 1 penitenciario 2 penitenciaria f., penal (prison)

**pénombre** f. penumbra

**pensant, -e** adj. pensante, que piensa

**pensée** f. 1 pensamiento m. 2 trinitaria, pensamiento (plante)

**penser** intr. -tr. pensar loc. adv. sans ~ à mal sin mala intención

**penseur, -euse** s. pensador, ora

**pension** f. 1 pensión (allocation) 2 pensión, pensionado m., colegio de internos m. (pensionnat) 3 pensión ~ de famille casa de huéspedes prendre ~ hospedarse

**pensionnaire** s. 1 pensionista (interne) 2 huésped, a (chez un particulier, dans un hôtel)

**pensum** m. 1 castigo 2 trabajo pesado (travail ennuyeux)

**pentagone** adj. -m. GÉOM. pentágono

**pente** f. pendiente, cuesta

**Pentecôte** f. Pentecostés m.

**pénultième** adj. -f. penúltimo, a

**pénurie** f. penuria, escasez

**pépie** f. pepita (des oiseaux)

**pépier** intr. piar, pipiar

**pépin** m. 1 pipa f., pepita f. (des fruits) 2 fam. paraguas (parapluie)

**pépinière** f. 1 AGR. vivero m., semillero m. 2 fig. cantera, vivero m.

**pépiniériste** adj. -s. arbolista

**pépite** f. MINÉR. pepita

**percale** f. percal m.

**perçant, -e** adj. **1** que horada *(outil)* **2** *fig.* agudo, a *(voix, douleur, vue)* **3** *fig.* perspicaz *(esprit)*

**percée** f. **1** abertura, boquete m. *(ouverture)* **2** paso m. *(chemin)* **3** MIL. brecha, ruptura de un frente

**perce-neige** m. invar. narciso de las nieves

**perce-oreille** m. cortapicos, tijereta f. *(insecte)*

**percepteur, -trice** adj. **1** perceptor, ora **2** m. recaudador de contribuciones *(d'impôts)*

**perceptible** adj. perceptible

**perception** f. **1** percepción **2** recaudación *(impôts)*

**percer** tr. **1** agujerear, perforar *(trouer)* **2** calar, atravesar *(un liquide)* **3** atravesar, traspasar *(traverser)* **4** abrir ∼ *une rue* abrir una calle **5** *fig.* calar, descifrar **6** *intr.* abrirse paso *(se frayer un passage)* **7** reventarse *(un abcès)* **8** manifestarse *(se déceler)* **9** *fig.* destacarse, abrirse camino *un auteur qui commence à* ∼ autor que empieza a destacarse

**percevoir** tr. **1** percibir *(discerner)* **2** cobrar, recaudar *(de l'argent)*

**perche** f. **1** perca *(poisson)* **2** pértiga **3** *fig.* varal m., espingarda *(personne grande et maigre)* loc. *fig.* tendre la ∼ *à quelqu'un* echar un cable a alguien

**percher** intr. **1** posarse **2** *fam.* alojarse, vivir *(loger)* **3** pr. encaramarse

**percheron, -onne** adj. -s. percherón, ona

**perchoir** m. percha f., vara f. *(des oiseaux)*

**perclus, -e** adj. baldado, a

**perçu, -e** adj. percibido, a, cobrado, a *(argent)*

**percussion** f. percusión

**perdant, -e** adj. -s. perdedor, ora

**perdition** f. perdición

**perdre** tr. **1** perder **2** salirse *(fuir)* **3** *pr.* perderse *nous nous sommes perdus* nos hemos perdido ∼ *la tête, la boule* loc. *fig.* perder la chaveta ∼ *courage* desanimarse *je m'y perds* no comprendo nada

**perdreau** m. perdigón

**perdrix** f. perdiz

**perdu, -ue** adj. perdido, a loc. adv. *à corps* ∼ impetuosamente

**père** m. **1** padre **2** *fam.* tío *le* ∼ *Jacques* el tío Jaime **3** *fig.* padre, autor **4** *pl.* padres, antepasados *tel* ∼, *tel fils* de tal palo tal astilla ∼ *noble* THÉAT. barba

**pérégrination** f. peregrinación

**péremptoire** adj. perentorio, a

**pérennité** f. perennidad

**perfection** f. perfección

**perfectionner** tr. perfeccionar

**perfide** adj. pérfido, a

**perforation** f. perforación

**perforer** tr. perforar

**pergola** f. pérgola

**péricliter** intr. periclitar, decaer

**péril** m. peligro, riesgo *au* ∼ *de sa vie* con riesgo de su vida

**périmer** pr. **1** caducar **2** DR. prescribir

**périmètre** m. perimetro

**période** f. período, periodo m.

**périodicité** f. periodicidad

**périodique** adj. **1** periódico, a **2** m. publicación periódica f.

**péripétie** f. peripecia

**périphrase** f. perifrasis

**périple** m. periplo

**périr** intr. **1** perecer *(mourir)* **2** perecer, desaparecer *(finir)* **3** MAR. naufragar

**périscope** m. periscopio

**périssable** adj. perecedero, a

**perle** f. **1** perla **2** cuenta *perles d'un chapelet* cuentas de un rosario **3** *fig.* perla, alhaja *(personne, chose de grande valeur)* **4** gazapo m. *(erreur)*

**perlé, -ée** adj. perlado, a *orge perlé* cebada perlada *grève perlée* huelga intermitente

**perler** tr. **1** ejecutar con primor, bordar, adornar con perlas **2** intr. caer en forma de gotas

**permanence** f. **1** permanencia **2** estudio m. *(salle d'un lycée)* *en* ∼ permanentemente

**permanent, -e** adj. **1** permanente **2** continuo, a *(spectacle)* ∼ *à partir de 10 h* continua desde las 10 **3** f. permanente *(cheveux)*

**perméable** adj. permeable

**permettre** tr. **1** permitir **2** *pr.* permitirse *je me suis permis de* me he permitido

**permis** m. permiso, licencia f. ∼ *de conduire* permiso de conducir, carnet

**permission** *f.* **1** permiso *m.*, autorización *demander la* ~ *de* pedir permiso para **2** *MIL.* permiso *m. en* ~ con permiso

**permuter** *tr. -intr.* permutar

**pernicieux, -euse** *adj.* pernicioso, a

**pérorer** *intr.* perorar

**perpendiculaire** *adj. -f.* perpendicular

**perpétrer** *tr.* perpetrar

**perpétuel, -elle** *adj.* perpetuo, a

**perpétuité** *f.* perpetuidad *à* ~ *loc. adv.* para siempre *condamnation à* ~ condena a cadena perpetua

**perplexité** *f.* perplejidad

**perquisitionner** *tr.* registrar, hacer pesquisas en

**perron** *m.* escalinata *f.*

**perroquet** *m.* **1** loro, papagayo **2** *MAR.* juanete

**perruche** *f.* **1** cotorra **2** *MAR.* perico *m.*

**perruque** *f.* peluca

**persan, -ane** *adj. -s.* persa

**persécuter** *tr.* perseguir

**persécution** *f.* persecución

**persévérance** *f.* perseverancia

**persévérer** *intr.* perseverar

**persienne** *f.* persiana

**persiflage** *m.* rechifla, guasa *f.*

**persifler** *tr.* guasearse de

**persil** *m.* perejil

**persistance** *f.* persistencia

**persister** *intr.* persistir

**personnage** *m.* personaje

**personnalité** *f.* personalidad

**personne** *f.* persona *grande* ~ persona mayor

**personne** *pron. indéf.* nadie ~ *ne le sait* nadie lo sabe

**personnel, -elle** *adj.* **1** personal **2** egoísta **3** *m.* personal, plantilla *f. (ensemble d'employés)*

**personnifier** *tr.* personificar

**perspective** *f.* perspectiva

**perspicacité** *f.* perspicacia

**persuader** *tr.* persuadir

**persuasion** *f.* persuasión

**perte** *f.* **1** pérdida **2** *fig.* perdición, ruina **3** *pl. MIL.* bajas *profits et pertes* pérdidas y ganancias

**pertinent, -e** *adj.* pertinente

**perturbation** *f.* perturbación

**perturber** *tr.* perturbar

**péruvien, -ienne** *adj. -s.* peruano, a

**perversion** *f.* perversión

**perversité** *f.* perversidad

**pervertir** *tr.* **1** pervertir **2** *pr.* pervertirse

**pesage** *m.* peso, *GALLIC.* pesaje

**pesant, -e** *adj.* pesado, a *m. valoir son* ~ *d'or* valer su peso en oro

**pesanteur** *f.* **1** pesadez, peso *m.* **2** *fig.* torpeza *(d'esprit)* **3** *PHYS.* gravedad

**pesée** *f.* **1** pesada **2** empuje *m. (poussée)*

**peser** *tr. -intr.* pesar ~ *le pour et le contre* pesar el pro y el contra ~ *sur, contre* apoyar, hacer fuerza sobre, contra

**pessimisme** *m.* pesimismo

**peste** *f.* **1** peste **2** *fig.* peste, demonio *m.* **3** *interj.* ¡cuerno!, ¡caray! *fuir, craindre quelqu'un comme la* ~ huir de, temer a alguien como si fuera la peste

**pestiféré, -ée** *adj. -s.* apestado, a

**pestilence** *f.* pestilencia

**pet** *m.* pedo

**pétale** *m. BOT.* pétalo

**pétarade** *f.* detonaciones *pl.*

**pétard** *m.* **1** petardo *(explosif)* **2** *fam.* tremolina *f. (tapage)* **3** *fam.* revólver, pistolón **4** *pop.* trasero, asentaderas *f. pl. (derrière)*, pompis

**pétaudière** *f.* olla de grillos, casa de Tócame Roque

**péter** *intr.* **1** *pop.* ventosear, soltar un pedo **2** *fam.* estallar *(exploser)* **3** *fam.* reventar *(crever) loc. fam.* ~ *du feu, des flammes* estar desbordante de vitalidad, energías

**pétiller** *intr.* **1** burbujear *(le vin)* **2** crepitar, chisporrotear *(crépiter)* **3** *fig.* brillar, chispear

**pétiole** *m. BOT.* pecíolo

**petit, -e** *adj.* **1** pequeño, a *se traduit fréquemment par un diminutif :* ~ *chat* gatito *petite table* mesita *un* ~ *peu* un poquito **2** bajo, a *(de taille)* **3** insignificante, mezquino, a *(faible)* **4** humilde **5** *s.* pequeño, a, crío, a **6** *m.* cría *f. (d'animal)* **7** cachorro, cría *f. (d'animal) loc. adv.* ~ *à* ~ poco a poco

**petit-beurre** *m.* galleta *f.*

**petite-fille** *f.* nieta

**petit-fils** *m.* nieto

**petit-gris** *m.* gris, petigrís

**pétition** *f.* petición, solicitud ~ *de principe* petición de principio

**pétitionnaire** *s.* peticionario, a, solicitante

**petit-lait** *m.* suero

**petits-enfants** *m. pl.* nietos

**peton** *m. fam.* piececito

**pétrel** *m.* petrel

**pétrifier** *tr.* petrificar

**pétrin** *m.* **1** artesa *f.,* amasadera *f.* **2** *fam.* atolladero, apuro, aprieto

**pétrir** *tr.* **1** amasar *(une pâte)* **2** *fig.* formar, modelar *(façonner) être pétri de* estar lleno de

**pétrole** *m.* petróleo

**pétroleur, -euse** *s.* petrolero, a

**pétrolier, -ière** *adj.* **1** petrolero, a **2** *m.* petrolero *(bateau)*

**pétulance** *f.* impetuosidad

**pétunia** *m.* petunia *f.*

**peu** *adv.* poco *un ~ de* un poco de ~ *de* poco, poca, pocos, pocas *adj. ~ de travail* poco trabajo ~ *de livres* pocos libros *à ~ près loc. adv.* poco más o menos ~ *à ~ loc. adv.* poco a poco *dans ~, sous ~ loc. adv.* dentro de poco *pour ~ que loc. conj.* a poco que *si ~ que ce soit loc. conj.* por muy poco que sea

**peuplade** *f.* tribu, pueblo primitivo *m.*

**peuple** *m.* **1** pueblo **2** muchedumbre *f. (foule)* **3** *adj. invar.* populachero, a *le bas ~* el vulgo, la plebe *il y a du ~ loc. fam.* hay mucha gente

**peuplier** *m.* álamo

**peur** *f.* miedo *m.* ~ *bleue* miedo cerval *j'ai ~ que* me temo que *faire ~* asustar, dar miedo *de ~ de loc. prép.* por miedo a *de ~ que loc. conj.* por miedo de que

**peut-être** *adv.* acaso, quizá, quizás, tal vez, puede ser ~ *viendra-t-il* puede ser que venga

**phalange** *f.* falange

**phalanstère** *m.* falansterio

**pharaon** *m.* faraón

**phare** *m.* faro

**pharisien** *m.* fariseo

**pharmacie** *f.* **1** farmacia **2** botiquín *m. (armoire)*

**pharmacien, -ienne** *s.* farmacéutico, a

**pharmacopée** *f.* farmacopea

**pharyngite** *f. MÉD.* faringitis

**phase** *f.* fase

**phénix** *m.* fénix

**phénomène** *m.* fenómeno

**philanthropie** *f.* filantropía

**philatélie** *f.* filatelia

**philistin** *m.* **1** filisteo **2** *fig.* ignorante

**philologie** *f.* filología

**philosophe** *s.* filósofo, a

**philosophie** *f.* filosofía

**philtre** *m.* filtro, bebedizo

**phlegmon** *m. MÉD.* flemón

**phobie** *f. MÉD.* fobia

**phonétique** *adj.* **1** fonético, a **2** *f.* fonética

**phonographe** *m.* fonógrafo

**phoque** *m.* foca *f.*

**phosphate** *m. CHIM.* fosfato

**phosphore** *m. CHIM.* fósforo

**phosphorescence** *f.* fosforescencia

**photocopie** *f.* fotocopia

**photocopieuse** *f.* copiadora

**photographe** *s.* fotógrafo, a

**photographie** *f.* fotografía

**photographier** *tr.* fotografiar

**phrase** *f.* frase

**phtisique** *adj. -s.* tísico, a

**physicien, -ienne** *s.* físico, a

**physiologie** *f.* fisiología

**physionomie** *f.* fisonomía, fisonomía

**physique** *adj.* **1** físico, a **2** *f.* física **3** *m.* físico

**piaffer** *intr.* piafar *(cheval)*

**piailler** *intr.* **1** *fam.* pipiar, piar *(oiseaux)* **2** *fam.* chillar *(crier)*

**pianiste** *s.* pianista

**piano** *m.* piano ~ *à queue* piano de cola ~ *droit* piano vertical

**piastre** *f.* piastra

**piaulement** *m.* **1** piada *f. (oiseaux)* **2** griterío *(enfants)*

**pic** *m.* **1** pico, pájaro carpintero *(oiseau)* **2** pico *(outil)* **3** pico, picacho *(montagne) loc. adv. à ~* vertical

**picaresque** *adj. LITT.* picaresco, a

**pichet** *m.* jarrito

**pickpocket** *m.* ratero, carterista

**picorer** *intr.* **1** buscar comida con el pico **2** *tr.* picotear, picar

**picoter** *tr.* **1** picar, causar picazón *(démanger)* **2** picotear *(becqueter)*

**pictural, -ale** *adj.* pictórico, a

**pie** *f.* urraca *loc. fam. jaser comme une* ~ hablar como una cotorra

**pièce** *f.* **1** pieza *pièces de rechange* piezas de recambio **2** trozo *m.*, pedazo *m. (morceau)* **3** pieza *(chasse, pêche)* **4** documento *m.* ~ *justificative* documento justificativo **5** pieza, habitación *un appartement de cinq pièces* un piso de cinco habitaciones **6** pieza, remiendo *m. (raccommodage)* **7** obra ~ *de théâtre* obra, pieza teatral **8** *MUS.* pieza, composición **9** pieza, moneda *(monnaie) travailler à la* ~ trabajar a destajo *mettre en pièces* hacer añicos, destrozar *être tout d'une* ~ *loc. fig.* ser cantaclaro, francote ~ *d'eau* estanque *m.* ~ *de résistance CUIS.* plato fuerte *m.*

**pied** *m.* **1** pie **2** pie, mano *f. (des animaux)* **3** pie, pata *les pieds d'un lit* las patas de una cama **4** pie *(mesure, en poésie)* **5** *BOT.* pie, tallo *à* ~ *a pie, andando à pieds joints* a pie juntillas *à* ~ *sec* a pie enjuto *coup de* ~ puntapié *de* ~ *en cap* de pies a cabeza *en* ~ de cuerpo entero *lâcher* ~ ceder terreno, cejar *lever le* ~ *fig.* poner los pies en polvorosa, largarse *faire le* ~ *de grue loc. fig.* estar de plantón ~ *de vigne* cepa *à* ~ *d'œuvre loc. adv.* al pie del cañón *au* ~ *levé* sin preparación, sin demora

**pied-à-terre** *m. invar.* apeadero, vivienda *f.*

**pied-de-biche** *m.* **1** arrancaclavos *(outil)* **2** pinzas de dentista *f. pl.* **3** pie prensatelas *(dans une machine à coudre)*

**piédestal** *m.* pedestal

**piège** *m.* trampa *f.*, cepo

**piéger** *tr.* **1** coger en la trampa **2** colocar minas en, colocar un explosivo en

**pierraille** *f.* cascajo *m.*, guijo *m.*

**pierre** *f.* piedra *faire d'une* ~ *deux coups* matar dos pájaros de un tiro ~ *à aiguiser* piedra de amolar ~ *à fusil* piedra de chispa ~ *de touche* piedra de toque ~ *tombale* lápida sepulcral

**pierreries** *f. pl.* piedras preciosas

**piété** *f.* piedad

**piétiner** *tr.* **1** pisotear **2** *intr.* patalear **3** *fig.* estancarse *(ne faire aucun progrès)*

**piéton** *m.* peatón, transeúnte

**piétonnier, -ière** *adj.* peatonal

**piètre** *adj.* mezquino, a, pobre, ruin

**pieu** *m.* **1** estaca *f.* **2** *pop.* piltra *f.*, catre *(lit)*

**pieuvre** *f.* **1** pulpo *m.* **2** *fig.* persona insaciable

**pieux, -euse** *adj.* piadoso, a

**pigeon** *m.* **1** palomo, paloma *f.* **2** *fig.* primo *(dupe)* ~ *ramier* paloma torcaz ~ *voyageur* paloma mensajera

**pigeonneau** *m.* pichón

**pigeonnier** *m.* palomar

**pigment** *m.* pigmento

**pignon** *m.* **1** *ARCHIT.* aguilón **2** *TECHN.* piñón **3** *BOT.* piñón *avoir* ~ *sur rue fig.* tener casa propia *pin* ~ pino piñonero

**pilastre** *m.* pilastra *f.*

**pile** *f.* **1** *ARCHIT.* pilar, macho *m.* **2** pila, rimero *m. (tas)* **3** *ÉLECTR., PHYS.* pila **4** cruz *(d'une monnaie)* ~ *ou face* cara o cruz *à midi* ~ a las doce en punto

**piler** *tr.* **1** majar, machacar **2** *fam.* moler a palos *(battre)*

**pilier** *m.* **1** *ARCHIT.* pilar **2** *fig.* sostén, soporte *(soutien)* **3** *péj.* asiduo, a **4** *SPORT* pilar *(rugby)*

**pillage** *m.* pillaje, saqueo *livrer au* ~ saquear

**pillard, -e** *adj. -s.* **1** saqueador, ora **2** ladrón, ona *(voleur)*

**pilon** *m.* **1** mano de mortero *f.* **2** pata de palo *f. (jambe de bois)* **3** muslo, pata *f. (de volaille)*

**pilori** *m.* picota *f.*

**pilotage** *m.* pilotaje

**pilote** *m.* **1** piloto **2** *adj. invar.* modelo *usine* ~ fábrica modelo

**piloter** *tr.* **1** pilotar **2** *fig.* guiar *(quelqu'un)*

**pilotis** *m. CONSTR.* pilote

**pilule** *f.* píldora *boîte à* ~ *s* pastillero *m.*

**pimbêche** *f. fam.* marisabidilla

**piment** *m.* pimiento, guindilla *f.*

**pimenter** *tr.* **1** sazonar con pimiento **2** *fig.* salpimentar

**pin** *m.* pino

**pinacle** *m.* pináculo

**pinard** *m. pop.* vino peleón

**pince** *f.* **1** pinzas *pl. (instrument)* **2** pinza *(couture)* **3** *ZOOL.* pinza, tenaza **4** *TECHN.* alicates *m. pl.* ~

*coupante* alicates de corte **5** *TECHN.* palanca *(levier)* ~ *à sucre* tenacillas *pl. la* ~ *pop.* la mano

**pincé, -ée** *adj.* **1** estirado, a, altivo, a *(prétentieux)* **2** apretado, a *bouche pincée* boca apretada

**pinceau** *m.* pincel ~ *lumineux* pequeño haz luminoso

**pincée** *f.* pulgada, pizca

**pince-nez** *m. invar.* lentes *pl.*, quevedos *m.*

**pincer** *tr.* **1** pellizcar **2** apretar, oprimir *(les lèvres)*, fruncir **3** ajustar, ceñir *(couture)* **4** fam. picar *(le froid)* **5** *fam.* pillar *(prendre, arrêter)* **6** *fam.* pescar, sorprender *(surprendre)* **7** *AGR.* podar **8** *pr.* pellizcarse

**pinçon** *m.* cardenal, pellizco

**pinède** *f.* pinar *m.*, pineda

**pingouin** *m.* pingüino

**pingre** *adj. -s. fam.* agarrado, a

**pinson** *m.* pinzón

**pintade** *f.* pintada, gallina de Guinea

**pinte** *f.* pinta *(mesure)*

**pinter** *intr. pop.* empinar el codo, trincar

**pioche** *f.* zapapico *m.*, pico *m.*

**piocher** *tr.* **1** cavar **2** *fig. fam.* empollar *(étudier)*

**piolet** *m.* bastón de alpinista

**pion** *m.* **1** peón *(aux échecs)* **2** ficha *f.* *(jeu de dames)* **3** *fam.* vigilante *(surveillant dans un lycée)*

**pionnier** *m.* **1** *MIL.* gastador **2** colonizador **3** *fig.* pionero

**pipe** *f.* **1** pipa **2** *pop.* cigarrillo *m. loc. fam.* **par tête de** ~ por barba *casser sa* ~ hincar el pico, estirar la pata *(mourir)* **se fendre la** ~ soltar el trapo, reventar de risa

**piper** *tr.* ~ *des dés, des cartes* hacer fullerías con los dados, con las cartas *ne pas* ~ *fam.* no decir ni pío

**pipette** *f.* pipeta

**pipi** *m.* pipí *faire* ~ hacer pipí, hacer pis

**piquant, -e** *adj.* **1** punzante *(qui pique)* **2** picante *(sauce)* **3** agudo, a, vivo, a *froid* ~ frío agudo **4** *fig.* picante, mordaz *(caustique)* **5** *m.* pincho, púa *f.*

**pique** *f.* **1** pica *(arme)* **2** indirecta *envoyer, lancer des piques à quelqu'un* tirar indirectas a alguien **3** *m.* piques *pl. (cartes)*

**pique-assiette** *m. invar. fam.* gorrón

**pique-nique** *m.* comida campestre *f.*

**piqué, -ée** *adj.* **1** cosido, a a máquina *(cousu)* **2** picado, a *(marqué de petites taches)* **3** picado, a, echado, a a perder *(boisson)* **4** apolillado, a, carcomido, a *(vermoulu)* **5** *fam.* chiflado, a *(fou)* **6** *m.* piqué *(tissu)* **7** *AÉR.* picado

**piquer** *tr.* **1** picar, pinchar **2** *MÉD.* poner, dar una inyección *(faire une piqûre)* **3** picar *(insecte)* **4** clavar *(fixer avec une pointe)* **5** coser a máquina *(coudre)* **6** apolillar *(le bois)* **7** llenar de manchas *(parsemer de taches)* **8** picar, producir picazón *(démanger)* **9** *fig.* picar ~ *l'amour-propre* picar el amor propio **10** *CUIS.* mechar **11** *pop.* afanar, apañar *(voler)* **12** echar el guante a, pillar *(arrêter)* **13** *intr.* pinchar **14** *AÉR.* descender en picado **15** *pr.* pincharse **16** darse una inyección **17** picarse *(vin, tissu, papier)* **18** *fig.* picarse, resentirse *(se vexer)* ~ *une tête* echarse al agua de cabeza ~ *une crise* coger una rabieta ~ *une note MUS.* picar una nota *se* ~ *de* jactarse de, presumir

**piquet** *m.* **1** piquete **2** piquete *(de soldats, de grève)* **3** juego de los cientos *(jeu de cartes)* *mettre un élève au* ~ castigar a un alumno a permanecer en pie

**piquette** *f.* aguapié, aguachirle, vinucho *m.*

**piqûre** *f.* **1** picada, picadura *(d'insecte)* **2** pespunte *m. (couture)* **3** *MÉD.* inyección *faire une* ~ *à* poner una inyección a

**pirate** *m.* pirata

**pirater** *intr.* piratear

**pire** *adj.* peor *rien de* ~ *que* nada peor que *le* ~ *m.* lo peor

**pirogue** *f.* piragua

**pirouette** *f.* pirueta

**pis** *m.* ubre *f.*, teta *f. (mamelle)*

**pis** *adv. -adj.* **1** peor **2** *m.* peor *loc. adv.* *tant* ~ tanto peor *aller de mal en* ~, *de* ~ *en* ~ ir de mal en peor *qui* ~ *est* lo que es peor *au* ~ *aller* en el peor de los casos

**pisciculture** *f.* piscicultura

**piscine** *f.* piscina

**pissenlit** *m.* diente de león

**pisser** *intr. -tr. pop.* mear

**pistache** *f.* alfóncigo *m.*, pistacho *m.*

**piste** *f.* pista

**pister** *tr.* rastrear

**pistolet** *m.* **1** pistola *f. (arme)*
**2** *TECHN.* pistola *f.,* aerógrafo *(pour peindre)* **3** plantilla *f. (de dessinateur)*

**piston** *m.* **1** *TECHN.* pistón, émbolo
**2** *MUS.* pistón **3** *fam.* enchufe *avoir du* ∼ tener enchufe, tener padrinos

**pistonner** *tr. fam.* enchufar *se faire* ∼
*fam.* tener un enchufe

**pitance** *f. péj.* pitanza

**pitié** *f.* piedad, lástima, compasión
*faire* ∼ dar lástima

**pitoyable** *adj.* **1** lastimoso, a, lamentable *(digne de pitié)* **2** piadoso, a, compasivo, a *(humain)*

**pitre** *m.* payaso

**pittoresque** *adj.* pintoresco, a, pictórico, a

**pivert** *m.* picamaderos

**pivoine** *f.* peonía

**pivot** *m.* **1** *MÉD., MÉCAN.* gorrón, pivote **2** *fig.* eje, base *f.* **3** *BOT.* nabo, raíz vertical *f.*

**pivoter** *intr.* girar sobre su eje

**placage** *m.* chapeado, enchapado

**placard** *m.* **1** armario empotrado
**2** cartel *(affiche)*

**place** *f.* **1** plaza *la* ∼ *Vendôme* la plaza Vendôme **2** plaza, lugar *m.,* sitio *m. (endroit)* **3** plaza, asiento *m. voiture à deux places* coche de dos plazas **4** localidad, entrada *(dans un théâtre, un cinéma)* **5** plaza, empleo *m. (emploi)* **6** espacio *m.,* sitio *m. prendre beaucoup de* ∼ ocupar mucho sitio **7** *interj.* ¡ paso ! *à la* ∼ *de* en lugar de *sur* ∼ en el mismo lugar ∼ *d'honneur* lugar, sitio de preferencia *être en* ∼ tener un empleo importante ∼ *forte MIL.* plaza fuerte

**placement** *m.* **1** colocación *f. bureau de* ∼ agencia de colocaciones **2** inversión *f. (investissement)*

**placer** *tr.* **1** colocar, instalar *(installer)*
**2** acomodar *(dans une salle de spectacle)* **3** colocar, poner *(mettre)* **4** colocar, proporcionar un empleo a **5** colocar, invertir *(investir)* **6** *pr.* colocarse, instalarse, acomodarse *(s'installer)*
**7** colocarse *(prendre une place, un emploi)*

**placer** *m. MINÉR.* placer *(gisement d'or)*

**placeur, -euse** *m. f.* **1** acomodador, ora *(au cinéma, au théâtre)* **2** agente de colocaciones **3** corredor, representante

**placidité** *f.* placidez

**placier, -ière** *s.* corredor, ora

**plafond** *m.* **1** techo **2** *fig.* tope, límite *prix* ∼ precio tope **3** *AÉR.* altura máxima *f.* **4** *AUTO.* velocidad máxima *f. loc. fam. avoir une araignée au* ∼ faltarle a alguien un tornillo

**plafonnier** *m.* lámpara *f.* de techo *f.*

**plage** *f.* playa ∼ *arrière* bandeja *(d'une voiture)*

**plagier** *tr.* plagiar

**plaid** *m.* manta de viaje *f.*

**plaider** *intr.* **1** litigar, pleitar **2** abogar
∼ *pour, en faveur de* abogar por, en favor de **3** *tr.* defender

**plaideur, -euse** *s.* litigante

**plaidoirie** *f.* **1** *DR.* alegato *m.,* defensa **2** abogacía *(art de plaider)*

**plaie** *f.* **1** llaga, herida **2** plaga *(fléau) quelle* ∼ *!* ¡ vaya lata !

**plaignant, -e** *s.* querellante, demandante

**plain** *adj.* llano, plano *de* ∼-*pied* al mismo nivel

**plaindre** *tr.* **1** compadecer, sentir lástima por **2** *pr.* quejarse, lamentarse *(se lamenter)* **3** protestar *(protester)*
**4** *DR.* querellarse

**plaine** *f.* llanura, llano *m.*

**plainte** *f.* **1** queja **2** gemido *m.,* lamento *m.* **3** *DR.* demanda, denuncia

**plaintif, -ive** *adj.* lastimero, a

**plaire** *tr. ind.* **1** gustar, agradar ∼ *à quelqu'un* gustar a alguien *cela me plaît* esto me gusta **2** *impers.* gustar, placer *comme il vous plaira* como le plazca **3** *pr.* hallarse bien, estar a gusto *plaise à Dieu* quiera Dios, ojalá *s'il vous plaît* por favor *plaît-il ?* ¿ cómo ? ¿ decía usted ? *se* ∼ *à* complacerse en

**plaisance (de)** *loc. adj.* de recreo *maison* ∼ casa de recreo

**plaisant, -e** *adj.* **1** agradable *(agréable)* **2** divertido, a *(drôle) le* ∼ *m.* lo gracioso, lo chistoso *mauvais* ∼ bromista pesado

**plaisanter** *intr.* **1** bromear, chancearse **2** *tr.* burlarse de, tomar el pelo a *(railler légèrement) je ne plaisante pas* hablo en serio

**plaisanterie** *f.* broma, chanza

**plaisir** *m.* **1** placer, deleite **2** placer, gusto, agrado **3** placer, goce sexual **4** diversión *f. avec* ∼ con gusto *par* ∼ por gusto *faire* ∼ dar gusto, complacer *faites-moi le* ∼ hágame el favor de *à*

~ *loc. adv.* a capricho, sin motivo, porque sí

**plan, plane** *adj.* **1** plano, a **2** *m.* plano *(surface plane)* **3** plano *(photographie)* **gros** ~ primer plano **4** *PEINT.* plano, término **5** *ARCHIT.* plano **6** *fig.* plan *(projet)* **7** *plan de travail*, encimera *f. (cuisine)* **au premier** ~ en primer término

**planche** *f.* **1** tabla, tablón *m. (de bois)* **2** lámina *(gravure)* **3** *fam.* esquí *m.* **4** *AGRIC.* tabla **5** *pl. THÉÂT.* tablas ~ *à dessin* tablero de dibujo *m.* ~ *à voile* tabla a vela, windsurf *m.* angl. ~ *de salut* fig. tabla de salvación ~ *à roulettes* monopatín *m.* *faire la* ~ hacer la plancha

**plancher** *m.* piso, suelo

**planer** *intr.* **1** cernerse *(les oiseaux)* **2** planear *(un avion)* **3** dominar *(du regard, par la pensée)* **4** *fig.* cernerse, pesar *une menace plane sur nous* una amenaza se cierne sobre nosotros

**planétaire** *adj.* planetario, a

**planète** *f.* planeta *m.*

**planifier** *tr.* planear, planificar

**planisphère** *m.* planisferio

**plant** *m.* **1** *AGRIC.* plantón **2** *AGRIC.* plantel, plantío *(terrain)*

**plantain** *m.* llantén

**plantation** *f.* plantación

**plante** *f.* planta

**planter** *tr.* **1** *AGRIC.* plantar **2** clavar, hincar *(enfoncer)* **3** montar, instalar **4** *pr.* plantarse ~ *là quelqu'un* dejar plantado a alguien

**plantigrade** *adj. -m. ZOOL.* plantígrado, a

**planton** *m. MIL.* ordenanza

**plantureux, -euse** *adj.* **1** copioso, a, abundante *(copieux)* **2** fértil, feraz *(sol)* **3** corpulento, a, rollizo, a *(une personne)*

**plaque** *f.* **1** placa ~ *d'immatriculation* matrícula **2** plancha ~ *de blindage* plancha de blindaje **3** *PHOTO* placa ~ *tournante* placa giratoria, centro *m. fig.* eje *m.*

**plaqué** *m.* plaqué

**plaquer** *tr.* **1** pegar, adherir *(coller)* **2** *SPORT* hacer un placaje *(rugby)* **3** *TECHN.* chapar, enchapar **4** *pop.* plantar, dejar plantado, a *(abandonner)*

**plaquette** *f.* **1** librito *m.*, folleto *(petit livre)* **2** plaquita **3** plaqueta *(sanguine)*

**plastique** *adj.* **1** plástico, a **2** *f.* plástica **3** *m.* materia plástica *f.* plástico *sac en* ~ bolsa de plástico

**plastron** *m.* **1** peto *(d'une cuirasse)* **2** pechera *f. (de chemise)*

**plat, plate** *adj.* **1** llano, a, plano, a *pays* ~ país llano **2** aplastado, a *(aplati)* **3** delgado, a *(mince)* **4** *fig.* mediocre **5** soso, a, insulso, a *(fade)* **6** *m.* lo plano **7** fuente *f. (pièce de vaisselle)* **8** plato *(repas)* ~ *garni* plato con guarnición ~ à horizontalmente *pneu à* ~ neumático desinflado *être à* ~ *fig. fam.* estar deprimido, a *(une personne)* *cheveux plats* pelo liso *eau plate* agua sin gas *à* ~ *ventre loc. adv.* de bruces *faire du* ~ *à quelqu'un loc. fam.* dar coba a alguien ~ *à barbe* bacía *f.* ~ *cuisiné* guiso ~ *de résistance* plato fuerte

**platane** *m.* plátano *(arbre)*

**plateau** *m.* **1** bandeja *f. (pour le service)* **2** platillo *f. (d'une balance)* **3** plato *f. (d'un tourne-disque)* **4** *GÉOG.* meseta *f.* **5** escena *f.*, escenario, plató *(cinéma, théâtre)*

**plate-bande** *f.* **1** *AGR.* arriate *m.* **2** *ARCHIT.* platabanda *(moulure)*

**plate-forme** *f.* plataforma

**platine** *m.* **1** platino *(métal)* **2** *f. TECHN.* platina **3** plato *f. (d'un tourne-disque)*

**platitude** *f.* **1** banalidad, trivialidad *(banalité)* **2** bajeza *(bassesse)*

**platonique** *adj.* platónico, a

**plâtrage** *m.* **1** enyesado **2** *CHIR.* escayolado

**plâtre** *m.* **1** yeso **2** escayola *f. (chirurgie)*

**plâtrer** *m.* **1** enyesar **2** *CHIR.* escayolar *(un membre fracturé)*

**plausible** *adj.* plausible

**plèbe** *f.* plebe

**pléiade** *f.* pléyade

**plein, pleine** *adj.* **1** lleno, a **2** macizo, a *(massif)* **3** preñada *(femelle d'animal)* **4** completo, a, entero, a *(entier)* *un mois* ~ un mes entero **5** pleno, a *(total)* *pleins pouvoirs* plenos poderes **6** redondo, a, relleno, a *(dodu)* **7** *m.* lo lleno **8** máximo *(le maximum)* **9** trazo grueso *(écriture)* *à pleines mains* a manos llenas ~ *de soi* engreído *être* ~ *aux as fam.* tener bien cubierto el riñón *en* ~ *loc. adv.* en pleno *battre son* ~ estar en pleno apogeo *avoir de l'argent* ~ *les poches* *prép.* tener mucho dinero *en avoir* ∼ *le dos* loc. fam. estar hasta la coronilla *en avoir* ∼ *les bottes* loc. fam. estar molido de tanto andar ∼ *de* loc. prép. mucho, a, os, as *adj. il y avait* ∼ *de monde* había mucha gente

**plénier, -ière** *adj.* plenario, a

**plénipotentiaire** *adj. -m.* plenipotenciario, a

**plénitude** *f.* plenitud

**pléonasme** *m.* pleonasmo

**pléthore** *f.* plétora

**pleur** *m.* 1 llanto, lloro 2 *pl.* lágrimas

**pleurer** *intr. -tr.* llorar

**pleurésie** *f.* MÉD. pleuresía

**pleureur, -euse** *adj.* 1 llorón, ona 2 *f.* plañidera

**pleurnicher** *intr. fam.* lloriquear

**pleutre** *adj. -m.* cobarde, gallina *fam.*

**pleuvoir** *impers. -intr.* llover ∼ *à verse* llover a cántaros *cesser de* ∼ parar de llover, escampar

**plèvre** *f.* ANAT. pleura

**plexus** *m.* ANAT. plexo

**pli** *m.* 1 pliegue, doblez 2 tabla *f. jupe à plis* falda plisada, falda de tablas 3 raya *f. le* ∼ *du pantalon* la raya del pantalón 4 arruga *f. (d'un tissu chiffonné, du visage)* 5 *fig.* hábito, costumbre *f. (habitude)* 6 sobre *(enveloppe)* 7 sinuosidad *f. (de terrain) faux* ∼ arruga *f. prendre un mauvais* ∼ coger una mala costumbre *mise en plis* marcado *m.*

**pliage** *m.* doblado, plegado

**pliant, -e** *adj.* 1 plegable *(qui peut être plié)* 2 *m.* silla de tijera *f.*

**plie** *f.* platija

**plier** *tr.* 1 plegar, doblar 2 doblar *(courber)* 3 *fig.* doblegar, someter *(soumettre)* 4 *intr.* doblarse, plegarse *(fléchir)* 5 *fig.* ceder, debilitarse 6 *pr.* doblarse, doblegarse *(se soumettre)* loc. *fig.* ∼ *bagage* liar el petate

**plissement** *m.* 1 GÉOL. pliegue 2 fruncimiento *(froncement)*

**plisser** *tr.* 1 plegar 2 fruncir, arrugar *(froncer)* 3 plisar *(faire des plis) jupe plissée* falda plisada

**plomb** *m.* 1 plomo *(métal)* 2 plomada *f. (pêche)* 3 perdigón *(de chasse)* 4 márchamo *(sceau de plomb)* 5 ÉLECTR. plomo, fusible

**plomberie** *f.* fontanería

**plombier** *m.* fontanero

**plongeant, -e** *adj.* que se sumerge *vue plongeante sur* vista que se extiende por

**plongée** *f.* inmersión, sumersión

**plongeoir** *m.* trampolín, tablón

**plongeon** *m.* 1 zambullida *f.* 2 *fam.* saludo, reverencia *f.* 3 SPORT estirada *f.*, lanzamiento del portero *(football)*

**plonger** *tr.* 1 sumergir, hundir *(submerger)* 2 clavar, hundir *(un poignard)* 3 hundir, introducir *(enfoncer)* 4 *fig.* abismar, sumir *(dans la tristesse, etc.)* 5 *intr.* zambullirse *(dans l'eau)* 6 dominar *(regarder de haut en bas)* 7 bucear *(travailler sous l'eau)* 8 *pr.* sumirse, hundirse

**ploutocrate** *m.* plutócrata

**ployer** *tr.* 1 plegar, doblar *(courber)* 2 *intr.* doblegarse, ceder bajo el peso

**plu** *p. p. de plaire et de pleuvoir*

**pluie** *f.* lluvia

**plumage** *m.* plumaje

**plume** *f.* 1 pluma 2 pluma, plumilla *(pour écrire, dessiner) dessin à la* ∼ dibujo a la pluma

**plumeau** *m.* plumero

**plumer** *tr.* 1 desplumar *(un oiseau)* 2 desplumar, plumar *(voler)*

**plumier** *m.* plumero

**plupart (la)** *f.* la mayor parte, mayoría

**plural, -ale** *adj.* plural

**pluriel, -elle** *adj. -m.* GRAM. plural *mettre au* ∼ poner en plural

**plus** *adv.* 1 más *il est* ∼ *jeune que moi* es más joven que yo *rien de* ∼ nada más *une plaisanterie des* ∼ *drôles* una broma de lo más divertida 2 MATH. más *(signe) au* ∼, *tout au* ∼ a lo más, a lo sumo, cuando más *de* ∼ *en* ∼ cada vez más *de* ∼ *en,* ∼ *en* ∼ además *encore* ∼ todavía más *non* ∼ tampoco *ne...* ∼ ya no *il n'existe* ∼ ya no existe *je n'ai* ∼ *soif* ya no tengo sed *le* ∼ *m.* lo más

**plusieurs** *adj. -pron.* 1 varios, as 2 algunos, as *(quelques)*

**plus-que-parfait** *m.* GRAM. pluscuamperfecto

**plutôt** *adv.* 1 antes, primero ∼ *mourir que se soumettre* antes morir que someterse 2 más bien ∼ *jolie* más bien bonita 3 *fam.* muy *(très) ou* ∼ o mejor dicho *mais* ∼ sino más bien

**pluvier** *m.* chorlito

**pluvieux, -euse** *adj.* lluvioso, a

**pneumatique** *adj.* **1** neumático, a **2** *m.* neumático *(de roue)*

**pneumonie** *f. MÉD.* neumonía, pulmonía

**pochade** *f.* boceto *m.* bosquejo *m.*

**pochard, -e** *s. fam.* empinador, ora, borrachín, ina

**poche** *f.* **1** bolsillo *m.* *de* ∼ de bolsillo **2** bolsa *(faux pli)* **3** bolsa *avoir des poches sous les yeux* tener bolsas bajo los ojos **4** *GÉOL., MÉD.* bolsa **5** costal *m.*, talego *m. (sac)* **6** bolsa *(sac en papier ou en matière plastique)* *connaître comme sa* ∼ conocer como la palma de la mano

**pocher** *tr. CUIS.* escalfar *(œufs)* ∼ *un œil à quelqu'un* poner a alguien un ojo a la funerala

**pochette** *f.* **1** bolsillito *m. (petite poche)* **2** pañuelo *m. (mouchoir)* **3** carterilla, librillo *m. (petite enveloppe)* **4** bolso *m. (en cuir)*

**podium** *m.* podio

**poêle** *m.* **1** estufa *f. (de chauffage)* **2** paño mortuorio *f. (de cercueil)* **3** *f.* sartén

**poêlon** *m.* cazo

**poème** *m.* poema

**poésie** *f.* poesía

**poète** *adj. -m.* poeta

**poétesse** *f.* poetisa

**poids** *m.* **1** peso **2** pesa *(pour peser; d'horloge)* *lever des* ∼ levantar pesas *ne pas faire le* ∼ *loc. fig.* no tener talla *prendre, perdre du* ∼ engordar, adelgazar ∼ *lourd* camión, *fig.* peso pesado *(boxe)*

**poignant, -e** *adj.* desgarrador, ora, punzante

**poignard** *m.* puñal *coup de* ∼ puñalada *f.*

**poignarder** *tr.* apuñalar

**poigne** *f.* fuerza en las manos

**poignée** *f.* **1** puñado *m.* **2** puño *m.*, empuñadura *(d'une arme, d'une canne)* **3** mango *m. (manche)* **4** tirador *m. (de porte)* ∼ *de main* apretón de manos

**poignet** *m.* **1** *ANAT.* muñeca *f.* **2** puño *(d'une chemise)*

**poil** *m.* pelo *loc. fam.* *à* ∼ en cueros *avoir un* ∼ *dans la main* ser un manta, un vago *au* ∼ *!* ¡macanudo!

**poilu, -ue** *adj.* peludo, a, velludo, a

**poinçonner** *tr.* **1** contrastar *(l'or, l'argent)* **2** taladrar, perforar **3** picar *(un billet de métro, de chemin de fer)*

**poindre** *intr.* **1** apuntar, despuntar, asomar, rayar **2** brotar *(les plantes)*

**poing** *m.* puño *coup de* ∼ puñetazo

**point** *m.* **1** punto ∼ *à la ligne* punto y aparte *points de suspension* puntos suspensivos **2** *MUS.* puntillo, punto **3** punto, puntada *f. (couture)* ∼ *d'honneur* pundonor *bon* ∼ vale *faire le* ∼ hacer el balance *mettre au* ∼ dar el último toque a ; enfocar *(appareil de photo)* ∼ *du jour* amanecer ∼ *de côté* punzada en el costado *f.* ∼ *d'orgue* calderón *sur le* ∼ *de loc. prép.* a punto de

**point** *adv.* no *je ne sais* ∼ no sé ∼ *du tout* en absoluto

**pointe** *f.* **1** punta *(extrémité)* **2** punta, clavo *m. (clou)* **3** punzón *m. (poinçon)* *à la* ∼ *de l'épée* a viva fuerza *en* ∼ *loc. adv.* en punta *sur la* ∼ *des pieds* de puntillas *une* ∼ *de* una pizca de *pousser une* ∼ *jusqu'à* llegar hasta

**pointer** *tr.* **1** puntear, apuntar *(sur une liste)* **2** dirigir *(diriger)* **3** apuntar *(avec une arme)* **4** enderezar, erguir *(dresser)* **5** fichar *(dans une usine, une entreprise)* **6** *intr.* despuntar, rayar *(le jour)* **7** apuntar, empezar a salir *(commencer à pousser)* **8** alzarse, elevarse *(s'élever)* **9** *pr. fam.* presentarse, llegar *(arriver)* ∼ *les oreilles* aguzar las orejas

**pointillé** *m.* punteado

**pointilleux, -euse** *adj.* quisquilloso, a, puntilloso, a

**pointu, -ue** *adj.* puntiagudo, a

**pointure** *f.* **1** *IMPR.* puntura **2** número *m.*, medida *(des chaussures, des gants, etc.)*

**poire** *f.* **1** pera ∼ *fondante* pera de agua **2** *pop.* jeta, rostro *m.* **3** *fam.* primo *m. (naïf)* *quelle* ∼ *!* ¡vaya primo! ∼ *électrique* pera, perilla

**poireau** *m.* puerro

**poirier** *m.* peral

**pois** *m.* guisante *petit* ∼ guisante común ∼ *de senteur* guisante de olor *pois chiche* garbanzo

**poison** *m.* veneno, ponzoña *f.*

**poissard, -e** *adj.* **1** ordinario, a, populachero, a **2** *f.* pescadera, verdulera

**poisseux, -euse** *adj.* **1** pegajoso, a *(collant)* **2** pringoso, a *(graisseux)*

**poisson** m. 1 pez *(vivant)* **poissons rouges** peces de colores 2 pescado *(comestible, une fois pêché)* **poisson d'avril** inocentada f. **engueuler quelqu'un comme du ~ pourri** poner a alguien como un trapo *ASTROL.* **les Poissons** piscis

**poissonnerie** f. pescadería

**poitrail** m. 1 pecho *(du cheval)* 2 antepecho *(harnais)*

**poitrinaire** adj. -s. tísico, a

**poitrine** f. pecho m.

**poivre** m. pimienta f.

**poivrier** m. pimentero

**poivrière** f. 1 pimental m. *(plantation)* 2 pimentero m. *(boîte à poivre)*

**poivron** m. pimiento

**poix** f. pez

**polaire** adj. polar

**polariser** tr. 1 polarizar 2 pr. polarizarse

**pôle** m. polo

**polémique** adj. 1 polémico, a 2 f. polémica

**polémiste** s. polemista

**poli, -e** adj. 1 pulido, a, liso, a 2 educado, a, cortés *(courtois)* 3 m. pulimento, curtido

**police** f. 1 policía 2 póliza ~ **d'assurance** póliza de seguro **faire la ~** vigilar

**polichinelle** m. polichinela

**policier, -ière** adj. 1 policíaco, a 2 m. policía

**polir** tr. 1 pulir, bruñir, pulimentar 2 fig. pulir *(parfaire)*

**polisson, -onne** s. 1 bribonzuelo, a, buena pieza 2 adj. verde, licencioso, a *(égrillard)* 3 pícaro, a, malicioso, a *(fripon)*

**politesse** f. 1 cortesía, urbanidad *(courtoisie)* 2 fineza, delicadeza, cumplido m. **marques de ~** atenciones

**politique** adj. -m. 1 político, a 2 f. política

**pollen** m. *BOT.* polen

**polluer** tr. contaminar

**pollution** f. polución, contaminación

**polonais, -e** adj. -s. 1 polaco, a, polonés, esa 2 *MUS.* polonesa

**poltronnerie** f. cobardía

**polychrome** adj. policromo, a

**polycopier** tr. multicopiar

**polyèdre** adj. -m. *GÉOM.* poliedro

**polygamie** f. poligamia

**polyglotte** adj. -s. polígloto, a, polígloto, a

**polygone** m. *GÉOM.* polígono

**polynôme** m. *MATH.* polinomio

**polype** m. pólipo

**polyphonie** f. *MUS.* polifonía

**polytechnique** adj. politécnico, a

**polythéisme** m. politeísmo

**pommade** f. pomada

**pomme** f. 1 manzana *(fruit)* 2 repollo m. *(de chou ou salade)* 3 pera, perilla *(ornement)* **elle est tombée dans les pommes** loc. fam. le ha dado un soponcio ~ **de terre** patata ~ **de pin** piña ~ **d'Adam** nuez ~ **d'arrosage** alcachofa de regadera

**pommé, -ée** adj. *BOT.* repolludo, a

**pommeau** m. 1 pomo, empuñadura f. *(d'une épée, d'un sabre)* 2 perilla f. *(de la selle)*

**pommelé, -ée** adj. 1 aborregado, a *(ciel)* 2 tordo, a *(cheval)*

**pommette** f. pómulo m.

**pommier** m. manzano

**pompe** f. 1 pompa, fausto m. *(appareil)* 2 bomba *(machine)* ~ **foulante** bomba impelente ~ **à essence** surtidor de gasolina m. **en grande ~** por todo lo alto

**pomper** tr. 1 aspirar mediante una bomba *(puiser)* 2 pop. dejar molido, a *(fatiguer)* **être pompé** estar molido 3 pop. pimplar, trasegar *(boire)*

**pompeux, -euse** adj. pomposo, a

**pompier** m. 1 bombero 2 adj. fam. académico, a

**pompon** m. borla f.

**ponce** adj. -f. **pierre ~** piedra pómez

**ponceau** adj. invar. punzó *(couleur)*

**poncer** tr. pulimentar

**poncif** m. tópico, vulgaridad f.

**ponction** f. *MÉD.* punción

**ponctualité** f. puntualidad

**ponctuation** f. puntuación

**pondération** f. ponderación, equilibrio m.

**pondérer** tr. ponderar, equilibrar

**pondre** tr. 1 poner *(oiseaux)* 2 fam. péj. parir, producir

**pont** m. 1 puente ~ **suspendu, tournant** puente colgante, giratorio 3 *MAR.* puente, cubierta f. **ponts et chaussées** puentes y caminos

*poser*

**ponte** *f.* **1** postura, puesta *(action de pondre)* **2** *m.* punto *(jeu)* **3** *fam.* mandamás *(personnage important)*

**ponter** *intr.* hacer una puesta *(jeux)*

**pontife** *m.* pontífice

**pontifical, -ale** *adj.* -m. pontifical

**ponton** *m.* MAR. pontón

**pontonnier** *m.* MIL. pontonero

**pope** *m.* pope

**popote** *f.* **1** *fam.* pitanza, comida **2** *adj. fam.* casero, a *(casanier)*

**populacier, -ière** *adj.* populachero, a

**populaire** *adj.* popular

**population** *f.* población

**porc** *m.* **1** puerco, cerdo *(cochon)* **2** cerdo *(viande)*

**porcelaine** *f.* porcelana

**porcelet** *m.* cochinillo, lechón

**porc-épic** *m.* puerco espín

**porcher, -ère** *s.* porquero, a, porquerizo, a

**porcin, -ine** *adj.* porcino, a

**pore** *m.* poro

**poreux, -euse** *adj.* poroso, a

**port** *m.* **1** puerto **2** *fig.* puerto, refugio **3** porte *(action de porter)* **4** porte, aire, aspecto *(allure)* ~ *d'armes prohibé* tenencia ilícita de armas *f.*

**portage** *m.* porte, transporte

**portail** *m.* pórtico

**portant, -e** *adj.* **1** ARCHIT. sustentador, ora **2** *m.* THÉAT. montante de bastidor *être bien, mal* ~ encontrarse bien, mal de salud

**portatif, -ive** *adj.* portátil

**porte** *f.* puerta ~ *dérobée* puerta excusada *fermer la* ~ *au nez loc. fig.* dar con la puerta en las narices *mettre, flanquer quelqu'un à la* ~ *loc. fig.* poner a alguien de patitas en la calle ~ *d'agrafe* corcheta

**porté, -ée** *adj.* ~ *à* inclinado, a, propenso, a a

**porte-avions** *m. invar.* portaaviones

**porte-bagages** *m. invar.* portaequipajes

**porte-bonheur** *m. invar.* amuleto

**porte-cigarettes** *m. invar.* pitillera *f.*

**porte-clefs** *m. invar.* llavero

**porte-documents** *m. invar.* portadocumentos, cartera *f.*

**porte-drapeau** *m.* abanderado

**portée** *f.* **1** camada, cama *(d'animaux)* **2** alcance *m.* **3** MUS. pentágrama *m.* **4** CONSTR. luz, distancia libre entre apoyos *à la* ~ *de* al alcance de

**portefeuille** *m.* **1** cartera *f. (de poche)* **2** *fig.* cartera *f. (ministère)*

**portemanteau** *m.* percha *f.*, perchero

**porte-parole** *m. inv.* portavoz

**porte-photo** *m.* portarretrato

**porter** *tr.* **1** llevar **2** llevar, gastar *(sur soi) elle porte une robe noire, des lunettes* lleva un vestido negro, gafas ~ *la moustache* gastar bigote **3** dirigir *(ses regards, ses pas)* **4** dar, producir *argent qui porte intérêt* dinero que produce interés **5** inscribir *(inscrire)* **6** dar, traer ~ *chance* dar, traer suerte **7** tener, sentir *(éprouver)* **8** dar, asestar *(un coup)* **9** *intr.* alcanzar *(armes)* **10** dar en el blanco *(toucher le but)* **11** *pr.* encontrarse, estar *comment vous portez-vous ?* ¿ cómo se encuentra usted ? **12** llevarse *(un vêtement, une parure) se faire* ~ *malade* declararse enfermo *être porté sur quelque chose* ser aficionado a, gustar de algo ~ *sur* descansar en, estribar en *(une charge)*, referirse a, tratar de *(avoir trait à) il n'est pas bien porté de loc. fig.* no es de buen tono *se* ~ *candidat* presentarse como candidato

**porte-serviettes** *m. invar.* toallero

**porteur, -euse** *s.* **1** portador, ora **2** *m.* mozo de equipajes

**porte-voix** *m. invar.* megáfono, bocina *f.*, portavoz

**portier, -ière** *s.* portero, a

**portière** *f.* **1** portezuela, puerta *(de voiture)* **2** antepuerta, portier *m.* *(rideau)*

**portillon** *m.* portillo ~ *automatique* puerta automática *f.*

**portion** *f.* **1** porción *(partie)* **2** ración *(au restaurant)*

**portique** *m.* pórtico

**portrait** *m.* retrato

**portuaire** *adj.* portuario, a

**portugais, -e** *ad. -s* portugués, esa

**pose** *f.* **1** colocación **2** postura, posición *(attitude)* **3** *fig.* afectación **4** PHOTO exposición *temps de* ~ tiempo de exposición

**posé, -ée** *adj.* sosegado, a, reposado, a *voix posée* voz segura

**poser** *tr.* **1** poner, colocar *(mettre)* **2** poner, instalar *(installer)* **3** poner, escribir *je pose 5 et je retiens 2* pongo 5 y llevo 2 **4** formular, enunciar **5** *fig.* dar categoría, notoriedad, importancia **6** *PEINT., SCULP.* posar, servir de modelo **7** *PHOTO* posar **8** *fig.* presumir, darse postín *(se donner des airs)* **9** *pr.* ponerse, posarse *(oiseau)* **10** posarse *(avion)* ⁓ *une question à quelqu'un* hacer una pregunta a alguien ⁓ *un problème* plantear un problema ⁓ *les armes* deponer las armas ⁓ *sa candidature* presentar su candidatura ⁓ *sur intr.* descansar en, apoyarse en

**poseur, -euse** *adj.* presumido, a, vanidoso, a

**positif, -ive** *adj.* **1** positivo, a **2** *m.* *PHOTO* positiva *f.*

**position** *f.* posición

**positivisme** *m.* positivismo

**possédé, -ée** *adj. -s.* poseído, a, poseso, a, endemoniado, a

**posséder** *tr.* **1** poseer **2** *pr.* dominarse, ser dueño de sí mismo

**possessif, -ive** *adj. -m. GRAM.* posesivo, a

**possession** *f.* posesión

**possible** *adj.* **1** posible **2** *m.* lo posible *autant que* ⁓ dentro de lo posible, a ser posible *pas* ⁓ *!* ¡no es posible !

**postal, -ale** *adj.* postal

**poste** *f.* **1** correo *m.*, correos *m. pl.* oficina de correos **2** *m.* puesto *(lieu, emploi)* **3** aparato ⁓ *de radio, de télévision* aparato de radio, de televisión **4** *MIL.* puesto ⁓ *d'essence* surtidor de gasolina ⁓ *de police* puesto de policía ⁓ *de pilotage* cabina de mando *f.*

**poster** *tr.* **1** apostar, poner *(placer)* **2** echar al correo *(une lettre)* **3** *pr.* apostarse *(se placer)*

**postérieur, -e** *adj.* **1** posterior **2** *m. fam.* trasero

**postérité** *f.* posteridad

**posthume** *adj.* póstumo, a

**postiche** *adj.* **1** postizo, a, artificial **2** *m.* postizo

**postillon** *m.* **1** postillón *(conducteur)* **2** cura, perdigón *(salive)*

**post-scriptum** *m. invar.* postdata *f.*

**postulant, -e** *s.* postulante

**postuler** *tr.* postular

**posture** *f.* postura

**pot** *m.* **1** vasija *f.* **2** bote, tarro, envase ⁓ *à moutarde* bote para la mostaza **3** jarro, jarra *f.* **4** olla *f.* *(marmite)*

**5** *fam.* chamba *f.*, chiripa *f. (chance)* ⁓ *à, de fleurs* tiesto, maceta *f.* ⁓ *de chambre* orinal *découvrir le* ⁓ *aux roses loc. fig.* descubrir el pastel *payer les pots cassés fam.* pagar los vidrios rotos, pagar el pato *prendre un* ⁓ *fam.* tomar una copa *avoir du* ⁓ *fam.* tener potra ⁓ *d'échappement TECHN.* silencioso, tubo de escape

**potable** *adj.* potable

**potage** *m.* sopa *f.*

**potager, -ère** *adj.* **1** hortelano, a **2** *m.* huerto, huerta *f. jardin* ⁓ huerto *plantes potagères* hortalizas

**potassium** *m.* potasio

**pot-au-feu** *m. invar.* cocido, puchero

**pot-de-vin** *m.* soborno, gratificación *f.*, guante

**poteau** *m.* poste *au* ⁓ al paredón

**potence** *f.* **1** horca *(supplice)* **2** *CONSTR.* pescante *m.*

**potentat** *m.* potentado

**potentiel, -ielle** *adj. -m.* potencial

**poterie** *f.* **1** alfarería *(fabrication, art)* **2** vasija de barro *(objet)*

**potestatif, -ive** *adj. DR.* potestativo, a

**potin** *m.* **1** *fam.* jaleo *faire du* ⁓ armar jaleo **2** *pl.* chismes, habladurías *f.*

**potion** *f.* poción

**potiron** *m.* calabaza *f.*

**pot-pourri** *m. MUS.* popurrí

**pou** *m.* piojo *être laid comme un* ⁓ ser más feo que Picio, más feo que el coco *chercher des poux à quelqu'un* buscarle a alguien las cosquillas

**pouah !** *interj. fam.* ¡ puf !

**poubelle** *f.* cubo de la basura *m.*

**pouce** *m.* **1** pulgar *(de la main)*, dedo gordo *(du pied)* **2** pulgada *f.*, pulgarada *f. (mesure)* **3** *interj.* ¡ me retiro !

**poudre** *f.* **1** polvo *m.* **2** polvos de tocador *m. pl. (fard)* **3** pólvora *(explosif)* *réduire en* ⁓ reducir a polvo, pulverizar

**poudrer** *tr.* empolvar

**poudrière** *f.* polvorín *m.*

**poudroyer** *intr.* levantar polvo

**pouffer** *intr.* reventar de risa

**pouilleux, -euse** *adj. -s.* piojoso, a

**poulailler** *m.* **1** gallinero **2** *THÉÂT., fam.* gallinero, paraíso

**poulain** *m.* **1** potro *(cheval)* **2** *fig.* pupilo

**poularde** *f.* gallina cebada

**poule** *f.* **1** gallina **2** *fam.* zorra *(prostituée)* ~ *d'eau* polla de agua

**poulet** *m.* **1** pollo **2** *fam.* billete amoroso **3** *fam.* poli, gris *(policier)*

**poulpe** *m.* pulpo

**pouls** *m.* PHYSIOL. pulso

**poumon** *m.* pulmón ~ *d'acier* pulmón de acero

**poupe** *f.* MAR. popa *loc. fig. avoir le vent en* ~ ir viento en popa, estar en auge

**poupée** *f.* **1** muñeca **2** *pop.* gachí

**poupon, -onne** *m.* rorro

**pouponnière** *f.* guardería infantil

**pour** *prép.* **1** para *(but, destination, temps, durée, imminence de l'action, comparaison) lire* ~ *s'instruire* leer para instruirse *partir* ~ *Madrid* salir para Madrid *laissons cela* ~ *demain* dejemos eso para mañana *j'en ai* ~ *un an* tengo para un año *il était* ~ *partir* estaba para salir *cet enfant est grand* ~ *son âge* este niño es alto para la edad que tiene **2** para con *bon* ~ *ses inférieurs* bueno para con sus inferiores **3** para, contra *remède* ~ *le rhume* remedio contra el resfriado **4** por *(à cause de, en faveur de, équivalence, prix, proportion) puni* ~ *sa paresse* castigado por su pereza *lutter* ~ *la patrie* luchar por la patria *il est tenu* ~ *honnête* se le tiene por honrado *laisser* ~ *mort* dejar por muerto *prendre* ~ *épouse* tomar por esposa **5** en cuanto a, por lo que se refiere a *(quant à)* **6** *m.* pro *le* ~ *et le contre* el pro y el contra *pour lors loc. adv.* para entonces ~ *de bon loc. adv.* de veras *pour que loc. conj.* para que, a fin de que

**pourboire** *m.* propina *f.*

**pourceau** *m.* cerdo

**pourcentage** *m.* porcentaje

**pourchasser** *tr.* perseguir

**pourlécher** *tr.* **1** relamer **2** *pr.* relamerse

**pourparler** *m.* negociación *f.*, trato, conferencia *f.*

**pourpoint** *m.* jubón

**pourpre** *f.* púrpura

**pourquoi** *conj. -adv.* **1** por qué **2** *m. invar.* porqué *(cause, motif, raison) c'est* ~ *es* por eso ~ *faire?* ¿ para qué ?

**pourrir** *tr.* **1** pudrir, podrir **2** *intr.* pudrirse, podrirse

**pourriture** *f.* podredura, podredumbre

**poursuite** *f.* **1** continuación **2** persecución

**poursuivre** *f.* **1** perseguir **2** DR. demandar **3** proseguir *(continuer) poursuivez !* i siga !

**pourtant** *adv.* no obstante, sin embargo, con todo

**pourtour** *m.* perímetro, contorno

**pourvoi** *m.* DR. apelación *f.* recurso

**pourvoir** *tr.* **1** proveer, abastecer **2** *fig.* dotar *(de dons naturels)* **3** *pr.* proveerse **4** DR. apelar, recurrir *tr. ind.* ~ *à* proveer a, subvenir a *(subvenir)* ~ *à un emploi* colocar a alguien en una plaza vacante

**pourvu que** *loc. conj.* **1** con tal que, siempre que **2** ojalá *(souhait)* ~ *nous arrivions à temps !* i ojalá lleguemos a tiempo !

**pousse** *f.* **1** BOT. brote *m.*, retoño *m.* **2** salida, crecimiento *m. (des dents, etc.)*

**pousser** *tr.* **1** empujar **2** hacer avanzar *(faire avancer)* **3** *fig.* favorecer, ayudar, apoyar *(un protégé, etc.)* **4** *fig.* llevar *jusqu'à certaines limites* llevar hasta ciertos límites **5** dar *(cri, soupir)* **6** BOT. echar, producir **7** *intr.* empujar, impulsar **8** crecer *(cheveux, dents)* **9** *fig.* desarrollarse *(s'accroître)* **10** BOT. brotar, crecer **11** *pr.* empujarse *(les uns les autres) ne poussez pas !* i no empujen ! **12** apartarse, echarse a un lado *(s'écarter)*

**poussière** *f.* polvo *m.*

**poussif, -ive** *adj.* **1** asmático, a **2** jadeante *(haletant)*

**poussin** *m.* **1** polluelo **2** *fig.* nene *(enfant)*

**poutre** *f.* viga

**pouvoir** *tr.* poder *je n'aurais pas pu* no hubiera podido *n'en* ~ *plus* no poder más *il peut se faire que impers.* puede ser que *il se peut qu'il pleuve pr. -impers.* puede ser, es posible que llueva *ça se peut, loc. fam.* puede, quizás

**pouvoir** *m.* **1** poder **2** *pl.* poderes *pleins pouvoirs* plenos poderes

**prairie** *f.* prado *m.*, pradera

**praline** *f.* almendra garrapiñada

# praticable

530

**praticable** *adj.* **1** practicable *(réalisable)* **2** transitable *(chemin)*

**pratiquant, -e** *s.* practicante *(d'une religion)*

**pratiquer** *tr.* **1** practicar *(observer)* **2** tratar, frecuentar *(fréquenter)* **3** practicar, ejecutar

**pré** *m.* prado

**préalable** *adj.* **1** previo, a **2** *m.* condición previa *f. loc. adv.* **au ~** previamente

**préambule** *m.* preámbulo

**préavis** *m.* **1** aviso previo **2** notificación previa de despido *f.* **avec ~** con aviso

**prébende** *f.* prebenda

**précaire** *adj.* precario, a

**précaution** *f.* precaución

**précédent, -e** *adj. -m.* precedente

**précéder** *tr.* preceder

**précepte** *m.* precepto

**précepteur, -trice** *s.* preceptor, ora

**prêcher** *tr.* predicar

**précieux, -euse** *adj.* **1** precioso, a **2** afectado, a, amanerado, a *(style, etc.)*

**préciosité** *f.* **1** afectación, amaneramiento *m.* **2** *LITT.* preciosismo *m.*, culteranismo *m.*

**précipice** *m.* precipicio

**précipitation** *f.* precipitación

**précipiter** *tr.* **1** precipitar **2** *pr.* precipitarse

**précis, -e** *adj.* **1** preciso, a **2** en punto *(heure)* **à six heures précises** a las seis en punto **3** *m.* compendio *(livre)*

**préciser** *tr.* precisar, fijar

**précision** *f.* precisión

**précoce** *adj.* precoz **fruits précoces** frutos precoces

**précolombien, -ienne** *adj.* precolombino, a

**préconçu, -ue** *adj.* preconcebido, a

**préconiser** *tr.* preconizar

**prédécesseur** *m.* predecesor

**prédestiner** *tr.* predestinar

**prédicat** *m.* predicado

**prédicateur, -trice** *s.* predicador, ora

**prédilection** *f.* predilección

**prédire** *tr.* predecir

**prédisposer** *tr.* predisponer

**prédominance** *f.* predominio *m.*

**prédominer** *intr.* predominar

**préexistant, -e** *adj.* preexistente

**préface** *f.* prefacio *m.*

**préfecture** *f.* prefectura **~ de police** jefatura de policía

**préférence** *f.* preferencia

**préférer** *tr.* preferir **je préfère rester** prefiero quedarme

**préfet** *m.* prefecto, gobernador civil

**préfixe** *m.* prefijo

**préhensible** *adj.* prensible

**préhensile** *adj.* prensil

**préhistoire** *f.* prehistoria

**préjudice** *m.* perjuicio

**préjudiciable** *adj.* perjudicial

**préjuger** *tr.* prejuzgar

**prélasser (se)** *pr.* descansar cómodamente, repantigarse

**prélat** *m.* prelado

**prélever** *tr.* **1** deducir, descontar *(déduire)* **2** tomar, sacar *(enlever)*

**préliminaire** *adj. -m.* preliminar

**prélude** *m.* preludio

**prématuré, -ée** *adj.* **1** prematuro, a **2** *s.* prematuro

**préméditation** *f.* premeditación

**prémices** *f. pl.* primicias

**premier, -ière** *adj.* **1** primero, a *(primer devant un subst.)* **2** *m.* primero **le ~ de l'an** el día primero del año **3** primer piso, primera planta *f. (étage)* **4** *f.* *THÉÂT.* estreno *m.* **5** *IMPR.* galerada **6** primera *(chemin de fer)* **nombre ~** *MATH.* número primo **jeune ~** *THÉÂT.* galán

**premier-né, première-née** *adj. -s.* primogénito, a

**prémisse** *f.* premisa

**prémunir** *tr.* **1** prevenir, precaver **2** *pr.* prevenirse, precaverse

**prenant, -e** *adj.* **1** apasionante *(qui captive)* **2** prensil *(queue)* **3** *DR.* que recibe

**prendre** *tr.* **1** tomar, coger *(saisir)* **2** tomar *(aliment, médicament, une ville, un bain, un moyen de transport, etc.)* **3** llevar *(emporter)* **4** sacar, tomar *(photo, notes, billet)* **5** prender, coger, detener *(un voleur)* **6** coger **7** sorprender *(surprendre)* **8** cobrar *(faire payer)* **combien vous a-t-il pris?** ¿cuánto\ le ha cobrado? **9** requerir, tomar **cela prend du temps** esto requiere tiempo **10** comer *(dames, échecs)* **11** *fam.* recibir *(gifle, etc.)* **12** *intr.* prender, arraigar *(plante)*

**13** tomar consistencia, espesarse *(épaissir)* **14** cuajarse *(un liquide)* **15** helarse *(glace, fleuve)* **16** pegarse *(coller)* **17** prender *(le feu)* **18** *fig.* cuajar *(réussir)* **19** coger, tomar ~ *à droite* coger a la derecha **20** *pr.* tomarse *(médicament)* **21** engancharse *(s'accrocher)* ~ *quelque chose à quelqu'un* quitar, robar algo a alguien ~ *quelqu'un au mot* coger la palabra a uno *j'irai vous* ~ *à la sortie du bureau* iré a buscarle a la salida de la oficina *qu'est-ce qui te prend? fam.* ¿qué te pasa? *à tout* ~ *loc. adv.* bien mirado, mirándolo bien *son excuse n'a pas pris fam.* su excusa no pasó *ça ne prend pas fam.* esto no pasa *se* ~ *pour* tomarse por *s'en* ~ *à quelqu'un* echar la culpa a alguien *s'y* ~ proceder

**preneur, -euse** *adj. -s.* **1** tomador, ora **2** arrendador, ora *(à bail)* **3** comprador, ora *(acheteur)*

**prénom** *m.* nombre, nombre de pila

**préoccupation** *f.* preocupación

**préoccuper** *tr.* **1** preocupar **2** *pr.* preocuparse

**préparatifs** *m. pl.* preparativos

**préparation** *f.* preparación

**préparer** *tr.* **1** preparar **2** *pr.* prepararse

**prépondérant, -e** *adj.* preponderante

**préposer** *tr.* encargar ~ *quelqu'un à* encargar a alguien de

**préposition** *f. GRAM.* preposición

**prérogative** *f.* prerrogativa

**près** *adv.* **1** cerca *tout* ~ muy cerca **2** *prép.* cerca de *de* ~ *loc. adv.* de cerca *à peu de chose* ~ *loc. adv.* poco más o menos, aproximadamente *à cela* ~ *loc. adv.* excepto eso ~ *de loc. prép.* cerca de *être* ~ *de son argent, de ses sous loc. fam.* ser agarrado, a *ne pas y regarder de si* ~, *de trop* ~ no ser exigente

**présage** *m.* presagio

**presbytère** *m.* rectoral *f.*, casa *f.* del cura, casa parroquial *f.*

**prescrire** *tr.* **1** prescribir **2** *MÉD.* recetar

**présence** *f.* presencia *loc. adv. en* ~ en presencia

**présent, -e** *adj.* **1** presente **2** *m.* presente *à* ~ *loc. adv.* ahora *à* ~ *que loc. conj.* ahora que *d'à* ~ actual

**présentation** *f.* presentación

**présenter** *tr.* **1** presentar **2** *pr.* presentarse

**préserver** *tr.* preservar

**président** *m.* presidente

**présidentiel, -elle** *adj.* presidencial

**présider** *tr.* **1** presidir **2** *intr.* dirigir

**présomption** *f.* presunción

**présomptueux, -euse** *adj.* presuntuoso, a

**presque** *adv.* casi ~ *pas* apenas

**presqu'île** *f. GÉOG.* península

**pressant, -e** *adj.* **1** urgente, acuciante **2** perentorio, a

**presse** *f.* **1** prensa **2** tropel *m.*, gentío *m.* *(foule)* **3** prisa, urgencia *service de* ~ servicio de información

**pressé, -ée** *adj.* **1** prensado, a *(avec une presse)* **2** exprimido, a *(dans le but d'extraire)* *citron* ~ limón natural **3** perseguido, a *(poursuivi)* **4** presuroso, a *(qui montre de la hâte)* **5** urgente *aller au plus* ~ acudir a lo más urgente *je suis* ~ tengo prisa

**presse-fruits** *m. invar.* exprimidor, licuador

**pressentir** *tr.* **1** presentir **2** tantear, sondear *(sonder quelqu'un)*

**presse-papiers** *m. invar.* pisapapeles

**presser** *tr.* **1** exprimir, estrujar *(un fruit)* **2** estrechar *(serrer)* **3** apretar, pulsar *(un bouton)* **4** acuciar, apurar *(harceler)* **5** acelerar *(accélérer)* **6** *intr.* urgir, correr prisa **7** *pr.* darse prisa *presse-toi* date prisa **8** apretujarse *(s'entasser)* ~ *le pas* apretar el paso

**pressing** *m.* tintorería en seco *f.*

**pression** *f.* presión

**pressoir** *m.* **1** prensa *f. (machine)* **2** lagar *(endroit)*

**prestance** *f.* buena presencia

**preste** *adj.* pronto, a, ágil

**prestidigitateur** *m.* prestidigitador

**prestige** *m.* prestigio

**présumé, -ée** *adj.* presunto, a

**présumer** *tr. -intr.* presumir

**présure** *f.* cuajo *m.*

**prêt** *m.* **1** préstamo **2** *MIL.* haberes *m. pl.*

**prêt, prête** *adj.* presto, a, listo, a, dispuesto, a *tout est* ~ todo está listo ~ *à partir* dispuesto, a para salir

**prêt-à-porter** *m.* confección *f.*, prêt-à-porter

**prétendant, -e** *s.* pretendiente

**prétendre** *tr.* **1** pretender **2** afirmar, suponer **3** *intr.* aspirar a, pretender

**prétendu, -ue** *adj.* presunto, a, supuesto, a

**prête-nom** *m.* testaferro

**prétention** *f.* pretensión

**prêter** *tr.* **1** prestar **2** *intr.* prestar, dar de sí *(tissu, etc.)* **3** *pr.* prestarse, consentir ~ *la main* echar una mano ~ *l'oreille* prestar oídos ~ *serment* prestar juramento ~ *à tr. ind.* dar motivo a, prestarse *cela prête à confusion* esto se presta a confusiones

**prêteur, -euse** *s.* **1** prestador, ora **2** prestamista *(professionnel)*

**prétexte** *m.* pretexto *sous* ~ *que* so pretexto de que, con el pretexto de que

**prétexter** *tr.* pretextar

**prêtre** *m.* sacerdote

**prêtresse** *f.* sacerdotisa

**preuve** *f.* prueba *preuves à l'appui* pruebas al canto *faire* ~ *de* dar pruebas de

**preux** *adj. -m.* valiente, esforzado

**prévaloir** *intr.* **1** prevalecer **2** *pr.* prevalecerse

**prévariquer** *intr.* prevaricar

**prévenance** *f.* atención, obsequio *m.*

**prévenir** *tr.* **1** avisar *(avertir)* **2** anticiparse a *(un désir, un besoin)* **3** prevenir, precaver *mieux vaut* ~ *que guérir* más vale prevenir que curar

**prévenu, -ue** *adj. s.* **1** *DR.* acusado, a **2** *adj.* prevenido, a *(en faveur de, contre)* **3** avisado, a, informado, a

**prévision** *f.* previsión

**prévoir** *tr.* prever

**prévôt** *m.* preboste ~ *d'armes* ayudante de un maestro de esgrima

**prévoyant, -e** *adj.* previsor, ora, precavido, a

**prier** *tr. -intr.* **1** rezar, orar **2** *tr.* rogar, suplicar *(supplier) se faire* ~ hacerse rogar *je vous prie de bien vouloir* le ruego tenga la amabilidad de

**prière** *f.* **1** *RELIG.* oración, plegaria **2** ruego *m.*, súplica

**prieuré** *m.* priorato

**primaire** *adj. -m.* primario, a

**primat** *m.* primado

**primauté** *f.* primacía, preeminencia

**prime** *f.* **1** prima **2** *adj.* primo, a, primero, a **3** *MATH.* prima *A* ~ *A*

prima *en* ~ además *faire* ~ *loc. fig.* tener gran aceptación *de* ~ *abord* en el primer momento

**primer** *intr.* **1** dominar *(l'emporter)* **2** tener prelación **3** *tr.* superar a *(l'emporter sur)* **4** premiar *(récompenser)*

**primeur** *f.* **1** primicia **2** *f. pl. AGR.* frutas, hortalizas tempranas

**primevère** *f.* primavera

**primitif, -ive** *adj. -s.* primitivo, a

**primo** *adv.* primeramente, en primer lugar

**primordial, -ale** *adj.* primordial

**prince** *m.* príncipe *vivre comme un* ~ vivir a cuerpo de rey

**princesse** *f.* princesa

**principal, -ale** *adj.* principal

**principal** *m.* **1** lo principal **2** director de un colegio **3** *DR.* importe básico de un impuesto

**principe** *m.* principio

**printanier, -ière** *adj.* primaveral

**printemps** *adj.* primavera *f.*

**priorité** *f.* **1** prioridad **2** preferencia de paso, prioridad *(sur la route)*

**pris, -e** *adj.* **1** tomado, a, agarrado, a, cogido, a **2** atacado, a *(d'une maladie)* **3** cuajado, a *(caillé)* **4** prendido, a *(arrêté)* **5** ocupado, a *(occupé)* parti ~ prejuicio *c'est autant de* ~ *!* ¡ que me quiten lo bailado ! *tel est* ~ *qui croyait prendre* ir por lana y volver trasquilado

**prise** *f.* **1** agarradero *m.*, asidero *m.* *(pour saisir)* **2** toma, conquista **3** presa *(chose prise)* **4** toma *(de tabac)* **5** presa, llave *(dans la lutte)* **6** solidificación *donner* ~ *à* dar pábulo a ~ *de sang MÉD.* toma de sangre ~ *de courant ÉLECTR.* enchufe *m.* ~ *d'eau* toma de agua ~ *de son TECHN.* registro *m.*

**priser** *tr.* **1** apreciar, estimar **2** tomar *(tabac à priser)* ~ *du tabac* tomar rapé

**prismatique** *adj.* prismático, a

**prisme** *m.* prisma

**prison** *f.* prisión, cárcel

**prisonnier, -ière** *adj. -s.* preso, a, prisionero, a

**privation** *f.* privación

**privé, -ée** *adj.* **1** privado, a, íntimo, a **2** particular *propriété privée* propiedad particular

**privilège** *m.* privilegio

**prix** m. **1** precio **2** premio *(récompense) hors de* ~ carísimo, a *à tout* ~ cueste lo que cueste, a toda costa

**probabilité** f. probabilidad

**probable** adj. probable

**probité** f. probidad

**problématique** adj. problemático, a

**problème** m. problema

**procédé** m. **1** procedimiento *(méthode employée)* **2** proceder *(comportement)*

**procéder** tr. -intr. proceder

**procès** m. proceso, pleito, causa f. ~-*verbal* acta, expediente, multa f. *faire le* ~ *de* procesar, sentar en el banquillo

**procession** f. procesión

**processus** m. proceso

**prochain, -e** adj. **1** próximo, a **2** próximo, a, que viene *(date) l'année prochaine* el año que viene **3** m. prójimo *aimer son* ~ amar al prójimo

**proche** adj. **1** cercano, a, próximo, a **2** cerca *(près)* **3** m. pl. parientes, allegados

**proclamer** tr. proclamar

**procréer** tr. procrear

**procuration** f. procuración, poder m.

**procurer** tr. **1** proporcionar **2** causar *(occasionner)*

**procureur** m. procurador

**prodigalité** f. prodigalidad

**prodige** m. prodigio

**prodigieux, -euse** adj. prodigioso, a

**prodiguer** tr. **1** prodigar **2** pr. prodigarse

**producteur, -trice** adj. -s. productor, ora

**production** f. producción

**produire** tr. **1** producir **2** exhibir, enseñar, presentar *(montrer)* **3** pr. producirse *(survenir)* **4** presentarse al público

**produit** m. producto

**profane** adj. -s. profano, a

**profaner** tr. profanar

**proférer** tr. proferir

**professer** tr. **1** profesar **2** intr. ser profesor, ora

**professeur** m. profesor, ora *Mme le professeur X* la profesora X

**profession** f. profesión

**professionnel, -elle** adj. profesional

**profil** m. perfil

**profiler** tr. **1** perfilar **2** pr. perfilarse

**profit** m. **1** provecho **2** beneficio, ganancia f. *tirer* ~ *de quelque chose* sacar provecho de algo *au* ~ *de* en beneficio de

**profiter** intr. **1** fam. crecer *(grandir)*, engordar *(grossir)* **2** fam. dar resultado, ser ventajoso, a ~ *de* tr. ind. aprovechar, sacar provecho de ~ *à quelqu'un (aliments)* hacer provecho a alguien

**profond, -e** adj. profundo, a, hondo, a

**profondeur** f. profundidad

**profusion** f. profusión

**progéniture** f. prole, descendencia

**programme** m. programa

**progrès** m. progreso, adelanto

**progresser** intr. progresar

**prohiber** tr. prohibir

**prohibition** f. prohibición

**proie** f. **1** presa **2** fig. botín m. *oiseau de* ~ ave de rapiña *être la* ~ *de* ser presa, ser víctima de

**projectile** m. proyectil

**projection** f. proyección

**projet** m. proyecto

**projeter** tr. proyectar

**prolétariat** m. proletariado

**prolifique** adj. prolífico, a

**prolixe** adj. prolijo, a

**prologue** m. prólogo

**prolongation** f. **1** prolongación **2** prórroga *(match)*

**prolonger** tr. **1** prolongar **2** prorrogar

**promenade** f. **1** paseo m. *faire une* ~ dar un paseo **2** paseo m. *(lieu)*

**promener** tr. **1** pasear **2** pr. pasearse *envoyer* ~ *quelqu'un* mandar a alguien a paseo

**promenoir** m. **1** paseo cubierto **2** THÉÁT. pasillo

**promesse** f. promesa

**promettre** tr. -intr. **1** prometer **2** pr. prometerse

**promis, -e** adj. -s. prometido, a

**promontoire** m. promontorio

**promotion** f. promoción

**promouvoir** tr. **1** promover **2** elevar *(à une dignité, un grade)*

**prompt, prompte** adj. **1** pronto, a ~ *à se fâcher* pronto a enfadarse **2** rápido, a

**promulguer** *tr.* promulgar

**prôner** *tr.* **1** predicar *(prêcher)* **2** preconizar *(préconiser)*

**pronom** *m.* GRAM. pronombre

**prononcer** *tr.* **1** pronunciar **2** *pr.* pronunciarse *(pour,* por)

**prononciation** *f.* pronunciación

**pronostiquer** *tr.* pronosticar

**propagande** *f.* propaganda

**propagation** *f.* propagación

**propager** *tr.* **1** propagar *(communiquer)* **2** propalar *(divulguer)* **3** *pr.* propagarse

**propension** *f.* propensión

**prophète** *m.* profeta

**prophétiser** *tr.* profetizar

**prophylaxie** *f.* MÉD. profilaxis

**propice** *adj.* propicio, a

**proportion** *f.* proporción

**proportionnel, -elle** *adj.* proporcional

**proportionner** *tr.* proporcionar

**propos** *m.* **1** propósito, intención *f.* **2** tema, asunto *(sujet)* **3** *pl.* palabras *f. ferme* ~ firme propósito *à* ~ a propósito *à tout* ~ a cada momento *mal à* ~ inoportunamente

**proposer** *tr.* **1** proponer **2** *pr.* proponerse **3** ofrecerse, brindarse *(offrir ses services)*

**proposition** *f.* proposición, propuesta

**propre** *adj.* **1** propio, a *nom* ~ nombre propio **2** propio, a, mismo, a *(même)* **3** propio, a, adecuado, a *(approprié)* **4** limpio, a *(net)* **5** honrado, a

**propreté** *f.* limpieza

**propriétaire** *s.* **1** propietario, a **2** casero, a, propietario, a *(d'une maison)*

**propriété** *f.* **1** propiedad **2** casa de campo *(maison)*, finca

**propulsion** *f.* propulsión

**proroger** *tr.* prorrogar

**prosaïque** *adj.* prosaico, a

**prosateur** *m.* prosista

**proscrire** *tr.* proscribir

**prose** *f.* prosa

**prosélytisme** *m.* proselitismo

**prosodie** *f.* prosodia

**prospecter** *tr.* **1** MINÉR. hacer una prospección en **2** buscar clientes

**prospérer** *intr.* prosperar

**prostate** *f.* próstata

**prosterner** *pr.* prosternarse *se* ~ *devant quelqu'un* rebajarse ante alguien

**prostituer** *tr.* **1** prostituir **2** *pr.* prostituirse

**prostration** *f.* postración

**protagoniste** *m.* protagonista

**protecteur, -trice** *adj. -s.* protector, ora

**protection** *f.* protección

**protectorat** *m.* protectorado

**protéger** *tr.* proteger

**protestantisme** *m.* protestantismo

**protestataire** *adj. -s.* protestón, ona, contestatario, a

**protester** *tr. -intr.* protestar

**protocole** *m.* protocolo

**protubérance** *f.* protuberancia

**prou** *adv.* mucho *loc. adv.* *ni peu ni* ~ ni poco ni mucho

**proue** *f.* MAR. proa

**prouesse** *f.* proeza, hazaña

**prouver** *tr.* probar, demostrar

**provenance** *f.* procedencia, origen *m.*

**provenir** *intr.* provenir, proceder

**proverbe** *m.* proverbio, refrán

**providence** *f.* providencia

**providentiel, -elle** *adj.* providencial

**province** *f.* provincia, región

**provincial, -ale** *adj.* **1** provincial **2** *s.* provinciano, a

**provision** *f.* **1** provisión, abastecimiento *m.* **2** COMM. provisión de fondos **3** *pl.* compra *sing. aller faire ses provisions* ir a la compra *chèque sans* ~ cheque sin fondos

**provisionnel, -elle** *adj.* provisional

**provisoire** *adj.* provisional

**provocation** *f.* provocación

**provoquer** *tr.* provocar

**prudence** *f.* prudencia

**prudent, -e** *adj.* prudente

**pruderie** *f.* gazmoñería

**prune** *f.* ciruela

**pruneau** *m.* **1** ciruela pasa *f.* **2** *pop.* bala *f. (de fusil)*

**prunelle** *f.* **1** endrina *(fruit)* **2** ANAT. pupila, niña *(de l'œil)*

**prunier** *m.* ciruelo

**psaume** *m.* salmo

**pseudonyme** *m.* seudónimo

**psychanalyse** *f.* psicoanálisis *m.*

**psychiatre** *s.* psiquiatra
**psychiatrie** *f.* psiquiatría
**psychique** *adj.* psíquico, a
**psychologie** *f.* psicología
**psychose** *f.* psicosis
**puanteur** *f.* hediondez, hedor *m.*
**puberté** *f.* pubertad
**pubis** *m.* pubis
**public, -ique** *adj. -m.* público, a
**publication** *f.* publicación
**publicité** *f.* publicidad
**publier** *tr.* publicar
**puce** *f.* **1** pulga *(insecte)* **2** *adj.* de color pardo *m.*, castaño ~ *électronique* chip *m.*
**pucelle** *f.* doncella
**puceron** *m.* pulgón
**pudeur** *f.* pudor *m.*
**pudibond, -e** *adj.* pudibundo, a
**pudique** *adj.* púdico, a
**puer** *intr. -tr.* heder, apestar
**puéril, -ile** *adj.* pueril
**pugilat** *m.* pugilato
**puis** *adv.* después, luego *et* ~ además, y además *et* ~ *alors? ¿* y qué ?
**puisard** *m.* pozo negro
**puiser** *tr.* sacar, extraer
**puisque** *conj.* puesto que, ya que
**puissance** *f.* **1** potestad ~ *paternelle* patria potestad **2** poder *m.*, poderío *m.* *(pouvoir)* **3** fuerza *(force)* **4** *MATH., PHYS.* potencia **5** potencia *les grandes puissances* las grandes potencias **6** *pl. RELIG.* potestades
**puissant, -e** *adj.* **1** potente *(machine, moteur)* **2** poderoso, a
**puits** *m.* pozo
**pull-over** *m.* jersey
**pulluler** *intr.* pulular
**pulmonaire** *adj.* pulmonar
**pulpe** *f.* pulpa
**pulsation** *f.* pulsación
**pulvériser** *tr.* pulverizar

**puma** *m.* puma
**punaise** *f.* **1** chinche *m.* *(insecte)* **2** chincheta *f.* *(petit clou)*
**punch** *m.* ponche
**punir** *tr.* castigar, penar
**punition** *f.* castigo *m.*
**pupille** *s.* **1** *DR.* pupilo, a **2** *f.* pupila, niña *(de l'œil)*
**pupitre** *m.* **1** pupitre **2** *MUS.* atril
**pur, pure** *adj.* puro, a *en pure perte* en balde
**purée** *f.* **1** puré *m.* **2** *fig.* miseria, estrechez *être dans la* ~ no tener donde caerse muerto
**pureté** *f.* pureza
**purgatif, -ive** *adj.* **1** purgativo, a **2** *m.* purga *f.*, purgante
**purgatoire** *m.* purgatorio
**purge** *f.* purga
**purification** *f.* purificación
**purifier** *tr.* purificar
**puriste** *adj. -s.* purista
**puritanisme** *m.* puritanismo
**purulent, -e** *adj.* purulento, a
**pus** *m.* pus
**pusillanime** *adj.* pusilánime
**pustule** *f.* pústula
**putain** *f.* puta, ramera
**putatif, -ive** *adj.* putativo, a
**putois** *m.* turón
**putréfaction** *f.* utrefacción
**putréfier** *tr.* pudrir
**putride** *adj.* pútrido, a
**puy** *m.* monte, montaña *f.*
**pygmée** *m.* pigmeo
**pyjama** *m.* pijama
**pyramide** *f.* pirámide
**pyromane** *m.* pirómano
**pyrotechnie** *f.* pirotecnia
**pythagorique** *adj.* pitagórico, a
**pythie** *f.* pitonisa
**python** *m.* pitón
**pythonisse** *f.* pitonisa

# Q

**q** *m.* q *f.* abréviation de **quintal**

**quadragénaire** *adj.* -s. cuadragenario, a, cuarentón, ona

**quadragésime** *f.* cuadragésima

**quadrant** *m.* cuadrante

**quadrature** *f.* cuadratura

**quadrilatère** *adj.* -s. cuadrilátero

**quadrillage** *m.* cuadrícula *f.*

**quadrille** *m.* cuadrilla *f.*, lanceros *pl.*

**quadriller** *tr.* cuadricular

**quadrumane** *adj.* -s. **1** cuadrúmano, a **2** *m.* ZOOL. cuadrúmano

**quadrupède** *adj.* -s. cuadrúpedo

**quadrupler** *tr.* cuadruplicar

**quai** *m.* **1** muelle ~ *d'embarquement* muelle de embarque **2** andén *(de gare)* *billet de* ~ billete de andén **3** vía pública *f.*, avenida a lo largo de un río o de un canal *f.*

**quaker, quakeresse** *s.* cuáquero, a

**qualificatif, -ive** *adj.* **1** calificativo, a **2** *m.* calificativo

**qualifier** *f.* **1** calificar **2** *pr.* SPORT calificarse

**qualitatif, -ive** *adj.* *m.* cualitativo, a

**qualité** *f.* **1** calidad **2** cualidad *en* ~ *de* en calidad de, a título de

**quand** *adv.* **1** cuándo ~ *partez-vous?* ¿ cuándo se marcha usted? **2** *conj.* cuando *(au moment où)* *faites-moi signe* ~ *vous serez arrivé* avíseme usted cuando haya llegado **3** aunque, aun cuando ~ *cela serait* aunque así fuese ~ *même* *loc. adv.* sin embargo, a pesar de todo *il y sera* ~ *même* él estará allí, a pesar de todo ~ *même,* ~ *bien même* *loc. conj.* aun cuando

**quant à** *loc. prép.* en cuanto a, por lo que se refiere a, con respecto a

**quantitatif, -ive** *adj.* cuantitativo, a

**quantité** *f.* cantidad ~ *de* mucho, a *adj.* ~ *de gens* mucha gente

**quantum** *m.* **1** tanto, cuantía *(somme stipulée)* **2** PHYS. cuanto

**quarantaine** *f.* cuarentena *mettre en* ~ poner en cuarentena

**quarante** *adj.* -s. cuarenta

**quarantième** *adj.* **1** cuadragésimo, a **2** *adj.* -s. cuarentavo, a

**quart** *m.* **1** cuarto ~ *d'heure* cuarto de hora *midi et* ~ las doce y cuarto **2** cuarto de litro **3** cuarto de libra **4** cuarta parte *f.* **5** MAR. guardia *f.*

**quarte** *f.* ESCR., MUS. cuarta

**quartier** *m.* **1** barrio *(d'une ville)* **2** gajo *un* ~ *d'orange* un gajo de naranja **3** trozo *un* ~ *de bœuf* un trozo de buey **4** ASTRON. cuarto **5** BLAS. cuartel **6** MIL. cuartel

**quasi** *adv.* casi

**quasimodo** *f.* LITURG. domingo de Cuasimodo, domingo después de Pascua

**quaternaire** *adj.* -m. cuaternario, a

**quatorze** *adj.* catorce

**quatorzième** *adj.* decimocuarto, a

**quatrain** *m.* LITT. redondilla *f.*, cuarteta *f.*, cuarteto

**quatre** *adj.* -m. invar **1** cuatro ~ *fois* ~ *font seize* cuatro por cuatro son dieciséis **2** cuarto *Henri quatre* Enrique cuarto **3** *m. invar.* cuatro

**quatre-vingts, quatre-vingt** *adj.* -s. ochenta

**quatrième** *adj.* cuarto, a

**que** *conj.* **1** que *j'espère* ~ *vous serez heureux* espero que seréis felices **2** de que *soyez sûr* ~ esté usted seguro de que **3** para que *approche-toi* ~ *je te voie* acércate, para que yo te vea **4** *en remplacement de comme, quand, si etc. dans une coordonnée, ne se traduit pas comme ils étaient jeunes et* ~ *rien ne les contraignait* como eran jóvenes y nada les ataba **5** porque *je vous crois, non* ~ *vous ayez toujours raison...* le creo, no porque siempre tenga razón **6** *ne se traduit pas c'est idiot* ~ *d'agir ainsi* es tonto obrar así **7** *adv.* por qué ~ *ne vient-il pas?* ¿ por qué no viene él? **8** qué ~ *vous êtes bon!* ¡ qué bueno es usted! **9** *pron. rel.* que *fais ce* ~ *tu voudras* haz lo que quieras **10** a quien, a quienes *(pour les personnes)* **11** *pron. inter.* ¿ qué? ~ *se passet-il?* ¿ qué pasa? *aussi, autant...* ~ tan, tanto... como ~ *de cuánto,* a ~ *de monde!* ¡ cuánta gente! *qu'est-ce que* ¿ qué? *qu'est-ce que tu dis?* ¿ qué dices?

**quel, quelle** *adj.* **1** qué *(devant un nom),* cuál *(devant un verbe) quelle heure est-il?* ¿ qué hora es? ~ *homme!* ¡ qué hombre! ~ *sera mon sort?* ¿ cuál será mi destino? *quelle ne fut pas ma surprise!* ¡ cuál fue mi sorpresa! **2** quién ~ *est ce garçon?* ¿ quién es este chico? **3** cualquiera ~ *que, quelle que*

**cualquiera que 4** *pron.* cuál *de ces livres,* ~ *sera le plus intéressant?* de estos libros, ¿ cuál será el más interesante ?

**quelconque** *adj.* **1** cualquiera, cualquier *un homme* ~ un hombre cualquiera, cualquier hombre **2** corriente, mediocre *un spectacle très* ~ un espectáculo muy corriente

**quelque** *adj. indéf.* **1** algún, una ~ *enfant* algún niño **2** *pl.* pocos, as, unos cuantos, unas cuantas *les quelques amis que j'avais sont morts* los pocos amigos que tenía murieron **3** por muchos, as *quelques remarques que vous fassiez* por muchas observaciones que presentéis **4** *adv.* por muy ~ *riche qu'il soit* por muy rico que sea **5** aproximadamente, alrededor de, cerca de, unos, unas *cela vous coûtera* ~ *cent francs* esto os costará cien francos aproximadamente *et quelques loc. fam.* y pico ~ *peu loc. adv.* un poco, algo, algún tanto

**quelquefois** *adv.* algunas veces, a veces

**quelqu'un, -une** *pron. indéf.* **1** alguien **2** alguno, a *se croire* ~ creerse alguien

**qu'en-dira-t-on (le)** *m.* el qué dirán

**quémandeur, -euse** *s.* pedigüeño, a

**quenelle** *f.* albondiguilla

**quenotte** *f.* dientecillo *m.*

**quereller** *tr.* **1** reñir **2** *pr.* pelearse, reñir, disputar

**quérir** *tr.* buscar *aller* ~ *le médecin* ir a buscar al médico

**question** *f.* **1** pregunta **2** cuestión **3** tortura *soumettre quelqu'un à la* ~ someter alguien a tortura *être en* ~ estar en entredicho *remettre en* ~, poner en entredicho, poner en tela de juicio

**questionner** *tr.* interrogar

**quêter** *tr.* **1** buscar, solicitar **2** *intr.* pedir, hacer cuestación, hacer la colecta ~ *pour les œuvres de bienfaisance* hacer cuestación para las obras de beneficencia **3** *CHASS.* ventear

**queue** *f.* **1** cola, rabo *m.* **2** cola, coleta *(cheveux)* **3** cola *(de comète, de vêtement)* **4** mango *m. (manche)* **5** cola, fila *faire la* ~ hacer cola **6** taco *m. (billard)* **7** *BOT.* rabillo *m.*, pezón *m. à la* ~ *leu, leu* en fila india, uno detrás de otro

**qui** *pron. rel.* **1** que, quien, quienes *les choses* ~ *m'intéressent* las cosas que

me interesan *ce* ~ lo que *celui à* ~ *je parle* aquel a quien hablo *ceux à* ~ *je parle* aquellos a quienes hablo **2** *pron. inter.* quién, quiénes ~ *est-ce?* ¿ quién es ? ~ *sont ces personnes?* ¿ quiénes son estas personas ? **3** a quién *(complément)* ~ *as-tu vu?* ¿ a quién has visto ? ~ *que ce soit* quienquiera que sea

**quiconque** *pron. indéf.* cualquiera, quienquiera que

**quiétude** *f.* **1** quietud **2** sosiego *m.*

**quille** *f.* **1** bolo *m.* (jeu) **2** *MAR.* quilla

**quinine** *f.* quinina

**quinquagénaire** *adj. -s.* quincuagenario, a, cincuentón, ona *(fam.)*

**quinquagésime** *f. LITURG.* quincuagésima

**quinquennat** *m.* quinquenio

**quinquet** *m.* quinqué

**quinquina** *m.* **1** vino quinado **2** quino *(arbre)* **3** quina *f. (écorce)*

**quint** *adj.* quinto *Charles-Quint* Carlos Quinto *Sixte-Quint* Sixto Quinto

**quintal** *m.* quintal

**quintessence** *f.* quintaesencia

**quintette** *m. MUS.* quinteto

**quintuple** *adj. -s.* quíntuplo, a

**quintuplés, -ées** *m. et f. pl.* quintillizos, as

**quinzaine** *f.* quincena

**quinze** *adj. -m. invar.* quince

**quinzième** *adj. -s.* **1** quinceno, a, decimoquinto, a **2** quinzavo, a *(fraction)*

**quiproquo** *m.* quid pro quo, equivocación *f.*

**quittance** *f.* recibo *m.*

**quitte** *adj.* **1** libre de deuda, en paz *je vous ai tout payé, nous sommes quittes* os lo he pagado todo, estamos en paz **2** quito, a, exento, a, libre *loc. adv.* ~ *à* a riesgo de

**quitter** *tr.* **1** dejar, abandonar, ausentarse de ~ *la ville* dejar la ciudad **2** separarse ~ *ses amis* separarse de los amigos **3** quitarse *il ne quitte jamais sa casquette* no se quita nunca la gorra **4** *pr.* despedirse, separarse *ils se sont quittés à regret* se han separado con pena *ne quittez pas!* ¡ no se retire ! *(téléphone)*

**qui-vive?** *interj.* ¿ quién vive ? *être sur le* ~ estar en alerta

**quoi** *pron. rel.* **1** lo que, lo cual **2** qué **3** *pron. inter.* qué *à* ~ *pensez-vous?*

¿ en qué piensa usted ? **4** *interj.* ¡ qué !, ¡ cómo ! ~ *que pron. indéf.* cualquier cosa que ~ *qu'il en soit* como quiera que sea

**quoique** *conj.* aunque, aun cuando

**quorum** *m.* quórum *(d'une assemblée)*

**quota** *m.* cuota *f.* cupo, contingente

**quote-part** *f.* parte alícuota, cuota

**quotidien, -ienne** *adj.* **1** diario, a, cotidiano, a **2** *m.* diario, periódico *(journal)*

**quotient** *m.* cociente

# R

**r** *m.* r *f.*

**rabâcher** *tr.* **1** machacar **2** *intr.* repetirse

**rabais** *m.* rebaja *f.*, descuento

**rabaisser** *tr.* **1** rebajar **2** *pr.* rebajarse

**rabat** *m.* **1** alzacuello, collarín *(des religieux)* **2** golilla *f. (des magistrats)* **3** carterilla *f. (d'une poche)*

**rabat-joie** *adj. -m. invar.* aguafiestas

**rabatteur** *m.* **1** ojeador *(chasse)* **2** gancho *(qui rabat ou racole les clients)*

**rabattre** *tr.* **1** descontar, rebajar *(déduire)* **2** abatir *(faire tomber)* **3** bajar *(mettre à plat)* **4** doblar, plegar *(replier)* **5** ojear *(chasse)* **se ~ sur, vers** *pr.* volverse bruscamente hacia, contentarse con *fig.*

**rabbi, rabbin** *m.* rabino

**râble** *m.* lomo

**rabot** *m. TECHN.* cepillo

**raboteux, -euse** *adj.* desigual

**rabougri, -ie** *adj.* esmirriado, a, canijo, a

**racaille** *f.* chusma, canalla

**raccommodage** *m.* **1** remiendo *(pièce)* **2** compostura *f. (action)*

**raccommoder** *tr.* **1** componer, arreglar **2** remendar *(rapiécer)* **3** reconciliar **4** *pr.* reconciliarse

**raccord** *m.* empalme, enlace

**raccorder** *tr.* **1** empalmar, enlazar **2** *ÉLECTR.* conectar, enchufar

**raccourci, -ie** *adj.* **1** acortado, a **2** abreviado, a **3** *m.* atajo *(chemin)* **4** escorzo *(peinture)*

**raccroc** *m.* chiripa *f.*, chamba *f. (au jeu)* loc. adv. **par ~** por chiripa

**raccrocher** *tr.* **1** volver a colgar *(tableau, etc.)* **2** volver a enganchar *(wagon, etc.)* **3** colgar *(le téléphone)* **4** echar el gancho a, pescar *(racoler)* **5** *pr.* aferrarse

**race** *f.* **1** raza **2** *fig.* casta

**racheter** *tr.* **1** rescatar, redimir **2** volver a comprar

**rachitisme** *m.* raquitismo

**racine** *f.* raíz

**racisme** *m.* racismo

**raciste** *adj. s.* racista

**racket** *m.* extorsión

**raclée** *f. pop.* paliza, tunda

**racler** *tr.* **1** raspar, rascar **2** *fam.* rascar *(un instrument à cordes)* *pr.* **se ~ la gorge** carraspear

**racolage** *m.* **1** *MIL.* enganche, reclutamiento **2** provocación *(prostituée)*, pesca de clientes *fig.*

**raconter** *tr.* contar, narrar

**racornir** *tr.* **1** endurecer **2** *pr.* endurecerse, resecarse

**radar** *m.* radar

**rade** *f. MAR.* rada, ensenada

**radeau** *m.* **1** balsa *f.* **2** almadía *f. (train de bois)*

**radial, -ale** *adj.* radial

**radiateur** *m.* radiador

**radical, -ale** *adj. m.* radical

**radier** *tr.* tachar, borrar *(d'une liste)*, excluir *(personne)*

**radieux, -euse** *adj.* radiante

**radioactif, -ive** *adj.* radioactivo, a, radiactivo, a

**radiodiffusion** *f.* radiodifusión

**radiographie** *f.* radiografía

**radiophonique** *adj.* radiofónico, a

**radiothérapie** *f.* radioterapia

**radis** *m.* rábano

**radium** *m.* radio

**radoter** *intr.* **1** chochear, desatinar *(divaguer)* **2** repetirse *(rabâcher)*

**radoteur, -euse** *adj. -s.* chocho, a

**radoucir** *tr.* **1** suavizar, templar *(le temps)* **2** aplacar, moderar **3** *pr.* templarse *(le temps)* **4** aplacarse

**rafale** *f.* ráfaga, racha

**raffermir** *tr.* **1** fortalecer *(durcir)* **2** consolidar, afianzar *(fortifier)*

**raffinement** *m.* refinamiento

**raffiner** *tr.* refinar

**raffinerie** *f.* refinería

**raffoler** *tr. ind.* **~ de** estar loco, a por, pirrarse por

**rafistoler** *tr. fam.* componer, remendar

**rafle** *f.* **1** batida, redada *(de la police)* **2** escobajo *m. (de raisin)*

**rafler** *tr. fam.* saquear, llevarse, cargar con

**rafraîchir** *tr.* **1** refrescar **2** poner como nuevo, retocar **3** *intr.* refrescar, enfriarse **4** *pr. fam.* tomar un refresco *(boire un rafraîchissement)*

**rafraîchissement** *m.* **1** enfriamiento **2** refresco *(boisson)*

**ragaillardir** *tr. fam.* remozar, vigorizar

**rage** *f.* **1** rabia **2** pasión, deseo violento *m.* **faire ~** causar estragos **~ de dents** dolor de muelas *m.* **fou de ~** hecho un basilisco

**rager** *intr. fam.* rabiar

**rageur, -euse** *adj. -s.* rabioso, a, iracundo, a

**ragoût** *m.* CUIS. guisado, guiso

**ragoûtant, -e** *adj.* **1** apetitoso, a **2** grato, a

**rai** *m.* rayo *(de lumière)*

**raid** *m.* **1** correria *f.,* incursión *f.* **2** SPORT prueba de resistencia *f.* **3** expedición aérea *f.*

**raideur** *f.* **1** rigidez, tiesura, tirantez **2** *fig.* inflexibilidad

**raidillon** *m.* repecho, costanilla *f.*

**raidir** *tr.* **1** atiesar, poner rígido, a **2** *pr.* resistir, mantenerse firme

**raie** *f.* **1** raya **2** raya *(poisson)*

**rail** *m.* riel, carril

**railler** *tr.* **1** burlarse de **2** *intr.* bromear

**railleur, -euse** *adj. -s.* burlón, ona

**rainette** *f.* ranita, rubeta

**rainure** *f.* ranura

**raisin** *m.* uva *f.* **le ~** la uva **~ sec** pasa *f.*

**raison** *f.* **1** razón **2** razón, motivo *m.* **perdre la ~** perder el juicio **avoir ~** tener razón **à plus forte ~** loc. adv. con mayor razón, con mayor motivo **à ~ de** loc. prép. a razón de **en ~ de** loc. prép. a causa de

**raisonnable** *adj.* **1** razonable **2** racional *(doué de raison)*

**raisonnement** *m.* **1** raciocinio **2** razonamiento

**raisonner** *intr. -tr.* razonar, raciocinar

**rajeunir** *tr.* **1** rejuvenecer **2** *pr.* rejuvenecerse

**rajouter** *tr.* añadir

**rajuster** *tr.* **1** reajustar **2** componer, arreglar *(arranger)*

**râle** *m.* **~ d'eau** rascón, polla de agua *f.*

**râle, râlement** *m.* estertor

**ralenti, -ie** *adj.* **1** retardado, a **2** *m.* ralentí, marcha lenta *f.* **au ~** en marcha lenta, a ritmo lento *(travail)*

**ralentir** *tr.* **1** aminorar, disminuir **2** *intr.* ir más despacio, aminorar la marcha

**râler** *intr.* **1** tener estertor **2** *fam.* gruñir, refunfuñar *(rouspéter)*

**rallier** *tr.* **1** reunir *(rassembler)* **2** sumar, ganar, captar *(pour une cause)* **3** volver a *(rejoindre)* **~ son poste** volver a su puesto **4** *pr.* reunirse, agruparse **5** adherirse *(à une opinion)*

**rallonge** *f.* **1** añadido **2** prolongador

**rallumer** *tr.* **1** encender de nuevo **2** *fig.* reanimar, avivar *(ranimer)*

**ramadan** *m.* ramadán

**ramage** *m.* **1** ramaje **2** gorjeo *(des oiseaux)*

**ramasser** *tr.* **1** recoger **2** reunir, amontonar **3** *pop.* ganarse, atrapar **~ une gifle** ganarse una bofetada **4** *pr.* encogerse, acurrucarse

**ramassis** *m.* **1** *péj.* revoltillo, revoltijo *(de choses)* **2** hato *(de personnes)*

**rame** *f.* **1** remo *m. (aviron)* **2** resma *(de papier)* **3** AGR. rodrigón *m.* **4** tren *m. (de chemin de fer, métro)*

**rameau** *m.* ramo *(petite branche)* **les Rameaux** *pl.* el domingo de Ramos

**ramée** *f.* ramaje *m.*

**ramener** *tr.* **1** traer de nuevo, hacer volver **2** hacer volver *(faire revenir)* **3** traer consigo **4** restablecer *(la paix, etc.)* **~ à la vie** reanimar **se ~ à** *pr.* reducirse a

**ramer** *intr.* remar

**ramier** *m.* paloma torcaz *f. adj.* **pigeon ~** paloma torcaz

**ramification** *f.* ramificación

**ramifier** *tr.* **1** ramificar **2** *pr.* ramificarse

**ramollir** *tr.* **1** reblandecer, ablandar **2** *pr.* reblandecerse, ablandarse

**ramoneur** *m.* deshollinador

**rampant, -e** *adj.* **1** rastrero, a *(plantes, animaux)* **2** *fig.* rastrero, a, servil

**rampe** *f.* **1** rampa, pendiente *(plan incliné)* **2** barandilla, baranda *(d'escalier)*

**ramper** *intr.* **1** reptar **2** *fig.* arrastrarse **3** trepar *(plantes)*

**ramure** *f.* **1** ramaje *m. (branchage)* **2** cornamenta *(des cervidés)*

**rancart** *m. fam.* **mettre au ~** arrinconar, arrumbar

**ranch** *m.* rancho

**rancir** *intr.* enranciarse

**rancœur** *f.* rencor *m.*

**rançon** *f.* **1** rescate *m.* **2** *fig.* precio *m.*, pago *m.* *(contrepartie)*

**rancune** *f.* rencor *m.*

**randonnée** *f.* caminata, senderismo *m.*

**randonneur, -euse** *s. m. et f.* senderista

**rang** *m.* **1** fila *f.* **2** categoría *f.*, clase *f.* *(social)* **3** puesto, lugar *(place)* **en ~** en fila *être, se mettre sur les rangs* ponerse entre los candidatos

**ranger** *tr.* **1** ordenar, arreglar *(avec ordre)* **2** colocar *(mettre)* **3** alinear **4** aparcar *(une voiture)* **5** *pr.* colocarse **6** ponerse en fila **7** *fam.* sentar la cabeza *(adopter un genre de vie régulier)* *se ~ du côté de quelqu'un* tomar el partido de alguien

**ranimer** *tr.* **1** reanimar **2** avivar *(feu)*

**rapace** *adj. -m.* rapaz

**rapatrier** *tr.* repatriar

**râpe** *f.* **1** *CUIS.* rallador *m.*, rallo *m.* **2** *MENUIS.* escofina, lima

**râper** *tr.* **1** *CUIS.* rallar **2** raspar **3** raer, gastar *(user)*

**rapetasser** *tr. fam.* remendar *(raccommoder)*

**rapetisser** *tr.* **1** achicar, empequeñecer **2** *intr.* achicarse, acortarse

**raphia** *m.* rafia *f.*

**rapide** *adj.* **1** rápido, a **2** escarpado, a **3** *m.* rápido *(train, fleuve)*

**rapidité** *f.* rapidez

**rapiécer** *tr.* remendar

**rapine** *f.* rapiña

**rappel** *m.* **1** llamada *f.* **2** *TECHN.* retroceso **3** pago de atrasos *(paiement)* **4** recuerdo, evocación *f.*

**rappeler** *tr.* **1** llamar de nuevo **2** llamar **~ à l'ordre** llamar al orden **3** recordar *cette maison me rappelle ma jeunesse* esta casa me recuerda mi juventud **4** parecer, recordar *(ressembler)* *il me rappelle son oncle* me recuerda a su tío **5** *pr.* acordarse de *je ne me rappelle plus rien* no me acuerdo de nada **~ à la vie** reanimar *(évanouissement)*

**rapport** *m.* **1** renta *f.*, rendimiento *(revenu)* **2** informe *(compte rendu)* **3** relación *f.* **4** similitud *f.* **5** contacto sexual **6** *MATH.* razón *f.* **en ~ avec** en relación con *par ~ à* con relación a, respecto a

**rapporter** *tr.* **1** traer de nuevo **2** traer *(d'un voyage)* **3** añadir *(ajouter)* **4** producir, rendir **5** referir, relatar *(une histoire, des faits)* **6** *fam.* soplar, chivarse *(moucharder)* **7** anular, revocar *(loi, décret)* **8** *pr.* corresponder, referirse *s'en ~ à* remitirse a

**rapporteur, -euse** *s.* **1** soplón, ona, chivato, a **2** *m.* *DR.* relator, ponente

**rapprocher** *tr.* **1** acercar más **2** acortar, disminuir *(les distances)* **3** *fig.* reconciliar **4** comparar **5** *pr.* acercarse *(de,* a) **6** parecerse

**rapt** *m.* rapto

**raquette** *f.* raqueta

**rare** *adj.* **1** raro, a **2** ralo, a *(cheveux, barbe)*

**raréfier** *tr.* rarefacer, rarificar, enrarecer

**rareté** *f.* **1** rareza **2** escasez *(pénurie)*

**ras, rase** *adj.* **1** corto, a **2** raso, a *à ~ bord* colmado *les cheveux ~* el pelo al rape

**rasade** *f.* vaso lleno *m.*, copa llena

**raser** *tr.* **1** afeitar, rapar **2** *TECHN.* tundir **3** arrasar *(démolir)* **4** rozar *(frôler)* **5** *fam.* dar la lata *(ennuyer)* **6** *pr.* afeitarse **7** *fam.* aburrirse

**rasoir** *m.* **1** navaja de afeitar *f.* **2** maquinilla de afeitar *f.* *(mécanique, électrique)* **3** *adj. invar. fam.* latoso, a

**rassasier** *tr.* **1** saciar, hartar **2** *pr.* saciarse, hartarse

**rassembler** *tr.* **1** reunir, juntar, congregar **2** *pr.* reunirse

**rasseoir** *tr.* **1** sentar de nuevo **2** *pr.* sentarse de nuevo

**rasséréner** *tr.* serenar, sosegar

**rassir** *intr.* endurecerse *(pain)*

**rassurer** *tr.* **1** tranquilizar **2** tranquilizarse

**rat** *m.* **1** rata *f.* **2** *adj.* tacaño, a

**ratatiner 1** *tr. fam.* hacer añicos *(un objet)* **2** *pr.* arrugarse, apergaminarse, encogerse

**ratatouille** *f. fam.* guisote *m.*, rancho *m.* **~ niçoise** pisto *m.*

**rate** *f.* **1** *ANAT.* bazo *m.* **2** rata *(rat femelle)*

**raté, -ée** *s.* **1** fracasado, a **2** *m.* fallo *(de moteur)*

**râteau** *m.* rastro, rastrillo

**râtelier** *m.* **1** pesebre **2** *fam.* dentadura postiza *f. (dentier)*

**rater** *intr.* **1** fallar, errar *(une arme)* **2** fracasar *(échouer)* **3** *tr.* fallar, errar, marrar **4** perder ~ *son train* perder el tren **5** malograr *(ne pas réussir)*

**ratifier** *tr.* ratificar

**ration** *f.* ración

**rationalisme** *m.* racionalismo

**rationnel, -elle** *adj.* racional

**rationnement** *m.* racionamiento

**ratisser** *tr.* **1** rastrillar *(avec un râteau)* **2** *fam.* pelar, limpiar *(rafler)* **3** registrar, rastrear *(police, armée)*

**raton** *m.* ratoncillo ~ *laveur* mapache

**rattacher** *tr.* **1** reatar **2** incorporar, unir ~ *une province à un Etat* incorporar una provincia a un estado **3** relacionar *se* ~ *à pr.* depender de, relacionarse con

**rattraper** *tr.* **1** volver a atrapar **2** recuperar **3** alcanzar *je hâtai le pas pour le* ~ apresuré el paso para alcanzarle **4** *pr.* agarrarse *(se raccrocher)* **5** recuperarse, recobrarse

**rature** *f.* tachadura

**rauque** *adj.* ronco, a

**ravager** *tr.* asolar, devastar

**ravaler** *tr.* **1** volver a tragar **2** revocar *(une façade)* **3** rebajar *(le mérite, etc.)* **4** *pr.* rebajarse

**ravaudage** *m.* **1** remiendo *(raccommodage)* **2** zurcido *(reprise)*

**rave** *f.* naba

**ravi, -ie** *adj.* encantado, a *(très content)*

**ravin** *m.* barranco

**ravine** *f.* **1** torrente *m. (cours d'eau)* **2** torrentera

**ravir** *tr.* **1** encantar, embelesar *(charmer)* **2** raptar *(enlever de force)* loc. adv. à ~ maravillosamente

**raviser (se)** *pr.* cambiar de parecer

**ravissant, -e** *adj.* encantador, ora

**ravitailler** *tr.* abastecer

**raviver** *tr.* reanimar, avivar

**rayé, -ée** *adj.* rayado, a

**rayer** *tr.* **1** rayar **2** tachar, borrar *(effacer)*

**rayon** *m.* **1** rayo *(de lumière, du soleil)* **2** rayo, radio *(de roue)* **3** GÉOM. radio **4** AGR. surco **5** estante, anaquel *(étagère)* **6** sección *f.*, departamento *(d'un magasin)* **7** panal *(de miel)*

**rayonnage** *m.* estantería *f.*

**rayonne** *f.* rayón *m.*, seda artificial

**rayonnement** *m.* **1** irradiación *f.* **2** *fig.* resplandor

**rayonner** *intr.* **1** radiar, irradiar **2** *fig.* resplandecer, estar radiante

**rayure** *f.* **1** lista, raya *étoffe à rayures* tela a rayas **2** rayado *m.*

**réaction** *f.* reacción

**réactionnaire** *adj. -s.* reaccionario, a

**réagir** *intr.* reaccionar

**réalisateur, -trice** *adj. -s.* **1** realizador, ora **2** CINÉ. director, ora

**réaliser** *tr.* realizar

**réalisme** *m.* realismo

**réalité** *f.* realidad

**réapparaître** *intr.* reaparecer

**réarmer** *tr.* rearmar

**rébarbatif, -ive** *adj.* repelente, ingrato *(ingrat)*

**rebâtir** *tr.* reedificar

**rebattre** *tr.* repetir, machacar ~ *les oreilles à quelqu'un de quelque chose* remachar, machacar algo a alguien

**rebattu, -ue** *adj.* trillado, a, sobado, a

**rebelle** *adj. -s.* rebelde

**rebeller (se)** *pr.* rebelarse

**rebellion** *f.* rebelión

**rebiffer (se)** *pr. fam.* rebelarse

**reboisement** *m.* repoblación *f.* forestal

**reboiser** *tr.* repoblar con árboles

**rebondi, -ie** *adj.* rollizo, a

**rebondir** *intr.* **1** rebotar **2** volver a cobrar actualidad *(une affaire)* **3** reanudarse

**rebord** *m.* reborde

**rebours (à)** *loc. adv.* al revés *compte* à ~ cuenta atrás

**rebrousser** *tr.* levantar a contrapelo *(les cheveux, le poil)* ~ *chemin* volver sobre sus pasos, hacer marcha atrás *intr.* retroceder, volver hacia atrás

**rebuffade** *f.* desaire *m.*, feo *m.*

**rébus** *m.* jeroglífico

**rebut** *m.* desecho, desperdicio *mettre au* ~ archivar, dar al traste

**rebuter** *tr.* **1** repugnar, repeler *(dégoûter)* **2** desanimar *(décourager)*

**récalcitrant, -e** *adj. -s.* recalcitrante

**récapituler** *tr.* recapitular

**recel** *m.* encubrimiento

**receler** **1** DR. encubrir, receptar **2** encerrar, contener

**receleur** *m.* encubridor

**recenser** *tr.* 1 empadronar, hacer el censo de 2 recontar, enumerar

**récent, -e** *adj.* reciente

**réceptacle** *m.* receptáculo

**réception** *f.* recepción

**recette** *f.* 1 ingreso *m.*, entrada *(rentrée d'argent)* 2 recaudación *(impôts, spectacle, etc.)* 3 oficina de recaudación *(bureau)* 4 *CUIS.* receta 5 fórmula, receta *(procédé)* **faire** ~ ser taquillero, a

**receveur, -euse** *s.* 1 recaudador, ora 2 cobrador, ora *(dans un transport public)*

**recevoir** *tr.* 1 recibir 2 aprobar *(à un examen)* 3 *intr.* recibir, tener visitas

**rechange** *m.* recambio, repuesto

**recharger** *tr.* 1 recargar, rellenar 2 cargar *(appareil photo, briquet)*

**réchaud** *m.* 1 infiernillo *(à alcool)* 2 hornillo *(à gaz, électrique)*

**réchauffer** *tr.* 1 recalentar 2 *fig.* reanimar, reavivar 3 *pr.* recalentarse

**rêche** *adj.* áspero, a

**recherche** *f.* 1 búsqueda, busca 2 investigación 3 refinamiento *m. (raffinement)* 4 rebuscamiento *m.*, afectación **à la** ~ **de** en busca de

**rechercher** *tr.* 1 buscar, rebuscar 2 *(une cause, etc.)* 3 buscar *(la compagnie, l'amitié de, etc.)*

**rechigner** *intr.* refunfuñar, rezongar

**rechute** *f.* recaída

**récidive** *f.* reincidencia

**récidiver** *intr.* 1 reincidir 2 *MÉD.* recaer

**récidiviste** *adj.-s.* reincidente

**récif** *m.* arrecife

**récipient** *m.* recipiente

**réciprocité** *f.* reciprocidad

**réciproque** *adj. -f.* recíproco, a

**récit** *m.* relato, narración *f.*

**récital** *m.* recital

**réciter** *tr.* recitar

**réclamation** *f.* reclamación

**réclame** *f.* reclamo *m.*, propaganda **produits en** ~ gangas *f.*, oportunidades *f.*

**réclamer** *tr.* 1 reclamar 2 exigir *(exiger) pr.* **se** ~ **de** apelar a, recomendarse de

**reclusion** *f.* reclusión

**recoin** *m.* 1 rincón *(coin caché)* 2 *fig.* lo más íntimo

**recoller** *tr.* pegar de nuevo

**récolte** *f.* cosecha, recolección

**récolter** *tr.* cosechar, recolectar

**recommander** *tr.* 1 recomendar *je vous recommande d'être prudent* le recomiendo que sea prudente 2 certificar *(une lettre) se* ~ *à pr.* encomendarse a *se* ~ *de* valerse de

**recommencer** *tr.* 1 recomenzar, reanudar 2 *intr.* volver a empezar *tr. ind.* ~ *à* volver a *il recommença à pleurer* volvió a llorar

**récompenser** *tr.* recompensar

**réconciliation** *f.* reconciliación

**réconcilier** *tr.* 1 reconciliar 2 *pr.* reconciliarse

**reconduire** *tr.* 1 acompañar 2 despedir, acompañar a la salida *(un visiteur)*

**réconforter** *tr.* reconfortar, confortar

**reconnaissance** *f.* 1 reconocimiento *m.* 2 agradecimiento *m. (gratitude)* 3 resguardo *m.*, recibo *m. (reçu)*

**reconnaître** *tr.* 1 reconocer *je ne reconnais pas sa voix* no reconozco su voz 2 *pr.* reconocerse 3 orientarse

**reconquérir** *tr.* reconquistar

**reconstituant, -e** *adj. -m.* reconstituyente

**reconstruire** *tr.* reconstruir

**record** *m.* récord, marca *f.*

**recoudre** *tr.* recoser

**recoupement** *m.* comprobación de un hecho *f.*

**recourber** *tr.* encorvar, doblar

**recourir** *tr. ind.* ~ *à* recurrir, apelar a

**recours** *m.* 1 recurso 2 *DR.* recurso **avoir** ~ **à** recurrir a

**recouvrer** *tr.* 1 recobrar 2 cobrar, recaudar *(une somme)*

**recouvrir** *tr.* 1 recubrir 2 *fig.* ocultar, encubrir

**récréatif, -ive** *adj.* recreativo, a

**récréation** *f.* recreo *m.*

**récrier (se)** *pr.* exclamar, clamar

**récriminer** *intr.* recriminar

**recrudescence** *f.* recrudecimiento *m.*, recrudescencia

**recrue** *f.* recluta *m.* neófito, a

**recrutement** *m.* reclutamiento, contratación *f.*

**recruter** *tr.* reclutar

**rectangle** *adj. -m.* rectángulo

**recteur, -trice** *adj. -m.* rector, ora

**rectifier** *tr.* rectificar

**rectiligne** *adj.* rectilíneo, a

**rectitude** *f.* rectitud

**recto** *m.* anverso

**reçu, -ue** *adj.* **1** *v.* *recevoir* **2** *m.* recibo *(quittance)*

**recueil** *m.* compilación *f.*, colección *f.*

**recueillir** *tr.* **1** recoger **2** *pr.* recogerse, concentrarse

**recuire** *tr.* recocer

**recul** *m.* **1** retroceso *(d'un canon, etc.)* **2** alejamiento *(pour mieux voir)* **3** perspectiva *f.* *(dans le temps)*

**reculé, -ée** *adj.* **1** apartado, a **2** remoto, a *(temps)*

**reculons (à)** *loc. adv.* andando hacia atrás

**récupérer** *tr.* **1** recuperar **2** *pr.* recuperarse

**récurer** *tr.* fregar, limpiar

**récuser** *tr.* **1** recusar **2** *pr.* declararse incompetente

**recyclage** *m.* reciclado

**recycler** *tr.* reciclar, reconvertir

**rédacteur, -trice** *s.* redactor, ora

**rédaction** *f.* redacción

**reddition** *f.* rendición

**rédemption** *f.* redención

**redevable** *adj.* deudor, ora

**redevance** *f.* canón *m.*, renta, impuesto *m.* ~ *téléphonique* factura de teléfono

**redevenir** *intr.* volver a ser

**rédiger** *tr.* redactar

**redingote** *f.* levita

**redire** *tr.* repetir *intr.* criticar

**redondance** *f.* redundancia

**redoubler** *tr.* **1** redoblar **2** *intr.* arreciar *(pluie, vent)* **3** redoblar ~ *une classe* repetir curso ~ *de tr. ind.* redoblar ~ *d'efforts* redoblar sus esfuerzos

**redoutable** *adj.* temible

**redouter** *tr.* *intr.* temer

**redresser** *tr.* **1** enderezar **2** *fig.* enderezar, restablecer **3** *pr.* enderezarse

**réduction** *f.* reducción

**réduire** *tr.* **1** reducir **2** *pr.* reducirse

**réduit, -e** *adj.* **1** reducido, a **2** *m.* cuchitril, cuartucho, tabuco **3** *MIL.* reducto

**réel, -elle** *adj.* real

**réélection** *f.* reelección

**réélire** *tr.* reelegir

**réévaluer** *tr.* revaluar

**réexpédier** *tr.* reexpedir

**refaire** *tr.* **1** rehacer **2** *fam.* pegársela a *(duper)* **3** *pr.* rehacerse, reponerse

**réfectoire** *m.* refectorio

**référence** *f.* **1** referencia **2** *pl.* referencias, informes *m.*

**référendum** *m.* referéndum

**référer** *tr.* **1** referir **2** *intr.* informar **3** *pr.* referirse

**refermer** *tr.* volver a cerrar

**réfléchir** *tr.* **1** reflejar *(miroir)* **2** reflexionar

**réflecteur** *m.* reflector

**refléter** *tr.* reflejar

**réflexe** *adj. -s.* **1** reflejo, a **2** reflejo

**réflexion** *f.* reflexión ~ *faite, à la* ~ considerándolo bien

**refluer** *intr.* refluir

**reflux** *m.* reflujo

**réforme** *f.* **1** reforma **2** *MIL.* licencia total *f.*

**réformer** *tr.* **1** reformar **2** *MIL.* licenciar, dar de baja por inútil **3** *pr.* reformarse, corregirse

**refouler** *tr.* **1** rechazar, hacer retroceder **2** reprimir, contener *(passion, instinct, etc.)*

**réfractaire** *adj.* refractario, a

**réfracter** *tr.* refractar

**refrain** *m.* estribillo

**réfréner** *tr.* refrenar

**réfrigérer** *tr.* refrigerar

**réfrigérateur** *m.* frigorífico, nevera *f.* *amér.* heladera *f.*

**refroidir** *tr.* **1** enfriar **2** *intr.* enfriarse

**refuge** *m.* refugio

**réfugier (se)** *pr.* refugiarse

**refus** *m.* rechazo, negación *f.*

**refuser** *tr.* **1** rehusar **2** denegar, negar **3** suspender *(à un examen)* **4** *pr.* negarse **5** privarse

**réfuter** *tr.* refutar

**regagner** *tr.* **1** recuperar, recobrar **2** volver, regresar a

**regain** *m.* *fig.* renuevo ~ *de jeunesse* remozamiento

**régal** *m.* **1** regalo, placer, delicia *f.* **2** manjar delicioso *(mets)*

**régalade** *f.* *boire à la* ~ beber a chorro

**régaler** *tr.* **1** invitar a comer o a beber **2** *pr.* disfrutar, gozar

**regard** m. mirada f. au ~ de loc. prép. respecto a en ~ de loc. prép. en comparación de, a en ~ loc. adv. en frente

**regarder** tr. 1 mirar 2 concernir, atañer (concerner) 3 pr. mirarse 4 reparar en ~ à la dépense reparar en gastos

**régate** f. MAR. regata

**régence** f. regencia

**régénérer** tr. regenerar

**régenter** tr. regentar

**régicide** f. 1 regicidio 2 s. regicida

**régie** f. 1 administración de rentas estancadas 2 administración por el Estado, empresa nacional 3 administración

**régime** m. 1 MÉD. régimen, dieta f. 2 régimen régimes politiques regímenes políticos 3 racimo (de bananes, de dattes)

**régiment** m. MIL. regimiento

**région** f. región

**régional, -ale** adj. regional

**régir** tr. regir

**régisseur** m. 1 administrador, regidor 2 THÉAT. traspunte

**registre** m. registro

**réglage** m. regulación f., ajuste

**règle** f. regla

**règlement** m. 1 reglamento 2 arreglo, solución f. 3 pago (paiement)

**réglementer** tr. reglamentar

**régler** tr. 1 rayar, pautar (papier) 2 arreglar, ordenar 3 pagar (payer) 4 liquidar, abonar (un compte) 5 ajustar, graduar (un dispositif, un mécanisme, etc.)

**réglisse** f. regaliz m.

**règne** m. 1 reinado 2 reino (animal, végétal, etc.)

**régner** intr. reinar

**regorger** intr. rebosar

**régression** f. regresión

**regret** m. pesar, sentimiento loc. adv. à ~ con pesar, de mala gana

**regretter** tr. 1 lamentar, sentir, deplorar 2 echar de menos (personne ou chose qu'on n'a plus)

**régulariser** tr. regularizar

**régularité** f. regularidad

**régulier, -ière** adj. regular

**réhabiliter** tr. 1 rehabilitar 2 pr. rehabilitarse

**rehausser** tr. realzar

**réimpression** f. reimpresión

**rein** m. riñón

**reine** f. reina

**reinette** f. reineta (pomme)

**réintégrer** tr. 1 reintegrar 2 volver a (revenir) 3 rehabilitar (un fonctionnaire)

**réitérer** tr. reiterar

**rejaillir** intr. brotar, salir con ímpetu (un liquide) ~ sur recaer sobre

**rejeter** tr. 1 volver a echar 2 arrojar (rendre) 3 rechazar, desechar (repousser)

**rejeton** m. 1 BOT. retoño 2 fam. retoño, vástago

**rejoindre** tr. 1 reunir, juntar 2 reunirse con, juntarse con 3 alcanzar, coger (rattraper) 4 parecerse 5 pr. reunirse

**réjouir** tr. 1 regocijar, alegrar 2 pr. regocijarse

**réjouissant, -e** adj. divertido, a, alegre

**relâche** m. -f. 1 descanso m. (répit) 2 THÉAT. día de descanso m.

**relâchement** m. relajamiento, relajación f.

**relâcher** tr. 1 relajar 2 soltar, libertar (libérer) 3 intr. MAR. hacer escala 4 pr. relajarse, aflojar

**relais** m. 1 parada f., posta f. 2 albergue (auberge) 3 relevo (dans une course) 4 ÉLECTR. relé

**relancer** tr. 1 volver a lanzar 2 reenvidar (au poker) 3 acosar, perseguir (pour obtenir quelque chose) 4 reactivar, dar nuevo impulso a

**relater** tr. relatar

**relatif, -ive** adj. relativo, a

**relation** f. 1 relación 2 pl. relaciones relations amicales relaciones amistosas

**relaxer** tr. 1 poner en libertad 2 pr. relajarse

**relayer** tr. 1 relevar, sustituir 2 pr. turnarse, relevarse

**reléguer** tr. relegar

**relent** m. 1 mal olor, tufo (odeur) 2 resabio (goût)

**relève** f. relevo m.

**relevé, -ée** adj. 1 fig. noble, elevado, a (style, etc.) 2 CUIS. picante, fuerte 3 m. extracto, estado (d'un compte) v. relever

**relever** tr. 1 levantar, alzar 2 recoger (du sol) 3 poner a flote 4 reedificar

**5** remangarse, arremangarse *(manches, etc.)* **6** realzar *(rehausser)* **7** CUIS. dar un gusto picante a *(épicer)* **8** señalar, hacer notar *(faire remarquer)* **9** apuntar, anotar *(noter)* **10** MAR. marcar **11** relevar *(une sentinelle, quelqu'un de ses fonctions, etc.)* **12** *pr.* levantarse **13** restablecerse, recuperarse *intr.* ~ *de* depender *(dépendre de)*

**relief** *m.* **1** relieve **2** *pl.* sobras de comida *f. (d'un repas)*

**relier** *tr.* **1** unir, enlazar *(joindre, raccorder)* **2** encuadernar *(un livre)*

**religieux, -euse** *adj.* -s. religioso, a, fraile, monja

**religion** *f.* religión

**reliquaire** *m.* relicario

**relique** *f.* reliquia

**relire** *tr.* releer

**reliure** *f.* encuadernación

**reluire** *intr.* relucir

**remâcher** *tr.* rumiar

**remailler** *tr.* **1** remallar **2** coger los puntos de *(bas, etc.)*

**remanier** *tr.* **1** arreglar, modificar **2** retocar, rehacer

**remarier** *tr.* **1** volver a casar **2** *pr.* volver a casarse

**remarquable** *adj.* notable, extraordinario, a

**remarquer** *tr.* **1** observar, notar **2** señalar **3** *pr.* notarse

**rembarrer** *tr. fam.* echar una bronca a, reñir

**remblai** *m.* terraplén

**rembourrer** *tr.* rellenar

**remboursement** *m.* reembolso

**rembrunir** *tr.* **1** oscurecer **2** *pr.* entristecerse

**remède** *m.* remedio, medicina *f.*

**remédier** *intr.* remediar

**remémorer** *tr.* **1** rememorar **2** *pr.* acordarse de

**remercier** *tr.* **1** dar las gracias, agradecer **2** rehusar cortésmente *(refuser)* **3** despedir, destituir *(renvoyer)*

**remettre** *tr.* **1** volver a poner, volver a meter **2** volver a poner *(un vêtement)* **3** restablecer *(rétablir)* **4** dar, entregar *(donner)* **5** remitir, aplazar *(ajourner)* **6** *pr.* volver a empezar **7** restablecerse, recuperarse *(d'une maladie)* **8** tranquilizarse, sosegarse ~ *quelqu'un fam.* reconocer a alguien ~ *les péchés* remitir los pecados *s'en* ~ *à* remitirse a

**réminiscence** *f.* reminiscencia

**remise** *f.* **1** reposición **2** entrega *(livraison)* **3** rebaja *(rabais)* **4** remesa, envío *m. (envoi)* **5** cancelación *(d'une dette)* **6** cochera *(de voitures)*

**rémission** *f.* remisión

**remontage** *m.* nuevo montaje

**remonte-pente** *m.* remonte *(remontée mécanique)*

**remonter** *intr.* **1** volver a subir **2** subir *(s'élever)* **3** navegar contra la corriente **4** remontarse *(dater)* ~ *au XVᵉ siècle* remontarse al siglo XV **5** *tr.* volver a subir **6** subirse *(relever)* **7** volver a armar, a montar *(un mécanisme)* **8** animar, estimular *(réconforter)* **9** reponer, renovar *(pourvoir à nouveau)* ~ *une montre* dar cuerda a un reloj

**remontrance** *f.* reprimenda, amonestación

**remontrer** *tr.* mostrar de nuevo *intr.* *en* ~ *à quelqu'un* dar una lección a alguien

**remords** *m.* remordimiento

**remorquage** *m.* remolque

**remorque** *f.* remolque *m.*

**remorquer** *tr.* remolcar

**rémouleur** *m.* amolador, afilador

**remous** *m.* **1** remolino **2** *fig.* agitación *f.,* alboroto

**rempart** *m.* muralla *f.*

**remplaçant, -e** *s.* sustituto, a, reemplazante

**remplacer** *tr.* reemplazar, sustituir

**remplir** *tr.* **1** llenar *(emplir)* **2** rellenar ~ *un formulaire* rellenar un formulario **3** ocupar *(occuper)* **4** desempeñar, ejercer *(une fonction)*

**remporter** *tr.* **1** llevarse *(emporter)* **2** llevarse, obtener, conseguir *(un prix)*

**remuant, -e** *adj.* **1** travieso, a, bullicioso, a **2** activo, a

**remuer** *tr.* **1** mover, trasladar *(bouger, déplacer)* **2** remover *(retourner)* **3** conmover *(émouvoir)* **4** *intr.* moverse *(bouger)* **5** *pr.* moverse *(se mouvoir)* **6** moverse, menearse *(se démener)* *remue-toi ! fam.* ¡ aligera !

**rémunération** *f.* remuneración

**rémunérer** *tr.* remunerar

**renâcler** *intr.* refunfuñar, rezongar

**renaissance** *f.* renacimiento *m.*

**renaître** *intr.* renacer

**rénal, -ale** *adj.* renal

**renard** m. zorro

**rencontre** f. 1 encuentro m. 2 entrevista *(entrevue)* 3 encuentro m., partido m. *(match) aller à la ~ de quelqu'un* ir al encuentro de alguien

**rencontrer** tr. 1 encontrar, hallar 2 pr. encontrarse

**rendement** m. rendimiento

**rendez-vous** m. cita f. *se donner ~* citarse *sur ~* a horas convenidas

**rendormir** tr. 1 hacer dormir 2 pr. dormirse de nuevo

**rendre** tr. 1 devolver, restituir 2 vomitar, arrojar *(vomir)* 3 rendir, entregar *(céder, livrer)* 4 volver *(faire devenir)* 5 hacer ~ *heureux* hacer feliz 6 prestar, hacer *(un service, une faveur)* 7 producir, emitir *(un son)* 8 traducir 9 reproducir 10 intr. rendir, producir 11 pr. rendirse, someterse *(se soumettre)* 12 ir, trasladarse *(aller)* 13 ponerse, volverse *(devenir)* 14 hacerse *se ~ agréable* hacerse agradable

**rendu, -ue** v. *rendre* 1 adj. llegado, a *nous voilà rendus* hemos llegado 2 rendido, a, fatigado, a *(très fatigué)* 3 m. objeto devuelto

**rêne** f. rienda

**renégat, -e** adj. -s. renegado, a

**renfermer** tr. 1 volver a encerrar 2 encerrar 3 ocultar *(cacher)* 4 pr. encerrarse

**renfler** tr. abultar, hinchar

**renflouer** tr. 1 MAR. desencallar, poner a flote 2 fig. sacar a flote, sacar de apuros

**renforcer** tr. reforzar *(fortifier)*

**renfort** m. refuerzo

**renfrogner (se)** pr. ponerse ceñudo, a, enfadarse

**rengager** tr. 1 MIL. reenganchar 2 pr. MIL. reengancharse

**rengorger (se)** pr. pavonearse, darse importancia

**renier** tr. 1 negar *(nier)* 2 renegar de, abjurar

**renifler** intr. -tr. 1 aspirar por la nariz 2 tr. oler, husmear *(flairer)*

**renne** m. reno

**renommé, -ée** adj. 1 renombrado, a, célebre 2 f. fama 3 voz pública

**renoncer** intr. renunciar

**renouer** tr. 1 volver a anudar, volver a atar *(nouer de nouveau)* 2 reanudar *(reprendre)*

**renouveau** m. 1 primavera f. *(printemps)* 2 resurgimiento, retorno *(renaissance)*

**renouveler** tr. 1 renovar 2 pr. renovarse 3 repetirse

**rénovateur, -trice** adj. -s. renovador, ora

**rénover** tr. renovar

**renseignement** m. 1 información f. *à titre de* ~ a título de información 2 informe *donner un* ~ dar un informe

**renseigner** 1 informar, instruir 2 pr. informarse

**rente** f. renta

**rentrée** f. 1 reapertura, apertura *(des tribunaux, etc.)* 2 vuelta, regreso m. *(retour)* 3 THÉÁT. reaparición *(d'un acteur)* ~ *d'argent* recaudación *(recette)*, ingresos m. pl.

**rentrer** intr. 1 volver a entrar *(entrer de nouveau)* 2 volver, regresar *(revenir)* 3 reanudar las clases *(élèves)* 4 reanudar las sesiones *(un tribunal)* 5 encajar, entrar *(s'emboîter)* 6 estar comprendido *(être compris dans)* 7 recobrar, recuperarse ~ *dans ses droits* recuperar los derechos 8 tr. meter hacia dentro 9 guardar, poner al abrigo 10 reprimir *(refouler)*

**renversant, -e** adj. asombroso, a

**renverser** tr. 1 invertir *(inverser)* 2 volcar *(faire tomber)* 3 derramar *(un liquide)* 4 derribar, echar abajo *(abattre)* 5 echar para atrás *(incliner en arrière)* 6 atropellar, arrollar 7 dejar estupefacto, a *(étonner)* 8 pr. caerse 9 derramarse *(liquide)* 10 tumbarse

**renvoi** m. 1 devolución f. *(de marchandises)* 2 destitución f. *(d'un ministre)* 3 despido *(d'un employé)* 4 reexpedición f. *(d'une lettre)* 5 aplazamiento *(ajournement)* 6 remisión f. *(à un autre chapitre)* 7 PHYS. reflexión f. *(la lumière, le son)* 8 eructo

**renvoyer** tr. 1 devolver *(rendre)* 2 despedir *(congédier)* 3 destituir 4 reflejar *(la lumière, le son)* 5 DR. remitir *(à un tribunal, etc.)* 6 remitir *(à un autre chapitre)* 7 aplazar *(ajourner)*

**réorganiser** tr. reorganizar

**réouverture** f. reapertura

**repaire** m. guarida f.

**repaître** 1 tr. alimentar 2 pr. saciarse

**répandre** *tr.* **1** verter, derramar *(renverser)* **2** difundir *(diffuser)* **3** exhalar *(exhaler)* **4** difundir, propagar *(propager)* **5** dar, proporcionar *(semer)* **6** *pr.* esparcirse *(s'étaler)* **7** propagarse *(se propager)* **8** llevar una vida muy mundana *se ~ en* prorrumpir en *se ~ en menaces* prorrumpir en amenazas

**reparaître** *intr.* reaparecer

**réparation** *f.* reparación

**réparer** *tr.* **1** reparar, arreglar **2** *fig.* reparar, expiar

**repartir** *tr.* **1** replicar **2** *intr.* partir, marchar de nuevo

**répartir** *tr.* repartir, distribuir

**répartition** *f.* reparto *m.*, repartición

**repas** *m.* comida *f.*

**repassage** *m.* planchado

**repasser** *intr. -tr.* **1** repasar *(passer de nouveau)* **2** *tr.* afilar, amolar *(aiguiser)* **3** repasar *(relire)* **4** planchar *(le linge)* **5** dejar, dar *(laisser)*

**repasseuse** *f.* planchadora

**repentir** *m.* arrepentimiento

**repentir (se)** *pr.* arrepentirse

**répercussion** *f.* repercusión

**répercuter** *tr.* **1** repercutir **2** *pr.* reflejarse

**repère** *m.* señal *f.*, marca *f.*

**repérer** *tr.* **1** descubrir, localizar **2** *pr.* orientarse

**répertoire** *m.* repertorio

**répéter** *tr.* **1** repetir **2** *THÉÂT., MUS.* ensayar **3** *pr.* repetirse *le bruit se répète* el ruido se repite

**répétition** *f.* **1** repetición **2** *THÉÂT., MUS.* ensayo *m.* **3** clase particular

**repiquer** *tr.* **1** picar de nuevo **2** *AGR.* trasplantar

**répit** *m.* descanso, tregua *f.*

**replacer** *tr.* reponer, colocar de nuevo

**replâtrer** *tr.* revocar con yeso

**replet, -ète** *adj.* rechoncho, a

**repli** *m.* **1** doblez *f.*, pliegue *m.* **2** *MIL.* repliegue

**replier** *tr.* **1** doblar **2** replegar **3** *pr. MIL.* replegarse

**réplique** *f.* réplica

**répliquer** *tr.* replicar

**répondant** *m.* fiador, garante

**répondeur** *m.* contestador automático *(téléphone)*

**répondre** *tr. -intr.* **1** contestar, responder **2** *intr.* corresponder, responder de, salir fiador de **3** garantizar *(garantir)*

**réponse** *f.* respuesta, contestación

**report** *m.* **1** *COMM.* suma anterior *f.*, saldo **2** aplazamiento *(ajournement)* **3** reporte *(lithographie)*

**reportage** *m.* reportaje

**reporter** *tr.* **1** volver a llevar **2** aplazar *(remettre)* **3** *COMM.* llevar a otra columna **4** trasladar *(transcrire)* **5** reportar *(lithographie)* **6** *pr.* referirse, remitirse

**reporter** *m.* reportero, reporter

**repos** *m.* **1** reposo, descanso *maison de ~* casa de reposo **2** tranquilidad *f.*, sosiego **3** pausa *f. (dans une mélodie, un texte) de tout ~* seguro, a

**reposer** *tr.* **1** volver a poner **2** descansar *(appuyer)* **3** sosegar, calmar *(l'esprit, etc.)* **4** *intr.* reposar, descansar **5** reposarse *(un liquide)* **6** *pr.* estribar, descansar, reposar *~ sur fig.* estribar en, fundarse en, basarse en *se ~ sur quelqu'un* fiarse de alguien

**repoussant, -e** *adj.* repelente, repugnante

**repoussé, -ée** *adj.* repujado, a

**repousser** *tr.* **1** rechazar *(écarter)* **2** repeler, repugnar *(répugner)* **3** empujar *(pousser en arrière)* **4** rechazar, rehusar *(refuser)* **5** aplazar *(différer)* **6** *intr.* volver a crecer

**répréhensible** *adj.* reprensible

**reprendre** *tr.* **1** volver a tomar, coger de nuevo **2** comprar de nuevo *(racheter)* **3** reanudar *(une activité)* **4** *THÉÂT.* reponer *(une pièce)* **5** corregir *(corriger)* **6** reparar, rehacer *(refaire)* **7** recobrar *~ des forces* recobrar las fuerzas **8** *intr.* reactivarse, recuperarse **9** reanudarse *(recommencer)* **10** proseguir *oui, reprit-il* sí, prosiguió él **11** *pr.* volver a empezar *(recommencer)*

**représailles** *f. pl.* represalias

**représentant** *m.* representante

**représentation** *f.* representación

**représenter** *tr. -intr.* **1** representar **2** *pr.* representarse, figurarse *représentez-vous mon étonnement* figúrese usted mi asombro

**répression** *f.* represión

**réprimande** *f.* reprimenda

**réprimer** *tr.* reprimir

**reprise** *f.* **1** reanudación **2** asalto *m. (match de boxe, assaut d'escrime)* **3** reestreno *m.*, *CINÉ., THÉÂT.* reposición *(théâtre)* **4** *AUTO.* aumento de velocidad *m.* **5** traspaso *m. (d'un appartement)* **6** zurcido *m. (d'un tissu)* ∼ *économique* recuperación

**réprobation** *f.* reprobación

**reproche** *m.* reproche

**reprocher** *tr.* **1** reprochar **2** *pr.* reprocharse

**reproduction** *f.* reproducción

**reproduire** *tr.* **1** reproducir **2** *pr.* reproducirse

**réprouver** *tr.* reprobar

**reptile** *m.* reptil

**république** *f.* república

**répudier** *tr.* repudiar

**répugnance** *f.* repugnancia

**répugner** *intr.* repugnar

**répulsion** *f.* repulsión

**réputation** *f.* reputación

**requérir** *tr.* requerir

**requête** *f. DR.* requerimiento *m.* demanda

**requiem** *m.* réquiem

**requin** *m.* tiburón

**réquisition** *f. DR.* requerimiento *m.*, demanda

**réquisitionner** *tr.* requisar

**réquisitoire** *m. DR.* informe del fiscal

**rescapé, -ée** *s.* superviviente

**rescousse** *f.* socorro *m.*, auxilio *m. à la* ∼ en auxilio

**réseau** *m.* **1** red *f.* **2** red *f. (de mailles, etc.)* ∼ *téléphonique, d'espionnage, etc.* red telefónica, de espionaje, etc. **3** redecilla *f. (des ruminants)*

**réservation** *f.* reserva

**réserve** *f.* **1** reserva *(chose réservée)* **2** reserva, discreción **3** coto *m.*, vedado *m. (de chasse, pêche) en* ∼ de reserva *sous toute* ∼ sin garantía *sans* ∼ sin reserva *se tenir sur la* ∼ estar sobre aviso

**réserver** *tr.* **1** reservar **2** *pr.* reservarse

**réserviste** *m.* reservista

**réservoir** *m.* **1** depósito *(d'essence, d'eau, etc.)* **2** vivero *(pour les poissons)* **3** alberca *f. (d'eau)* **4** cantera *f. (d'homme, etc.)*

**résidence** *f.* residencia

**résider** *intr.* residir

**résidu** *m.* residuo

**résignation** *f.* resignación

**résigner** *tr.* **1** resignar **2** *pr.* resignarse

**résiliation** *f.* rescisión, anulación

**résilier** *tr.* rescindir, anular

**résille** *f.* redecilla *(pour les cheveux)*

**résine** *f.* resina

**résistant, -e** *adj. -s.* resistente

**résister** *intr.* resistir

**résolu, -ue** *adj.* resuelto, a, decidido, a *p.p. de résoudre*

**résolution** *f.* resolución

**résonance** *f.* resonancia

**résonner** *intr.* resonar, retumbar

**résoudre** *tr.* **1** resolver *(découvrir la solution)* **2** decidir *(décider) pr. se* ∼ *à* decidirse a

**respect** *m.* respeto

**respectable** *adj.* respetable

**respectif, -ive** *adj.* respectivo, a

**respectueux, -euse** *adj.* respetuoso, a

**respiration** *f.* respiración

**respirer** *intr. -tr.* **1** respirar **2** *tr.* respirar, rebosar *il respire la santé* rebosa salud

**resplendissant, -e** *adj.* resplandeciente

**responsabilité** *f.* responsabilidad

**responsable** *adj.* responsable

**ressac** *m.* resaca *f.*

**ressaisir** *tr.* **1** coger de nuevo **2** recobrar **3** *pr. fig.* serenarse, rehacerse

**ressembler** *pr.* parecerse ∼ *à tr. ind.* semejarse, parecerse a *qui se ressemble s'assemble* Dios los cría y ellos se juntan

**ressemeler** *tr.* echar medias suelas, remontar

**ressentiment** *m.* resentimiento

**ressentir** *tr.* **1** sentir, experimentar **2** *pr.* resentirse

**resserrer** *tr.* **1** apretar, volver a apretar *(boulon, lien, etc.)* **2** cerrar *(fermer)* **3** estrechar *(un lien d'amitié, etc.)* **4** *pr.* estrecharse

**ressort** *m.* **1** *TECHN.* resorte, muelle **2** *fig.* energía *f.*, fuerza *f.* **3** *DR.* instancia *f.* **4** incumbencia *f.*, competencia

**ressortir** *intr.* **1** salir de nuevo **2** resaltar **3** resultar, deducirse, desprenderse *tr. ind.* ∼ *à* ser de la jurisdicción, depender de

**ressortissant, -e** *s.* natural, súbdito, a *(d'un pays étranger)*

**ressource** f. recurso m. loc. adv. *sans* ~ sin remedio *ressources humaines* recursos humanos

**ressusciter** tr. -intr. resucitar

**restant, -e** adj. **1** restante **2** m. resto *poste restante* lista de correos

**restaurateur, -trice** adj. **1** restaurador, ora **2** m. encargado o dueño de un restaurante

**restaurer** tr. restaurar

**reste** m. **1** resto **2** MATH. resta f., diferencia f. **3** pl. restos **4** sobras de comida f. *(d'un repas) de* ~ loc. adv. de sobra *au* ~ loc. adv. por lo demás

**rester** intr. **1** quedar, quedarse *(demeurer)* ~ *au lit* quedarse en cama **2** quedar, sobrar *en* ~ *là* no ir más allá *il reste, ils restent* impers. queda, quedan

**restitution** f. restitución

**restreindre** tr. **1** restringir **2** pr. limitarse

**restriction** f. restricción

**résultat** m. resultado

**résulter** intr. resultar

**résumé** m. resumen

**résumer** tr. **1** resumir **2** pr. resumirse

**résurrection** f. resurrección

**retable** m. retablo

**rétablir** tr. **1** restablecer **2** pr. restablecerse

**retaper** tr. **1** arreglar, reparar **2** pr. fam. reponerse, remontar la pendiente

**retard** m. retraso, retardo

**retardataire** adj. -s. retrasado, a

**retarder** tr. **1** retardar, demorar *(attarder)* **2** aplazar, demorar *(ajourner)* **3** tr. -intr. atrasar *(horloge)* **4** intr. fam. no estar al tanto, no estar al corriente

**retenir** tr. **1** retener *(garder)* **2** retener, deducir *(déduire)* **3** reservar *(faire réserver)* **4** recordar *(se souvenir)* **5** MATH. llevar *je pose cinq et je retiens deux* escribo cinco y llevo dos **6** sujetar *(attacher)* **7** contener, reprimir ~ *sa respiration* contener la respiración **8** retener, detener *(arrêter)* **9** pr. agarrarse *(s'accrocher)* **10** retenerse *(se contenir)* *ne pouvoir se* ~ *de* no poder aguantarse

**rétention** f. retención

**retentissement** m. resonancia f.

**retenue** f. **1** moderación, comedimiento m. *(mesure)* **2** castigo escolar

m. *(punition)* **3** MATH. cantidad que se lleva **4** descuento m., deducción ~ *d'eau* embalse m.

**réticence** f. reticencia

**rétif, -ive** adj. **1** repropio, a *(cheval)* **2** reacio, a, rebelde

**rétine** f. ANAT. retina

**retirer** tr. **1** quitarse, sacarse *(ôter)* **2** sacar *(faire sortir)* **3** retirar **4** obtener, sacar *(un bénéfice, etc.)* **5** pr. retirarse, irse **6** recogerse *(pour se reposer)* **7** volver a su cauce *(cours d'eau)*

**retombée** f. **1** ARCHIT. arranque m. **2** pl. lluvia sing. *(radioactivité)* **3** fig. consecuencias

**retomber** intr. **1** recaer, volver a caer **2** caer *(pendre)*

**retordre** tr. retorcer

**rétorquer** tr. ~ *que* contestar, replicar que

**retors, -orse** adj. **1** retorcido, a **2** fig. marrullero, a

**retouche** f. retoque m.

**retoucher** tr. retocar

**retour** m. **1** vuelta f. regreso, retorno **2** vuelta f., devolución f. *(d'un paquet, etc.)* *par* ~ *du courrier* a vuelta de correo *aller et* ~ ida y vuelta ~ *d'âge* menopausia f. ~ *sur soi-même* examen de conciencia

**retourner** tr. **1** volver ~ *sur le dos* volver boca arriba **2** revolver, remover *(remuer)* **3** devolver *(rendre)* **4** reexpedir *(une lettre)* **5** conmover *(émouvoir)* **6** intr. volver *(revenir)* **7** pr. volverse *de quoi retourne-t-il?* imper. ¿de qué se trata? *s'en* ~ regresar, irse

**retracer** tr. referir, contar

**rétracter** tr. **1** retraer **2** fig. retractar *(ce qu'on avait dit)* **3** pr. retractarse

**retraite** f. **1** retiro m. **2** MIL. retirada **3** retiro m., jubilación *prendre sa* ~ jubilarse, retirarse

**retraitement** m. reprocesado, reciclado *usine de* ~ planta de reprocesamiento

**retrancher** tr. **1** suprimir *(enlever, ôter)* **2** restar, substraer *(déduire)* **3** pr. parapetarse

**rétrécir** tr. **1** estrechar **2** intr. estrecharse, encogerse **3** pr. estrecharse

**rétribuer** tr. retribuir

**rétribution** f. retribución

**rétrograde** adj. retrógrado, a

**rétrospectif, -ive** *adj.* retrospectivo, a

**retroussé, -ée** *adj.* arremangado, a *(manches) nez* ~ nariz respingona

**retrousser** *tr.* **1** remangar, arremangar, arremangarse *(manches, etc.)* **2** levantar, alzar **3** *pr.* arremangarse, recogerse

**retrouver** *tr.* **1** encontrar **2** volver a encontrar **3** reunirse *(rejoindre)* **4** reconocer *(reconnaître)* **5** *pr.* encontrarse **6** reunirse **7** volver a encontrar el camino, orientarse *fam. s'y* ~ sacar provecho *(tirer profit)*

**réunion** *f.* reunión

**réunir** *tr.* **1** reunir **2** *pr.* reunirse

**réussir** *intr.* **1** conseguir, lograr **2** tener éxito, triunfar **3** salir bien **4** *tr.* acertar, hacer bien

**réussite** *f.* **1** éxito *m.* **2** solitario *m.* *(jeu de cartes)*

**revanche** *f.* desquite *m. loc. adv. en* ~ en cambio

**rêvasser** *intr.* soñar despierto, a

**rêve** *m.* **1** sueño **2** fantasía *f.*, quimera *f.*, ensueño *maison de* ~ casa de ensueño

**revêche** *adj.* arisco, a, áspero, a

**réveil** *m.* **1** despertar **2** despertador *(pendule)* **3** MIL. diana *f.*

**réveille-matin** *m. invar.* despertador *(pendule)*

**réveiller** *tr.* **1** despertar **2** *pr.* despertarse

**réveillon** *m.* cena de Nochebuena *(Noël)*, de Nochevieja *(Saint-Sylvestre)*

**révéler** *tr.* **1** revelar **2** *pr.* revelarse

**revenant, -e** *s.* aparecido, espectro

**revendication** *f.* reivindicación

**revendiquer** *tr.* reivindicar

**revenir** *intr.* **1** volver, regresar *(rentrer)* **2** volver *je reviens tout de suite* vuelvo en seguida **3** retractarse *(se dédire)* **4** acordarse de, recordar *(se souvenir)* *ça me revient !* ¡ me acuerdo ! **5** recobrar **6** gustar, agradar *(plaire)* **7** ser equivalente **8** salir, resultar *(coûter au total) à combien cela t'est-il revenu ?* ¿ a cuánto te ha salido esto ? **9** corresponder, pertenecer *(échoir) c'est à toi qu'il revient de...* a ti te corresponde... ~ *à soi* recobrar el sentido *faire* ~ CUIS. dorar *il est revenu de tout* está de vuelta de todo *je n'en reviens pas* no salgo de mi asombro, aún no me lo creo

**revenu** *m.* renta *f.*, ingreso *(profit, rapport)*

**rêver** *intr. -tr.* **1** soñar **2** *intr.* fantasear *tr. ind.* ~ *de* soñar con

**réverbère** *m.* **1** reverbero **2** farol *(lampadaire)*

**révérence** *f.* reverencia

**rêverie** *f.* ensueño *m.*

**revers** *m.* **1** revés *(envers, au tennis)* **2** reverso *(d'une médaille, d'une monnaie)* **3** dorso *(main)* **4** solapa *f.* *(d'une veste)* **5** vuelta *f.* *(d'un pantalon)* **6** revés, contratiempo

**revêtir** *tr.* **1** revestir **2** ponerse, vestirse *(un vêtement)* **3** cubrir *(recouvrir)* **4** asumir *(un caractère, un aspect)*

**rêveur, -euse** *adj. -s.* soñador, ora

**revient** *m. prix de* ~ precio de coste

**réviser** *tr.* revisar, repasar

**révision** *f.* revisión, repaso *m.*

**révocation** *f.* **1** revocación **2** destitución

**revoir** *tr.* **1** volver a ver **2** revisar *un au revoir* un adiós *se dire au* ~ despedirse *au* ~*! loc. interj.* ¡ hasta la vista !

**révoltant, -e** *adj.* indignante, escandaloso, a

**révolte** *f.* rebelión, revuelta

**révolter** *tr.* **1** sublevar, rebelar **2** *pr.* sublevarse, rebelarse

**révolution** *f.* revolución

**révolutionnaire** *adj. -s.* revolucionario, a

**revolver** *m.* revólver

**révoquer** *tr.* **1** revocar *(annuler)* **2** destituir *(destituer)*

**revue** *f.* revista

**révulsif, -ive** *adj. -m.* revulsivo, a

**rez-de-chaussée** *m. invar.* planta baja *f. au* ~ en la planta baja

**rhétorique** *f.* retórica

**rhinocéros** *m.* rinoceronte

**rhubarbe** *f.* ruibarbo *m.*

**rhum** *m.* ron

**rhumatisme** *m.* reuma, reumatismo

**rhume** *m.* resfriado, catarro

**riant, -e** *adj.* riente, risueño, a

**ribambelle** *f.* sarta, retahíla

**ricaner** *intr.* reír burlonamente, sarcásticamente

**richard, -e** *s. fam. péj.* ricacho, a, ricachón, ona

**riche** adj. -s. rico, a
**richesse** f. riqueza
**ricochet** m. rebote loc. adv. **par ~** de rebote
**rictus** m. rictus
**ride** f. **1** arruga **2** onda, pliegue m.
**rideau** m. **1** cortina f. (en tissu épais, de fumée) **2** visillo, cortinilla f. (transparent) **3** THÉÂT. telón
**rider** tr. **1** arrugar **2** MAR. rizar (l'eau) **3** MAR. acollar
**ridicule** adj. **1** ridículo, a **2** m. ridículo
**ridiculiser** tr. ridiculizar
**rien** pron. indéf. **1** nada **2** m. pequeñez f., nadería f. **pour ~** por nada | **du tout** absolutamente nada ça ne fait **~** no importa **~ que d'y penser** sólo con pensarlo **en moins de ~** loc. adv. en un santiamén
**rigidité** f. rigidez
**rigole** f. **1** reguero m., reguera **2** arroyuelo m. (ruisseau)
**rigoler** intr. fam. reírse (rire), bromear (plaisanter), pasarlo en grande (se divertir)
**rigolo, -ote** adj. fam. chusco, a, gracioso, a
**rigoureux, -euse** adj. riguroso, a
**rigueur** f. rigor m. **à la ~** como máximo
**rime** f. rima
**rimer** intr. **1** rimar **2** tr. poner en verso
**rinçage** m. **1** enjuague **2** aclarado (du linge)
**rinceau** m. ARCHIT. follaje
**rincer** tr. **1** enjuagar **2** aclarar (le linge) pop. **se ~ l'œil** regodearse
**ripaille** f. fam. cuchipanda, franchela, comilona
**riposter** intr. replicar
**rire** intr. **1** reír, reírse **2** pr. reírse **~ aux éclats** reír a carcajadas **~ à gorge déployée** reírse a mandíbula batiente
**rire** m. risa f.
**ris** m. **~ de veau** molleja de ternera f.
**risée** f. burla, mofa (moquerie) **objet de ~** objeto de burla **être la ~ de** ser el hazmerreír del pueblo
**risible** adj. risible
**risque** m. riesgo
**risquer** tr. arriesgar **~ de** correr el riesgo de

**rissoler** tr. CUIS. dorar
**ristourne** f. **1** comisión **2** rebaja, descuento m. (réduction)
**rite** m. rito
**rituel, -elle** adj. -m. ritual
**rivage** m. ribera f., orilla f.
**rival, -ale** adj. -s. rival
**rivaliser** intr. rivalizar
**rive** f. orilla, ribera
**river** tr. **1** remachar, roblar **2** unir sólidamente **3** fig. clavar
**riverain, -e** adj. -s. **1** ribereño, a **2** habitante
**riveter** tr. remachar, roblar
**rivière** f. río m. **~ de diamants** collar de diamantes m.
**rixe** f. riña, pelea
**riz** m. arroz
**robe** f. **1** vestido m. (de femme) **2** toga (gens de loi) **3** pelo m., pelaje m. (d'un animal) **4** capa (du cheval) **~ de chambre** bata
**robinet** m. grifo, llave f.
**robuste** adj. robusto, a
**roc** m. roca f. peña f.
**rocade** f. circunvalación
**rocaille** f. rocalla
**roche** f. roca **eau de ~** agua de manantial **il y a anguille sous ~** hay gato encerrado
**rocher** m. **1** peñasco, peña f. **2** ANAT. peñasco
**rôder** intr. **1** vagabundear **2** merodear
**rogne** f. rabia, berrinche m.
**rogner** tr. **1** recortar **2** AGR. cercenar **3** IMPR. refilar
**rognon** m. CUIS. riñón
**rognure** f. recortes m. pl.
**roi** m. rey **jour des Rois** día de Reyes
**roitelet** m. **1** reyezuelo **2** abadejo (oiseau)
**rôle** m. **1** papel (d'un acteur et conduite sociale de quelqu'un) **2** función f., cometido **3** DR. registro de pleitos y causas **4** DR. registro de contribuyentes (liste des contribuables) **5** MIL. lista de reclutas f. loc. adv. **à tour de ~** por turno
**romain, -e** adj. -s. **1** romano, a **2** m. IMPR. letra redonda f. **3** f. lechuga romana (laitue)
**roman, -ane** adj. **1** romance (langue) **2** románico, a (art) **3** m. novela f. **~**

*policier* novela policíaca ~ *fleuve* novelón

**romancier, -ière** *s.* novelista

**romanesque** *adj.* novelesco, a

**romantique** *adj. -s.* romántico, a

**romantisme** *m.* romanticismo

**romarin** *m.* romero

**rompre** *tr.* **1** romper, quebrar *(casser)* **2** interrumpir, romper *(interrompre)* **3** *intr.* romperse **4** romper, reñir *ces fiancés ont rompu* estos novios han roto **5** *pr.* romperse, quebrarse *(se casser)* MIL. *rompez les rangs !, rompez !* ¡ rompan filas !

**rompu, -ue** *adj.* **1** roto, a *(cassé)* **2** molido, a *(fourbu)* ~ *à* avezado, a a

**ronce** *f.* zarza, espino *m.*

**rond, ronde** *adj.* **1** redondo, a **2** franco, a, claro, a **3** rechoncho, a, regordete *(gros)* **4** *pop.* trompa *(ivre)* **5** *m.* círculo, redondel **6** rodaja *f. (rondelle)* **7** *fam.* perra *f.*, blanca *f. (argent)* ~ *de serviette* servilletero *tourner* ~ *adv.* marchar bien

**ronde** *f.* **1** MIL. ronda **2** danza en corro **3** letra redondilla *à la* ~ a la redonda *(alentour)*, por turno *(tour à tour)*

**rondelet, -ette** *adj.* regordete, a

**rondelle** *f.* **1** arandela **2** rodaja *(tranche)*

**rondement** *adv.* **1** sin rodeos *(franchement)* **2** prontamente *(vite)*

**rondeur** *f.* **1** redondez **2** *fig.* franqueza, lealtad

**rond-point** *m.* glorieta *f.*

**ronflement** *m.* ronquido

**ronfler** *intr.* **1** roncar **2** zumbar *(un moteur, une toupie, etc.)*

**ronger** *tr.* **1** roer **2** carcomer *(les vers, etc.)* **3** consumir, atormentar *(torturer)* **4** *pr.* atormentarse

**rongeur, -euse** *adj. -m.* **1** roedor, ora **2** *m. pl.* ZOOL. roedores

**ronron, ronronnement** *m. fam.* ronroneo

**roquette** *f.* cohete *m.*

**rosace** *f.* rosetón *m.*

**rosaire** *m.* rosario

**rose** *f.* **1** rosa **2** *adj. -m.* color de rosa *voir tout en* ~ verlo todo color de rosa **3** *n. pr. f.* Rosa *envoyer quelqu'un sur les roses* loc. *fam.* enviar a alguien a paseo ~ *trémière* malvarrosa

**roseau** *m.* caña *f.*

**rosée** *f.* rocío *m.*

**roseraie** *f.* rosaleda

**rosier** *m.* rosal

**rosse** *f.* **1** rocín *m.*, matalón *m. (mauvais cheval)* **2** mala persona **3** *adj.* malvado, a

**rosser** *tr. fam.* zurrar, apalear

**rossignol** *m.* **1** ruiseñor **2** ganzúa *f. (pour ouvrir les serrures)* **3** mercancía que queda invendible *f.*

**rostre** *m.* MAR. rostro, espolón

**rot** *m.* regüeldo, eructo

**rotatif, -ive** *adj. -f.* rotativo, a

**roter** *intr.* eructar

**rôti** *m.* asado

**rôtie** *f.* tostada

**rotin** *m.* **1** rota *f.*, roten **2** bastón de caña, de roten

**rôtir** *tr.* **1** asar **2** *intr.* asarse **3** *pr. fam.* tostarse al sol *(personne)*

**rôtisserie** *f.* **1** restaurante donde se sirven asados *m.* **2** rosticería, asador *m.*

**rôtissoire** *f.* asador *m.*

**rotonde** *f.* rotonda

**rotule** *f.* ANAT. rótula

**rouage** *m.* **1** rueda *f.* **2** *fig.* mecanismo

**roublardise** *f.* tunantería, astucia

**roucouler** *intr.* arrullar

**roue** *f.* rueda

**roué, -ée** *s.* **1** persona sin principios **2** *adj.* astuto, a, pillo, a

**rouelle** *f.* rueda, tajada *(de veau)*

**rouer** *tr.* ~ *quelqu'un de coups* apalear a alguien

**rouet** *m.* torno de hilar

**rouge** *adj.* **1** rojo, a, encarnado, a, colorado, a **2** candente *(fer)* **3** *m.* rojo, encarnado, colorado *(couleur)* **4** rubor *(du visage)* **5** rojo de labios, carmín *(à lèvres)* **6** colorete *(fard)* **7** vino tinto *(vin) vin* ~ vino tinto *se fâcher tout* ~ *adv.* sulfurarse

**rouge-gorge** *m.* petirrojo

**rougeole** *f.* sarampión *m.*

**rouget** *m.* salmonete

**rougeur** *f.* **1** rubor *m.* **2** *pl.* manchas rojas *(sur la peau)*

**rougir** *tr.* **1** enrojecer **2** *intr.* enrojecer, ponerse rojo, a **3** ruborizarse, ponerse colorado, a *(de honte, etc.)*

**rouille** *f.* orín *m.*, moho *m.*, herrumbre *f.*

**rouiller** *tr.* **1** enmohecer, oxidar **2** *fig.* embotar

**rouissage** *m.* enriamiento

**roulant, -e** *adj.* que rueda *escalier* ~ escalera mecánica

**rouleau** *m.* **1** rollo *(de papier, etc.)* **2** cartucho *(de pièces de monnaie)* **3** *AGR.*, *CUIS.* rodillo **4** rulo *(coiffure)*

**roulement** *m.* **1** rodadura *f.* **2** circulación *f.* *(d'argent)* **3** redoble *(de tambour)* ~ *de tonnerre* trueno ~ *à billes MÉC.* rodamiento de bolas

**rouler** *tr.* **1** hacer rodar, rodar **2** enrollar *(mettre en rouleau)* **3** *fig.* dar vueltas a *(dans l'esprit)* **4** *fam.* pegársela a *(duper)* **5** *intr.* rodar *(une boule, etc.)* **6** caerse rodando *(tomber)* **7** rodar, ir, marchar *(un véhicule)* **8** rodar, correr ~ *par le monde* rodar por el mundo, correr mundo **9** circular *(argent)* **10** *pr.* revolverse ~ *une cigarette* liar un cigarrillo ~ *les r* pronunciar fuerte las erres ~ *sur* tratar de *(avoir pour sujet)*

**rouspéter** *intr. pop.* refunfuñar, protestar

**roussâtre** *adj.* bermejo, a

**roussette** *f.* **1** lija *(poisson)* **2** bermejizo *(chauve-souris)*

**rousseur** *f.* color rojo *m.*, rubicundez *tache de* ~ peca

**roussi** *m.* olor a chamusquina

**roussir** *tr.* **1** chamuscar, socarrar **2** *intr.* chamuscarse, socarrarse

**route** *f.* **1** carretera ~ *nationale*, *départementale* carretera nacional, departamental **2** camino *m.*, senda, ruta *(itinéraire)* **3** marcha, camino *m.* **4** *MAR.* derrotero *m.*, rumbo *m.* *se mettre en* ~ ponerse en marcha *en* ~ *!* ¡ en marcha !

**routier, -ière** *adj.* **1** de carretera *carte* ~ mapa de carreteras **2** vial, *sécurité* ~ seguridad vial **3** *m.* camionero

**routine** *f.* rutina

**roux, rousse** *adj.* **1** rojizo, a **2** *adj. -s.* pelirrojo, a *(cheveux)* **3** *m. CUIS.* salsa de harina *f.* *lune rousse* luna de abril

**royal, -ale** *adj.* real

**royalement** *adv.* regiamente, *je m'en moque* ~, me trae sin cuidado

**royaliste** *adj. -s.* monárquico, a, *être plus* ~ *que le roi* ser más papista que el papa

**royaume** *m.* reino

**ruade** *f.* coz

**ruban** *m.* cinta *f.*

**rubicond, -e** *adj.* rubicundo, a

**rubis** *m.* rubí

**rubrique** *f.* rúbrica

**ruche** *f.* colmena

**rucher** *m.* colmenar

**rude** *adj.* **1** rudo, a **2** temible *(redoutable)* **3** severo, a **4** riguroso, a *(rigoureux)* **5** penoso, a, fatigoso, a, duro, a

**rudesse** *f.* rudeza, aspereza

**rudimentaire** *adj.* rudimentario, a

**rudoyer** *tr.* maltratar

**rue** *f.* calle *grand-*~ calle mayor

**ruée** *f.* avalancha, riada

**ruelle** *f.* **1** callejuela **2** espacio entre la cama y la pared *m.*

**ruer** *intr.* **1** cocear *(le cheval)* **2** *pr.* abalanzarse, precipitarse

**rugir** *intr.* rugir

**rugissement** *m.* rugido

**rugueux, -euse** *adj.* rugoso, a

**ruine** *f.* ruina

**ruiner** *tr.* **1** arruinar **2** arruinarse

**ruisseau** *m.* arroyo

**ruisseler** *intr.* chorrear

**rumeur** *f.* rumor *m.*

**ruminer** *tr. -intr.* rumiar

**rupture** *f.* **1** rotura **2** *fig.* ruptura

**rural, -ale** *adj.* rural *les ruraux m. pl.* los campesinos

**ruse** *f.* ardid *m.*, artimaña

**ruser** *intr.* obrar con astucia

**rustique** *adj.* rústico, a

**rustre** *adj. -m.* rústico, a, patán

**rut** *m.* celo *(des animaux)*

**rutilant, -e** *adj.* rutilante

**rythme** *m.* ritmo

**rythmique** *adj. et f.* rítmico, a

# S

**s** *m.* s *f.*

**sa** *adj. poss. f.* su

**sabbat** *m.* **1** RELIG. sábado *(jour de repos pour les juifs)* **2** aquelarre *(des sorcières)*

**sabbatique** *adj.* sabático

**sable** *m.* **1** arena *f.* **2** *adj. invar* beige muy claro *sables mouvants* arenas movedizas *avoir du ~ dans les yeux fig.* tener los ojos cargados de sueño

**sabler** *tr.* enarenar *(une allée, etc.)*

**sablier** *m.* reloj de arena

**sablonneux, -euse** *adj.* arenoso, a

**saborder** *tr.* barrenar, dar barreno a *(un navire)* hacer fracasar

**sabot** *m.* **1** zueco, almadreña *f.* **2** casco *(chevaux)*, pezuña *f. (ruminants)* **3** TECHN. zapata *f. (de frein)* **4** *pop.* cacharro, trasto *(mauvais instrument) baignoire ~* media bañera

**sabotage** *m.* sabotaje

**saboter** *tr.* **1** frangollar, chapucear *(bâcler)* **2** sabotear *(train, avion, etc.)*

**sabre** *m.* sable *~ d'abattis* machete

**sac** *m.* **1** saco *(pour marchandises)*, costal *(à grains)*, talego *(en toile)* **2** bolsa *f. (en papier)* **3** bolso *(sac à main)* **4** saqueo, saco *(pillage) ~ de voyage* bolsa de viaje *f. ~ de couchage* saco de dormir *prendre quelqu'un la main dans le ~* coger a alguien con las manos en la masa *vider son ~* desahogarse *~ à dos* mochila *f.*

**saccade** *f.* **1** sacudida *(secousse)* **2** tirón *m.* **3** sofrenada *(chevaux)*

**saccadé, -ée** *adj.* **1** brusco, a **2** entrecortado, a *(voix, ton)* **3** cortado, a *(style)*

**saccager** *tr.* **1** saquear *(mettre à sac)* **2** *fam.* revolver, trastornar

**saccharine** *f.* sacarina

**sacerdotal, -ale** *adj.* sacerdotal

**sachet** *m.* **1** saquito, bolsita *f.* **2** sobre *(soupe)*

**sacoche** *f.* **1** bolso *m.*, talego *m.*, morral *m.* **2** cartera *(d'écolier)*

**sacramentel, -elle** *adj.* sacramental

**sacré, -ée** *adj.* **1** sagrado, a *les livres sacrés* los libros sagrados **2** *fam.* maldito, a *~ menteur!* ¡maldito embustero!

**sacrement** *m.* sacramento

**sacrer** *tr.* **1** consagrar *(consacrer)* **2** coronar *(un souverain)*

**sacrifice** *m.* sacrificio

**sacrifier** *tr.* **1** sacrificar **2** *intr.* ofrecer un sacrificio **3** *pr.* sacrificarse

**sacrilège** *m.* **1** sacrilegio **2** *adj. -s.* sacrílego, a

**sacristie** *f.* sacristía

**sacro-saint, sainte** *adj.* sacrosanto, a

**sadique** *adj. -s.* sádico, a

**safran** *m.* azafrán

**sagacité** *f.* sagacidad

**sage** *adj.* **1** prudente, cuerdo, a, sensato, a **2** moderado, a **3** tranquilo, a, bueno, a *(enfant)* **4** *m.* sabio

**sage-femme** *f.* comadrona

**sagesse** *f.* **1** sabiduría, cordura **2** docilidad, obediencia, buena conducta *(enfant)* **3** sensatez *(bon sens) dent de ~* muela del juicio

**sagittaire** *m.* sagitario *(zodiaque)*

**saignant, -e** *adj.* sangriento, a, sangrante *viande saignante* carne poco hecha

**saignée** *f.* **1** MÉD. sangría **2** *fig.* sangría *(grande perte)*

**saigner** *tr.* **1** sangrar *(un malade, etc.)* **2** desangrar *~ un agneau* desangrar un cordero **3** *fig.* chupar la sangre a, sacar el dinero a *(quelqu'un)* **4** *intr.* sangrar, echar sangre *~ du nez* echar sangre por la nariz *pr. se ~ aux quatre veines* quitarse el pan de la boca

**saillie** *f.* **1** ARCHIT. vuelo *m.*, saliente *m.*, saledizo *m.* **2** monta, cubrición *(accouplement)* **3** agudeza, ocurrencia *(trait d'esprit)*

**saillir** *intr.* **1** saltar, manar *(jaillir)* **2** sobresalir **3** *tr.* ZOOL. cubrir, montar

**sain, saine** *adj.* sano, a

**saindoux** *m.* manteca de cerdo *f.*

**sainfoin** *m.* pipirigallo, esparceta *f.*

**saint, sainte** *adj.* **1** santo, a **2** san *(devant un nom de saint, sauf Domingo, Tomás, Tomé, Toribio) ~ Joseph* San José **3** sagrado, a *(sacré)* **4** *s.* santo, a *la Sainte Famille* la Sagrada Familia *prêcher pour son ~* alabar a su santo

**sainteté** *f.* santidad *Sa ~* su Santidad

**saisie** *f.* **1** DR. embargo *m.* incautación **2** secuestro *m.*, retirada de la circulación *(d'un journal)* **3** ~ *de don-nées (informatiques)*, recogida de datos

**saisir** *tr.* **1** asir, agarrar, coger **2** aprovechar **3** captar, comprender, entender *(une idée, une pensée)* **4** sorprender, pasmar *(surprendre)* **5** soasar *(exposer à feu vif)* **6** *DR.* embargar **7** *pr.* apoderarse **8** *DR.* hacerse cargo de

**saisissant, -e** *adj.* sorprendente, conmovedor, ora, pasmoso, a

**saison** *f.* **1** estación **2** tiempo *m.*, época **3** temporada *(de théâtre, sportive, dans une station thermale)*

**saisonnier, -ière** *adj.* estacional

**salade** *f.* **1** ensalada **2** ensaladilla **3** lechuga *(laitue)*, escarola *(scarole)* **4** *fig. fam.* follón *m.*, lío *m.* *(mélange confus)* ~ *de fruits* macedonia de frutas

**saladier** *m.* ensaladera *f.*

**salaire** *m.* salario, jornal, sueldo ~ *minimum*, ~ *de base* sueldo base

**salaison** *f.* salazón

**salamandre** *f.* salamandra

**salant** *adj.* salino, a *marais* ~ salina *f.*

**salarial, -e** *adj.* salarial

**salariat** *m.* salariado

**salarié, -ée** *adj.* -s. asalariado, a

**salaud** *m. pop.* sinvergüenza, canalla

**sale** *adj.* **1** sucio, a **2** malo, a *un* ~ *type* una mala persona **3** feo, a, desagradable *une* ~ *affaire* un asunto feo

**salé, -ée** *adj.* **1** salado, a **2** *fig.* picante, libre **3** *fig.* excesivo, a *prix* ~ precio excesivo **4** *m.* carne de cerdo salada *f.* *la* ~ el tocino saladillo

**saler** *tr.* **1** salar **2** *fig. fam.* castigar severamente

**saleté** *f.* **1** suciedad **2** *fam.* porquería, cochinada

**salière** *f.* salero *m.*

**saligaud** *m. pop.* sinvergüenza, canalla

**salique** *adj.* sálico, a

**salir** *tr.* **1** ensuciar, manchar **2** *fig.* mancillar, manchar **3** *pr.* ensuciarse

**salive** *f.* saliva

**saliver** *intr.* salivar

**salle** *f.* sala ~ *à manger* comedor *m.* ~ *de bains* cuarto de baño *m.* ~ *d'eau* aseo *m.* ~ *de séjour* cuarto de estar *m.* ~ *de classe* aula ~ *d'opérations* quirófano *m.* *la* ~ el público *faire* ~ *comble* tener un lleno

**salmigondis** *m.* mezcolanza *f.*, revoltijo

**salon** *m.* **1** salón **2** exposición *f.*

**saloperie** *f. pop.* porquería

**salopette** *f.* **1** mono *m.* **2** pantalón con peto *m.*

**salpêtre** *m.* salitre

**salsifis** *m.* salsifí

**saltimbanque** *m.* saltimbanqui

**salubrité** *f.* salubridad

**saluer** *tr.* **1** saludar **2** *fig.* aclamar, proclamar

**salut** *m.* **1** salvación *f.* **2** *RELIG.* salvación del alma *f.* **3** saludo **4** *interj. fam.* ¡hola!, ¡adiós!

**salutation** *f.* salutación, saludo *m.*

**salve** *f.* salva

**samaritain, -e** *adj.* -s. samaritano, a

**samedi** *m.* sábado

**samovar** *m.* samovar

**sanatorium** *m.* sanatorio

**sanctifier** *tr.* santificar

**sanction** *f.* sanción

**sanctuaire** *m.* santuario

**sandale** *f.* sandalia

**sandwich** *m.* bocadillo, sandwich *(au pain de mie)*

**sang** *m.* sangre *f.* *mon* ~ *n'a fait qu'un tour* se me heló la sangre en las venas *coup de* ~ hemorragia cerebral *f.* *avoir du* ~ *de navet fam.* tener sangre de horchata *se faire du mauvais* ~ preocuparse, inquietarse *verser, faire couler le* ~ matar

**sanglant, -e** *adj.* sangriento, a

**sangle** *f.* **1** faja, francalete *m.* **2** cincha *(harnais)* *lit de* ~ catre

**sangler** *tr.* **1** cinchar **2** ceñir, apretar

**sanglier** *m.* jabalí

**sanglot** *m.* sollozo

**sangloter** *intr.* sollozar

**sangsue** *f.* sanguijuela

**sanguin, -e** *adj.* sanguíneo, a

**sanguinaire** *adj.* sanguinario, a

**sanitaire** *adj.* sanitario, a

**sans** *prép.* sin ~ *cesse* sin cesar *loc. conj.* ~ *que* sin que

**sanscrit, -e** *adj.* **1** sánscrito, a **2** *m.* sánscrito

**sans-culotte** *m.* revolucionario francés de 1792

**sans-gêne** *adj.* **1** fresco, a, descarado, a **2** *m.* desparpajo, frescura *f.*

**sans-logis** *m. f.* desalojado, a, sin techo

**sansonnet** *m.* estornino

**sans-souci** *adj. invar.* indiferente, despreocupado, a

**santal** *m.* sándalo *(arbre)*

**santé** *f.* **1** salud **2** sanidad *boire à la ~ de* brindar por

**santon** *m.* santón

**sape** *f.* zapa *(tranchée) travail de ~* labor de zapa

**saper** *tr.* **1** zapar, minar **2** *pr. pop.* vestirse

**saphir** *m.* zafiro

**sapin** *m.* abeto

**sapinière** *f.* abetal *m.*, abetar *m.*

**saponifier** *tr.* saponificar

**sapristi !** *interj.* ¡ caramba !

**sarabande** *f.* **1** zarabanda **2** *fam.* jaleo *m.* zarabanda

**sarbacane** *f.* cerbatana

**sarcasme** *m.* sarcasmo

**sarcastique** *adj.* sarcástico, a

**sarcelle** *f.* cerceta

**sarcler** *tr.* escardar, sachar

**sarcome** *m. MÉD.* sarcoma

**sarcophage** *m.* sarcófago

**sardane** *f.* sardana

**sardine** *f.* sardina

**sardonique** *adj.* sardónico, a

**sarigue** *f.* zarigüeya

**sarment** *m.* sarmiento

**sarrasin, -ine** *adj. -s.* **1** sarraceno, a **2** *m.* alforfón, trigo sarraceno

**sarrau** *m.* blusa *f.* blusón

**sasser** *tr.* **1** cerner, tamizar **2** hacer pasar por la esclusa *(un bateau)*

**satanique** *adj.* satánico, a

**satellite** *adj. -m.* satélite

**satiété** *f.* saciedad

**satin** *m.* satén, raso

**satire** *f.* sátira

**satirique** *adj.* satírico, a

**satiriser** *tr.* satirizar

**satisfaction** *f.* satisfacción

**satisfaire** *tr.* satisfacer *tr. ind. ~ à* cumplir con, satisfacer *~ à ses devoirs* cumplir con su deber

**satisfait, -e** *adj.* satisfecho, a *~ de* contento de

**satrape** *m.* sátrapa

**saturer** *tr.* saturar

**satyre** *m.* sátiro

**sauce** *f.* salsa

**saucière** *f.* salsera

**saucisse** *f.* salchicha, longaniza

**saucisson** *m.* salchichón

**sauf, sauve** *adj.* salvo, a, ileso, a

**sauf** *prép.* salvo, excepto *~ à* a reserva de *~ le respect que je vous dois* con perdón de usted

**sauf-conduit** *m.* salvoconducto

**sauge** *f.* salvia

**saule** *m.* sauce

**saumâtre** *adj.* **1** salobre **2** *fig.* desagradable, molesto, a

**saumon** *m.* **1** salmón **2** *adj. invar.* color salmón, asalmonado, a

**saumure** *f.* salmuera

**saunier** *m.* salinero

**saupoudrer** *tr.* espolvorear

**saur** *adj. -m.* ahumado, a *hareng ~* arenque ahumado

**saut** *m.* **1** salto, brinco *~ périlleux* salto mortal **2** *fig.* salto, cambio brusco *faire le ~* pasar el Rubicón *faire un ~ chez quelqu'un* volar a casa de alguien

**sauté, -ée** *adj.* **1** *CUIS.* salteado, a **2** *m. CUIS.* salteado

**sauter** *intr.* **1** saltar **2** pasar, saltar *~ d'une idée à l'autre* saltar de una idea a otra **3** estallar *(exploser)* **4** *tr.* saltar, salvar, franquear *(franchir par un saut)* **5** saltarse, pasarse, omitir *(ne pas lire, dire, faire) et que ça saute !* loc. fam. ¡ y volando ! *le directeur risque de ~* loc. fam. el director arriesga su empleo *CUIS. faire ~* saltear *~ le pas* decidirse

**sauterelle** *f.* saltamontes *m.*

**sauterie** *f.* guateque *m.*

**sauteur, -euse** *s.* **1** saltador, ora, saltarín, ina **2** *fig.* veleta

**sauvage** *adj.* **1** salvaje **2** *BOT.* silvestre

**sauvageon, -onne** *s.* **1** salvaje *(enfant)* **2** *m.* arbolillo silvestre

**sauvagerie** *f.* **1** salvajismo *m.* **2** crueldad

**sauver** *tr.* **1** salvar, librar **2** *RELIG.* salvar **3** *pr.* escaparse, largarse **4** salirse *(liquide)*

**sauvetage** *m.* salvamento *bouée de ~* salvavidas *canot de ~* bote salvavidas *gilet de ~* chaleco salvavidas

**sauveteur** *m.* salvador

**sauveur** *m.* salvador

**savamment** *adv.* sabiamente

**savane** *f. GÉOG.* sabana

**savant, -e** adj. **1** sabio, a, docto, a, hábil **2** s. sabio, a

**savate** f. **1** chancla (soulier usagé) **2** chancleta (pantoufle) **3** fam. torpe m. **4** SPORT boxeo francés m.

**saveur** f. sabor m.

**savoir** tr. **1** saber **2** poder (au conditionnel) rien ne saurait m'en empêcher nada podría impedírmelo **3** pr. saberse à ~ a saber ~ gré agradecer ~ par cœur saber de memoria ~ de bonne source saber de buena tinta

**savoir** m. saber, sabiduría f.

**savon** m. jabón

**savonner** tr. enjabonar, jabonar ~ la tête de quelqu'un echar una bronca a alguien

**savonnette** f. pastilla de jabón

**savourer** tr. saborear

**savoureux, -euse** adj. sabroso, a

**saxophone** m. MUS. saxofón, saxófono

**saynète** f. THÉÂT. sainete m.

**sbire** m. esbirro

**scabreux, -euse** adj. escabroso, a

**scandale** m. escándalo

**scandaliser** tr. **1** escandalizar **2** pr. escandalizarse

**scaphandre** m. escafandra f.

**scaphandrier** m. buzo

**scapulaire** m. escapulario

**scarabée** m. escarabajo

**scarlatine** f. escarlatina

**sceau** m. sello (cachet officiel) sous le ~ du secret bajo secreto

**scélérat, -e** adj. -s. perverso, a, desalmado, a

**scellé** m. sello, precinto sellado

**sceller** tr. **1** sellar **2** empotrar (fixer) **3** fig. sellar, consolidar

**scénario** m. guión

**scène** f. **1** escena entrer en ~ salir a escena **2** escándalo m., altercado m. sortir de ~ hacer mutis

**scepticisme** m. escepticismo

**sceptre** m. cetro

**schéma** m. esquema

**schématique** adj. esquemático, a

**schisme** m. cisma

**sciage** m. **1** acción de aserrar f. **2** aserradura f.

**sciatique** adj. **1** ciático, a **2** f. ciática

**scie** f. **1** sierra **2** pez sierra m. (poisson) **3** lata, tabarra (chose ennuyeuse) **4** tostón m., latoso m. (personne ennuyeuse)

**sciemment** adv. a sabiendas

**science** f. ciencia

**scientifique** adj. -s. científico, a

**scier** tr. **1** aserrar **2** vieil. dar la lata (ennuyer)

**scierie** f. aserradero m.

**scinder** tr. **1** dividir, fraccionar **2** pr. dividirse, fraccionarse

**scintillant, -e** adj. centelleante

**scintiller** intr. destellar, centellear

**scission** f. escisión

**sciure** f. aserrín m., serrín m.

**sclérose** f. MÉD. esclerosis

**scolaire** adj. escolar

**scolastique** adj. **1** escolástico, a **2** f. escolástica (enseignement) **3** m. escolástico (celui qui enseignait la scolastique)

**scolopendre** f. **1** escolopendra, cientopiés m., ciempiés m. **2** lengua de ciervo (fougère)

**scorbut** m. escorbuto

**score** m. tanteo

**scories** f. pl. escorias

**scorpion** m. escorpión, alacrán

**scribe** m. escriba

**scrupule** m. escrúpulo

**scruter** tr. escrutar, escudriñar

**scrutin** m. **1** votación por medio de urna f. **2** escrutinio dépouiller le ~ hacer el recuento de votos

**sculpter** tr. esculpir

**sculpteur** m. escultor

**sculpture** f. escultura

**se** pron. pers. se il ~ lave se lava ~ laver lavarse

**séance** f. **1** sesión ouvrir, lever la ~ abrir, levantar la sesión **2** jornada (de travail) loc. adv. ~ tenante en el acto, acto seguido

**séant, -e** adj. conveniente, decoroso, a m. se dresser sur son ~ incorporarse

**seau** m. cubo loc. fam. il pleut à seaux llueve a cántaros

**sébile** f. platillo m.

**sec, sèche** adj. **1** seco, a **2** enjuto, a (maigre) **3** seco, a (qui manque de douceur) vin ~ vino seco **4** seco, paso, a (fruit) **5** m. seco, lo seco tenir au ~ guárdese en sitio seco **6** adv. secamente, ásperamente *raisins secs* pasas *f.* *à* ~ vacío, a, sin agua *(vide)*, en seco *nettoyage à* ~ limpieza en seco, pelado, a *(sans argent) fam.*

**sécateur** *m.* podadera *f.*

**sécession** *f.* secesión

**séchage** *m.* secamiento, secado

**sèche-cheveux** *m.* secador *(de pelo)*

**sécher** *tr.* **1** secar **2** *fam.* fumarse ~ *le cours* fumarse la clase **3** *intr.* secar **4** *fam.* estar pez *(un candidat, un élève)* **5** *pr.* secarse ~ *sur pied* consumirse de tristeza

**sécheresse** *f.* **1** sequedad **2** sequía *(du temps)*

**second, -e** *adj.* **1** segundo, a *billet de seconde classe* billete de segunda clase **2** *m.* segundo *(dans une hiérarchie)* **3** segundo piso *(étage)* **4** colaborador, segundo

**secondaire** *adj.* secundario, a

**seconde** *f.* **1** segundo *m. (temps et angle)* **2** *fig.* segundo m., instante *m.*

**seconder** *tr.* secundar

**secouer** *tr.* **1** sacudir **2** zarandear *(agiter rapidement)* **3** menear *(remuer)* **4** trastornar *(ébranler)* **5** *pr. fam.* reaccionar *loc. fig.* ~ *le joug* sacudir el yugo

**secourir** *tr.* socorrer

**secours** *m.* socorro *interj.* *au* ~! ¡ socorro !

**secousse** *f.* **1** sacudida **2** *fig.* sacudida, conmoción

**secret, -ète** *adj.* **1** secreto, a **2** *m.* secreto *un* ~ *de Polichinelle* un secreto a voces *au* ~ en un lugar escondido *mettre au* ~ incomunicar *en* ~ *loc. adv.* en secreto

**secrétaire** *s.* **1** secretario, a **2** *m.* escritorio *(meuble)*

**secrétariat** *m.* **1** secretaría *f.* **2** secretariado *(emploi)*

**sécrétion** *f.* secreción

**sectarisme** *m.* sectarismo

**secte** *f.* secta

**secteur** *m.* sector *ÉLECTR. raccorder au* ~ conectar con la red

**section** *f.* sección

**séculaire** *adj.* secular

**séculier, -ière** *adj.* secular, laico, a

**sécurité** *f.* seguridad ~ *sociale* Seguridad Social

**sédatif** *m.* sedante

**sédentaire** *adj.* sedentario, a

**sédiment** *m.* sedimento

**sédition** *f.* sedición

**séduction** *f.* seducción

**séduire** *tr.* **1** seducir **2** sobornar *(suborner)*

**séduisant, -e** *adj.* seductor, ora, atractivo, a

**segment** *m.* segmento

**seiche** *f.* sepia, jibia

**seigle** *m.* centeno

**seigneur** *m.* señor

**seigneurie** *f.* **1** señorío m. *(pouvoir, terre)* **2** señoría *Sa* ~ su señoría

**sein** *m.* **1** *ANAT.* seno **2** pecho *(poitrine)* **3** seno, centro *au* ~ *de* dentro de, en el seno de *cancer du* ~, cancer de mama

**seing** *m.* *DR.* firma *blanc-seing* firma en blanco ~ *privé* firma no legalizada

**séisme** *m.* seísmo, sismo, terremoto

**seize** *adj. num.* diez y seis, dieciséis

**seizième** *adj. -s.* **1** decimosexto, a **2** *m.* dieciseisavo, a

**séjour** *m.* **1** permanencia *f.*, estancia *f. (dans un lieu)* **2** mansión *f.*, morada *f. (demeure) salle de* ~ cuarto de estar *carte de* ~ tarjeta de residencia

**séjourner** *intr.* vivir, permanecer, residir

**sel** *m.* sal *f.* ~ *attique* sal ática

**sélectif, -ive** *adj.* selectivo, a

**sélectionner** *tr.* seleccionar

**self-service** *m.* autoservicio

**selle** *f.* **1** silla, silla de montar **2** sillín *m. (de bicyclette, moto)* **3** cuarto m., trasero *(viande)* **4** *pl.* heces *aller à la* ~ ir al retrete, hacer sus necesidades

**seller** *tr.* ensillar

**sellette** *f.* **1** banquillo *m. (des accusés)* **2** asiento m., suspendido *(maçons) mettre sur la* ~ agobiar a preguntas

**selon** *prép.* según ~ *moi* a mi modo de ver *c'est* ~ *fam.* según, depende

**semailles** *f. pl.* siembra *sing.*

**semaine** *f.* **1** semana **2** salario semanal *m.*

**semblable** *adj.* **1** parecido, a **2** *s.* semejante *toi et tes semblables* tú y tus semejantes

**semblant** *m.* apariencia *f. un* ~ *de...* algo de... *faire* ~ *de* fingir, simular

**sembler** *intr.* parecer *il semble que... impers.* parece que... *ce me semble, me* *semble-t-il* a mi parecer *quand bon vous semblera* cuando le apetezca

**semelle** *f.* 1 suela *(de la chaussure)* 2 plantilla *(à l'intérieur d'une chaussure)* 3 soleta *(d'un bas)*

**semer** *tr.* 1 sembrar 2 *fam.* dejar muy atrás a *(à la course)*

**semestre** *m.* semestre

**semeur, -euse** *s.* sembrador, ora

**sémillant, -e** *adj.* bullicioso, a, vivaracho, a

**séminariste** *m.* seminarista

**semis** *m.* 1 siembra *f.* 2 sembrado *(terrain)*

**sémite** *s.* semita

**semonce** *f.* sermón *m.*, reprensión

**semoule** *f.* sémola

**sempiternel, -elle** *adj.* sempiterno, a

**sénat** *m.* senado

**sénateur** *m.* senador

**séné** *m.* sena *f.* sen

**sénilité** *f.* senilidad, decrepitud, vejez

**sens** *m.* 1 sentido *les cinq ~* los cinco sentidos *~ commun* sentido común 2 sentido, significado, significación *f.* *(d'un mot, etc.)* 3 sentido, dirección *f.* *bon ~* sensatez *f.*, buen sentido *à double ~* de doble dirección *(rue) ~ interdit* dirección *f.* prohibida *~ dessus dessous* en desorden, patas arriba, de arriba abajo, trastornado, a *(moralement)*

**sensation** *f.* sensación

**sensationnel, -elle** *adj.* sensacional

**sensé, -ée** *adj.* sensato, a

**sensibilité** *f.* sensibilidad

**sensible** *adj.* 1 sensible 2 apreciable, notable, sensible

**sensiblerie** *f.* sensiblería

**sensitif, -ive** *adj* 1 sensitivo, a 2 *s.* persona excesivamente susceptible *f.*

**sensualité** *f.* sensualidad

**sente** *f.* senda, sendero *m.*

**sentence** *f.* sentencia

**senteur** *f.* olor *m.*, perfume *m.*

**sentier** *m.* sendero, senda *f.*

**sentiment** *m.* 1 sentimiento 2 sentir, opinión *f.* *j'ai le ~ que* me parece que

**sentimental, -ale** *adj.* sentimental

**sentinelle** *f.* centinela *m.*

**sentir** *tr.* 1 sentir *(percevoir)* 2 presentir, sentir *(pressentir, deviner)* 3 apreciar *~ la beauté de* apreciar la belleza de 4 oler *(par l'odorat)* 5 oler a *(exhaler une odeur) ce savon sent le jasmin* este jabón huele a jazmín 6 saber a *(avoir le goût de)* 7 *pr.* sentirse *se ~ mal* sentirse mal, indispuesto, a *faire ~* hacer notar

**seoir** *intr.* 1 sentar, ir bien *(convenir, aller)* 2 *impers.* convenir

**séparable** *adj.* separable

**séparation** *f.* separación

**séparer** *tr.* 1 separar 2 separar, diferenciar, distinguir 3 *pr.* separarse

**sépia** *f.* 1 sepia *m. (couleur)* 2 dibujo hecho con sepia *m. (dessin)*

**sept** *adj. num. -s.* siete

**septennat** *m.* septenio

**septembre** *m.* septiembre

**septentrional, -ale** *adj.* septentrional

**septième** *adj.* 1 séptimo, a 2 *s.* séptimo, la séptima parte

**septuagénaire** *adj.* septuagenario, a

**septuagésime** *f.* septuagésima

**sépulcre** *f.* sepulcro

**sépulture** *f.* sepultura

**séquelle** *f. MÉD.* secuela

**séquence** *f.* 1 escalera *(jeux)* 2 secuencia, escena *(cinéma)*

**séquestre** *m.* secuestro, embargo *(saisie) ~ judiciaire* depósito judicial

**séquestrer** *tr.* 1 secuestrar, embargar 2 secuestrar, recluir *(isoler quelqu'un)*

**sérail** *m.* serrallo

**séraphin** *m.* serafín

**serein, -e** *adj.* 1 sereno, a *(ciel, temps)* 2 sereno, a, tranquilo, a, apacible 3 *m.* sereno *(humidité nocturne)*

**sérénade** *f.* serenata

**sérénité** *f.* serenidad

**serf** *m.* siervo

**serge** *f.* sarga *(tissu)*

**sergent** *m.* sargento

**sériculture** *f.* sericultura

**série** *f.* serie *en ~* en serie

**sérieusement** *adv.* seriamente, en serio

**sérieux, -euse** *adj.* 1 serio, a 2 serio, a, formal *(sage)* 3 importante 4 grave *une rechute sérieuse* una recaída grave 5 *m.* seriedad *f.*

**serin** *m.* 1 canario 2 *fam.* bobo, tonto, primo

**seringa** *m.* jeringuilla *f.*

**seringue** *f.* jeringuilla

**serment** *m.* **1** juramento **2** *fig.* promesa *f.*

**sermon** *m.* sermón

**sérosité** *f.* serosidad

**serpe** *f.* podadera

**serpent** *m.* serpiente *f.*

**serpenter** *intr.* serpentear

**serpentin** *m.* **1** serpentín *(d'alambic)* **2** serpentina *f. (rouleau de papier)*

**serpentine** *f.* MIL., MINÉR. serpentina

**serpette** *f.* podadera

**serpillière** *f.* **1** bayeta *(nettoyage)* **2** arpillera *(grosse toile)*

**serrage** *m.* presión *f.,* apretadura *f.*

**serre** *f.* **1** estufa, invernáculo *m.,* invernadero *m. (pour les plantes),* effet de ~, efecto invernadero **2** *pl.* garras *(d'oiseau)*

**serré, -ée** *adj.* **1** ceñido, a, ajustado, a *(vêtement)* **2** apretado, a, compacto, a, denso, a *(compact)*

**serrement** *m.* estrechamiento, apretón ~ *de cœur* angustia *f.,* congoja *f.*

**serrer** *tr.* **1** apretar, estrechar, cerrar ~ *les dents* apretar los dientes **2** dar *(la main),* estrechar *(embrasser)* **3** oprimir *cela me serre le cœur* esto me oprime el corazón **4** cerrar, estrechar **5** estar estrecho, a, apretar *(vêtement) ces chaussures me serrent* me aprietan estos zapatos **6** ceñirse, pegarse *serrez à droite* cíñase a la derecha **7** *pr.* estrecharse, apretarse ~ *quelqu'un de près loc. fig.* acosar a uno ~ *la vis à quelqu'un* apretar las clavijas a alguien ~ *les rangs* apretar las filas

**serrure** *f.* cerradura

**serrurerie** *f.* cerrajería

**serrurier** *m.* cerrajero

**sertir** *tr.* engastar

**sertissure** *f.* engaste *m. (d'une pierre)*

**sérum** *m.* suero

**servage** *m.* servidumbre *f.,* sujeción *f.*

**servant** *m.* **1** MIL. sirviente *(d'une arme)* **2** persona que ayuda al sacerdote durante la misa *f. chevalier* ~ galán

**servante** *f.* **1** sirvienta **2** sierva ~ *de Dieu* sierva de Dios

**serveur, -euse** *s.* **1** camarero, a *(restaurant)* **2** *m.* saque, sacador *(jeu)* **3** *m.* distribuidor de información, de consulta *(informática)*

**serviable** *adj.* servicial

**service** *m.* **1** servicio *(public, domestique)* **2** RELIG. oficio, ceremonia *f.* **3** turno, servicio *médecin de* ~ médico de turno **4** propina *f. (au restaurant, au café, etc.)* **5** favor, servicio **6** SPORT saque **7** juego, servicio ~ *à café, à thé* juego de café, de té **8** servicio, vajilla *f. (vaisselle)* **9** mantelería *f. (linge de table)* ~ *militaire* servicio militar ~ *funèbre* funeral *rendre* ~ *à quelqu'un* prestar un servicio a alguien, hacer un favor *ça peut toujours rendre* ~ *fam.* esto puede servir *je suis à votre* ~ estoy a su disposición *qu'y a-t-il pour votre* ~? *fam.* ¿ en qué puedo servirle? *être hors* ~ estar fuera de uso

**serviette** *f.* **1** servilleta *(de table)* **2** toalla *(de toilette)* **3** cartera *(pour documents)* ~ *hygiénique* compresa, paño higiénico *m.*

**servile** *adj.* servil

**servir** *tr.* **1** servir ~ *le dessert* servir el postre **2** atender *(un client)* **3** ayudar ~ *la messe* ayudar a misa **4** servir, hacer de *(tenir lieu de)* **5** *pr.* servirse *(prendre ce dont on a besoin)* ~ *à tr.-ind.* servir para *à quoi ça sert?* ¿ para qué sirve eso? *pourquoi se lamenter?, cela ne sert à rien* ¿ a qué lamentarse ?, no sirve de nada *se* ~ *de* utilizar, usar, servirse *(utiliser) se* ~ *de quelqu'un* aprovecharse de alguien

**serviteur** *m.* servidor

**servitude** *f.* **1** servidumbre, esclavitud **2** *DR.* servidumbre

**ses** *adj. poss.* sus

**sésame** *m.* sésamo, ajonjolí *(plante)*

**session** *f.* **1** período de sesiones *m.* **2** exámenes *m. pl.* **3** sesión *(d'un concile)*

**seuil** *m.* **1** umbral **2** puertas *f. pl.,* umbrales *pl. au* ~ *de la mort* a las puertas, en los umbrales de la muerte

**seul, seule** *adj.* **1** solo, a **2** único, a *le* ~ *danger* el único peligro **3** sólo *(valeur adverbiale)* ~ *à* ~, *tout* ~ a solas *cela va tout* ~ eso marcha solo *le* ~, *la seule s.* el único, la única *un* ~, *une seule* uno, una

**seulement** *adv.* **1** solamente, sólo, únicamente **2** al menos *si* ~ ... *si* al menos... **3** sólo, justo *il vient* ~ *d'arriver* acaba justo de llegar **4** pero, sólo que *(mais) non* ~ no sólo *pas* ~ ni siquiera, ni tan sólo

**seulet, -ette** *adj.* solito, a

**sève** *f.* savia

**sévère** *adj.* severo, a

**sévérité** *f.* severidad

**sévir** *intr.* **1** castigar con rigor **2** *fig.* reinar, hacer estragos *(épidémie, etc.)*

**sevrer** *tr.* **1** destetar **2** privar de

**sexagénaire** *adj. -s.* sexagenario, a

**sexe** *m.* sexo

**sextant** *m.* sextante

**sextuple** *adj.* séxtuplo, a

**sexuel, -elle** *adj.* sexual

**shako** *m.* chacó

**si** *conj.* **1** si ~ *tu viens nous sortirons ensemble* si vienes saldremos juntos **2** *adv.* si *(affirmation après une négation) mais* ~ claro que sí **3** tan *(tellement) c'est une fille* ~ *charmante !* ¡es una chica tan encantadora! **4** *m. invar.* MUS. si ~ *ce n'est* sino ~ *ce n'est que...* salvo que, excepto que ~ *bien que* de manera que, así que

**siamois, -e** *adj. -s.* siamés, esa *frères* ~ hermanos siameses

**sibyllin, -ine** *adj.* sibilino, a

**sicaire** *m.* sicario

**sidéral, -ale** *adj.* sideral

**sidérer** *tr. fam.* asombrar, dejar estupefacto, a

**sidérurgie** *f.* siderurgia

**siècle** *m.* siglo

**siège** *m.* **1** sede *f.*, oficina central *f.* *(d'une administration)* **2** domicilio *(d'une société)* **3** asiento *(pour s'asseoir)* **4** escaño, puesto *(dans une assemblée)* **5** centro, foco *(d'une maladie, d'un phénomène)* **6** MIL. sitio, cerco *état de* ~ estado de sitio

**siéger** *intr.* **1** residir, tener su sede, radicar **2** ocupar una sede **3** celebrar sesión, reunirse

**sien, sienne** *adj. -pron. poss.* **1** suyo, a **2** *s.* lo suyo *les siens pl.* los suyos *(ses parents)*

**sieste** *f.* siesta *faire la* ~ dormir la siesta

**sieur** *m.* **1** DR. señor **2** tal *le* ~ *X* un tal X

**sifflement** *m.* silbido, silbo

**siffler** *intr. -tr.* **1** silbar **2** pitar *(avec un sifflet)* **3** silbar, pitar, abuchear

**sifflet** *m.* silbato, pito

**sigle** *m.* sigla *f.*

**signal** *m.* señal *f.*

**signalement** *m.* filiación *f.*, señas *f. pl.*, descripción *f.*

**signaler** *tr.* **1** señalar **2** indicar, hacer notar **3** *pr.* distinguirse, señalarse *rien à* ~ sin novedad

**signataire** *s.* signatario, a, firmante

**signature** *f.* firma

**signe** *m.* **1** signo ~ *de ponctuation* signo de puntuación **2** señal *f.*, seña *f.* *c'est bon* ~ es buena señal **3** signo *(symbole, zodiaque)*

**signer** *tr.* **1** firmar **2** *pr.* santiguarse

**signet** *m.* registro

**significatif, -ive** *adj.* significativo, a

**signifier** *tr.* **1** significar **2** DR. notificar

**silence** *m.* silencio

**silencieux, -euse** *adj.* **1** silencioso, a **2** *m.* silenciador *(automobile, armes à feu)*

**silex** *m.* sílex, pedernal

**silhouette** *f.* silueta

**silice** *f.* sílice

**sillage** *m.* MAR. estela *f.*

**sillon** *m.* **1** surco **2** *pl. poét.* arrugas *f.* *(ride)*

**sillonner** *tr.* surcar

**silo** *m.* silo

**simiesque** *adj.* simiesco, a

**similaire** *adj.* similar

**similitude** *f.* similitud

**simple** *adj.* **1** simple *(pur)* **2** sencillo, a, llano, a *(sans façon)* **3** simple, crédulo, a *(crédule)* **4** simple *(seul)* **5** sencillo, a, fácil **6** sencillo, a *(qui a peu d'ornements)* **7** *f.* simple *m. (plante)* **8** *m.* simple *(tennis)* ~ *d'esprit* inocente

**simplement** *adv.* sencillamente

**simplet, -ette** *adj.* simplón, ona

**simplicité** *f.* **1** simplicidad, sencillez **2** simpleza *(naïveté)*

**simplifier** *tr.* simplificar

**simulation** *f.* simulación

**simuler** *tr.* simular

**simultané, -ée** *adj.* simultáneo, a

**sincère** *adj.* sincero, a

**sincérité** *f.* sinceridad

**singe** *m.* **1** mono, mona *f. fig.* imitador, mono *(imitateur)* **3** *pop.* patrón, patrono

**singerie** *f.* mueca, gesto *m.*

**singulariser** *tr.* **1** singularizar **2** *pr.* distinguirse, singularizarse

**singulier, -ière** *adj. -m.* singular

**sinistre** *adj.* **1** siniestro, a **2** siniestro, a, triste, aburrido, a *(ennuyeux)* **3** *m.* siniestro

**sinistré, -ée** *adj.* *-s.* siniestrado, a, damnificado, a

**sinistrose** *f.* siniestrismo *m.*

**sinon** *conj.* **1** si no *(autrement)* *dépêche-toi, ~ tu vas rater ton train* date prisa, si no vas a perder el tren **2** sino *(excepté)*

**sinuosité** *f.* sinuosidad

**sionisme** *m.* sionismo

**siphon** *m.* sifón

**siphonné, -ée** *adj.* *fam.* chiflado, a, guillado, a

**sire** *m.* **1** señor *(titre)* **2** majestad *f.* *(roi)*

**sirène** *f.* **1** MYTH. sirena **2** sirena *(d'alarme, etc.)*

**sirop** *m.* **1** jarabe *(médicament)* **2** almíbar

**siroter** *tr.* *fam.* beber a sorbos y paladeando

**sis, sise** *adj.* sito, a, situado, a

**sismique** *adj.* sísmico, a

**site** *m.* sitio, paraje

**sit-in** *m.* sentada *f.*

**sitôt** *adv.* tan pronto como *~ dit, ~ fait* dicho y hecho *pas de ~* no tan pronto *~ que loc. conj.* tan pronto como, luego que, al instante que

**situation** *f.* situación

**situer** *tr.* situar

**six** *adj.* *num.* *-n.* **1** seis **2** sexto, a *seul ou en fin de phrase se prononce sis*

**sixième** *adj.* *num.* *-s.* **1** sexto, a **2** *m.* sexto piso *(étage)* **3** *f.* primer curso de bachillerato francés *m.*

**ski** *m.* esquí

**skieur, -euse** *s.* esquiador, ora

**skin head** *s.* cabeza *f.* rapada

**slalom** *m.* slalom, eslalón

**slave** *adj.* *-s.* eslavo, a

**slogan** *m.* lema *(publicité)*

**smasher** *intr.* dar un mate

**smoking** *m.* smoking, esmoquin

**snobisme** *m.* esnobismo

**sobre** *adj.* sobrio, a

**sobriété** *f.* sobriedad

**sobriquet** *m.* apodo, mote

**soc** *m.* reja *f.* *(de la charrue)*

**sociable** *adj.* sociable

**social, -ale** *adj.* social

**socialiser** *tr.* socializar

**socialisme** *m.* socialismo

**socialo** *s.* sociata *(membre du parti socialiste)*

**sociétaire** *adj.* *-s.* socio, a

**société** *f.* sociedad

**sociologie** *f.* sociología

**socle** *m.* zócalo, pedestal

**socque** *m.* chanclo, zoclo

**soda** *m.* soda *f.*

**sodium** *m.* sodio

**sœur** *f.* hermana

**sofa** *m.* sofá

**soi** *pron.* *pers.* sí, sí mismo, a *avec ~* consigo *soi-même* sí mismo, uno mismo *chez ~* en su propia casa, en su país *en ~* de sí, suyo *à part ~* para sí, en su fuero interno *cela va de ~* ni que decir tiene, esto cae de su propio peso *revenir à ~* volver en sí

**soi-disant** *adj.* *invar.* **1** supuesto, a **2** *loc.* *adv.* según dicen, aparentemente *(semble-t-il)*

**soie** *f.* **1** seda **2** seda, cerda *(poil)*

**soif** *f.* sed

**soigner** *tr.* **1** cuidar *~ un travail* cuidar un trabajo **2** atender a, asistir a *~ un malade* asistir, cuidar a un enfermo **3** tratar, curar *~ une maladie aux antibiotiques* tratar una enfermedad con antibióticos **4** pulir *(parfaire)* **5** *pr.* cuidarse *il faut te faire ~! loc.* *fam.* ¡ estás chalado, a !

**soigneux, -euse** *adj.* **1** cuidadoso, a **2** esmerado, a

**soin** *m.* **1** cuidado **2** esmero *(grand soin)* **3** *pl.* cuidados *avoir ~ de* ocuparse de *prendre ~ de* ocuparse en, esforzarse en

**soir** *m.* **1** tarde *f.* **2** noche *f.* *(après le coucher du soleil)*

**soirée** *f.* **1** noche **2** velada, sarao *m.*

**soit 1** *conj.* sea, supongamos *(supposition)* **2** o sea, es decir *(c'est-à-dire)* **3** *adv.* sea, de acuerdo, bueno *soit... soit* ya... ya... ; o... o... ; sea... sea *v. être*

**soixantaine** *f.* unos sesenta *m.* *pl.* *la ~* los sesenta *m.* *pl.* *(âge)*

**soixante** *adj.* *num.* *-s.* *invar* sesenta

**soixantième** *adj.* *-s.* **1** sexagésimo, a **2** *m.* sesentavo

**soja** *m.* soja *f.*

**sol** *m.* **1** suelo **2** terreno **3** MUS. sol *(musique)*

**solaire** *adj.* solar

**solarium** *m.* solario

**soldat** *m.* soldado *simple* ~ soldado raso

**solde** *f.* **1** sueldo *m.* **2** *m.* saldo *(d'un compte)* **3** *m. pl.* rebajas *f.*, liquidación *f. sing.*

**solder** *tr. COMM.* saldar, liquidar *pr. se* ~ *par un échec fig.* terminarse con un fracaso

**sole** *f.* lenguado *m. (poisson)*

**solécisme** *m.* solecismo

**soleil** *m.* **1** sol ~ *levant, couchant* sol naciente, poniente **2** girasol *(fleur)* **3** girándula *f.*, rueda *f. (feu d'artifice) fam. piquer un* ~ ruborizarse, ponerse colorado, a

**solennel, -elle** *adj.* solemne

**solennité** *f.* solemnidad

**solfège** *m.* solfeo

**solidaire** *adj.* solidario, a

**solidarité** *f.* solidaridad

**solide** *adj.* **1** sólido, a **2** *fam.* gran, buen *un* ~ *appétit* un buen apetito **3** resistente *(matériel)* **4** *m.* sólido

**solidifier** *tr.* solidificar

**solidité** *f.* solidez

**soliste** *s.* solista

**solitaire** *adj. -s.* solitario, a

**solitude** *f.* soledad

**solive** *f.* viga *(poutre)*

**solliciter** *tr.* solicitar, pedir

**sollicitude** *f.* solicitud

**solo** *m. MUS.* solo

**solstice** *m.* solsticio

**soluble** *adj.* soluble

**solution** *f.* solución *solutions de continuité* soluciones de continuidad

**solvabilité** *f.* solvencia

**solvable** *adj.* solvente

**solvant** *m.* disolvente

**sombre** *adj.* **1** sombrío, a, oscuro, a *(couleur) il fait* ~ está oscuro **2** melancólico, a, taciturno, a

**sombrer** *intr. MAR.* zozobrar, hundirse, irse a pique

**sommaire** *adj.* **1** sumario, a, sucinto, a **2** *m.* sumario, resumen

**sommation** *f.* intimación, conminación

**somme** *f.* **1** suma *(addition)* **2** cantidad, suma *(d'argent)* **3** *m.* sueño *faire la* ~ sumar, hacer la suma *bête de* ~ bestia de carga *en* ~, ~ *toute loc. adv.* en resumen, en resumidas cuentas

**sommeil** *m.* sueño

**sommelier** *m.* bodeguero, botillero *(dans un restaurant)*

**sommer** *tr.* intimar, conminar, requerir

**sommet** *m.* **1** cumbre *f.*, cima *f.*, cúspide *f.* **2** *GÉOM.* vértice

**sommier** *m.* **1** somier *(de lit)* **2** fichero *(gros registre ou dossier)* **3** yugo *(d'une cloche)* **4** secreto *(d'un orgue)* **5** *ARCHIT.* sotabanco

**sommité** *f.* eminencia, notabilidad, lumbrera *(personnage)*

**somnambulisme** *m.* sonambulismo

**somnifère** *m.* somnífero, soporífero

**somnolence** *f.* somnolencia

**somptueux, -euse** *adj.* suntuoso, a

**son, sa, ses** *adj. poss.* su, sus *son frère* su hermano *sa valise* su maleta *ses livres* sus libros

**son** *m.* **1** sonido, son **2** salvado, afrecho *(des céréales) loc. fam. tache de* ~ peca

**sonate** *f. MUS.* sonata

**sondage** *m.* sondeo

**sonde** *f.* **1** *MAR., MÉD.* sonda **2** *TECHN.* sonda, barrena

**songe** *m.* sueño, *fig.* ensueño

**songer** *intr.* **1** soñar *(rêver)* **2** pensar *songez-y bien !* ¡ piénselo bien ! *n'y songez pas !* ¡ no lo sueñe !, ¡ ni lo piense ! ~ *que* considerar que

**songeur, -euse** *adj.* **1** pensativo, a **2** *s.* soñador, ora

**sonnaille** *f.* cencerro *m.*

**sonnant, -e** *adj.* en punto *à six heures sonnantes* a las seis en punto *espèces sonnantes et trébuchantes* moneda contante y sonante

**sonner** *tr.* **1** sonar *(rendre un son)* **2** tañer *(les cloches)* **3** dar *midi sonne dan las doce* **4** tocar el timbre, llamar *(à la porte)* **5** *tr.* tocar, tañer *(faire résonner)* **6** llamar *(par une sonnette)* **7** sonar, dar *la pendule a sonné six heures* el reloj ha dado las seis **8** dar un palizón, sacudir *(frapper) tr. ind.* ~ *de* tocar ~ *de la trompette* tocar la trompeta

**sonnerie** *f.* **1** timbre *m. (du téléphone, du réveil)* **2** campaneo *m.*, repique *m. (cloches)* **3** toque *m. (de clairon)*

**sonnet** *m.* soneto

**sonnette** *f.* **1** campanilla **2** timbre *m.*

**sonore** *adj.* sonoro, ora

**sonorité** *f.* sonoridad

**sophisme** *m.* sofisma

**sophistiquer** *tr.* adulterar, sofisticar

**sorbet** *m.* sorbete

**sorcier, -ière** *s.* brujo, a, hechicero, a

**sordide** *adj.* sórdido, a

**sort** *m.* 1 suerte 2 sortilegio, aojo 3 destino, fortuna *f.* *tirage au ~ sorteo tirer au ~* sortear *jeter un ~ à quelqu'un* hechizar, aojar a alguien

**sortant, -e** *adj.* saliente, que sale

**sorte** *f.* 1 clase, tipo *m.*, especie *(espèce) une ~ de...* una especie de... 2 modo *m.*, manera *de la ~* de este modo, así *en quelque ~* en cierto modo, por decirlo así *faire en ~ que* procurar que *de (telle) ~ que...* *loc. conj.* de tal modo que...

**sortie** *f.* salida

**sortilège** *m.* sortilegio, hechizo, maleficio

**sortir** *intr.* 1 salir *(partir)* 2 salirse 3 *fam.* acabar de 4 salir *(numéro de loterie)* 5 salir, proceder 6 *tr.* sacar *(extraire, accompagner quelqu'un)* 7 publicar *(un livre)* *pr. s'en ~* arreglárselas, conseguir salir del apuro

**sosie** *m.* sosia

**sot, sotte** *adj.* -s. tonto, a, necio, a, bobo, a

**sottise** *f.* tontería, necedad

**sou** *m.* 1 perra *f.* chica, cinco céntimos, chavo 2 *pl. fam.* cuartos, dineros

**soubresaut** *m.* sobresalto, estremecimiento

**soubrette** *f.* doncella, sirvienta

**souche** *f.* 1 cepa, tocón *m.* *(d'un arbre)* 2 tronco *m.*, origen *m.* *(d'une famille)* 3 matriz *(d'un document)*

**souchet** *m.* juncia *f.* *~ comestible* chufa *f.*

**souci** *m.* 1 preocupación *f.*, cuidado 2 deseo, ansia *f.* 3 maravilla *f.* *(plante)* *se faire du ~* preocuparse, inquietarse

**soucier (se)** *pr.* inquietarse, preocuparse por, cuidar de

**soucieux, -euse** *adj.* inquieto, a, preocupado, a

**soucoupe** *f.* platillo *m.* *~ volante* platillo volante

**soudain** *adv.* de repente, súbitamente

**soudain, -e** *adj.* repentino, a, súbito, a

**soude** *f.* sosa *~ caustique* sosa cáustica

**souder** *tr.* soldar

**soudoyer** *tr.* 1 asoldar, pagar 2 sobornar

**soudure** *f.* soldadura

**soufflage** *m.* sopladura *f.*

**souffle** *m.* 1 soplo *(de l'air)* 2 aliento *(respiration)* 3 inspiración *f.* 4 MÉD. soplo *(cardiaque)* *être à bout de ~* quedarse sin resuello

**soufflé, -ée** *adj.* 1 inflado, a, hinchado, a 2 *m.* CUIS. "soufflé"

**souffler** *intr.* 1 soplar *le vent souffle* el viento sopla 2 resoplar 3 *tr.* soplar, aventar *(le feu)* 4 apagar *~ une bougie* apagar una vela 5 coger, soplar *(jeu de dames)* 6 volar *(par une explosion)* 7 soplar *(le verre)* 8 susurrar, decir en voz baja 9 *fam.* dejar patitieso, a *(stupéfier)* 10 soplar, birlar *~ un emploi à* birlar un empleo a *ne pas ~ mot* no decir ni pío, no chistar

**soufflet** *m.* 1 fuelle *(pour souffler, entre deux wagons, etc.)* 2 bofetón, bofetada *f.* *(gifle)*

**souffleter** *tr.* abofetear

**souffleur** *m.* 1 soplador *(de verre)* 2 THÉÂT. apuntador

**souffrance** *f.* sufrimiento *m.*, padecimiento *m.* *en ~* en suspenso, detenido, a

**souffrant, -e** *adj.* indispuesto, a, enfermo, a

**souffrir** *intr.* 1 padecer, sufrir 2 *tr.* soportar, tolerar, aguantar 3 permitir 4 admitir *cela n.. souffre aucun retard* esto no admite retraso *~ de* pasar, sentir *nous avons souffert du froid* hemos pasado frío *souffrez que... (avec subj.)* permita que

**soufre** *m.* azufre

**souhait** *m.* 1 deseo, anhelo 2 *pl.* felicitaciones *f.* *à vos souhaits !* ¡ Jesús ! ¡ Salud ! *(à une personne qui éternue) à ~ loc. adv.* a pedir de boca

**souhaiter** *tr.* desear *~ le bonjour* dar los buenos días

**souiller** *tr.* 1 manchar, ensuciar *(salir)* 2 *fig.* mancillar

**souillon** *f.* fregona, criada sucia

**soûl, soûle** *adj.* 1 *fam.* borracho, a *(ivre)* 2 harto, a *tout mon ~ loc. adv.* hasta saciarme, tanto como quiera *tout son ~* hasta hartarse

**soulagement** *m.* alivio

**soulager** *tr.* 1 aliviar, aligerar, descargar 2 *fig.* aliviar *(peine, etc.)* 3 *pr. fam.* satisfacer una necesidad corporal

**soûler** tr. 1 fam. emborrachar, embriagar 2 saciar, llenar (de compliments) 3 fam. cansar, aburrir (fatiguer) 4 pr. emborracharse, embriagarse

**soulèvement** m. 1 levantamiento 2 levantamiento, sublevación f. (révolte)

**soulever** tr. 1 levantar (un poids, un rideau, de la poussière, etc.) 2 levantar, alzar, sublevar (exciter à la révolte) 3 provocar, ocasionar 4 plantear (une question, un problème) 5 pr. sublevarse, alzarse, rebelarse loc. fig. ~ le cœur revolver el estómago

**soulier** m. zapato

**souligner** tr. 1 subrayar 2 fig. recalcar, hacer hincapié en

**soumettre** tr. 1 someter 2 pr. someterse, conformarse

**soumission** f. 1 sumisión 2 COMM. licitación, oferta

**soupape** f. TECHN. válvula ~ de sûreté válvula de seguridad

**soupçon** m. 1 sospecha f. 2 fig. pizca f., un poquito un ~ de sel una pizca de sal

**soupe** f. 1 sopa 2 MIL. rancho m. il est ~ au lait es muy irascible ~ populaire comedor de beneficencia m.

**souper** m. cena f.

**souper** intr. cenar fam. j'en ai soupé estoy hasta la coronilla

**soupeser** tr. sopesar

**soupière** f. sopera

**soupir** m. suspiro pousser un ~ dar un suspiro

**soupirail** m. respiradero, lumbrera f. tragaluz

**soupirant** m. pretendiente

**soupirer** intr. suspirar ~ pour, après suspirar por

**souple** adj. 1 flexible 2 ágil 3 fig. flexible, acomodadizo, a, acomodaticio, a (accommodant)

**souplesse** f. 1 flexibilidad, elasticidad 2 agilidad, soltura

**source** f. 1 fuente, manantial m. 2 fig. fuente, origen m.

**sourcier** m. zahorí

**sourcil** m. ceja f.

**sourciller** intr. pestañear sans ~ sin pestañear, sin inmutarse

**sourd, sourde** adj. 1 sordo, a 2 fig. sordo, a, insensible 3 s. sordo, a ~ comme un pot sordo como una tapia

crier comme un ~ gritar como un loco, muy fuerte frapper comme un ~ golpear muy fuerte

**sourdine** f. MUS. sordina en ~ con sordina

**sourd-muet, sourde-muette** adj. -s. sordomudo, a

**sourdre** intr. brotar, surgir (usité seulement à l'inf. et aux 3ᵉ pers. du présent de l'indicatif : il sourd, ils sourdent)

**souriant, -e** adj. risueño, a, sonriente

**souricière** f. ratonera (piège)

**sourire** m. sonrisa f.

**sourire** intr. sonreír, sonreírse

**souris** f. 1 ratón m. 2 fam. muchacha (fille)

**sournois, -e** adj. -s. disimulado, a, solapado, a, socarrón, ona, hipócrita

**sous** prép. 1 debajo de, bajo ~ la table bajo la mesa 2 bajo ~ sa direction bajo su dirección 3 durante el reinado de 4 dentro de je vous répondrai ~ huitaine le responderé dentro de ocho días ~ peu dentro de poco 5 a ~ les ordres de a las órdenes de 6 so ~ peine de so pena de ~ prétexte so pretexto ~ les yeux de tout le monde ante los ojos de todos

**sous-alimentation** f. subalimentación, desnutrición

**sous-bois** m. monte bajo, maleza f.

**sous-chef** m. subjefe

**souscription** f. suscripción

**souscrire** tr. 1 suscribir 2 suscribirse ~ à une revue suscribirse a una revista tr. ind. ~ à consentir en, convenir en

**sous-cutané, -ée** adj. subcutáneo, a

**sous-développé** adj. subdesarrollado, a

**sous-développement** m. subdesarrollo

**sous-développer** tr. subdesarrollar

**sous-diacre** m. subdiácono

**sous-directeur, -trice** s. subdirector, ora

**sous-emploi** m. paro encubierto, subempleo

**sous-entendre** tr. sobrentender

**sous-locataire** s. subarrendatario, a

**sous-louer** tr. subarrendar, realquilar

**sous-main** m. invar. carpeta f. loc. adv. en ~ en secreto

**sous-marin, -ine** adj. 1 submarino, a 2 m. submarino

**sous-officier** *m.* suboficial

**sous-ordre** *m.* subalterno, subordinado

**sous-préfet** *m.* subprefecto

**sous-secrétaire** *m.* subsecretario

**sous-seing** ou **sous-seing privé** *m.* *DR.* contrato privado, escritura privada *f.*

**soussigné, -ée** *adj. -s.* infrascrito, a, abajo firmante *je* ~ el abajo firmante

**sous-sol** *m.* subsuelo

**sous-titre** *m.* subtítulo

**soustraction** *f.* sustracción

**soustraire** *tr.* **1** sustraer, robar **2** *MATH.* sustraer, restar **3** *pr.* sustraerse

**sous-traitance** *f.* subcontratación

**sous-traitant** *m.* subcontratista, contratista subsidiario

**sous-traiter** *tr.* subcontratar

**sous-vêtement** *m.* prenda interior *f.*

**soutane** *f.* sotana

**soute** *f.* **1** *MAR.* pañol *m.* **2** compartimiento de equipajes *m. (dans un avion)*

**soutenable** *adj.* defendible

**soutenance** *f.* defensa de una tesis

**soutènement** *m.* contención *f. mur de* ~ muro de contención

**souteneur** *m.* rufián, chulo

**soutenir** *tr.* **1** sostener **2** sostener, ayudar, animar *(aider)* **3** apoyar **4** defender *(une thèse)* **5** afirmar *je soutiens que...* afirmo que... **6** mantener, sustentar, sostener **7** *MIL.* aguantar, resistir

**soutenu, -ue** *adj.* **1** elevado, a, noble *(style)* **2** constante, persistente

**souterrain, -e** *adj.* **1** subterráneo, a **2** *m.* subterráneo

**soutien** *m.* sostén, apoyo

**soutien-gorge** *m.* sujetador, sostén

**soutirer** *tr.* **1** trasegar *(un liquide)* **2** *fig.* sonsacar, sacar con maña ~ *de l'argent à quelqu'un* sacar dinero a alguien

**souvenir** *m.* recuerdo

**souvenir (se)** *pr.* acordarse, recordar *impers. il me souvient* creo recordar

**souvent** *adv.* a menudo, frecuentemente, muchas veces

**souverain, -e** *adj. -s.* **1** soberano, a **2** *m.* soberano *(monnaie) le* ~ *pontife* el sumo pontífice

**soviétique** *adj. -s.* soviético, a

**soyeux, -euse** *adj.* sedoso, a

**spacieux, -euse** *adj.* espacioso, a

**spadassin** *m.* asesino a sueldo, espadachín

**sparadrap** *m.* esparadrapo

**spartiate** *adj. -s.* **1** espartano, a **2** *f. pl.* sandalias

**spatial, -ale** *adj.* espacial

**spatule** *f.* espátula

**spécial, -ale** *adj.* especial

**spécialiste** *s.* especialista

**spécialité** *f.* especialidad

**spécieux, -euse** *adj.* especioso, a

**spécifier** *tr.* especificar

**spécifique** *adj. -m.* específico, a

**spécimen** *m.* espécimen, muestra *f. des spécimens* unos especímenes

**spectacle** *m.* espectáculo

**spectaculaire** *adj.* espectacular

**spectateur, -trice** *s.* espectador, ora

**spectral, -ale** *adj.* **1** espectral **2** *PHYS.* espectral

**spéculateur, -trice** *s.* especulador, ora

**spéculation** *f.* especulación

**spéculer** *intr.* especular

**spéléologie** *f.* espeleología

**sperme** *m.* esperma *f.,* semen

**sphère** *f.* **1** *GÉOM., ASTRON.* esfera **2** esfera, campo *m. (milieu)*

**sphinx** *m.* esfinge *f.*

**spinal, -ale** *adj. ANAT.* espinal

**spirale** *f.* espiral

**spire** *f.* espira

**spiritisme** *m.* espiritismo

**spiritualité** *f.* espiritualidad

**spirituel, -elle** *adj.* **1** espiritual **2** discreto, a, agudo, a, ingenioso, a *(drôle)*

**spiritueux, -euse** *adj.* **1** espirituoso, a **2** *m.* bebida espirituosa *f.*

**spleen** *m.* esplín, tedio

**splendeur** *f.* esplendor *m.*

**splendide** *adj.* espléndido, a

**spolier** *tr.* expoliar

**spongieux, -euse** *adj.* esponjoso, a

**spontanée, -e** *adj.* espontaneo, a

**spontanéité** *f.* espontaneidad

**sporadique** *adj.* esporádico, a

**spore** *f. BOT.* espora

**sport** *m.* deporte *faire du* ~ practicar los deportes *de* ~ *adj.* de deporte, deportivo, a *voiture de* ~ coche deportivo

**sportif, -ive** adj. **1** deportivo, a **2** s. deportista

**sprinter, -euse** s. velocista

**squameux, -euse** adj. escamoso, a

**square** m. plaza f. con jardín público

**squatter** m. okupa

**squelette** m. **1** esqueleto **2** fig. armazón f.

**stabiliser** tr. estabilizar

**stabilité** f. estabilidad

**stable** adj. estable

**stade** m. **1** estadio **2** fase f., estadio *(phase)*

**stage** m. **1** pasantía f. *(avocat)* **2** período de estudios prácticos, prácticas f. pl. **3** cursillo

**stagiaire** adj. -s. que está de prueba, de prácticas, cursillista

**stagnant, -e** adj. estancado, a

**stagnation** f. estancamiento

**stagner** v. i. estancarse

**stalactite** f. estalactita

**stalagmite** f. estalagmita

**stalle** f. **1** silla de coro *(église)* **2** compartimiento para un caballo m. *(dans une écurie)*

**stance** f. estancia *(strophe)*

**stand** m. **1** barraca de tiro al blanco *(de tir)* **2** stand, caseta f. *(dans une exposition)* **3** puesto de avituallamiento *(d'un coureur sur piste)*

**standard** adj. invar. **1** estándar, standard **2** m. modelo, tipo, estándar **3** centralita f. *(téléphonique)* ~ *de vie* estándar de vida

**standardiste** m. f. telefonista

**station** f. **1** pausa, parada *(arrêt)* **2** posición, postura *rester en ~ verticale* quedar en posición vertical **3** RELIG. estación **4** estación *(de métro)* **5** parada *(d'autobus, taxis)* **6** estación *(météorologique, émettrice)* ~ *thermale* balneario m.

**stationnaire** adj. estacionario, a

**stationnement** m. estacionamiento

**stationner** intr. estacionarse, aparcar *(un véhicule)* estacionarse *(une personne)*

**statique** estático, a

**statistique** adj. **1** estadístico, a **2** f. estadística

**statue** f. estatua

**statuer** intr. estatuir, resolver, decidir

**stature** f. estatura

**statut** m. estatuto

**stéarine** f. estearina

**stèle** f. estela

**stellaire** adj. estelar, sidéreo, a

**sténodactylographe** f. taquimecanógrafa

**sténographier** tr. estenografiar, taquigrafiar

**stentor** m. esténtor *voix de* ~ voz estentórea

**steppe** f. estepa

**stère** m. estéreo

**stéréophonie** f. estereofonía

**stéréotypie** f. estereotipia

**stérile** adj. estéril

**stériliser** tr. esterilizar

**stérilité** f. esterilidad

**sterling** adj. invar. *livre* ~ libra esterlina

**sternum** m. esternón

**stéthoscope** m. estetoscopio

**stigmatiser** tr. estigmatizar

**stimuler** tr. estimular

**stipe** m. BOT. estipe, estípite

**stipulation** f. estipulación

**stipule** f. BOT. estípula

**stipuler** tr. estipular

**stock** m. **1** existencias f. pl., provisión f., reservas f. pl. **2** fam. depósito

**stocker** tr. almacenar

**stoïcisme** m. estoicismo

**stoïque** adj. -s. estoico, a

**stomacal, -ale** adj. estomacal

**stoppage** m. zurcido

**stopper** tr. **1** zurcir *(un vêtement)* **2** parar, detener **3** intr. pararse, detenerse *(s'arrêter)*

**store** m. **1** persiana f. ~ *vénitien* persiana veneciana **2** toldo *(de magasin)* **3** estor ~ *à enrouleur* estor enrollable

**strabisme** m. estrabismo

**strangulation** f. estrangulación

**strapontin** m. traspuntín, asiento plegable

**strate** f. GÉOL. estrato m.

**stratège** m. estratega

**stratégie** f. estrategia

**stratifier** tr. estratificar

**stratigraphie** f. estratigrafía

**stratosphère** *f.* estratosfera
**stratus** *m.* estrato *(nuage)*
**strict, stricte** *adj.* estricto, a
**strident, -e** *adj.* estridente
**strie** *f.* estría
**strier** *tr.* estriar
**strophe** *f.* estrofa
**structure** *f.* estructura
**strychnine** *f.* estricnina
**stuc** *m.* estuco
**studieux, -euse** *adj.* estudioso, a
**studio** *m.* estudio *(d'artiste, cinémato-graphique)*
**stupéfaction** *f.* estupefacción, asombro
**stupéfiant, -e** *adj.* **1** estupefactivo, a, estupefaciente **2** *m.* estupefaciente *(narcotique)*
**stupeur** *f.* estupor *m.*
**stupide** *adj.* estúpido, a
**stupidité** *f.* estupidez
**stupre** *m.* estupro
**style** *m.* **1** estilo **2** BOT. estilo
**stylet** *m.* estilete
**styliser** *tr.* estilizar
**stylo** *m.* estilográfica *f.* ~ **à bille** bolígrafo
**su (au su de)** *loc. prép.* con conocimiento de
**suaire** *m.* sudario
**suant, -e** *adj.* *fam.* aburrido, a *(ennuyeux)*
**suavité** *f.* suavidad
**subalterne** *adj.* -s. subalterno, a
**subconscient, -e** *adj.* -m. subconsciente
**subdiviser** *tr.* subdividir
**subir** *tr.* sufrir, experimentar ~ **un changement** experimentar un cambio
**subit, -ite** *adj.* súbito, a
**subjectif, -ive** *adj.* subjetivo, a
**subjonctif** *m.* GRAM. subjuntivo
**subjuguer** *tr.* subyugar, sojuzgar
**sublime** *adj.* sublime
**sublimer** *tr.* sublimar
**submerger** *tr.* sumergir
**submersible** *adj.* -m. sumergible
**subordonné, -ée** *adj.* -s. subordinado, a
**subordonner** *tr.* subordinar
**subornation** *f.* soborno *m.* subornación

**subreptice** *adj.* subrepticio, a
**subroger** *tr.* subrogar
**subséquent, -e** *adj.* subsecuente, subsiguiente
**subside** *m.* subsidio
**subsidiaire** *adj.* subsidiario, a
**subsistance** *f.* **1** subsistencia **2** *pl.* sustento *m. sing.*
**subsister** *intr.* subsistir
**substance** *f.* sustancia, substancia *en* ~ en sustancia, en resumen
**substantiel, -elle** *adj.* substancial
**substantif** *m.* GRAM. sustantivo, substantivo
**substituer** *tr.* substituir
**substitut** *m.* substituto
**subterfuge** *m.* subterfugio
**subtil, -ile** *adj.* sutil
**subtilité** *f.* sutileza
**suburbain, -e** *adj.* suburbano, a
**subvenir** *intr.* subvenir, atender, satisfacer
**subvention** *f.* subvención
**subversif, -ive** *adj.* subversivo, a
**suc** *m.* jugo ~ **gastrique** jugo gástrico
**succédané** *m.* sucedáneo
**succéder** *tr.* -ind. **1** suceder a, seguir, reemplazar **2** *pr.* sucederse ~ **à** suceder a **le fils a succédé à son père** el hijo ha sucedido a su padre
**succès** *m.* éxito *un* ~ **fou** un éxito clamoroso, un exitazo *avoir du* ~ tener éxito
**successeur** *m.* sucesor
**successif, -ive** *adj.* sucesivo, a
**succession** *f.* **1** sucesión **2** DR. sucesión, herencia
**succinct, -e** *adj.* sucinto, a, breve, conciso, a
**succion** *f.* succión
**succomber** *intr.* sucumbir
**succulent, -e** *adj.* suculento, a
**succursale** *f.* sucursal
**sucer** *tr.* **1** chupar *(avec les lèvres)* **2** chuparse *(un doigt)*
**sucette** *f.* **1** chupete *m. (tétine)* **2** piruli *(bonbon)*
**suçoter** *tr.* chupetear
**sucre** *m.* azúcar ~ **de canne** azúcar de caña ~ **roux** azúcar moreno ~ **raffiné** azúcar blanco, refinado *un morceau de* ~, *un* ~ un terrón de azúcar ~ **d'orge**

piruli, caramelo largo en forma de palito

**sucrer** *tr.* **1** azucarar, echar azúcar en **2** *pr. fam.* ponerse azúcar

**sucrier, -ière** *adj.* **1** azucarero, a *l'industrie sucrière* la industria azucarera **2** *m.* azucarero *(récipient)*

**sud** *m.* **1** sur *(point cardinal) Afrique du ~* África del Sur **2** *adj. invar.* sur, meridional

**sudation** *f.* sudación

**sud-est** *m.* sudeste

**sud-ouest** *m.* sudoeste

**suédois, -e** *adj. -s.* sueco, a

**suer** *intr.* **1** sudar *(transpirer)* **2** rezumar *(suinter)* **3** *tr.* sudar **4** *fig.* rezumar *~ l'ennui* rezumar aburrimiento *~ à grosses gouttes* sudar la gota gorda *faire ~ fam.* fastidiar, jorobar *~ sang et eau* sudar tinta china

**sueur** *f.* sudor *m.*

**suffire** *intr.* **1** bastar, ser suficiente **2** *pr.* bastarse *(à soi-même) ça suffit !, suffit ! interj. fam.* ¡basta! *il suffit de impers.* basta con

**suffisant, -e** *adj.* **1** suficiente **2** presuntuoso, a, engreído, a, presumido, a *(vaniteux)*

**suffixe** *m.* sufijo

**suffocant, -e** *adj.* sofocante

**suffoquer** *tr.* **1** sofocar **2** *fig.* sofocar *(stupéfier)* **3** *intr.* ahogarse *(étouffer)*

**suffrage** *m.* sufragio *~ universel* sufragio universal

**suffragette** *f.* sufragista

**suggérer** *tr.* sugerir *je vous suggère d'aller le voir* le sugiero que vaya a verle

**suggestion** *f.* sugestión

**suicide** *m.* suicidio

**suie** *f.* hollín *m.*

**suif** *m.* sebo

**suinter** *tr.* rezumar, rezumarse, resudar

**suisse** *adj. -s.* **1** suizo, a **2** *m.* pertiguero *(d'église)*

**suite** *f.* **1** séquito *m.*, cortejo *m.*, comitiva *(escorte)* **2** continuación *la ~ d'un roman* la continuación de una novela **3** consecuencia, resultado *m.* **4** serie, sucesión *(série)* **5** orden *m.*, ilación **6** *MUS.* suite **7** "suite", apartamento *m. (dans un hôtel) faire ~ à* ser continuación de *~ à votre lettre du...* en respuesta a su carta del... *donner ~ à* dar curso a, cursar *des mots sans ~*

palabras incoherentes *esprit de ~* perseverancia *de ~ loc. adv.* sin interrupción, seguido, a *et ainsi de ~ loc. adv.* y así sucesivamente *à la ~ de loc. prép* después de, a continuación de *par ~ de loc. prép* en consecuencia de, a causa de

**suivant, -e** *adj.* siguiente *s. au ~ !* ¡el siguiente!

**suivi, -ie** *adj.* **1** seguido, a **2** ordenado, a, coherente

**suivre** *tr.* **1** seguir **2** perseguir *(poursuivre)* **3** acompañar **4** imitar, seguir **5** seguir, escuchar **6** comprender **7** seguir *(un cours)* **8** *intr.* seguir **9** *pr.* seguirse **10** sucederse, seguirse *(jours, heures) faire ~* remítase a las nuevas señas *(sur l'enveloppe d'une lettre) à ~* continuará *(article de journal) il suit de là que impers.* de ello se desprende que, esto implica que

**sujet** *m.* **1** asunto, tema **2** motivo, causa *f. ~ de joie* motivo de alegría **3** *GRAM., PHILOS.* sujeto **4** sujeto, persona *f.,* tipo *mauvais ~* mala persona **5** *MÉD.* paciente, enfermo

**sujet, -ette** *adj.* **1** sujeto, a, sometido, a, expuesto, a **2** *s.* súbdito, a *(d'un souverain)*

**sujétion** *f.* sujeción

**sulfate** *m.* sulfato

**sulfure** *m.* sulfuro

**sultan** *m.* sultán

**superbe** *adj.* **1** soberbio, a, magnífico, a **2** *f.* soberbia, orgullo *m.*

**supercherie** *f.* superchería

**superette** *f.* superservicio *m.*

**superficie** *f.* superficie

**superficiel, -elle** *adj.* superficial

**superflu, -ue** *adj.* superfluo, a *m. le ~* lo superfluo

**supérieur, -e** *adj.* **1** superior **2** *s.* superior, ora

**supériorité** *f.* superioridad

**superlatif, -ive** *adj.* **1** superlativo, a **2** *m. GRAM.* superlativo

**supermarché** *m.* supermercado

**superposer** *tr.* superponer, sobreponer

**superstition** *f.* superstición

**supplanter** *tr.* suplantar

**suppléant, -e** *adj. -s.* suplente, substituto, a

**suppléer** *tr.* 1 suplir, reemplazar 2 suplir, substituir *tr. ind.* ~ *à* suplir, compensar

**supplément** *m.* suplemento

**supplémentaire** *adj.* suplementario, a **heures supplémentaires** horas extraordinarias

**suppliant, -e** *adj.* -s. suplicante

**supplice** *m.* suplicio **être au** ~ pasar las de Caín

**supplier** *tr.* suplicar, rogar

**supplique** *f.* súplica

**support** *m.* 1 soporte 2 *fig.* sostén, apoyo

**supporter** *tr.* 1 soportar 2 sostener, apoyar 3 *m.* forofo, hincha

**supposé, -ée** *adj.* supuesto, a *loc. conj.* ~ *que* suponiendo que, en el supuesto de que

**supposer** *tr.* suponer *supposons que...* supongamos que...

**supposition** *f.* suposición

**suppositoire** *m.* supositorio

**suppôt** *m.* 1 agente 2 secuaz ~ *de Satan* mala persona

**suppression** *f.* supresión

**supprimer** *tr.* suprimir

**suppurer** *intr.* supurar

**suprématie** *f.* supremacía

**suprême** *adj.* 1 supremo, a *l'autorité* ~ la autoridad suprema 2 gran, grande, superior *une* ~ *habileté* una gran habilidad 3 sumo, a *au* ~ *degré* en sumo grado

**sur** *prép.* 1 sobre ~ *la table* sobre la mesa *flotter* ~ *l'eau* flotar sobre el agua 2 en *écrire* ~ *un papier* escribir en un papel *baiser* ~ *le front* besar en la frente ~ *le trottoir* en la acera *s'asseoir* ~ *un banc* sentarse en un banco 3 sobre, encima de *(au-dessus de) le chat est* ~ *l'armoire* el gato está encima del armario 4 a, hacia *(direction)* ~ *votre gauche* a su izquierda *sortir* ~ *le balcon* salir al balcón 5 por *(dispersion, mouvement) se répandre* ~ *le sol* derramarse por el suelo 6 sobre *essai* ~... ensayo sobre... 7 hacia, sobre ~ *les cinq heures* sobre las cinco 8 de cada *un jour* ~ *deux* un día de cada dos 9 de, entre *deux ou trois cas* ~ *cent* dos o tres casos entre cien 10 por *deux mètres* ~ *quatre* dos metros por cuatro ~ *mon honneur* por mi honor 11 tras *recevoir visite* ~ *visite* recibir visita tras visita 12 bajo

~ *parole* bajo palabra ~ *soi* encima *je n'ai pas d'argent* ~ *moi* no llevo dinero encima ~ *ce*, ~ *ces entrefaites loc. adv.* en esto

**sur, sure** *adj.* ácido, a, acedo, a

**sûr, sûre** *adj.* seguro, a **le plus** ~ **est de...** lo mejor es... *à coup* ~ con toda seguridad, seguro **bien** ~! *loc. adv.* ¡claro!, ¡desde luego! *pour* ~ *fam.* seguro, de cierto, ciertamente

**suralimenter** *tr.* sobrealimentar

**suranné, -ée** *adj.* anticuado, a

**surbooking** *m.* sobrecontratación *f.*

**surcharger** *tr.* 1 sobrecargar 2 recargar, cargar excesivamente 3 agobiar, abrumar *(travail)*

**surchauffer** *tr.* calentar demasiado, recalentar

**surcroît** *m.* aumento, acrecentamiento *loc. adv. de* ~, *par* ~ además, por añadidura

**surdi-mutité** *f.* sordomudez

**surdité** *f.* sordera

**surdose** *f.* sobredosis *(overdose)*

**surdoué, -ée** *adj.* -s. superdotado, a

**sureau** *m.* saúco

**surélever** *tr.* sobrealzar, dar mayor altura a

**sûrement** *adv.* seguramente

**surenchérir** *intr.* sobrepujar

**suret, -ette** *adj.* agrete, agrillo, a

**sûreté** *f.* 1 seguridad *de* ~ de seguridad 2 *DR.* garantía, seguridad *en* ~ a salvo, en seguridad *la sûreté* la policía de seguridad

**surexciter** *tr.* sobreexcitar

**surface** *f.* 1 superficie 2 *GÉOM.* superficie, área

**surfiler** *tr.* sobrehilar, hilvanar

**surgir** *intr.* surgir

**surhumain, -e** *adj.* sobrehumano, a

**surintendant** *m.* superintendente

**sur-le-champ** *adv.* en el acto, en seguida

**surlendemain** *m.* le ~ dos días después *pl.*

**surmenage** *m.* agotamiento por exceso de trabajo, "surmenaje" *(gallic.)*

**surmener** *tr.* agotar de fatiga, extenuar

**surmonter** *tr.* 1 coronar, dominar *(être situé au-dessus de)* 2 superar, vencer *(une difficulté)*

**surnager** *intr.* **1** sobrenadar, flotar **2** *fig.* sobrevivir, subsistir

**surnaturel, -elle** *adj.* sobrenatural

**surnom** *m.* sobrenombre, apodo

**surnommer** *tr.* apellidar, apodar

**surnuméraire** *adj.* supernumerario, a

**surpasser** *tr.* **1** superar, aventajar **2** *pr.* superarse

**surplomber** *intr.* **1** estar desaplomado, a **2** *tr.* estar suspendido, a sobre **3** dominar

**surplus** *m.* exceso, excedente *au ~* por lo demás

**surpopulation** *f.* superpoblación

**surprenant, -e** *adj.* sorprendente

**surprendre** *tr.* **1** sorprender **2** obtener por sorpresa o engaño **3** *pr.* sorprenderse

**surprise** *f.* sorpresa

**surréalisme** *m.* surrealismo

**sursaut** *m.* **1** sobresalto, repullo **2** arranque *(d'énergie) se réveiller en ~* despertarse sobresaltado, a

**surseoir** *intr.* suspender, diferir, sobreseer

**sursis** *m.* plazo, prórroga *f.* MIL. *~ d'incorporation* prórroga *f.*

**surtaxe** *f.* **1** recargo *m.* **2** sobretasa *surtaxe postale* sobretasa postal

**surtaxer** *tr.* gravar, recargar, poner una sobretasa

**surtout** *adv.* **1** sobre todo **2** principalmente **3** *m.* centro de mesa *(vaisselle)* **4** sobretodo *(pardessus)*

**surveillant, -e** *s.* vigilante, celador, ora *~ d'études* jefe de estudios

**surveiller** *tr.* vigilar

**survenir** *intr.* sobrevenir

**survêtement** *m.* chandal, sudadera *f.*

**survie** *f.* supervivencia

**survivant, -e** *s.* superviviente

**survivre** *intr.* sobrevivir

**survoler** *tr.* volar por encima

**sus** *adv.* **1** sobre **2** *interj.* ¡sas!, ¡a ellos! *courir ~ à* echarse sobre uno, atacar a alguien *en ~ de...* *loc. prép.* además de...

**susceptible** *adj.* susceptible

**suscription** *f.* sobrescrito *m.*

**susdit, -e** *adj.* *-s.* susodicho, a

**suspect, -e** *adj.* *-s.* sospechoso, a

**suspendre** *tr.* **1** suspender, colgar *~ à un clou* colgar de un clavo **2** suspender, interrumpir **3** suspender *(un journal)*

**suspendu, -ue** *adj.* **1** suspendido, a, colgado, a **2** AUTO. suspendido, a *pont ~* puente colgante

**suspens (en)** *loc. adv.* en suspenso

**suspension** *f.* **1** suspensión **2** lámpara colgante *(lustre) points de ~* puntos suspensivos

**sustenter (se)** *pr.* sustentarse, alimentarse

**susurrer** *intr.* susurrar

**suture** *f.* ANAT., CHIR. sutura

**suzerain, -e** *s.* **1** soberano, a **2** *m.* señor feudal de quien otros eran vasallos

**sveltesse** *f.* esbeltez

**sybarite** *s.* sibarita

**sycomore** *m.* sicómoro

**syllabe** *f.* sílaba

**syllogisme** *m.* silogismo

**sylphide** *f.* silfide

**sylviculture** *f.* silvicultura

**symbiose** *f.* simbiosis

**symbole** *m.* simbolo

**symboliser** *tr.* simbolizar

**symétrie** *f.* simetría

**sympathie** *f.* simpatía

**sympathiser** *intr.* simpatizar, congeniar

**symphonie** *f.* sinfonía

**symptomatique** *adj.* sintomático, a

**synagogue** *f.* sinagoga

**synchrone** *adj.* sincrónico, a

**synchroniser** *tr.* sincronizar

**syncope** *f.* **1** síncope *m.* *avoir une ~* padecer un síncope **2** MUS. síncopa

**syndic** *m.* síndico

**syndical, -ale** *adj.* sindical

**syndicat** *m.* sindicato *~ d'initiative* oficina de turismo *f.* *~ de copropriétaires* comunidad de propietarios *f.*

**syndiquer** *tr.* sindicar *pr.*

**synonyme** *adj.* *-m.* sinónimo, a

**synopsis** *m.* **1** sinopsis **2** guión *(cinéma)*

**synoptique** *adj.* sinóptico, a

**syntaxe** *f.* sintaxis

**synthèse** *f.* síntesis

**synthétiser** *tr.* sintetizar

**syrien, -ienne** *adj.* *-s.* sirio, a

**systématiser** *tr.* sistematizar
**système** *m.* sistema *par* ∼ por sistema, de propósito *taper sur le* ∼

*fam.* excitar los nervios, poner nervioso, a
**systole** *f. ANAT.* sístole

# T

**t** *m.* t *f.*

**tabac** *m.* tabaco ~ *à priser* tabaco en polvo, rapé ~ *à chiquer* tabaco de mascar *c'est toujours le même* ~ *loc. fam.* siempre es lo mismo *passer quelqu'un à* ~ doblar a palos, zurrar la badana a alguien *bureau de* ~ estanco, expendeduría de tabaco *f.*

**tabagisme** *m. MÉD.* tabaquismo

**tabasser** *tr. pop.* zurrar

**tabatière** *f.* 1 tabaquera 2 tragaluz *m. (lucarne)*

**tabernacle** *m.* tabernáculo

**table** *f.* 1 mesa *(meuble) service de* ~ servicio de mesa 2 tabla ~ *à repasser* tabla de planchar 3 *MATH.* tabla ~ *de multiplication* tabla de multiplicar ~ *de nuit* mesita de noche ~ *roulante* carrito *m. se mettre à* ~ sentarse a la mesa *à* ~ *!* ¡ a comer !, ¡ a la mesa ! *se mettre à* ~ *loc. fam.* confesar, cantar de plano *jouer cartes sur* ~ *loc. fig.* poner las cartas sobre la mesa ~ *ronde* mesa redonda *la sainte* ~ el altar ~ *des matières* índice *m. mettre sur* ~ *d'écoute* intervenir el teléfono, pinchar el teléfono

**tableau** *m.* 1 cuadro *(peinture)* 2 escena *f.* 3 *fig.* cuadro, descripción *f.* 4 tablón, tablero ~ *d'affichage* tablón de anuncios 5 lista *f. (liste)* 6 cuadro, tabla *f. (historique, chronologique)* 7 *THÉÂT.* cuadro ~ *d'avancement* escalafón ~ *noir* pizarra *f.*, encerado ~ *de bord* tablero de mando ~ *vivant* cuadro viviente, vivo ~ *de chasse* piezas cobradas *f. pl.*

**tablée** *f.* conjunto de comensales *m.*

**tabler** *intr.* ~ *sur quelque chose* basar sus cálculos sobre, contar con algo

**tablier** *m.* 1 delantal, mandil 2 piso *(d'un pont)* 3 tablero *(d'échecs, de dames) rendre son* ~ despedirse

**tabou** *m.* 1 tabú 2 *adj.* tabú, prohibido, a

**tabouret** *m.* taburete

**tac** *m.* ruido seco, tac *répondre, riposter du* ~ *au* ~ replicar vivamente, devolver la pelota

**tache** *f.* 1 mancha 2 *fig.* tacha, defecto *m. faire* ~ desentonar, contrastar ~ *de rousseur* peca

**tâche** *f.* tarea, labor, faena *travailler à la* ~ trabajar a destajo *prendre à* ~ *de* poner empeño en

**tacher** *tr.* 1 manchar 2 *pr.* mancharse

**tâcher** *intr.* procurar, tratar de, esforzarse en

**tâcheron** *m.* destajista

**tacheter** *tr.* manchar, salpicar, motear

**tacite** *adj.* tácito, a

**taciturne** *adj.* taciturno, a

**tact** *m.* 1 tacto 2 *fig.* tacto, discreción *f. manque de* ~ falta de tacto

**tactile** *adj.* táctil

**tactique** *adj.* 1 táctico, a 2 *f.* táctica

**taffetas** *m.* tafetán

**tag** *m. angl.* pintada *f.*

**taie** *f.* 1 funda de almohada 2 *MÉD.* nube *(sur l'œil)*

**taillader** *tr.* 1 tajar, cortar 2 acuchillar

**taille** *f.* 1 talla, estatura *(stature) par rang de* ~ por orden de estatura 2 tamaño *m. (grandeur)* 3 dimensión, extensión *(étendue)* 4 talle *m.*, cintura ~ *fine, svelte* talle esbelto 5 tallado *m.*, talla, labra *(d'une pierre)* 6 poda, tala *(des arbres)* 7 filo *m.*, tajo *m. (tranchant de l'épée)* 8 *ancien.* pecho *m. (impôt) être de* ~ *à* ser capaz de *de* ~ *loc. fam.* importante ~ *de guêpe* cintura de avispa *sortir en* ~ salir a cuerpo *pierre de* ~ sillar *m.*

**taille-crayon** *m.* sacapuntas

**tailler** *tr.* 1 cortar *(en donnant une forme déterminée)* 2 podar, talar *(les arbres)* 3 tallar, labrar *(pierre)* 4 afilar, sacar punta a *(crayon)* 5 *pr. pop.* largarse, pirárselas *se* ~ *un beau succès* tener éxito

**tailleur** *m.* 1 sastre 2 traje de chaqueta *(costume de femme)* ~ *de pierres* cantero

**taillis** *m.* monte bajo, raña *f.*

**tain** *m.* azogue, amalgama para espejos *f.*

**taire** *tr.* 1 callar 2 *pr.* callarse *tais-toi !* ¡ cállate ! *taisez-vous !* ¡ cállese !, ¡ cállense ! *faire* ~ mandar callar, acallar

**talc** *m.* talco

**talent** *m.* talento

**talion** *m.* talión

**talisman** *m.* talismán

**taloche** *f.* pescozón *m.*

**talon** *m.* 1 talón *(du pied, d'un bas)* 2 tacón *(d'une chaussure)* 3 canto *(d'un pain)* 4 matriz *f. (d'un carnet)*

**talonner** *tr.* **1** seguir de cerca, apremiar, acosar, pisar los talones a **2** *fig.* acosar, hostigar **3** *SPORT* talonar *(frapper du talon)*

**talonnette** *f.* **1** talonera **2** refuerzo en el bajo de un pantalón *m.*

**talus** *m.* talud, declive

**talweg** *m.* vaguada

**tamarin** *m.* tamarindo

**tamaris** *m.* tamarisco, taray

**tambour** *m.* **1** tambor **2** tambor, bastidor *(pour broder)* **3** *ARCHIT.* tambor **4** *TECHN.* tambor *(de frein, lave-linge)*

**tambouriner** *intr.* **1** repiquetear, golpear, tabalear **2** *tr.* tocar con el tambor

**tamis** *m.* tamiz, cedazo

**tamiser** *tr.* tamizar, cerner

**tampon** *m.* **1** tapón *(bouchon)* **2** taco *(cheville)* **3** tampón, almohadilla *f.* *(pour encrer)* **4** muñeca *f.*, muñequilla *f.* **5** tampón, sello *(cachet)* **6** matasellos *(oblitération)* **7** tope *(de wagon, locomotive)* **coup de ~** topetazo, topetada *f.* Etat **~** *adj.* Estado tapón

**tamponner** *tr.* **1** taponar *(boucher)* **2** sellar *(timbrer)* **3** topar, chocar *(trains)* **4** *pr.* chocar

**tam-tam** *m.* **1** batintín, gong **2** tamtam, tantán *(en Afrique)* **3** *fam.* publicidad ruidosa *f.*, bombo

**tancer** *tr.* reprender

**tandem** *m.* tándem

**tandis que** *loc. conj.* mientras, mientras que

**tangent, -e** *adj.* **1** tangente **2** *f.* tangente **prendre la ~** salirse por la tangente

**tangible** *adj.* tangible

**tango** *m.* **1** tango *(danse)* **2** *adj.* color anaranjado

**tanière** *f.* **1** guarida, cubil *m.*, madriguera **2** cuchitril *m.* *(taudis)*

**tanin** *m.* tanino

**tank** *m.* **1** tanque, carro de asalto **2** depósito, cisterna *f.* *(citerne)*

**tanné, -ée** *adj.* **1** curtido, a *(cuirs)* **2** bronceado, a, tostado, a *(visage, etc.)*

**tanner** *tr.* **1** curtir *(les cuirs)* **2** *fig.* fastidiar, dar la lata *(ennuyer)*

**tant** *adv.* **1** tanto *(tellement)* **il a ~ plu que...** ha llovido tanto que... **2** *s.* tanto **payer à ~ la page** pagar a tanto la página **~ bien que mal** más o menos bien, mal que bien **~ et plus** mucho **~ il est vrai** tan cierto es **~ mieux !**

¡mejor que mejor! **~ pis !** ¡ tanto peor! **~ pis pour lui !** ¡ peor para él! **~ qu'à faire** puesto que debemos hacerlo **~ soit peu** por poco que sea **~ s'en faut** ni mucho menos **~ de** tanto, a, os, as **~ de livres** tantos libros **~ de monde** tanta gente **~ que** mientras, mientras que **~ que je vivrai** mientras viva **en ~ que** *loc. conj.* en calidad de, como **si ~ est que** *loc. conj.* suponiendo que **~ pour cent** tanto por ciento **un ~ soit peu** un poquito

**tante** *f.* tía *fig. pop.* **ma ~** la casa de empeños

**tantôt** *adv.* **1** esta tarde, por la tarde *(l'après-midi)* **2** luego, dentro de poco **tantôt... tantôt...** unas veces... otras veces ; ya... ya

**taon** *m.* tábano

**tapage** *m.* ruido, alboroto, escándalo **faire du ~** alborotar, armar ruido

**tapageur, -euse** *adj.* **1** alborotador, ora, escandaloso, a **2** ostentoso, a, llamativo, a *(voyant)*

**tape** *f.* cachete *m.*, sopapo *m.*, palmada

**tapé, -ée** *adj. fam.* loco, a, chiflado, a *(fou)*

**taper** *tr.* **1** pegar, dar un cachete a *(frapper)* **2** dar **~ plusieurs coups à la porte** dar varios golpes a la puerta **3** mecanografiar, escribir a máquina *(dactylographier)* **4** *fam.* dar un sablazo, pedir dinero prestado a *(emprunter de l'argent)* **5** *intr.* pegar, dar golpes con **6** escribir a máquina **7** pegar **le soleil tape dur** el sol pega fuerte **8** *pr. pop.* tragarse, zamparse *(manger, boire)* **~ un tapis** sacudir una alfombra **~ du pied** dar patadas en el suelo **~ dans** *fam.* servirse de, coger de *(se servir de)*

**tapette** *f.* **1** pala para sacudir alfombras **2** pala matamoscas **3** *fam.* lengua *(langue)* **4** *fig. fam.* marica, maricón

**tapeur, -euse** *s.* sablista *m.* *(emprunteur)*

**tapinois (en)** *loc. adv.* callandito, a la chita callando, a escondidas

**tapioca** *m.* tapioca *f.*

**tapir** *m.* tapir

**tapir (se)** *pr.* agazaparse, esconderse

**tapis** *m.* **1** alfombra *f.* *(sur le sol, de fleurs, etc.)* **2** estera *f.*, suelo **~ de sparterie** estera de espartería **3** tapete *(de table)* **tapis-brosse** felpudo, limpiabarros **tapis roulant** transportador de cinta *(pour les marchandises)*, pasillo rodante *(pour les personnes)*

**tapisser** *tr.* **1** tapizar, entapizar **2** empapelar *(mettre du papier sur les murs)* **3** cubrir, revestir *(recouvrir)*

**tapisserie** *f.* **1** tapiz *m.* *(pour parer les murs)* **2** tapicería *(art)* faire ~ *fig.* comer pavo *(au bal)*

**tapoter** *tr.* **1** dar golpecitos **2** aporrear *(le piano)*

**taquet** *m.* **1** taco, cuña *f.* **2** pestillo, aldabilla *f.* *(loquet)*

**taquiner** *tr.* **1** hacer rabiar, molestar, contrariar **2** *fig.* inquietar, preocupar *loc. fam.* ~ le goujon pescar con caña

**taquinerie** *f.* **1** broma, guasa *(action, parole)* **2** bromista *m.* *(caractère)*

**tarabuster** *tr. fam.* molestar, importunar, dar la lata

**tarasque** *f.* tarasca

**tard** *adv.* tarde se lever ~ levantarse tarde tôt ou ~ tarde o temprano au plus ~ lo más tarde, a más tardar sur le ~ *m.* en el ocaso de la vida

**tarder** *intr.* tardar

**tardif, -ive** *adj.* tardío, a

**tare** *f.* **1** COMM. tara **2** *fig.* defecto *m.*, vicio *m.*

**tarentelle** *f.* tarantela *(danse et musique)*

**tarentule** *f.* tarántula

**tarer** *tr.* COMM. destarar

**targette** *f.* pestillo *m.*, pasador *m.*

**targuer (se)** *pr.* jactarse, pavonearse

**tarière** *f.* **1** taladro *m.* **2** ZOOL. oviscapto *m.*

**tarif** *m.* tarifa *f.*

**tarir** *tr.* **1** secar, agotar *(assécher, épuiser)* **2** *intr.* secarse, agotarse **3** *pr.* agotarse ne pas ~ no cesar de hablar

**tarots** *m. pl.* naipes de una baraja

**tarse** *m.* ANAT. tarseo

**tartan** *m.* tartán, tela escocesa *f.*

**tartane** *f.* MAR. tartana

**tarte** *f.* **1** tarta *(pâtisserie)* **2** *pop.* tortazo *m.*, torta *(gifle)* **3** *adj. fam.* tonto, a, memo, a *(personne)* **4** *adj. fam.* ridículo, a *(chose)*

**tartine** *f.* **1** rebanada de pan con mantequilla, miel, etc. **2** *fam.* rollo *m.*, escrito *m.*, discurso muy largo y pesado *m.*

**tartre** *m.* **1** tártaro *(dépôt que laisse le vin)* **2** sarro *(des dents)* **3** sedimento,

incrustación *f.* *(des chaudières, bouilloires)*

**tartufe, tartuffe** *m.* hipócrita, falso, farsante

**tartuferie, tartufferie** *f.* hipocresía, gazmoñería

**tas** *m.* **1** montón, pila *f.* **2** *fam.* pandilla *f.*, banda *f.* un ~ de la mar *f.*, un montón de *(grand nombre)* des ~ de... mucho, a des ~ de gens mucha gente sur le ~ en el lugar de trabajo grève sur le ~ huelga de brazos caídos

**tasse** *f.* taza boire une ~, la ~ tragar agua *(en se baignant)*

**tasser** *tr.* **1** comprimir, apretar *(bourrer)* **2** apretujar, apiñar *(des personnes)* **3** *pr.* hundirse *(s'affaisser)* **4** achaparrarse *(personnes)* **5** *fam.* arreglarse, solucionarse *(s'arranger)* *fam.* bien tassé bien cargado, a, bien servido, a

**tâter** *tr.* **1** tentar, palpar, tocar **2** tantear, sondear *(sonder)* **3** *pr.* reflexionar, pensarlo bien ~ le pouls tomar el pulso ~ de probar y ~ *pop.* ser conocedor de

**tâtonner** *intr.* **1** buscar, andar a tientas **2** *fig.* proceder con vacilación

**tâtons (à)** *loc. adv.* a tientas, a ciegas

**tatou** *m.* armadillo, tatú

**tatouage** *m.* tatuaje

**taudis** *m.* cuchitril, tugurio

**taupe** *f.* topo *m.*

**taupinière** *f.* **1** topera, topinera **2** montículo *m.*

**taureau** *m.* **1** toro **2** tauro *(constelación)* ~ de combat toro de lidia

**taurillon** *m.* novillo

**tauromachie** *f.* tauromaquia

**taux** *m.* **1** nivel, precio *(prix)* **2** porcentaje, proporción *f.* **3** índice, coeficiente, tasa *f.* *(de natalité, d'augmentation)* ~ de change cambio ~ d'intérêt tipo de interés

**tavelure** *f.* mancha

**taverne** *f.* taberna

**taxe** *f.* **1** tasa, tarifa **2** impuesto *m.*, contribución *T.V.A.* I.V.A.

**taxer** *tr.* **1** tasar *(les prix)* **2** gravar, poner un impuesto a ~ quelqu'un de tachar, acusar a alguien de

**taxi** *m.* taxi chauffeur de ~ taxista

**taximètre** *m.* taxímetro

**tchèque** *m.* **1** checo *(langue)* **2** *adj. -s.* checo, a

**te** *pron. pers.* te

**té** *m.* regla en forma de escuadra *f.*

**technicien, -ienne** *s.* **1** técnico *m.*
**2** especialista

**technique** *adj. -f.* técnico, a

**technocrate** *m.* tecnócrata

**technologie** *f.* tecnología

**teck, tek** *m.* teca *f. (arbre)*

**tégument** *m.* tegumento

**teigne** *f.* **1** polilla, mariposilla
**2** *MÉD.* tiña **3** *fig.* bicho malo *m.*
*(méchante personne)*

**teigneux, -euse** *adj.* tiñoso, a

**teindre** *tr.* **1** teñir **2** *pr.* teñirse *elle se
teint les cheveux en blond* se tiñe el pelo
de rubio

**teinte** *f.* **1** tinte *m.*, color *m.* **2** *fig.*
matiz *m.*, tono *m.*, un poco *m. une ~
d'ironie* un poco de ironía

**teinture** *f.* tintura, tinte *m.*

**teinturerie** *f.* **1** tintorería **2** tinte *m.*

**tel, telle** *adj. indéf.* **1** tal, semejante
*une telle attitude est inadmissible* tal
actitud es inadmisible **2** tal, tan grande
*je ne peux faire face à de telles dépenses*
no puedo asumir tales gastos **3** tal ~
*jour, à telle heure* tal día, a tal hora
**4** *pron.* alguien, quien ~ *père,* ~ *fils*
de tal palo, tal astilla ~ *quel* tal cual
*rien de* ~ nada como *un* ~, *une telle*
fulano, fulana

**télécommande** mando *m.* a distancia

**téléfilm** *m.* telenovela *f.*

**télégramme** *m.* telegrama

**télégraphe** *m.* telégrafo

**télégraphie** *f.* telegrafía

**télégraphiste** *s.* telegrafista

**télématique** *f.* telemática

**télémètre** *m.* telémetro

**télépathie** *f.* telepatía

**téléphérique** *m.* teleférico

**téléphone** *m.* teléfono *appeler au* ~
llamar por teléfono *coup de* ~ llamada
telefónica, telefonazo ~ *sans fil* teléfono móvil, teléfono inalámbrico

**téléphoner** *intr. -tr.* telefonear

**télescope** *m.* telescopio

**télescoper** *tr.* chocar de frente

**télésiège** *m.* telesilla

**téléski** *m.* telesquí

**téléspectateur, -trice** *s.* telespec-
tador, ora, televidente

**télétraitement** *m.* teleproceso

**téléviser** *tr.* televisar

**téléviseur** *m.* televisor *(poste de télévision)*

**télévision** *f.* televisión

**tellement** *adv.* **1** tan *(devant un adj.)*
*je suis ~ fatigué que je n'ai pas envie
de sortir* estoy tan cansado que no
tengo ganas de salir **2** tanto, a *(tant)*
*j'ai ~ de soucis* tengo tantos problemas ~ *que* de tal modo... que *pas*
~ no mucho

**téméraire** *adj.* temerario, a

**témérité** *f.* temeridad

**témoigner** *tr.* **1** testimoniar, atestiguar **2** demostrar, manifestar **3** *intr.*
declarar como testigo ~ *pour, contre*
declarar a favor, en contra

**témoin** *m.* **1** testigo *prendre à ~*
tomar por testigo ~ *à charge* testigo
de cargo **2** padrino, madrina *f. (dans
un mariage)* **3** testigo *(dans une course
de relais)* **4** prueba *f.*, testimonio
*(preuve)*

**tempe** *f.* sien *les tempes* las sienes

**tempérament** *m.* **1** temperamento
**2** *MUS.* temperamento *vente à ~*
venta a plazos

**tempérance** *f.* templanza

**tempérant, -e** *adj.* **1** temperante
**2** moderado, a, mesurado, a

**température** *f.* temperatura

**tempérer** *tr.* templar, temperar,
moderar

**tempête** *f.* **1** tempestad, temporal *m.*
*(en mer)*, tormenta *(sur terre)* **2** *fig.*
torrente *m. (d'injures)* **3** *fig.* tempestad *(d'applaudissements)*

**tempétueux, -euse** *adj.* tempestuoso, a

**temple** *m.* templo

**templier** *m.* templario

**temporaire** *adj.* temporal, tempora-
rio, a ; temporero, a *(saisonnier)*

**temporal, -ale** *adj. -m. ANAT.* temporal *(de la tempe)*

**temporel, -elle** *adj.* temporal

**temporiser** *intr.* diferir algo en espera
de mejor ocasión, aplazar

**temps** *m.* **1** tiempo *(durée)* **2** tiempo
*(atmosphère) beau* ~ buen tiempo
**3** tiempo, época *f.* **4** *GRAM., MUS.,
SPORT* tiempo *avoir le* ~ *de* tener
tiempo para *avoir fait son* ~ estar
fuera de uso *(une chose)*, haber cumplido el tiempo de su servicio *(un
soldat) gros* ~ temporal *depuis ce* ~*-là*
desde entonces *être de son* ~ ser de su

época, de su tiempo *à ~ loc. adv.* a tiempo, con tiempo *à pleine ~ loc. adv.* con plena dedicación *à mi-~ loc. adv.* media jornada *au ~ jadis, dans le ~ loc. adv.* antiguamente, antaño *de ~ en ~, de ~ à autre loc. adv.* de cuando en cuando *de tout ~ loc. adv.* de siempre, de toda la vida *en même ~ loc. adv.* al mismo tiempo *en tout ~ loc. adv.* siempre *entre-temps loc. adv.* entre tanto *la plupart du ~ loc. adv.* la mayoría de las veces *en deux ~ trois mouvements fam.* en un dos por tres *depuis le ~ que, voilà beau ~ que loc. conj.* hace mucho tiempo que *du ~ que* cuando

**tenable** *adj.* sostenible, defendible

**ténacité** *f.* **1** tenacidad **2** *fig.* testarudez

**tenaille, tenailles** *f. -f. pl.* tenazas *pl.*

**tenailler** *tr.* atormentar, hacer sufrir

**tenancier, -ière** *s.* gerente, encargado, a *(d'un hôtel, d'une maison de jeu)*

**tenant, -e** *adj. séance tenante* en el acto *d'un seul ~* de una pieza

**tendance** *f.* tendencia

**tendancieux, -ieuse** *adj.* tendencioso, a

**tender** *m.* ténder

**tendeur** *m.* tensor

**tendre** *adj.* **1** tierno, a, blando, a **2** tierno, a, sensible *cœur ~* corazón sensible **3** suave, delicado, a *(couleur)*

**tendre** *tr.* **1** tender **2** estirar, atirantar, tensar **3** armar *(arc, piège)* **4** alargar *~ le bras* alargar el brazo **5** tapizar, empapelar *(un mur)* **6** *pr.* tensarse *(rapports, liens)* *tr. ind. ~ à, vers* tender a, encaminarse a

**tendresse** *f.* **1** ternura, cariño *m.* **2** *pl.* caricias, manifestaciones de afecto

**tendron** *m.* **1** ternecilla *f.*, cartílago **2** *fam.* jovencita *f.*, pollita *f. (jeune fille)* **3** retoño, pimpollo

**tendu, -ue** *adj.* **1** tenso, a, tirante *corde tendue* cuerda tensa **2** tenso, a, tirante, difícil *(qui menace de se rompre) situation tendue* situación tensa

**ténèbres** *f. pl.* tinieblas

**teneur** *f.* **1** contenido *m.*, texto *m. (d'un écrit)* **2** proporción, cantidad

**ténia, tænia** *m.* tenia *f.*, solitaria *f.*

**tenir** *tr.* **1** tener, tener cogido, a *(dans les bras, par la main)* **2** sujetar, aguantar *(retenir)* **3** mantener *il tint les yeux*

*fermés* mantuvo los ojos cerrados **4** coger *(s'emparer de)* **5** *fam.* agarrar **6** ocupar, coger *(de la place)* **7** contener *cette bouteille tient un litre* esta botella contiene un litro **8** llevar, estar encargado, a de *(diriger, gérer)* **9** saber *je le tiens de mon frère* lo sé por mi hermano **10** cumplir *~ sa parole* cumplir (con) su palabra **11** tener, celebrar *(une réunion)* **12** *intr.* estar unido, a, sujeto, a *la branche tient encore à l'arbre* la rama está todavía unida al árbol **13** resistir, aguantar *(résister)* **14** caber *(dans un espace) on tient à dix à cette table* caben diez personas en esta mesa **15** *(à une personne, une chose)* tener apego, cariño **16** *pr.* agarrarse, cogerse *tenez-vous à la main courante* agárrese al pasamanos **17** quedarse, permanecer *se ~ debout* quedarse de pie **18** estar *(être quelque part)* **19** comportarse, portarse *il sait se ~ en société* sabe comportarse en sociedad **20** estarse *(être et rester) se ~ tranquille* estarse tranquilo **21** estar íntimamente relacionado, a *(choses) dans cette affaire, tout se tient* en este asunto todo está íntimamente relacionado *~ le vin* aguantar mucho bebiendo *~ un rôle* desempeñar un papel *~ des propos agréables* decir cosas agradables *~ pour* considerar como, creer *tiens !, tenez !* ¡ hombre !, ¡ vaya ! *~ à* querer *(vouloir absolument) j'ai tenu à les inviter* he querido invitarlos *ne ~ à rien* no importarle a uno nada *~ à* provenir, deberse a *(résulter) ~ de* tener algo de, parecerse *il tenait de son père* tenía algo de su padre *il ne tient qu'à moi impers.* sólo depende de mí *qu'à cela ne tienne* que no quede por eso *tiens-toi droit !* ¡ ponte derecho ! *savoir à quoi s'en ~* saber a qué atenerse

**tennis** *m.* tenis *~ de table* ping pong *court de ~* pista *f.* de tenis, cancha *f. joueur de ~* tenista

**tenon** *m. TECHN.* espiga *f.*

**ténor** *adj. -s. MUS.* tenor

**tension** *f.* **1** tensión **2** *fig.* tensión, tirantez *~ d'esprit* esfuerzo mental *m.*

**tentacule** *m.* tentáculo

**tentant, -e** *adj.* tentador, ora

**tentateur, -trice** *adj. -s.* tentador, ora

**tentative** *f.* tentativa

**tente** *f.* **1** tienda de campaña *(de camping)* **2** carpa *(chapiteau)*

**tenter** *tr.* **1** intentar *(essayer)* **2** tentar *(séduire)* ~ **de** tratar de, intentar, procurar

**tenture** *f.* **1** colgadura *(d'étoffe, de tapisserie)* **2** papel pintado *m.*

**tenu, -ue** *adj. être* ~ **à**, estar obligado, a a **bien** ~ bien cuidado, a, bien atendido, a **mal** ~ descuidado, a

**ténu, -ue** *adj.* tenue

**tenue** *f.* **1** modales *m. pl.*, porte *m.*, compostura *(comportement)* **manquer de** ~ no tener buenos modales **2** aspecto *m.*, porte *m.*, manera de vestirse **3** traje *m. (civil)*, uniforme *m. (militaire)* **4** cuidado *m.*, orden *m.*, mantenimiento *m. (d'une maison, etc.)* **en** ~ de uniforme **grande** ~ uniforme de gala ~ **de soirée** traje de etiqueta **être en petite tenue** *fam.* ir en paños menores ~ **de route** adherencia a la carretera

**tercet** *m.* terceto *(vers)*

**térébenthine** *f.* trementina

**tergiverser** *intr.* andar con rodeos, buscar subterfugios, vacilar

**terme** *m.* **1** término, plazo *(délai)* **à court** ~ a corto plazo **2** alquiler *(loyer)* **3** término, fin **4** término, vocablo, palabra *f. (mot)* **5** *pl.* términos *(d'un contrat)*

**terminaison** *f.* terminación

**terminal, -ale** *adj.* **1** terminal **2** *m. angl.* terminal *f. (d'aérogare)* **les classes terminales** el último curso del bachillerato

**terminer** *tr.* **1** terminar, acabar **2** *pr.* terminarse, acabarse

**terminologie** *f.* terminología

**terminus** *m.* término, final de línea

**termite** *m.* termes, comején

**terne** *adj.* **1** apagado, a, sin brillo **2** *fig.* aburrido, a *(fade)*

**ternir** *tr.* **1** empañar **2** *fig.* empañar *(l'honneur, la réputation)*

**terrain** *m.* **1** terreno **un** ~ **fertile** un terreno fértil **2** terreno *(zone)* **sur le** ~ sobre el mismo terreno **3** campo *(de sport, d'aviation)* ~ **vague** solar **voiture tout** ~ coche todo terreno **gagner du** ~ avanzar **être sur son** ~ estar en su elemento **préparer, sonder, tâter le** ~ preparar, sondear, tantear el terreno

**terrasse** *f.* **1** terraza, bancal *(levée de terre)* **2** azotea *(d'une maison)* **3** terraza *(d'un café)*

**terrassement** *m.* **1** excavación y transporte de tierras **2** desmonte, nivelación *f. (d'un terrain)*

**terrassier** *m.* peón zapador

**terre** *f.* **1** tierra, suelo *m.* **à** ~, **par** ~ en el suelo, al suelo, por tierra **jeter par** ~ tirar al suelo **2** tierra, mundo *m.* **3** barro *m.* **4** *TECHN.* tierra ~ **de Sienne**, ~ **d'ombre** tierra de Siena **la** ~ **la tierra** ~ **cuite** barro cocido *m.*, terracota **Terre Sainte** Tierra Santa **être sur** ~ vivir **quitter la** ~ morir **une** ~ **cuite** una terracota

**terreau** *m.* mantillo

**terre-neuve** *m. invar.* perro de Terranova

**terre-plein** *m.* terraplén

**terrer (se)** *pr.* **1** meterse en una madriguera *(un animal)* **2** esconderse *(une personne)*

**terrestre** *adj.* **1** terrestre **2** terrenal *(opposé à céleste)*

**terreur** *f.* terror *m.*

**terreux, -euse** *adj.* terroso, a

**terrible** *adj.* terrible

**terrien, -ienne** *adj.* rural *(qui possède des terres)* **propriétaire** ~ terrateniente

**terrier** *m.* **1** madriguera *f.* **2** variedad de perro *f.*, zarcero, a

**terrifier** *tr.* aterrar, aterrorizar

**terrine** *f.* **1** lebrillo *m.*, cuenco *m.* **2** cacerola de barro

**territoire** *m.* territorio

**territorial, -ale** *adj.* territorial

**terroir** *m.* terruño, patria chica *f.*

**terroriser** *tr.* **1** aterrorizar **2** someter a un régimen de terror

**tertiaire** *adj.* terciario, a

**tertre** *m.* montículo, cerro

**tes** *adj. poss. pl.* tus

**tesson** *m.* tiesto, casco

**test** *m.* test, prueba *f.*

**testament** *m.* testamento

**testateur, -trice** *s.* testador, ora

**tétanos** *m.* tétanos

**têtard** *m.* renacuajo

**tête** *f.* **1** cabeza **animal sans** ~ animal sin cabeza **2** cara, faz, rostro *m. (visage)* **une** ~ **sympathique** una cara simpática **3** cabeza *(partie supérieure d'une chose, partie antérieure)* ~ **d'ail, d'épingle** cabeza de ajo, de alfiler **wagon de** ~ vagón de cabeza **mal de** ~ dolor de cabeza ~ **de linotte**, ~

*d'oiseau* cabeza de chorlito *faire une ~ de six pieds de long* poner cara larga *faire la ~* poner mala cara, estar de morros *tenir ~ à* plantar cara a *~ d'affiche* cabecera del reparto *~ de ligne* origen de línea *m.* *~ de chapitre* encabezamiento de un capítulo *m.* *être à la ~ de* estar al frente de *la ~ d'une classe* los mejores alumnos *faire une ~ SPORT* dar un cabezazo

**tête-à-tête** *loc. adv.* **1** solos, a solas **2** *m. invar.* entrevista *f.*, conversación a solas *f.*

**tête-bêche** *loc. adv.* pies contra cabeza

**tête-de-loup** *f.* deshollinadera, deshollinador *m.*

**téter** *tr.* mamar

**tétine** *f.* **1** teta, mama *(mamelle)* **2** tetina *(d'un biberon)*, chupete *m.*

**téton** *m. fam.* teta *f.*, pecho

**tétraèdre** *m.* tetraedro

**têtu, -ue** *adj.* testarudo, a, terco, a

**texte** *m.* texto

**textile** *adj. -m.* textil

**textuel, -elle** *adj.* textual

**texture** *f.* textura

**thé** *m.* té *(arbuste et boisson)*

**théâtre** *m.* teatro *pièce de ~* obra teatral, de teatro *faire du ~* trabajar en el teatro *coup de ~* sorpresa *f.*, hecho imprevisto

**théière** *f.* tetera

**théisme** *m.* teísmo *(doctrine)*

**thème** *m.* **1** tema *(sujet)* **2** traducción inversa *f.* **3** *MUS.* tema *loc. fam.* *un fort en ~* un empollón *(étudiant)*

**théocratie** *f.* teocracia

**théologie** *f.* teología

**théorème** *m.* teorema

**théoricien, -ienne** *s.* teórico, a

**théorie** *f.* teoría

**théorique** *adj.* teórico, a

**théosophie** *f.* teosofía

**thérapeutique** *adj.* **1** terapéutico, a **2** *f.* terapéutica

**thermes** *m. pl.* termas *f.*

**thermique** *adj.* térmico, a

**thermomètre** *m.* termómetro

**thésauriser** *intr.* atesorar dinero

**thèse** *f.* tesis

**thomisme** *m.* tomismo

**thon** *m.* atún

**thoracique** *adj.* torácico, a *cage ~* cavidad torácica

**thorax** *m.* tórax

**thuya** *m.* tuya *f.*

**thym** *m.* tomillo

**thyroïde** *adj.* **1** tiroideo, a **2** *f.* tiroides *m.*

**thyrse** *m.* tirso

**tiare** *f.* tiara

**tibia** *m.* tibia *f.*

**tic** *m.* **1** tic *(geste automatique)* **2** *fig.* tic, manía *f.*

**ticket** *m.* **1** billete *(d'autobus, chemin de fer)* **2** entrada *f.* *(de cinéma)*

**tiède** *adj.* tibio, a

**tiédeur** *f.* tibieza

**tiédir** *intr.* **1** entibiarse **2** *tr.* entibiar

**tien, tienne** *adj. -pron. poss.* tuyo, a *un ~ ami* un amigo tuyo *le ~, la tienne* el tuyo, la tuya *les tiens m. pl.* los tuyos *(parents, amis, partisans)*

**tiers, tierce** *adj.* **1** tercer, a **2** *m.* tercero, tercera persona *f.* *(personne étrangère)* **3** tercio, tercera parte *f.* *les deux ~* las dos terceras partes *une tierce personne* una tercera persona *~ monde* tercer mundo

**tige** *f.* **1** tallo *m.* *(d'une plante)* **2** caña *(d'une botte, d'une colonne)* **3** caña *une ~ de bambou* una caña de bambú **4** barra, varilla **5** *MÉC.* vástago *m.*

**tignasse** *f.* greña, pelambrera

**tigre, tigresse** *s.* **1** tigre **2** *f. fig.* mujer muy celosa, fiera

**tilleul** *m.* **1** tilo, tila *f.* *(arbre)* **2** tila *f.* *(fleur, infusion)*

**timbale** *f.* **1** *MUS.* timbal *m.* **2** molde de cocina *m.* *(moule)* **3** *CUIS.* timbal *m.* **4** cubilete *m.*, vaso metálico *m.* *(pour boire)* *loc. fam.* *décrocher la ~* ganar el premio, llevarse la palma

**timbre** *m.* **1** timbre, campanilla *f.* *(sonnerie)* **2** timbre, sonido *(sonorité)* **3** sello *(timbre-poste)* **4** timbre *(fiscal)* **5** sello *(cachet)* **6** sello, tampón *(instrument qui sert à apposer des marques)*

**timbrer** *tr.* sellar, franquear

**timidité** *f.* timidez

**timon** *m.* **1** lanza *f.*, pértigo *(d'une voiture)* **2** *MAR.* caña del timón *f.* **3** *fig.* timón, dirección *f.*

**timonier** *m.* timonel

**timoré, -ée** *adj.* timorato, a, indeciso, a

**tinctorial, -ale** *adj.* tintóreo, a

**tintamarre** *m.* estruendo, alboroto

**tintement** *m.* **1** tañido, campaneo, tintineo **2** zumbido *(d'oreilles)*

**tintinnabuler** *intr.* tintinear

**tintouin** *m.* **1** *fam.* jaleo, estrépito *(bruit)* **2** *fam.* preocupación *f.*, mareo, inquietud *f. (souci)*

**tique** *f.* garrapata *(parasite)*

**tir** *m.* tiro ∼ *à blanc* tiro de fogueo ∼ *à la cible* tiro al blanco ∼ *au but* tiro a gol, remate *(football)* ∼ *au pigeon* tiro de pichón

**tirade** *f.* **1** tirada *(de vers)* **2** parlamento *m.*, THÉÂT. monólogo *m.*

**tirage** *m.* **1** tiro *(d'une cheminée)* **2** devanado *(de la soie)* **3** IMPR. tirada *f.* **4** PHOTO prueba *f.*, tiraje **5** sorteo *(loterie)* *second* ∼ segunda edición ∼ *au sort* sorteo

**tiraillement** *m.* **1** tirón, estirón **2** retortijón

**tirailler** *tr.* **1** dar tirones **2** *fig.* importunar, molestar **3** *intr.* tirotear

**tirailleur** *m.* MIL. tirador, cazador

**tire-bouchon** *m.* **1** sacacorchos **2** tirabuzón *(cheveux)*

**tire-d'aile (à)** *loc. adv.* con vuelo rápido, a todo vuelo

**tire-ligne** *m.* tiralíneas

**tirelire** *f.* hucha

**tirer** *tr.* **1** tirar, estirar *(allonger, étirer)* **2** sacar ∼ *l'épée* sacar la espada **3** tirar de *(amener vers soi)* ∼ *une charrette, les cheveux* tirar de un carro, del pelo **4** correr ∼ *les rideaux* correr las cortinas **5** arrastrar, tirar *(traîner)* **6** llamar *(l'attention)* **7** trazar *(une ligne, un plan)* **8** imprimir, tirar *(un livre)* **9** tirar, disparar ∼ *un coup de fusil* tirar un escopetazo **10** sacar, extraer *(faire sortir)* **11** tirar, disparar ∼ *à l'arc* tirar con arco **12** *pr. pop.* largarse, pirarse *(s'en aller)* ∼ *les ficelles loc. fig.* llevar la batuta, llevar las riendas *bon à* ∼ listo para imprimir *se faire* ∼ *le portrait* hacerse un retrato ∼ *un chèque* extender un cheque ∼ *les larmes à quelqu'un* hacer llorar a alguien ∼ *sur intr.* tirar de ∼ *sur une corde* tirar de una cuerda ∼ *sur la ficelle loc. fig.* exagerar, ir demasiado lejos ∼ *sur le bleu* tirar a azul ∼ *au flanc loc. fam.* remolonear, hacerse el remolón, la remolona ∼ *en l'air* disparar al aire *(tir)* ∼ *à sa fin* tocar a su fin, acabarse *cela ne tire pas à conséquence* esto no tiene importancia *se* ∼ *de* librarse, zafarse, salir de *s'en* ∼ salirse, salir bien

**tiret** *m.* **1** raya *f.* **2** guión *(trait d'union)*

**tireur, -euse** *s.* **1** tirador, ora **2** *m.* COMM. girador, librador *f. tireuse de cartes* echadora de cartas

**tiroir** *m.* cajón *(d'un meuble) fond de* ∼ cosa sin valor que se olvida en un cajón *f.*

**tisane** *f.* tisana

**tison** *m.* tizón, ascua *f.*

**tisonner** *tr.* atizar *(le feu)*

**tissage** *m.* **1** tejido *(action et ouvrage)* **2** fábrica de tejidos *f.*

**tisser** *tr.* tejer

**tisserand, -e** *s.* tejedor, ora

**tisseur, -euse** *s.* tejedor, ora

**tissu** *m.* **1** tejido, tela *f.* **2** ANAT. tejido *fig.* ∼ *de mensonges* sarta de embustes

**titan** *m.* titán, gigante

**titiller** *tr.* **1** cosquillear **2** picar

**titre** *m.* **1** título *(dignité, grade, fonction)* **2** COMM., DR. título *(de propriété, etc.)* **3** ley *f. (d'un métal)* **4** CHIM. grado, gradación *f.* **5** IMPR. título *en* ∼ titular *professeur en* ∼ profesor titular ∼ *de transport* billete *page de* ∼ portada *faux titre* anteportada *à juste* ∼ *loc. adv.* con toda la razón *à ce* ∼ *loc. adv.* por esta razón *à* ∼ *de loc. prép.* como, en concepto de, en calidad de *au même* ∼ *que loc. conj.* de la misma manera que

**tituber** *intr.* titubear

**titulaire** *adj. -s.* titular

**toast** *m.* **1** brindis **2** tostada *f. (rôtie) porter un* ∼ brindar

**toboggan** *m.* tobogán

**tocsin** *m.* toque a rebato *sonner le* ∼ tocar a rebato

**toge** *f.* toga

**tohu-bohu** *m.* barullo, confusión *f.*

**toi** *pron. pers.* tú *(sujet)*, te *(complément direct)*, ti *(complément indirect) avec* ∼ contigo

**toile** *f.* **1** tela **2** lienzo *m. (peinture)* **3** MAR. vela, lona ∼ *de fond* telón de foro *(au théâtre)* ∼ *cirée* hule *m.*

**toilette** *f.* **1** aseo *m.*, limpieza personal **2** tocado *m.*, arreglo personal *m.*

**3** traje *m.*, vestido *m.* *(vêtement)*
**4** tocador *m.* **5** *pl.* retrete *m. sing.*, lavabo *m. sing.*, aseo *m. sing.* *faire sa* ~ lavarse, arreglarse *faire un brin de* ~ lavarse a lo gato *trousse de* ~ estuche de aseo *m.* *cabinet de* ~ cuarto de aseo *avoir le goût de la* ~ ser coqueta *être en grande* ~ ir con traje de gala *produits de* ~ productos de belleza o de tocador

**toiser** *tr.* **1** medir, tallar **2** mirar de arriba abajo *(regarder)*

**toison** *f.* **1** vellón *m.* *(d'un animal)* **2** *fig.* cabellera, melena *(chevelure)*

**toit** *m.* **1** tejado, techo **2** *fig.* techo, hogar *(maison)* ~ *ouvrant* techo praticable *(de voiture)*

**toiture** *f.* techumbre, techado *m.*

**tôle** *f.* **1** palastro *m.*, chapa ~ *ondulée* chapa ondulada **2** *pop.* chirona, cárcel *(prison)*

**tolérer** *tr.* tolerar, consentir

**tomate** *f.* **1** tomate *m.* **2** tomatera *(plante)*

**tombe** *f.* tumba, sepultura

**tombeau** *m.* tumba, sepulcro *à* ~ *ouvert* a toda velocidad, a todo correr

**tombée** *f.* caída *à la* ~ *de la nuit, du jour* al atardecer, a la caída de la tarde

**tomber** *intr.* **1** caer, caerse ~ *de fatigue, de sommeil* caerse de cansancio, de sueño **2** *fig.* caer *des milliers de soldats tombèrent glorieusement* miles de soldados cayeron gloriosamente **3** caer *(un gouvernement, etc.)* **4** caer *(le jour, la nuit)* **5** decaer *(décliner)* **6** bajar *(prix, fièvre)* **7** caer *une robe qui tombe bien* un vestido que cae bien **8** ponerse, caer ~ *malade* caer enfermo, enfermar **9** caer *(une fête)* **10** *tr.* tumbar, derribar ~ *de son haut, des nues loc. fig.* quedarse atónito, a ~ *en, dans* caer en ~ *dans le ridicule* caer en ridículo *laisse* ~ *loc. fig.* déjalo ~ *sur* caer, atacar ~ *sur quelqu'un* encontrarse a, con alguien *(rencontrer par hasard)*, emprenderla con alguien *(critiquer)* ~ *sous la main de* llegar a las manos de ~ *amoureux* enamorarse ~ *d'accord* ponerse de acuerdo ~ *bien, mal* venir bien, mal, llegar en buen, mal momento *il tombe de la pluie impers.* llueve ~ *une femme* seducir a una mujer ~ *la veste fam.* quitarse la chaqueta

**tombereau** *m.* volquete

**tombola** *f.* tómbola, rifa

**tome** *m.* tomo

**ton, ta, tes** *adj. poss.* tu, tus

**ton** *m.* tono *(de la voix, d'un instrument, d'une couleur)*

**tonalité** *f.* tonalidad

**tondre** *tr.* **1** esquilar *(les animaux)* **2** rapar, cortar *(les cheveux)* **3** cortar, igualar *(le gazon)* **4** *fam.* pelar, desplumar *(dépouiller)*

**tonifier** *tr.* tonificar

**tonique** *adj.* **1** tónico, a **2** *GRAM.* tónico, a *accent* ~ acento tónico **3** *m.* tónico, reconstituyente **4** *f.* *MUS.* tónica

**tonnage** *m.* *MAR.* tonelaje, arqueo

**tonnant, -e** *adj.* estruendoso, a *voix tonnante* voz de trueno

**tonne** *f.* **1** tonel grande *m.* *(tonneau)* **2** *MAR.* tonelada *(unité de poids)*

**tonneau** *m.* **1** tonel **2** *MAR.* tonelada *f.* **3** vuelta de campana *faire un* ~ dar una vuelta de campana *(voiture)*

**tonnelier** *m.* tonelero

**tonnelle** *f.* glorieta, cenador *m.*

**tonner** *impers.* **1** tronar *il tonne* truena **2** *intr.* retumbar, tronar *fig.* ~ *contre* echar pestes contra

**tonnerre** *impers.* **1** trueno **2** salva *f.* *(d'applaudissements) coup de* ~ trueno *fig.* acontecimiento fatal, imprevisto *du* ~ *fam.* bárbaro, a, macanudo, a

**tonsurer** *tr.* *ECCLÉS.* tonsurar

**tonte** *f.* **1** esquileo *m.* **2** corte *m.* *(du gazon)*

**topaze** *f.* topacio *m.*

**toper** *intr.* darse la mano, chocarla *fam.* *tope là* chócala, vengan esos cinco

**topique** *adj. -s.* tópico, a

**topographie** *f.* topografía

**toquade** *f.* manía, chifladura

**toque** *f.* **1** bonete *m.* *(de magistrat)* **2** gorro *m.* *(de cuisinier)* **3** toca *(chapeau de femme)*

**toquer (se)** *pr. fam. se* ~ *de* chiflarse por, encapricharse de

**torche** *f.* tea, antorcha

**torcher** *tr.* **1** limpiar, enjugar **2** *pop.* frangollar, hacer de prisa *(bâcler)*

**torchère** *f.* tedero *m.*, hachero *m.*

**torchis** *m.* adobe

**torchon** *m.* **1** trapo, paño de cocina **2** *fam.* porquería *f.* *le* ~ *brûle* la cosa está que arde

**tordre** tr. 1 torcer 2 doblar, torcer (plier) 3 pr. torcerse, retorcerse je me suis tordu un pied me torcí un pie ~ le cou retorcer el pescuezo se ~ de rire fam. desternillarse de risa

**tore** m. ARCHIT. toro, bocel

**toréador** m. torero

**tornade** f. tornado m.

**torpédo** f. torpedo m.

**torpeur** f. entorpecimiento m., torpor m.

**torpillage** m. torpedeamiento

**torpille** f. torpedo m.

**torpilleur** m. torpedero

**torréfier** tr. tostar

**torrent** m. torrente à torrents a cántaros

**torrentiel, -elle** adj. torrencial

**torride** adj. tórrido, a

**tors, torse** adj. torcido, a colonne torse columna salomónica jambes torses piernas arqueadas

**torsade** f. 1 franja, cordón torcido en forma de hélice m. 2 TECHN. empalme m.

**torse** m. torso

**torsion** f. torsión

**tort** m. 1 daño, perjuicio 2 error, culpa f. reconnaître son ~ confesar su culpa faire du ~ à perjudicar a à ~ injustamente, sin ningún motivo à ~ ou à raison con razón o sin ella à ~ et à travers a tontas y a locas avoir ~ no tener razón, estar equivocado, a (se tromper) avoir ~ de hacer mal en

**torticolis** m. tortícolis

**tortiller** tr. 1 retorcer, torcer 2 pr. retorcerse, enroscarse ~ des hanches intr. contonearse, andar moviendo las caderas il n'y a pas à ~ loc. fam. no hay que darle vueltas

**tortionnaire** m. verdugo

**tortue** f. tortuga

**tortueux, -euse** adj. tortuoso, a

**torture** f. tortura, fig. tormento m.

**torturer** tr. torturar, atormentar

**tôt** adv. temprano, pronto se lever ~ levantarse temprano il est encore trop ~ pour dire aún es pronto para decir plus ~ antes le, au plus ~ lo más pronto, cuanto antes le plus ~ sera le mieux cuanto antes mejor avoir ~ fait de no tardar nada en

**total, -ale** adj. -m. total au ~ en total (en tout), en resumen, total (en somme)

**totalité** f. totalidad

**totem** m. tótem

**toton** m. perinola f. (toupie)

**toucan** m. tucán

**touchant, -e** adj. 1 conmovedor, ora 2 prép. tocante a, concerniente a

**touche** f. 1 mordida, picada (pêche) 2 pincelada (peinture) 3 fam. facha, pinta (aspect) 4 nota mettre une ~ de gaieté poner una nota de alegría 5 tecla (d'un piano, d'une machine à écrire) 6 traste m. (d'une guitare) faire une ~ loc. fam. ligar ligne de ~ SPORT línea de banda pierre de ~ piedra de toque

**toucher** tr. 1 tocar ~ un objet tocar un objeto 2 alcanzar (atteindre) 3 localizar, encontrar, tomar contacto con où peut-on vous ~? ¿ dónde se le puede localizar ? 4 cobrar (recevoir) ~ de l'argent cobrar dinero 5 conmover, impresionar (émouvoir) 6 tocar, estar a la vera de (être proche de) 7 atañer, concernir (concerner) 8 MAR. tocar, hacer escala en 9 tocar, abordar (s'occuper de quelque chose) 10 llegar (arriver à) 11 lindar con, estar junto a (être contigu)12 pr. tocarse ~ le but dar en el blanco ~ un mot de... decir dos palabras sobre... je lui en toucherai un mot le hablaré de ello ~ à tr. ind. tocar ne touche pas à cette bouteille no toques esta botella ~ à sa fin acabándose, tocar a su fin

**toucher** m. 1 tacto (sens) 2 MÉD. palpación f. 3 MUS. ejecución f.

**touffe** f. 1 mata (d'herbe) 2 mechón m. (de cheveux) 3 manojo m. (de fleurs)

**touffu, -ue** adj. 1 espeso, a, apretado, a 2 frondoso, a (arbre)

**toujours** adv. 1 siempre 2 todavía, aún travaillez-vous ~ là ? ¿ trabaja todavía allí ? il peut ~ courir, se fouiller fam. ya puede correr, haga lo que haga ~ est-il que en todo caso..., lo cierto es que...

**toupet** m. 1 tupé 2 fam. cara f., cara dura f., tupé avoir du ~ tener cara dura

**toupie** f. trompo m., peonza

**tour** f. 1 torre ~ de contrôle torre de control 2 torre (aux échecs) ~ d'ivoire torre de marfil

**tour** m. 1 torno (machine-outil, de potier, dans un couvent, etc.) 2 perímetro, circunferencia f. 3 anchura f. (de hanches, etc.) 4 vuelta f. 5 vuelta f., paseo *(promenade)* **faire un** ~ dar una vuelta, un paseo **6** revolución *f.*, rotación *f.* **7** número **faire un** ~ **d'équilibre** hacer un número de equilibrio **8** faena *f.*, jugada *f.*, pasada *f.* **jouer un mauvais** ~ hacer una mala pasada **9** carácter, aspecto, cariz *(aspect)* **10** vez *f.*, turno **faire le** ~ **du monde** dar la vuelta al mundo **le** ~ **de France** la vuelta ciclista a Francia ~ **de cou** cuello *(pièce d'habillement)* ~ **de reins** lumbago ~ **de force** proeza *f.*, hazaña *f.* ~ **de phrase** giro de una frase *c'est mon* ~ me toca a mí, es mi turno ~ **de chant** actuación *f. (d'un chanteur)* **à** ~ **de bras** *loc. adv.* con todas las fuerzas **à** ~ **de rôle** *loc. adv.* por turno, en su orden **en un** ~ **de main** *loc. adv.* en un santiamén, en un abrir y cerrar de ojos ~ **à** ~ *loc. adv.* por turno, alternativamente

**tourbe** *f.* turba

**tourbillon** *m.* **1** torbellino *(d'air)*, remolino *(d'eau)* **2** *fig.* torbellino

**tourbillonnement** *m.* **1** movimiento en remolino **2** *fig.* agitación *f.*, torbellino

**tourier, -ière** *adj. -s.* tornero, a *(d'un couvent)*

**tourisme** *m.* turismo

**touriste** *s.* turista

**tourmente** *f.* tormenta

**tourmenter** *tr.* **1** atormentar, hacer sufrir **2** *pr.* atormentarse, inquietarse

**tournant, -e** *adj.* **1** giratorio, a **2** sinuoso, a, que da vueltas *un escalier* ~ una escalera de caracol *grève* ~*e* huelga escalonada

**tournant** *m.* **1** vuelta *f.*, recodo **2** *fig.* momento crucial, viraje decisivo *loc. fam. je t'attends au* ~*!* i te espero en la esquina i

**tournebroche** *m.* asador

**tourne-disque** *m.* tocadiscos

**tournée** *f.* **1** gira, viaje *m. (d'inspection, etc.)* **2** *fam.* ronda, convidada *(à boire)* **3** *pop.* paliza *(raclée)* **la** ~ **du facteur** la ronda del cartero

**tournemain (en un)** *loc. adv.* en un santiamén

**tourner** *tr.* **1** girar, dar vueltas **2** pasar *(les pages d'un livre)* **3** volver *(la tête, le dos)*, girar *(une rue, la tête)* **4** rodar *(un film)* **5** tornear, labrar *(façonner au tour)* **6** *intr.* girar, dar vueltas ~ **autour** dar vueltas alrededor, girar alrededor **7** girar *(changer de direction)* **8** estro-

pearse, ponerse rancio, a *(s'abîmer)*, cortarse *(le lait)*, agriarse *(le vin)* **9** *pr.* volverse, girarse **se** ~ **contre quelqu'un** volverse contra alguien *cette fille lui a tourné la tête* esta muchacha lo ha vuelto loco, lo ha trastornado ~ **en dérision, en ridicule** ridiculizar, burlarse de **la chance a tourné** la suerte ha cambiado ~ **à..., en...** ponerse, volverse, tornarse **le temps tourne au froid** el tiempo se pone frío ~ **bien** salir bien, tomar buen rumbo ~ **mal** echarse a perder

**tournesol** *m.* **1** tornasol *(colorant)* **2** girasol *(plante)*

**tourneur** *m.* tornero, torneador

**tournevis** *m.* destornillador

**tourniquet** *m.* torniquete

**tournoiement** *m.* remolino

**tournoyer** *intr.* **1** remolinar, dar vueltas **2** revolotear

**tournure** *f.* **1** giro *m.*, sesgo *m.*, cariz *m.* **2** giro *m. (d'une phrase)* ~ **d'esprit** manera de ver las cosas

**tourte** *f.* **1** torta, tortada **2** *pop.* mantecado *m.*, zoquete *m.*

**tourterelle** *f.* tórtola

**tousser** *intr.* toser

**tout, toute, tous, toutes** *adj.* **1** todo, a, os, as *toute la journée* todo el día ~ **le monde** todo el mundo, toda la gente **2** único, a **3** todo, a, cualquiera **4** *pron.* todo, a, os, as *tous sont venus* han venido todos *tous ensemble* todos juntos **5** *adv.* todo, a, completamente, enteramente *je suis* ~ **à vous** estoy enteramente a su disposición **6** muy *(avec un sens diminutif devant quelques adjectifs, participes et adv.) il est* ~ **jeune** es muy joven **7** *m.* todo, el todo ~ **le temps** siempre ~ **le reste** lo demás, lo restante ~ **seul** solo *tous les deux* los dos, ambos *toutes les fois que* cada vez que *tous les dix mois* cada diez meses *tous les trente-six du mois fam.* nunca *le Tout-Paris* el todo París, lo mejor de París ~ **ce qu'il y a de...** todo lo que hay de... ~ **ce qu'il a de plus** *loc. fam.* de lo más *de toute beauté* de gran belleza *après* ~ después de todo, al fin y al cabo **à** ~ **prendre** mirándolo todo, considerándolo todo *c'est* ~ nada más, esto es todo **en** ~ **et pour** ~ en total *ce n'est pas* ~ **de s'amuser** *fam.* no basta con divertirse *avoir* ~ **de** *fam.* parecerse mucho a, tener todas las características de ~ **à coup** de repente, de pronto ~

**à l'heure** hace un momento, hace un rato **à ~ à l'heure** hasta luego, hasta ahora **~ au plus** a lo sumo, todo lo más **~ bas** bajito, en voz baja **~ autre** otro, otra **c'est une ~ autre affaire** es otro asunto **~... que...** aunque... **~... que... (et subj.)** por muy... que, por más que... **~ fort qu'il soit** por muy fuerte que sea **~ à fait** del todo, completamente, exactamente **~ en... (suivi d'un participe présent)** mientras **il chante ~ en travaillant** canta mientras trabaja **risquer le ~ pour le ~** jugarse el todo por el todo **le ~** lo importante **pas du ~** loc. adv. de ningún modo, de ninguna manera, en absoluto

**toutefois** adv. sin embargo, no obstante

**tout-puissant, toute-puissante** adj. todopoderoso, a omnipotente s. **le Tout-Puissant** el Todopoderoso

**toux** f. tos

**toxicomane** s. drogadicto, a

**toxicomanie** f. drogadicción

**toxique** adj. -m. tóxico, a

**trac** m. fam. nerviosismo, miedo, canguelo fam.

**traçant, -e** adj. BOT. rastrero, a (racine) **balle traçante** bala trazadora

**tracas** m. preocupación f., inquietud f.

**tracasser** tr. **1** molestar, inquietar **2** pr. inquietarse

**trace** f. **1** rastro m., huella, señal **suivre les traces** seguir las huellas **2** indicio m.

**tracer** tr. trazar

**trachée** f. tráquea

**tract** m. octavilla f., libelo

**tractation** f. trato m.

**tracteur** m. tractor

**traction** f. tracción

**tradition** f. tradición

**traduction** f. traducción

**traduire** tr. **1** traducir **~ du français en espagnol** traducir del francés al español **2** DR. citar ante la justicia, hacer comparecer

**trafic** m. **1** tráfico, comercio **2** tráfico, circulación f. **~ de drogue** narcotráfico

**trafiquant, -e** s. traficante **~ de drogue** narcotraficante

**tragédie** f. tragedia

**tragédien, -ienne** m. f. actor trágico, actriz trágica

**tragique** adj. **1** trágico, a **2** m. lo trágico **prendre au ~** tomar por lo trágico

**trahir** tr. **1** traicionar **2** revelar, mostrar, descubrir **~ un secret** descubrir un secreto **3** pr. descubrirse **4** manifestarse, revelarse

**trahison** f. traición

**train** m. **1** tren **~ de marchandises** tren de mercancías **2** pop. trasero **3** paso, marcha f. (allure) **~ des équipages** MIL. tren de equipajes **~ avant, arrière** AUTO. tren delantero, trasero **~ d'atterrissage** tren de aterrizaje **~ d'avant, de derrière** cuarto delantero, trasero (d'un cheval) **~ de pneus** juego de neumáticos **~ de vie** tren de vida, modo de vivir **aller à fond de ~** ir a todo correr, a toda marcha **aller bon ~** ir de prisa **en ~** loc. adv. en forma, animado, a **je ne suis pas en ~** no estoy en forma **mettre en ~** loc. adv. empezar (commencer) **en ~ de...** loc. prép. (se traduit en espagnol par le gérondif du verbe correspondant) **il est en ~ de manger** está comiendo

**traînard, -e** s. **1** rezagado, a **2** fig. persona lenta f.

**traîneau** m. trineo

**traînée** f. **1** reguero m. (trace) **2** pop. prostituta

**traîner** tr. **1** tirar, arrastrar **2** fig. arrastrar, llevar **~ une terrible maladie** arrastrar una penosa enfermedad **3** intr. arrastrar, colgar **4** andar rodando, no estar en su sitio, andar (chose) **5** quedarse atrás, rezagarse (s'attarder) **6** callejear, vagabundear, andar (errer) **7** pr. arrastrarse (à plat ventre), andar a gatas (à genoux) **8** andar con dificultad (par maladie, fatigue) **9** hacerse largo, no acabarse nunca (dans le temps) **~ les pieds** arrastrar los pies **~ une affaire en longueur** hacer durar, dar largas a un asunto **~ en longueur** no acabar nunca, ir para largo

**traîneur, -euse** s. vagabundo, a

**train-train** m. marcha habitual, rutinaria f., rutina f.

**traire** tr. ordeñar

**trait** m. **1** rasgo, característica f. **2** raya f., trazo (ligne) **3** flecha f., saeta f. (flèche) **4** fig. pulla f. (parole malveillante) **5** pl. rasgos, facciones f. (du visage) **~ d'esprit** agudeza f. **~ de génie** rasgo de ingenio **avoir ~ à** referirse a, tener relación con **~ d'union**

guión, lazo, vínculo *fig. partir comme un* ~ salir como una flecha, salir disparado *boire d'un* ~ beber de un trago *animal de* ~ animal de tiro

**traitable** *adj.* tratable

**traite** *f.* 1 tirada, tirón *m.* 2 ordeño *m. (des vaches)* 3 *COMM.* letra de cambio *d'une (seule)* ~ de una tirada, de un tirón ~ *des Nègres* trata de negros ~ *des Blanches* trata de blancas

**traité** *m.* tratado

**traitement** *m.* 1 tratamiento 2 proceso de datos *(informatique)* ~ *de textes* proceso de textos

**traiter** *tr.* 1 tratar 2 asistir *(un malade)* 3 negociar 4 procesar *(informatique)* ~ *quelqu'un de* tratar a alguien de..., calificar a alguien de... ~ *de intr.* hablar de, tratar de

**traître, -esse** *adj. -s.* traidor, ora *en* ~ a traición, traidoramente *pas un* ~ *mot* ni una palabra

**trajectoire** *f.* trayectoria

**trajet** *m.* trayecto

**tramer** *tr.* tramar

**tramontane** *f.* tramontana

**tramway** *m.* tranvía

**tranchant, -e** *adj.* 1 cortante 2 *fig.* tajante, decisivo, a 3 *m.* corte, filo *à deux tranchants* espada de dos filos

**tranche** *f.* 1 tajada, lonja *(de jambon)*, rodaja, raja *(de saucisson)*, rebanada *(de pain)* 2 canto *m. (d'un livre)* 3 grupo *m. (de chiffres)* 4 sorteo *m. (de loterie)* ~ *de vie* episodio de la vida real *m. s'en payer une* ~ *loc. fam.* divertirse mucho, pasarlo en grande

**tranchée** *f.* trinchera

**trancher** *tr.* 1 cortar 2 *fig.* zanjar, resolver ~ *une difficulté* zanjar una dificultad 3 *intr.* decidir, resolver 4 resaltar, contrastar *(les couleurs)* ~ *dans le vif* cortar por lo sano

**tranquille** *adj.* tranquilo, a

**tranquilliser** *tr.* 1 tranquilizar 2 *pr.* tranquilizarse

**transaction** *f.* transacción

**transatlantique** *adj.* 1 transatlántico, a 2 *m.* transatlántico *(paquebot)* 3 tumbona *f. (chaise longue, transat)*

**transborder** *tr.* transbordar

**transcendance** *f.* trascendencia

**transcription** *f.* transcripción

**transcrire** *tr.* transcribir

**transe** *f.* temor *m.*, inquietud, ansia *en* ~ en trance *(état d'hypnose)*

**transept** *m.* crucero

**transférer** *tr.* transferir, traspasar, trasladar

**transfert** *m.* 1 transferencia *f. (de fonds)* 2 traspaso 3 traslado *(transport)*

**transfigurer** *tr.* transfigurar

**transformation** *f.* transformación

**transformer** *tr.* 1 transformar 2 *pr.* transformarse

**transfuge** *m.* tránsfuga

**transfuser** *tr.* 1 transfundir 2 hacer una transfusión *de (de sang)*

**transfusion** *f.* transfusión

**transgresser** *tr.* transgredir, quebrantar

**transi, -ie** *adj.* transido, a, aterido, a, pasmado, a

**transiger** *intr.* transigir

**transir** *tr.* helar, pasmar *(de froid, de peur)*

**transit** *m.* tránsito *en* ~ en tránsito

**transitif, -ive** *adj.* transitivo, a

**transition** *f.* transición

**transitoire** *adj.* transitorio, a

**translation** *f.* translación, traslado *m.*

**translucide** *adj.* translúcido, a

**transmettre** *tr.* transmitir

**transmission** *f.* transmisión

**transmutation** *f.* transmutación

**transparence** *f.* transparencia

**transparent, -e** *adj.* transparente

**transpercer** *tr.* traspasar, atravesar

**transpiration** *f.* transpiración, sudor *m.*

**transpirer** *intr.* transpirar, sudar

**transplantation** *f.* transplante *m.*

**transplanter** *tr.* trasplantar

**transport** *m.* 1 transporte *transports en commun* transportes colectivos 2 *fig.* transporte, arrebato ~ *au cerveau* congestión cerebral *f.*, delirio

**transporter** *tr.* 1 transportar, trasladar 2 transmitir 3 *fig.* arrebatar, poner fuera de sí, sacar de quicio 4 *pr.* trasladarse

**transporteur** *m.* transportista

**transsubstantiation** *m.* transubstanciación

**transvaser** *tr.* transvasar, trasegar

**transversal, -ale** *adj.* transversal

**trapèze** *m.* trapecio

**trappe** *f.* 1 trampa, trampilla *(porte au niveau du sol)* 2 trampa *(piège)* 3 trapa *(ordre religieux)*

**trappiste** *m.* trapense *(religieux)*

**trapu, -ue** *adj.* rechoncho, a

**traquenard** *m.* trampa *f.*

**traquer** *tr.* 1 acosar, acorralar *(le gibier)* 2 *fig.* acosar

**traumatisme** *m.* traumatismo, trauma

**travail** *m.* 1 trabajo ~ *manuel* trabajo manual 2 *pl.* faenas *f. les travaux des champs* las faenas del campo 3 obras *f.* ~ *à la chaîne* producción en cadena ~ *à mi-temps, à temps partiel* trabajo a tiempo parcial ~ *au noir* trabajo negro ~ *saisonnier* trabajo estacional, de temporero *un ~ de Romains* una obra de Romanos *une femme en* ~ una mujer que va de parto

**travailler** *tr.* 1 trabajar, pulir, labrar *(façonner)* 2 atormentar *(faire souffrir)* 3 preocupar *(inquiéter)* 4 *intr.* trabajar ~ *à la tâche* trabajar a destajo 5 estudiar 6 fermentar *(le vin)* 7 alabearse *(le bois) loc. fam. il travaille du chapeau* está chiflado, loco

**travailleur, -euse** *adj.* 1 trabajador, ora 2 *s.* trabajador, ora 3 obrero, a 4 estudioso, a

**travers** *m.* defecto *(défaut)* ~ de través *se mettre en* ~ ponerse atravesado *à* ~ a través *à* ~ *les carreaux* a través de los cristales *passer à* ~ *champs* pasar a campo traviesa *au* ~ por en medio *passer au* ~ *loc. fig.* librarse *de* ~ de través *à tort et à* ~ a tontas y a locas

**traverse** *f.* 1 travesaño *m.,* larguero *m. (pièce de bois)* 2 traviesa *(chemin de fer) chemin de* ~ atajo *m.*

**traversée** *f.* travesía

**traverser** *tr.* 1 atravesar, cruzar *(un pays, une rue)* 2 traspasar, calar *(transpercer)* 3 *fig.* atravesar, pasar

**traversin** *m.* travesaño, almohada larga *f.*

**travesti, -ie** *adj.* 1 disfrazado, a 2 *m.* disfraz 3 *s.* persona que se disfraza para parecer del otro sexo *f.,* travestido *m. bal* ~ baile de disfraces

**travestir** *tr.* 1 disfrazar, travestir 2 *pr.* disfrazarse, travestirse

**travestissement** *m.* 1 disfraz 2 alteración *f.*

**trébucher** *intr.* tropezar, dar un traspié

**trébuchet** *m.* 1 pesillo *(petite balance)* 2 trampa para pajaritos *f.*

**tréfilerie** *f.* fábrica de alambre, trefilería

**trèfle** *m.* 1 trébol 2 uno de los palos de la baraja francesa

**tréfonds** *m.* lo más íntimo, lo más recóndito

**treillage** *m.* enrejado, reja *f.*

**treille** *f.* 1 parra 2 emparrado *m.*

**treize** *adj. num. m.* trece

**treizième** *adj. num.* decimotercio, a

**tréma** *m.* crema *f.,* diéresis *f. Utilisé sur le e, le i ou le u pour indiquer qu'ils ne forment pas une diphtongue avec une autre voyelle : aiguë, naïf, Saül*

**tremble** *m.* tiemblo, álamo temblón

**tremblement** *m.* 1 temblor 2 temblor, estremecimiento *(frémissement)* ~ *de terre* temblor de tierra, terremoto *et tout le* ~ *fam.* y toda la pesca

**trembler** *intr.* 1 temblar 2 tiritar, temblar *(de froid, de fièvre)* 3 temblar, temer, estremecerse *(avoir peur)* ~ *comme une feuille* temblar como un azogado

**trembloter** *intr.* temblar ligeramente, temblequear

**trémie** *f.* tolva de molino

**trémière** *adj. f. rose* ~ malvarrosa

**trémoussement** *m.* zarandeo, meneo

**tremper** *tr.* 1 mojar, bañar, meter en un líquido 2 empapar, remojar *(imbiber)* 3 *TECHN.* templar *(l'acier)* 4 *fig.* templar, dar temple 5 *intr.* estar en remojo, remojarse 6 *pr.* remojarse *(prendre un bain) être trempé* estar hecho una sopa ~ *dans fig.* participar en, estar pringado en

**tremplin** *m.* trampolín

**trentaine** *f.* treintena, unos treinta *m. pl.*

**trente** *adj. num. -m.* treinta *se mettre sur son* ~ *et un* ponerse de punta en blanco

**trentième** *adj. num.* 1 trigésimo, a 2 *s.* treintavo, a *m. le* ~ la trigésima parte *f.*

**trépaner** *tr.* trepanar

**trépas** *m.* muerte *f.,* óbito *passer de vie à* ~ morir

**trépasser** *intr.* fallecer, morir

**trépidant, -e** *adj.* trepidante

**trépied** *m.* trípode

**trépigner** *intr.* patalear, patear

**très** *adv.* **1** muy ~ *aimable* muy amable ~ *petit* muy pequeño **2** mucho, a *il fait ~ froid* hace mucho frío *j'ai ~ soif* tengo mucha sed

**trésor** *m.* tesoro

**trésorerie** *f.* tesorería

**tressaillir** *intr.* estremecerse

**tressauter** *intr.* sobresaltarse, estremecerse

**tresser** *tr.* trenzar

**tresse** *f.* trenza

**tréteau** *m.* **1** caballete, asnilla *f.* **2** *pl.* tablas *f.* *monter sur les tréteaux* hacerse cómico

**treuil** *m.* torno de mano

**trêve** *f.* tregua *sans* ~ sin tregua, sin interrupción

**tri** *m.* selección *f.*, clasificación *f.*

**triage** *m.* tría *f.*, selección *f.*, apartado *(courrier)*

**triangle** *m.* triángulo

**tribord** *m.* MAR. estribor

**tribu** *f.* tribu

**tribulation** *f.* tribulación

**tribunal** *m.* tribunal *comparaître devant les tribunaux* comparecer ante los tribunales

**tribune** *f.* tribuna

**tribut** *m.* tributo

**tricher** *intr.* hacer trampas

**tricheur, -euse** *s.* fullero, a, tramposo, a

**tricolore** *adj.* tricolor

**tricorne** *m.* tricornio

**tricot** *m.* **1** labor *f.*, tejido de punto **2** jersey *(chandail)* ~ *de corps* camiseta *f.*

**tricoter** *tr.* **1** hacer punto *elle tricote un chandail* hace un suéter de punto **2** *intr.* hacer punto *pop.* ~ *des jambes* correr mucho

**trictrac** *m.* chaquete *(jeu)*

**tricycle** *m.* triciclo

**trident** *m.* **1** tridente **2** fisga *f.* *(pour pêcher)*

**trièdre** *m.* triedro

**trier** *tr.* triar, escoger

**trieur, -euse** *s.* **1** escogedor, ora **2** *f.* clasificadora

**trigonométrie** *f.* trigonometría

**trille** *m.* MUS. trino

**trillion** *m.* trillón

**trilogie** *f.* trilogía

**trimestriel, -elle** *adj.* trimestral

**tringle** *f.* varilla, barra ~ *à rideaux* varilla de cortina

**trinité** *f.* trinidad

**trinôme** *m.* trinomio

**trinquer** *intr.* **1** brindar **2** *fam.* beber **3** *pop.* pagar el pato *(subir un dommage)*

**trio** *m.* trío, terceto

**triomphe** *m.* triunfo *arc de* ~ arco de triunfo *porter quelqu'un en* ~ aclamar triunfalmente, llevar a hombros

**triompher** *intr.* **1** triunfar **2** sobresalir, distinguirse ~ *de...* triunfar sobre

**tripe** *f.* **1** tripa *(boyau)* **2** *fam.* tripa *(de l'homme)* **3** *pl.* CUIS. callos *m.* *rendre tripes et boyaux* echar las tripas, vomitar

**triple** *adj.* triple

**triporteur** *m.* triciclo para transporte

**tripot** *m.* garito, timba *f.*

**tripotage** *m.* chanchullo, tejemaneje

**tripotée** *f.* **1** *fam.* paliza, tunda *(volée)* **2** *fam.* caterva *f.*, montón *(tas)*

**triptyque** *m.* tríptico

**trique** *f.* garrote *m.*

**trisaïeul, -eule** *s.* tatarabuelo, a

**triste** *adj.* triste

**tristesse** *f.* tristeza

**triton** *m.* ZOOL., MYTH. tritón

**triturer** *tr.* triturar

**triumvirat** *m.* triunvirato

**trivial, -ale** *adj.* **1** trivial **2** bajo, a, grosero, a

**trivialité** *f.* trivialidad

**troc** *m.* trueque, cambalache

**troglodyte** *adj.* -*s.* troglodita

**trogne** *f.* cara gorda y colorada

**trois** *adj. num.* -*m.* tres

**troisième** *adj. num.* -*s.* tercero, a

**trois-mâts** *m.* barco de tres palos

**trolley** *m.* trole

**trombe** *f.* tromba, manga *(d'eau)* *en* ~, *comme une* ~ a toda velocidad

**tromblon** *m.* **1** trabuco naranjero **2** *pop.* chistera *f.* *(chapeau)*

**trombone** *m.* **1** trombón **2** clip *(agrafe)*

**trompe** *f.* trompa

**trompe-l'œil** *m. invar.* trampantojo, *fig.*, engañifa *f.*, apariencia engañosa *f.* **en ~** *PEINT.* de relieve

**tromper** *tr.* **1** engañar **2** ser infiel a, engañar a *(son mari, sa femme)* **3** burlar *(échapper)* **4** matar **~ la soif** matar la sed **5** *pr.* equivocarse *si je ne me trompe* si no me equivoco

**trompette** *f.* **1** trompeta *(instrument)* **2** *m.* trompeta *(musicien)* **nez en ~** nariz respingona

**trompeur, -euse** *adj.* engañador, ora, engañoso, a

**tronc** *m.* **1** tronco **2** cepillo *(dans une église)*

**tronçonner** *tr.* cortar en trozos

**trône** *m.* trono

**tronquer** *tr.* truncar

**trop** *adv.* **1** demasiado **~ cher** demasiado caro **~ ... pour** demasiado... para **2** muy **~ peu** muy poco **3** *m.* exceso **de ~, en ~** de más, de sobra *c'en est* **~** es demasiado, esto pasa la raya **~ de choses** demasiadas cosas

**trophée** *m.* trofeo

**tropical, -ale** *adj.* tropical *pays tropicaux* países tropicales

**tropique** *m.* trópico *les tropiques* los trópicos

**tropisme** *m.* tropismo

**troquer** *tr.* trocar, cambiar

**trot** *m.* trote *au ~* al trote, a trote

**trotter** *intr.* **1** trotar, ir al trote *(cheval)* **2** corretear, callejear *(marcher beaucoup)* **3** *pr. pop.* largarse *(se sauver)* **~ dans la tête** dar vueltas en la cabeza

**trottoir** *m.* acera *f. (de rue)* **faire le ~** hacer la carrera **~ roulant** plataforma móvil *f.*

**trou** *m.* **1** agujero, orificio **2** ojo *(de la serrure)* **3** madriguera *f. (des animaux)*, ratonera *f. (de souris)* **4** poblacho, villorrio, aldea *(petit village)* **5** fallo *(de mémoire)* **~ d'air** bache *(avion)* **faire son ~** establecerse, colocarse bien **~ du souffleur** concha del apuntador *f.* **être au ~** *pop.* estar en chirona, en la cárcel

**troubadour** *m.* trovador

**trouble** *adj.* **1** turbio, a **2** confuso, a **3** *m.* disturbio, desorden, confusión *f.* **4** turbación *f.*, emoción *f.* **5** *m. pl.* disturbios, revueltas *f. (rébellion)* **6** trastornos *(de la santé)* **troubles psychiques** trastornos psíquicos

**trouble-fête** *m. invar.* aguafiestas

**troubler** *tr.* **1** enturbiar *(rendre trouble)* **2** turbar, agitar *(agiter)* **3** perturbar, trastornar *(dérégler)* **4** inquietar, impresionar **5** *pr.* turbarse, perder la serenidad

**trouer** *tr.* **1** horadar, agujerear **2** abrir una brecha

**troupe** *f.* **1** tropa, pandilla **2** bandada, vuelo *m. (d'oiseaux)* **3** *MIL.* tropa **4** compañía *(de comédiens, etc.)*

**troupeau** *m.* **1** rebaño, manada *f. (d'animaux)* **2** multitud *f.*, rebaño *(de personnes)*

**trousse** *f.* **1** estuche *m.* **~ de toilette** estuche de aseo **2** maletín *m.*

**trousseau** *m.* **1** manojo *(de clefs)* **2** ajuar, equipo, ropa *f. (d'une mariée, d'un collégien)* **3** canastilla *f. (d'un nouveau-né)*

**trousser** *tr.* **1** arremangar, levantar, recoger *(les vêtements)* **2** hacer rápido y hábilmente, despachar de prisa *(faire rapidement)* *CUIS.* **~ une volaille** atar un ave para asarla

**trouvaille** *f.* hallazgo *m.*

**trouver** *tr.* **1** encontrar, hallar, dar con *je ne trouve pas mes lunettes* no encuentro mis gafas **2** sentir, experimentar *(éprouver)* **3** ver, encontrar **~ bon, mauvais** encontrar bien, mal **aller ~ quelqu'un** ir a ver a alguien **4** *pr.* encontrarse, hallarse **5** sentirse, encontrarse *je me trouve bien ici* me siento a gusto aquí *vous trouvez?* ¿usted cree? *il se trouve que* *impers.* sucede que, ocurre que *il se trouve toujours des personnes qui...* hay siempre personas que...

**trouvère** *m.* trovero

**truand, -e** *s.* truhán, ana, pícaro, a

**truc** *m.* **1** truco **2** *fam.* chisme, cosa *f.*, cacharro *(chose quelconque)* **3** sistema, mecanismo

**trucage** *m.* **1** falsificación *f.* **2** trampa *f.* **3** efectos especiales, trucaje *(au cinéma)*

**truculent, -e** *adj.* truculento, a

**truelle** *f.* **1** palustre *m.*, llana *(de maçon)* **2** paleta *(pour servir)*

**truffe** *f.* trufa

**truie** *f.* marrana, cerda

**truite** *f.* trucha

**truquer** *tr.* falsificar

**trust** *m.* trust

**tsar** *m.* zar

**tsarine** f. zarina

**t-shirt** m. niqui, camiseta f.

**tu** pron. pers. tú

**tuant, -e** adj. fam. penoso, a, fatigante, agobiante

**tuba** m. 1 tuba 2 tubo respiratorio (plongée)

**tube** m. 1 tubo ~ à essai tubo de ensayo 2 ANAT. tubo 3 fam. canción de éxito f.

**tubercule** m. tubérculo

**tuberculeux, -euse** adj. -s. tuberculoso, a

**tuberculose** f. tuberculosis

**tubulaire** adj. tubular

**tudesque** adj. -m. tudesco, a

**tuer** tr. 1 matar 2 pr. matarse se ~ au travail matarse trabajando 3 suicidarse ~ le temps matar el tiempo

**tuerie** f. matanza, carnicería

**tue-tête (à)** loc. adv. a grito pelado, a voz en grito

**tueur, -euse** s. 1 matador, ora, asesino, a 2 m. matarife (dans un abattoir)

**tuile** f. 1 teja 2 fam. accidente m., sorpresa desagradable

**tulipe** f. tulipán m.

**tulle** m. tul (tissu)

**tuméfier** tr. causar tumefacción

**tumeur** f. tumor m.

**tumultueux, -euse** adj. tumultuoso, a

**tungstène** m. tungsteno

**tunique** f. 1 túnica 2 ANAT., BOT. túnica

**tunnel** m. túnel

**turban** m. turbante

**turbine** f. turbina

**turbot** m. rodaballo (poisson)

**turbulence** f. turbulencia

**turbulent, -e** adj. turbulento, a

**turc, turque** adj. -s. turco, a

**turgescent, -e** adj. MÉD. turgente

**turpitude** f. torpeza, vileza, infamia

**turquoise** f. 1 turquesa (pierre) 2 adj. invar. color turquesa

**tutélaire** adj. tutelar

**tutelle** f. tutela

**tuteur, -trice** s. 1 tutor, ora 2 m. AGR. tutor, rodrigón

**tutoyer** tr. tutear, tratar de tú

**tutu** m. faldilla f. (des danseuses)

**tuyau** m. 1 tubo 2 cañón (d'une plume d'oiseau, d'une cheminée, d'orgue) 3 pliegue en forma de tubo 4 fam. informe, noticia confidencial f. (renseignement) ~ d'arrosage manga f., manguera de riego f. ~ d'échappement tubo de escape

**tuyauterie** f. 1 tubería (ensemble de tuyaux) 2 cañería

**tuyère** f. tobera

**tympan** m. ANAT., ARCHIT. tímpano

**tympanon** m. MUS. tímpano

**type** m. 1 tipo (modèle) 2 fig. tipo (personnage original) 3 fam. tipo, tío (homme quelconque) pauvre ~ pobre tipo un chic ~ un tío estupendo

**typhoïde** adj. -f. tifoidea (fièvre)

**typhon** m. tifón

**typhus** m. tifus

**typique** adj. típico, a

**typographie** f. tipografía

**tyran** m. tirano

**tyrannie** f. tiranía

**tyranniser** tr. tiranizar

**tzigane** ou **tsigane** m. f. cíngaro, a, gitano, a

# U

**u** *m.* u *f.*

**ubiquité** *f.* ubicuidad

**uhlan** *m.* ulano

**ukase, oucase** *m.* **1** ucase, ukase *(décret du tsar)* **2** *fig.* decisión arbitraria *f.*

**ulcère** *m.* MÉD. úlcera *f.*

**ulcérer** *tr.* **1** ulcerar **2** *fig.* herir, lastimar moralmente

**U.L.M.** *m.* ultraligero

**ultérieur, -eure** *adj.* ulterior

**utltimatum** *m.* ultimátum

**ultra** *adj.* -s. extremista, ultra

**ultramontain, -e** *adj.* -s. ultramontano, a

**ululer** *intr.* ulular

**un, une** *adj. num. indéf.* **1** uno, una **2** *adj. ordin.* primero, a *livre* ~ libro primero **3** *adj.* uno, una *(indivisible)* **4** *art. indéf.* un, una ~ *de mes amis* un amigo mío **5** *pron. déf.* uno, una, unos, unas *l'*~ *d'eux* uno de ellos **6** *m.* uno *(une unité)* **7** primera plana *(d'un journal)* à *la une* en primera plana *pas* ~ *ni l'une*, ninguno *ne faire qu'*~ no ser más que uno, ser una misma persona *c'est tout* ~ es lo mismo, es todo uno ~ à ~ uno por uno *ne faire ni une ni deux* no pararse en barras *ni l'*~ *ni l'autre* ni uno ni otro, ninguno de los dos *l'*~ *et l'autre* uno y otro, ambos, los dos

**unanimité** *f.* unanimidad à *l'*~ por unanimidad

**uni, -ie** *adj.* **1** unido, a *unis contre quelqu'un* unidos contra alguien **2** llano, a, liso, a *(une surface)* **3** liso, a *couleurs unies* colores lisos *chemisier* ~ blusa lisa

**unicité** *f.* unicidad

**unifier** *tr.* unificar

**uniforme** *adj.* -m. uniforme

**uniformiser** *tr.* uniformar, uniformizar *(rendre uniforme)*

**unilatéral, -ale** *adj.* unilateral *contrats unilatéraux* contratos unilaterales

**union** *f.* unión

**unique** *adj.* único, a

**unir** *tr.* **1** unir *(assembler)* **2** *pr.* unirse *(s'associer)* **3** casarse *(se marier)*

**unisson** *m.* unisón, unísono à *l'*~ al unísono

**unitaire** *adj.* unitario, a

**unité** *f.* unidad

**univers** *m.* universo

**universalité** *f.* universalidad

**universel, -elle** *f.* universal

**universitaire** *adj.* **1** universitario, a **2** *s.* profesor, ora de la Universidad

**université** *f.* universidad

**uranium** *m.* uranio

**urbain, -e** *adj.* urbano, a

**urbaniser** *tr.* urbanizar

**urbanité** *f.* urbanidad

**urée** *f.* urea

**urémie** *f.* uremia

**urgence** *f.* urgencia, emergencia *d'*~ con urgencia, urgentemente *en cas d'*~ en caso de emergencia

**urgent, -e** *adj.* urgente *être* ~ ser urgente, urgir

**urinaire** *adj.* urinario, a

**urinal** *m.* orinal *(pour malades)*

**urine** *f.* orina

**urinoir** *m.* urinario

**urne** *f.* urna *aller aux urnes* ir a votar

**urologie** *f.* urología

**urticaire** *f.* urticaria

**us** *m. pl.* usos *les* ~ *et coutumes* los usos y costumbres

**usage** *m.* **1** uso, empleo *(utilisation)* **2** uso, costumbre *f. (coutume)* **3** educación *f.,* buenas costumbres *f. pl.* **4** usufructo, disfrute *faire* ~ *de* emplear, hacer uso de à *l'*~ *de* para uso de *en* ~ en uso *hors d'*~ fuera de uso, desusado, a *faire de l'*~ *fam.* durar *d'*~ usual, de costumbre

**usagé, -ée** *adj.* usado, a *vêtements usagés* vestidos usados

**usager** *m.* usuario

**usé, -ée** *adj.* **1** gastado, a, usado, a **2** desgastado, a, gastado, a *(affaibli)* **3** trillado, a, común *(banal)* *eaux usées* aguas residuales

**user** *intr.* **1** usar, emplear, hacer uso de, valerse de ~ *d'un privilège* hacer uso de un privilegio **2** *tr.* gastar, consumir **3** gastar, desgastar *(détériorer)* **4** debilitar, minar, gastar *(santé, forces)* **5** *pr.* gastarse *en* ~ *avec quelqu'un* comportarse, obrar, portarse con alguien ~ *ses fonds de culottes sur les bancs de l'école* ir a la escuela

**usine** *f.* fábrica ∼ *nucléaire* planta nuclear

**usiner** *tr.* **1** trabajar con una máquina herramienta, mecanizar **2** fabricar

**usité, -ée** *adj.* usado, a, en uso, empleado, a

**ustensile** *m.* utensilio

**usuel, -elle** *adj.* usual

**usufruit** *m.* usufructo

**usure** *f.* **1** usura *(intérêt)* **2** desgaste *m.,* deterioro *m. (détérioration)*

**usurier, -ière** *s.* usurero, a

**usurpateur, -trice** *s.* usurpador, ora

**usurper** *tr.* usurpar

**ut** *m. MUS.* do

**utérin, -ine** *adj.* uterino, a

**utile** *adj.* **1** útil **2** *m.* lo útil, lo que es útil *en temps* ∼ en su debido tiempo

**utilisateur, -trice** *adj. et -s.* utilizador, ora, usuario, a

**utilisation** *f.* utilización

**utiiiser** *tr.* utilizar

**utilitaire** *adj.* utilitario, a

**utilité** *f.* **1** utilidad **2** *THÉÂT.* empleo subalterno de actor *m.,* comparsa, figurante *s.*

**utopie** *f.* utopía

**utopique** *adj.* utópico, a

**utopiste** *adj. -s.* utopista

# V

**v** *m.* v *f.*

**va** *interj.* ¡anda!, ¡venga!, ¡vamos! ~ *pour dix francs* vaya por diez francos *qui ~ là?* ¿quién va? *va-t'en* vete v. *aller*

**vacance** *f.* **1** vacante *(poste, chaire)* **2** *pl.* vacaciones *être en vacances* estar de vacaciones *grandes vacances* veraneo, *m.,* vacaciones de verano *la ~ du pouvoir* el vacío del poder *m.*

**vacancier** *m.* veraneante

**vacant, -e** *adj.* **1** vacante **2** desocupado, a, libre *(siège, logement, etc.)* *pourvoir un poste vacant* cubrir una vacante

**vacarme** *m.* alboroto, estrépito *faire du ~* armar jaleo

**vaccin** *m.* vacuna *f.*

**vacciner** *tr.* vacunar

**vache** *f.* **1** vaca **2** vaqueta, vaca *(cuir)* **3** *fig. fam.* mala bestia, mal bicho *m. (personne)* **4** *adj. fam.* mal intencionado, a *manger de la ~ enragée* pasar las de Caín *vaches maigres, grasses fig.* vacas flacas, gordas

**vacherie** *f.* **1** vaquería **2** *pop.* mala jugada, cochinada

**vacillation** *f.* vacilación

**vaciller** *intr.* vacilar

**vacuité** *f.* vacuidad

**vadrouiller** *intr.* andar de picos pardos

**va-et-vient** *m. invar.* **1** vaivén **2** *MAR.* andarivel, estacha *f. (cordage)*

**vagabond, -e** *adj. -m.* vagabundo, a

**vagabonder** *intr.* vagabundear, vagar, errar

**vagin** *m.* vagina *f.*

**vagir** *intr.* **1** llorar *(nouveau-né)* **2** chillar *(lièvre)*

**vagissement** *m.* vagido

**vague** *adj.* **1** vago, a, indeciso, a **2** *m.* vaguedad *f.* **3** *f.* ola *(de la mer, etc.)* **4** *fig.* oleada, ola *terrain ~* baldío, solar ~ *à l'âme* morriña *f.,* melancolía *f.* *rester dans le ~* ser impreciso, a ~ *de chaleur* ola de calor

**vaguement** *adv.* apenas, poco, más o menos

**vaguer** *intr.* vagar, errar

**vaillance** *f.* valentía, valor *m.*

**vaillant, -e** *adj.* valiente, intrépido, a, animoso, a *pas un sou ~* ni un cuarto

**vain, vaine** *adj.* vano, a *loc. adv. en ~* en vano

**vaincre** *tr.* **1** vencer **2** *pr.* vencerse, dominarse ~ *les obstacles* salvar los obstáculos

**vaincu, -ue** *adj. -s.* vencido, a *s'avouer ~* darse por vencido

**vainqueur** *m.* **1** vencedor **2** *adj.* victorioso, a, vencedor, ora, triunfante

**vaisseau** *m.* **1** *MAR.* buque, nave *f.,* navío *capitaine de ~* capitán de navío ~ *école* buque escuela ~ *spatial* nave espacial **2** *ARCHIT.* nave *f.* **3** *ANAT., BOT.* vaso *loc. fig. brûler ses vaisseaux* quemar sus naves

**vaisselle** *f.* vajilla *faire la ~* lavar los platos, fregar

**val** *m.* valle *par monts et par vaux* por todas partes

**valable** *adj.* válido, a, valedero, a

**valériane** *f.* valeriana *(plante)*

**valet** *m.* **1** lacayo, criado, mozo **2** sota *(jeux de cartes)* **3** *TECHN.* barrilete, siete ~ *de pied* lacayo ~ *de chambre* ayuda de cámara ~ *de ferme* gañán ~ *d'écurie* mozo de cuadra

**valétudinaire** *adj. -s.* valetudinario, a

**valeur** *f.* **1** valor *m. objet de ~* objeto de valor **2** *COMM.* valor *m. valeurs à lots* valores amortizables **3** valía *f. un homme de ~* un hombre de valía **4** *MUS., PEINT.* valor *m. attacher de la ~ à* dar importancia a *mettre en ~* dar valor a, beneficiar *(une terre),* destacar, hacer resaltar *(mettre en évidence)*

**valeureux, -euse** *adj.* valeroso, a

**valide** *adj.* válido, a

**validité** *f.* validez

**valise** *f.* maleta, valija ~ *diplomatique* valija diplomática

**valkyrie** *f.* valquiria

**vallée** *f.* valle *m.*

**vallon** *m.* vallecito, cañada *f.*

**valoir** *intr.* **1** valer *(coûter)* **2** valer, equivaler **3** valer, merecer ~ *la peine de* valer la pena de **4** *tr.* valer, procurar **5** *pr.* ser equivalentes *faire ~* beneficiar *(une terre),* destacar, hacer resaltar *(mettre quelque chose en évidence),* hacer valer, acreditar *(quelqu'un) se faire ~* darse importancia, sostener sus derechos *autant vaut* tanto monta *il vaut mieux* vale más, es preferible *rien qui vaille* nada bueno *à ~ loc. adv.* a

cuenta *vaille que vaille* loc. adv. mal
que bien

**valoriser** tr. valorizar

**valse** f. vals m.

**valve** f. 1 valva *(mollusques)*
2 ÉLECTR., TECHN. válvula

**valvule** f. ANAT. válvula

**vampire** m. vampiro

**van** m. 1 harnero de mimbre 2 furgón

**vandale** m. vándalo

**vandalisme** m. vandalismo

**vanille** f. vainilla *glace à la* ~ helado
de vainilla

**vanillier** f. vainilla *(plante)*

**vanité** f. vanidad *tirer* ~ *de* enorgullecerse de *sans* ~ loc. adv. sin jactancia

**vaniteux, -euse** adj. -s. vanidoso, a

**vanne** f. compuerta, alza *(d'une écluse)*

**vanneau** m. avefría f.

**vanner** tr. 1 ahechar 2 fam. fatigar,
agotar *(fatiguer)*

**vannier** f. cestero

**vantail** m. hoja f., batiente f. *les van-
taux d'une fenêtre* las hojas de una
ventana

**vantard, -e** adj. -s. jactancioso, a, ala-
bancioso, a

**vantardise** f. jactancia, vanagloria

**vanter** tr. 1 alabar, celebrar, ensalzar
2 pr. alabarse, jactarse

**vapeur** f. vapor m., vaho m. 2 pl.
vapores *les vapeurs de l'ivresse* los
vapores del vino 3 m. vapor *(bateau)*
loc. adv. *à la* ~ al vapor *à toute* ~ a
todo vapor

**vaporeux, -euse** adj. 1 vaporoso, a
*(aérien)* 2 cargado, a de nubes o
vapores 3 fig. nebuloso, a, obscuro, a

**vaporiser** tr. 1 vaporizar 2 pr. vapo-
rizarse

**varech** m. BOT. varec

**vareuse** f. 1 marinera, chaqueta
2 MIL. guerrera, chaquetón m.

**variable** adj. -f. variable

**variant, -e** adj. -f. variante

**variation** f. variación

**varice** f. varice

**varier** tr. 1 variar 2 intr. variar 3 diferir

**variété** f. 1 variedad 2 pl. varie-
dades *(spectacle)*

**variole** f. viruela

**varlope** f. garlopa

**vasculaire** adj. vascular

**vase** m. 1 vaso, vasija f. 2 jarrón,
florero *(à fleurs)* 3 f. cieno m., légamo
m. *vases communicants* vasos comuni-
cantes ~ *de nuit* orinal

**vaseline** f. vaselina

**vaseux, -euse** adj. 1 cenagoso, a,
limoso, a 2 fam. pachucho, a, malucho, a *(fatigué)* 3 fam. oscuro, a, poco
inteligible *(peu clair)*

**vasistas** m. cuarterón móvil, tragaluz

**vasque** f. pilón m.

**vassal, -ale** adj. -s. vasallo, a *états
vassaux* estados vasallos

**vasselage** m. vasallaje

**vaste** adj. vasto, a, extenso, a, amplio,
a

**vaticiner** intr. vaticinar

**va-tout** m. invar. envite del resto *jouer
son* ~ arriesgar el todo por el todo

**vaudeville** m. vodevil

**vaurien, -ienne** adj. -s. granuja,
golfo, a

**vautour** m. buitre

**vautrer (se)** pr. revolcarse, repanchi-
garse

**veau** m. 1 ternero, becerro 2 ternera f.
*(viande)* 3 becerro *(cuir) pleurer comme
un* ~ berrear *tuer le* ~ *gras* echar la
casa por la ventana ~ *marin* becerro
marino

**vecteur** m. vector

**vécu** m. vivencia f.

**vedette** f. 1 pequeño barco de guerra
m. *(bateau militaire)* 2 lancha motora
rápida *(canot rapide)* 3 estrella, primera figura *(artiste)* 4 divo m., diva
*(d'opéra)* 5 ancienn. centinela m. *(soldat) mettre en* ~ destacar, poner en
primer plano

**végétal, -ale** adj. -m. vegetal *médi-
caments végétaux* medicamentos vegetales

**végétarien, -ienne** adj. -s. vegetariano, a

**végétation** f. 1 vegetación 2 pl.
MÉD. vegetaciones

**végéter** intr. vegetar

**véhémence** f. vehemencia

**véhicule** m. vehículo

**veille** f. 1 vigilia, vela 2 víspera *(jour
précédent)* 3 vigilia *(d'une fête religieuse)* 4 pl. desvelos m. *être à la* ~ *de*
estar en vísperas de

**veillée** f. velada, velatorio m. *(d'un
défunt)*

*ventriloque*

**veiller** *intr.* **1** velar *(rester sans dormir)* **2** velar, vigilar **3** *tr.* velar *(un malade, un mort)* ~ *à*, ~ *sur* velar por, tener cuidado de ~ *à ce que* procurar

**veilleur, -euse** *s.* velador, ora, vigilante ~ *de nuit* vigilante nocturno, sereno

**veilleuse** *f.* mariposa, lamparilla de noche *(lampe)*, llama piloto *(d'un chauffe-eau)* *mettre en* ~ poner a media luz *(une lumière)*, limitar *(une activité)*

**veinard, -e** *adj.* *-s. fam.* suertudo, a, potroso, a, chambón, ona

**veine** *f.* **1** vena **2** *MIN.* vena, veta **3** *fig.* vena ~ *poétique* vena poética **4** *fam.* potra, suerte *pas de* ~ *!* ¡qué mala pata! *être en* ~ estar de suerte

**veineux, -euse** *adj.* **1** venoso, a **2** veteado, a *(bois, etc.)*

**vélaire** *adj.* *-f. GRAM.* velar

**vêler** *intr.* parir *(vache)*

**vélin** *m.* vitela *f.* *papier* ~ papel vitela

**velléité** *f.* veleidad

**vélo** *m.* **1** *fam.* bici *f.* **2** bicicleta *f.*

**véloce** *adj.* veloz

**vélocité** *f.* velocidad, rapidez

**vélodrome** *m.* velódromo

**velours** *m.* terciopelo ~ *côtelé* pana *f.* *faire patte de* ~ esconder las uñas *jouer sur le* ~ jugar sobre seguro

**velu, -ue** *adj.* velludo, a, velloso, a

**vélum** *m.* toldo

**venaison** *f.* carne de venado

**vénal, -ale** *adj.* venal *valeur vénale* valor comercial

**venant, -e** *adj.* *s.* viniente, que llega *à tout* ~ al primer llegado, a todo el mundo

**vendable** *adj.* vendible

**vendange** *f.* vendimia

**vendangeur, -euse** *s.* vendimiador, ora

**vendeur, -euse** *s.* **1** *COMM.* vendedor, ora **2** dependiente, a *(employé)*

**vendre** *tr.* **1** vender ~ *à terme* vender a plazos ~ *aux enchères* vender en pública subasta **2** *pr.* venderse *à* ~ en venta ~ *la mèche* revelar un secreto

**vendredi** *m.* viernes

**venelle** *f.* callejón *m.*, callejuela

**vénéneux, -euse** *adj.* venenoso, a

**vénération** *f.* veneración

**vénérer** *tr.* venerar

**vénerie** *f.* montería

**vengeance** *f.* venganza *tirer* ~ *de* vengarse de

**venger** *tr.* **1** vengar **2** *pr.* vengarse

**véniel, -elle** *adj.* venial

**venimeux, -euse** *adj.* venenoso, a, ponzoñoso, a

**venin** *m.* veneno, ponzoña *f.* *jeter tout son* ~ desahogar la cólera *morte la bête, mort le* ~ muerto el perro se acabó la rabia

**venir** *intr.* **1** venir *il est venu hier* vino ayer *dites-lui de* ~ dígale que venga *ces oranges viennent de Valence* estas naranjas vienen de Valencia **2** ir *(aller)* **3** llegar, venir, ocurrir *un malheur ne vient jamais seul* una desgracia nunca llega sola **4** formarse, aparecer **5** crecer, desarrollarse *cet arbre vient bien* este árbol crece bien ~ *à l'esprit* venir al pensamiento *laisser* ~, *voir* ~ ver venir, esperar sin prisas *le temps à* ~ el tiempo venidero ~ *de* acabar de *il vient d'arriver, de partir* acaba de llegar, de salir ~ *à bout d'une chose* llevar a cabo una cosa ~ *à bout de quelqu'un* vencer, hacer ceder a uno *en* ~ *à, jusqu'à* llegar a, verse reducido a *en* ~ *aux mains* venir a las manos, reñir *vouloir en* ~ querer ir a parar

**vénitien, -ienne** *adj.* *-s.* veneciano, a

**vent** *m.* **1** viento **2** aire *(air)* **3** viento *(odeur du gibier)* **4** viento, ventosidad *f.* *(gaz intestinal) avoir* ~ *de* barruntar, tener noticia de

**vente** *f.* venta ~ *au comptant, à tempérament* venta al contado, a plazos ~ *aux enchères* subasta, almoneda

**venter** *impers.* ventear *il vente* ventea

**venteux, -euse** *adj.* ventoso, a

**ventilateur** *m.* ventilador

**ventilation** *f.* ventilación

**ventiler** *tr.* **1** ventilar **2** *COMM.* desglosar, repartir

**ventosité** *f.* ventosidad

**ventouse** *f.* ventosa

**ventral, -ale** *adj.* ventral

**ventre** *m.* **1** vientre **2** *fam.* barriga *f.*, panza *f.* ~ *affamé n'a point d'oreilles* *prov.* el hambre no admite razones *à plat* ~, *sur le* ~ *loc. adv.* de bruces, boca abajo *à* ~ *déboutonné* como un descosido ~ *à terre* a galope tendido

**ventricule** *m.* *ANAT.* ventrículo

**ventrière** *f.* ventrera

**ventriloque** *adj.* *-s.* ventrílocuo, a

**ventru, -ue** *adj.* ventrudo, a, barrigudo, a

**venu, -ue** *adj. -s.* **1** venido, a, llegado, a **2** ejecutado, a, logrado, a *dessin bien* ~ dibujo bien ejecutado *le premier* ~ el primero que llegue, cualquiera *nouveau* ~ recién llegado *soyez le bien*~ sea usted bien venido

**vêpres** *f. pl.* LITURG. vísperas

**ver** *m.* gusano ~ *à soie* gusano de seda ~ *luisant* luciérnaga *f.* ~ *solitaire* solitaria *f.*

**véracité** *f.* veracidad

**véranda** *f.* **1** veranda, galeria cubierta **2** mirador *m.*

**verbal, -ale** *adj.* verbal *adjectifs verbaux* adjetivos verbales

**verbe** *m.* **1** GRAM. verbo **2** palabra *f.*, voz *f.* **3** RELIG. verbo *(de Dieu) avoir le* ~ *haut* tener la voz fuerte, hablar con arrogancia *fig.*

**verbiage** *m.* cháchara *f.*, palabrería *f.*

**verbosité** *f.* verbosidad

**verdâtre** *adj.* verdoso, a

**verdelet, -ette** *adj.* agrete *(vin)*

**verdet** *m.* verdete, cardenillo

**verdeur** *f.* **1** estado de la leña o de la fruta verde **2** aspereza *(du vin)* **3** verdor *m.*, lozanía *(d'une personne)* **4** licencia, libertad *(du langage)*

**verdict** *m.* veredicto ~ *d'acquittement* veredicto de inculpabilidad

**verdier** *m.* verderón

**verdir** *tr.* **1** colorear, pintar de verde **2** *intr.* tomar color verde **3** verdecer, verdear *(les champs, etc.)*

**verdoyer** *intr.* verdear

**verdure** *f.* **1** verde *m.*, verdor *m.*, verdura **2** vegetación **3** hierba, césped *m. se coucher sur la* ~ tenderse en la hierba

**véreux, -euse** *adj.* **1** agusanado, a **2** *fig.* malhonesto, a, sospechoso, a *affaire véreuse* negocio turbio

**verge** *f.* **1** vara, varilla **2** azote *m. (pour frapper)* **3** MAR. caña **4** ANAT. miembro viril, verga

**verger** *m.* vergel

**verglas** *m.* hielo, suelo helado

**vergne** *m.* aliso

**vergogne (sans)** *loc. adv.* sin vergüenza

**véridique** *adj.* verídico, a

**vérification** *f.* verificación, comprobación

**vérifier** *tr.* verificar, comprobar

**vérin** *m.* MÉC. gato

**vérisme** *m.* verismo

**véritable** *adj.* verdadero, a

**vérité** *f.* verdad *la* ~ *vraie* la pura verdad *dire à quelqu'un ses vérités* decir a uno cuatro verdades *à la* ~ *loc. adv.* a la verdad *en* ~ *loc. adv.* en verdad

**vermeil, -eille** *adj.* **1** bermejo, a, encarnado, a **2** *m.* plata sobredorada *f. (métal)*

**vermicelle** *m.* fideo

**vermifuge** *adj. -m.* MÉD. vermífugo, a, vermicida

**vermillon** *adj. -m.* **1** bermellón **2** *fig.* carmín

**vermine** *f.* **1** miseria, piojos, chinches *m. pl.* **2** *fig.* canalla, gentuza, chusma

**vermoulu, -ue** *adj.* carcomido, a

**vernaculaire** *adj.* vernáculo, a *langue* ~ idioma vernáculo

**verni, -ie** *adj. fig. fam.* afortunado, a *être* ~ tener potra

**vernir** *tr.* **1** barnizar **2** charolar *(le cuir)*

**vernis** *m.* **1** barniz *(produit)* **2** charol *(cuir)*

**vernissage** *m.* **1** barnizado **2** inauguración *f. (d'une exposition)*

**vernisser** *tr.* vidriar

**vérole** *f.* MÉD. sífilis *petite* ~ viruelas *pl.*

**verrat** *m.* verraco

**verre** *m.* **1** vidrio ~ *double* vidrio grueso **2** cristal *(de lunettes, montre)* **3** vaso, copa *f. (à boire) un* ~ *d'eau* un vaso de agua **4** *pl.* lentes, gafas *f. (lunettes)* ~ *de lampe* tubo de lámpara *cloche de* ~ fanal, campana de vidrio *f. papier de* ~ papel de lija ~ *à pied* copa *f. petit* ~ copita *f. prendre un* ~ tomar una copa

**verrerie** *f.* **1** vidriería **2** objetos de vidrio *m. pl.*

**verrière** *f.* vidriera, cristalera

**verroterie** *f.* abalorios *m. pl.*

**verrou** *m.* cerrojo, pestillo *tirer, ouvrir le* ~ echar, descorrer el cerrojo *être sous les verrous* estar preso, a

**verrouiller** *tr.* cerrar con cerrojo

**verrue** *f.* verruga

**verruqueux, -euse** *adj.* verrugoso, a

**vers** *m.* **1** verso **2** *prép.* hacia *(direction)* **3** hacia, a eso de ~ *six heures* hacia las seis, a eso de las seis

**versant** *m.* vertiente *f. (d'une montagne)*

**versatile** *adj.* versátil

**Verseau** *m.* ASTROL. Acuario

**verse (à)** *loc. adv.* a cántaros *il pleut à* ~ llueve a cántaros

**versé, -ée** *adj.* versado, a

**versement** *m.* **1** entrega *f.,* ingreso *(fonds)* **2** pagos *en plusieurs versements* en varios pagos

**verser** *tr.* **1** echar, verter, derramar ~ *à boire* echar de beber, llenar el vaso ~ *du sang, des larmes* derramar sangre, lágrimas **2** entregar, ingresar, abonar *(fonds)* ~ *au compte de* abonar en cuenta de **3** *intr.* volcar *(un véhicule)* **4** encamarse *(céréales) fig.* ~ *dans* caer en

**verset** *m.* versículo

**verseuse** *f.* cafetera de mango recto, jarra

**versification** *f.* versificación

**version** *f.* **1** versión **2** traducción directa

**verso** *m.* vuelta *f.,* verso, dorso *(d'un feuillet)*

**vert, -e** *adj.* **1** verde **2** sin curtir *(cuir)* **3** vigoroso, a, lozano, a *(en parlant des gens âgés)* **4** verde *(licencieux)* **5** *m.* verde *(couleur)* **6** forraje verde *légumes verts* verduras *f. vin* ~ vino agraz *verte réprimande* represión agria ~ *océan* verdemar *se mettre au* ~ irse al campo a descansar

**vert-de-gris** *m. invar.* verdete, cardenillo

**vertébral, -ale** *adj.* vertebral

**vertébré, -ée** *adj.* **1** vertebrado, a **2** *m.* vertebrado

**vertement** *adv.* ásperamente, vivamente

**vertical, -e** *adj. -f.* vertical

**vertige** *m.* vértigo

**vertigineux, -euse** *adj.* vertiginoso, a

**vertu** *f.* virtud *loc. prép. en* ~ *de* en virtud de

**vertueux, -euse** *adj.* virtuoso, a

**verve** *f.* **1** inspiración, vena **2** locuacidad *être en* ~ estar locuaz

**verveine** *f.* verbena

**vésicule** *f.* vesícula

**vespéral, -ale** *adj.* **1** vespertino, a **2** *m.* vesperal

**vesse** *f.* follón *m.,* zullón *m.*

**vessie** *f.* vejiga *fig.* **prendre des vessies pour des lanternes** confundir Roma con Santiago

**vestale** *f.* vestal

**veste** *f.* chaqueta, americana *retourner sa* ~ chaquetear, volver la casaca

**vestiaire** *m.* guardarropa

**vestibule** *m.* vestíbulo

**vestige** *m.* vestigio, huella *f.*

**veston** *m.* chaqueta *f.,* americana *f.*

**vêtement** *m.* **1** vestido, ropa *f. vêtements usagés* vestidos usados, ropa usada **2** traje ~ *militaire* traje militar

**vétéran** *m.* veterano

**vétérinaire** *adj. -s.* veterinario, a

**vétilleux, -euse** *adj.* minucioso, a, meticuloso, a

**vêtir** *tr.* **1** vestir **2** *pr.* vestirse

**veto** *m.* veto

**vétuste** *adj.* vetusto, a

**veuf, veuve** *adj. -s.* viudo, a

**veule** *adj.* flojo, a, débil, sin voluntad

**veuvage** *m.* viudez *f.*

**vexation** *f.* vejación

**vexer** *tr.* **1** vejar **2** molestar, fastidiar **3** *pr.* molestarse, picarse

**via** *prép.* vía, por

**viabilité** *f.* **1** viabilidad **2** calidad de transitable *(chemin)*

**viaduc** *m.* viaducto

**viager, -ère** *adj.* **1** vitalicio, a **2** *m.* renta vitalicia *f.*

**viande** *f.* carne

**viatique** *m.* viático

**vibrant, -e** *adj.* vibrante

**vibration** *f.* vibración

**vibrer** *intr.* vibrar

**vicaire** *m.* vicario

**vice** *m.* vicio

**vice** *particule invar.* vice *vice-amiral* vicealmirante *vice-consul* vicecónsul

**vice-roi** *m.* virrey

**vice versa** *loc. adv.* viceversa

**vicier** *tr.* **1** viciar **2** *pr.* viciarse

**vicieux, -euse** *adj.* **1** vicioso, a **2** resabiado, a *(chevaux)*

**vicinal, -ale** *adj.* vecinal

**vicissitude** *f.* vicisitud

**vicomte** *m.* vizconde

**vicomtesse** *f.* vizcondesa

**victime** *f.* víctima

**victoire** *f.* victoria, triunfo *m.*

**victorieux, -euse** *adj.* victorioso, a

**victuailles** *f. pl.* vituallas

**vidanger** *tr.* **1** vaciar *(bouteilles)* **2** limpiar *(fosse d'aisance)* **3** cambiar el aceite *(d'une voiture)*

**vide** *adj.* **1** vacío, a **2** *m.* vacío **3** *ARCHIT.* hueco **4** *fig.* vanidad *f.*, vacuidad *f.* **~ de** desprovisto de **à ~** *loc. adv.* de vacío *(sans rien dedans)*

**vider** *tr.* **1** vaciar **2** limpiar *(un poisson, une volaille)* **3** resolver, dirimir *(une question)* **4** *fam.* echar *(expulser)* **5** *fam.* agotar *(épuiser)* **6** *pr.* vaciarse **~ les arçons** caer del caballo **~ son sac** *fig.* desembuchar **~ les lieux** desocupar una vivienda, retirarse de un lugar

**viduité** *f.* viudez

**vie** *f.* vida **aimer la ~** tener apego a la vida **plein de ~** lleno de vida **avoir la ~ dure** tener siete vidas como los gatos **faire la ~** entregarse a los placeres **redonner, rendre la ~** reanimar **gens de mauvaise ~** gente de mal vivir **à la ~, pour la ~** *loc. adv. -adj.* para siempre **de ma ~, de ta ~, etc.** *loc. adv. -adj.* en la vida, en mi vida, en tu vida, etc. **jamais de la ~** *loc. adv. -adj.* nunca jamás **la ~ durant** *loc. adv. -adj.* durante toda la vida

**vieil** *adj.* viejo **un ~ homme** un hombre viejo *forme de vieux employée devant une voyelle ou un h muet*

**vieillard** *m.* viejo, anciano

**vieillesse** *f.* vejez

**vieillir** *intr.* **1** envejecer **2** avejentarse **3** *fig.* anticuarse *(se démoder)* **4** *tr.* envejecer, hacer parecer viejo, a **5** *pr.* hacerse parecer viejo, a, hacerse pasar por viejo

**vieillissement** *m.* envejecimiento

**vieillot, -otte** *adj.* anticuado, a

**vielle** *f.* zanfonía

**vierge** *adj.* **1** virgen **cire ~** cera virgen **2** *f.* virgen, doncella **3** *ASTROL.* Virgo *m.* **la sainte Vierge** la Virgen María

**vieux, vieille** *adj.* **1** viejo, a **2** antiguo, a **un vieil usage** una costumbre antigua **3** *s.* viejo, a *(personne)* **4** *m.* lo viejo **~ garçon, vieille fille** solterón, solterona **faire de vieux os** llegar a viejo **goût de ~** sabor rancio **petit ~, petite vieille** viejecito, viejecita

**vif, -vive** *adj.* **1** vivo, a **eau vive** agua viva **chaux vive** cal viva **vive arête** arista viva **2** intenso, a **froid ~** frío intenso **3** *m.* *DR.* vivo **entre vifs** entre vivos

**4** lo importante, meollo **de vive force** *loc. adv.* a viva fuerza **de vive voix** *loc. adv.* de viva voz **piquer au ~** herir en lo vivo **prendre sur le ~** reproducir del natural **trancher dans le ~** cortar por lo sano **à ~** en carne viva

**vif-argent** *m.* azogue, mercurio

**vigie** *f.* vigía *m.*

**vigilance** *f.* vigilancia

**vigne** *f.* **1** vid *(plante)* **2** viña *(vignoble)* **pied de ~** cepa *f.* **~ vierge** cepa virgen, viña loca **être dans les vignes du Seigneur** estar embriagado, a

**vigneron, -onne** *s.* viñador, ora, viticultor, ora

**vignette** *f.* **1** viñeta **2** sello *m.*, timbre *m.*

**vignoble** *m.* **1** viñedo, viña *f.* **2** *adj.* vinícola

**vigogne** *f.* vicuña

**vigoureux, -euse** *adj.* vigoroso, a

**vigueur** *f.* vigor *m.*

**vil, vile** *adj.* vil

**vilain, -e** *adj. -s.* **1** villano, a *(non noble)* **2** *adj.* feo, a *(laid)* **3** malo, a, desagradable **2** ruin, deshonroso, a *(vil)* *m.* **il va y avoir du ~** se va a armar la gorda

**vilebrequin** *m.* **1** berbiquí **2** cigüeñal *(moteur)*

**vilenie** *f.* villanía

**vilipender** *tr.* vilipendiar

**villa** *f.* chalet *m.*, villa, quinta

**village** *m.* pueblo, lugar, villorrio, aldea *f.* **petit ~** pueblecito

**villageois, -e** *adj. -s.* lugareño, a, aldeano, a

**ville** *f.* ciudad **~ forte** plaza fuerte **habit de ~** traje de calle **aller en ~** ir de compras, de paseo, de visita **dîner en ~** comer fuera de casa

**villégiature** *f.* veraneo *m.*, temporada en el campo

**villosité** *f.* vellosidad

**vin** *m.* vino **~ rouge** vino tinto **~ rosé** clarete *o* rosado **cuver son ~** *loc. fig.* dormir la mona **être entre deux ~s** *loc. fig.* estar entre Pinto y Valdemoro **mettre de l'eau dans son ~** *loc. fig.* moderarse **le ~ est tiré, il faut le boire** *loc. fig.* a lo hecho, pecho

**vinaigre** *m.* **1** vinagre **2** ¡ tocino ! *(au saut à la corde)*

**vinaigrette** *f.* vinagreta

*vite*

**vinaigrier** *m.* **1** vinagrero *(fabricant)* **2** vinagrera *f. (récipient)*

**vinasse** *f.* vinaza

**vindicatif, -ive** *adj.* vindicativo, a, vengativo, a

**vineux, -euse** *adj.* vinoso, a

**vingt** *adj. -m.* veinte

**vingtaine** *f.* veintena, unos veinte

**vingtième** *adj. -s.* veinteavo, a, vigésimo, a

**vinicole** *adj.* vinícola, vitivinícola

**viol** *m.* violación *f.*

**violacé, -ée** *adj.* violáceo, a

**violation** *f.* violación

**viole** *f. MUS.* viola

**violence** *f.* violencia

**violent, -e** *adj.* violento, a

**violenter** *tr.* violentar

**violer** *tr.* violar

**violet, -ette** *adj. -m.* **1** violeta, violado, a, morado, a **2** *f.* violeta *(fleur)*

**violon** *m.* **1** *MUS.* violín **2** *fam.* calabozo *(prison) loc. fig.* ∼ *d'Ingres* pasatiempo artístico favorito *la peinture est son* ∼ *d'Ingres* la pintura es su pasatiempo favorito

**violoncelle** *s.* violoncelo

**vipère** *f.* **1** víbora **2** *fig.* víbora, persona muy mala *fig. langue de* ∼ lengua viperina

**virage** *m.* **1** viraje, virada *f. (action)* **2** curva *f.* ∼ *dangereux* curva peligrosa **3** *fig.* giro, sesgo **4** *PHOTO* viraje

**virago** *f.* virago

**virement** *m.* **1** virada *f. (d'un bateau)* **2** *COMM.* traspaso, transferencia *f.,* giro ∼ *postal* giro postal

**virer** *intr.* **1** virar, girar **2** *MAR.* virar ∼ *de bord* virar en redondo **3** *PHOTO* virar **4** *COMM.* hacer una transferencia

**vireton** *m.* viratón, virote

**virevolte** *f.* **1** caracol *m. (d'un cheval)* **2** vuelta rápida

**virginal, -ale** *adj.* virginal

**virginité** *f.* virginidad

**virgule** *f.* coma

**virilité** *f.* virilidad

**virtuel, -elle** *adj.* virtual

**virtuose** *s.* virtuoso, a

**virulence** *f.* virulencia

**virus** *m.* virus

**vis** *f.* tornillo *m.* ∼ *d'Archimède* tornillo, rosca de Arquímedes *escalier à* ∼ escalera de caracol *pas de* ∼ paso de rosca *serrer la* ∼ *à quelqu'un* sujetar, apretar las clavijas a alguien

**visa** *m.* **1** visado *(sur passeport)* **2** visto bueno

**visage** *m.* rostro, cara, *f.,* faz *f.,* semblante *changer de* ∼ demudarse *à* ∼ *découvert loc. adv.* a cara descubierta

**vis-à-vis** *adv.* **1** uno frente a otro **2** *m.* persona que se halla frente a otra **3** confidente, canapé *loc. prép.* ∼ *de* en frente de, frente a *(en face de),* respecto de *(à l'égard de)*

**viscère** *m.* víscera *f.*

**viscosité** *f.* viscosidad

**visée** *f.* **1** puntería **2** *fig.* mira, intención *avoir de hautes visées* picar muy alto

**viser** *tr.* **1** apuntar a **2** *fig.* poner la mira en, ambicionar **3** atañer a, afectar *(concerner)* **4** visar, refrendar *(un document)* **5** *intr.* apuntar *se sentir visé* darse por aludido ∼ *à tr. ind.* dirigir el golpe hacia, tender a *fig.*

**viseur** *m.* visor

**visibilité** *f.* visibilidad

**visible** *adj.* visible

**visière** *f.* visera *rompre en* ∼ reñir, atacar, desmentir con rudeza

**vision** *f.* visión

**visionnaire** *adj. -s.* visionario, a

**visite** *f.* visita ∼ *de politesse, de condoléances* visita de cumplido, de pésame ∼ *pastorale* visita pastoral ∼ *médicale* visita médica *la* ∼ *du château* la visita al castillo *carte de* ∼ tarjeta de visita *rendre* ∼ visitar *rendre à quelqu'un sa* ∼ devolver a alguien la visita

**visiter** *tr.* visitar

**visiteur, -euse** *s.* **1** visitante, visita *les visiteurs d'un musée* los visitantes de un museo **2** visitador, ora *(inspecteur)*

**vison** *m.* visón

**visqueux, -euse** *adj.* viscoso, a

**visser** *tr.* atornillar

**visuel, -elle** *adj.* visual

**vital, -ale** *adj.* vital

**vitalité** *f.* vitalidad

**vitamine** *f.* vitamina

**vite** *adj.* **1** rápido, a, ligero, a **2** *adv.* de prisa *aller* ∼ ir de prisa **3** pronto *c'est* ∼ *dit* pronto está dicho *au plus* ∼

lo más pronto posible *faire* ~ apresurarse

**vitesse** *f.* 1 velocidad 2 *AUTO.* velocidad *boîte de vitesses* caja de velocidades *gagner quelqu'un de* ~ adelantarse a uno, ganar por la mano a alguien *être en perte de* ~ perder velocidad *en* ~ *loc. adv. fam.* muy de prisa, rápido

**viticulteur** *m.* viticultor

**vitrage** *m.* 1 acción de poner vidrios *f.* 2 conjunto de cristales 3 vidriera *f.* (*châssis*) 4 visillo (*rideau*)

**vitrail** *m.* vidriera *f. les vitraux d'une cathédrale* las vidrieras de una catedral

**vitre** *f.* 1 cristal *m.*, vidrio *m.* 2 ventanilla (*train, automobile*) *fam. ça ne casse pas les vitres* no vale gran cosa *AUTO.* ~ *électrique* elevalunas

**vitré, -ée** *adj. ANAT.* vítreo, a *porte vitrée* puerta de cristales, puerta vidriera

**vitreux, -euse** *adj.* 1 vítreo, a 2 vidrioso, a (*œil*)

**vitrifier** *tr.* 1 vitrificar 2 *pr.* vitrificarse

**vitrine** *f.* 1 vitrina 2 escaparate *m.* (*d'un magasin*)

**vitriol** *m.* vitriolo

**vitupérer** *tr.* vituperar

**vivace** *adj.* vivaz *plantes vivaces* plantas vivaces

**vivacité** *f.* vivacidad

**vivant, -e** *adj.* 1 vivo, a, viviente *langues vivantes* lenguas vivas *êtres vivants* seres vivientes 2 lleno, a de vida, vivo, a (*plein de vie*) *le* ~ *portrait de* el vivo retrato de 3 animado, a (*lieu*) 4 *m.* vivo, viviente *les vivants* los vivos *moi* ~ mientras yo viva *un bon* ~ un hombre campechano *de son* ~ en vida *du* ~ *de* en vida de

**vivarium** *m. ZOOL.* vivero

**vivat** *interj.* 1 ¡ viva ! 2 *m.* viva, vítor, aclamación *f.*

**vive** *f.* 1 araña, peje araña *m.* (*poisson*) 2 *interj.* ¡ viva !

**viveur** *m.* epicúreo, calavera, juerguista

**vivier** *m.* vivero

**vivifier** *tr.* vivificar

**vivipare** *adj. -s.* vivíparo, a

**vivoter** *intr.* ir tirando

**vivre** *intr.* vivir ~ *au jour le jour* vivir al día ~ *d'amour et d'eau fraîche* mantenerse al aire, contigo a pan y cebolla *âme qui vive* alma viviente *savoir* ~

saber conducirse en sociedad *qui vive ?* ¿ quién vive ? *être sur le qui-vive* estar alerta ~ *sa vie tr.* hacer vida independiente

**vivre** *m.* 1 alimento 2 *pl.* víveres *couper les* ~s *à quelqu'un* dejar a uno sin recursos

**vocable** *m.* 1 vocablo 2 advocación *f.* (*d'une église*)

**vocabulaire** *m.* vocabulario

**vocal, -ale** *adj.* vocal

**vocaliser** *intr.* vocalizar

**vocatif** *m.* vocativo

**vocation** *f.* vocación

**vociférer** *intr. -tr.* vociferar

**vœu** *m.* voto *faire* ~ *de* hacer voto de, prometer *faire des vœux pour* hacer votos por

**vogue** *f.* boga *être en* ~ estar de moda

**voguer** *intr.* navegar ~ *à pleines voiles* ir viento en popa *vogue la galère !* ¡ ruede la bola !

**voici** *prép.* he aquí *le* ~ hele aquí *l'homme que* ~ este hombre ~ *l'hiver* he aquí el invierno *nous* ~ *arrivés* ya hemos llegado ~ *les faits utilisé pour annoncer ce que l'on va dire :* he aquí los hechos

**voie** *f.* 1 vía ~ *ferrée* vía férrea ~ *publique* vía pública ~ *d'eau* vía de agua ~ *de garage* vía muerta 2 rastro *m.* (*du gibier*) 3 carril (*autoroute*) *voies de fait* vías de hecho *mettre sur la* ~ encaminar, encauzar *être en* ~ *de* estar en vías de *donner de la* ~ *à une scie* triscar una sierra

**voilà** *prép.* 1 he allí, ahí *le* ~ hele allí, ahí 2 hace (*il y a*) ~ *un mois qu'il est parti* hace un mes que se marchó *l'homme que* ~ aquel hombre *le* ~ *qui vient* ahí viene *le* ~ *qui court* míralo como corre *en* ~ *assez* basta, se acabó ~ *qui est bien* está bien, basta *ne* ~*-t-il pas que... !* ¡ querrá usted creer que... ! ~ *un mois qu'il est parti* hace un mes que se marchó ~ *tout utilisé pour conclure ce que l'on vient de dire :* eso es todo

**voile** *m.* 1 velo 2 *PHOTO.* veladura *f.* 3 *f. MAR.* vela *prendre le* ~ tomar el velo, profesar *les voiles de la nuit* las tinieblas *avoir un* ~ *devant les yeux* tener una venda en los ojos ~ *du palais ANAT.* velo del paladar *faire* ~ *sur* hacer rumbo a *mettre à la* ~ hacerse a la vela

**voiler** *tr.* **1** velar, cubrir con un velo **2** ocultar *(cacher)* **3** *PHOTO* velar **4** torcer, alabear *(gauchir)* **5** *pr.* cubrirse con un velo **6** empañarse *(se ternir)* **7** volverse opaca *(la voix)*

**voilette** *f.* velo *m.*, velillo *m.*

**voilier** *m. MAR.* velero

**voilure** *f.* **1** velamen *m.* **2** alas *pl.* *(d'un avion)* **3** *TECHN.* alabeo *m.* *(gauchissement)*

**voir** *tr. -intr.* ver *je ne l'avais jamais vu* nunca lo había visto *faire ~* mostrar, enseñar *se faire ~* dejarse ver *c'est à ~* está por ver, es digno de verse *nous allons ~* vamos a ver, veamos *on verra ça* ya veremos *y ~ clair* ver claro *~ d'un bon, d'un mauvais œil* ver con buenos, con malos ojos *voyez-vous ?* ¿ ve usted ?, ¿ comprende usted ? *~ au microscope* mirar al microscopio *voyez, voir page 10* véase pág. 10 *~ à ce que* intr. cuidar de que *voyons !* ¡vamos !, ¡venga !, ¡a ver ! *vois !, voyez !* ¡mira !, ¡miren !

**voire** *adv.* hasta, aun *il peut le faire en un jour, ~ en une heure* puede hacerlo en un día, y hasta en una hora

**voirie** *f.* **1** red de comunicaciones *(ensemble des voies de communication)* **2** vialidad, servicios municipales de limpieza *m. pl. (entretien)*

**voisin, -e** *adj. -s.* vecino, a

**voisinage** *m.* **1** vecindad *f. (proximité)* **2** vecindario *(les voisins)*

**voiture** *f.* **1** carruaje *m.*, carro *m.* **2** coche *m. ~ à cheval* coche de caballo **3** coche *m. (automobile) ~ de course, de sport* coche de carreras, deportivo **4** coche *m. (de train) ~ à bras* carrito de mano *~ d'enfant* cochecito de niño *~ piégée* coche bomba *en ~ !* ¡al tren !

**voiturer** *tr.* acarrear, transportar

**voix** *f.* **1** voz *des voix aiguës* voces agudas *parler d'une ~ caverneuse* hablar con voz cavernosa **2** voto *m.*, sufragio *m. (vote) avoir ~ au chapitre* tener voz y voto en un asunto *à haute ~ loc. adv.* en voz alta *à ~ basse loc. adv.* en voz baja *de vive ~ loc. adv.* de viva voz *~ délibérative* voto, derecho de voto en una asamblea *mettre aux ~* poner a votación

**vol** *m.* **1** vuelo *(action de se déplacer dans l'air)* **2** bandada *f. (d'oiseaux ou d'insectes)* **3** robo, hurto *~ qualifié* robo con circunstancias agravantes *prendre son ~* alzar el vuelo *à ~*

*d'oiseau loc. adv.* en línea recta, a vuelo de pájaro *au ~ loc. adv.* al vuelo *~ à main armée* atraco

**volage** *adj.* voluble, veleidoso, a, infiel *(époux)*

**volaille** *f.* **1** aves de corral *pl. (ensemble des oiseaux de basse-cour)* **2** ave *(un seul oiseau) blanc de ~* pechuga de ave

**volailler** *m.* vendedor de aves, pollero

**volant, -e** *adj.* **1** volador, ora, volante *poisson ~* pez volador **2** *m.* volante *(jeu, d'une robe)* **3** volante *(d'une auto, machine) être au ~* estar al volante *fusée volante* cohete *m. feuille volante* hoja suelta

**volatiliser** *tr.* volatilizar

**vol-au-vent** *m. invar.* pastel relleno de carne o pescado *m.*

**volcan** *m.* volcán

**volée** *f.* **1** vuelo *m.*, volada *(d'un oiseau) prendre sa ~* alzar el vuelo **2** bandada *(d'oiseaux)* **3** rango *m.*, calidad **4** paliza *(de coups)* **5** descarga *(de projectiles)* **6** repique *m.*, campanada *sonner à toute ~* echar la campanada **7** *AGR.* voleo *semer à la ~* sembrar al voleo **8** *ARCHIT.* tramo *m. (d'escalier)* **9** *SPORT* volea *(tennis) à la ~ loc. adv.* al vuelo, en el aire *dame de haute ~* dama de alto copete

**voler** *intr.* **1** volar *l'aigle vole très haut* el águila vuela muy alto **2** *tr.* robar, hurtar

**volet** *m.* **1** contraventana *f.*, postigo **2** tabla *f. (pour fermer un magasin)* **3** hoja *f. (d'un triptyque) trier sur le ~* escoger con cuidado

**voleter** *intr.* revolotear

**voleur, -euse** *adj. -s.* ladrón, ona *~ à la tire* carterista *au ~ ! interj.* ¡ladrones !

**volière** *f.* pajarera

**volition** *f.* volición

**volontaire** *adj.* **1** voluntario, a **2** voluntarioso, a *(opiniâtre)* **3** *m.* voluntario *(soldat)*

**volonté** *f.* voluntad *dernières volontés* últimas voluntades *faire ses quatre volontés* hacer su santa voluntad *à ~ loc. adv.* a voluntad, a discreción *feu à ~* fuego a discreción

**volontiers** *adv.* de buena gana, con mucho gusto

**volt** *m.* voltio

**voltage** *m.* voltaje

**voltaïque** *adj.* voltaico, a

**voltiger** *intr.* **1** revolotear **2** mariposear *(papillonner)*

**volubile** *adj.* **1** *BOT.* voluble **2** que habla mucho y de prisa, locuaz

**volubilité** *f.* locuacidad, elocución fácil y rápida

**volume** *m.* **1** volumen **2** caudal *(débit d'eau)* **3** volumen *(livre) dictionnaire en deux volumes* diccionario en dos volúmenes

**volumineux, -euse** *adj.* voluminoso, a

**volupté** *f.* voluptuosidad

**voluptueux, -euse** *adj. -s.* voluptuoso, a

**volute** *f.* voluta

**vomique** *adj. noix ~* nuez vómica

**vomir** *tr. -intr.* vomitar *faire ~* dar náuseas

**vomissement** *m.* vómito

**vorace** *adj.* voraz *des animaux voraces* animales voraces

**voracité** *f.* voracidad

**vos** *adj. poss. pl.* **1** vuestros, vuestras **2** sus, de usted, de ustedes *(avec vouvoiement)*

**votant, -e** *adj. -s.* votante

**vote** *m.* **1** voto, sufragio **2** votación *f. ~ secret* votación secreta

**voter** *intr.* votar

**votif, -ive** *adj.* votivo, a

**votre** *adj. et pr. poss.* **1** vuestro, vuestra *(avec tutoiement), mon livre et le ~* mi libro y el vuestro **2** suyo, suya *(avec vouvoiement) mon livre et le ~* mi libro y el suyo **3** *m.* lo vuestro, lo suyo *vous y mettrez du vôtre* usted pondrá algo de su parte *les vôtres pl.* los vuestros, las vuestras, los suyos, las suyas *vous en faites des vôtres* usted hace de las suyas

**vouer** *tr.* **1** consagrar, dedicar *~ à Dieu* consagrar a Dios **2** destinar *voué à l'échec* destinado a fracasar **3** *pr.* consagrarse, dedicarse *se ~ à l'étude* consagrarse al estudio

**vouloir** *tr. -intr.* **1** querer *veux-tu m'accompagner?* ¿quieres acompañarme? **2** *tr.* pedir, exigir, requerir *(exiger) cela veut de la patience* esto requiere paciencia

**vouloir** *m.* voluntad *f. bon ~* buena voluntad *mauvais ~* malquerencia *f.*

**voulu, -ue** *adj.* querido, a, deseado, a *en temps ~* en el momento deseado

**vous** *pron. pers.* **1** vosotros, as *(sujet, avec tutoiement)* **2** usted *(sujet sing., avec vouvoiement)*, ustedes *(sujet pl., avec vouvoiement) avez-vous votre passeport?* ¿ tiene usted su pasaporte? **3** vos *(pour s'adresser à Dieu, à un saint, à un roi)* **4** os *(complément, avec tutoiement)*, le, la *(complément sing., avec vouvoiement)*, les, las *(complément pl., avec vouvoiement) monsieur, je ~ invite à dîner* señor, le invito a cenar

**voûte** *f.* **1** bóveda **2** *MAR.* bovedilla *~ d'arête* bóveda por arista *~ en berceau* bóveda en cañón *~ du palais ou palatine* bóveda palatina *~ du ciel* bóveda celeste

**voûté, -ée** *adj.* **1** abovedado, a **2** *fig.* encorvado, a *(une personne)*

**voyage** *m.* viaje *partir en ~* ir de viaje *~ au long cours* largo viaje *~ de noces* viaje de bodas *bon ~!* ¡ buen viaje !

**voyager** *intr.* viajar

**voyageur, -euse** *s.* viajero, a *commis ~, ~ de commerce* viajante de comercio *pigeon ~ adj.* paloma mensajera

**voyant, -e** *adj.* **1** vidente **2** *adj.* vistoso, a, llamativo, a *(qui attire la vue)* **3** *m.* señal de boya o baliza *f. (d'une bouée, balise)* **4** piloto *(signal électrique)*

**voyelle** *f. GRAM.* vocal

**voyou** *m.* golfo, bribón, granuja

**vrac (en)** *loc. adv.* a granel, en montón, en desorden

**vrai, vraie** *adj.* **1** verdadero, a **2** cierto, a **3** *m.* verdad *f.,* lo cierto *être dans le ~* estar en lo cierto *il n'est que trop ~* es muy cierto *à ~ dire loc. adv.* a decir verdad *pour de ~ loc. adv.* de veras *pas ~? fam.* ¿ no es verdad ?, ¿ verdad ?

**vraiment** *adv.* verdaderamente *vraiment?,* ¿ de veras ? ¿ de verdad ?

**vraisemblable** *adj.* verosímil

**vrille** *f.* **1** barrena *(outil)* **2** *BOT.* zarcillo *m. descendre en ~* entrar en barrena *(avion)*

**vrombir** *intr.* zumbar

**vu, vue** *adj.* **1** visto, a **2** considerado, a **3** *prép.* en vista de, atendido, en consideración a *~ la difficulté* en vista de la dificultad *~ que* en vista de que *être mal ~ loc. fig.* ser mal visto *au ~ de tout le monde loc.* a la vista de todo el mundo *p. p. de voir*

**vulcaniser** *tr.* vulcanizar

**vulgaire** *adj.* **1** vulgar **2** *m.* vulgo **3** vulgaridad *f.* *donner dans le ~* caer en la vulgaridad, adocenarse

**vulnérable** *adj.* vulnerable

**vulnéraire** *adj.* -*m.* **1** *MÉD.* vulnerario, a **2** *f.* vulneraria *(plante)*

**vulve** *f.* vulva

# W

**w** *m.* w *f.*

**wagnérien, -ienne** *adj. -s.* wagneriano, a

**wagon** *m.* vagón, coche

**wagon-lit** *m.* coche cama

**wagon-restaurant** *m.* vagón restaurante, coche comedor

**wagonnet** *m.* vagoneta *f.*

**walkman** *m. (baladeur) angl.* reproductor casete

**walkyrie** *f.* valquiria, walquiria

**wallon, -onne** *adj. -s.* valón, ona

**warrant** *m. COMM.* warrant, recibo de depósito ∼ **agricole** título prendario

**water, water-closet** *m.* retrete, váter

**water-polo** *m.* water-polo

**watt** *m.* vatio

**week-end** *m.* fin de semana, week-end

**western** *m.* película del Oeste *(film)*

**wisigoth, -e** *adj. s.* visigodo, a

**wolfram** *m.* wolframio

# X

**x** *m.* **1** x *f.* **2** equis *monsieur X* el señor equis *en un temps X* en equis tiempo

**xénon** *m.* xenón *(gaz)*

**xénophile** *adj. -s.* xenófilo, a

**xénophobe** *adj. -s.* xenófobo, a

**xénophobie** *f.* xenofobia

**xérographie** *f.* xerografía

**xylophone** *m.* xilófono

# Y

**y** *m.* y *f.*

**y** *adv.* **1** ahí, allí, allá *allez-~ à pied* vaya usted allí andando ~ *est-il ?* ¿ está él allí ? **2** *pron.* en él, ella, ellos, ellas, ello, eso, a él, ella, *etc.,* de él, ella, *etc. j'~ pense* pienso en ello *il ne faut pas s'~ fier* no hay que fiarse de él, de ello *ah ! j'~ suis* ¡ ah ! ¡ ya caigo ! *il n'~ a rien* no hay nada *il ~ a deux mois* hace dos meses *explétif dans les formes impersonnelles de avoir*

**yacht** *m.* yate

**yankee** *adj. -s.* yanqui

**yaourt** *m.* yogur

**yard** *m.* yarda *f.*

**yatagan** *m.* yatagán

**yen** *m.* yen

**yeuse** *f.* encina

**yeux** *m. pl.* ojos

**yogourt** *m.* yogur

**yole** *f.* yola

**yougoslave** *adj. -s.* yugoslavo, a

**youyou** *m.* canoa *f.,* bote pequeño

**ypérite** *f.* yperita *(gaz)*

**yucca** *m.* yuca *f. (plante)*

# Z

**z** *m.* z *f.*

**zèbre** *m.* **1** cebra *f.* **2** *fam.* individuo, elemento

**zébrer** *tr.* rayar

**zébu** *m.* cebú

**zélateur, -trice** *s.* **1** defensor, ora **2** celador, ora

**zèle** *m.* celo, interés *faire du* ~ ostentar gran celo

**zélé, -ée** *adj.* -*s.* celoso, a, afanoso, a

**zénith** *m.* cenit

**zéphyr** *m.* céfiro

**zéro** *m.* **1** cero **2** *adj.* ninguno, a ~ *faute* ninguna falta

**zeste** *m.* cáscara *f.* (*d'orange, de citron*)

**zézayer** *intr.* cecear

**zibeline** *f.* marta cibelina, marta cebellina

**zigzag** *m.* zigzag

**zigzaguer** *intr.* zigzaguear

**zinc** *m.* **1** cinc (*métal*) **2** *fam.* mostrador de taberna, barra *f.* *sur le* ~ en el mostrador **3** *fam.* cacharro, avión

**zingueur** *adj.* -*m.* cinquero

**zircon** *m.* circón

**zizanie** *f.* **1** cizaña **2** *fig.* cizaña, discordia

**zodiaque** *m.* zodíaco

**zone** *f.* zona ~ *bleue* zona azul ~ *frontière* zona fronteriza *la* ~ los suburbios (*d'une grande ville*)

**zoo** *m.* zoo, parque zoológico

**zoologie** *f.* zoología

**zoologique** *adj.* zoológico, a

**zouave** *m.* zuavo *fam.* *faire le* ~ hacer el bobo

**zut** *interj.* *fam.* ¡cáscaras !, ¡ caramba !

**zygomatique** *adj.* cigomático, a

# ANNEXES

## Principaux sigles espagnols

AEB Asociación Española de Banca.
ALADI Asociación Latinoamericana de Integración.
ALALC Asociación Latinoamericana de Libre Comercio.
ANE Acuerdo Nacional de Empleo.
ANGED Asociación Nacional de Grandes Empresas de Distribución.
ASNEF Asociación Nacional de Entidades de Financiación.
AVE Alta Velocidad Española *(TGV)*.
BBV Banco de Bilbao y Vizcaya.
BCIE Banco Centroamericano de Integración Económica.
BHE Banco Hipotecario de España.
BID Banco Interamericano de Desarrollo.
BOE Boletín Oficial del Estado *(Journal officiel)*.
CAMP Caja de Ahorros y Monte de Piedad.
CAMPSA Compañía Arrendataria de Monopolio de Petróleos SA.
CARICOM Comunidad del Caribe *(Caribean Community)*.
CC.OO. Comisiones Obreras.
CDS Centro Demócrata y Social.
CECA Confederación Española de Cajas de Ahorros.
CENAN Centro de Alimentación y Nutrición.
CEOE Confederación Española de Organizaciones Empresariales *(CNPF)*.
CEPAL Comisión Economía para América Latina.
CEPYME Confederación Empresarial de pequeñas y medianas empresas.
CESCE Compañía Española de Seguros de Crédito a la exportación *(COFACE : Compagnie Française d'Assurance du Commerce Extérieur)*.
CESID Centro Superior de la Defensa.
CGC Confederación General de Cuadros *(CGC : Confédération Générale des Cadres)*.
CGCME Consejo general de Colegio de Médicos de España.
CIDE Centro de Información y Documentación Económica.
CIS Centro de Informaciones Sociológicas.
CIU Convergencia i Unió.
CNAG Confederación Nacional de Agricultores y Ganaderos.
CNJA Centro Nacional de Jóvenes Agricultores.
CNS Consejo de Seguridad Nacional.
CNT Confederación Nacional del Trabajo.
CPD Centro de Proceso de Datos.
CSIC Consejo Superior de Investigaciones Científicas *(CNRS)*.
CSIF Confederación Sindical Independiente de Funcionarios.
CSUT Confederación de Sindicatos Unidos de Trabajadores.
CTNE Compañía Telefónica Nacional de España.
DNI Documento Nacional de Identidad.
ECO Estudios Comerciales de Opinión.
ENAGAS Empresa Nacional del Gas *(GDF)*.
FDG Fondo de Garantía de Depósitos.
FITUR Feria Internacional de Turismo.
FORPRA Fondo de Ordenación y Regulación de Precios y Productos Agrarios.

HB Herri Batasuna.
ICI Instituto de Cooperación Iberoamericana.
ICO Instituto de Crédito Oficial.
IEE Instituto de Estudios Económicos.
IMAC Instituto de Mediación, Arbitraje y Conciliación.
INC Instituto Nacional del Consumo *(INC : Institut National de la Consommation)*.
INE Instituto Nacional de Estadísticas.
INEM Instituto Nacional de Empleo *(ANPE)*.
INFE Instituto Nacional de Fomento a la Exportación.
INI Instituto Nacional de Industria.
INSALUD Instituto Nacional de la Salud *(CPAM : Caisse Primaire d'Assurance Maladie)*.
IPC Índice de Precios al Consumo *(IPC : Indice des Prix à la Consommation)*.
IRPF Impuesto sobre la Renta de las Personas Físicas *(IRPP : Impôt sur le Revenu des Personnes Physiques)*.
IRYDA Instituto de Reforma y Desarrollo Agrario.
ITE Impuesto sobre el Tráfico de Empresas.
IU Izquierda Unida.
IVA Impuesto sobre el Valor Añadido *(TVA : Taxe à la Valeur Ajoutée)*.
IVE Interrupción Voluntaria del Embarazo *(IVG : Interruption Volontaire de Grossesse)*.
JEN Junta de Energía Nuclear *(CEA : Commissariat à l'Énergie Atomique)*.
MCCA Mercado Común Centroamericano.
MEC Ministerio de Educación y Ciencia.
MOPT Ministerio de Obras Públicas y Transportes.
NAB Nomenclatura de Aranceles de Bruselas.
OEA Organización de Estados Americanos.
OPA Oferta Pública de Adquisición.
PDR Plan de Desarrollo Regional.
PEN Plan Energético Nacional.
PIB Producto Interno Bruto *(PIB : Produit Intérieur Brut)*.
PNB Producto Nacional Bruto *(PNB : Produit National Brut)*.
PNV Partido Nacionalista Vasco.
PP Partido Popular.
PSOE Partido Socialista Obrero Español.
PVP Precio de Venta al Público.
PYMES Pequeñas y Medianas Empresas *(PEME : Petites et Moyennes Entreprises)*.
RENFE Red Nacional de Ferrocarriles Españoles *(SNCF : Société Nationale des Chemins de Fer Français)*.
RNE Radio Nacional de España.
SELA Sistema Económico Latinoamericano.
SIB Servicio de Información Bursátil.
SOC Sindicato de Obreros del Campo.
SOVI Seguro Obligatorio de Vejez e Invalidez.
TAV Tren de Alta Velocidad *(TGV)*.
TVE Televisión Española.
UE Unión Europea.
UGT Unión General de Trabajadores.
UNED Universidad Nacional de Educación a Distancia.
ZUR Zona de Urgente Reindustrialización.

# Principaux sigles internationaux

AELI Asociación Europea de Libre Intercambio, *Association Européenne de Libre-échange.*

BADEA Banco Árabe para el Desarrollo, *Banque Arabe pour le Développement.*

BAFD Banco Africano de Desarrollo, *Banque Africaine de Développement.*

BERD Banco Europeo para la Reconstrucción y el Desarrollo, *Banque Européenne pour la Reconstruction et le Développement.*

BID Banco Interamericano de Desarrollo, *Banque Interaméricaine du Développement.*

BPI Banco de Pagos Internacionales, *Banque de Paiements Internationaux.*

CAEM Consejo de Asistencia Mutua = *COMECOM.*

CCE Comisión de Comunidades Europeas, *Commission des Communautés Européennes.*

CE Comunidad Europea, *Communauté Européenne.*

CEAO Comunidad Europea de África Occidental, *Communauté Européenne d'Afrique Occidentale.*

CECA Comunidad Económica del Carbón y del Acero, *Communauté Européenne du Charbon et de l'Acier.*

CEE Comunidad Económica Europea, *Communauté Économique Européenne.*

EAU Emiratos Árabes Unidos, *Émirats Arabes Unis.*

ECU Unidad de Cuenta Europea, *Unité de Compte Européenne.*

EE.UU., EUA, USA Estados Unidos de América, *États-Unis d'Amérique.*

EURATOM Comunidad Europea de Energía Atómica, *Communauté Européenne d'Énergie Atomique.*

FAO Organización para la Agricultura y la Alimentación, *Organisation pour l'Agriculture et l'Alimentation* (Food and Agriculture Organization).

FED Fondo Europeo de Desarrollo, *Fonds Européen de Développement.*

FEOGA Fondo Europeo de Orientación y Garantía Agrícola, *Fonds Européen d'Orientation et de Garantie Agricole.*

FMI Fondo Monetario Internacional, *Fonds Monétaire International.*

GATT Acuerdo General de Tarifas Aduaneras, *Accord Général sur les tarifs douaniers et le commerce* = General Agreement on Tariffs and Trade.

IATA Asociación Internacional de Transportes Aéreos, *Association Internationale des Transports Aériens.*

OCDE Organización de Cooperación y Desarrollo Económico, *Organisation de Coopération et de Développement Économique.*

OEA Organización de Estados Americanos, *Organisation des États Américains.*

OECE Organización Europea de Cooperación Económica, *Organisation Européenne de Coopération Économique.*

OIT Organización Internacional del Trabajo, *Organisation Internationale du Travail.*

OMS Organización Mundial de la Salud, *Organisation Mondiale de la Santé.*

ONU Organización de las Naciones Unidas, *Organisation des Nations Unies.*

OPEP Organización de Países Exportadores de Petróleo, *Organisation des Pays Exportateurs de Pétrole.*

OTAN Organización del Tratado del Atlántico Norte, *Organisation du Traité de l'Atlantique Nord.*

SME Sistema Monetario Europeo, *Système Monétaire Européen.*

TLC Tratado de Libre Comercio, *Traité de Libre Commerce.*

UEP Unión Europea de Pagos, *Union Européenne de Paiements.*
UNESCO Unión de Naciones para la Educación, la Ciencia y la Cultura, *Organisation des Nations Unies pour l'Éducation, la Science et la Culture.*

# Principaux sigles français

AFP Agence France-Presse.
AITA Association Internationale des Transports Aériens (IATA).
AME Accord Monétaire Européen.
ANPE Agence Nationale pour l'Emploi (= *INEM : Instituto nacional de empleo*).
ASSEDIC Association pour l'Emploi dans l'Industrie et le Commerce.
BALO Bulletin d'Annonces Légales Officielles.
BENELUX Belgique, Nederland, Luxembourg.
BIRD Banque Internationale pour la Reconstruction et le Développement (= *BIRF : Banco internacional de reconstrucción y fomento*).
BIT Bureau International du Travail.
BNP Banque Nationale de Paris.
BP Boite Postale = *apartado postal,* (Amér.) *casilla postal.*
BRI Banque des Règlements Internationaux *(banco de los pagos internacionales).*
BTS Brevet de Technicien Supérieur *(diploma de técnico superior).*
BVP Bureau de Vérification de la Publicité *(Oficina de control de la publicidad).*
CA Chiffre d'Affaires *(volumen de negocios).*
CAO Conception Assistée par Ordinateur *(diseño con la ayuda de ordenador).*
CAP Certificat d'Aptitude Professionnelle.
CC Corps Consulaire *(cuerpo consular).*
CCI Chambre de Commerce Internationale.
CCIP Chambre de Commerce et d'Industrie de Paris.
CCP Compte Chèques Postaux *(cuenta corriente postal).*
CD Corps Diplomatique *(cuerpo diplomático).*
CE Comité d'Entreprise *(comité de empresa).*
CEA Commissariat à l'Énergie Atomique (= *JEN : Junta de energía nuclear*).
CECA Communauté Européenne du Charbon et de l'Acier.
CEDEX Courrier d'Entreprise à Distribution Exceptionnelle *(correo de empresa con reparto excepcional).*
CEE Communauté Économique Européenne.
CERN Conseil Européen pour la Recherche Nucléaire *(Consejo europeo para la investigación nuclear).*
CFA Communauté Française Africaine. Francs CFA *(Comunidad francesa africana. Francos CFA).*
CFDT Confédération Française et Démocratique du Travail *(syndicat).*
CFP Communauté Française du Pacifique. Francs CFP *(Comunidad francesa del Pacífico. Francos CFP).*
CFTC Confédération Française des Travailleurs Chrétiens *(syndicat).*
CGC Confédération Générale des Cadres (= *CGC : Confederación General de Cuadros*).
CGT Confédération Générale du Travail.
CNCE Centre National du Commerce Extérieur.
CNIL Commission Nationale Informatique et Libertés.
CNPF Conseil National du Patronat Français (= *CEOE : Confederación española de organizaciones empresariales*).

CNRS Centre National de la Recherche Scientifique (= *CSIC : Consejo Superior de Investigaciones Científicas*).

CNUCED Commission des Nations Unies pour le Commerce et le Développement.

COFACE Compagnie Française d'Assurance pour le Commerce Extérieur.

CV Curriculum Vitae.

DOM Départements d'Outre-Mer.

DPLG Diplômé par Le Gouvernement *(diplomado por el gobierno).*

DTS Droits de Tirages Spéciaux (= *DEG : Derechos especiales de giro*).

EAO Enseignement Assisté par Ordinateur *(enseñanza con la ayuda de ordenador).*

ECU European Currency Unit *(unidad de cuenta europea).*

EDF Électricité de France.

ENA École Nationale d'Administration.

EV En Ville *(ciudad, interior).*

FAC Fonds d'Aide et de Coopération.

FAO Fabrication Assistée par Ordinateur *(fabricación con la ayuda de ordenador).*

FB Francs Belges.

FED Fonds Européen de Développement.

FF Francs Français.

FMI Fonds Monétaire International (= *FMI : Fondo monetario internacional*).

FNE Fonds National de l'Emploi.

FNS Fonds National de Solidarité.

FO Force Ouvrière (syndicat).

FS Francs Suisses.

GDF Gaz de France (= *ENAGAS : Empresa nacional del gas*).

GIE Groupement d'Intérêt Économique.

HLM Habitation à Loyer Modéré *(vivienda de renta limitada).*

INSEE Institut National de la Statistique et des Études Économiques.

IRPP Impôt sur le Revenu des Personnes Physiques (= *IRPF : Impuesto sobre la Renta de las Personas Físicas*).

JO Journal Officiel (= *BOE : Boletín oficial del estado*).

MCM Montants Compensatoires Monétaires.

OCDE Organisation de Coopération et de Développement Économique.

OEA Organisation des États Américains (= *OEA : Organización de los estados americanos*).

OECE Organisation Européenne de Coopération Économique.

ONIC Office National Interprofessionnel des Céréales.

OPA Offre Publique d'Achat (= *OPA : Oferta Pública de Adquisición*).

OPEP Organisation des Pays Exportateurs de Pétrole (= *OPEP : Organización de los Países Exportadores de Petróleo*).

PAC Politique Agricole Commune *(Política Agrícola Común).*

P. et T. Postes et Télécommunications.

PIB Produit Intérieur Brut (= *PIB : Producto Interno Bruto*).

PME Petites et Moyennes Entreprises (= *PYMES : Pequeñas y Medianas Empresas*).

PMI Petites et Moyennes Industries *(Pequeñas y Medianas Industrias).*

PNB Produit National Brut (= *PNB : Producto Nacional Bruto*).

RC Registre du Commerce (= *RM : Registro mercantil*).

RCB Rationalisation des Choix Budgétaires *(racionalización de las decisiones presupuestarias).*

RF République Française.

SGDG Sans Garantie du Gouvernement *(sin garantía del Gobierno).*

SICAV Société d'Investissement à Capital Variable *(Sociedad de Inversión de Capital Variable).*

SICOB Salon des Industries, du Commerce et de l'Organisation du Bureau *(salón de las Industrias, del Comercio y de Organización de la oficina).*

SME Système Monétaire Européen (= *SME : Sistema Monetario Europeo).*

SMIC Salaire Minimum Interprofessionnel de Croissance *(salario mínimo interprofesional de crecimiento = sueldo base).*

SNCF Société Nationale des Chemins de fer Français (= *RENFE : Red Nacional de Ferrocarriles Españoles).*

TIR Transport International Routier *(transporte internacional por carretera).*

TOM Territoire d'Outre-Mer.

TTC Toutes Taxes Comprises.

TVA Taxe à la Valeur Ajoutée (= *IVA : Impuesto sobre el Valor Añadido).*

UEP Union Européenne des Paiements.

UNEDIC Union Nationale pour l'Emploi dans l'Industrie et le Commerce.

URSSAF Union Régionale de la Sécurité Sociale et des Allocations Familiales *(Unión regional de la seguridad social y del subsidio familiar).*

VPC Vente Par Correspondance.

VRP Voyageur-Représentant-Placier *(viajante-representante-corredor).*

# Locutions et proverbes espagnols

**A caballo regalado no le mires el diente.** À cheval donné on ne regarde pas la bride.

**A Dios rogando y con el mazo dando.** Aide-toi, le Ciel t'aidera.

**A falta de pan buenas son tortas.** Faute de grives on mange des merles.

**A la ocasión la pintan calva.** Il faut saisir l'occasion par les cheveux.

**A la hecho pecho.** Quand le vin est tiré il faut le boire.

**A quien madruga Dios le ayuda.** L'avenir appartient à ceux qui se lèvent tôt.

**A rey muerto, rey puesto.** Le roi est mort, vive le roi !

**Abril, aguas mil.** En avril ne te découvre pas d'un fil.

**Aburrirse como una ostra.** S'ennuyer comme un rat mort.

**Al buen callar llaman Sancho.** La parole est d'argent, le silence est d'or.

**Al buen entededor, pocas palabras bastan.** À bon entendeur, salut !

**Al freír será el reír.** Rira bien qui rira le dernier.

**Andar con pies de plomo.** Regarder où on met les pieds.

**Andar en la cuerda floja.** Danser sur la corde raide.

**Andarse por las ramas.** Tourner autour du pot.

**Aplicar la ley del embudo.** Avoir deux poids et deux mesures.

**Arrimar el ascua a su sardina.** Tirer la couverture à soi.

**Aunque la mona se vista de seda, mona se queda.** Chassez le naturel, il revient au galop.

**Buscar cinco pies al gato.** Chercher midi à quatorze heures.

**Buscar una aguja en un pajar.** Chercher une aiguille dans une botte de foin.

**Cada cual sabe donde le aprieta el zapato.** Chacun sait où le bât blesse.

**Cada loco con su tema.** À chaque fou sa marotte.

**Cada maestrillo tiene su librillo.** À chacun sa vérité.

**Cada oveja con su pareja.** Qui se ressemble s'assemble.

**Cada uno en su casa y Dios en la de todos.** Chacun pour soi et Dieu pour tous.

**Caer de su peso.** Couler de source.

**Coger con las manos en la masa.** Prendre la main dans le sac.

**Como se vive se muere.** Comme on fait son lit on se couche.

**Con su pan se lo coma.** Grand bien lui fasse !

**Costar un ojo de la cara.** Coûter les yeux de la tête.

**Creer a pies juntillas.** Croire dur comme fer.

**Cría cuervos y te sacarán los ojos.** On n'est jamais trahi que par les siens.

**Cuando el río suena agua lleva.** Il n'y a pas de fumée sans feu.

**Cuando las ranas críen pelos.** Quand les poules auront des dents.

**De noche todos los gatos son pardos.** La nuit tous les chats sont gris.

**De tal palo, tal astilla.** Tel père, tel fils.

**Del dicho al hecho hay un buen trecho.** C'est plus facile à dire qu'à faire.

**Descubrir el pastel.** Découvrir le pot aux roses.

**Desnudar a un santo para vestir a otro.** Déshabiller Pierre pour habiller Paul.

**Después de la tempestad viene la calma.** Après la pluie le beau temps.

**Dicho y hecho.** Aussitôt dit, aussitôt fait.

**Dime con quien andas y te diré quién eres.** Dis-moi qui tu hantes, je te dirai qui tu es.

**Dios los cría y ellos se juntan.** Qui se ressemble s'assemble.

**Donde las dan las toman.** À bon chat, bon rat.

**Echár la soga tras el caldero.** Jeter le manche après la cognée.

**Echar leña al fuego.** Jeter de l'huile sur le feu.

**El comer y el rascar todo es empezar.** L'appétit vient en mangeant.

**El hábito no hace al monje.** L'habit ne fait pas le moine.

**El hambre es mala consejera.** Ventre affamé n'a point d'oreille.

**El que no llora no mama.** Qui ne demande rien n'a rien.

**El tiempo es oro.** Le temps, c'est de l'argent.

**Empezar la casa por el tejado.** Mettre la charrue avant les bœufs.

**En boca cerrada no entran moscas.** La parole est d'argent, mais le silence est d'or.

**En el pecado va la penitencia.** On est toujours puni par où on a péché.

**En tierra de ciegos, el tuerto es rey.** Au royaume des aveugles, les borgnes sont rois.

**Eso es harina de otro costal.** C'est une autre paire de manches.

**Está como boca de lobo.** Il fait noir comme dans un four.

**Estar con el pie en el estribo.** Avoir le pied à l'étrier.

**Estar de punta en blanco.** Être tiré à quatre épingles.

**Estar entre dos aguas.** Être entre deux chaises.

**Estar entre la espada y la pared.** Être entre l'enclume et le marteau.

**Estar hasta la coronilla.** En avoir ras le bol. En avoir plein le dos.

**Estar hecho polvo.** Être crevé.

**Genio y figura hasta la sepultura.** Chassez le naturel il revient au galop.

**Hablando del rey de Roma, por la puerta asoma.** Quand on parle du loup, on en voit la queue.

**Hacer novillos.** Faire l'école buissonnière.

**Hacérsele a uno la boca agua.** En avoir l'eau à la bouche.

**Haz bien y no mires a quien.** Fais ce que tu dois, advienne que pourra.

**Ir al grano.** Aller droit au but.

**Ir por lana y volver trasquilado.** Tel est pris qui croyait prendre.

**Juegos de manos, juegos de villanos.** Jeux de main, jeux de vilains.

**La codicia rompe el saco.** On perd tout à vouloir trop gagner.

**La ocasión hace al ladrón.** L'occasion fait le larron.

**Las cuentas claras y el chocolate espeso.** Les bons comptes font les bons amis.

**Las paredes oyen.** Les murs ont des oreilles.

**Lavar los trapos sucios en casa.** Laver son linge sale en famille.

**Librarse de una buena.** L'échapper belle.

**Lo que el viento se llevó.** Autant en emporte le vent.

**Llamar al pan pan y al vino vino.** Appeler un chat un chat.

**Llevar la batuta.** Mener la danse.

**Machacando se aprende el oficio.** C'est en forgeant qu'on devient forgeron.

**Mal de muchos, consuelo de tontos.** Le malheur des uns fait le bonheur des autres.

**Más vale maña que fuerza.** Plus fait douceur que violence.

**Más vale pájaro en mano que ciento volando.** Un tiens vaut mieux que deux tu l'auras.

**Más vale loco conocido que sabio por conocer.** Un mauvais arrangement vaut mieux qu'un bon procès. Il ne faut pas lâcher la proie pour l'ombre.

**Matar dos pájaros de un tiro.** Faire d'une pierre deux coups.

**Meterse en camisa de once varas.** Fourrer son nez partout.

**Nadie diga : « De esta agua no beberé ».** Jamais tu ne diras : « Fontaine, je ne boirai pas de ton eau ».

**No andarse con chiquitas.** Ne pas y aller de main morte.

**No andarse con rodeos.** Ne pas y aller par quatre chemins.

**No caer en saco roto.** Ne pas tomber dans l'oreille d'un sourd.

**No dar pie con bola.** Ne pas toucher terre.

**No decir ni pío.** Ne pas souffler mot.

**No es cosa del otro jueves.** Ce n'est pas la mer à boire.

**No es cosa del otro mundo.** Il n'y a pas de quoi fouetter un chat.

**No es oro todo lo que reluce.** Tout ce qui brille n'est pas d'or.

**No hay atajo sin trabajo.** Nul bien sans peine.

**No hay dos sin tres.** Jamais deux sans trois.

**No hay mal que por bien no venga.** À quelque chose malheur est bon.

**No por mucho madrugar amanece más temprano.** Rien ne sert de courir, il faut partir à point.

**No se ganó Zamora en una hora.** Rome ne s'est pas faite en un jour.

**No tener donde caerse muerto.** Être sur le pavé.

**No tener ni pies ni cabeza.** N'avoir ni queue ni tête.

**No tener ni rey ni roque.** N'avoir ni foi ni loi.

**No tener pelos en la lengua.** Ne pas avoir la langue dans sa poche.

**No tener vela en el entierro.** Ne pas avoir droit au chapitre.

**Ojos que no ven, corazón que no siente.** Loin des yeux, loin du cœur.

**Pasarlas moradas.** En voir de toutes les couleurs.

**Pedir peras al olmo.** Demander la lune. Demander l'impossible.

**Perro labrador poco mordedor.** Faire plus de bruit que de mal.

**Piedra movediza nunca moho cobija.** Pierre qui roule n'amasse pas mousse.

**Poner los pelos de punta.** Faire dresser les cheveux sur la tête.

**Poner pies en polvorosa.** Prendre la poudre d'escampette.

**Quedarse con ganas.** Rester sur sa faim.

**Quien calla otorga.** Qui ne dit mot consent.

**Quien va a Sevilla pierde su silla.** Qui va à la chasse perd sa place.

**Quien mucho abarca poco aprieta.** Qui trop embrasse mal étreint.

**Salir de Guatemala y meterse en Guatepeor.** Tomber de Charybde en Scylla.

**Ser el amo del cotarro.** Faire la pluie et le beau temps.

**Ser más sordo que una tapia.** Être sourd comme un pot.

**Ser tonto de remate.** Être bête à manger du foin.

**Ser uña y carne.** Être comme les deux doigts de la main.

**Sobre gustos no hay nada escrito.** Des goûts et des couleurs, on ne discute pas.

**Sudar la gota gorda.** Suer à grosses gouttes.

**Subirse a la parra.** Monter sur ses grands chevaux.

**Tanto va el cántaro a la fuente que al fin se rompe.** Tant va la cruche à l'eau qu'à la fin elle se casse.

**Tener ojo de buen cubero.** Avoir le compas dans l'œil.

**Un clavo saca otro clavo.** Un clou chasse l'autre.

**Una golondrina no hace el verano.** Une hirondelle ne fait pas le printemps.

**Venir como anillo al dedo.** Arriver à point nommé. Tomber à pic.

**Vivir a cuerpo de rey.** Être comme un coq en pâte.

**Zapatero a tus zapatos.** À chacun son métier.

# Locutions et proverbes français

**À bon chat, bon rat.** Donde las dan las toman.

**À bon entendeur salut.** Al buen entededor, pocas palabras bastan.

**À chacun sa vérité.** Cada maestrillo tiene su librillo.

**À chacun son métier.** Zapatero a tus zapatos.

**À chaque fou sa marotte.** Cada loco con su tema.

**À cheval donné on ne regarde pas la bride.** A caballo regalado no le mires el diente.

**À quelque chose malheur est bon.** No hay mal que por bien no venga.

**Aide-toi, le ciel t'aidera.** A Dios rogando y con el mazo dando.

**Aller droit au but.** Ir al grano.

**Après la pluie le beau temps.** Después de la tempestad viene la calma.

**Appeler un chat un chat.** Llamar al pan pan y al vino vino.

**L'appétit vient en mangeant.** El comer y el rascar, todo es empezar.

**Arriver à point nommé.** Venir como anillo al dedo.

**Au royaume des aveugles les borgnes sont rois.** En tierra de ciegos, el tuerto es rey.

**Aussitôt dit, aussitôt fait.** Dicho y hecho.

**Autant en emporte le vent.** Lo que el viento se llevó.

**Avoir deux poids et deux mesures.** Aplicar la ley del embudo.

**Avoir la langue bien pendue.** No tener pelos en la lengua.

**Avoir le compas dans l'œil.** Tener ojo de buen cubero.

**Avoir le pied à l'étrier.** Estar con el pie en el estribo.

**Ce n'est pas la mer à boire.** No es cosa del otro jueves.

**C'est en forgeant qu'on devient forgeron.** Machacando se aprende el oficio.

**C'est une autre paire de manches.** Eso es harina de otro costal.

**C'est plus facile à dire qu'à faire.** Del dicho al hecho hay buen trecho.

**Chacun pour soi et Dieu pour tous.** Cada uno en su casa y Dios en la de todos.

**Chacun sait où le bât blesse.** Cada cual sabe donde le aprieta el zapato.

**Chassez le naturel il revient au galop.** Genio y figura hasta la sepultura.

**Chat échaudé craint l'eau froide.** Gato escaldado del agua fría huye.

**Chercher midi à quatorze heures.** Buscar cinco pies al gato.

**Chercher une aiguille dans une botte de foin.** Buscar una aguja en un pajar.

**Comme on fait son lit on se couche.** Como se vive se muere.

**Couler de source.** Caer de su peso.

**Coûter les yeux de la tête.** Costar un ojo de la cara.

**Croire dur comme fer.** Creer a pies juntillas.

**Danser sur la corde raide.** Andar en la cuerda floja.

**Découvrir le pot aux roses.** Descubrir el pastel.

**Des goûts et des couleurs, on ne discute pas.** De gustos no hay nada escrito.

**Déshabiller Pierre pour habiller Paul.** Desnudar a un santo para vestir a otro.

**Demander l'impossible.** Pedir peras al olmo.

**Dis-moi qui tu hantes, je te dirai qui tu es.** Dime con quien andas y te diré quién eres.

**En avoir l'eau à la bouche.** Hacérsele a uno la boca agua.

**En avoir ras le bol. En avoir plein le dos.** Estar hasta la coronilla.

**En avril ne te découvre pas d'un fil.** Abril aguas mil.

**En voir de toutes les couleurs.** Pasarlas moradas.

**Être assis entre deux chaises.** Estar entre dos aguas.

**Être bête à manger du foin.** Ser tonto de remate. Ser tonto de capirote.

**Être comme les deux doigts de la main.** Ser uña y carne.

**Être comme un coq en pâte.** Vivir a cuerpo de rey.

**Être crevé.** Estar hecho polvo.

**Être entre l'enclume et le marteau.** Estar entre la espada y la pared.

**Être sourd comme un pot.** Ser más sordo que una tapia.

**Être sur le pavé.** No tener donde caerse muerto.

**Être tiré à quatre épingles.** Estar de punta en blanco.

**Faire des châteaux en Espagne.** Hacer castillos en el aire.

**Faire dresser les cheveux sur la tête.** Poner los pelos de punta.

**Faire d'une pierre deux coups.** Matar dos pájaros de un tiro.

**Faire la pluie et le beau temps.** Ser el amo del cotarro.

**Faire l'école buissonnière.** Hacer novillos.

**Faire tout de travers.** No dar pie con bola.

**Faire venir l'eau à son moulin.** Arrimar el ascua a su sardina.

**Fais ce que tu dois, advienne que pourra.** Haz bien y no mires a quien.

**Faute de grives on mange des merles.** A falta de pan buenas son tortas.

**Fourrer son nez partout.** Meterse en camisa de once varas.

**Gardez-moi de mes amis, mes ennemis, je m'en charge.** Del agua mansa me libre Dios, que de la brava me guardaré yo.

**Grand bien lui fasse.** Con su pan se lo coma.

**Il est plus facile de dire que faire.** Del dicho al hecho hay buen trecho.

**Il fait noir comme dans un four.** Está como boca de lobo.

**Il faut saisir l'occasion par les cheveux.** A la ocasión la pintan calva.

**Il ne faut pas lâcher la proie pour l'ombre.** Más vale loco conocido que sabio por conocer. Más vale malo conocido que bueno por conocer.

**Il ne faut pas mettre la charrue avant les bœufs.** No hay que empezar la casa por el tejado.

**Il n'y a pas de fumée sans feu.** Cuando el río suena agua lleva.

**Il n'y a pas de quoi fouetter un chat.** No es cosa del otro mundo.

**Jamais deux sans trois.** No hay dos sin tres.

**Jamais tu ne diras : « Fontaine je ne boirai pas de ton eau ».** Nadie diga : « De esta agua nunca beberé ».

**Jeter de l'huile sur le feu.** Echar leña al fuego.

**Jeter le manche après la cognée.** Echar la soga tras el caldero.

**Jeux de mains, jeux de vilains.** Juegos de manos, juegos de villanos.

**La nuit porte conseil.** Hay que consultar con la almohada.

**La nuit tous les chats sont gris.** De noche todos los gatos son pardos.

**La parole est d'argent, le silence est d'or.** Al buen callar llaman Sancho. En boca cerrada no entran moscas.

**Laver son linge sale en famille.** Lavar los trapos sucios en casa.

**Le malheur des uns fait le bonheur des autres.** Mal de muchos, consuelo de tontos.

**L'avenir appartient à ceux qui se lèvent tôt.** A quien madruga Dios le ayuda.

**Le roi est mort, vive le roi !** A rey muerto, rey puesto.

**Le temps c'est de l'argent.** El tiempo es oro.

**L'échapper belle.** Librarse de una buena.

**Les bons comptes font les bons amis.** Las cuentas claras y el chocolate espeso.

**Les murs ont des oreilles.** Las paredes oyen.

**L'habit ne fait pas le moine.** El hábito no hace al monje.

**Loin des yeux, loin du cœur.** Ojos que no ven, corazón que no siente.

**Marcher sur des œufs.** Andar con pies de plomo.

**Mener la danse.** Llevar la batuta.

**Mieux vaut mauvais arrangement que bon procès.** Más vale malo conocido que bueno por conocer.

**Monter sur ses grands chevaux.** Subirse a la parra.

**N'avoir ni foi ni loi.** No tener ni rey ni roque.

**N'avoir ni queue ni tête.** No tener ni pies ni cabeza.

**Ne pas avoir voix au chapitre.** No tener vela en el entierro.

**Ne pas souffler mot.** No decir ni pío.

**Ne pas tomber dans l'oreille d'un sourd.** No caer en saco roto.

**Ne pas y aller de main morte.** No andarse con chiquitas.

**Ne pas y aller par quatre chemins.** No andarse con rodeos.

**On est toujours puni par où on a péché.** En el pecado va la penitencia.

**On n'a rien sans peine.** No hay atajo sin trabajo.

**On n'est jamais trahi que par les siens.** Cría cuervos y te sacarán los ojos.

**On perd tout à vouloir trop gagner.** La codicia rompe el saco.

**Pierre qui roule n'amasse pas mousse.** Piedra movediza nunca moho cobija.

**Plus fait douceur que violence.** Más vale maña que fuerza.

**Prendre la clef des champs.** Tomar las de Villadiego.

**Prendre la main dans le sac.** Coger con las manos en la masa.

**Prendre la poudre d'escampette.** Poner pies en polvorosa.

**Quand le vin est tiré il faut le boire.** A lo hecho, pecho.

**Quand les poules auront des dents.** Cuando las ranas críen pelos.

**Quand on parle du loup, on en voit la queue.** Hablando del Rey de Roma, por la puerta asoma.

**Qui ne dit mot consent.** Quien calla otorga.

**Qui se ressemble s'assemble.** Cada oveja con su pareja. Dios los cría y ellos se juntan.

**Qui trop embrasse mal étreint.** Quien mucho abarca poco aprieta.

**Qui va à la chasse perd sa place.** Quien va a Sevilla pierde su silla.

**Regarder où on met les pieds.** Andar con pies de plomo.

**Rester sur sa faim.** Quedarse con ganas.

**Rien ne sert de courir il faut partir à point.** No por mucho madrugar amanece más temprano.

**Rira bien qui rira le dernier.** Al freír será el reír.

**Rome ne s'est pas faite en un jour.** No se ganó Zamora en una hora.

**Savoir où le bât blesse.** Saber dónde aprieta el zapato.

**S'ennuyer comme un rat mort.** Aburrirse como una ostra.

**Suer à grosses gouttes.** Sudar la gota gorda.

**Tant va la cruche à l'eau qu'à la fin elle se casse.** Tanto va el cántaro a la fuente que al fin se rompe.

**Tel est pris qui croyait prendre.** Ir por lana y volver trasquilado.

**Tel père, tel fils.** De tal palo tal astilla.

**Tirer la couverture à soi.** Arrimar el ascua a su sardina. Barrer para adentro.

**Tomber à pic.** Venir como anillo al dedo.

**Tomber de Charybde en Scylla.** Salir de Guatemala y meterse en Guatepeor.

**Tourner autour du pot.** Andarse por las ramas.

**Tout ce qui brille n'est pas or.** No es oro todo lo que reluce.

**Trouver chaussure à son pied.** Dar con la horma de su zapato.

**Un clou chasse l'autre.** Un clavo saca otro clavo.

**Un de perdu, dix de retrouvés.** Cuando una puerta se cierra, ciento se abren.

**Un tiens vaut mieux que deux tu l'auras.** Más vale pájaro en mano que ciento volando.

**Une hirondelle ne fait pas le printemps.** Una golondrina no hace el verano.

**Ventre affamé n'a pas d'oreille.** El hambre es mala consejera.

# L'Espagne et ses autonomies

| autonomie | habitant | provinces/ capitales | habitant |
|-----------|----------|----------------------|----------|
| Andalucía | andaluz | Sevilla | sevillano |
| | | Almería | almeriense |
| | | Granada | granadino |
| | | Córdoba | cordobés |
| | | Cádiz | gaditano |
| | | Jaén | jienense |
| | | Huelva | onubense |
| Aragón | aragonés | Zaragoza | zaragozano |
| | | Huesca | oscense |
| | | Teruel | turolense |
| Asturias | asturiano | Oviedo | ovetense |
| Islas Baleares | balear | Mallorca | mallorquín |
| | | Menorca | menorquín |
| | | Ibiza | ibicenco |
| Canarias | canario | Las Palmas | palmense |
| | | Santa Cruz de Tenerife | tinerfeño |
| Cantabria | cántabro | Santander | santanderino |
| Castilla-La Mancha | castellano manchego | Toledo | toledano |
| | | Guadalajara | guadalajareño |
| | | Cuenca | conquense |
| | | Ciudad Real | ciudad-realeño |
| | | Albacete | albaceteño albacetense |
| Castilla-León | castellano-leonés | León | Leonés |
| | | Zamora | zamorano |
| | | Salamanca | salmantino |
| | | Valladolid | vallisoletano |
| | | Palencia | palentino |
| | | Burgos | burgalés |
| | | Soria | soriano |
| | | Segovia | segoviano |
| | | Ávila | abulense |

| autonomie | habitant | provinces/<br>capitales | habitant |
|-----------|----------|-------------------------|----------|
| Cataluña | catalán | Barcelona<br>Tarragona<br>Lérida<br>Gerona | barcelonés<br>tarraconense<br>leridano<br>gerundense |
| Extremadura | extremeño | Cáceres<br>Badajoz | cacereño<br>pacense |
| Galicia | gallego | La Coruña<br>Lugo<br>Orense<br>Pontevedra | coruñés<br>lucense<br>orensano<br>pontevedrés |
| Madrid | madrileño | Madrid | madrileño |
| Murcia | murciano | Murcia | murciano |
| Navarra | navarro | Pamplona | pamplonica<br>pamplonés |
| La Rioja | riojano | Logroño | logroñés |
| Valencia | valenciano | Valencia<br>Castellón<br>de la Plana<br>Alicante | valenciano<br>castellonense<br>alicantino |
| País Vasco | vasco | | |

*Le Pays basque a trois provinces dont les capitales portent un nom différent :*

| | | | |
|---|---|---|---|
| Álava | alavés | Vitoria | vitoriano |
| Guipúzcoa | guipuzcoano | San Sebastián | donostiarra |
| Vizcaya | vizcaíno | Bilbao | bilbaíno |

# Pays et habitants

| Pays | | Habitants | |
|------|---|-----------|---|
| Afghanistan | Afganistán | Afghan | afgano, a |
| Afrique du Sud | Africa del Sur Sudáfrica | Sud-Africain | sudafricano, a |
| Albanie | Albania | Albanais | albanés, esa |
| Algérie | Argelia | Algérien | argelino, a |
| Allemagne | Alemania | Allemand | alemán, ana |
| Andorre | Andorra | Andorran | andorrano, a |
| Angola | Angola | Angolais | angoleño, ña |
| Antilles | Antillas | Antillais | antillano, a |
| Arabie Saoudite | Arabia Saudita | Saoudien | saudí — saudita (+ utilisé) |
| Argentine | Argentina | Argentin | argentino, a |
| Arménie | Armenia | Arménien | armenio, a |
| Australie | Australia | Australien | australiano, a |
| Autriche | Austria | Autrichien | austriaco, a |
| Azerbaïdjan | Azerbaiyán | Azéri | azerbaiyano, a |
| Bahamas | Bahamas | Bahamien | bahamés, esa |
| Bahreïn | Bahrein — Bahrain | Bahreinite | hab. de Bahrein |
| Bangladesh | Bangladesh | Bengalais — Bangladeshi | bengalí |
| Barbade (la) | Barbados | Barbadien | barbadense |
| Belgique | Bélgica | Belge | belga |
| Bélize | Belice | Bélizais | beliceño, a |
| Bénin | Benin | Béninois | beninés, esa |
| Bhoutan | Bután — Bhután | Bhoutanais | butanés, esa — bhutanés |
| Biélorussie | Bielorrusia | Biélorusse | bieloruso, a |
| Birmanie | Birmania | Birman | birmano, a |
| Bolivie | Bolivia | Bolivien | boliviano, a |
| Bosnie | Bosnia | Bosniaque | bosnio, a |
| Botswana | Botsuana | Botswanais | botsuano, a — botswanés, esa |
| Brésil | Brasil | Brésilien | brasileño, a |
| Brunei | Brunei | hab. du Brunei | hab. de Brunei |
| Bulgarie | Bulgaria | Bulgare | búlgaro, a |
| Burkina Faso | Burkina Faso | Burkinais — Burkinabé | burquinabe |
| Burundi | Burundi | Burundais | burundiano, a |
| Cambodge | Camboya | Cambodgien | camboyano, a |
| Cameroun | Camerún | Camerounais | camerunés, esa |
| Canada | Canadá | Canadien | canadiense |
| Cap-Vert | Cabo Verde | Capverdien | caboverdiano, a |
| Centrafricaine (Rép.) | República Centroafricana | Centrafricain | centroafricano, a |
| Chili | Chile | Chilien | chileno, a |
| Chine | China | Chinois | chino, a |
| Chypre | Chipre | Chypriote — Cypriote | chipriota |

| Pays | | Habitants | |
|------|------|-----------|------|
| Colombie | Colombia | Colombien | colombiano |
| Communauté | Comunidad | hab. de la | hab. de la |
| européenne | Europea | Communoté | Comunidad |
| | | européenne | Europea — |
| | | | europeo, a |
| Comores (îles) | Las Comoras | Comorien | comorano, a |
| Congo | Congo | Congolais | congoleño, ña |
| Corée du Nord / | Corea del Norte / | Nord-Coréen / | coreano del |
| du Sud | del Sur | Sud-Coréen | Norte |
| | | | / del Sur |
| Costa Rica | Costa Rica | Costaricien | costarricense |
| Côte-d'Ivoire | Costa de Marfil | Ivoirien | marfileño, a — |
| | | | hab. de la Costa |
| | | | de Marfil |
| Croatie | Croacia | Croate | croata |
| Cuba | Cuba | Cubain | cubano, a |
| Danemark | Dinamarca | Danois | danés, esa |
| Djibouti | Yibuti — Djibouti | Djiboutien | hab. de Yibuti |
| Dominicaine | República | Dominicain | dominicano, a |
| (Rép.) | Dominicana | | |
| Égypte | Egipto | Égyptien | egipcio, a |
| Emirats arabes | Emiratos Árabes | Emirati | hab. de los |
| unis | Unidos | | Emiratos árabes |
| | | | Unidos |
| Équateur | Ecuador | Équatorien | ecuatoriano, a |
| Espagne | España | Espagnol | español, ola |
| Estonie | Estonia | Estonien | estonio, a |
| États-Unis | Estados Unidos de | Américain | estadounidense |
| d'Amérique | América | | |
| Éthiopie | Etiopía | Éthiopien | etíope |
| Fidji | Fiyi — Fiji | Fidjien | hab. de Fiyi — |
| | | | de Fiji |
| Finlande | Finlandia | Finlandais | finlandés, esa |
| France | Francia | Français | francés, esa |
| Gabon | Gabón | Gabonais | gabonés, esa |
| Gambie | Gambia | Gambien | gambiano, a |
| Géorgie | Georgia | Géorgien | georgiano, a |
| Ghana | Ghana | Ghanéen | ghanés |
| Grèce | Grecia | Grec | griego, a |
| Groenland | Groenlandia | Groenlandais | groenlandés, esa |
| Guadeloupe | Guadalupe | Guadeloupéen | guadalupeño, ña |
| (DOM) | | | |
| Guatemala | Guatemala | Guatemaltèque | guatemalteco, a |
| Guinée | Guinea | Guinéen | guineo, a |
| Guinée-Bissau | Guinea-Bissau | Bissauguinéen | hab. de Guinea-|
| | | | Bissau |
| Guinée | Guinea Ecuatorial | Equatoguinéen | ecuatoguineano, |
| équatoriale | | | a |
| Guyana | Guyana | Guyanien | guyanés, esa |
| Guyane française | Guayana | Guyanais | guyanés, esa |
| (DOM) | | | |

| Pays | | Habitants | |
|------|------|-----------|------|
| Haïti | Haití | Haïtien | haitiano, a |
| Honduras | Honduras | Hondurien | hondureño, a |
| Hong-Kong | Hong Kong | Hongkongais | hab. de Hong Kong |
| Hongrie | Hungría | Hongrois | húngaro, a |
| Inde | India | Indien | indio, a |
| Indonésie | Indonesia | Indonésien | indonesio, a |
| Irak ou Iraq | Irak — Iraq | Irakien — iraquien | iraquí |
| Iran | Irán | Iranien | iraní |
| Irlande | Irlanda | Irlandais | irlandés, esa |
| Islande | Islandia | Islandais | islandés, esa |
| Israël | Israel | Israélien | israelí |
| Italie | Italia | Italien | italiano |
| Jamaïque | Jamaica | Jamaïcain — Jamaïquain | jamaicano, a |
| Japon | Japón | Japonais | japonés, esa |
| Jordanie | Jordania | Jordanien | jordano, a |
| Kazakhstan | Kazajstán | Kazakh | kazako, a |
| Kenya | Kenia | Kenyan | keniano, a |
| Kirghiszistan | Kirguistán | Kirghize — Kyrghyz | hab. de Kirguistán, kirguís |
| Koweït | Kuwait | Koweiti | kuwaití |
| Laos — Rép. Démo. Lao | Laos — Rép. Démoc. Lao | Laotien — Lao | Lao — Laosiano, a |
| Lesotho | Lesoto — Lesotho | hab. du Lesotho | hab. de Lesotho |
| Lettonie | Letonia | Letton | letón, ona |
| Liban | Líbano | Libanais | libanés, esa |
| Liberia | Liberia | Libérien | liberiano, a |
| Libye | Libia | Libyen | libio, a |
| Liechtenstein | Liechtenstein | Liechtensteinois | hab. del Liechtenstein |
| Lituanie | Lituania | Lituanien | lituano, a |
| Luxembourg | Luxemburgo | Luxembourgeois | luxemburgués, esa |
| Macao | Macao | Macanéen | hab. de Macao |
| Madagascar | Madagascar | Malgache | malgache |
| Malaysia | Malasia — Malaysia | Malais | malasio, a |
| Malawi | Malaui — Malawi | Malawien | malawiano, a |
| Maldives | Maldivas | Maldivien | maldivo, a |
| Mali | Malí | Malien | maliense |
| Malouines (îles) | Islas Malvinas | Malouin | malvineros, a, malvinense |
| Malte | Malta | Maltais | maltés, esa |
| Maroc | Marruecos | Marocain | marroquí |
| Martinique (DOM) | Martinica | Martiniquais | martiniqués, esa |
| Maurice (îles) | Isla Mauricio | Mauricien | mauriciano, a |
| Mauritanie | Mauritania | Mauritanien | mauritano, a |
| Mexique | México | Mexicain | mexicano, a |

| Pays | | Habitants | |
|---|---|---|---|
| Monaco | Mónaco | Monégasque | monegasco, a |
| Mongolie | Mongolia | Mongol | mongol, ola |
| Monténégro | Montenegro | Monténégrin | montenegrino, a |
| Mozambique | Mozambique | Mozambicain | mozambiqueño, a |
| Namibie | Namibia | Namibien | namibio, a — namibiano, a |
| Nauru (Rép.) | Nauru | Nauruan | nauruano, a |
| Népal | Nepal | Népalais | nepalés, esa |
| Nicaragua | Nicaragua | Nicaraguayen | nicaragüense |
| Niger | Níger | Nigérien | nigerino, a |
| Nigeria | Nigeria | Nigérian | nigeriano, a |
| Norvège | Noruega | Norvégien | noruego, a |
| Nouvelle-Calédonie (TOM) | Nueva Caledonia Neocaledonia | Néo-calédonien | hab. de Nueva Caledonia — Neocaledonio, a |
| Nouvelle-Zélande | Nueva Zelanda | Néo-Zélandais | neozelandés, esa |
| Oman | Omán | Omanais | omaní |
| Ouganda | Uganda | Ougandais | ugandés, esa |
| Ouzbékistan | Uzbekistán | Ouzbek | uzbeco |
| Pakistan | Pakistán — Paquistán | Pakistanais | paquistaní — pakistaní |
| Panama | Panamá | Panaméen | panameño, a |
| Papouasie-Nouvelle-Guinée | Papua-Nueva Guinea | Papou — Papouan | papú |
| Paraguay | Paraguay | Paraguayen | paraguayo, a |
| Pays-Bas | Países Bajos | Néerlandais | néerlandés, esa, holandés, esa |
| Pérou | Perú | Péruvien | peruano, a |
| Philippines | Filipinas | Philippin | filipino, a |
| Pologne | Polonia | Polonais | polaco, a |
| Polynésie française (TOM) | Polinesia Francesa | Polynésien | polinesio, a |
| Porto Rico ou Puerto Rico | Puerto Rico | Portoricain | puertorriqueño, a — portorriqueño |
| Portugal | Portugal | Portugais | portugués, esa |
| Qatar | Qatar — Katar | Qatari | hab. de Qatar — qatarí |
| Réunion (DOM) | Reunión | Réunionnais | hab. de la Reunión |
| Roumanie | Rumanía | Roumain | rumano, a |
| Royaume-Uni | Reino Unido | Britannique | británico, a |
| Russie | Rusia | Russe | ruso, a |
| Rwanda | Ruanda — Rwanda | Rwandais | ruandés, esa |
| Saint-Marin | San Marino | Saint-Marinais | sanmarinense |
| Saint-Pierre-et-Miquelon | San Pedro y Miquelón | Saint-Pierrais | hab. de San Pedro y Miquelón |
| Salvador (El) | El Salvador | Salvadorien | salvadoreño, a |
| Samoa | Samoa | Samoan | samoano, a |

| Pays | | Habitants | |
|---|---|---|---|
| Sénégal | Senegal | Sénégalais | senegalés, esa |
| Serbie | Serbia | Serbe | serbio, a |
| Seychelles | Seychelles | Seychellois | hab. de Seychelles |
| Sierra Leone | Sierra Leona | Sierra-Léonien | sierraleonés, esa |
| Singapour | Singapur | Singapourien | singapurense |
| Slovénie | Eslovenia | Slovène | esloveno, a |
| Somalie | Somalia | Somalien | somalí |
| Soudan | Sudán | Soudanais | sudanés, esa |
| Sri Lanka | Sri Lanka | Sri Lankais | hab. de Sri Lanka |
| Suède | Suecia | Suédois | sueco, a |
| Suisse | Suiza | Suisse | suizo, a |
| Surinam | Surinam | Surinamais | surinamés, esa |
| Swaziland | Swazilandia Suazilandia | Swazi | swazi, suazi, suazilandés, esa |
| Syrie | Siria | Syrien | sirio, a |
| Tadjikistan | Tayikistán | Tadjik | tayik |
| Taiwan | Taiwan | Taiwanais | hab. de Taiwan |
| Tanzanie | Tanzania | Tanzanien | tanzaniano, a |
| Tchad | Chad | Tchadien | chadiano, a |
| Tchécoslovaquie | Checoslovaquia | Tchécoslovaque | checoslovaco, a |
| Thaïlande | Tailandia | Thaïlandais | tailandés, esa |
| Togo | Togo | Togolais | togolés, esa |
| Tunisie | Tunéz | Tunisien | tunecino, a |
| Turkménistan | Turkmenistán | Turkmène | hab. de Turkmenistán, turcomano, a |
| Turquie | Turquía | Turc | turco, a |
| Ukraine | Ucrania | Ukrainien | ucranio, a |
| Uruguay | Uruguay | Uruguayen | uruguayo, a |
| Vanuatu | Vanuatu | Vanuatuan | hab. de Vanuatu |
| Vatican Saint-Siège | Vaticano Santa Sede | hab. du Vatican — du St Siège | hab. de la Santa Sede |
| Venezuela | Venezuela | Vénézuélien | venezolano, a |
| Viêt-nam | Viet Nam | Vietnamien | vietnamita |
| Wallis-et-Futuna (TOM) | Wallis y Futuna | Wallisien | hab. de Wallis y Futuna |
| Yémen | Yemen | Yéménite | yemení — yemenita |
| Yougoslavie | Yugoslavia | Yougoslave | yugoslavo, a |
| Zaïre | Zaïre | Zaïrois | zaireño, a — zairense |
| Zambie | Zambia | Zambien | zambiano, a |
| Zimbabwe | Zimbabue — Zimbabwe | Zimbabwéen | zimbabuense — zimbabwense |

*Liste arrêtée au 31 décembre 1993.*

# PRÉCIS GRAMMATICAL

## Verbes irréguliers

*Sur ce tableau ne figurent que les temps où le verbe est irrégulier.*

| | Indicatif présent | Impératif | Subjonctif présent |
|---|---|---|---|
| **Diphtongaison E → IE**<br>**PENSAR** | pIEnso<br>pIEnsas<br>pIEnsa<br>pensamos<br>pensáis<br>pIEnsan | pIEnsa<br>pIEnse<br>pensemos<br>pensad<br>pIEnsen | pIEnse<br>pIEnses<br>pIEnse<br>pensemos<br>penséis<br>pIEnsen |
| **PERDER** | pIErdo<br>pIErdes<br>pIErde<br>perdemos<br>perdéis<br>pIErden | pIErde<br>pIErda<br>perdamos<br>perded<br>pIErdan | pIErda<br>pIErdas<br>pIErda<br>perdamos<br>perdáis<br>pIErdan |
| **Diphtongaison E → IE**<br>**Changement vocalique E → I**<br>**SENTIR** | sIEnto<br>sIEntes<br>sIEnte<br>sentimos<br>sentís<br>sIEnten | sIEnte<br>sIEnta<br>sIntamos<br>sentid<br>sIEntan | sIEnta<br>sIEntas<br>sIEnta<br>sIntamos<br>sIntáis<br>sIEntan |
| **Diphtongaison O → UE**<br>**CONTAR** | cUEnto<br>cUEntas<br>cUEnta<br>contamos<br>contáis<br>cUEntan | cUEnta<br>cUEnte<br>contemos<br>contad<br>cUEnten | cUEnte<br>cUEntes<br>cUEnte<br>contemos<br>contéis<br>cUEnten |
| **MOVER** | mUEvo<br>mUEves<br>mUEve<br>movemos<br>movéis<br>mUEven | mUEve<br>mUEva<br>movamos<br>moved<br>mUEvan | mUEva<br>mUEvas<br>mUEva<br>movamos<br>mováis<br>mUEvan |
| **Diphtongaison O → UE**<br>**Changement vocalique O → U**<br>**DORMIR** | dUErmo<br>dUErmes<br>dUErme<br>dormimos<br>dormís<br>dUErmen | dUErme<br>dUErma<br>dUrmamos<br>dormid<br>dUErman | dUErma<br>dUErmas<br>dUErma<br>dUrmamos<br>dUrmáis<br>dUErman |

| Passé simple | Subjonctif imparfait | | Gérondif |
|---|---|---|---|
| | | | |
| | | | |
| sentí | sIntiera | ou sIntiese | SIntiendo |
| sentiste | sIntieras | ou sIntieses | |
| sIntió | sIntiera | ou sIntiese | |
| sentimos | sIntiéramos | ou sIntiésemos | |
| sentisteis | sIntierais | ou sIntieseis | |
| sIntieron | sIntieran | ou sIntiesen | |
| | | | |
| | | | |
| dormí | dUrmiera | ou dUrmiese | dUrmiendo |
| dormiste | dUrmieras | ou dUrmieses | |
| dUrmió | dUrmiera | ou dUrmiese | |
| dormimos | dUrmiéramos | ou dUrmiésemos | |
| dormisteis | dUrmierais | ou dUrmieseis | |
| dUrmieron | dUrmieran | ou dUrmiesen | |

|  | Indicatif présent | Impératif | Subjonctif présent |
|---|---|---|---|
| Diphtongaison U → UE<br><br>**JUGAR** | jUEgo<br>jUEgas<br>jUEga<br>jugamos<br>jugáis<br>jUEgan | jUEga<br>jUEgue<br>juguemos<br>jugad<br>jUEguen | jUEgue<br>jUEgues<br>jUEgue<br>juguemos<br>juguéis<br>jUEguen |
| Changement vocalique E → I<br><br>**PEDIR** | pIdo<br>pIdes<br>pIde<br>pedimos<br>pedís<br>pIden | pIde<br>pIda<br>pIdamos<br>pedid<br>pIdan | pIda<br>pIdas<br>pIda<br>pIdamos<br>pIdáis<br>pIdan |
| Diphtongaison I → IE<br><br>**ADQUIRIR** | adquIEro<br>adquIEres<br>adquIEre<br>adquirimos<br>adquirís<br>adquIEren | adquIEre<br>adquIEra<br>adquiramos<br>adquirid<br>adquIEran | adquIEra<br>adquIEras<br>adquIEra<br>adquiramos<br>adquIEráis<br>adquIEran |
| Verbes en -ACER, -ECER, -OCER et -UCIR<br>C → ZC devant O et A<br><br>**CONOCER** | conoZCo<br>conoces<br>conoce<br>conocemos<br>conocéis<br>conocen | conoce<br>conoZCa<br>conoZCamos<br>conoced<br>conoZCan | conoZCa<br>conoZCas<br>conoZCa<br>conoZCamos<br>conoZCáis<br>conoZCan |
| Verbes en -DUCIR<br>C → ZC devant O et A<br>C → J au Passé simple et à l'Imparfait du Subjonctif<br><br>**TRADUCIR** | traduZCo<br>traduces<br>traduce<br>traducimos<br>traducís<br>traducen | traduce<br>traduZCa<br>traduZCamos<br>traducid<br>traduZCan | traduZCa<br>traduZCas<br>traduZCa<br>traduZCamos<br>traduZCáis<br>traduZCan |
| Verbes en -UIR ajoutent Y devant A, E et O<br><br>**CONCLUIR** | concluYo<br>concluYes<br>concluYe<br>concluímos<br>concluís<br>concluYen | concluYe<br>concluYa<br>concluYamos<br>concluid<br>concluYan | concluYa<br>concluYas<br>concluYa<br>concluYamos<br>concluYáis<br>concluYan |

## Verbes irréguliers à complexités particulières

| | Indicatif présent | Subjonctif présent | Impératif | Indicatif imparfait | Indicatif passé simple |
|---|---|---|---|---|---|
| **ANDAR** | ando<br>andas<br>anda<br>andamos<br>andáis<br>andan | ande<br>andes<br>ande<br>andemos<br>andéis<br>anden | anda<br>ande<br>andemos<br>andad<br>anden | andaba<br>andabas<br>andaba<br>andábamos<br>andabais<br>andaban | **anduve<br>anduviste<br>anduvo<br>anduvimos<br>anduvisteis<br>anduvieron** |

| Passé simple | Subjonctif imparfait | | Gérondif |
|---|---|---|---|
| | | | |
| pedí | pIdiera | ou pIdiese | pIdiendo |
| pediste | pIdieras | ou pIdieses | |
| pIdió | pIdiera | ou pIdiese | |
| pedimos | pIdiéramos | ou pIdiésemos | |
| pedisteis | pIdierais | ou pIdieseis | |
| pIdieron | pIdieran | ou pIdiesen | |
| | | | |
| | | | |
| traduJe | traduJera | ou traduJese | |
| traduJiste | traduJeras | ou traduJeses | |
| traduJo | traduJera | ou traduJese | |
| traduJimos | traduJéramos | ou traduJésemos | |
| traduJisteis | traduJerais | ou traduJeseis | |
| traduJeron | traduJeran | ou traduJesen | |
| concluí | concluYera | ou concluYese | concluYendo |
| concluiste | concluYeras | ou concluYeses | |
| concluYó | concluYera | ou concluYese | |
| concluímos | concluYéramos | ou concluYésemos | |
| concluisteis | concluYerais | ou concluYeseis | |
| concluYeron | concluYeran | ou concluYesen | |

| Subjonctif imparfait en -RA | en -SE | Indicatif futur | Condi-tionnel | Gérondif Participe passé |
|---|---|---|---|---|
| **anduviera** | **anduviese** | andaré | andaría | |
| **anduvieras** | **anduvieses** | andarás | andarías | andando |
| **anduviera** | **anduviese** | andará | andaría | |
| **anduviéramos** | **anduviésemos** | andaremos | andaríamos | |
| **anduvierais** | **anduvieseis** | andaréis | andaríais | andado |
| **anduvieran** | **anduviesen** | andarán | andarían | |

|  | Indicatif présent | Subjonctif présent | Impératif | Indicatif imparfait | Indicatif passé simple |
|---|---|---|---|---|---|
| **CABER** | quepo | quepa | | cabía | cupe |
| | cabes | quepas | cabe | cabías | cupiste |
| | cabe | quepa | quepa | cabía | cupo |
| | cabemos | quepamos | quepamos | cabíamos | cupimos |
| | cabéis | quepáis | cabed | cabíais | cupisteis |
| | caben | quepan | quepan | cabían | cupieron |
| **CAER** | caigo | caiga | | caía | caí |
| | caes | caigas | cae | caías | caíste |
| | cae | caiga | caiga | caía | cayó |
| | caemos | caigamos | caigamos | caíamos | caimos |
| | caéis | caigáis | caed | caíais | caísteis |
| | caen | caigan | caigan | caían | cayeron |
| **DAR** | doy | dé | | daba | di |
| | das | des | da | dabas | diste |
| | da | dé | dé | daba | dio |
| | damos | demos | demos | dábamos | dimos |
| | dais | deis | dad | dabais | disteis |
| | dan | den | den | daban | dieron |
| **DECIR** | digo | diga | | decía | dije |
| | dices | digas | di | decías | dijiste |
| | dice | diga | diga | decía | dijo |
| | decimos | digamos | digamos | decíamos | dijimos |
| | decís | digáis | decid | decíais | dijisteis |
| | dicen | digan | digan | decían | dijeron |
| **ESTAR** | estoy | esté | | estaba | estuve |
| | estás | estés | está | estabas | estuviste |
| | está | esté | esté | estaba | estuvo |
| | estamos | estemos | estemos | estábamos | estuvimos |
| | estáis | estéis | estad | estabais | estuvisteis |
| | están | estén | estén | estaban | estuvieron |
| **HABER** | he | haya | | había | hube |
| | has | hayas | he | habías | hubiste |
| | ha-hay *(il y a)* | haya | haya | había | hubo |
| | hemos | hayamos | hayamos | habíamos | hubimos |
| | habéis | hayáis | habed | habíais | hubisteis |
| | han | hayan | hayan | habían | hubieron |
| **HACER** | hago | haga | | hacía | hice |
| | haces | hagas | haz | hacías | hiciste |
| | hace | haga | haga | hacía | hizo |
| | hacemos | hagamos | hagamos | hacíamos | hicimos |
| | hacéis | hagáis | haced | hacíais | hicisteis |
| | hacen | hagan | hagan | hacían | hicieron |
| **IR** | voy | vaya | | iba | fui |
| | vas | vayas | ve | ibas | fuiste |
| | va | vaya | vaya | iba | fue |
| | vamos | vayamos | vayamos | íbamos | fuimos |
| | | | o vamos | | |
| | vais | vayáis | id | ibais | fuisteis |
| | van | vayan | vayan | iban | fueron |

| Subjonctif imparfait en -RA | en -SE | Indicatif futur | Condi- tionnel | Gérondif Participe passé |
|---|---|---|---|---|
| cupiera | cupiese | cabré | cabría | |
| cupieras | cupieses | cabrás | cabrías | |
| cupiera | cupiese | cabrá | cabría | cabiendo |
| cupiéramos | cupiésemos | cabremos | cabríamos | |
| cupierais | cupieseis | cabréis | cabríais | |
| cupieran | cupiesen | cabrán | cabrían | cabido |
| cayera | cayese | caeré | caería | |
| cayeras | cayeses | caerás | caerías | |
| cayera | cayese | caerá | caería | **cayendo** |
| cayéramos | cayésemos | caeremos | caeríamos | |
| cayerais | cayeseis | caeréis | caería | |
| cayeran | cayesen | caerán | caerían | **caído** |
| diera | diese | daré | daría | |
| dieras | dieses | darás | darías | |
| diera | diese | dará | daría | dando |
| diéramos | diésemos | daremos | daríamos | |
| dierais | dieseis | daréis | daríais | |
| dieran | diesen | darán | darían | dado |
| dijera | dijese | diré | diría | |
| dijeras | dijeses | dirás | dirías | |
| dijera | dijese | dirá | diría | **diciendo** |
| dijéramos | dijésemos | diremos | diríamos | |
| dijerais | dijeseis | diréis | diríais | |
| dijeran | dijesen | dirán | dirían | **dicho** |
| estuviera | estuviese | estaré | estaría | |
| estuvieras | estuvieses | estarás | estarías | |
| estuviera | estuviese | estará | estaría | estando |
| estuviéramos | estuviésemos | estaremos | estaríamos | |
| estuvierais | estuvieseis | estaréis | estaríais | |
| estuvieran | estuviesen | estarán | estarían | estado |
| **hubiera** | **hubiese** | **habré** | **habría** | |
| **hubieras** | **hubieses** | **habrás** | **habrías** | |
| **hubiera** | **hubiese** | **habrá** | **habría** | habiendo |
| **hubiéramos** | **hubiésemos** | **habremos** | **habríamos** | |
| **hubierais** | **hubieseis** | **habréis** | **habríais** | |
| **hubieran** | **hubiesen** | **habrán** | **habrían** | habido |
| **hiciera** | **hiciese** | **haré** | **haría** | |
| **hicieras** | **hicieses** | **harás** | **harías** | |
| **hiciera** | **hiciese** | **hará** | **haría** | haciendo |
| **hiciéramos** | **hiciésemos** | **haremos** | **haríamos** | |
| **hicierais** | **hicieseis** | **haréis** | **haríais** | |
| **hicieran** | **hiciesen** | **harán** | **harían** | **hecho** |
| fuera | fuese | iré | iría | |
| fueras | fueses | irás | irías | **yendo** |
| fuera | fuese | irá | irá | |
| fuéramos | fuésemos | iremos | iríamos | |
| fuerais | fueseis | iréis | iríais | ido |
| fueran | fuesen | irán | irían | |

|  | Indicatif présent | Subjonctif présent | Impératif | Indicatif imparfait | Indicatif passé simple |
|---|---|---|---|---|---|
| **OIR** | oigo | oiga | | oía | oí |
| | oyes | oigas | oye | oías | oíste |
| | oye | oiga | oiga | oía | oyó |
| | oímos | oigamos | oigamos | oíamos | oímos |
| | oís | oigáis | oíd | oíais | oísteis |
| | oyen | oigan | oigan | oían | oyeron |
| **PODER** | puedo | pueda | | podía | pude |
| | puedes | puedas | puede | podías | pudiste |
| | puede | pueda | pueda | podía | pudo |
| | podemos | podamos | podamos | podíamos | pudimos |
| | podéis | podáis | poded | podíais | pudisteis |
| | pueden | puedan | puedan | podían | pudieron |
| **PONER** | pongo | ponga | | ponía | puse |
| | pones | pongas | pon | ponías | pusiste |
| | pone | ponga | ponga | ponía | puso |
| | ponemos | pongamos | pongamos | poníamos | pusimos |
| | ponéis | pongáis | poned | poníais | pusisteis |
| | ponen | pongan | pongan | ponían | pusieron |
| **QUERER** | quiero | quiera | | quería | quise |
| | quieres | quieras | quiere | querías | quisiste |
| | quiere | quiera | quiera | quería | quiso |
| | queremos | queramos | queramos | queríamos | quisimos |
| | queréis | queráis | quered | queríais | quisisteis |
| | quieren | quieran | quieran | querían | quisieron |
| **SABER** | sé | sepa | | sabía | supe |
| | sabes | sepas | sabe | sabías | supiste |
| | sabe | sepa | sepa | sabía | supo |
| | sabemos | sepamos | sepamos | sabíamos | supimos |
| | sabéis | sepáis | sabed | sabíais | supisteis |
| | saben | sepan | sepan | sabían | supieron |
| **SALIR** | salgo | salga | | salía | salí |
| | sales | salgas | sal | salías | saliste |
| | sale | salga | salga | salía | salió |
| | salimos | salgamos | salgamos | salíamos | salimos |
| | salís | salgáis | salid | salíais | salisteis |
| | salen | salgan | salgan | salían | salieron |
| **SER** | soy | sea | | era | fui |
| | eres | seas | se | eras | fuiste |
| | es | sea | sea | era | fue |
| | somos | seamos | seamos | éramos | fuimos |
| | sois | seáis | sed | erais | fuisteis |
| | son | sean | sean | eran | fueron |
| **TENER** | tengo | tenga | | tenía | tuve |
| | tienes | tengas | ten | tenías | tuviste |
| | tiene | tenga | tenga | tenía | tuvo |
| | tenemos | tengamos | tengamos | teníamos | tuvimos |
| | tenéis | tengáis | tened | teníais | tuvisteis |
| | tienen | tengan | tengan | tenían | tuvieron |

| Subjonctif imparfait en -RA | en -SE | Indicatif futur | Condi- tionnel | Gérondif Participe passé |
|---|---|---|---|---|
| oyera | oyese | oiré | oiría | |
| oyeras | oyeses | oirás | oirías | oyendo |
| oyera | oyese | oirá | oiría | |
| oyéramos | oyésemos | oiremos | oiríamos | |
| oyerais | oyeseis | oiréis | oiríais | |
| oyeran | oyesen | oirán | oirían | oído |
| pudiera | pudiese | podré | podría | |
| pudieras | pudieses | podrás | podrías | pudiendo |
| pudiera | pudiese | podrá | podría | |
| pudiéramos | pudiésemos | podremos | podríamos | |
| pudierais | pudieseis | podréis | podríais | |
| pudieran | pudiesen | podrán | podrían | podido |
| pusiera | pusiese | pondré | pondría | |
| pusieras | pusieses | pondrás | pondrías | poniendo |
| pusiera | pusiese | pondrá | pondría | |
| pusiéramos | pusiésemos | pondremos | pondríamos | |
| pusierais | pusieseis | pondréis | pondríais | |
| pusieran | pusiesen | pondrán | pondrían | **puesto** |
| quisiera | quisiese | querré | querría | |
| quisieras | quisieses | querrás | querrías | queriendo |
| quisiera | quisiese | querrá | querría | |
| quisiéramos | quisiésemos | querremos | querríamos | |
| quisierais | quisieseis | querréis | querríais | |
| quisieran | quisiesen | querrán | querrían | querido |
| supiera | supiese | sabré | sabría | |
| supieras | supieses | sabrás | sabrías | sabiendo |
| supiera | supiese | sabrá | sabría | |
| supiéramos | supiésemos | sabremos | sabríamos | |
| supierais | supieseis | sabréis | sabríais | |
| supieran | supiesen | sabrán | sabrían | sabido |
| saliera | saliese | saldré | saldría | |
| salieras | salieses | saldrás | saldrías | saliendo |
| saliera | saliese | saldrá | saldría | |
| saliéramos | saliésemos | saldremos | saldríamos | |
| salierais | salieseis | saldréis | saldríais | |
| salieran | saliesen | saldrán | saldrían | salido |
| fuera | fuese | seré | sería | |
| fueras | fueses | serás | serías | siendo |
| fuera | fuese | será | sería | |
| fuéramos | fuésemos | seremos | seríamos | |
| fuerais | fueseis | seréis | seríais | |
| fueran | fuesen | serán | serían | sido |
| tuviera | tuviese | tendré | tendría | |
| tuvieras | tuvieses | tendrás | tendrías | teniendo |
| tuviera | tuviese | tendrá | tendría | |
| tuviéramos | tuviésemos | tendremos | tendríamos | |
| tuvierais | tuvieseis | tendréis | tendría | |
| tuvieran | tuviesen | tendrán | tendrían | tenido |

| | Indicatif présent | Subjonctif présent | Impératif | Indicatif imparfait | Indicatif passé simple |
|---|---|---|---|---|---|
| **TRAER** | traigo | traiga | | traía | traje |
| | traes | traigas | trae | traías | trajiste |
| | trae | traiga | traiga | traía | trajo |
| | traemos | tralgamos | traigamos | traíamos | trajimos |
| | traéis | traigáis | traed | traíais | trajisteis |
| | traen | traigan | traigan | traían | trajeron |
| **VALER** | valgo | valga | | valía | valí |
| | vales | valgas | vale | valías | valiste |
| | vale | valga | valga | valía | valió |
| | valemos | valgamos | valgamos | valíamos | valimos |
| | valéis | valgáis | valed | valíais | valisteis |
| | valen | valgan | valgan | valían | valieron |
| **VENIR** | vengo | venga | | venía | vine |
| | vienes | vengas | ven | venías | viniste |
| | viene | venga | venga | venía | vino |
| | venimos | vengamos | vengamos | veníamos | vinimos |
| | venís | vengáis | venid | veníais | vinisteis |
| | vienen | vengan | vengan | venían | vinieron |
| **VER** | veo | vea | | veía | ví |
| | ves | veas | ve | veías | viste |
| | ve | vea | vea | veía | vio |
| | vemos | veamos | veamos | veíamos | vimos |
| | veis | veáis | ved | veíais | visteis |
| | ven | vean | vean | veían | vieron |

| Subjonctif imparfait | | Indicatif | Condi- | Gérondif |
| en -RA | en -SE | futur | tionnel | Participe passé |
|---|---|---|---|---|
| trajera | trajese | traeré | traería | trayendo |
| trajeras | trajeses | traerás | treaerías | |
| trajera | trajese | traerá | traería | |
| trajéramos | trajésemos | traeremos | traeríamos | |
| trajerais | trajeseis | traeréis | traeríais | traído |
| trajeran | trajesen | traerán | traerían | |
| valiera | valiese | valdré | valdría | |
| valieras | valieses | valdrás | valdrías | valiendo |
| valiera | valiese | valdrá | valdría | |
| valiéramos | valiésemos | valdremos | valdríamos | |
| valierais | valieseis | valdréis | valdríais | valido |
| valieran | valiesen | valdrán | valdrían | |
| viniera | viniese | vendré | vendría | |
| vinieras | vinieses | vendrás | vendrías | viniendo |
| viniera | viniese | vendrá | vendría | |
| viniéramos | viniésemos | vendremos | vendríamos | |
| vinierais | vinieseis | vendréis | vendríais | venido |
| vinieran | viniesen | vendrán | vendrían | |
| viera | viese | veré | vería | |
| vieras | vieses | verás | verías | viendo |
| viera | viese | verá | vería | |
| viéramos | viésemos | veremos | veríamos | |
| vierais | vieseis | veréis | veríais | visto |
| vieran | viesen | verán | verían | |

# Formation des verbes réguliers

Les verbes de la conjugaison espagnole se divisent en 3 groupes caractérisés par leur terminaison.

1er groupe : verbes en AR comme *hablar, cantar, determinar*.

2e groupe : verbes en ER comme *beber, poner*.

3e groupe : verbes en IR comme *vivir, subir*.

| | Présent de l'indicatif | Impératif | Présent du subjonctif | Imparfait de l'indicatif | Passé simple |
|---|---|---|---|---|---|
| **1er groupe** | **R +** -o<br>-as ⟶ -a<br>-a ⟵ -e<br>-amos -emos<br>-áis ⟶ -ad<br>-an ⟵ -en | **R +**<br> -a<br> -e<br> -emos<br> -ad<br> -en | **R +** -e<br>-es<br>-e<br>-emos<br>-éis<br>-en | **R +** -aba<br>-abas<br>-aba<br>-ábamos<br>-abais<br>-aban | **R +** -é<br>-aste<br>-ó<br>-amos<br>-asteis<br>-aron |
| **2e groupe** | **R +** -o<br>-es ⟶ -e<br>-e ⟵ -a<br>-emos -amos<br>-éis ⟶ -ed<br>-en ⟵ -an | **R +**<br> -e<br> -a<br> -amos<br> -ed<br> -an | **R +** -a<br>-as<br>-a<br>-amos<br>-áis<br>-an | **R +** -ía<br>-ías<br>-ía<br>-íamos<br>-íais<br>-ían | **R +** -í<br>-iste<br>-ió<br>-imos<br>-isteis<br>-ieron |
| **3e groupe** | **R +** -o<br>-es ⟶ -e<br>-e ⟵ -a<br>-imos -amos<br>-ís ⟶ -id<br>-en ⟵ -an | **R +**<br> -e<br> -a<br> -amos<br> -id<br> -an | **R +** -a<br>-as<br>-a<br>-amos<br>-áis<br>-an | | |
| Inf. : infinitif<br>R : le radical | | | | | |

| Imparfait du subjonctif | | Futur | Conditionnel | Gérondif | Participe passé |
|---|---|---|---|---|---|
| | | | | R+ -ando | R+ -ado |
| -ra ò -se | | Inf. + -é | Inf. + -ia | | |
| -ras -ses | | -ás | -ias | | |
| -ra -se | | -á | -ia | | |
| -ramos -semos | | -emos | -iamos | | |
| -rais -seis | | -éis | -iais | | |
| -ran -sen | | -án | -ian | | |
| | | | | R+ -iendo | R+ -ido |

# Article

I. La langue espagnole possède, comme la langue française, un article défini : **el, los, la, las** ; et un article indéfini : **un, unos, una, unas.**

II. La langue espagnole possède en outre l'article neutre singulier **lo** qui s'emploie devant certains adjectifs ou pronoms quand ils sont pris substantivement et dans un sens très général.
Généralement on emploie **lo** dans les cas où il devrait se traduire par la **chose**, par **ce qui est, ce qu'il y a** ou par un **le** français remplaçable par **ce qui est.**
*lo primero,* la première chose.
*lo triste del caso,* ce qu'il y a de triste dans ce cas.
*lo hermoso,* le beau, ce qui est beau.
*lo mío,* ce qui m'appartient, ce qui est à moi.
Dans tous les autres cas, le mot substantivé s'accompagne de **el** :
*el honrado,* l'homme de bien.
*el primero de la clase,* le premier de la classe.

III. Quand un substantif féminin commence par **a** ou **ha** et que l'accent porte sur cette première voyelle, on peut employer par euphonie l'article masculin à la place du féminin : *el alma, un acta.* Cette modification ne peut se faire devant les noms propres de femme, ni devant les noms des lettres **a** et **h.**

# Partitif

I. L'espagnol ne possède pas d'article partitif. Généralement le sens partitif s'exprime par l'omission de l'article : *¿ quiere usted vino ?* (voulez-vous **du** vin ?). *Dame pan* (donne-moi **du** pain). *Tenemos hermosos claveles* (nous avons **de** beaux œillets).

II. L'espagnol ne possède pas non plus de pronom qui corresponde au **en** français. Lorsque le français emploie ce pronom dans un sens partitif, l'espagnol exprime généralement la quantité ou le nombre indéterminés par l'omission du substantif et de tout pronom qui puisse le remplacer : *yo tengo dinero pero tú tienes más* (j'ai **de** l'argent, mais tu **en** as davantage) ; *estos cuchillos no cortan ; dame otros* (ces couteaux ne coupent pas, donne-m'**en** d'autres).

# Pluriel

Le pluriel des substantifs et des adjectifs espagnols se forme par l'adjonction d'un **s** ou de **es** à la forme du singulier.
Prennent un **s** :
*a)* Tous les substantifs et adjectifs se terminant par une voyelle non accentuée : *casa,* **casas** ; *blanco,* **blancos.**
*b)* Tout ceux qui se terminent par un **é** accentué : *café,* **cafés,** *té,* **tés.**
Prennent **es** :
*a)* Tous les substantifs et adjectifs se terminant par une voyelle accentuée autre que **é** : *marroquí,* **marroquíes** ; *magrebí,* **magrebíes** ; *marabú,* **marabúes.**
EXCEPTIONS : *Papá, mamá,* prennent un **s.**
*b)* Tous les substantifs et adjectifs se terminant par une consonne, l'**y** comptant comme consonne : *árbol,* **árboles** ; *anís,* **anises** ; *rey,* **reyes.**
EXCEPTIONS : Les mots de plus d'une syllabe se terminant par **s** et ayant la dernière voyelle non accentuée sont invariables : *lunes,* **lunes** ; *crisis,* **crisis.**

# Féminin

SUBSTANTIFS ET ADJECTIFS. La plupart des noms qui finissent par **a** sont féminins : **mesa, rosa, ventana...**
Il faut signaler parmi les principales exceptions :
*a)* le nom **día** : *un día malo* (un mauvais jour).

*b)* les noms de métiers, de professions ou de fonctions : **electricista, dentista, patriarca,** etc.

*c)* ceux d'origine grecque, comme **problema, dilema, pentagrama,** etc.

RÈGLE GÉNÉRALE. Les mots terminés par **o** changent cette voyelle en **a** pour former leur féminin : *amigo,* **amiga** ; *primo,* **prima** ; *bueno,* **buena** ; *precioso,* **preciosa.**

Ceux qui finissent par une consonne prennent la terminaison **a** : *español,* **española** ; *dormilón,* **dormilona** ; *genovés,* **genovesa** ; *andaluz,* **andaluza.**

EXCEPTIONS ET CAS PARTICULIERS :

*a)* De nombreux mots sont invariables en genre, tels que :

1) Ceux qui se terminent par les voyelles **a, e, i.**
   La plupart de ces termes correspondent aux noms et aux adjectifs désignant des habitants de villes, de pays, etc., certains professionnels et les partisans d'une doctrine, etc. Exemples :
   **belga, moscovita, cretense, marroquí**
   **artista, orfebre**
   **comunista, deportista,** etc.

2) Les adjectifs : **exterior, interior,** etc., semblables à ceux en *eur* français qui font leur féminin en *eure : un muro* **exterior,** *una pared* **exterior.**

3) Tous les adjectifs terminés par les consonnes : **l, n, r, s, z** : *un hombre* **cruel,** *una mujer* **cruel** ; *un hecho* **ruin,** *una acción* **ruin** ; *un ambiente* **familiar,** *una reunión* **familiar** ; *un tejido* **gris,** *una tela* **gris** ; *el coche* **veloz,** *la moto* **veloz.**

*b)* Certains noms forment leur féminin par l'adjonction de suffixes : *barón,* **baronesa** ou même ajoutent à leur radical deux suffixes différents selon le genre : *príncipe,* **princesa.**

*c)* La terminaison **tor** se transforme en **triz** au féminin dans quelques noms : *actor,* **actriz** ; *institutor,* **institutriz,** mais la plupart des autres terminés par **or** ou par **tor** prennent un **a** suivant la règle générale : *lector,* **lectora** ; *director,* **directora** ; *autor,* **autora,** etc.

*d)* De nombreux substantifs présentent un féminin tout à fait différent du nom masculin quand il s'agit notamment de marquer la parenté ou la différence de sexe :

*el hombre,* **la mujer**            *el caballo,* **la yegua**
*el padre,* **la madre**             *el buey,* **la vaca.**

# Augmentatifs et diminutifs

Les noms et les adjectifs, et même certains gérondifs, des participes et des adverbes, sont susceptibles de porter des suffixes augmentatifs ou diminutifs. Ceux-ci sont très nombreux et plus ou moins usités selon le parler des régions.

Les suffixes augmentatifs les plus courants sont :

| masc. | fém. | terme primitif | terme dérivé |
|-------|------|----------------|--------------|
| ón    | ona  | hombre         | hombrón      |
|       |      | mujer          | mujerona     |
| azo   | aza  | perro          | perrazo      |
|       |      | perra          | perraza      |
| ote   | ota  | libro          | librote      |
|       |      | mesa           | mesota       |

exemples

Les diminutifs sont très nombreux et leur usage varie d'après les régions

exemples

| masc. | fém. | term primitif | term dérivé |
|-------|------|---------------|-------------|
| ito | ita | gato | gatito |
|  |  | gata | gatita |
| ico | ica | vaso | vasico |
|  |  | ventana | ventanica |
| illo | illa | pájaro | pajarillo |
|  |  | mesa | mesilla |
| ín | ina | momento | momentin |
|  |  | cara | carina |
| uelo | uela | chico | chicuelo |
|  |  | chica | chicuela |
|  |  | despacio | despacito |
|  |  | tirando | tirandillo |

REMARQUE. Employés essentiellement dans la langue familière, les suffixes diminutifs et augmentatifs ont surtout une valeur affective que devra refléter la traduction : ¡ **pobrecito** !, pauvre petit !, **piececito**, petit pied, pied mignon, etc.

Il existe encore en espagnol des augmentatifs d'augmentatifs et des diminutifs de diminutifs qui donnent une grande vivacité à l'expression. Exemples :
**picaro** (malin) ; augmentatif : **picarón** ; augmentatif de l'augmentatif : **picaronazo**.

**chico** (petit) ; diminutif : **chiquito** ; diminutifs du diminutif : **chiquitito**, **chiquitillo, chiquitin, chiquirritín**.

REMARQUE. La terminaison **azo** donne lieu à des dérivés masculins qui ne sont pas des augmentatifs, mais des termes exprimant une idée de coup, de choc, etc. Ainsi : **portazo, cañonazo, arañazo, fogonazo**..., qu'il faudrait traduire par : *coup de porte, coup de canon, égratignure, éclair*...

## Adjectifs et pronoms possessifs

|  | singulier | | pluriel | |
|--|-----------|--|---------|--|
| 1<sup>re</sup> personne | mi | | mis | |
| 2<sup>e</sup> personne | tu | | tus | |
| 3<sup>e</sup> personne | su | | sus | |
|  | masc. | fém. | masc. | fém. |
| 1<sup>re</sup> personne | nuestro | nuestra | nuestros | nuestras |
| 2<sup>e</sup> personne | vuestro | vuestra | vuestros | vuestras |
| 3<sup>e</sup> personne | su | | sus | |

REMARQUES SUR LES ADJECTIFS POSSESSIFS

I. L'adjectif possessif est moins employé en espagnol qu'en français. Il est fréquemment remplacé par l'article défini : *he dejado* **los** *guantes sobre la mesa* (j'ai laissé mes gants sur la table) ; *ha colgado* **el** *sombrero en la percha* (il a accroché son chapeau au portemanteau).

D'autre part, la tournure : verbe réfléchi + article défini, telle que **me lavo las** *manos* (je me lave les mains) a un emploi plus extensif en espagnol qu'en français. On dit **me quito la** *chaqueta* (j'enlève mon veston) ; **se pone los** *guantes* (il met ses gants) ; **te has olvidado el** *paraguas* (tu as oublié ton parapluie).

II. **Nuestro** et **vuestro** indiquent un seul possesseur lorsque le pronom personnel correspondant *(nosotros, nos* ou *vos)* désigne une seule personne.

## Adjectifs et pronoms démonstratifs

| singulier | | pluriel | |
|---|---|---|---|
| masc. | fém. | masc. | fém. |
| **este** (ce...-ci) (cet...-ci) | **esta** (cette...-ci) | **estos** (ces...-ci) | **estas** (ces...-ci) |
| **ese** (ce...-là) (cet...-là) | **esa** (cette...-là) | **esos** (ces...-là) | **esas** (ces...-là) |
| **aquel** (ce...-là) | **aquella** (cette...-là) | **aquellos** (ces...-là) | **aquellas** (ces...-là) |

REMARQUES :

Les formes **este, esta, estos, estas** ont la même signification que les adjectifs démonstratifs français accompagnés de la particule *ci*. Quant à **ese, esa, esos, esas, aquel, aquella, aquellos, aquellas** — correspondant à ceux qui sont suivis de *là* — la différence porte sur le degré d'éloignement : **ese**, plus proche que **aquel**. Exemple : **este** *cuadro es el más feo de la exposición,* **ese** *retrato es más aceptable y* **aquel** *paisaje al fondo de la sala es el mejor* (ce tableau-ci est le plus laid de l'exposition, ce portrait-là est plus acceptable et ce paysage-là, au fond de la salle, est le meilleur).

Cette division de l'espace peut également s'appliquer au temps : **este...**, se référant au présent : **aquel...**, à une période lointaine ; **ese...**, à une zone de temps intermédiaire : *en* **estos** *tiempos* (par les temps qui courent) ; *en* **aquellos** *tiempos* (en ce temps-là).

PRONOMS DÉMONSTRATIFS

Seul l'accent orthographique marque la différence entre les adjectifs et les pronoms démonstratifs :

**éste, ésta, éstos, éstas** (celui-ci, celle-ci, ceux-ci, celles-ci)

**ése, ésa, ésos, ésas**

**aquél, aquélla, aquéllos, aquéllas** (celui-ci, celle-là, ceux-là, celles-là).

En plus, il existe le neutre : **esto** (ceci), **eso, aquello** (cela, ça — fam. —). Ex. : **Esto** *no me gusta, prefiero* **aquello** (ceci ne me plaît pas, j'aime mieux cela). *Yo no he dicho* **eso** (je n'ai pas dit cela).

## Adjectifs interrogatifs et exclamatifs

Il n'existe en espagnol qu'une seule forme invariable pour ce genre d'adjectifs ; **que** (quel, quelle, quels, quelles) : *¿* **qué** *libro estás leyendo ?* (quel livre lis-tu ?) ; *¿* **qué** *noticias trae el periódico ?* (quelles nouvelles donne le journal ?) ; *¡* **qué** *hombre más simpático !* (quel homme charmant !).

## Adjectifs indéfinis

| singulier | | pluriel | |
|---|---|---|---|
| masc. | fém. | masc. | fém. |
| **algún** (quelque) | **alguna** (quelque) | **algunos** (quelques) | **algunas** (quelques) |
| **cierto** (certain) | **cierta** (certaine) | **ciertos** (certains) | **ciertas** (certaines) |
| **mismo** (même) | **misma** (même) | **mismos** (mêmes) | **mismas** (mêmes) |
| **todo** (tout) | **toda** (toute) | **todos** (tous) | **todas** (toutes) |
| **ningún** (aucun) | **ninguna** (aucune) | | |
| **cualquier** (quelconque, n'importe quel, n'importe quelle) | | **cualesquiera** (n'importe quels, n'importe quelles) | |

Quelques adjectifs indéfinis espagnols sont traduits par des adverbes en français :

    **poco, poca, pocos, pocas** (peu de) : **poca** *comida* (peu de nourriture) ; **pocos** *espectadores* (peu de spectateurs).

    **mucho, mucha, muchos, muchas** (beaucoup de) : **mucho** *dinero* (beaucoup d'argent) ; **muchas** *bromas* (beaucoup de plaisanteries).

    **bastante, bastantes** : **bastantes** *libros* (assez de livres).

## Pronoms possessifs

|              | singulier |        | pluriel |         |
|--------------|-----------|--------|---------|---------|
|              | masc.     | fém.   | masc.   | fém.    |
| 1re personne | **mio**   | **mía**   | **míos**   | **mías**   |
| 2e personne  | **tuyo**  | **tuya**  | **tuyos**  | **tuyas**  |
| 3e personne  | **suyo**  | **suya**  | **suyos**  | **suyas**  |
| 1re personne | **nuestro** | **nuestra** | **nuestros** | **nuestras** |
| 2e personne  | **vuestro** | **vuestra** | **vuestros** | **vuestras** |
| 3e personne  | **suyo**  | **suya**  | **suyos**  | **suyas**  |

    **Suyo, suya, suyos, suyas** (à traduire par *le sien, la sienne, les siens, les siennes* et aussi par *le leur, les leurs*).

        *yo vendré en mi coche y Juan tomará* **el suyo** (je viendrai dans ma voiture et Jean prendra la sienne) ;

        *yo vendré en mi coche y ellos tomarán* **el suyo** (.......... et ils prendront la leur) ;

        *yo vendré en mi coche y usted tomará* **el suyo** (.......... et vous prendrez le vôtre).

## Pronoms relatifs

    **que    cual, cuales    quien, quienes    cuyo, cuya, cuyos, cuyas**

**que** est le seul relatif qui n'a pas de pluriel. On l'emploie autant comme sujet que comme complément d'objet direct : *tu amigo* **que** *acaba de llegar* (ton ami qui vient d'arriver).

Précédé de l'article défini, il traduit les démonstratifs *celui qui, celle qui, ce qui, ceux qui, celles qui* ou *celui que*, etc. Exemples : **el que** *habla* (celui qui parle) : **lo que** *tienes que hacer* (ce que tu dois faire) ; **los que** *hemos visto* (ceux que nous avons vus).

**cual, cuales,** avec l'article défini, ont parfois la valeur de **que**. Mais leur emploi est surtout à conseiller après une préposition, ce qui leur donne la même signification que les relatifs composés français : *la teoría* **sobre la cual** *se establece este principio* (la théorie sur laquelle s'établit ce principe).

**quien, quienes** se rapportent aux personnes et peuvent être précédés d'une préposition : *hablo* **con quien** *quiero* (je parle avec qui je veux) ; *el agente* **a quien** *me dirijo* (l'agent à qui je m'adresse ou l'agent auquel je m'adresse) ; *los hombres* **de quienes** *hablamos* (les hommes dont nous avons parlé).

**cuyo, cuya, cuyos, cuyas** se rapportent au complément du nom sans expression de l'article : *la persona* **cuya** *finca está en venta* (la personne dont la propriété est à vendre).

## Pronoms interrogatifs et exclamatifs

|                              | singulier            | pluriel                   |
|------------------------------|----------------------|---------------------------|
| Concernant la personne ..........| ¿ **quién** ?        | ¿ **quiénes** ?           |
| la chose ................| ¿ **qué** ?          |                           |
| la qualité ..............| ¿ **cuál** ?         | ¿ **cuáles** ?            |
| la quantité ............| ¿ **cuánto** ? ¿ **cuánta** ? | ¿ **cuántos** ? ¿ **cuántas** ? |

Les pronoms interrogatifs et exclamatifs portent l'accent écrit.

**quién**, de même que l'interrogatif français *qui*, se rapporte toujours à la personne. Il admet aussi le pluriel **quiénes** : ¿**quién** *ha venido?* (qui est venu?) ; ¿ *a* **quién** *buscas?* (qui cherches-tu?) ; ¿ *de* **quién** *habla usted?* (de qui parlez-vous?) ; ¿**quiénes** *son?* (qui sont-ils?) ; ¡ **quién** *lo habría dicho!* (qui l'aurait dit!)

**qué** se traduit par que ou par quoi : ¿ **qué** *quiere usted?* (que voulez-vous?) ; *usted* ¿ *en* **qué** *se mete?* (de quoi vous mêlez-vous?).

**cuál, cuáles** correspondent aux pronoms composés lequel, laquelle, etc. : *hay varios periódicos, ¿* **cuál** *quiere usted?* (il y a plusieurs journaux, lequel voulez-vous?) ; *se presentarán muchos candidatos, ¿* **cuáles** *serán elegidos?* (beaucoup de candidats se présenteront, lesquels seront élus?)

**cuánto, cuánta, cuántos, cuántas**, se rapportant à la quantité ou à l'intensité, équivalent à *combien*, à *comme* ou à *que* : ¿ **cuánto** *es?* (c'est combien?) ; ¡ **cuánto** *nos hemos divertido!* (comme on s'est amusé!).

## Pronoms personnels sujets

|  | singulier | pluriel |
|---|---|---|
| 1. | **yo**, *je* | **nosotros** (-as), *nous* |
| 2. | **tú**, *tu* | **vosotros** (-as), *vous* |
| 3. masculin : | **él**, *il* | **ellos**, *ils* |
| féminin : | **ella**, *elle* | **ellas**, *elles* |
| neutre : | **ello**, *cela* | |
| vouvoiement : | **usted** | **ustedes** |

**Usted, ustedes** (contraction de l'ancien *vuestra merced, vuestras mercedes*) est un pronom de la deuxième personne employé par courtoisie, qui équivaut au **vous** français. Son verbe se met à la troisième personne.

## Pronoms personnels compléments sans préposition

|  |  | Complément direct | | Complément indirect | |
|---|---|---|---|---|---|
| 1. |  | **me** | *me* | **me** | *me* |
| 2. |  | **te** | *te* | **te** | *te* |
| 3. | masc. | **lo** (le) | *le* | | |
|  | fém. | **la** | *la* | | |
|  | neutre | **lo** | *le* | **le** | *lui* |
|  | Usted | **lo** (le)/la | *vous* | | |
| 1. |  | **nos** | *nous* | **nos** | *nous* |
| 2. |  | **os** | *vous* | **os** | *vous* |
| 3. | masc. | **los** (les) | *les* | | |
|  | fém. | **las** | *les* | **les** | *leur* |
|  | Uds. | **los** (les)/las | *vous* | | |

**Lo, la, los, las** sont des compléments d'objet direct : ¿ *Has buscado el libro?* — **Lo** *he buscado* (As-tu cherché le livre? — Je l'ai cherché).

**Me, te, nos, os, se** (réfléchi) peuvent être des compléments directs ou indirects :

complément direct : **Me** *quiere* (il m'aime).
    »    indirect : **Me** *compra un anillo* (il m'achète une bague).

**Le, les** sont des compléments d'objet indirects : **le** *doy un libro* (je lui donne un livre) ; **les** *traigo la cena* (je leur apporte le dîner). Ils sont remplacés par **se** lorsqu'ils accompagnent un autre pronom de la troisième personne. On ne dit pas **le** *lo mandaron*, mais **se** *lo mandaron* (on le lui envoya) ; **les** *las quitaron*, mais **se** *las quitaron* (on les leur enleva).

## Pronoms personnels compléments précédés d'une préposition

| 1. | | **mí** | *moi* |
|----|------|----------|------|
| 2. | | **ti** | *toi* |
| 3. | masc. | **él** | *lui* |
| | fém. | **ella** | *elle* |
| | neutre | **ello** | *cela* |
| | Vd. | **usted** | *vous* |
| 1. | | **nosotros, -as** | *nous* |
| 2. | | **vosotros, -as** | *vous* |
| 3. | masc. | **ellos** | *eux* |
| | fém. | **ellas** | *elles* |
| | Vds. | **ustedes** | *vous* |

## Pronoms personnels réfléchis

| | sans préposition | | avec préposition |
|----|------|------|------|
| 1. | **me** | *me* | |
| 2. | **te** | *te* | |
| 3. | **se** | *se* | **sí** *soi, lui, elle, vous* |
| 1. | **nos** | *nous* | |
| 2. | **os** | *vous* | |
| 3. | **se** | *se* | **sí** *soi, eux, elles, vous* |

## Enclise du pronom

Elle consiste à souder le pronom personnel direct ou indirect (parfois les deux) à la fin du verbe.

Elle est obligatoire lorsque le verbe est à l'infinitif, au gérondif et à l'impératif affirmatif :

Hablarse : *se parler.*

Cantándole la nana : *en lui chantant la berceuse.*

Dame la llave : *donne-moi la clef.*

Lorsque l'enclise porte sur le pronom personnel complément direct et indirect, on place le complément indirect avant le complément direct :

*Il veut me le donner.* Quiere dármelo.

## Apocope

L'apocope est la chute de la voyelle finale ou de la dernière syllabe de certains mots lorsqu'ils sont placés devant un nom masculin singulier.

| Bueno | : buen | Tercero | : tercer | Ninguno | : ningún |
|-------|--------|---------|----------|---------|----------|
| Malo | : mal | Postrero | : postrer | Uno | : un |
| Primero | : primer | Alguno | : algún | | |

GRANDE devient GRAN devant un nom masculin ou féminin singulier : un gran libro, una gran casa.

CIENTO s'apocope en CIEN devant un nom ou un chiffre qu'il multiplie : cien mil hombres.

CUALQUIERA devient CUALQUIER devant un nom masculin ou féminin singulier : cualquier motivo, cualquier empresa.

SANTO devient SAN devant tous les noms de saints sauf ceux qui commencent par DO ou TO : San José, mais on dit : Santo Domingo et Santo Tomé.

TANTO, CUANTO deviennent TAN, CUAN devant un adverbe ou un adjectif (sauf devant mayor, menor, mejor, peor, más, menos) : Es tan amable : ¡ No sabes cuán inteligente se mostró !

RECIENTEMENTE se transforme en RECIÉN devant un participe passé : un recién nacido, un nouveau-né.

# Gérondif

**Formation**

**R** = radical du verbe.

Verbes en -AR : **R + ando** → cantar : cant + ando : cantando.
Verbes en -ER : **R + iendo** → comer : com + iendo : comiendo.
Verbes en -IR : **R + iendo** → escribir : escrib + iendo : escribiendo.

**Particularités**

— **Verbes** en -AER, -EER, -OER, -OÍR, -UIR : le **i** de la terminaison se transforme en **y**.

Leer → leyendo ; caer → cayendo.

— Gérondif du verbe **IR** : yendo.

— **Verbes** en -EÍR : le **i** de la terminaison disparaît.

Reír → riendo.

Attention aux verbes suivants pour lesquels le **o** du radical devient **u**.

  **dormir** : durmiendo.   **morir** : muriendo.   **poder** : pudiendo.

**Gérondifs irréguliers**

| | | | | | |
|---|---|---|---|---|---|
| decir | → diciendo. | podrir | → pudriendo | venir | → viniendo |
| pedir | → pidiendo | sentir | → sintiendo | | |

# Participe passé

**Formation**

**R** = radical du verbe.

Verbes en -AR : **R + ado** → cantar : cant + ado : cantado.
Verbes en -ER : **R + ido** → beber : beb + ido : bebido.
Verbes en -IR : **R + ido** → vivir : viv + ido : vivido.

**Participes passés irréguliers.**

| | | | | | |
|---|---|---|---|---|---|
| abrir | → abierto | hacer | → hecho | romper | → roto |
| cubrir | → cubierto | morir | → muerto | satisfacer | → satisfecho |
| decir | → dicho | poner | → puesto | ver | → visto |
| escribir | → escrito | pudrir | → podrido | volver | → vuelto |

Ces formes sont valables pour tous les composés de ces verbes.

# Les verbes à double participe passé

De nombreux verbes ont un double participe passé. La forme régulière s'emploie dans la formation d'un temps composé. Quant à la forme irrégulière, elle s'emploie comme adjectif.

Agua **bendita** : de l'eau bénite.

El cura **ha bendecido** el agua : le curé a béni l'eau.

| Infinitif | Participe régulier | Participe irrégulier |
|---|---|---|
| Absorber, *absorber* | absorbido | absorto |
| Abstraer, *abstraire* | abstraido | abstracto |
| Afligir, *affliger* | afligido | aflicto |
| Atender, *prêter attention* | atendido | atento |
| Bendecir, *bénir* | bendecido | bendito |
| Concluir, *conclure* | concluido | concluso |
| Confesar, *confesser, avouer* | confesado | confeso |
| Confundir, *confondre* | confundido | confuso |
| Convencer, *convaincre* | convencido | convicto |
| Convertir, *convertir* | convertido | converso |
| Corregir, *corriger* | corregido | correcto |
| Corromper, *corrompre* | corrompido | corrupto |
| Despertar, *réveiller* | despertado | despierto |
| Difundir, *répandre* | difundido | difuso |
| Dispersar, *disperser* | dispersado | disperso |

| Infinitif | Participe régulier | Participe irrégulier |
|---|---|---|
| Dividir, *diviser* | dividido | diviso |
| Elegir, *élire* | elegido | electo |
| Enjugar, *sécher* | enjugado | enjuto |
| Excluir, *exclure* | excluido | excluso |
| Expresar, *exprimer* | expresado | expreso |
| Extender, *étendre* | extendido | extenso |
| Extinguir, *éteindre* | extinguido | extinto |
| Fijar, *fixer* | fijado | fijo |
| Freir, *frire* | freído | frito |
| Hartar, *rassasier* | hartado | harto |
| Imprimir, *imprimer* | imprimido | impreso |
| Incluir, *inclure* | incluido | incluso |
| Infundir, *inspirer* | infundido | infuso |
| Insertar, *insérer* | insertado | inserto |
| Invertir, *inverser* | invertido | inverso |
| Juntar, *joindre* | juntado | junto |
| Maldecir, *maudire* | maldecido | maldito |
| Manifestar, *manifester* | manifestado | manifiesto |
| Marchitar, *faner, flétrir* | marchitado | marchito |
| Nacer, *naître* | nacido | nato |
| Omitir, *omettre* | omitido | omiso |
| Oprimir, *opprimer* | oprimido | opreso |
| Prender, *arrêter, faire prisonnier* | prendido | preso |
| Presumir, *présumer* | presumido | presunto |
| Propender, *être enclin à* | propendido | propenso |
| Proveer, *pourvoir* | proveído | provisto |
| Recluir, *incarcérer, reclure* | recluido | recluso |
| Salvar, *sauver* | salvado | salvo |
| Sepultar, *ensevelir* | sepultado | sepulto |
| Soltar, *lâcher* | soltado | suelto |
| Sujetar, *attacher* | sujetado | sujeto |
| Suprimir, *supprimer* | suprimido | supreso |
| Suspender, *suspendre* | suspendido | suspenso |
| Sustituir, *substituer* | sustituido | sustituto |
| Teñir, *teindre* | teñido | tinto, etc. |

# Interrogation

Construction de la proposition interrogative (1)

## PROPOSITIONS SANS MOT INTERROGATIF

1) L'inversion du sujet est la règle générale. — Avec un temps composé, il est postposé au participe. — Il n'est jamais repris par un pronom. — Remarquons qu'en espagnol le sujet n'est exprimé que pour être mis en relief ou lorsque sa présence est nécessaire à la compréhension de la phrase.

*¿ Ha llegado tu padre ?* (est-ce que ton père est arrivé ?).
*¿ Viene alguien ?* (quelqu'un vient-il ?).
*¿ Trae cada uno su libro ?* (est-ce que chacun a son livre ?).
*Llaman. — ¿ Será él ?* (on sonne. — Est-ce lui ?).
*¿ Vienes ?* (viens-tu ?).
*¿ Viene usted ?* (venez-vous ?).
*¿ Viene él ?* (vient-il ?).

(1) L'espagnol possède deux points d'interrogation : un (¿) qui se met au commencement, et un autre ( ?) qui se met à la fin de l'interrogation.

## PROPOSITIONS AVEC UN MOT INTERROGATIF

2) Si le mot interrogatif est sujet, l'inversion est impossible.

¿ **Quién** *llama ?* (qui appelle ?).
¿ **Qué** *dolor es comparable al suyo ?* (quelle douleur est comparable à la sienne ?).

3) Si l'interrogatif est attribut ou complément, l'inversion du sujet a lieu comme dans le cas 1).

¿ **Cuál** *es tu libro ?* (lequel est ton livre ?).
¿ **Qué** *quiere tu hermano ?* (que veut ton frère ?).
¿ **Con quién** *habla usted ?* (avec qui parlez-vous ?).

## COMPLÉMENT OU SUJET PLACÉ EN TÊTE DE LA PROPOSITION

4) Pour mettre un complément en relief on le place en tête de la proposition. S'il s'agit d'un complément d'objet direct ou d'objet indirect, on peut le reprendre à l'aide d'un pronom.

Ex. : *a este hombre, ¿ lo conocían ustedes ?* (cet homme, le connaissiez-vous ?) ; *a tu padre, ¿ le has escrito ?* (as-tu écrit à ton père ?) ; *de este asunto, ¿ han hablado ustedes ?* (de cette affaire, en avez-vous parlé ?).

5) Le sujet peut être aussi placé en tête de la proposition, mais dans ce cas le caractère interrogatif n'est marqué que par les signes et le ton : ¿ *Los estudiantes estaban contentos ?* ou *Los estudiantes, ¿ estaban contentos ?* (les étudiants étaient-ils contents ?).

# Négation

I. La négation s'exprime en espagnol à l'aide de l'adverbe **no** qui correspond au *non* et aux *ne... pas, ne... point* français.

**No** précède toujours le verbe : *la casa* **no** *es mía* (la maison n'est pas à moi) ; *el niño* **no** *come* (l'enfant ne mange pas).

Entre la négation et le verbe, il est permis d'intercaler d'autres mots et même des propositions entières : *no* **se lo** *daré* (je ne le lui donnerai pas ou je ne vous le donnerai pas) ; *no* **todos los presentes** *estaban conformes* (toutes les personnes présentes n'étaient pas d'accord) ; *no porque tú lo digas ha de ser verdad* (ce n'est pas parce que tu le dis que ce doit être vrai).

Cependant, quand une confusion est possible, la négation doit accompagner le ou les mots sur lesquels elle porte.

Remarquons la différence entre *tu madre* **no** *puede venir* (ne peut pas venir) et *tu madre* **puede no** *venir* (peut ne pas venir).

II. Mots à sens négatif :

**Jamás, nunca, nada, nadie, ninguno** et les locutions **en mi vida**, etc., remplacent la négation quand ils sont placés devant le verbe : **jamás** *volveré* (je ne reviendrai jamais) ; **nunca** *lo sabrás* (tu ne le sauras jamais) ; **nada** *me falta* (rien ne me manque) ; *a* **nadie** *veo* (je ne vois personne) ; **ninguno** *sobra* (aucun n'est de trop).

Mais s'ils sont placés après le verbe, l'emploi de **no** est indispensable : **no** *volveré jamás ;* **no** *lo sabrás nunca ;* **no** *me falta nada ;* **no** *veo a nadie ;* **no** *sobra ninguno.*

Quand la proposition contient plusieurs mots à sens négatif, on ne peut en placer qu'un devant le verbe : **nadie** *me ayudó nunca en nada ;* **nunca** *me ayudó nadie en nada* (jamais personne ne m'a aidé en rien).

Si le verbe est précédé de **no,** tous les autres mots négatifs se placent après le verbe : **no** *me ayudó nunca nadie en nada.*

III. La conjonction **ni.**

La proposition négative avec la conjonction **ni** présente diverses formes dont voici les principales :

*a)* Plusieurs sujets ayant le même complément.

**Ni** *Pedro* **ni** *Juan obtuvieron el premio* (ni Pierre ni Jean ne gagnèrent le prix).
**No** *obtuvieron el premio* **ni** *Pedro* **ni** *Juan.*
**Nada** *obtuvieron* **ni** *Pedro* **ni** *Juan.*

| | |
|---|---|
| *b)* Plusieurs compléments d'un même verbe. | **Ni** *de día* **ni** *de noche descansa* (il ne se repose ni le jour ni la nuit).<br>**No** *descansa* **ni** *de día* **ni** *de noche.* |
| *c)* Un seul sujet ayant plusieurs verbes. | *Juan* **ni** *lo afirma* **ni** *lo niega* (Jean ne l'affirme ni ne le nie).<br>*Juan* **no** *lo afirma* **ni** *lo niega.*<br>**En mi vida** *le he visto* **ni** *le he hablado* (je ne l'ai jamais vu ni ne lui ai parlé). |
| *d)* Plusieurs sujets ayant plusieurs verbes communs. | **Ni** *Juan* **ni** *Pedro,* **ni** *Luis pintan, dibujan* **ni** *escriben* (ni Jean, ni Pierre, ni Louis ne peignent, ne dessinent, ni n'écrivent).<br>*Juan, Pedro y Luis,* **ni** *pintan,* **ni** *dibujan,* **ni** *escriben.* |
| *e)* Union de propositions négatives qui n'ont ni sujets ni verbes communs. | **Ni** *llora la fuente,* **ni** *cantan los pájaros,* **ni** *murmura el viento* (ni la source ne pleure, ni les oiseaux ne chantent, ni le vent ne murmure). |

IV. **No** employé comme explétif.

On trouve **no** sans valeur négative :

   *a)* Dans quelques propositions subordonnées à un verbe exprimant la crainte ou la possibilité où le **no** remplace un **que** : *temía* **no** *vinieses* (je craignais qu'il ne vînt).

   *b)* Dans des phrases comme : *nadie dudará* **que** *la falta de precisión...* **no** *dimane de...* (personne ne doutera que le manque de précision... ne provienne de...) où **no** équivaut à un ne explétif français.

# Inversion

La construction de la proposition espagnole est extrêmement libre. D'une façon générale on peut affirmer que le sujet, le verbe, l'attribut et les compléments, à l'exception des pronoms personnels faibles (V. PRONOMS PERSONNELS, page *XVI*), peuvent être placés dans n'importe quel ordre.

Ex. :

| | |
|---|---|
| *César venció a Pompeyo* (César vainquit Pompée).<br>*César a Pompeyo venció.*<br>*Venció César a Pompeyo.*<br>*Venció a Pompeyo César.*<br>*A Pompeyo venció César.*<br>*A Pompeyo César venció.* | *Traigo un regalo para ti* (j'apporte un cadeau pour toi).<br>*Traigo para ti un regalo.*<br>*Un regalo traigo para ti.*<br>*Un regalo para ti traigo.*<br>*Para ti traigo un regalo.*<br>*Para ti un regalo traigo.* |
| *Pedro llegará a las tres* (Pierre arrivera à trois heures).<br>*Pedro a las tres llegará.*<br>*Llegará Pedro a las tres.*<br>*Llegará a las tres Pedro.*<br>*A las tres llegará Pedro.*<br>*A las tres Pedro llegará.* | *Malo es eso.*<br>*Eso es malo* (cela est mauvais).<br>*Es malo eso.*<br><br>*Busco a mi madre* (je cherche ma mère).<br>*A mi madre busco.* |

L'emploi de ces constructions dépend de raisons stylistiques ou psychologiques. Toutefois, il faut remarquer que le rejet du verbe vers la fin de la proposition, bien qu'étant grammaticalement correct, relève du langage recherché. Il est inusité dans la conversation et très rare dans la langue écrite.

QUELQUES CAS SPÉCIAUX

L'inversion du sujet se fait généralement :

1) Dans la proposition interrogative (V. INTERROGATION, page *650*).

2) Dans les phrases exclamatives qui commencent par **qué, cuál, cuán, cuánto** :
 *¡ Qué alegría tendrá Juan !* (quelle joie aura Jean !) ; *¡ Qué bien está* **usted** *!*
 (mais quelle bonne mine vous avez !) ; *¡ Cuál sería* **su sorpresa** *!* (quelle serait
 sa surprise !) ; *¡ **Cuán** hermosa era !* (comme elle était belle !) ; *¡ Cuánto lo
 sentirá* **su madre** *!* (comme sa mère le regrettera !).

3) Après **cualquiera que, quienquiera** employés avec le verbe **ser** et après
 **por... que, por muy... que** quand le mot intercalé est un attribut : *cualquiera
 que fuese* **su estado** (quel que fût son état) ; *quienquiera que fuese el autor de
 esta carta* (qui que fût l'auteur de cette lettre) ; *por muy hábil que sea* **tu
 hermano** (si habile que soit ton frère).

4) Dans des incises avec les verbes déclaratifs **decir, preguntar, responder,
 exclamar**, etc. : *Nadie — dijo Juan — lo creería* (personne, dit Jean, ne le
 croirait).

5) Dans des phrases exprimant un désir, un vœu, une condition, une supposition :
 *¡ Viva* **Francia** *!* (vive la France !) ; *¡ Muera* **el tirano** *!* (à mort le tyran !) ; *si se
 presenta* **la ocasión** (si l'occasion se présente) ; *si lo quiere* **usted** *así* (si vous le
 voulez ainsi).

6) Dans des phrases qui commencent par des adverbes ou locutions comme
 **cuando, apenas, en cuanto**, etc. : *cuando llegue* **tu padre** (quand ton père
 arrivera) ; *apenas lo oyó* **Juan** (à peine Jean l'entendit-il) : *en cuanto estemos
 **todos** reunidos* (aussitôt que nous serons tous rassemblés).

7) Dans des phrases impératives avec **usted** comme sujet ou avec un sujet que l'on
 met en relief : *oiga* **usted** (écoutez) ; *ven* **tú** *si no viene él* (viens, toi, s'il ne vient
 pas, lui).

8) Dans d'autres cas où l'inversion française est possible.

# Adverbe

## Formation des adverbes

La plupart des adverbes de manière proviennent d'adjectifs et se forment par
l'adjonction de la terminaison **mente** au féminin de l'adjectif :

*abundante* ...... **abundantemente**
*ingenioso, ingeniosa* ...... **ingeniosamente**.

Il en est de même pour les superlatifs, fréquemment employés en espagnol :

*profundo, profundísimo, profundísima* ...... **profundísimamente**.

Le changement de radical qui a eu lieu pour l'adjectif se retrouve dans
l'adverbe :

*fuerte, fortísimo, fortísima* ...... **fortísimamente**
*fiel, fidelísimo, fidelísima* ...... **fidelísimamente**.

*Cas particulier.* Lorsque deux ou plusieurs adverbes en **mente** se suivent dans une
même proposition, ce n'est que le dernier qui prend la terminaison correspon-
dante, les autres étant remplacés par les adjectifs d'origine au féminin : *lisa y
llanamente* (simplement et nettement) ; *expresarse confusa, oscura y pretencio-
samente* (s'exprimer confusément, obscurément et prétentieusement).

## Place de l'adverbe

En espagnol tout adverbe peut précéder ou suivre le verbe, indifféremment :
**ayer** *vinieron todos ;* *todos vinieron* **ayer** ; *todos* **ayer** *vinieron* (tous sont venus
hier).

Or, si le verbe a un autre verbe pour complément, il faut rapprocher l'adverbe du
verbe auquel il se rapporte ; autrement, le sens serait différent : *prometes venir*
**enseguida** (tu promets de venir tout de suite) : mais **enseguida** *prometes venir* (tu
promets tout de suite de venir).

Évidemment, il faut toujours tenir compte de l'euphonie et profiter de la liberté
de tournure pour rendre le style plus harmonieux.

# Prépositions

**a** (à, en), **ante** (devant), **bajo** (sous) ;
**con** (avec), **contra** (contre) ;
**de** (de, à), **desde** (de, depuis) ;
**en** (en, dans, sur, à), **entre** (entre, parmi) ;
**hacia** (vers), **hasta** (jusque, à) ;
**para** (pour), **por** (par, pour) ;
**según** (selon, d'après), **sin** (sans), **sobre** (sur, outre) ; **tras** (derrière).

Remarques sur l'emploi des principales prépositions.

A  1) précède le complément direct formé par des noms de personne ou d'objets personnifiés : *amar a sus padres* (aimer ses parents) ; *visitar a un vecino* (rendre visite à un voisin) ; *invocar a la fama* (invoquer la renommée).

2) précède tout infinitif employé dans le sens de complément d'un verbe : *te invito a comer* (je t'invite à déjeuner) ; *¿ quién te enseñó a pintar ?* (qui t'a appris à peindre ?).

3) indique le lieu quand le verbe renferme une idée de mouvement, de déplacement : *voy a París* (je vais à Paris) ; mais *estoy en París* (je suis à Paris).

4) remplace parfois la conjonction *si : a no decirlo, nadie lo habría sabido* (si on ne l'avait pas dit, personne ne l'aurait su).

CON  a souvent le sens de *quoique, bien que, tout en* ou *malgré : con ser muy fácil, nadie ha resuelto el problema* (bien qu'il fût très facile, personne n'a résolu le problème). Parfois aussi le sens de *si : con pagar, ya no tendrá usted problemas* (si vous payez, vous n'aurez plus de problèmes).

Cette préposition s'emploie toujours lorsqu'on fait une description ou que l'on décrit sa position : *estaba en pie,* **con** *las manos en los bolsillos,* **con** *la mirada perdida* (il était debout, les mains dans les poches, le regard perdu) ; *el coche estaba* **con** *las ruedas pinchadas* (la voiture avait les pneus crevés).

DE  1) peut indiquer la manière : *lee de corrido* (il lit couramment).

2) peut rendre le sens partitif : *dar de bofetadas* (donner des gifles).

3) indique le possesseur : *este abrigo es de mi hermano* (ce manteau est à mon frère).

4) introduit des compléments formés par les prépositions **entre, hacia, por** et **sobre** : *de entre los cascotes* (parmi les débris) ; *de por sí* (en soi-même, par soi-même).

DESDE  en précédant un nombre qui indique le temps écoulé, se joint au verbe *hacer* : **desde hace** *dos años* (depuis deux ans).

ENTRE  peut signifier en soi-même, à part soi : *¿ cómo se las arregla ?* dije **entre mí** (comment s'y prend-il ? me dis-je en moi-même).

HASTA  se traduit par *à* dans des expressions telles que **hasta** *mañana* (à demain) ; **hasta** *luego* (à tout à l'heure).

PARA  a aussi le sens de *en :* **para** *diciembre estaré de vuelta* (en décembre je serai de retour).

POR  se traduit par *pour* ou *par,* et parfois par *à* ou *si.*

*pour :*

1) marquant le but ou la cause : *no puedo hacer nada* **por** *ti* (je ne peux rien faire pour toi) ; *un paraguas* **por** *si llueve* (un parapluie au cas où il pleuvrait).

2) dans le sens de permutation : *cambiar un coche* **por** *una canoa* (changer une voiture pour un canot).

3) dans l'idée de prix ou de valeur : *me lo han dado* **por** *nada* (on me l'a donné pour rien) ; *vale* **por** *1.000 pesetas* (bon pour 1 000 pesetas).

4) dans un rapport de comparaison avec le sens de *en tant que, en qualité de : lo tomé* **por** *policía* (je l'ai pris pour un policier).

5) avant un infinitif : *por decirlo así* (pour ainsi dire).
   *par :*
   1) indique le lieu : *viaje* **por** *mar* (voyage par mer).
   2) indique le moyen : *casamiento* **por** *poder* (mariage par procuration).
   *à :*  devant un infinitif marquant le but : *casa* **por** *alquilar* (maison à louer).
   *si :* **por** *dificil que sea* (si difficile soit-il).

# Conjonction

a) Conjonctions de coordination marquant les rapports de

Liaison : **Y, ni** : *el padre* **y** *la madre* (le père et la mère) ; *se sentó* **y** *se volvió a levantar en seguida* (il s'assit et se releva aussitôt) ; **ni** *a derecha* **ni** *a izquierda* (ni à droite ni à gauche) ; *no quiero* **ni** *puedo hacerlo* (je ne veux ni ne peux le faire).

La conjonction **y** est remplacée par **e** devant un **i** ou **hi** : *Juan* **e** *Ignacio* (Jean et Ignace) ; *acedera* **e** *hinojo* (oseille et fenouil) ; *él copia* **e** *imita a los grandes maestros* (il copie et il imite les grands maîtres).

Alternative : **o, o bien** : *Pedro* **o** *Juan vendrá con nosotros* (Pierre ou Jean viendra avec nous) ; **o** *lo dices tú* **o** *lo digo yo* (ou tu le dis toi-même ou c'est moi qui le dis) ; *¿ quieres trabajar* **o bien** *prefieres acabar tus estudios ?* (veux-tu travailler ou bien préfères-tu finir tes études ?).

Pour raison d'euphonie, la conjonction **o** se remplace par **u** devant les mots commençant par **o** ou par **ho** : *éramos diez* **u** *once en la mesa* (on était dix ou onze à table) ; *mujer* **u** *hombre* (femme ou homme) ; *seguir así* **u** *optar por una nueva situación* (continuer ainsi ou choisir une nouvelle situation).

Opposition : **pero, empero, mas, sino, aun, aunque, antes** : *yo lo sabía,* **pero** *no podía decirlo* (je le savais, mais je ne pouvais pas le dire) ; *nos ayudaron apenas : exigieron* **empero** *una gran recompensa* (ils nous aidèrent à peine ; néanmoins ils exigèrent une forte récompense) ; *son felices,* **mas** *no hasta tal punto* (ils sont heureux, mais sans plus) ; *no pretendo convenceros,* **sino** *exponer mis razones* (je ne prétends pas vous convaincre, mais exposer mes raisons) ; **aun** *lloviendo, saldré* (même s'il pleut, je sortirai) ; **aunque** *no quieras, vendremos* (même si tu ne veux pas, nous viendrons) ; *no temo su fracaso,* **antes** *lo deseo* (je ne crains pas son échec, plutôt je le souhaite).

Cause : **que, pues, porque, puesto que, supuesto que** : *págalo,* **que** *te quedarás tranquilo* (paie-le et tu seras tranquille) ; *no lo digas,* **pues** *nadie te creería* (ne le dis pas, car personne ne le croirait) ; *he perdido el tren* **porque** *mi reloj atrasaba* (j'ai raté mon train parce que ma montre retardait) ; *será verdad,* **puesto que** *él lo dice* (ce doit être vrai puisqu'il le dit) ; **supuesto que** *era tan dificil el problema, nadie supo resolverlo* (étant donné que le problème était très difficile, personne n'a su le résoudre).

Conséquence : **luego, pues, conque** : *Pedro es un hombre,* **luego** *Pedro es mortal* (Pierre est un homme, donc Pierre est mortel) ; *¿ está usted cansado ?, siéntese* **pues** (vous êtes fatigué ?, asseyez-vous donc) ; *siempre os han pagado puntualmente,* **conque** *no os quejéis* (on vous a toujours payés ponctuellement, alors ne vous plaignez pas).

Condition : **si no** : *firma ;* **si no** *perderás tus derechos* (signe ; autrement du perdras tes droits).

Explication : **o sea, es decir** : *en moneda francesa,* **o sea** *en francos* (en monnaie française, soit en francs) ; *una larga exposición,* **es decir** *un informe escrito* (un long exposé, c'est-à-dire un rapport écrit).

b) Conjonctions de subordination marquant les rapports de

Complément : **que** : *quiero* **que** *seáis felices* (je veux que vous soyez heureux) ; *me alegro de* **que** *usted lo reconozca* (je suis content que vous le reconnaissiez).

Cause : **porque, ya que, como** : *me callo* **porque** *no tengo nada que decir* (je me tais parce que je n'ai rien à dire) : **ya que** *tenemos dinero, podemos comprarlo* (puisque nous avons de l'argent, nous pouvons l'acheter) ; **como** *no tenía paraguas, me quedé en el portal* (comme je n'avais pas de parapluie, je suis resté sous le porche).

But : **porque, para que, a fin de que, a que** : *él ahorra* **porque** *quiere casarse* (il fait des économies parce qu'il veut se marier) ; *nos llamará por teléfono* **para que** *tengamos noticias más recientes* (il nous téléphonera pour que nous ayons des nouvelles plus récentes) ; *los padres le mandan dinero* **a fin de que** *pueda terminar sus estudios* (ses parents lui envoient de l'argent afin qu'il puisse terminer ses études) ; *vendré* **a que** *me diga usted lo que tengo que hacer* (je viendrai pour que vous me disiez ce que je dois faire).

Temps : **cuando, mientras, antes de que, apenas, aun no, no bien, así que, en tanto, después que, luego que, desde que,** etc. : *cuando suena la campana, termina el recreo* (quand la cloche sonne, la récréation finit) ; **mientras** *esperamos, fumamos un cigarrillo* (pendant que nous attendons, nous fumons une cigarette) ; **antes de que** *se pare el motor, convendrá revisarlo* (avant que le moteur ne s'arrête, il conviendra de le faire réviser) ; **apenas** *entraron en el salón, se oyó la marcha nupcial* (à peine étaient-ils entrés dans le salon, qu'on entendit la marche nuptiale, ou à peine entrés dans le salon, on entendit la marche nuptiale) ; **aun no** *hubo llegado el otoño, las hojas se volvían amarillas* (l'automne était à peine arrivé que les feuilles jaunissaient) ; **no bien** *llegaron al término de su viaje, cuando se disponían a volver, a marchar* (sitôt arrivés au terme de leur voyage, ils étaient prêts à repartir) ; **así que** *yo me iba, llegó él* (alors que je partais, il arriva) ; **en tanto que** *el niño dormía, no se podía hablar en casa* (tant que l'enfant dormait, on ne pouvait pas parler à la maison) ; **después que** *se fueron los invitados, nadie tenía ganas de hablar* (une fois les invités partis, personne n'avait envie de parler) ; **luego que** *entraron los músicos, empezó el ensayo general* (après que les musiciens furent entrés, la répétition générale commença) ; **desde que** *les conocimos, nació nuestra amistad* (dès que nous les avons connus, notre amitié est née).

Condition : **si, mientras, con que, siempre que** : *si viera usted esta película, estaría encantado* (si vous voyiez ce film, vous en seriez ravi) ; **mientras** *estemos de acuerdo, no habrá problemas* (tant que nous serons d'accord, il n'y aura pas de problèmes) ; **con que** *me lo asegure usted, no necesito su firma* (pourvu que vous me l'assuriez, je n'ai pas besoin de votre signature) ; *le recompensaré,* **siempre que** *se porte bien* (je le récompenserai à condition qu'il se conduise bien).

Concession : **si, así, si bien, siquiera, que, por más que, bien que, mal que, aunque** : *si es su voluntad, no tengo nada que oponer* (si telle est sa volonté, je n'ai rien à opposer) ; **así** *me maten, no consaré* (alors même qu'on me tuerait, je n'avouerais pas) ; **si bien** *es fea, tiene cierto encanto* (bien qu'elle soit laide, elle a un certain charme) ; **siquiera** *sea un sacrificio para nosotros, lo aceptaremos* (quoique ce soit un sacrifice pour nous, nous l'accepterons) ; *aquel día protesté,* **que** *no es mi costumbre* (ce jour-là j'ai protesté bien que ce ne soit pas dans mes habitudes) ; **por más que** *hagamos, no lo lograremos* (nous avons beau faire, nous n'en viendrons pas à bout) ; **bien que** *recurrió a todos los argumentos, no logró persuadirnos* (bien qu'il eût recours à tous les arguments, il ne réussit pas à nous persuader) ; *se hará,* **mal que** *nos pese* (on le fera quoique ça nous déplaise) ; **aunque** *esté enfermo, asistiré a la reunión* (quoique je sois malade, j'assisterai à la réunion).

Conséquence : **así que, de manera que, de modo que, que** : *llovía mucho ;* **así que** *nos hemos quedado en casa* (il pleuvait beaucoup ; de sorte que nous sommes restés à la maison) ; *apúntelo todo* **de manera que** *no lo olvidemos ya* (prenez note de tout de façon que nous ne l'oubliions plus) ; *tengo un malestar* **que** *no puedo ni sostenerme de pie* (je me sens si mal que je ne peux même pas me tenir debout).

Comparaison : **como, así como, no sólo... sino también, tal cual, tanto como, más... que, menos... que,** etc. : *todo ocurrió* **como** *usted lo esperaba* (tout s'est passé comme vous l'espériez) ; *respetad a los demás* **así como** *quisierais que os respetaran* (respectez les autres comme vous voudriez être respectés) ; **no sólo** *es puntilloso* **sino también** *iracundo* (non seulement il est pointilleux mais aussi coléreux) ; *cada uno obra* **tal cual** *es su costumbre* (chacun agit selon son habitude) ; *trabajaron* **tanto como** *pudieron* (ils travaillèrent autant qu'ils purent) ; **más** *vale callar* **que** *hablar demasiado* (il vaut mieux se taire que trop parler) ; *él ha hecho este donativo* **menos** *como un acto de generosidad* **que** *llevado por su vanidad* (il a fait cette donation moins par générosité que poussé par la vanité).

Manière : **como, como si, según como,** etc. : *me he portado* **como** *convenía* (je me suis conduit comme il convenait) ; *obra* **como si** *fuera el dueño* (il agit comme s'il était le patron) ; *se firmó el contrato* **según** *lo dispuesto* (on signa le contrat selon ce qui a été établi ou comme il a été établi) ; **según como** *se mire el asunto, esa solución es quizás la mejor* (selon la manière dont on envisage cette affaire, cette solution est peut-être la meilleure).

# Interjections

Voici les principales exclamations utilisées en espagnol :

acclamation : ¡ **olé** !, ¡ **bravo** !, ¡ **hurra** !
admiration : ¡ **ah** !, ¡ **oh** !, ¡ **cáspita** !
attention : ¡ **cuidado** !, ¡ **ojo** !
colère : ¡ **caramba** !, ¡ **maldita sea** !
défi : ¡ **a que no** !
dégoût : ¡ **puf** !
douleur : ¡ **ay** !, ¡ **huy** !
sons onomatopéiques : ¡ **paf** !, ¡ **pum** !, ¡ **cataplum** !, ¡ **catapún** !, ¡ **pataplún** !, ¡ **zas** !

encouragement : ¡ **ea** !, ¡ **hala** !
interrogation : ¿ **eh** ?
négation : ¡ **ca** !, ¡ **quiá** !
réticence : ¡ **ejem, ejem** !
silence : ¡ **chitón** !
souhait : ¡ **ojalá** !
surprise : ¡ **vaya** !, ¡ **hombre** !

Certaines expressions verbales sont usitées comme interjections : ¡ **anda ya** ! (allons donc !) ; ¡ **ni hablar** ! (pas question !) ; ¡ **no me digas** ! (non !, pas possible !, sans blague !) ; **agárrate** ! (tiens-toi bien !) ; ¡ **vamos** ! (allons).

# Numération et numéraux

| chiffres | nombres cardinaux | nombres ordinaux |
|---|---|---|
| 1 | uno, una | primero |
| 2 | dos | segundo |
| 3 | tres | tercero |
| 4 | cuatro | cuarto |
| 5 | cinco | quinto |
| 6 | seis | sexto |
| 7 | siete | séptimo |
| 8 | ocho | octavo |
| 9 | nueve | noveno, nono |
| 10 | diez | décimo |
| 11 | once | undécimo, onceno |
| 12 | doce | duodécimo |
| 13 | trece | decimotercero |
| 14 | catorce | decimocuarto |
| 15 | quince | decimoquinto |
| 16 | dieciséis | decimosexto |
| 17 | diecisiete | decimoséptimo |
| 18 | dieciocho | decimoctavo |
| 19 | diecinueve | decimonono |
| 20 | veinte | vigésimo |
| 21 | veintiuno | vigésimo primero |
| 22 | veintidós | vigésimo segundo |
| ... | ... | ... |
| 30 | treinta | trigésimo |
| 31 | treinta y uno | trigésimo primero |

| 32 | treinta y dos | trigésimo segundo |
| ... | ... | ... |
| 40 | cuarenta | cuadrigésimo |
| 50 | cincuenta | quincuagésimo |
| 60 | sesenta | sexagésimo |
| 70 | setenta | septuagésimo |
| 80 | ochenta | octogésimo |
| 90 | noventa | nonagésimo |
| ... | ... | ... |
| 100 | ciento, cien | centésimo |
| 101 | ciento uno | centésimo primero |
| ... | ... | ... |
| 200 | doscientos | ducentésimo |
| 300 | trescientos | tricentésimo |
| 400 | cuatrocientos | cuadrigentésimo |
| 500 | quinientos | quingentésimo |
| 600 | seiscientos | sexcentésimo |
| 700 | setecientos | septigentésimo |
| 800 | ochocientos | octingentésimo |
| 900 | novecientos | noningentésimo |
| ... | ... | ... |
| 1.000 | mil | milésimo |
| 1.000.000 | un millón | millonésimo |

QUELQUES PARTICULARITÉS

1) **uno** précédant un substantif masculin et **ciento** précédant n'importe quel substantif ou un cardinal qu'il multiplie, prennent les formes **un** et **cien** : **Un** *libro*. **Cien** *hombres*. **Cien** *mil soldados*.
2) Les cardinaux de 20 à 30 prennent la forme : **veintiuno, veintidós, veintitrés,** etc.
3) Les cardinaux de 30 à 40, de 40 à 50, etc., jusqu'à 100, se forment à l'aide de la conjonction **y** : *treinta y uno, ochenta y uno, ochenta y tres* (quatre-vingt-trois).
4) Les cardinaux supérieurs à 100 se forment, comme en français, en tenant compte des règles précédentes pour les dizaines et les unités.
5) Les ordinaux entre 10e et 20e sont : **undécimo, duodécimo, decimotercero** ou **decimotercio, decimocuarto, decimoquinto, decimosexto, decimoséptimo, decimoctavo, decimonoveno** ou **decimonono**.
6) Les ordinaux de 20e à 30e, de 30e à 40e, de 40e à 50e, etc., se forment en ajoutant à **vigésimo, trigésimo,** etc., les neuf premiers ordinaux : **vigésimo** *primero,* **trigésimo** *segundo,* etc.
7) Les cardinaux, à l'exception de **uno,** peuvent être employés comme ordinaux. Cependant, de 2 à 10, en parlant de rois, de chapitres, etc., on emploie de préférence les ordinaux. Ex. : Felipe II ; *Felipe* **segundo**.
8) Les cardinaux se placent généralement devant le substantif ; mais, s'ils sont employés comme ordinaux, ils se placent généralement après : **dos** *libros, capítulo* **quince** ; mais : *el 50 aniversario*.
9) Les cardinaux **uno, doscientos, trescientos,** etc., jusqu'à **novecientos,** et tous les ordinaux s'accordent avec le substantif auquel ils se rapportent : **una** *casa,* **doscientas** *pesetas,* **trescientas** *cuatro personas*.

**IMPRIMÉ EN FRANCE PAR BRODARD ET TAUPIN**
3584C-5 - Usine de La Flèche (Sarthe).
LIBRAIRIE GÉNÉRALE FRANÇAISE - 43, quai de Grenelle - 75015 Paris.
Collection 03 - Edition 04
Dépôt édit 5728 - 06/1996
ISBN : 2 - 253 - 06448 - 3

# Young Widow

*Surviving the first year of loss*

Nora Lavin

For the brave men and women who are on this journey.

# Table of Contents

# Introduction

This book is a resource for young men and women who have recently lost a spouse and for people who want to help them. I am not a therapist, priest, lawyer or doctor. I am a 40 year old Widow, whose world shattered last year when my husband Sean died suddenly. The analogy I use is "the rug was pulled from under me"…the world that I knew just hours before was gone. The days and weeks that followed were a blur of devastation, sadness and numbness. Eventually, the shock wore off and I was forced to confront my new reality.

The information in this book originated from my personal experiences, reading and soul searching. There were some things I wished I had been told earlier about what would happen, what needed to be done, and why. The type of information in this book would have helped everyone involved… most importantly me. In no way am I second-guessing what I did to survive those months. I did what I was capable of doing. Now I am looking forward to see how my experience can help others.

The length of this resource is purposely condensed as some Widows do not have the concentration to pore through books for the information they need. I should mention that I use the term "Widow" in order to clarify who is at the core of this book. It is not my favorite word. I use it in order to keep the content of this book clear. Widow and Widower can be used interchangeably. I also refer to the person that passed as "he/husband" for the same reason.

Everyone grieves differently; each of life's circumstances is unique. Some Widows are young and have children; some are childless. Sometimes the death is sudden and sometimes there is a long illness that precedes the death. Whatever the circumstance that led you here, my hope is that you find at least one thing in this book that resonates with you. Use it as a survival resource. If you do not have the concentration or energy to read, give this book to a friend or family member to read for you. If you are a friend, read intently as you could be the rock that this Widow needs to get through this tragedy.

Peace.

# The First Weeks

I get it! The world as you knew it suddenly disappeared with the loss of your husband. Emotions are raw, and change in an instant. Know that everyone grieves differently; there are no "wrong" ways to handle things. Your decisions take precedence over everyone else's feelings. You now have "a card" that gives you the right to act how you want without taking into account how it may impact others' feelings. It may seem like you are going crazy, but you are not…. These raw emotions are normal in the first several weeks after the death of a spouse.

If you have children, you are probably concentrating on their grief and not yours. This is understandable; they just lost their father. Nevertheless, be gentle with yourself and try to rely on your support system to help comfort your children. Your children need help, but they also need you. Consider asking family or friends to stay in with your children, take them out, or talk to them. Additionally, a therapist or guidance counselor can help them talk through their feelings and be a support through their grief.

Rely on your family and friends for support. They care about you and want to help you as best they can. Probably they are also grieving, but their main focus is on making sure you are okay. A suggestion would be to find one or two people you can trust to act as your voice and your support. They would be your "press secretaries" and say no to people, tell people to get out, let people know what they can do to help and most importantly how to support you. Some other suggestions of key things to consider:

- Think about having someone stay in your home with you to help you cope, be a strength at night and take care of things you just don't care about (whether it is cooking, cleaning, shopping, etc.). My family helped in this area and greeted people when I didn't feel up to talking. They also stayed overnight when I was not comfortable staying by myself.

- Make a list of friends and family who need to be informed about the death and any services.

- Write things down. Your mind is filled with grief and thoughts of your husband and has little room to retain any other information. Write things down when you think of things you need to do or say or need help with.

- Let people know *how* they can help. Use a list or talk through what you need help with. (Suggestions: Taking care of the kids, funeral arrangements, food, laundry, cleaning, shopping, mow the lawn, shovel the driveway).

- Contact your employer about bereavement leave. Check your finances and any insurance information that can help you with the funeral expenses. You have enough to worry about, having those questions answered takes a little off your mind.

- Contact your spouse's employer to understand health insurance or benefit information that will immediately affect you. If you need, have someone on the phone with you to help you through the conversation or ask questions you may not think of asking.

- If you need to call a lawyer call one that you trust, that understands you... or one that someone you trust, trusts. Not all lawyers will look out for your best interest, or your husband's, but one that knows you will.

- See the next section "Arrangements and Services".

Take one moment at a time if that is all you can handle. You can survive each moment. And when you are ready, go minute by minute. Drink water, sleep, take a walk, take a bath... do whatever you need to do to survive. The best advice I received when Sean died was to breathe. Yes, breathe. It seems simple enough... we breathe every moment. Yet in the throes of shock and grief taking a moment to breathe to ground yourself is sometimes an enormous task. There were moments that I reminded myself to breathe, and it was the single most crucial thing I could do for myself at that moment.

# Arrangements and Services

I never thought that I would be making arrangements for my husband's funeral, especially at a young age. It is surreal but something that has to be done immediately after your husband's death. Some Widows may have had the chance to plan if there was time before the husband's passing; others may have been thrown into this hell without prior planning. Whatever the circumstances, your husband may have let you know what he wanted, or even written down his preferences. If not, think about what service or final arrangements your husband would have wanted and talk through your choices with your family or friends. Although people have their opinions and you may want to please people, know that the final decision is yours.

You will need to call and meet with a funeral director to make arrangements. Even if you don't plan on services, you need to connect with a funeral director since they are licensed to work with deceased persons. In most cases, they are the ones who prepare the death certificates.  Also, the funeral director usually acts as your interface with the cemetery, crematorium, church and publisher of the death notice.

Bring someone with you to talk to the funeral director, to be your backup in case you can't think straight.  Have the funeral director walk you through your options and exactly what will happen during the services.  Make sure you are comfortable with what is planned since you are not in the position to be surprised at the services.    There were several surprises at Sean's services, which shouldn't have been surprises.  I wasn't sure how the viewing receiving line would work and at the start of the viewing, when I requested what would make me feel more comfortable, I was told that there was only one way to "receive" people.  Also, I was told verbally and physically to "slow down" at the church (during the service) and the cemetery because the congregation wasn't walking as quickly.    These events caused me great anxiety on top of already being in shock and could have been avoided if the funeral director had adequately described what would happen and given me a choice.  Try to think how you and your husband would like each aspect.  Also, have the funeral director go over costs (they are required to by law) so that you can make a decision based on not only what you and your husband wanted but also based on your financial situation.

The director will ask you how many copies of the death certificate you need. I suggest 10-15 copies of the death certificate as agencies will require this for updating paperwork and accounts. The funeral director also submits death notices and obituaries to the newspapers. Submission of these items is time sensitive therefore, don't wait until you meet with the funeral director to begin writing. Of course, have someone help you write the death notice. You may want to emphasize certain aspects of your spouse, personal details, his and your families. It is about your husband and you are paying for it, so make sure it is what you want to convey. I didn't know that I could write the notice for the paper and had 45 minutes to "approve" the funeral director's version of the death notice to make it into the paper the next day. Needless to say, I was overwhelmed and stressed (on top of everything else) and wanted the death notice to honor Sean. None of that anxiety was necessary.

Generally speaking, death notices are short and contain four basic pieces of information: (1) The name of the deceased; (2) The names of immediate family members; (3) The date, time and place of the funeral, religious and memorial services; and (4) a suggestion of a charity to which contributions can be made in the memory of your husband. Printing charges for death notices are fairly high. With the Internet available, there is no need to publish a notice in more than one paper. The funeral director will ask you to approve the notice and then work with the paper to publish it. Obituaries are different. Obituaries are longer than death notices. They are like short stories or short biographies. If you or your spouse are "public figures" the newspaper may write an obituary or publish one that you write. For most of us there are no guarantees. Newspapers will accept obituaries that you write, but most of the time they will not be published unless you pay for it.

Think about who you would want sitting next to you at the service, who can support you and who can take care of your kids if you are unable. Understand that *you* have ultimate say in what happens and what you can handle. Some Widows don't have a viewing or attend the viewing, some do – it is up to you.  If your husband did not tell you his wishes, try not to wrack your brain attempting to guess what he would want.  You knew him best and it is your decision on how the services will unfold.  In the end, make sure the services are what you think he and you would want.

# New Reality

I was told early on that one day I will find my "new normal" that my reality will become easier and I will be able to develop a new routine. HOW? I would think. Actually, I would yell and cry asking no one in particular (in my empty house) when was the pain going to stop? After the shock wears off and the funeral is over and everyone gets back to their lives, you are faced with a crushing new reality without your husband. It's hard to live each day because your "normal" no longer exists. At first you survive each moment of each day trying to figure out your new reality. It is painful and raw as you go through the motions and try to live. That can be so hard; and it can be painful to be around people who have normal lives. Things will inevitability remind you of your loss, especially talking with people who don't understand. These tend to lead to "bad days" and "meltdowns" which are excruciating. Everything in the first year reminded me that Sean isn't coming back. It still does to some extent.  However, life is hardest when I need his advice, reassurance and hugs.

Learn to set boundaries, to say no, and to rely on your instincts on what feels right. Your mind and body will tell you when you are ready for something.  Trust these feelings.  No one knows what you are going through except you.  If you don't want to have dinner out – say no; if you want to be alone – go for it.  You will find through time that you will rely on your instinct more and your "card" appears when necessary. Sometimes finding a place where no one knows you as a Widow helps as a distraction.  Whether it is a gym, community pool, museum; it is a place where people aren't asking you how you feel or saying "how sad it is".  This can be a huge respite from your new reality.  Going a step further, it may be painful, but figure out what you like to do.    As you move through the months, you begin to develop a new routine, sometimes you don't realize it, and sometimes it is still raw with emotion.    A new routine will develop and one day you will realize that you have developed a routine without knowing.   However, it is not easy and still hurts.

Unfortunately, thinking about employment and income are necessary, both short and long term. How are you going to financially support yourself (and your family)? These are questions that need to be asked even though they are the last things you want to think about. If you are employed, talk though your options with your manager. Maybe bereavement leave and a flexible schedule are possibilities. Maybe Family Medical Leave Act (FMLA) is an option. Maybe you want to return to work. If you work at home and are raising children, you and your children should be eligible for Social Security benefits that can provide for your family during this time. Additionally, your local county office can provide information for other resources such as children's health insurance and/or food stamps through your local county government office. Other aid can be found through utility companies utilizing low income programs to help reduce bills and payments. Also, speak with friends and family regarding finances to help evaluate options. I considered FMLA , however I couldn't bring myself to sit alone with my grief, without Sean. I also didn't know if I could financially afford to not work (not that I cared). My manager allowed me to take my time returning to work. He was also my unofficial "press secretary" at work which helped me to cope...a huge support. I learned that I needed to figure out my "new normal" at work also. However, I found work got me out of the house and was a needed distraction. It took several months to be able to go back to work full-time.

The first important dates without your husband can be difficult. I can only speak for the first year of anniversaries, birthdays, holidays and they sucked. The worrying beforehand is sometimes even more difficult, or maybe the days after. Do what is right for you during these times. Use your card if you need to. My advice is to have a friend or two as a "backup" in case things don't go the way you planned. Most of my friends took on the "backup" role and were there if I needed them and understood if I needed space.

Many people suggest that you not make any major changes in the first year after losing your spouse. Selling your house, your car and living on an island may seem like a solution during the first year, however emotions are still clouded. They don't seem clouded, they seem raw and intense. Yet Widows are in a fog with lost concentration, decreased energy, sadness, and/or loneliness. Grief takes a lot out of a person and you won't realize how much it impacts your well-being. Be good to yourself, even if you emotionally aren't feeling well, go for a swim, get a pedicure, take a walk, get a massage, whatever you like to do…take care of yourself.

Another "reality check" and difficult task is identifying the areas in which your husband took care of things for both of you. Whether it is car maintenance, house repairs, landscaping, painting, you need to figure out who is going to do these things now. Unfortunately, sometimes this needs to be figured out immediately. Creating a list of these things that your husband took care of may seem overwhelming; however it is necessary in order to make sure you are supported. Figure out if you can handle these things or if you need to ask someone for help or pay someone. Sean was great at house construction and fixing things. This was a hard area for me to undertake without him. The house he and I rebuilt (mostly him) is almost done, however there are a few projects left to be completed. I struggle with doing what Sean and I had planned, how he would have finished the job and making sure I am financially able to continue with the projects. Luckily, Sean taught me a lot about construction, tools and the house to be able to take care of myself or know when to call and pay for a professional.   As with many things, I still find myself needing others opinions in this area since he is not here to talk about our ideas or plans.

Inevitably, you will have thoughts on your husband's belongings (clothes, car, and personal items) and your rings. Take your time; there are no guidelines or timetable that says when you have to do anything… this is your experience.   You may keep your rings on for years or decide immediately to take off your rings. There is no right or wrong answer; do what feels right in your heart. If you decide to give some of your husband's belongings away, make sure you are okay with it in your heart. It is easy to give things away but regret may surface months later.   Except for the items I gave to Sean's family and friends for comfort, his clothes remain in the same places that he left them.  However, I donated his power tools to a community organization so that others could use them for good. Only you will know what is right for you.

Grief is a sad and grueling journey that you have to walk alone but support from family and friends can help. No one can make your grief less than it is, but family and friends can help you deal with the emotions and tasks that are difficult. Call his cell phone, listen to his voice, use his toothbrush, wear his clothes, maintain "your side" of the bed… Do whatever you need to do to feel close to him and get through this. You are not crazy and you will heal; one moment at a time.

# Grief

I searched and scoured the Internet for an answer to what I was feeling, to be able to explain how the pain felt, for a way to heal more quickly… to get through this journey fast. You would think there would be an answer to overcoming grief on the Internet but there isn't. There are tons of people telling you about grief and stages. Elizabeth Kubler Ross developed 5 stages of grief; however, take them with a grain of salt. These stages were first created to address the stages that individuals go through when dying and they were modified to fit people that were grieving. The stages aren't really stages… they are behaviors/emotions that develop throughout a time of grieving.

It is important to note that these stages are not linear. They will come whenever and wherever they feel like it. A recommendation is to keep tissues with you at all times. Your brain is still trying to comprehend the loss. In desperation, I wanted to check off the first stage and told myself that I was moving to the next stage only to find myself in a completely different stage.    I am not going to list the details of each stage here as they are easily accessible on the Internet.  However, grief emotions can range from one extreme to another (within seconds) and be gut wrenching:

- Disbelief: I can't believe he is gone,  Did this really happen?
- Fear:  Scared to do everyday things, He's really gone. What do I do?
- Anger/Rage:  Life isn't fair;  Why?; I want my life back!
- Loneliness:  The house is so quiet;  I am on my own.
- Sadness:  Crying, not motivated, low energy;
- Guilt:  Feeling conflicted because you begin to not think of him every second.

Symptoms that go along with these emotions include low energy, insomnia, lack of appetite, and many others.  In those first weeks and months it is hard to find your way out of the devastation, emotions and symptoms.  I used to hate when I would read "it gets better with time"… really?  How does that help me now?  I couldn't even think a day ahead let alone the years away that people were talking about,  especially when my emotions were all over the place, I wasn't sleeping,  not eating right; and didn't have Sean.

Consider joining a grief support group with other Widows or Widowers who understand what you are experiencing.  You may also want to consider a grief therapist to help with this difficult time.  Another thing I found helpful was journaling.  Writing helped me in the first several months to vent, to remember Sean and to document memories of our life together.  Some days it was emotionally draining to write and others I wanted to get as much information down about Sean in case I forgot.  I know now that I will never forget the details that made me fall in love with Sean but at least now I have them documented.  Writing helps me to get emotions out of my head, to process things and to reflect.  Weeks would go by and I would read my previous entries and realize I was improving even though it didn't feel like I was.    A few blank note pages are contained in the back of this book for you to write down thoughts, feelings, "to do" lists or anything else you need.

Believe it…  You will "get better with time".  The sadness is still there, however the crushing, stomach-turning pain decreases.

During the first early months, I would calculate how many seconds there were in a day (86,400) and try to imagine feeling okay at least 3 of those seconds…and then 4.   As the months passed, I stopped counting the seconds.   I also learned to trust people that have been there and rely on their experience and advice to help me move through my journey.

Know that there is no right or wrong way to grieve.   Emotions can go from one extreme to another in a matter of seconds.   There is no documented process to follow, and no predictability as to how your journey will unfold.   I often compare it to a roller coaster where there are lows and highs (somewhat) and sometimes the coaster gets stuck on the track. One moment may have a low, emotionally draining turn and another twist may be okay. There are "bad days" and "meltdowns" which are painful but you will survive.   Keep in mind that there is no set time frame for grieving. Don't pressure yourself to move forward quickly and don't allow others to tell you where you should be in your journey.

# Paperwork

Legal, financial, home and estate paperwork are necessary evils that must be faced, and are a constant reminder that you lost the love of your life. There are many areas that need to be addressed in the first year. From my perspective, there are three main areas that generate paperwork: your husband's estate, your financial portfolio and home details. Even though they may seem separate, they intermix at times because your husband's name undoubtedly appears on a lot of important documents, such as deeds, bank accounts and insurance plans. People say that you don't have to hurry to settle your estate. However, I found that it take months and months to complete the paperwork, pay bills and ensure all the necessary documents are accepted.

Understand your financial situation. Talk over expenses with a trusted person. When Sean died, everyone asked questions they really had no business asking. I get it that people are concerned and wanted to make sure that I was financially solid. However, I should have identified a few people that I trusted, and then talked things through with them, instead of "talking out loud" to people who happened to raise issues and ask me questions.

Make a complete list of all of your husband's assets and debts: credit cards, bills, cars, loans, bank accounts, insurance policies, and mortgages. If there isn't an existing list of these things, start with his wallet, then look for files and documents on the computer. I became a detective and figured out that I could ask the bank to give me a print out of recurring withdrawals. I also checked the mail for the first few months to see what statements and bills flowed in. Check various places….this way you may find not only payments to utilities but also investments that your husband made (insurance, pension, etc.). In conducting this investigation you will need to gather the Will, Social Security numbers, death certificate, birth and marriage certificates, military discharge papers, house deed, car title, bank statements, financial and retirement accounts. If you are a Widow with young children or at the age of retirement, you may be eligible for Social Security benefits (you will also need your child's birth certificate). Contact your local Social Security office to understand if there are any benefits to which you are entitled and if so, how to apply for them.

Each one of the institutions that has your husband's name listed on an account must be notified of his death. Typically they require you to send a letter and a copy of the death certificate to confirm that your request to close or change names on the account is valid. Since the death certificates cost money you can ask for a fax number to send the paperwork, so that you are faxing the certificate and not an original. However, most institutions will require the original. Keep all correspondence with companies, as sometimes it takes months to update accounts. Also, ask these companies whether there is any insurance that applies to pay off the account in the event of a cardholder's death (sometimes credit cards, mortgages, loans, etc. have this type of insurance). You will also need to look into car titles and real estate deeds.

Update all accounts to your name (utilities, bank, cable, cell, etc.). Be aware that some companies have charges to update account information from one person to another. You should not have to pay these charges. Ask to speak to a manager if you aren't getting what you need. One exception is a joint checking account. Sometimes checks come in your husband's name so you will need to keep an account in his name to deposit the checks. Some folks suggest to keep a joint checking account for at least a year, whereas other persons suggest that you create an estate account. If you open a decedent's estate in probate court, you almost certainly will have to open a bank account for that estate.

Next make a list of your bills and expenses (cell, utilities, car, insurance, etc.). Keep a record of your cash flow. Not only your expenses but the expenses incurred for your husband's accounts (i.e. paying car loan, funeral expenses, medical bills, etc.). Itemizing expenses is important. Assessing your income in and your expenses out will ensure you have enough money to live.

Sean was meticulous in how he paid our bills. He saved every receipt and wrote notes for details. For me, it was hard to adjust to losing a strength in the area of finances (just another loss to add to the list). In order to stay organized I decided to buy a portable file cabinet and label every bill and document that came through. I purchased color coded hanging files to differentiate between types of paperwork.  Color coding is something Sean wouldn't have done, but it was an added sense of organization and control for me in an area that felt like a black hole.  Don't get me wrong, before Sean passed away I paid bills, I managed budgets at work, but after he was gone the task of consolidating and organizing our...my… finances was enormous.

Previously it was noted that you should contact your and your husband's employers. This is important as your husband may have insurance, pension, 401K, bonus, funds in a flexible spending account, and/or other items to which you are entitled.   You may also have insurance that needs to be addressed.  Health insurance is a huge area that you should make sure you are covered.   If you were receiving health insurance from your spouse's employer, you may be able to continue on the company plan through COBRA coverage.    Sean's employer provided me with three months health insurance while I figured out my life and also offered for me to participate in their COBRA program once the three month period was complete.   Corporate employers usually have highly qualified human relations personnel who can be a great help to you.  Sean's employer was an example of this.

It is a good idea to talk to a financial advisor once you have an idea of your husband's benefits, insurance and financial accounts. The advisor can help you navigate receiving benefits, planning for the future and what other matters you should address. Be aware that life insurance has different payout options. Check with a financial advisor as to which of the options best meets your needs. Another important function of the financial advisor is to advise you of the tax implications of these benefits.

When you are ready, you will need to update your will, financial power of attorney, health-care power of attorney and health-care directive. These documents need to be updated based on your changed circumstance. It is important to ensure that you revise these legal instruments in order to appoint people to speak for you if you are unable since your husband is most likely the person named as your primary representative in your existing documents. It is difficult and crushing at times (Who do you select to take care of you now? Why do I have to remove my husband's name?) If you don't have a will, then get one. Although I waited six months to update this paperwork, I suggest you assess your situation and determine if you need to make these changes as soon as possible or within a few months.   If you have children, you may want to update your will as soon as possible to protect them in the event something happens to you.   You should also reassess your life and disability insurance for the same reason.

When you are ready, determine what do to about your husband's cell phone and other items that are no longer needed.   I texted Sean's phone for a good month (or two) after he died.  I left the phone activated for about six months until something inside of me told me I was ready to turn it off.  Before I closed the account I downloaded his voicemails and texts; I also saved his texts and voicemails on my phone and then backed them up several times.   Aside from cell phones, there might be a gym membership, magazine subscription and auto insurance that need to be cancelled.

For those who are unfamiliar with the word (I didn't know), probate is the legal process of paying the deceased's debts, paying inheritance taxes, and distributing the balance of the estate to the proper beneficiaries.   The personal representative named in the will opens the estate by filing a petition with the probate court after the death.  If there is no will, the court appoints a representative, usually the spouse. Of course, there is a fee to file the will with the county. There is also a specific amount of time (number of months) to file state and possibly federal inheritance tax returns.

In many cases, there is no need to probate a will or to open a decedent's estate. This situation arises where virtually all of the assets are in joint names of the husband and wife, and where no inheritance taxes are owed. I recommend hiring a lawyer to help navigate through the legal process and advise you on how to handle the paperwork. You can even hire a lawyer to handle all of the estate matters for you if you wish. Determine what you can afford and what is best for you.

A checklist is provided in the appendix to help you structure what needs to be done, and when. It is a consolidated list of the things to take care of in the first year after the death of a spouse in order to organize your finances and estate. As previously mentioned, circumstances can differ, therefore add any items that you know you need to complete or delete items that are not applicable. Ask for support or delegate these items to family or friends if necessary… do whatever it takes to get through it.

A closing note on paperwork.   I thought I would be upset when the last piece of paperwork was complete in regards to Sean's estate and our joint expenses.  However, I was *relieved* that all of the immediate legal and financial uncertainty was put to bed.   I still struggle with my personal finances, since Sean was such a big support in that area.  I always remind myself of something he told me over and over again, "be good to yourself, but don't buy anything you do not have the money to pay for."

Remember everyone handles these necessary evils differently, ask for help or hire someone to help if you need to.

# Friends and Family: Understanding a Widow

If you are not one, it is hard to understand or grasp the magnitude of pain and emotions a Widow feels and is living through. Losing a spouse is devastating. Even now, a year later, it is hard to put into words how a breaking heart feels as the emotional pain is so intense that words wouldn't do it justice. We lost more than the person we lived with; that we have known for years. We lost the person who we committed to being with forever; the person we lived for; we had dreams and goals with; our best friend, advisor, cook, carpenter, safety net. We are lonely; lonely for our husbands. Our thoughts are never-ending for our husbands and the reminders that they are no longer physically here are gut wrenchingly painful. The silence in our homes is deafening. The everyday things that we have to do are now overwhelming, not because we have to do them ourselves; because they are a constant reminder that our spouses are not here. It is also difficult because a part of us is gone. Our husbands are entwined in who we are, how we live and think. Doing something as simple as walking into a restaurant alone is now hard because it feels like part of ourselves is missing. Some Widows may have children and are struggling to provide them support and love when they also need support. Some Widows may not have children and are also grieving the lost dream of having children.

Widows struggle each day with many emotions, thoughts and feelings ranging from sadness, anger, guilt, and fear. One second we could seem okay, the next feeling guilty we are not thinking about our husband and the next crying uncontrollably… and so it goes. Due to this roller coaster of emotions we also may be insulting or hypersensitive. Don't be offended. We don't realize we are being this way as we are trying to cope with our loss. It is either us losing it or you… we prefer you since we have enough to deal with right now.

Widows sometimes seem to be moving forward, getting over it and in control. Don't let us fool you. That is a perception we have found necessary to take on in order to get out of bed and walk out the front door. We don't have a choice anymore not to go to the grocery store, do laundry, take care of the kids, etc. To compound things, we often feel alone in our sadness, but having someone to support us can help us through the grieving process. Read on to see how you can impact a Widow's life to be a friend and a support.

# Friends and Family: Do's & Don'ts

For those who are supporting a Widow, we need reassurance that we are not going crazy and that you are going to be there for support. Please listen to us and try not to give advice on emotions that you may not understand. We get it that it's hard to know what to say when someone you care about is grieving. You may be afraid of saying something wrong or making the person upset. You may also think the Widow has enough family and friends that they don't need to hear from you.

What you need to know is that *you have an impact* even if it is a phone call, a visit or a text. You can provide support, and there are ways to do so without intruding. Understand that you don't have to say anything. Just listen, even if it is listening to crying or ranting. Even I have a difficult time saying the "right" thing to someone who has lost a loved one. I try to put myself in their shoes: how do they feel, what are the circumstances of their loss, how can I help?

The most valuable thing you can do is simply be there with your support. Be willing to listen. It is okay to sit in silence. Ask questions that are not intrusive when it's appropriate. Widows would rather you tell them you do not know what to say; and listen. Some days she might want to talk about the death, her husband and those details, other days she may need a distraction. "Bad days" are plentiful. Cry with her. Have compassion.

This section is a good guideline for what to do, what to say and what not to say when helping Widows in the weeks, months and years following the death. Below I break out do's and don'ts into two timeframes: (1) immediately following the death; and (2) the weeks, months and years after the death. Many people do not understand that grief is a journey that lasts long after the funeral is over. Your Widowed friend or family member may need your support for months or years to come.

*Suggestions during the first two weeks:*

- Understand that whatever the situation of the person's passing, they were first and foremost a husband. Try not to retell "the story" in front of the spouse or children as it is not a story to them and may be insulting and may be crushing. If the death happened suddenly, ask the person if it is okay to talk about the person that passed away, is it okay to tell stories, or even say his name? For some the first few days or weeks may be too soon, it may still be a shock that the spouse is still trying to comprehend. But the Widow will know what is right and will tell you if you ask.

- Understand that people in the middle of shock and grief will most likely not know how to ask for help. Ask the Widow what they would like you to do. Don't assume. If they are not sure, give them suggestions. Write a list of things that need to be done or that she may need help with and talk with her about what you can do to help. Making decisions is not only hard because of the shock, it is hard because the person they depended on the most is no longer here to help with the decisions. Even if it is something as simple as "do you want me to do your laundry"… give the person a say and control over the things that they do have control over…. because they didn't

- *Every day* is hard, however, there are days that will be particularly hard for a Widow. Birthdays, anniversaries, holidays, etc. These days bring so many emotions since our husbands were such a huge part of our lives and those events. The grief intensifies during these times which include not only the actual day but the weeks leading up to them and the days after. So, keep this in mind and reach out. Offer to do something with her on those days, something different. My friends invited me places on these special days for a total distraction. Just what I needed to survive.

- Realize that there are many ways you can help. Try to let her know how you can help instead of blanket statements. For example, instead of saying something like "I can help with yard work, let me know." Say, "if you want, next Saturday I can come over and cut the grass and mulch. Does that work for you?"

- Invite us places! My friends invited me out to dinner regularly and on their vacations with them. It made a huge difference in getting through the first year. Knowing that people cared enough to think about me and my situation and *actually do* something warmed my heart.

- Respond if a Widow reaches out to you for help, whether a question, a chore or an outing. It is a huge step for her and she needs to know she can count on you.

- Keep asking her to do things or go out. A Widow may be having a bad day or not feel up to what you are offering. Don't take it personally or that she doesn't appreciate your offers. Keep asking!

Here are several "DON'TS" that I found to be important:

- DON'T say "Maybe one day we will go out to dinner" or "maybe we can go away (to the beach, mountains, etc..)" unless you actually intend to follow through. Walk the talk! A Widow counts on those invitations as a distraction to her life and a social outlet. It is always a harsh reality check when people make offers and didn't follow through. Just reminds us more that our husband isn't here.

- DON'T call a Widow and ask her out somewhere without notice. "We are going to

dinner in 10 minutes if you are interested".
I hesitate to put this under don'ts since
maybe the Widow will want to go out. But
it could also make her feel as if she is an
afterthought and a tag along and not really
thought about enough to call and schedule
something with her. Maybe doing dinner is
better than sitting alone but the thought of a
last minute invite is sometimes just as
painful.

- DON'T say "how are you?"  How do you
  think we are?  Instead say, "hey, I have been
  thinking about you…"

- DON'T  say "if there is anything I can do".
  Come up with suggestions and ask her if
  you can help with one of them.  Again, walk
  the talk.

- DON'T say "I know how you feel" unless
  you have lost your husband.

- DON'T tell her that "it is so sad".  WE
  KNOW. WE LIVE IT.  Say, "I can only
  imagine how you feel and I don't know
  what to say."

- DON'T ask what happened to your husband? How did he die? If she wanted you to know or she wanted to talk about it you would know!

- DON'T tell a Widow about the great time you had with mutual friends or family if she wasn't invited. I guarantee she was home alone listening to deafening silence.

- DON'T ask questions that are personal and none of your business: "What are you going to do with the house? Are you going to move?", "Did he have insurance?", "What are you going to do with the truck?", "With his baseball collection?" All of these things that were her husband's are also a part of her. Now is not the time to start being intrusive.

- DON'T ask questions or make comments regarding the Widow finding another man or the possibility of getting married again. If you are a friend, you will know if and when a Widow thinks about these things. You shouldn't have to ask or make thoughtless remarks.

Determine how much you are willing to support the Widow. Now more than anytime, a Widow needs support, not empty promises to do "something" in the future.

# Resources

There are tons of books, articles and blogs about Widows and grief that can be found on the Internet. Although I cannot personally endorse content, below are a few that helped me in different areas during the past year. Know that your experience of the loss of your husband and your journey through grief is unique from anyone else's. Take your time and find what works for you. If you turn to books or the Internet, read a word a day or a chapter, whatever you can concentrate on...be gentle with yourself.

*Books:*

- I Wasn't Ready to Say Goodbye [Noel, Brook; Blair, Pamela]

- Understanding Your Grief: Ten Essential Touchstones for Finding Hope and Healing in Your Heart [Wolfelt, Alan]

*Websites:*

- Young Widow Bulletin Board http://www.ywbb.org/forums/ubbthreads.php

- Widowed Village
  http://Widowedvillage.org/

*Grief Support Groups:*

Check your local community websites, papers or church for grief support groups.

# Closing Thoughts

May every sunrise bring you hope;
May every sunset bring you peace.
-Unknown

Even though you didn't sign up for it, this journey is yours.  Be patient and try not to compare yourself with others in the same situation or their timeline. Take your time to survive, grieve, reflect, process and figure out what is right for you.  Use your "card" when you need.  Remember two things that no one can take away— that your husband is in your heart and soul, and you will be okay.  Your memories and your way of being are shaped by an awesome man who continues to help you today.    Whether it feels like it or not; you will survive... Even if it is one minute at a time.

As for me, by no means am I through my journey.  But I did get through a rough first year and know the journey will continue for years to come.  I think about Sean, his presence, energy, love, and our memories, *constantly*. Even though I have lived with him physically gone for over a year, there are still moments, for a split second, I think that he is here; and then (again) reality hits. I am pretty sure that I haven't hit all of the stages of grief and the roller coaster will continue. I also know now that on bad days, the roller coaster will eventually go up and I am able to cope better with the support I receive from friends. I try to believe that Sean is always with me, supporting me. Maybe next year there will be another book, but for now I am taking each day, one day at a time… an accomplishment that I am keenly aware of.

Family and friends, as we move through each day, it may look like we are making progress, however all of this takes place with a hole in our souls, for our husband is always still in our every thought. The extent to which we miss him knows no bounds. But you know what helps? Check in. Ask us to go out. Talk about him. Let us know you're thinking about him too. Talking about him to us won't upset us, we promise. We are already there; nothing could be more helpful.


Peace.

# Acknowledgements

Thank you to all of the people who supported
and comforted me in the past year.  In the end,
you helped me to be able to write this book.

Thank you to all of my friends, who contributed
to this book, whether with information, insight,
or proofreading… I am grateful for your
unending support and love.

# Appendix: Checklist

*First week*

- ☐ Contact a funeral director

- ☐ Contact your employer

- ☐ Contact your spouse's employer

- ☐ Contact veteran's affairs

- ☐ Breathe

*First Month*

- ☐ Obtain copies of the death certificate

- ☐ File Insurance claims

- ☐ Locate/Obtain copies of marriage certificate, military discharge papers, house deed, car titles

- ☐ Contact Social Security for benefits due to you and your family

- ☐ Contact an estate lawyer

- ☐ File the Will for probate (If necessary)

- ☐ Check any bills that are past due or coming due. Request a waiver for late charges

- ☐ Update emergency contact information (schools, gym, work, etc.)

- ☐ Contact a financial advisor or friend to assist with financial planning

- ☐ Claim any insurance benefits

- ☐ Breathe

### *Two-Five Months*

- ☐ Cancel your husband's services or memberships (gym, car insurance, cell, etc.)

- ☐ Contact a financial advisor (handle insurance benefits, 401K roll overs, etc.)

- ☐ Update your Will, power of attorney, health care directive.

☐ Update your beneficiaries

☐ Document cash flow and expenses. Develop a budget

### *Six-Nine Months*

☐ File appropriate state and federal inheritance tax returns. (If necessary)

### *First Year*

☐ File Federal Income Tax Returns for you and your spouse.

☐ Reflect back on the past year and think of how far you have come.

☐ Give yourself a "self-high-five"… you are braver than you ever thought.

- NOTES-

-NOTES-